LAROUSSE
ENCYCLOPEDIQUE
EN COULEURS

LAROUSSE
ENCYCLOPEDIQUE
EN COULEURS

$$\boxed{10}$$

FRANCE LOISIRS

123 bd. de Grenelle
PARIS

Édition du Club France Loisirs, Paris avec l'autorisation de la Librairie Larousse.

Le présent volume appartient à la dernière édition (revue et corrigé e) de cet ouvrage. La date du copyright
mentionnée ci-dessous ne concerne que le dépôt à Washington de la *première* édition.

© **Librairie Larousse, 1978.**

Librairie Larousse (Canada) limité, propriétaire pour le Canada des droits d'auteur et des marques de
commerce Larousse. – Distributeur exclusif au Canada: les Éditions Françaises Inc., licencié quant aux
droits d'auteur et usager inscrit des marques pour le Canada.

© by S. P. A. D. E. M. et A. D. A. G. P., 1978.

Achevé d'imprimer le 1-5-1985 par Mohndruck, Gütersloh R.F.A.
N° Éditeur 10304 – dépôt légal Mai 1985 – Imprimé en Allemagne.
ISBN 2-7242-0350-X

fusibilité, fusible → FUSION.

fusicladium [djɔm] n. m. Champignon aux filaments noirs, agent de la tavelure du pommier.

fusiforme → FUSEAU.

fusil [fyzi] n. m. (lat. pop. *focilis [petra]*, [pierre] à feu ; de *focus*, feu, foyer). Jusqu'au XVIIIᵉ s., petite pierre de silex taillé, destinée à enflammer la poudre d'une arme à feu à l'aide d'étincelles produites par une pièce métallique appelée « batterie ». ‖ Arme à feu portative constituée par un tube métallique (canon) de petit calibre, ajusté sur une monture (fût, crosse) et assorti de dispositifs de mise de feu et de visée permettant le tir aux petites distances : *Un fusil de chasse. Un fusil de guerre.* (V. encycl.) ‖ Le tireur lui-même, chasseur ou soldat : *C'est un excellent fusil. En 1914, une compagnie comprenait 250 fusils.* ‖ Instrument servant à aiguiser les couteaux, les faux. ‖ *Pop.* Estomac. ● *Changer son fusil d'épaule* (Fig.), changer sa façon de faire, changer d'opinion, de parti. ‖ *Coup de fusil* (Fam.), prix exorbitant qu'un hôtelier ou un restaurateur fait payer à ses clients. ‖ *En chien de fusil,* v. CHIEN. ‖ *Fusil automatique* ou *semi-automatique,* v. AUTOMATIQUE. ‖ *Fusil mitrailleur* (abrév. F. M.), arme collective à tir automatique, dotée d'un dispositif qui permet également le tir coup par coup, et qui fonctionne généralement par emprunt de gaz en un point du canon. (Le fusil mitrailleur est par excellence l'arme de l'équipe de combat d'infanterie. Après le premier modèle créé en 1915, le modèle 1924-1929 [calibre 7,5 mm, tir rasant à 600 m, chargeur de 25 cartouches] est progressivement remplacé par la version fusil mitrailleur de l'arme automatique modèle 1952 [poids 9,7 kg, calibre 7,5 mm, vitesse pratique de tir 200 coups par minute].) ‖ *Fusil de rempart,* fusil de gros calibre (20 et 22 mm) destiné jusqu'au XIXᵉ s. à armer les tireurs établis le long d'un retranchement. ‖ *Fusil à répétition,* v. RÉPÉTITION. ‖ *Fusil sousmarin,* fusil à Sandow ou à ressorts lançant une flèche qui reste reliée au fusil par un fil de Nylon. (Syn. ARBALÈTE.) ◆ **fusilier** n. m. Soldat armé d'un fusil ou d'un fusil mitrailleur : *Le régiment des fusiliers du roi fut, en 1671, le premier corps armé du fusil à baïonnette.* ‖ Dans la marine, brevet décerné, après passage dans une école spéciale, au personnel chargé de l'ordre et de la police à bord, ainsi que des débarquements à terre : *A bord, le capitaine d'armes est un officier marinier fusilier.* ● *Fusilier de l'air,* soldat des unités de l'armée de l'air (compagnies, bataillons), chargé de la protection et de la défense des bases. ‖ *Fusilier marin,* soldat des unités de l'armée de mer destiné à combattre à terre. (Créés en 1854 pour mettre en œuvre la mousqueterie dans les abordages et dans les débarquements à terre, les fusiliers marins, groupés en régiments, brigades, demi-brigades, commandos, participèrent à de nombreux combats : siège de Paris [1870-1871], campagnes de Chine et du Maroc, actions de la brigade Ronarc'h à Dixmude et sur l'Yser [1914], campagnes de Libye [Bir-Hakeim, 1941], de la Libération, de l'Indochine et de l'Algérie.) ◆ **fusillade** n. f. Echange de coups de feu entre deux groupes qui se battent. ‖ Décharge simultanée de plusieurs armes à feu. ◆ **fusiller** v. tr. Tuer à coups de fusil : *Fusiller un espion.* ‖ *Fig. et fam.* Lancer sur, accabler de : *Fusiller quelqu'un de ses regards.* ‖ Rendre inutilisable, casser : *Fusiller une lampe.* ‖ Dépenser (son avoir). ◆ **fusilleur** n. m. Celui qui fusille, qui donne l'ordre d'une exécution. ◆ **fusil-mousquet** n. m. Arme à feu plus légère que le mousquet, mise au point par Vauban. (V. MOUSQUET.) — Pl. des FUSILS-MOUSQUETS.

— ENCYCL. **fusil.** Mis au point en France au XVIIᵉ s., le fusil, dont l'adoption généralisée par l'infanterie n'intervient qu'en 1703, se charge d'abord par le canon. Aucun perfectionnement notable ne lui est apporté jusqu'au milieu du XIXᵉ s. Apparaissent alors successivement le fusil *à capsule,* le fusil *à percussion* (1828), le fusil *à piston* (1831), qui utilisent une amorce fulminante ; le fusil à aiguille *Dreyse* (1827), se chargeant par la culasse ; le fusil à aiguille *Chassepot* (1866), dans lequel la cartouche est introduite dans le canon par une culasse mobile ; le fusil *Gras* (1874), où l'aiguille est remplacée par un percuteur ; le fusil *Lebel* (1886) modifié en 1907, 1915, 1934 ; le fusil modèle 1936 ; le fusil semi-automatique modèle 1949-1956 ; le fusil FRF1 pour tireurs d'élite (1965) et le fusil automatique calibre 5,56 mm (1976).
Les *fusils de chasse* ont suivi eux aussi les progrès de l'armement moderne : fusil *à broche,* puis *à percussion centrale,* et enfin fusil *hammerless* (« sans marteau ») [1870], dans lequel le mécanisme de percussion est à l'intérieur de l'arme. Dans la plupart des fusils de chasse, l'ensemble de la crosse et du canon, généralement non rayé, permet à celui-ci de basculer autour d'un axe pour effectuer le chargement de l'arme. Le canon des fusils de chasse est souvent formé de deux tubes juxtaposés ou superposés, et convergents, dont les axes se croisent à 2,60 m du canon, ce qui permet de tirer deux cartouches sans recharger l'arme. Les calibres correspondant autrefois au nombre de balles contenues dans une livre anglaise et qualifiés de 12, 16 et 20 ont été conservés, ce qui explique que le diamètre du canon est d'autant plus faible que le chiffre désigné est plus grand.

→ V. illustrations pages suivantes.

fusiomètre → FUSION.

fusion n. f. (lat. *fusio*). Passage d'un corps solide à l'état liquide par l'effet de la chaleur. (V. encycl.) ‖ Union de plusieurs noyaux atomiques légers en un seul, de masse plus élevée. (V. encycl.) ‖ Réunion de deux ou plusieurs entreprises industrielles ou

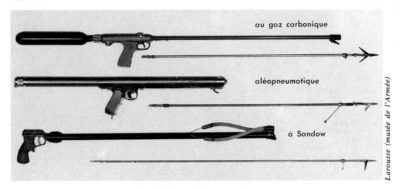

au gaz carbonique

aléopneumatique

à Sandow

Larousse (musée de l'Armée)

fusils de chasse sous-marine

fusil de chasse

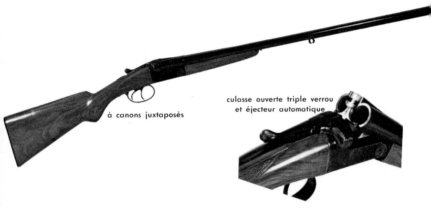

à canons juxtaposés

culasse ouverte triple verrou
et éjecteur automatique

modèle	poids en kilos	calibre en mm	portée utile en mètres	période d'emploi
1777	4,375	17,5	150 à 250	guerres de la Révolution et de l'Empire
1866 (Chassepot)	4,050	11	400	guerre de 1870
1886-1916 (Lebel)	4,180	8	800	Première Guerre mondiale
1936	3,720	7,5	800	Seconde Guerre mondiale
1949-1956 (semi-automatique)	3,900	7,5	800	fusil en service

fusils de guerre

modèle 1777

MAS modèle 1949-1956

Chassepot modèle 1866

Lebel modèle 1886 modifié 1915

MAS modèle 1936

Larousse (musée de l'Armée)

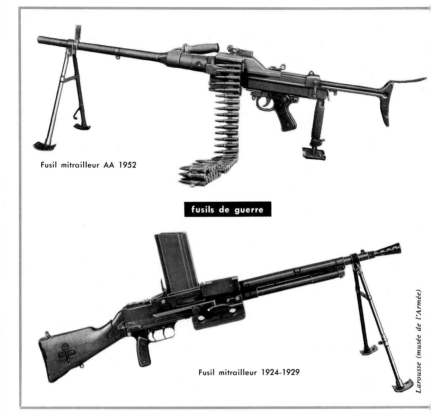

Fusil mitrailleur AA 1952

fusils de guerre

Fusil mitrailleur 1924-1929

Larousse (musée de l'Armée)

commerciales en une seule. ‖ *Fig.* Réunion, alliance : *La fusion de deux partis. La fusion de deux systèmes.* ● *Lit de fusion,* mélange du minerai, du fondant et du coke, chargés dans un haut fourneau ; ensemble des matières chargées dans certains autres fours de fusion. ‖ *Métal* ou *alliage de première fusion,* métal ou alliage obtenu directement à partir du minerai. ‖ *Métal* ou *alliage de seconde fusion,* métal ou alliage refondu après lingotage de la première fusion. ‖ *Point de fusion,* température précise où un corps pur commence à passer de l'état solide à l'état liquide, et qu'il conserve tant que la fusion n'est pas terminée. ● **fusibilité** n. f. Caractère, nature de ce qui est fusible. ‖ Possibilité de fusion d'un produit. ● *Diagramme de fusibilité,* graphique donnant les tempé-

ratures de début de fusion (*solidus*) et de fin de fusion (*liquidus*) des alliages, en fonction de leur composition. ◆ **fusible** adj. Susceptible de fondre par l'effet de la chaleur : *L'étain est un des métaux les plus fusibles.* ● *Bouchon fusible, pastille fusible, plomb fusible, rondelle fusible,* ou *fusible* n. m., pièce en métal fusible qui ferme une ouverture, et dont la fusion, sous l'effet d'une élévation anormale de température, livre passage à un jet de fluide. ◆ n. m. Abrév. de CONDUCTEUR FUSIBLE, partie d'un coupe-circuit* constituée par un fil de plomb ou d'alliage fusible, et qui est destinée, en fondant, à provoquer l'ouverture d'un circuit électrique si l'intensité du courant dépasse pendant un temps déterminé une certaine valeur. ◆ **fusiomètre** n. m. *Phys.* Appareil servant à mesurer la température de fusion. ◆ **fusionnement** n. m. Action de fusionner. ◆ **fusionner** v. tr. Opérer la fusion, la réunion de : *Fusionner deux associations sportives.* ◆ v. intr. Faire fusion ; s'unir par la fusion : *Ces compagnies de chemins de fer viennent de fusionner.*

— ENCYCL. **fusion.** Certains solides amorphes, comme le verre, la cire, lorsqu'on les chauffe, ne deviennent liquides que de façon progressive ; il y a *fusion pâteuse.* Pour les corps cristallisés, il y a passage discontinu, ou *fusion nette.* Ce dernier phénomène est soumis aux lois suivantes : 1° sous une même pression, un corps pur entre toujours en fusion à la même température, dite *point de fusion ;* 2° la température demeure invariable pendant toute la durée de la fusion.
Par convention, la glace fond à 0 °C ; voici quelques autres points de fusion sous la pression atmosphérique :

Argent	960,5 °C
Carbone.	3 845 °C
Etain.	231,8 °C
Fer.	1 535 °C
Mercure.	— 38,8 °C
Or.	1 063 °C
Phosphore blanc.	44,1 °C
Platine	1 773 °C
Plomb	327,4 °C
Soufre	112,8 °C
Tungstène	3 370 °C

Bien que la température reste fixe pendant la fusion d'un corps pur, il faut lui fournir de la chaleur pour le fondre. On nomme *chaleur latente de fusion* la quantité de chaleur que doit absorber l'unité de masse d'un solide pour passer à l'état liquide sans variation de température.
La plupart des solides augmentent de volume en fondant ; leur point de fusion s'élève alors avec la pression. La glace, au contraire, se contracte en fondant, et un accroissement de pression entraîne un abaissement de son point de fusion. Cette propriété permet d'expliquer le regel*.

— *Métall.* La fusion se manifeste par une irrégularité dans la courbe température-temps. L'opération de fusion s'effectue dans des fours dont le type est fonction de la nature des matières traitées. En métallurgie, les fusions sont réalisées avec ou sans réaction chimique. Les opérations de base de la métallurgie d'élaboration des principaux métaux à partir de leurs minéraux constituent des fusions avec *réactions chimiques :* fusions *oxydantes, réductrices* ou *scorifiantes.* Certaines fusions sont dites *particulières avec réactions* (fusions carburantes, sulfurantes, avec réaction mutuelle entre deux composés tels que sulfure et oxyde).

— *Phys. nucl.* La fusion d'éléments légers, par exemple la transmutation d'hydrogène en hélium, est une source considérable d'énergie. Cette propriété, qui explique l'origine de l'énergie rayonnée par les étoiles, est mise à profit dans la bombe thermonucléaire. (V. ATOME.)

fusionnement, fusionner → FUSION.

fusocellulaire adj. Se dit de tumeurs caractérisées par des cellules fusiformes.

fusospirillaire adj. Se dit de l'association d'un bacille fusiforme et d'un spirochète, dont la symbiose est à l'origine de l'angine de Vincent et de certaines stomatites.

Fuss (Nicolas), mathématicien suisse (Bâle 1755 - Saint-Pétersbourg 1825). Elève de Bernoulli, il se fixa en Russie, où Euler l'avait appelé. Ses travaux concernent la géométrie de la sphère et les équations différentielles. Il étudia plus spécialement l'*ellipse sphérique,* lieu des points d'une sphère dont la somme des distances (sphériques) à deux points de la même sphère est constante.

Füssen, v. d'Allemagne (Allem. occid., Bavière) ; 9 600 h. Château des XIIIe et XIVe s. Traité conclu en 1745 entre Marie-Thérèse d'Autriche et Maximilien-Joseph de Bavière ; ce dernier renonçait à ses prétentions sur les domaines de Habsbourg.

Füssli ou **Füessli,** famille d'artistes et d'écrivains suisses, dont les principaux sont : JOHANN RUDOLF (Zurich 1709 - *id.* 1793), dit *le Vieux,* miniaturiste, auteur d'un *Dictionnaire des artistes ;* — JOHANN HEINRICH (Zurich 1741 - Londres 1825), dit, en Angleterre, HENRY **Fuseli,** second fils de Johann Kaspar ; ami de Blake, Mengs, Winckelmann, il fut un des précurseurs du romantisme (musées de Bâle et de Zurich).

Fust (Johann), imprimeur de Mayence (v. 1400 - Paris 1466). Il publia, en collaboration avec Peter Schöffer, le *Psautier* de Mayence (1457), premier livre imprimé portant une date. On lui doit également la *Bible* de 1462, ainsi que d'autres belles éditions.

fustanelle n. f. (même racine que *futaine*). Jupon court, à plis, évasé, qui fait partie du costume national grec.

Fustât, quartier du Caire.

Fustel de Coulanges (Numa Denis), historien français (Paris 1830 - Massy 1889). Il occupa la chaire d'histoire du Moyen Age à la Sorbonne (1878-1888) et dirigea l'Ecole normale supérieure (1880-1883). Outre son œuvre principale, *la Cité* antique (1864), il est l'auteur d'une thèse, *Polybe ou la Grèce conquise par les Romains* (1858), et d'une *Histoire des institutions de l'ancienne France* (1875-1892). [Acad. des sc. mor., 1875.]

fustet n. m. (mot provenç.). Arbrisseau de 2 à 3 m de haut, poussant dans les zones arides des régions alpines, cultivé comme ornemental pour les pédoncules duveteux de ses fleurs. (Le fustet est un sumac*. Famille des anacardiacées.)

fustibale n. f. (lat. *fustibalus*). Fronde emmanchée au bout d'un bâton (Moyen Age) : *La portée de la fustibale était de 300 m.*

fustigation → FUSTIGER.

fustiger v. tr. (bas lat. *fustigare ;* de *fustis,* bâton) [conj. 1]. Battre à coups de bâton, de verges, de fouet, etc. : *Fustiger un enfant.* ‖ *Fig.* Châtier, corriger, reprendre vivement : *Fustiger quelqu'un par de blessantes railleries. Molière a fustigé l'hypocrisie.* ‖ — SYN. : *flageller, fouailler, fouetter.* ◆ **fustigation** n. f. Action de fustiger. (La fustigation, en usage dans toutes les armées de l'Antiquité, était infligée pour les fautes graves. Supprimée en France en 1789, elle resta encore longtemps en vigueur en Angleterre.)

fusuline n. f. Foraminifère fossile dans le carbonifère et le permien. (Type de la famille des *fusulinidés.*)

fusus [zys] (mot lat.). Nom scientifique du *fuseau* (mollusque).

fût [fy] n. m. (lat. *fustis,* bâton). Portion de la tige d'un arbre sans rameaux. ‖ Corps d'une colonne compris entre la base et le chapiteau, monolithe ou appareillé en tambours superposés, droit ou torse, lisse ou cannelé. (Il n'est généralement pas cylindrique, ni toujours de section circulaire. Les matériaux modernes permettent des fûts plus élancés que ceux de l'architecture classique.) ‖ Monture de bois dans laquelle est assujetti le canon d'une arme à feu : *Le fût peut être distinct ou solidaire de la crosse.* ‖ Armature, charpente de selle de limon. ‖ Tonneau où l'on met du vin ou une autre boisson. (V. encycl.) ‖ Récipient pour produit pétrolier, de 50 à 250 litres, constitué par un cylindre en tôle renforcée par des nervures, avec une bonde fermée par un bouchon vissé. ‖ Outil portant le couteau qui sert à rogner les tranches du volume, en reliure manuelle. ‖ Outil en fer du marbrier, sur lequel on monte des mèches de diverses grosseurs. ‖ Monture en bois dur dans laquelle est logé et assujetti un fer pour le travail manuel du bois. ‖ Partie centrale d'une ensouple, sur laquelle s'enroulent les fils de chaîne lors de l'ourdissage. ◆ **futaie** n. f. Forêt provenant de semis ou de plants, destinée à produire des arbres de grandes dimensions. ‖ Groupe d'arbres de grandes dimensions. (V. encycl.) ◆ **futaille** n. f. Récipient où l'on met du vin ou une autre boisson. (Syn. FÛT.) ‖ Ensemble de fûts, de barriques. ● *Futaille en botte,* assortiment de merrains (douelles et fonds), liés ensemble, nécessaires pour construire un fût. — ENCYCL. **fût.** Les termes *fût, futaille* et *tonneau* sont pratiquement synonymes. Suivant les régions, les fûts destinés à contenir des vins ont une capacité variable : les *barriques,* ou *pièces,* contiennent entre 200 et 275 litres ; le *tonneau* du Bordelais jauge 900 litres, la *pipe* des Charentes 420 litres, le *tierçon* d'Armagnac 375 litres, la *feuillette* de Bourgogne 114 ou 136 litres, la *boute* de Provence 500 à 600 litres. Mais de plus en plus, on exprime les volumes en hectolitres.

— *futaie.* On distingue la *futaie pleine,* où les peuplements sont de même âge, et la *futaie jardinée,* formée de peuplements de tous âges, mélangés. La futaie pleine passe par les états de semis naissant, de fourré, de gaulis, de perchis, de jeune futaie (40 à 60 ans), de jeune haute futaie (60 à 120 ans), de haute ou vieille futaie (120 à 200 ans). L'aménagement en futaie permet d'obtenir du bois d'œuvre et d'industrie en abondance, mais peu de bois de chauffage. La futaie est le seul régime possible pour les résineux.

Futabatei Shimei (HASEGAWA TATSUNO-SUKE, dit), romancier japonais (Tōkyō 1864 - dans le golfe du Bengale 1909). Il traduisit en japonais Dostoïevski et Tourgueniev. Il lança le mouvement *Gembun itchi* (*Rédiger en langue parlée*) et publia le premier roman en langue parlée, *Ukigumo* (*Nuages flottants*) [1887].

futaie, futaille → FÛT.

futaine n. f. (du lat. médiév. *fustaneum,* trad. du bas gr. *xulina lina,* proprem. « étoffe de bois », pour désigner le coton ; ou de *Fustāt,* faubourg du Caire). Tissu de fil ou de coton, qui servait autref. à faire des jupons et des doublures.

futé, e adj. et n. (de *fût,* bâton). Qui a de la malice, de la ruse, comme celui qui a acquis de l'expérience à force d'avoir été battu et rebattu ; roué : *Une petite fille futée.* ‖ Malicieux : *Un air futé.*

futée n. f. Mastic de colle forte et de sciure de bois qui sert à boucher les fentes d'une pièce de bois.

futile adj. (lat. *futilis*). Qui a peu de valeur, peu d'importance : *Des raisons futiles. Ne s'occuper que de choses futiles.* ‖ Qui attache de l'importance à des choses qui n'en ont pas : *Un peuple futile.* ◆ **futilement** adv. D'une manière futile. ◆ **futilité** n. f. Caractère, nature de ce qui est futile : *La futilité d'une objection, d'un esprit.* ‖ Chose futile, discours futile : *Aimer les futilités. Dire des futilités.*

Futuna (ÎLE), île de la Mélanésie, faisant partie du territoire français des îles Wallis-et-Futuna. (Hab. *Futuniens.*)

futur, e adj. (lat. *futurus,* part. fut. du verbe lat. *esse,* être). Qui sera dans un temps à venir : *Les événements futurs. Futur mariage. Un futur poète.* ● *Vie future,* la vie qui, dans la plupart des religions, doit suivre la vie présente. ◆ n. Celui, celle qui va se marier : *Le futur. La future.* ‖ — **futur** n. m. Avenir, temps futur : *Se placer dans la perspective du futur.* ‖ *Linguist.* Système de formes verbales situant l'action dans l'avenir par rapport au moment présent ou à un moment considéré. ● *Futur antérieur,* celui qui exprime en général l'antériorité d'une action future par rapport à une autre également future. (Ex. : *Il sortira quand il aura fini ses devoirs.*) ‖ *Futur du passé, Futur antérieur du passé,* noms donnés au condi-

tionnel présent ou passé employé comme temps. (Ex. : *Je pensais qu'ils viendraient, qu'ils seraient venus.*) ‖ *Futur simple,* celui qui exprime en général la simple postériorité d'une action ou d'un fait par rapport au moment où l'on parle. ◆ **futurologie** n. f. Ensemble des recherches qui visent à prévoir quel sera, à un moment donné de l'avenir, l'état du monde ou d'un pays dans les domaines techniques, social, etc. (V. *encycl.*) ◆ **futurologue** n. Spécialiste de futurologie.
— ENCYCL. *futurologie.* Jadis, les sociétés évoquaient leur avenir en termes de destin ou de fatalité. Aujourd'hui, elles tentent de le maîtriser. C'est dans ce changement d'attitude qu'il faut chercher la raison des succès de la futurologie. Celle-ci procède de l'idée que les techniques ont pris place au cœur de l'histoire, et de la conviction, légitime ou non, que leur évolution offre une prise à l'effort de prévision. Mais la futurologie, qui se veut scientifique, entend surtout servir d'instrument à l'action, faisant ainsi de l'avenir autre chose qu'un destin. A ce titre, elle coïncide avec l'idéologie technicienne de l'époque et avec la représentation que la société moderne se donne d'elle-même.

futurisme n. m. (de l'ital. *futuro*). Mouvement littéraire et artistique créé en Italie en 1909 par un groupe de jeunes écrivains et artistes. (V. *encycl.*) ◆ adj. Qui cherche à évoquer la société, les techniques de l'avenir : *Une cité futuriste.*
— ENCYCL. *futurisme.* Né en 1909 avec le premier *Manifeste du futurisme,* du poète Marinetti, ce mouvement va donner, à partir de l'Italie, une impulsion décisive à l'art du XXᵉ s. et particulièrement à l'avant-garde russe groupée autour de Maïakovski. Il refuse le passéisme et exalte la vitesse, la machine, le dynamisme de la vie moderne, avec l'« amour du danger », l'« agressivité » et la violence qui s'y rattachent. Les nombreuses manifestations futuristes, expositions ou manifestes (ainsi le *Manifeste de la peinture futuriste* et le *Manifeste technique de la peinture futuriste,* de 1910, signés par Boccioni, Balla, Carrà, Severini et Luigi Russolo) créent des scandales. Les peintres, à la recherche de la « sensation dynamique » et des « lignes-forces », adoptent la technique divisionniste héritée du néo-impressionnisme et une géométrisation inspirée du cubisme, tandis que l'architecte Antonio Sant'Elia

futurisme
Severini, « Bicyclette dans le soleil », *coll. part.*

Giraudon

conçoit les plans de sa *Città Nuova* (1914) en fonction du mouvement et de la circulation. La même volonté de simultanéité, d'interférence des formes et des sensations, de rythme touche la poésie : fortement marquée par les manifestations picturales futuristes (notamment dans ses recherches idéogrammatiques et typographiques), celle-ci passe du vers libre, avec Paolo Buzzi, Enrico Cavacchioli, Luciano Folgore, Corrado Govoni, aux « mots en liberté » (« *parole in libertà* », Marinetti, 1910), tentative qui annonce aussi bien les *Calligrammes* d'Apollinaire que la poésie « concrète » et « spatialiste » contemporaine.

Produit du fulgurant essor de l'Italie au début du siècle, le futurisme en a les contradictions, qu'il tente de dépasser dans son adhésion au fascisme. En fait, il se désagrège. Un second futurisme apporte un certain renouveau avec Enrico Prampolini, protagoniste de presque tous les courants d'abstraction et d'avant-garde, Fortunato Depero et Luigi Colombo, dit Fillia.

futurologie, futurologue → FUTUR.

Fuveau, comm. des Bouches-du-Rhône (arr. d'Aix-en-Provence), à 32,5 km au N.-E. de Marseille ; 4 029 h. — Le *bassin de Fuveau* est la principale région productrice de lignite de France.

Fux (Johann Joseph), compositeur autrichien (Hirtenfeld, Styrie, 1660 - Vienne 1741). Maître de chapelle à la cour de Vienne, on lui doit environ 400 œuvres, remarquables par la maîtrise de la facture. Son ouvrage *Gradus ad Parnassum...* codifie les règles du contrepoint et a servi à tous les grands musiciens (Haydn, Mozart).

fuyant, fuyard → FUIR.

Fuzūlī (Muḥammad ibn Sulaymān), en turc **Mehmet Süleyman Oğlu Fuzuli,** poète turc d'origine kurde (Bagdad v. 1494 - † 1556 ou 1562). Il est l'auteur de trois *Divans*, d'abord en turc, puis en arabe et en persan. Son recueil de poésies turques (surtout en dialecte azéri) jouit encore de la faveur des lecteurs turcs d'aujourd'hui.

Fyn, nom danois de la **Fionie.**

Fyne, golfe long et étroit de la côte ouest de l'Écosse.

Fyt (Jan), peintre flamand (Anvers 1611 - id. 1661). Élève de François Snyders, il peignit des natures mortes et des scènes de chasse (*Deux Lévriers,* Anvers).

Rémy Poinot

Grande-Bretagne

g n. m. Septième lettre de l'alphabet notant, en français, les consonnes [g] et [k]. ‖ **G** a désigné au Moyen Age et désigne encore de nos jours, dans la nomenclature musicale germanique, le *sol.* ‖ Dans les titres d'honneur précédant un nom propre, **S. G.** signifie Sa Grâce ou Sa Grandeur, **V. G.** Votre Grâce ou Votre Grandeur ; **G.-C.** signifie grand-croix, **G. M.** grand maître, et **G. O.** grand officier. ‖ En physique, **g** représente l'intensité du champ de pesanteur ou l'accélération des corps en chute libre. ‖ **g** est le symbole du *gramme,* unité de masse. ‖ **G** est le symbole de *giga,* préfixe employé dans les systèmes d'unités avec la valeur 10^9, ou 1 milliard ; il est également le symbole du *gauss,* unité d'induction magnétique dans le système C. G. S. ● *Couche G,* région de l'ionosphère* située vers 400 km et au-dessus.

Ga, symbole chimique du *gallium.*

gabalitain, e adj. et n. Relatif au Gévaudan ou à ses habitants ; habitant ou originaire de cette région. ‖ — *gabalitain* n. m. Dialecte de langue d'oc parlé en Lozère et dans une partie de la Haute-Loire.

Gabaon. *Géogr. anc.* Ville de Palestine (tribu de Benjamin). C'est l'actuelle *Al-Djīb.*

Gabaonites, habitants de Gabaon. Ils conclurent une alliance frauduleuse avec Josué.

Gabardan, comté gascon, correspondant aux cantons de Cazaubon, de Montréal et de Gabarret. Il fut uni au Béarn en 1134.

gabardine n. f. (esp. *gabardina ;* du moyen franç. *gavardine,* sorte de manteau). Etoffe de laine tissée genre serge, ayant le même envers et présentant à l'endroit une côte en relief. ‖ Manteau à manches longues, exécuté dans un tel tissu imperméabilisé.

gabare ou **gabarre** n. f. (provenç. *gabarra ;* ital. et esp. *gabarra*). Embarcation à voiles et à rames naviguant sur les rivières et servant à charger et à décharger les gros bâtiments. ‖ Dans l'ancienne marine de l'Etat, bâtiment de charge et de transport. ‖ Filet à mailles serrées utilisé aux embouchures des fleuves sur les côtes de l'Océan. ◆ **gabaret** n. m. Filet plus petit que la gabare. ◆ **gabarier** n. m. Professionnel effectuant le chargement ou le déchargement des navires à l'aide d'une gabare.

gabariage → GABARIT.

gabarier → GABARE et GABARIT.

gabarieur → GABARIT.

gabarit [ri] n. m. (provenç. *gabarrit*). Modèle servant à tracer, à vérifier ou à contrôler le profil ou les dimensions que doivent avoir certains objets. ‖ Instrument ou procédé permettant, dans un contrôle de fabrication, de classer une unité contrôlée en deux catégories différentes, suivant que le résultat du contrôle correspond ou non à un standard donné. ‖ Patron de grandeur d'exécution, permettant de contrôler la portée d'une voûte, le profil d'une moulure. ‖ Profil du terrassement à réaliser pour aménager une tranchée, un remblai, etc. ‖ Patron en bois découpé, d'une pièce de charpente d'un navire. ‖ Ensemble des formes d'un bateau. ‖ *Pop.* Stature : *Quel gabarit!* ● *Gabarit de chargement,* profil extérieur maximal offert à un véhicule, chargement compris. ‖ *Gabarit de halage, gabarit de navigation,* espace rectangulaire, à partir d'un certain niveau, qui, libre de tout obstacle sous un pont, permet soit le halage sur les rivières, soit le passage des bateaux. ‖ *Salle des gabarits,* dans un chantier de constructions navales, vaste salle sur le parquet de laquelle sont dessinées en vraie grandeur les pièces de navire. (On dit aussi SALLE DES TRACÉS.) ◆ **gabariage** n. m. Action de construire les gabarits des diverses pièces d'un navire. ‖ Action de faire passer un objet au gabarit afin de s'assurer qu'il a les dimensions requises. ◆ **gabarier** v. tr. Vérifier si les dimensions données à un objet quelconque sont conformes au gabarit. ◆ **gabarieur** n. m. Ouvrier qui trace, taille et construit les gabarits en général. ◆ **gabarit-obstacle** n. m. Profil minimal intérieur de l'ouverture d'un ouvrage d'art qui surmonte une voie ferrée, et sous lequel doit passer, sans le toucher, un véhicule chargé. — Pl. *des* GABARITS-OBSTACLES.

gabarre n. f. V. GABARE.

Gabarret, ch.-l. de c. des Landes (arr. et à 46 km au N.-E. de Mont-de-Marsan) ; 1 532 h.

Gabas (le), riv. de la Chalosse, née au N. de Lourdes, affl. de l'Adour (r. g.) ; 107 km.

gabbro n. m. (mot ital.). Roche grenue, à plagioclases basiques et à minéraux colorés en quantité égale ou supérieure. (C'est une roche lourde, mouchetée, verte ou grise.)

gabegie n. f. (orig. obscure ; sans doute de *gaber*). Gestion désordonnée, gaspillage : *Il y a dans cette entreprise une gabegie extraordinaire.*

gabeleur, gabelier → GABELLE.

gabelle n. f. (ital. *gabella*; ar. *kabala*, impôt). Impôt sur le sel, en vigueur sous l'Ancien Régime ; et, *par anal.,* impôt analogue sur d'autres denrées. ‖ Administration chargée de percevoir cet impôt. (V. *encycl.*) ◆ **gabeleur** n. m. Employé de la gabelle. (On a dit aussi GABELEUX et GABELOU.) ◆ **gabelier** n. m. Officier de la gabelle. ◆ **gabelou** n. m. (forme dialect. de *gabeleux*). Autref., employé de la gabelle. ‖ *Péjor.* Douanier, commis des contributions indirectes.

— ENCYCL. **gabelle.** La gabelle sur le sel fut instituée par Philippe VI. Elle permettait de contrôler tout le commerce du sel en ajoutant un droit élevé au prix de vente. La mar-

chandise était stockée dans des greniers royaux. Au XVI⁰ s., la gabelle s'était étendue du domaine royal à toute la France. On distinguait alors : 1° les provinces de *grande gabelle* (Bassin parisien), où la gabelle fut considérée comme un impôt de répartition, applicable à tous (en fait, des privilégiés, bénéficiaires du *franc salé,* y échappaient) ; 2° les provinces dégrevées (pays de *petite gabelle* [Sud-Est], pays *rédimés,* pays de *salins* [Bourgogne], pays du *quart-bouillon* [basse Normandie]) ; 3° quelques zones franches [Boulonnais, Bretagne], où le sel était abondant, et les greniers rares. La contrebande du sel, intense aux confins de la Bretagne, était punie des galères ou de la peine de mort. La gabelle fut abolie en 1790.

gabelou → GABELLE.

Gaberones V. GABORONE.

Gabès, v. de la Tunisie méridionale, ch.-l. de gouvernorat, sur le *golfe de Gabès;* 24 400 h. Située à l'emplacement de l'ancienne ville romaine de *Tacapae.* Palmeraie. Pêcheries. Engrais azotés.

gabie n. f. (provenç. *gabio,* de l'ital. *gabbia,* cage). Demi-hune en caillebotis, placée autref. au sommet des mâts à antennes. ◆ **gabier** n. m. Matelot breveté dans la spécialité de la manœuvre, particulièrement chargé de l'entretien de la mâture, du gréement, ainsi que de la manœuvre des embarcations et des ancres. ‖ Ouvrier préposé au coulage du béton dans le tube de fonçage, dans les travaux par battage de pieu.

Gabies, en lat. *Gabii. Géogr. anc.* Ville du Latium, dans le pays des Volsques, au N.-E. de Rome. Une statue qui en provient, la *Diane de Gabies,* est au Louvre.

Gabin (Jean Alexis MONCORGÉ, dit **Jean**), acteur de cinéma français (Paris 1904- Neuilly 1976). Il vint au cinéma vers 1930 et travailla successivement avec Duvivier, Renoir, Carné. Citons parmi ses nombreux films : *la Bandera* (1935), *Pépé le Moko* (1937), *la Grande Illusion* (1937), *Quai des Brumes, la Bête humaine* (1938), *Le jour se lève* (1939), *Remorques* (1941), *Au-delà des grilles* (1948), *la Marie du port* (1950), *la Vérité sur Bébé Donge* (1951), *Touchez pas au grisbi* (1954), *Archimède le Clochard* (1959), *le Président* (1960), *Le cave se rebiffe* (1961), *Maigret voit rouge, Mélodie en sous-sol* (1963), *Monsieur* (1964), *le Tonnerre de Dieu* (1965), *le Pacha* (1967), *Verdict* (1974), etc.

Gabinius (Aulus), consul romain (v. 100 - Salone 47 av. J.-C.). Il accrut les pouvoirs de la plèbe et fit voter les pouvoirs dictatoriaux à Pompée (67). Il fut proconsul en Syrie (55), puis exilé pour concussion.

gabion n. m. (ital. *gabbione,* grande cage). Grand panier d'osier à deux anses. ‖ Caisse à carcasse métallique que l'on remplit de cailloux pour constituer un revêtement protecteur des berges d'un cours d'eau. ‖ Hutte installée sur le domaine maritime pour chasser le gibier d'eau. ‖ Panier cylindrique sans fond, rempli de terre ou de cailloux, et fait de branchages entrelacés ou de grillage. (Autref., dans la guerre de siège, les gabions étaient très utilisés. Auj., on utilise plutôt des gabions métalliques comme fondations de piles, de barrage, etc.) ● *Bobinage gabion,* bobinage dont les spires consécutives, enchevêtrées le long d'une surface cylindrique, offrent l'aspect d'un fond de panier, et que l'on utilise pour des enroulements de haute fréquence en vue de réduire la capacité répartie. ◆ **gabionnage** n. m. Action de faire ou de poser des gabions. ◆ **gabionner** v. tr. Protéger par des gabions. ◆ **gabionneur** n. m. Celui qui fait, pose ou utilise des gabions.

Gabirol (Salomon IBN). V. AVICÉBRON.

Gabizos ou **Grabizos**, massif schisteux des Pyrénées françaises (Hautes-Pyrénées) ; 2 684 m.

gable ou **gâble** n. m. (du norrois *galf* ou angl. *gable,* pignon, fronton). Mur léger, triangulaire, posé sur l'arc d'une baie et qui l'encadre. ‖ Triangle formé par les deux arbalétriers d'une lucarne.

Gable (Clark), acteur américain (Cadix, Ohio, 1901 - Hollywood 1960). Il fut, durant une trentaine d'années, l'une des stars les plus célèbres d'Hollywood et marqua de sa personnalité de nombreux films, parmi lesquels : *New York-Miami* (1934), *les Révoltés du Bounty* (1935), *San Francisco* (1936), *Autant en emporte le vent* (1939), *les Misfits* (1960).

Gabo (Naum), sculpteur américain d'origine russe (Briansk 1890 - Waterbury, Connecticut, 1977). Avec son frère Antoine Pevsner, il a élaboré le constructivisme (1920).

Jean Gabin

Keystone

armoiries du **Gabon**

Gabon, baie de la côte du Gabon, où débouchent les estuaires de la Ramboé et de la Como ; sur la rive droite se trouve la capitale, Libreville.

Gabon, république de l'Afrique équatoriale ; 267 000 km[2] ; 1 200 000 h. Capit. *Libreville.* Langue officielle : *français.*

Géographie.

Le Gabon correspond principalement au bassin de l'Ogooué, dont le cours moyen ouvre un passage entre les monts de Cristal, au N., et les monts Du Chaillu et Achango, au S. A l'O., ces massifs dominent une plaine côtière; à l'E. s'étendent des plateaux. L'ensemble du pays, soumis au climat équatorial, est couvert par la grande forêt. La population, très peu importante, est formée de divers groupes (Pygmées, Négrilles, Fangs, Pahouins, Bakotas). Les ressources du pays ont été longtemps représentées par le bois (acajou, ébène, okoumé), par quelques plantations de cacao et d'hévéas et par quelques mines d'or et de diamants dans les monts Du Chaillu. Mais, depuis quelques années, le Gabon connaît un très grand essor minier avec le pétrole de Pointe-Clairette et d'Ozouri, près de Port-Gentil, avec l'extraction de l'uranium, à Mounana, et surtout avec la mise en exploitation de l'énorme gisement de manganèse proche de Franceville (Mouanda), dont le minerai est exporté par la voie ferrée du Congo-Océan. Enfin un gisement de minerai de fer a été reconnu dans la région de Mékambo, dans le nord-est du pays.

Naud-A.A.A.

abattage du bois

Histoire.

Jusqu'au XIXe s., l'histoire du Gabon est celle d'une mosaïque d'ethnies (Mpongwés, Oroungous, Fangs, etc.). Le Gabon moderne

Libreville
la chambre de commerce

Nusseaume-images et textes

PRÉFECTURE	SUPERFICIE EN KM²	NOMBRE D'HABITANTS	CHEF-LIEU
Estuaire	20 740	311 300	*Libreville*
Haut-Ogooué	36 547	187 500	*Franceville*
Moyen-Ogooué	18 535	50 500	*Lambaréné*
N'Gounié	37 750	122 600	*Mouila*
Nyanga	21 285	89 000	*Tchibanga*
Ogooué-Ivindo	46 075	56 500	*Booué*
Ogooué-Lolo	25 380	50 500	*Koula-Moutou*
Ogooué-Maritime	22 890	171 900	*Port-Gentil*
Woleu-N'Tem	38 465	162 300	*Oyem*

VILLES PRINCIPALES : *Libreville, Port-Gentil.*

naît de l'abolition de la traite négrière en 1839, à la suite d'un accord passé entre un chef de clan de la rade du Gabon et un officier de marine français. En 1849 naît Libreville, peuplée d'esclaves libérés. Missionnaires et explorateurs français sillonnent le pays qui, de proche en proche, devient possession française, l'action de Savorgnan de Brazza, à partir de 1879, étant, dans cette perspective, décisive. En 1886, les deux colonies du Gabon et du Congo sont constituées ; elles fusionnent de 1888 à 1904, puis le Gabon retrouve son entité administrative, maintenue au sein de l'Afrique-Equatoriale française (A.-E. F.). Dès 1940, le Gabon embrasse la cause de la France libre.
L'aspiration des Gabonais à l'autonomie est sanctionnée par la loi-cadre du 23 juin 1956. L'indépendance s'impose rapidement : proclamée le 28 novembre 1958, la République gabonaise est entièrement libre en 1960. Sous la direction de Léon M'Ba (de 1961 à 1967), puis d'Albert Bongo, la vie politique est caractérisée par un régime présidentiel, régime qui a évolué rapidement vers un système de parti unique de fait.

gabonais, e adj. et n. Relatif au Gabon ou à ses habitants ; habitant ou originaire de cette région.

Gabor (Dennis), physicien britannique d'origine hongroise (Budapest 1900 - Londres 1979). Il a reçu le prix Nobel de physique (1971) pour son invention, qui remonte à 1948, de la méthode holographique et pour le développement qu'il lui a donné.

gabord ou **galbord** n. m. (orig. incertaine). Partie du bordé d'un navire voisine de la quille.

Gaboriau (Emile), écrivain français (Saujon 1832 - Paris 1873). Il a créé le genre du roman policier : *l'Affaire Lerouge* (1866), *le Crime d'Orcival* (1867), *Monsieur Lecoq* (1869), *la Corde au cou* (1873).

Gaborone anc. **Gaberones**, capit. du Botswana ; 14 500 h.

Gabriel (d'un mot hébr. signif. *homme de Dieu*), archange qui annonça à Daniel la venue des temps messianiques, à Zacharie la naissance de Jean-Baptiste, et à Marie celle de Jésus. — Fête le 24 mars.

Gabriel Lalemant (saint), missionnaire français (Paris 1610 - Saint-Ignace, Canada, 1649). Jésuite (1630), il partit pour le Canada (1646), où il fut torturé et exécuté par les Iroquois. Canonisé en 1930. — Fête le 26 sept.

Gabriel de Notre-Dame des Sept Douleurs (saint) [Francesco POSSENTI], religieux italien (Assise 1838 - Isola 1862). Entré chez les Passionnistes (1856), il se fit remarquer par sa dévotion à la Vierge. Canonisé en 1920. — Fête le 27 févr.

Gabriel, famille d'architectes français. JACQUES Iᵉʳ bâtit l'ancien hôtel de ville de Rouen. — Son fils JACQUES II (v. 1630 - 1686), architecte du roi, construisit sur les plans de Mansart le pont Royal (1685-1689) et le château de Choisy-le-Roi. — JACQUES III (Paris 1667 - *id.* 1742), fils du précédent, édifia l'hôtel de la Chambre des comptes (1730), les ponts de la Guillotière à Lyon, de Charenton, de Pontoise, etc., le palais de la Bourse et celui des Douanes à Bordeaux, l'hôtel de ville de Lyon, les nouveaux bâtiments de l'abbaye de Saint-Denis. — JACQUES IV ANGE (Paris 1698 - *id.* 1782), fils du précédent, acheva la place Royale de Bordeaux, commencée par son père. Il restaura la colonnade du Louvre (1756-1757) et entreprit à Versailles la reconstruction des ailes du château sur la cour. Ses œuvres les plus célèbres sont, à Versailles, l'Opéra (1753) et le Petit Trianon (1762-1764), à Paris, la place Louis-XV (1757-v. 1775) [auj. place de la Concorde] et l'Ecole militaire. Son art est un modèle achevé d'architecture classique.

Gabriel (René), artiste décorateur français (Maisons-Alfort 1890 - Paris 1950). Il contribua au renouvellement des formes industrielles du mobilier.

Gabrieli (Andrea), compositeur et organiste italien (Venise v. 1510 - *id.* 1586). Il a été organiste de Saint-Marc de Venise et il a écrit des œuvres vocales profanes (madrigaux) et religieuses (messes, chansons sacrées, psaumes) et des œuvres instrumentales (ricercari, canzoni, toccate, intonationi). Il aime faire dialoguer les voix dans le madrigal, ou les voix et les instruments (surtout les cuivres) dans le motet, créant ainsi un art coloré. — Son neveu GIOVANNI (Venise 1557 - *id.* 1612), organiste de Saint-Marc, laisse des œuvres vocales (madrigaux, chansons et symphonies sacrés). Il poursuit la révolution d'Andrea dans la musique instrumentale en augmentant le nombre des instruments employés, en faisant alterner les chœurs de cuivres dans ses *Canzoni* e *Sonate*. Ses œuvres d'orgue sont empreintes aussi de ce goût pour la couleur et l'éclat.

Gabrielli (Cante DE'), chef guelfe d'une famille de Gubbio, en Ombrie. Il fut plusieurs fois podestat à Florence entre 1298 et 1306. Il persécuta les gibelins (exil de Dante).

Gabrielli, (Caterina), cantatrice italienne (Rome 1730 - *id.* 1796). Métastase l'appela au Théâtre impérial de Vienne, qu'il dirigeait. Elle chanta dans toute l'Europe.

Gabrovo, v. de Bulgarie, ch.-l. de district, sur le versant nord du Balkan ; 57 800 h.

Gacé, ch.-l. de c. de l'Orne (arr. et à 27 km au N.-E. d'Argentan) ; 2 352 h. (*Gacéens*).

Gace Brulé, trouvère champenois de la fin du XIIᵉ s., seigneur, protégé de Marie de Champagne. On lui attribue quatre-vingt-quatre chansons.

gâchage → GÂCHER.

Gachard (Louis Prosper), historien belge (Paris 1800 - Bruxelles 1885). Il fut directeur des Archives royales de Belgique.

1. gâche → GÂCHER.

2. gâche n. f. (francique *gaspia*, crampon). Pièce de serrure dans laquelle s'engage le pêne. ‖ Pièce en forme de demi-cercle, qui sert à retenir contre un mur une conduite d'eau ou de gaz. ● *Gâche automatique*, gâche commandant l'ouverture à distance par un intermédiaire tel que l'air comprimé ou le courant électrique, agissant sur une partie mobile libérant le pêne demi-tour. ‖ — **gâches** n. f. pl. Pièces métalliques placées en regard des chapiteaux sur les parties dormantes des ouvrages à fermer, et recevant les extrémités des tringles, des crémones, pour en assurer le verrouillage. ◆ **gâchette** n. f. Dans une arme à feu, pièce en acier immobilisant la masse percutante, et dont l'effacement, commandé par la détente, permet le départ du coup. (En général, la gâchette, solidaire de la détente, comporte un ergot, appelé *tête de gâchette*, qui retient le cylindre ou le piston de la masse percutante. La gâchette revient à sa position initiale grâce à un ressort appelé *ressort de gâchette*.) ‖ Dans un piège, pièce qui sert à provoquer la détente. ‖ Dans une serrure, pièce métallique qui se place sous le pêne et l'arrête. ‖ Levier coudé de métier à bras. ● *Gâchette automatique*, dispositif qui, dans une arme automatique, ralentit la cadence du tir par rafales en provoquant pendant une fraction de seconde un arrêt du mécanisme de répétition.

gâchée → GÂCHER.

gâcher v. tr. (francique *waskan*, allem. moderne *waschen*, laver). Malaxer du mortier, du plâtre : *Gâcher du plâtre*. ‖ *Fig.* Faire grossièrement, sans soin : *Gâcher un travail, une affaire*. ‖ Faire un mauvais emploi de ; gaspiller : *Gâcher une journée*. ● *Gâcher le métier*, donner sa marchandise trop bon marché ; travailler à trop bon compte ; faire plus qu'il n'est convenu ou nécessaire. ◆ **gâchage** n. m. Action de gâcher du plâtre, du ciment. ‖ *Fig.* Action de gaspiller. ◆ **gâche** n. f. Outil de maçon servant au gâchage. ◆ **gâchée** n. f. Mortier malaxé en une fois. ◆ **gâcheur, euse** adj. et n. Qui gâte ou gaspille quelque chose, faute de soin : *Gâcheur de besogne*. ‖ Qui vend ou travaille à vil prix. ‖ — **gâcheur** n. m. Manœuvre du bâtiment qui gâche à la pelle le mortier ou le plâtre. ‖ Aide des charpentiers ou des menuisiers. ◆ **gâchis** n. m. Mortier fait avec du plâtre, de la chaux, du sable et du ciment. ‖ Boue, ordure plus ou moins liquide : *Patauger dans le gâchis*. ‖ Amas de choses endommagées. ‖ *Fig.* et *fam.* Affaire embrouillée, situation confuse, désordre : *Un gâchis financier*. ◆ **gâchoir** n. m. Cuve où l'on mélange les pâtes à poterie.

Gachet (Paul Ferdinand), médecin, peintre, graveur et amateur d'art français (Lille 1828 - Auvers-sur-Oise 1909). Ami de Courbet, Manet, Renoir, Degas, Pissarro, Cézanne, il pratiqua l'eau-forte et la peinture sous le pseudonyme de VAN RYSSEL. Il reçut Van Gogh à Auvers en 1890. — Son fils PAUL **Gachet** donna au Louvre une grande partie des collections de son père (1949-1954, 7 Van Gogh, 7 Cézanne, etc.).

gâchette → GÂCHE 2.

gâcheur, gâchis, gâchoir → GÂCHER.

Gacilly (LA), ch.-l. de c. du Morbihan (arr. de Vannes), à 15 km au N. de Redon ; 2 164 h. Appareils sanitaires.

Gad (mot hébr. signif. *bonheur, bonne fortune*), fils de Jacob. Il est l'ancêtre éponyme d'une des douze tribus israélites, établie dans le pays de Galaad au-delà du Jourdain.

Gadara ou **Gazer**. *Géogr. anc.* Ville de Palestine située au S.-E. du lac de Tibériade. Ruines d'un théâtre et d'un aqueduc. C'est l'actuelle *Umm Qeis* (Jordanie).

Gadda (Carlo Emilio), écrivain italien (Milan 1893 - Rome 1973). Il est l'auteur de nouvelles et de romans, où recherches linguistiques et inventions verbales mêlent les termes techniques aux expressions dialectales (*l'Affreux Pastis de la rue des Merles*, 1957 ; *la Connaissance de la douleur*, 1963).

Gaddi (Gaddo), peintre et mosaïste italien, connu de 1312 à 1333, ami de Giotto. Il travailla au baptistère de Florence et à Rome. — Son fils TADDEO (Florence v. 1300 - *id.* 1366), élève et filleul de Giotto, exécuta des fresques à Santa Croce de Florence et à San Francesco de Pise. — AGNOLO, peintre italien (Florence v. 1333 - *id.* 1396), fils et élève du précédent, orienta le style giottesque vers une narration pittoresque et naïve (fresques de Prato).

Gade (Niels Wilhelm), compositeur danois (Copenhague 1817 - *id.* 1890). Après avoir été professeur au conservatoire de Leipzig et chef d'orchestre du Gewandhaus, il revint à Copenhague, où il fonda le Conservatoire royal de musique. Son œuvre, abondante, influencée par Mendelssohn, reste danoise par son lyrisme discret.

gades ou **gadidés** n. m. pl. Importante famille de poissons osseux, généralement marins, aux pelviennes jugulaires, comprenant notamment la morue, le merlan et la lotte. ◆ **gadicule** n. m. Petit merlan argenté de la Méditerranée. ◆ **gadiformes** n. m. pl. Ordre de poissons comprenant les gadidés et les macruridés. (Syn. ANACANTHINIENS.)

Gades ou **Gadès**, en punique **Gadir**, nom antique de **Cadix**.

Gades (DÉTROIT DE), anc. nom du **détroit de Gibraltar**.

gadget [gadʒɛt ; prononc. angl. gadʒit] n. m.

(mot angl. signif. *truc*). Nom donné à toutes sortes d'accessoires pratiques et ingénieux.

gadicule, gadidés → GADES.

Gadifer de La Salle, navigateur français (près de Thouars - † v. 1415). Il conquit les Canaries avec Jean de Béthencourt, en 1402.

gadiformes → GADES.

1. gadin n. m. Petite sphère fixée au sommet d'un flotteur pour la pêche.

2. gadin n. m. *Pop.* Bouchon pour jeu d'adresse. ● *Ramasser un gadin,* tomber.

gadolinite n. f. Silicate naturel d'yttrium, de béryllium et de fer.

gadolinium [njɔm] n. m. (du nom du chimiste finlandais J. *Gadolin,* 1760-1852). Métal du groupe des terres rares. (C'est l'élément nᵒ 64; de masse atomique Gd = 157,25 ; densité 7,9 ; c'est un solide gris clair, fondant à plus de 1 200 ⁰C.)

gadoue n. f. (orig. inconnue). Engrais formé des ordures ménagères et des boues des villes. ‖ *Fam.* Terre détrempée, boue : *Marcher dans la gadoue.*

Gadsden, v. des Etats-Unis (Alabama) ; 58 100 h. Métallurgie.

gadzarts n. m. (contraction de *gars des Arts*). *Arg. scol.* Elève ou ancien élève des écoles nationales d'arts et métiers.

gaélique adj. Qui a rapport aux Gaëls : *Les langues gaéliques.* ✦ n. m. L'un des grands groupes entre lesquels les linguistes partagent le domaine celtique, et comprenant le *gaélique d'Ecosse* (appelé aussi « erse* ») et le *gaélique d'Irlande.*

Gaëls, peuple de langue gaélique qui occupa l'ouest et le nord-ouest des îles Britanniques, au Iᵉʳ millénaire av. J.-C.

Gaeta (Francesco), poète italien (Naples 1879 - *id.* 1927). Il appartient au groupe des poètes « crépusculaires ». Ses principaux recueils sont intitulés : *Reviviscenze* (1900), *Poesie d'amore* (1920).

Gaétan de Thiene (saint), prêtre italien (Vicence v. 1480 - Naples 1547). Il fonda la congrégation des Théatins* pour la réforme du clergé (1524). Canonisé en 1671. — Fête le 7 août.

Gaetani. V. CAETANI.

Gaète, en ital. **Gaeta,** v. d'Italie (prov. de Latina), sur le *golfe de Gaète* ; 20 600 h. Raffinage du pétrole.
● *Histoire.* Gaète fut un des ports importants de l'Empire romain. Du IXᵉ au XIIᵉ s., ce fut un duché prospère. En 1140, la ville devint possession du royaume de Sicile. Place forte importante, elle fut le dernier bastion des Bourbons. Pie IX s'y réfugia en 1848. La capitulation de la ville en 1861 mit fin au royaume des Deux-Siciles.

Gaète (duc DE). V. GAUDIN.

gafa n. f. (mot portug.). Maladie cryptogamique des olives.

1. gaffe n. f. (anc. provenç. *gaf;* peut-être du gotique **gaffian,* saisir). Instrument métallique à un ou deux crochets, fixé au bout d'un manche en bois, et permettant de saisir un filin, un objet, etc. ‖ Crochet métallique avec lequel on pique le poisson pour le sortir de l'eau. ● *Tenir quelqu'un à longueur de gaffe,* lui témoigner de la méfiance ou du mépris. ◆ **gaffer** v. tr. Accrocher avec une gaffe : *Gaffer un saumon.* (V. aussi GAFFE 2.)

2. gaffe n. f. *Fam.* Sottise, maladresse ; parole inconsidérée. ◆ **gaffer** v. intr. *Fig.* et *fam.* Faire une gaffe, une sottise. (V. aussi GAFFE 1.) ◆ **gaffeur, euse** n. *Fam.* Personne qui fait des gaffes, commet des maladresses.

3. gaffe n. f. *Faire gaffe* (pop.), faire attention.

gaffer → GAFFE 1 et 2.

gaffeur → GAFFE 2.

Gaffurio (Franchino), compositeur et théoricien italien (Lodi 1451 - *id.* 1522). Maître de chapelle du Dôme de Milan, ami de Léonard de Vinci, il a écrit des traités qui font présager le passage du contrepoint à l'harmonie.

Gafsa, v. de la Tunisie méridionale, ch.-l. de gouvernorat ; 32 400 h. Palmeraie. Mines de phosphate.

gag n. m. (mot angl.). Jeu de scène ou péripétie inattendus et comiques : *Il y a des gags plaisants dans ce film.* ◆ **gagman** n. m. (mot angl.). Auteur spécialisé dans l'invention des gags. — Pl. *des* GAGMEN.

gaga n. et adj. (onomatop. faite avec le redoublement de la première syllabe du mot *gâteux*). *Fam.* Personne tombée en enfance : *Devenir gaga.*

gagaku n. m. Au Japon, nom donné à la « musique noble » exécutée par des instruments, auxquels s'adjoint parfois un élément vocal.

gagali n. m. Petit caboteur turc gréé en brick, très tonturé.

Gagaouzès, peuple de race et de langue turques, mais de religion chrétienne orthodoxe, disséminé dans la Bulgarie orientale.

Gagarine (Pavel Pavlovitch, prince), homme politique russe (Moscou 1803 - Saint Pétersbourg 1872). Président du Conseil des ministres et du Conseil de l'Empire à partir de 1864, il participa à l'émancipation des serfs et à la révision de la législation.

Gagarine (Youri Alexeïevitch), officier aviateur et cosmonaute soviétique (Gjatsk, région de Smolensk, 1934 - près de Vladimir 1968). Premier homme lancé dans l'espace, il effectua le 12 avril 1961 un vol spatial de 1 h 48 mn à bord de « Vostok I », satellite

→ V. illustration page suivante.

Keystone

Youri Gagarine

artificiel pesant 4 725 kg, placé sur une orbite circumterrestre de 327 km d'apogée et 181 km de périgée.

gage n. m. (du francique *wadi*). Tout ce qui garantit le paiement d'une dette : *Donner ses bijoux en gage.* ‖ Objet que deux personnes en contestation consignent entre les mains d'un tiers jusqu'à la fin du litige. ‖ A certains jeux de société, objet que l'on remet après avoir commis une faute et que l'on reprend après avoir accompli une pénitence. ‖ *Fig.* Garantie, assurance : *Son honnêteté est le gage de sa sincérité.* ‖ Témoignage, preuve : *Un gage d'amitié, de sympathie.* ● *A gages,* payé, salarié : *Tueur à gages.* ‖ *Etre aux gages de quelqu'un,* le servir moyennant salaire ; et, au *fig.,* le servir aveuglément. ‖ *Gage commercial,* gage constitué par un commerçant ou par un individu non commerçant pour un acte de commerce. (Son existence s'établit par tous les moyens de preuve, à la différence du gage civil.) ◆ **gage-mort** ou **mort-gage** n. m. Gage qui ne produisait pas de fruits ou dont les fruits ne venaient pas en déduction du capital de la créance et profitaient au créancier, ce qui en faisait une usure déguisée. (Il disparut vers le XIIe s.) — Pl. *des* GAGES-MORTS ou *des* MORTS-GAGES. ◆ **gage-pleige** ou **pleige-gage** n. m. Assemblée de vassaux convoqués pour l'élection d'un prévôt ou la reconnaissance des rentes dont ils étaient tenus. — Pl. *des* GAGES-PLEIGES ou *des* PLEIGES-GAGES. ◆ **gager** v. tr. (conj. **1**). Garantir par un gage : *Gager une monnaie par la réserve d'or.* ‖ Parier : *Je gage qu'il ne viendra pas.* ◆ **gagerie** n. f. *Dr. anc.* Saisie. (Ne se dit plus que dans la locution *saisie-gagerie.*) ◆ **gageur, euse** n.

Dr. Qui gage. ◆ **gageure** [ʒyr] n. f. La chose gagée elle-même : *Payer une gageure.* ● *C'est une gageure.* Cela ressemble à une gageure (Fig.), se dit d'une action, d'une opinion singulière, peu croyable. ◆ **gagiste** n. et adj. Qui détient une chose à titre de gage : *Créancier gagiste.* ‖ Nom donné jusqu'en 1872 aux employés civils ou militaires aux gages d'un corps de troupes.

Gage (BARRAGE DU), barrage-voûte régularisant les apports du bassin de la Loire, utilisés par l'usine de Montpezat.

gagea n. m. Petite liliacée méditerranéenne aux fleurs jaunes, du premier printemps.

gage-mort ou **mort-gage**, **gage-pleige** ou **pleige-gage**, **gager**, **gagerie** → GAGE.

Gagern (Heinrich, baron VON), homme politique allemand (Bayreuth 1799 - Darmstadt 1880). Chef du ministère libéral formé par le grand-duc de Hesse en 1848, il présida ensuite le parlement de Francfort. Chef du ministère national, il proposa la couronne impériale au roi de Prusse (1849). Le refus de ce dernier entraîna sa retraite.

gaget n. m. Emballage à claire-voie dans lequel on expédie les fromages.

gageure → GAGE.

Gageure imprévue (LA), comédie en un acte et en prose, de Sedaine (1768). Une marquise invite à dîner un officier. Son mari revient. Elle s'amuse à exciter sa jalousie.

gagiste → GAGE.

gagman → GAG.

gagnage n. m. (de *gagner*). Pâturage pour les bestiaux. ‖ Endroit où le gibier va prendre sa nourriture.

gagnant → GAGNER.

Gagnebin (Henri), compositeur suisse (Liège 1886). Son œuvre comprend de la musique de chambre, des œuvres pour orgue, pour orchestre, des oratorios.

gagnepain n. m. Gant utilisé pour les combats de joute (XIIe-XVe s.). [V. GANTELET.]

gagne-pain, **gagne-petit** → GAGNER.

gagner v. intr. (du francique *waidanjan*, faire du butin ; allem. *weiden,* paître). S'étendre, se propager : *L'incendie gagnait de ce côté.* ‖ Etre vainqueur dans un jeu. ‖ Avoir avantage à : *Il gagne à être connu.* ‖ En parlant des choses, s'améliorer : *Le vin gagne en bouteille ;* et, au *fig.* : *Style qui gagne en précision.* ◆ v. tr. Obtenir comme gain, comme profit : *Gagner de l'argent ;* et, absol. : *Gagner beaucoup.* ‖ Obtenir comme avantage, comme heureux résultat : *Gagner le prix, un procès.* ‖ *Ironiq.* Prendre, contracter : *Gagner un rhume.* ‖ Conquérir, être maître de : *Gagner des terres sur l'ennemi ;* et, au *fig.* : *Gagner les cœurs. Gagner des amis. Gagner la sympathie du public.* ‖ Se diriger vers quelque endroit, atteindre (en

parlant des personnes) : *Gagner le trottoir.*
Gagner un refuge dans la montagne. ‖
S'étendre, atteindre (en parlant des choses) :
Le feu gagne le toit; et, au *fig.* : *Le sommeil nous gagne. Il a été gagné par le découragement.* ● *Donner gagné* ou *partie gagnée,*
reconnaître que l'on a perdu avant que la
partie soit terminée. ‖ *Gagner son avoine,*
bien travailler, en parlant d'un cheval. ‖
Gagner le ciel, mériter le paradis. ‖ *Gagner le large,* voguer vers la haute mer, en parlant
d'un navire. ‖ *Gagner un navire,* se rapprocher de lui quand on le poursuit. ‖ *Gagner un port, un mouillage,* réussir à l'atteindre. ‖
Gagner quelque chose sur quelqu'un (Fig.),
l'obtenir de lui : *J'ai gagné sur lui qu'il renoncerait à cette entreprise.* ‖ *Gagner quelqu'un de vitesse,* arriver avant en allant vite;
et, au *fig.,* prévenir et supplanter dans une démarche. ‖ *Gagner du temps,* faire quelque
chose en moins de temps que par un autre
moyen : *En prenant l'avion au lieu du train,
vous gagnez du temps.* — Différer une chose
quand on n'est pas prêt. ‖ *Gagner du terrain,*
avancer; et, au *fig.,* progresser, se propager :
Idées qui gagnent du terrain. ‖ *Jouer à qui
perd gagne,* convenir qu'une partie normalement gagnée est au contraire une défaite. ‖
Se laisser gagner à, se laisser séduire par. ‖
— **se gagner** v. pr. Se communiquer : *Cette
maladie se gagne facilement.* ◆ **gagnant, e**
adj. et n. Qui gagne ou fait gagner : *Billet,
numéro gagnant. Les gagnants et les perdants.* ◆ **gagne-pain** n. m. invar. Ce qui
sert à gagner sa vie; travail ou instrument
de travail. ‖ Personne qui assure la vie à
d'autres personnes : *Jeune homme qui est le
gagne-pain de sa famille.* ◆ **gagne-petit**
n. m. invar. Celui qui ne fait que de petits
gains. ◆ **gagneur, euse** n. Personne qui
gagne, fait des profits : *Gagneur d'argent.*
‖ Celui, celle qui est victorieux : *Gagneur de
matchs.* ‖ Personne qui gagne habituellement
au jeu. ◆ **gain** n. m. Action de gagner ; profit, bénéfice : *Réaliser un gain considérable.*
‖ Salaire, rémunération : *Chercher à augmenter son gain.* ‖ Avantage, succès (avec
un complément) : *Le gain d'un procès. Le
gain d'une bataille.* ● *Gain de cause,* avantage obtenu dans un procès, dans une contestation avec quelqu'un : *Obtenir gain de cause.*
‖ *Gain de survie,* avantage stipulé au profit
du survivant d'un acte.

gagneur → GAGNER.

Gagnoa, v. de la Côte-d'Ivoire (dép. du Sud-Ouest), ch.-l. de cercle ; 76 000 h.

Gagnon, v. du Canada (Québec), dans le
Nouveau-Québec ; 1 900 h. Importants gisements de fer (lac Jeannine).

Gagnon (Clarence), peintre, graveur et illustrateur canadien (Montréal 1881 - *id.* 1942). Il
s'inspira de sujets régionalistes.

Gagny, ch.-l. de c. de la Seine-Saint-Denis
(arr. de Drancy), à 16 km au N.-E. de Paris ;
34 882 h. Industries diverses.

Gaguin (Robert), humaniste et diplomate
français (Calonne-sur-Lys v. 1425 ou 1433 -
Les Préavins, près d'Arras, 1501). Ministre
général de l'ordre des Trinitaires en 1473,
il est l'auteur de nombreuses lettres et discours, d'une histoire de France et d'un ouvrage en français, le *Passe-temps d'oysiveté.*

gahnite n. f. (du nom du minéralogiste
suédois J. G. *Gahn,* 1745 - 1818). Aluminate
naturel de zinc, $ZnAl_2O_4$ du groupe des
spinelles.

gai, e [gɛ] adj. (francique **gahi,* impétueux). De bonne humeur : *Un gai compagnon.* ‖ En parlant des choses, qui marque,
qui exprime, qui inspire la gaieté : *Repas
gai. Conversation gaie.* ‖ Frais et serein (en
parlant du temps) : *Un ciel gai.* ‖ Clair et
frais (en parlant d'une couleur) : *Les personnes gaies aiment les couleurs gaies.* ‖
Hérald. Se dit d'un cheval représenté sans
bride ni harnais. — SYN. : *enjoué, guilleret, jovial, rieur.* ● *Avoir le vin gai* (Fam.),
avoir l'ivresse gaie. ‖ *Etre gai comme un
pinson* (Fam.), être très gai. ‖ *Etre un peu
gai,* avoir bu un peu trop de vin. ‖ *Gaie
science* ou *gai savoir,* se disait autref. de la
poésie des troubadours (par oppos. à la théologie, à la philosophie, etc.). ‖ — **gai!** interj.
Que l'on soit gai (dans de vieux refrains) :
Allons, gai! ● **gaiement** adv. De façon
gaie ; d'une manière gaie : *Chanter gaiement.*
‖ De bon cœur : *Reprendre gaiement le travail.* ◆ **gaieté** [gɛte] n. f. Bonne humeur ;
disposition à rire ou à badiner : *La gaieté
aide à travailler.* ‖ Caractère de ce qui est
gai, riant : *La gaieté d'un paysage, d'une
couleur.* ‖ Vivacité des mouvements d'un
cheval. ‖ *Fam.* Bonne humeur que donne
une pointe d'ivresse : *Etre en gaieté.* —
REM. Les orthographes GAÎTÉ, GAÎMENT ont
été supprimées dans le Dictionnaire de
l'Académie de 1932. ● *De gaieté de cœur,*
de propos délibéré, sans y être obligé :
Affronter de gaieté de cœur la critique. ‖ —
gaietés n. f. pl. Actions, gestes, paroles un
peu folâtres : *Les gaietés du métier.*

Gaia ou **Gê.** *Myth. gr.* La Terre divinisée,
fille d'Eros et de la Nuit. Avec Ouranos, elle
eut les Titans et les Cyclopes.

gaïac ou **gayac** n. m. (de *guaiacán,* n. de la
plante à Haïti). Nom d'un arbre d'Amérique
centrale, dont le bois, le plus dur du monde,
sert à faire des poulies, des galets, des coussinets. (Famille des zygophyllacées.) ◆
gaïacol ou **gayacol** n. m. Ether monométhylique de la pyrocatéchine. (C'est un
solide cristallisé d'odeur forte, fondant à
32 °C ; on l'extrait de la créosote du goudron
de bois, notamment du gaïac, et on l'emploie
comme antiseptique.)

Gaidoz (Henri), archéologue et mythologue
français (Paris 1842 - *id.* 1932). Fondateur de
la *Revue celtique,* il est l'auteur d'ouvrages
sur les religions celtes.

gaiement, gaieté → GAI.

Gaifier, duc d'Aquitaine. V. WAIFRE.

Gaignières (Roger DE), érudit et collectionneur français (Entrains-sur-Nohain, Nivernais, 1642 - Paris 1715). Sa collection d'archives privées et de portraits appartient aujourd'hui à la Bibliothèque nationale.

Gail (le), riv. d'Autriche, affl. de la Drave (r. dr.); 125 km.

Gailde, Gaide ou **Gualde** (Jean), sculpteur et architecte français († Troyes 1519). Il exécuta le chœur et sculpta le jubé de l'église de la Madeleine, à Troyes.

Gailhard (Pierre, dit **Pedro**), chanteur français (Toulouse 1848 - Paris 1918). Basse chantante, il interpréta les principaux rôles du répertoire et fut directeur de l'Opéra.

Gaillac, ch.-l. de c. du Tarn (arr. et à 22 km à l'O. d'Albi, sur le Tarn; 10 654 h. (*Gaillacois*). Ville fondée autour de l'abbaye bénédictine de Saint-Michel. Eglise des XIIe et XIVe s. Vins blancs mousseux.

gaillard [gajar], e adj. (du gallo-roman *galia*, force, d'orig. celt.). En bonne santé : *Se sentir gaillard après une journée de repos.* ‖ Un peu trop libre : *Tenir des propos gaillards.* ✦ n. Personne adroite, maligne : *Ah! mon gaillard, vous ne me bernerez pas si facilement.* ‖ Personne vigoureuse, décidée : *C'est une rude gaillarde.* ✦ **gaillardement** adv. De façon gaie, réjouie : *Supporter gaillardement une épreuve.* ‖ Avec entrain et courage : *Attaquer gaillardement une montée.* ✦ **gaillardise** n. f. Gaieté un peu libre : *Agir avec gaillardise.* ‖ Action, parole un peu trop libre : *Lâcher des gaillardises.*

gaillards

d'avant   d'arrière

gaillard n. m. Dans l'ancienne marine à voile, chacune des superstructures placées à l'avant et à l'arrière, sur le pont supérieur, et servant de logement. (Il y avait le *gaillard d'avant* et le *gaillard d'arrière* ; actuellement, seul le premier a conservé son nom et le *gaillard d'arrière* s'appelle *dunette**.)

Gaillard, comm. de Haute-Savoie (arr. de Saint-Julien-en-Genevois), à 1 km au S.

d'Annemasse ; 9 079 h. Mécanique de précision. Produits pharmaceutiques.

Gaillard (Eugène), artiste décorateur français (1862 - Paris 1933), l'un des rénovateurs de l'art décoratif en France au début du XXe s.

Gaillard (Félix), homme politique français (Paris 1919 - en mer 1970). Radical-socialiste, ministre des Finances (juin 1957), il a été président du Conseil (nov. 1957-avr. 1958).

Gaillardbois - Cressenville, comm. de l'Eure (arr. et à 12 km au N. des Andelys) ; 288 h. Champ de bataille de Brémule, où le roi de France Louis VI fut battu par l'armée anglaise d'Henri Ier (1119).

1. gaillarde n. f. (dédiée au botaniste *Gaillard*). Composée ornementale, aux capitules jaune et rouge.

2. gaillarde n. f. Danse française ancienne, vive et à trois temps. ‖ Morceau instrumental écrit sur le rythme de cette danse, et contrastant, dans la suite instrumentale, avec la pavane.

gaillardement → GAILLARD adj.

Gaillardet (Frédéric), auteur dramatique et journaliste français (Auxerre 1808 - Le Plessis-Bouchard 1882). Il était l'auteur d'un drame que Harel fit récrire par A. Dumas père, qui en signa seul le nouveau texte sous le titre de *la Tour* de Nesle* (1832). En 1839, Gaillardet fonda à New York un journal français, le *Courrier des Etats-Unis*.

gaillardise → GAILLARD adj.

gaillet [gajɛ] n. m. (du gr. *galion* ; de *gala*, lait). Rubiacée à tige carrée, aux feuilles à grandes stipules, à petites fleurs en croix contenant une présure. (Principales espèces : le *gratteron*, la *croisette*, la *mollugine*, le *gaillet jaune*.)

gailleterie → GAILLETTE.

gaillette [gajɛt] n. f. Gros morceau de charbon. ✦ **gailleterie** n. f. Houille en gros morceaux. ✦ **gailleteux, euse** adj. Se dit d'une couche de charbon qui donne une grosse proportion de gaillettes à l'abattage. ✦ **gailletin** n. m. Houille en morceaux plus petits que ceux de la gailleterie.

Gaillon, ch.-l. de c. de l'Eure (arr. et à 10 km au S.-O. des Andelys), dans la vallée de la Seine (r. g.); 5 856 h. (*Gaillonnais*). Du château, entrepris en 1501 pour le cardinal d'Amboise et auquel Pierre Fain participa de 1506 à 1509, ne restent que la façade et le pavillon d'entrée; Michel Colombe travailla à l'autel de la chapelle. Fabrique d'appareils de radiologie.

gain → GAGNER.

gainage → GAINE.

Gaïnas ou **Gainias**, général d'origine gothique, à la solde de l'Empire sous Théodose († 400). Chargé de réprimer une révolte de fédérés goths, il s'entendit avec ceux-ci et fut pendant six mois le maître de Constantinople (400).

gaine n. f. (lat. *vagina*). Fourreau épousant la forme de l'objet qu'il renferme. ‖ Etui d'un instrument aigu ou tranchant, ou d'une arme de petite dimension : *Sortir une arme de sa gaine.* ‖ Membrane qui entoure un organe, un muscle, un tendon, etc. (On distingue des *gaines aponévrotiques* [très résistantes, enveloppant ou séparant les muscles], des *gaines fibreuses* [gaine du corps thyroïde] et des *gaines séreuses* ou *synoviales,* qui entourent les tendons et facilitent leur glissement.) ‖ Partie proximale élargie de la feuille des plantes à fleurs. (Ordinairement réduite, la gaine est importante chez les ombellifères [fenouil] et surtout chez les monocotylédones : elle enveloppe le chaume des graminacées et forme les tuniques des bulbes de liliacées.) ‖ Tube d'acier vissé dans l'œil de l'obus et dans lequel se fixe la fusée. ‖ Partie inférieure, en pyramide renversée, des termes ou hermès. ‖ Socle ayant cette forme. (Les gaines furent très employées en architecture, sculpture et décoration à partir du xvie s.) ‖ Sous-vêtement féminin constitué par une ceinture enveloppante allant de la taille au bas des hanches, fabriquée en tissu caoutchouté extensible dans les deux sens, et pouvant comporter une petite ouverture sur le côté. ‖ Dispositif protecteur entourant complètement une ampoule à rayons X. ‖ Communication enterrée ou souterraine reliant les éléments d'un ouvrage fortifié. (Syn. GALERIE.) ‖ Ourlet large qu'on fait autour d'une voile de navire pour la renforcer. ● *Gaines d'aération, de ventilation,* conduits servant à l'aération des locaux souterrains d'un ouvrage fortifié. ‖ *Gaine cathodique,* dans un tube à décharge dans un gaz raréfié, région lumineuse faisant suite à l'espace sombre d'Aston, dans laquelle les électrons, accélérés dans cet espace, ont acquis une vitesse suffisante pour exciter le gaz. ‖ *Gaine d'horloge,* syn. de BOÎTE D'HORLOGE. ‖ *Gaine de ressort* (Autom.), fourrure de cuir, remplie de graisse, recouvrant certains ressorts de suspension. ◆ **gainage** n. m. Action de munir d'une gaine. ◆ **gaine-culotte** n. f. Gaine formant culotte. — Pl. *des* GAINES-CULOTTES. ◆ **gainer** v. tr. Munir d'une gaine. ‖ Mouler comme une gaine : *Cette robe gaine parfaitement son corps.* ◆ **gainerie** n. f. Fabrique de gaines. ‖ Commerce de gaines. ‖ Ouvrage du gainier. ◆ **gaine-relais** n. f. Gaine à double paroi contenant un explosif primaire (mélinite pulvérulente) et servant d'intermédiaire entre le détonateur et la charge explosive. — Pl. *des* GAINES-RELAIS. ◆ **gainier, ère** n. Personne qui fabrique ou vend des gaines, fourreaux, écrins.

gainier n. m. Nom usuel de l'*arbre de Judée,* césalpiniacée aux fleurs roses, cultivée comme ornementale dans les jardins.

Gainsborough (Thomas), peintre anglais (Sudbury, Suffolk, 1727 - Londres 1788). Fixé à Ipswich, puis à Bath, il jouit d'abord d'une notoriété provinciale, puis il se fixa à Londres (1774), où il fut considéré comme l'égal de Reynolds. Il incarna le xviiie s. anglais par la distinction de ses portraits : *Mrs. Siddons* (National Gallery), les *Sœurs*

Huntington Library and Art Gallery

Gainsborough
« Blue Boy »
Huntington Library and Art Gallery
San Marino (Californie)

Linley (musée de Dulwich), le *Blue Boy* (San Marino, Californie). Il fut aussi paysagiste : *Paysage du Suffolk* (Dublin).

Gai-Savoir (CONSISTOIRE DU). V. JEUX FLORAUX.

gaîté n. f. V. GAIETÉ.

Gaîté (THÉÂTRE DE LA), un des plus anciens théâtres de Paris. Il s'installa en 1759 boulevard du Temple et fut démoli en 1862 avec une partie du boulevard. On construisit pour la Gaîté, au square des Arts-et-Métiers, une nouvelle salle consacrée aux opérettes, qui prit le nom de *Gaîté-Lyrique.*

Gaitskell (Hugh), homme politique et économiste britannique (Londres 1906 - id. 1963). Député travailliste, chancelier de l'Echiquier (1950-1951), il devint en 1955 le chef du parti travailliste.

Gaius, jurisconsulte romain, né probablement sous Hadrien (117-138) et mort après 180, qui publia ses ouvrages sous Antonin le Pieux et Marc Aurèle (138 à 180). Peu connu des juristes de son époque, mais fort apprécié sous Théodose II et Justinien, il écrivit un *Commentaire* en quatre livres, qui servit de modèle aux *Institutes** de Justinien et dont le manuscrit original a été découvert en 1816 à Vérone.

gaize n. f. (pour *agaize*). Roche sédimentaire siliceuse, compacte, contenant des débris microscopiques d'éponges. (Elle forme le massif de l'Argonne. Elle a été utilisée comme absorbant dans la fabrication de la dynamite.)

Gajard (dom Joseph), moine et musicologue français (Sonzay, Indre-et-Loire, 1885 - Solesmes 1972). Maître de chœur à Solesmes, il succéda à dom Mocquereau à la *Paléographie musicale*.

gaku n. m. (mot jap.). Tablette votive japonaise, qu'on suspend sur les murs des temples.

gakufu n. m. Mot japonais signif. *notation musicale*.

1. gal n. m. (de *Galilée*). Unité de mesure d'accélération (symb. : Gal) employée en géodésie et en géophysique pour exprimer l'accélération due à la pesanteur et valant 10^{-2} mètre par seconde carrée.

2. gal n. m. Poisson scombridé des mers chaudes, au corps comprimé, aux nageoires porteuses de longs filaments. (Syn. DORÉE DES INDES.)

gala n. m. (ital. *gala*; de l'anc. franç. *gale*, réjouissance). Grande fête, généralement officielle : *Gala de bienfaisance*. ● *De gala*, qui sert dans les occasions officielles ou solennelles : *Habit, toilette de gala*.

Galaad. *Géogr. anc.* Pays montagneux de Palestine, entre le Jourdain et le désert arabique. C'est la région de l'actuelle *djabal 'Adjlūn* (Jordanie).

Galaad, un des héros de la *Quête du Graal*. Fils de Lancelot, il est seul digne par sa vertu de découvrir le Graal.

galactagogue adj. et n. m. Syn. de GALACTOGÈNE.

galactique → GALAXIE.

galactites [tɛs] n. m. Composée des terrains incultes de la région méditerranéenne, ressemblant à un chardon aux fleurs mauves.

galactocèle n. m. Kyste du sein, contenant du lait (complication de l'allaitement).

galactogène adj. et n. Se dit de substances capables d'accroître ou de favoriser la sécrétion du lait. (Les galactogènes classiques sont le galéga, le cumin, le fenouil, l'anis. L'endocrinologie a apporté la lutéine ou progestérone et la prolactine. Ces substances,

d'activité certaine, ne doivent être employées que si l'état général de la mère lui permet de supporter une stimulation de la sécrétion lactée.)

galactomètre n. m. Syn. de LACTODENSIMÈTRE et de PÈSE-LAIT.

galactophore adj. et n. m. Se dit des canaux excréteurs de la glande mammaire. ◆ **galactophorite** n. f. Inflammation des canaux galactophores. (Complication de l'allaitement, la galactophorite se caractérise par la présence de pus dans le lait, ce qui le rend inutilisable.

galactopoïèse n. f. Formation du lait dans la glande mammaire.

galactorrhée n. f. Ecoulement surabondant de lait pendant l'allaitement, ou écoulement de lait en dehors de la lactation.

— ENCYCL. Chez la femme qui allaite, l'excès de lait peut être employé pour un autre enfant si l'état général de la mère est bon, sinon les moyens employés pour réduire la galactorrhée aboutissent souvent à la suppression totale de la sécrétion. La galactorrhée est banale chez le nouveau-né, même mâle.
— *Art vétér.* La galactorrhée s'observe chez des chiennes, des chattes auxquelles on n'a pas laissé assez de petits, chez des vaches très laitières ou qui ne sont pas traites régulièrement. Si la galactorrhée survient chez des femelles non fécondées à l'époque à laquelle elles devraient avoir des jeunes, une purgation arrête le flux de lait.

galactose n. m. Aldohexose $C_6H_{12}O_6$, dont la forme la plus courante, le *d-galactose*, se forme à côté du d-glucose dans l'hydrolyse du lactose. (C'est un solide blanc, fondant à 166 ℃, fermentescible.) ◆ **galactosurie** n. f. Présence de galactose dans les urines. (La galactosurie est fréquente à la fin de la grossesse; elle doit être distinguée de la glycosurie [diabète]. La *galactosurie provoquée* est un test fonctionnel du foie [l'absorption d'une forte dose de galactose entraîne une forte galactosurie chez l'insuffisant hépatique, alors que chez le sujet normal elle est minime].)

galago n. m. Lémurien carnassier, nocturne, de l'Afrique équatoriale.

galalithe n. f. Matière dure obtenue en combinant la caséine et l'aldéhyde formique.

Galam (BEURRE DE) ou **beurre de karité,** matière grasse fournie par un butyrospermum d'Afrique.

galamment → GALANT.

Galan, ch.-l. de c. des Hautes-Pyrénées (arr. de Tarbes), à 10,5 km au N. de Lannemezan; 917 h. Eglise fortifiée.

Galana ou **Sabaki,** fl. du Kenya, tributaire de l'océan Indien; 560 km.

galandage n. m. (pour *garlandage*). Cloison en briques posées de chant, l'une à côté de l'autre. || *Par extens.* Construction en pans de bois dont les interstices sont remplis avec des briques posées de chant.

galande n. f. Pêche à peau jaune. || Variété d'amande.

galanga n. m. Rhizome médicinal de l'alpinie. (C'est un constituant de l'alcoolat de Fioravanti.)

Galanis (Démétrios), peintre et graveur français d'origine grecque (Athènes 1879 - *id.* 1966). D'abord caricaturiste (*l'Assiette au beurre*), puis paysagiste (*Cassis*), il s'est surtout consacré à la gravure. (Acad. des bx-arts, 1945.)

galant, e adj. (part. prés. de l'anc. franç. *galer,* s'amuser; d'orig. germ.). Qui est plein d'empressement, de prévenances auprès des femmes : *Il a été assez peu galant pour ne pas céder sa place à une dame.* || En parlant des choses, inspiré par des sentiments tendres : *Adresser une lettre galante.* || Relatif à l'amour : *Un rendez-vous galant.* ● *Femme galante,* femme de mœurs légères, qui vit de la galanterie. || *Galant homme,* homme d'honneur, aux sentiments loyaux : *Se conduire en galant homme.* || *Style galant,* expression servant, au XVIIIe s., à désigner un style musical léger et mobile, profane et mondain, d'une écriture élégante. || **— galant** n. m. Amant. (Vieilli.) || Au XVIIe s., nom donné aux rubans qui garnissaient les vêtements. || Embrasse de rideaux en nœuds de rubans. || **— SYN.** : *amant, ami, amoureux.* ● *Le Vert Galant,* nom sous lequel on désigne parfois Henri IV. || *Vert galant,* homme encore alerte malgré un certain âge, et entreprenant auprès des femmes. ◆ **galamment** [lamɑ̃] adv. D'une manière galante. ◆ **galanterie** n. f. Soins empressés auprès des femmes. || Propos, compliments flatteurs adressés à une femme · *Dire des galanteries à sa voisine.* || Recherche des intrigues galantes, des bonnes fortunes. || Intrigue galante : *Un commerce de galanterie.* ◆ **galantin** n. m. Homme ridiculement galant.

galanthus [tys] n. m. V. PERCE-NEIGE.

galantin → GALANT.

galantine n. f. (anc. franç. *galatine*). Volaille ou viande désossée, farcie et roulée en ballottine, que l'on fait cuire dans un fond* qui sert ensuite à préparer la gelée dont on enrobe la galantine.

Galápagos (ÎLES), officiellement **archipiélago de Colón,** archipel de l'océan Pacifique, formant une province de la république de l'Equateur ; 2 400 h. Ch.-l. *Puerto Baquerizo.* Situé à 950 km de la côte, il est formé de 13 grandes îles et de 47 îlots volcaniques. Pêcheries (langoustes, tortues). Découvert en 1535 par Tomás de Berlanga, il fut occupé par l'Equateur en 1832. La faune des îles Galápagos a été étudiée, entre autres, par

Larousse

Galanis
illustration pour
« le Grand Meaulnes »

Darwin ; on y remarque plusieurs espèces de tortues géantes, des iguanes, des gastropodes arboricoles (*oulimulus*), etc. Station zoologique internationale.

galapiat n. m. (mot du Midi). *Pop.* Vaurien, vagabond : *Etre poursuivi par tous les galapiats du quartier.* (On dit aussi GALAPIAN ou GALAPIAU.)

Galata, quartier d'Istanbul, à l'entrée de la Corne d'Or (rive nord).

galate adj. et n. Qui se rapporte à la Galatie ou à ses habitants ; habitant ou originaire de cette région.

Galates (EPÎTRE AUX). V. EPÎTRES.

Galatée, en gr. **Galateia.** *Myth. gr.* Divinité marine, fille de Nérée et de Doris. Aimée du cyclope Polyphème, elle lui préféra le berger Acis. Le cyclope écrasa son rival, que Galatée transforma en fleuve.

Galathea, navire océanographique danois. Pendant sa croisière autour du monde (1950-1952), il releva une profondeur de 10 540 m près des Philippines.

galathée n. f. Crustacé décapode, au corps aplati, à la carapace fortement calcifiée, à l'abdomen capable de se rabattre sous le thorax. (Type de la famille des *galathéidés.*)

Galati, port de Roumanie, ch.-l. de région, sur la rive gauche du Danube, en amont du delta ; 191 100 h. Port de transit entre la navigation fluviale et maritime.

Galatie, en gr. et en lat. **Galatia.** *Géogr. anc.* Contrée du cœur de l'Asie Mineure, entre la Phrygie et la Cappadoce. Le pays tira son nom des Gaulois (ou *Galates*), venus d'Europe, et refoulés dans l'intérieur du pays au IIIᵉ s. av. J.-C. En 241, Attalos Iᵉʳ de Pergame remporta sur eux une victoire mémorable. On distinguait trois peuples : les Tolistoages ou Tolistoboges, les Tectosages et les Trocmes.

Les victoires sur les Galates avaient été commémorées par un vaste ex-voto à Pergame et un autre à Athènes; on ne connaît que des répliques de leurs statues (*Gladiateur mourant*, musée du Capitole, Rome).

galaxie n. f. (du gr. *galaxias*, voie lactée). Système stellaire affectant la forme d'un disque avec un bulbe central, qui contient une centaine de milliards d'étoiles, parmi lesquelles figure le Soleil, et qui, vu par la tranche, se traduit, pour un observateur terrestre, par une traînée brillante qui n'est qu'un fourmillement innombrable d'étoiles (*Voie lactée*). [En ce sens, prend une majuscule.] ‖ Système stellaire analogue à celui auquel appartient le Soleil, et dont on connaît un très grand nombre de spécimens situés jusqu'aux limites de l'univers observable. (Dans ce cas, on parle de « galaxies » [avec une minuscule], pour les différencier de la Galaxie à laquelle appartient le système solaire.) [V. encycl.] ◆ **galactique** adj. Qui a rapport à la Galaxie. ● *Coordonnées galactiques*, coordonnées mesurées par rapport au plan galactique. ‖ *Plan galactique*, plan de symétrie de la Galaxie. ‖ *Pôles galactiques*, points d'intersection de la sphère céleste avec une normale au plan galactique. ‖ *Rotation galactique*, mouvement de rotation d'ensemble de la Galaxie*.

— ENCYCL. *Galaxie*. La comparaison de notre Galaxie avec les autres galaxies découvertes au début du XXᵉ s. et les mesures des radioastronomes ont permis tout d'abord de déterminer sa forme et son contenu, puis sa structure. Vue de l'extérieur, la Galaxie a la forme d'un disque, renflé au centre, de 100 000 années de lumière de diamètre et d'environ 12 000 années de lumière d'épaisseur à l'endroit où la Terre se trouve, c'est-à-dire sur le bord du disque, à environ 30 000 années de lumière du centre. Ce disque est situé à l'intérieur d'un halo de 150 000 années de lumière de diamètre, vestige probable de la formation de la Galaxie et dans lequel gravitent les amas globulaires. La Galaxie se compose essentiellement d'étoiles de toutes dimensions, de toutes températures, à tous les stades de l'évolution stellaire. Les étoiles les plus jeunes, comme le Soleil, sont réparties dans le disque, les étoiles vieilles sont regroupées au centre de la Galaxie. Entre les étoiles, il y a du gaz neutre ou ionisé, principalement de l'hydrogène, mais depuis quelques années, grâce à la radioastronomie, la liste des molécules du milieu interstellaire s'allonge. La présence de poussières — dont la formation et la composition sont encore mal connues et qui semblent surtout localisées dans les zones de formation d'étoiles —

perturbe certaines observations. La morphologie des autres galaxies, et en particulier celle d'Andromède, a suggéré des observations qui ont abouti à l'établissement de la structure spirale de la Galaxie. L'hydrogène neutre et les étoiles sont répartis dans deux bras spiraux. La rotation de la Galaxie devrait tendre à la dispersion de ces bras, car les régions centrales tournent plus vite que les régions extérieures; or, ce n'est pas ce que l'on observe. Il faut donc imaginer un mécanisme qui maintienne ces bras, mais qui n'est pas encore bien déterminé. Le centre de la Galaxie, caché en optique par des nuages de poussières, semble être une région très perturbée qui émet dans de nombreux domaines de longueurs d'onde.

L'astronomie extragalactique commence en 1924, grâce à l'astronome américain Hubble. L'utilisation des premiers grands télescopes optiques a permis la mise en évidence d'étoiles dans la galaxie d'Andromède, que l'on croyait à cette époque n'être qu'un nuage de gaz situé dans la Galaxie. La détermination de sa distance a confirmé qu'elle se trouvait en dehors, à 2.10^6 années de lumière, ou encore qu'elle apparaît telle qu'elle existait il y a deux millions d'années. Les moyens techniques actuels permettent de repérer des galaxies distantes de 5.10^9 années de lumière. On connaît environ 100 millions de galaxies de toutes tailles et de toutes formes. Celles-ci ne sont pas isolées dans l'Univers, mais regroupées en paires, en triplets, en groupes ou amas, qui peuvent rassembler de dix à plusieurs milliers de galaxies. L'étude de leur composition stellaire montre qu'elles ont sensiblement le même âge, soit environ de 10 à 20.10^9 années de lumière, quel que soit leur aspect morphologique. La radioastronomie a permis de grands progrès quant à la connaissance du contenu gazeux des galaxies. L'hydrogène neutre, constituant fondamental de l'Univers, émet sur une longueur d'onde de 21 cm. L'analyse de ce rayonnement permet d'obtenir de précieux renseignements, comme la vitesse d'éloignement de la galaxie observée, sa vitesse de rotation, sa masse d'hydrogène. L'observation, jusqu'à présent, de 200 galaxies *classiques* a montré une augmentation de la quantité d'hydrogène par rapport à la masse totale. Mais les galaxies n'entrent pas dans cette classification et nombreuses sont les galaxies particulières dans l'émission de leurs noyaux, ou celles plus compactes que les galaxies classiques, relativement riches en hydrogène. Différents indices suggèrent actuellement que ces galaxies seraient des intermédiaires entre les quasars et les galaxies classiques. On a pu établir des cartes détaillées de la répartition de l'hydrogène dans les galaxies. De même, on a mis en évidence de véritables «ponts» de matière, invisibles en optique, entre deux galaxies proches et probablement dus à des effets de

Observatoire du Mont-Wilson

1. **Galaxie** spirale M 51 des Chiens de chasse.

2. Un amas de **galaxies**.

3. **Galaxies** de types variés dans Pégase.

Observatoire du Mont-Wilson

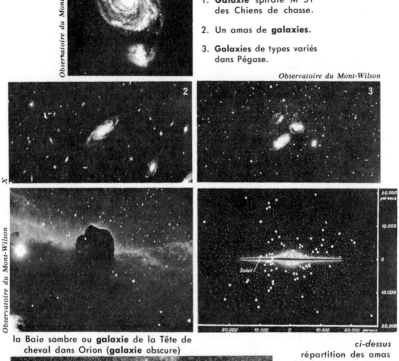

Observatoire du Mont-Wilson

la Baie sombre ou **galaxie** de la Tête de cheval dans Orion (**galaxie** obscure)

ci-dessus
répartition des amas globulaires par rapport au plan méridien **galactique** passant par le Soleil

accroissement de la densité stellaire au voisinage de l'équateur **galactique**

marées entre les deux objets. Cette même technique a permis de déterminer la structure des radiogalaxies : la galaxie optique est dans la plupart des cas encadrée par deux sources radio invisibles en optique. Enfin, l'observation des nuages moléculaires dans la Galaxie révèle quotidiennement de nouvelles molécules, dont certaines ont déjà été détectées dans des galaxies.

galaxite n. f. Aluminate naturel de manganèse, $MnAl_2O_4$, cubique, du groupe des spinelles.

Galba (Servius Sulpicius), général et consul romain (v. 190 av. J.-C. - † 135). Préteur en 151, il combattit les Lusitaniens et garda pour lui la majeure partie du butin. Poursuivi pour concussion, il fut acquitté.

Galba (Servius Sulpicius) [Terracina v. 5 av. J.-C. - Rome 69 apr. J.-C.], empereur romain. Gouverneur d'Espagne Citérieure sous Néron, il s'associa à la révolte de Vindex (68). Le préfet du prétoire lui rallia les prétoriens de Rome et le sénat l'admit comme successeur de Néron. L'armée de Germanie se révolta en janv. 69, et Galba fut égorgé par les prétoriens.

galbanum [nɔm] n. m. Gomme-résine fournie par diverses férules (ombellifères).

galbe n. m. (ital. *garbo*, grâce). Contour, ligne de profil d'un membre d'architecture : *Le galbe d'une colonne.* ‖ Forme gracieuse d'une figure, du corps ou d'une partie du corps humain : *Le galbe d'une jambe.* ‖ Partie bombée d'un dossier de chaise, de fauteuil. ‖ Courbure faible d'une tôle. ‖ Ondulation, sur une matrice ou sur un poinçon de découpage, destinée à répartir sur un temps plus long l'effort de cisaillement de la tôle. ◆ **galbé, e** adj. *Armoire galbée*, armoire dont les côtés présentent une surface miconcave, mi-convexe. ‖ *Colonne galbée*, colonne dont le fût n'est pas rectiligne, mais renflé vers le milieu. ‖ *Feuille galbée*, feuille ébauchée, sans ornements. ◆ **galber** v. tr. Donner du galbe à ; accentuer les contours de : *Galber un profil.* ‖ Cintrer légèrement : *Galber des tôles.* ◆ **galbeur** n. m. Ouvrier chaudronnier chargé de galber les tôles.

Galbraith (John Kenneth), économiste américain (Iona Station, Ontario, 1908). Professeur à Harvard en 1948, ambassadeur en Inde (1961-1963), il a occupé divers postes lui permettant d'améliorer ses connaissances économiques, dont il élaborera la théorie dans le cadre keynésien. Exposant les progrès de la technologie, il dégage l'idée selon laquelle les individus qui prennent effectivement les décisions, notamment dans le cadre des entreprises, n'appartiennent plus à la classe des détenteurs de capitaux ou des propriétaires légaux des moyens de production, mais à une catégorie nouvelle, qui se distingue et s'impose par ses connaissances

technologiques et organisationnelles, le « management ». C'est cette catégorie que Galbraith appelle « la technostructure ». Il a notamment écrit *le Nouvel Etat industriel* (1967).

Galdós (Benito PÉREZ). V. PÉREZ GALDÓS.

gale n. f. (de *galle*, excroissance, puis gale des végétaux). Maladie contagieuse, déterminée par la présence sous la peau d'un acarien (*Sarcoptes scabiei*) et accompagnée de vives démangeaisons. (V. *encycl.*) ‖ Nom

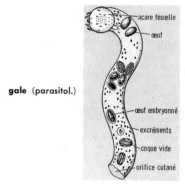

gale (parasitol.)

acare femelle
œuf
œuf embryonné
excréments
coque vide
orifice cutané

donné à diverses dermatoses qui ressemblent à la gale, mais n'ont pas la même origine : *Gale du ciment.* ‖ Maladie bactérienne ou cryptogamique provoquant des tumeurs externes sur diverses plantes, notamment la pomme de terre. (V. GALLE.) ‖ Défaut superficiel local dans une pièce de fonderie, sous forme d'une surépaisseur rugueuse, mélange de sable et de métal fondu. ‖ *Fig.* et *fam.* Personne très médisante, de méchant caractère : *Cette fille, c'est une gale.* ◆ **galeux, euse** adj. Atteint de la gale : *Un chien galeux.* ‖ Qui est produit par la gale : *Des plaies galeuses.* ‖ Sale, infect : *Une banlieue galeuse.* ‖ Se dit d'un métal, d'un verre qui présente des irrégularités analogues aux lésions de la gale. ● *Brebis galeuse*, v. BREBIS. ◆ n. Personne atteinte de la gale. ‖ *Fig.* Personne méprisable : *Traiter quelqu'un comme un galeux.*

— ENCYCL. **gale.** *Parasitol.* Le parasite de la gale est *Sarcoptes scabiei*, dont la femelle, mise au contact de la peau, creuse de fins sillons où elle pond ses œufs, déterminant des vésicules qui sont à l'origine du prurit. Le grattage introduit des germes pathogènes, qui aggravent l'évolution (gales infectées). Les **gales professionnelles** sont des dermatoses prurigineuses sans rapport avec *Sarcoptes scabiei*; la **gale des céréales** est due à un autre acarien (*tyroglyphus* ou *pedicu-*

loides), et la *gale du ciment* à l'action chimique de ce produit.
— *Art vétér.* Les gales s'observent chez tous les animaux. Les *équidés* peuvent être atteints par la gale *sarcoptique*, qui commence par la tête, la gale *psoroptique*, qui est localisée aux régions du corps couvertes de crins, ou la gale *chorioptique*, qui débute par l'extrémité des membres. Ces trois gales s'observent également chez les *bovins* et chez les *ovins* (chez lesquels la gale psoroptique est la plus fréquente et la plus grave, et atteint les régions couvertes de laine). Le *chien* peut présenter une gale sarcoptique sur le corps ou une gale *auriculaire* (*otacariose*), due à des otodectes; cette dernière se rencontre également chez le *chat*, dont la tête et le cou peuvent être atteints par une gale *notoédrique*. Chez les *oiseaux*, on connaît une gale des pattes et une gale du corps (gale *déplumante*). Les gales des équidés, des bovins, des ovins et des caprins sont des maladies légalement contagieuses.
La découverte d'insecticides comme le D. D. T. et le H. C. H. a diminué la gravité des gales; la sulfuration peut être utilisée chez les bovins et les équidés.

galea n. f. (mot lat. signif. *casque*). Pièce paire de la mâchoire des insectes, formant notamment la trompe des papillons.

Galeão, aéroport de Rio de Janeiro, sur l'île Governador, dans la baie de Guanabara.

galéasse n. f. (ital. *galeazza*; de *galea*, galère). Navire à rames et à voiles, beaucoup plus fort qu'une galère, construit à Venise au milieu du XVIe s. et qui a servi jusqu'à la fin du XVIIe s.

1. galée n. f. (bas gr. *galaia*). Galère d'un tonnage moindre que la galéasse.

2. galée n. f. Sorte de « porte-page » sur lequel le compositeur typographe place les lignes composées, pour les lier en paquet, les corriger, ou les mettre en pages.

galéga n. m. Papilionacée vivace, ornementale et peut-être galactogène.

galéjade n. f. (provenç. *galejada*). Raillerie, plaisanterie, avec une intention de mystification : *Dire des galéjades.* ◆ **galéjer** v. intr. Dire des galéjades.

galène n. f. (gr. *galênê*, plomb). Sulfure naturel de plomb, de formule PbS. (La galène est un solide gris métallique, en général cristallisé en cubes ou en octaèdres. Elle est le principal minerai de plomb. C'est le plus ancien des semi-conducteurs utilisés pour la détection des signaux radio-électriques.)

galénique adj. Relatif à la doctrine du médecin *Galien*. ● *Médicament galénique*, médicament préparé pour être administré directement ou pour être incorporé facilement à une autre préparation. ◆ **galénisme** n. m. Doctrine médicale de *Galien*. (Fondée sur la théorie des quatre humeurs [sang, bile, atrabile et pituite], cette doctrine, défendue

jusqu'au Moyen Age, admettait que la santé était le résultat d'un équilibre entre les quatre « principes » et que la maladie provenait de leur déséquilibre.) ◆ **galéniste** adj. et n. Partisan du galénisme.

galéocerdo n. m. Requin carcharinidé des mers arctiques, long de 2 m, orné de raies transversales.

galéode n. f. Arachnide de l'ordre des solifuges, féroce insectivore nocturne des régions chaudes et sèches. ◆ **galéodidés** n. m. pl. Nom commun à deux familles d'animaux n'ayant aucune parenté, l'une groupant des arachnides (*galéode*), l'autre des mollusques gastropodes marins à grande coquille.

galéopithèque n. m. (du gr. *galê*, belette, et *pithekos*, singe). Mammifère insectivore, arboricole, du Sud-Est asiatique, muni d'un vaste patagium qui lui sert de parachute.

galéopsis [sis] n. m. Labiacée sauvage ressemblant au lamier.

Galéotes, famille de devins grecs de Syracuse, qui prétendaient descendre de Galeôtès, fils d'Apollon.

Galeotti (Vincenzo), danseur et chorégraphe italien (Gênes 1733 - Copenhague 1816), rénovateur du ballet au Danemark.

galère n. f. (du catalan *galera*, empr. au gr. byzantin *galea*). Anc. navire de guerre ou de commerce, long et de bas bord, qui se manœuvrait à la voile et à la rame. || Lieu, état dans lequel on mène une vie très dure : *La vie de mineur est une vie de galère.* || Petit vase médiéval en forme de vaisseau, souvent en métal précieux et décoré. ● *Ancre en galère*, ancre qu'on installe sous le beaupré. || *Baril de galère*, v. BARIL. || *Galère capitane*, v. CAPITANE. || *Galère patronne*, v. PATRON. || *Vogue la galère* (Fam.), arrive que pourra.
— **galères** n. f. pl. Peine des criminels condamnés à ramer sur les galères du roi : *Condamner aux galères.* ◆ **galérien** n. m. Autref., homme condamné aux galères. ● *Mener une vie de galérien* (Fam.), mener une vie très rude. || *Travailler comme un galérien* (Fam.), faire un travail très dur.

→ V. illustration page suivante.

Galère, en lat. Caius Galerius Valerius Maximianus (Illyrie - † Rome 311), empereur romain (293-311). D'humble origine, il devint gendre de Dioclétien, qui le fit césar en 293. Auguste pour l'Orient et l'Italie (305), il fit de grands travaux sur le Danube. Il persécuta les chrétiens (303-304), mais, peu avant sa mort, publia un édit de tolérance (avr. 311).

galerie n. f. (bas lat. *galeria*, d'orig. inconnue). Promenade couverte; lieu de passage beaucoup plus long que large. || Allée ou corridor servant de dégagement. || Tribune ménagée à l'intérieur ou à l'extérieur d'une église. || Lieu aménagé pour recevoir des œuvres d'art. || Collection d'objets scientifiques : *Une galerie zoologique.* || Boutique

galère « la Dauphine », musée de la Marine

ou salle d'exposition où se fait un commerce d'art : *Galerie de tableaux.* ‖ Suite de portraits littéraires. ‖ Entourage métallique posé sur le toit d'une voiture, pour permettre le transport des bagages. ‖ Balcon saillant qu'on établissait autrefois à l'arrière des navires. ‖ Communication enterrée ou souterraine utilisée dans la guerre des mines ou reliant les divers éléments d'un ouvrage fortifié. ‖ Passage souterrain utilisé pour l'exploitation d'une mine. ‖ Emplacement des spectateurs et ensemble de ceux qui assistent à une compétition. ‖ Partie la plus voisine des combles, dans les anciens théâtres. ‖ Étage situé au-dessus des loges et des fauteuils de balcon. ‖ Bande de métal qu'on place devant une cheminée, entre les chenets. ‖ Couloir souterrain où l'on place les tuyaux de distribution d'eau. ‖ *Fam.* Ensemble de personnes présentes, assistance : *Des applaudissements jaillirent de la galerie.* ‖ Ensemble des personnes qui portent un jugement, opinion publique : *Une déclaration qui vise à impressionner la galerie.* ‖ *Fig.* Collection de portraits d'hommes célèbres. ● *Galerie pare-avalanches,* passage protégé contre les chutes de neige. ‖ *Galerie marchande,* passage couvert bordé de magasins. ‖ *Jouer pour la galerie,* jouer davantage pour les applaudissements que pour le gain de la partie.

galerie des Glaces, grande galerie du château de Versailles (Mansart, 1678-1684). Elle est longue de 76 m, et large de 10,40 m. Ses 17 fenêtres en plein cintre font face à 17 arcades revêtues de glaces. La voûte fut ornée de peintures par Le Brun.

Galeries Lafayette (AUX), grands magasins parisiens, fondés en 1895 par Théophile Bader.

galérien → GALÈRE.

galérite n. m. Insecte des régions chaudes,

aux longues pattes, au corps roux, aux élytres ardoisés. (Famille des carabidés.)

galeron n. m. (du lat. *galea,* casque). Chapeau des fauconniers.

galérucelle, galérucinés → GALÉRUQUE.

galéruque n. f. Coléoptère chrysomélidé, brouteur de feuilles, des régions humides. (La larve, très molle, vit sur une plante déterminée : saule, orme, laurier-tin, etc.) ◆ **galérucelle** n. f. Petite galéruque velue, vivant par groupes. ◆ **galérucinés** n. m. pl. Tribu de chrysomélidés, groupant l'ensemble des galéruques, notamment les agélastiques.

galerie des Glaces

galet n. m. (de l'anc. franç. *gal,* caillou, d'orig. gauloise). Caillou arrondi par le frottement, qu'on trouve sur les bords de la mer et dans le lit des cours d'eau torrentiels : *La mer use les galets les uns contre les autres.* ‖ Petite roue avec ou sans roulement à billes. ‖ Petite roue servant de support à une pièce mécanique, et assurant en même temps la direction de son mouvement, tout en diminuant son frottement. ‖ Bouée qui indique la position d'un filet flottant. ‖ Pièce d'un moulinet à tambour fixe sur laquelle passe la ligne. ● *Galet guide, galet de soutien,* v. ROULEAU. ‖ *Galet porteur,* dans un engin chenillé, roue sur laquelle repose la chenille. (La jante métallique des galets est souvent recouverte d'un bandage en caoutchouc.) ‖ *Galet tendeur,* nom donné parfois à la poulie des engins chenillés. ‖ *Transporteur à galets,* appareil de manutention servant au déplacement horizontal ou incliné de colis ou d'objets présentant au moins une face plane.

galetage → GALETER.

galetas [tɑ] n. m. (de *Galata,* nom d'une tour à Constantinople, qui a été étendu, au XIVᵉ s., à la partie élevée des édifices). Logement situé sous les combles. (Vx.) ‖ Logement misérable : *Habiter dans un galetas.*

galeter v. tr. (de *galette*). Ebaucher et, éventuellement, usiner des matières métalliques par écoulement et déformation de celles-ci sous l'effort considérable exercé par les galets très durs tournant et pressant la matière que l'on désire déformer. ‖ Dans la fabrication de la poudre noire, agglomérer la matière sous les meules lourdes tournant très lentement. ◆ **galetage** n. m. Action de galeter.

galetouse n. f. *Arg.* Gamelle.

galette n. f. (de *galet*). Gâteau plat de pâte feuilletée ou non, fait ordinairement de farine, de beurre et d'œufs. ‖ Poudre noire agglomérée par galetage. ‖ Matière servant à faire les poudres à la nitroglycérine : *De la galette à balistite.* ‖ *Télécomm.* Bobine de forme très aplatie. ‖ Nom anc. de la FILOSELLE. ‖ Jusqu'en 1914, contre-épaulette du sous-lieutenant. ‖ *Par extens.* Pour les saint-cyriens, symbole de leur admission dans le corps des officiers et nom de la marche traditionnelle de leur école. ‖ *Pop.* Homme faible, sot, maladroit. ‖ Argent (parce que la monnaie est ronde et plate comme une galette). ‖ Matelas peu épais. ● *Galette de papier,* bobine de papier très étroite. ◆ adj. *Soie galette,* soie obtenue en filant des déchets de soie, des cocons percés.

galeux → GALE.

Galgacus, chef des Calédoniens, vaincu par Agricola en 84 apr. J.-C.

galgal n. m. (du gaél. *gal,* caillou). Amas de pierres recouvrant un coffre sépulcral de l'époque mégalithique, en Bretagne.

Galgala ou **Gilgal,** localité de la Palestine

ancienne, située à l'E., près de Jéricho, dans la vallée du Jourdain, et difficile à localiser. — Autre localité, à 12 km au N. de Béthel.

galhauban n. m. (composé de *hauban* et d'un préf. *gal* inconnu ; peut-être de *cale* et *hauban*). Manœuvre dormante capelée à toucher les haubans et se ridant dans les porte-haubans.

Galia (Jean), joueur français de rugby (Illesur-Têt 1905 - Toulouse 1949). Il lança en France le rugby à treize.

Galiani (abbé Ferdinando), diplomate et économiste italien (Chieti 1728 - Naples 1787). Il se consacra à des études d'économie politique, de numismatique et d'histoire. Secrétaire d'ambassade du roi de Naples (1759-1764), il fréquenta les encyclopédistes fran-

galet
(mécan.)

Larousse

çais. Dans ses *Dialogues sur le commerce des blés* (en français) [1770], il combattit les théories des physiocrates.

Galibier (COL DU), col des Alpes, aux confins de la Savoie et des Hautes-Alpes, à l'E. du massif du *Grand Galibier* (3 229 m) ; 2 645 m. Traversée en tunnel, à 2 556 m, par la route qui relie Briançon à la vallée de la Maurienne.

Galibi(s), Indiens caraïbes de la Guyane, christianisés, vivant de la pêche.

galibot n. m. Jeune ouvrier mineur qui fait son apprentissage au fond (Pas-de-Calais).

Galice, en esp. **Galicia,** région de l'Espagne du Nord-Ouest, correspondant aux provinces actuelles de Lugo, Orense, Pontevedra et La Corogne ; 2 603 000 h. Elle s'étend sur des plateaux au climat doux et humide, qui dominent un littoral découpé par des *rias.* Pêcheries. Conserveries. En 1980, la Galice accède à l'autonomie.

galichon n. m. V. CALISSSON.

Galicie, en allem. **Galizien,** en polon. **Galicja,** anc. prov. de l'Empire autrichien, auj. divisée en deux : la *Galicie polonaise,* à l'O. (voïévodies de Rzeszów et de Cracovie) et, en Ukraine, l'anc. *Galicie orientale* (régions de Lvov, Stanislav, Drogobytch et Ternopol').

● *Histoire.* Située au carrefour des voies vers la Pologne, la Hongrie, la Silésie et le bassin de l'Oder, la Galicie fut au cours des siècles l'objet de nombreux démembrements. La partie orientale, ou Ruthénie Rouge, fut jusqu'au XIVᵉ s. une principauté russienne. En 1349, devant la menace d'invasion mongole et hongroise, elle accepta son annexion à la Pologne. Elle n'en fut détachée qu'au XVIIIᵉ s. Lors du premier partage de la Pologne (1772), la Galicie échut à l'Autriche, qui s'efforça de germaniser le pays. En 1846, l'Autriche profita de l'échec du soulèvement nationaliste polonais pour annexer Cracovie. En 1848, Cracovie et Lvov furent le centre de mouvements révolutionnaires. La répression y rétablit un régime absolutiste. Cependant, à partir de 1861, la Galicie obtint une certaine autonomie et fut représentée au Parlement autrichien. Pendant la Première Guerre mondiale, la Galicie vit s'opposer les forces russes et autrichiennes. Après l'effondrement de la monarchie austro-hongroise, les Polonais conquirent la Galicie orientale sur les Ruthènes. La Conférence de la paix (1919) attribua la Galicie occidentale à la Pologne et plaça la partie orientale sous son protectorat, puis en sa pleine possession (1923). Au cours des deux guerres mondiales, la Galicie fut le théâtre de violents combats. A la conférence de Potsdam (1945), la Galicie orientale fut rattachée à la république d'Ukraine.

Galilée
par Suttermans, *Offices, Florence*

Scala

galicien, enne adj. et n. Relatif à la Galice (Espagne) ou à la Galice (Pologne) ; habitant de ces pays. ‖ — *galicien* n. m. Dialecte parlé en Galice.

galictis [tis] n. m. Fouine d'Amérique du Sud, dite aussi GRISON.

Galien (Claude), en gr. **Klaudios Galênos,** en lat. **Claudius Galenus,** médecin grec (Pergame v. 131 - Rome ou Pergame v. 201). Il étudia la médecine à Smyrne, à Corinthe et surtout à Alexandrie. En 168, il rejoignit Lucius Verus et Marc Aurèle, qui combattaient les Germains, puis il revint à Rome et y resta sous Commode, Pertinax et Septime Sévère. Galien régna sur la médecine jusqu'au XVIIᵉ s., mais sa doctrine, reposant sur l'existence de quatre humeurs (*galénisme**), n'a aucune valeur, n'étant fondée que sur des raisonnements. En revanche, ses découvertes en anatomie, fondées sur l'observation, sont importantes.

Galigaï (Eleonora DORI, dite), femme de Concini, maréchal d'Ancre (Florence v. 1576 - Paris 1617). Compagne d'enfance de Marie de Médicis, elle devint sa dame d'atours en 1602. Elle partagea la disgrâce de son mari et fut exécutée comme sorcière.

Galignani, famille d'éditeurs d'origine italienne, installés en France au XVIIIᵉ s., puis passés en Grande-Bretagne après la Révolution française. JOHN ANTHONY (Londres 1796 - Paris 1873) et WILLIAM (Londres 1798 - Paris 1882), dont le père avait fondé une librairie anglaise à Paris en 1800, léguèrent des sommes considérables pour l'érection d'hôpitaux à Corbeil et à Paris. William a fondé à Neuilly la maison de retraite qui porte son nom.

galilée n. m. Porche d'une église abbatiale, où se tenaient les fidèles qui n'étaient pas admis dans le sanctuaire.

Galilée, région de Palestine, entre la Méditerranée et le lac de Génésareth, et qui appartient auj. à l'Etat d'Israël. Cultures d'arbres fruitiers, de tabac et de céréales. Au temps du Christ, qui y passa les années de sa vie privée, elle faisait partie de la tétrarchie d'Hérode Antipas. La capitale était alors Tibériade, cité grecque.

Galilée (MER DE). V. TIBÉRIADE (*lac de*).

Galilée (PRINCIPAUTÉ DE), un des quatre grands fiefs du royaume de Jérusalem, conquis lors de la première croisade, en 1099. Tibériade en était la capitale.

Galilée (Galileo GALILEI, dit), astronome et physicien italien (Pise 1564 - Arcetri 1642). L'ensemble de ses travaux permet de le considérer comme le véritable fondateur de la méthode expérimentale. Dès l'âge de 19 ans, il établit les lois du pendule en observant le balancement des lampes dans la cathédrale de Pise. En 1602, il trouva, grâce à son plan incliné, les lois de la chute des corps ; il énonça le principe de l'inertie et la loi de composition des vitesses. Constructeur d'un des premiers microscopes, il réalisa en 1609 la lunette qui porte son nom et put grâce à elle observer les satellites de Jupiter, l'anneau de Saturne, la rotation du Soleil. Partisan du système de Copernic, il dut comparaître en 1633 devant le tribunal de l'Inquisition et abjurer sa doctrine. La tradition veut qu'il se soit ensuite écrié : « *Eppur, si muove !* » (« Et pourtant, elle se meut ! »).

1. galiléen, enne adj. et n. Relatif à la Galilée ou à ses habitants ; habitant ou originaire de cette région. ‖ — *galiléen* n. m. *Le Galiléen,* nom donné à Jésus-Christ, parce qu'il avait été élevé à Nazareth, en Galilée. (Les païens donnèrent parfois ce nom aux chrétiens.) ‖ Membre d'une secte juive du Ier s. apr. J.-C., qui se souleva contre les Romains. ● *Tu as vaincu, Galiléen !,* exclamation prêtée à l'empereur Julien l'Apostat mourant et qui aurait marqué le triomphe définitif du christianisme.

2. galiléen, enne adj. Relatif aux conceptions de Galilée. ● *Système galiléen,* système de points en translation rectiligne et uniforme par rapport à un système de référence, dit *absolu.*

Galilei (Vincenzo), compositeur, luthiste et violoniste italien (Santa Maria a Monte, près de Florence, 1533 - Florence 1591). Père du grand Galilée, il fut le défenseur du style récitatif et participa à la Camerata fiorentina, d'où sortit le mélodrame.

Galilei (Alessandro), architecte italien (Florence 1691 - Rome 1736). Il exécuta à Rome la façade de San Giovanni dei Fiorentini (1734), puis celle de Saint-Jean-de-Latran (1735), où il aménagea la chapelle Corsini.

galimatias n. m. (orig. douteuse). Discours embarrassé, inintelligible : *Je ne comprends rien à ce galimatias.* ‖ Affaire embrouillée.

galion n. m. (de *galie,* outre ; forme de *galée,* galère). Grand bâtiment de charge employé autrefois par les Espagnols pour le commerce avec le Nouveau-Monde.

Galiot de Genouillac (Jacques Ricard DE GOURDON DE GENOUILLAC, dit). V. GENOUILLAC (Jacques DE).

galiote n. f. (dimin. de *galie*). Petite galère légère. ‖ Navire à fond plat, servant au cabotage. ‖ Bateau couvert dont on se sert pour naviguer sur les rivières. ● *Galiote à bombes,* bâtiment qu'on armait d'un mortier et de canons.

galipette n. f. (orig. obscure). *Fam.* Gambade, culbute : *Faire des galipettes dans l'eau.*

galipot n. m. Produit de l'évaporation spontanée, dans l'arrière-saison, de la térébenthine sur le tronc des arbres. (Distillé, il fournit l'*huile de raze.*) ‖ Mélange de goudron, de résine, d'huile, etc., dont on enduit à chaud les carènes de bateaux en bois pour en prolonger la durée. ◆ **galipoter** v. tr. Enduire de galipot.

Galite (la), îlot volcanique de la côte nord de la Tunisie, à 40 km au N. du cap Serrat. Pêcheries.

Galitzine ou **Golitsyn,** famille princière russe, descendant du prince lituanien Gedymin. VASSILI VASSILIEVITCH (1643 - Moscou 1714), favori de la régente Sophie, signa avec la Pologne la Paix perpétuelle (1686). Il réprima la révolte des streltsy. — MIKHAÏL MIKHAÏLOVITCH (1674 - 1730), général, combattit les Suédois, fut gouverneur de la Finlande (1714-1721), devint feldmaréchal (1724) et président de l'Académie de guerre (1730). — ALEXANDRE MIKHAÏLOVITCH (1718-1783), fils du précédent, feldmaréchal, se distingua dans la guerre de Sept Ans et contre les Turcs. Il fut gouverneur de Saint-Pétersbourg.

Musée naval de Madrid

**galion du XVIe s.
offert au roi Philippe II**

**galiote flamande
musée de la Marine**

Larousse

galium [ljɔm] n. m. Nom scientifique du *gaillet.*

Gall (saint), moine (Irlande v. 540 - Arbon, Suisse, v. 630). Disciple de saint Colomban, il fonda, près du lac de Constance, un ermitage qui donna naissance au fameux monastère de Saint-Gall. — Fête le 16 oct.

Gall (Franz Josef), médecin allemand (Tiefenbronn, Bade, 1758 - Montrouge 1828), connu par sa doctrine de la phrénologie* qui prétendait que les facultés d'un homme peuvent se reconnaître à la forme de son crâne.

galla n. m. Langue du groupe couchitique, parlée par les Gallas*. (Le galla n'est pas écrit.)

Galla, princesse romaine (v. 374 - † 394 apr. J.-C.). Fille de Valentinien Ier, elle épousa Théodose Ier en 388.

Galland (Antoine), orientaliste français (Rollot, près de Montdidier, 1646 - Paris 1715). Professeur au Collège de France, il a édité une traduction du *Coran* et une adaptation, la première en français, des contes des *Mille et Une Nuits*, en douze volumes (1704-1717). [Acad. des inscr., 1701.]

Galland (Adolf), général d'aviation allemand (Westerholt 1912). Pilote d'essai de Messerschmitt en Espagne (1938-1939), as de la Luftwaffe, général à 30 ans, il se spécialise dans la mise au point des appareils à réaction jusqu'en 1945. Réfugié en Espagne, puis en Argentine (1949), dont il réorganise l'aviation, il rentre en Allemagne en 1955 et participe à la reconstitution de l'armée de l'air de la République fédérale.

Galla Placidia, princesse romaine (v. 388/389 ou 392 - Rome 450), fille de Théodose Ier et de Galla. Prise par Alaric à Rome en 409, elle dut épouser son beau-frère Athaulf. Elle épousa ensuite le général Constance, et lui fit obtenir le titre d'auguste en 421. Elle en eut Valentinien III, qu'elle dirigea avec sagesse durant son règne. Son mausolée est à Ravenne.

Gallardon, comm. d'Eure-et-Loir (arr. et à 19,5 km au N.-E. de Chartres); 2 304 h. Ruines d'un donjon. Eglise (XIIe s.-XVIe s.).

Galla(s), peuple chamino-sémitique d'Ethiopie, où il a pénétré à partir du XVIe s. Ce sont des agriculteurs blancs plus ou moins négritisés, en majorité musulmans; une minorité importante est chrétienne.

Gallas (Matthias), comte de **Campo**, duc de **Lucera**, général autrichien (Trente 1584 - Vienne 1647). Il se distingua au siège de Mantoue (1630), en Bohême, qu'il défendit contre Gustave-Adolphe, et remporta la victoire de Nordlingen (1634).

Gallas (Eduard). V. CLAM-GALLAS.

gallate n. m. Sel ou ester de l'acide gallique.

Gallavardin (Louis), médecin français (Lyon 1875 - *id.* 1957). Il étudia l'angine de poitrine, précisa la séméiologie du rétrécissement mitral et fut un précurseur en électrocardiographie.

galle n. f. (lat. *galla*). Tumeur végétale nettement localisée, provoquée par l'action irritante d'une larve d'insecte, d'un acarien, d'un nématode, d'un champignon ou d'une bactérie. (Syn. CÉCIDIE.) [V. *encycl.*] ◆ **gallicole** adj. Qui vit dans les galles. ◆ **galligène** adj. Qui forme les galles.

— ENCYCL. **galle.** *Bot.* Les galles peuvent se former sur les espèces et les parties les plus diverses; leur forme et leur couleur sont des plus variables. La plus commune est cependant la *noix de galle* des feuilles de chêne, sphérique, due à la piqûre d'un hyménoptère cynipidé qui y dépose son œuf; on la récolte pour sa richesse en tanin. La *galle verruqueuse de la pomme de terre* (on écrit aussi GALE) est causée par un champignon; elle se traduit par des tumeurs volumineuses qui noircissent et pourrissent rapidement. Les *galles tannantes* sont utilisées pour le tannage des peaux; le *takaout*, en particulier, peut renfermer plus de 50 p. 100 de tanin.

galle n. m. (lat. *gallus*; gr. *gallos*). *Antiq. gr.* Prêtre de Cybèle et d'Attis. (Les galles, eunuques, s'habillaient en femmes, exécutaient sur la voie publique des danses frénétiques et étaient généralement méprisés.)

Galle, port de Ceylan, ch.-l. de prov., dans le sud de l'île; 69 500 h.

Galle (André), médailleur et inventeur français (Saint-Etienne 1761 - Paris 1844). Il fut l'historien en bronze du Consulat, de l'Empire, etc., et l'inventeur de la chaîne sans fin à maillons articulés.

Galle (Johann Gottfried), astronome allemand (Pabsthaus, près de Gräfenhainichen, Prusse, 1812 - Potsdam 1910). En 1846, il découvrit la planète connue depuis sous le nom de Neptune*, et dont l'existence avait été révélée par les calculs de Le Verrier. On lui doit également une nouvelle méthode pour la détermination de la parallaxe solaire.

Gallé (Emile), verrier et ébéniste français (Nancy 1846 - *id.* 1904). Il rénova les techniques du verre, de l'ébénisterie et de la marqueterie. Animateur de l'école de Nancy, il orienta l'art décoratif vers un symbolisme poétique (musée de l'Ecole de Nancy, à Nancy).

Gallegos (Rómulo), romancier vénézuélien (Caracas 1884 - *id.* 1969). Ses principaux romans sont *La Trepadora* (1925), *Doña Bárbara* (1929), où il décrit la vie rude des habitants des *llanos*, et *Brin de paille dans le vent* (1952). Un gouvernement républicain ayant remplacé une série de dictatures, Rómulo Gallegos fut élu président de la République vénézuélienne (1947), mais un coup d'Etat mit fin à sa présidence la même année.

gallérie n. f. Teigne dont la chenille dévore la cire des rayons et provoque la ruine des ruches.

Galles (PAYS DE), en angl. **Wales,** en gallois **Cymru,** région de l'ouest de la Grande-Bretagne, entre les estuaires de la Severn (au S.) et de la Dee (au N.) ; 20 761 km² ; 2 644 000 h.

● *Géographie.* Le pays de Galles est formé principalement par un massif ancien, vestige de chaînes calédonienne et hercynienne. De hauts plateaux monotones sont surmontés de petits massifs de roches plus dures, comme celui du Snowdon. Le climat est doux et humide ; au-dessus de 300 m, les arbres font place aux landes et aux tourbières. Les plateaux sont de vieilles régions d'élevage. Sur la côte sud, de riches cultures maraîchères et fruitières se sont développées. Le sud du pays renferme un grand gisement houiller. Une grande partie de la production était autrefois exportée par le port de Cardiff (charbon de soute pour les navires). La présence d'un petit gisement de minerai de fer (rapidement épuisé) a favorisé l'implantation de la sidérurgie (Merthyr Tydfil), qui est alimentée aujourd'hui par du minerai importé (Port Talbot). La côte sud du pays de Galles (région de Swansea) est spécialisée dans la métallurgie du cuivre, du zinc, de l'étain, et dans la fabrication du fer-blanc.

● *Histoire.* Bien que conquis par Rome, le pays de Galles fut à peine effleuré par la civilisation romaine et par le christianisme. Le celtisme s'y maintint d'autant mieux que l'Irlande voisine y entretenait de véritables

Emile **Gallé,** vase « Orphée aux enfers » *musée des Arts décoratifs*

Larousse

colonies. L'invasion de l'Angleterre par les Anglo-Saxons le laissa isolé et en fit le refuge de la civilisation brittonique. Le pays, qui demeurait d'ailleurs divisé en plusieurs petits royaumes, subit, à dater de Guillaume le Conquérant, les entreprises de la féodalité normande, qui conquit temporairement le sud du pays. Henri II et Jean sans Terre tentèrent de diviser les seigneurs gallois pour amoindrir leur puissance. Cependant, les Gallois furent réunis sous l'autorité de Llewelyn ap Gruffydd (1246-1282), qui porta leur puissance à son apogée. Edouard Ier fit la conquête du pays (1277-1284) et le soumit en partie à des princes anglais (statut de Rhuddlan). L'incorporation à l'Angleterre fut achevée par les statuts de 1536 et 1542.

Galles (prince DE), titre britannique porté par le fils aîné du souverain. Il fut créé en 1301 par Edouard Ier, en faveur de son fils Edouard*.

Galles du Sud (Nouvelle-). V. NOUVELLE-GALLES DU SUD.

Gallia christiana (la *Gaule chrétienne*), histoire, par provinces, des évêchés et monastères de France, dont la première édition date de 1626.

gallican, e adj. (lat. *gallicanus ;* de *Gallus,* Gaulois). Qui appartient à l'Eglise de France : *Eglise gallicane.* || Qui est partisan du gallicanisme*. ◆ *Rite et chant gallicans,* ou *gallican* n. m., liturgie et chant des Gaules des origines au IXe s. (V. *encycl.*) || — *gallican* n. m. Partisan des libertés de l'Eglise gallicane : *Les gallicans et les ultramontains.* ◆ **gallicanisme** n. m. Doctrine défendant les libertés de l'Eglise catholique en France contre les prétentions de la papauté, qualifiées, par opposition, d'*ultramontanisme.* (V. *encycl.*)

— ENCYCL. *gallican. Rite et chant gallicans.* La hiérarchie est organisée en Gaule au IVe s., mais l'autonomie des Eglises explique les diversités de chant et de rite. Avec la pénétration (VIIe s.) du sacramentaire du pape Gélase, les rites gallicans s'inspirent partiellement de Rome ; en même temps ils s'unifient. Ainsi, dans les grandes lignes, la semaine sainte, Pâques, la Pentecôte ont le même *ordo* qu'à Rome et à Tolède. Néanmoins, le gallican apporte aux textes et aux mélodies des formules plus riches, plus symboliques. Le roi Pépin (755) tend à rendre obligatoires chant et rite *romains ;* mais le gallican prend sa revanche dès le IXe s., et surtout aux XVIIe et XVIIIe s., quand chaque diocèse, par réaction contre Rome, se dote d'une « liturgie » particulière. Le retour au romain s'effectue à partir de 1840, sous l'influence de l'ultramontanisme et de dom Guéranger.

— *gallicanisme.* Formulé par les légistes de Philippe le Bel, le gallicanisme entraîna un grave conflit pour la première fois entre la France et le pape Boniface VIII (1303).

La papauté en sortit affaiblie. L'Eglise de France proclama les *libertés* gallicanes (1407) et renforça son autonomie. Par la *pragmatique sanction de Bourges* (1438), Charles VII rendit pratiquement indépendante de Rome l'Eglise de France; Louis XI en 1464, Louis XII en 1510, renouvelèrent l'affirmation des libertés gallicanes.

Le concordat signé entre Léon X et François Ier (1516) fut la charte de l'Eglise gallicane jusqu'en 1790; le roi détenait l'autorité temporelle sur le clergé, nommant évêques et abbés, le pape ne leur accordant que l'investiture canonique, et disposait à sa guise des bénéfices : c'était le gallicanisme régalien. Pour défendre son autonomie, le clergé français revendiqua les libertés gallicanes, qui furent précisées par les juristes; ses thèses furent exploitées par le parlement, qui voyait dans le gallicanisme un allié contre le roi; elles aboutirent, après l'affaire de la Régale*, à la *Déclaration des quatre articles sur la puissance ecclésiastique et la puissance séculière*, présentée par Bossuet à l'assemblée du clergé de 1682. Devant l'opposition du pape, Louis XIV dut faire retirer la *Déclaration* de l'enseignement des séminaires. Le parlement de Paris, en appuyant les évêques jansénistes qui en avaient appelé comme d'abus de la bulle *Unigenitus* (1713), renforça le gallicanisme d'une partie .du clergé français. L'affaire du diacre Pâris* et des billets de confession, la suppression des jésuites (1762) marquent les progrès de ce gallicanisme parlementaire, qui inspira la *Constitution civile du clergé* (1790), véritable statut de l'Eglise gallicane.

La condamnation par Pie VI de ce gallicanisme constitutionnel (1791) aboutit à la scission du clergé en jureurs et en réfractaires, et à la séparation de l'Etat et de l'Eglise (1794). Le Concordat de 1801, complété par les articles organiques, permit à Bonaparte de faire du clergé un instrument de gouvernement et d'obliger l'enseignement de la *Déclaration des quatre articles* dans les séminaires. En fait, en rendant à la papauté le contrôle du clergé, le Concordat porta un coup dur au gallicanisme, qui agonisa jusqu'en 1870, quand la proclamation de l'infaillibilité pontificale marqua le triomphe de l'ultramontanisme. La séparation de l'Eglise et de l'Etat (1905) assura à Rome le contrôle complet de l'Eglise en France.

gallicisme n. m. (du lat. *gallicus,* gaulois). Construction ou forme particulière à la langue française.

gallicole → GALLE n. f.

Gallien, en lat. **Publius Licinius Egnatius Gallienus** (v. 218 - Milan 268), empereur romain (253-268), fils de Valérien. Associé à son père pour l'Occident (auguste dès 253), il demeura seul empereur en 260. Il dut abandonner la défense de l'Occident à Postumus et celle de l'Orient à Odenath pour défendre l'Italie. Il battit les Alamans près de Milan (261) et arrêta les Goths dans les Balkans (267). Il favorisa les chevaliers, renforça l'armée et fortifia des villes. Lettré, il s'intéressa au néo-platonisme.

Gallieni (Joseph), maréchal de France (Saint-Béat, Haute-Garonne, 1849 - Versailles 1916). Après avoir fait ses premières armes à Bazeilles (1870), il est envoyé au Soudan, où il négocie avec Ahmadou le traité accordant à la France le commerce du haut Niger (1881). Il sert ensuite au Sénégal, puis, comme colonel, au Tonkin, qu'il libère des pirates chinois et qu'il administre avec la collaboration du commandant Lyautey. Gouverneur général de Madagascar (1896-1905), il rétablit l'ordre, dépose la reine Ranavalona et travaille à la mise en valeur de la grande île. Atteint par la limite d'âge (1913), il est rappelé, au début de la Première Guerre mondiale, comme gouverneur militaire de Paris, qu'il met en état de défense (1914), et, à ce titre, contribue à la victoire de la Marne, notamment par la constitution et l'engagement de l'armée Maunoury sur le flanc de l'aile marchante allemande. Ministre de la Guerre en oct. 1915, il résilie ses fonctions six mois plus tard. La dignité de maréchal de France lui est conférée à titre posthume en 1921. Il est l'auteur de nombreux ouvrages : *Mission d'exploration du haut Niger* (1885), *Deux Campagnes au Soudan* (1890), *Trois Colonnes au Tonkin* (1899), la *Pacification de Madagascar* (1899), *Madagascar de 1896 à 1905* (1905), *Mémoires du maréchal Gallieni* (1926), *Défense de Paris* (1926), *Lettres de Madagascar* (1928). Sa doctrine est fondée sur une méthode de pacification associant l'action politique à l'action militaire, et recherchant l'adhésion des peuples colonisés.

maréchal **Gallieni**
musée de l'Armée

Larousse

Galliera (PALAIS), établissement municipal parisien, don de la duchesse de Galliera, œuvre de l'architecte Louis Ginain (1888). Il sert à des expositions artistiques et à des ventes publiques.

Galliffet (Gaston, marquis DE), général français (Paris 1830 - *id.* 1909). Il se distingua en Crimée, en Afrique, en Italie et au Mexique. En 1870, comme général, il conduisit les charges des chasseurs d'Afrique à Sedan, où il fut fait prisonnier. A son retour dans l'armée de Versailles (1871), il réprima durement la Commune de Paris. Il fut gouverneur de Paris (1880) et, à la suite de l'affaire Dreyfus, ministre de la Guerre (1899-1900).

galliformes n. m. pl. Ordre d'oiseaux terrestres non migrateurs, assez gros, voiliers médiocres, vivant sur le sol, et remarquables par la différence d'aspect des deux sexes, tels que la poule, le faisan, le paon, le dindon, la caille, la perdrix, le coq de bruyère, etc. (Beaucoup d'entre eux ont des excroissances charnues à la tête : crête, barbillons, etc., et, chez le mâle, un ergot.) [Syn. GALLINACÉS.]

galligène → GALLE n. f.

Gallimard (LIBRAIRIE), maison d'édition française, créée en 1911 et dont la raison sociale fut d'abord *Editions de la Nouvelle Revue française*. En 1919, l'entreprise prit le nom de « Librairie Gallimard », sous la direction de Gaston Gallimard, associé à ses frères Raymond et Jacques. Elle a publié les grands noms de la littérature et tenu, de ce fait, une place prépondérante dans la vie littéraire.

gallinacé, e adj. (du lat. *gallina*, poule). Qui se rapporte aux poules. ‖ — **gallinacé** n. m. *Démarche de gallinacé*, démarche enraidie de certains paraplégiques. ‖ — **gallinacés** n. m. pl. Anc. nom des GALLIFORMES.

gallinsectes n. m. pl. Nom donné aux insectes qui vivent immobiles sur les plantes et ressemblent à des galles, comme certaines cochenilles.

Gallipoli, en turc **Gelibolu,** v. de la Turquie d'Europe, sur les Dardanelles ; 16 500 h. La longue *péninsule de Gallipoli* s'étend entre les Dardanelles et le golfe de Saros. La ville fut, en 1915, l'objectif de l'expédition alliée des Dardanelles.

gallique adj. Se dit d'un acide triphénol CO_2H—$C_6H_2(OH)_3$ (1-3-4-5), extrait de la noix de galle.

— ENCYCL. L'*acide gallique* se prépare par hydrolyse des tanins. Il cristallise hydraté, en aiguilles soyeuses fondant à 220 ºC. C'est un réducteur, que la chaleur décompose en *pyrogallol* et que les oxydants transforment en acide ellagique. Il donne diverses réactions de condensation, qui fournissent des matières colorantes. Le gallate basique de bismuth est employé comme antiseptique

sous le nom de *dermatol* et le gallate de fer constitue le colorant des anciennes encres noires.

gallisation n. f. ou **gallisage** n. m. (de *Gall,* inventeur du procédé). Fabrication de vin par adjonction d'eau et de sucre à un marc de raisin ou à un moût.

gallium [ljɔm] n. m. Métal rare, analogue à l'aluminium.

— ENCYCL. Le gallium est l'élément n° 31, de masse atomique Ga = 69,72. Il manquait

général de Galliffet

à la classification périodique lorsque Lecoq de Boisbaudran le découvrit en 1875. C'est un solide blanc bleuâtre, de densité 5,9, fondant à 30 ºC. Ses propriétés chimiques le rapprochent de l'aluminium. Il existe en petites quantités dans certaines blendes ; on peut le préparer par électrolyse de son oxyde ou de son sulfate.

Gällivare, en finnois **Jällivaara,** v. de Suède (Norrbotten) ; 6 600 h. Centre d'extraction du fer sur le chemin de fer de Luleå à Narvick (mines de Malmberget).

gallo n. m. Parler français de la Bretagne orientale.

gallois, e adj. et n. Relatif au pays de Galles ou à ses habitants ; habitant ou originaire de cette région. ‖ — **gallois** n. m. Langue celte parlée surtout dans le pays de Galles.

Gallois (Lucien), géographe français (Metz 1857 - Paris 1941). Il fonda avec Vidal de La Blache les *Annales de géographie* en 1893 et dirigea la *Géographie universelle.*

Gallois (Pierre), général d'aviation français (Turin, Italie, 1911), auteur d'ouvrages de stratégie, notamment *l'Europe du défi* (1957), *L'Europe change de maître* (1972), etc.

Gallois-Montbrun (Raymond), violoniste

et compositeur français (Saigon 1918). Premier grand prix de Rome, il est directeur du Conservatoire national supérieur (1962).

gallo-italien, enne adj. et n. m. Se dit parfois des dialectes de l'Italie du Nord (non compris la Vénétie), qui groupent le lombard, le piémontais, le ligurien, l'émilien-romagnol et le patois du sud de la Suisse.

gallon n. m. (mot angl.; empr. à l'anc. franç. *galon,* sorte de mesure). Anc. mesure de capacité. ‖ Petite boîte en bois dans laquelle les épiciers et les confiseurs vendent des confitures sèches, des pâtes de fruits, etc. (On écrit aussi GALON.) ● *Imperial gallon,* unité de capacité britannique, égale à 4,545 96 litres (abrév. Imp. gal). ‖ *U. S. gallon,* unité de capacité américaine égale à 3,785 42 litres (abrév. U. S. gal).

Gallon (Jean), compositeur et professeur français (Paris 1878 - *id.* 1959). Il fut professeur d'harmonie au Conservatoire de Paris. — Son frère NOËL (Paris 1891 - *id.* 1967) a enseigné le solfège, le contrepoint et la fugue au Conservatoire.

gallo-romain, e adj. Relatif aux habitants de la Gaule*, depuis la conquête romaine jusqu'à l'installation des Francs. ● *Ecriture gallo-romaine,* écriture introduite en Angleterre par Alfred le Grand. ✦ n. Habitant de la Gaule pendant la domination romaine.

Gallot, famille de luthistes français du XVIIe s.

Galloway (PRESQU'ÎLE DE), presqu'île de l'extrémité sud-ouest de l'Ecosse.

Galloway, anc. royaume écossais (XIe-XIIe s.). Il fut réuni à l'Ecosse en 1160.

Galls. V. GAËLS.

Evariste Galois
d'après l'héliogravure
placée en tête de ses œuvres
1897

Larousse

galluchat n. m. (du nom de l'inventeur). Peau de squale ou de raie, préparée et teinte pour les gainiers, les relieurs, etc. (On écrit aussi GALUCHAT.)

Gallup (George), journaliste et statisticien américain (Jefferson, Iowa, 1901). Il a créé en 1935 un important institut dont l'objet est le sondage de l'opinion publique. (On dit parfois *un gallup* pour un tel sondage.)

Galluppi (Pasquale, baron), philosophe italien (Tropea, Calabre, 1770 - Naples 1846). Il se rattache au kantisme éclectique. On lui doit notamment *Saggio filosofico sulla critica della conoscenza* (1819 à 1847), *Filosofia della volontà* (1832-1840).

Gallura, région septentrionale de la Sardaigne.

gallurien, enne adj. et n. Se dit d'un dialecte sarde parlé dans le nord-est de l'île de Sardaigne.

Gallus (Caius Cornelius), poète latin (Fréjus [*Forum Julii*] 69 av. J.-C. - † 26 av. J.-C.). Partisan d'Octave, il prit part à la bataille d'Actium. Il fut condisciple et protecteur de Virgile, qui le célébra dans la sixième et dans la dixième églogue des *Bucoliques.* Il passait pour un bon poète élégiaque, mais ses œuvres ont été perdues.

Gallus (Caius Vibius Trebonianus), empereur romain (251 à 253), originaire de Pérouse. Proclamé par ses troupes en 251, il fut tué par un rival, Aemilianus.

Gallus (Flavius Constantius), césar romain (Massa Marittima 325 - île proche de Pola 354). Frère aîné de Julien l'Apostat, il fut fait césar en 351 par Constance II, qui lui confia l'Orient, puis le fit décapiter pour ses cruautés.

Gallus (Jacobus) ou **Handl** (Jakob), compositeur slovène (probablem. à Ribnica, Carniole, 1550 - Prague 1591). Auteur de compositions religieuses, il travailla avec zèle au profit de la Contre-Réforme.

galoche n. f. (orig. obscure). Chaussure de cuir à semelle de bois : *Une paire de galoches.* ‖ Poulie garnie d'un rouet à l'une de ses extrémités et ouverte transversalement sur une de ses faces. (On dit aussi POULIE COUPÉE.) ‖ Encoche dans le bois d'un bordé, ou pièce de bois avec encoche, pour maintenir une manœuvre courante. ● *Menton en galoche* (Fam.), menton accusé et recourbé en avant. ◆ **galocherie** n. f. Fabrique de galoches. ◆ **galochier** n. m. Ouvrier qui fabrique des galoches.

Galois (Evariste), mathématicien français (Bourg-la-Reine 1811 - Paris 1832). Entré en 1830 à l'Ecole normale, exclu en 1831 pour ses opinions politiques, il meurt en duel à 20 ans. Son œuvre, consignée dans divers mémoires, ne fut appréciée qu'après sa mort. La nuit qui précéda son duel, il résuma à grands traits, dans sa *Lettre à Au-*

guste Chevalier, sa théorie des équations algébriques, ainsi que des résultats sur les intégrales abéliennes, leur classification et leurs périodes, résultats que Rieman devait établir vingt-cinq ans plus tard. Ses travaux sont à la base de la notion de groupe*, qui joue aujourd'hui un rôle fondamental.

galon n. m. (orig. douteuse). Ruban épais de laine, de soie, d'argent, etc., que l'on met sur les costumes, chapeaux, rideaux, pour les protéger ou les orner : *Habit couvert de galons.* ‖ Passementerie indiquant le grade d'un militaire. (Les officiers généraux ne portent pas de galons. Ceux des officiers supérieurs ou subalternes et des sous-officiers sont, suivant les armées et les armes, d'or ou d'argent. Les galons des brigadiers, caporaux ou quartiers-maîtres et des matelots ou soldats de 1ʳᵉ classe sont en laine.) ‖ *Fig.* Marque de pouvoir, situation avantageuse : *Prendre du galon.* ● *Arroser ses galons,* offrir à boire à ses camarades lors de sa promotion au grade supérieur. ◆ **galonner** v. tr. Orner de galon : *Galonner un chapeau.* ‖ Border les parties coupées des étoffes qui n'ont plus de lisières, pour les empêcher de s'effiler, ou poser des galons à des fins d'ornementation. ◆ **galonnier** n. m. Ouvrier qui confectionne des galons.

galop [galo] n. m. (de *galoper,* francique *wala hlaupen,* bien courir). Allure la plus

rapide du cheval : *Grand galop. Petit galop.* (Si le cheval galope à droite, le postérieur gauche fait la première battue, puis le bipède diagonal gauche pose sur le sol, enfin le membre antérieur droit fait la troisième battue.) ‖ Danse très vive, à deux temps ; air sur lequel elle s'exécute : *Beaucoup de quadrilles se terminent par un galop.* ● *Au galop !,* sonnerie de trompette ordonnant aux cavaliers de prendre le galop. (Dans la cavalerie, on distinguait le *galop de manœuvre,* le *galop allongé,* le *galop de charge* et le *galop de manège.*) ‖ *Branle de galop,* mouvement du cheval pendant le galop. ‖ *Bruit de galop,* rythme à trois temps perçu dans l'auscultation du cœur au cours de l'insuffisance cardiaque. ‖ *Donner un galop,* faire galoper un cheval sur une piste spécialement entretenue, afin de lui donner l'entraînement nécessaire en vue d'une épreuve sportive. ‖ *Galop allongé,* galop assez rapide dans lequel le cheval déploie des foulées très étendues. ‖ *Galop de chasse,* galop modéré et coulant qu'un cheval peut soutenir assez longtemps sans fatigue excessive. ‖ *Galop de course,* galop poussé à la plus grande vitesse qu'un cheval peut soutenir sur une distance donnée. ‖ *Galop de manège* ou *rassemblé,* galop très ralenti, mais restant très actif et bien cadencé. ‖ *Mouvement de galop,* mouvement d'oscillation autour d'un axe parallèle aux essieux, que présentent certaines

locomotives. ‖ *Prendre, courir le grand galop* (Fig.), courir rapidement ; faire quelque chose avec précipitation. ‖ *Temps de galop,* moment pendant lequel on galope ; court espace parcouru au galop. ◆ **galopade** n. f. Temps de galop assez prolongé, à une vitesse plus ou moins rapide et régulière. ‖ Course précipitée. ◆ **galopant, e** adj. Se dit d'un phénomène économique ou social qu'on ne peut maîtriser : *Une inflation galopante ; la démographie galopante de certains pays sous-développés.* ● *Phtisie galopante,* tuberculose à évolution rapide. ◆ **galoper** v. intr. Aller le galop : *Les chevaux galopent sur le pied droit.* ‖ Monter un cheval qui court le galop : *Galoper à cheval.* ‖ Marcher rapidement : *Passer sa journée à galoper d'un bout à l'autre de Paris.* ‖ *Fig.* Avoir une marche, un mouvement très rapide : *Ses doigts galopent sur le clavier.* ‖ Avoir une extrême activité : *Son imagination galope.* ‖ Faire quelque chose avec une grande précipitation : *Galoper en lisant, en chantant.* ‖ En parlant d'un moteur à explosion, avoir une allure irrégulière. ● *Galoper sur le bon pied,* en parlant du cheval qui est à main droite, galoper sur le pied droit. ✦ v. tr. Mettre au galop : *Galoper un cheval.* ✦ v. tr. ind. *Galoper après,* rechercher avec ardeur : *Galoper après un livre.* ◆ **galopeur, euse** adj. et n. Qui galope. ◆ **galopin, e** n. *Fam.* Enfant qui polissonne dans la rue. ‖ Petit garçon effronté. ◆ **galopiner** v. intr. Se conduire comme un galopin ; polissonner, vagabonder.

galope n. f. Filet tracé à froid, courant le long des bords de la couverture d'un livre relié. ‖ Fer à dorer utilisé pour exécuter ce travail.

galoper, galopeur, galopin → GALOP.

Galopin (Alfred), général français (Saint-Satur, Cher, 1852 - Paris 1931), créateur d'une tourelle à éclipse pour canon à longue portée utilisé en fortification.

galopiner → GALOPER.

galoubet n. m. (mot provenç.). Sorte de flûte droite, percée de trois trous, répandue en Provence et dans le Languedoc, s'accompagnant d'un tambourin.

galoupe n. m. (en arg., corrupt. de *galoper, galope*). Manœuvre chargé de la manutention du matériel de cirque et de la pose et dépose du chapiteau.

Galswinthe († 568), femme de Chilpéric Iᵉʳ, roi de Neustrie. Elle périt étranglée, sans doute victime de Frédégonde.

Galsworthy (John), écrivain anglais (Coombe, Surrey, 1867 - Londres 1933). La plus grande partie de son œuvre de romancier et d'auteur dramatique fait le procès de la bourgeoisie anglaise et propose des réformes sociales. *Les Pharisiens de l'île* inaugurent en 1904 cette critique, qui se continue dans la série dont le titre général est *la Saga des Forsyte,* et dans une seconde série, *Une* *comédie moderne*. Ses pièces de théâtre les plus célèbres sont : *la Boîte en argent* (1906), *Justice* (1910). [Prix Nobel de littér., 1932.]

Galtier (Pierre), vétérinaire français (Langogne, Lozère, 1846 - Lyon 1908). Il étudia la rage et, avant Pasteur, vaccina les ruminants contre cette maladie.

Galton (sir Francis), voyageur et physiologiste britannique (Birmingham 1822 - Haslemere 1911). Il voyagea en Afrique et consacra des travaux à la physiologie, à l'eugénique, à la méthode statistique, à l'anthropologie, etc.

Galton (LOI DE) ou **loi de Gibrat**. *Statist.* Loi selon laquelle les effets entraînés par la variation d'un caractère sont proportionnels à l'intensité même de ce caractère ou à la grandeur du phénomène.

galuchat n. m. V. GALLUCHAT.

Galuppi (Baldassarre), compositeur italien (Burano, Venise, 1706 - Venise 1785). Maître de chapelle à Saint-Marc de Venise, il laisse une production immense, mais il fut avant tout doué pour l'opéra bouffe. Il est aussi un précurseur de la sonate pour clavier.

galurin ou, par abrév., **galure** n. m. *Pop.* Chapeau.

Galvani (Luigi), physicien et médecin italien (Bologne 1737 - *id.* 1798). En 1786, dans une célèbre expérience, il découvrit que les muscles d'une grenouille écorchée se contractent au contact de deux métaux différents. Il attribua ce phénomène à une forme d'électricité animale. Mais Volta combattit cette théorie, et son explication fut à l'origine de la pile électrique.

galvanique, galvanisateur, galvanisation, galvanisé, galvaniser, galvaniseur → GALVANISME.

galvanisme n. m. (de *Galvani*). Action du courant continu sur les organismes vivants. ◆ **galvanique** adj. Relatif au galvanisme. ● *Courant galvanique*, autref., courant produit par les piles ; auj., courant continu employé en électrothérapie. ‖ *Dépôt galvanique*, dépôt obtenu par galvanoplastie. ◆ **galvaniquement** adv. Par les effets du

Luigi Galvani
ci-dessous, son expérience sur l'électricité atmosphérique et les grenouilles

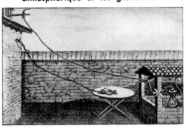

galvanisme. ◆ **galvanisateur** n. m. Syn. de GALVANISEUR. ◆ **galvanisation** n. f. Procédé consistant à recouvrir une pièce métallique par une couche de zinc pour la protéger de la corrosion. (V. *encycl.*) ‖ Emploi thérapeutique du courant continu. (V. *encycl.*) ◆ **galvanisé, e** adj. Recouvert d'une mince couche de zinc : *Fil de fer galvanisé.* ◆ **galvaniser** v. tr. Electriser au moyen d'une pile. ‖ Imprimer des mouvements convulsifs à un cadavre par l'action d'une pile : *Galvaniser une grenouille.* ‖ Recouvrir une pièce métallique d'une couche de zinc par galvanisation. ‖ *Fig.* Donner une énergie passa-

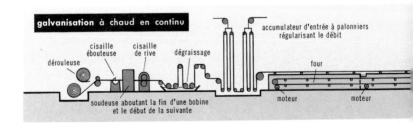

galvanisation à chaud en continu

accumulateur d'entrée à palonniers régularisant le débit

dérouleuse
cisaille ébouteuse
cisaille de rive
dégraissage
four
soudeuse aboutant la fin d'une bobine et le début de la suivante
moteur
moteur

gère ; enthousiasmer, exalter : *Cet orateur galvanise la foule.* ◆ **galvaniseur** n. m. Ouvrier chargé de conduire et d'entretenir un bain de zinc en fusion destiné à la galvanisation par trempage à chaud.
— ENCYCL. *galvanisation.* La galvanisation se fait à chaud ou à froid. La *galvanisation à chaud au trempé* s'applique aux pièces en fer, en acier ou en fonte, que l'on plonge, après décapage, dans un bain de zinc maintenu à une température de 450 à 500 °C. La *galvanisation électrolytique,* ou *zingage électrolytique,* s'opère avec anodes solubles ou insolubles dans un bain généralement à base de sulfate de zinc. On peut aujourd'hui pratiquer la galvanisation continue par passage successivement dans les différents bains des bandes, tôles, fils, grillages, etc.
— *Méd.* La galvanisation est réalisée soit avec deux électrodes de dimensions différentes (une plaque et une pointe ou aiguille), soit avec deux électrodes de grandes dimensions formées par un tissu spongieux, humidifié par une solution conductrice. Dans le premier cas, elle permet d'obtenir une électrolyse au niveau de l'électrode active (la pointe) ; dans le second cas, elle permet l'introduction dans l'organisme d'un des ions de la solution conductrice : c'est l'*ionisation**.

galvano n. m. Abrév. de GALVANOTYPE.

galvanocautère n. m. Cautère agissant par la chaleur et formé par un fil de platine dans lequel on fait circuler un courant électrique. (Le courant ne traverse pas le sujet.) [Syn. ÉLECTROCAUTÈRE.]

galvano-électrique adj. S'est dit du courant galvanique.

galvanofaradisation n. f. Utilisation thérapeutique simultanée du courant continu et du courant induit.

galvanomètre n. m. Instrument qui sert à mesurer de petites intensités de courant, en utilisant leurs actions électromagnétiques. (V. *encycl.*) ● *Galvanomètre balistique,* appareil destiné à mesurer une quantité d'électricité transportée par un courant dans un temps très court. ◆ **galvanométrique** adj. Relatif au galvanomètre.

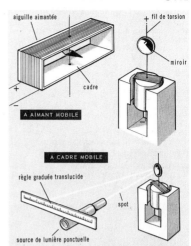

galvanomètre

— ENCYCL. *galvanomètre. Electr.* Les galvanomètres usuels dérivent de deux types principaux : les appareils à aimant mobile et les appareils à cadre mobile. Le *galvanomètre à aimant mobile* utilise le champ magnétique créé par le courant à mesurer circulant dans une bobine plate dont le centre est occupé par une petite aiguille aimantée, suspendue par un fil sans torsion. Cet appa-

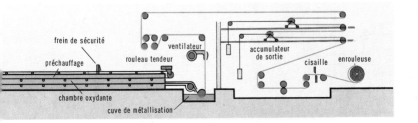

reil, très sensible, permet de mesurer un picoampère. Dans le *galvanomètre à cadre mobile*, le courant circule dans un cadre rectangulaire plat, suspendu à un fil de torsion et placé dans l'entrefer d'un circuit magnétique constitué par un fort aimant permanent et un cylindre de fer autour duquel tourne le cadre. C'est un appareil d'utilisation courante, mais sa sensibilité est moindre que celle de l'appareil précédent (environ 100 picoampères).

● *Galvanomètre balistique.* Il est généralement à cadre mobile et est utilisé pour l'étude des courants fugitifs et celle de divers phénomènes brefs. Il permet d'apprécier le centième de microcoulomb, environ.

galvanométrique → GALVANOMÈTRE.

galvanoplastie n. f. Ensemble des procédés permettant de déposer par électrolyse, sur un métal, une couche adhérente de faible épaisseur d'un autre métal. (V. *encycl.*) ‖

galvanisation de la matrice métallique

galvanoplastie

métallisation de la gravure sur acétate

Par extens. Ensemble des revêtements électrolytiques avec utilisation d'une source de courant électrique externe, et de certains revêtements chimiques pour lesquels il se produit un déplacement du métal dissous dans la solution vers la surface de la pièce à recouvrir. (V. ARGENTAGE, CUIVRAGE, CHROMAGE, ÉLECTRODÉPOSITION, NICKELAGE.) ● *Galvanoplastie au tampon*, galvanoplastie dans laquelle l'anode, entourée d'un absorbant qui retient l'électrolyte, est déplacée sur la surface de la cathode pendant l'opération. ‖ *Galvanoplastie au tonneau*, galvanoplastie mécanique dans laquelle les cathodes sont maintenues librement dans un récipient en rotation. ◆ **galvanoplastique** adj. Relatif à la galvanoplastie. ‖ Obtenu par la galvanoplastie.

— ENCYCL. *galvanoplastie.* La galvanoplastie permet d'obtenir la reproduction, par électrolyse, d'une médaille, d'une statuette, d'une planche typographique, etc.
Les principales opérations de la galvanoplastie sont : l'argenture, le cadmiumage, le chromage, le cuivrage, le dépôt de fer, la dorure, l'étamage, le laitonnage, le nickelage et le zingage.

galvanoplastique → GALVANOPLASTIE.

galvanoscope n. m. Appareil destiné à déceler le passage d'un courant électrique.

galvanotaxie n. f. Orientation du corps des animaux aquatiques par rapport à un léger courant électrique qui parcourt l'eau où ils se trouvent. (Les uns se dirigent vers l'anode, les autres, comme les planaires, vers la cathode.) [Syn. GALVANOTROPISME.]

galvanothérapie n. f. Syn. de GALVANISATION.

galvanotype n. m. Cliché en relief propre à l'impression typographique et obtenu par galvanotypie. (On dit, par abrév. typographique, GALVANO.) ◆ **galvanotypie** n. f. Galvanoplastie appliquée à la production de clichés typographiques. (V. *encycl.*)

— ENCYCL. *galvanotypie.* L'empreinte d'une composition ou d'un cliché typographique se prend par *moulage* à la cire, à la feuille de plomb, aux plastiques. La *coquille* est réalisée en déposant sur l'empreinte, dans un bain de galvanoplastie, une pellicule de cuivre de 0,2 mm environ d'épaisseur. Le *galvano*, ou cliché, est obtenu en doublant la coquille avec un alliage de plomb ; il sert à l'impression typographique.

galvaudage → GALVAUDER.

galvauder v. tr. (probablem. de l'anc. franç. *galer*, s'amuser, et de *ravauder*). *Fam.* Mal employer ; gâcher un avantage, une qualité : *Galvauder un don, un talent.* ◆ v. intr. Traîner sans rien faire ; vagabonder : *Il reste là à galvauder.* ‖ — **se galvauder** v. pr. S'aventurer dans ; s'avilir par : *Se galvauder dans une affaire louche.* ◆ **galvaudage** n. m.

Action de galvauder, de se galvauder : *Passer sa vie en galvaudages.* ◆ **galvaudeux, euse** ou **galvaudeur, euse** n. *Pop.* Propre à rien ; qui vagabonde : *Se compromettre avec un tas de galvaudeux.*

Galveston, port des Etats-Unis (Texas), à l'entrée de la *baie de Galveston ;* 67 200 h. Université.

galvette ou **galveta** n. f. Petit navire à voiles caboteur de la côte du Malabār, gréé de deux mâts.

Gálvez (Manuel), romancier argentin (Paraná 1882 - Buenos Aires 1962). Son premier roman, *la Normalienne* (1914), évoque le milieu des instituteurs et déclencha de vives polémiques. *A l'ombre du couvent* (1917) décrit la vie de Córdoba, vieille cité universitaire. *Nacha Regules* (1919), son roman le plus célèbre, et *Dans les faubourgs de Buenos Aires* (1923) ont pour sujet la prostitu-

tion dans la capitale de l'Argentine. Il faut également citer la trilogie sur la guerre du Paraguay : *Humaita, les Chemins de la mort, Journées d'agonie* (1918-1923).

Galway. V. RUVIGNY.

Gama (VASCO DE), navigateur portugais (Sines, Alentejo, v. 1469 - Cochin, Inde, 1524). Avec quatre vaisseaux, il doubla le cap de

Rose-Marie

Manuel Gálvez

Bonne-Espérance le 22 nov. 1497, relâcha à Mozambique, à Mombasa et à Melinda. Il gagna, sous la conduite d'un pilote, la côte de Malabār, qu'il toucha à Calicut en mai 1498. Après avoir conclu un traité de commerce avec le roi du pays, il rentra au Portugal le 30 août 1499. En 1502, Gama retourna aux Indes à la tête d'une escadre de 21 navires pour fonder des comptoirs. Ayant vaincu le roi Zamorin et conclu alliance avec le roi de Cochin, Gama fit reconnaître la suzeraineté du Portugal sur une partie des côtes indiennes. Il rentra à Lisbonne en 1503 et fut nommé vice-roi des Indes en 1523.

→ V. illustration page suivante.

Gama (José Basílio DA), poète brésilien (São José do Rio das Mortes, Minas Gerais, 1740 - Lisbonne 1795). Il célébra la révolte des missions jésuites contre l'Espagne et le Portugal dans son épopée *Uruguay* (1769).

Gamache (NOCES DE), épisode du *Don Quichotte* de Cervantes. Le héros assiste avec Sancho, chez un riche paysan nommé *Gamache,* à un festin dont l'abondance est demeurée proverbiale.

Gamaches, ch.-l. de c. de la Somme (arr. et à 26,5 km au S.-O. d'Abbeville), sur la Bresle ; 3 314 h. (*Gamachois*). Verrerie.

Gamain (François), serrurier français (Versailles 1751 - *id.* 1795). Il enseigna la serrurerie à Louis XVI et exécuta pour celui-ci, aux Tuileries, l'armoire à porte de fer.

Gamala. *Géogr. anc.* V. de Palestine (tribu de Manassé). C'est l'actuelle *Djamleh,* en Syrie.

Gamaliel, surnommé **ha-Zakên** (*l'Ancien*), docteur pharisien du début de l'ère chrétienne, disciple de Hillel et maître de saint Paul. Son fils, nommé aussi **Gamaliel,** reçut, pour son autorité, le titre de *Nasî* (« prince »).

Larousse

prise d'empreinte

galvanotype

formation de la coquille

Larousse

Ferrari

Vasco de **Gama**
peinture anonyme, *musée de Lisbonne*

gamase n. m. Petit acarien aveugle, qui se fait transporter par les insectes. (Type de la famille des *gamasidés*.)

gamay [gamɛ] n. m. Cépage noir, cultivé en Lorraine, dans le Beaujolais et dans le Centre, donnant des vins rouges fins ou ordinaires. (Deux variétés de gamay fournissent de bons vins blancs.) [On écrit également GAMAI, GAMAIS et GAMET.]

Gamay, hameau de la Côte-d'Or (comm. de Saint-Aubin, arr. et à 21,5 km au S.-O. de Beaune). Il a donné son nom à une variété de cépage.

gambade n. f. (du provenç. *cambado;* de *cambo,* jambe). Saut, bond sans art ni cadence : *Des gambades de gamin.* ◆ **gambader** v. intr. Faire des gambades; sautiller. ‖ *Fig.* S'abandonner à sa fantaisie : *Son imagination gambade.* ◆ **gambadeur, euse** adj. et n. Qui gambade.

Gambais, comm. des Yvelines (arr. de Mantes-la-Jolie), à 6 km au S.-E. de Houdan; 1 365 h. Château de Neuville (XVIᵉ-XVIIᵉ s.). C'est à Gambais que Landru* commit ses crimes.

gambardière n. f. V. TUILE.

gambe n. f. (ital. *gamba,* jambe). Chacune des manœuvres dormantes destinées à fournir aux haubans de hune les points d'appui pour permettre leur ridage. ‖ *Mus.* V. VIOLE. ‖ Ligne pour pêcher la perche.

gamberger v. tr. et intr. *Arg.* Imaginer, réfléchir.

Gambetta (Léon), avocat et homme politique français (Cahors 1838 - Ville-d'Avray 1882). Dès 1868, il se fit remarquer par sa ferveur républicaine en prononçant un violent réquisitoire contre l'Empire à propos de l'affaire Baudin*. Elu député en 1869, après

Giraudon

Gambetta
par Bonnat, château de Versailles

avoir, dans sa campagne électorale, établi le programme de Belleville*, il devint chef de la minorité républicaine. Au 4-Septembre, il réclama la chute de l'Empire et fit proclamer la République. Devenu ministre de l'Intérieur dans le gouvernement de la Défense nationale, il s'échappa en ballon de Paris investi (7 oct.) pour rejoindre la délégation à Tours. Il ajouta à ses fonctions celles de ministre de la Guerre et organisa la résistance. Décidé à poursuivre la guerre après la capitulation de Paris, il entra en conflit avec ses collègues et démissionna (6 févr.). Elu à l'Assemblée nationale, il dirigea l'Union républicaine qui soutint Thiers contre les monarchistes, fonda le journal *la République française* (nov. 1871). Il chercha une entente avec les partis du centre contre Mac-Mahon et contribua au vote des lois constitutionnelles de 1875. La victoire républicaine qui suivit l'échec du coup d'Etat réactionnaire du 16 mai 1877 le porta à la présidence de la Chambre (1879-1881). Après le succès de l'Union républicaine aux élections de 1881, il devint président du Conseil (14 nov.), mais ne put se maintenir face aux attaques des radicaux. Il fut renversé sur un projet de réforme de la Constitution (27 janv. 1882).

gambette n. m. Autre nom du CHEVALIER* À PIEDS ROUGES, oiseau charadriiforme.

gambette n. f. *Pop.* Jambe. ● *Jouer, se tirer des gambettes,* s'enfuir. ◆ **gambiller**

v. intr. *Pop.* Agiter ses jambes pendantes. ‖ Sauter, danser : *Il va gambiller ce soir.*

Gambey (Henri Prudence), constructeur français (Troyes 1787 - Paris 1847). A l'exposition de 1819, il présenta des appareils de précision et des instruments de physique d'une perfection telle qu'il détruisit la renommée des fabricants anglais. Il construisit une série de grands instruments pour l'observatoire de Paris. (Acad. des sc., 1837.)

gambéyer v. tr. V. GAMBIER v. tr.

Gambie (la), fl. de l'Afrique occidentale, tributaire de l'Atlantique ; 1 130 km. Né dans le Fouta-Djalon, il se termine en *Gambie* par un long estuaire.

Gambie, en angl. *Gambia*, État de l'Afrique occidentale, membre du Commonwealth ; 10 347 km² ; 620 000 h. Capit. *Banjul* (anc. *Bathurst*.)
● *Géographie.* Ouvert sur l'océan Atlantique, le pays s'étend sur le cours inférieur de la Gambie, encadré par de bas plateaux gréseux. Le climat tropical permet la croissance de la forêt, mais celle-ci a été largement dégradée par l'homme. La population, composée de différents groupes ethniques (Mandings, Peuls, Ouolofs, etc.), pratique les cultures vivrières du mil, du riz et du manioc. Mais l'arachide constitue la principale ressource commerciale.
● *Histoire.* En 1816, à l'embouchure du fleuve Gambie, dans l'île Sainte-Marie, les Anglais, qui depuis longtemps s'enrichissent de la traite des esclaves, fondent le poste de Bathurst, qui devient un comptoir commercial. Cependant, les Britanniques se désintéressent de ce long ruban territorial, au point de songer à l'abandonner. Mais les visées françaises les amènent à rester et, en 1888, à détacher la Gambie du gouvernement de la Sierra Leone pour en faire à la fois une colonie (la zone côtière) et un protectorat (l'intérieur). Autonome en 1963, monarchie (1965), la Gambie devient une république indépendante en 1970. En 1982, elle forme, avec le Sénégal, une union confédérale, la Sénégambie.

gambier n. m. Outil usité dans la fabrication des glaces, pour soutenir la poche pleine de verre fondu.

gambier v. tr. Changer de bord une voile à antenne par rapport au grand mât. (On dit aussi GAMBÉYER.)

Gambier (ÎLES), archipel de la Polynésie française, au S.-E. des Tuamotu. Ch.-l. *Rikitea,* dans l'île de Mangareva, qui est la plus importante. Ces îles furent découvertes en 1797, et annexées par la France en 1881.

Gambier (James, baron), amiral britannique (îles Bahamas 1756 - Londres 1833). Il bombarda Copenhague (1807).

Gambier (PIPE), pipe en terre portant le nom de son inventeur et premier fabricant.

Gambiez (Fernand), général français (Lille 1903). Il se distingue à l'île d'Elbe (1944), commande en Tunisie (1957), puis en Algérie (1961), avant de diriger l'Institut des hautes études de défense nationale. (Acad. des sc. mor., 1974.)

gambiller → GAMBETTE n. f.

gambison n. m. (de *gambois*, étoupe de chanvre). Pourpoint d'étoffe rembourré et piquée (Moyen Age).

gambit [bi] n. m. (ital. *gambetto*, croc-en-jambe). Aux échecs, coup qui consiste à pousser de deux cases le pion du roi ou de la reine, puis de deux cases aussi le pion du fou du roi ou du fou de la reine, pour dégager le jeu.

gambusie n. f. Poisson cyprinodonte américain, vivipare, élevé dans les étangs pour y détruire les larves de moustiques.

gamelan n. m. (du javanais *gamel*, ce qui se manie, outil, instrument). Orchestre indonésien, composé d'instruments de bronze.

Gamelin (Maurice), général français (Paris 1872 - *id.* 1958). Collaborateur de Joffre de 1902 à 1915, il prend ensuite le commandement d'une division sur le front. Adjoint de Sarrail en Syrie (1925), il commande en 1927 les troupes françaises du Levant. Généralissime désigné (1935) et enfin chef d'état-major de la Défense nationale (1938), il commande l'ensemble des forces franco-britanniques en 1939. Le 19 mai 1940, après l'échec de son plan de campagne, il est remplacé par Weygand. Arrêté en sept. 1940, traduit devant la cour de Riom, il est interné au Pourtalet, puis transféré en Allemagne, où il reste prisonnier jusqu'en 1945. Gamelin a publié en 1946-1947 ses Mémoires sous le titre de *Servir* (3 vol.), et, en 1954, *Manœuvre et victoire de la Marne.*

gamelle n. f. (ital. *gamella* ; du lat. *camella,* vase en bois). Grand récipient métallique servant aux troupes pour faire la cuisine ou pour transporter la soupe. ‖ Ecuelle individuelle du soldat, du marin, etc. ‖ A bord d'un navire de guerre, restaurant des officiers : *L'officier chef de gamelle gère les comptes de la gamelle.* ● *Manger à la gamelle,* se nourrir à l'ordinaire de la troupe.
◆ **gamelot** n. m. Petit seau.

gamet n. m. V. GAMAY.

gamétange, gamétangie → GAMÈTE.

gamète n. m. (du gr. *gamos,* mariage). Cellule animale ou végétale directement reproductrice, c'est-à-dire capable de s'unir à un autre gamète de même espèce, mais de sexe opposé, pour donner un œuf fécondé, ou zygote. (V. *encycl.*) ◆ **gamétange** n. m. Organe de certains végétaux inférieurs, analogue à un sporange, mais contenant des gamètes. ◆ **gamétangie** n. f. Reproduction par fusion de deux gamétanges. (Dans ce cas, les gamètes sont peu distincts.) ◆ **gamétogenèse** n. f. Formation des gamètes. (V. *en-*

cycl.) ◆ **gamétophyte** n. m. Organisme végétal, sans équivalent chez les animaux, qui résulte d'une suite de mitoses haploïdes, c'est-à-dire de générations cellulaires à *n* chromosomes, dont la dernière comprendra notamment les gamètes. (V. *encycl.*)
— ENCYCL. **gamète.** Les gamètes existent chez tous les êtres pluricellulaires. Ils se distinguent de toutes les autres cellules par leur noyau haploïde, c'est-à-dire ne contenant que la moitié du nombre normal de chromosomes de l'espèce. Ainsi, ce nombre normal se retrouvera chez l'œuf résultant de l'union des deux gamètes. Il peut y avoir *isogamie* (gamètes mâle et femelle apparemment identiques), mais généralement le gamète mâle est un *spermatozoïde,* très petite cellule flagellée et nageuse (animaux, plantes inférieures), le gamète femelle, une grosse cellule inactive et riche en réserves alimentaires (ovocyte, ovotide ou *ovule* des animaux, *oosphère* des végétaux, souvent appelé aussi *œuf vierge*).
— **gamétogenèse.** Elle comprend un phénomène capital, la *méiose,* par laquelle un *gamétocyte* à 2 *n* chromosomes donne, par deux divisions successives, quatre gamètes à *n* chromosomes ; chez la femelle animale, trois de ces gamètes sont avortés, les *globules polaires ;* chez les plantes à graines, les choses sont plus compliquées, mais il y a aussi des gamètes femelles avortés : les *synergides* et les *antipodes.*
— **gamétophyte.** Le gamétophyte prend un grand développement chez certaines algues et chez les hépatiques ; il devient prépondérant chez les mousses (seul, le sporogone n'en fait pas partie) ; au contraire, il se réduit chez les fougères, les prêles et les lycopodes à un minuscule prothalle* ; il diminue encore chez les gymnospermes, pour ne plus compter chez les plantes à fleurs que deux cellules mâles et huit cellules femelles.

gamin, e n. (orig. dialect. obscure). *Fam.* Enfant en général : *Une troupe de gamins.* ‖ Grande personne qui se conduit en enfant. ✦ adj. Qui a le caractère des gamins : *Des manières gamines.* ◆ **gaminer** v. intr. Faire le gamin. ◆ **gaminerie** n. f. Action, parole de gamin. ‖ Habitude de gamin : *Il reste en lui, malgré son âge, une certaine gaminerie.* ‖ Action, parole digne d'un gamin.

gamma n. m. Troisième lettre de l'alphabet grec (γ). ‖ Nom commun aux papillons dont les ailes portent une tache en forme de *gamma* grec. (C'est le cas, notamment, d'une vanesse et d'une noctuelle.) ‖ Symbole exprimant le facteur de contraste d'une couche photosensible. ● *Point gamma* (γ) ou *point vernal,* point équinoxial du printemps. ‖ *Rayons gamma* (γ), radiations électromagnétiques émises par les corps radio-actifs, analogues aux rayons X, mais de longueur d'onde plus petite. (Les rayons gamma, plus pénétrants que les rayons X, sont utilisés pour le traitement des tumeurs cancéreuses,

la stérilisation des aliments et la radiographie des métaux. Ils proviennent soit de cobalt radio-actif [bombe au cobalt], soit d'un bêtatron ou d'autres accélérateurs.) ◆ **gammacisme** n. m. Défaut de prononciation caractérisé par la difficulté ou l'impossibilité d'articuler le son *g*. ◆ **gamma-encéphalographie** n. f. Méthode d'examen de l'encéphale, fondée sur la mesure de la radioactivité « gamma » après injection d'un radio-isotope. ◆ **gamma-encéphalogramme** n. m. Enregistrement obtenu par gamma-encéphalographie. ◆ **gammaglobuline** n. f. *Biochim.* Protéine du plasma sanguin, de poids moléculaire élevé, et qui se comporte comme le support matériel des anticorps. (La gammaglobuline intervient dans les mécanismes d'immunité humorale. Son isolement par électrophorèse permet de l'employer dans la prévention et le traitement d'infections diverses, notamment la coqueluche, la rougeole, la rubéole.) ◆ **gammagraphie** n. f. Procédé d'étude ou d'analyse, à l'échelle industrielle, de la structure interne des corps opaques, au moyen des rayons γ émis par des substances radio-actives. (En médecine, la gammagraphie est à la base des images de la scintigraphie*.) ◆ **gammathérapie** n. f. Syn. de CURIETHÉRAPIE.

gammare n. m. Crustacé amphipode marin ou des eaux douces, qui nage sur le flanc. (Les gammares pullulent dans les ruisseaux ; type de la famille des *gammaridés.*)

gammathérapie → GAMMA.

rayons **gamma**
bombe au cobalt
(traitement du cancer)

Keystone

gamme n. f. (du n. de la lettre gr. *gamma*, employée par Gui d'Arezzo pour désigner, avec *ut*, la première note de la gamme, puis la gamme elle-même). Fragment de l'échelle musicale, compté de tonique à tonique, dans la musique tonale. (V. *encycl.*) ‖ Série de choses, d'objets classés par nuances successives, par gradation naturelle : *La gamme des couleurs.* ‖ Ensemble des épreuves d'essai ou des fumés d'un jeu de clichés pour l'impression en couleurs. ‖ Plage étendue de fréquences réservées aux émissions de radiodiffusion. ● *Changer de gamme* (Fam.), changer de ton, de conduite. ‖ *Être au bout de sa gamme* (Fam.), avoir épuisé ce qu'on savait. ‖ *Faire des gammes*, exécuter, sur un instrument ou avec la voix, des exercices musicaux en forme de gamme ; et, au *fig.*, s'initier à un art, à une technique par des exercices élémentaires assidus. ‖ *Gamme de gris*, bande constituée de plages gris neutre juxtaposées, de densités déterminées croissantes, que l'on place dans la marge du document à photographier. ‖ *Gamme d'opérations*, document établi par le service de préparation du travail, donnant le détail des opérations, avec, pour chacune : le personnel, les machines, les dessins et l'outillage nécessaires, éventuellement le temps alloué.
— ENCYCL. *Acoust.* Construire une gamme, c'est ranger dans une octave des notes capables de donner entre elles, dans toute la mesure du possible, des accords consonants, c'est-à-dire formés de notes dont l'intervalle est réductible à une fraction simple. C'est ainsi que les intervalles d'octave, de quinte, de quarte, de tierce majeure et de tierce mineure naturelles ont respectivement pour valeurs :

2, 3/2, 4/3, 5/4, 6/5.

Ces intervalles peuvent être introduits dans la gamme de bien des façons, mais la nécessité de pouvoir transposer facilement avec les instruments à sons fixes a fait en général adopter la *gamme tempérée*. Dans cette gamme, on divise l'octave en douze demi-tons égaux, avec les notes *do, do ♯ ou ré ♭, ré, ré ♯ ou mi ♭, mi, fa, fa ♯ ou sol ♭, sol, sol ♯ ou la ♭, la, la ♯ ou si ♭, si, do.* Aucun accord de cette gamme ne s'écarte de plus d'un douzième de ton d'un accord naturel.
— *Mus.* Les gammes se divisent en *gammes diatoniques* et *gammes chromatiques*. Il y a deux sortes de gammes diatoniques : la gamme majeure et la gamme mineure. La *gamme majeure* se compose de 2 tons, 1/2 ton, 3 tons, 1/2 ton.

1 ton　1 ton　1/2 ton　1 ton　1 ton　1 ton　1/2 ton

On divise cette gamme en deux groupes semblables de quatre notes, ou *tétracordes*. Chacun des tétracordes (*inférieur, supérieur*) se compose de deux tons consécutifs et d'un

tétracorde supérieur

1 ton 1 ton 1/2 ton

tétracorde inférieur

1 ton 1 ton 1/2 ton

demi-ton. Les deux tétracordes sont séparés entre eux par une seconde majeure (un ton). La *gamme mineure*, placée une tierce mineure au-dessous de la gamme majeure dont elle est relative, se présente sous deux aspects : 1° autrefois, les tons et demi-tons se répartissaient ainsi :

1 ton　1/2 ton　1 ton　1 ton　1/2 ton　1 ton　1 ton

2° La présentation de la gamme mineure, à l'époque classique, est modifiée par l'altération de la note sensible :

1 ton　1/2 ton　1 ton　1 ton　1/2 ton　1 ton　1/2 ton　1/2 ton

Toutes les gammes prennent le nom de la note par laquelle elles commencent. Il y a quinze gammes diatoniques majeures : celle de *do* majeur, sept gammes avec dièses, sept gammes avec bémols. Il y a quinze gammes diatoniques mineures : celle de *la* mineur, sept gammes avec dièses, sept gammes avec bémols.
La *gamme chromatique* est exclusivement composée de demi-tons (12). On emploie généralement le dièse dans une succession

chromatique ascendante

chromatique descendante

chromatique ascendante, le bémol dans une succession chromatique descendante.
Chaque note d'une gamme constitue un degré dans cette gamme, et chaque degré a un nom particulier. Prenant pour type la gamme de *do* majeur, nous avons :

do, premier degré, est appelé *tonique* ;
ré, deuxième degré, *sus-tonique* ;
mi, troisième degré, *médiante* ;

par ton

fa, quatrième degré, *sous-dominante ;*
sol, cinquième degré, *dominante ;*
la, sixième degré, *sus-dominante ;*
si, septième degré, *note sensible ;*
do, huitième degré, *octave* et *tonique.*

On peut ajouter à ces gammes classiques occidentales certaines gammes exotiques, entre autres la gamme pentaphonique ou pentatonique de cinq sons, la gamme de six sons par tons entiers employée notamment par Debussy.

gammée adj. f. Se dit d'une croix symbolique dont les branches sont coudées. (Dans de nombreuses civilisations anciennes, elle symbolisait le soleil. A partir de 1905, elle devint en Allemagne l'insigne de groupes antisémites, puis celle du parti national-socialiste.) [V. SVASTIKA.]

Gammexane n. m. (nom déposé). Insecticide constitué par l'isomère gamma de l'hexachlorocyclohexane.

gamone n. f. Hormone sexuelle de l'oursin et d'autres animaux aquatiques, qui diffuse dans l'eau et agit sur les gamètes du sexe opposé.

gamonte n. m. Chez certains protozoaires (sporozoaires et foraminifères), cellule qui se divise en nombreux gamètes, tous de même sexe.

gamosépale, gamopétale, gamostémone adj. Se dit de fleurs ayant respectivement les sépales, les pétales, les étamines soudés. (La « gamopétalie » a été utilisée autrefois pour la classification ; elle apparaît auj. comme un caractère *convergent,* commun à plusieurs lignées sans parenté proche.)

gamotropisme ou **gamotactisme** n. m. Tactisme entraînant les poissons vers le sexe opposé ou vers un milieu de reproduction.

Gamow (George Anthony), physicien américain d'origine russe (Odessa 1904 - Boulder, Colorado, 1968). Il est l'auteur de travaux sur la structure de l'atome, imaginant en particulier la *crête* ou *cuvette de Gamow,* barrière de potentiel due aux électrons et défendant l'accès du noyau. Il a découvert l'isomérie nucléaire, fait des recherches sur la cosmologie relativiste, l'origine des éléments chimiques, les réactions thermonucléaires dans les étoiles.

gamozoïde n. m. Polype reproducteur des cœlentérés coloniaux.

Gampola, site archéologique de Ceylan, près de Kandy. Ruines d'une capitale des XIVᵉ et XVᵉ s.

gamute n. m. Fil que l'on tire du palmier des Moluques, pour l'employer à la confection de cordages et sparteries. (On dit aussi GAMUTI et GAMUTO.)

Gan, comm. des Pyrénées-Atlantiques (arr. et à 7 km au S. de Pau) ; 4206 h. Anc. bastide.

gana n. m. pl. Demi-dieux indiens, serviteurs de Çiva.

ganache n. f. (ital. *ganascia,* mâchoire). Région située au contour de l'os de la mâchoire inférieure du cheval. ‖ *Pop.* Mâchoire de l'homme. ‖ *Théâtr.* Rôle de vieillard imbécile et crédule. ‖ *Fig.* et *fam.* Personne incapable : *Traiter quelqu'un de ganache.* ● *Fauteuil ganache,* siège capitonné (v. 1840).

ganadería n. f. (de l'esp. *ganado,* troupeau). Pâturage où l'on élève les taureaux de combat en Espagne. ‖ *Par extens.* Ensemble des animaux appartenant à un même propriétaire. ◆ **ganadero** n. m. Gardien de troupeau, dans une ganadería.

Gance (Abel), réalisateur français (Paris 1889 - *id.* 1981). Il tourne son premier film en 1911 (*la Digue*), et, recherchant des effets grâce à la technique, il donne ensuite *la Folie du Dr Tube* (1915). Parmi ses œuvres, citons : *Mater dolorosa* (1917), *J'accuse* (1919), *la Roue* (1922), *Napoléon,* œuvre monumentale destinée à être projeté sur trois écrans (1926). Ses films parlants sont moins importants : *Lucrèce Borgia* (1935), *Louise* (1938), *Austerlitz* (1960).

Gand, en flam. **Gent,** port de Belgique, ch.-l. de la Flandre-Orientale et ch.-l. d'arr., au confluent de la Lys et de l'Escaut, à 53 km à l'O.-N.-O. de Bruxelles ; 157 800 h. (*Gantois*). Évêché. Université. Musée des beaux-arts. La vieille ville est située sur une île au confluent des deux rivières. Au N. se trouvent les installations portuaires ; à l'E. les quartiers industriels ; à l'O. et au S. les quartiers résidentiels. Gand, deuxième port de Belgique, est un grand centre industriel (textiles, métallurgie, chimie, raffinage du pétrole).

● *Histoire.* L'origine de cette ancienne cité, capitale historique des Flandres, remonte à la fondation des deux monastères du mont Blandin et de Ganda, au VIIᵉ s. La ville grandit autour de la forteresse construite au IXᵉ s. par Baudouin le Chauve. Très tôt, l'industrie drapière s'y développe, et, à la fin du XIIIᵉ s., Gand est la première ville drapière d'Europe. Elle est dominée par un patriciat tout-puissant. En 1336, le roi d'Angleterre ayant suspendu l'exportation des laines, un grave chômage gagne la ville et un gouvernement révolutionnaire de bourgeois s'installe à Gand (1337). Leur chef, Jacob Van* Artevelde, amène la commune à s'allier à l'Angleterre. En 1379, la victoire de Filips Van Artevelde et des milices gantoises sur le comte Louis de Mâle confirme la prépondérance de Gand sur toute la Flandre. Mais, avec l'aide française, l'armée gantoise est écrasée à Rozebeke (1382). Malgré la signature de la paix de Tournai, en 1385, avec Philippe le Hardi, successeur de Louis de Mâle, les Gantois poursuivent leur lutte contre la maison de Bourgogne. Ils n'ac-

Photographie en noir et blanc d'une rue de Gand avec ses édifices gothiques et son beffroi.

Cambeulive - Relais-Photo

Gand

ceptent la domination absolue de Maximilien qu'en 1492 (paix de Cadzand). La ville s'efforce encore vainement de défendre son autonomie contre Charles Quint. Les luttes religieuses dominent le XVIᵉ s. La « Pacification » y est signée en 1576. De 1577 à 1584, les calvinistes sont maîtres de la ville, mais leur intolérance leur aliène le reste du pays. Isolés, ils ne peuvent résister à Alexandre Farnèse, qui rétablit le gouvernement espagnol (1584) et le culte catholique. Dès lors, la décadence de Gand est rapide. La ville souffre au XVIIᵉ s. des guerres entre la France et l'Espagne. La révolution industrielle rend son antique activité à la ville.

● *Beaux-arts.* Gand a conservé en partie son aspect d'autrefois, avec ses quais bordés de maisons anciennes (maisons de l'Etape, des Francs Bateliers et des Mesureurs de grains), le château des Comtes (IXᵉ-XIIᵉ s.), les ruines de l'abbaye Saint-Bavon (XIᵉ s.), la cathédrale Saint-Bavon (Xᵉ-XIVᵉ s. ; retable de *l'Agneau* mystique* par Van Eyck), le portail roman de Saint-Nicolas, l'église gothique Saint-Jacques, l'hôtel de ville (XIVᵉ-XVIᵉ s.), la halle aux Draps (XVᵉ s.) et le beffroi (XIVᵉ s.).

Gand (TRAITÉ DE), traité qui termina la seconde guerre d'Indépendance entre les Etats-Unis et la Grande-Bretagne (1814).

Gander, localité de Terre-Neuve (Canada). Grand aérodrome international.

Gandhāra, prov. anc. du nord-ouest de l'Inde (capit. *Peshāwar*), qui fit partie de l'Empire perse, puis de celui des Maurya, et, à l'époque hellénistique, fut soumise aux rois de Bactriane. Ce fut un des plus anciens foyers du bouddhisme et le siège d'une école d'art, dite aussi *gréco-bouddhique*, au sein de laquelle se sont rencontrées les influences gréco-romaine, iranienne, syrienne et indienne.

Gandharva, anc. dieu védique des Eaux. — Les *Gandharva* sont des chanteurs et musiciens, compagnons des Apsaras.

Gandhi (Mohandas Karamchand), surnommé **le Mahātmā** (« la Grande Ame »), apôtre national et religieux de l'Inde (Porbandar 1869 - New Delhi 1948). Il fit ses études à Ahmadābād et à Londres, et devint avocat à Bombay. De 1893 à 1914, il séjourna en Afrique du Sud et défendit la cause des Indiens immigrés. Il se montra hostile aux Anglais à partir du massacre d'Amritsar (1919) et incita les Indiens à la non-coopération, sans violence (1920), avec revendication de l'indépendance nationale (mouvement *svadeshi*). Il apparut très vite comme un héros national et fut emprisonné à plusieurs reprises. En 1931, il signa avec le vice-roi le *Delhi Pact* et participa à la conférence de la Table ronde à Londres, où il réclama l'indépendance de l'Inde. Il fit ensuite la grève de la faim pour attirer l'attention sur le problème des Intouchables. Il participa enfin aux négociations qui aboutirent le 15 août 1947 à la proclamation de l'indépendance de l'Inde, mais aussi, contre son vœu, à la séparation du Pākistān. Il fut assassiné par un brahmane fanatique. Sa doctrine, fondée sur la valeur spirituelle du travail domestique et sur la non-violence, dérivait de la religion jaïna, à laquelle il appartenait ; il la mit en pratique avec une parfaite grandeur d'âme. Emprisonné, il jeûnait jusqu'à l'extrême limite de ses forces. Son caractère et l'exemple de sa vie ont laissé un souvenir ineffaçable.

Gandhi (Indira), femme politique indienne (Allāhābād 1917), fille de Nehru. Elle entre au parti du Congrès en 1938, participe à la lutte pour l'indépendance et collabore à l'action de Gandhi. Présidente du Congrès en

1959, elle seconde activement Nehru. Premier ministre à partir de 1966, elle se déclare favorable au non-alignement et à une politique socialiste qui accroît les oppositions au sein du Congrès. En 1969, son programme de réformes (nationalisation des banques, des compagnies d'assurance, abrogation des privilèges des mahārājā) entraîne la scission du parti du Congrès. Indira Gandhi constitue alors le Nouveau Congrès, mais elle ne parvient ni à modifier les structures sociales ni à éliminer la pauvreté, et se heurte aux particularismes des Etats. Face aux difficultés économiques persistantes et au développement des oppositions, elle durcit sa politique et s'engage dans la voie de l'autoritarisme (proclamation de l'état d'urgence et arrestation des dirigeants de l'opposition en 1975). Elle doit abandonner le pouvoir après sa défaite électorale de 1977. Elle le retrouve après les élections de 1980, qui sont un grand succès pour le Congrès I.

gandin n. m. (de l'anc. boulevard de *Gand*, à Paris). Jeune élégant, efféminé, ridicule : *Des manières de gandin.*

Gandja V. KIROVABAD.

gandoura n. f. (du berbère *quandūr*). Tunique de laine ou de coton, sans manches, qui, en Orient et en Afrique, se porte sous le burnous. ‖ Robe portée par les Pères blancs.

Gandrange, comm. de la Moselle (arr. de Thionville-Ouest), à 14 km au S. de Thionville ; 2296 h. Aciérie.

Gane (Nicolae), homme politique et écrivain roumain (Fălticeni, Moldavie, 1835 - Iași 1916). Parmi ses nouvelles, la plus célèbre est *la Princesse Ruxandra* (1873). Il a laissé des Mémoires : *Jours vécus* (1903), *Péchés avoués* (1904).

Ganeça, dieu indien, fils de Çiva et de Parvatī, représenté avec une tête d'éléphant. C'est le patron des lettrés et des étudiants.

Ganelon, personnage de *la Chanson de Roland*. En indiquant au roi sarrasin Marsile le moyen de détruire l'arrière-garde de l'armée chrétienne, il espère prendre sa revanche sur son beau-fils Roland, qui l'avait fait désigner comme ambassadeur auprès de Marsile. Accusé de trahison par Geoffroi d'Anjou, il est « traîné à quatre chevaux », son champion Pinabel ayant été vaincu dans un « jugement de Dieu ».

Ganem (Chekri), poète libanais d'expression française (Beyrouth 1861 - Antibes 1929). Sa principale œuvre est un drame en vers français, *Antar,* joué à l'Odéon en 1910 et transformé en opéra en 1921. Son action politique contribua à la libération du Liban après la Première Guerre mondiale et à l'établissement du mandat français.

gang [gãg] n. m. (mot angl. signif. *équipe*). Bande organisée de malfaiteurs. ◆ **gangster** n. m. Membre d'une association de malfaiteurs ; bandit. ‖ *Par exagér.* Nom donné aux gens peu scrupuleux dans l'emploi des moyens pour gagner de l'argent ou pour s'assurer des avantages. ◆ **gangstérisme** n. m. Mœurs, façons d'agir des gangsters.

ganga n. m. Oiseau ptéroclididé, vivant en troupe dans les déserts afro-asiatiques. (Son plumage a la couleur du sable, ses ailes et sa queue sont longues, son bec court ; on l'appelle à tort *gelinotte* dans le Midi de la France, qu'il atteint parfois.)

Ganganelli (Giovanni Vincenzo). V. CLÉMENT XIV.

Gange (le), en sanskr. et en hindī **Gangā,** en angl. **Ganges,** fl. de l'Inde, né sur le versant sud de l'Himalaya, qui se jette dans le golfe du Bengale ; 2700 km. Le Gange est formé par la réunion de plusieurs torrents, qui confluent à Devaprayag (Uttar Pradesh). Après avoir traversé en gorges les Siwālik, il pénètre dans la plaine à Hardwār (311 m). Ses eaux sont en partie captées pour l'irrigation. Après avoir reçu nombre d'affluents, il forme un vaste delta, dont un des bras reçoit les eaux du Brahmapoutre. Le Gange est pour les Indiens un fleuve sacré et ils viennent à Bénarès se purifier dans ses eaux.

Ganges, ch.-l. de c. de l'Hérault (arr. de Montpellier), sur l'Hérault, à 17 km au S.-E. du Vigan ; 3584 h. (*Gangeois*). Eglise romane. Pont du XIIIᵉ s. Grand centre de bonneterie (bas de Nylon).

gangétique adj. Qui appartient, qui se rapporte au Gange : *L'Inde gangétique.*

ganglion n. m. (gr. *gagglion,* tumeur souscutanée). Renflement arrondi ou fusiforme que présentent les vaisseaux lymphatiques et certains nerfs. (V. encycl.) ◆ **ganglionnaire** adj. Qui concerne les ganglions : *Système ganglionnaire.* ● *Fièvre ganglionnaire,* état pathologique avec hypertrophie des ganglions lymphatiques. ◆ **ganglionné,** e adj. Qui a des renflements semblables à des ganglions. ◆ **ganglioplégique** adj. et n. m. Se dit d'un médicament qui coupe la conduction de l'influx nerveux au niveau des ganglions des systèmes sympathique et parasympathique. (V. encycl.)

— ENCYCL. **ganglion.** Les *ganglions lymphatiques* sont formés d'un réseau réticulo-endothélial qui contient les cellules libres, les lymphocytes, et leurs cellules-souches, les lymphoblastes. Chaque ganglion reçoit à sa périphérie des vaisseaux lymphatiques afférents et donne un vaisseau efférent. Les ganglions lymphatiques jouent un rôle dans l'hématopoïèse (lymphocytes). Ils interviennent dans la défense de l'organisme contre les agressions diverses, notamment les infections, pendant lesquelles ils sont le siège de la phagocytose. Ils sont alors le lieu d'une tuméfaction qui les rend perceptibles à la palpation. L'inflammation du ganglion lymphatique est l'adénite*.

Les *ganglions nerveux,* situés sur le trajet des nerfs, contiennent les cellules (neurones), dont les cylindraxes constituent les fibres nerveuses. On en rencontre dans le système cérébro-spinal, au niveau des racines postérieures des nerfs rachidiens et sur le trajet de certains nerfs crâniens, ainsi qu'au niveau du système nerveux autonome (sympathique et parasympathique), où leurs groupements constituent les plexus neurovégétatifs (plexus solaire, mésentérique, hypogastrique, etc.).
— *ganglioplégique.* La nicotine, la spartéine, la lobéline, la procaïne sont douées d'une activité ganglioplégique, mais de nouveaux dérivés comportant une ou deux fonctions « ammonium quaternaire » sont employés à cet effet, tels le tétraéthylammonium (hypotenseur) et le pentaméthonium.

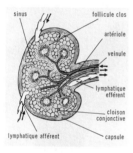

ganglion lymphatique (coupe)

ganglionnaire, ganglionné, ganglioplégique → GANGLION.

Gangotrī, lieu saint de l'Inde, dans l'Himalaya, sur la Baghirati, branche mère du Gange.

Gangra. *Géogr. anc.* V. de la Galatie (Asie Mineure) [auj. *Çankiri*].

gangrène n. f. (lat. *gangraena* ; empr. au gr. *gaggraina,* pourriture). Mortification locale des tissus. (V. *encycl.*) ‖ *Fig.* Cause de destruction progressive : *La gangrène de la société.* ● *Gangrène gazeuse,* gangrène avec développement de germes anaérobies qui produisent des gaz de putréfaction dans l'épaisseur des tissus. (La palpation révèle une crépitation due aux bulles de gaz.) ‖ *Gangrène humide,* gangrène infectée par des germes banals, et qui aboutit à un sphacèle et à un écoulement. ‖ *Gangrène sèche,* gangrène due à l'oblitération des vaisseaux d'une région (artérite, embolie, écrasement), et où les tissus deviennent violets et se dessèchent. ‖ *Gangrène symétrique des extré-*

mités, lésions des mains et des pieds, qui constituent le terme ultime de l'affection spasmodique des vaisseaux connue sous le nom de *maladie de Raynaud*.* ◆ **gangrener** v. tr. (conj. 5). Causer la gangrène à : *Gangrener un membre.* ‖ *Fig.* Corrompre, souiller de quelque mal : *Un seul mauvais élève peut gangrener toute une classe.* ‖ — **se gangrener** v. pr. Etre atteint de gangrène : *Un membre qui se gangrène est un membre perdu.* ● *Fig.* Etre corrompu : *Sentir toute sa personnalité se gangrener.* ◆ **gangreneux, euse** adj. De la nature de la gangrène : *Ulcère gangreneux.*

— ENCYCL. **gangrène.** La *gangrène sèche* fait suite à un défaut de circulation dans une région du corps ; la cause la plus fréquente en est l'oblitération artérielle par artérite, par emboli, par thrombose. Les traitements anticoagulants et les vaso-dilatateurs ont considérablement réduit la fréquence et la gravité des affections de ce groupe ; toutefois l'amputation reste nécessaire dans certains cas.
La *gangrène humide* peut succéder à la gangrène sèche, par infection de la peau, ou s'installer d'emblée à la suite de plaies infectées ou dans les septicémies (embolies microbiennes). Les antibiotiques constituent avec les traitements précédents la principale arme thérapeutique.
La *gangrène gazeuse* est une forme grave de gangrène humide ; elle succède aux grands traumatismes avec délabrement de tissus, souillures de terre (blessures de guerre, accidents d'auto, etc.).
Certains viscères peuvent être le siège de gangrènes infectieuses, notamment le poumon (gangrène pulmonaire).

gangrener, gangreneux → GANGRÈNE.

gangster, gangstérisme → GANG.

Gangtok, capit. du Sikkim, dans l'Himalaya, à 1 640 m d'alt. ; 12 000 h.

gangue n. f. (allem. *Gang,* trajet, filon). Substance stérile mélangée aux minéraux utiles, dans un filon. (On dit aussi GANGUE STÉRILE.) ‖ Matière sans valeur entourant une pierre précieuse dans son gisement naturel : *Débarrasser des cristaux de leur gangue.* ‖ Formation de tissus scléreux (durs) qui entoure le siège d'une inflammation chronique ou d'une tumeur. ‖ *Fig.* Milieu brut dans lequel se trouve une chose précieuse.

gangueille n. f. Filet fixe, en forme de poche à double goulet, servant à la pêche aux anguilles.

gangui n. m. Chalut utilisé en Méditerranée, formé d'une poche conique à doubles mailles, et traîné par deux bateaux. ‖ Bateau armé pour la pêche au gangui.

Ganivet (Angel), écrivain espagnol (Grenade 1865 - Riga 1898). Ses romans sont un mélange de réalisme et d'humour : *la Conquête du royaume de Maya* (1897) et surtout l'*Idearium español* (1897), œuvre qui prépare le renouvellement de la littérature espagnole par la « génération de 1898 ».

Gannat, ch.-l. de c. de l'Allier (arr. et à 19 km à l'O. de Vichy); 6 512 h. (*Gannatois*), Anc. ch.-l. d'arr. Eglise Sainte-Croix. Musée archéologique.

Ganne (Louis), compositeur français (Buxières-les-Mines, Allier, 1862 - Paris 1923), auteur d'opérettes (*les Saltimbanques,* 1899) et de la *Marche lorraine.*

ganoïde adj. (gr. *ganos,* brillant). Se dit des écailles à revêtement émaillé portées par certains poissons en général incomplètement ossifiés, tels que l'esturgeon et le polyptère. (Contr. : PLACOÏDE, CYCLOÏDE, CTÉNOÏDE.)

ganote n. f. Cotte d'armes (XIVe s.).

ganse n. f. (provenç. *ganso,* boucle de lacet). Cordonnet ou ruban de fil, de soie, d'or ou d'argent, serré en rond ou à plat, et qui est employé comme ornement dans l'ameublement et le vêtement. (Lorsque l'or, la soie ou l'argent entrent dans sa composition, on l'appelle *ganse plate.*) ‖ Forte ligne épissée, garnie d'une cosse de fer, dans laquelle on accroche un palan pour agir avec un autre palan où la ganse est baguée. ‖ Premier enroulement d'un fil ou d'un cordage qu'on noue. ● *Ganse de cheveux,* tresse de cheveux pliée en forme de ganse. ◆ **gansé, e** adj. Garni d'une ganse. ● *Broderie gansée,* broderie faite avec de la ganse. ‖ — *gansé* n. m. Garniture formée par une ganse de coton glissée entre deux étoffes et disposée soit sur un bord, soit dans une couture. ◆ **ganser** v. tr. Garnir d'une ganse : *Ganser une robe.* ◆ **gansette** n. f. Petite ganse. ‖ Maille de filet. ‖ — *gansettes* n. f. pl. *Text.* Ficelles d'aboutement que le tisseur attache au bout de la chaîne.

Ganshoren, comm. de Belgique (Brabant, arr. de Bruxelles-Capitale), dans la banlieue nord-ouest de Bruxelles; 18 300 h.

gant n. m. (anc. *guant;* du francique *want*). Accessoire de l'habillement qui épouse la forme de la main et des doigts, et qui est fait de tissu, de laine ou de cuir. ● *Aller comme un gant,* convenir parfaitement : *Ce rôle lui va comme un gant.* ‖ *Gant de boxe,* gant de cuir, bourré de crin pour amortir la force des coups. (Le poids du gant, calculé en onces, est différent suivant les catégories des boxeurs.) ‖ *Gant de crin,* sorte de moufle en crin tricoté, utilisée pour les frictions après le bain ou la douche. ‖ *Gants fourrés,* gants garnis à l'intérieur d'une matière (tissu de laine, fourrure) qui les rend plus chauds. ‖ *Gants liturgiques,* gants ornés portés dans les cérémonies par les évêques et les abbés mitrés. ‖ *Gant d'oiseau,* gant que le fauconnier porte à la main droite pour éviter d'être blessé par les serres. ‖ *Gant de prise,* gant de main gauche, garni de mailles, utilisé dans les duels pour saisir

l'épée adverse (XVIe s.). ‖ *Gant de toilette,* moufle de tissu de coton ou de tissu synthétique, utilisée pour se laver. ‖ *Jeter le gant à quelqu'un,* le défier, le provoquer (à cause de l'ancien usage de jeter un gantelet à un homme que l'on voulait provoquer au combat). ‖ *Mettre des gants, prendre des gants,* agir avec une grande discrétion, de grands ménagements. ‖ *Se donner des gants,* se flatter, se vanter d'une chose que l'on n'a pas faite. ‖ *Relever le gant,* accepter un défi (parce que celui qui provoquait acceptait le combat en ramassant le gantelet de son adversaire). ◆ **gantelet** n. m. Morceau de cuir avec lequel certains ouvriers (chapeliers, relieurs, cordonniers, etc.) protègent une de leurs mains. (On dit aussi MANICLE.) ‖ Gant couvert de lames de fer, qui faisait partie de l'armure (XIe-XVIe s.). ‖ Type de bandage pour maintenir les pansements des doigts. ◆ **ganter** v. tr. Mettre des gants :

gantelet
musée de l'Armée

Les mains grosses et courtes sont difficiles à ganter. ● *Ganter quelqu'un,* lui mettre des gants. ◆ v. intr. Avoir comme pointure de gants : *Ganter du sept et demi.* ◆ **ganterie** n. f. Art du gantier : *L'apprentissage de la ganterie.* ‖ Fabrique de gants : *Etablir une ganterie.* ‖ Commerce des gants. Magasin de gants : *Entrer dans une ganterie.* ◆ **gantier, ère** n. et adj. Celui, celle qui fait ou qui

gant de boxe

Larousse

vend des gants. ‖ — **gantière** n. f. Boîte ou plateau à gants, en orfèvrerie (XVIIᵉ et XVIIIᵉ s.).

Ganteaume (Honoré, comte), amiral français (La Ciotat 1755 - La Pauligne, près d'Aubagne, 1818). Il commanda la flotte de Brest en 1804, dirigée contre l'Angleterre, puis l'escadre de la Méditerranée (1809).

gantelet, ganter, ganterie, gantier, gantière → GANT.

gantille n. f. (de *gant*). Montant servant à l'encadrement d'une fenêtre ou de toute autre baie.

gantois, e adj. et n. Qui se rapporte à Gand ou à ses habitants ; habitant ou originaire de cette ville.

Gantt (Henri Laurence), ingénieur américain (Calvert Country, Maryland, 1861 - Pine Island, New York, 1919). Il travailla avec Frederick W. Taylor, dont il prolongea l'action en développant l'aspect social de l'organisation. On lui doit la conception de nombreux graphiques utiles à la direction des entreprises, dont l'un porte son nom, et des méthodes de travail de fabrication.

Ganymède, en gr. **Ganumêdês**. *Myth. gr.* Prince troyen qui fut aimé de Zeus et devint l'échanson des dieux. On racontait que Zeus avait pris la forme d'un aigle pour l'enlever.

Ganymède, troisième et le plus gros satellite de Jupiter*, découvert par Galilée en 1610.

Gao, v. du Mali, ch.-l. de région, sur la rive gauche du Niger ; 6 500 h. Gao devint en 1010 la capitale de l'Empire songhaï, puis celle de la dynastie des Askias en 1492.

gaon n. m. (mot hébr.). Titre porté, du VIIᵉ au IXᵉ s., par les chefs des écoles juives de Babylonie. — Pl. *des* GUEONIM.

Gap, ch.-l. des Hautes-Alpes, à 660 km au S.-E. de Paris, sur la Luye, affl. de la Durance ; 32 097 h. (*Gapençais*). Évêché. Musée des Hautes-Alpes. Gap est un centre commercial et industriel actif (produits alimentaires, menuiserie, fabrique de sous-vêtements).

Gapeau (le), fl. côtier de Provence, qui se jette dans la rade d'Hyères ; 50 km.

Gapençais (le), en lat. **Vapincensis Tractus**, pays du Dauphiné, arrosé par la Durance, la Luye, le Petit Buech. V. princ. *Gap.*

Gapone (Gheorghi Apollonovitch), pope et révolutionnaire russe (près de Poltava 1870 - Terijoki, Finlande [auj. Z e l e n o g o r s k, U. R. S. S.], 1906). Il forma des « unions ouvrières », mais il fut aussi en rapport avec la police. En 1905, il organisa le « Dimanche rouge », dont il ne pouvait ignorer l'issue. Poursuivi par les révolutionnaires, il fut exécuté.

Garabit (VIADUC DE), pont-rail métallique, conçu par Léon Boyer et construit de 1882 à 1884 par G. Eiffel, au-dessus de la vallée de la Truyère (Cantal). C'est le premier en date des grands ouvrages métalliques en France : 564 m de long et 122 m de haut.

gara Djebilet. V. DJEBILET (*gara*).

garagaï n. m. *Min.* Dans le Midi, fissure largement ouverte, débitant temporairement de l'eau dans les travaux souterrains ou à la surface du sol.

garage, garagiste, garagiste-motoriste → GARER.

garaie n. f. Action de faire entrer un bateau dans une gare, pour en laisser passer un autre.

Garamantes. *Géogr. anc.* Peuple de nomades de la Libye, au S. de l'Atlas.

garamond n. m. Caractère d'imprimerie, romain et italique, créé par Claude *Garamond* et propriété de l'Imprimerie nationale.

Garamond (Claude), fondeur français de caractères (Paris 1499 - *id.* 1561). Il installa à Paris une fonderie de caractères (cette installation était pour la première fois distincte de celle d'une imprimerie), d'où sortirent des caractères élégants. Ses collections de caractères restèrent à la couronne et servirent exclusivement à l'Imprimerie royale, jusqu'aux fontes de Grandjean (1700-1725).

garançage → GARANCE.

garance n. f. (bas lat. *warantia*, empr. au francique *wratja*). Plante rubiacée des bois, aux fleurs vert-jaune, dont le rhizome fournit un colorant rouge également appelé *garance*. (La culture de la garance a été ruinée par la concurrence de l'alizarine de synthèse.) ✦ adj. invar. Qui est teint en garance ; qui a une couleur pareille à celle que fournit la garance : *Des draps garance.* ● *Pantalon garance*, pantalon d'uniforme porté dans l'armée française par certains corps de 1835 à 1915. ◆ **garançage** n. m. Action de fixer la matière colorante de la garance sur une étoffe. ◆ **garancer** v. tr. (conj. 1). Plonger dans une teinture de garance. ◆ **garancerie** n. f. Action de garancer. ‖ Lieu où s'opérait le garançage. ◆ **garancière** n. f. Lieu planté de garance.

garant, e n. et adj. (de l'anc. haut allem. *weren*, garantir). Personne qui est caution d'une autre, qui répond de sa dette : *Ce créancier a un mauvais garant.* ‖ Qui répond de son propre fait ; qui prend la responsabilité de : *Tout homme est garant de ses faits et promesses.* ‖ Auteur dont on a tiré un fait, un principe : *Aristote est le garant de cette opinion.* ‖ Personne dont le témoignage et l'autorité appuient les assertions d'autrui : *Ne rien avancer que sur de bons garants.* ‖ Appui, soutien, sécurité : *Son passé est le garant de sa bonne conduite.* ‖ — SYN. : *caution, répondant.* ◆ *Être garant que,* affirmer, assurer que. ◆ **garanti** n. m. Personne dont les droits sont garantis par une autre. ◆ **garantie** n. f. Engagement par lequel on se porte garant, on répond de la qualité d'une chose : *Vente avec garantie.* ‖ Dédommagement auquel on s'est obligé : *Poursuivre quelqu'un en garantie.* ‖ Attestation officielle, délivrée par l'Etat, de la teneur en métal précieux des objets d'orfèvrerie. ‖ Privilège général mobilier dont le rang prime tous les autres privilèges, à l'exception des frais de justice et de la fraction insaisissable des salaires, et qui est reconnu au fisc en matière de recouvrement d'impôts. ‖ Au sens large, obligation de responsabilité dans certains contrats. ‖ Au sens technique, moyen de sécurité procuré par le débiteur à son créancier, augmentant, pour ce dernier, les chances d'être remboursé (caution*, hypothèque*). ‖ *Fig.* Moyen de protection : *Les garanties constitutionnelles.* ● *Bureaux de garantie,* organismes chargés du contrôle du titre des matières et ouvrages de métal précieux (titre fixé par la loi), et qui perçoivent à cette occasion les droits de garantie et d'essai. ‖ *Demande en garantie* (Procéd.), acte par lequel le garant est mis en cause par le garanti. ‖ *Exception de garantie,* demande d'un défaut en justice par le garanti poursuivi par un tiers, pour mettre son garant en cause. ‖ *Garantie de cémentation,* surépaisseur laissée, lors de l'usinage avant cémentation, sur les parties d'une pièce qui doivent conserver les propriétés primitives du métal. ‖ *Garantie d'éviction,* obligation qu'a le vendeur de défendre l'acquéreur contre tout trouble apporté à sa possession et de l'indemniser au cas où la propriété serait reconnue appartenir à un tiers. ‖ *Garantie du fait personnel,* obligation de l'aliénateur de ne rien faire qui puisse troubler la jouissance de l'acquéreur. ‖ *Garantie individuelle,* protection que la loi doit à chaque citoyen. ‖ *Garantie des vices,* obligation du vendeur d'assurer à l'acquéreur une possession utile. ‖ *Sans garantie du gouvernement* (S. G. D. G.), formule qui avertit le public que l'Etat, lorsqu'il accorde un brevet, ne garantit pas la qualité, la priorité, etc., d'une invention, d'un objet, d'un remède. ◆ **garantir** v. tr. Assurer, sous sa responsabilité, le maintien, l'exécution de : *Garantir une vente, un contrat, une créance.* ‖ Donner des gages pour ; inspirer confiance en : *Le passé ne garantit pas toujours l'avenir.* ‖ Rendre sûr, certain, indubitable : *Garantir un revenu régulier à quelqu'un.* ‖ Affirmer, certifier : *Je vous garantis qu'il ne lui est rien arrivé.* ‖ Donner pour certain : *Je vous garantis son soutien.* ‖ Donner comme authentique : *Garantir un tableau.* ‖ Déclarer exempt : *Garantir un cheval de tout défaut.* ‖ Mettre à l'abri, protéger : *Garantir de la pluie.* ‖ — SYN. : *affirmer, assurer, attester, certifier, confirmer, promettre, répondre, soutenir.*

garant n. m. *Mar.* Cordage ou fil d'acier à l'extrémité duquel on fait agir une force.

garanti, garantie → GARANT.

Garanties (LOI DES), loi votée en Italie le 2 mai 1871. Elle assurait au pape, reconnu souverain : la possession de la cité vaticane et des *Castelli romani ;* la pleine liberté de communiquer avec les Eglises et les puissances étrangères ; une forte dotation. Pie IX refusa d'accepter cet acte unilatéral.

garantir → GARANT.

garas n. m. Grosse toile de coton qui venait de Surate. (On écrit aussi GARAT.)

Garašanin (Ilija), homme politique serbe (Garaši, près de Kragujevac, 1812 - Belgrade 1874). Successivement ministre de l'Intérieur (1843), des Affaires étrangères (1852), puis président du Conseil (1861), il préconisa la création d'un Etat des Slaves du Sud, et soutint les Serbes de Hongrie contre les Magyars (1848). — Son fils MILUTIN (Belgrade 1843 - Paris 1898) fut ministre de l'Intérieur (1880), président du Conseil (1884-1887), puis ambassadeur à Paris.

Garat (Dominique Joseph, comte), homme politique et écrivain français (Bayonne 1749 - Urdains, près d'Ustaritz, Basses-Pyrénées, 1833). Ministre de la Justice (oct. 1792), puis de l'Intérieur (1793), membre du Conseil des Cinq-Cents, puis des Anciens sous le Directoire, il devint sénateur sous l'Empire, membre de l'Institut (1803) et comte (1808).

Garaudy (Roger), philosophe et homme politique français (Marseille 1913). On lui doit : *De l'anathème au dialogue* (1965), *le Grand Tournant du socialisme* (1969). Membre du parti communiste, il voit ses thèses condamnées en 1970 et est exclu du parti.

Garay (Juan DE), général et explorateur espagnol (Villalba de Losa, Burgos, v. 1527 - près d'Asunción, Paraguay, 1583). Il reconnut la vallée du Paraná, fonda en 1573 la ville de Santa Fé de Vera Cruz et entreprit la reconstruction de Buenos Aires en 1580.

Garay (János), poète hongrois (Szekszárd 1812 - Pest 1853). Il publia en 1834 une épopée en neuf tableaux, *Csatár,* dont le héros est Jean de Hunyad (János Hunyadi). Il réunit ses ballades et ses poésies patriotiques dans *Nouvelles Poésies* (1840-1847).

Garbo (Greta GUSTAVSON, dite **Greta**), actrice de cinéma suédoise, naturalisée américaine (Stockholm 1905). Vedette du film suédois *la Légende de Gösta Berling* (1924) ; elle tourna en Allemagne *la Rue sans joie* (1925), puis se fixa aux Etats-Unis. Surnommée LA DIVINE, elle devint l'une des actrices les plus populaires. Citons, parmi ses films : *la Chair et le Diable* (1927), *Grand Hôtel* (1932), *la Reine Christine* (1933), *Anna Karénine* (1935), *Marie Walewska* (1937), *Ninotchka* (1939), *Two-Faced Woman* (1941).

Garborg (Arne), écrivain norvégien (Time, Jaeren, 1851 - Asker 1924). Ayant évolué vers la libre pensée, il connut le succès avec ses romans *Un libre penseur* (1878) et *Etudiants paysans* (1883). Les audaces de son roman *Hommes* (1887) l'éloignèrent du monde officiel. Il publia alors de violentes attaques contre les hommes politiques : *Intransigeants,* pièce de théâtre (1888) ; *Lettres de Kolbotn* (1890). Il revint aux croyances de sa jeunesse dans *le Père prodigue* (1899). On lui doit aussi le beau cycle de poèmes *Haugtussa* (1895).

garbure n. f. (gasc. *garburo ;* de l'esp. *garbias,* ragoût). Dans le sud-ouest de la France, soupe faite avec des choux, du confit d'oie, du jambon et du lard.

Garção (Pedro António CORREIA), poète portugais (Lisbonne 1724 - *id.* 1772). Poète de l'école de l'académie des Arcades, il voulut se dégager de l'influence étrangère pour revenir à une poésie moins artificielle (*Œuvres poétiques,* 1778). Son talent s'affirme surtout sur la scène (*le Nouveau Théâtre* et *l'Assemblée*).

garce n. f. (ancien fém. de *gars*). Fille ou femme de mauvaise vie. ‖ *Fam.* Jeune fille ou femme désagréable. ‖ *Pop.* Jeune fille ou femme en général, parfois avec une nuance admirative : *Une belle garce.* ● *Une garce de* (Pop.), suivi d'un nom féminin d'être animé ou inanimé, exprime la mauvaise humeur contre cet être ou cette chose : *Cette garce de fièvre.*

1. garcette n. f. (de l'ital. *garzetta,* chardon, carde). Petite pince pour épinceter le drap. ‖ Petite tresse qui servit longtemps à

Greta Garbo

M. G. M.

châtier les mousses et les matelots. ● *Garcette de ris,* petit cordage passé dans la toile d'une voile aurique, et qui sert à prendre les ris dans cette voile.

2. garcette n. f. (esp. *garceta,* aigrette). Coiffure de femme, dans laquelle on rabattait en boucles les cheveux sur le front, importée d'Espagne par Anne d'Autriche.

Garches, ch.-l. de c. des Hauts-de-Seine (arr.

de Nanterre), à 6 km à l'O. de Paris ; 18 311 h. (*Garchois*). Centre résidentiel. Patrie de H. P. Passy. Etablissement hospitalier (traitement de la poliomyélite).

Garchizy, comm. de la Nièvre (arr. et à 11 km au N.-O. de Nevers), près de la Loire ; 3 656 h. (*Garchizois*). Eglise romane. Centrale thermique.

García Ier Íñiguez, roi de Navarre (860-v. 882). — **García II Sánchez Ier,** roi de Navarre (v. 925-† 970). Il dut lutter contre les musulmans. — **García III Sánchez II,** roi de Navarre (994-v. 1000). Il combattit Al-Mansūr. — **García IV Sánchez III,** roi de Navarre (1035-1054). — **García V Ramírez,** roi de Navarre (1134-1150). Il défendit son royaume contre les attaques de la Castille et d'Aragon, puis participa à la prise d'Almería (1147) sur les Maures.

García Ier Fernández (Burgos 938 - † 995), comte de Castille (970-995), fils du comte Fernán González. Il mourut en luttant contre Al-Mansūr.

García (Manuel del Popolo Vicente), compositeur espagnol (Séville 1775 - Paris 1832), auteur de nombreux opéras espagnols, italiens et français.

García (Calixto), général cubain (Holguín, Cuba, 1832 - Washington 1898). Patriote ardent, il dirigea plusieurs soulèvements contre la domination espagnole à Cuba (1868, 1881, 1896), seconda les Américains pendant la guerre hispano-américaine (1898) et négocia l'autonomie de la République cubaine.

García Calderón (Francisco), historien, sociologue et diplomate péruvien (Santiago du Chili 1883 - Lima 1953). Ambassadeur en France, il a écrit : *les Démocraties latines de l'Amérique* (1912), *El Panamericanismo* (1917), *Ideologías* (1918), etc. — Son frère VENTURA (Paris 1886 - *id.* 1959) a représenté son pays à Bruxelles, à la S. D. N. et à l'Unesco. On lui doit des recueils de contes, *la Vengeance du condor* (1925), *Danger de mort* (1926), *le Sang plus vite* (1936).

García de la Cuesta (Gregorio), général espagnol (La Lastra, Santander, 1741 - Palma de Majorque 1811). Défait à Medina de Rioseco (1808), à Medellín (1809), il participa à la victoire de Talavera (1809).

García Gutiérrez (Antonio), auteur dramatique espagnol (Chiclana, Cadix, 1813 - Madrid 1884). Son œuvre théâtrale est inspirée du romantisme français : *le Trouvère* (1836), *l'Inconnu de Valence* (1842), *les Noces de Doña Sanche* (1843), *le Trésorier du roi* (1850).

García de la Huerta (Vicente), écrivain espagnol (Zafra, Badajoz, 1734 - Madrid 1787). Ses pièces de théâtre démentent, par leur respect des règles classiques, ses théories dramatiques (*Rachel,* 1778).

García Lorca (Federico), écrivain espagnol (Fuentevaqueros, Grenade, 1898 - Víznar

Ambassade d'Espagne

Federico García Lorca

1936). Après avoir publié en 1921 un *Livre de poèmes,* il devient célèbre en 1927 avec son recueil de *Chansons gitanes* et la représentation à Madrid d'une pièce patriotique, *Mariana Pineda.* En 1928, il publie le *Romancero gitan,* où l'on trouve une synthèse de l'âme espagnole, tantôt populaire, tantôt précieuse. Après un voyage en Amérique, il écrit en 1930 *le Poète à New York,* où se trouve la belle *Ode à Walt Whitman.* A partir de 1931, il est directeur de la « Barraca », troupe universitaire qui parcourt l'Espagne en jouant des pièces de Lope de Vega ou de Calderón. Il écrit une pièce pour marionnettes, *le Petit Retable de don Cristóbal,* des fantaisies (*la Savetière prodigieuse,* 1930 ; *l'Amour de Perlimplin et de Bélise dans leur jardin,* 1931), et surtout une trilogie qui s'imposa très vite au public : *Noces de sang* (1933), *Yerma* (1934) et *la Maison* de Bernarda* (1936). Entre-temps il écrit à la mémoire d'un jeune torero son *Chant funèbre pour Ignacio Sánchez Mejías* (publié en 1938). Garcia Lorca est arrêté à Grenade en août 1936 par la garde civile franquiste et fusillé le 19.

García Marquez (Gabriel), écrivain colombien (Aracataoa, département du Magdalena, 1928). Toute son œuvre forme la chronique d'un village imaginaire, Macondo, où s'épanouissent les souvenirs et les obsessions de son enfance.

García Moreno (Gabriel), homme politique équatorien (Guayaquil 1821 - Quito 1875). Chef du corps d'armée qui se souleva victorieusement en 1859, il devint président de la République (1861-1865 et 1869-1875). Il signa un concordat en 1862. Il fut assassiné.

Garcilaso de La Vega y Vargas (Sebastián), un des conquistadores du Pérou (Badajoz 1495 - Cuzco 1559). Il accompagna Cortés au Mexique, puis Pizarro au Pérou. Il se fit remarquer pour son humanité à l'égard des indigènes.

Garcilaso ou **García Laso de La Vega,** poète et homme de guerre espagnol (Tolède 1501 ou 1503 - Nice 1536). Il suivit Charles Quint à Pavie (1525), à Vienne attaquée par Soliman (1529), au siège de Tunis (1535), et fut mortellement blessé au siège de Fréjus. Il a composé des sonnets et des *canciones* d'une grâce pure, et imité d'une façon originale les poètes de l'Antiquité et ceux de la Renaissance italienne.

Garcilaso de La Vega, dit l'**Inca,** historien péruvien (Cuzco 1549 - Cordoue 1617), fils de Sébastián et d'une princesse inca. Son histoire du Pérou et ses ouvrages sur les Incas, par ailleurs partiaux, contiennent une abondante documentation.

Garcin (Jules, dit **Salomon**), violoniste français (Bourges 1830 - Paris 1896). Il fut premier chef d'orchestre à la Société des concerts du Conservatoire (1885).

garcinia n. m. invar. (de *Garcin* n. pr.). Guttiféracée arborescente dioïque, au fruit charnu et parfois comestible (*mangoustan* des tropiques, aux graines oléagineuses).

garçon n. m. (du francique *wrakjo*). [*Garçon* est l'ancien cas régime dont le cas sujet est *gars.*] **1.** Jeune ouvrier travaillant pour le compte de son maître : *Garçon tailleur. Garçon boulanger.* ‖ Employé subalterne de certains établissements : *Garçon de café.* ‖ Aide affecté à un service spécial : *Garçon d'écurie, de cuisine.* ‖ Dans le bâtiment, nom donné spécialement au manœuvre qui aide le maçon. ‖ **2.** Enfant mâle, jeune homme : *Les garçons sont plus difficiles à élever que les filles.* ‖ Homme célibataire : *Il est resté garçon. Il a des manies de vieux garçon.* ‖ Homme jeune, marié ou non : *C'est un beau garçon.* ● *Enterrer sa vie de garçon,* faire bombance une dernière fois avant son mariage. ‖ *Être traité en petit garçon,* être traité avec désinvolture. ‖ *Garçon de bureau,* employé chargé de tenir propres les bureaux d'une administration, de faire les commissions, d'introduire les visiteurs, etc. ‖ *Garçon de cabine, de salon, de carré, du commandant,* etc., employé chargé du service des cabines, salons, etc. ‖ *Garçon d'honneur,* jeune homme qui, dans un mariage, est chargé d'assister les mariés pendant la cérémonie. ‖ *Ménage de garçon,* habitation de célibataire. ‖ *Mon garçon,* manière familière d'interpeller quelqu'un de plus jeune. ‖ *Vie de garçon,* vie libre, indépendante. ‖ **3.** Dans nombre de cas, l'adjectif qui accompagne le mot *garçon* en modifie le sens ou en est modifié sensiblement. ● *Bon garçon,* homme serviable, facile à vivre. ‖ *Grand garçon,* jeune homme qui a droit à une certaine indépendance. ‖ *Joli garçon* (Fig. et ironiq.), homme qui se trouve dans une position fâcheuse ou embarrassante. ‖ *Mauvais garçon, méchant garçon,* jeune homme turbulent, tapageur, prompt à chercher querelle. ‖ *Petit garçon,* homme de peu d'importance relative. ◆ **gar-**

pont du **Gard**

çon-major n. m. Jusqu'au XVIIᵉ s., officier chargé des détails dans un corps (appelé ensuite AIDE-MAJOR). — Pl. *des* GARÇONS-MAJORS. ◆ **garçonne** n. f. Fille émancipée, à l'allure masculine : *Affecter une allure de garçonne.* (Le terme a été mis à la mode par Victor Margueritte dans son roman *la Garçonne* [1922].) ◆ **garçonnet** n. m. *Fam.* Petit garçon : *Un adolescent qui a gardé ses rêves de garçonnet.* ‖ Dans la confection, taille intermédiaire entre « enfant » et « homme ». ◆ **garçonnier, ère** adj. Qui appartient, qui convient aux garçons : *Une humeur garçonnière.* ✦ adj. et n. f. Qui aime à fréquenter les garçons ; qui a des goûts ou des habitudes de garçon : *Une petite fille garçonnière. C'est une petite garçonnière.* ‖ — **garçonnière** n. f. Appartement de garçon ; appartement clandestin : *Louer une garçonnière.*

Garçon (Maurice), avocat et écrivain français (Paris 1889 - *id.* 1967). Il s'est particulièrement illustré dans de grands procès criminels. On lui doit des ouvrages sur la sorcellerie et sur l'histoire judiciaire : *le Diable* (1926), *la Vie exécrable de Guillemette Babin, sorcière* (1930), *Sur des faits divers* (1945), *Procès sombres* (1950), *Louis XVII ou la Fausse Enigme* (1952), *Histoire de la justice sous la IIIᵉ République* (1957), *l'Avocat et la morale* (1963), *Lettre ouverte à la justice* (1966), etc. [Acad. fr., 1946.]

garçon-major, garçonne, garçonnet, garçonnier, garçonnière → GARÇON.

gard n. m. Syn. de GORD.

Gard (le), riv. du bas Languedoc, affl. du Rhône (r. dr.) ; 133 km. Formé par la réunion du Gardon d'Alès et du Gardon d'Anduze, qui collectent nombre d'autres « gardons », il conflue en amont de Beaucaire après être passé sous le *pont du Gard.*

Gard (PONT DU), pont-aqueduc romain, à l'O. de Remoulins*, comportant trois rangs d'arcades superposées (Iᵉʳ s. apr. J.-C.), long de 273 m, haut de 49 m.

Gard (DÉPARTEMENT DU), dép. du Midi méditerranéen ; 5 881 km² ; 530 478 h. Ch.-l. *Nîmes.* Le nord-ouest du département appartient aux hautes terres cristallines des Cévennes (1 567 m à l'*Aigoual*), découpées par les profondes vallées de l'Hérault, des Gardons et de la Cèze ; le dépeuplement y sévit. L'extrémité occidentale s'étend sur de hauts plateaux calcaires, éléments des *Grands Causses.* Au-delà des Cévennes, les bas plateaux calcaires des *Garrigues*, déserts de pierraille, dominent les plaines couvertes de vignes qui font la fortune du *bas Languedoc.* Toutefois, le développement de l'irrigation (canal du bas Languedoc) entraîne une certaine diversification de la production avec l'extension des cultures maraîchères et fruitières. Enfin, l'extrémité méridionale du département est constituée par la région marécageuse de la *Petite Camargue.* L'extraction de la houille du bassin d'Alès a permis l'implantation et le développement de la métallurgie, des constructions mécaniques et de l'industrie chimique. Le travail des textiles et la fabrication des chaussures constituent les autres activités industrielles. (V., pour les beaux-arts, LANGUEDOC.)

→ V. carte et tableau pages suivantes.

Gardafui (CAP). V. GUARDAFUI.

Gardanne, ch.-l. de c. des Bouches-du-Rhône (arr. d'Aix-en-Provence), à 24 km au N. de Marseille ; 15 374 h. (*Gardannais*). Lignite. Centrale thermique. Industrie de l'alumine. Patrie de Forbin.

garde → GARDER.

Garde de fer, parti politique roumain fondé

département du Gard

arrondissements (3)	cantons (45)	nombre d'hab. du canton	nombre de comm. (353)
Alès (134 242 h.)	Alès (3 cant.)	70 901	18
	Anduze	8 218	8
	Barjac	2 786	7
	Bessèges	6 951	5
	Genolhac	3 841	11
	Grand-Combe (La)	14 981	6
	Lédignan	4 019	12
	Saint-Ambroix	14 162	16
	Saint-Jean-du-Gard	2 964	3
	Vézénobres	5 419	17
Nîmes (367 268 h.)	Aigues-Mortes	10 354	3
	Aramon	10 671	9
	Bagnols-sur-Cèze	29 174	18
	Beaucaire	21 596	5
	Lussan	2 697	12
	Marguerittes	14 931	8
	Nîmes (6 cant.)	123 627	6
	Pont-Saint-Esprit	13 676	16
	Remoulins	5 852	9
	Roquemaure	15 634	9
	Saint-Chaptes	7 458	16
	Saint-Gilles	12 000	2
	Saint-Mamert-du-Gard	7 636	14
	Sommières	14 860	18
	Uzès	13 887	15
	Vauvert	27 029	12
	Villeneuve-lès-Avignon	20 437	5
	Vistrenque (La)	15 749	6
Vigan (Le) (28 968 h.)	Alzon	839	6
	Lasalle	2 536	9
	Quissac	3 746	12
	Saint-André-de-Valborgne	993	5
	Saint-Hippolyte-du-Fort	4 480	5
	Sauve	2 724	9
	Sumène	2 583	7
	Trèves	914	6
	Valleraugue	1 932	3
	Vigan (Le)	8 201	13

LES DIX PREMIÈRES COMMUNES

Nîmes	129 924 h.	Villeneuve-lès-Avignon	9 535 h.
Alès	44 343 h.	Vauvert	9 107 h.
Bagnols-sur-Cèze	17 777 h.	La Grand-Combe	8 452 h.
Beaucaire	13 015 h.	Pont-Saint-Esprit	8 135 h.
Saint-Gilles	10 845 h.	Uzès	7 826 h.

RÉGION MILITAIRE : *Marseille* (VIIe). — COUR D'APPEL : *Nîmes.*

ACADÉMIE : *Montpellier.* — ARCHEVÊCHÉ : *Avignon.*

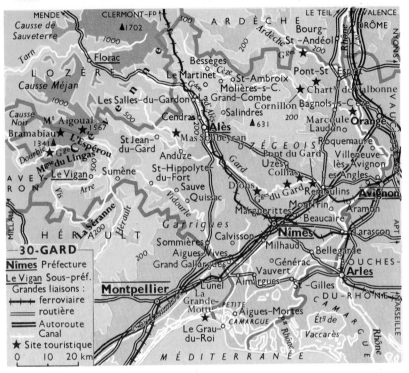

Nîmes Préfecture
Le Vigan Sous-préf.
Grandes liaisons :
┼┼┼ ferroviaire
═══ routière
▬▬▬ Autoroute
        Canal
★ Site touristique
0   10   20 km

30-GARD

par Codreanu* (1931), d'inspiration ultra-
nationaliste, fasciste et antisémite. Interdit
par Tătărescu, il se reforma et obtint un succès important aux élections législatives de
1937. Le roi Charles II ayant établi sa
propre dictature (févr. 1938), les chefs du
mouvement furent exécutés (30 nov. 1938).
Les « gardes de fer » tentèrent cependant de
s'emparer du pouvoir en 1941.

Garde (LA), comm. du Var (arr. et à 7 km
à l'E. de Toulon) ; 19 846 h. Eglise romane.
Confection.

Garde (LAC DE), le plus oriental des grands
lacs d'Italie du Nord ; 370 km². Sa partie
nord, étroite, est dominée par des montagnes
calcaires ; la partie sud est entourée par un
amphithéâtre morainique. Le climat et la
végétation méditerranéens de ses rives ainsi
que leur beauté en font un lieu de villégia-
ture très fréquenté.

**garde, gardé, garde-à-vous, garde-bar-
rière, garde-bœuf, garde-boue, garde-bras,
garde-cendre, garde-chasse, garde-
chiourme, garde-corps, garde-côte, garde-
cuisse, garde-étalon, garde-feu, garde-fou,
garde-française, garde-frein** → GARDER.

Garde-Freinet (LA), comm. du Var (arr.
de Draguignan), à 21 km au N.-O. de Saint-
Tropez ; 1 402 h. Ruines de la forteresse d'où
les Sarrasins, entre 890 et 973, partirent
maintes fois pour ravager la Provence, le
Languedoc et le Dauphiné.

garde-infant → GARDER.

Gardel (Maximilien), dit **Gardel l'Aîné**,
danseur et chorégraphe français (Mannheim
1741 - Paris 1787). Il devint danseur à l'Opéra, puis maître de ballet en remplacement de
Noverre. Il créa de nombreux ballets. — Son
frère PIERRE (Nancy 1758 - Paris 1840) fut

aussi danseur à l'Opéra et chorégraphe. Ses ballets excellaient pour la mise en scène et la fidélité à la musique.

garde-ligne, garde-magasin, garde-main, garde-malade, garde-manège, garde-manger, garde-marine, garde-meuble, garde-mites → GARDER.

gardénia n. m. (dédié au botaniste écossais du XVIIIe s. Alexandre *Garden*). Rubiacée arbustive aux fleurs blanches et parfumées.

garden-party [gɑrdnparti] n. f. (mot angl. formé de *garden*, jardin, et *party*, partie de plaisir). Fête mondaine donnée dans un jardin, un parc, etc. — Pl. *des* GARDEN-PARTIES.

Garden Reach, port de l'Inde (Bengale-Occidental), sur l'Hooghly; 138 000 h. Industries textiles et tanneries.

garde-pêche, garde-place, garde-port, garde-queue → GARDER.

garder v. tr. (germ. *wardôn;* allem. moderne *warten*). Avoir, tenir en sa garde; surveiller pour défendre : *Garder les abords d'un pont.* ‖ Surveiller pour protéger, pour soigner : *Garder des enfants, des malades. Garder des chèvres.* ‖ Surveiller pour empêcher de s'évader : *Garder un malfaiteur.* ‖ Ne pas laisser aller, ne pas livrer, conserver : *Garder un domestique. Garder un dépôt.* ‖ Conserver pour soi : *Garder son bien. Garder un livre qu'on vous a prêté.* ‖ Préserver : *Garder sa liberté.* ‖ Ne pas se défaire de : *Garder ses gants, son manteau.* ‖ *Fig.* Conserver : *Garder ses habitudes, ses illusions.* ‖ Maintenir : *Garder son rang, ses droits.* ‖ Observer, respecter : *Garder une coutume. Garder le silence.* ‖ Protéger : *Dieu vous garde!* ‖ — SYN. : *conserver, détenir, maintenir, retenir, sauver, surveiller.* ● *Chasse gardée*, chasse réservée à un seul propriétaire; et, au *fig.*, affaire dont il ne faut pas se mêler; femme à qui il ne faut pas faire la cour. ‖ *Garder les apparences*, respecter les bienséances par sa manière d'être extérieure. ‖ *Garder quelqu'un à vue*, le surveiller de très près. ‖ *Garder quelqu'un de* (suivi d'un substantif ou d'un verbe), le préserver de : *Ô gardez-moi de mes amis!* ‖ *Garder le lit, la chambre*, rester couché, ne pas quitter la chambre. ‖ *Garder le secret*, ne pas le révéler. ‖ *Garder son sérieux*, ne pas rire, conserver un extérieur de gravité. ‖ *Garder rancune*, avoir du ressentiment. ‖ *Ne pouvoir rien garder*, donner tout ce qu'on a ; et, *fam.*, vomir. ‖ *Nous n'avons pas gardé les cochons ensemble* (Fam.), rien ne vous autorise à user envers moi d'une telle familiarité. ‖ *Toute proportion gardée* ou *toutes proportions gardées*, en tenant compte des différences entre les personnes ou les choses comparées. ‖ — **se garder** v. pr. S'abstenir soigneusement de, se défendre de : *Se garder de croire aux compliments.* ◆ **garde** n. f. Action de garder pour défendre, pour protéger : *Être sous la garde de la police. Chien*

de garde. ‖ Action de garder pour conserver : *Confier un colis à la garde de quelqu'un.* ‖ Action de garder pour surveiller : *La garde des prisonniers.* ‖ Partie d'une arme blanche entre la lame et la poignée, destinée à protéger la main : *La garde d'une épée comprend une coquille et des branches.* ‖ Corps de troupes chargé d'assurer la sécurité d'un souverain, d'un personnage officiel ou des pouvoirs publics : *Garde royale, impériale, constitutionnelle, nationale, républicaine,* etc. (V. encycl.) ‖ Le détachement chargé d'assurer ce service : *Appeler la garde.* ‖ Fraction composée d'hommes attachés au même service plusieurs heures de suite sans pouvoir s'absenter. ‖ Service assuré par une sentinelle ou un poste de police pour surveiller l'accès d'un bâtiment militaire ou d'un établissement public : *Monter, prendre la garde.* ‖ Pièce située aux extrémités du peigne sur un métier à tisser. ‖ Bande de papier qui tient le peigne du rubanier fixé dans le battant. ‖ Feuillet blanc ou de couleur, placé au début d'un livre. (On dit aussi FEUILLE DE GARDE.) ‖ Basse carte qui peut protéger une carte plus importante. ‖ En boxe, manière de poser son corps et de tenir ses bras pour parer les coups de l'adversaire. ‖ *Fig.* Conservation : *Les musées assurent la garde des souvenirs du passé.* — REM. Les noms composés de *garde* et d'un autre substantif sont sujets à contestation orthographique. S'il s'agit d'une chose, le mot *garde* est verbe et reste invariable : *Des garde-fous.* S'il s'agit d'une personne, le mot *garde* est nom et varie au pluriel : *Des gardes-barrière.* Quant au nom complément, deuxième élément composant, l'Académie française, dans l'édition de 1932 de son *Dictionnaire*, l'a rendu invariable dans plusieurs cas. ● *Bâtiment de garde*, navire qui, sur rade et dans une escadre, a toute la journée à son bord un médecin et un commissaire, susceptibles d'être réquisitionnés. ‖ *Cahier de garde*, syn. de CAHIER DE CONSIGNE. ‖ *Corps de garde*, local où est établie une troupe de garde. ‖ *Dépôt de garde*, variété de dépôt dans laquelle le dépositaire s'oblige à surveiller les objets déposés et même parfois à leur donner des soins (garde-meubles, garde de fourrures, contrat de garage). ‖ *Droit de garde*, droit qu'avait le seigneur d'être gardé par ses vassaux; attribut de la puissance paternelle de fixer la résidence d'un enfant, de veiller sur sa personne et de diriger son éducation. ‖ *Droits de garde*, commission payée à la banque qui conserve les titres de son client et en découpe en temps voulu les coupons. ‖ *Être de bonne, de mauvaise garde*, être propre, impropre à être conservé longtemps (en parlant des choses, en particulier du vin, des fruits, etc.) : *Un fruit de bonne garde* ou, simplem., *un fruit de garde.* ‖ *Être de garde*, être affecté à un service de surveillance, de sécurité : *Être de garde devant un immeuble.* ‖ *Être, se mettre, se tenir en garde* ou *sur ses*

suisse (grenadier) 1780 — à cheval 1832 — **gardes** — républicaine 1960

garde-française 1757 — nationale 1790 — à pied 1832 — mobile 1869 — mobile 1939 — suisse pontificale

gardes, veiller à n'être pas surpris. ‖ *Faire bonne garde,* surveiller avec vigilance. ‖ *Fausse garde,* manière dont se tient un boxeur gaucher ; papier que l'on coud au début ou à la fin d'un volume pour le protéger au cours des opérations de reliure*, et qu'on arrache lors de la finissure. (On dit aussi SAUVEGARDE.) ‖ *Garde à vous !,* commandement verbal, sonnerie ou batterie réglementaire enjoignant à une troupe de prendre la position du garde-à-vous. ‖ *Garde à vue,* institution qui permet à la police ou à la gendarmerie de garder à vue pendant une période limitée toute personne suspecte, sous réserve de certaines garanties accordées à l'individu ainsi retenu. ‖ *Garde d'eau,* hauteur d'eau tenue en réserve dans les siphons, et formant fermeture hydraulique. ‖ *Garde de l'Assemblée,* corps de troupes formé à l'origine par certains éléments de la Maison du roi ralliés à la Révolution et appelés successivement *grenadiers gendarmes* (1792), *garde de la Convention* (1793), *garde du Corps législatif* (1795), *garde du Directoire* (1796). ‖ *Garde des consuls,* corps de troupes constitué en 1799 à l'effectif de 2 000 hommes commandés par Bessières. (Elle se distingua à Marengo en 1800.) ‖ *Garde des rois,* corps de troupes organisé pour la première fois par Philippe Auguste, et qui se divisa sous François Ier en grande (gentilshommes et cavaliers) et petite (archers écossais et gardes de la porte) garde. (Catherine de Médicis créa les gardes françaises, et Louis XIII, le régiment des gardes suisses. Louis XIV réunit l'ensemble sous le nom de « Maison* du roi », qui s'illustra aux XVIIe et XVIIIe s.) ‖ *Garde impériale,* corps de

troupes créé en 1804 avec la garde des consuls. (Commandée par Davout, Soult, Mortier et Bessières, divisée à partir de 1809 en *jeune* et *vieille* garde, la garde impériale vit ses effectifs croître sans cesse, pour atteindre 60 000 hommes en 1812, et se couvrit de gloire en 1813 et en 1814. Réapparue en 1854, elle comptait environ 15 000 hommes au début du second Empire et représentait trois divisions en 1870.) ‖ *Garde juridique,* fait de s'engager à veiller sur une chose. ‖ *Garde matérielle,* en matière de responsabilité civile, pouvoirs d'usage, de contrôle et de direction d'une chose. ‖ *Garde montante, descendante,* détachement qui va prendre ou qui va quitter le service de garde. (Le passage des consignes de l'une à l'autre s'effectue suivant les formes fixées par le règlement pour la *relève de la garde.*) ‖ *Garde montante,* amarre qui a pour objet d'empêcher le navire de se déplacer vers l'avant ou vers l'arrière. ‖ *Garde nationale,* milice bourgeoise instituée à Paris en 1789 et commandée par La Fayette. (Les officiers étaient élus et la garde portait la cocarde tricolore. Cette milice fut étendue à l'ensemble du territoire, et c'est dans ses rangs que furent recrutés les volontaires de 1791. Plusieurs fois dissoute, puis reformée, notamment par Louis-Philippe en 1831, qui en fit l'instrument de défense de l'ordre établi, elle participa aux combats du siège de Paris en 1870-1871 et disparut ensuite définitivement.) ‖ *Garde nationale mobile,* formation militaire créée par la loi Niel en 1868 et recrutée parmi les hommes qui n'étaient pas appelés au service militaire. (Les mobiles servirent dans les armées levées par le gouvernement de la défense nationale en 1870-1871.) ‖ *Garde pontificale,* corps de volontaires assurant les services d'ordre et d'honneur au Vatican. (La *garde suisse* subsiste seule depuis la dissolution, en 1970, de la garde noble, de la garde palatine et de la gendarmerie pontificale.) ‖ *Garde républicaine mobile,* nom porté de 1926 à 1955 par la gendarmerie mobile. ‖ *Garde républicaine de Paris,* corps de gendarmerie chargé de la garde des palais nationaux et des services d'ordre et d'honneur dans la capitale. ‖ *Garde royale,* corps créé par Louis XVIII en 1815 et attaché à sa personne. (Elle comptait jusqu'en 1830 huit régiments d'infanterie [dont deux de Suisses], huit de cavalerie et deux d'artillerie.) ‖ *Garde seigneuriale* (ou *bail*), droit du suzerain de reprendre temporairement la jouissance d'un fief et d'assurer une tutelle si le titulaire était trop jeune pour accomplir le service militaire. (A partir du XIVᵉ s., cette institution a donné naissance à celle de la *garde noble,* en vertu de laquelle un gardien était installé en qualité d'usufruitier et de tuteur.) ‖ *Interne de garde, médecin de garde,* praticien qui a la responsabilité d'un service hospitalier ou d'une collectivité quand le reste du personnel est absent. ‖ *Jusqu'à la garde* (Fig. et fam.), à un degré extrême. ‖ *Mettre en garde,* avertir, prévenir. ‖ *Monter la garde,* être de faction, faire le guet : *Des soldats montent la garde à l'entrée de la caserne.* ‖ *Prendre garde à,* se protéger, se préserver de : *Prendre garde à la peinture.* ‖ — REM. *Prendre garde* suivi d'une subordonnée complétive a des constructions et les nuances suivantes : 1° Avec le subj. et *ne* négatif, faire en sorte qu'une chose ne soit pas, veiller à ce que : *Prends garde qu'on ne te fasse du mal* (dans la langue parlée on emploie quelquefois la négation *ne... pas* : *Prenez garde qu'il ne vous voie pas*); 2° Avec l'indic., être attentif à ; observer, remarquer : *Prends garde que toutes ses paroles sont des mensonges;* 3° Avec l'infin., veiller à, veiller à ne pas : *Prenez garde de soigner votre écriture. Prenez garde de tomber.* (On dit aussi, dans ce dernier sens, *n'avoir garde de* : *Il n'a garde d'oublier le passé.* — Dans la langue parlée, l'infinitif est quelquefois accompagné de la négation *ne... pas* : *Prenez garde de ne pas vous salir.*) ‖ *Tour de garde,* ordre suivant lequel des militaires assurent le service de garde. ◆ n. m. Homme armé qui a la garde de quelqu'un ou de quelque chose : *Un garde du corps.* ‖ Soldat affecté au service d'un grand personnage : *Les gardes du roi.* ● *Garde champêtre,* agent communal nommé par le maire, agréé et assermenté par le sous-préfet, et dont le rôle est triple : veiller à la conservation des récoltes et des propriétés rurales, rechercher les contraventions et délits ruraux et de chasse, concourir au maintien de la tranquillité publique. ‖ *Garde de commerce,* bas officier de justice qui était chargé, à Paris, de l'exécution des

contraintes par corps. (Les gardes de commerce furent supprimés en vertu de la loi de 1867.) ‖ *Garde national, pontifical, républicain, royal,* membre des gardes du même nom. (V. GARDE n. f.) ‖ *Garde du corps,* garde attaché à la personne d'un souverain ou d'un chef d'Etat. (Sous l'Ancien Régime, les gardes du corps comprenaient les compagnies de la garde écossaise et les cent-suisses.) ‖ *Garde général des eaux et forêts,* supérieur hiérarchique d'un garde forestier, chargé d'un cantonnement. ‖ *Garde forestier,* agent chargé de surveiller les forêts domaniales et de constater les infractions aux réglementations dont l'application est confiée à l'administration des Eaux et Forêts. (Le garde forestier est placé sous l'autorité des conservateurs, inspecteurs et gardes généraux des Eaux et Forêts.) ‖ *Garde d'honneur,* jeune soldat d'un corps de cavalerie d'élite, créé par Napoléon en 1805, dissous en 1806 et reformé en 1813. (Les gardes d'honneur, destinés à devenir officiers, devaient fournir leur cheval, leur tenue et leur équipement.) ‖ *Garde maritime,* grade le moins élevé de la hiérarchie des fonctionnaires de l'Inscription maritime. ‖ *Garde de nuit,* archer qui était chargé, à Paris, de veiller, pendant la nuit, sur les marchandises déposées sur les quais. ‖ *Garde de la prévôté de l'hôtel,* garde de la Maison du roi, qui l'accompagnait dans ses sorties et était chargé de la police et du service d'ordre à la Cour. (Chargés en 1789 d'expulser les députés du tiers état de la salle du Jeu de Paume, ils se mirent à leurs ordres et formèrent peu après la garde de l'Assemblée. La garde de la prévôté de l'hôtel fut définitivement supprimée en 1817.) ‖ *Garde des Sceaux,* dignitaire de l'Ancien Régime chargé de la garde du sceau royal, en lieu et place du grand chancelier. (La charge fut supprimée en 1790 et le titre passa au ministre de la Justice.) ◆ n. f. Femme dont la profession est de soigner et de surveiller les malades. (Abrév. de GARDE-MALADE.) ◆ — *gardes* n. f. pl. Pièces placées dans l'intérieur d'une serrure pour s'opposer au mouvement de toute clef étrangère. ‖ Syn. de DÉFENSES. ‖ Fourrures prises en garde. ‖ Ergots du cerf et du sanglier. ◆ **gardé, e** adj. *Roi gardé, dame gardée,* au jeu de cartes, roi, dame protégés par une carte inférieure. ◆ **garde-à-vous** n. m. invar. Position réglementaire (debout, immobile, les talons joints, les bras allongés le long du corps) prise par les militaires en certaines occasions. ◆ **garde-barrière** n. Agent de chemin de fer (homme ou femme) chargé de la manœuvre des barrières d'un passage à niveau. — Pl. *des* GARDES-BARRIÈRE ou *des* GARDES-BARRIÈRES. ◆ **garde-bœuf** n. m. Petit héron insectivore d'Asie et d'Afrique, qui suit les troupeaux de bœufs. — Pl. *des* GARDES-BŒUF ou *des* GARDES-BŒUFS. ◆ **garde-boue** n. m. invar. Pièce protégeant véhicule et usagers contre les projections de boue. ◆ **garde-bras** n. m. invar. Partie de l'armure protégeant l'épaule (XVᵉ et XVIᵉ s.). ‖ Grande rondelle de la lance de joute. ◆ **garde-cendre** ou **garde-cendres** n. m. Barrière métallique placée devant un foyer pour retenir la cendre. — Pl. *des* GARDE-CENDRE ou *des* GARDE-CENDRES. ◆ **garde-chasse** n. m. Garde particulier chargé de veiller à la conservation du gibier et de réprimer les dommages causés aux propriétés dont la surveillance lui est confiée. — Pl. *des* GARDES-CHASSE ou *des* GARDES-CHASSES. ◆ **garde-chiourme** n. m. Surveillant sévère : *Faire le garde-chiourme.* — Pl. *des* GARDES-CHIOURME. ◆ **garde-corps** n. m. invar. Barrière établie le long du tablier d'un pont ou le long d'une terrasse élevée pour empêcher les passants de tomber. (Syn. GARDE-FOU, PARAPET.) ‖ Cordage tendu le long du beaupré, d'une vergue, etc., pour éviter les chutes aux matelots. (Syn. RAMBARDE.) ‖ Barrière disposée en abord d'un pont et composée de chandeliers en fer dans lesquels passent les filières. ◆ **garde-côte** n. m. Petit bâtiment de guerre chargé de la surveillance des côtes. — Pl. *des* GARDE-CÔTES. ◆ n. m. et adj. m. Sous l'Ancien Régime, milicien chargé de la surveillance et, éventuellement, de la défense des côtes : *Un canonnier, un grenadier garde-côte.* — Pl. *des* GARDES-CÔTES. ◆ **garde-cuisse** n. m. Pièce d'armure fixée à la selle pour garantir la cuisse. — Pl. *des* GARDE-CUISSE ou *des* GARDE-CUISSES. ◆ **garde-étalon** n. m. Celui qui garde un étalon et surveille la monte, dans les haras de l'Etat. — Pl. *des* GARDES-ÉTALONS. ◆ **garde-feu** n. m. invar. Grille ou paravent de toile métallique placés devant un foyer pour éviter les accidents. (On dit aussi PARE-ÉTINCELLES.) ‖ Partie de la batterie d'une arme qui recouvrait le bassinet. ‖ Zone aménagée en bordure d'un bois ou d'une forêt, le long d'une ligne de chemin de fer, pour s'opposer à la propagation du feu. ◆ **garde-fou** n. m. Barrière ou balustrade placée au bord d'un quai, d'un lieu escarpé, etc., pour éviter la chute. ‖ *Trav. publ.* Syn. de GARDE-CORPS. ‖ Talus en terre établi le long des routes qui bordent un précipice. ‖ *Fig.* Ce qui empêche de faire des folies : *La jeunesse a parfois besoin de garde-fous.* — Pl. *des* GARDE-FOUS. ◆ **garde-française** n. m. Soldat du régiment des gardes françaises créé par Charles IX en 1563 et chargé, jusqu'en 1789, de la garde des palais royaux et des services de Paris. — Pl. *des* GARDES-FRANÇAISES ◆ **garde-frein** n. m. Employé de chemin de fer préposé au serrage des freins à main d'un convoi. (On dit aussi SERRE-FREIN.) — Pl. *des* GARDES-FREIN ou *des* GARDES-FREINS. ◆ **garde-ligne** n. m. Agent ou militaire chargé de la surveillance d'une ligne de chemin de fer. — Pl. *des* GARDES-LIGNE ou *des* GARDES-LIGNES. ◆ **garde-magasin** n. m. Surveillant d'un magasin, dans les corps de troupes, les arsenaux, etc. (Syn. MAGASINIER.) — Pl. *des* GARDES-MAGASIN ou *des* GARDES-MAGASINS. ◆ **garde-main** n. m. Pièce, généralement en bois, fixée sur le canon d'une arme à feu et

permettant au tireur de transporter son arme sans se brûler. — Pl. *des* GARDES-MAIN ou *des* GARDES-MAINS. ◆ **garde-malade** n. Personne qui aide les malades dans les actes élémentaires de la vie (alimentation, excrétion, etc.) et, éventuellement, les surveille en cas d'agitation ou de coma, sans pratiquer les soins infirmiers ou médicaux relevant des praticiens. — Pl. *des* GARDES-MALADE ou *des* GARDES-MALADES. ◆ **garde-manège** n. m. Cavalier chargé de la garde d'un manège. — Pl. *des* GARDES-MANÈGE ou *des* GARDES-MANÈGES. ◆ **garde-manger** n. m. invar. Lieu où l'on serre les aliments. ‖ Petite armoire garnie de toile métallique, dans laquelle on met les aliments à l'abri des insectes. ‖ Sorte de placard extérieur, à l'aplomb des murs d'une maison, muni de persiennes, et qui sert au même usage que le précédent. ◆ **garde-marine** n. m. Elève officier de marine sous l'Ancien Régime. (Les gardes-marine, parmi lesquels furent recrutés les *gardes du pavillon amiral* et les *gardes de l'étendard*, furent supprimés en 1786. Les futurs officiers prirent alors le nom d'*élèves de marine*, puis, en 1792, celui d'*aspirants de marine*.) — Pl. *des* GARDES-MARINE. ◆ **garde-meuble** n. m. Au XVIIIᵉ s., commode de grandes dimensions. ‖ Pièce ou groupe de pièces servant à conserver les objets mobiliers. ‖ Magasin spécialisé où les particuliers entreposent leur mobilier. — Pl. *des* GARDE-MEUBLES. ‖ Officier préposé autrefois à la garde des meubles du roi. — Pl. *des* GARDES-MEUBLES. ◆ **garde-mites** n. m. *Arg. mil.* Garde-magasin. — Pl. *des* GARDES-MITES. ◆ **garde-pêche** n. m. Agent chargé de la police de la pêche. — Pl. *des* GARDES-PÊCHE. ◆ **garde-place** n. m. Petit cadre fixé au-dessus de chaque place dans un compartiment de chemin de fer, dans lequel on glisse le ticket numéroté du voyageur qui a loué sa place. — Pl. *des* GARDE-PLACES. ◆ **garde-port** n. m. Agent chargé de recevoir et de placer les marchandises déposées dans les ports des rivières. — Pl. *des* GARDES-PORT ou *des* GARDES-PORTS. ◆ **garde-queue** n. m. Partie du harnachement du cheval, souvent ornementée, qui habillait la racine de la queue. — Pl. *des* GARDE-QUEUE ou *des* GARDE-QUEUES. ◆ **garde-rats** n. m. invar. Disque de tôle que l'on enfile sur les amarres d'un navire à quai pour empêcher les rats de monter à bord. ◆ **garde-reins** n. m. invar. Partie de l'armure protégeant le séant (XIVᵉ-XVIIᵉ s.). ◆ **garderie** n. f. Endroit où sont gardés les enfants dont les parents ne peuvent pas s'occuper pendant la journée. ‖ Etendue de bois placée sous la surveillance d'un même garde forestier. ◆ **garde-rivière** n. m. Agent chargé de la police d'une rivière. — Pl. *des* GARDES-RIVIÈRE ou *des* GARDES-RIVIÈRES. ◆ **garde-robe** n. f. Grande armoire dans laquelle on range ses vêtements : *Aérer sa garde-robe.* ‖ Ensemble des vêtements que l'on possède : *Avoir une garde-robe des mieux* _montées._ ‖ Appartement où l'on serrait les habits du roi ou des personnes de sa maison. ‖ Lieu où l'on plaçait la chaise percée. — Pl. _des_ GARDE-ROBES. ● _Aller à la garderobe,_ évacuer les gros excréments. ◆ **garde-temps** n. m. invar. Instrument propre à noter, d'une manière permanente, le moment précis du commencement et de la fin d'une expérience. ‖ Chronomètre d'une grande précision. ◆ **gardeur, euse** n. Personne qui garde des animaux : _Un gardeur de vaches._ ◆ **garde-vente** n. m. Garde auquel peut être confiée l'exploitation d'une coupe de bois. — Pl. _des_ GARDES-VENTE OU _des_ GARDES-VENTES. ◆ **garde-voie** n. m. Syn. de GARDE-LIGNE. ‖ Soldat chargé de la surveillance des voies ferrées et des ouvrages d'art. (En 1914, cette mission fut confiée à des territoriaux appelés _gardes des voies et communications_ [abrév. G. V. C.].) — Pl. _des_ GARDES-VOIE OU _des_ GARDES-VOIES. ◆ **garde-vue** n. m. invar. Visière pour garantir la vue contre une lumière trop vive. ◆ **gardian** n. m. En Provence, gardien d'un troupeau de taureaux ou

Holtz-Holmes-Lebel

gardian de Camargue

de chevaux. ◆ **gardien, enne** n. Personne qui garde quelqu'un ou quelque chose : _Ses camarades l'avaient laissé au camp comme gardien des affaires._ ‖ Surveillant chargé de la conservation de certains lieux ou monuments publics : _Les gardiens d'un musée._ ‖ Celui qui est préposé, au nom de la justice, à la garde d'objets saisis, mis sous scellés ou confiés de toute autre manière pour être représentés à qui de droit : _Gardien des scellés._ ‖ En matière de responsabilité du fait des choses inanimées, celui qui exerce sur la chose les pouvoirs d'usage, de contrôle et de direction. ‖ Titre que portent certains supérieurs de couvents (franciscains notamment). ‖ _Fig._ Moyen de préserver ou de conserver : _Le secret est le gardien des traditions républicaines._ ● _Gardien des arsenaux,_ fonc-

tionnaire militarisé chargé de la surveillance dans les arsenaux. ‖ _Gardien de but,_ dernier défenseur d'une équipe de football (et de quelques autres sports). ‖ _Gardien de la paix,_ fonctionnaire en uniforme, chargé d'une mission de police municipale dans les villes. ◆ **gardiennage** n. m. Emploi de gardien. ‖ Situation d'une navire de guerre inemployé, mais conservé en état et simplement confié à des gardiens : _Après la Seconde Guerre mondiale, de nombreux navires furent mis en gardiennage par les Etats-Unis et la Grande-Bretagne._ ◆ **gardiennat** n. m. Office de gardien dans une communauté religieuse.

gardine n. f. Rideau qui, à l'entrée des artistes sur la piste du cirque, cache les coulisses à la vue des spectateurs.

Gardiner (Stephen), prélat et homme politique anglais (Bury Saint Edmunds entre 1483 et 1493 - Whitehall 1555). Envoyé à Rome en 1528, il ne parvint pas à obtenir l'annulation du mariage royal. Il prit le parti d'Henri VIII contre le pape en 1533, mais demeura fidèle au catholicisme. Edouard VI le fit emprisonner. Marie Tudor le nomma chancelier (1553).

1. gardon n. m. Nom donné, dans les Cévennes, à différents petits torrents aux crues violentes.

2. gardon n. m. Poisson cyprinidé très commun dans les eaux douces. (Comestible, le gardon est de teintes claires et variables, aux écailles brillantes, sans barbillons.) ● _Etre frais comme un gardon,_ avoir un air de fraîcheur et de santé. ‖ _Gardon rouge,_ v. ROTENGLE. ◆ **gardonnière** n. f. Canne à pêche pliante.

gardoquia n. m. Labiacée arbustive aux belles fleurs rouges, d'Amérique du Sud, cultivée dans les jardins.

gardy n. m. Troisième chambre de la madrague.

gare, gare ! → GARER.

garenne n. f. (bas lat. _warenna,_ d'orig. obscure). Endroit où des lapins vivent à l'état sauvage, en liberté. ‖ Réserve seigneuriale de gibier et notamment, à la fin de l'Ancien Régime, bois où le seigneur entretenait des lapins. ‖ Lieu peuplé de lapins. ‖ Ensemble de boqueteaux de chênes, séparés par des clairières. ◆ n. m. _Fam._ Lapin de garenne : _Manger une garenne._

Garenne-Colombes (LA), ch.-l. de c. des Hauts-de-Seine (arr. de Nanterre), à 4 km au N.-O. de Paris ; 21 000 h. Carrosseries d'automobiles, produits pharmaceutiques.

garer v. tr. (du francique *warôn ; allem. moderne _wahren,_ avoir soin). Mettre à l'abri : _Garer ses récoltes._ ‖ Rentrer un véhicule dans un garage ; le mettre à l'écart de la circulation. ● _Etre garé des voitures_ (Fig. et fam.), être rangé, prudent, à l'abri d'un coup du sort ; être à la retraite. ‖ — **se garer** v. pr. Se mettre à l'abri : _Se garer_

sous un porche. Dans les périodes troublées, certains politiciens songent surtout à se garer. ‖ *Fam.* Ranger sa voiture : *Avoir de la peine à se garer.* ◆ **garage** n. m. Action de garer un véhicule. ‖ Lieu couvert où l'on remise les automobiles, les motocyclettes, les bicyclettes. ‖ Atelier de réparations et d'entretien pour les automobiles. ‖ Ensemble des voies (*voies de garage*) sur lesquelles on procède au garage de plusieurs véhicules ou rames de wagons. ● *Garage actif,* voie parallèle à une voie principale, sur laquelle on peut faire passer un train lent, pendant qu'un autre train plus rapide le dépasse sur cette voie principale. ‖ *Ranger sur une voie de garage* (Fig. et pop.), mettre de côté une affaire dont on décide de ne plus s'occuper.
◆ **garagiste** n. m. Exploitant commercial assurant le remisage des voitures automobiles pendant une durée déterminée et, éventuellement, pendant les travaux d'entretien.
◆ **garagiste-motoriste** n. m. Professionnel de l'automobile dont le métier ne consiste pas seulement à garer des véhicules, mais

Gargallo
« **le Prophète** »

Bulloz

aussi à les entretenir et à les réparer. ◆ **gare** n. f. Ensemble des installations de chemin de fer destinées, en un point déterminé, à permettre l'embarquement, le transbordement, la répartition ou le débarquement de voyageurs ou de marchandises. ‖ Endroit

d'une rivière spécialement destiné à mettre en sûreté les bateaux et à les empêcher de gêner la navigation. ‖ Endroit d'un canal suffisamment élargi pour que deux bateaux, allant en sens contraire ou dans le même sens, puissent se croiser ou se doubler sans s'aborder. ● *Gare aérienne,* syn. de AÉRO-PORT. ‖ *Gare commune,* gare exploitée en commun par deux ou plusieurs régions. ‖ *Gare d'embranchement, de raccordement* ou *de bifurcation,* gare correspondant au point de départ de plusieurs directions. ‖ *Gare frontière,* gare située à proximité immédiate de la ligne frontière entre deux Etats et qui sert de limite au passage des voyageurs ou des marchandises. ‖ *Gare maritime,* gare aménagée à l'extrémité des voies d'arrivée sur les quais d'un port. ‖ *Gare de passage,* gare que les trains franchissent pour continuer au-delà. ‖ *Gare de rebroussement,* gare dans laquelle les trains de passage changent de sens de circulation. ‖ *Gare régulatrice,* en temps de guerre, gare centralisant le transport des troupes. ‖ *Gare routière,* emplacement spécialement aménagé pour accueillir les véhicules routiers de gros tonnage pour le transport public de voyageurs et de marchandises. ‖ *Gare terminus,* gare au-delà de laquelle les trains ne peuvent aller. (On dit aussi GARE DE TÊTE DE LIGNE.) ‖ *Gare de transbordement,* gare commune à des réseaux utilisant des matériels roulants de types différents et dans laquelle tous les voyageurs et les marchandises passant d'un réseau sur l'autre doivent être transbordés. ‖ *Gare de transit,* gare chargée d'assurer le passage du trafic d'un réseau à un autre. ‖ *Gare de triage,* gare recevant des trains de différentes directions, et où l'on trie les wagons pour constituer des trains complets allant vers d'autres destinations. ◆ **gare !** interj. Pour inviter à se garer, à prendre garde à soi : *Gare devant! Gare dessous! Gare à vos pieds!* ‖ Pour exprimer l'appréhension d'un mal, d'un dommage : *Gare à la culbute!* ‖ Pour menacer quelqu'un d'un châtiment : *Gare à vous si vous recommencez! Gare le fouet!* ● *Sans crier gare,* sans avoir averti.

Garfield (James Abram), homme politique américain (Orange, Ohio, 1831 - Long Branch, New Jersey, 1881). Il prit part à la guerre de Sécession du côté nordiste. Membre du parti républicain, il en devint chef en 1876. Sénateur fédéral. Elu en 1880 président des Etats-Unis, il fut assassiné alors qu'il venait de prendre le pouvoir.

Gargallo (Pablo), sculpteur espagnol (Maella, Saragosse, 1881 - Reus, Tarragone, 1934). Il vint à Paris en 1902. Il exécuta des statues de métal dites « transparentes », où les évidements jouent un très grand rôle (*le Prophète,* 1934, au musée national d'Art moderne).

Gargamelle, personnage de Rabelais. Epouse de Grandgousier auquel elle donne un fils d'une taille gigantesque, Gargantua.

Gargano, promontoire calcaire de l'Italie péninsulaire, sur la côte adriatique, dans les Pouilles ; il forme l' « éperon de la botte » ; 1 056 m au Monte Calvo. Bauxite.

gargantua n. m. (du nom donné par Rabelais à un de ses héros, doué d'un appétit gigantesque). Gros mangeur.

Gargantua (VIE INESTIMABLE DU GRAND), roman de Rabelais (1534). Postérieur à *Pantagruel** (1532), l'ouvrage sera placé en tête des éditions complètes, puisque Gargantua est le père de Pantagruel.
Gargantua, fils de Grandgousier et de Gargamelle, appartient à des légendes populaires que Rabelais a connues avant d'écrire son œuvre, mais l'auteur a utilisé la fiction pour exposer ses critiques contre les « Sorbonagres » et contre les conquérants. Les principaux épisodes de ce roman sont la guerre contre Picrochole et la vie à l'abbaye de Thélème*, communauté idéale d'hommes et de femmes, que frère Jean* des Entommeures a reçue en récompense de sa conduite courageuse pendant la guerre. (V. PANTAGRUEL.)

gargantuesque adj. Digne de Gargantua : *Des ripailles gargantuesques.*

gargariser (se) v. pr. (lat. *gargarizare ;* gr. médical *gargarizein*). Se rincer la bouche et l'arrière-bouche avec un liquide qu'on y agite en chassant l'air. ‖ *Fig.* et *fam.* Se délecter de : *Se gargariser de son succès.* ‖ *Pop.* Boire : *Gaillard qui aime à se gargariser.* ◆ **gargarisme** n. m. Médicament liquide destiné à soigner la bouche et l'arrière-gorge, sans être avalé, et agissant par contact de quelques instants. (Les gargarismes sont employés dans les affections de la bouche et du pharynx [angines] ou à titre préventif.)

Gargas (GROTTE DE), grotte des Hautes-Pyrénées (comm. d'Aventignan). Gravures préhistoriques.

Gargas (MONT), sommet des Alpes (Isère), dans le sud-ouest de l'Oisans ; 2 213 m.

Garge-lès-Gonesse, ch.-l. de c. du Val-d'Oise (arr. de Montmorency), à 9 km au N.-N.-E. de Paris ; 40 185 h. (*Gargeois*). Verrerie.

Gargilesse-Dampierre, comm. de l'Indre (arr. de La Châtre), près de la Creuse, à 13 km au S.-E. d'Argenton-sur-Creuse ; 347 h. Eglise romane. Ce pays a été célébré par George Sand et fréquenté par les peintres impressionnistes.

gargot n. m. Personne qui abat les porcs et les vend aux charcutiers.

gargote n. f. (de l'arg. *gargoter*, boire). Restaurant ou l'on mange médiocrement et à bas prix. ‖ Maison où la cuisine est mauvaise ou malpropre. ◆ **gargotier** n. m. Personne qui tient une gargote : *Un restaurateur devenu gargotier.* ‖ Personne qui fait de la mauvaise cuisine.

Gargantua
illustration de Dubout
édition Gibert Jeune (1940)

Larousse

gargouillade n. f. *Chorégr.* Petits ronds de jambe exécutés avant un saut de chat.

gargouillage → GARGOUILLE.

gargouille n. f. (croisement du radical *garg-*, gorge, et de *goule,* forme dialect. de *gueule*). Gouttière par où l'eau tombe, généralement ornée d'une figure humaine ou animale. ‖ Cette figure elle-même. ‖ Endroit d'une gouttière, d'un tuyau, servant de conduite à l'écoulement des eaux. ‖ Tuyau logé dans les trottoirs pour faciliter l'écoulement de l'eau de pluie. ‖ Cordon de pierre sur lequel sont établis des tuyaux de conduite. ‖ Nom donné quelquefois au lavoir public. ‖ Entaille pratiquée au pied d'un poteau de cloison pour recevoir le bout d'une solive. ‖ Nom donné parfois aux assemblages à enfourchement. ◆ **gargouillage** n. m. *Pop.* Bruit confus de paroles. ◆ **gargouillement** n. m. Bruit que fait un liquide agité de remous dans une canalisation, un récipient. ‖ Bruit que fait un liquide ou un gaz dans la gorge, dans l'estomac et les entrailles. ◆ **gargouiller** v. intr. Produire un gargouillement. ◆ **gargouillis** n. m. Syn. plus rare de GARGOUILLEMENT. ◆ **gargoulette** n. f. Vase poreux dont on se sert pour rafraîchir l'eau par évaporation. ‖ *Pop.* Gosier : *Se rincer la gargoulette.*

gargousse n. f. (provenç. *cargousse ;* de *carga,* changer). Charge de poudre prête pour le tir d'une bouche à feu, et placée dans un sachet en textile ou en papier. ◆ **gargousserie** n. f. Atelier, établissement où l'on confectionne les gargousses. ◆ **gargoussier** n. m. Récipient servant au transport des gargousses. ‖ *Autref.,* servant chargé des gargousses.

gargoylisme [gargɔi] n. m. Déformation du visage en forme de gargouille, accompagnée de dystrophies ostéo-articulaires et viscérales, et d'arriération mentale.

Garguille. V. GAULTIER-GARGUILLE.

Garhwāl, région de l'Inde (Uttar Pradesh), dans l'Himalaya, au N. des Siwālik. La Nanda Devi (7 820 m) en constitue le point culminant. Les sanctuaires de Badrīnāth et de Kedārnāth sont très fréquentés.

garhwāli n. m. Dialecte pahārī, parlé dans le Garhwāl. (Il s'écrit en caractères dévanāgarī.)

Garibaldi (Giuseppe), homme politique italien (Nice 1807 - Caprera 1882). Membre de la Jeune Italie (1834), réfugié au Brésil, puis en Uruguay, il rentre en Italie (1848), lève des volontaires pour combattre les

Larousse

gargouille
de Notre-Dame de Paris

Autrichiens, est élu député (janv. 1849) et s'oppose aux Français d'Oudinot venus secourir le pape. Après la chute de Rome (1er juill. 1849), il doit à nouveau s'exiler. De retour en Italie (1854), il participe à la guerre de 1859 et, après plusieurs victoires, entre à Brescia (13 juin 1859). Déçu par les préliminaires de Villafranca et nommé adjoint au général Fanti, commandant des troupes de la Ligue italienne (août 1859), il prépare une insurrection, mais Victor-Emmanuel le contraint à démissionner (oct. 1859). En mars 1860, il proteste contre la cession à la France de Nice et de la Savoie. Avec la complicité de Cavour, il organise l'*expédition des Mille* ou *des Chemises rouges* contre le royaume des Deux-Siciles, s'empare de la Sicile (mai) et entre à Naples (sept. 1860), où il accueille Victor-Emmanuel (nov. 1860). Il est résolu à faire de Rome la capitale de l'Italie, mais ses tentatives d'invasion dans le Trentin (mai 1862), puis en Calabre, où il est battu et pris (Aspromonte, août 1862), échouent. Amnistié, il préside le Comité central unitaire italien. En 1866, il reprend la lutte et ses visées sur Rome. Après une première tentative infructueuse, il pénètre en territoire pontifical et s'empare de Monterotondo (oct. 1867). Mais il est finalement battu à Mentana (nov. 1867) et se retire à Caprera.

Bottin

Giuseppe Garibaldi
lithographie de 1861
Bibliothèque nationale

En septembre 1870, Garibaldi offre ses services à la France et, à la tête des Chemises rouges de Ravelli, contribue à délivrer Dijon des Allemands. Député de Rome (1875), il reçoit une rente nationale en reconnaissance des services rendus. — Son fils aîné MENOTTI, général (Mostardas, Brésil, 1840 - Rome 1903), combattit aux côtés de son père de 1859 à 1870. — RICCIOTTI, général (Montevideo 1847 - Rome 1924), frère du précédent, commanda une brigade en France sous les ordres de son père (1870), combattit dans l'armée grecque contre les Turcs (1897) et forma en 1914, au service de la France, une légion garibaldienne dont firent partie ses six fils ; deux furent tués en Argonne. — GIUSEPPE ou PEPPINO, général italien (Melbourne 1879 - Rome 1950), fils du précédent, s'enrôla chez les Boers (1901), se battit en 1913 du côté des Grecs, en 1915 dans la Légion étrangère sur le front français, et commanda une brigade sur le front italien (1918).

garibaldien, enne adj. Qui a rapport à Garibaldi. ‖ Qui s'est attaché à Garibaldi : *Volontaire garibaldien ;* et, substantiv. : *Un garibaldien.* ‖ Celui qui fit la campagne sous les ordres de Garibaldi de 1860 à 1862.

Garigliano (le), fl. d'Italie, séparant le Latium de la Campanie ; 38 km. Sur ses bords, Gonzalve de Cordoue battit les Français (1503), et Bayard défendit seul un pont contre une avant-garde espagnole. Pour la Seconde Guerre mondiale, v. GUSTAV (ligne).

Garin de Monglane, héros de trois chansons de geste* de la fin du XIIIᵉ ou du début du XIVᵉ s. : *les Enfances Garin, Garin de Monglane* et la *Geste de Monglane.* Ces épopées racontent la lutte contre les Sarrasins de Garin, père de Girart de Vienne, aïeul d'Aymeri de Narbonne, bisaïeul de Guillaume d'Orange, et c'est le nom de cet ancêtre qui a été donné à l'ensemble des vingt-quatre chansons de geste composées en l'honneur de cette famille légendaire.

Garizim. *Géogr. anc.* Colline de Palestine, proche de Sichem. Vers 330 av. J.-C., les Samaritains y érigèrent un temple schismatique, que rasa Jean Hyrkan en 108 av. J.-C.

Garland (Hamlin), romancier et mémorialiste américain (près de West Salem, Wisconsin, 1860 - Hollywood 1940). Il écrivit plusieurs ouvrages sur la vie de l'Ouest (*Une fille des grandes plaines*, 1921).

Garland (Frances GUMM, dite **Judy**), actrice et chanteuse américaine (Grand Rapids, Minnesota, 1922 - Londres 1969). Elle fut l'une des plus célèbres interprètes de comédies musicales à l'écran : *Broadway Melody* (1938), *le Magicien d'Oz* (1939), *la Danseuse des Ziegfeld Follies* (1941), *le Chant du Missouri* (1944), *le Pirate* (1948), *Une étoile est née* (1954). Elle était la mère de la chanteuse Liza Minnelli.

Garlin, ch.-l. de c. des Pyrénées-Atlantiques (arr. de Pau), à 18,5 km au S. d'Aire-sur-l'Adour ; 1 212 h.

Garmisch-Partenkirchen, v. d'Allemagne (Allem. occid., Bavière), au pied de la Zugspitze ; 25 500 h. Station de sports d'hiver.

Garnault (Henri Noël), amiral français (La Rochelle 1820 - Toulon 1906). Chef d'état-major de la marine (1874-1876), commandant l'escadre de haute mer (1879), il occupa Bizerte pendant la campagne de Tunisie (1881).

Garneau (François-Xavier), historien canadien-français (Québec 1809 - *id.* 1866), auteur d'une *Histoire du Canada* (1845-1848).

Garneau (Saint-Denys), écrivain canadien-français (Montréal 1912 - Sainte-Catherine 1943). La maladie le força à vivre dans la solitude du manoir familial. Il mourut à trente et un ans, laissant des poèmes qui ont été réunis en 1949 dans des volumes intitulés *Regards et jeux dans l'espace, Solitudes.*

garnement n. m. (de *garnir,* au sens ancien de « ce qui protège », « ce qui défend », puis de « mauvais défenseur », « souteneur »). Enfant, jeune homme insupportable, turbulent.

Garneray, famille de peintres français. JEAN-FRANÇOIS, portraitiste (Paris 1755 - *id.* 1837), a été l'élève de David. Il eut trois fils peintres : LOUIS, auteur de marines (Paris 1783 - *id.* 1857) ; — AUGUSTE (Paris 1785 - *id.* 1824), élève d'Isabey, auteur d'aquarelles (*Château de Malmaison*) ; — HIPPOLYTE, paysagiste (Paris 1787 - *id.* 1858).

Garnerin (André Jacques), aéronaute français (Paris 1769 - *id.* 1823). Il effectua la première descente en parachute le 22 oct. 1797 à Paris, au parc des Mousseaux (auj. parc Monceau), en abandonnant son ballon d'une hauteur de 1 000 m. Puis il accomplit toute une série de voyages aériens avec escales, en Europe et en Russie (1803). — Sa femme, Jeanne Geneviève LABROSSE (1775-1847), fut la première femme aéronaute et parachutiste. — Leur nièce ELISA Garnerin (1791 - † ?) réussit entre 1815 et 1836, tant en Amérique qu'en Europe, environ 40 descentes en parachute.

garni → GARNIR.

Garnier de **Pont-Sainte-Maxence.** V. GUERNES.

Garnier (Robert), poète tragique français (La Ferté-Bernard 1544 - Le Mans 1590). Il composa sept tragédies qui annonçaient le classicisme, mais dont l'action se trouvait ralentie par de longues tirades et par des chœurs. Citons *Porcie, épouse de Brutus* (1568), *Sédécie ou les Juives** (1593) et une tragi-comédie, *Bradamante* (1582).

Garnier (Pierre), ébéniste parisien (1720 - 1800). Reçu maître en 1742, il a pratiqué les formules du style Louis XV, puis du style Louis XVI (Louvre, musée des Arts décoratifs, musée Nissim-de-Camondo).

Garnier (Charles), architecte français (Paris 1825 - *id.* 1898). Prix de Rome en 1848, il édifia la chapelle funèbre des Luynes, au château de Dampierre. Architecte de la ville de Paris en 1860, il est l'auteur de l'Opéra, inauguré en 1875, des casinos de Monte-Carlo et de Vittel, de l'Observatoire de Nice. Il juxtaposa divers éléments empruntés aux styles traditionnels.

Garnier (Marie Joseph François, dit **Francis**), marin français (Saint-Étienne 1839 - Hanoï 1873). Il explora le Mékong (1869) et conquit le delta du fleuve Rouge (1873). Il fut tué par les Pavillons Noirs.

Garnier (Tony), architecte français (Lyon 1869 - *id.* 1948). Son marché et ses abattoirs de Lyon, aux fortes charpentes métalliques, sont, en France, un prototype de l'architecture industrielle. Son stade de Lyon est un des chefs-d'œuvre du béton armé.

Garnier (René), mathématicien français (Chalon-sur-Saône 1887). Professeur de géométrie supérieure à la Sorbonne, il a surtout étudié les équations différentielles, les problèmes de Riemann et de Plateau, et le mouvement le plus général d'un solide. (Acad. des sc., 1952.)

Garnier frères, maison d'édition française fondée en 1833 par Auguste Garnier (1810-1887) et par son frère Hippolyte (1815-1911). Ils créèrent une collection d'auteurs classiques français, des collections de poésie, éditèrent les œuvres de Proudhon et de Sainte-Beuve, ainsi que les œuvres complètes de Chateaubriand et le *Rabelais* illustré par Gustave Doré.

Garnier d'Isle (Jean Charles), architecte et jardinier français (1697-1755). Il aménagea les jardins de Sylvie (Chantilly), de Crécy, de Bellevue, de Trianon (pour Louis XV).

garniérite n. f. Silicate naturel de magnésium et de nickel. (C'est un minerai de nickel découvert par J. Garnier en Nouvelle-Calédonie.)

Garnier-Pagès (Etienne Joseph Louis), homme politique français (Marseille 1801 - Paris 1841). Député de l'Isère (1831), il fut le chef du parti républicain pendant la monarchie de Juillet. — Son frère LOUIS ANTOINE (Marseille 1803 - Paris 1878), député de l'Eure (1842), membre du gouvernement provisoire de 1848, ministre des Finances, fut membre du gouvernement de la Défense nationale en 1870. Il est l'auteur d'une *Histoire de la révolution de 1848.*

garnir v. tr. (germ. *warnan;* cf. l'allem. moderne *warnen,* avertir, protéger). Pourvoir de ce qui est nécessaire : *Garnir son estomac.* ‖ Munir de ce qui peut protéger, renforcer : *Garnir une place de guerre.* ‖ Orner, enjoliver : *Garnir une table de fleurs.* ‖ Entourer, remplir : *Les trottoirs étaient garnis d'une double rangée de spectateurs.* ‖ Ajouter à une préparation culinaire certains aliments, soit comme assaisonnement, soit comme ornement. ‖ Munir un appareil, une machine d'un accessoire indispensable à son fonctionnement. ‖ Tirer le poil d'une étoffe de laine ou de coton en exerçant un effort d'arrachement au moyen de machines dites « garnisseuses* » ou « laineuses* ». ‖ Munir d'une coiffe (en parlant d'un chapeau). ‖ Rembourrer : *Garnir une chaise.* ● *Garnir la chaudière,* l'alimenter en combustible solide pour entretenir le feu. ‖ *Garnir un mât, une vergue,* y mettre leur gréement. ‖ **— se garnir** v. pr. Se protéger de linges (en parlant d'une femme en couches ou qui a ses règles). ‖ Etre graduellement occupé, se remplir : *Les étagères se garnissent de livres.* ◆ **garni, e** adj. Meublé : *Hôtel garni. Chambre garnie.* ‖ En parlant des cheveux, touffu : *Chevelure bien garnie.* ‖ En parlant des étoffes, bien feutré : *Drap bien garni.* ‖ Se dit d'un plat de viande accompagné de légumes. ● *Assiette garnie,* assiette de charcuterie assortie. ‖ *Bouquet garni,* v. BOUQUET. ‖ *Choucroute garnie,* choucroute accompagnée de jambon, de saucisses. ‖ **— garni** n. m. Local meublé qu'un logeur donne en location à un occupant provisoire. (Les logeurs en garni sont tenus d'inscrire sur un registre l'identité de leurs locataires et de tenir ce registre à la disposition de la police.) ‖ Morceau de pierre placé dans les interstices des pierres de taille dans une construction. (On dit aussi REMPLISSAGE.) ◆ **garnissage** n. m. Action de gar-

nir ; résultat de cette action : *Le garnissage d'un chapeau.* ‖ Façonnage et mise en place des garnitures et ornements sur une pièce de céramique. ‖ Ensemble des éléments de soutènement d'une galerie de mine. ‖ Ensemble des éléments et des matières qui constituent les sièges et dossiers d'un véhicule. ‖ Travail de préparation ou de fabrication de ces sièges. ‖ Matière quelconque servant à combler un vide ou à recouvrir un objet. ‖ Opération de l'apprêt des draps, consistant à rendre laineuse la surface de ces étoffes. ‖ Revêtement intérieur réfractaire d'un creuset, d'un four, d'un convertisseur, etc. (Suivant les opérations effectuées dans l'appareil, la nature du garnissage doit être adaptée : *acide* avec une forte teneur en silice, *basique* avec une forte teneur en chaux ou en magnésie, ou *spécial* comme un revêtement à base de graphite.) ‖ Matière servant à garnir un presse-étoupe d'une tuyauterie. ● **garnissement** n. m. Action de garnir, de meubler : *Locataire expulsé faute de garnissement des lieux.* ◆ **garnisseur** n. m. Ouvrier qui travaille aux agrès du navire. ‖ Ouvrier procédant à la coupe, à la confection et à la pose des pièces de garniture d'une carrosserie. ◆ **garnisseuse** n. f. Machine utilisée pour les apprêts des tissus, et destinée à faire l'opération de garnissage. ◆ **garniture** n. f. Ce qui sert à garnir, orner, embellir : *Garniture d'une robe, d'un chapeau.* ‖ Assortiment complet d'une chose quelconque : *Une garniture de boutons.* ‖ Accessoires ajoutés à un plat, et qui servent soit à le parer, soit à le compléter. ‖ Chez les tailleurs, syn. de PARMENTURE. ‖ Ornement ajouté aux différentes pièces d'un vêtement pour l'enjoliver. ‖ Parties accessoires des poteries. ‖ Ensemble des matériaux garnissant un meuble. ‖ Ecrin complet. ‖ Bloc métallique dont on se sert pour séparer les pages dans une forme d'imprimerie, et qui représente les marges. ‖ Ensemble des pièces employées à consolider une forme d'imprimerie, servant à l'encadrement et au serrage. ‖ Gréement d'un mât, d'une vergue, d'une voile. ‖ Action de gréer ces divers objets. ‖ Atelier dans lequel on confectionne le matériel de gréement. ‖ Ce qui sert à garnir un toit. ‖ Partie de treillage remplissant un vide entre deux bâtis. ‖ Fermeture munie de sa charnière. ‖ Maçonnerie sous les carreaux, formant les parois d'un poêle, d'un calorifère. ‖ Garde, pommeau, hanche et poignée d'une arme blanche. ‖ Pièces accessoires d'une arme à feu (embouchoir, grenadière, etc.). ‖ Pièces de harnachement adaptées à la tête du cheval (bride, bridon-licol, etc.). ‖ Ensemble des travaux faits à l'intérieur d'une voiture pour la rendre plus confortable. ‖ Partie du fer du cheval qui déborde la muraille. ‖ Dispositif assurant l'étanchéité d'un appareil sous pression au passage d'une pièce mobile. ● *Artifices de garniture,* ou *garnitures,* artifices que l'on met soit dans les bombes d'artifices, soit dans les chapiteaux des fusées. ‖ *Garniture de* *bureau,* ensemble d'accessoires de travail de bureau réalisés dans un même style ou dans un même matériau. ‖ *Garniture d'une chaudière,* enveloppe de matériaux isolants dont on l'entoure pour éviter la déperdition de chaleur par rayonnement. ‖ *Garniture de cheminée,* à partir du XVIIᵉ s., objets ornant la cheminée. ‖ *Garniture du cylindre,* épaisseur de tissu que l'on étend sur le cylindre d'une presse mécanique d'imprimerie pour constituer son habillage. ‖ *Garniture d'embrayage, de frein,* matériau de friction qui assure l'embrayage, le freinage d'une voiture, d'une motocyclette. ‖ *Garniture de foyer* ou *de feu,* ensemble des instruments dont on se sert pour les feux que l'on fait dans une cheminée (pelle, pincettes, tisonnier, etc.). ‖ *Garniture de frein,* matériau composite que l'on adapte par rivetage ou collage sur les patins de frein pour augmenter le coefficient de frottement ; *par extens.,* pièce munie de ce matériau. ‖ *Garniture de piston,* chacune des couronnes métalliques interposées entre un piston et son cylindre pour faire joint étanche. (On dit de préférence SEGMENT.) ‖ — **garnitures** n. f. pl. Pièces métalliques formant la défense intérieure d'une serrure. ‖ Dans une serrure, pièces de révolution autour de la broche, fixées au palâtre ou au foncet. ‖ Ensemble des pièces d'une crémone : conduit, chapiteau et gâche.

garnison n. f. (de *garnir*). Ensemble des troupes stationnées dans une ville ou dans un ouvrage fortifié : *Passer en revue les troupes de la garnison.* ‖ La ville elle-même : *Changer de garnison.* (A l'intérieur du périmètre fixé, correspondant généralement à celui de la commune et appelé *limites de la garnison,* les troupes et services, soumis aux prescriptions du *service de garnison,* sont placés sous l'autorité du commandant d'armes, assisté du *major de garnison.*) ‖ En orfèvrerie, pièce soudée au corps de l'objet. ● *Amours de garnison,* amours de passage. ‖ *Mariage de garnison,* mariage mal assorti.

garnissage, garnissement, garnisseur, garnisseuse, garniture → GARNIR.

Garo, héros de la fable de La Fontaine *le Gland et la Citrouille.* Il est le type du critique étourdi. — Personnage du *Pédant joué,* de Cyrano de Bergerac.

Garofalo (Benvenuto TISI, dit il), peintre italien (Garofalo, près de Ferrare, 1481 - Ferrare 1559). Influencé par les Vénitiens et par Raphaël, il décora la résidence princière de Ferrare.

garonnais, e adj. Relatif à la Garonne, aux régions qu'elle traverse. ● *Race garonnaise,* race bovine de travail et de boucherie, élevée près d'Agen.

Garonne (la), fleuve d'Espagne et de France, qui draine la plus grande partie du bassin d'Aquitaine et rejoint l'Atlantique par le grand estuaire de la Gironde ; 647 km (575 km en excluant la Gironde).

La Garonne supérieure traverse, en Espagne, le val d'Aran. Elle est formée de deux branches, la *Garona de Ruda* et la *Garona de Joueú* dans la Maladetta. La Garonne entre en France par les gorges de Pont-du-Roi et s'écoule vers le N.-O., recevant à gauche la Pique et la Neste. A Montréjeau, elle change de direction, s'écoule vers l'E., puis vers le N.-E. jusqu'à Toulouse, grossie de ses deux derniers affluents pyrénéens, le Salat et l'Ariège (r. dr.). En aval de Toulouse, elle s'oriente à nouveau vers le N.-O., recevant à gauche divers affluents issus du plateau de Lannemezan (Save, Gimone, Arrats, Gers et Baïse) et, à droite, des rivières descendant du Massif central (Tarn, Lot et Dordogne ; le confluent de la Dordogne et de la Garonne marque la fin du cours proprement dit de cette dernière). La Garonne arrose notamment Montréjeau, Muret, Toulouse, Agen et Bordeaux.

Le régime de la Garonne est d'abord caractérisé par la violence des crues (le débit à Toulouse peut varier entre 32 et 8 000 m³/s) ; les inondations de juin 1875 et de mars 1930 furent particulièrement catastrophiques. Le régime est de type pluvio-nival, avec des hautes eaux de printemps (fonte des neiges) et des maigres en août-septembre (faibles précipitations et forte évaporation). Les crues sont produites par la simultanéité des fortes pluies méditerranéennes se produisant sur les bassins supérieurs du Tarn et du Lot, et de la fonte des neiges.

Garonne (CANAL LATÉRAL À LA), canal longeant la rive droite de la Garonne, de Toulouse (où aboutit le canal du Midi) à Agen ; 193 km.

Garonne (DÉPARTEMENT DE LA **Haute**-), dép. du bassin d'Aquitaine et des Pyrénées ; 6 367 km² ; 824 500 h. Ch.-l. *Toulouse.* La partie orientale du département, entre les vallées de la Garonne, du Tarn et de l'Ariège, est occupée par les *plateaux du Terrefort,* formés de mollasses. La polyculture (blé, maïs, vigne, pommes de terre) y est associée à l'élevage (bovins et volailles). Au centre, les larges vallées de l'Ariège et surtout de la Garonne s'étagent sur plusieurs niveaux de terrasses ; l'élevage est développé dans les parties basses, couvertes de prairies naturelles et artificielles ; la culture de la vigne demeure associée à celle du blé et du maïs sur les hautes terrasses. L'ouest du département est une région de collines où la polyculture domine encore. La bordure sud-ouest appartient à l'extrémité du *plateau de Lannemezan,* et l'extrémité méridionale, au S. de Saint-Gaudens, s'étend sur les chaînons des *Prépyrénées* et sur une portion des Pyrénées centrales, région touristique.

L'industrie est surtout développée à Toulouse (constructions aéronautiques et produits chimiques, poudreries, industrie du bâtiment, constructions mécaniques, confection, chaussures, etc.), mais aussi des centrales hydro-élec-

département de la Haute-Garonne

arrondissements (3)	cantons (50)	nombre d'hab. du canton	nombre de comm. (587)
Muret (113 523 h.)	Auterive	12 657	11
	Carbonne	9 991	11
	Cazères	8 672	16
	Cintegabelle	3 642	7
	Fousseret (Le)	4 213	15
	Montesquieu-Volvestre	3 180	10
	Muret	50 603	19
	Rieumes	5 697	16
	Rieux	3 132	10
	Saint-Lys	11 736	11
Saint-Gaudens (75 544 h.)	Aspet	4 664	21
	Aurignac	4 024	19
	Bagnères-de-Luchon	5 947	31
	Barbazan	6 088	24
	Boulogne-sur-Gesse	5 381	24
	Isle-en-Dodon (L')	4 955	24
	Montréjeau	7 787	17
	Saint-Béat	4 404	21
	Saint-Gaudens	20 129	20
	Saint-Martory	3 495	12
	Salies-du-Salat	8 630	22
Toulouse (635 434 h.)	Cadours	3 195	16
	Caraman	4 912	19
	Castanet-Tolosan	21 903	15
	Fronton	20 654	16
	Grenade	16 754	15
	Lanta	3 523	10
	Léguevin	18 422	10
	Montastruc-la-Conseillère	9 909	13
	Montgiscard	13 147	20
	Nailloux	4 019	10
	Revel	10 348	13
	Toulouse (15 cant.)	489 061	48
	Verfeil	4 115	7
	Villefranche-de-Lauragais	8 606	21
	Villemur-sur-Tarn	6 866	7

LES DIX PREMIÈRES COMMUNES

Toulouse	354 289 h.	Ramouville-Saint-Ague	10 912 h.
Colomiers	23 583 h.	Cugnaux	10 286 h.
Muret	16 192 h.	Balma	8 839 h.
Blagnac	14 942 h.	Revel	7 704 h.
Saint-Gaudens	12 225 h.	Portet-sur-Garonne	6 872 h.

RÉGION MILITAIRE : *Toulouse* (V^e). — COUR D'APPEL : *Toulouse.*
ACADÉMIE : *Toulouse.* — ARCHEVÊCHÉ : *Toulouse.*

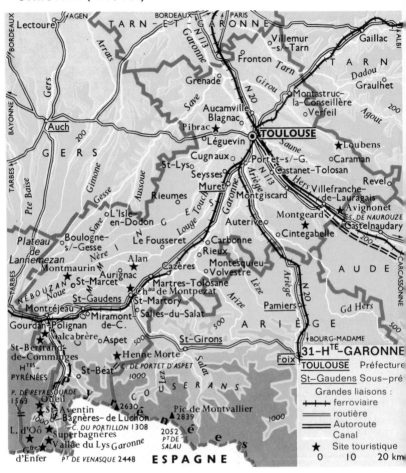

triques jalonnent les hautes vallées, et des gisements de gaz naturel sont exploités dans la région de Saint-Marcet. (V., pour les beaux-arts, LANGUEDOC.)

garou n. m. V. DAPHNÉ.

Garoua, v. du Cameroun, ch.-l. de dép. de la Bénoué ; 28 000 h. Evêché.

Garratt (du nom du constructeur), locomotive à vapeur, articulée, dérivée du système Mallet.

Garrett (Almeida). V. ALMEIDA GARRETT.

Garrick (David), acteur et auteur dramatique anglais (Hereford 1717 - Londres 1779). Acteur, il contribua à remettre Shakespeare à la mode et dirigea le théâtre de Drury Lane (1747-1776). Il écrivit lui-même des prologues ou des épilogues en vers et des adaptations de pièces. Ses deux meilleures comédies sont *le Valet menteur* (1740) et *la Demoiselle de moins de vingt ans* (1747).

Garrigou-Lagrange (Marie Aubin), religieux français (Auch 1877 - Rome 1964). Professeur de dogme à Rome à partir de 1909, il est un des promoteurs du néo-thomisme (*la Synthèse thomiste*, 1946).

garrigue n. f. (provenç. *garriga*). Formation végétale méditerranéenne constituée de chênes verts mélangés à des buissons et à des plantes herbacées, telles que le thym ou la lavande. (C'est une dégradation de la forêt de chênes verts sur terrain calcaire.)

Garrigues (les), région du Languedoc (Hérault, Gard) constituée de plateaux calcaires (500 m d'alt. env.) traversée en gorge par les affluents du bas Rhône et par l'Hérault. Accidentées de quelques chaînons, les Garrigues comportent un certain nombre de petits bassins karstiques fertiles.

Garrigues (CAMP DES), camp militaire près de Nîmes (4 000 ha).

Garros (Pey ou Pierre DE), poète français d'expression occitane (Lectoure v. 1530 - Pau 1585). Protégé de Jeanne d'Albret, il fut mêlé au mouvement de la Réforme et il a déploré dans son recueil de *Poesias gasconas* les malheurs des guerres de Religion. Son *Cant nobiau* (*Chant nuptial*) est un des plus anciens spécimens en France d'une poésie littéraire folklorique.

Garros (Roland), officier aviateur français (Saint-Denis, la Réunion, 1888 - près de Vouziers 1918). Pionnier de l'aviation dès 1911, il réussit, de Saint-Raphaël à Bizerte, la première traversée de la Méditerranée (23 sept. 1913). Pendant la Première Guerre mondiale, il inventa le procédé de tir à travers l'hélice ; fait prisonnier, il s'évada, rejoignit l'escadrille des Cigognes et fut tué en combat aérien. — Son nom a été donné au stade de tennis de la porte d'Auteuil à Paris.

1. garrot n. m. (de l'anc. franç. *garokier, garroier*, du francique *wrokkan*, tordre). Morceau de bois que l'on passe dans une corde pour la serrer en la tordant : *Le garrot d'une scie.* ‖ Bâton placé de manière à forcer une branche à prendre une direction déterminée. ‖ Lien en caoutchouc ou en tissu utilisé pour interrompre la circulation du sang dans un membre ou un segment de membre. (Le garrot est utilisé comme traitement d'urgence pour arrêter les hémorragies. Il doit être enlevé dès que l'hémostase a été pratiquée et ne doit jamais être laissé plus d'une heure.) ‖ *Supplice du garrot*, v. GARROTTE. ◆ **garrottage** n. m. Action de garrotter ; résultat de cette action : *Le garrottage d'un prisonnier.* ◆ **garrotter** v. tr. Lier étroitement et fortement : *Garrotter un prisonnier.* ‖ Diriger la croissance d'un arbre à l'aide d'un garrot. ‖ Placer une ligature sur un arbre pour accélérer la mise à fruits. ‖ *Fig.* Lier, enchaîner : *Garrotter l'opposition.*

2. garrot n. m. (provenç. *garrot* ; de *garra*, jarret). Partie du corps des grands quadrupèdes surmontant les épaules, entre l'encolure et le dos. ‖ Partie du collier qui repose sur le cou du cheval. ● *Hauteur au garrot*, hauteur du garrot au-dessus du sol, qui exprime la taille d'un mammifère. ‖ *Mal de garrot*, blessure du garrot avec nécrose des ligaments et des os, due aux frottements du harnachement.

garrottage → GARROT 1.

garrotte n. f. (esp. *garrotte*). Supplice par strangulation. (Il était usité principalement en Espagne.) ‖ Instrument de ce supplice.

garrotter → GARROT 1.

gars [gα] n. m. (anc. cas sujet de *garçon**). *Fam.* Garçon, jeune homme : *Les gars et les filles.* ‖ Gaillard, homme vigoureux, résolu : *Un beau gars.*

Garsia ou **Garcia** (Stephanius Garsia Placidus), miniaturiste du XIᵉ s., auteur de l'*Apocalypse de Saint-Sever* (dite *Beatus de Saint-Sever*), entre 1028 et 1076.

Gartempe (la), riv. de la Marche limousine et du Poitou oriental, affl. de la Creuse (r. g.) ; 190 km.

Garuda, aigle géant qui servait de monture à Vishnu.

Garus (ÉLIXIR DE), élixir stomachique comprenant de la cannelle, du safran et de la muscade.

Gary, v. des Etats-Unis (Indiana), sur le lac Michigan ; 178 300 h. Sidérurgie ; industries chimiques ; raffinage du pétrole.

garzette n. f. Héron du genre aigrette*.

gas-cap [prononc. angl. gaskap] n. m. (mot angl.). Calotte formée par du gaz accumulé dans un dôme. — Pl. *des* GAS-CAPS.

Gascard ou **Gascar** (Henri), peintre français (Paris 1635 - Rome 1701). Il peignit des portraits (Tate Gallery, Londres).

gascardia n. m. Cochenille qui vit sur le laurier de Madagascar, et qui produit une gomme laque.

Gascogne, portion du sud-ouest de la France, dont le nom vient de l'ancienne *Vasconie* (lat. *Vasconia*). Elle forma un vaste duché, puis une partie de l'ancienne Guyenne. La Gascogne est le pays des parlers gascons, le pays du Gers, les Landes, les Hautes-Pyrénées et sur une partie des départements de la Gironde, de Lot-et-Garonne, de Tarn-et-Garonne et de la Haute-Garonne.

Principaux événements historiques.

Peuplé originairement par des Ligures, l'ensemble des pays constituant la Gascogne est envahi successivement par les Ibères (VIᵉ s. av. J.-C.), par les Romains (56 av. J.-C.), par les Wisigoths, qui l'occupent à partir de 412.

507. Après la victoire des Francs, la région est occupée par les Vascons (peuple venu du Sud, constitué d'Ibères non latinisés), d'où le nom de « Vasconie » ou « Gascogne », qui lui est resté.

602. Création d'un « duché » de Gascogne, vassal de l'Austrasie et de la Bourgogne.

720. Invasion arabe.

732. Retour à la suzeraineté franque (victoire de Poitiers). Le pays sert de barrière contre les musulmans d'Espagne.

Fin du VIIIᵉ s. Charlemagne s'efforce d'annexer la Vasconie, partie du royaume d'Aquitaine.

781. Le futur Louis le Pieux est sacré « roi d'Aquitaine ».

cogne en apanage à son fils Richard. Celui-ci triomphe des résistances.

Seconde moitié du XIIᵉ s. Le roi de Castille Alphonse le Noble fait valoir ses droits sur la Gascogne, dot de sa femme Aliénor d'Angleterre.

1190. Les Gascons font appel au roi de France contre Jean sans Terre.

Après 1242. La défaite de l'Angleterre encourage la révolte de Gaston VII, vicomte de Béarn.

1259. Par le traité de Paris, l'Angleterre devient vassale de la France pour la Gascogne.

1303. La paix de Paris donne la Gascogne orientale à la couronne de France.

Feuillie

les gisants d'Henri Plantagenêt et d'Aliénor d'Aquitaine, à Fontevrault

IXᵉ s. Le démembrement de l'Empire carolingien (840) favorise le retour des Vascons à l'indépendance. Période d'anarchie accrue par les raids normands, et pendant laquelle la féodalité se multiplie.

V. 852. Naissance d'un duché héréditaire de Gascogne (capit. Bordeaux).

1036. Devant l'absence d'héritier mâle, le duché passe par mariage au duc d'Aquitaine.

1137. Le mariage d'Aliénor d'Aquitaine avec Louis VII donne la Gascogne à la France.

1152. Second mariage d'Aliénor avec Henri Plantagenêt. En même temps que la Guyenne, la Gascogne passe à l'Angleterre lorsque Henri devient roi (1154).

1154-1326. Période de rivalité anglo-française.

1169. Pour lutter contre les tendances séparatistes des vassaux, Henri II donne la Gas-

1307. Philippe le Bel annexe le Bigorre. L'hommage que le roi d'Angleterre doit au roi de France est une des causes de la guerre de Cent* Ans.

1453. La Gascogne redevient française. Elle est comprise dans la Guyenne*. Trois maisons féodales occupent la presque totalité du pays : Armagnac, Albret, Foix-Béarn.

L'art en Gascogne.

V. GUYENNE ET GASCOGNE.

Gascogne (GOLFE DE), anc. **golfe de Biscaye,** partie de l'océan Atlantique comprise entre les côtes du Bassin aquitain et les côtes d'Espagne. Les hauts-fonds (plus de 2 000 m) se prolongent très près du rivage par le *Gouf de Cap-Breton,* fosse marine très étroite.

Gascoigne (George), écrivain anglais (Cardington, Bedfordshire, v. 1535 - Bernack, près de Stamford, 1577). Auteur de la pre-

mière comédie anglaise en prose, *les Suppo-
sés* (1566), il a également composé le premier des Arts poétiques anglais, *Notes et
conseils sur la façon de faire des vers*.

Gascoigne (William), astronome anglais
(Middleton, Yorkshire, 1614 - Marston Moor
1644). Il inventa vers 1640 la première
lunette à micromètre, à l'aide de laquelle il
mesura le diamètre apparent des planètes.

gascon, onne adj. et n. Qui se rapporte à
la Gascogne ou à ses habitants ; habitant ou
originaire de cette région. ‖ Fanfaron, hâbleur, vantard : *Quelle humeur gasconne!*
‖ Plaisant, railleur, moqueur : *La blague
gasconne.* ● *Race gasconne*, race de bovins
de robe grise, appréciée pour son travail.
(Différentes races de chiens courants sont
également qualifiées de « gasconnes » :
gascons saintongeois, bleus de Gascogne. La
poule gasconne, appréciée dans le Sud-Ouest,
est apte à la ponte d'hiver.) ‖ — *gascon*
n. m. Dialecte de langue d'oc dont les traits
sont si caractéristiques que certains linguistes
le considèrent comme une langue. ● *En
Gascon*, par un détour habile : *Se tirer en
Gascon d'un pas difficile.* ◆ **gasconisme**
n. m. Locution, prononciation propre au
gascon. ◆ **gasconnade** n. f. Vanterie, hâblerie, forfanterie, comme on en prête aux
Gascons. ◆ **gasconner** v. intr. Parler avec
un accent gascon ; imiter l'accent gascon. ‖
Se vanter, dire des gasconnades.

gas-drive [prononc. angl. gasdraiv] n. m.
(mot angl.). Procédé de récupération secondaire du pétrole, qui consiste à injecter
du gaz dans une formation productive, afin
de pousser l'huile vers les puits d'exploitation. — Pl. *des* GAS-DRIVES.

Gasherbrum, montagnes du Karakoram,
comprenant quatre sommets dépassant
7 800 m ; le plus élevé, *Gasherbrum I*, ou
Hidden Peak, atteint 8 068 m.

Gaskell (Elizabeth Cleghorn STEVENSON,
dame), romancière anglaise (Chelsea 1810 -
Holyburn, Alton, Hampshire, 1865). Son
premier roman, *Mary Barton* (1848), décrivait la misère de la classe ouvrière. Sa meilleure œuvre, *les Dames de Cranford* (1853),
fut publiée d'abord dans le journal *House-
hold Words* de Dickens.

Gaskell (Sonia), pédagogue et maîtresse de
ballet d'origine russe (Kiev 1904 - Paris
1974). Fondatrice de sa propre compagnie
qui devient Ballet national des Pays-Bas
(1954) [le Nederlands Ballet], elle assume la
direction (1959-1968) d'une nouvelle troupe,
issue de la première formation, le Het
Nationale Ballet.

gas-lift [prononc. angl. gaslift] n. m. (mot
angl.). Procédé qui consiste à entraîner
l'huile jusqu'à la surface, dans les puits non
éruptifs, par injection de gaz sous pression
à la partie inférieure du puits.

gasmule ou **gasmoul** n. *Hist.* Personne

née d'une union mixte entre éléments latins
et grecs byzantins, dans la Grèce à l'époque
des croisades.

Gasnier (René), inventeur, aéronaute et
aviateur français (Angers 1874 - *id.* 1913).
Il accomplit de nombreuses ascensions en
ballon libre et construisit un aéroplane en
1908. Il fut l'un des premiers pilotes à avoir
volé en Europe.

gas-oil [prononc. angl. gasɔil] n. m. (mot
angl.). Liquide pétrolier jaune clair, légèrement visqueux, utilisé comme carburant et
comme combustible. (V. RAFFINAGE.) ● *Gas-
oil de chauffe*, v. FUEL-OIL *domestique*. ‖
Gas-oil moteur, carburant pour les véhicules Diesel.

gas-oil ratio [prononc. angl. gasɔilreiˌrio]
n. m. (angl. *gas*, gaz, *oil*, huile, et *ratio*,
rapport). Rapport des quantités de gaz et
d'huile produites par un puits. (On dit souvent aussi, en abrégé, G. O. R.)

gasoline n. f. V. GAZOLINE.

Gaspard (saint), nom donné par l'hagiographie à l'un des mages venus à Bethléem
adorer Jésus (Matth. II).

**Gaspard de la nuit, fantaisies à la ma-
nière de Callot et de Rembrandt,** recueil de
poèmes en prose d'Aloysius Bertrand
(1842). Ces poèmes sont encore romantiques
par les thèmes, mais annoncent par leurs
images l'évolution poétique qui sera illustrée
par Baudelaire.

Gasparin (Thomas DE), homme politique
français (Orange 1754 - *id.* 1793). Membre
du Comité de salut public, il approuva les
plans de Bonaparte pour le siège de Toulon.

Gasparin (Adrien Étienne, *comte* DE), agronome français (Orange 1783 - *id.* 1862). Directeur de l'Institut agronomique de Versailles
de 1848 à 1852, auteur de nombreux ouvrages
sur la culture proprement dite, l'agriculture
comparée et l'économie rurale, il a puis-
samment contribué à l'union étroite de la
science pure et de l'agronomie.

Gasparri (Pietro), prélat italien (Capoval-
loza de Ussita 1852 - Rome 1934). Cardinal
(1907), il fut secrétaire d'État de Benoît XV
(1914), puis de Pie XI (jusqu'en 1930) ; il signa les accords du Latran (1929).

Gaspé, port du Canada (Québec), sur la
baie de Gaspé ; 2 900 h. Jacques Cartier y
débarqua en 1534.

Gaspé (Philippe AUBERT DE), écrivain canadien d'expression française (Saint-Jean-
Port-Joli 1786 - Québec 1871). C'est à
soixante-dix ans qu'il écrivit dans la solitude de son manoir familial de Saint-Jean-
Port-Joli un roman dont le succès ne s'est
jamais démenti, *les Anciens Canadiens*
(1862). En 1866, il publia ses *Mémoires*.

Gasperi (Alcide DE). V. DE GASPERI.

Gaspésie, péninsule du Canada (Québec) comprise entre le Saint-Laurent et le golfe du Saint-Laurent à l'E. et au N., et la baie des Chaleurs au S. Pêche et travail du bois. Tourisme sur les côtes ; une partie de l'intérieur forme un parc provincial.

gaspillage → GASPILLER.

gaspiller v. tr. (provenç. *gaspilha*). Dépenser inutilement, follement ; dissiper : *Gaspiller ses économies.* ‖ *Fig.* Perdre, gâcher : *Gaspiller son talent. Gaspiller son temps.* ◆ **gaspillage** n. m. Action de gaspiller ; mauvais emploi de quelque chose, dilapidation. ◆ **gaspilleur, euse** n. Personne qui gaspille.

gas-plant [prononc. angl. gasplant] n. m. invar. (mot angl.). Installation de traitement des gaz de pétrole par absorption et fractionnement, que l'on trouve dans les raffineries et les usines de dégasolinage.

Gasquet (Joachim), poète français (Aix-en-Provence 1873 - Paris 1921). Son lyrisme s'inspire des paysages provençaux : *l'Arbre et les vents* (1901), *les Chants séculaires* (1903), *les Hymnes* (1918). — Sa femme MARIE (Saint-Rémy-de-Provence 1872 - *id.* 1960) a publié un recueil de souvenirs : *Une enfance provençale* (1926).

Gassendi
par Robert Nanteuil

Larousse

Gassendi (Pierre GASSEND, dit), philosophe, astronome, mathématicien et physicien français (Champtercier, près de Digne, 1592 - Paris 1655). Docteur en théologie à Avignon en 1614, professeur à Aix en 1617, il résida en général à Paris et fut en relation avec les grands savants de son temps. Il fut professeur de mathématiques au Collège de France de 1645 à 1648. Dans ses ouvrages (*Exercitationes paradoxicae adversus Aristotelacos,* 1624 ; *De vita et moribus Epicuri,* 1647 ; *Syntagma philosophiae Epicuri,* 1659), il tentait de concilier la théorie atomique de l'Antiquité et le christianisme, et se montrait partisan d'une morale épicurienne fondée sur le plaisir de la sérénité. Une polémique célèbre l'opposa à Descartes. On lui doit, en astronomie, plusieurs observations sur le phénomène des parhélies et sur les satellites de Jupiter ; en physique, il a étudié la chute des corps et les lois du choc.

gassendisme n. m. Doctrine philosophique de Gassendi. ◆ **gassendiste** adj. et n. Qui concerne ou professe le gassendisme.

Gasser (GANGLION DE), ganglion nerveux du nerf trijumeau. (Il doit son nom à l'anatomiste autrichien Johann Lorenz *Gasser* [1723 - 1765].)

Gasser (Herbert Spencer), physiologiste américain (Platteville, Wisconsin, 1888 - New York 1963). Il a reçu le prix Nobel de médecine, avec son collaborateur Erlanger (1944), pour ses travaux sur les différenciations fonctionnelles des fibres nerveuses.

Gassi (El-), gisement pétrolier du Sahara algérien (dép. des Oasis), au S.-S.-O. de Hassi-Messaoud.

Gassier (Paul DEYVAUX-GASSIER, dit **H. P.** [Henri-Paul]), dessinateur caricaturiste français (Paris 1883 - *id.* 1951). Il est considéré comme le créateur de la caricature politique moderne (*l'Humanité, le Journal*).

Gassion (Jean DE), maréchal de France (Pau 1609 - Arras 1647). Il combattit en Saxe pour le compte de Gustave-Adolphe, puis, nommé maréchal de camp général de la cavalerie française, il se distingua à Rocroi, Courtrai, Dunkerque. Il fut mortellement blessé devant Lens.

Gastein ou **Gasteinertal,** vallée d'Autriche, drainée par l'Ache, à la limite des Hohe Tauern et des Niedere Tauern.

Gaster (MESSER), personnage créé par Rabelais dans *Pantagruel,* et qui personnifie le ventre, l'estomac.

gastéromycétales n. f. pl. V. GASTROMYCÉTALES.

gastérophile n. m. V. GASTROPHILE.

gastéropodes n. m. pl. V. GASTROPODES.

gastérostéidés n. m. pl. Famille de poissons caractérisés par leur cuirasse faite de grandes plaques et par leurs épines. (Type : l'épinoche.)

Gaston (saint). V. VAAST (saint).

Gaston de Foix, nom porté par plusieurs comtes de Foix et vicomtes de Béarn : GASTON Ier (1289 - Maubuisson 1315), comte de Foix (1302-1315), fils de Roger-Bernard III et de Marguerite de Béarn. Il lutta contre la maison•d'Armagnac pour la possession du Béarn ; — Son fils GASTON II († Algésiras 1343), comte de Foix (1315-1343) ; — GASTON III, dit *Phébus* (1331 - Orthez 1391), comte de Foix (1343-1391), fils du précédent. Il poursuivit la guerre contre le comté d'Armagnac. Il entretint à Orthez une cour fastueuse. Nommé lieutenant du Languedoc en 1377, il perdit cette charge à l'avènement de Charles VI. En 1390, il légua ses domaines à la France ; — GASTON IV († 1472), comte de Foix (1436-1472), époux d'Eléonore de Navarre. Le traité de Barcelone lui confia le gouvernement de la Navarre (1455). Il soumit la Guyenne (1453). En 1458, le comté de Foix fut érigé en comté-pairie ; — Son fils GASTON, vicomte de Castelbon et prince de Viane († 1470). De Madeleine de France, il eut deux enfants, FRANÇOIS *Phébus*, roi de Navarre (1479), et CATHERINE, épouse de Jean d'Albret, reine de Navarre (1483-1517).

Gaston de Foix, duc de Nemours, homme de guerre français (1489 - Ravenne 1512), fils de Jean de Foix et neveu de Louis XII. En 1505, le comté de Nemours fut érigé en pairie et il reçut le titre de roi de Navarre. Il commanda l'armée française en Lombardie, délivra Bologne, fut victorieux à Ravenne, mais périt en poursuivant les Espagnols.

gastornis [nis] n. m. Grand oiseau fossile de l'éocène parisien.

Gastoué (Amédée), musicologue français (Paris 1873 - id. 1943). Il se consacra à l'étude du Moyen Age, du chant grégorien et de l'histoire de l'orgue.

gastralgie n. f. Douleur localisée à l'épigastre et accompagnée de troubles digestifs. (La gastralgie est symptomatique d'affections de l'estomac [ulcère, cancer, gastrite, dyspepsie, etc.], mais elle peut apparaître au cours d'affections [tabès, névrose].) ◆ **gastralgique** adj. Relatif à la gastralgie.

gastrectasie n. f. Dilatation de l'estomac. (Elle est le plus souvent en rapport avec l'aérophagie.)

gastrectomie n. f. Ablation chirurgicale de l'estomac. (On distingue : 1° la *gastrectomie partielle*, comportant l'ablation d'une partie de l'estomac, et utilisée comme traitement des ulcères ou des plaies de l'estomac ; 2° la *gastrectomie totale*, qui intéresse tout l'estomac et lui seul ; 3° la *gastrectomie élargie*, qui s'accompagne d'un curage ganglionnaire des tissus voisins [cancers de l'estomac].) ◆ **gastrectomisé, e** n. Personne qui a subi une gastrectomie. ◆ **gastrectomiser** v. tr. et intr. Pratiquer une gastrectomie.

gastrilégides n. m. pl. Abeilles solitaires qui récoltent le pollen à l'aide des poils de leur ventre, comme l'osmie, la chalicodome, etc.

gastrique adj. (gr. *gastêr*, *-tros*, ventre). Qui appartient, qui a rapport à l'estomac : Lé-

sion gastrique. ● *Embarras gastrique,* v. EMBARRAS. ‖ *Suc gastrique,* liquide sécrété par l'estomac, et qui est un des agents de la digestion. (V. *encycl.*)
— ENCYCL. *suc gastrique. Physiol.* Le suc gastrique est sécrété par les glandes de la

Alinari - Giraudon

Gaston de Foix
détail de sa statue funéraire
par **Agostino Busti**
Brera, Milan

muqueuse de l'estomac. Sa quantité est de 1,5 litre par jour en moyenne chez l'homme. C'est un liquide filant, très acide, qui contient 2 p. 1 000 d'acide chlorhydrique et deux enzymes, la pepsine (digestion des protides) et le lab, ou présure, qui coagule le lait. C'est normalement un réflexe conditionné (odeur, vue des aliments) et un rythme interne (heure des repas) qui déterminent la sécrétion du suc gastrique.

gastrite n. f. Inflammation de la muqueuse de l'estomac.
— ENCYCL. *Pathol.* Les gastrites aiguës sont dues à l'alcool, aux mets épicés, à certaines intoxications ; elles provoquent des gastralgies, des nausées, des vomissements. Les gastrites chroniques, de causes diverses (mauvaise alimentation, aérophagie, hyperchlorhydrie, etc.), se manifestent par des brûlures ou par de la pesanteur après les repas, par des ballonnements et par des troubles de l'appétit.
— *Art vétér.* Souvent associées aux entérites, les gastrites peuvent avoir plusieurs origines : intoxication ou déséquilibre alimentaire, infection, présence de parasites (œstre, habronème du cheval) ; plusieurs maladies infectieuses se compliquent de gastrites (pneumonie, gourme, typhoïde du cheval ; rouget, salmonellose du porc). Chez les carnivores et chez le porc, les gastrites provoquent des vomissements ; le diagnostic est plus délicat chez les herbivores.

gastrocèle n. f. Hernie de l'estomac entre les muscles grands droits de l'abdomen.

gastro-colique adj. Qui appartient à l'estomac et au côlon. ◆ **gastro-colite** n. f. Inflammation simultanée de l'estomac et du côlon.

gastro-duodénal, e, aux adj. Relatif à l'estomac et au duodénum : *Radiographies gastro-duodénales.*

gastrodynie n. f. Douleur névralgique de l'estomac.

gastro-entérique → GASTRO-ENTÉRITE.

gastro-entérite n. f. Inflammation simultanée des muqueuses gastrique et intestinale. (V. *encycl.*) ◆ **gastro-entérique** adj. Qui se rapporte à la gastro-entérite.
— ENCYCL. *gastro-entérite.* La gastro-entérite de l'adulte est causée par des mets toxiques ou mal mastiqués, ou par une infection. Elle provoque des vomissements et de la diarrhée. Chez le nourrisson, la gastro-entérite est souvent grave. Provoquée par un lait souillé, ou sans cause apparente, elle se caractérise par une diarrhée verte abondante et par un amaigrissement rapide, dû à la déshydratation. Dans certains cas, l'affection revêt l'apparence d'une véritable intoxication : c'est la *toxicose**.
— *Art vétér.* La gastro-entérite hémorragique du chien, ou maladie de Stuttgart, est un syndrome grave observé dans des toxiinfections alimentaires, dans l'entérotoxémie et dans la leptospirose. La gastro-entérite infectieuse du chat, ou typhus du chat, due à un ultravirus, est souvent mortelle, mais il existe un vaccin efficace.

gastro-entérocolite n. f. Inflammation simultanée de l'estomac, de l'intestin grêle et du côlon.

gastro-entérologie n. f. Spécialité médicale qui étudie les maladies du tube digestif. ◆ **gastro-entérologue** n. m. Spécialiste en gastro-entérologie.

gastro-entéroptôse n. f. Déplacement de l'estomac et de l'intestin vers le bas.

gastro-entérostomie n. f. Abouchement chirurgical de l'estomac avec une anse intestinale.

gastro-épiploïque adj. Qui concerne l'estomac et l'épiploon : *Artères gastro-épiploïques.*

gastroidea [troi] n. f. Petite chrysomèle rousse aux élytres bleus, nuisible à l'oseille.

gastro-intestinal, e, aux adj. Qui concerne l'estomac et l'intestin : *Troubles gastro-intestinaux.*

gastrologie n. f. Science qui étudie les règles pour bien manger et pour bien boire. ◆ **gastrologique** adj. Relatif à la gastrologie.

gastromèle n. m. Monstre qui a des membres accessoires insérés sur l'abdomen. ◆ **gastromélie** n. f. Monstruosité des gastromèles.

gastromycétales n. f. pl. Ordre de champignons basidiomycètes aux spores contenues dans un sac, tels que la vesse-de-loup.

gastronome → GASTRONOMIE.

gastronomie n. f. Art de la bonne chère. ◆ **gastronome** n. Personne qui aime et apprécie la bonne chère. ◆ **gastronomique** adj. Relatif à la gastronomie.

gastro-œsophagien, enne adj. Qui concerne simultanément l'estomac et l'œsophage.

gastropacha n. m. Nom scientifique du *bombyx feuille-morte*, papillon lasiocampidé du chêne, du saule et de diverses rosacées, qui ressemble à une feuille morte.

gastrophile ou **gastérophile** n. m. Mouche dont la larve vit en parasite dans le tube digestif des chevaux. (La mouche, jaunâtre, pond ses œufs sur la peau du cheval en un point accessible au léchage. Le cheval avale les œufs ou les jeunes larves, qui se fixent dans l'estomac ou le duodénum et se laissent entraîner au-dehors avec le crottin lors de la métamorphose.) [Syn. ŒSTRE.]

gastroplastie n. f. Réparation chirurgicale de lésions de l'estomac (plaies, ulcères perforés).

gastropodes ou **gastéropodes** n. m. pl. Vaste classe de mollusques caractérisés par leur reptation sur un pied ventral très étendu, par leur tête souvent tentaculée, par leur coquille dorsale faite d'une seule pièce calcaire, généralement spiralée et dextre. (Les gastropodes vivent en haute mer [ptéropodes], sur les côtes rocheuses [littorine], en eau douce [limnée] ou sur la terre ferme [escargot]. Ils respirent par des branchies ou par un poumon. Les uns sont végétariens, les autres carnivores. La coquille peut être de formes très diverses ou manquer [limace, lièvre de mer]. Le nombre des espèces n'a cessé d'augmenter depuis le cambrien.)

gastroptôse n. f. Déplacement de l'estomac vers le bas.

gastro-pylorique adj. Relatif à l'estomac et au pylore.

gastrorragie n. f. Hémorragie de l'estomac. (Elle se traduit par des hématémèses [vomissements de sang] ou par du mælæna.)

gastrorraphie n. f. Suture d'une plaie de l'estomac.

gastrorrhée n. f. Sécrétion excessive de suc gastrique, entraînant des vomissements matinaux connus sous le nom de *pituite.*

gastroscope n. m. Instrument d'endoscopie permettant l'examen visuel de l'intérieur de l'estomac par les voies naturelles. ◆ **gastroscopie** n. f. Examen de l'estomac avec le gastroscope.

gastrospasme n. m. Contracture des muscles de l'estomac.

gastrostomie n. f. Abouchement chirurgical de l'estomac à la paroi abdominale.

gastrosuccorrhée n. f. Présence de liquide dans l'estomac à jeun.

gastrotechnie n. f. Science fondée par le docteur E. Pozerski de Pomiane, qui étudie l'influence des préparations culinaires sur la digestibilité des aliments et les modifications qu'elles apportent à ceux-ci.

gastrotomie n. f. Incision chirurgicale des parois de l'estomac.

gastrozoïde n. m. Polype nourricier des colonies d'hydroïdes, dont la nourriture profite à toute la colonie.

gastrula n. f. (mot lat., dimin. de *gaster*, ventre). Troisième stade de développement de l'œuf fécondé des métazoaires. (Le stade gastrula est caractérisé par l'invagination d'une partie de la sphère constituée par le stade précédent, ou *blastula*. La portion de l'embryon qui s'enfonce ainsi dans le reste de la sphère donnera l'endoderme, alors que les cellules qui restent en surface donnent l'ectoderme.) ◆ **gastrulation** n. f. Formation de la gastrula.

gat n. m. (semble empr. au mot hind. *ghât*, qui désigne les escaliers descendant vers le Gange, les *Ghâtes*). Escalier pratiqué sur une côte escarpée pour arriver à un embarcadère.

Gat ou **Gath** (du mot hébr. *gath*, pressoir). *Géogr. anc.* Ville de Palestine, une des cinq villes de la Pentapole philistine. Auj. *Irak el-Manshiya* ou *'Iraq al-Menchiyeh*, Israël, au S.-E. de Fallouja.

gât adj. (de *gâter*). Se dit, notamment en Charente-Maritime, d'un ancien marais salant transformé en pâturage par drainage et par irrigation d'eau douce.

Gata (CAP DE), cap d'Espagne (prov. d'Almería), fermant à l'E. le golfe d'Almería.

gatch n. m. (mot russe). Paraffine huileuse non raffinée, provenant du déparaffinage des huiles de pétrole, et dont la paraffine commerciale est tirée par ressuage ou recristallisation. (On écrit aussi GATSCH.)

Gatchina, anc. **Trotsk**, puis **Krasnogvardeisk**, v. de l'U. R. S. S. (R. S. F. S. de Russie), au S.-O. de Leningrad; 20 000 h. Ancienne résidence impériale dont le palais fut transformé en musée après 1917.

gâté → GÂTER.

gâteau n. m. (francique *wastil*). Pâtisserie faite avec de la farine, du beurre, des œufs, du sucre : *Gâteau aux amandes. Gâteau feuilleté.* ‖ Matière qui, après avoir été pressée, affecte la forme d'un gâteau : *Gâteau de marc d'olives.* ‖ Ensemble des cellules que construisent les abeilles et les guêpes pour conserver leur miel et loger leur progéniture. ‖ Cire ou terre dont les sculpteurs remplissent l'intérieur du moule. ‖ Produit solide ou pâteux retiré d'un four ou d'un creuset. ‖ *Trav. publ.* Couche de filtration qui, traversée par

un mélange dont on veut séparer les phases, arrête l'une et laisse passer l'autre. (On dit parfois LIT OU TOURTEAU.) ‖ *Arg. de théâtr.* Nuage artificiel qui masque l'appareil dans lequel descendent les apparitions féeriques. ● *Gâteau de presse,* tourteau issu des presses hydrauliques sous forme de plaque. ‖ *Gâteau de résine,* résine coulée en plaque, sur laquelle on place des corps que l'on veut maintenir électrisés en les isolant de la table, du sol, etc. ‖ *Gâteau de riz,* entremets préparé avec du riz, du lait, du sucre et des œufs. ‖ *Gâteau des Rois,* gâteau contenant une fève ou une figurine, et dont on tire les parts au sort le jour des Rois. ‖ *Papa gâteau, maman gâteau* (Fam.), père, mère, aïeul, aïeule qui gâte ses enfants. (Jeu de mots sur *gâteau* et *gâter.*) ‖ *Partager le gâteau* (Fig. et fam.), partager le profit d'une affaire. (On dit aussi, dans le même sens, AVOIR PART AU GÂTEAU.)

gâte-bois → GÂTER.

gâter v. tr. (lat. *vastare*, ravager; influencé par le germ. *wastan*). Putréfier, pourrir : *La grande chaleur gâte promptement les viandes.* ‖ *Fig.* Vicier, corrompre, dépraver : *Le goût du public a été gâté.* ‖ Etre trop indulgent pour quelqu'un, entretenir ses défauts par trop de complaisance : *Gâter les enfants.* ‖ Combler de bienfaits; traiter avec beaucoup de bonté; choyer : *Gâter un invité.* ‖ Faire tort à; nuire à : *Quelques échecs ne peuvent gâter le succès d'un artiste.* ‖ — SYN. : *abîmer, altérer, choyer, corrompre, dépraver, endommager, gâcher, pourrir.* ● *Gâter le métier,* donner son travail à bas prix. ‖ — **se gâter** v. pr. Etre, devenir gâté, pourri : *Les fruits se gâtent facilement.* ‖ Devenir mauvais : *Le temps s'est gâté brusquement.* ● *Cela se gâte,* les choses prennent une fâcheuse tournure. ‖ *Se gâter la main,* perdre une aptitude en faisant des travaux peu soignés. ◆ **gâté, e** adj. Qui est pourri, endommagé : *Pomme gâtée. Viande gâtée.* ‖ Personne exceptionnellement favorisée, capricieuse : *Un enfant gâté de la fortune.* ● *Enfant gâté* (Fig.), enfant à qui l'on passe tous ses caprices. ◆ **gâte-bois** n. m. invar. Papillon du genre *cossus,* dont la chenille perce ses galeries le bois des arbres. ◆ **gâterie** n. f. Action de gâter, de choyer à l'excès. ‖ Complaisances excessives : *Multiplier les gâteries à l'égard de quelqu'un.* ‖ Petit présent; et, *partic.,* friandise : *Apporter des gâteries aux enfants.* ◆ **gâte-sauce** n. m. invar. Marmiton : *Faire ses débuts de cuisinier comme gâte-sauce.* ‖ Mauvais cuisinier.

Gates (Horatio), général américain (Maldon, Essex, Grande-Bretagne, 1728 - New York 1806). Il vainquit l'armée anglaise à Saratoga en 1777, mais fut battu par Cornwallis en 1780.

gâte-sauce → GÂTER.

Gateshead, v. de Grande-Bretagne (Durham), sur la Tyne, en face de Newcastle;

101 600 h. Industries métallurgiques et chimiques. Brasseries. Papeteries.

gâteux, euse n. et adj. (de *gâter*). Malade atteint de gâtisme, qui fait sous lui sans en avoir conscience. ‖ Personne dont l'intelligence est affaiblie, qui devient stupide : *Avoir un comportement de gâteux.* ◆ **gâtisme** n. m. Etat des personnes atteintes d'incontinence d'urine et de matières fécales. ‖ Etat des sujets atteints d'artériosclérose cérébrale (tremblements, amnésie, troubles du raisonnement, etc.). ‖ *Fig.* Etat d'un esprit qui semble retombé en enfance : *Emettre de telles idées ! c'est du gâtisme.*

Gath. V. GAT.

gâthâ n. m. Recueil d'hymnes zoroastriennes qui figurent dans l'*Avesta.* ◆ **gâthique** adj. Qui se rapporte aux gâthâs. ◆ n. m. Langue dans laquelle sont rédigés les gâthâs, ou strophes poétiques de l'*Avesta.*

Gatien (saint), évêque (IIIe s.). Il serait le premier évêque de Tours. — Fête le 18 déc.

gâtinais, e adj. Qui appartient au Gâtinais. ● *Race gâtinaise,* race de poules très répandue en France, excellente tant pour la ponte que pour la production de poulets.

Gâtinais, région du Bassin parisien, de part et d'autre du Loing (Seine-et-Marne, Loiret). On y distingue, à l'E., le *Gâtinais français* et, à l'O., le *Gâtinais orléanais.*

gâtine n. f. (de *gâter*). Terre imperméable, marécageuse et stérile. ‖ Terme géographique désignant un certain nombre de régions, en particulier la *Gâtine tourangelle* et la *Gâtine de Parthenay.*

Gâtine de Parthenay ou **Gâtine poitevine,** région bocagère de l'extrémité sud-est du Massif armoricain, autour de Parthenay, se consacrant à l'élevage des bovins (race de Parthenay).

Gâtine tourangelle, région de plateaux siliceux (Indre-et-Loire), entre le Loir et la Loire. C'est un pays pauvre et boisé, dont l'élevage est la ressource principale.

Gatineau (la), riv. du Canada (Québec), affl. de l'Ottawa (r. g.) ; 440 km. Nombreuses installations hydro-électriques.

Gatineau, v. du Canada (Québec) ; 13 000 h. Usine de pulpe et de papier.

gâtisme → GÂTEUX.

Gatow, aéroport de Berlin-Ouest.

gatsch n. m. V. GATCH.

G. A. T. T., sigle de GENERAL AGREEMENT ON TARIFFS AND TRADE, accord provisoire signé à Genève en 1947 et devenu, en fait, le cadre dans lequel s'exercent les efforts pour harmoniser les politiques douanières. Il a été complété en 1955 par une organisation permanente : l'*Organisation de coopération commerciale* (O. C. C.).

Gattamelata (Erasmo DA NARNI, dit **le**),

condottiere italien (Narni v. 1370 - Padoue 1443). En 1437, il devint capitaine général de Venise. Padoue possède sa statue équestre par Donatello.

gatte n. f. Endroit d'un navire où sont lovées les chaînes d'ancre.

Gatteaux (Nicolas Marie), graveur en médailles et sculpteur français (Paris 1751 - *id.* 1832). Il inventa une machine pour la mise au point des statues. — Son fils JACQUES EDOUARD (Paris 1788 - *id.* 1881) fut également sculpteur et médailleur.

Gatteville-le-Phare, comm. de la Manche (arr. de Cherbourg), à 3 km au N. de Barfleur ; 535 h. Phare haut de 74 m, érigé sur des récifs qu'une chaussée relie à la pointe de Barfleur.

Gatti (Armand), écrivain français (Monaco 1924). Son théâtre manifeste son souci d'engagement et de didactisme (*la Vie imaginaire de l'éboueur Auguste Geai,* 1962 ; *Chant public devant deux chaises électriques,* 1964 ; *les 13 Soleils de la rue Saint-Blaise,* 1968 ; *Rosa collective,* 1971).

gattilier n. m. V. AGNUS-CASTUS.

Gattinara (Mercurino Arborio, marquis DE), juriste et diplomate comtois d'origine piémontaise (Gattinara 1465 - Innsbruck 1530). Grand chancelier de Bourgogne (1518), il aida à l'élection de Charles Quint (1519) et à la signature de la paix de Barcelone (1529). Cardinal en 1529.

gattine n. f. Maladie du ver à soie, provoquée par la présence d'un streptocoque dans l'intestin.

Gatto (Alfonso), poète italien (Salerne 1909 - Orbetello 1976). S'étant affranchi de l'hermétisme de ses débuts, il s'exprime ensuite d'une façon simple et mélodieuse : *l'Ile* (1932), *Mort au pays* (1937), *Amour de la vie* (1944), *la Force des yeux* (1954).

Gatún, v. de la zone du canal de Panamá, sur le *lac de Gatún.* Grand barrage sur le canal.

Gatwick, aéroport de Londres, au S. de la capitale.

Gaube (LAC DE), lac des Pyrénées centrales, donnant naissance au gave de Cauterets ; alt. 1 789 m.

Gaubert (Philippe), compositeur français (Cahors 1879 - Paris 1941). Flûtiste virtuose, il fut chef d'orchestre de la Société des concerts, puis directeur de la musique à l'Opéra. Parmi ses œuvres, citons les ballets *Alexandre le Grand* (1937) et *le Chevalier et la Damoiselle* (1941).

gauche adj. (de l'anc. franç. *guenchir* ; du francique *wankjan,* gauche, fléchir). Qui est dévié, oblique par rapport à un plan de comparaison : *Planche toute gauche.* ‖ Se dit, par oppos. à *droit,* pour indiquer la position relative d'un objet. ‖ En parlant d'une partie du corps, qui est situé du côté du cœur : *Bras gauche. Œil gauche.* ‖ En parlant d'un cours d'eau, d'un bâtiment, se dit du côté qui correspond au côté gauche de la personne qui descend ce cours d'eau, que est adossée à la façade de ce bâtiment : *Le faubourg Saint-Germain est sur la rive gauche de la Seine.* ‖ Se dit, en parlant de choses non orientées, de la partie d'un objet qui fait face au côté gauche de celui qui le regarde : *Le côté gauche d'un tableau.* ‖ Qui n'est pas droit ou pas plan. ‖ Se dit d'une figure dont les éléments ne sont pas tous dans un même plan : *Polygone gauche. Courbe gauche.* ‖ *Chim.* Syn. de LÉVOGYRE. ‖ *Fig.* Qui est emprunté, embarrassé : *Se montrer gauche devant une société.* ‖ Qui est maladroit : *Renverser une tasse d'un geste gauche.* ● *Appareil réglé gauche,* voûte biaise. (Les voûtes de béton armé en forme de surfaces gauches sont assez utilisées pour la couverture des grandes surfaces.) ‖ *Déterminant symétrique gauche,* déterminant dont les éléments symétriques par rapport à la diagonale principale sont opposés, les éléments de cette diagonale étant nécessairement nuls. ‖ *Droites gauches,* droites qui ne sont pas dans un même plan. ‖ *Invariant gauche,* invariant qu'une substitution linéaire multiplie par une puissance impaire du déterminant de la substitution. ‖ *Mariage de la main gauche,* union libre. ‖ *Produit gauche,* produit qui change de signe si on permute les facteurs. ‖ *Surface gauche,* surface réglée non développable. (Le point d'une génératrice dont la distance à la génératrice infiniment voisine est du second ordre est son *point central ;* le plan tangent en ce point est le *plan central.* L'ensemble des points centraux est la *ligne de striction* de la surface.) ● LOC. ADV. *A droite et à gauche,* de tous côtés. ‖ *A gauche, à main gauche,* du côté gauche. ‖ *En mettre à gauche* (Pop.), économiser de l'argent. ‖ *Passer l'arme à gauche* (Fam.), mourir. ‖ *Prendre à droite et à gauche* (Fig. et fam.), recevoir de toutes mains. ◆ n. f. Côté gauche d'une personne ; la partie gauche d'une chose : *Asseyez-vous à ma gauche. Prenez la gauche.* ‖ Partie d'un objet faisant face au côté gauche de l'observateur. ‖ Parti politique ou ensemble de partis qui siège généralement du côté gauche des assemblées parlementaires (par rapport au président) et dont les membres sont d'opinions avancées. ◆ n. m. Déviation partielle, hors du plan général, d'une pièce mécanique ou autre : *Le gauche d'une bielle.* ◆ **gauchement** adv. De manière gauche, maladroite : *Saisir gauchement un objet.* ◆ **gaucher, ère** adj. et n. Qui se sert habituellement de la main gauche. ◆ **gaucherie** n. f. Manque d'aisance ; allure embarrassée : *La gaucherie d'un geste.* ‖ Action maladroite : *Les gaucheries d'un timide.* ‖ — SYN. : *embarras, gêne, inhabileté, maladresse, malhabileté.* ◆ **gauchir** v. intr. S'écarter de la ligne droite, pencher, se contour-

ner : *Une règle qui gauchit.* ◆ v. tr. Donner à une pièce une certaine déviation : *L'humidité gauchit les planches.* ‖ — **se gauchir** v. pr. Subir une déformation : *Planche qui se gauchit.* ◆ **gauchisant, e** adj. et n. Dont les sympathies politiques vont aux mouvements et groupes de gauche. ◆ **gauchisme** n. m. Doctrine ou attitude de ceux qui préconisent des mesures révolutionnaires extrémistes. (V. *encycl.*). ◆ **gauchissement** n. m. Déformation d'une surface plane d'un ouvrage (porte, châssis, etc.). ‖ Déformation momentanée de l'aile d'un avion, que le pilote provoque soit pour redresser son appareil, soit pour l'incliner. (Sur les avions modernes à ailes rigides, le gauchissement est remplacé par la manœuvre de volets mobiles ou d'ailerons placés à l'arrière des ailes.) ◆ **gauchiste** adj. et n. Qui appartient au gauchisme.
— ENCYCL. *gauchisme.* Historiquement, le gauchisme dont traite Lénine dans *le Gauchisme, maladie infantile du communisme* (1920) désigne les tenants du « communisme de gauche » (Boukharine et K. Radek) et de l'« opposition ouvrière » (A. Kollontaï). Privilégiant la dynamique propre au mouvement de masse par rapport au rôle d'avant-garde du parti communiste, les gauchistes se regroupent en Russie et en Allemagne sur des thèmes précis (contrôle ouvrier, nivellement des salaires, internationalisme révolutionnaire, autonomie des syndicats, primat des conseils ouvriers sur le parti). Aujourd'hui, le terme de « gauchisme » s'applique à des revendications qui se situent délibérément en dehors du système institutionnalisé des relations sociales. Le gauchisme a ainsi contribué à poser un certain nombre de problèmes, le plus souvent « ignorés » des pouvoirs (éducation, sexualité, prisons, travailleurs immigrés, femmes, écologie, etc.).

gauche radicale, groupe politique issu de l'aile gauche de l'Union républicaine, qui fut assez proche de l'extrême gauche radicale-socialiste (1881-1889). — Groupe parlementaire plus conservateur que les radicaux en matière économique et financière. Il joua un rôle important dans les combinaisons ministérielles de 1910 à 1936.

gauche républicaine, groupe parlementaire issu de l'ancienne gauche du Corps législatif. A partir de 1871, ses chefs furent Jules Grévy, Jules Simon et Jules Ferry. Après la mort de Gambetta, il s'unit à l'Union républicaine pour former l'Union des gauches (1885).

gauchement, gaucher → GAUCHE.

Gaucher (Ernest), médecin français (Champlemy, Nièvre, 1854 - Paris 1918). Professeur de clinique des maladies cutanées et syphilitiques, il a écrit un *Traité des maladies de la peau* (1895) et un *Traité de la syphilis* (1899). On appelle « maladie de Gaucher » une affection de la rate avec trouble du métabolisme des lipides (xanthomatose). [Acad. de méd., 1910.]

gaucherie, gauchir, gauchisant, gauchisme, gauchissement, gauchiste → GAUCHE.

gaucho [prononc. esp. gautʃo] n. m. (mot esp. de l'Amérique du Sud). Gardien des grands troupeaux dans les pampas de la république Argentine.

Gauchy, comm. de l'Aisne (arr. et à 1,5 km au S. de Saint-Quentin), sur la Somme ; 5 623 h. Machines-outils. Rayonne.

gaude n. f. (germ. *walda*). Réséda jaune des terrains sableux, autref. cultivé comme tinctorial. ‖ — **gaudes** n. f. pl. Nom donné, en Franche-Comté et en Bourgogne, à la bouillie faite avec de la farine de maïs.

Gaude (LA), comm. des Alpes-Maritimes (arr. de Grasse), à 10 km environ à l'E. de Vence ; 3 097 h. Centre de recherches de machines électroniques.

gaudeamus [godeamys] n. m. (mot lat. signif. *réjouissons-nous ;* du subj. de *gaudere,* se réjouir). Chant religieux de réjouissance. ‖ Chant latin traditionnel chez les élèves des universités allemandes.

Gaudence (saint), évêque (Brescia v. 360 - id. v. 410). Evêque de Brescia, il fut envoyé à Constantinople pour plaider la cause de saint Jean Chrysostome. — Fête le 25 oct.

Gaudens (saint), martyr (v⁰ s.). Il aurait été décapité par les Wisigoths ariens. — Fête le 30 août.

Gaudí (Antonio), architecte espagnol (Reus 1852 - Barcelone 1926). Son œuvre, marquée par l'influence rationaliste de Viollet-le-Duc ainsi que par le goût de l'art médiéval (inspiré de Ruskin) et la tradition catalane, se caractérise par une grande invention formelle et technique. Le choix des matériaux (briques, céramiques, ciment), l'organisation de l'espace architectural (à partir d'une reconsidération des forces et des poussées), l'introduction de formes nouvelles (spirales, paraboloïdes, hyperboloïdes), l'amour de l'artiste pour les éléments naturels et végétaux et enfin son mysticisme constituent un tout cohérent, et en même temps conflictuel et dynamique, qui évolue des premières réalisations (maison Vicens à Barcelone, 1878) et à travers l'église de la Colonia Güell (à Santa Coloma de Cervelló, 1898-1914), le parc Güell (1900-1914), les maisons Batlló et Milá (1905) jusqu'à la fantastique église de la Sagrada Familia, à laquelle Gaudí se consacre à partir de 1910 sans pouvoir l'achever.

Gaudin (Martin Michel Charles), duc **de Gaète,** financier et homme politique français (Saint-Denis 1756 - Gennevilliers 1841). Commissaire général des Postes sous le Directoire, ministre des Finances de 1799 à 1814, il réorganisa la levée des impôts et fit éta-

blir un cadastre (1802-1807). Pendant son ministère fut créée la Banque de France. Pour faire face au déficit croissant, il rétablit les contributions indirectes (1804). Créé duc de Gaète en 1809, il fut gouverneur de la Banque de France de 1820 à 1834.

Gaudin (Lucien), champion français d'escrime (Arras 1886 - Paris 1934). Considéré comme le plus prestigieux escrimeur du début du xx⁰ s., il fut champion olympique de fleuret et d'épée en 1928.

Gaudissart, personnage créé en 1833 par H. de Balzac dans *l'Illustre Gaudissart* (*Scènes de la vie de province*). C'est le type du commis voyageur à la parole facile.

gaudriole n. f. (de *gaudir,* sur le modèle de *cabriole*). Propos gai, plaisanterie légèrement libre : *Dire des gaudrioles.*

Gaudry (Albert), paléontologiste français (Saint-Germain-en-Laye 1827 - Paris 1908), descripteur de nombreux fossiles de Pikermi (Grèce), du Luberon et de Patagonie, et créateur de la paléontologie philosophique appuyée sur l'évolutionnisme. (Acad. des sc., 1882.)

gaufrage → GAUFRE.

gaufre n. f. (francique **wafel,* rayon de miel). Gâteau formé d'alvéoles de cire que fabriquent les abeilles. ‖ Pâtisserie légère, cuite entre deux plaques de fer portant généralement des petites cavités qui rappellent les alvéoles des rayons de cire des abeilles.
● **gaufrage** n. m. Action de gaufrer ; son résultat. ‖ Relief ou creux, encré ou non, complétant ou remplaçant une impression. ‖ Opération qui consiste à transformer un tissu

Gaudí y Cornet
détail de la « Sagrada Familia »

Bottin

plat et uni en un tissu présentant une surface régulièrement bosselée. ◆ **gaufrer** v. tr. Imprimer à sec, en relief ou en creux, des figures ou des dessins sur du papier ou une reliure. ‖ Traiter un tissu pour que celui-ci présente des ornements en relief. ‖ — **se gaufrer** v. pr. Etre, devenir gaufré (en parlant des étoffes, des cuirs, etc.). ◆ **gaufrette** n. f. Petite gaufre sèche. ◆ **gaufreur, euse** n. Ouvrier, ouvrière qui gaufre les étoffes, les cuirs, etc. ‖ — **gaufreuse** n. f. Petit ustensile en bois dur utilisé pour gaufrer le rebord des pâtisseries. ‖ Machine au moyen de laquelle on obtient le gaufrage du cuir, du papier, etc. ◆ **gaufrier** n. m. Moule spécial servant à faire les gaufres. ‖ Appareil de fonte, à chauffage électrique, réservé au même usage. ◆ **gaufroir** n. m. Outil artisanal dont on se sert pour gaufrer à la main le cuir et les étoffes. ◆ **gaufrure** n. f. Empreinte faite par le gaufrage. ‖ Ornement en creux et en relief sur des reliures.

Gaugamèles. *Géogr. anc.* Localité d'Assyrie, proche de Ninive, où fut livrée la bataille dite « d'Arbèles », victoire d'Alexandre le Grand sur Darios en 331 av. J.-C.

Gauguin (Paul), peintre français (Paris 1848 - Atuona, îles Marquises, 1903). Pilotin en 1865, il navigue jusqu'en 1871. Il entre alors chez un agent de change, y rencontre Emile Schuffenecker, qui l'encourage à peindre et lui fait connaître de jeunes artistes. Marié à une Danoise, Sophie Gad, en 1873, il abandonne son emploi en 1883 pour se consacrer à la peinture. En 1886, il va, avec des camarades, peindre à Pont-Aven. En 1887 et 1888, il se rend au Panamá

Paul **Gauguin**
« le Christ jaune »
*Albright
Art Gallery, Buffalo*

Giraudon

Metropolitan Museum of Art

Paul **Gauguin**
« les Seins
aux fleurs rouges »
Metropolitan Museum
of Art, New York

et à la Martinique avec Charles Laval, revient à Pont-Aven, puis à Paris, où il rencontre Van Gogh, qu'il rejoindra ensuite à Arles. De retour à Paris, avec Emile Bernard, Seguin, Meyer de Haan, entre autres, il réagit contre l'impressionnisme. Il peint encore la Bretagne, mais bientôt va s'installer à Tahiti (1891) ; Papeete le déçoit, il revient à Paris en 1893, puis, en 1895, repart pour Tahiti. En 1901, il s'établit dans l'île de Hiva-Oa (l'une des Marquises) ; son caractère difficile et sa vie désordonnée lui valent l'hostilité des autorités, et il meurt dans l'isolement d'une case misérable.

D'abord impressionniste, attentif aux recherches de Cézanne, il tenta vers 1888 de simplifier les formes au moyen de grandes arabesques et de larges aplats de couleurs vives (*la Vision après le sermon*, 1888, National Gallery of Scotland, Edimbourg).

Ces tendances s'affirmèrent à la Martinique, en Provence et en Bretagne (*le Christ jaune*, Buffalo ; *la Belle Angèle*, Louvre ; *Bonjour, monsieur Gauguin*, Prague). Parmi ses tableaux tahitiens, on peut citer *Femmes de Tahiti* (Louvre), *Never more* (Courtauld Institute of Art, Londres), *le Cheval blanc* (Louvre), *les Seins aux fleurs rouges* (Metropolitan Museum of Art, New York), *D'où venons-nous, que sommes-nous, où allons-nous?* (Boston), *Et l'or de leur corps* (Louvre). Il exécuta également des sculptures et des bas-reliefs. Avec Cézanne et Van Gogh, il a fortement influencé les diverses écoles modernes.

Gauhati, v. de l'Inde (Assam), sur le Brahmapoutre ; 100 700 h. Université. Ancien siège de l'administration britannique en Assam, la ville est aujourd'hui un centre commercial.

Giraudon

Paul **Gauguin**, « Autoportrait à l'idole »
coll. part.

gaulage → GAULE.

Gaulard (Lucien), savant français (Paris
1850 - id. 1888). Il s'occupa de la fabrication
d'explosifs et inventa les transformateurs
électriques en 1884.

gaule n. f. (du francique *walu). Grande
perche. ‖ Long bâton qui sert à gauler, à
abattre les fruits que l'on ne peut cueillir à
la main. ‖ Syn. de CANNE À PÊCHE. ● *Gaule
d'enseigne,* bâton sur lequel on amarre un
pavillon et qu'on hisse ensuite en tête de mât
au moyen de la drisse. ◆ **gaulage** n. m. Action de gauler ; son résultat : *Le gaulage des
noix.* ◆ **gaulée** n. f. Action de gauler les
arbres. ‖ Ce qu'on a abattu à la gaule. ‖ *Pop.*
Coups de gaule ou de bâton. ◆ **gauler** v. tr.
Battre les branches d'un arbre avec une
gaule pour en faire tomber les fruits : *Gauler
des noix.* ◆ **gaulis** n. m. Massif forestier
dont les brins sont devenus assez grands pour
faire des gaules. (Leurs branches basses commencent à tomber.)

Gaule, nom donné, dans l'Antiquité, à deux
régions : la *Gaule Cisalpine* (en deçà des
Alpes, par rapport aux Romains), qui fut
longtemps occupée par des tribus gauloises,
et la *Gaule Transalpine* (au-delà des Alpes),
vaste et riche contrée, située entre les Alpes,
les Pyrénées, l'Océan et le Rhin (en gros, la
France actuelle). Habitée par un grand
nombre de peuplades, Celtes ou Gaulois,
Ibères, Ligures, Armoricains, la Gaule Transalpine (ou Gaule) fut le centre d'une civilisation influencée, dès le VIᵉ s. av. J.-C., par
deux courants de civilisation hellénique
(Méditerranée et Alpes). Au VIᵉ s. av. J.-C.
fut fondée la ville de *Massilia* (Marseille),
promise à un grand avenir. La Gaule avait
une forte organisation religieuse (druides),
mais était très divisée (*cités* rivales) sur le
plan politique ; la grande propriété se développa assez tôt, tandis que les progrès
techniques amélioraient l'agriculture (charrue
à roues, moissonneuse) ; un artisanat prospère animait des centres commerciaux. Dès
le Iᵉʳ s. av. J.-C., la Gaule semble avoir
constitué, avec 15 millions d'h., l'une des
régions les plus peuplées et les plus riches
d'Europe. Elle devait attirer la convoitise des
Romains ; les divisions entre Gaulois favori-
sèrent le succès final des envahisseurs. Dès
125 av. J.-C., les Romains annexaient le
couloir rhodanien et le Languedoc (*Provin-
cia,* Provence) ; il leur fallut compter avec les
incursions des Cimbres et des Teutons,
vaincus par Marius (102-101 av. J.-C.). César
s'empara progressivement du reste de la
Gaule (« la Gaule chevelue ») de 58 à 51
av. J.-C. ; appelé par les Eduens, il écrasa les
Belges (57) et soumit les Vénètes et les
Armoricains (56).
Son intervention provoqua la révolte de la
Gaule en 54 (Ambiorix), et, en 52, le chef des
Arvernes, Vercingétorix, prit la tête d'un
véritable soulèvement. Mais s'il échoua
devant Gergovie, César eut raison de Vercingétorix, assiégé dans Alésia (52) ; l'année
suivante, toute la Gaule était romaine. En 27
av. J.-C., la Gaule fut divisée en quatre
provinces, dirigées par un légat romain :
Narbonnaise, Aquitaine, Celtique ou *Lyonnaise* et *Belgique;* ces provinces étaient
elles-mêmes divisées en *cités* organisées sur
le modèle romain. Dix ans plus tard furent
créées deux provinces-frontières : la *Germanie supérieure* et la *Germanie inférieure.*
Cependant, toujours très souple, Rome varia
les statuts politiques des différents peuples,
dont certains furent fédérés (Eduens, Helvè-
tes) ; des colonies prospères donnèrent
naissance à des villes monumentales et
actives : Arles, Orange, Fréjus, Nîmes, Lyon,
Toulouse. La formation d'une civilisation
gallo-romaine — qui marqua surtout une élite
— fut facilitée par l'octroi de la citoyenneté
romaine à tous les hommes libres (212
apr. J.-C.), par l'adoption de la langue latine
et de la religion romaine, et par une grande
prospérité économique. Très tôt, surtout en
Narbonnaise et dans la vallée du Rhône
(Lyon), le christianisme pénétra en Gaule ;
des missionnaires comme saint Martin de
Tours, des moines comme Cassien à Marseille, des évêques comme Irénée de Lyon et
Hilaire de Poitiers jouèrent alors (IIᵉ-Vᵉ s.) un
rôle capital. La domination romaine en Gaule
ne fut guère menacée par les révoltes

CARNUTES	Nom de peuple celte
Avaricum (Bourges)	Nom ancien Nom moderne
■	Colonie romaine
—	Colonie grecque (colonie massaliote)

la **Gaule** vers 60 av. J.-C.

intérieures (Civilis, 69 apr. J.-C.); mais elle ne put résister aux infiltrations, puis aux invasions germaniques. A la fin du IIIe s., alors que l'armée romaine se révélait impuissante à contenir les Barbares, se constitua, sous Postumus, un véritable Empire gallo-romain (258-273), qu'Aurélien finit par soumettre.

Au début du Ve s., la Gaule fut envahie par des flots successif : Vandales et Suèves, qui traversèrent le pays pour aboutir en Espagne, puis Francs, Burgondes et Wisigoths (406-411). Chassés de Grande-Bretagne par les Saxons, de nombreux Bretons se réfugièrent en Armorique. En 451, un raid des Huns fut arrêté par Aetius aux champs Catalauniques. Le dernier petit Etat gallo-romain, celui de Syagrius, tomba en 486 sous les coups des Francs de Clovis, qui devinrent ainsi les maîtres de la Gaule.

casque d'Amfreville
Louvre

Giraudon

Beaux-arts.

Mosaïque d'apports divers, la civilisation de Hallstatt* présente de nombreux faciès régionaux, alors que celle de La Tène, d'origine celtique, est plus homogène. Les apports étrangers, surtout méditerranéens, associés aux origines celtiques — attestées par ce goût de l'abstrait et du schématique —, font de l'art gaulois un art fortement original, qui puise son inspiration dans la pensée religieuse. L'art de La Tène a surtout été révélé par le mobilier des sépultures.

Des œuvres d'essence celtique, comme le dieu d'Euffigneix ou l'idole de Bouray (musée de Saint-Germain-en-Laye), coexistent avec des représentations de Sucellus, dieu au maillet typiquement gaulois, qui prend l'aspect du Jupiter romain. Les divinités romaines sont aussi fréquemment représentées (Mercure de Lezoux, musée de Saint-Germain-en-Laye), et toutes ces œuvres témoignent du syncrétisme qui règne alors. Bientôt, la sculpture reflète les tendances en vigueur à Rome depuis Auguste, en passant par les Flaviens, jusqu'aux Antonins. Vers le IIIe s., la sculpture retrouve son originalité et le fantastique côtoie de nouveau le réalisme et aussi le schématique abstrait.

Malgré certaines irrégularités, les conceptions esthétique et urbaine de Rome — plan orthogonal avec sa suite logique : temple, thermes, théâtre — sont adoptées ; certaines villes de Provence, comme Vaison-la-Romaine ou Glanum, conservent leur plan d'origine hellénistique. Après la Provence (Nîmes, Arles, Orange, etc.), toute la Gaule est atteinte par cette mode romaine, comme en témoignent les vestiges de Vienne, de Lyon, de Lutèce, de Reims, de Bavay... De grandes *villae* sont également édifiées dans tout le pays. Pendant toute la période gallo-romaine, les techniques artisanales étrangères sont parfaitement assimilées et les arts mineurs connaissent un grand développement, telles la céramique, avec les ateliers de l'Allier, de l'Aveyron — comme celui de la Graufesenque — ou ceux de l'Est, ou encore la verrerie, dont Cologne et Trèves sont les centres les plus actifs.

gaulée → GAULE.

gauleiter [gaulaitər] n. m. (mot allem.). Chef d'un *gau*, district de l'Allemagne nazie.

gauler, gaulis → GAULE.

Gaulle (Charles DE), homme d'Etat français (Lille 1890 - Colombey-les-Deux-Eglises 1970). Sorti de l'Ecole de Saint-Cyr en 1912, il prend part aux combats de la Première Guerre mondiale. Blessé et fait prisonnier à Douaumont, interné à la forteresse d'Ingolstadt, il prépare son ouvrage *la Discorde chez l'ennemi* (paru en 1924). En 1921, il enseigne l'histoire militaire à Saint-Cyr, puis entre au cabinet du vice-président du Conseil supérieur de la guerre, le maré-

Giraudon

masque de divinité pyrénéenne provenant de Montoussé musée Massey, Tarbes

P. U. F.

cratère de Vix musée de Châtillon-sur-Seine

chal Pétain (1925). Il publie *le Fil de l'épée* (1932), *la France et son armée* (1938), *Vers l'armée de métier* (1934), ouvrage dans lequel il préconise la création d'une armée de spécialistes en accordant une place de premier ordre à l'arme blindée. Il est nommé colonel en 1937. A la tête de la 4e division cuirassée, il arrête l'avance allemande à Montcornet (17 mai) et devant Abbeville (28 mai). Il est nommé général de brigade à

J. M. Marcel

Charles de Gaulle

titre temporaire. Sous-secrétaire d'Etat à la Défense nationale dans le cabinet Reynaud (6 juin 1940), il part pour Londres lorsque le ministère Pétain demande l'armistice (16 juin). Le 18 juin, il lance le célèbre appel dans lequel il demande aux Français de se grouper autour de lui pour continuer la guerre. Pour rallier les soldats et les colonies qui n'acceptent pas la défaite, il organise le conseil de Défense de l'Empire (oct. 1940). Avec l'aide de F. Eboué et du capitaine Leclerc de Hauteclocque, il rallie l'A.-E. F. et le Cameroun (28 août 1940). Il charge Jean Moulin* de réaliser l'unité des mouvements de résistance. Il proteste (nov. 1942) auprès des Alliés contre leur reconnaissance de l'autorité de l'amiral Darlan, à Alger. Il arrive à Alger le 30 mai 1943 et crée avec le général Giraud le Comité français de libération nationale, qu'il préside seul à partir d'octobre et que, un an plus tard (3 juin 1944), il transforme en gouvernement provisoire de la République française. Le 25 août 1944, il entre dans Paris libéré. Il rétablit l'autorité du pouvoir central. Nommé président du gouvernement provisoire par l'Assemblée constituante (13 nov. 1945), il marque son hostilité au « jeu des partis » et démissionne le 20 janv. 1946. Opposé à la Constitution de la IVᵉ République (discours de Bayeux, juin 1946), il constitue le Rassemblement du peuple français (R. P. F.) en avr. 1947. En mai 1953, il se retire de la vie politique officielle.
A la suite des événements d'Algérie de mai 1958, le président Coty lui demande de constituer un gouvernement (29 mai). Investi

par l'Assemblée nationale (1ᵉʳ juin 1958), il prépare la réforme des institutions et propose aux peuples d'outre-mer une nouvelle formule d'association avec la métropole : la Communauté. Le 21 déc. 1958, il est élu président de la République et de la Communauté. Il s'appuie au Parlement sur l'Union pour la nouvelle république (U. N. R.). Il donne l'impulsion à une politique tournée vers la coopération avec les Etats d'Afrique noire devenus indépendants et à la réforme de la Défense nationale (création d'une « force de frappe »). Sa politique algérienne, fondée sur l'autodétermination, aboutit aux accords d'Evian (mars 1962) et à l'indépendance de l'Algérie. Partisan d'une politique d'indépendance à l'égard des grands blocs, il retire la France de l'Organisation militaire du traité de l'Atlantique-Nord (1966) et préconise une meilleure entente avec la Chine (reconnaissance de la République populaire), l'U. R. S. S. et les Etats d'Europe orientale. Il est réélu, pour la première fois au suffrage universel, président de la République (déc. 1965), mais il démissionne (avr. 1969) à la suite du rejet, par un référendum, d'un projet de loi portant sur la régionalisation et la réforme du Sénat. Il est l'auteur de *Mémoires* (I, 1954 ; II, 1956 ; III, 1959).

gaullisme n. m. Doctrine se réclamant du général de Gaulle. ✦ **gaulliste** adj. Relatif au gaullisme. ✦ n. Partisan du général de Gaulle.

Gaulmin (Gilbert), érudit français (Moulins 1585 - Paris 1665). Il publia en 1644 le *Livre des lumières en la conduite des rois* composé par le sage *Pilpay*, dont les apologues orientaux inspirèrent La Fontaine dans le second recueil de ses *Fables*.

gaulois, e adj. et n. Relatif à la Gaule ; habitant de ce pays. ✦ adj. Qui est d'une gaieté un peu libre, légèrement licencieux. ‖ Qui a le caractère des anciens Gaulois : *Le naturel gaulois.* ‖ — **gaulois** n. m. Langue des Gaulois. (Le gaulois est une branche du celtique.) ✦ **gauloisement** adv. Avec une gaieté un peu libre. ✦ **gauloiserie** n. f. Plaisanterie vive et un peu libre : *Dire des gauloiseries.*

gauloise n. f. Type le plus répandu de cigarettes de la Régie française, se fabriquant en caporal (avec la variante gauloise « Disque bleu », avec ou sans filtre), en caporal doux (dénicotinisé) et en maryland. (Les gauloises ont été mises en vente à partir du 25 avril 1910.)

gauloisement, gauloiserie → GAULOIS.

gault [go] n. m. (mot angl. dialect.). Nom donné à des argiles crétacées du sud-est de l'Angleterre, d'âge albien.

gaulthéria n. m. Ericacée arbustive à feuilles persistantes pourprées, antiseptiques et antirhumatismales, dite THÉ DU CANADA.

Gaultier (abbé Aloïsius Edouard Camille),

pédagogue français (Asti, Italie, 1746 - Paris 1818). Propagateur de l'enseignement par la joie, il est l'un des fondateurs de la Société pour l'enseignement élémentaire.

Gaultier-Garguille (Hugues GUÉRU, dit), comédien français (Sées v. 1573 - Paris 1634). Il joua à l'Hôtel de Bourgogne des farces de son invention avec Gros-Guillaume et Turlupin. Il jouait aussi la comédie et la tragédie sous le nom de **Fléchelle**.

Gaumâta, transcrit en gr. **Cométès, Gométès**, mage qui se serait fait passer pour Bardiya* (Smerdis), frère de Cambyse, et qui est connu sous le nom de **Pseudo-Smerdis** (VIᵉ s. av. J.-C.).

gaumine ou **gomine** n. f. *Mariage à la gaumine*, mariage civil usité sous l'Ancien Régime. (Ce nom vient de Gilbert *Gaulmyn*, intendant du Bourbonnais, qui, sous la Fronde, se maria par simple contrat notarié. Ce mariage fut déclaré illicite par l'Eglise.)

Gaumont (Léon), inventeur et industriel français (Paris 1863 - Sainte-Maxime 1946).

gaura n. m. Onagracée du Texas, cultivée pour ses fleurs ornementales rouge et blanc.

Gaure (PAYS ET COMTÉ DE), petit pays de l'ancienne Gascogne. Capit. *Fleurance.*

Gauriac, comm. de la Gironde (arr. et à 9,5 km au S. de Blaye), sur la r. dr. de la Gironde ; 867 h. Vins rouges : crus de *Château-du-Thau, Descazeaux*, etc.

Gaurico (Luca), astronome italien (Giffoni, près de Salerne, 1476 - Rome 1558). Il fut l'un des promoteurs de la réforme du calendrier.

Gaurisankar, sommet de l'Himalaya (Népal) ; 7 145 m.

Gauss (Carl Friedrich), astronome, mathématicien et physicien allemand (Brunswick 1777 - Göttingen 1855). A peine âgé de seize ans, il mit au point une méthode pour calculer les éléments de l'orbite d'une planète. Plus tard directeur de l'observatoire de Göttingen (1807-1855), il s'adonna à de nombreuses recherches de mécanique céleste. En mathématiques, il étudia dans son traité sur

Manuel - Roger-Viollet

Gaumont

Ullstein

Carl Friedrich Gauss

Il établit en 1895 un chronophotographe, appareil pour photographie animée. Après l'invention des frères Lumière, il fabriqua des appareils de cinéma et créa des machines industrielles pour la fabrication des films. Il fut, avec Charles Pathé, l'un des propagateurs de l'industrie française du film dans le monde. Il fut l'inventeur des premiers procédés de cinéma parlant (1902) et de cinéma en couleurs (1912). Il produisit des films populaires, tels *Fantomas* et *Judex.*

gaupe n. f. (allem. du Sud *Walpe*, femme sotte). Femme de mauvaise vie, prostituée.

gaur n. m. (mot hindoustānī). Bœuf sauvage de l'Inde du Nord, haut de 2 m au garrot, caractérisé par ses pieds blancs et ses cornes en croissant.

la théorie des nombres, *Disquisitiones arithmeticae* (1801), les convergences, les formes quadratiques, la convergence des séries, etc. Outre la méthode des moindres carrés, qu'il imagina presque en même temps que Le Gendre, outre la théorie des erreurs et une méthode générale pour la résolution des équations binômes, on lui doit un travail remarquable sur la représentation conforme et la courbure des surfaces. Enfin Gauss fut le premier, avant Bolyai et Lobatchevski, à découvrir la géométrie non euclidienne hyperbolique. En physique, il s'occupa d'optique (théorie des systèmes centrés), d'électricité et surtout de magnétisme, pour lequel il inventa le magnétomètre et dont, en 1839, il formula la théorie mathématique. (Acad. des sc., 1820.)

gauss n. m. (du nom du mathématicien *Gauss*). Unité d'induction magnétique (symb. G) dans le système d'unités de mesure C. G. S.

Gauss (APPROXIMATION DE), étude simplifiée des systèmes optiques centrés dans le cas des rayons lumineux para-axiaux, pour lequel ces rayons sont à peu près stigmatiques et aplanétiques.

Gauss (COURBE DE), courbe d'équation $y = e^{-x^2}$, utilisée en calcul des probabilités.

Gauss (LOI DE), loi aux termes de laquelle, lorsqu'une grandeur est soumise à un grand nombre de causes de variations, toutes très petites et indépendantes les unes des autres, les résultats s'accumulent au voisinage de la moyenne, puis se distribuent symétriquement avec une fréquence diminuant très rapidement à mesure que l'on s'éloigne de cette moyenne.

Gauss (THÉORÈME DE), théorème qui donne l'expression du flux électrique ou magnétique sortant d'une surface fermée placée dans un champ.

Gaussen (Ludwig), théologien calviniste (Genève 1790 - *id.* 1863). Tenant du « Réveil » et de l'infaillibilité de la Bible, il créa la Société évangélique de Genève (1831).

Gaussen (Henri), botaniste français (Cabrières 1891), directeur de la carte de la végétation de la France.

gausser (se) v. pr. (orig. inconnue). Se moquer, se railler de quelqu'un en sa présence : *Vous vous gaussez de moi.*

gaussien, enne adj. Se dit d'un phénomène aléatoire dont la répartition obéit à la loi statistique de Gauss. (Cette répartition est représentée par une courbe en cloche.)

Gaut (Jean-Baptiste), poète français d'expression occitane (Aix-en-Provence 1819 - *id.* 1891). Il organisa le congrès d'Aix de 1853, que suivit la fondation du félibrige (1854), et publia en 1874 *Sounet, Souneto et Sounaio* (*Sonnets, Sonnettes et Sonnailles*).

Gautama, nom de famille du fondateur du bouddhisme, ÇĀKYAMUNI.

Gauthey (Emiland Marie), ingénieur français (Chalon-sur-Saône 1732 - Paris 1806). Après avoir édifié l'église de Givry (1773-1791) et relevé le château de Chagny (1780), il ouvrit le canal du Centre, de Chalon à Digoin (1783-1793), et construisit de nombreux ponts.

Gauthier (Martin Pierre), architecte français (Troyes 1790 - Paris 1855). Élève de Percier, il construisit de nombreux hôpitaux (Garches, Bicêtre, Paris, Troyes) et des églises. (Acad. des bx-arts, 1842.)

Gauthier-Villars, maison d'édition française, spécialisée dans l'édition scientifique, fondée en 1790 par Louis Courrier. Elle publie depuis 1835 les *Comptes rendus hebdoma-* *daires de l'Académie des sciences* (in-4°) et, depuis 1886, le *Journal des mathématiques pures et appliquées.* Passée en 1864 aux Gauthier-Villars, elle a édité les œuvres de savants tels que Laplace, Lagrange, Fournier, Einstein. Elle publie les travaux du Bureau des longitudes.

Gautier, Vautier ou **Wautier,** prélat français (Orléans v. 810 - *id.* 891). Evêque d'Orléans (869), il fut chargé d'ambassades et rédigea d'importants *Capitulaires* et *Statuts.*

Gautier Sans Avoir (Boissy-Sans-Avoir, près de Monfort-l'Amaury, ? - Civitot 1096/1097). Chef de bande, il partit pour la première croisade, mais se dirigea vers Byzance. Il fut massacré par les Turcs.

Gautier d'Arras, poète français du XIIᵉ s. Il a composé vers 1155 un roman d'aventures, *Eracles,* dont le principal héros est l'empereur Héraclius, et *Ille et Galeron,* fondé sur la légende du Mari aux deux femmes.

Gautier de Coincy, poète français (Coincy, près de Soissons, 1177/1178 - Soissons 1236). Il est l'auteur d'un recueil de *Miracles de Notre-Dame,* formant plus de 30 000 vers, et de chansons en l'honneur de la Vierge, d'un lyrisme exalté et d'une musique riche en allitérations, qui ont exercé une profonde influence sur Rutebeuf et Alphonse le Sage.

Gautier (Pierre), dit **de Marseille,** compositeur français (La Ciotat v. 1642 - en mer, près de Sète, 1697). En 1685, il obtint licence de Lully pour introduire l'opéra à Marseille.

Théophile
Gautier

Nadar

Gautier (Théophile), écrivain français (Tarbes 1811 - Neuilly-sur-Seine 1872). Il étudie la peinture dans l'atelier de Rioult tout en fréquentant les milieux romantiques. En 1830, il se fait remarquer avec son gilet cerise et son pantalon vert d'eau au premier rang des partisans de Hugo dans la bataille d'*Hernani**. Il abandonne la peinture au profit des lettres et publie en 1833 *Albertus,* légende en vers d'un jeune peintre qui se damne pour une sorcière, mais, dès cette année, il raille les romantiques dans les *Jeunes-France**. Il développe sa théorie de « l'art pour l'art » dans la préface de son premier roman, *Mademoiselle* de Maupin* (1835). Il décrit en vers les excentricités des poètes romantiques du cénacle de l'impasse du Doyenné dans *la Comédie de la mort* (1838). C'est sans doute vers cette époque qu'il écrit son *Capitaine* Fracasse*, qu'il ne publiera qu'en 1863. Ayant visité l'Espagne (1843), il donne en 1843 *Voyage en Espagne* et en 1845 fait paraître son recueil de vers *España*, où se trouvent de véritables transpositions de tableaux espagnols. Dans *les Grotesques* (1844), il tente une réhabilitation des poètes préclassiques, en particulier de Saint-Amant. La publication d'*Emaux* et *Camées* (1852) marque la nouvelle prise de position du poète : vision aiguë du monde extérieur et description des sensations dans une forme parfaite. Il devient le maître d'une nouvelle génération de poètes, dont les plus déférents à son égard seront Banville et surtout Baudelaire, qui lui dédiera *les Fleurs du mal*. Il est le théoricien de la poésie nouvelle qui s'affirmera en 1866 dans le recueil collectif du *Parnasse contemporain*. — Sa fille JUDITH (Paris 1850 - Dinard 1917) publia des adaptations de poèmes chinois et japonais : *le Livre de jade* (1867), *Poèmes de la libellule* (1885). Elle figura parmi les membres de l'académie Goncourt.

Gautier (Léon), érudit français (Le Havre 1832 - Paris 1897). Ses travaux sur *les Epopées françaises* (1865-1868) sont une étape importante dans le développement des connaissances relatives à la poésie épique du Moyen Age. (Acad. des inscr., 1887.)

Gautier (Armand), chimiste français (Narbonne 1837 - Cannes 1920). Auteur de nombreux travaux, il a découvert les carbylamines, les ptomaïnes et les leucomaïnes. (Acad. des sc., 1889.)

Gautier (Emile Félix), explorateur et géographe français (Clermont-Ferrand 1864 - Saint-Pierre-de-Quiberon 1940). Il explora Madagascar et le Sahara, et écrivit plusieurs ouvrages sur l'Afrique.

Gautier d'Agoty (Jacques), peintre, graveur et physicien français (Marseille 1717 - Paris 1785). Il est réputé pour ses planches d'anatomie.

Gautier et Languereau, maison d'édition française, spécialisée dans les collections populaires de bonne tenue morale et dans les ouvrages pour enfants. Elle fut fondée en 1859 par les frères Blériot, auxquels succéda, en 1885, Henri Gautier, qui s'associa avec son neveu Maurice Languereau.

gautiers n. m. pl. Paysans qui se soulevèrent dans le Perche et dans la basse Normandie vers 1587.

Gauvain, un des héros des romans courtois du cycle d'Arthur, type du parfait chevalier.

Gauzlin ou **Gozlin,** prélat français (v. 980 - 1030), fils naturel d'Hugues Capet. Abbé de Saint-Benoît-sur-Loire (1004), puis archevêque de Bourges (1013), il assista à plusieurs conciles.

gavage → GAVER.

Gavarni (Sulpice Guillaume CHEVALIER, dit Paul), dessinateur français (Paris 1804 - *id.* 1866). Employé au cadastre, il fut remarqué par Emile de Girardin, qui l'appela à collaborer à *la Mode*. Il donna également des

Larousse

Gavarni
« les Etudiants de Paris »
bibliothèque des Arts décoratifs

dessins au *Charivari* et à *l'Illustration*. Son art est le reflet de la société de son temps : lorettes, étudiants, débardeurs.

Gavarnie (CIRQUE DE), site des Pyrénées françaises, au S. de Gavarnie (Hautes-Pyrénées, arr. d'Argelès-Gazost). Il forme un vaste amphithéâtre fermant la haute vallée du gave de Pau.

gavassine n. f. Dans l'industrie du tissage de la soie, ficelle produisant un lacs. ◆ **gavassinière** n. f. Ficelle plus grosse que la gavassine, et qui passe au milieu de celle-ci à travers une boucle.

Gavault (Paul), auteur dramatique français (Alger 1867 - Paris 1951). Il écrivit de nombreux vaudevilles (*Mademoiselle Josette, ma femme*, 1906 ; *la Petite Chocolatière*, 1909 ; *Ma tante d'Honfleur*, 1914). Il fut directeur de l'Odéon de 1914 à 1921, puis il dirigea la Porte-Saint-Martin et l'Ambigu.

gave n. m. (mot pyrénéen). Cours d'eau torrentiel dans l'ouest des Pyrénées françaises. (Le *gave de Pau* [175 km], né dans le cirque de Gavarnie, rejoint l'Adour [r. g.] après avoir reçu les gaves de Barèges, de Cauterets, d'Argelès et d'Oloron. Le *gave d'Oloron* [120 km], formé par les gaves d'Aspe et d'Ossau, reçoit le *gave de Mauléon*, ou Saison [r. g.], avant de se jeter dans le gave de Pau [r. g.].)

Gaveau, maison française de facture de pianos, fondée en 1847 par Joseph *Gaveau*. Elle fabrique également des clavecins, des clavicordes, épinettes et virginals, et des électrophones « haute fidélité ».

Gaveaux (Pierre), chanteur et compositeur français (Béziers 1761 - Paris 1825). Il fit représenter plusieurs ouvrages, dont *Léonore ou l'Amour conjugal*, qui a fourni à Beethoven le sujet de son opéra *Fidelio*.

gaver v. tr. (de l'anc. franç. *gave*, gosier ; d'orig. celt.). Bourrer des animaux de nourriture par force : *Gaver de jeunes poulets pour les mettre en chair.* ‖ Faire manger beaucoup, gorger : *Gaver un enfant de confiture* ; et, au *fig.* : *Gaver un écolier de connaissances confuses.* ◆ **gavage** n. m. Action de gaver. (Le gavage des volailles permet leur engraissement rapide ; il s'effectue soit à la main, soit à l'aide d'un entonnoir, ou avec des gaveuses mécaniques.) ◆ **gaveur, euse** n. Personne qui gave les volailles. ‖ — **gaveuse** n. f. Appareil servant à gaver les volailles qu'on veut engraisser.

gavette n. f. (ital. *gavetta*). Lingot d'or ou d'argent préparé pour être passé à la filière.

gaveur, gaveuse → GAVER.

gavial n. m. (mot de l'Inde). Crocodile des fleuves de l'Inde, mangeur de poissons, par-

Larousse

gavial

fois long de 6 m, caractérisé par son museau très long et très fin.

gaviidés n. m. pl. V. COLYMBIDÉS.

Gaviniès (Pierre), violoniste français (Bordeaux 1728 - Paris 1800). Il devint directeur du Concert spirituel, puis professeur au Conservatoire. Il a écrit des œuvres pour violon, dont *Vingt-Quatre Matinées*, excellentes études de mécanisme.

Gävle, anc. **Gefle**, port de Suède, ch.-l. de prov. (län), sur le golfe de Botnie ; 85 200 h.

Centre industriel (chantiers navals, produits textiles et chimiques, industries du bois).

gavon n. m. Chambre ou division de la cale des galères du XVe au XVIIIe s. ● *Gavon de poupe*, chambre du capitaine dans les galères françaises du XVIIe s.

gavot, e adj. et n. Relatif à Gap et à la région de Gap ; habitant ou originaire de Gap et de la région de Gap. ‖ — *gavot* n. m. Dialecte provençal parlé de Forcalquier à Castellane et de Sisteron à Allos. ◆ **gavotte** n. f. (provenç. *gavoto*, danse de gavots). Danse française ancienne, d'origine populaire, d'allure modérée et de rythme binaire (2/2). [Introduite tôt dans la musique instrumentale, elle s'est répandue dans les suites (F. Couperin, Rameau, Händel, J.-S. Bach).]

Gavray, ch.-l. de c. de la Manche (arr. et à 18 km au S.-E. de Coutances) ; 1 419 h. (*Gavrayans*). Foires importantes.

Gâvre (FORÊT DOMANIALE DU), forêt de Bretagne (Loire-Atlantique), au N. de Blain ; 4 465 ha.

Gâvres, comm. du Morbihan (arr. et à 25 km au S. de Lorient), à l'entrée de l'estuaire du Blavet (r. g.) ; 939 h. Fabrique d'armement. Champ de tir de la marine nationale.

Gavr'inis, île du golfe du Morbihan. Tumulus haut de 8 m, auquel on accède par une galerie couverte.

Gavroche, personnage des *Misérables** de Victor Hugo, type du gamin de Paris, frondeur et généreux. Son nom est passé dans la langue, synonyme du « titi » parisien.

Gaxotte (Pierre), historien et journaliste français (Revigny, Meuse, 1895 - Paris 1982). Rédacteur en chef de *Candide* (1923), directeur de *Je suis partout* jusqu'en 1937, il a publié des ouvrages historiques (*la Révolution française*, 1928 ; *le Siècle de Louis XV*, 1933 ; *la France de Louis XIV*, 1946 ; *Histoire des Français*, 1951 ; *Histoire de France*, 1960). [Acad. fr., 1953.]

Gay (John), poète anglais (Barnstaple, Devon, 1685 - Londres 1732). Esprit caustique, il aima parodier les poètes épiques ou bucoliques anglais de son temps. Sa popularité lui vint surtout de *l'Opéra du gueux* (1728), qui fut transposé deux siècles plus tard par Bertolt Brecht dans *l'Opéra de quat' sous. Polly* (1729), suite de *l'Opéra du gueux*, interdit par la censure, ne fut représenté qu'en 1777. Le livret d'*Acis et Galatée* (1732), destiné à l'opéra de Händel, est une parodie des *Métamorphoses* d'Ovide.

Gay (Delphine). V. GIRARDIN (Emile *de*).

Gay (Francisque), journaliste, éditeur et homme politique français (Roanne 1885 - Paris 1963). Directeur de la maison d'édition religieuse Bloud et Gay (1911-1954), il se consacra à la cause de la démocratie chrétienne. Fondateur de *la Vie catholique*

(1924) et de *l'Aube* (1932), député M. R. P. de Paris (1945-1951), plusieurs fois ministre, il fut ambassadeur de France au Canada (1948-1949).

Gayā, v. de l'Inde (Bihār), au S. de Patna ; 179 900 h. C'est l'une des villes sacrées de l'Inde ; son temple est un grand lieu de pèlerinage. Çākyamuni y aurait prêché sa doctrine.

gayac n. m. V. GAÏAC.

gayal n. m. Bœuf sauvage de l'Inde, moins grand que le gaur*, muni de cornes droites et pouvant être domestiqué.

Gayané, ballet en 4 actes et 6 tableaux, livret de Derjavino, musique de Katchatourian, chorégraphie, entièrement composée de danses de caractère, de Nina Anissimova. Première mondiale au Grand Théâtre de Moscou en 1942. La musique a été utilisée par le Grand Ballet du marquis de Cuevas pour son *Prisonnier du Caucase.*

gayet n. m. Dans les mines du Pas-de-Calais, charbon dur et mat, habituellement trop cendreux pour être exploitable. (Syn. CANNEL-COAL.) ‖ Couche formée de charbon de ce type. (On dit aussi JAYET.)

gayettes n. f. pl. En Provence, crépinettes faites de foie de porc, de lard frais et d'herbes aromatiques, et cuites au four.

Gay-Lussac (Louis Joseph), physicien français (Saint-Léonard-de-Noblat 1778 - Paris 1850). Il énonça en 1802 les lois de la dilatation des gaz, puis, en 1808, la loi volumétrique des combinaisons chimiques gazeuses. En 1804, il effectua deux ascensions en ballon, au cours desquelles il battit le record d'altitude, et vérifia la constance de composi-

Hulton Picture Library

John Gay

sition de l'air. En 1809, il montra que le chlore est un corps simple et, en 1815, il découvrit le cyanogène et l'acide cyanhydrique. L'année suivante, il construisit le baromètre à siphon, puis conçut l'alcoomètre centésimal. On lui doit encore des procédés d'affi-

nage des métaux précieux et la tour de récupération des produits nitreux dans la fabrication de l'acide sulfurique. (Acad. des sc., 1806.)

Gay-Lussac (LOIS DE). V. GAZ.

gay-lussite n. f. Carbonate hydraté naturel de calcium et de sodium.

Gayomart, en zend **Gayo-Maretan** (« Vie mortelle »), nom du premier homme dans l'épopée iranienne.

gaz n. m. invar. (mot créé par Van Helmont, qui l'a tiré du lat. *chaos,* gr. *khaos*). Un des trois états de la matière, caractérisé par sa fluidité et son expansibilité. (V. *encycl.*) ‖ Mélange, dans le tube digestif, d'air dégluti et de produits volatils des fermentations : *Avoir des gaz.* ● *A pleins gaz* (Fam.), à

Gay-Lussac

Larousse

toute vitesse. ‖ *Chambre à gaz,* dans certains Etats des Etats-Unis d'Amérique, pièce où l'on exécute par asphyxie les condamnés à mort. — Installation des camps de concentration nazis, destinée à l'extermination des déportés. — Installation destinée à l'entraînement des troupes au port du masque à gaz. ‖ *Gaz à l'air,* gaz obtenu dans un gazogène après passage des produits de la combustion de combustibles solides sur une masse de coke portée au rouge. (On dit aussi GAZ PAUVRE et GAZ DE GAZOGÈNE.) ‖ *Gaz d'appoint,* gaz destiné à faire face à un accroissement subit et imprévu de la consommation, et obtenu par le traitement ou l'utilisation de produits pétroliers. ‖ *Gaz de bois,* gaz riche en anhydride carbonique, obtenu au cours de la distillation du bois. ‖ *Gaz carburé,* mélange d'air et d'essence fourni par le carburateur*, et assurant, par combustion, le fonctionnement d'un moteur à explosion. ‖ *Gaz de cokerie,* gaz obtenu par la distillation de la houille dans des fours à coke, et contenant, du fait d'une distillation plus prolongée, un peu plus d'hydrogène que le gaz de ville. ‖ *Gaz de combat* ou *gaz asphyxiant*, substances chimiques gazeuses, liquides ou solides, qui, en raison de leurs propriétés particulières, sont employées pour mettre l'adversaire hors de combat. (V. encycl.) ‖ *Gaz à l'eau*, gaz résultant de la décomposition de la vapeur d'eau par du coke porté à température élevée (1 000 °C-1 200 °C). ‖ *Gaz d'éclairage*, ancienne appellation du GAZ DE VILLE. ‖ *Gaz de fumier* ou *de gadoue*, gaz à base de méthane, qui s'échappe du fumier ou des gadoues en décomposition, et qui peut être utilisé pour le chauffage ou l'alimentation de moteurs. ‖ *Gaz de haut fourneau*, gaz qui sort du gueulard des hauts fourneaux au cours de l'opération de la fusion de la fonte, et ayant un pouvoir calorifique de 1 000 cal/m³ environ. ‖ *Gaz d'huile*, gaz produit par le craquage, vers 700 à 800 °C, des huiles de pétrole. ‖ *Gaz intégral*, mélange des produits volatils qui proviennent de la distillation de la houille avec ceux qui résultent de la gazéification totale du coke de charbon distillé. ‖ *Gaz liquéfié*, hydrocarbure léger, butane* ou propane* commercial, normalement gazeux, extrait soit du gaz naturel, soit des gaz de raffinerie, et utilisé à l'état liquide dans des récipients sous pression. ‖ *Gaz manufacturé*, gaz combustible produit soit à partir de charbon, de coke ou d'huile, soit par conversion du gaz naturel ou de gaz de pétrole liquéfié, ou encore par mélange de ces différents gaz. ‖ *Gaz des marais*, mélange de méthane et de gaz carbonique, produit naturellement par la fermentation anaérobie dans les marais. ‖ *Gaz mixte de gazogène*, gaz à l'air dans la fabrication duquel une certaine quantité de vapeur d'eau est ajoutée à l'air de combustion. ‖ *Gaz naturel*, gaz que l'on trouve dans les gisements souterrains, seul ou associé au pétrole brut. (V. encycl.) ‖ *Gaz parfait*, gaz hypothétique qui obéirait exactement aux lois de Mariotte et de Gay-Lussac. ‖ *Gaz permanent*, autref., gaz que l'on n'avait pas encore pu liquéfier. ‖ *Gaz porté*, gaz de ville que l'on transporte à domicile après l'avoir comprimé dans des bouteilles en acier. ‖ *Gaz de raffinerie*, mélange d'hydrocarbures variés, libéré au cours des opérations de distillation, de cracking ou de conversion des pétroles bruts. ‖ *Gaz rare*, nom générique de l'argon et des gaz de la même famille, existant en petite quantité dans l'atmosphère. ‖ *Gaz réformé*, gaz provenant d'une opération de conversion. ‖ *Gaz riche*, gaz de haut pouvoir calorifique (4 000 cal/m³). ‖ *Gaz tonnant*, mélange d'hydrogène et d'oxygène, qui détone au contact d'une flamme. ‖ *Gaz de ville*, gaz produit ou traité dans les usines à gaz et les cokeries. ‖ *Il y a de l'eau dans le gaz* (Pop.), il y a des difficultés dans cette affaire. ‖ *Masque à gaz*, v. MASQUE. ‖ *Mettre les gaz*, donner de la vitesse à un moteur thermique en appuyant sur l'accélérateur. ◆ **gazage** n. m. Action de griller les fils ou les tissus au gaz, et notamment ceux de coton, pour les égaliser. (On dit encore FLAMBAGE ou GRILLAGE.) ◆ **gazé, e** adj. et n. Qui a subi l'action des gaz asphyxiants : *Les gazés de la Première Guerre mondiale.* ● *Fil gazé*, fil soumis au gazage pour lui donner un aspect moins duveteux. ◆ **gazéifiable** adj. Qui peut être transformé en gaz. ◆ **gazéificateur** n. m. Appareil servant à gazéifier l'eau. ◆ **gazéification** n. f. Transformation complète, en gaz combustible, de produits liquides ou solides contenant du carbone. (V. encycl.) ‖ Adjonction de gaz carbonique à une eau. ● *Gazéification intégrale*, gazéification totale, en une seule étape, des houilles et des lignites. ‖ *Gazéification souterraine*, transformation *in situ* en gaz combustible, par combustion volontaire avec une quantité d'air limitée, d'une couche de houille, sans procéder à son extraction préalable. ◆ **gazéifier** v. tr. Transformer en un produit gazeux : *Gazéifier de la houille.* ‖ Faire dissoudre du gaz carbonique dans un liquide. ◆ **gazéiforme** adj. Qui est à l'état de gaz. ◆ **gazer** v. tr. Passer à la flamme du gaz ou de l'alcool les fils dont on veut enlever le duvet ou les brins mal retors. (On dit aussi FLAMBER et GRILLER.) ◆ v. intr. Pop. Aller vite : *Vous avez gazé.* ‖ Aller à souhait : *Ça gaze.* ◆ **gazeur** n. m. Appareil à gazer les fils textiles. ◆ **gazeux, euse** adj. Qui est de la nature des gaz : *Fluide, état gazeux.* ‖ Qui contient des gaz en dissolution : *Eau gazeuse*, v. EAU. ◆ **gazier, ère** adj. Qui a trait à la fabrication, à la distribution ou à l'utilisation du gaz de ville : *L'industrie gazière.* ‖ — **gazier** n. m. Ouvrier qui travaille à la fabrication, à la distribution ou à l'utilisation du gaz de ville. ‖ *Arg.* Personnage quelconque, indéterminé. ◆ **gazoduc** n. m. Canalisation à très longue distance de gaz naturel ou de gaz de cokerie. ◆ **gazogène** n. m. Appareil destiné à gazéifier sous l'action de l'air ou de l'oxygène, avec ou sans adjonction de vapeur d'eau, un combustible solide ou liquide. (V. encycl.) ● *Gazogène à prédistillation*, gazogène surmonté d'une cornue dans laquelle se fait la distillation du charbon. ◆ **gazoline** n. f. Essence légère, très volatile, qui se sépare du pétrole brut par une première distillation, ou flash. (On écrit aussi GASOLINE.) ● *Gazoline naturelle*, essence sauvage obtenue par dégasolinage du gaz naturel. ◆ **gazomètre** n. m. Appareil dans lequel le gaz est emmagasiné à volume variable et sous pression pratiquement constante (usu. à 300 mm d'eau). [V. encycl.] ◆ **gazométrie** n. f. Mesure des volumes gazeux, des densités des gaz, etc. ◆ **gazométrique** adj. Qui concerne la gazométrie.

— ENCYCL. **gaz**. *Phys.* et *Chim.* Comme tous les corps matériels, les gaz sont pesants, ce que constata pour la première fois Galilée. Comme les liquides, ils sont fluides, c'est-à-dire qu'ils n'ont pas de cohésion et prennent la forme du récipient qui les contient. Mais, en outre, ils n'ont pas de volume propre, sont expansibles et compressibles, et occupent entièrement le récipient qui les renferme.

Mariotte a montré qu'à température fixe les volumes d'une même masse gazeuse varient en raison inverse de leurs pressions (*loi de Mariotte*, que traduit la formule $pv = C^{te}$).

D'autre part, Gay-Lussac a établi que le coefficient de dilatation à pression constante est le même pour tous les gaz, indépendant de la pression et de la température, et égal à 1/273 (*loi de Gay-Lussac*). Ces lois, approchées pour les gaz réels, et d'autant mieux suivies que les pressions de ces gaz sont plus faibles, définissent des gaz hypothétiques, nommés *gaz parfaits*. Pour un tel gaz, on a la relation

$$\frac{pv}{1 + \alpha t} = C^{te},$$

où v est le volume du gaz, p sa pression, α son coefficient de dilatation et t sa température centésimale. Pour une molécule-gramme, cette équation peut s'écrire $pv = RT$, où T est la température absolue, et

$$R = 8,32 \times 10^7 \text{ C. G. S.}$$

la constante moléculaire des gaz parfaits.

Dans ces conditions, la masse d'un certain volume v de gaz, pris sous la pression H centimètres de mercure, à la température t, et dont la densité par rapport à l'air est d, est donnée par la formule

$$m = adv \frac{H}{76} \frac{1}{1 + \alpha t},$$

où $a = 1,293$ g par litre est la masse volumique de l'air normal.

Deux ou plusieurs gaz placés dans un même récipient diffusent et forment un mélange homogène, et la pression du mélange est la somme des pressions partielles de chacun des gaz du mélange, considéré comme occupant seul le volume total (*loi de Dalton*).

Quand deux gaz se combinent chimiquement, leurs volumes (mesurés à une même température et sous une même pression) sont entre eux dans un rapport simple. Si le composé est gazeux, son volume est aussi dans un rapport simple avec les volumes de l'un et l'autre composant (*lois de Gay-Lussac*).

— *Industr. du gaz.* L'emploi des combustibles gazeux a pris une extension considérable, tant dans les foyers domestiques que dans l'industrie, depuis la mise en exploitation des gisements de gaz naturel existant dans les couches géologiques.

En 1797, l'ingénieur français Philippe Lebon obtint un gaz combustible par distillation du bois. Il suggéra l'idée de distiller la houille, mais ce n'est qu'en 1805, en Angleterre, que Winsor réalisa la première production industrielle de gaz. Les premières usines à gaz fonctionnèrent à Paris en 1819.

On distille actuellement la houille en vase clos, dans des cornues de divers types, à une température comprise entre 1 000 et 1 200 °C. Un gaz impur est recueilli ; il subit une épuration physique suivie d'une épuration chimique. Le résidu solide de la distillation, le coke, combustible généralement friable, est réservé aux usages domestiques. Les cokeries fabriquent spécialement pour la sidérurgie un coke compact et du gaz, employé dans les foyers domestiques et industriels.

Il existe divers types de gaz, de compositions chimiques et de pouvoirs calorifiques différents, classés selon les modes de production. Les *usines à gaz* constituent des établissements dangereux, insalubres ou incommodes. Une réglementation administrative précise les conditions techniques auxquelles les usines à gaz et les réseaux souterrains de distribution dans les voies publiques doivent répondre.

— *gaz de combat.* Suivant leurs effets sur l'organisme, les gaz de combat sont classés en : *irritants lacrymogènes*, comme le bromure de benzyle ; *irritants respiratoires*, comme les arsines ; *suffocants*, comme le phosgène ; *vésicants*, comme l'ypérite ; *toxiques généraux*, comme les trilons. Suivant la durée de leurs effets, ils sont classés en : *fugaces*, comme les gaz irritants et suffocants ; *persistants*, comme l'ypérite ; *insidieux*, comme les trilons. Enfin leur action est soit immédiate, soit retardée. Bien qu'interdits par la déclaration de La Haye du 29 juill. 1899, les gaz furent employés pendant la Première Guerre mondiale, notamment, pour la première fois, par les Allemands à Ypres en 1915. L'interdiction fut renouvelée par le protocole de Genève du 17 juin 1925, et les gaz ne furent pas utilisés pendant la Seconde Guerre mondiale. Seuls les gaz lacrymogènes, qui sont sans danger, sont utilisés contre les manifestants dans les opérations de maintien de l'ordre.

— *gaz naturel. Pétr.* Le gaz naturel constitue une source d'énergie particulièrement économique tant pour la production que pour le transport. Le gaz brut, chargé de propane, de butane, de *gazoline naturelle* et d'hydrogène sulfuré, est épuré. Indépendamment des produits pétroliers recueillis, l'hydrogène sulfuré est converti en soufre, comme à l'usine de Lacq. Le gaz sec est constitué de méthane à peu près pur.

— *Géogr.* Si les hydrocarbures gazeux sont fréquemment associés au pétrole dans les gisements, le développement de leur utilisation massive a été sensiblement plus tardif que celui des hydrocarbures liquides. En effet, le stockage du gaz pose de difficiles problèmes, et son emploi massif exige le rattachement à un réseau de canalisations. Aujourd'hui encore, d'énormes quantités de gaz se perdent dans les pays pétroliers éloignés des grands centres de consommation.

Cependant, dans les pays producteurs qui sont aussi des pays industriels, la consom-

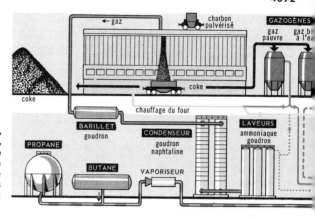

fabrication,
épuration,
stockage
et distribution
du **gaz** de ville
et de ses
sous-produits

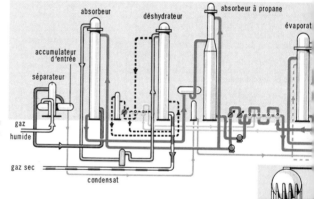

schéma
de principe
du traitement
auquel
est soumis
le **gaz** naturel
en vue de
son épuration

mation de gaz naturel a fait des progrès considérables ; le prix de revient du gaz n'est que le dixième de celui de la houille, le tiers de celui du pétrole.

Aux Etats-Unis (premiers producteurs et consommateurs), plus de 550 milliards de mètres cubes de gaz naturel fournissent plus du tiers de l'énergie consommée. La production en U.R.S.S. dépasse 320 milliards de mètres cubes aujourd'hui. En Italie, le gaz naturel est une importante source énergétique (près de 15 milliards de mètres cubes). En France, l'important gisement de Lacq, relayant celui de Saint-Marcet, produit plus de

5 milliards de mètres cubes, envoyés dans la majeure partie de la France. Les autres grands producteurs mondiaux de gaz naturel sont le Canada (74 milliards de mètres cubes), la Roumanie (26 milliards) et le Mexique (22 milliards). En Algérie, les réserves de Hassi R'Mel, au Sahara, sont estimées à 1 700 milliards de mètres cubes ; l'exportation du gaz par des navires méthaniers est rendue possible par l'usine de liquéfaction d'Arzew. Enfin, l'exploitation du gisement de Slochteren* a fait des Pays-Bas l'un des grands producteurs mondiaux (96 milliards de mètres cubes).

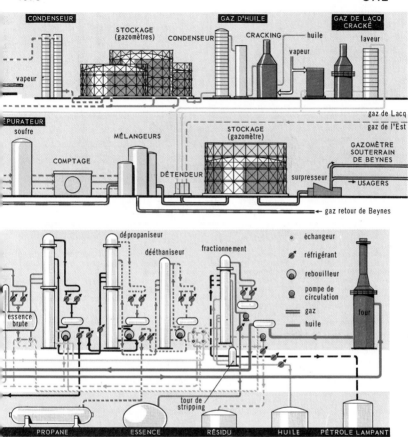

CONDENSEUR
STOCKAGE (gazomètres)
CONDENSEUR
GAZ D'HUILE
CRACKING — huile
vapeur
GAZ DE LACQ CRACKÉ
laveur
vapeur
gaz de Lacq
gaz de l'Est
ÉPURATEUR
soufre
MÉLANGEURS
COMPTAGE
STOCKAGE (gazomètre)
GAZOMÈTRE SOUTERRAIN DE BEYNES
DÉTENDEUR
surpresseur
→ USAGERS
← gaz retour de Beynes

dépropaniseur
dééthaniseur
fractionnement
• échangeur
🌡 réfrigérant
🔘 rebouilleur
pompe de circulation
═ gaz
═ huile
four
essence brute
tour de stripping
PROPANE   ESSENCE   RÉSIDU   HUILE   PÉTROLE LAMPANT

— *gazéification.* La gazéification procède de techniques diverses, variant suivant la nature des produits utilisés et la qualité des gaz combustibles à obtenir. Le *gaz à l'air,* ou *gaz pauvre,* ou *gaz mixte de gazogène,* est produit à partir du coke, du charbon ou du goudron, par combustion sous l'action de l'air avec apport de vapeur d'eau. Le *gaz à l'eau* est obtenu dans des générateurs* par chauffage du coke vers 1 200 ⁰C, par action directe de la vapeur d'eau. Dans la *gazéification intégrale,* le gaz obtenu est un mélange d'hydrogène, d'oxyde de carbone et d'hydrocarbures. Dans la *gazéification sou-*

terraine, le gaz obtenu comporte une forte proportion d'azote : il n'a donc qu'un pouvoir calorifique faible.
— *gazogène.* Les gaz combustibles pour usages industriels sont produits dans des gazogènes. Ces gaz peuvent aussi entrer comme constituants dans la fabrication du gaz de ville, ou même, dans certains cas, remplacer ce dernier en totalité. Le *gaz à l'air* est fourni par un gazogène constitué essentiellement d'une cuve renfermant le combustible. Le chargement s'effectue par la partie supérieure. La gazéification est obtenue à la partie basse par insufflation d'air ré-

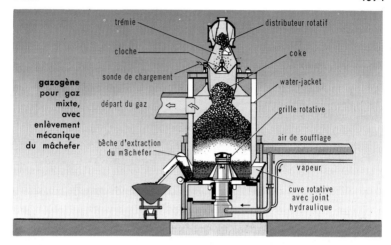

gazogène pour gaz mixte, avec enlèvement mécanique du mâchefer

- trémie
- cloche
- sonde de chargement
- départ du gaz
- bêche d'extraction du mâchefer
- distributeur rotatif
- coke
- water-jacket
- grille rotative
- air de soufflage
- vapeur
- cuve rotative avec joint hydraulique

glable. Divers types de gazogènes, comme les gazogènes Siemens, permettent d'obtenir des *gaz mixtes* par introduction de vapeur d'eau avec l'air de gazéification. L'enlèvement automatique du mâchefer est assuré, dans les *gazogènes mécaniques,* par un mouvement de rotation de la grille. Les gaz produits par les gazogènes sont de qualités variables suivant la technique utilisée.

— gazomètre. Les *gazomètres à cuve à eau* comportent une cuve d'eau dans laquelle plonge une cloche cylindrique. La cuve d'eau, fixe, peut être en maçonnerie, en béton armé ou en tôle. Les *gazomètres télescopiques* comprennent divers éléments entrant les uns dans les autres. Les *gazomètres secs* sont constitués par un cylindre vertical dans lequel se déplace un disque formant piston. Certaines cavités souterraines de très grande

capacité, formées dans des bancs argileux étanches, sont utilisées pour stocker du gaz sous pression.

Gaz de France, entreprise publique créée par la loi de nationalisation du 8 avr. 1946 pour assurer la production et la distribution

Larousse

gazomètre à Alfortville ▶

coupe d'un **gazomètre naturel**

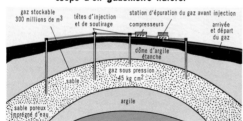

gaz stockable 300 millions de m³
têtes d'injection et de soutirage
station d'épuration du gaz avant injection
compresseurs
arrivée et départ du gaz
dôme d'argile étanche
sable
gaz sous pression 45 kg cm²
sable poreux imprégné d'eau
argile

station d'épuration

du gaz domestique. Gaz de France bénéficie du monopole du transport et de la distribution par canalisation du gaz de houille et du quasi-monopole de la production.

Le *gaz naturel* échappe, pour sa production et son transport, au monopole de Gaz de France, mais la distribution par canalisations aux particuliers n'est possible que par son intermédiaire.

Gaza, en ar. **Rhazza,** territoire de Palestine, autour de la ville de *Gaza,* occupé par les Israéliens en juin 1967 ; 202 km² ; 424 000 h. dont 127 000 réfugiés arabes venus d'Israël. La ville (127 000 h.), très ancienne, fut une cité philistine. Contestée entre Israël et l'Egypte en 1947, elle a été dotée, jusqu'en 1967, d'une Constitution provisoire. En 1962, elle a constitué, avec ses environs, un territoire autonome.

gazage → GAZ.

gaze n. f. (peut-être de *Gaza,* v. du Proche-Orient). Etoffe légère et transparente, de coton ou de soie, employée dans la mode ou la confection : *Un voile, une robe de gaze.* ‖ Membrane légère et transparente : *Les ailes de gaze de la mouche.* ‖ Voile transparent, interposé devant le regard : *La gaze du brouillard.* ● *Gaze à pansement* (Pharm.), simple tissu de coton très clair, tissé en armure toile, utilisé pour faire les compresses, les mèches, etc. ◆ **gazer** v. tr. Couvrir d'une gaze, d'une enveloppe légère et transparente. ◆ **gazillon** n. m. Léger tissu de gaze.

gazé n. m. Piéride blanche aux nervures noires, dont la chenille vit sur l'aubépine et les autres rosacées, et hiverne en société sous une « gaze » de soie.

gazé, gazéifiable, gazéificateur, gazéification, gazéifier, gazéiforme → GAZ.

gazelle n. f. (ar. *ghazala*). Antilope légère et gracieuse, à hautes pattes fines, à grands yeux, à cornes arquées en lyre existant dans les deux sexes. (Le genre compte vingt-six espèces vivant par troupes en Afrique et en Asie.)

gazer → GAZ et GAZE.

gazetier → GAZETTE.

gazette n. f. (ital. *gazzetta,* petite monnaie vénitienne [prix du numéro d'une des premières gazettes parues à Venise au milieu du XVIᵉ s.]). Ecrit périodique, donnant des nouvelles politiques, littéraires, artistiques, etc. ‖ Récit minutieux, ensemble de petites nouvelles : *Faire la gazette de la Cour.* ‖ *Par dénigr.* Commérages, bavardages : *S'en tenir aux gazettes du quartier.* ‖ *Fig.* et *fam.* Personne qui rapporte les bavardages, les commérages. ‖ *Céram.* Syn. de CASETTE. ● *Vieille gazette,* chose qui a perdu tout intérêt, toute importance. ◆ **gazetier** n. m. Celui qui publie une gazette. (Vx.)

Gazette (LA), publication créée par Théophraste Renaudot en 1631, et qui fut l'organe officieux de la monarchie. Elle devint la

Gazette de France en 1762 et cessa de paraître en 1914.

Gazette des beaux-arts, revue d'art fondée à Paris en 1859 par Charles Blanc.

Gazette de Lausanne (LA), quotidien suisse de langue française, publié sous ce titre depuis 1804. Elle compte parmi les organes influents de la grande presse contemporaine.

Gazette du palais (LA), journal judiciaire bihebdomadaire du soir, publié depuis 1833.

gazeur, gazeux → GAZ.

gazi n. m. (ar. *rhāzī*). Membre d'une expédition de musulmans contre les infidèles. ‖ Titre accordé à de grands chefs militaires musulmans victorieux.

Gaziantep, anc. **Aintab** ou **Ayntab,** v. de Turquie, ch.-l. de prov. ; 125 500 h. Centre commercial.

gazier → GAZ.

gazillon → GAZE.

gazoduc, gazogène, gazoline, gazomètre, gazométrie, gazométrique → GAZ.

gazole n. m. Syn., proposé par l'Administration, de GAS-OIL.

gazon n. m. (de l'anc. haut allem. *waso,* motte de terre garnie d'herbes ; allem. moderne *Wasen*). Herbe courte et menue : *Semer du gazon.* ‖ Terrain couvert de gazon : *Un gazon bien vert.* (Le ray-grass fournit

gazelles de Soemmering (Afrique)

Basseau

la base des gazons ; on lui adjoint de la fétuque, du paturin, de l'agrostis, suivant le but recherché [gazon de terrain de sport ou de pelouse d'agrément]. On sème le gazon au printemps ; son entretien consiste en tontes, en roulages et en arrosages.) ‖ — **gazons** n. m. pl. Mottes de terre carrées et couvertes de gazon, dont on se sert pour faire les gazons artificiels. ◆ **gazonnage** n. m. Action de revêtir de gazon. ◆ **gazonnant, e** adj. Se dit des végétaux qui se développent en touffes serrées. (Syn. CESPI-

TEUX, EUSE.) ◆ **gazonné, e** adj. Couvert de gazon : *Une étendue gazonnée.* ◆ **gazonnement** n. m. Action de revêtir de gazon : *Le gazonnement prévient l'entraînement des terres par les pluies.* ◆ **gazonner** v. tr. Revêtir de gazon : *Gazonner un talus.* ✦ v. intr. Pousser en gazon : *Herbe qui gazonne.* ‖ Se couvrir de gazon : *Pré qui gazonne.*

gazouillant, gazouillement → GAZOUILLER.

gazouiller v. intr. (rad. onomatop.). Faire entendre un chant doux et confus, en parlant de certains petits oiseaux. ‖ En parlant de l'eau, produire un murmure : *Un ruisseau gazouille.* ‖ En parlant des petits enfants, babiller. ✦ v. tr. Exprimer comme en gazouillant : *Gazouiller des tendresses.* ◆ **gazouillant, e** adj. Qui gazouille ; qui a l'habitude de gazouiller : *Un oiseau gazouillant.* ◆ **gazouillement** n. m. Action de gazouiller ; ramage des oiseaux qui gazouillent : *Le gazouillement des hirondelles.* ‖ Doux murmure de l'eau coulant sur des cailloux : *Le gazouillement d'une source, d'un ruisseau.* ‖ Babil : *Le gazouillement d'un petit enfant.* ‖ Conversation tendre, chuchotement : *Le gazouillement d'une voix douce.* ◆ **gazouilleur, euse** adj. et n. Qui gazouille. ◆ **gazouillis** n. m. Léger gazouillement : *Le gazouillis des hirondelles.* ‖ Léger murmure : *Le gazouillis des ruisseaux.* ‖ *Psychol.* V. LALLATION.

Gazzi (PIGEON), race de pigeons d'agrément, d'allure gracieuse.

Gb, symbole du *gilbert,* unité de force magnétomotrice.

G. C. A., abrév. des mots anglais *Ground Control Approach* (« contrôle d'approche au sol »), système d'atterrissage sans visibilité qui utilise le radar.

Gd, symbole chimique du *gadolinium.*

Gdańsk, anc. en allem. *Dantzig* ou *Danzig,* port de Pologne, ch.-l. de voïévodie, sur la mer Baltique ; 406 900 h. Ancienne ville hanséatique, située près du delta de la Vistule et dont les vieux quartiers ont été très endommagés pendant la Seconde Guerre mondiale. Isolée de la Pologne en 1919, Gdańsk devint « ville libre » et fut concurrencée par le nouveau port de Gdynia. Aujourd'hui, Gdańsk est le principal port polonais, étroitement associé à Gdynia. Constructions navales. ◆ *Histoire.* V. DANTZIG.

G. D. F., sigle de GAZ* DE FRANCE.

Gdynia, port de Pologne (voïévodie de Gdańsk) ; 209 400 h. La ville fut construite après la constitution de Gdańsk en « ville libre » séparée de la Pologne (1924). Les deux ports sont aujourd'hui gérés par le même organisme. Constructions navales.

Ge, symbole chimique du *germanium.*

Gê. V. GAIA.

geai [ʒɛ] n. m. (bas lat. *gaius*). Passereau de la famille des corvidés : *Le cri du geai.*

Bavard comme un geai. (Le *casse-noix,* ou *geai de montagne,* les *geais bleus* américains, les *geais coureurs* des déserts d'Asie appartiennent à des genres voisins du *geai d'Europe.*)

v. oiseaux

géant, e n. (lat. *gigas, -antis* ; gr. *gigas, -antos*). Personne d'une taille extraordinaire. (V. *encycl.*) ‖ *Animal ou être inanimé de très grande stature : L'éléphant, ce géant des animaux.* (V. *encycl.*) ‖ *Myth. gr.* (en ce sens avec majusc.). Être énorme, d'une force invincible, mais mortel, né du sang d'Ouranos fertilisant la Terre (*Gaia*). [Les Géants, ayant attaqué l'Olympe, furent repoussés par la foudre de Zeus et par les flèches d'Héraclès lors d'une lutte titanesque.] ‖ *Fig.* Personne qui surpasse de beaucoup ses semblables par son génie : *Un géant de la pensée.* ● — CONTR. : *lilliputien, nabot, nain, pygmée.* ● *A pas de géant,* très vite. ‖ *Le géant des forêts,* le sapin. ‖ *Le géant des mers,* la baleine. ✦ adj. Très grand, colossal : *Un arbre géant.* ‖ *Fig.* Considérable, très important : *Une clameur géante.*

— ENCYCL. *Anthropol.* et *Paléontol.* Dans les ossements des premiers hominiens, on ne trouve pas de géants en proportion plus importante que dans les races actuelles, si bien que les légendes faisant des nos ancêtres des êtres de taille supérieure à la nôtre sont sans fondement.
Le terme de « géant » est réservé aux hommes de plus de 2 m. et à celui de « géante » aux femmes de plus de 1,87 m. Les géants les plus connus sont l'empereur Maximin, le géant Goliath et le roi teuton Teutobochus, tous trois mesurant environ 2,50 m. Plus récemment, on cite la Suisse Constantin (2,60 m), le Russe Machnov (2,85 m), les Français Ch. Frenet (2,15 m à 16 ans) et J.-P. de Montastruc (2,20 m). L'intelligence, la force musculaire et surtout l'endurance ne sont pas, en général, proportionnelles à la taille, et les géants vieillissent souvent vite. (V. GIGANTISME.)
— *Paléozool.* Des animaux géants, aujourd'hui disparus, nous sont connus par leurs vestiges fossiles ; en particulier, les reptiles dinosauriens (brontosaure, atlantosaure, diplodocus, etc.) atteignaient 30 à 40 m de longueur. Mais, loin de les avoir favorisés, ce gigantisme a causé leur perte : nécessité d'une énorme nourriture, sustentation difficile hors de l'eau, lenteur des réflexes de défense ont empêché leur survie. Cependant, aucun de ces géants n'a atteint la masse d'une baleine, le milieu aquatique tolérant mieux le gigantisme.
— *Zootechn.* Diverses races de lapins de grande taille sont qualifiées de « géant » : *géant des Flandres, géant blanc du Bouscat.*

Géant (AIGUILLE DU), sommet de la chaîne du Mont-Blanc, formé de deux pointes ro- ▷

cheuses (4 013 m et 4 009 m), entre la France et l'Italie.

Géant (COL DU), col de la chaîne du Mont-Blanc, entre la vallée de Chamonix et celle de Courmayeur.

géanticlinal adj. et n. m. (du gr. *gê*, terre, et de *anticlinal*). *Géol.* Se dit d'un plissement anticlinal de grande taille, formé parfois de plusieurs plis.

Géants (CHAUSSÉE DES). V. CHAUSSÉE DES GÉANTS.

Géants (MONTS DES). V. KARKONOSZE.

gearless [giarlɛs] adj. (angl. *gear*, engrenage, et *less*, sans). Se dit des locomotives et tramways électriques dans lesquels les induits des moteurs sont montés directement sur les essieux.

géaster [tɛr] n. m. (gr. *gê*, terre, et *aster*, étoile). Champignon gastromycète, voisin de la vesse-de-loup, mais ayant en outre des lambeaux étalés en étoile sur le sol.

Geaune, ch.-l. de c. des Landes (arr. de Mont-de-Marsan), à 13 km au S.-O. d'Aire-sur-l'Adour ; 697 h. (*Geaunois*). Eglise du XIVᵉ s.

Geb, chez les anciens Egyptiens, dieu de la Terre, ordinairement figuré sous les traits d'un homme.

Geber ou **Djabir** (ABŪ MŪSĀ DJĀBIR AL-SŪFI, connu sous le nom de), alchimiste arabe, né à Kūfa, sur l'Euphrate, et qui vivait vers l'an 800. Il a exercé une influence considérable sur les alchimistes du Moyen Age. Il enseignait la transmutation des métaux, mais niait l'influence des astres sur leur production. Il semble avoir découvert l'acide sulfurique et l'acide nitrique ; il a décrit la fabrication de l'acier, la teinture du drap. On lui doit la *Summa perfectionis,* le plus ancien traité de chimie que l'on connaisse.

Gébouin ou **Jubin** (saint), prélat français († 1081). Archevêque de Lyon (1077), il obtint du pape un statut de la primatie lyonnaise. — Fête le 18 avr.

aiguille du **Géant**

gécarcin n. m. (gr. *gê*, terre, et *karkinos*, crabe). Crabe terrestre des Antilles et de l'Afrique occidentale, dit aussi COURLOUROU.

gecko n. m. (mot angl. ; du malais *gêhoq*). Nom commun aux lézards de la famille des *geckonidés*, généralement caractérisés par

leur petite taille, leurs doigts munis de ventouses adhésives, leur langue courte, leurs paupières soudées et transparentes, leur régime insectivore. (Trois espèces dans le midi de la France.)

Ged (William), typographe écossais (Edimbourg 1690 - *id.* 1749). En coulant sur une page composée une matière à base de plâtre, il obtint un moule dans lequel il versa un mélange de plomb et d'antimoine fondus. Ce procédé, repris par lord Stanhope, aboutit à la stéréotypie.

Gédalge (André), compositeur et pédagogue français (Paris 1856 - *id.* 1926). Professeur de contrepoint et de fugue au Conservatoire de Paris, il est l'auteur d'ouvrages didactiques. Ibert, Ravel, Milhaud, Honegger furent ses élèves.

Geddes (Andrew), peintre et graveur écossais (Edimbourg 1783 - Londres 1844). Surtout portraitiste, il fit aussi des paysages à l'eau-forte inspirés de Rembrandt.

Geddes (sir Patrick), biologiste et sociologue anglais (Perth 1854 - † 1932), auteur de *Cities in Evolution* (1913), *The Life and Works of sir Jagadis Chandra Bose* (1920).

gède ou **gedde** n. f. (lat. *gabata*, assiette creuse). Grande jatte de bois servant au transport du sel, dans les marais salants de la Loire-Atlantique.

Gédéon, juge d'Israël (XIIᵉ-XIᵉ s. av. J.-C.), qui vainquit les Madianites et mit à mort leurs deux rois, qui avaient tué ses frères.

gédinnien adj. et n. m. (de *Gédinne,* dans les Ardennes). *Géol.* Se dit de l'étage de base du système dévonien, entre le gothlandien et le coblentzien.

Gediz Irmak (le), fl. de Turquie, né en Anatolie, tributaire du golfe de Smyrne ; 270 km.

Importants travaux hydro-électriques ; ses eaux sont utilisées pour l'irrigation.

Gédrosie, en lat. *Gedrosia. Géogr. anc.* Province de l'empire des Perses. C'est auj. le *Mékrân* et, pour partie, le *Baloutchistan.*

Gédymin ou **Gédyminas,** prince de Lituanie (1316-1341). Il fonda un vaste Etat lituano-russien et s'opposa aux grands-princes de Moscovie. Il s'allia au roi de Pologne Ladislas Ier.

Gédyminas (ORDRE DE), ordre civil et militaire lituanien créé en 1928. Quatre classes. Ruban à raies verticales violettes et or.

gee [dʒi] n. m. (abrév. des mots angl. *General Electric Equipment,* nom de la firme qui a construit ce dispositif). Système de radio-navigation aérienne précise, à courte et à moyenne distance, qui permet à un navigateur de déterminer sa position grâce à des émissions rythmées provenant d'une chaîne de stations.

Geel, comm. de Belgique (prov. d'Anvers, arr. et à 18 km au S. de Turnhout) ; 28 300 h. Brasserie ; cigares.

Geelong, port d'Australie (Victoria), sur la baie Corio, au S.-O. de Melbourne ; 101 600 h. Commerce des laines. Alumine. Raffinerie de pétrole.

Geelvink (BAIE DE), golfe du Pacifique, au N.-O. de la Nouvelle-Guinée.

Geer (Gerhard de), géologue et géographe suédois (Stockholm 1858 - *id.* 1943). Il étudia les variations des rivages scandinaves en rapport avec les étapes de la glaciation. Il établit une chronologie de la Terre jusqu'à 10000 av. J.-C.

Geer (FOUR DE), étuve électrique à double enveloppe avec circulation d'eau chaude, utilisée pour le vieillissement accéléré du caoutchouc.

Geertgen Tot Sint Jans ou **Gérard de Saint-Jean,** peintre hollandais (Leyde v. 1465 - Haarlem v. 1495). Auteur du triptyque des chevaliers de Saint-Jean à Haarlem (démembré ; panneaux à Vienne), il est la personnalité artistique la plus marquante des Pays-Bas du Nord au XVe s. La délicatesse de ses fonds de paysage contraste avec la raideur des personnages, qui rappellent la sculpture sur bois (*Saint Jean-Baptiste dans le désert,* Berlin).

Geesink (Anton), judoka néerlandais (Utrecht 1934). Athlète très puissant, il mit fin à une longue suprématie japonaise en devenant le premier Européen champion du monde de judo (1961) confirmant sa victoire à Tōkyō même (toutes catégories), aux jeux Olympiques de 1964.

Geest (la), région moraïnique sableuse de la plaine de l'Allemagne du Nord.

Geffrard (Fabre), général et homme politique haïtien (L'Anse-à-Veau, Haïti, 1806 - à la Jamaïque 1879). Il prit une part pré-pondérante à la révolution de 1843, puis à celle de 1859, à la suite de laquelle il devint président de la République (jusqu'en 1867).

Geffroy (Gustave), écrivain et critique d'art français (Paris 1855 - *id.* 1926). Il se déclara en faveur de l'impressionnisme et de l'esthétique naturaliste. Les huit volumes de sa *Vie artistique* (1892-1903) et sa série des *Musées d'Europe* réunissent ses meilleurs articles. Geffroy devint en 1908 administrateur de la Manufacture nationale des Gobelins, où il introduisit les modèles réalistes et même impressionnistes, ainsi que l'usage des teintures synthétiques. (Acad. Goncourt, 1896.)

Gefle. V. GÄVLE.

géhenne n. f. (lat. ecclés. *gehenna,* venant du gr. *geenna ;* mot hébr. désignant la vallée de Hinnom, bordant l'anc. Jérusalem). Enfer, dans le langage biblique : *Le feu de la géhenne.*

Gehlen (Reinhard), général allemand (Erfurt 1902). Chef du renseignement sur les forces soviétiques à l'état-major allemand de 1942 à 1945, il met sur pied, en 1946, en Allemagne de l'Ouest, au bénéfice des Américains, une organisation qui deviendra en 1955 le service de renseignement de l'Allemagne fédérale.

gehlénite n. f. Aluminosilicate naturel de calcium, du système quadratique.

Geiger (Abraham), écrivain israélite alle-

Geertgen Tot Sint Jans
« Résurrection de Lazare », Louvre

Giraudon

mand (Francfort-sur-le-Main 1810 - Berlin 1874). Rabbin, il fut le chef de la tendance libérale et réformiste de la science moderne hébraïque.

Geiger (Hans), physicien allemand (Neustadt 1882 - Berlin 1945). Il a déterminé la charge des particules alpha (1908) et prouvé que le numéro atomique d'un élément est le nombre de charges de son noyau (1913). Il est surtout connu pour l'invention du compteur de particules (1913), qu'il perfectionna avec Müller (1928).

Geiger-Müller (COMPTEUR DE), appareil servant à dénombrer les particules électrisées d'un rayonnement. C'est, en principe, un cylindre métallique rempli de gaz raréfié, dans l'axe duquel est tendu un fil métallique ; entre tube et fil est établie la différence de potentiel maximale possible sans qu'éclate l'étincelle. Il suffit qu'une particule chargée traverse l'appareil pour que se produise une

prospection à l'aide d'un compteur
de **Geiger-Müller**

compteur
de **Geiger-Müller**

décharge, qui agit sur un système de comptage. Cet appareil sert, en particulier, à la prospection de l'uranium.

geignant, geignard, geignement → GEINDRE.

Geijer (Erik Gustaf), écrivain suédois (Ransäter, Värmland, 1783 - Stockholm 1847). Il fonda avec d'autres poètes, en 1811, le cénacle littéraire « l'Union gothique ». Esprit religieux, il évolua d'une position conservatrice à un libéralisme humanitaire. Compositeur, il publia avec Afzelius des *Chansons populaires suédoises,* qu'il avait notées (1814-1817). Il est considéré comme un des plus grands poètes romantiques suédois.

Geijerstam (Gustaf), écrivain suédois (Jönsarbo, Västmanland, 1858 - Stockholm 1909). Il fut un des chefs du naturalisme suédois. Il publia notamment *Erik Grane* (1885) et *la Tête de Méduse* (1895).

Geikie (sir Archibald), géologue écossais (Édimbourg 1835 - près de Haslemere, Surrey, 1924), directeur général du Bureau géologique du Royaume-Uni. — Son frère JAMES (Édimbourg 1839 - *id.* 1915) est l'auteur de travaux sur la préhistoire de l'Europe.

Geiler von Kaysersberg (Johann), prédicateur germanique (Schaffhouse 1445 - Strasbourg 1510).

Geiler (Hans), sculpteur suisse († Fribourg 1562). Auteur de fontaines (Fribourg, Berne).

geindre [ʒɛ̃dr] v. intr. (lat. *gemere*) [conj. 48]. Gémir sous l'effort, la douleur : *Geindre sous un fardeau.* ‖ Se plaindre d'une voix languissante et inarticulée : *Un blessé qui geint.* ‖ En parlant des choses, faire entendre un bruit plaintif : *Le vent fait geindre les arbres.* ◆ **geignant, e** adj. Qui a l'habitude de geindre : *Une voix geignante.* ◆ **geignard, e** adj. et n. *Fam.* Qui se plaint, pleurniche sans cesse et pour des motifs futiles. ◆ **geignement** n. m. Action de geindre ; plainte : *Pousser des geignements.*

Geisel (Ernesto), homme d'État brésilien (Bento Gonçalves 1908). Militaire de carrière jusqu'en 1969, il est président de la République de 1974 à 1979.

Geiséric ou **Genséric** († 477), premier roi vandale d'Afrique (428-477). Après une victoire sur les Suèves de Lusitanie, il passa en Afrique, battit Boniface (431) et obtint pour son peuple le statut de fédérés (435). Il prit Carthage en 439 et se construisit une importante flotte. Son pouvoir fut reconnu par Constantinople en 442. Il organisa l'Afrique vandale. Arien, il persécuta les catholiques. Maître de la mer, il fit un raid fructueux sur Rome (455), occupa les îles de la Méditerranée occidentale et dévasta le Péloponnèse (461-467). En 468, il détruisit la flotte byzantine envoyée contre lui. En 476, il obtint la reconnaissance par l'Empire d'Orient de toutes ses possessions.

GEI

geisha [gɛjʃa] n. f. Danseuse et chanteuse japonaise. (Les geishas, après avoir appris le chant, la poésie, la musique, l'art de servir le thé, etc., sont entraîneuses ou hôtesses dans des maisons de thé. Elles ont joué un grand rôle dans la littérature du Japon.)

Geislingen, v. d'Allemagne (Allem. occid., Rhénanie-du-Nord - Westphalie); 25 900 h. Fonderies, industries d'art (verre ciselé).

Geispolsheim, ch.-l. de c. du Bas-Rhin (arr. de Sélestat-Erstein); à 14,5 km environ au S. de Strasbourg; 4 712 h.

Geissler (Heinrich), mécanicien et physicien allemand (Igelshieb, Thuringe, 1815 - Bonn 1879). On lui doit les tubes qui portent son nom. En 1857, il présenta la première pompe à mercure, qui permettait d'atteindre un vide de 1/100 de millimètre de mercure.

Geissler (TUBES DE), tubes de verre contenant un gaz raréfié, dans lequel on produit une décharge électrique. Ces tubes comportent une partie capillaire où la décharge provoque une émission lumineuse, caractéristique du gaz.

geissospermum [mɔm] n. m. Arbre de l'Amérique du Sud, dont l'écorce fournit un poison paralysant, la *péreirine*. (Famille des apocynacées.)

Geitel (Hans Friedrich), physicien allemand (Brunswick 1855 - Wolfenbüttel 1923). Il étudia, avec Elster, l'ionisation de l'atmosphère et indiqua la loi de décroissance radio-active (1899).

gel n. m. (lat. *gelu*). Froid qui produit la gelée. ‖ Mélange d'une matière colloïdale et d'un liquide, qui se forme spontanément par la floculation et la coagulation d'une solution colloïdale. ‖ Matière solide, amorphe, cohérente comme le caoutchouc, la Cellophane en feuille, ou pulvérulente telle que la silice, provenant de l'évaporation du liquide d'une gelée ou d'une solution colloïdale. ‖ Caractéristique physique de la boue de forage d'un puits de pétrole, qui lui permet de retenir les déblais de terrain en suspension lorsque la circulation de boue est arrêtée dans le puits. ‖ *Fig.* Suspension d'une action, arrêt d'une activité : *Le gel des négociations.* ◆ **gélation** n. f. Transformation réversible d'une solution colloïdale en gel. ◆ **gelé, e** adj. Qui a été durci par la glace, transi par le froid : *Un étang gelé. Pieds gelés.* ‖ *Fig.* Indifférent, froid : *Un public gelé.* ‖ *Pop.* Figé par la surprise. ● *Crédit gelé,* crédit qui, à la suite d'un blocage légal ou du fait, ne peut être utilisé. ◆ **gelée** n. f. Abaissement de la température au-dessous de 0 °C, provoquant, lorsqu'il dure, la conversion de l'eau en glace : *Les gelées tardives brûlent les fleurs et les bourgeons.* ‖ Jus de viande qui, en se refroidissant et après clarification, s'est épaissi et a pris une certaine consistance molle et élastique en raison des éléments gélatineux

tubes de Geissler

entrant dans sa composition. ‖ Préparation de conserve faite avec du jus de fruits et du sucre, que, par une cuisson méthodique, on amène au point de consistance voulu. ‖ Sirop de sucre auquel on ajoute une quantité plus ou moins grande de gélatine. ‖ Produit translucide, à base d'eau ou d'huile, utilisé pour des soins d'esthétique. ‖ *Chim.* V. *encycl.* ‖ Préparation pharmaceutique à base de gélose ou de gélatine, employée comme laxatif. ● *Gelée blanche,* passage direct de la vapeur d'eau à l'état solide au contact du sol et des plantes, par nuit claire. ‖ *Gelée de pétrole,* nom anc. du PÉTROLATUM, cire molle extraite des résidus de pétrole. ‖ *Gelée royale,* produit des glandes nourricières des abeilles ouvrières, destiné aux jeunes larves et aux reines. (V. *encycl.*) ◆ **geler** v. tr. (conj. **3**). Transformer en glace : *Le froid a gelé les fontaines.* ‖ Détruire par le froid (les végétaux) : *Le froid gèle les arbres fruitiers.* ‖ Altérer, mortifier (les tissus des êtres vivants) : *Alpiniste dont le froid a gelé les mains.* ‖ Faire éprouver un grand froid : *Un vent du nord qui vous gèle.* ‖ *Fig.* Refroidir, repousser par un accueil glacial : *Homme si froid qu'il gèle tous ceux qui l'abordent.* ‖ Interrompre une activité, mettre momentanément en réserve : *Geler des négociations, des crédits.* ◆ v. intr. Se transformer en glace : *L'eau a gelé dans le baquet.* ‖ Être détruit, détérioré par l'effet de la gelée : *Les oliviers ont gelé.* ‖ Souffrir d'un grand froid : *On gèle dans cet appartement.* ◆ v. impers. Se dit quand la température extérieure descend au-dessous de 0 °C : *Il a gelé cette nuit.* ● *Il a gelé blanc,* la rosée est congelée. ‖ *Il gèle à pierre fendre,* il fait un froid excessif (les pierres, par la congélation des eaux infiltrées, peuvent se fendre). ‖ — *se geler* v. pr. Être transformé en glace. ‖ Être transi par le froid. ◆ **gélif, ive** adj. Qui est atteint de gélivures : *Arbre gélif.*

Pierre gélive. ‖ Se dit d'une pierre ou d'un matériau qui se fend sous l'effet du gel. ● *Verger gélif,* souvent atteint par les gelées *de printemps.* ◆ **gélification** n. f. Transformation naturelle des membranes cellulaires végétales en gélose ou en pectine, comme dans la grenade et la groseille. ‖ Transformation d'une solution colloïdale liquide en une gelée. ◆ **gélifier** v. tr. Transformer en gelée par addition d'une substance appropriée. ● *Essence gélifiée,* essence à laquelle on a donné la consistance d'une gelée adhésive, en vue de l'utiliser comme produit incendiaire. ◆ **gélivation** n. f. Fragmentation d'une roche sous l'effet des alternances du gel et du dégel. (La gélivation est favorisée par l'humidité et par la porosité de la roche.) ◆ **gélivité** n. f. Défaut que présentent certains matériaux de se détériorer sous les effets de la gelée. ‖ Défaut d'une plante gélive. ◆ **gélivure** n. f. Défaut du tronc d'un arbre dont l'écorce et le bois superficiel ont éclaté sous l'action de la gelée. (Le chêne, le charme, l'orme, le platane présentent souvent des gélivures qui se couvrent peu à peu d'un bourrelet cicatriciel.) ‖ Fente du sol résultant du gel. ◆ **gelure** n. f. Action du froid sur une partie organique ; résultat de cette action : *La gelure des pieds.* (V. *encycl.*)
— ENCYCL. **gelée.** *Chim.* Une gelée est une substance élastique formée par la pénétration d'un liquide dans une masse solide colloïdale, soit par gonflement du colloïde plongé dans le liquide, soit par préparation à chaud d'une solution concentrée, qui se prend en masse au refroidissement. Elle est homogène et transparente. La gélatine, différentes algues, la pectine des fruits peuvent fournir des gelées avec certains liquides comme l'eau, la glycérine, etc.
— *Apic.* La *gelée royale* a un haut pouvoir nutritif, contenant des glucides, des protides, des oligo-éléments, des vitamines. Elle est parfois administrée chez l'homme par voie buccale ou en injections, dans les convalescences, les déficiences organiques, et comme préventif de la sénescence.
— **gelure.** *Méd.* Les gelures provoquent des lésions de même nature que les brûlures. Au premier degré, on note simplement un érythème ; au deuxième degré, des phlyctènes (ampoules) ; au troisième degré, une nécrose plus ou moins importante des tissus.

Gela, v. d'Italie (Sicile, prov. de Caltanissetta) ; 69 500 h. Gisement pétrolifère. Pétrochimie. La ville antique a été fondée v. 690 av. J.-C. par des Rhodiens et des Crétois. Ses habitants fondèrent à leur tour Acragas (Agrigente). Elle eut de puissants tyrans, dont Gélon*, au Vᵉ s. av. J.-C., qui transporta une partie des habitants à Syracuse. La ville fut détruite en 404 av. J.-C. par Carthage. Une ville neuve, *Terranova,* fondée en 1230, a repris son nom en 1927.

gelada n. m. Singe cercopithèque d'Éthio-

pie. (On le range parmi les papions, au voisinage du cynocéphale.)

Gélase Iᵉʳ (saint) [† Rome 496], pape (492-496). Il défendit les prérogatives du siège de Rome ; il porta un décret (dit *décret gélasien*) qui distingue les écrits canoniques des apocryphes. Il a laissé un sacramentaire. — Fête le 21 nov. — **Gélase II** (Jean de Gaète) [v. 1058 - Cluny 1119], pape (1118-1119). Moine du Mont-Cassin, chancelier de l'Eglise romaine, il succéda à Pascal II. Il dut se réfugier en France.

gélasime n. m. Crabe présentant, chez le mâle, une croissance démesurée de l'une des pinces.

gélatine n. f. (ital. *gelatina*). Substance protéique extraite de divers organes et tissus d'animaux ou de végétaux. (V. *encycl.*) ● *Gélatine explosive,* syn. de DYNAMITE-GOMME. ◆ **gélatiné, e** adj. Enduit de gélatine. ‖ D'une consistance comparable à celle de la gélatine : *Une dynamite gélatinée.* ◆ **gélatiner** v. tr. Enduire de gélatine une surface quelconque. ◆ **gélatineux, euse** adj. Qui a l'aspect, la consistance ou la nature de la gélatine : *Substance gélatineuse.* ‖ Qui est formé de gélatine ; qui en contient : *Dissolution gélatineuse.* ◆ **gélatinisant** n. m. Substance apte à gélatiniser. ‖ Syn. de PLASTIFIANT. ◆ **gélatinisation** n. f. Processus qui transforme la nitrocellulose fibreuse, à texture microcristalline, en une matière dont la consistance va depuis celle de la gélatine jusqu'à celle de la corne. ◆ **gélatiniser** v. tr. Produire la gélatinisation. ◆ **gélatino-bromure, gélatino-chlorure d'argent** n. m. Noms donnés à des couches photosensibles constituées par une émulsion de cristaux de sels d'argent dans la gélatine.
— ENCYCL. **gélatine.** *Chim.* La gélatine est une matière azotée, incolore et insipide, qui gonfle dans l'eau froide, se dissout dans l'eau bouillante et se prend en gelée par refroidissement. Commune dans le règne animal, elle s'extrait habituellement des os, dont l'acide chlorhydrique isole l'osséine, que l'on hydrolyse par action de la chaux. Les *gélatines végétales* sont extraites des algues. En dehors des usages alimentaires (gelée des charcutiers, confection de gelées) et de son emploi comme colle, la gélatine est utilisée pour la clarification des vins et de la bière, le glaçage du papier, la fabrication des émulsions photographiques. Les propriétés hémostatiques de la gélatine l'ont fait employer dans des préparations contre les hémorragies. Elle sert également comme excipient dans les suppositoires et dans certains médicaments employés en dermatologie.

gélatiné, gélatiner, gélatineux, gélatinisant, gélatinisation, gélatiniser, gélatino-bromure, gélatino-chlorure d'argent → GÉLATINE.

gélation → GEL.

Gelboé (MONTS DE). *Géogr. anc.* Montagne

de Palestine, en Samarie, où l'armée de Saül fut écrasée par les Philistins.

Gelder (Aert DE), peintre hollandais (Dordrecht 1645 - *id.* 1727). Il continua la tradition de Rembrandt (*Jésus devant le sanhédrin*, Amsterdam).

gelé → GEL.

géléchie n. f. Petite teigne dont les diverses espèces nuisent aux grains de blé, au coton, à la cochenille de la laque, etc.

gelée → GEL.

Gelée (Jacquemart), poète français du XIIIᵉ s. Il écrivit à Lille, en 1288, *Renart le nouvel*, qui fait suite au *Roman* de Renart. C'est un des poèmes satiriques les plus violents du Moyen Age.

Gelée (Claude). V. LORRAIN (*le*).

Geleen, v. des Pays-Bas (Limbourg) ; 35 700 h. Industries chimiques, métallurgiques et textiles.

Gelenius (Sigismond), nom latinisé de l'humaniste et philosophe tchèque **Jelensky** (Sušice 1497 - Bâle 1554). Etabli à Bâle, il traduisit une série d'œuvres grecques et publia un dictionnaire comparé du grec, du latin, de l'allemand et du tchèque, le *Lexicon symphonum* (1537).

geler → GEL.

gélidiales n. f. pl. Ordre d'algues rouges marines riches en gélose et présentant une « alternance de générations » très régulière (genre principal *gelidium*).

gélif, gélification, gélifier → GEL.

gélignite n. f. Variété de dynamite* gélatinée. (On dit aussi GÉLINITE.)

Gélimer, dernier roi vandale d'Afrique (530-534). Vaincu par Bélisaire, à qui il se livra en 534, il figura à son triomphe et finit ses jours en Galatie.

geline n. f. (lat. *gallina*). Anc. nom de la POULE. ● *Geline de Touraine,* race de poules originaire de la Touraine, appréciée pour sa chair. ◆ **gelinotte** n. f. Oiseau gallinacé sauvage de la famille des tétraonidés, gibier recherché, qui vit dans les forêts des régions froides ou montagneuses de l'Europe. (La gelinotte ne dépasse pas 35 cm. C'est par

gelinotte

erreur que le ganga* est parfois appelé « gelinotte ».)

gélinite n. f. V. GÉLIGNITE.

gelinotte → GELINE.

Gélise (la), riv. du bassin d'Aquitaine, affl. de la Baïse (r. g.) ; 95 km.

géliturbation n. f. *Géomorphol.* Syn. de CRYOTURBATION.

gélivation, gélivité, gélivure → GEL.

Gellé (Marie Ernest), médecin français (Beauvais 1834 - Paris 1923), auteur de travaux sur l'oreille.

Gellée (Claude). V. LORRAIN (*le*).

Gellert (Christian Fürchtegott), écrivain allemand (Hainichen, Saxe, 1715 - Leipzig 1769), un des représentants de l'« Aufklärung ». Ses *Fables et Récits* ont été publiés en 1746-1748.

Gellibrand (Henry), astronome et mathématicien anglais (Londres 1597 - *id.* 1636). Il étudia les variations de la déclinaison magnétique avec le temps et publia en 1633 une table de logarithmes des lignes trigonométriques calculées par Briggs.

Gell-Mann (Murray), physicien américain (New York 1929). Ses découvertes concernant la classification des particules élémentaires (introduction de l'étrangeté, hypothèse du quark) et leurs actions réciproques, ainsi que ses travaux sur les unités élémentaires de l'énergie lui ont valu le prix Nobel de physique pour 1969.

Gélon, en gr. *Gelôn*, tyran de Gela et de Syracuse (Gela 540 - Syracuse 478 av. J.-C.). A Gela, il succéda à Hippocrate en 485 et fut bientôt appelé à Syracuse par les grands propriétaires. Il domina une grande partie de la Sicile, qu'il rendit prospère, et battit les Carthaginois à Himère (480).

Gelons, en gr. *Gelônoi* ou *Gelônes*. *Géogr. anc.* Peuple de Scythie que décrit Hérodote.

Gelos, comm. des Pyrénées-Atlantiques (arr. et dans la banlieue sud de Pau) ; 3 492 h. Vignobles (production du jurançon).

gélose n. f. Substance de consistance gélatineuse, extraite de différentes algues. (Syn. AGAR-AGAR.) ◆ **gélosique** adj. Relatif à la gélose. ● *Charbons gélosiques,* charbons constitués par des thalles de plantes, et surtout d'algues, riches en gélose.

gelosi n. m. pl. (mot ital. signif. *jaloux*). Troupe de comédiens italiens qui vinrent en France du XVIᵉ au XVIIᵉ s.

gélosique → GÉLOSE.

Gelpke (Rudolf), ingénieur suisse (Bâle 1873 - Waldenburg 1940). Il contribua au développement de la navigation sur le Rhin.

gelsemium [mjɔm] n. m. Plante indo-malaise et américaine de la famille des loganiacées, dont l'extrait (*gelsémine*) est fébrifuge.

Gelsenkirchen, v. d'Allemagne (Allem. occid., Rhénanie-du-Nord - Westphalie), dans la Ruhr ; 375 900 h. Houille, chimie.

gélule n. f. Forme médicamenteuse constituée par une petite capsule de gélatine.

gelure → GEL.

Gemârâ, mot araméen signif. «complément», « interprétation», et qui désigne la deuxième partie du Talmud*.

gématrie n. f. (altér. du gr. *geômetria,* géométrie). Partie de la cabale juive fondée sur l'interprétation mathématique des mots de la Bible.

Gemayel (Pierre), homme politique libanais (Bikfaya 1905). Il organisa les Phalanges libanaises (1936) et dirigea la lutte contre les nationalistes arabes pendant la guerre civile (1958). Il engagea de nouveau ses milices dans la guerre civile (1975 et 1976). — Son fils, AMINE, homme d'Etat libanais (Bikfaya 1942) est élu président de la République (sept. 1982) sept jours après l'assassinat de son frère cadet, BÉCHIR (Beyrouth 1947 - *id.* 1982), lui-même élu à la présidence en août.

gembin ou **gombin** n. m. Nasse cylindrique en osier.

Gembloux, en flam. **Gembloers,** comm. de Belgique (prov., arr. et à 19 km au N.-O. de Namur) ; 10 800 h. Abbaye bénédictine fondée en 922. Vieux remparts. Victoire de don Juan d'Autriche sur les Flamands révoltés contre Philippe II (1578), et des Français sur les Autrichiens (1794). La position de Gembloux, joignant la Dyle (Wavre) à la Meuse (Namur), fut occupée par la Ire armée française le 12 mai 1940 et évacuée le 17.

Gémeaux (en lat. *Gemini, -orum*), constellation* zodiacale, caractérisée par ses deux principales étoiles très brillantes et très voisines, Castor et Pollux*, de magnitudes respectives 1,6 et 1,2. (V. CIEL.) — Troisième signe du Zodiaque, qui correspondait, au temps d'Hipparque, à la constellation de ce nom. La constellation des Gémeaux coïncide, de nos jours, avec le signe du Cancer*, où entre le Soleil au solstice d'été.

Gemellae. *Géogr. anc.* Camp du *limes* romain d'Afrique, dans l'Aurès. Son plan fut dressé par la photographie aérienne.

gémellaire adj. (lat. *gemellus,* jumeau). Relatif aux jumeaux. ● *Grossesse gémellaire,* celle où la mère porte deux enfants. (V. JUMEAUX.) ◆ **gémellé, e** adj. *Colonne gémellée,* v. JUMELÉ. ◆ **gémellipare** adj. Qui accouche ou a accouché de jumeaux. ◆ **gémellité** n. f. Cas où se présentent des jumeaux.

gémellion n. m. Au Moyen Age, bassin servant au lavement des mains à l'autel. (Les gémellions allaient toujours par paires.)

gémellipare, gémellité → GÉMELLAIRE.

Gémier (Firmin TONNERRE, dit **Firmin**), acteur et directeur de théâtre français (Auber-villiers 1869 - Paris 1933). Il fait ses débuts au Théâtre-Libre d'Antoine (1892) et, quelques années plus tard, prend la direction de la Renaissance, où il essaie de créer un théâtre populaire avec *le Quatorze-Juillet* de Romain Rolland (1902). Il succède à Antoine à la direction du théâtre Antoine (1906-1919) et tente l'aventure d'un théâtre national ambulant, qui échoue, mais il a la satisfaction de pouvoir fonder le Théâtre national populaire (1920-1933), tout en dirigeant l'Odéon (1922 à 1930).

gémination → GÉMINÉ.

géminé, e adj. (du lat. *geminatus,* double). Doublé, répété : *Coup géminé.* || Se dit de colonnes, de fenêtres, de baies, d'arcades groupées deux par deux, sans être en contact : *Fenêtres géminées.* || Se dit des figures et des bustes à deux faces. || Se dit de lettres doublées pour indiquer que les mots abrégés sont au pluriel (ainsi, *mss* pour *manuscrits*). || Se dit d'une consonne doublée, ou même de deux consonnes accolées prononcées de telle manière qu'un intervalle entre la tension et la détente donne à l'oreille l'impression de deux articulations successives. (Ex. : *elle lui dit* [εllɥidi], avec le *l* répété deux fois ; *elle ne tombe pas* [εlnɑtõbpa], avec le groupe formé par *b* et *p*.) [On dit aussi CONSONNE DOUBLE.] ● *Classes géminées,* dans les collèges de faible effectif, classes groupées deux par deux (par ex. 5e et 6e) et recevant l'enseignement du même professeur. || *Ecoles géminées,* dans les communes de faible population, écoles mixtes, recevant les enfants des deux sexes. ◆ **gémination** n. f. Etat ou création de deux objets « jumeaux » identiques ou symétriques, formant paire. || Anomalie constituée par plusieurs dents soudées ensemble. || Redoublement dans l'émission ou l'écriture d'une voyelle, d'une consonne ou d'une syllabe. (Le mot « bébête » est un cas de gémination expressive.) ◆ **géminer** v. tr. Grouper deux à deux.

Gemini, nom lat. de la constellation des Gémeaux* (au génit. : *Geminorum ;* abrév. [Gem]).

Geminiani (Francesco), violoniste et compositeur italien (Lucques 1687 - Dublin 1762). On le trouve en Italie, en Angleterre, où il développe la technique du violon, et en France. Ses nombreuses œuvres (cinq recueils de concertos grossos [1732, 1743], quatre recueils de sonates pour violon) se rattachent par le style à Corelli et montrent son goût pour les fugues reçues.

géminée n. f. Pluie de météorites* paraissant émaner de la constellation des Gémeaux.

Geminus, astronome et mathématicien grec du Ier s. av. J.-C. On a de lui une *Introduction aux phénomènes* et des fragments d'une *Théorie des mathématiques.*

gémir v. intr. (lat. *gemere,* avec changement de conjugaison). Exhaler sa peine, sa douleur par des sons plaintifs, inarticulés : *Un malade qui gémit.* || Faire entendre un cri, un son plaintif : *Le gibier blessé gémit.* || En parlant des choses, faire entendre une sorte de bruit plaintif : *Le vent gémit dans les arbres.* || *Fig.* Eprouver des tourments : *Une population qui gémit dans l'esclavage.* ◆ **gémissant, e** adj. Qui gémit : *Une porte gémissante.* ◆ **gémissement** n. m. Voix plaintive, douloureuse, inarticulée : *Les gémissements d'un malade.* || Cri ou son qui a quelque chose de plaintif : *Les gémissements de la tourterelle. Le gémissement des flots.* ◆ **gémisseur** adj. et n. m. Se dit d'individus qui se plaignent sans cesse (déprimés ou mélancoliques).

Gémiste Pléthon (Georges), en gr. Geôrgios **Gemistos Plêthôn**, philosophe et humaniste byzantin (Constantinople v. 1355 - dans le Péloponnèse v. 1450). Il fonda à Florence l'Académie platonicienne. On lui doit un ouvrage sur la *Différence entre Aristote et Platon* et un *Traité sur les lois.*

gemmage → GEMME.

gemmail n. m. (de *gemme* et *émail*). Vitrail d'art sans plombs, obtenu par juxtaposition et superposition de morceaux de verre coloré. — Pl. *des* GEMMAUX.

gemmation n. f. → GEMME.

gemme n. f. et adj. (lat. *gemma*). Pierre précieuse de couleur : *Des gemmes à l'éclat de diamant.* || Cristal coloré par un oxyde métallique. || Portion de filament de champignon (saprolégniales et mucorales) qui devient une forme de repos d'un organe de propagation. || Se dit du sel à l'état de minerai. || Produit brut de la sécrétion des résineux, d'où l'on tire la térébenthine, la colophane, la poix, etc. ◆ **gemmage** n. m. Incision des pins pour en recueillir la gemme. (Le gemmage consiste à ouvrir une entaille, ou carre, à la base du tronc et à la rafaîchir pendant plusieurs années [*gemmage à vie*]. Finalement les carres sont ouvertes tout autour de l'arbre pour l'épuiser [*gemmage à mort*]. La gemme est recueillie dans un *crot.*) ◆ **gemmation** n. f. Formation, disposition ou ensemble des bourgeons d'une plante. || Reproduction par bourgeons chez les animaux inférieurs. (Tantôt le bourgeon animal ne se détache de la mère qu'à l'état adulte, tantôt il s'en détache précocement et se développe séparément, tantôt il ne se détache jamais, et une *colonie* se constitue. C'est ce dernier cas qui est général chez les végétaux, à l'exception des plantes à bulbilles ou à propagules. Dans les deux règnes, on peut observer des bourgeons *dormants*, qui attendent pour se développer le retour des conditions favorables.) [Syn. GEMMIPARITÉ.] ◆ **gemmé, e** adj. Orné de pierres précieuses. ◆ **gemmer** v. tr. Pratiquer le gemmage. ◆ **gemmeur** n. et adj. m. Celui qui gemme les pins. ◆ **gemmipare** ou **gemmifère** adj. Qui porte des bourgeons. ◆ **gemmiparité** n. f. Reproduc-

tion de certains êtres vivants par bourgeons. (Syn. GEMMATION.) ◆ **gemmologie** n. f. Science qui consiste à étudier les gemmes. ◆ **gemmologiste** n. Spécialiste de la gemmologie. ◆ **gemmule** n. f. Sommet de l'axe de la plantule des végétaux à graines. (La gemmule ressemble à un bourgeon. Son développement, relativement tardif, donnera presque toute la partie aérienne de la plante.) || Bourgeon reproducteur imaginé par Darwin pour expliquer l'hérédité, et qui ressemble au *gène* actuel.

Gemmi (la), col de Suisse, dans les Alpes Bernoises ; 2 329 m.

gemmipare ou **gemmifère, gemmiparité, gemmologie,   gemmologiste,   gemmule** → GEMME.

Gemmyō (ou **Gemmei**) **tennō,** impératrice du Japon (708-714). Elle succéda à son fils Mommu. Elle fit de Nara sa capitale.

gémonies n. f. pl. (lat. *gemoniae*). *Antiq. rom.* Escalier qui gravissait le mont Capitolin et où l'on exposait les cadavres des suppliciés. ● *Vouer, traîner quelqu'un* ou *quelque chose aux gémonies,* le livrer au mépris public.

Gémozac, ch.-l. de c. de la Charente-Maritime (arr. de Saintes), à 11 km à l'O. de Pons ; 2 391 h. Belle église (XIIᵉ-XIIIᵉ s.).

gempin n. m. Porcelaine grisâtre provenant de l'atelier du Coréen *Gempin,* établi au Japon à la fin du XVIᵉ s.

gemsbok n. m. V. ORYX.

Genabum ou **Cenabum,** nom antique d'Orléans.

génal, e, aux adj. (lat. *gena,* joue). Qui appartient aux joues.

génalcaloïde n. m. Dérivé oxygéné d'un alcaloïde, employé en thérapeutique pour sa toxicité moindre et pour son action lente et progressive. (On prépare des génalcaloïdes d'atropine, de strychnine, d'ésérine, de scopolamine, etc.)

gênant → GÊNE.

génappe n. m. Fil de laine retors, lissé et grillé au gaz.

Gençay, ch.-l. de c. de la Vienne (arr. de Montmorillon), à 24 km au S. de Poitiers ; 1 709 h. (*Gençéens*). Château des XIIIᵉ-XIVᵉ s. — Aux environs, château de la Roche-Gençay (XVIᵉ-XVIIᵉ s.).

gencive n. f. (lat. *gingiva*). Partie de la muqueuse buccale qui entoure les dents. (Rose à l'état normal, épaisse, richement vascularisée, la gencive adhère fortement au périoste du maxillaire. || Les inflammations des gencives sont les *gingivites.*) || *Pop.* La mâchoire. ● *Denture à gencive,* type de denture de scie à bois.

gendarme n. m. (contract. de *gens d'armes*). Sous-officier de carrière appartenant à une formation de gendarmerie : *Gendarme motocycliste. Gendarme mobile.* ‖ Homme qui est chargé d'une police quelconque. ‖ Personne ou groupe considérés comme détenteurs de l'autorité et veillant au respect des lois : *Se faire le gendarme d'une doctrine.* ‖ *Fam.* Femme de grande taille, à l'air viril, autoritaire. ‖ *Pop.* Hareng saur. ‖ Nom usuel d'une punaise des bois rouge et noir. ‖ Point qui, se trouvant parfois dans les diamants, en diminue l'éclat et la valeur. ‖ Sorte de saucisson sec et très dur fabriqué en Suisse, ayant vaguement l'apparence d'un hareng. ● *Gendarme auxiliaire,* nom donné, depuis 1972, au volontaire du contingent qui effectue son service dans la gendarmerie. ‖ *Gendarme maure,* cavalier algérien chargé de la police (1831-1842). ‖ *Gendarme du roi,* gentilhomme de la *compagnie des gendarmes* de la garde ordinaire du roi. (Créée en 1609, cette compagnie, qui faisait partie de la maison du roi, fut supprimée avec cette dernière en 1788.) ◆ **gendarmer (se)** v. pr. Se mettre sur la défensive contre quelqu'un ou quelque chose ; s'emporter contre : *Se gendarmer contre les prétentions abusives de quelqu'un.* ◆ **gendarmerie** n. f. Force militaire chargée de veiller à la sécurité publique et d'assurer le maintien de l'ordre et l'exécution des lois sur toute l'étendue du territoire, ainsi qu'aux armées : *Officier de gendarmerie. Légion, brigade de gendarmerie.* (V. encycl.) ‖ Caserne où sont logés les gendarmes. ◆ **gendarmeux, euse** adj. Se dit d'une gemme présentant des gendarmes.

— ENCYCL. **gendarmerie.** Corps très ancien, issu de la maréchaussée de l'Ancien Régime, la gendarmerie, organisée par la loi du 28 germinal an VI (1798), est chargée de très nombreuses missions tant civiles que militaires (renseignements, maintien de l'ordre, défense opérationnelle du territoire, police judiciaire, militaire, rurale, administrative) comme de la police de la circulation, etc. Placée, au sein de la Direction de la gendarmerie et de la justice militaire, sous l'autorité directe du ministre des Armées, elle comprend notamment : la *gendarmerie départementale,* organisée en brigades (cantons), compagnies (arrondissements) et groupements (départements), renforcés d'unités spécialisées (brigades fluviales, brigades motocyclistes, brigades de recherches judiciaires, escadrons d'autoroute, pelotons spécialisés de haute montagne, sections d'avions légers et d'hélicoptères, etc.) ; la *gendarmerie mobile,* articulée en escadrons (blindés, motorisés ou parachutistes) et groupes d'escadrons ; la *garde républicaine de Paris** ; la *gendarmerie de l'air* ; la *gendarmerie maritime* ; la *gendarmerie des transports aériens* ; la *gendarmerie de l'armement* ; la *gendarmerie d'outre-mer* ; les *prévôtés**. Les officiers sont formés à l'école des officiers de la gendarmerie de Melun. Le grade de gendarme se situe, depuis 1975, entre ceux de sergent

et de sergent-chef. Certains gendarmes ont, comme tous leurs officiers et leurs gradés, la double qualité d'officier de police judiciaire civile et militaire. Depuis 1971, certains jeunes gens peuvent effectuer leur service militaire comme *gendarme auxiliaire.* L'effectif de la gendarmerie atteint 73 000 h.

Gendebien (Jean-François), homme politique belge (Givet 1753 - Mons 1838). Il présida le Congrès national et siégea au Corps législatif de 1802 à 1813. — Son fils ALEXANDRE (Mons 1789 - Bruxelles 1869) fut membre du gouvernement provisoire (1830), puis du Congrès national. Ministre de la Justice, il démissionna en 1839.

gendelettre n. m. (contract. de *gens de lettres*). Fam. et *ironiq.* Homme de lettres : *Une réunion de gendelettres.*

gendre n. m. (lat. *gener*). Mari de la fille, par rapport au père et à la mère de celle-ci.

Gendre de M. Poirier (LE), comédie en 4 actes, en prose, d'Émile Augier et Jules Sandeau (1854). M. Poirier, riche bourgeois, est très fier de son gendre Gaston, marquis de Presles, mais celui-ci poursuit une intrigue avec Mme de Montjay et se moque de M. Poirier. Celui-ci espère cependant, au dénouement, gendrer le marquis de Presles.

Gendrey, ch.-l. de c. du Jura (arr. et à 23 km au N.-E. de Dole) ; 222 h.

gène n. m. (gr. *genos*, origine). Support matériel de chacun des caractères héréditaires dont l'ensemble constitue le *génome* du gamète ou le *génotype* de l'œuf fécondé. (V. encycl.) ◆ **génome** n. m. Ensemble des gènes du gamète. ◆ **génotype** n. m. Ensemble des gènes d'un individu. (L'aspect visible du sujet, ou *phénotype,* est déterminé par le génotype, mais le même phénotype peut exprimer deux génotypes différents, ce que l'étude de la descendance manifestera. Deux souris grises, l'une « homozygote », l'autre « hétérozygote », sont identiques, mais leurs descendants ne le sont pas.)

— ENCYCL. **gène.** La génétique discerne dans une lignée des *caractères,* ou *facteurs,* que certains individus présentent, d'autres pas : yeux bleus, poils ras, ailes atrophiées, pétales roses, etc.
Le gène est la particule matérielle dont la présence dans le zygote (œuf fécondé) entraînera l'apparition du caractère correspondant chez l'individu, selon les lois suivantes :
1° Un gène peut, dans une même espèce, avoir plusieurs formes, dites *allélomorphes,* qui tendent à donner une qualité opposée au même organe. Ex. : chez les pois, les gènes « grains lisses » et « grains ridés » sont allélomorphes, etc. ;
2° Souvent, l'un des allélomorphes est *dominant ;* il suffit alors que l'un des deux parents l'ait apporté pour qu'il se manifeste chez le descendant (cheveux bruns ou châtains chez

l'homme, par oppos. aux cheveux blonds).
Le caractère inverse est alors dit *récessif* et n'apparaît que si les deux parents l'ont transmis ;

3º Un même gène peut commander plusieurs caractères sans lien logique entre eux. Ex. : seuls les chats femelles ont un pelage tricolore, etc. ;

4º Un gène peut changer brusquement de propriétés, ce qui entraîne l'apparition de caractères nouveaux chez les descendants de son possesseur. Il y a *mutation ;*

5º Un gène peut être *létal*, c'est-à-dire causer la mort s'il n'est pas dominé par son allélomorphe. Ex. : l'absence de chlorophylle chez les plantes vertes.

Les gènes correspondent à peu près à des *chromomères* (segments de chromosome) et sont constitués par des groupements définis d'acides aminés associés à des acides désoxyribonucléiques (D. N. A.) originaux. Ils se multiplient par autoreproduction, chacun restant habituellement identique à lui-même, mais sujet à des mutations qui expliquent la diversité des races et peut-être l'évolution des espèces.

gène n. f. (de l'anc. franç. *gehine*, aveu ; de *gehir*, avouer ; emprunté au francique *jehan*, déclarer ; dès le XIIIᵉ s., *gehine* se confond avec *géhenne*, enfer). État ou sensation pénible, incommode, difficile : *Éprouver une gêne pour respirer, pour marcher.* ‖ Impression pénible, confusion, embarras : *Éprouver de la gêne devant quelqu'un. La timidité est la cause de sa gêne.* ‖ Pénurie d'argent : *Être dans la gêne.* ◆ **gênant, e** adj. Qui gêne, incommode. ‖ *Fig.* Qui embarrasse, contraint : *Personne gênante.* ◆ **gêné, e** adj. Serré, mal à l'aise : *Gêné dans ses habits.* ‖ *Fig.* Qui éprouve de l'embarras : *Gêné en société.* ‖ Dépourvu d'argent. ◆ **gêner** v. tr. Contraindre les mouvements : *Être gêné dans sa marche.* ‖ Embarrasser, obstruer : *Gêner la circulation publique.* ‖ Contrarier le mouvement, l'action de : *Joueur qui gêne un concurrent.* ‖ *Fig.* Mettre obstacle à l'action de, entraver : *Gêner quelqu'un dans ses entreprises.* ‖ Imposer de la contrainte, de l'embarras à : *Gêner quelqu'un par une question.* ‖ *Partic.* Mettre à court d'argent. ● *N'être pas gêné* (Fam.), agir sans préoccupation des dires et des commodités d'autrui ; avoir beaucoup d'aplomb. ‖ — **se gêner** v. pr. Se mettre à l'étroit, se serrer volontairement ; et, au *fig.*, se contraindre, ne pas prendre ses aises : *Se gêner pour ses voisins.* ‖ *Partic.* Se mettre dans un embarras pécuniaire : *Il s'est gêné pour payer cette dette.* ● *Ne vous gênez pas,* invitation à se mettre à l'aise ; et, *ironiq.,* se dit à quelqu'un qui prend des libertés excessives. ‖ *On ne se gêne pas avec les amis,* il faut agir librement avec ses amis. ◆ **gêneur, euse** n. *Fam.* Personne qui gêne ; importun.

généalogie n. f. (gr. *genealogia ;* de *genea,*

origine, et *logos,* science). Suite, dénombrement des ancêtres. ‖ Science qui a pour objet la recherche de l'origine et de la filiation des familles ; tableau de la filiation des différents membres d'une famille. ‖ Histoire d'un développement successif : *La généalogie des institutions.* ● *Action en reconstitution de généalogie,* action par laquelle un prétendu héritier cherche à établir les rapports de filiation successifs qui le relient au *de cujus* ou à un ancêtre commun. ◆ **généalogique** adj. Relatif à la généalogie, à une généalogie : *Tableau généalogique.* ● *Arbre généalogique,* tableau synoptique où sont figurées diverses espèces vivantes ou fossiles, reliées par des lignes qui expriment leur parenté supposée. (V. *encycl.*) — Tableau qui donne, sous la forme d'un arbre, la filiation régulière des membres d'une même famille et de leurs alliances, avec la mention des noms et, souvent, avec les blasons. ‖ *Livre généalogique,* livre donnant des renseignements concernant les animaux reproducteurs de race pure. (V. *encycl.*) ◆ **généalogiste** n. Personne qui dresse les généalogies.

— ENCYCL. *arbre généalogique. Biol.* En dépit de son caractère hypothétique et parfois totalement invérifiable, l'arbre généalogique a le mérite d'être *synoptique* et *statistique.* La succession établie pour les chevaux, par exemple, uniquement d'après l'ancienneté géologique et la structure de la patte, apparaîtra marquée par une augmentation régulière de la taille, qui se retrouve chez des êtres aussi différents que les nummulites, les ammonites et les dinosaures. Ainsi se dégagent quasi empiriquement des *lois de l'évolution,* qui, à leur tour, renforcent la vraisemblance des hypothèses.

— *livre généalogique.* Un livre généalogique est « fermé » lorsqu'on n'y inscrit que des descendants d'animaux déjà inscrits dans ce livre ; dans le cas contraire, il est dit « ouvert ». Parfois, le livre généalogique est accompagné d'un *livre d'élite,* où ne sont inscrits que les animaux de qualité élevée. Par extension, on appelle aussi « livre généalogique » une association d'éleveurs d'une race déterminée d'animaux, qui tient à jour un livre généalogique. Même en France, on désigne ces livres sous les noms anglais de *stud-book* (pour les chevaux), de *herd-book* (pour les bovins), de *flock-book* (pour les ovins), de *pig-book* (pour les porcs).

généalogiste → GÉNÉALOGIE.

génépi n. m. (mot savoyard). Plante des hautes montagnes, servant, dans les Alpes, à fabriquer une liqueur. (Selon les localités, ce nom désigne une armoise ou une achillée.)

génequin n. m. Sorte de coton filé de qualité inférieure.

géner → GÊNE.

Gener (Pompeyo), philosophe et critique littéraire catalan (Barcelone 1851 - *id.* 1920), auteur de *Hérésies* (1885), *la Mort et le Diable*, Michel Servet (1911).

général, e, aux adj. (lat. *generalis ;* de *genus, -eris,* genre). Qui s'étend à un ensemble de personnes ou de choses : *L'intérêt général du pays. Une grève générale.* ‖ Considéré dans l'ensemble, abstraction faite des détails : *Faire des remarques générales sur un ouvrage. Employer un mot dans une acception générale.* ‖ Vague, dont le sens est indéterminé : *Répondre d'une manière générale, en termes généraux.* ‖ Qui embrasse l'ensemble d'un service, d'un commandement : *Officier, inspecteur, receveur, conseiller, procureur général. Supérieur général.* ‖ Se dit d'une affection qui atteint l'ensemble de l'organisme. ‖ Se dit des grades, des fonctions ou des organismes les plus élevés dans la hiérarchie militaire : *Officier général. Inspecteur général. Quartier général.* ‖ — CONTR. : *individuel, local, particulier, personnel, singulier, spécial, spécifique.* ● *Commerce général,* total de toutes les entrées et sorties de marchandises du pays. ‖ *États généraux,* v. ÉTAT. ‖ *Idée générale,* v. CONCEPT. ‖ *Vents généraux,* vents qui soufflent depuis les premiers degrés de latitude S. jusqu'au tropique du Capricorne. ● LOC. ADV. *En général,* dans les cas les plus fréquents ; habituellement, ordinairement : *En général, il ne sort pas le dimanche.* ◆ — **général** n. m. Ce qui convient à un genre tout entier : *On ne peut conclure que du général au particulier.* ‖ — **générale** n. f. Dernière répétition d'ensemble d'une pièce de théâtre devant un public d'invités. ◆ **généralement** adv. De façon générale ; dans la plupart des cas, ordinairement : *Il est généralement absent.* ● *Généralement parlant,* à prendre les choses en général, en ne tenant pas compte de quelques exceptions. ◆ **généralisable** adj. Qu'on peut généraliser : *Proposition facilement généralisable.* ◆ **généralisateur, trice** adj. qui généralise : *Méthode généralisatrice.* ◆ **généralisation** n. f. Action de généraliser : *Une généralisation hâtive.* (La généralisation consiste à passer d'un cas particulier à tous les cas possibles.) ‖ Extension d'une affection à tout l'organisme : *Généralisation d'un cancer.* ● *Généralisation d'une proposition,* énoncé plus étendu contenant cette proposition comme cas particulier. ◆ **généraliser** v. tr. et intr. Rendre général ; rendre applicable à l'ensemble : *Généraliser une idée, une méthode.* ‖ Rendre commun à beaucoup : *Généraliser une doctrine.* ‖ Exprimer dans une idée les rapports de similitude qui existent entre les êtres ou les faits. ‖ — **se généraliser** v. pr. Devenir commun à beaucoup : *L'automobile se généralise de plus en plus.* ◆ **généraliste** adj. et n. Se dit d'un médecin exerçant la médecine générale. (S'oppose à SPÉCIALISTE.) [Syn. OMNIPRATICIEN.] ◆ **généralité** n. f. Qualité de ce qui est général : *Donner un caractère de généralité à une remarque.* (V. aussi GÉNÉRAL n. m.) ‖

— **généralités** n. f. pl. Idées générales plus ou moins indéterminées : *Il a commencé son cours par des généralités.*

général n. m. (de l'adj. *général*). Officier appartenant aux échelons les plus élevés (officiers généraux) de la hiérarchie des armées de terre ou de l'air : *Général de brigade, de division, de corps d'armée.* (V. encycl.) ‖ Supérieur de certains ordres religieux, les Jésuites notamment. ● *Général en chef,* général placé à la tête d'un théâtre d'opérations et ne relevant que du pouvoir politique. (V. ENCYCL.) ‖ *Général des finances* (appelé aussi TRÉSORIER DE FRANCE), dans l'ancienne France, officier de finances placé à la tête d'une généralité pour s'occuper principalement du contentieux et des ressources extraordinaires. (Cette fonction apparut au XIVe s. et perdit sa raison d'être en 1666 par l'élargissement des pouvoirs financiers des intendants.) ‖ *Général des galères,* officier qui commandait toutes les galères et tous les bâtiments ayant des voiles latines. ‖ *Général des galions* ou *de la mer,* chef des forces navales espagnoles. ◆ **généralat** n. m. Grade d'officier général : *Accéder au généralat.* ‖ Dignité de supérieur général d'un ordre religieux : *Le généralat des Jésuites.* ‖ Autref., circonscription territoriale commandée par un général. ◆ **générale** n. f. Épouse d'un général : *Madame la générale.* ‖ Batterie de tambour, sonnerie de clairon ou de trompette pour rassembler les troupes en cas de danger : *Battre, sonner la générale.* ◆ **généralissime** n. m. Général investi du commandement suprême des troupes d'un État ou d'une coalition : *Foch fut, en 1918, le généralissime des armées alliées.* ◆ adj. Chapitre *généralissime,* chapitre général chez les Franciscains. ◆ **généralité** n. f. Circonscription du général* des finances, puis de l'intendant*, sous l'Ancien Régime. (Le nombre des généralités passa de quatre au XVe s. à seize en 1542, puis à vingt et une sous Louis XIV et à trente-trois en 1789. Les généralités étaient les circonscriptions administratives essentielles de l'Ancien Régime.) [V. aussi GÉNÉRAL adj.]

— ENCYCL. *général.* Depuis 1800, l'ensemble des généraux forme l'*état-major* général de l'armée, divisé en deux sections : la première, pour les généraux en activité ; la seconde, dite communément *cadre de réserve,* pour les généraux atteints par la limite d'âge. (Pour la hiérarchie des officiers généraux des trois armées, v. tableau GRADES.)

Général Dourakine (LE), roman de la comtesse de Ségur (1866), destiné à la jeunesse. Le général en retraite Dourakine vit sur ses terres avec son intendant français et les deux enfants de celui-ci, Paul et Jacques. Grâce au général, ces derniers se sentent à l'abri des méchancetés inventées par les enfants d'une nièce du général, mais ce bon bourru paie cher sa bonté. Une délation ayant révélé qu'il donne asile à un réfugié polonais, le général Dourakine est obligé de vendre ses terres et de se réfugier en France.

généralat → GÉNÉRAL n. m.

générale → GÉNÉRAL adj., et GÉNÉRAL n. m.

General Electric Co., société américaine, première firme mondiale de construction de moteurs et d'équipements électriques. Son activité porte sur la construction de machines électriques de très grande puissance ainsi que sur l'électronique, l'énergie nucléaire, les activités spatiales. En 1964, elle s'est rapprochée de la Compagnie des machines Bull et a fusionné avec Honeywell en 1970.

généralement → GÉNÉRAL adj.

Generalife (de l'ar. *Djennat al-Arif*, Jardin de l'Architecte), palais des rois maures à

jardins du **Generalife**

Grenade, situé sur une hauteur près de l'Alhambra.

généralisable, généralisateur, généralisation, généraliser → GÉNÉRAL adj.

généralissime → GÉNÉRAL n. m.

généraliste → GÉNÉRAL adj.

généralité → GÉNÉRAL adj. et GÉNÉRAL n. m.

General Motors Corporation, puissante société industrielle américaine du groupe Du Pont de Nemours, fondée en 1908, et premier constructeur mondial d'automobiles. Depuis 1950, elle construit pratiquement à elle seule, avec ses marques Chevrolet, Buick, Pontiac, Oldsmobile et Cadillac, plus de la moitié des véhicules automobiles pro-

duits aux Etats-Unis. La General Motors Corporation construit également des réfrigérateurs, des moteurs d'avions, etc.

General San Martín ou **San Martín**, agglomération industrielle de la banlieue ouest de Buenos Aires ; 339 100 h.

générateur, génératif → GÉNÉRATION.

génération n. f. (lat. *generatio ;* de *generare,* engendrer). Fonction par laquelle les êtres organisés se reproduisent : *Les organes, l'acte de la génération.* (V. encycl.) ‖ Action d'engendrer : *L'instinct de génération.* ‖ Suite d'êtres organisés semblables provenant les uns des autres ; postérité : *La génération de Noé.* ‖ Degré de filiation de père à fils : *Il y a deux générations du grand-père au petit-fils.* ‖ Espace de temps qui sépare chacun des degrés de filiation : *Il y a environ trois générations par siècle.* ‖ Ensemble d'hommes, d'êtres organisés vivant dans le même temps et étant à peu près du même âge : *Une génération sacrifiée. Les gens de ma génération.* ‖ Ensemble des techniques caractérisant une branche d'activité industrielle ou scientifique à un moment donné : *Des ordinateurs de la deuxième génération.* ‖ Formation d'une figure géométrique par mouvement de points ou de lignes. ‖ *Fig.* Production, action de créer : *La génération d'une œuvre.* ‖ *Génération spontanée,* génération qui aurait lieu sans germe, suivant certains naturalistes. (V. encycl.) ‖ *La génération du Fils* (Théol.), sa production par le Père. ◆ **générateur, trice** adj. Relatif à la génération : *Organes générateurs. Force génératrice.* ‖ *Fig.* Qui est cause efficiente : *Des mesures génératrices de désordre.* ● *Assise génératrice,* v. CAMBIUM et PÉRIDERME. ‖ — **générateur** n. m. Armature métallique longitudinale employée dans la construction des ouvrages cylindriques en béton armé (réservoirs, tuyaux, etc.). ‖ Appareil qui transforme une forme quelconque d'énergie en énergie électrique. ‖ Cuve emplie de copeaux de hêtre, dans laquelle se fait le vinaigre. ‖ Appareil donnant une production de gaz d'huile à partir de gas-oil ou de fuel-oil. ‖ Partie de l'installation de fabrication de gaz à l'eau dans laquelle le coke est gazéifié sous l'action de la vapeur. ● *Générateur de vapeur,* syn. de CHAUDIÈRE* à VAPEUR. ‖ — **génératrice** n. f. Machine productrice de courant électrique. ‖ Droite mobile qui engendre une surface réglée. ‖ Plus généralement, courbe mobile qui engendre une surface. ● *Génératrice auxiliaire,* sur une locomotive, dynamo génératrice entraînée par un moteur Diesel ou par un moteur à courant alternatif, et alimentant en courant continu les circuits de commande, de contrôle et d'excitation, et souvent une batterie d'accumulateurs. ‖ *Génératrice polymorphique,* machine capable de produire simultanément des tensions et des courants de genres différents. ‖ *Génératrice principale,* sur une locomotive, dynamo génératrice, analogue à une génératrice auxiliaire, fournissant

du courant continu aux moteurs de traction.
◆ **génératif, ive** adj. Relatif à la génération.
— ENCYCL. *génération.* La science distingue ou a distingué les modalités suivantes de génération :
1° La *génération spontanée,* ou *abiogenèse,* à partir de la matière inanimée. Personne ne la croit plus possible sur Terre dans les conditions cosmiques actuelles, mais il faut bien l'admettre à l'origine de la vie. Il a fallu deux siècles (1668-1860) et le génie de Pasteur pour venir à bout de cette théorie ;
2° La *multiplication asexuée,* à partir de cellules banales d'un seul individu, par bipartition, bourgeonnement, sporulation, stolons, boutures, drageons, arceaux, tubercules, etc. On la rencontre chez les plantes de tous groupes et chez de nombreux animaux, presque tous aquatiques ;
3° La *reproduction sexuée,* qui existe pratiquement dans toutes les espèces vivantes, souvent en sus de la modalité asexuée. Son seul caractère constant est l'union (fécondation) de deux cellules spécialisées, les gamètes, qui ne possèdent chacun que *n* chromosomes, moitié du nombre normal de l'espèce. La fécondation donne un *zygote,* dont le développement donnera un ou plusieurs individus. Typiquement, les deux gamètes sont différents (l'un mâle, l'autre femelle) et proviennent de deux individus séparés (le lat. *sexus,* dérivé de *sectus,* exprime cette idée de séparation), mais il peut arriver que chaque individu ait les deux sexes (hermaphrodisme) ou que les gamètes des deux sexes soient identiques (isogamie) ;
4° La *parthénogenèse,* reproduction par le gamète femelle non fécondé.
Il peut y avoir *alternance de générations* : sexuée et asexuée (algues), sexuée et parthénogénétique (pucerons).

génératrice → GÉNÉRATION.

généreusement → GÉNÉREUX.

généreux, euse adj. (lat. *generosus;* de *genus, -eris,* race). Doué de sentiments nobles : *Une âme généreuse.* ‖ Qui décèle la générosité : *Des idées généreuses. Résolution généreuse.* ‖ Qui donne libéralement : *Se montrer généreux envers les pauvres.* ‖ Qui est donné libéralement : *Une aumône généreuse.* ‖ Gras, plein, rebondi : *Cette personne a des formes généreuses.* ‖ Qui produit beaucoup : *Terre généreuse.* ‖ Qui est d'excellente qualité; qui a une action réconfortante : *Vins généreux.* ‖ — CONTR. : *bas, lâche, vil; avare, chiche, égoïste, intéressé, ladre, lésineur, mesquin.* ◆ **généreusement** adv. De façon généreuse, avec noblesse de sentiments (vieilli) : *Verser généreusement son sang pour une cause.* ‖ Avec libéralité : *Payer quelqu'un généreusement.* ◆ **générosité** n. f. Disposition à donner avec libéralité : *Distribuer des cadeaux avec générosité.* ‖ Qualité de celui qui se montre bienveillant, clément, indulgent : *La générosité du* *vainqueur gagna tous les cœurs.* ‖ Fig. Qualité d'un vin généreux : *La générosité du bourgogne.* ‖ — SYN. : *grandeur d'âme, largesse, libéralité, magnanimité.* ‖ — **générosités** n. f. pl. Dons, largesses : *Faire des générosités.*

générique → GENRE.

générosité → GÉNÉREUX.

Gênes, en ital. **Genova,** v. d'Italie, en Ligurie, ch.-l. de province, sur le *golfe de Gênes;* 813 300 h. *(Génois).* Archevêché. Université.
● *Géographie.* Resserré entre l'Apennin et la mer, le port de Gênes a vu son importance augmenter lorsqu'il est devenu le débouché des régions les plus industrialisées de l'Italie du Nord. Des industries lourdes importantes (sidérurgie, produits chimiques, raffinage du pétrole) sont concentrées dans les banlieues de l'Ouest. Au centre de Gênes se trouvent de nombreux palais : le palais Bianco (XVIIe-XVIIIe s.), abritant un musée de peinture; le palais Rosso et le palais royal (XVIIe s.); le palais ducal, etc. Parmi les monuments religieux, il faut citer : la cathédrale San Lorenzo (XIIe-XVIe s.); l'église de l'Annunziata (XVIIe s.); Sant' Ambrogio (1597); l'église romane San Donato; San Siro, ancienne cathédrale. Célèbre cimetière.
● *Histoire.* Principal port de Ligurie, Gênes devient l'alliée de Rome dès 218 av. J.-C. Après la chute de l'Empire, elle est conquise par les Lombards (641), puis par les Sarrasins (936). Elle participe à la première croisade et acquiert son indépendance (1100). Elle développe le grand commerce maritime et, avec Pise, elle lutte contre les musulmans en Sardaigne et dans la mer Tyrrhénienne. En 1284, elle est victorieuse de Pise et hérite de ses droits sur la Corse et la Sardaigne. Elle se heurte alors à la rivalité de Venise. Le traité de Nymphée, signé avec Constantinople, lui concède Péra et Galata, sur la Corne d'Or, lui ouvre la mer Noire et l'accès aux routes de l'Asie centrale. Elle se crée un puissant empire maritime, s'installe à Phocée (1275), à Chio et dans les îles grecques au XIVe s., à Famagouste en 1383. Les Génois pratiquent les premières assurances maritimes et organisent les premières sociétés en commandite. L'activité commerciale passe aux mains des *mahones**. Le premier doge à vie est institué en 1339. Mais les luttes civiles continuelles, l'ingérence étrangère (Visconti, Sforza, puis le roi de France [1396-1409 et 1458-1461]) l'affaiblissent progressivement. Elle est vaincue dans sa lutte contre Venise (1378-1381). Les Turcs conquièrent ses colonies. La dernière, la Corse, sera cédée à la France en 1768. Gênes demeure cependant un des centres bancaires les plus actifs d'Europe. Au XVIe s., elle tombe sous la domination espagnole. Bonaparte l'inclut dans la république Ligurienne (1797), qui est annexée à l'Empire français en 1805. En 1815, elle entre dans

le royaume de Sardaigne. Son rôle de grand port italien n'a cessé de se développer.

Gênes (GOLFE DE), golfe de la mer Tyrrhénienne, limité à l'O. par le cap Mele et à l'E. par le cap de Porto Venere (à l'entrée du golfe de La Spezia). Sa côte, élevée et découpée, est divisée en *Riviera di Ponente* à l'O., et *Riviera di Levante* à l'E. Nombreuses stations balnéaires.

Genès ou **Genest** (saint), martyr romain dont l'existence est discutée, mais qui a inspiré une tragédie de Rotrou, *Saint Genest**. — Fête le 25 août.

Génésareth, nom donné par les Evangiles au lac de Tibériade.

genèse n. f. (lat. ecclés. *genesis*, naissance ; empr. au gr.). Système cosmogonique. || Production des êtres. || Formation des éléments anatomiques ou des liquides de l'organisme. (S'emploie surtout dans des noms composés : *embryogenèse, urogenèse*, etc.) || *Fig.* Série de faits et de causes s'enchaînant les uns aux autres et aboutissant à un résultat : *La genèse de cette affaire remonte à une dizaine d'années*. || Formation progressive d'une œuvre littéraire : *La genèse d'un drame, d'un roman*. ◆ **génésiaque** adj. Relatif à une genèse. || Relatif au livre de l'Ecriture appelé la « Genèse ».

Genèse, le premier des livres du Pentateuque, donc le premier de la Bible. Elle raconte la création du monde, les origines de l'humanité, l'histoire des patriarches et celle des Hébreux jusqu'à leur descente en Egypte.

génésiaque → GENÈSE.

génésique adj. Qui concourt à la reproduction. (Usité surtout dans l'expression *instinct génésique*.)

Genest-Saint-Isle (LE), comm. de la Mayenne (arr. et à 8,5 km à l'O. de Laval ; 1 665 h. Traitement du minerai d'antimoine.

Genest (saint). V. GENÈS.

genet n. m. (esp. *jinete*). Petit cheval de la race des barbes, originaire d'Espagne. (Vx.)

genêt n. m. (lat. *genista*). Papilionacée ligneuse aux fleurs jaunes, parfois épineuse. (Les genêts sont actuellement classés dans plusieurs genres : *genista, cytisus, spartium*, etc. Ce sont des plantes des landes siliceuses, que l'on rencontre avec les bruyères et les fougères.)

Genet (Jean), écrivain français (Paris 1910). Enfant abandonné, il connaît très jeune les rigueurs de la justice humaine (maisons de redressement, prisons). En 1948, il échappe à la relégation grâce à l'intervention de plusieurs écrivains. On lui doit des romans (*Notre-Dame des Fleurs*, 1948), des poèmes et des pièces de théâtre (*les Bonnes*, 1947 ; *Haute Surveillance*, 1949 ; *les Nègres*, 1958 ; *le Balcon*, 1959 ; *les Paravents*, 1961), où il s'attaque aux préjugés sociaux.

généthliaque → GÉNÉTHLIOLOGIE.

généthliologie n. f. (gr. *genethlê*, naissance, et *logos*, science). Art de connaître la destinée d'après la position des astres lors de la naissance de quelqu'un. ◆ **généthliaque** adj. *Antiq.* Se disait de ceux qui tiraient un horoscope de la position des astres au moment de la naissance d'une personne. || Fait d'après les règles de l'astrologie.

généticien → GÉNÉTIQUE.

génétique adj. Qui concerne l'hérédité. ● *Psychologie génétique*, psychologie qui étudie le développement de la conscience et de la pensée, en particulier chez l'enfant. ✦ n. f. Partie de la biologie qui étudie les lois de la transmission des caractères héréditaires chez les êtres vivants et les propriétés des particules qui assurent cette transmission. (Science relativement récente, la génétique a cependant traversé trois périodes : la détermination des lois de l'hérédité par Mendel, puis par Naudin, Tschermak, Correns, Cuénot, etc. ; l'étude des chromosomes, de leur rôle dans l'hérédité et dans les mutations, par Th. H. Morgan, Bateson et leurs collaborateurs américains ; l'étude [actuelle] des lois de l'autoreproduction et du « code génétique », notamment par Benoît et Leroy en France.) ◆ **généticien, enne** n. Biologiste qui fait des travaux de génétique. ◆ **génétisme** n. m. *Psychol.* Théorie empiriste selon laquelle la notion d'espace serait acquise par l'expérience. (Le génétisme fut soutenu par Spencer, Lotze, Wundt.) [Contr. NATIVISME.] ◆ **génétiste** n. Personne qui s'occupe de génétisme. || Partisan du génétisme.

— ENCYCL. La génétique a étudié tout d'abord les lois qui président, statistiquement, à la transmission héréditaire des particularités individuelles les plus visibles (lois de Mendel, 1865). Dans un deuxième temps, elle a cherché et trouvé le support matériel des caractères héréditaires (théorie chromosomique, T. H. Morgan). Dans un troisième temps, elle s'est intéressée aux anomalies et aux mutations chromosomiques, d'une part à des fins médicales (dépistage et traitement précoce des anomalies chromosomiques chez le fœtus humain ou chez le nouveau-né), d'autre part en vue de fournir une base rationnelle aux phénomènes d'innovation évolutive, sans aucun recours à une volonté transcendante (génétique des populations, Dobzhansky). Actuellement, la découverte du « code génétique » (Watson et Crick, 1953) et l'analyse fine des médiations enzymatiques, par lesquelles les unités génétiques (gènes) gouvernent la construction de l'individu (Monod, Jacob et Lwoff), assurent la jonction entre génétique et embryologie. En revanche, l'étude de la causalité des mutations reste encore largement ouverte à la recherche.

genette n. f. (esp. *jineta* ; ar. *djerneit*). Mammifère carnassier de la famille des viverridés, répandu surtout en Afrique, et que ses griffes rétractiles rapprochent des félins. (Une espèce se rencontre dans le midi de la France.)

gêneur → GÊNE.

Genève, v. de Suisse, ch.-l. du canton du même nom, à l'extrémité occidentale du lac Léman ; 175 500 h. (*Genevois*).

● *Géographie.* Le site de la ville est un plateau où le Rhône s'encaisse à la sortie du lac. A la fin du XVIIIe s., la ville comptait déjà 30 000 h., dont le tiers vivaient de la bijouterie et de l'horlogerie. Ces deux industries, encore importantes, sont complétées par l'industrie chimique. Mais les deux activités principales sont aujourd'hui la banque et le commerce international. Après avoir abrité la S. D. N., Genève garde d'importants organismes internationaux : le Bureau international du travail, le siège européen des Nations unies, l'Organisation mondiale de la santé, l'Union internationale des télécommunications, la Croix-Rouge internationale, etc.
La vieille ville occupe une colline de la rive gauche du Rhône, autour de l'ancienne cathédrale, aujourd'hui temple Saint-Pierre, en partie gothique ; elle garde des maisons médiévales, des palais des XVIIe et XVIIIe s. Dans les quartiers modernes, qui se développent au S.-E. et au S.-O., se trouvent le théâtre (1879), l'université et le musée d'Art et d'Histoire.

● *Histoire.* D'origine préhistorique, Genève, cité des Allobroges, fut occupée par Jules César en 58 av. J.-C. Elle appartint à la Gaule romaine, à l'Empire (évêché vers 400), aux Burgondes, aux Francs (534), au royaume de Bourgogne, puis au Saint Empire (1032). Dès lors, elle est cité épiscopale, avec immédiateté impériale. Son prince-évêque cumule les pouvoirs temporel et spirituel. Il défend son indépendance face aux féodaux : comte de Genevois, comte, puis duc de Savoie. La communauté des citoyens, née au XIIe s., s'affermit et fait alliance avec Fribourg (1519) et Berne (1526). Elle adopte la Réforme en 1536. Genève, où Calvin s'installa en 1541, devint la Rome du protestantisme. L'Académie, fondée en 1559, lui assura un grand rayonnement intellectuel. Le gouvernement théocratique dont Calvin l'avait pourvue évolua vers une organisation oligarchique aux mains du patriciat, qui, à mesure que se développaient la banque et l'industrie, dut faire face aux révoltes de bourgeois. A l'exemple de la France, la révolution de 1794 y établit un gouvernement révolutionnaire. Devenue française en 1798 et chef-lieu du département du Léman, la ville recouvra son indépendance en 1814 et entra dans la Confédération suisse.

Genève (CONFÉRENCE DE), conférence réunie en 1954 pour résoudre les problèmes coréens et indochinois, et qui aboutit à un accord de cessez-le-feu en Indochine à la suite de la chute de Diên Biên Phu, et à la formation de deux Etats, le Nord Viêt-nam et le Sud Viêt-nam.

Genève (CONVENTIONS DE), conventions signées à Genève en août 1949 par un grand nombre d'Etats et portant sur l'amélioration du sort des blessés, malades et naufragés des forces armées sur mer, sur l'amélioration du sort des blessés et malades des forces armées en campagne, sur le traitement des prisonniers de guerre et sur la protection des civils en temps de guerre. Une première convention de Genève avait été conclue en 1864 sur l'initiative de la Croix-Rouge et à l'instigation d'Henri Dunant. Elle avait été suivie, en 1929, d'une convention sur le traitement des prisonniers de guerre.

Genève (CANTON DE), canton de Suisse, à l'extrémité occidentale de la Confédération ; 282 km² ; 339 500 h. Capit. *Genève*. Il correspond, en fait, à l'agglomération étendue de Genève.

Genève (LAC DE) ou **Petit Lac,** nom donné, à Genève, à l'extrémité sud-ouest du lac Léman.

Genève (Robert DE). V. CLÉMENT VII.

Geneviève (sainte), patronne de Paris (Nanterre v. 422 - Paris v. 502). Son histoire est en partie légendaire. Saint Germain d'Auxerre la consacra à Dieu ; elle vécut dans la pénitence à Paris, qu'elle protégea lors de l'avance des Huns (451). Ses reliques, quoique en grande partie dispersées en 1793,

« L'Enfance de Sainte Geneviève » par Puvis de Chavannes
Panthéon

Giraudon

restent l'objet d'un culte populaire. — Fête le 3 janv.

Geneviève de Brabant, héroïne d'une légende populaire du Moyen Age, dont la première version se trouve dans la *Légende dorée*. Accusée d'adultère par le sénéchal Golo, qui a tenté d'abuser d'elle, elle ne peut persuader de son innocence son époux Siegfried, comte palatin de Trèves. Les serviteurs chargés de la tuer l'épargnent. Plus tard, Siegfried reconnaît son innocence, mais Geneviève de Brabant, usée par le malheur, ne survit pas longtemps à son bonheur retrouvé.

genevois, e adj. et n. Relatif à Genève et à son canton.; habitant de cette ville ou de ce canton.

Genevois (MASSIF DU). V. BORNES (*massif des*).

Genevoix (Maurice), écrivain français (Decize, Nièvre, 1890-Alsudia-Cansades, Espagne, 1980). Blessé de guerre, il écrit en 1915-1916, pendant sa convalescence, une chronique du soldat des tranchées, *Sous Verdun,* suivie d'autres souvenirs de guerre

Maurice
Genevoix

Larousse

(*Nuits de guerre,* 1917; *Au seuil des guitounes,* 1918). Ses romans suivants, souvent consacrés à la campagne nivernaise, sont l'œuvre d'un écrivain qui excelle à peindre la nature et la vie rurale : *Jeanne Robelin* (1920), *Raboliot* (prix Goncourt, 1925), *Rroû* (1930), *la Dernière Harde* (1938), *Eva Charlebois* (1944), *l'Écureuil du Bois-bourru* (1947), *Derrière les collines* (1963), *Beau François* (1965), *la Forêt perdue* 1966), *Jardin sans mur* (1968), *Tendre Bestiaire* (1969). [Acad. fr., 1946.]

Genèvre (COL DU Mont-), col des Alpes françaises (Hautes-Alpes), au-dessus de Briançon ; 1 850 m. Il fut peut-être emprunté par Hannibal et par César.

genévrette ou **genevrette** n. f. Boisson fermentée aromatisée avec du genièvre et de l'absinthe.

genévrier → GENIÈVRE.

Genf, nom allem. de **Genève.**

Genga (Girolamo), peintre et architecte italien (Urbino 1476 - *id.* 1551). Élève de Signorelli, puis du Pérugin, il introduisit la manière ombrienne en Toscane.

Genga (Annibale DELLA). V. LÉON XII.

Gengenbach (Pamphilus), écrivain suisse d'expression allemande (Bâle v. 1480 - *id.* 1525). Parmi ses œuvres satiriques, la plus célèbre est une farce allégorique, *les Dix Ages du monde* (1516).

Gengis khān ou **Tchinggis khān** (« Roi océanique, ou universel, ou puissant »), titre de Témudjin, fondateur de l'Empire mongol (1155, 1162 ou 1167 - † 1227). Il se distingua par sa valeur guerrière et réussit à se

B. N.

couronnement de Gengis khān
« la Fleur des histoires », par Hayton
Bibliothèque nationale

faire élire roi des Mongols vers 1196. Triomphant de peuplades rivales, et notamment des Tatars (1202), il fut reconnu khān suprême (*khaghān*) par les Mongols et leurs satellites. Il entreprit la conquête de la Chine (Pékin, 1215) et celle du Khārezm (Boukhara, Samarkand, 1220-1221). Ses troupes pénétrèrent dans le Khurāsān, dans l'Azerbaïdjan, en Russie méridionale, en Afghānistān. Il dota son empire d'institutions fondées sur une discipline sévère. A l'égard des populations soumises, il pratiqua des exécutions massives. Mais il fit régner l'ordre dans son très vaste empire. Il attribua de son vivant des apanages à ses fils Djutchi, Djaghataï, Tuli et Ogoday. Ce dernier devait lui succéder.

Gengou (Octave), bactériologiste belge (Ouffet 1875 - † 1957), qui isola, avec Bordet, le bacille de la coqueluche.

Gengoul ou **Gingolf** (saint), confesseur ou martyr († 760). Sa *Passion*, écrite au début du Xᵉ s., le rendit très populaire dans tout l'Occident. — Fête le 11 mai.

génial, génialement → GÉNIE.

géniculé, e adj. (du lat. *geniculus*, petit genou). *Corps géniculé,* renflement de l'extrémité postérieure de la couche optique du cerveau. ‖ *Ganglion géniculé,* renflement de la racine sensitive du nerf facial.

génie n. m. (lat. *genius,* esprit divin qui préside à la naissance). Esprit, démon qui, selon les Romains, présidait à la destinée de chaque être. ‖ Etre surnaturel auquel on attribuait un pouvoir magique : *Génie des bois.* ‖ Personne qui exerce une influence sur la destinée d'une autre personne : *Vous êtes mon bon génie.* ‖ Etre allégorique personnifiant un art, une chose, une idée abstraite : *Le génie de la Liberté.* ‖ Représentation de cet être allégorique : *Le « Génie » de la Bastille.* ‖ Aptitude naturelle, goût inné pour une chose : *Le génie de l'intrigue.* ‖ Puissance créatrice, en général : *Un inventeur de génie. Une idée de génie.* ‖ Puissance créatrice dans les sciences, les lettres, les arts : *Le génie de Pasteur.* ‖ Caractère propre et distinctif d'un être, d'une chose : *Le génie d'une langue.* ‖ Personne de génie : *Epoque féconde en génies.* ‖ Nom donné, pendant la Révolution, aux figures des cartes qui remplaçaient les rois. ‖ Arme et service de l'armée de terre, à caractère technique, dont le rôle principal est de construire et d'entretenir l'infrastructure terrestre (voies de communication, bâtiments, etc.) des armées et les fortifications. (Créé par Vauban, organisé en corps en 1776, le génie est à la fois une arme [avec ses bataillons de sapeursmineurs, de pontonniers, etc.] et un service [avec ses directions de travaux]. Sa devise est : *Parfois détruire, souvent construire, toujours servir.* Ses officiers sont instruits à l'*Ecole d'application du génie,* créée à Angers en 1945, et à l'*Ecole supérieure technique du génie,* à Versailles [1946].) ● *Ce n'est pas un génie* (Fam.), c'est une personne peu intelligente. ‖ *Génie de l'air,* corps dérivé en 1937 du génie de l'armée de terre, et qui, au sein de l'armée de l'air, est chargé de la construction, de la réparation ou de la destruction de l'infrastructure aérienne (bases, pistes, etc.). ‖ *Génie épidémique,* ensemble des conditions qui font la gravité plus ou moins grande d'une épidémie. (Ce sont le pouvoir pathogène des germes, leurs possibilités de reproduction et de dissémination, les conditions climatiques et sociales, la résistance des individus.) ‖ *Génie maritime,* corps d'ingénieurs militaires créé en 1800 et chargé des constructions navales. (Les ingénieurs du génie maritime sont formés à l'*Ecole nationale supérieure du génie maritime,* installée à Paris depuis 1857. Ils portent l'uniforme des officiers de marine avec un parement de velours noir sur la manche.)

◆ **génial, e, aux** adj. Qui a du génie : *Le génial Homère.* ‖ Qui marque du génie : *Une œuvre géniale.* ◆ **génialement** adv. De façon géniale : *Une œuvre génialement interprétée.*

génie maritime (ECOLE NATIONALE SUPÉRIEURE DU), établissement public d'enseignement scientifique et technique supérieur, placé sous l'autorité du ministère des Armées (marine), ayant pour objet de former d'une part les ingénieurs du corps du génie maritime, d'autre part les ingénieurs civils destinés à l'industrie de la construction navale.

génie rural (ECOLE NATIONALE DU). V. AGRICOLE (*enseignement*).

Génie du christianisme, par Chateaubriand (1802). La publication de cette apologie du christianisme coïncida avec la signature du Concordat. L'argumentation en est fondée non sur la raison, mais sur le sentiment. L'auteur veut prouver qu'aucune autre religion n'est plus touchante ni plus favorable à l'éclosion et au développement des arts et de la poésie. Même dans les œuvres classiques, imitées de l'Antiquité, l'âme est chrétienne. L'action exercée par cette théorie sur l'avènement du romantisme fut immense, et Chateaubriand devint aussitôt célèbre. Les deux petits romans d'*Atala** et de *René** gardèrent longtemps leur place dans cette œuvre, dont ils illustraient deux chapitres.

génien, enne adj. (gr. *geneion,* menton). Qui appartient au menton ou s'y rapporte.

genièvre n. m. (lat. *juniperus*). Eau-de-vie faite avec des baies de genévrier et des moûts fermentés de céréales. (La baie de genévrier elle-même est le *grain de genièvre,* utilisé en cuisine et en médecine.) ◆ **genévrier** n. m. Arbuste gymnosperme aux aiguilles persistantes et pointues, aux baies comestibles. (On connaît de nombreuses espèces, fournissant le cade, l'encens, le bois à crayons, le genièvre. Famille des cupressacées.)

Genil (le), riv. d'Espagne, en Andalousie, affl. du Guadalquivir (r. g.) ; 211 km. Il naît dans la sierra Nevada.

génio-glosse ou **génioglosse** adj. et n. m. Se dit de l'un des muscles de la langue.

génio-hyoïdien ou **géniohyoïdien** n. m. et adj. Muscle court s'étendant du maxillaire inférieur à l'os hyoïde.

génioplastie n. f. (gr. *geneion,* menton, et *plassein,* former). Restauration chirurgicale du menton.

génipape n. m. Fruit des Antilles, comestible et rafraîchissant, produit par une rubiacée arborescente, le *génipa.*

génisse n. f. (lat. pop. **genicia ;* de *junix, junicis*). Femelle de l'espèce bovine qui n'a pas encore mis bas. ‖ *Poétiq.* Vache, en général. ◆ **génisson** n. m. *Dialect.* Jeune taureau, jeune bœuf.

Génissiat, lieu-dit de la comm. d'Injoux-Génissiat (Ain), au S. de Bellegarde. Important barrage sur le Rhône. Centrale hydro-électrique de la Compagnie nationale du Rhône, alimentée par un lac de 12 millions de mètres cubes de capacité utile.

Gamet - Rapho

barrage de Génissiat

génisson → GÉNISSE.

génital, e, aux adj. (lat. _genitalis_). Relatif à la reproduction sexuée des animaux et de l'homme. ● _Parties génitales, appareil génital,_ organes sexuels. (V. encycl.) ‖ _Tractus génital,_ ensemble des organes génitaux de l'un ou de l'autre sexe, et dont toutes les parties sont complémentaires. (V. encycl.) ◆ **génitalité** n. f. Aptitude à la reproduction : _Forte génitalité._ (Ce terme se distingue de « sexualité » en ce que celle-ci ne concerne que l'activité sexuelle, suivie ou non de reproduction.) ◆ **géniteur, trice** n. _Ironiq._ Personne qui engendre ; père, mère. ‖ — **géniteur** n. m. Animal mâle destiné à la reproduction. ◆ **génito-crural, e, aux** adj. et n. Se dit d'un nerf sensitif de la cuisse et des organes génitaux, branche du plexus lombaire. ◆ **génito-urinaire** adj. Qui concerne les organes de la génération et les organes urinaires : _Troubles génito-urinaires._
— ENCYCL. _génital._ Le tractus génital comprend : 1° les gonades (glandes sexuelles), qui sont le testicule chez le mâle et l'ovaire chez la femelle ; 2° les voies génitales, qui comportent chez le mâle le canal déférent, les canaux éjaculateurs, le pénis, et chez la femelle les trompes, l'utérus et le vagin. Les glandes génitales ont, dans les deux sexes, une sécrétion externe (les gamètes) et une sécrétion interne, hormonale, qui règle le développement et le fonctionnement de l'appareil génital.
Chez les mammifères, l'appareil génital est issu du développement d'un ancien appareil urinaire (mésonéphros) et a conservé quelques liens avec cet appareil, d'où l'expression _organes génito-urinaires,_ également employée. L'appareil femelle provient surtout du canal de Müller, l'appareil mâle surtout du canal de Wolf. Chez le mammifère femelle, l'activité génitale est cyclique, un seul ovule étant rejeté à chaque cycle œstrien*, tandis que le mâle produit de façon continue d'innombrables spermatozoïdes.

génitalité, géniteur → GÉNITAL.

génitif n. m. L'un des cas de la déclinaison nominale et pronominale dans les langues à flexion, qui exprime le plus souvent l'appartenance ou le complément partitif.

génito-crural, génito-urinaire → GÉNITAL.

Genji Monogatari (_le Roman de Genji_), ouvrage de Murasaki Shikibu, dame de la cour de Heian, et chef-d'œuvre du roman classique japonais. Il date des premières années du XIe s. et décrit la vie désœuvrée des courtisans.

Genk, comm. de Belgique (Limbourg, arr. et à 13 km au N.-E. de Hasselt), à l'O. de la vallée de la Meuse ; 55 800 h. Port fluvial. Sidérurgie (aciers inoxydables). Automobiles.

Genlis, ch.-l. de c. de la Côte-d'Or (arr. et à 17 km au S.-E. de Dijon) ; 4 960 h. Verrerie.

Genlis (Stéphanie Félicité DU CREST DE SAINT-AUBIN, comtesse DE), femme de lettres française (Champcéri, commune d'Issy-l'Évêque, Bourgogne, 1746 - Paris 1830). Elle fut gouvernante des filles de la duchesse de Chartres (1777) et « gouverneur » de ses fils. Elle écrivit le _Théâtre d'éducation_ (1779), _Adèle et Théodore_ (1782), _Conseils sur l'éducation du Dauphin_ (1790), _les Leçons d'une gouvernante_ (1791). Émigrée de 1792 à 1802, elle fut à son retour nommée par Bonaparte dame inspectrice des écoles primaires. Elle a laissé des _Mémoires_ (1825).

Gennadios. V. SCHOLARIOS (Georges).

Gennargentu, massif du centre de la Sardaigne, dont le sommet constitue le point culminant de l'île ; 1 834 m.

Gennes, ch.-l. de c. de Maine-et-Loire (arr. et à 15 km au N.-O. de Saumur), sur la Loire (r. g.) ; 1 888 h. Marché agricole. Églises Saint-Eusèbe (endommagée en 1940 et restaurée) et Saint-Vétérin (XIIe s.).

Gennes (Lucien DE), médecin français (Paris 1892 - _id._ 1968). Professeur de clinique à la faculté de Paris, il a étudié les maladies de la thyroïde, de l'hypophyse, des surrénales. On lui doit un _Traité des maladies des glandes endocrines_ (1950). [Acad. de méd., 1959.]

Gennevilliers, ch.-l. de c. des Hauts-de-Seine (arr. de Nanterre), dans la banlieue nord-ouest de Paris, sur la rive gauche de la Seine ; 45 445 h. Port fluvial important. Cultures maraîchères (champs d'épandage irrigués par les eaux d'égouts de Paris). Industries diverses.

génocide n. m. (gr. *genos*, race, et du lat. *caedere*, tuer). Crime commis dans l'intention de détruire un groupe humain, national, ethnique, religieux.
— ENCYCL. Le terme de *génocide* remonte à la Seconde Guerre mondiale, à la suite de la découverte des crimes commis par le régime nazi, dans une grande partie de l'Europe, contre des races considérées comme « inférieures ». La « Convention pour la prévention et la répression du crime de génocide », entrée en vigueur le 12 janvier 1951, a fait l'objet ultérieurement d'adhésions de nombreux pays.
Sont punissables au titre du génocide non seulement les actes proprement dits constitutifs du crime, mais encore l'entente en vue de commettre un génocide, l'incitation à le commettre, la tentative et la complicité de génocide.
C'est aux Etats adhérents à la Convention d'assurer la répression du génocide, crime du droit des gens, en prenant eux-mêmes les mesures internes propres à assurer l'application de la Convention conformément à leurs Constitutions respectives.

génodystrophie n. f. *Pathol.* Dystrophie héréditaire. (Les génodystrophies se transmettent selon les lois de l'hérédité. Elles peuvent sauter une génération. Les plus fréquentes touchent les os et les articulations.)

génois, e adj. et n. Relatif à Gênes ou à ses habitants ; habitant ou originaire de cette ville. ‖ — **génois** n. m. Dialecte parlé à Gênes. (S'emploie aussi comme syn. de LIGURIEN.) ‖ Foc de grande surface utilisé sur les yachts. ‖ — **génoise** n. f. Frise composée de tuiles rondes superposées et fixées dans du mortier, d'usage courant dans le Midi et en Provence. ‖ Entremets fait avec de la pâte à génoise), obtenue en battant des œufs et du sucre en poudre sur feu doux jusqu'à ce que la masse soit levée, et à laquelle on ajoute en pluie la farine et le beurre fondu.

génoise (ÉCOLE). Carlo Braccesco et les Brea créèrent, sous l'influence flamande, une école qui subit ensuite l'action des maîtres de Milan et de Rome. Au XVIᵉ s. Alessi, au XVIIᵉ s. Bianco et Falcone rénovèrent l'architecture de Gênes, que décorèrent Lazzaro et Pantaleone Calvi, Luca Cambiaso, Bernardo Castello, pùis, au XVIIᵉ s., De Ferrari, Giovanni Carlone et D. Piola. La peinture de chevalet, orientée vers le pittoresque, fut illustrée par Magnasco.

génol n. m. Nom donné au *sulfate de méthylaminoparaphénol*, entrant dans la composition de certains révélateurs photographiques.

Génolhac, ch.-l. de c. du Gard (arr. et à 38 km au N.-O. d'Alès) ; 850 h. Station d'été.

génome → GÈNE.

genope n. f. Amarrage servant à maintenir le bout libre d'un cordage au-dessus du nœud qu'il a formé. ‖ Serrage de deux filins l'un contre l'autre au bout de bitord. ‖ Nom du cordage servant à genoper. ◆ **genoper** v. tr. Faire une genope.

génoplastie n. f. (gr. *genus*, joue, et *plassein*, former). Restauration chirurgicale des joues.

génotype → GÈNE.

genou n. m. (en anc. franç. *genouil* ; du lat. *geniculum*, dimin. de *genu*, genou). Partie du corps où la jambe se joint à la cuisse : *Avoir les genoux ankylosés.* (V. *encycl.*) ‖ Dans la construction navale en bois, pièce courbe employée à unir la varangue avec l'allonge. ‖ Partie d'un aviron comprise entre la poignée et le point d'appui. ‖ Nom générique servant à désigner des jonctions de pièces articulées. (On dit aussi ROTULE.) ‖ Raccord de tuyau coudé. (On dit aussi GENOUILLÈRE.) ‖ *Pop.* Crâne entièrement chauve. ● *Faire du genou à quelqu'un* (Pop.), le toucher du genou pour attirer son attention, solliciter sa connivence ; frôler la jambe d'une femme avec son genou, pour solliciter ses faveurs. ‖ *Plier, fléchir le genou devant quelqu'un*, s'humilier devant lui. ‖ — **genoux** n. m. pl. *A genoux*, les deux genoux sur le sol : *Des fidèles à genoux.* ‖ *Demander une chose à genoux, à deux genoux*, la demander avec insistance et humilité. ‖ *Etre aux genoux de quelqu'un*, lui montrer une affection, une soumission absolue. ◆ **genouillère** n. f. Pièce de l'armure qui protégeait le genou (XIᵉ-XVIIᵉ s.). ‖ Canon de dentelle qui terminait le haut-de-chausses (XVIIᵉ s.). ‖ Pièce de cuir que l'on place aux genoux du cheval. ‖ Enveloppe de cuir que, dans divers métiers, l'ouvrier s'attache autour du genou pour le garantir. ‖ Partie d'une botte qui recouvre le genou. ‖ Tricot souple, muni parfois de filé élastique, qu'on enfile sur le genou. ‖ Bandage destiné à maintenir l'articulation du genou. ‖ Dans les anciennes fortifications, partie de l'épaulement d'une batterie située au-dessous de l'embrasure. ‖ Articulation étanche qui permettait, dans les anciens gazomètres, une liaison mobile entre les tuyaux d'entrée et de sortie du gaz, et la cloche du gazomètre. ‖ Bout de tuyau coudé, adapté aux bouches d'arrosage public. ‖ Charnière permettant à une porte de se mouvoir en va-et-vient. ‖ Articulation à genou.
— ENCYCL. **genou.** *Anat.* La région du genou comprend l'articulation du fémur avec le tibia, en avant de laquelle se trouve la rotule et en arrière de laquelle passent les vaisseaux et les nerfs de la jambe, dans une dépression appelée « creux poplité » (fam. le jarret). L'articulation proprement dite est une trochléenne. La surface articulaire du fémur, formée de deux condyles convexes, s'articule avec les plateaux tibiaux, presque

plans, par des anneaux cartilagineux, les ménisques, qui permettent une concordance parfaite des surfaces. Le genou est doté de ligaments latéraux et de ligaments croisés, situés entre les condyles du fémur. En avant, la rotule constitue une poulie de réflexion pour le quadriceps fémoral.

articulation du genou

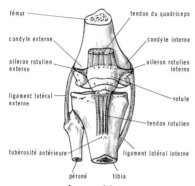

face antérieure

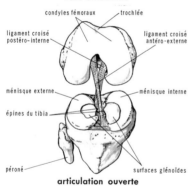

articulation ouverte

— *Art vétér.* et *Hippol.* Chez les animaux domestiques, le genou fait partie du membre antérieur et correspond au poignet de l'homme. Les chutes peuvent entraîner des blessures au genou, ou couronnements. Le genou doit être large et épais, et situé dans l'axe du membre.

Genouillac (Jacques DE), dit **Galiot de Genouillac,** grand maître de l'artillerie de France (château d'Assier, Quercy, 1465 -

dans le Limousin 1546). Technicien éminent de la balistique, il augmente la mobilité de l'artillerie et se distingue à Marignan. Favori de François Ier, il fut surintendant des Finances et gouverneur du Languedoc.

Genouillac (abbé Henri DU VERDIER DE), assyriologue français (Rouen 1881 - Villennes-sur-Seine 1940). Il fouilla les sites mésopotamiens de Kish et de Tello, et étudia la société sumérienne.

genouillère → GENOU.

Genouilly (Charles RIGAULT DE). V. RIGAULT DE GENOUILLY (Charles).

génovéfain n. m. et **génovéfine** n. f. (du lat. *Genovefa,* Geneviève). Chanoine régulier et religieuse de la congrégation de Sainte-Geneviève.

Genovesi (Antonio), économiste et écrivain italien (Castiglione, Salerne, 1713 - Naples 1769). Titulaire à Naples de la première chaire (au monde) d'économie politique, il dénonça les effets néfastes de la dévaluation monétaire. Auteur de : *Histoire du commerce de la Grande-Bretagne* (1752), *Méditations philosophiques sur la religion et la morale* (1758), *Cours de commerce et d'économie civile* (1765).

genre n. m. (lat. *genus, -eris*). Groupement d'êtres ou d'objets qui ont entre eux des propriétés communes : *Chaque genre comprend plusieurs espèces.* ‖ Dans un sens vague, sorte, manière : *Genre de vie. Genre de beauté.* ‖ Style, manière de faire réglés par le sujet ou par le goût spécial de l'écrivain ou de l'artiste : *Le genre sublime, simple, familier.* ‖ Classe de sujets littéraires ou artistiques de même nature : *Le genre épique, dramatique, épistolaire.* ‖ Groupe qui, dans la classification des êtres vivants, réunit des espèces considérées comme très voisines et désignées par le même nom latinisé (*nom générique*), suivi d'un *nom spécifique,* différent selon l'espèce. (Par ex., le genre *amanita* comprend les espèces *Amanita cæsarea,* ou oronge, *A. muscaria,* ou fausse oronge, *A. citrina, A. phalloides,* etc.) ‖ Catégorie grammaticale fondée sur la distinction naturelle des sexes (*genre naturel*) ou sur une distinction purement conventionnelle (*genre grammatical*). ● *Avoir bon, mauvais genre,* avoir de bonnes, de mauvaises manières. ‖ *Ce n'est pas mon genre,* cela ne me plaît pas, n'est pas de mon goût. ‖ *Dans un genre,* dans un genre déterminé, à sa façon : *C'est un film intéressant dans son genre.* ‖ *Faire du genre, se donner un genre,* avoir des manières affectées. ‖ *Genre humain,* l'ensemble des hommes : *Un bienfaiteur du genre humain.* ‖ *Genre de vie,* combinaison de pratiques, consolidées par la tradition, qui permettent à un groupe humain de soutenir son existence dans un cadre géographique donné. (V. encycl.) ‖ *Peinture de genre,* celle dont les sujets ont un caractère anecdotique. ◆

générique adj. Qui appartient au genre : *Terme, caractère générique.* ‖ *Gramm.* Se dit d'un mot qui convient à toute une catégorie ou à toute une espèce, et non pas à un individu en particulier : « *Oiseau* » *est un terme générique.* ● *Image générique* (Psychol.), image formée par la superposition des traits communs à plusieurs images semblables. (Cette image formerait, pour certains psychologues, le point de départ du concept.) ✦ n. m. Rapport du nombre d'espèces au nombre de genres dans une aire donnée. ‖ Partie d'un film où l'on indique le titre du film, ainsi que les noms des producteurs, artistes et techniciens qui y ont collaboré.
— ENCYCL. *genre de vie. Géogr.* La notion de genre de vie représente une pierre d'angle pour la description des groupes humains antérieurs à la révolution industrielle et des changements qui l'ont accompagnée dans la structure de l'habitat. C'est un ensemble d'activités ou de techniques, la technique principale servant à le désigner : genres de vie de cueillette, de chasse, d'élevage nomade, de pêche, genres de vie agricoles. Ces derniers constituent une immense série dont les éléments sont différenciés par le choix des plantes de culture, par certaines techniques particulières, etc. La révolution technique amène une transformation profonde des genres de vie. De nouveaux genres de vie sont nés, surtout en milieu urbain, caractérisés par un ajustement au milieu social remplaçant l'adaptation au milieu physique.

Genroku, nom d'une ère japonaise correspondant au règne de l'empereur Higashi-Yama (1687-1709). Elle est caractérisée par une atténuation de l'esprit militaire et par une impulsion nouvelle donnée au commerce.

gens [ʒɛ̃s] n. f. (mot lat.). A Rome, groupe de plusieurs familles descendant d'un ancêtre commun. — Pl. *des* GENTES [ʒɛ̃tɛs]. (V. *encycl.*) ◆ **gentilice** adj. et n. m. Se dit du nom propre à une *gens*, intercalé entre le prénom et le surnom (*cognomen*) de l'individu, et constituant le signe de la citoyenneté romaine.
— ENCYCL. *gens.* La *gens* romaine s'apparentait au clan primitif. Ses membres portaient le nom dit *gentilice*, qui était l'indice de leurs droits politiques. Les chefs de *gentes*, à l'époque primitive, étaient les *patres* (« pères »), qui avaient de droit place au sénat. Les *gentes* allèrent en s'accroissant, comprirent des milliers de personnes et, de ce fait même, se dissocièrent dès la fin de l'époque royale, le *gentilice* demeurant le seul indice de l'ancienne parenté. Les vieilles *gentes* romaines formaient le *patriciat*.

gens [ʒɑ̃] n. pl. (plur. de *gent*). [Voir pour le genre grammatical la fin de l'article.] Collection de personnes en nombre indéterminé : *Les honnêtes gens. Cela n'intéresse pas les gens d'ici.* ‖ Les hommes en général : *Les gens, aujourd'hui, croient à la science.* ‖ Catégorie particulière de personnes : *Gens d'Eglise, de guerre, de robe. Gens du monde.*

Gens de bien, d'honneur. ● *Bonnes gens,* personnes simples et douces ; personnes recommandables : *On trouve encore de bonnes gens à la campagne.* ‖ *Gens de lettres,* les écrivains. ‖ *Gens de maison* ou *gens de service,* ensemble du personnel domestique d'une maison. (On tend aujourd'hui à substituer à cette expression celle d'EMPLOYÉS DE MAISON.) ‖ *Gens de mer,* ceux qui vivent du métier de la mer. ‖ *Petites gens, gens du commun, gens de peu, pauvres gens,* personnes de basse condition. ‖ *Se moquer des gens,* avancer des choses insoutenables, agir comme si l'on se moquait des personnes présentes. ‖ — REM. *Gens,* nom pluriel, est du masculin. Cependant, l'adjectif se met au féminin quand il précède immédiatement *gens,* à moins que ce dernier ne soit suivi de la préposition *de* et d'un nom désignant une qualité, une profession, etc. ; il reste au masculin lorsqu'il suit le mot *gens.* On dira donc au féminin : *De vieilles gens. De sottes gens. Certaines gens. Quelles gens ! ;* mais au masculin : *Des gens sots. Ces gens sont fous* (parce que l'adjectif ne précède pas *gens*). Les adjectifs attributs de *gens* restent au masculin : *Les vieilles gens sont regardants.*

gens de lettres (SOCIÉTÉ DES), association dont le but est de défendre la situation matérielle, et en particulier la propriété littéraire et morale des écrivains. Elle fut fondée en 1838. Son siège social est à Paris, à l'hôtel de Massa. Elle alloue des bourses littéraires et décerne des prix.

Gensac-la-Pallue, comm. de la Charente (arr. et à 8 km au S.-E. de Cognac) ; 1 615 h. Eglise romane.

Genséric. V. GEISÉRIC.

Gensfleisch (Johannes). V. GUTENBERG.

Gensonné (Armand), homme politique français (Bordeaux 1758 - Paris 1793). Député à l'Assemblée législative, puis à la Convention, et l'un des chefs de la Gironde, il fut exécuté le 31 octobre.

Gensoul (Marcel Bruno), amiral français (Montpellier 1880 - Paris 1973). Il commandait la flotte française de Mers el-Kébir lors de l'attaque britannique de juillet 1940.

Gent, nom flamand de **Gand.**

Gentbrugge, anc. comm. de Belgique (Flandre-Orientale, arr. et dans la banlieue de Gand), auj. intégrée à Gand.

gentianacées, gentianales → GENTIANE.

gentiane [ʒɑ̃sjan] n. f. (lat. *gentiana*). Plante des Alpes, du Jura et du Massif central, aux belles fleurs dorées ou violacées, verticillées, et dont la grosse racine est amère, tonique et souvent incorporée aux apéritifs. ◆ **gentianacées** n. f. pl. Famille de gentianales comprenant les gentianées. ◆ **gentianales** n. f. pl. Ordre de plantes à fleurs, dicotylédones, aux pétales soudés, à l'ovaire libre, comprenant 3 000 espèces, réparties dans les familles des gentianacées, des apocynacées (pervenche), des asclépiadacées (dompte-venin) et des loganiacées (noix vomique). ◆ **gentianose** n. m. Trisaccharide extrait de la gentiane.

gentil [ʒɑ̃ti], **ille** [tij] adj. (lat. *gentilis*, qui est de bonne race). Serviable, prévenant, complaisant : *Se montrer gentil envers son entourage.* ‖ Qui se conduit bien (en parlant des enfants) : *Avez-vous été gentils aujourd'hui?* ‖ Aimable, qui plaît : *Un gentil visage. Un mot gentil.* ‖ Agréable, joli : *De gentils minois.* ‖ *Fam.* Important, considérable : *Une gentille somme.* ‖ — SYN. : *beau, joli.* ◆ **gentillesse** n. f. Caractère de celui qui est gentil, agréable, gracieux : *Sa gentillesse conquiert la sympathie de tout le monde.* ‖ Action, parole aimable, gracieuse, délicate : *Multiplier les gentillesses à l'égard de quelqu'un.* ‖ *Ironiq.* Trait de mauvaise conduite, de malice : *Voilà bien de vos gentillesses!* ◆ **gentillet, ette** adj. Assez gentil : *Un air gentillet.* ‖ *Fam.* Petit et gentil : *Un garçon gentillet.* ◆ **gentiment** adv. De façon gentille, agréable : *Parler gentiment à quelqu'un;* et, ironiq. et fam. : *Vous voilà gentiment arrangé!*

gentil n. m. (lat. ecclés. *gentilis*; de *gens, gentis,* nation). Nom que les Hébreux donnaient aux étrangers, et les premiers chrétiens aux païens. ‖ Dans le style religieux, non-juif, donc infidèle ou païen : *Aller prêcher la foi aux gentils.* ● *Apôtre des gentils,* saint Paul. ◆ **gentilité** n. f. Ensemble des nations païennes.

Gentil (Emile), explorateur et administrateur français (Volmunster, Moselle, 1866 - Bordeaux 1914). Il contribua à l'exploration et à la conquête des régions du Tchad et du Chari. Sa mission, venue de l'Oubangui, rejoignit celle de Foureau et Lamy, qui avait traversé le Sahara et le Soudan (1900).

Gentil (Louis), explorateur et géologue français (Alger 1868 - Paris 1925). Il étudia en particulier le Maroc, dont il publia la première carte géologique. (Acad. des sc., 1923.)

Gentile (Giovanni), philosophe et homme politique italien (Castelvetrano, Sicile, 1875 - Florence 1944). Ministre de l'Education nationale de 1922 à 1924, membre du Grand Conseil fasciste, il fut exécuté par des hommes de la Résistance. Sa philosophie se trouve exposée dans *Théorie générale de l'Esprit comme acte pur* (1916).

Gentile da Fabriano, peintre italien (Fabriano v. 1370 - Rome 1427). Il introduisit à Venise les styles du Nord et de Cologne. Il travailla à Venise, à Rome (Saint-Jean-de-Latran), à Florence, où il eut une grande influence (*Adoration des Mages,* galerie des Offices, Florence, 1423).

Gentileschi (Orazio LOMI, dit **il**), peintre italien (Pise v. 1565 - Londres 1638 ou 1646). Issu du maniérisme toscan, il travailla à Rome, connut le Guide et le Caravage, alla

à Gênes, à Paris et se fixa à Londres en 1626 (*Lot et ses filles,* Londres).

gentilhomme [ʒɑ̃tijɔm] n. m. (de *gentil, noble,* et *homme*). Autref., homme noble de naissance, à la différence de celui qui était anobli. (Ce dernier n'était pas gentilhomme, mais ses enfants l'étaient.) ‖ Tout homme de race noble. ‖ Celui qui, sans être de race noble, a des sentiments délicats, des manières nobles : *Agir en gentilhomme.* ‖ — Pl. *des* GENTILSHOMMES [ʒɑ̃tizɔm]. ● *Gentilshommes* (ou *premiers gentilshommes*) *de la chambre,* officiers qui réglaient le service de la chambre du roi. ‖ *Gentilshommes de la garde, gentilshommes ordinaires de la maison du roi* ou *gentilshommes à bec*-*de-corbin,* gentilshommes qui assuraient la garde du roi et portaient ses ordres aux assemblées et parlements (XVᵉ-XVIIIᵉ s.). ‖ *Gentilshommes de la manche,* officiers chargés d'accompagner les Fils de France pendant leur jeunesse. ‖ *Gentilshommes servants,* officiers qui servaient le roi à table. ◆ **gentilhommière** n. f. Maison d'un petit gentilhomme à la campagne; habitation assez importante, de caractère ancien : *Acheter une gentilhommière.*

Gentili (Antoine), général français (Ajaccio

Gentile da Fabriano
détail de l'« Adoration des Mages »
Offices, Florence

Scala

1751 - † 1798). Général de division, il reprit la Corse aux Anglais (1796).

gentilice → GENS n. f.

gentilité → GENTIL n. m.

gentille n. f. Dans le tissage des étoffes, défaut de fabrication donnant l'effet d'un fil manquant.

gentillesse, gentillet → GENTIL adj.

Gentilly, comm. du Val-de-Marne (arr. de L'Haÿ-les-Roses), dans la banlieue sud de Paris ; 16 733 h. (*Gentilliens*). Industries diverses.

gentiment → GENTIL adj.

gentiobiose n. m. Substance sucrée et amère, isomère du saccharose, provenant de l'hydrolyse du gentianose.

Gentios, roi des Illyriens au IIe s. av. J.-C. Allié de Persée contre les Romains, il fut battu et capturé en 168 av. J.-C.

Gentioux-Pigerolles, ch.-l. de c. de la Creuse (arr. d'Aubusson), à 21 km au S.-O. de Felletin, sur le *plateau de Gentioux;* 371 h. Eglise des XIIIe et XVe s.

gentisate n. m. Sel de l'acide gentisique. (Le gentisate de sodium est employé dans le traitement des rhumatismes.)

gentisine n. f. Matière colorante jaune de la racine de gentiane.

gentleman [dʒɛntlmən ou ʒɑ̃tləman] n. m. (mot angl. signif. *gentilhomme*). Homme distingué, de bonne compagnie. — Pl. *des* GENTLEMEN. ◆ **gentleman-farmer** [farmœr] n. m. (mot angl.). Gentilhomme fermier. — Pl. *des* GENTLEMEN-FARMERS. ◆ **gentleman-rider** n. m. (mot angl. signif. *gentilhomme cavalier*). Homme élégant, qui aime aller à cheval. ‖ Cavalier participant à des compétitions. (En général toutes les dispositions auxquelles les jockeys sont soumis leur sont applicables, mais ils ne reçoivent aucune rétribution en argent.) — Pl. *des* GENTLEMEN-RIDERS. ◆ **gentleman's agreement** [dʒɛntlməns agrimənt] n. m. (mot angl.). Accord entre hommes d'Etat sur la base de la confiance réciproque, sans rédaction d'un texte officiel. — Pl. *des* GENTLEMEN'S AGREEMENTS.

gentry [dʒɛntri] n. f. (mot angl.). En Angleterre, ensemble des nobles ayant droit à des armoiries, mais non titrés. (Les titres forment la *nobility.*) ‖ En France, les gens de la haute société.

Gentz (Friedrich VON), publiciste et diplomate allemand (Breslau 1764 - Weinhaus, près de Vienne, 1832). Au service de la Prusse, puis de l'Autriche, il rédigea des manifestes contre Napoléon. Conseiller écouté de Metternich, il collabora à l'œuvre du congrès de Vienne.

génuflexion n. f. (lat. médiév. *genuflexio;* de *genu,* genou, et *flexus,* fléchi). Action de fléchir le genou en signe d'adoration, de respect, de soumission.

genu recurvatum [tɔm] n. m. (mots lat.). Hyperextension congénitale de la jambe sur la cuisse.

genu valgum [gɔm] n. m. (mots lat.). Déformation dans laquelle l'axe de la jambe fait avec celui de la cuisse un angle ouvert en dehors. (Les chevilles sont écartées quand les genoux se touchent.) [Syn. fam. GENOU CAGNEUX.]

genu varum [rɔm] n. m. (mots lat.). Déformation dans laquelle l'axe de la jambe fait avec celui de la cuisse un angle ouvert en dedans. (Les genoux sont écartés quand les chevilles se touchent.)

Genval, anc. comm. de Belgique (Brabant, arr. de Nivelles), à 21,5 km au S.-E. de Bruxelles, auj. intégrée à Rixensart.

Genvrain, entreprise française spécialisée dans l'industrie et le commerce du lait.

Gény (François), juriste français (Baccarat 1861 - Nancy 1959). Il a analysé les éléments non purement « juridiques » du droit.

géoacoustique n. f. Science qui détecte et analyse les infrasons présents à la surface de la Terre.

géobotanique n. f. Etude de la distribution des végétaux à la surface du sol. (V. BIOGÉOGRAPHIE.)

géocentrique adj. Relatif au centre de la Terre comme point d'observation. ◆ *Latitude géocentrique,* latitude terrestre rapportée au centre de la Terre. ‖ *Longitude géocentrique,* longitude écliptique d'un astre du système solaire, rapportée à la Terre prise comme centre des coordonnées. ‖ *Mouvement géocentrique,* mouvement apparent d'un astre autour de la Terre considérée comme centre d'observation. ◆ **géocentrisme** n. m. Système astronomique de Ptolémée (IIe s. apr. J.-C.), qui considérait la Terre comme le centre de l'univers. (Il fut remplacé à partir du XVIe s. par l'héliocentrisme.)

géochimie n. f. Etude chimique du globe terrestre. ‖ Méthode de prospection minière dans laquelle on étudie la variation, suivant les points de prélèvement, des traces de métal recherché dans la terre superficielle, dans l'eau de ruissellement ou dans les feuilles des plantes. ◆ **géochimique** adj. Relatif à la géochimie. ◆ **géochimiste** n. Spécialiste de géochimie.

géochronologie n. f. Echelle chronologique permettant de dater les événements successifs qui ont émaillé le globe terrestre.

géocorises n. f. pl. Nom commun aux punaises* terrestres. (Syn. GYMNOCÉRATES.)

géocratique adj. Se dit d'une période de l'histoire du globe où la surface des continents l'emporte en une région sur la mer.

géode n. f. Dans une roche, cavité tapissée

de minéraux en cristaux ou concrétionnés. ‖ *Pathol.* Perte de substance au sein d'un os ou d'un poumon.

géodésie n. f. (gr. *gê*, terre, et *daiein*, diviser). Science de la forme et de la mesure des dimensions de la Terre. (V. *encycl.*) ● *Géodésie spatiale,* ensemble des techniques de mesures géodésiques faisant appel aux satellites artificiels. ◆ **géodésien** n. m. Spécialiste versé dans la recherche et l'étude des données permettant de déterminer les caractéristiques du globe terrestre. ◆ **géodésique** adj. Qui a rapport à la géodésie. ● *Cercle géodésique,* lieu de l'extrémité d'une longueur constante portée à partir d'un point quelconque d'une surface sur toutes les lignes géodésiques passant par ce point. ‖ *Ligne géodésique,* ou *géodésique* n. f., ligne la plus courte tracée sur une surface quelconque entre deux de ses points. ‖ *Point géodésique,* point du terrain dont on a déterminé les coordonnées géosédiques de façon très précise. ‖ *Polygone géodésique,* polygone tracé sur une surface, et dont les côtés sont des lignes géodésiques. ‖ *Torsion géodésique d'une courbe en un point M,* rapport $\frac{d\varphi}{ds}$ de l'angle $d\varphi$ que fait le plan normal à la courbe en M et la normale à la surface en un point M', distant de M d'une quantité infiniment petite *ds,* à cette longueur *ds* de l'élément MM'. ◆ **géodésiquement** adv. D'après les règles de la géodésie. ◆ **géodimètre** n. m. Appareil de mesure directe des distances géodésiques, inventé par le Suédois Bergstrand (1948). — ENCYCL. *géodésie.* Née au XVIIe s., elle servit à l'origine pour le tracé des cartes. Elle met en œuvre : 1° la *triangulation,* détermination de la position d'un point par des mesures d'angles le rattachant aux *points géodésiques,* et calcul des coordonnées par rapport à une origine (*point fondamental*) sur l'ellipsoïde de référence (v. GÉOÏDE); 2° le *nivellement* (mesure des altitudes); 3° l'*astronomie géodésique* (mesure des latitudes et des longitudes); 4° la *gravimétrie,* mesure de l'intensité de la pesanteur et comparaison avec cette intensité calculée.
De plus en plus, on utilise les photographies prises d'avion et on a recours aux satellites artificiels. La *géodésie spatiale* est fondée sur l'observation au même instant, de divers points du globe, d'un satellite dont on connaît parfaitement la position, et sur la mesure des angles sous lesquels ce satellite est vu ainsi que des distances qui le séparent des points d'observation; on peut alors en déduire les distances entre ces points avec une précision qui, actuellement, est de l'ordre du mètre. Les principales techniques utilisées sont la photographie du satellite sur fond d'étoiles, la mesure à l'aide d'échos laser des distances sol-satellite, et la comparaison des fréquences d'un émetteur installé

au sol et d'un émetteur embarqué à bord du satellite qui permet d'obtenir la vitesse radiale du satellite (procédé Doppler).
La géodésie apporte au topographe les coordonnées précises des points du canevas trigonométrique, à l'aviateur les méthodes de calcul des distances, à l'astronome la dimension du grand axe de l'ellipsoïde, base de l'évaluation des distances en astronomie.

géodésie (ASSOCIATION INTERNATIONALE DE), organe de la coopération scientifique internationale pour la géodésie, siégeant à Paris depuis 1919, et qui tire son origine de l'*Europäische Gradmessung,* fondée par le général Baeyer à Potsdam en 1863.

géodésien, géodésique, géodésiquement, géodimètre → GÉODÉSIE.

Geoffrin (Marie-Thérèse RODET, Mme) [Paris 1699 - *id.* 1777]. A partir de 1749 et pendant plus de vingt-cinq ans, elle tint un salon où elle réunissait alternativement les artistes, les gens de lettres et les personnes de l'aristocratie.

Geoffroi ou **Godefroy** (saint), prélat français (en Soissonnais v. 1065 - Soissons 1115). Évêque d'Amiens (1104), il ne put résigner son siège, qu'il voulait quitter par modestie. — Fête le 8 nov.

Geoffroi Ier Grisegonelle, comte d'Anjou (v. 960 - 987), fils aîné de Foulques II le Bon. — **Geoffroi II Martel Ier** (1006 - 1060), comte d'Anjou (1040-1060), fils de Foulques III le Noir. — **Geoffroi III** *le Barbu* (v. 1040 - apr. 1096), comte d'Anjou (1060-1068). Il fut dépossédé de ses fiefs par son frère Foulques IV le Réchin. — **Geoffroi IV Martel II** (v. 1071 - 1106), comte d'Anjou (1103-1106). — **Geoffroi V** *le Bel,* surnommé *Plantagenêt* (1113 - 1151), comte d'Anjou et du Maine (1131-1151), duc de Normandie (1135/1144-1150), fils de Foulques V et époux de Mahaut d'Angleterre. — **Geoffroi VI** (1158 - 1186), comte d'Anjou et (Geoffroi II) de Bretagne, fils d'Henri II Plantagenêt et d'Aliénor d'Aquitaine.

Geoffroi Ier de Villehardouin, prince d'Achaïe (v. 1209 - 1228/1230). — **Geoffroi II,** prince d'Achaïe (1228/1230-1246), fils aîné du précédent.

Geoffroi ou **Godefroy de Vendôme,** prélat français (Angers v. 1070 - *id.* 1132). Abbé de l'abbaye bénédictine de Vendôme (1093), cardinal (1094), conseiller de Louis VI le Gros, il a laissé des traités, des sermons et des lettres.

Geoffroi de Monmouth, prélat gallois (Monmouth v. 1100 - Saint-Asaph 1154). Évêque de Saint-Asaph (1152), il a laissé une *Histoire des rois de Bretagne* en latin.

Geoffroi d'Auxerre, religieux français (Auxerre v. 1120 - Hautecombe apr. 1188). Entré à Clairvaux (1140), il en devint abbé (1162-1163); il mourut abbé de Hautecombe.

Il a fourni des éléments pour la biographie de son maître saint Bernard.

Geoffroi, chancelier d'Angleterre (1152 - en Normandie 1212). Bâtard d'Henri II, il fut fait chancelier. (1182), puis archevêque d'York (1189).

Geoffroi de Beaulieu ou **Galfrid,** religieux français (Beaulieu v. 1200 - † v. 1275). Dominicain, il fut le confesseur et l'ami de Saint Louis, dont il écrivit une Vie.

Geoffroy (Etienne), dit **Geoffroy l'Aîné,** médecin et chimiste français (Paris 1672 - id. 1731). Il a étudié le bismuth et les laitons, et indiqué l'ordre suivant lequel les corps simples se déplacent de leurs combinaisons (1718). [Acad. des sc., 1699.] — Son frère CLAUDE, dit **Geoffroy le Jeune** (Paris 1685 - id. 1752), se constitua une collection de minéralogie et un jardin botanique contenant des plantes médicinales.

Geoffroy (Etienne Louis), naturaliste français (Paris 1725 - Chéry-Chartreuse, Aisne, 1810), auteur d'une classification très rationnelle des coléoptères. (Acad. des sc., 1798.)

Geoffroy Saint-Hilaire (Etienne), naturaliste français (Etampes 1772 - Paris 1844). Premier professeur de zoologie au Muséum, créateur de la ménagerie du Jardin des Plantes, membre de l'expédition scientifique de Bonaparte en Egypte, il a décrit un nombre immense d'animaux, recherchant à travers tout le monde vivant les traces de l'unité de composition organique et la constance des connexions entre organes homologues. Un débat célèbre à l'Académie l'opposa à Cuvier. (Acad. des sc., 1807.) — Son fils ISIDORE, professeur d'ornithologie (Paris 1805 - id. 1861), fonda la Société nationale d'acclimatation de France.

géogale n. m. Minuscule insectivore malgache du bord des eaux (long. 3,5 cm).

géographe → GÉOGRAPHIE.

géographie n. f. (gr. *gê*, terre, et *graphê*, description). Science qui a pour objet la description de la surface de la Terre. (V. encycl.) ● *Géographie appliquée,* partie de la géographie, où une étude d'éléments physiques et humains précède celle des conditions de l'action sur le milieu. ● *Géographie botanique,* syn. de BIOGÉOGRAPHIE. ‖ *Géographie économique,* partie de la géographie qui étudie les ressources du sol et du sous-sol, leur production, leur distribution et leur consommation. ‖ *Géographie humaine,* partie de la géographie qui a pour objet l'étude de tous les faits terrestres résultant de l'activité de l'homme. ‖ *Géographie linguistique,* science qui a pour objet de déterminer les aires d'extension des phénomènes linguistiques. ‖ *Géographie physique,* partie de la géographie qui étudie l'aspect actuel de la surface du globe. ◆ **géographe** n. Personne qui enseigne la géographie ou qui s'occupe de géographie. ◆ **géographique** adj. Relatif à la géographie. ●

Forme géographique, forme d'un être vivant qui prédomine dans une région définie de l'aire habitée par l'espèce, et qui ne se rencontre pas, ou rarement, ailleurs. ‖ *Section géographique de l'armée,* service créé en 1946, rattaché à l'état-major de l'armée de terre et chargé, en liaison avec l'Institut géographique national, des missions proprement militaires de l'ancien Service géographique de l'armée. ‖ *Service géographique de l'armée,* service issu en 1887 de la section géographique du Dépôt de la guerre, et chargé jusqu'en 1940 des travaux de géodésie et de l'exécution des cartes et plans. (Pendant la Première Guerre mondiale, ce service, particulièrement important, donna naissance aux *sections topographiques aux armées* et, en 1940, à l'Institut géographique national.) ◆ **géographiquement** adv. Du point de vue géographique.

— ENCYCL. *géographie.* Les Grecs ont été les premiers à élever la géographie au niveau

Etienne **Geoffroy Saint-Hilaire**

d'une science. Anaximandre est considéré comme le créateur de l'étude physique et mathématique de la Terre, et Hécatée de Milet fait la première description des pays, des peuples et de leur histoire. Les pythagoriciens envisagent la possibilité d'une sphéricité de la Terre. Au Ve s. av. J.-C., Hérodote décrit l'ensemble du monde connu. Dicéarque entreprend, le premier, les véritables opérations géodésiques, et Eratosthène effectue la mesure du méridien entre Alexandrie et Syène. Dès lors, les descriptions et les cartes vont se multiplier. L'œuvre de Ptolémée exercera une influence sur les géographes arabes (mesures géodésiques précises, descriptions de contrées jusqu'alors mal connues) et sur ceux de la Renaissance. Le Flamand Mercator publie en 1569 sa carte du monde en projection cylindrique et, en 1570, Abraham Ortelius commence la publication de son *Theatrum orbis terrarum.*

En 1619, l'Allemand Cluver crée la géographie historique et politique moderne. En

1650, avec le Hollandais Varenius, débute la géographie générale.

C'est au XIXᵉ s. que la géographie prend un très grand essor avec les travaux de Humboldt et de Karl Ritter, qui démontrent la coordination des divers phénomènes physiques et humains. Vidal de La Blache fonde l'école française de géographie. De nos jours, la géographie se divise en deux grandes branches : la *géographie régionale* (étude d'une région ou d'une combinaison de phénomènes dans le cadre d'une région) et la *géographie générale*, qui étudie les combinaisons des phénomènes de diverses natures sur l'ensemble du globe. Celle-ci se divise en géographie physique (géomorphologie, climatologie, hydrographie [avec l'océanographie, l'hydrographie fluviale ou potamologie, l'étude des lacs ou limnologie], biogéographie), et en géographie humaine et économique.

Cette classification n'est pas abandonnée, mais une progression de la démarche géographique introduit de nouvelles distinctions. La description littéraire, à dominante subjective, tend à céder la place à une analyse plus scientifique, faisant un large appel à l'emploi des statistiques, éventuellement à la construction de modèles mathématiques (devant être confrontés ultérieurement avec le réel). C'est la *géographie quantitative*, qui ne s'identifie pas complètement avec la *géographie théorique*, non nécessairement quantifiable, mais qui tend aussi, dans le cadre des modèles, à éliminer les facteurs jugés secondaires, encombrant la démarche explicative. Cette géographie théorique a pour ambition d'éliminer l'opposition entre géographie régionale et géographie générale, isolant, par exemple, non plus un phénomène particulier, mais recherchant les corrélations entre des espaces conçus comme des faisceaux de relations. Elle est apparue récemment en France, à la suite, notamment, de travaux américains, britanniques et suédois.

La recherche, de plus en plus approfondie, de l'explication de la situation décrite (qui demeure le point de départ de toute étude géographique) conduit à une dématérialisation fréquente des causes, dont la connaissance impose le recours à de nombreuses disciplines voisines (démographie, économie, sociologie, géologie, etc.), dont l'appréhension en même temps que la diversité conduisent à une spécialisation accrue des géographes. Cependant, la spécificité de la géographie demeure dans le caractère concret et fini de son cadre d'étude, l'*espace géographique,* dans la démarche, dans le fait qu'elle est une science de synthèse, s'identifiant aujourd'hui de plus en plus avec une organisation volontariste du monde, un aménagement de l'espace visible, objectifs explicites de la *géographie active* ou *géographie appliquée.*

Géographie (en gr. *Geographika*), d'Era-tosthène, description des contrées connues par les Méditerranéens vers 200 av. J.-C.

Géographie (en gr. *Geographika*), de Strabon, description géographique du monde connu vers les débuts de l'ère chrétienne.

Géographie, de Ptolémée (IIᵉ s. apr. J.-C.), important ouvrage (8 livres) de géographie mathématique, qui inspira la rédaction des atlas européens jusqu'au XVᵉ s.

Géographie humaine (LA), ouvrage de Jean Brunhes, qui étudie les rapports entre les hommes et le milieu géographique (3 vol. ; 1927).

géographie de Paris (SOCIÉTÉ DE), la plus ancienne société de ce genre au monde, fondée en 1821 par Jomard, Barbié du Bocage, Malte-Brun, Langlès et Walckenaer. Elle publia le *Bulletin* (1822-1900), puis *la Géographie, bulletin de la Société de géographie* (1901-1939), et, depuis 1948, *Acta geographica.* Elle patronna de nombreuses explorations (R. Caillié, Doudart de Lagrée, Francis Garnier, etc.). Son importante bibliothèque a été prise en charge depuis 1942 par la Bibliothèque nationale.

géographie physique (TRAITÉ DE), ouvrage d'Emmanuel de Martonne, en 3 vol. (1909).

Géographie universelle, ouvrage de géographie régionale, publié sous la direction de P. Vidal de La Blache et L. Gallois (1927-1948 ; 23 vol.). Les principaux géographes français de l'époque y ont collaboré.

géographique → GÉOGRAPHIE.

géographique national (INSTITUT) [**I. G. N.**], établissement civil dépendant du ministère des Travaux publics et ayant pour rôle d'exécuter toutes les cartes officielles de la France, ainsi que tous les travaux de géodésie, de nivellement, de topographie et de photographie qui s'y rapportent, les études théoriques et techniques, et les publications qu'elles impliquent. Fondé en 1940, il réunit les attributions de l'ancien Service géographique de l'armée et de l'ancien Service du nivellement général de la France. Il publie notamment les cartes de France au 1/20 000, au 1/50 000 et au 1/100 000.

géographiques (ECOLE NATIONALE DES SCIENCES), établissement public d'enseignement supérieur technique, situé à Saint-Mandé (Seine), placé sous l'autorité du ministère des Travaux publics et chargé de la formation des cadres techniques de l'Institut géographique national.

géographiquement → GÉOGRAPHIE.

géoïde n. m. (gr. *geoeidês*, semblable à la Terre). Surface du niveau moyen des mers, abstraction faite des marées, supposée prolongée sous les continents en lui imposant d'être, en chacun de ses points, perpendiculaire à la direction qu'y prendrait un fil à plomb. (Le géoïde peut être considéré comme la surface de niveau du potentiel de la pesanteur passant par le zéro du nivellement. Sa forme générale est proche de celle d'un ellipsoïde de révolution aplati ; il en diffère dans le détail en vertu des attractions irrégulières exercées par les continents et la topographie sur le fil à plomb.)

geôle [ʒol] n. f. (anc. *jaiole ;* du bas lat. *caveola,* dimin. de *cavea,* cage). *Littér.* Cachot, prison : *Jeter quelqu'un dans une geôle.* ‖ *Fig.* Asservissement : *Ce pays connaît le régime de la geôle.* ◆ **geôlier, ère** [ʒo] n. Personne qui garde des détenus dans une prison : *Gagner la complicité de ses geôliers.*

géologie n. f. (gr. *gê,* terre, et *logos,* science). Science de la Terre qui a pour objet de décrire et d'expliquer les aspects et la disposition des roches et des terres, et leur histoire au cours des temps. (V. *encycl.*) ◆ **géologique** adj. Relatif à la géologie. ◆ **géologiquement** adv. Du point de vue de la géologie. ◆ **géologue** n. Savant qui s'occupe de géologie. (Les géologues établissent les cartes géologiques, effectuent la prospection minière, étudient les sites des grands travaux.)
— ENCYCL. *géologie.* Dans l'Antiquité, Hérodote et Pline décrivirent de célèbres éruptions volcaniques. Mais les premiers véritables géologues furent Léonard de Vinci (qui expliqua l'origine des fossiles) et Georges Agricola (1494 - 1555), auteur d'une classification des minéraux et des fossiles.

Puis vinrent *les Epoques de la Nature* (1749-1778) de Buffon, la *Theory of the Earth* (1795) de James Hutton. En 1807 fut fondée à Londres la première société de géologie. Les Français Cuvier et Brongniart jetèrent les bases de la paléontologie et, en 1830, l'Anglais Ch. Lyell publia ses *Principes de géologie.* Le grand essor de la géologie date de la moitié du XIX⁰ s.
La géologie comprend plusieurs branches : la *pétrographie,* ou *lithologie* (étude des roches), la *paléontologie* (étude des fossiles), la *géologie dynamique* (étude des phénomènes qui modifient l'écorce terrestre), la *tectonique* (étude des plissements, des failles, des surrections), la *stratigraphie,* appelée autrefois *géologie historique* (étude de l'état du globe aux diverses époques géologiques), la *géologie appliquée* (études relatives aux eaux souterraines, aux mines, aux ouvrages d'art).

géologie appliquée et de prospection minière (ECOLE NATIONALE SUPÉRIEURE DE), établissement public d'enseignement technique supérieur ayant pour but la formation d'ingénieurs spécialisés dans toutes les techniques de la géologie appliquée, de la prospection et de l'industrie des mines métalliques. Cette école, créée en 1944, est située à Nancy.

géologique,   géologiquement,   géologue → GÉOLOGIE.

géomagnétique → GÉOMAGNÉTISME.

ÉTAGES GÉOLOGIQUES

	ère	période	étage
quaternaire (2 à 3 millions d'années)			
		holocène *pléistocène*	
		pliocène	astien plaisancien
	néogène	*miocène*	pontien tortonien helvétien burdigalien aquitanien
tertiaire ou cénozoïque (60 millions d'années)		stampien *oligocène*	sannoisien
	éogène ou nummulitique ou paléogène	*éocène*	bartonien lutétien yprésien thanétien montien

ÉTAGES GÉOLOGIQUES

ère	période	étage	
		supérieur	danien sénonien turonien cénomanien
	crétacé		albien aptien barrémien hauterivien valanginien berriasien
		inférieur	
secondaire ou mésozoïque (150 millions d'années)		supérieur (oolithique)	portlandien kimméridgien oxfordien callovien
	jurassique	moyen	bathonien bajocien aalénien
		inférieur (lias)	toarcien pliensbachien sinémurien hettangien
	trias		rhétien keuper muschelkalk grès bigarré
	permien		thuringien saxonien autunien
	carbonifère		stéphanien westphalien dinantien
primaire ou paléozoïque (300 millions d'années)	*dévonien*		famennien frasnien givétien eifélien coblentzien gédinnien
	silurien		
	ordovicien		
	cambien		potsdamien acadien géorgien
précambrien ou **antécambrien** (4 milliards d'années)			algonkien archéen

géomagnétisme n. m. Syn. de MAGNÉTISME* TERRESTRE. ◆ **géomagnétique** adj. Qui se rapporte au géomagnétisme.

géomancie n. f. (gr. *geômanteia*; de *gê*, terre, et *manteia*, divination). Divination par la terre.

géométral, e, aux adj. Qui donne les dimensions en vraie grandeur ou en grandeur proportionnelle, sans tenir compte des apparences de la perspective : *Dessin géométral.* ‖ **— géométral** n. m. Dessin à une échelle déterminée, indiquant toutes les dimensions d'un édifice ou d'un objet, ainsi que son véritable contour.

1. géomètre → GÉOMÉTRIE.

2. géomètre n. m. Papillon vert, dont la chenille vit sur le noisetier, le saule et le hêtre, et qui imite les variations saisonnières de couleurs des arbres. (Type de la famille des *géométridés*.) ◆ **géométridés** n. m. pl. Famille de papillons dits aussi *phalènes*, dont la chenille « arpente » les supports comme si elle les mesurait.

géométrie n. f. (lat. *geometria*; gr. *geômetria*). Discipline mathématique* ayant pour objet l'étude rigoureuse de l'espace et des formes (figures et corps) qu'on peut y imaginer. ‖ Traité de géométrie. ● *Avion à géométrie variable*, avion dont les ailes peuvent changer de configuration suivant les performances qui lui sont demandées. ‖ *Géométrie analytique*, étude des figures par l'algèbre grâce à l'emploi des coordonnées. (Cette science est due à Descartes.) ‖ *Géométrie cinématique*, géométrie qui étudie les courbes envisagées comme trajectoires des points de figures en mouvement; géométrie qui étudie les mouvements eux-mêmes. ‖ *Géométrie descriptive*, étude des figures de l'espace à partir de leurs projections orthogonales sur plans perpendiculaires entre eux. (Monge est le créateur de la géométrie descriptive.) ‖ *Géométrie différentielle*, étude des êtres mathématiques (tels que la courbure et la portion d'une courbe gauche, les géodésiques d'une surface, etc.) dont la définition doit avoir recours à des dérivées ou à des différentielles. ‖ *Géométrie à n dimensions*, géométrie qui opère dans un espace à *n* dimensions (*n* pouvant être supérieur à 3). ‖ *Géométrie élémentaire*, géométrie qui traite, sans l'emploi de coordonnées, un programme traditionnellement limité à la droite, au cercle et aux coniques. ‖ *Géométrie de l'espace*, géométrie qui correspond à notre représentation intuitive de l'espace et qui comporte trois dimensions. ‖ *Géométrie euclidienne*, géométrie fondée sur l'emploi du postulat d'Euclide relatif aux parallèles. ‖ *Géométrie non euclidienne*, géométrie fondée sur un postulat différent du postulat d'Euclide, et formant un ensemble cohérent et sans contradictions. (On distingue la géométrie de Lobatchevski, dite *hyperbolique*, et la géométrie de Riemann, dite

elliptique.) ‖ *Géométrie plane*, étude des figures dans le plan. ◆ **géomètre** n. m. Celui qui s'occupe de géométrie. ‖ Mathématicien. ‖ Technicien procédant à des opérations de levés de terrain. ● *Géomètre expert*, technicien qualifié qui mesure, calcule, délimite, représente et estime la propriété privée ainsi que sa contenance par des travaux topographiques et topométriques. (La profession est régie par l'ordre des géomètres experts.) [V. aussi GÉOMÈTRE 2.] ◆ **géométrique** adj. Qui appartient, qui est relatif à la géométrie. ‖ *Fig.* Régulier : *Les allées géométriques d'un parc.* ‖ Exact, rigoureux, précis comme une démonstration de géométrie. ● *Construction géométrique*, construction réalisée avec la règle et le compas, ou encore construction obtenue à l'aide de courbes. ‖ *Esprit géométrique*, esprit épris d'exactitude et de rigueur. ‖ *Lieu géométrique*, v. LIEU. ‖ *Moyenne géométrique*, v. MOYENNE. ‖ *Ornementation géométrique*, décoration composée de lignes, sans idée de représentation animale ou végétale. ‖ *Progression géométrique*, v. PROGRESSION. ‖ *Style géométrique*, phase archaïque du développement de la céramique grecque, qui, à la fin du IIe millénaire, utilisa l'effet décoratif des formes géométriques simples et linéaires. ◆ **géométriquement** adv. De façon géométrique. ◆ **géométriser** v. tr. Rendre géométrique; rapporter à la géométrie. ◆ **géométrisme** n. m. Système qui ramène tout aux formes et aux méthodes de la géométrie.

géomores n. m. pl. (gr. *geômoroi*; de *gê*, terre, et *moros*, lot). Nom donné dans l'Antiquité grecque (à Syracuse, par ex.) à certaines oligarchies terriennes. (A Athènes, c'étaient de petits propriétaires, d'une classe inférieure à la noblesse des eupatrides.)

géomorphogenèse n. f. Elaboration des formes du relief de la surface terrestre. (Les causes initiales de la géomorphogenèse sont les déformations tectoniques. Cependant, l'influence de ces dernières sur le modelé de l'écorce terrestre dépend de la vitesse de la tectogenèse et de l'ablation réalisée par les forces d'érosion. Cette action érosive dépend de la nature et de la disposition des couches de terrains et de la végétation.)

géomorphogénie n. f. Science qui étudie la formation du relief terrestre.

géomorphologie n. f. Science qui a pour objet l'étude du relief terrestre. ● *Géomorphologie appliquée*, branche de la géomorphologie qui a pour objet de sauvegarder les richesses naturelles menacées par l'action des hommes, ou de faciliter leur exploitation. ‖ *Géomorphologie climatique*, branche de la géomorphologie qui étudie l'influence du climat sur l'évolution des formes du relief. ‖ *Géomorphologie structurale*, branche de la géomorphologie où prédomine l'étude de la structure géologique. ◆ **géomorphologique** adj. Relatif à la géomorphologie. ◆

géomorphologue n. Spécialiste de géomorphologie.

géomys [mis] n. m. Rat des forêts de conifères d'Amérique du Nord, porteur d'abajoues. (Type de la famille des *géomyidés*.) [Syn. SACCOPHORE.]

géonoma n. m. Palmier de la sylve américaine, à la tige très grêle, aux fleurs rouges, et dont on connaît plus de cent espèces.

géopélie n. f. Tout petit pigeon d'Australie, souvent élevé en cage en Europe sous les noms de *colombe diamant, colombe tranquille,* etc.

géophage n. m. Poisson d'aquarium, très ornemental. (Famille des cichlidés.)

géophagie n. f. Absorption de terre, pratiquée par l'homme et les animaux lorsque leur régime ordinaire est carencé en sels minéraux.

géophile n. m. Mille-pattes venimeux, aveugle, lumineux, mangeur d'insectes et de racines, caractérisé par le grand nombre de ses anneaux (jusqu'à 160).

géophone n. m. Instrument pour déceler les bruits provenant du sol (travaux de sape, localisation de mineurs ensevelis, etc.). ‖ Séismographe utilisé dans la prospection séismique.

géophysicien → GÉOPHYSIQUE.

géophysique n. f. Science qui traite de la physique du globe. ✦ adj. Relatif à cette science. (Ce terme s'emploie à propos des méthodes de prospection minière fondées sur le fait que toute anomalie dans une région peut se traduire par une perturbation des propriétés observables à la surface du sol ; ce sont principalement les méthodes gravimétriques, séismiques, magnétiques, électriques, telluriques.) ◆ **géophysicien, enne** n. Personne qui s'occupe de géophysique.

géophyte n. f. Plante possédant des organes souterrains pérennants (bulbe, rhizome, tubercules, etc.).

géopoliticien → GÉOPOLITIQUE.

géopolitique n. f. Étude des rapports qui existent entre les États et leur politique, et les données naturelles, ces dernières déterminant les autres. (Le terme a été forgé par le Suédois Kjellén et repris par l'Allemand Ratzel dans sa *Géographie politique* [1903]. Les études de géopolitique se développèrent principalement en Allemagne.) ◆ **géopoliticien** n. m. Spécialiste de géopolitique.

géopotentiel, elle adj. *Cote géopotentielle d'un point,* nombre mesurant le travail nécessaire pour élever une masse de 1 g du niveau de la mer jusqu'à ce point.

géorama n. m. Représentation sur une grande échelle de la totalité de la surface terrestre.

George Iᵉʳ (Hanovre 1660 - près de Hanovre 1727), roi de Grande-Bretagne et d'Irlande (1714-1727) et Électeur de Hanovre (1698-1727), fils d'Ernest-Auguste de Brunswick-Lunebourg et arrière-petit-fils, par sa mère, de Jacques Iᵉʳ Stuart. En vertu de l'Acte d'établissement de 1701, il hérita de la couronne d'Angleterre à la mort de la reine Anne Stuart (1714). Seul le Hanovre retint son intérêt et il fut impopulaire en Grande-Bretagne. Il n'apprit pas l'anglais et abandonna le pouvoir au parti whig. Ses ministres Stanhope (1717-1721) et surtout Walpole (1715-1717 et 1721-1742) dirigèrent la politique intérieure britannique. En politique extérieure, il conclut avec la France et les Pro-

Fleming

George Iᵉʳ, atelier de Kneller
National Portrait Gallery

vinces-Unies la Triple-Alliance (1717). Il avait épousé, en 1682, sa cousine Sophie-Dorothée ; mais en 1694 il divorça d'avec elle et la fit enfermer.

George II (Herrenhausen, Hanovre, 1683 - Kensington, près de Londres, 1760), roi de Grande-Bretagne et d'Irlande, et Électeur de Hanovre (1727-1760), fils du précédent. Son règne marque un pas important vers le régime parlementaire. Il conserva sa confiance à Walpole. Mais une coalition hétérogène obligea celui-ci à démissionner (1742). L'opposition au gouvernement née des échecs rencontrés en politique extérieure (guerre de la Succession d'Autriche, 1741-1748) porta William Pitt au gouvernement (1757-1761). La victoire anglaise dans la guerre de Sept Ans établit la suprématie maritime et coloniale de l'Angleterre.

George III (Londres 1738 - Windsor 1820), roi de Grande-Bretagne et d'Irlande (1760-1820), Électeur (1760-1815), puis roi (1815-1820) de Hanovre, fils du prince de Galles Frédéric. Successeur de son grand-père George II, il fut le premier roi de la dynastie hanovrienne qui s'intéressa à l'Angleterre. Dès 1761, il renvoya le ministère Pitt, dont la popularité lui portait ombrage, et laissa la

coterie qu'il avait groupée autour de lui lorsqu'il était prince héritier s'emparer du pouvoir
sous la direction de l'Ecossais Bute. Il prit
contre les whigs le parti de la paix et signa le
traité de Paris (1763). Sa politique pacifique,
ses tendances au pouvoir absolu provoquèrent
une vive agitation, qui excita les diatribes
de Wilkes. Bute dut démissionner (1763).
D'autres familiers lui succédèrent et, finalement, lord North demeura Premier ministre
de 1770 à 1782. Par des moyens de pression
et de corruption, George III fit élire ses partisans et, malgré l'opposition de la presse,
des parlementaires ou de Londres, qui élut

George V
par sir J. Lavery
National Portrait Gallery

George II
par Charles Jervas
National Portrait Gallery

Wilkes comme lord-maire (1774), il contraignit les whigs à se retirer des Communes
(1777). Son attitude intransigeante et ses exigences financières déclenchèrent la révolte
des colonies d'Amérique, dont le traité de
Versailles (1783) reconnut la sécession. Pour
ramener le calme intérieur, le roi fit appel à
un ministre tory, le second Pitt (1783-1801,
1804-1806), qui domina toute cette période.
C'est lui qui soutint la lutte contre la Révolution française. La maladie mentale dont
George III souffrait par crises depuis 1788
ne le quitta plus à partir de 1811. Une
régence fut alors établie en faveur de son
fils aîné, le futur George IV.

George IV (Londres 1762 - Windsor 1830),
roi de Grande-Bretagne et d'Irlande, et roi
de Hanovre (1820-1830), fils aîné et successeur du précédent. Il fut chef de l'opposition
lorsqu'il était prince de Galles. Régent en
1811, puis roi (1820), il abandonna le gouvernement aux ministres tories. C'est sous
son règne qu'eut lieu l'émancipation des
catholiques d'Irlande (1829). Il intenta, en
1820, un scandaleux procès de divorce à sa
femme, Caroline de Brunswick.

George V (Londres 1865 - Sandringham

1936), roi de Grande-Bretagne et empereur des Indes (1910-1936), deuxième fils
d'Edouard VII. Il devint héritier du trône
par la mort du duc de Clarence (1892). Il eut
à faire face à l'agitation irlandaise (1913) et
aux difficultés engendrées par la Première
Guerre mondiale. En 1917, il changea le nom
de la dynastie de Saxe-Cobourg en celui de
dynastie de Windsor.

George IV
par sir T. Lawrence
coll. Wallace

George VI (Sandringham 1895 - *id.* 1952), roi de Grande-Bretagne (1936-1952), deuxième fils du précédent. Il accéda au trône après l'abdication de son frère Edouard VIII. Ses visites officielles en France (1938) et aux Etats-Unis (1939) servirent le prestige de son pays. Son attitude pendant la Seconde Guerre mondiale lui valut la sympathie populaire. En 1947, il renonça au titre d'empereur des Indes.

Fleming

George VI
par James Gunn
National Portrait Gallery

George (Marguerite Joséphine WEIMER, dite **M**^{lle}), actrice française (Bayeux 1787 - Passy 1867). Elle fut sociétaire de la Comédie-Française dès 1804 ; sa rivalité avec Mlle Duchesnois divisa les habitués du Français en deux camps. Elle joua à Erfurt devant Napoléon et le tsar. Exclue de la Comédie-Française en 1817, elle joua à l'Odéon et à la Porte-Saint-Martin. Elle interpréta les grandes héroïnes tragiques du répertoire classique, ainsi que certains drames romantiques.

George (Henry), publiciste et homme politique américain (Philadelphie 1839 - New York 1897). Exposée dans son livre *Progrès et Pauvreté* (1879), sa thèse, selon laquelle la terre étant à tous, il faudrait instituer une taxe unique sur la plus-value foncière, a eu une influence sur les débuts du mouvement Fabian en Angleterre.

George (David LLOYD). V. LLOYD GEORGE.

George (Stefan), poète allemand (Büdesheim, près de Bingen, Rhénanie, 1868 - Minusio, près de Locarno, Suisse, 1933). Il se mêla aux milieux poétiques de Paris, et ses premières œuvres (1890-1895) furent influencées par les théories symbolistes :

Hymnes (1890), *Pèlerinages* (1891), *Algabal* (1892). Vers 1895, il sembla abandonner son parti pris de s'isoler dans l'art, et s'orienter vers une inspiration plus humaine : *l'Année de l'âme* (1897), *le Tapis de la vie* (1899), *le Septième Anneau* (1907), *l'Etoile d'alliance* (1914), *Nouvel Empire* (1928).

George (Pierre), géographe français (Paris 1909). Spécialiste de l'Europe orientale (U. R. S. S. notamment) et surtout de géographie humaine et économique, il s'est détaché de l'analyse des conditions naturelles, insistant sur l'importance de la démographie et de l'économie comme éléments explicatifs des paysages et des sociétés actuels.

George Cross, décoration britannique créée en 1940 pour récompenser les actes de courage ne relevant pas des honneurs militaires. Ruban bleu foncé avec palme. (Se porte immédiatement après la *Victoria Cross*.)

George Dandin *ou le Mari confondu*, comédie en 3 actes, en prose, de Molière (1668). Le riche paysan George Dandin paie très cher l'honneur d'avoir épousé Angélique de Sotenville, fille d'un petit gentilhomme ruiné. Angélique se laisse courtiser par Clitandre et pourtant c'est George Dandin qui, par une ruse de sa femme, fait figure de coupable aux yeux de ses beaux-parents, et se trouve obligé de faire des excuses à Angélique et à Clitandre. Le mari bafoué ne peut s'en prendre qu'à lui-même : « Vous l'avez voulu, George Dandin, vous l'avez voulu... »

Georges (saint), martyr (IVe s.). Ses Actes

Mlle **George**
dans « Isabeau de Bavière »
de Perinet et Leclerc

Larousse

Giraudon

saint **Georges**
frappé de verges, *détail*
de « Scènes de la vie de saint Georges »
par Martorell, *Louvre*

sont apocryphes, mais son culte est très
ancien. En Grèce, on l'appelle le « Grand
Martyr ». Il est le patron de l'Angleterre et
de nombreux ordres de chevalerie. — Fête
le 23 avr.

BOHÊME

Georges de Poděbrady (Poděbrady 1420 -
Prague 1471), roi de Bohême (1458-1471).
Chef du parti utraquiste après la mort du
roi Albert en 1439, il s'empara de Prague
(1448). Il fut élu roi de Bohême après la
mort de Ladislas (1457). Il imposa son autorité dans tout le royaume, mais ne put rétablir la paix religieuse. Paul IV l'excommunia
et prêcha contre lui une croisade que dirigea
Mathias Corvin. La noblesse hussite lui préféra comme héritier Ladislas Jagellon à Mathias Corvin, qui s'était fait élire roi.

BRANDEBOURG

Georges - Guillaume (1595 - Königsberg
1640), prince-électeur de Brandebourg (1619-
1640).

BULGARIE

Georges Ier Terter, roi de Bulgarie (1280-
1292), beau-frère et successeur de Jean IV
Asen III. Il s'allia à Charles Ier d'Anjou
contre Byzance, mais dut se reconnaître vassal du khãn mongol Nogaï. Il ne put empêcher le démembrement de la Bulgarie.
— **Georges II Terter,** roi de Bulgarie (1322-
1323), fils de Théodore Svetoslav.

DANEMARK

Georges, prince de Danemark (Copenhague
1653 - Kensington 1708), fils de Frédéric III
de Danemark et époux d'Anne, future reine
de Grande-Bretagne.

GÉORGIE

Georges Ier, roi de Géorgie (1014-1027).
— **Georges III,** roi de Géorgie (1156-1184).
Il conquit l'Arménie et écrasa les Turcs Seld-
joukides. — **Georges V** *Brtsquinvalé* (« le
Brillant »), roi de Géorgie (1314-1346). Il
expulsa les Mongols et unifia le royaume de
Géorgie. — **Georges XII,** dernier roi de
Géorgie (1798-1800). Il abandonna le titre
de roi de Géorgie au tsar Paul Ier.

GRÈCE

Georges Ier (Copenhague 1845 - Thessalonique 1913), roi de Grèce (1863-1913), fils
du roi Christian IX de Danemark. Désigné
par l'Angleterre aux suffrages de l'Assemblée nationale, il fut proclamé roi et succéda
à Otton. Il reçut les îles Ioniennes et soutint
le soulèvement de la Crète contre la Turquie
(1866). Il entra dans la Ligue balkanique en
1912, et ses victoires sur la Turquie lui per-
mirent d'annexer une partie de la Macédoine et de l'Epire, et les îles de l'Egée. Il fut
assassiné; son fils aîné Constantin Ier lui succéda.
— **Georges II** (Tatoi 1890 - Athènes 1947), roi
de Grèce (1922-1923/1924 et 1935-1947), fils
de Constantin II et de Sophie, princesse de Prusse. Il prit le pouvoir lors de
l'abdication de son père en 1922, mais dut
s'exiler quelques mois avant la proclamation
de la république (1924). Il rentra à Athènes
en 1936. Le pouvoir réel appartint jusqu'en
1940 au général Metaxas, président du
Conseil. Lors de l'invasion allemande,
Georges II se réfugia en Crète, puis à
Londres (1941-1944). Le 30 déc. 1944, il
nomma Mgr Damaskinos régent du royaume.
Il ne fut rétabli sur le trône qu'à l'issue de
la guerre civile (1946).

SAXE

Georges le Barbu (Meissen 1471 - Dresde
1539), duc de Saxe (1500-1539). Il restitua
aux Pays-Bas (1503) la Frise occidentale, qui
avait été achetée par son père.

Georges Ier (Pillnitz 1832 - *id.* 1904), roi
de Saxe (1902-1904).

SERBIE

Georges le Noir. V. KARAGEORGES.

Georges de Laodicée, évêque arien de Laodicée de Syrie (Alexandrie v. 290 - † v. 363). Il provoqua des troubles religieux à Antioche. Il a écrit une *Vie d'Eusèbe.*

Georges Pisidès ou de **Pisidie,** poète byzantin du VIIᵉ s., auteur d'une épopée dans laquelle il célèbre la victoire d'Héraclius sur les Perses, d'un poème sur la guerre contre les Avars et de poèmes religieux.

Georges de Trébizonde, humaniste byzantin (Chandax, Crète, 1396 - Rome 1486), traducteur d'Aristote et de Ptolémée.

Georges (Joseph), général français (Montluçon 1875 - Paris 1951). Il servit en Orient, puis, en 1918, à l'état-major de Foch, et pendant la campagne du Rif (1925) fut chef d'état-major de Pétain. Il fut blessé au côté de Barthou lors de l'attentat contre Alexandre de Yougoslavie (1934). Adjoint de Gamelin (1935), il reçut en 1939-1940 le commandement du théâtre d'opérations du Nord-Est. En 1943, il rejoignit Giraud en Afrique du Nord et devint pendant quelques mois membre du Comité français de libération nationale.

Georgetown, capit. de la Guyana, sur l'Atlantique, à l'embouchure de la Demerara ; 168 000 h. Centre commercial. Port exportant la bauxite.

George Town, port de Malaysia (Malaisie), dans l'île de Penang ; 234 900 h. Industries alimentaires. Fonderies d'étain. Exportations de coprah, de caoutchouc et de thé.

Géorgie (RÉPUBLIQUE SOCIALISTE FÉDÉRATIVE SOVIÉTIQUE DE), en russe **Grouziia** ou **Grouzinskaïa S. S. R.,** république fédérée de l'U. R. S. S., englobant les républiques autonomes d'Abkhazie* et d'Adjarie* ; 4 686 000 h. Capit. *Tbilissi.*

● *Géographie.* La Géorgie occupe la partie occidentale des territoires situés entre le Grand Caucase et la frontière turque. C'est un grand sillon, dont la partie occidentale, drainée par le Rion, aboutit à la mer Noire (Colchide) ; la partie orientale est parcourue par la Koura. L'agriculture y est riche (vergers, vignobles, coton). Des industries utilisent les ressources hydro-électriques comme source énergétique. Les principaux centres industriels sont Tbilissi (constructions mécaniques), Roustavi, près de Tbilissi (sidérurgie), Batoumi (raffinerie de pétrole), Zestafoni (traitement du manganèse de Tchiatoura), Koutaïssi (camions) et Gori (tissages de coton).

● *Histoire.* Alexandre le Grand délivra de la domination perse les peuples établis au S. du Caucase. Pompée, en 65 av. J.-C., les soumit à Rome. Ils retombèrent ensuite sous la coupe des Perses Arsacides, puis des Sassanides. Vers 265 fut fondé un premier royaume de Géorgie. Le christianisme y

apparut dès le début du IVᵉ s. En 469, Tbilissi (Tiflis) devint la capitale, et le royaume s'étendit à toute la Transcaucasie. Au VIIIᵉ s. et jusqu'en 860, la Géorgie fut sous la domination arabe. Les Turcs Seldjoukides occupèrent Tbilissi en 1088. En 1100, le roi David III les expulsa et agrandit le pays. Aux XIIᵉ et XIIIᵉ s., la Géorgie connut sa plus grande expansion (règne de Thamar, 1184-1212). Les invasions mongoles de Gengis khân (1222), puis de Timūr Lang (Tamerlan), en 1386 et 1399, ravagèrent le pays. Alexandre (1412-1442) rétablit l'indépendance. Mais, en 1453, la prise de Constantinople par les Turcs plaça la Géorgie sous leur influence. Pour s'en dégager, celle-ci fit appel à la Russie et reconnut sa suzeraineté (1783). En 1799, le tsar Paul Iᵉʳ prit le titre de roi de Géorgie et, en 1801, Alexandre Iᵉʳ annexa le pays, qui fut rattaché à la viceroyauté du Caucase. La réforme agraire et l'abolition du servage ne réglèrent pas le problème paysan, et à la fin du XIXᵉ s. se constitua un parti socialiste démocratique géorgien. Lors de la Révolution, la Géorgie, contrôlée par les mencheviks, se constitua en gouvernement autonome (1917). En 1921, elle fut réintégrée à la Russie au sein de la Transcaucasie. En 1936, elle en fut détachée et devint la République socialiste soviétique de Géorgie.

● *Littérature.* La littérature géorgienne connut une période brillante au XIIᵉ s., en particulier avec Chotha Rousthavéli, auteur du poème *le Chevalier à la peau de panthère.* Après une longue décadence, ce ne fut qu'au XIXᵉ s. que survint la renaissance des lettres géorgiennes grâce au dramaturge Ghiorghi Eristhavi, aux romanciers Ghiorghi Tséréthéli et Tchoukadzé, et aux poètes Akaki Tséréthéli, Gouriéli et Tchavtchavadzé (1837-1907). Depuis 1921, date de la soviétisation de la Géorgie, les meilleurs écrivains sont Grigol Abachidzé et Léo Kiatcheli.

Géorgie ou **Georgie,** en angl. **Georgia,** Etat du sud-est des Etats-Unis, sur l'Atlantique ; 152 589 km² ; 4 140 000 h. Capit. *Atlanta.* L'Etat s'étend à l'O. sur une partie des Appalaches (la Grande Vallée) ; au S.-E., la plaine s'incline vers l'Océan. Le pays se consacre surtout à la culture et au travail (industrie) du coton. La Géorgie fait partie de l'Union depuis 1788.

Géorgie (DÉTROIT DE), bras de mer formé par l'océan Pacifique entre l'île de Vancouver et la côte occidentale de la Colombie britannique.

Géorgie du Sud, en angl. **South Georgia,** île britannique de l'Atlantique Sud, dépendance des Falkland, vers 54° de lat. S. ; 1 400 h. Ch.-l. *Grytviken.* Grand centre mondial de production d'huile de baleine.

géorgien, enne adj. et n. Qui se rapporte à la Géorgie soviétique ou à ses habitants ; habitant ou originaire de cette région. ‖ —

géorgien n. m. Langue caucasienne parlée dans la république de Géorgie (U. R. S. S.). [Connu par des manuscrits, dont certains remontent au VIᵉ s., le géorgien, qui fut une langue d'administration, a donné des œuvres originales dès le XIIᵉ s. ; l'université de Tbilissi est le centre des études de géorgien, et l'enseignement y est donné en cette langue.]

géorgien adj. et n. m. (de *Georgia,* v. des Etats-Unis [Etat de Vermont]). *Géol.* Se dit de l'étage inférieur du système cambrien.

Géorgienne (BAIE), en angl. **Georgian Bay,** baie formée par le lac Huron sur le littoral canadien.

Georgiev (Kimon), homme politique bulgare (Pazardžik 1882 - Sofia 1969). Président du Conseil (mai 1934-janv. 1935), chef d'un gouvernement de coalition (1944), il s'effaça devant Dimitrov (1945).

Georgiev (Vladimir), linguiste bulgare (Gabare 1908), auteur de travaux sur la langue minoenne.

géorgique adj. (gr. *geôrgikos*). Qui concerne les travaux de l'agriculture. ‖ **— géorgiques** n. f. pl. Poème sur la vie rustique.

Géorgiques (LES), poème didactique de Virgile, en 4 chants, composé de 39 à 29 av. J.-C. Prenant pour modèles les Grecs Hésiode et Aratos de Sicyone, le poète veut, grâce à cette œuvre, réveiller l'amour de la terre chez les Romains. Il traite de la culture proprement dite, de l'arboriculture, et en particulier de la culture de la vigne, de l'élevage des bestiaux, de l'apiculture.

géorgisme n. m. Doctrine économique et financière énoncée par Henry George*.

géoséismique ou **géosismique** adj. Se dit des méthodes de prospection des couches terrestres par l'étude des ondes émises en profondeur par une explosion.

géostatique n. f. Statique du globe terrestre.

géostratégie n. f. Ensemble des données de la stratégie résultant de la géographie physique ou économique, ou de la démographie : *La géostratégie d'un Etat.*

géostrophique adj. *Météorol.* Se dit de la force de Coriolis ou des vents déterminés par cette force et parallèles aux isobares.

géosynclinal n. m. et adj. Ride importante de l'écorce terrestre, par laquelle on explique l'accumulation ancienne de très grandes épaisseurs de sédiments suivant certaines aires allongées qui ont été ultérieurement plissées et qui ont formé une chaîne de montagnes. (Les sédiments qui se déposent dans un géosynclinal sont surtout des argiles, des marnes, des calcaires.)

géotactisme n. m. Déplacement d'un animal en fonction de la direction de la pesanteur (réaction de montée ou de descente), sans que l'humidité ou d'autres facteurs interviennent.

géotechnique adj. Relatif aux applications techniques de la géologie.

géothermie n. f. Chaleur interne de la Terre. ‖ Etude des phénomènes thermiques dont le globe terrestre est le siège. ◆ **géothermique** adj. Relatif à la géothermie. ● *Degré géothermique,* profondeur d'enfoncement dans le sol correspondant à une élévation de température de 1 ⁰C. (Cette profondeur est en moyenne de 33 m pour la couche superficielle.)

géotropique → GÉOTROPISME.

géotropisme n. m. Orientation de croissance des axes végétaux en fonction de la direction de la pesanteur. (La racine croît vers le bas et s'enfonce dans la *terre,* d'où le nom de *géotropisme.* Le sommet de la tige se relève et se dirige vers le haut. Radicelles et rameaux font avec l'axe un angle caractéristique qui détermine le « port » de la plante ; les axes rampants ou retombants ont un géotropisme qui leur est propre, mais ne sont pas pour autant insensibles à la pesanteur.) ◆ **géotropique** adj. Qui résulte du géotropisme.

géotrupe n. m. Scarabée du groupe des bousiers, très commun. (Type de la famille des *géotrupidés.*)

géphyriens n. m. pl. (gr. *gephura,* pont [ces animaux « font le pont » entre divers groupes]). Vermidiens marins, actuellement répartis en trois classes : siponcles, échiuriens et priapuliens, en dépit de leur nombre minuscule.

Gépides ou **Gébides,** peuple de race germanique établi aux bouches de la Vistule (Iᵉʳ-IIᵉ s. apr. J.-C.). Entraînés par les Huns vers l'Occident, les Gépides s'en affranchirent après 451 et s'établirent en Dacie. Ils furent dispersés par Théodoric (488-489) et définitivement détruits par les Lombards vers 567.

Ger (PIC DE), sommet des Pyrénées, au S. du col d'Aubisque ; 2 612 m.

Gera, v. d'Allemagne (Allem. or.), ch.-l. de distr., sur l'Elster ; 103 000 h. Industries textiles, mécaniques et chimiques.

Geraardsbergen, nom flamand de **Grammond,** v. de Belgique.

géosynclinal

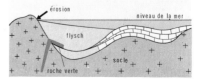

Géraldy (Paul LE FÈVRE, dit **Paul**), écrivain français (Paris 1885 - Neuilly 1983). Un recueil de poésies amoureuses, *Toi et Moi* (1913), lui apporta la célébrité. Son œuvre théâtrale met en valeur ses dons de psychologue de l'amour : *les Noces d'argent* (1921), *Aimer* (1921), *Christine* (1932), *Duo* (1938), *Ainsi soit-il* (1946).

gérance → GÉRER.

géraniacées, géraniales → GÉRANIUM.

géraniol n. m. Alcool hydroterpénique acyclique $C_{10}H_{18}O$, renfermé dans les essences de géranium et de rose. (C'est un liquide incolore, à odeur de rose, bouillant à 230 ºC.)

géranium [njɔm] n. m. (du gr. *geranos*, grue [à cause du fruit en bec]). Plante ornementale aux fleurs rouges, type de la famille

v. fleurs

des géraniacées. (Les genres voisins *pelargonium* et *erodium* sont souvent appelés « géraniums » par extension.) ◆ **géraniacées** n. f. pl. Famille (type de l'ordre des géraniales) caractérisée par le parfum spécial de ses fleurs, le fruit en forme de bec d'oiseau, la pilosité des tiges. ◆ **géraniales** n. f. pl. Ordre de plantes à fleurs (dicotylédones), disciflores, aux pétales séparés, comptant plus de 1 000 espèces, réparties dans les familles des géraniacées, des linacées (lin), des balsaminacées (impatiente), des tropéolacées (capucine), etc.

gérant → GÉRER.

Gérard (saint), abbé (Stave, Flandres, 880 - Brogne 959). Moine de Saint-Denis (917), il fonda (919) à Brogne une abbaye bénédictine. Canonisé en 1131. — Fête le 3 oct.

Gérard (le bienheureux), fondateur d'ordre (Saint-Geniez, Martigues, v. 1040 - Jérusalem 1120). Pèlerin à Jérusalem (1080), il fonda l'ordre des Frères hospitaliers de Saint-Jean*-de-Jérusalem.

Gérard Majella (saint), religieux italien (Muro Lucano 1726 - Caposele, Avellino, 1755), convers rédemptoriste (1752). Il est un des patrons de la jeunesse. Canonisé en 1904. — Fête le 16 oct.

Gérard de Borgo San Donnino, religieux italien (Borgo San Donnino ? - Paris 1276). Franciscain gagné aux idées de Joachim de Flore, il voulut faire triompher l'idéal des spirituels*. Il fut emprisonné.

Gérard de Saint-Jean. V. GEERTGEN TOT SINT JANS.

Gérard (Marguerite), peintre français (Grasse 1761 - Paris 1837). Belle-sœur et élève de Fragonard, elle s'inspira ensuite des maîtres hollandais. On a conservé son journal intime et sa correspondance.

Gérard (François, baron), peintre français (Rome 1770 - Paris 1837). Élève de David,

baron **Gérard**
« J.-B. Isabey et sa fille »
Louvre

il fut surtout portraitiste (*Madame Récamier* [musée Carnavalet], *Talleyrand*, *Louis XVIII*, *Charles X*, *Louis-Philippe*, *J.-B. Isabey et sa fille*, *Madame Visconti* [Louvre]). Louis XVIII l'anoblit.

Gérard (Etienne, comte), maréchal de France (Damvillers, Lorraine, 1773 - Paris 1852). Il participa à la campagne de Russie (1812), fut blessé à Leipzig (1813) et assura le succès de Ligny (1815). Ministre de la Guerre en 1830 et créé maréchal, il dirigea le siège d'Anvers (1832). En 1834, il fut de nouveau ministre de la Guerre, avec la présidence du Conseil.

Gérard (Rosemonde). V. ROSTAND (Mᵐᵉ Edmond).

Gérardmer [ʒerarme ou mɛr], en patois lorrain **Géromé**, ch.-l. de c. des Vosges (arr. et à 30 km au S. de Saint-Dié) ; 9 647 h. (*Géromois*). Station climatique et centre de sports d'hiver à l'E. du lac du même nom. Industries actives : scieries, tissage de la toile, confection, etc. Centre du commerce des fromages (*géromé* et *munster*). Lycée climatique. La cité doit son nom à une maison de chasse du premier duc de Lorraine, Gérard d'Alsace.

Gérardmer (LAC DE), le plus grand lac des Vosges.

Gerart de Nevers *ou le Roman de la violette,* un des meilleurs romans d'aventures du XIIIᵉ s., composé par Gerbert de Montreuil vers 1225. Lisiart, comte de Forez, se vante à tort d'avoir réussi à séduire Euriaut, femme de Gerart de Nevers. Il en résulte toutes sortes d'aventures.

Gerasa. *Géogr. anc.* V. de Palestine, à l'E. du Jourdain, qui faisait partie de la Décapole. Importantes ruines d'époque romaine, surtout du Bas-Empire.

Gerassimov (Alexandre). V. GHERASSIMOV.

Géraud (saint), comte d'Aurillac (Aurillac v. 855 - Cézenac 909). Il fonda une abbaye bénédictine et affranchit ses serfs. — Fête le 13 oct.

Géraud (saint). V. GUIRAUD (saint).

gerbage → GERBE.

Gerbault (Alain), navigateur français (Laval 1893 - Dili, île de Timor, 1941). Il fit le tour du monde, seul sur un petit yacht à voiles de 11 m (1923-1929), et effectua de nombreux voyages dans le Pacifique.

gerbe n. f. (francique *garba;* allem. moderne *Garbe*). Botte d'épis, de fleurs, etc., coupés et disposés de telle sorte que les têtes soient toutes au même côté : *Gerbe de blé, d'orge, de fleurs.* ‖ Ensemble des droites passant par un même point. ‖ Faisceau de trajectoires de particules provenant de la désintégration d'un atome, comme en produisent les rayons cosmiques. ‖ Ensemble des trajectoires des projectiles tirés par une même arme avec les mêmes éléments : *Une gerbe de balles.* ‖ Faisceau d'éclats projetés par l'explosion d'un obus. (Les éclats d'un obus se répartissent en trois gerbes : une *gerbe d'ogive,* peu dense et projetée vers l'avant; une *gerbe de culot,* très peu dense, constituée par de gros éclats projetés vers l'arrière; une *gerbe latérale,* la plus importante, constituant une nappe étroite perpendiculaire à la direction du tir. Lorsqu'un obus éclate en l'air à faible hauteur, la trace de la gerbe latérale, ou *coup de hache,* est nettement marquée sur le terrain.) ‖ Artifice qui, en brûlant, émet des étincelles colorées groupées en forme de gerbe. ‖ *Fig.* Se dit de tout ensemble de choses formant un faisceau ressemblant à une gerbe : *Une gerbe de récompenses.* ◆ **gerbage** n. m. Action de gerber. ◆ **gerber** v. tr. Mettre en gerbes : *Gerber du froment, du seigle, de l'avoine.* ‖ Empiler des charges (fûts, sacs, etc.) les unes sur les autres. ◆ v. intr. Fournir de nombreuses gerbes : *Blés qui gerbent bien.* ‖ Imiter la forme d'une gerbe : *Jets d'eau, fusées qui gerbent admirablement.* ◆ **gerbeur, euse** adj. Qui sert à gerber : *Élévateur gerbeur.* ‖ — **gerbeur** n. m. Ouvrier qui opère le gerbage. ‖ Appareil servant à empiler des charges (fûts, sacs, etc.) les unes sur les autres. (On dit aussi GERBEUSE.) ‖ — **gerbeuse** n. f. Appareil au moyen duquel on élève mécaniquement les fûts pour les gerber. ◆ **gerbier** n. m. Tas de gerbes, meule. ◆ **gerbière** n. f. Gros gerbier. ‖ Charrette servant à transporter les gerbes. ◆ **gerbillon** n. m. Petite gerbe.

Gerber (MÉTHODE DE), méthode de dosage de la matière grasse du lait.

Gerberge, princesse lombarde (v. 750 - apr. 774), fille du roi Didier et épouse de Carloman, frère de Charlemagne. Ce dernier l'enferma au monastère de Corbie.

Gerberge, princesse saxonne (v. 913 - v. 969), fille d'Henri Iᵉʳ, roi de Germanie, et épouse du roi de France Louis IV d'Outremer.

Gerberon (Gabriel), religieux français (Saint-Calais 1628 - Saint-Denis 1711). Bénédictin de Saint-Maur, il combattit la régale et dut fuir la police avant d'être arrêté. Il se rétracta avant de mourir. Son *Histoire générale du jansénisme* est fondamentale (1700).

Gerbert d'Aurillac. V. SYLVESTRE II.

Gerbert ou **Gibert** de Montreuil, poète de la première moitié du XIIIᵉ s. Il composa une suite de *Perceval*,* et *Gerart* de Nevers* ou *le Roman de la violette.*

gerbeur, gerbeuse → GERBE.

Gerbéviller, ch.-l. de c. de Meurthe-et-Moselle (arr. et à 13 km au S. de Lunéville), sur la Mortagne ; 1 300 h. Fabrique de meubles. — La ville est connue aussi sous le nom de *Gerbéviller-la-Martyre* en raison des atrocités commises par les Allemands lors de leur échec sur la Mortagne (sept. 1914).

gerbier → GERBE.

Gerbier-de-Jonc (MONT), sommet situé aux confins du Velay et du haut Vivarais, et près duquel naît la Loire ; 1 551 m.

gerbière → GERBE.

gerbeur

gerbille n. f. (dimin. de *gerboise*). Petit rat sauteur des déserts, de couleur fauve, qui ressemble à une gerboise. (Il creuse cependant un terrier où il fait provision de graines.) [Syn. MÉRIONE.]

gerbillon → GERBE.

Gerbillon (Jean), missionnaire français (Verdun 1654 - Pékin 1707). Mathématicien, il devint supérieur de la mission jésuite française en Chine (1700) et rendit de grands services à l'empereur K'ang-hi.

gerboise n. f. (esp. *gerbasia;* ar. *yerbo*). Petit rongeur dont la longue queue et les pattes de derrière très développées font un

gerboise

excellent sauteur. (La gerboise se déplace surtout la nuit. Famille des dipodidés.)

1. gerce → GERCER.

2. gerce n. f. Nom usuel des teignes qui attaquent les étoffes et les papiers.

gercement → GERCER.

gercer v. tr. (anc. franç. *jarser;* lat. pop. *charissare*, fait sur le gr. *kharassein*, faire une entaille) [conj. 1]. Fendiller, en parlant du froid, de la chaleur : *Le vent gerce les lèvres.* ✦ v. intr. ou **se gercer** v. pr. Devenir gercé, fendillé. ‖ *Métall.* Présenter des gerces ou des gerçures. ✦ **gerce** n. f. Défaut d'une pièce de fonderie se présentant sous la forme d'une courte nervure de forme irrégulière ou d'un fendillement en surface. (On dit aussi GERÇURE.) **— gerces** n. f. pl. Petites fentes superficielles pouvant apparaître sur la surface des sciages* lors du séchage. ✦ **gercement** n. m. Action de gercer ou de se gercer; état de ce qui est gercé. ✦ **gerçure** n. f. Plaie linéaire de la peau ou des muqueuses. (Les gerçures, dues au froid, à l'humidité ou à certains états morbides [diabète], s'observent aux mains, aux pieds, au pourtour des orifices naturels.) [Syn. CREVASSE.] ‖ Fente vive dans le diamant. ‖ *Métall.* Syn. de GERCE. ‖ Fendillement en tous sens qui se produit dans un enduit (vernis, peinture, etc.). ‖ Fente dans une pièce de bois.

Gerdt (Pavel Andreïevitch), danseur russe d'origine allemande (Saint-Pétersbourg 1844 - *id.* 1917). Une des plus grandes figures de la danse noble russe, il enseigna à l'Ecole impériale de danse de Saint-Pétersbourg.

géré → GÉRER.

gérer v. tr. (lat. *gerere,* faire, porter) [conj. 5]. Administrer, régir pour le compte d'autrui ou pour son propre compte : *Un homme qui sait gérer ses affaires.* ‖ — SYN. : *administrer, conduire, diriger, gouverner, régir.* ✦ **gérance** n. f. Fonction de gérant; durée de cette fonction : *La gérance d'une exploitation. La gérance d'un journal. Pendant ma gérance.* ‖ Administration par gérant. ● *Gérance libre* ou *gérance-location,* exploitation d'un fonds de commerce par un locataire qui exploite le fonds pour son compte moyennant une redevance versée au bailleur (qui doit lui-même avoir auparavant été commerçant pendant sept ans et avoir exploité le fonds de commerce pendant deux ans). [La loi donne au locataire-gérant la qualité de commerçant ou celle d'artisan, et elle le soumet à toutes les obligations qui en découlent.] ✦ **gérant, e** n. et adj. Personne qui administre une entreprise ou une société pour le compte d'autrui : *Le gérant d'un café, d'une société en commandite.* ● *Gérant d'affaires,* celui qui, sans avoir reçu mandat, accomplit un acte pour le compte d'autrui. ‖ *Gérant de fonds de commerce,* personne assurant l'exploitation d'un fonds de commerce soit en tant qu'employé du propriétaire (*gérant salarié*), soit en tant que locataire exploitant le fonds pour son compte moyennant le paiement d'une redevance au propriétaire (*gérant libre*). ‖ *Gérant d'immeubles,* personne qui gère professionnellement les immeubles d'autrui. ‖ *Gérant responsable,* celui qui répondait devant l'autorité des délits commis par toute publication périodique. (On dit auj. DIRECTEUR DE PUBLICATION.) ‖ *Gérant de société,* personne qui administre une société au nom des associés. (Il apparaît comme mandataire de ceux-ci dans les sociétés de personnes et comme l'organe de la personne morale elle-même dans les sociétés à responsabilité limitée.) ‖ *Gérant de succursale,* personne assurant la direction d'un établissement à succursales multiples, et rétribuée par un salaire. ✦ **géré** n. m. V. GESTION *d'affaires.* (Syn. MAÎTRE DE L'AFFAIRE.) ✦ **gestion** [ʒɛstjɔ̃] n. f. Action de gérer, administration : *Le mari a la gestion des affaires de la communauté.* ‖ Administration soit de l'affaire en entier, soit d'une partie de celle-ci. (La gestion s'oppose à l'*organisation*, qui est l'étude des méthodes de gestion, et au *contrôle*, qui vérifie si la gestion a été bien faite.) ‖ Administration d'un établissement ou d'une formation militaire. ‖ Le service chargé de cette administration. ‖ *Dr.* Syn. de ADMINISTRATION. ‖ Ensemble des opérations d'un comptable public soit pendant une année financière, soit pendant la durée de ses fonctions. ‖ Système dans lequel on rattache au budget de l'année toutes les recettes et toutes les dépenses effectivement encaissées ou effectuées. (Dans le système de l'*exercice*, on rattache à l'année toutes les dépenses et toutes les recettes qui tirent leur origine d'un acte accompli pendant cette année, quel que soit le moment du paiement effectif.) ● *Gestion d'affaires,* quasi-contrat qui naît toutes les fois qu'une personne (*gérant d'affaires*) accomplit un acte dans l'intérêt ou pour le compte d'un tiers (*maître de l'affaire,* ou *géré*) sans avoir reçu mandat de celui-ci, son intervention faisant naître des obligations réciproques à la charge du gérant (poursuivre la gestion commencée, en rendre compte) et du géré (indemniser le gérant si la gestion a été utile). ‖ *Gestion budgétaire, prévisionnelle,* gestion d'une entreprise obéissant aux règles du contrôle* budgétaire ou prévisionnel. ◆ **gestionnaire** adj. Relatif à une gestion : *Compte gestionnaire.* ✦ n. m. Qui est chargé d'une gestion ; gérant. ‖ Officier responsable des services administratifs d'un établissement militaire : *Un gestionnaire des hôpitaux militaires.*

gerfaut n. m. (anc. haut allem. *gir,* vautour, et franç. *fauc,* cas sujet *faucon*). Oiseau de proie du groupe des faucons. (Oiseau de haut vol, le gerfaut était considéré comme l'oiseau noble par excellence.)

Gergonne (Joseph Diez), mathématicien français (Nancy 1771 - Montpellier 1859). Il s'est surtout consacré à l'étude du principe de dualité en géométrie projective.

Gergovie, en lat. *Gergovia. Géogr. anc.* V. de Gaule, en pays arverne, sur un plateau à 6 km au S. de Clermont-Ferrand. Un siège y fut victorieusement soutenu par Vercingétorix contre César en 52 av. J.-C. Le site a é.. ..uillé par des archéologues.

Gerhaert de Leyde (Nikolaus), sculpteur flamand (probablem. Leyde v. 1430 - Vienne 1473). Il travailla à Trèves, Strasbourg, Bade, Vienne.

Gerhardsen (Einar), homme politique norvégien (Oslo 1897), secrétaire général du parti socialiste norvégien, maire d'Oslo en 1940, Premier ministre de 1945 à 1951 et depuis 1955.

Gerhardt (Paul), poète allemand (Gräfenhainichen 1607 - Lübben 1676). Le style de ses cent trente-quatre cantiques est caractéristique du goût « baroque » de son époque.

Gerhardt (Charles), chimiste français (Strasbourg 1816 - *id.* 1856). Il obtint en 1842 la quinoléine et découvrit en 1852 les anhydrides d'acides organiques. Il mit au point la notion de « séries homologues » et fut l'un des créateurs de la notation atomique.

gériatrie n. f. (gr. *gerôn,* vieillard, et *iatros,* médecin). Médecine de la vieillesse. (La gériatrie a pour objet de rechercher et de mettre en œuvre les moyens capables de retarder l'apparition de la sénescence.)

Géricault (Théodore), peintre français (Rouen 1791 - Paris 1824). Élève de Guérin et de Gros, il partit en 1817 pour l'Italie, où

il découvrit Michel-Ange. A son retour, il exécuta *le Radeau de la « Méduse »* (1819), manifeste de l'école romantique. Il a peint une série de portraits de fous de la Salpêtrière (Louvre) et étudié l'anatomie et les mou-

gerfaut

Parbst - Pressehuset

vements des chevaux : *Officier de chasseurs à cheval de la garde impériale chargeant, le Derby d'Epsom, la Course des barbieri* (Louvre). Il mourut d'une chute de cheval.
→ V. illustration page suivante.

Gering (Ulrich), imprimeur allemand (Constance v. 1440 - Paris 1510). Le recteur Guillaume Fichet lui demanda, en 1470, de créer dans les bâtiments de la Sorbonne, avec Michael Friburger et Martin Crantz, la première imprimerie française.

Gérin-Lajoie (Antoine), écrivain canadien d'expression française (Yamachiche, Québec, 1824 - Ottawa 1882). Dans ses romans *Jean Rivard le défricheur* (1862) et *Jean Rivard économiste* (1864), il chercha à persuader les Canadiens français de rester sur leurs terres.

gérit n. m. Long couteau pour la chasse à l'ours.

Gerlache (Etienne, baron DE), magistrat et homme politique belge (Biourge, Luxembourg, 1785 - Bruxelles 1871). Sur sa proposition, alors qu'il était président du Congrès depuis 1830, le duc Léopold de Saxe-Cobourg fut élu roi des Belges (1831). Il fut premier président de la Cour de cassation. (Acad. royale de Belgique.)

Gerlache de Gomery (Adrien DE), marin et explorateur belge (Hasselt 1866 - Bruxelles 1934). Il voyagea dans les mers antarctiques à bord du *Belgica* (1897-1899). Il publia : *Quinze Mois dans l'Antarctique* (1901).

« la Course des barbieri », *Louvre*

Géricault

« Officier de chasseurs à cheval de la garde
impériale chargeant », *Louvre*

Gerlachovka, point culminant des Carpates (Hautes Tatras), en Slovaquie ; 2 663 m.

Gerlier (Pierre), prélat français (Versailles 1880 - Lyon 1965). Avocat, prêtre (1921), il fut nommé évêque de Tarbes et de Lourdes (1929), puis (1937) archevêque de Lyon et cardinal.

1. germain, e adj. (lat. *germanus*, frère). Issu du même père et de la même mère : *Frères germains, sœurs germaines.* (N'est guère usité qu'en procédure.) ‖ Né du frère ou de la sœur du père ou de la mère (ne s'emploie qu'avec les mots *cousin* ou *cousine*) : *Cousin germain. Cousine germaine.* ● *Cousins issus de germains,* enfants nés de deux cousins germains.

2. germain, e adj. et n. (de l'allem. *Gehrmann* ou *Wehrmann,* homme de guerre). Qui se rapporte aux Germains*, à la Germanie ; originaire de Germanie. ◆ **germanique** adj. Qui appartient à l'Allemagne ou à ses habitants : *Les peuples germaniques.* ✦ n. m. Famille de langues indo-européennes parlées dans l'Europe du Nord (allemand, anglais, etc.). [V. aussi GERMANIUM.] ◆ **germanisant, e** n. Personne qui affectionne les mœurs ou les formes allemandes. ‖ Personne qui étudie la langue, la littérature, la civilisation germaniques. (On dit aussi GERMANISTE.) ◆ **germanisation** n. f. Action de germaniser ; son résultat. ◆ **germaniser** v. tr. Rendre allemand ; donner une forme allemande à : *Germaniser un peuple, des noms propres.* ✦ v. intr. Faire des germanismes. ◆ **germanisme** n. m. Expression propre à la langue allemande. ◆ **germaniste** n. et adj. Qui s'occupe spécialement des langues ou du droit germaniques. ◆ **germanophile** n. et adj. Qui est favorable aux Allemands. ◆ **germanophilie** n. f. Sympathie pour les Allemands, pour leurs idées et leurs sentiments. ◆ **germanophobe** n. et adj. Qui est hostile aux Allemands. ◆ **germanophobie** n. f. Hostilité à l'égard des Allemands.

Germain d'Auxerre ou **l'Auxerrois** (saint), évêque (Auxerre v. 378 - Ravenne 448). Evêque d'Auxerre (418), il accomplit plusieurs missions en Grande-Bretagne. — Fête le 31 juill.

Germain (saint), évêque de Paris (près d'Autun v. 496 - Paris v. 576). Evêque de Paris (555), il réforma son Eglise. Il est l'éponyme de Saint-Germain-des-Prés. — Fête le 28 mai.

Germain (saint) [634 - 733], évêque de Cyzique, patriarche de Constantinople (715). Il dut démissionner en 730 pour avoir combattu l'iconoclasme. — Fête le 12 mai.

Germain, en gr. *Germanos,* général byzantin († Sardique 550), neveu de Justinien. Il repoussa les Slaves en Thrace et rétablit l'ordre en Afrique.

Germain, nom d'une famille d'orfèvres parisiens des XVIIe et XVIIIe s. PIERRE (1645 - 1684) fut orfèvre de Louis XIV. — Son fils THOMAS (1673 - 1748) fut le plus célèbre ; il séjourna à Rome, fut orfèvre du Régent, puis du roi. — Son fils FRANÇOIS THOMAS (1726 - 1791) lui succéda et exécuta les 1 274 pièces du trésor royal du Portugal.

Germain (Sophie), mathématicienne française (Paris 1776 - *id.* 1831). A la suite de Le Gendre, elle s'intéressa à la théorie des nombres, puis étudia les surfaces élastiques.

Germain (Henri), financier et homme politique français (Lyon 1824 - Paris 1905). Fondateur du Crédit lyonnais en 1863, il en présida le conseil d'administration jusqu'à sa mort. (Acad. des sc. mor., 1888.)

Germaine (sainte) [Germaine COUSIN] (Pibrac, près de Toulouse, v. 1579 - *id.* 1601). Bergère infirme et maltraitée, elle vécut dans la sainteté. Son tombeau est devenu un lieu de pèlerinage. Canonisée en 1867. — Fête le 15 juin.

Germaine de Foix (v. 1488 - 1538), fille de Jean de Foix, vicomte de Narbonne, comte d'Etampes, et de Marie d'Orléans. Elle épousa (1506) son grand-oncle Ferdinand II le Catholique.

Germains, peuples indo-européens, issus d'une région située autour de la presqu'île du Jylland.

● *Histoire.* Les Germains étaient à l'origine un peuple de marins. Au IIIe s. av. J.-C., ils occupèrent l'Allemagne, refoulant les Celtes en Gaule. Ils se heurtèrent ensuite à Rome, qui les contint hors des frontières de son empire jusqu'au IIIe s. apr. J.-C. Les Germains comprenaient de nombreux groupes aux noms divers, et dont il est rarement possible de reconstituer l'histoire. Au début de l'ère chrétienne, aux Saxons, Francs et Alamans s'ajoutèrent des *Germains orientaux,* venus de Scandinavie (Burgondes, Gépides, Goths, Hérules, Ruges, Skires et Vandales). Les Goths se divisèrent ensuite en Ostrogoths (Ukraine) et en Wisigoths (entre Dniestr et Danube), et se convertirent les premiers à l'arianisme, au IVe s. La poussée d'envahisseurs asiatiques, les Huns, amena les Wisigoths, puis bien d'autres peuples, à pénétrer dans l'Empire romain pour s'y installer (IVe-Ve s.). A partir de 407, les Angles, les Jutes et les Saxons du littoral de la mer du Nord envahirent l'île de Bretagne. Avec la ruine de l'Empire d'Occident, divers royaumes barbares s'établirent, qui ne durèrent guère. Toutefois, le royaume franc de Clovis, en Gaule, put se consolider, tandis que les Germains demeurés en Germanie étaient visités par des missionnaires, puis vassalisés par les Francs. D'autre part, Slaves et Danois envahirent les territoires abandonnés par les Germains. (V. ALLEMAGNE.)

● *Civilisation.* Il n'y avait guère d'unité profonde dans le monde germain. Mais, selon Tacite (*De origine et situ Germaniae,*

François Thomas Germain
flambeaux en vermeil
musée Nissim-de-Camondo, Paris

Giraudon

98 apr. J.-C.), les Germains avaient une épopée et une théogonie communes. C'étaient à la fois des guerriers et des paysans, pratiquant une agriculture extensive. Ils adoraient surtout les forces naturelles (Wotan, dieu des Tempêtes) et avaient leurs lieux de culte en des sites élevés, auprès des sources ou au pied d'arbres sacrés. Les morts, conduits par les Walkyries, trouvaient auprès de Wotan un paradis pour guerriers.

L'art germanique a horreur du vide : toute surface est décorée. Des influences celtes et orientales se montrent dans une orfèvrerie cloisonnée, avec des entrelacs et des figures animales stylisées. C'est un art de symétrie avec pour motif central des symboles du Soleil.

germandrée n. f. Labiacée aromatique et médicinale, commune dans les lieux secs.

Germanicus (Julius Caesar), général romain (Rome 15 av. J.-C. - Antioche 19 apr. J.-C.). Fils de Decimus Drusus Nero et d'Antonia, nièce d'Auguste, il fut adopté par Tibère en 4 av. J.-C. Il reçut en 13 apr. J.-C. la garde de la frontière du Rhin. Il battit Arminius à

Giraudon

« Apothéose de **Germanicus** »
camée, art romain
Bibliothèque nationale

Idistaviso (16) et rendit les honneurs funèbres aux victimes du désastre de Varus. Tibère, inquiet de sa popularité, l'envoya en Asie. En Syrie, il entra en conflit avec le gouverneur Calpurnius Pison, manifestement chargé de le surveiller, et réussit à l'éloigner. La mort subite de Germanicus fit soupçonner Pison de l'avoir empoisonné.

Germanie, en lat. *Germania. Géogr. anc.* Contrée de l'Europe centrale, limitée approximativement par la Baltique, la mer du Nord, le Rhin, le Danube et la Vistule, et habitée par les Germains.

Des expéditions romaines furent faites en Germanie dès 55 et 53 av. J.-C., mais César ne tenta pas la conquête. Sous Auguste, une offensive fut menée par Drusus et par Tibère en direction de l'Elbe. Le désastre de Varus, dans lequel périrent trois légions (9 apr. J.-C.), mit fin à ses opérations. Quant à la Germanie romaine, composée des territoires de la rive gauche du Rhin, elle s'organisa, en 90, en deux provinces, *Germanie supérieure* et *Germanie inférieure,* qui furent d'autant plus intensément romanisées qu'elles étaient le lieu de garnison de troupes en provenance de tout l'Empire (camps légionnaires et villes de Mogontiacum [Mayence], Argentoratum [Strasbourg], Vindonissa [Windisch], Castra Vetera [Xanten]). Domitien, après de dures campagnes contre les Chattes, occupa également les Champs Décumates, dans l'angle Rhin-Danube (89). Un *limes* défensif fut organisé, mais dès 162 apparut la menace des invasions. Marc Aurèle guerroya activement sur le Rhin (166-180). Au IIIe s., les défenses du *limes* furent rompues et, désormais, la défense contre les Barbares devint une des principales préoccupations des empereurs. Au Ve s., toute résistance organisée cessa.

Germanie (ROYAUME DE), Etat créé, lors du démembrement de l'Empire carolingien, par le traité de Verdun (843), au profit de Louis le Germanique. Il comprenait les territoires de *Francia Orientalis.* L'expression cessa d'être employée à la mort d'Henri II (1024).

germanique → GERMAIN 2 et GERMANIUM.

germanisant, germanisation, germaniser, germanisme, germaniste → GERMAIN 2.

germanium [ɲɔm] n. m. (de *Germania,* Allemagne). Métal rare, présentant des analogies avec le silicium et l'étain. (V. *encycl.*)
◆ **germanique** adj. Se dit de l'anhydride GeO₂ et des acides correspondants. (V. aussi GERMAIN 2.)
— ENCYCL. *germanium.* Le germanium, découvert en 1885 par Winkler, est l'élément chimique nº 32, de masse atomique Ge = 72,6. C'est un solide gris, cassant, de densité 5,4, fondant vers 960 ºC. Il donne divers hydrures, comparables aux hydrocarbures. Son principal oxyde GeO₂ donne avec les alcalis des germanates. Il se trouve dans les blendes et on le prépare en réduisant son oxyde par le carbone. Ses propriétés semiconductrices sont mises à profit dans les diodes et les transistors à pointe ou à jonction.

germanophile, germanophilie, germanophobe, germanophobie → GERMAIN 2.

Germanos, prélat grec (Dimitzana, Arcadie, v. 1771 - Nauplie 1826). Archevêque de Patras, il souleva la ville contre les Turcs en 1821 et donna le signal de l'insurrection de la Grèce.

germano-soviétique (GUERRE), phase essentielle de la Seconde Guerre* mondiale, qui opposa de 1941 à 1945 l'U. R. S. S., aidée par les Alliés occidentaux, au Reich hitlérien, soutenu par l'Italie et les satellites de l'Axe. Retardée par la campagne des Balkans, l'offensive de la Wehrmacht se déclencha le 22 juin 1941, commençant une guerre longue de quatre ans, dont les opérations se succédèrent dans les trois phases suivantes :

● *L'invasion de l'U. R. S. S.* (1941-1942), qui conduisit les Allemands (220 divisions, soutenues par 3 200 avions et 10 000 chars, opposées aux 150 divisions soviétiques réparties sur un front de 1 800 km) à Leningrad, devant Moscou (déc. 1941), à Stalingrad et jusqu'au Caucase (sept. 1942) ;

● *La libération du territoire soviétique* (1943-1944), où, après leur échec de Stalingrad (31 janv. 1943), les Allemands durent, en dépit de leurs violentes contre-attaques, reculer de 600 km dans le Sud, en évacuant notamment la Crimée, et de 300 km devant Moscou, puis repasser les frontières polonaise et roumaine (avr. 1944) ;

● *L'offensive soviétique dans les Balkans et en Europe orientale* (1944-1945), qui, après le débarquement allié en Normandie (6 juin 1944), vit l'armée rouge (8 millions de combattants répartis en onze fronts) progresser dans tous les secteurs (particulièrement dans les Balkans) pour atteindre finalement Vienne (13 avr.), puis Berlin (2 mai 1945), et opérer sa jonction avec les armées alliées dans la région de l'Elbe. (V. GUERRE MONDIALE [*Seconde*].)

germe n. m. (lat. *germen*). Premier rudiment d'un être organisé quelconque, végétal ou animal. ‖ Terme général désignant l'œuf fécondé. ‖ Nom vulgaire de la cicatricule des œufs d'oiseaux. ‖ Rudiment de certaines parties organiques : *Le germe des dents.* ‖ Plantule d'un végétal à graines. ‖ Jeune pousse d'un tubercule de pomme de terre. ‖ Centre de sensibilité d'une émulsion, à partir duquel se forme l'image latente sous l'influence de la lumière. ‖ Microbe (bactérie, virus, protiste) capable d'engendrer une maladie. ‖ Petit cristal qui, introduit dans un liquide surfondu ou dans une solution sursaturée, en détermine la cristallisation. ‖ *Fig.* Principe, source, cause originelle : *Le germe d'une erreur.* ● *En germe,* à l'état caché et prêt à se développer : *Porteur de germes,* v. PORTEUR et tableau CONTAGIEUSES (*maladies*). ◆ **germer** v. intr. Pousser son germe, en parlant de la semence : *Le blé a bien germé.* ‖ Commencer à se développer : *Une idée bizarre a germé dans son esprit.* ◆ **germicide** adj. et n. m. Qui détruit les germes microbiens. (Syn. ANTISEPTIQUE.) ◆ **germinateur, trice** adj. Qui a la faculté de faire germer : *Pouvoir germinateur.* ‖ — **germinateur** n. m. Appareil servant à contrôler la faculté germinative des graines. (On utilise deux types de germinateurs : des étuves à température constante ou variable, des bacs Jacobsen ou « de Copenhague ».) ◆ **germinatif, ive** adj. Qui concerne la germination.

● *Pouvoir germinatif,* faculté pour une graine mûre de germer lorsqu'elle se trouve dans un milieu satisfaisant. (Le pouvoir germinatif s'exprime en pourcentage et diminue avec le temps.) ● *Tache germinative* (Biol.), nom donné au nucléole du noyau de l'œuf. ‖ *Vésicule germinative,* nom anc. du noyau de l'ovocyte. ◆ **germination** n. f. Retour à la vie active de la plantule qui était à l'état dormant dans la graine. (V. *encycl.*) ◆ **germoir** n. m. Local de brasserie où l'on fait germer l'orge. ‖ Récipient, papier-filtre servant à faire germer des graines.

— ENCYCL. **germination.** La germination se produit ordinairement lorsque la graine est dans le sol et que les conditions de température, d'humidité et d'aération conviennent. Mais la graine ne peut pas germer si elle a été séparée prématurément de la plante mère et si elle n'a pas éprouvé l'action du froid, voire du vieillissement, pendant quelques semaines. Une graine capable de germer est dite *mûre.* Au contraire, une graine trop vieille meurt ; il suffit pour cela de quelques jours à une graine de café, mais des graines de céréales ou de légumineuses ont germé au bout de 200 ans. La germination comporte la digestion, par les enzymes de la plantule, des réserves nutritives contenues dans l'albumen ou les cotylédons. A partir de cette nourriture, la jeune plante édifie d'abord une racine (radicule), puis la tigelle croît vers le haut, laissant les cotylédons dans le sol (blé, pois) [germination *hypogée*] ou les soulevant (haricot, ricin) [germination *épigée*]. Les cotylédons des plantes épigées leur servent de feuilles primordiales lorsqu'ils ne contiennent pas de réserves (ricin) ; dans le cas contraire (haricot), c'est le bourgeon terminal (gemmule) qui fournit les feuilles primordiales. Lorsque la racine et les feuilles suffisent à nourrir la plante et que les réserves sont épuisées, la germination est terminée.

germen [ʒɛrmɛn] n. m. (mot lat.). Lignée cellulaire spécialisée, qui, chez les êtres vivants pluricellulaires, subira la méiose et fournira les gamètes*, ou cellules reproductrices. (Dans la terminologie de Weismann, tout le reste du corps est le *soma,* dont les accidents ne peuvent à aucun degré modifier le *germen,* de sorte que les caractères acquis ne sont pas transmissibles.) ◆ **germinal, e, aux** adj. Qui concerne le germen : *Lignée germinale.*

germer, germicide → GERME.

Germigny-des-Prés, comm. du Loiret (arr. d'Orléans), dans le Val de Loire, à 4,5 km au S.-E. de Châteauneuf-sur-Loire ; 398 h. Célèbre église carolingienne, bâtie en 806, restaurée au XIXᵉ s. (mosaïque du IXᵉ s.). C'est l'anc. chapelle de la villa de Théodulf, conseiller de Charlemagne.

→ V. illustration page suivante.

germinal → GERMEN.

l'église de **Germigny-des-Prés**

germinal n. m. Septième mois du calendrier républicain en France, commençant le 21 ou le 22 mars et finissant le 18 ou le 19 avril.

germinal an III (JOURNÉE DU 12) [1er avril 1795], insurrection populaire de la période thermidorienne. Une foule de manifestants envahit la Convention en réclamant : « Du pain et la Constitution de 1793. » La garde nationale les dispersa. L'Assemblée fit déporter Billaud-Varenne et Collot d'Herbois.

Germinal, roman d'Emile Zola (1885), treizième volume des *Rougon-Macquart**. L'auteur décrit le milieu minier du Nord durant une grève qu'il situe à la fin du second Empire. L'ouvrier parisien Etienne Lantier, arrivé récemment, mais plus instruit que les autres mineurs, prend la direction de la résistance. Rendus furieux par la faim, les mineurs dévastent les installations minières et tuent l'usurier Maigrat. Des innocents tombent sous la fusillade de la troupe. Le travail est repris dans une morne résignation, mais un nihiliste russe, Souvarine, fait sauter la mine. Lantier quitte ce pays maudit au mois de mai, dont les floraisons lui rendent l'espoir en un « germinal » social.

germinateur, germinatif, germination
→ GERME.

Germinie Lacerteux, roman d'Edmond et Jules de Goncourt (1865), dans lequel les auteurs cherchent à décrire de façon clinique la dégradation mentale d'une jeune fille sortie de son milieu d'origine.

Germiston, v. de l'Afrique du Sud (Transvaal), dans le Witwatersrand ; 213 600 h. Extraction et traitement des minerais aurifères. Industries textiles et chimiques.

germoir → GERME.

germon n. m. Grand thon* blanc (1 m de long), au dos bleu foncé, aux longues nageoires pectorales. (Excellent comestible.)

Gernez (Désiré), physicien français (Valenciennes 1834 - Paris 1910). Il est l'auteur d'une théorie de l'ébullition et d'études sur la cristallisation des solutions sursaturées. (Acad. des sc., 1906.)

Gernsback (Hugo), ingénieur américain d'origine luxembourgeoise (Luxembourg 1884 - † 1967). Pionnier de la radio et de la télévision, il fut le premier à énoncer, en 1911, le principe du radar. Cinq ans avant l'invention du transistor, il décrivit la « triode à cristal ». On lui doit également la création de l'expression « science fiction ».

Gero. V. GÉRON.

Gérold (Théodore), musicologue français (Strasbourg 1866 - Allenwiller 1956). Professeur de musicologie à la faculté de Strasbourg, il est l'auteur, entre autres, de *l'Art du chant en France au XVIIe s.* (1921) et d'une *Histoire de la musique des origines à la fin du XIVe s.* (1936).

Gerolstein, village d'Allemagne (Allem. occid., Rhénanie-Palatinat), dans l'Eifel ; 3 100 h. Centre touristique.

Gérome
« Suite d'un bal masqué »
détail, musée de Chantilly

Gérome (Léon), peintre français (Vesoul 1824 - Paris 1904), auteur de scènes de genre, religieuses ou grecques, traitées dans un style académique. (Acad. des bx-arts, 1865).

géromé n. m. (nom dérivant de *Gérardmer*). Fromage voisin du munster, fabriqué en Alsace et dans les Vosges.

Géron ou **Gero**, margrave germanique (v. 900 - 965), fondateur d'un État entre l'Elbe et l'Oder, à l'origine du Brandebourg.

gérondif n. m. (lat. *gerundivum* ou *gerundium*; de *gerere*, faire). En latin, forme verbale particulière qui fournit une sorte de flexion à l'infinitif. ‖ En français, forme verbale semblable au participe présent et précédée de la préposition *en*, qui sert à préciser un verbe en exprimant certaines circonstances de l'action.

Gérone, en esp. **Gerona**, v. d'Espagne (Catalogne), ch.-l. de prov., sur l'Oñar; 33 800 h. Cathédrale romane et gothique. Textiles.

géronte n. m. (du gr. *gerôn, -ontos*, vieillard). Membre de la *gérousia* de Sparte. ‖ Type de vieillard ridicule, dans la comédie classique, souvent dupé par ses enfants et ses valets. ◆ **gérontisme** n. m. Régime politique dirigé par les vieillards. ‖ Faiblesse sénile d'esprit. ◆ **gérontocratie** n. f. Gouvernement confié à des vieillards. ◆ **gérontocratique** adj. Relatif à la gérontocratie. ◆ **gérontologie** n. f. Étude des phénomènes de vieillissement. ‖ Étude de la vieillesse sous ses divers aspects, morphologiques, physiopathologiques (gériatrie), psychologiques, sociaux, etc. ◆ **gérontologue** n. Médecin spécialiste de gérontologie. ◆ **gérontophilie** n. f. Perversion sexuelle qui porte à rechercher des personnes âgées.

gérontoxon n. m. Arc ou cercle blanchâtre qui apparaît autour de la cornée chez les vieillards. (Syn. ARC SÉNILE.)

gérousia n. f. Sénat de Sparte, composé de trente gérontes élus à vie. (Elle dirigeait la politique extérieure et constituait le tribunal suprême.)

gerris [ris] n. m. Insecte hétéroptère commun à la surface des eaux douces, qu'il arpente rapidement de ses longues pattes.

Gers (le), riv. du bassin d'Aquitaine, affluent de la Garonne (r. g.); 178 km.

Gers (DÉPARTEMENT DU), dép. du bassin d'Aquitaine; 6 291 km²; 174 154 h. Ch.-l. *Auch*. Le département est tout entier compris dans l'Armagnac, région qui descend en pente douce depuis les Pyrénées, et qui est découpée en longues collines par des rivières divergeant de la région de Lannemezan. L'agriculture y est variée : blé, vin, maïs. On y élève de nombreuses volailles (oies) et des bovins. La production de l'ar-

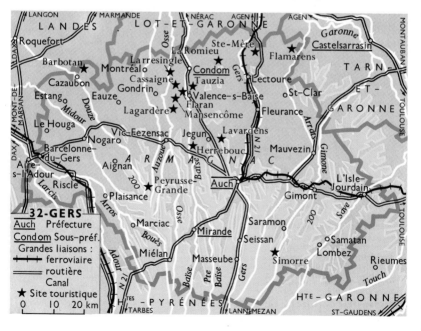

département du Gers

arrondissements (3)	cantons (31)	nombre d'hab. du canton	nombre de comm. (462)
Auch (70 884 h.)	Auch (4 cant.)	33 758	35
	Cologne	2 152	13
	Gimont	6 133	13
	Isle-Jourdain (L')	7 695	14
	Jegun	2 983	10
	Lombez	4 977	25
	Samatan	3 998	15
	Saramon	2 737	16
	Vic-Fezensac	6 451	15
Condom (65 002 h.)	Cazaubon	5 013	14
	Condom	10 413	12
	Eauze	6 634	10
	Fleurance	9 504	20
	Lectoure	6 600	14
	Mauvezin	3 861	15
	Miradoux	2 205	9
	Montréal	5 126	9
	Nogaro	8 228	26
	Saint-Clar	2 929	14
	Valence-sur-Baïse	4 489	16
Mirande (38 268 h.)	Aignan	3 122	13
	Marciac	3 481	19
	Masseube	4 546	24
	Miélan	4 856	19
	Mirande	7 797	22
	Montesquiou	3 261	17
	Plaisance	4 163	14
	Riscle	7 042	21

LES DIX PREMIÈRES COMMUNES

Auch	25 543 h.	L'Isle-Jourdain	4 365 h.
Condom	7 836 h.	Mirande	4 150 h.
Fleurance	6 809 h.	Vic-Fezensac	3 987 h.
Lectoure	4 424 h.	Gimont	2 950 h.
Eauze	4 383 h.	Samatan	1 978 h.

RÉGION MILITAIRE : *Bordeaux* (IVᵉ). — COUR D'APPEL : *Agen.*
ACADÉMIE : *Toulouse.* — ARCHEVÊCHÉ : *Auch.*

magnac est la grande spécialité du pays. La population est aux trois quarts rurale. Le Gers souffre d'une forte émigration. (V., pour les beaux-arts, GUYENNE ET GASCOGNE.)

gersdorffite n. f. Arséniosulfure naturel de nickel. (Syn. DISOMOSE.)

gerseau n. m. (peut-être pour HERSEAU). Corde qui soutient une poulie.

Gershwin (George), compositeur américain (Brooklyn 1898 - Hollywood 1937). Attiré par la musique populaire et le jazz, il a écrit : *Rhapsody in Blue* (1924), *Un Américain à Paris* (1928), *Porgy and Bess,* opéra (1935).

Gerson (Jean CHARLIER, dit **de**), prédicateur et théologien français (Gerson, Ardennes, 1363 - Lyon 1429). Chancelier de l'Université (1398), il tenta de réformer l'Eglise et œuvra pour que soit mis fin au Grand Schisme. Pour cela, il intervint auprès de Benoît XIII (1407), anima les conciles de Paris (1413-1414) et de Constance (1414-1418). Théologien de l'école mystique, il a laissé de nombreux traités d'oraison.

Gerster (Ottmar), compositeur allemand (Braunfels, Wetzlar, 1897 - Leipzig 1969). De tendance néo-classique, il a composé notamment plusieurs opéras (*Enoch Arden,* 1936 ; *la Sorcière de Passau,* 1941).

Gerstheim, comm. du Bas-Rhin (arr. de Sélestat-Erstein, à 6,5 km au S.-E. d'Erstein) ; 3 008 h. Barrage sur le Rhin.

Gerstner (Franz Josef VON), mathématicien autrichien (Chomutov, Bohême, 1756 - Mladějov, près de Moravská Třebová, 1832). Professeur à l'université de Prague, il est connu pour ses travaux d'hydrodynamique, notamment pour sa théorie de la houle et pour ses études des roues hydrauliques.

Gerstner (Franz Anton VON), ingénieur autrichien (Prague 1793 - Philadelphie 1840). Professeur de topographie à l'Institut polytechnique de Vienne, il créa la première ligne de tramways de České Budějovice (Tchécoslovaquie) à Linz (Autriche) [1825-1826] et celle de Saint-Pétersbourg à Tsarkoïe Selo (1834).

Gertrude de Nivelle (sainte) [Landen, Brabant, v. 626 - Nivelle 659], fille de Pépin de Landen. Elle mourut abbesse de Nivelle. Patronne des voyageurs. — Fête le 17 mars.

Gertrude la Grande (sainte), moniale allemande (Eisleben 1256 - Helfta, Saxe, v. 1302). Religieuse cistercienne à Helfta, elle est surtout connue par un livre d'une haute mysticité, les *Révélations*. — Fête le 15 nov.

Gertrude de Méran (1185 - 1213), fille de Berthold IV, duc de Méran, et épouse d'André II, roi de Hongrie. Accusée de favoriser les courtisans étrangers, elle fut assassinée en 1213. Cette fin a fourni au dramaturge hongrois József Katona le sujet de sa tragédie *Bánk Bán* (1815).

Gervais et **Protais** (saints), martyrs. Leur vie est inconnue, mais leur culte, parti de Milan, est populaire depuis le IVe s. — Fête le 19 juin.

Gervais de Cantorbéry, chroniqueur anglais (1141 - v. 1210). Religieux à Christchurch (1163), il a laissé des chroniques concernant l'histoire religieuse de l'Angleterre.

Gervais (Charles Hubert), compositeur français (Paris 1671 - *id.* 1744). Sous-maître de musique à la chapelle royale, il a laissé des motets, des opéras et des cantates.

Gervais (Denis Antoine), sculpteur français (Angers 1698 - *id.* 1758). Il exécuta des sculptures sur bois pour Versailles, Rambouillet, Compiègne et la cathédrale d'Angers.

Gervais (Alfred Albert), amiral français (Provins 1837 - Nice 1921). Commandant l'escadre qui, au moment de la signature de l'alliance franco-russe, rendit une visite officielle à Kronchtadt (1891), il fut ensuite chef d'état-major de la marine.

Gervais du Bus, poète français du début du XIVe s. Notaire de la chancellerie royale sous Philippe le Bel, il est le premier auteur du roman de *Fauvel**.

Gervais (FROMAGERIES **Charles**), fromageries installées en Normandie depuis 1850, qui furent créés les premiers fromages frais appelés « petits suisses », « carrés double-crème », « demi-sel », et où fut mise au point la fabrication des crèmes glacées.

Gervaise (Claude), compositeur français dont l'activité se situe entre 1541 et 1547. Il est connu pour ses *Livres de danceries*.

Gervex (Henri), peintre français (Paris 1852 - *id.* 1929), auteur de la *Distribution des récompenses à l'Exposition de 1889* (musée de Versailles). [Acad. des bx-arts, 1913.]

Gervinus (Georg Gottfried), historien et homme politique allemand (Darmstadt 1805 - Heidelberg 1871). Professeur à Heidelberg et à Göttingen, il fut l'un des chefs de l'opposition libérale au Parlement de Francfort. Il a écrit une *Histoire de la poésie nationale allemande* (5 vol. ; 1835-1842) et une *Histoire du XIXe s. depuis les traités de Vienne* (jusqu'en 1830) [8 vol. ; 1855-1866].

Géry ou **Gaugeric** (saint), évêque († v. 627). Evêque de Cambrai (v. 585), il a attaché son nom à de nombreux sanctuaires du nord de la France. — Fête le 11 août.

Géryon. *Myth. gr.* Géant à trois têtes et à trois troncs, qui vivait dans une île au large de Gadès. Héraclès le tua et lui prit son troupeau de bœufs.

Géryville. V. BAYADH (*El-*).

Gerzat, ch.-l. de c. du Puy-de-Dôme (arr. et à 7 km au N.-E. de Clermont-Ferrand); 8 879 h. (*Gerzatois*). Métallurgie.

Gesell (Arnold), psychologue américain (Alma, Wisconsin, 1880 - New Haven, Connecticut, 1961). Ses travaux ont porté sur la psychologie de l'enfant.

gésier n. m. (lat. *gigerium*). Estomac broyeur des oiseaux, des insectes et de certains mollusques. (Chez ces animaux, qui se nourrissent d'aliments coriaces et dont l'appareil buccal n'est qu'imparfaitement broyeur, un segment du tube digestif effectue une trituration complémentaire : c'est le gésier. Ses parois sont musclées et sa cavité contient des cailloux [oiseaux], des saillies cutinisées [insectes] ou des plaques cornées [plaques « gésiales » des mollusques tectibranches] qui fragmentent les aliments. Chez les rotifères, la même fonction est dévolue au *mastax*.)

gésir v. intr. (lat. *jacere*, être étendu, couché) [conj. 26]. Etre étendu, couché à terre : *Les feuilles mortes gisent au pied des arbres.* ‖ Etre couché, caché : *Grotte où gît un trésor.* ‖ Etre couché dans la tombe, être enseveli, reposer : *Ci-gît* (en style d'épitaphe). ‖ *Fig.* Etre enseveli, mort ; ne plus exister : *Toute cette époque gît dans l'oubli.* ‖ Se trouver, résider, consister : *Ce n'est pas là que gît la difficulté.* ◆ **gisant, e** adj. Couché, étendu : *Ruine gisante dans l'herbe.* ● *Fenêtre gisante*, fenêtre qui a plus de largeur que de hauteur. ‖ — **gisant** n. m. Effigie funéraire d'un personnage couché.

→ V. illustration page suivante.

gesneria n. m. (dédié à Conrad *Gesner*, naturaliste suisse, 1516-1565). Plante de l'Amérique tropicale, au rhizome tubéreux,

Phédon Salou

gisants
basilique de Saint-Denis

aux fleurs zygomorphes. (Type de la famille des *gesnériacées*, ordre des solanales.)

Gespunsart, comm. du dép. des Ardennes (arr. et à 14 km au N.-E. de Charleville-Mézières) ; 1 176 h. Ferronnerie.

Gessard (Carle), pharmacien militaire français (Paris 1850 - *id.* 1925). Il isola le bacille pyocyanique et étudia ses propriétés chromogènes.

gesse n. f. (provenç. *geissa*). Herbe fourragère grimpante, caractérisée par ses stipules développées en feuilles et par ses folioles transformées en vrilles. (A l'état adulte, la gesse peut être toxique pour les bestiaux [v. LATHYRISME]. Famille des papilionacées.)

Gessenay, en allem. **Saanen,** comm. de Suisse (cant. de Berne) ; 5 600 h. Station d'été et de sports d'hiver.

Gessner (Salomon), écrivain suisse d'expression allemande, peintre et graveur (Zurich 1730 - *id.* 1788). Auteur d'œuvres pleines de sentimentalité, qui annoncent le romantisme : *la Nuit,* poème descriptif (1753) ; *Daphnis,* bucolique (1754) ; *Idylles** (1756).

Gesta Dei per Francos (*les Œuvres de Dieu par les Francs*), recueil de chroniques et de documents relatifs aux croisades, publié en 1611 par l'érudit J. Bongars.

Gesta Francorum (*Gestes des Francs*), vaste histoire de France entreprise par Adrien de Valois (3 vol. ; 1646-1658). Elle atteint seulement la date de 752.

gestaltisme n. m. (de l'allem. *Gestalt,* forme). Théorie psychologique et philosophique, émise par les psychologues allemands Köhler (né en 1887), Wertheimer (1880 - 1943) et Koffka (1886-1941), dont l'objectif est de refuser la division des phénomènes psychologiques, physiologiques et même physiques en éléments distinctifs, pour les considérer comme des touts indissociables, appelés *formes,* tels que la modification d'un élément entraîne la modification de l'ensemble du phénomène. (L'étude des modifications fait apparaître l'existence de lois régissant cet ensemble. En psychologie, par exemple, le changement d'une couleur dans un tableau ne modifie pas seulement une sensation, mais la perception du tableau tout entier. Les auteurs de cette théorie, uniquement psychologique à l'origine, l'ont prolongée par une philosophie moniste*, admettant la parenté des faits physiques et mentaux. En psychologie, le gestaltisme s'est montré fécond. [V. FORME et STRUCTURE.]) ◆ **gestaltiste** adj. Qui a rapport au gestaltisme. ✦ n. Partisan du gestaltisme.

Gestapo (abrév. de *Ge[heime] Sta[ats] Po[lizei]*, police secrète d'État), police politique du parti national-socialiste, devenue en 1933 celle du IIIᵉ Reich. Réorganisée en 1936 par Himmler et Heydrich, la police du Reich fut divisée en deux branches : la *police d'ordre,* en uniforme, assurant les missions traditionnelles, et la *police de sécurité,* essentiellement politique et ayant autorité sur la première. La Gestapo, chargée de la police de sécurité et des camps de concentration, disposait de moyens pratiquement illimités, ses actes n'ayant pas besoin de la sanction des tribunaux. Représentée dans tous les milieux et disposant après février 1944 de l'Abwehr*, la Gestapo avait un pouvoir quasi absolu sur tous les rouages du régime. Elle fut l'une des armes les plus redoutables de l'emprise nazie et étendit à toute l'Europe occupée le régime policier du IIIᵉ Reich (utilisation de la délation et de la torture, établissement de camps de concentration*, exécutions sommaires, etc.).

gestation n. f. (lat. *gestatio* ; de *gestare,* porter). Etat d'une femelle vivipare depuis la conception jusqu'à l'accouchement : *Les femmes cessent d'être réglées pendant la gestation.* ‖ *Fig.* Travail latent de quelque chose qui couve : *Un livre en gestation.*

gestatoire adj. *Chaise gestatoire,* autre nom de la SEDIA GESTATORIA.

geste n. m. (lat. *gestus*). Mouvement du corps, principalement de la main, des bras, de la tête : *Saluer quelqu'un d'un geste de la main.* ‖ Se dit d'un simple mouvement de la tête, du bras, de la main, exprimant un sentiment : *Un geste menaçant. Un geste négatif. Esquisser un geste de désapprobation.* ‖ *Fig.* Action qui frappe l'esprit : *En agissant ainsi, il a fait un beau geste.* ‖ — **gestes** n. m. pl. Manifestation extérieure, faux-semblants : *Tout en lui n'est que gestes.* ◆ **gesticulation** n. f. Action de gesticuler : *Son discours s'accompagne d'une gesticulation désordonnée.* ‖ *Méd.* Gestes rapides et désordonnés que l'on observe chez certains nerveux émotifs et dans les affections mentales. ◆ **gesticuler** v. intr. Faire beaucoup de gestes : *Cet enfant ne cesse de gesticuler.* ◆ **gestuel, elle** adj. Qui concerne le geste : *Activité gestuelle.*

geste n. f. (lat. *gesta*, actes ; de *gerere*, faire). Poème épique du Moyen Age, qui célébrait les hauts faits de personnages illustres : *La Geste de Roland, d'Aymeri de Narbonne.* (Syn. CHANSON DE GESTE.) ‖ Groupe de chansons de geste : *La « Geste de Charlemagne » compte une vingtaine de poèmes.* ‖ **— gestes** n. f. pl. Faits et gestes, actions, conduite considérée dans ses détails : *Connaître tous les faits et gestes de quelqu'un.*
— ENCYCL. Les *chansons de geste* sont de longs poèmes, composés du XIᵉ au XIVᵉ s., où sont racontés les hauts faits de personnages historiques ou légendaires. Leur origine est très controversée. On a longtemps admis, à la suite de Herder, de F. Wolff et des frères Grimm, qu'elles dérivaient de cantilènes, chants lyrico-épiques spontanés, contemporains des événements qui forment leur sujet et amplifiés au cours des générations. Cette thèse, développée par Gaston Paris (*Histoire poétique de Charlemagne*, 1865), fut combattue par Joseph Bédier (*les Légendes épiques*, 1908-1913), qui montra les rapports entre les héros des chansons de geste et les sanctuaires qui jalonnaient les grandes routes de pèlerinage : les légendes épiques auraient été imaginées par les moines et les jongleurs, intéressés à attirer et à retenir, en l'amusant et en l'édifiant, un même public de marchands et de pèlerins. Si cette théorie a été atténuée et rectifiée, notamment par M. Wilmotte (*l'Épopée française, origine et élaboration*, 1939), I. Siciliano (*les Origines des chansons de geste*, 1951) et F. Lot (*Etudes sur les légendes épiques françaises*, 1958), elle garde sa valeur essentielle de faire découvrir l'artiste créateur à travers les œuvres épiques. Il semble aujourd'hui que la chanson de geste fut longtemps, peut-être jusqu'au XIIIᵉ s., de nature purement orale. Conçue et déclamée par des chanteurs professionnels utilisant une technique mémorielle, la chanson de geste a pour unité de composition la laisse, qui se chante sur deux ou trois phrases mélodiques, alternées en une sorte de psalmodie. Chaque laisse est liée — par répétition, alternance, développements successifs des parties d'une même action — à celles qui la précèdent et qui la suivent. L'action se déploie autour de quelques personnages dont le nom évoque de vagues souvenirs historiques remontant à l'époque carolingienne. Le poème exalte essentiellement l'idéal d'un monde féodal où le vassal doit fidélité au suzerain et d'une civilisation chrétienne dominée par l'esprit de croisade contre les infidèles : ainsi dans *la Chanson* de Roland*, le plus ancien poème connu. Le genre se développe au XIIᵉ s. et est imité en provençal (*Canso d'Antiocha*, v. 1120). Sa croissance s'opère par réfection de chansons plus anciennes (versions rimées de *la Chanson de Roland*, au XIIᵉ s.), par mise par écrit de certaines versions ou par constitution de « cycles ». Dès le Moyen Age, les chansons

de gestes sont réparties en trois groupes, dominés par une inspiration qui en fait le lien : *la geste du roi*, qui raconte la guerre sainte menée par Charlemagne contre les musulmans (*la Chanson de Roland, le Pèlerinage de Charlemagne, Aspremont, Fierabras*) ; *la geste de Garin* de Monglane*, qui comprend notamment *le Charroi de Nîmes, la Chanson de Guillaume, les Aliscans, Aymeri de Narbonne, la Chevalerie Vivien* ; *la geste de Doon* de Mayence*. Mais, très tôt, le caractère de la chanson de geste s'altère. L'habileté prend le pas sur l'inspiration. Les auteurs ont recours aux thèmes amoureux ; les héros se signalent moins par leur adhésion à une grande idée collective que par leur révolte ou leur brutalité anarchique (*Raoul de Cambrai ; la Chevalerie Ogier*). Les chansons de geste tournent alors au roman d'aventures sous l'influence de la littérature courtoise et survivent par les romans de chevalerie (*les Quatre Fils Aymon*).

gesticulation, gesticuler → GESTE n. m.

gestion, gestionnaire → GÉRER.

gestuel → GESTE n. m.

Gesù (le) ou **Ecclesia del Gesù**, principale église des jésuites à Rome, à nef unique et à transept couvert d'une coupole, élevée par Vignole (1568). Façade de Giacomo Della Porta (1575). Décoration intérieure tumultueuse du Baciccia (1672-1679). Autel de Saint-Ignace, du P. Pozzo (1700). Elle est devenue le modèle des églises dites « jésuites » dans tout l'Occident.

Gesualdo (Carlo), prince **de Venosa,** comte **de Consa,** compositeur italien (Naples v. 1560 - *id.* 1614). Il a écrit des madrigaux à cinq et à six voix ; d'un art recherché, employant le chromatisme, ils sont à l'origine du drame, par l'expression plus individuelle de la mélodie et par leur puissance dramatique.

Gesvres (POTIER DE). V. POTIER DE GESVRES.

Geta (Publius Septimius) [189-212], empereur romain (211-212), second fils de Septime Sévère. Il fut assassiné à l'instigation de son frère Caracalla, avec lequel il partageait le pouvoir.

Gètes, en lat. **Getae,** peuple scythe de la région du bas Danube, soumis par Darios en 512 av. J.-C. Battu par Alexandre en 335 av. J.-C., il finit par se confondre avec les Daces.

Gethsémani (« Pressoir d'huile »). *Géogr. anc.* Jardin situé près de Jérusalem, au pied du mont des Oliviers. Jésus-Christ y pria et y fut arrêté avant sa Passion.

Gétigné, comm. de la Loire-Atlantique (arr. de Nantes), à 3 km au S.-E. de Clisson ; 2 749 h. Extraction et traitement du minerai d'uranium à l'écart de *l'Ecarpière.*

Gétique, nom attribué en Roumanie à deux régions de la Valachie occidentale, ou Olténie : *dépression Gétique* et *plateau Gétique.*

Gets (LES), comm. de la Haute-Savoie (arr. de Bonneville), à 7,5 km au S.-O. de Morzine ; 1 097 h. Station d'altitude et de sports d'hiver. — Le *col des Gets* est à 1 200 m.

getter [getər] n. m. (de l'angl. *to get,* obtenir). Produit chimique à base de métaux alcalino-terreux ou de magnésium, que l'on introduit dans les tubes électroniques et que l'on y vaporise, une fois le pompage terminé, pour y parfaire le vide.

Gettysburg, v. des Etats-Unis (Pennsylvanie), en bordure des Appalaches ; 8 000 h. Victoire des Nordistes sur les Sudistes de Lee (1er-3 juill. 1863).

Gétules, en lat. **Gaetuli.** *Géogr. anc.* Peuple berbère nomade des confins du Sahara. Il fournit des auxiliaires à l'armée romaine.

Geulincx (Arnold), philosophe flamand (Anvers 1624 - Leyde 1669). Défenseur de Descartes dans sa *Metaphysica vera,* il aboutit, avant Malebranche, à une théorie occasionnaliste qui nie toute action immédiate du corps sur l'âme.

Gevaert (François Auguste, baron), compositeur et musicologue belge (Huise, Flandre-Orientale, 1828 - Bruxelles 1908). Directeur du conservatoire de Bruxelles, il fit connaître J.-S. Bach et Händel dans son pays. Le meilleur de son œuvre est constitué par ses ouvrages pédagogiques et musicologiques.

Gévaudan, région du sud de l'Auvergne (Lozère), entre la Margeride et l'Aubrac. Pays de plateaux et de landes, consacré à l'élevage. A partir du IXe s., les seigneurs de Gévaudan furent les comtes-évêques de

geyser
« le Vieux Fidèle », parc de Yellowstone

Robillard

Mende. Le pays fut rattaché au Languedoc en 1306.

Gévaudan (BÊTE DU), animal qui, apparu vers 1765 dans le Gévaudan, y répandit la terreur. Il donna lieu à une abondante littérature.

Gevers (Marie), femme de lettres belge d'expression française (Edegem, près d'Anvers, 1883 - Edegem 1975). Elle situe ses romans dans son pays, la Campine flamande, et aime introduire le mystère dans la vie paysanne : *Madame Orpha ou la Sérénade de mai* (1933), *Guldentop, histoire d'un fantôme* (1935), *la Ligne de vie* (1937), *Vie et mort d'un étang* (1961). [Acad. royale de langue et de littér. fr., 1938.]

Gevrey-Chambertin, ch.-l. de c. de la Côte-d'Or (arr. et à 13 km au S. de Dijon) ; 2 582 h. (*Gibriacois*). Restes du château de l'abbé de Cluny (XIIIe s.). Vins célèbres. Gare de triage.

Gewandhaus, une des plus célèbres salles de concerts d'Allemagne, située à Leipzig, où s'illustrèrent Mendelssohn, Nikisch, Furtwängler, B. Walter, etc.

gex n. m. Fromage du Jura, à moisissures internes. (Syn. BLEU DU HAUT JURA, SEPTMONCEL.)

Gex, ch.-l. d'arr. de l'Ain, au débouché du col de la Faucille et à 17 km au N.-O. de Genève ; 4 868 h. (*Gessiens*). Chef-lieu du petit *pays de Gex.*

Gex (PAYS DE), pays de France situé en bordure du Jura (dép. de l'Ain), au N.-O. de Genève. La baronnie de Gex appartint aux comtes de Genève, puis aux ducs de Savoie. Elle devint française au traité de Lyon (1601).

Geyl (Pieter Catharinus Arie), historien néerlandais (Dordrecht 1887 - Utrecht 1966). Professeur à l'université d'Utrecht (1936-1958), il est l'auteur de nombreux ouvrages, en particulier de *Geschiedenis van der Nederlandse Stam* (3 vol. ; 1931, 1934 et 1937), dans lequel il se fait le promoteur de la *Grande Néerlande.*

geyser [ʒezɛr] n. m. (mot islandais signif. *jaillisseur*). Source d'eau chaude jaillissant par intermittence. (Les geysers s'accompagnent souvent de dégagements sulfureux et de dépôts minéraux [calcaire ou silice]. Ils ont été étudiés surtout en Islande, en Nouvelle-Zélande et aux Etats-Unis [parc de Yellowstone].) ◆ **geysérite** n. f. Dépôt siliceux, à l'aspect d'opale, formé par certaines sources chaudes.

Géza, duc de Hongrie (972-997), fils et successeur du duc Taksony. Il s'allia à Otton Ier et favorisa la christianisation du pays.

Géza Ier (en Pologne 1044 - † 1077), roi de Hongrie (1074-1077), septième roi de la maison d'Árpad. Fils de Béla Ier, il dut vaincre son cousin Salomon pour hériter de la couronne paternelle. — **Géza II** (1130 - 1161), roi de Hongrie (1141-1161). Il combattit victorieusement Manuel Ier Comnène (1155).

Gezelle (Guido), poète belge d'expression flamande (Bruges 1830 - *id.* 1899). Ordonné prêtre en 1854, il devint directeur du couvent anglais de Bruges. Il a chanté la nature dans

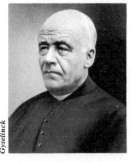

Guido
Gezelle

Gyselinck

ses recueils : *Couronne du temps, Couronne de l'année, Couronne du siècle* (1893), *Collier de rimes* (1897).

Gézer ou **Tell Djézer.** *Géogr. anc.* Anc. ville de Palestine. Le site, occupé dès le IIIe millénaire, est entouré d'une enceinte (dernier état v. 1500 av. J.-C.). Sur une plateforme funéraire, on a trouvé des monolithes, un autel à sacrifices, des jarres contenant des corps d'enfants. L'eau arrivait par un tunnel. On a aussi dégagé une forteresse et découvert la plus ancienne inscription hébraïque connue (xe s. av. J.-C.).

Gézireh (la), région agricole du Soudan, entre le Nil Blanc et le Nil Bleu.

Ghab ou **Rhâb,** région de Syrie, entre les plateaux de Homs et de Hama et la dépression du bas Oronte, de l'Amouk et de l'Afrine. C'est un pays de contacts entre fellahs et Bédouins. Des marais y sont en cours d'assèchement.

Ghadamès ou **Rhadamès,** oasis de Libye, dans le Fezzan occidental, à proximité de la frontière de la Tunisie méridionale et du Sahara algérien ; 2 400 h. Les forces du général Leclerc, venues du Tchad, s'en emparèrent le 27 janvier 1943.

Ghaggar (le), riv. temporaire de l'Inde, anc. affl. de l'Indus ; 350 km.

Ghalib (Ullah khān), poète de l'Inde (Āgra 1797 - Delhi 1869). Il écrivit en ourdou.

Ghāna, anc. Etat africain du Soudan occidental (IIIe-XIIe s.). Du IXe au XIe s., il établit sa domination sur tout le Soudan occidental et entretint d'actives relations commerciales avec l'Afrique du Nord. Il fut abattu par l'invasion des Almoravides (1076).

Ghāna, Etat de l'Afrique occidentale, membre du Commonwealth, formé par l'ancienne Gold Coast et le Togo sous tutelle britannique ; 239 640 km² ; 12 millions d'h. Capit. *Accra.* Langue officielle : *anglais.* Religion : *islamisme.*

Géographie.

De forme rectangulaire, le Ghāna est bordé par la côte du golfe de Guinée. La forêt tropicale dense occupe une grande partie du pays ; elle cède progressivement la place à la savane dans le Nord. Le climat est tropical. La grande ressource commerciale est le cacao, dont le pays est, de loin, le premier producteur mondial, et qui représente en valeur plus de 50 p. 100 des exportations ; il est cultivé dans de petites exploitations dans presque tout le pays, et exporté par Accra et Takoradi. D'autre part, le sous-sol, très riche, recèle de l'or (sixième rang mondial), des diamants (troisième rang), du manganèse (septième rang), de la bauxite. Deux voies ferrées et de bonnes routes relient Accra au reste du pays et aux Etats voisins. Le nord du Ghāna, islamisé, s'oppose au Sud, pays des Achantis*.

GHĀNA

le port d'Accra

Fievet - A. A. A.

Fievet - A. A. A.

Winneba

le palais de la présidence

Almasy

Histoire.

L'ancien territoire de la Côte-de-l'Or est atteint dès 1471 par des marchands portugais, qui y fondent São Jorge da Mina. Aux XVIIᵉ et XVIIIᵉ s., le commerce des esclaves y attire des compagnies rivales, hollandaises, anglaises et danoises, qui fondent des établissements le long des côtes. Expulsés par les Anglais, les Danois doivent se retirer en 1850, les Hollandais en 1871. Les possessions anglaises sont érigées en colonie de la Couronne en 1874. Pour définir les frontières avec le Togo, un accord est conclu avec les Allemands en 1889. La convention de Paris (14 juin 1898) définit les frontières franco-anglaises. Le territoire des Achantis est annexé en 1901. En 1948, une réforme politique accorde la majorité aux Africains au Conseil législatif de la Côte-de-l'Or. Les élections de 1951 donnent le pouvoir au parti de la Convention du peuple, avec le Dʳ Nkrumah comme Premier ministre. Le 6 mars 1957, le pays acquiert son indépendance et

exploitation minière

prend le nom de Ghāna. La république est proclamée le 1ᵉʳ juill. 1960 ; le Dʳ Nkrumah, premier président, est renversé par un coup d'Etat militaire en 1966. En 1969, les militaires cèdent le pouvoir aux civils, et une nouvelle Constitution, instituant un pouvoir exécutif bicéphale, est promulguée. Mais la situation économique est précaire et la tension sociale permanente. En 1972 éclate un nouveau coup d'Etat militaire, dirigé par le lieutenant Acheampong. La Constitution est suspendue, les partis politiques interdits, et l'Etat prend une participation majoritaire dans toutes les sociétés étrangères exploitant des mines au Ghāna. En 1978, Acheampong démissionne. Le général Akuffo lui succède à la tête de l'Etat. Il est renversé par un putsch (juin 1979), puis fusillé. En septembre 1979, l'armée remet le pouvoir à un civil, Hilla Limann. En 1981, à la suite d'un coup d'Etat, le pouvoir est repris par l'armée aux civils.

ghanéen, enne adj. et n. Relatif au Ghāna ; habitant ou originaire du Ghāna.

Gharb ou **Rharb,** région du nord-ouest du Maroc, en bordure de l'Atlantique. Des sols riches (*tirs*) y produisent des céréales, des agrumes et du riz.

Ghardaïa, v. du Sahara algérien, au cœur du Mzab ; 48 100 h. Centre touristique. Production de dattes.

Gharsa ou **Rharsa** (CHOTT), dépression marécageuse du Sud tunisien ; 1 300 km².

Ghassānides. V. RHASSĀNIDES.

ghāt n. m. (mot hindoustanī). Dans l'Inde, escalier pratiqué sur la rive d'un fleuve pour accéder à l'eau (sur le Gange, en particulier).

Ghat ou **Rhat,** oasis de Libye, dans le sud-ouest du Fezzan ; 2 100 h.

Ghātes ou **Ghāts,** montagnes de l'Inde péninsulaire, séparant le Deccan des plaines de la mer d'Oman et du golfe du Bengale.
● Les *Ghātes occidentales* culminent à 2 695 m (Anai Mudi). Bien arrosées par la mousson, elles sont le « château d'eau » de l'Inde péninsulaire ; de longs cours d'eau rejoignent le golfe du Bengale. Ces montagnes sont couvertes par la grande forêt et par des plantations de poivriers, de cardamomes, de théiers, de caféiers et d'hévéas.
● Les *Ghātes orientales* forment une succession de massifs d'altitude modeste (700 m en moyenne), beaucoup plus secs, couverts de savanes et de steppes.

Ghazālī (Abū Ḥāmid Muḥammad **al-**). V. RHAZĀLĪ (Abū Ḥāmid Muḥammad AL-).

Ghazaouet, anc. **Nemours,** port d'Algérie, ch.-l. d'arr. (dép. de Tlemcen) ; 15 600 h. Pêche.

Ghāzī. V. RHĀZĪ.

Ghaznévides. V. RHAZNÉVIDES.

Ghaznī. V. RHAZNĪ.

Gheijn ou **Gheyn** (Jacques DE), peintre et graveur néerlandais (Anvers 1565 - La Haye 1629). Fils de JACOB *le Vieux* (1530-1582), il dessina et grava beaucoup, usant pour les ombres d'un procédé de fines hachures.

Ghelderode (Michel DE). V. DE GHELDE-RODE.

Ghéon (Henri Léon VANGEON, dit **Henri**), écrivain français (Bray-sur-Seine, Seine-et-Marne, 1875 - Paris 1944). L'un des fondateurs de la *Nouvelle Revue française* et l'un des animateurs du théâtre du Vieux-Colombier, il s'orienta vers le théâtre populaire chrétien et fit jouer par les « Compagnons de Notre-Dame » ses pièces mystiques et naïves : *le Pauvre sous l'escalier* (1921), *le Noël sur la place* (1935), *le Jeu des merveilles de saint Martin* (1943).

Gheorghiu-Dej (Gheorghe), homme politique roumain (Bîrlad 1901 - Bucarest 1965). Vice-président (1948-1952), puis président du Conseil (1952-1955), il fut premier secrétaire du parti communiste à partir de 1955.

Gherardesca, famille de Toscane qui fut à la tête du parti gibelin de Pise. UGOLIN UGOLINO **Della Gherardesca** († 1289), comte de Donoratico, tyran de Pise au XIIIᵉ s., a été célébré par Dante.

Gherassimov (Aleksandr Mikhaïlovitch), peintre soviétique (Mitchourinsk 1881 - Moscou 1963). Il est le principal représentant du réalisme socialiste (*Lénine à la tribune*, 1932).

Fievet - A. A. A.

Ghetaldi (Marino), mathématicien et physicien italien (Raguse 1566 - *id.* 1626). Il partagea son activité entre les travaux scientifiques et les missions diplomatiques. En mathématiques, il s'attacha à l'application de l'algèbre à des problèmes de géométrie.

ghetto n. m. (mot ital.; de l'hébr. *ghet*, lettre de divorce, divorce). Quartier habité par des communautés juives ou, autref., réservé aux juifs dans certaines villes, en particulier en Europe orientale. (V. *encycl.*) ‖ Lieu où une minorité est confinée : *A New York, Harlem est un ghetto noir.* ‖ Milieu refermé sur lui-même : *Le ghetto culturel de la littérature d'avant-garde.*
— ENCYCL. La ségrégation des juifs remonte à la fin de l'Antiquité et semble liée à la fois au désir des communautés juives de s'isoler pour sauvegarder le culte et la race, et à l'interdiction faite aux chrétiens de vivre au milieu d'eux. L'Inquisition et la Contre-Réforme accentuèrent la ségrégation. Nombreux dans l'Occident médiéval, les quartiers juifs se sont maintenus en Europe orientale, où les nazis leur redonnèrent un caractère de cités interdites et en firent des camps de travail voués à une asphyxie progressive. Les révoltes (Varsovie 1943) et les combats de la Seconde Guerre mondiale les ruinèrent souvent complètement.

Ghiberti (Lorenzo), sculpteur, orfèvre et architecte florentin (Florence 1378 - *id.* 1455). Il est l'auteur de deux portes en bronze pour le baptistère de Florence (1401-1424 ; 1425-1452), où il traite, en de petits tableaux, des scènes du Nouveau et de l'Ancien Testament. On lui doit des statues pour Orsammichele (Florence) et des bas-reliefs pour les fonts baptismaux de Sienne (1427).

Ghika ou **Ghica,** famille d'origine albanaise, qui a donné de nombreux princes et hommes politiques aux pays moldo-valaques. GEORGES (*Giorgio*) est le fondateur de cette famille. Il fut gouverneur de Moldavie inférieure, prince de Moldavie (1658-1659) et de Valachie (1659-1660). — GRÉGOIRE Ier (*Grigore*), son fils, et GRÉGOIRE II († 1752) furent de grands bâtisseurs d'églises. — GRÉGOIRE III († 1777) fut prince de Moldavie (1764-1767 et 1774-1777) et de Valachie (1774-1777). — GRÉGOIRE IV **Ghika VIII** (1765 - 1834) fut prince de Valachie (1822-1828). — ALEXANDRE **Ghika IX** (*Alexandru*) [1795 - 1862], prince de Valachie (1834-1842), fonda la ville d'Alexandria. — GRÉGOIRE **Ghika X** (1807 - 1857) fut prince de Moldavie (1849-1853 et 1854-1856).

Ghil (René), écrivain français d'origine belge (Tourcoing 1862 - Niort 1925). Il exposa sa théorie sur la valeur colorée et instrumentale des syllabes dans son *Traité du verbe* (1886), puis il entreprit une vaste fresque du devenir humain fondée sur la donnée scientifique de l'évolution (*Dire du mieux, Dire des sangs, Dire de la loi*).

ghilde n. f. V. GILDE.

ensemble et détail
Ghiberti
porte du baptistère de Florence

L. Frédéric - Rapho

L. Frédéric - Rapho

Ghir ou **Guir** (OUED), fl. du Maroc saharien, né dans le Haut Atlas oriental ; 260 km.

Ghirlandaio (Domenico DI TOMMASO BIGORDI, dit), peintre italien (Florence 1449 - *id.* 1494). D'abord miniaturiste, il travailla avec Baldovinetti et fut influencé par Verrocchio et par les Flamands. Il exécuta des décorations à San Gimignano et à la chapelle Sixtine (*Vocation de saint Pierre et de saint André*), puis à Florence (*Histoire de saint Jean-*

Baptiste à Santa Maria Novella), où il dirigea un atelier que fréquenta Michel-Ange à ses débuts. Son style est d'un réalisme précis, son coloris éclatant : *la Visitation, Portrait de vieillard avec un enfant* (Louvre).

Ghislain ou **Guillain** (saint), moine (Athènes ? - Saint-Ghislain, auj. en Belgique, v. 685). Sur l'emplacement actuel de Saint-Ghislain, il fonda un monastère. Au Moyen Age, une confrérie porta son nom. — Fête le 9 octobre.

Ghislieri (Antonio). V. PIE V (saint).

Ghisoni, ch.-l. de c. de la Haute-Corse (arr. et à 41 km au S. de Corte) ; 385 h.

Ghlin, anc. comm. de Belgique (Hainaut, arr. et à 5 km au N.-O. de Mons).

Ghor, région de Palestine, partagée entre Israël et la Jordanie. C'est un long fossé occupé par la vallée du Jourdain, le lac de Tibériade et la mer Morte. Le Ghor est relayé au N. par la Bekaa.

Ghūrides. V. RHŪRIDES.

G. I. [dʒiai] n. m. (initiales de *Government Issue,* fourniture du gouvernement). Sobriquet donné, au cours de la Seconde Guerre mondiale, aux soldats américains.

Giac ou **Giat** (Pierre DE), gentilhomme français (v. 1380 - Dun-le-Roi 1427). Conseiller du futur Charles VII, il fut noyé sur ordre de Richemont.

Giacometti (Alberto), sculpteur et peintre suisse (Stampa 1901 - Coire 1966). D'abord

Ghirlandaio, « la Visitation », *Louvre*

Giraudon

élève de Bourdelle à Paris, il s'attache, sous l'influence de la sculpture primitive et cubiste, à des formes simplifiées ; celles-ci rendent compte d'obsessions et de fantasmes (*le Couple*, 1926-1927) qui s'épanouissent dans les œuvres de la période surréaliste

Giacometti
bronze

Freund

(1930-1935) [*l'Objet invisible*, 1934-1935]. Une longue période de remise en cause, d'expérience et de recherches aboutit plus tard aux personnages filiformes, immobiles (*Femme debout*, 1948) ou marchant (*Homme qui marche*, 1960), hagards et vibrants sous leur modelé « informel ».

Giacosa (Giuseppe), auteur dramatique italien (Colleretto Parella, Piémont, 1847 - *id.* 1906). Ses pièces les plus célèbres sont des drames réalistes : *Comme les feuilles* (1900), *le Plus Fort* (1904). Il est l'auteur, avec Illica, du livret de *la Bohème*, tiré de Murger et mis en musique par Puccini.

Gia-Long (Huê 1762 - *id.* 1820), empereur d'Annam (1802-1820), de son premier nom **Nguyên Anh.** Héritier de la Cochinchine (1774), il conquit son empire avec l'aide de quelques officiers français.

Giambologna, dit aussi **Gian Bologna, Giovanni Bologna, Jean Bologne, Jean de Bologne** ou **de Boullongne,** sculpteur et architecte flamand (Douai ? 1529 - Florence 1608). Il étudia à Anvers, à Rome et fit carrière à Florence au service des Médicis

(*Vénus* de la Petraia et des jardins Boboli, *Mercure* du Bargello, *l'Enlèvement des Sabines* de la loggia dei Lanzi).

Giannini (Guglielmo), écrivain et homme politique italien (Pozzuoli, près de Naples, 1891 - Rome 1960). En 1944, il fonda l'hebdomadaire *L'Uomo qualunque* (*l'Homme de la rue*). Il remporta d'éclatants succès aux élections de 1946 et de 1947, son mouvement bénéficiant des sympathies fascistes, mais il dut dissoudre en 1955 le « Fronte dell'Uomo qualunque » quand le Mouvement social italien (M. S. I.), néo-fasciste, l'eut supplanté.

giaour n. m. invar. (turc *gâvur ;* de l'ar. *kâfir,* infidèle). Nom que les Turcs donnaient aux infidèles, particulièrement aux chrétiens.

Giaour (LE), poème de lord Byron (1813). Soupçonnée d'infidélité, la jeune esclave Leila a été enfermée dans un sac et jetée à la mer. Un jeune Vénitien, le Giaour, la venge en tuant en combat singulier Hassan, le maître de Leila. *Le Giaour* a inspiré

Giambologna
« Vénus » des jardins Boboli
Florence

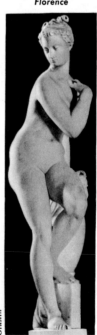

Giustin

V. Hugo dans *les Orientales,* ainsi que les peintres A. Scheffer, H. Vernet, E. Delacroix.

Giap (Vô NGUYÊN). V. Vô NGUYÊN GIAP.

Giard (Alfred), biologiste français (Valenciennes 1846 - Orsay 1908), introducteur en France des idées évolutionnistes, auteur de travaux importants sur le parasitisme, l'anhydrobiose, etc. (Acad. des sc., 1900.)

giardia n. f. (dédiée à Alfred *Giard*). Protozoaire flagellé de l'ordre des polymastigines, qui vit en parasite dans l'intestin humain et peut, en remontant les voies biliaires, provoquer une forte dysenterie.

Giauque (William Francis), chimiste américain (Niagara Falls, Canada, 1895 - Oakland, Californie, 1982). En 1924, il utilisa une méthode de production des très basses températures fondée sur la désaimantation, et découvrit en 1929 les isotopes lourds de l'oxygène. (Prix Nobel de chimie, 1949.)

gibberella n. m. Champignon ascomycète de l'ordre des hypocréales, parasite du maïs et des plantes tropicales. ◆ **gibbérelline** n. f. Substance extraite du *gibberella* et agissant comme une puissante hormone de croissance sur les plantes.

gibbium [ʒibjɔm] n. m. Tout petit insecte coléoptère qui vit dans certains produits pharmaceutiques rares tels que le cubèbe ou les parfums de conservation des sarcophages égyptiens. (Famille des ptinidés.)

gibbon n. m. (empr. à une langue de l'Inde). Singe anthropoïde, remarquable par son agilité dans les arbres, due à de très longs bras. (Il peut aussi marcher sur le sol. Son pelage est gris ou noir avec des parties blanches. Il mesure 1 m de la tête aux pieds.)

gibbons

Ylla - Rapho

Gibbon (Edward), historien britannique (Putney, Londres, 1737 - Londres 1794), auteur d'une vaste histoire de l'Empire romain (*Decline and Fall of the Roman Empire* [5 vol., 1776-1788]).

Gibbons, famille de musiciens anglais des XVIe et XVIIe s. — Le plus illustre fut ORLANDO (Oxford 1583 - Canterbury 1625). Organiste de la chapelle royale et de l'abbaye de Westminster, virginaliste du roi, il a écrit des *anthems* polyphoniques, faisant alterner chœurs et solos, pour le rite anglican, des madrigaux, des fantaisies pour ensemble de violes et des œuvres pour virginal. — Son fils, CHRISTOPHER (Londres 1615 - *id.* 1676), fut reçu docteur en musique à Oxford (1663). Il écrivit de nombreuses fantaisies pour cordes, à deux et trois parties, et également des anthems.

Gibbons (James), prélat américain (Baltimore 1834 - *id.* 1921). Evêque de Richmond (1872), archevêque de Baltimore (1877), cardinal (1886), il joua un rôle capital dans le développement de l'Eglise catholique aux Etats-Unis.

gibbosité n. f. Bosse, courbure anormale du rachis, entraînant une saillie extérieure.

Gibbs (James), architecte anglais (Aberdeen 1682 - Londres 1754). Vers 1710, il devint l'architecte favori du parti tory et construisit dans un style classique des monuments à Londres (Saint Martin in the Fields), à Oxford (Radcliffe Library) et à Cambridge (Senate House).

Gibbs (Josiah Willard), physicien américain (New Haven 1839 - *id.* 1903). Il a énoncé la loi des phases, base d'étude des équilibres physico-chimiques, et adapté le calcul vectoriel à la physique mathématique.

Gibbs (PHÉNOMÈNE DE), allure particulière que présente en passant à sa limite, pour *n* infini, la courbe représentative de la somme des *n* premiers termes du développement en série de Fourier d'une fonction, au voisinage d'un point en lequel cette dernière présente une discontinuité de première espèce, ce qui donne un développement peu satisfaisant au voisinage de ce point.

gibbsite n. f. Hydroxyde naturel d'aluminium $Al(OH)_3$. [Syn. HYDRARGILLITE.]

gibecière n. f. (de *gibier*). Sac de peau, de cuir, de toile, etc., pour chasseurs, pêcheurs, bergers, écoliers, etc. ‖ Sacoche à l'usage des garçons de recette. ‖ Au Moyen Age, bourse en forme de sac, ornée de broderies ou de perles.

gibelet n. m. (anc. *guibelet, guimbelet;* de l'angl. *wimble,* vilebrequin). Petit foret pour percer les barriques.

gibelins n. m. pl. Membres des factions qui, au Moyen Age, s'opposèrent aux *guelfes* en Italie et en Allemagne. (V. GUELFES ET GIBELINS.)

gibelotte n. f. (de *gibier*). Fricassée de lapin au vin blanc ou rouge.

giberne n. f. (ital. *giberna*). Anc. boîte à cartouches des soldats. (Créée au XVIIᵉ s. pour remplacer le sac à balles, elle était portée au ceinturon ou en bandoulière. Encore utilisée par les cavaliers au XIXᵉ s., la giberne n'est plus portée aujourd'hui que par les musiciens, qui y placent les cartons de leurs partitions.) ● *Avoir son bâton de maréchal dans sa giberne* (Fam.), se dit pour exprimer qu'un simple soldat peut arriver aux plus hauts grades de l'armée.

Gibert (Camille Melchior), médecin français (Paris 1797 - *id.* 1866). Dermatologue et syphiligraphe, il a écrit un *Manuel des maladies vénériennes* (1836). [Acad. de méd., 1847.]

Giberville, comm. du Calvados (arr. et à 3 km à l'E. de Caen) ; 4 381 h.

gibet n. m. (sans doute du francique *gibbel*, bâton). Potence : *Envoyer un criminel au gibet.* ‖ Lieu où un gibet est établi : *Le gibet de Montfaucon.* ‖ Bois sur lequel on mettait en croix : *Le gibet auquel Jésus fut attaché.* ● *Gibet de puisatier,* sorte de trépied élevé auquel on suspend une poulie.

gibier n. m. (anc. franç. *gibiez;* du francique **gabaiti,* chasse au faucon). Nom collectif des animaux que l'on chasse soit pour les manger, soit pour les détruire parce qu'ils sont nuisibles. ‖ *Fig.* et *fam.* Personne qu'on cherche à prendre, à gagner, à duper : *Voilà un gibier facile.* ● *Gibier de potence, de prison,* mauvais sujet : *Certains jeunes abandonnés à eux-mêmes deviennent facilement du gibier de prison.* ◆ **gibeyeur** [bwajœr] n. m. Celui qui collecte du gibier pour l'expédier aux marchands de détail. ◆ **giboyeux** [bwajœ], **euse** adj. Abondant en gibier : *Une plaine giboyeuse.*

Gibil, dieu du Feu, chez les Babyloniens.

gible n. m. Ensemble des briques arrangées dans le four pour être cuites.

giboulée n. f. (orig. inconnue). Pluie soudaine et de courte durée, accompagnée souvent de grêle.

giboyeur, giboyeux → GIBIER.

Gibraltar, colonie britannique située à l'extrémité méridionale de la péninsule Ibérique, sur le détroit du même nom ; 6 km² ; 24 500 h. Evêché catholique. Cette place forte, installée sur un rocher calcaire de 425 m, est creusée de grottes. Port de transit et de ravitaillement pétrolier.

● *Histoire.* Le rocher de Gibraltar forme, avec celui qui domine Ceuta sur la côte africaine, les célèbres colonnes d'Hercule. Il fut le premier point de la conquête musulmane en Espagne (711) [*djabal al-Ṭāriq,* nom du chef berbère Ṭāriq, a donné *Gibraltar*]. Sa reconquête par la Castille ne fut définitive qu'en 1462. Les Anglais s'en emparèrent au cours de la guerre de la Succession d'Espagne (1704), et le traité d'Utrecht (1713) leur en reconnut la possession. Depuis Charles Quint, sa valeur stratégique a été constamment exploitée, en particulier contre Napoléon en 1805, contre l'Allemagne à la fin du XIXᵉ s. et au cours des deux guerres mondiales. En 1969, Gibraltar perd son statut de colonie et devient dominion britannique. L'Espagne, qui revendique ce territoire, refuse d'en reconnaître le nouveau statut, pourtant massivement approuvé par sa population.

Gibraltar (DÉTROIT DE), bras de mer, large de 15 km environ, profond de 350 m, séparant l'Europe de l'Afrique. C'est un passage maritime très fréquenté. Deux courants marins inverses s'y superposent.

Gibraltar (CRÂNES DE), nom donné à deux crânes de type néandertalien découverts en 1848 et en 1926 dans des grottes ossifères de cette région.

Gibrat (LOI DE). Syn. de LOI DE GALTON*.

gibus [bys] n. m. et adj. (du nom du fabricant). Chapeau haut de forme, monté sur des ressorts qui permettent de l'aplatir.

le rocher de **Gibraltar** vu d'Espagne

Phédon Salou

Gichtel (Johann Georg), visionnaire allemand (Ratisbonne 1638 - Amsterdam 1710). Poursuivi pour hétérodoxie, il s'enfuit à Amsterdam. Il fonda une secte ascétique, les « Frères angéliques », qui a subsisté jusqu'au XIXᵉ s.

giclée, giclement → GICLER.

gicler v. intr. (orig. inconnue). Jaillir avec force : *L'eau gicle de la canalisation percée.* ◆ **giclée** n. f. Jet d'un liquide qui gicle. || *Fam.* Rafale tirée par une arme automatique. ◆ **giclement** n. m. Action de gicler. ◆ **gicleur** n. m. Orifice calibré servant à limiter le débit d'un fluide dans les canalisations d'un carburateur*. ◆ **giclure** n. f. Trace laissée par un liquide qui a giclé.

Giddings (Franklin Henry), sociologue américain (près de Sherman, Connecticut, 1855 - Scarsdale, près de New York, 1931). Auteur de *The Modern Distributive Process,* avec J. B. Clark (1888), de la *Théorie de la sociologie* (1894) et des *Principes de sociologie* (1896), il considère la sympathie comme le fondement de toute association humaine.

Gide (Charles), économiste français (Uzès 1847 - Paris 1932). L'un des fondateurs de l'école coopératiste dite « école de Nîmes », il a écrit : *Principes d'économie politique* (1884), *la Coopération* (1900), *Histoire des doctrines économiques* (avec Rist, 1909).

Gide (André), écrivain français (Paris 1869 - id. 1951). D'origine protestante par son père, le juriste Paul Gide, catholique par sa mère, il entre dans le groupe des symbolistes en 1891, année où il publie *les Cahiers d'André Walter* et *le Traité du Narcisse. Les Nourritures* terrestres (1897), où il exalte la « disponibilité » de l'être en la conciliant avec la ferveur, passent à peu près inaperçues. Sa pensée se précise dans *l'Immoraliste* (1902). Il aborde le théâtre avec *le Roi Candaule* (1901) et *Saül* (1903), puis il publie en 1909 le récit de *la Porte étroite,* ainsi que la parabole du *Retour de l'enfant prodigue.* Dans *les Caves* du Vatican (1914), récit burlesque, il pose le problème de l' « acte gratuit ». Après la Première Guerre mondiale, alors qu'il approche de la cinquantaine, il commence à obtenir une audience qui va s'élargir rapidement. En 1919, il publie *la Symphonie pastorale* et, en 1925, le roman que certains critiques considèrent comme sa meilleure œuvre, *les Faux-Monnayeurs*. Les témoignages que son *Voyage au Congo* (1927) contient sur le colonialisme, le jugement qu'il porte sur le communisme dans *Retour de l'U. R. S. S.* (1936) révèlent son désir sincère de prendre parti sur les grands problèmes de son temps, mais aussi sa méfiance à l'égard de tout engagement. Enfin, son *Journal,* paru en trois fois (1939, 1946, 1950), et sa *Correspondance* (1948-1964) nous renseignent sur tous les secrets d'une vie qui ne voulut rien dissimuler d'elle-même. L'influence de Gide fut considérable. Son refus de tout conformisme, s'exprimant cependant en un style très classique, a orienté la pensée de nombreux écrivains. (Prix Nobel de littér., 1947.)

gidien, enne adj. Propre à André Gide. || Qui rappelle l'œuvre d'André Gide.

Gié (Pierre DE ROHAN, sire DE), maréchal de France (château de Mortier-Crolles, paroisse de Saint-Quentin-lès-Angers, 1451 - Paris 1513). Sous Louis XI, il défendit les frontières du Nord contre Maximilien et aida à la victoire de Charles VIII à Fornoue (1495). Il fut un moment le conseiller de Louis XII.

Gien, ch.-l. de c. du Loiret (arr. de Montargis), sur la Loire, à 10 km au N.-O. de Briare ; 16 784 h. (*Giennois*). La ville a beaucoup souffert des combats de juin 1940.

André **Gide**
par Paul-Albert Laurens
musée national d'Art moderne

Larousse

le château et la Loire

Lang-Rapho

Elle garde encore un château du XVe s. (musée international de la Chasse) et le clocher de l'église Saint-Pierre (XVe s.). Célèbre faïencerie, fondée en 1821.

Giens (PRESQU'ÎLE DE), presqu'île de la côte de Provence (Var), séparant la rade d'Hyères du *golfe de Giens.*

Gier (le), riv. de la bordure du Massif central, affl. du Rhône (r. dr.); 44 km.

Gier (PIGEON DE), race de pigeons de ferme, élevée dans la vallée du Gier.

Gierek (Edward), homme d'Etat polonais (Porąbka, Silésie, 1913). Secrétaire du parti ouvrier unifié pour la voïévodie de Katowice (1951), il réorganise l'industrie de cette région. A la suite de la crise de décembre 1970, il succède à Gomułka à la tête du parti ouvrier unifié.

Giers (Nikolaï Karlovitch DE), diplomate et homme politique russe (Radzivilov [auj. Chervonoarmeisk] 1820 - Saint-Pétersbourg 1895). Adjoint du prince Gortchakov aux Affaires étrangères (1875), il eut à faire face aux conséquences de la révolte bosniaque et de la guerre russo-turque. Successeur de Gortchakov (1882), il s'efforça d'abord de maintenir l'alliance des trois empereurs, puis se fit l'artisan de l'accord franco-russe.

Gieseking (Walter), pianiste allemand (Lyon 1895 - Londres 1956), interprète de Schumann, Debussy et Ravel.

Giessen, v. d'Allemagne (Allem. occid., Hesse), dans la vallée de la Lahn; 71 100 h. Châteaux (XIVe, XVIe s.). Aciéries.

Giettaz (LA), comm. de la Savoie (arr. et à 27 km au N.-N.-E. d'Albertville); 535 h. Station d'altitude (1 100 m).

Giffard (Henry), ingénieur français (Paris 1825 - id. 1882). Il imagina et construisit le premier aérostat qui, mû par une machine à vapeur placée dans la nacelle, put subir quelques modifications de direction par rapport au vent (1852). Son nom est resté attaché à l'injecteur de vapeur qu'il conçut pour l'alimentation des chaudières (1858).

giffard n. m. (de H. *Giffard*). Injecteur servant à alimenter en eau une chaudière à vapeur et utilisant comme fluide d'entraînement la vapeur de cette chaudière.

Giffre (le), torrent des Alpes du Nord, affl. de l'Arve (r. dr.); 50 km.

gifle n. f. (mot dialect. du Nord-Est; du francique *kifel*, mâchoire). Coup donné sur la joue avec la main ouverte : *Recevoir une gifle.* ‖ *Fig.* Coup de vent, projection d'eau, etc., qui fouette le visage. ‖ Affront, vexation : *Il supporte mal la gifle de ce refus.* ◆ **gifler** v. tr. Donner une gifle.

Gif-sur-Yvette, ch.-l. de c. de l'Essonne (arr. de Palaiseau), dans la vallée de Chevreuse, à 26 km au S.-O. de Paris; 17 200 h. Restes de l'ancienne abbaye bénédictine de

Gif. Laboratoire de recherches de biologie végétale (phytotron).

Gifu, v. du Japon, dans l'île de Honshū, ch.-l. de préf. sur le Nagara ; 353 000 h.

G. I. G., sigle de GRAND INVALIDE DE GUERRE.

gig n. m. (mot angl.). Embarcation très légère utilisée en Angleterre. (On écrit aussi GUIG.)

giga-, préfixe qui, placé devant une unité de mesure, la multiplie par un milliard.

gigantesque adj. (ital. *gigantesco*; de *gigante*, géan., gr. *gigas, -antos*). Qui tient du géant; de grandeur extraordinaire : *Les animaux préhistoriques avaient une taille gigantesque.* ‖ De proportions énormes : *L'incendie a pris des proportions gigantesques.* ‖ *Fig.* Qui dépasse la commune mesure, prodigieux : *Plan, projet gigantesque. Une erreur gigantesque.* ‖ — SYN. : *colossal, cyclopéen, démesuré, énorme, extraordinaire, immense, monstrueux, prodigieux, titanesque.* ◆ n. m. Caractère de ce qui est gigantesque : *Ces plans portent la marque du gigantesque.* ◆ **gigantesquement** adv. De façon gigantesque : *Une cité qui s'étend gigantesquement.* ◆ **gigantisme** n. m. Croissance anormalement importante d'un individu, les proportions relatives des divers organes restant les mêmes. (Le gigantisme est le plus souvent pathologique, en rapport avec un fonctionnement excessif de l'hypophyse pendant la période de croissance. Si le trouble persiste à l'état adulte, le gigantisme se complique d'acromégalie, où les proportions ne sont plus respectées.) ‖ *Bot.* Conséquence, fréquente chez les hybrides, de la *tétraploïdie,* c'est-à-dire de noyaux cellulaires contenant le double du nombre ordinaire de chromosomes. (Un noyau plus grand détermine des cellules plus grandes et, finalement, une plante plus grande.) ‖ *Fig.* Développement excessif. ◆ **gigantographie** n. f. Procédé d'agrandissement d'images tramées par projection, pour l'impression en offset d'affiches de grand format. ◆ **gigan-**

Henry **Giffard**
d'après
« l'Illustration »

tomachie n. f. Combat fabuleux des Géants contre les dieux de l'Olympe. (Cet épisode mythologique est fréquent dans l'art grec ; il fait l'objet d'une frise monumentale sculptée sur le soubassement du grand autel de Zeus à Pergame [auj. à Berlin] et orne le fronton de l'Acropole d'Athènes.)

gigantosaurus [zorys] n. m. Dinosaurien sauropode de 15 m de long, fossile dans le crétacé de Tendaguru (Afrique orientale).

gigantostracés n. m. pl. V. EURYPTÉRIDÉS.

gigartinales n. f. pl. Ordre d'algues rouges, marines pour la plupart.

Gighti ou **Gightis.** *Géogr. anc.* V. romaine d'Afrique, sur la côte faisant face à Djerba. Ruines importantes.

Gigli (Beniamino), ténor italien (Recanati 1890 - Rome 1957), spécialiste du répertoire italien du XIXe s.

Giglio, petite île d'Italie (prov. de Grosseto), en face du Monte Argentario.

Gignac, ch.-l. de c. de l'Hérault (arr. de Lodève), à 30 km à l'O. de Montpellier ; 3 228 h. (*Gignacois*). Raisins de table.

Gignoux (Maurice), géologue français (Lyon 1881 - Grenoble 1955). Sa théorie de l' « écoulement par gravité » des roches en cours de plissement eut un grand retentissement. Il est l'auteur d'études sur la stratigraphie des zones internes des Alpes. (Acad. des sc., 1946.)

gigogne adj. (altér. probable de *cigogne*). *Meubles gigognes,* meubles qu'on peut faire rentrer les uns sous les autres.

Gigogne (MADAME OU LA MÈRE), personnage des contes et des pièces bouffonnes des théâtres forains. Elle est le symbole de la fécondité intarissable.

gigolo n. m. *Pop.* Jeune amant entretenu par sa maîtresse. ‖ Jeune homme élégant, mais d'allures suspectes. ✦ adj. D'une élégance suspecte : *Avoir l'air gigolo.*

gigot n. m. (de *gigue ;* germ. *giga*). Morceau du mouton* correspondant au membre postérieur. (On distingue le *gigot entier,* groupant la cuisse, la jambe et la croupe, et le *gigot raccourci,* qui est un gigot entier dont on a séparé, sous le nom de « selle », la région de la croupe.) ● *Manche à gigot,* instrument qui, emboîtant l'os du gigot, permet de le maintenir pour le découper. — Manche de corsage très ample dans sa partie supérieure, étroite et ajustée sur l'avant-bras. ‖ *Manche de gigot,* os rond du gigot, que l'on saisit quand on découpe cette pièce ◆ **gigoté, e** adj. Qui a les cuisses, les membres faits d'une certaine façon : *Un cheval, un chien bien gigoté.*

gigotement → GIGOTER.

gigoter v. intr. (de l'anc. franç. *giguer,* gambader). *Fam.* S'agiter vivement : *Faire tomber les couvertures en gigotant.* ◆

X

gigantomachie
détail de la frise de l'autel de Zeus à Pergame, *musée de Berlin*

gigotement n. m. Action de gigoter : *Les gigotements d'un bébé.*

Gigout (Eugène), compositeur et organiste français (Nancy 1844 - Paris 1925). Organiste de Saint-Augustin, il fut professeur d'orgue au Conservatoire de Paris. A l'école Niedermeyer, il eut Fauré et Messager comme élèves. Il fut aussi le professeur d'A. Roussel.

Gigoux (Jean), peintre français (Besançon 1806 - *id.* 1894). Il fut portraitiste (*Marie Ménessier-Nodier*) et illustrateur de livres (*Gil Blas*). Il légua ses collections (plus de 300 tableaux et 3 000 dessins) au musée de Besançon.

manche à **gigot**

Larousse

1. gigue n. f. (du germ. *giga*, violon). *Fam.* Jambe : *Avoir de grandes gigues.* (Se dit en particulier de la cuisse du chevreuil.) ● *Grande gigue*, fille grande, maigre et alerte.

2. gigue n. f. (de l'angl. *jig*, empr. probablem. au précéd.). Danse populaire ancienne, de mouvement vif, originaire de Grande-Bretagne, écrite en mesure composée. (Elle a été très employée dans la musique instrumentale, où elle termine souvent la suite ou le concerto *da camera* [Corelli, Couperin, Rameau, Händel, J.-S. Bach].)

Gijón, port d'Espagne, dans les Asturies (prov. d'Oviedo), sur une presqu'île de l'Atlantique ; 184 700 h. Sidérurgie. Pêche.

Gijsen (Jan-Albert GORIS, dit **Marnix**), écrivain belge d'expression flamande (Anvers 1899). Il a publié un recueil expressionniste, *la Maison* (1925), plusieurs romans (*le Bien et le Mal*) et des essais critiques.

Gila (DÉSERT DE), région aride des Etats-Unis, au S.-O. des Rocheuses.

Gīlān, région de l'Iran, s'étendant en bordure de la mer Caspienne, sur la plaine de piémont de l'Elbourz. V. princ. *Recht.*

gilbert n. m. [de W. *Gilbert* n. pr.]. Unité C. G. S. électromagnétique de force magnétomotrice (symb. Gb), qui vaut environ 0,8 ampère-tour.

Gilbert de Neuffonts (saint), religieux français (en Auvergne XIe s. - Neuffonts 1152). Prémontré, il prit part à la deuxième croisade ; il fonda un monastère de femmes à Auxerre et une abbaye d'hommes à Neuffonts. — Fête le 6 juin.

Gilbert de Sempringham (saint), moine anglais (dans le Lincolnshire v. 1083 - Sempringham 1189). Il fonda (1131) l'ordre des *Gilbertins** et celui des *Gilbertines.* Il fut l'ami de saint Bernard et de Thomas Becket. — Fête le 4 févr.

Gilbert (William), médecin et physicien anglais (Colchester 1544 - Londres 1603). Il fut premier médecin de la reine Elisabeth. Il effectua les premières mesures en électrostatique et en magnétisme, distingua entre conducteurs et isolants, et assimila la Terre à un aimant. Il fut l'un des créateurs de la méthode expérimentale.

Gilbert (Nicolas Joseph Laurent), poète français (Fontenoy-le-Château 1751 - Paris 1780). Il s'associa à Fréron dans la lutte contre les philosophes et publia contre ceux-ci (*le Carnaval des auteurs* (1773). Son œuvre la plus célèbre est l'*Ode imitée de plusieurs psaumes*, connue sous le titre d'*Adieux à la vie*. Une légende, popularisée par A. de Vigny (*Stello*), le dit mort de misère à l'hôpital. En réalité, sa situation était aisée quand il mourut d'une trépanation consécutive à une chute de cheval.

Gilbert (François), vétérinaire français (Châtellerault 1757 - Signoriolano 1800),

promoteur des prairies naturelles et de l'acclimatation en France du mouton mérinos d'Espagne. (Acad. des sc., 1795.)

Gilbert (Jacques Emile), architecte français (Paris 1793 - *id.* 1874). Prix de Rome (1822), il édifia notamment l'Ecole vétérinaire d'Alfort et, à Paris, l'Hôtel-Dieu et le nouvel hôtel de la Préfecture de police. (Acad. des bx-arts, 1853.)

Gilbert (sir Joseph), chimiste et agronome anglais (Hull 1817 - Rothamsted 1901), auteur, avec Lawes, de la théorie nitrogène qui devait révolutionner l'agronomie.

Gilbert (Karl Grove), géologue américain (Rochester, New York, 1843 - Jackson, Michigan, 1918). Il participa aux explorations dans l'Ouest américain, décrivit les terrasses du lac Bonneville et prouva le soulèvement épirogénique du Grand Bassin.

Gilbert (Augustin), médecin français (Buzancy, Ardennes, 1858 - Paris 1927). Professeur de clinique médicale à l'Hôtel-Dieu, il décrivit la cirrhose alcoolique hypertrophique et individualisa la cholémie familiale.

Gilbert de La Porrée, théologien français (Poitiers 1076 - *id.* 1154). Professeur à Paris, il devint évêque de Poitiers (1142). Sa renommée de théologien est comparable à celle d'Abélard ; il put réfuter les accusations portées par saint Bernard contre sa doctrine.

Gilbert de Voisins (Auguste), écrivain français (Paramé 1877 - Paris 1939). Son œuvre la plus célèbre, *le Bar de la Fourche* (1903), est un roman d'aventures sur les chercheurs d'or. Il composa le ballet-pantomime *le Festin de l'araignée*, dont Albert Roussel écrivit la musique.

Gilbert (ÎLES), auj. **Kiribati** (ÎLES), Etat insulaire du Pacifique groupant les anciennes *îles Gilbert* proprement dit (16 îles), l'archipel *Phoenix* (8 îles), l'île *Océan* et les îles *Fanning, Washington* et *Christmas.* (Les îles Ellice [9] ont fait sécession en 1975.) L'archipel a 58 000 h. Ch.-l. *Tarawa.* Occupées par les Japonais (déc. 1941), les îles Gilbert marquèrent le point extrême de leur avance vers l'E. Elles furent reconquises en 1944 par les Américains, qui les utilisèrent pour neutraliser les Carolines et pour attaquer les Mariannes. Dans le cadre du Commonwealth, elles sont devenues indépendantes en 1979 sous leur nom actuel.

gilbertin, e n. Membre de l'ordre religieux double anglais fondé en 1131 par saint Gilbert de Sempringham. (L'ordre fut supprimé par Henri VIII en 1538.)

Gil Blas de Santillane (HISTOIRE DE), roman de Lesage, publié en 4 volumes de 1715 à 1735. C'est l'histoire d'un jeune homme, sans défaut ni don particuliers, mais qui sait tirer des leçons des diverses expériences qu'il peut faire durant ses études, puis dans les premiers postes subalternes qu'il occupe auprès d'hommes importants. Protégé du Premier ministre, disgracié puis revenu en faveur, il se retire dans son château, où il se marie et rédige ses Mémoires. Symbole de l'homme solitaire en face du destin, il a appris à porter le masque dans une société qui lui reste étrangère.

Gilbreth (Frank Bunker), ingénieur américain (Fairfield, Maine, 1868 - Lakawanna, New Jersey, 1924). Collaborateur de Taylor, il fut un pionnier de l'étude des mouvements et de l'organisation du travail. — Sa femme, le Dr LILLIAN EVELYN **Moller,** également ingénieur (Oakland, Californie, 1878 - Phoenix, Arizona, 1972), l'aida dans ses recherches. Elle a contribué à la diffusion de conceptions de l'organisation plus efficientes et surtout orientées vers le côté humain.

Gilchrist (MALADIE DE), mycose viscérale (blastomycose chronique) due à certaines espèces de *blastomyces.*

Gildas (saint), missionnaire britannique (Dumbarton v. 510 - île d'Houat 570). Il réorganisa l'Eglise en Grande-Bretagne et en Irlande avant de se retirer dans l'île d'Houat (v. 538), où il fonda un monastère. Il est l'auteur du plus ancien ouvrage sur l'histoire de la Grande-Bretagne. — Fête le 29 janv.

gilde [gild] n. f. (moyen néerl. *gilde,* troupe, corporation). Au Moyen Age, association d'abord confraternelle, puis économique, groupant des marchands exerçant une profession commune. ‖ Association visant à procurer à ses adhérents de meilleures conditions commerciales. (On écrit aussi parfois GHILDE OU GUILDE.)
— ENCYCL. A l'origine des gildes se trouvent les confréries chrétiennes créées à des fins charitables. Avec le renouveau économique du XIe s., les marchands s'associèrent pour mieux affronter les difficultés de leur métier. Les premières gildes apparurent en Flandre et dans les régions rhénanes vers 1050. Dès le XIIIe s., il en existe en Angleterre, dans les pays scandinaves; elles possèdent des privilèges et une juridiction propres. Elles s'unirent parfois pour former de puissantes hanses*. Leur déclin est net dès le XVe s.

Gil de Hontañón (Rodrigo), architecte espagnol (Rascafría, Madrid, v. 1500 - Ségovie 1577). Architecte, à Salamanque, de la Catedral Nueva et du palais de Monterrey, il édifia également la façade de l'université d'Alcalá de Henares (1549 - 1553) et une partie du cloître de la cathédrale de Saint-Jacques-de-Compostelle. Son influence sur l'architecture espagnole a été considérable.

Gileppe (la), riv. de Belgique (prov. de Liège). Barrage.

gilet n. m. (esp. *jileco,* empr. à l'ar. d'Algérie *jalaco, jaleco).* Pièce du costume masculin ou féminin, se mettant par-dessus la chemise et sous la veste, et ouvert devant. ● *Donner un gilet à quelqu'un,* en assaut d'escrime, le toucher très souvent à la poitrine. ‖ *Gilet d'armes,* gilet de mailles porté sous l'habit de ville. ‖ *Gilet de flanelle* ou *gilet de peau,* sous-vêtement qui se met directement sur la peau et qui couvre le dos et la poitrine. ◆ **giletier, ère** n. Personne qui confectionne des gilets.

Gilgamesh, héros épique assyrien, dont la quête de l'immortalité est narrée dans un poème célèbre. Après diverses aventures, il

Goldner

Gilgamesh
bronze
musée archéologique de Téhéran

va cueillir la plante de jouvence au fond de l'Océan, mais se la fait ravir par un serpent.

Gilgit, distr. du Cachemire, occupé par les Pakistanais, aux confins des montagnes de l'Hindū Kūch et du Karakoram.

Gili, maison d'édition espagnole, fondée en 1902 à Barcelone par Gustavo Gili Roig (1869-1945), et dont la principale activité est l'édition d'ouvrages d'art et techniques.

Gilkin (Iwan), poète belge d'expression française (Bruxelles 1858 - id. 1924). L'un des fondateurs de *la Jeune Belgique* (1881), il publia un recueil d'inspiration baudelairienne, *la Nuit* (1897); son pessimisme originel s'atténue dans *le Cerisier fleuri* (1899). Il est aussi l'auteur d'un drame inspiré par l'évolutionnisme, *Prométhée* (1900). [Acad. royale de langue et de littér. fr., 1920.]

1. gill [dʒil] n. m. (mot angl.). Mesure de capacité employée en Angleterre avec la valeur 0,142 litre et aux Etats-Unis avec la valeur 0,118 litre.

2. gill [gil] n. m. (mot angl.). Petit peigne portant des aiguilles d'acier très fines. ◆ **gill-box** n. m. Machine employée dans les filatures de laine pour l'étirage des rubans au moyen de cylindres fournisseurs et de cylindres étireurs, et comportant entre ces cylindres un jeu de gills. — Pl. *des* GILLS-

BOXES. ◆ **gill-box intersecting** n. m. Machine d'étirage utilisée pour le travail de la laine peignée et comprenant deux jeux de gills travaillant en opposition.

Gill (Louis André GOSSET DE GUINES, dit **André**), dessinateur français (Paris 1840 - Charenton 1885). Il fonda des périodiques humoristiques et publia des portraits-charges. Il illustra Zola, Daudet, Murger.

Gill (sir David), astronome et géodésien britannique (Aberdeen 1843 - Londres 1914). Directeur de l'observatoire du Cap, il fut l'un des premiers à utiliser la photographie en astronomie et releva ainsi toute la calotte céleste australe. On lui doit en outre des travaux sur la parallaxe solaire et des opérations géodésiques en Afrique du Nord.

gill-box, gill-box intersecting → GILL 2.

1. gille ou **gilles** n. m. (de *Gille* ou *Gilles*). Au théâtre de la Foire, celui qui jouait les rôles de niais, à partir de 1640. (C'est une sorte de Pierrot, au large costume blanc. Il a inspiré à Watteau l'un de ses chefs-d'œuvre [Louvre].) ‖ Homme niais et naïf.

2. gille n. m. Sorte d'épervier pour la pêche.

Gille (Valère), poète belge d'expression française (Bruxelles 1867 - *id.* 1950). Rédacteur en chef, puis directeur de *la Jeune Belgique*, il a publié des recueils d'inspiration parnassienne (*le Joli Mai*, 1905). [Acad. royale de langue et de littér. fr., 1921.]

Gilles (saint), saint popularisé au Moyen Age par de nombreuses légendes (VIIIe s. ?). D'origine grecque, il aurait fondé un monastère dans le midi de la France. Au Xe s., son tombeau fut le centre d'un pèlerinage célèbre ; les moines de l'abbaye contribuèrent alors à créer autour de son nom une légende dorée, dont l'épisode le plus connu est celui de la biche miraculeuse. — Fête le 1er sept.

Gilles de Rome (Egidio Columna), religieux italien (Rome v. 1243 - Avignon 1316). Général des Augustins (1292), archevêque de Bourges (1295), cardinal (1302), il défendit avec vigueur la théocratie pontificale.

Gilles (Jean), dit **de Tarascon**, compositeur français (Tarascon 1669 - Avignon 1705). Il a écrit des motets et une *Messe des morts* célèbre, jouée aux obsèques de Rameau et de Louis XV.

Gilles, tableau de Watteau (musée du Louvre). C'est le costume et l'attitude traditionnels du personnage de *Gilles le Niais* (théâtre de la Foire), amoureux candide, au cœur très tendre.

Gillespie (John Birks GILLESPIE, dit **Dizzy**), trompettiste et chef d'orchestre noir américain (Cheraw, Caroline du Sud, 1917). En 1946, il constitua un orchestre qui diffusa le style bop.

Gillet (Nicolas François), sculpteur français (Metz 1709 - Paris 1791). Il séjourna vingt ans en Russie (Moscou, Saint-Péters-

bourg), où il fonda une académie de peinture et de sculpture (*Paris,* Louvre).

Gillet, famille d'industriels lyonnais. FRANÇOIS, qui fonda une usine de tissage, fut à l'origine de la fortune familiale sous le second Empire. — Son fils JOSEPH développa l'affaire et y ajouta une entreprise de teinturerie. Le groupe Gillet s'intéressa dès 1904 aux soies artificielles et s'associa au groupe Carnot pour fonder le Comptoir des textiles artificiels (1911). En 1951, les Carnot et les Gillet procédèrent à un regroupement de leurs sociétés (Sofila, Celtex, Viscose française).

Gillet (Martin), prélat français (Louppy-sur-Loison 1875 - Aix-les-Bains 1951). Maître général des Dominicains (1929-1946), archevêque de Nicée (1946), il a fondé l'Union chrétienne du théâtre (1928). Ses nombreux écrits sont relatifs au thomisme.

Gillet (Louis), écrivain d'art français (Paris 1876 - id. 1943). Il publia des ouvrages allant des primitifs aux impressionnistes. (Acad. fr., 1935.) — Son fils GUILLAUME, architecte (Fontaines-Chaalis 1912), a élevé l'église Notre-Dame à Royan (v. pl. ARCHITECTURE), le pavillon français à l'Exposition internationale de Bruxelles (1958) et le palais des Congrès à Paris (1970). [Acad. bx-arts 1968.]

Gilliard (Edmond), écrivain suisse d'expression française (Fiez, Vaud, 1875 - Lausanne 1969). Il appartint avec C.-F. Ramuz, P. Budry au groupe des *Cahiers vaudois*. Citons, parmi ses œuvres : *La croix qui tourne* (1929), *l'Ecole contre la vie* (1942).

« Gilles »
par Watteau, *Louvre*

Giraudon

gillie [gili] n. m. (de l'angl. *gillie*, valet).
Aide d'un pêcheur.

Gillier (Jean-Claude), dit **le Jeune**, compositeur français (Paris 1667 - *id.* 1737). Il écrivit la musique des comédies et divertissements de Regnard et de Dancourt.

Gilliéron (Jules), linguiste suisse (La Neuveville 1854 - Cergnaux-sur-Gléresse 1926). Spécialiste de dialectologie romane, il réalisa, avec E. Edmont, l'*Atlas linguistique de la France*, de 1902 à 1909.

Gillingham, v. de Grande-Bretagne (Kent) ; 79 700 h. Matériaux de construction.

Gillois (Jean), général et ingénieur militaire français (Châteaubriant 1909). De 1955 à 1965 il réalisa un système complet de matériels militaires de franchissement amphibies (bacs, ponts) auxquels est attaché son nom.

Gillon, famille d'éditeurs français. PAUL ADRIEN (Châteaurenard, Loiret, 1853 - Paris 1934), collaborateur immédiat de son oncle Augustin Boyer, devint en 1887 un des directeurs de la maison Larousse, dont il assuma la direction commerciale jusqu'en 1919. En 1916, il créa la Société d'exportation des éditions françaises, devenue la Maison du livre français, organisme de diffusion de la pensée française, qu'il présida jusqu'en 1932. — Son fils ANDRÉ (Paris 1880 - *id.* 1969) devint en 1920 l'un des directeurs de la Maison Larousse. Il avait créé en 1922 *les Nouvelles* littéraires, qu'il dirigea à partir de 1936. Organisateur de l'enseignement professionnel de l'édition et de la librairie en France, il a été vice-président de l'Union internationale des éditeurs de 1948 à 1958. Il est l'auteur d'un *Panorama de la pensée humaine* (1938) et de divers autres ouvrages. — ÉTIENNE, le fils de ce dernier (Paris 1911 - *id.* 1978), fut l'un des directeurs de la Librairie Larousse et dirigea *les Nouvelles littéraires* de 1966 à 1971. C'est notamment sous son impulsion que le *Grand Larousse encyclopédique* a été publié (1960-1975). Il a été président du Syndicat national des éditeurs de 1969 à 1975.

Gillot (Jacques), érudit français (Langres v. 1550 - Paris 1619). Conseiller-clerc au parlement de Paris (1573), il prit parti contre la Ligue. Il est l'un des auteurs de la *Satire Ménippée*, de *Lettres* érudites, etc.

Gillot (Claude), peintre et graveur français (Langres 1673 - Paris 1722). Il fut le maître de Watteau (*les Deux Entêtés*, Louvres).

Gillot (Firmin), lithographe et photograveur français (Brou, Eure-et-Loir, 1820 - Paris 1872). On lui doit l'invention du premier procédé de transformation d'une épreuve lithographique en cliché typographique.

gillotage n. m. Procédé de gravure sur zinc, imaginé par Firmin *Gillot*.

Gilly, comm. de Belgique (Hainaut, arr. et à 4 km au N.-E. de Charleroi) ; 24 200 h.

Gilly (David), architecte prussien (Schwedt 1748 - Berlin 1808). Directeur des bâtiments de Poméranie (1779), appelé à Berlin en 1788, il y construisit des châteaux et des maisons de campagne pour l'aristocratie prussienne. Il fut également actif dans le domaine des travaux publics. — Son fils FRIEDRICH (Altdamm, près de Stettin, 1772 - Karlsbad 1808) fut un des promoteurs du goût classique et construisit des villas et des palais à Berlin.

Gilolo. V. HALMAHERA.

Gilpin (John), danseur britannique (Southsea, Hampshire, 1930). Attaché au London's Festival Ballet (1950), il s'impose comme l'un des meilleurs danseurs contemporains. Contraint d'abandonner la scène (1970), il se consacre à l'enseignement.

Gil Robles (José María), homme politique espagnol (Salamanque 1898). L'un des fondateurs de la Jeunesse catholique espagnole, député du bloc agraire à la Constituante de 1931, il créa la Confédération espagnole des droites autonomes. Ministre de la Guerre en 1935, il réorganisa avec l'aide de Franco l'Union militaire espagnole. Il quitta l'Espagne en 1936 et y revint après la Seconde Guerre mondiale. Il s'exila une nouvelle fois de 1962 à 1964.

Gilson (Paul), compositeur belge (Bruxelles 1865 - *id.* 1942). Prix de Rome, professeur aux conservatoires de Bruxelles et d'Anvers, il fut inspecteur de l'enseignement musical. On lui doit des compositions de valeur (*Francesca da Rimini, Princesse Rayon de Soleil, Gens de mer, la Captive*).

Gilson (Etienne), philosophe français (Paris 1884 - Cravant, Yonne, 1978). Professeur de philosophie médiévale à la Sorbonne, puis au Collège de France (1932-1951), il a écrit : *la Liberté chez Descartes et la théologie* (1913), *le Thomisme* (1922), *la Philosophie au Moyen Age* (1925), *Saint Thomas d'Aquin* (1925), *l'Etre et l'essence* (1948). [Acad. fr., 1946.]

gilsonite n. m. ou n. f. Bitume naturel très dur, d'origine américaine.

gilyak n. m. Langue paléo-asiatique de l'Est (bas Amour, Sakhaline).

gimblette n. f. (provenç. *gimbleto*, échaudé). Pâtisserie en forme de couronne et dont la caractéristique est d'être échaudée avant d'être mise à cuire au four.

Gimel-les-Cascades, comm. de la Corrèze (arr. et à 13 km au N.-E. de Tulle) ; 553 h. L'église possède la châsse de saint Etienne, en émail (XIIe s.). Mobilier métallique.

Gimond (Marcel), sculpteur français (Tournon 1894 - Nogent-sur-Marne 1961). Il travailla avec Renoir et Maillol, et fut un des plus grands portraitistes français. Il est représenté au musée national d'Art moderne.

Gimone (la), riv. du bassin d'Aquitaine, affl. de la Garonne (r. g.) ; 122 km.

Gimont, ch.-l. de c. du Gers (arr. et à 26 km à l'E. d'Auch), sur la Gimone ; 2 950 h. (*Gimontois*). Vieilles halles. Conserverie.

gin [dʒin] n. m. (mot angl. signif. *genièvre*). Eau-de-vie de grain (orge, blé, avoine) fabriquée surtout dans les pays anglo-saxons, aromatisée avec des baies de genièvre ou d'autres substances.

Ginain (Paul René Léon), architecte français (Paris 1825 - *id.* 1898). Il a édifié, à Paris, l'église Notre-Dame-des-Champs, le palais Galliera, l'Ecole pratique de médecine. (Acad. des bx-arts, 1881.)

gindre n. m. (pour *joindre* ; du lat. *junior*, plus jeune). Ouvrier boulanger qui pétrit la pâte.

Ginestas, ch.-l. de c. de l'Aude (arr. et à 17,5 km env. au N.-O. de Narbonne), près de l'Aude ; 740 h. (*Ginestacois*).

gingembre [ʒɛ̃ʒɑ̃br] n. m. (lat. *zingiber*). Plante d'origine asiatique, dont le rhizome charnu est un condiment apprécié. (Type de la famille des *zingibéracées*.)

feuille
de **ginkgo**

Chapon

Gingembre (Léon), industriel français (Paris 1904), fondateur de la Confédération des petites et moyennes entreprises.

gingeon ou **vingeon** n. m. Noms donnés au CANARD* SIFFLEUR.

ginger-beer [dʒindʒərbiər] n. m. (mot angl. signif. *bière de gingembre*). Boisson gazeuse aromatisée au gingembre.

ginger-bread [dʒindʒərbred] n. m. (mot angl. signif. *pain de gingembre*). Pain d'épice anglais, fait de farine et de mélasse aromatisée avec du gingembre.

ginger-grass [dʒindʒərgras] n. m. Graminacée de l'Inde, dont le rhizome fournit une essence aromatique.

gingival, e, aux adj. (du lat. *gingiva*, gencive). Qui appartient aux gencives. ◆ **gingivectomie** n. f. Ablation chirurgicale de la muqueuse gingivale. ◆ **gingivite** n. f. Inflammation des gencives. (Les gingivites ont des causes locales [carie dentaire, stomatites] ou générales [diabète, avitaminoses]. Elles se manifestent par une rougeur et un gonflement douloureux des gencives, parfois par des hémorragies.) ◆ **gingivorragie** n. f. Hémorragie au niveau des gencives.

Ginguené (Pierre Louis), écrivain français (Rennes 1748 - Paris 1816). Un poème gracieux, *la Confession de Zulmé* (1779), lui valut une réputation de poète de talent. Après avoir été emprisonné sous la Terreur pour modérantisme, il devint, sous le Directoire, directeur de la commission exécutive de l'Instruction publique. Il entra au Tribunat en 1799, mais en fut exclu en 1802 ; il appartenait en effet au groupe des « idéologues » et dirigeait *la Décade philosophique*. Il publia à partir de 1811 une *Histoire littéraire de l'Italie*. (Institut, 1795.)

ginguet adj. et n. m. (de l'anc. franç. *ginguer*, variante de *giguer*, gambader). Vin aigre : *Boire du ginguet*.

ginkgo n. m. Arbre dioïque du sous-embranchement des gymnospermes, mais qui diffère profondément des conifères par ses feuilles en éventail, caduques, et par sa fécondation aquatique d'un type très primitif. (Sacré en Chine et au Japon, souvent cultivé dans nos parcs, le ginkgo n'existe plus à l'état sauvage. On le réunit à divers fossiles dans l'ordre des *ginkgoales*.)

Ginn and Co., maison d'édition américaine, fondée à Boston en 1867 par Edwin Ginn et spécialisée dans les livres d'enseignement.

ginnerie n. f. (de *ginning*, altér. de *engine*, machine, qui désigne l'opération d'égrenage du coton). Etablissement où s'effectue l'opération d'égrenage du coton.

Ginsberg (Morris), sociologue britannique (Kelmy, Lituanie, 1889 - Londres 1970). Professeur à l'université de Londres depuis 1929, il est l'auteur de *The Material Culture and Social Institutions of the Simpler Peoples* (1915), *Studies in Sociology* (1932).

Ginsberg (Allen), poète américain (Patterson, New Jersey, 1926). Journaliste, il voyage en Europe, en Afrique et en Amérique pour chercher l'inspiration de ses poèmes, qui traitent les thèmes chers à la « Beat Generation » : rejet de la société, volonté de pauvreté, dénonciation de tous les désordres et de toutes les perversions, fusion des rythmes du langage et de la musique. Son premier recueil (*Howl* [« Hurlement »], 1956) fit scandale et lui valut un procès. Il a encore publié *Kaddish* (1958-1960), *The Empty Mirror : Early Poems* (1961), *Reality Sandwiches* (1963).

ginseng [sã̃g] n. m. (du chinois *jen-chen*, plante-homme). Nom commun aux racines toniques de deux araliacées du genre *panax*, qui croissent l'une en Chine et l'autre au Canada.

Ginzberg (Asher), dit **Ahad Haam** (c'est-à-dire « Homme du peuple »), écrivain de langue hébraïque (en Ukraine 1856 - † 1927).

Il voulait fonder en Palestine un foyer spirituel du peuple juif et se montrait hostile aux tentatives du sionisme dit « politique ». Le recueil de ses œuvres a paru sous le titre *Au carrefour.*

Gioberti (Vincenzo), philosophe et homme politique italien (Turin 1801 - Paris 1852). Il devint l'un des chefs du *Risorgimento.* Dans son ouvrage *Primato morale e civile degl'Italiani* (1843), complété par les *Prolegomeni*

Vincenzo
Gioberti

Brogi

del Primato (1845), il exaltait l'orgueil national en prétendant établir la supériorité de l'Italie. Il encouragea la formation d'un parti néo-guelfe qui préconisait la création d'une fédération italienne sous la présidence du pape. Il fut élu président de la Chambre piémontaise et devint ministre de l'Instruction publique et président du Conseil (1848). L'échec de sa politique le contraignit à la retraite (mars 1849).

giobertite n. f. (du nom du chimiste italien G. A. *Giobert,* 1761 - 1824) Carbonate naturel de magnésium, jaunâtre, rhomboédrique.

Giocondo (Giovanni DA VERONA, dit **Fra**), architecte et humaniste italien (Vérone v. 1433 - Rome 1515). Il construisit des ponts à Vérone, fortifia Trévise et Padoue, détourna la Brenta de son cours, travailla à Saint-Pierre de Rome avec Raphaël, édita Vitruve, Pline, César, Caton.

Gioia del Colle, v. d'Italie (Pouilles, prov. de Bari) ; 28 600 h. Commerce des vins.

Giolito de' Ferrari, famille d'imprimeurs italiens, actifs de 1483 à 1606. Son représentant le plus connu fut GABRIEL, établi à Venise (1536-1578) ; il publia nombre de classiques italiens illustrés.

Giolitti (Giovanni), homme politique italien (Mondovi 1842 - Cavour 1928). Ministre des Finances (1889-1890), Premier ministre (1892-1893), ministre de l'Intérieur dans le cabinet Zanardelli (1901-1903), il jeta les bases d'une législation sociale, qu'il réalisa comme président du Conseil quasi inamovible (1903-1905 ; 1906-1909 ; 1911-1914). En 1904, il dut faire face à une grève générale. En 1906, il obtint le soutien socialiste. En 1913, il établit le suffrage universel. En politique étrangère, il déclara la guerre à la Turquie (1911) et

occupa la Tripolitaine. A nouveau président du Conseil (1920-1921), un moment favorable à Mussolini, il se retira de la majorité gouvernementale après l'assassinat de Matteotti (1924).

Giono (Jean), écrivain français (Manosque 1895 - *id.* 1970). Ses romans et ses pièces de théâtre évoquent les aspects sauvages et humains à la fois de sa Provence natale : *Colline*,* épopée rustique (1929) ; *Un de Baumugnes* (1929) ; *Regain* (1930) ; *le Grand Troupeau* (1931) ; *Jean le Bleu* (1933) ; *Que ma joie demeure* (1935) ; les pièces rustiques *le Bout de la route* (1941), *la Femme du boulanger* (1944). Depuis la Seconde Guerre mondiale, son art a évolué vers le dépouillement : *Un roi sans divertissement* (1947), *le Hussard sur le toit* (1951), *le Moulin de Pologne* (1952), *Angélo* (1958), *Deux cavaliers de l'orage* (1965), *Ennemonde et autres caractères* (1968), *l'Iris de Suse* (1970). [Acad. Goncourt, 1954.]

Giordani ou **Giordano** (Vitale), mathéma-

Jean Giono

ticien italien (Bitonto 1633 - † 1711). Ses recherches sur le postulat d'Euclide furent le prélude des études critiques sur la géométrie euclidienne du début du XIXe s.

Giordani (Pietro), écrivain italien (Plaisance 1774 - Parme 1848). Souvent exilé pour ses idées libérales, il exerça un grand ascendant sur les écrivains de son temps, en particulier sur Leopardi.

Giordano (Luca), dit **Luca Fa presto,** peintre italien (Naples 1634 - *id.* 1705). Figure capitale du baroque méditerranéen, il exécuta des scènes mythologiques ou religieuses (Naples, Florence, Venise, Rome). Il travailla dix ans à l'Escorial, en Espagne. Élève de Ribera, il subit l'influence du Caravage, puis des Vénitiens, enfin de Pierre de Cortone.

Giordano (Umberto), compositeur italien (Foggia 1867 - Milan 1948). Il se voua à l'opéra et connut le succès avec *Andrea Chenier* (1896). Tous ses opéras s'inscrivent dans le mouvement de l'école vériste italienne.

Giorgi (Giovanni), électricien et physicien italien (Lucques 1871 - Castiglioncello 1950). Il imagina divers dispositifs d'électronique, mais il est surtout connu pour avoir, dès 1901, proposé l'emploi d'un système d'unités rationnelles, dit **M. K. S. A.** (mètre-kilo-gramme-seconde-ampère), qui fut adopté en 1935 par la Commission électrotechnique internationale.

cuta la mosaïque *la Navicella* (atrium de Saint-Pierre). Il travailla surtout à Assise (fresques de la basilique supérieure : *Vie de saint François*), à Padoue (Arena), à Naples, où le roi Robert d'Anjou le fit venir, et à Florence, où lui fut confiée la direction des travaux d'architecture. Il représente une étape importante de l'évolution de la peinture italienne par son sens des volumes, de l'espace,

Held

Giorgione, « la Tempête », Académie, Venise

Giorgione (Giorgio DA CASTELFRANCO, dit), peintre vénitien (Castelfranco Veneto v. 1477 - Venise 1510). Il fit triompher à Venise le luminisme. Il travailla avec le jeune Titien (fresques, tableaux). On lui attribue quelques portraits, dont sa propre image en David (Brunswick). Il est l'auteur des *Trois Philosophes* (Vienne), de *la Tempête* (Académie, Venise) et probablement du *Concert champêtre* (Louvre).

giorno (a) [dʒjorno] loc. adv. (loc. ital. signif. littéralem. *à jour*). D'une façon brillante ; de manière à produire un éclat comparable à celui du jour.

Giotto di Bondone, peintre, mosaïste et maître d'œuvre florentin (Colle di Vespignano, dans le Mugello, 1266 - Florence 1337). Élève de Cimabue à Florence, il se rendit à Rome auprès de Cavallini et y exé-

et par son goût de la nature (*Saint François recevant les stigmates,* Louvre).

Giovanni Pisano, sculpteur et maître d'œuvre italien (Pise v. 1245 - † apr. 1314). Fils et élève de Nicola Pisano, il concilia la tradition classique avec l'expression gothique dans ses chaires de Sant' Andrea da Pistoia (1298) et de la cathédrale de Pise (1301-1311). Il a sculpté plusieurs madones.

Giovanni di Balduccio, peintre, sculpteur et architecte pisan du XIVᵉ s., auteur de la châsse monumentale de *Saint Pierre martyr,* dans l'église Sant'Eustorgio à Milan (1339).

Giovanni da Fiesole. V. ANGELICO.

Giovanni da Verona (Fra), moine dominicain et le plus important marqueteur italien de son temps (Vérone v. 1457 - *id.* 1525). Il travailla pour des églises de Vérone et pour le Vatican.

Dragesco - Atlas-Photo

girafe

Giovanni da Udine ou **Jean d'Udine,** peintre et stucateur italien (Udine 1487 - Rome 1564). Il travailla avec Raphaël aux Loges du Vatican, avec Jules Romain à Mantoue. Il fut le créateur des « grotesques ».

Giovanni da Maiano, sculpteur florentin (XVIe s.). Il alla en Angleterre v. 1521 et y fit toute sa carrière (tombeau d'Henri VIII).

Giovi (PAS DES), col d'Italie, dans l'Apennin, entre Gênes et le nord de l'Italie ; 472 m.

gipsy [dʒipsi] n. (mot angl. ; corrupt. de *Egyptian*). Nom anglais des bohémiens. — Pl. *des* GIPSIES.

girafe n. f. (ital. *giraffa* ; ar. *zurāfa*). Mammifère ruminant de la savane africaine, brouteur de feuilles, remarquable par la longueur de son cou. (La tête peut se trouver à 6 m de haut et porte une paire de courts cornillons velus. Le pelage est un carrelage fauve aux bordures blanches. Les girafes sont de bons coureurs, bien qu'elles marchent l'amble.) ‖ Poste de sectionnement électrique d'une voie ferrée. ‖ Support mobile du microphone pendant les prises de vues. ‖ Wagonnet en bois utilisé dans les travaux de terrassement. ‖ *Fam.* Personne grande et maigre, à long cou. ● *Peigner la girafe* (Fam.), ne rien faire d'utile. ◆ **girafeau** ou **girafon** n. m. Petit de la girafe. ◆ **girafidés**

Giotto, « le Christ couronné d'épines », Arena de Padoue

Atlas-Photo

ou **giraffidés** n. m. pl. Famille de ruminants comprenant la girafe, l'okapi et les formes fossiles voisines.

Girafe (en lat. *Camelopardalus, -i*), constellation* de l'hémisphère boréal, située entre le Cocher et la Petite Ourse. (V. CIEL.)

girafeau ou **girafon, girafidés** → GIRAFE.

Giraïdes ou **Giray,** dynastie tatare qui régna sur la Crimée de 1430 environ à 1783. A partir de 1475, elle fut nominalement vassale de l'Empire ottoman.

Giralda (la), tour carrée de Séville, haute de 94 m (1184-1196), ancien minaret d'une mosquée aujourd'hui détruite.

Giral Pereira (José), professeur et homme politique espagnol (Santiago de Cuba 1879 - Mexico 1962). Président du Conseil de juillet à septembre 1936, ministre des Affaires étrangères dans le cabinet Negrín, il s'exila après la guerre civile et présida le gouvernement espagnol en exil (1945-1947).

girandole n. f. (ital. *girandola*). Chandelier à plusieurs branches, souvent orné de pendeloques de cristal. ‖ Assemblage de pierres fines ou précieuses formant des pendants d'oreilles. ‖ Artifice pyrotechnique constitué par des lances fixées sur une roue tournant dans un plan horizontal.

Girard ou **Gérard** (saint), prélat français († Brou apr. 926). Evêque de Mâcon (886), il favorisa la fondation de Cluny. — Fête le 29 mai.

Girard d'Orléans, peintre français († 1361). On lui attribue le plus ancien portrait peint en France (*Jean le Bon*, v. 1360, Louvre).

Girard (l'abbé Gabriel), grammairien français (Montferrand 1677 - *id.* 1748), auteur des *Vrais Principes de langue française* (1747).

Girard (Jean-Baptiste), en religion **le P. Grégoire Girard,** pédagogue suisse (Fribourg 1765 - *id.* 1850). Il fut un ami de Pestalozzi et développa l'enseignement mutuel. Il publia en français son *Cours éducatif de la langue maternelle à l'usage des écoles et des familles* (1844-1846).

Girard (Philippe DE), inventeur et industriel français (Lourmarin, Provence, 1775 - Paris 1845). Après avoir imaginé les lampes hydrostatiques à niveau constant et les globes dépolis (1805), puis une lunette achromatique (1806), il présenta en 1810 une machine à filer le lin, pour l'invention de laquelle Napoléon Ier avait promis en 1805 une récompense d'un million afin de parer aux conséquences du Blocus continental. Méconnu en France, il dut accepter les propositions du tsar Alexandre Ier. Il créa près de Varsovie une filature (1833) et fut nommé ingénieur en chef des usines de Pologne. En récompense des services rendus, un centre textile polonais reçut le nom de *Zyrardów.*

Girard (Alain), démographe et sociologue français (Paris 1914). Par ses nombreuses

enquêtes et analyses (*la Réussite sociale en France,* 1961 ; *le Choix du conjoint en France,* 1964), A. Girard a démontré l'influence déterminante de l'origine sociale et de l'origine géographique sur le comportement et les attitudes. Spécialiste de sociologie électorale, il a consigné la plupart de ses observations dans des ouvrages écrits en collaboration avec J. Stoetzel, tels le *Référendum de septembre et les élections de novembre 1958* (1960), *les Sondages d'opinion publique* (1973).

Girardin (Stanislas, comte DE), général et homme politique français (Lunéville 1762 - Paris 1827). Député à l'Assemblée législative, il présida le Tribunat (1802) et occupa différentes préfectures sous l'Empire.

Girardin (Emile DE), publiciste et homme politique français (Paris 1806 - *id.* 1881). Il fonda *la Presse* (1836), premier journal politique destiné au grand public par la modicité de son prix (grâce à l'utilisation de la publicité). Député de Bourges (1834-1849), propriétaire de *la Liberté* à partir de 1866, il y soutint l'Empire libéral. En 1872, il fit du *Moniteur universel* et du *Petit Journal* des organes favorables à la politique de Thiers. — Sa femme, DELPHINE **Gay** (Aix-la-Chapelle

Gérondal

Emile de Girardin, par Carolus-Duran
musée de Lille

1804 - Paris 1855), écrivit des chroniques dans *la Presse,* qu'elle intitula *Lettres parisiennes.* Elle publia plusieurs romans et une spirituelle fantaisie : *la Canne de M. de Balzac* (1836). On lui doit aussi quelques œuvres dramatiques (*La joie fait peur,* 1854).

Girardin (COLLECTION), ensemble de 420 peintures, dessins, livres et objets légué par le chirurgien-dentiste Maurice Girardin (1884-1951) à la Ville de Paris.

Girardon (François), sculpteur français (Troyes 1628 - Paris 1715). Après un voyage à Rome, il fut le principal collaborateur de

Le Brun et le chef de l'équipe de Versailles (*Apollon servi par les Nymphes*, l'*Enlèvement de Proserpine*, le bas-relief du *Bain des nymphes*). Il travailla également à Troyes (chapelle Saint-Remi) et à Paris (*Tombeau de Richelieu*, Sorbonne). Il insuffla vie et charme à ses figures classiques. Son activité cessa avec la disgrâce de Le Brun.

Girart de Roussillon, chanson de geste du XIIᵉ s., écrite en dialecte franco-provençal. Girart, seigneur de Roussillon, près de Châtillon-sur-Seine, est en lutte perpétuelle contre Charles le Chauve, roi de France. On le voit à la fin à Vézelay, où, avec sa femme Berthe, il aide à la construction du monastère de la Madeleine. Ce personnage n'a pas été inventé : son hostilité à Charles le Chauve, la fondation vers 860 du monastère de Vézelay sont des faits historiques.

Girart de Vienne, chanson de geste composée en 1200 par Bertrand de Bar-sur-Aube. En lutte contre Charlemagne, Girart a pour alliés son père, Garin de Monglane, ses frères et ses neveux Olivier et Aymeri.

girasol n. m. (ital. *girasole ;* du lat. *girare,* tourner, et *sol,* soleil). Variété d'opale à fond laiteux, d'où sortent des reflets bleus et rouges quand on la fait tourner au soleil.

giration → GIRATOIRE.

giratoire adj. (du lat. *girare,* tourner). Se dit, en mécanique, d'un mouvement de rotation. (On écrivait autref. GYRATOIRE.) ✦ n. m. Type de concasseur. ◆ **giration** n. f. Mouvement giratoire. (On écrivait autref. GYRATION.) ● *Rayon de giration,* racine carrée du quotient du moment d'inertie d'un corps solide, par rapport à l'axe auquel il est supposé fixé, par sa masse totale. (C'est la longueur *r* définie par l'expression $Mr^2 = I$, M étant la masse du solide et I son moment d'inertie.)

Giraud (Albert KAYENBERGH, dit **Albert**), écrivain belge d'expression française (Louvain 1860 - Bruxelles 1929). Poète de tradition parnassienne, il a publié plusieurs recueils : *Hors du siècle* (1888), *Héros et Pierrots* (1898), *la Guirlande des Dieux* (1910), *Eros et Psyché* (1920). [Acad. royale de langue et de littér. fr., 1920.]

Giraud (Henri), général français (Paris 1879 - Dijon 1949). Pendant la Première Guerre mondiale, il est blessé et fait prisonnier (1914). Il s'évade et se bat de nouveau brillamment, notamment à la Malmaison (1917). Appelé par Lyautey au Maroc, il se distingue pendant la campagne du Rif (1922-1926) et réduit les dernières poches de la dissidence (Tafilalet, 1932 ; Haut Atlas, 1933). Pendant la Seconde Guerre mondiale, il commande la VIIIᵉ armée, qui entre en Belgique le 10 mai 1940, puis il est fait prisonnier en allant remplacer Corap, dont la IXᵉ armée a été bousculée par les Allemands. Evadé en avril 1942 de Königstein (Saxe), il rejoint l'Afrique du Nord (nov. 1942), où il assume, à la mort de Darlan (déc. 1942), le commandement en chef civil et militaire. Nommé en mai 1943 coprésident du Comité français de libération nationale, il doit, six mois après, se retirer de la vie politique en raison de ses dissentiments avec de Gaulle. Commandant en chef jusqu'en avril 1944, il préside à la reconstitution des forces armées françaises et prend une part déterminante à la libération de la Corse. Son corps a été inhumé aux Invalides.

Giraudoux (Jean), écrivain français (Bellac 1882 - Paris 1944). Après être passé par l'Ecole normale supérieure, il mène de front la carrière diplomatique et la carrière littéraire. En 1909, il publie un recueil de nouvelles, *Provinciales,* évocation de son pays natal, le Limousin, et, en 1918, son premier

Girardon
détail du « Tombeau de Richelieu »
Sorbonne

Scala

Jean Giraudoux
par Vuillard, coll. part.

Larousse

roman, *Simon le Pathétique*. De la guerre et d'une mission en Amérique, il rapporte *Amica America* (1919) et *Adorable Clio* (1920). Il publie ensuite une série de romans pleins de fantaisie et de poésie : *Elpénor* (1919), *Suzanne et le Pacifique* (1921), *Siegfried* et le Limousin* (1922), *Juliette au pays des hommes* (1924), *Bella* (1926), *Eglantine* (1927), *Aventures de Jérôme Bardini* (1930). Sa rencontre avec Louis Jouvet le convertit au théâtre, et sa première pièce, *Siegfried* (1928), lui vaut une célébrité que les pièces suivantes ne feront que confirmer : *Amphitryon 38* (1929), *Judith* (1931), *Intermezzo* (1933), *Tessa* (1934), *La guerre* de Troie n'aura pas lieu* (1935), *Electre** (1937), *Cantique des cantiques* (1938), *Ondine* (1939). Nommé commissaire à l'Information en 1939, Giraudoux se retire à Cusset après l'armistice de juin 1940. Il fait représenter au Théâtre des Arts *Sodome et Gomorrhe*. C'est après sa mort que sont joués *la Folle de Chaillot* (1945), *l'Apollon de Bellac* (1947), *Pour Lucrèce* (1953).

Girault (Charles), architecte français (Cosne 1851 - Paris 1932). Prix de Rome en 1880, il est l'auteur du Petit Palais des Champs-Elysées (1900) et du tombeau de Pasteur à l'Institut Pasteur. (Acad. des bx-arts, 1902.)

Girault-Duvivier (Charles Pierre), grammairien français (Paris 1762 - *id.* 1832), auteur de la *Grammaire des grammaires* (1811).

giraumont ou **giraumon** n. m. Nom de plusieurs variétés de courges.

Giraumont, comm. de Meurthe-et-Moselle (arr. et à 11 km au S. de Briey) ; 1 186 h. Mine de fer.

Giraut de Borneil. V. GUIRAUT.

giraviation → GIRAVION.

giravion. n. m. Aéronef dit « à voilures tournantes », dans lequel la sustentation est assurée non pas par des ailes fixes, comme sur les avions, mais, pendant toute la durée du vol et de façon totale, par la rotation d'un ou de plusieurs rotors à axes sensiblement verticaux. ◆ **giraviation** n. f. Conception, construction et mise en œuvre des giravions.

Giray. V. GIRAÏDES.

girel n. m. Bouclier protégeant le cheval d'armes (Moyen Age).

girelle n. f. Poisson labridé, commun sur les côtes méditerranéennes et remarquable par son dimorphisme sexuel.

Giresun, v. de Turquie, ch.-l. de prov., sur la mer Noire ; 19 900 h. Forteresse byzantine.

Girgâ. V. GUIRGUÈH.

Girgenti. V. AGRIGENTE.

girie n. f. (orig. obscure). *Pop.* Plainte affectée, hypocrite ou sans objet.

girl [gɜrl] n. f. (mot angl. signif. *fille*). Dan-

seuse qui fait partie d'un ensemble, dans les spectacles de music-hall, les revues et les opérettes modernes.

Girod de l'Ain (Louis, baron), homme politique français (Gex 1781 - Paris 1847). Ami personnel de Louis-Philippe, il fut préfet de police (août-nov. 1830), président de la Chambre des députés (1831), ministre de l'Instruction publique et des Cultes (1832), pair de France, président du Conseil d'Etat (1832) et, enfin, garde des Sceaux (1832).

Girod (Paul), ingénieur et industriel français d'origine suisse (Fribourg, Suisse, 1878 - Cannes 1951). Il doit être considéré comme l'un des créateurs de l'électrométallurgie. Spécialiste de la fabrication des ferro-alliages, il construisit en 1901 son premier four électrique à sole conductrice pour la production de l'acier. En 1908, il fonda à Ugine la Compagnie des forges et aciéries électriques Paul Girod, devenue actuellement la Société d'électrochimie, d'électrométallurgie et des aciéries électriques d'Ugine. En 1937, il mit au point un procédé de déphosphoration instantanée dans l'affinage rapide de l'acier.

Girodet-Trioson (Anne Louis GIRODET DE ROUCY, dit), peintre français (Montargis 1767 - Paris 1824). Elève de David, il connut le succès avec *le Sommeil d'Endymion*, *Atala au tombeau* (Louvre). Son talent classique annonce cependant le romantisme.

girodyne n. m. (bas lat. *girare,* tourner, et du gr. *dunamis,* force). Giravion* dans lequel le rotor, entraîné par un moteur, assure seulement la sustentation et les mouvements verticaux de l'appareil, la translation étant obtenue par un autre moteur.

girofle n. m. (gr. *karuophullon*). *Clou de girofle,* fleur de giroflier cueillie avant d'être épanouie, desséchée et utilisée, en cuisine, comme condiment. ◆ **giroflier** n. m. Myrtacée arborescente des Moluques, dont l'écorce, ou *cannelle giroflée,* est un succédané de la cannelle, tandis que le bouton floral est le *clou de girofle.* (V. aussi EUGÉNIA.)

giroflée n. f. Crucifère aux fleurs jaune et brun, ornementales, souvent cultivée dans les jardins. (La *matthiole,* ou *quarantaine,* est une espèce très voisine.) ● *Giroflée à cinq*

deux types de giroflées

Noailles

feuilles (Pop.) ou, simplem., *giroflée*, gifle laissant la marque des cinq doigts.

giroflier → GIROFLE.

girolle ou **girole** n. f. V. CHANTERELLE.

Giromagny, ch.-l. de c. du Territoire de Belfort (arr. et à 12 km au N. de Belfort) ; 3 694 h. (*Giromagniens*). Industries textiles. Aux XVIe et XVIIe s., importantes exploitations de cuivre, de plomb et d'argent.

giron n. m. (du haut allem. *gero*, pan coupé en biais). Partie du corps qui s'étend de la ceinture au genou, quand on est assis. ‖ Largeur d'une marche, mesurée entre deux contremarches verticales successives. ‖ *Hérald.* Pièce en forme de triangle rectangle, qui est l'élément du gironné. ◆ *Giron droit*, surface rectangulaire d'une marche. ‖ *Rentrer dans le giron de ...* (Fig.), rentrer dans une société, un parti, etc., qu'on avait quittés. ◆ **gironné, e** adj. *Marche gironnée*, marche qui a la forme de celles d'un escalier tournant. ‖ *Tuile gironnée*, tuile plus étroite à l'un de ses bouts. ‖ — **gironné** adj. et n. m. En héraldique, partition en huit, dix, douze ou seize triangles ayant tous un sommet au centre de l'écu. ◆ **gironnement** n. m. Action de gironner. ◆ **gironner** v. tr. Donner, au moyen du marteau, la convexité voulue à un ouvrage d'orfèvrerie, de chaudronnerie, etc. ● *Gironner un escalier*, tracer l'épure des marches d'un escalier tournant.

girond, e adj. Pop. Qui est bien fait, en parlant d'une personne.

Gironde (la), nom donné à l'estuaire de la Garonne après le confluent de celle-ci avec la Dordogne, au bec d'Ambès ; longueur 75 km, largeur 10 km au maximum (5 km seulement au droit de la pointe de Grave). L'ensablement de la Gironde oblige à d'importants dragages.

Gironde (DÉPARTEMENT DE LA), dép. du bassin d'Aquitaine, le plus étendu de la France ; 10 726 km² ; 1 127 546 h. Ch.-l. *Bordeaux*. Le sud-ouest du département s'étend sur la forêt landaise (v. LANDES), et le reste forme le *Bordelais*, région de collines et de coteaux dominant les vallées de la Garonne et de la Dordogne. La richesse agricole principale est le vignoble. En aval de Bordeaux, sur la rive gauche de la Gironde, le *Médoc* produit des vins dont les plus célèbres sont les château-lafite, le château-margaux et le château-latour. En amont de Bordeaux, la région des *Graves* donne des vins rouges et blancs, et les vins liquoreux de Sauternes et de Barsac. En face, sur la rive droite, s'étend le vignoble des *Premières Côtes*. La vallée de la Dordogne, séparée de la Garonne par l'*Entre-deux-Mers*, possède aussi des vignobles réputés, vers Libourne (Pomerol, Fronsac) et à Saint-Émilion. Le vignoble se termine sur la rive droite de la Garonne, dans la région de Bourg et dans le *Blayais*. L'activité industrielle est concentrée à Bordeaux : constructions mécaniques et aéronautiques, raffinage du pétrole, produits chimiques. (V., pour les beaux-arts GUYENNE ET GASCOGNE.)

v. carte et tableau p. suivante

girondin, e adj. et n. Qui se rapporte à la Gironde ; habitant ou originaire de ce département. ‖ — **Girondins** n. m. pl. Pendant la Révolution, groupe politique — appelé aussi BRISSOTINS, du nom de leur chef Brissot — dont les membres les plus connus étaient trois députés de la Gironde : Guadet, Gensonné, Vergniaud, et le philosophe Condorcet.

— ENCYCL. Les Girondins siégeaient à gauche de l'Assemblée législative. Le club des Jacobins, les salons de Mme Roland les accueillaient. Ils étaient membres de la bourgeoisie éclairée, et leur politique, d'abord révolutionnaire, devint modératrice à mesure que la Révolution progressa. Ils furent un moment populaires ; un Girondin, Pétion, fut maire de Paris et plusieurs de ses amis entrèrent dans le ministère Dumouriez (mars 1792). Mais, mécontents de leur renvoi (13 juin) et des vetos royaux, ils suscitèrent la journée du 20 juin. L'insurrection du 10 août 1792, réalisée sans eux, mit fin à leur pouvoir. Ils s'élevèrent contre la dictature de fait de la Commune de Paris, qui les accusa de fédéralisme et de chercher contre elle l'appui des départements. Aussi, dans la Convention, rencontrèrent-ils une opposition de plus en plus vive de la part des Montagnards, qui les rendirent responsables des échecs militaires de 1793. La Commune parisienne organisa contre eux les « journées » insurrectionnelles du 31 mai et du 2 juin 1793. 29 Girondins furent décrétés d'accusation. Le 31 oct. 1793, 21 d'entre eux furent guillotinés.

gironné, gironnement, gironner → GIRON.

Girotte (LAC DE LA), lac des Alpes (Savoie), dans le Beaufortin, à 1 720 m d'altitude. Il constitue une réserve d'eau alimentant sept centrales.

Giroud de Villette (André), industriel et physicien français (Clamecy 1752 - Paris 1787). Ami de Pilâtre de Rozier, il accompagna dans la première ascension d'une montgolfière enlevant des hommes, qui eut lieu le 19 oct. 1783, faubourg Saint-Antoine.

girouette n. f. (anc. norm. *wire-wite*, et franç. *girer*, tourner). Plaque légère, de forme variable (flèche, oiseau, drapeau, etc.), mobile sur un pivot, au sommet d'un édifice, qui indique l'orientation du vent par la direction que ce vent lui fait prendre. ‖ Dispositif aérodynamique que l'on utilise sur certains avions légers pour signaler le moment où l'appareil va se trouver en perte de vitesse. ‖ Petite bande d'étamine qui, placée à la pomme du mât d'un bateau, indique la direction du vent.

département de la Gironde

arrondissements (5)	cantons (63)	nombre d'hab. du canton	nombre de comm. (543)
Blaye (52 082 h.)	Blaye	13 637	13
	Bourg	11 928	15
	Saint-Ciers-sur-Gironde	11 435	11
	Saint-Savin	15 082	16
Bordeaux (836 105 h.)	Arcachon	13 293	1
	Audenge	28 166	8
	Bègles	23 318	1
	Belin-Beliet	9 491	5
	Blanquefort	36 400	6
	Bordeaux (8 cant.)	208 159	8
	Bouscat (Le)	28 592	2
	Cadillac	12 728	16
	Carbon-Blanc	26 132	6
	Castelnau-de-Médoc	21 374	19
	Cenon	31 640	5
	Créon	30 607	28
	Floirac	19 570	3
	Gradignan	38 551	3
	Labrède	23 047	13
	Lormont	31 560	4
	Mérignac (2 cant.)	57 570	4
	Pessac (2 cant.)	50 267	2
	Podensac	14 952	13
	Saint-André-de-Cubzac	12 987	10
	Saint-Médard-en-Jalles	32 352	4
	Talence	34 692	1
	Teste (La)	29 584	3
	Villenave-d'Ornon	21 073	1
Langon (75 685 h.)	Auros	4 175	14
	Bazas	8 340	13
	Captieux	2 478	6
	Grignols	2 719	10
	Langon	13 091	13
	Monségur	4 375	15
	Pellegrue	2 781	10
	Réole (La)	11 870	23
	Saint-Macaire	7 872	14
	Saint-Symphorien	3 128	7
	Sauveterre-de-Guyenne	5 798	17
	Targon	5 392	19
	Villandraut	3 666	8
Lesparre-Médoc (40 581 h.)	Lesparre-Médoc	13 397	15
	Pauillac	13 107	7
	Saint-Laurent-et-Benon	6 186	3
	Saint-Vivien-de-Médoc	7 891	7
Libourne (123 093 h.)	Branne	10 409	19
	Castillon-la-Bataille	10 010	14
	Coutras	17 826	12
	Fronsac	12 259	18
	Guîtres	10 876	13
	Libourne	35 688	10
	Lussac	8 351	14
	Pujols	6 479	16
	Sainte-Foy-la-Grande	11 195	14

LES DIX PREMIÈRES COMMUNES

Bordeaux	211 197 h.	*Bègles*	23 426 h.
Mérignac	52 785 h.	*Libourne*	23 312 h.
Pessac	50 543 h.	*Gradignan*	21 772 h.
Talence	36 392 h.	*Villenave-d'Ornon*	21 234 h.
Cenon	23 885 h.	*Le Bouscat*	20 949 h.

RÉGION MILITAIRE : *Bordeaux* (IVᵉ). — COUR D'APPEL : *Bordeaux.*
ACADÉMIE : *Bordeaux.* — ARCHEVÊCHÉ : *Bordeaux.*

4171

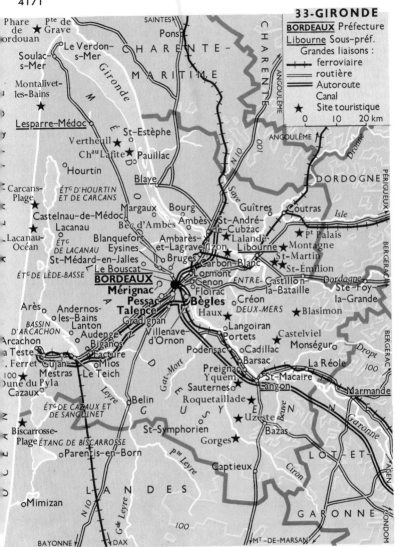

33-GIRONDE

BORDEAUX Préfecture
Libourne Sous-préf.
Grandes liaisons :
┼┼┼ ferroviaire
━━━ routière
━━━ Autoroute
━━━ Canal
★ Site touristique

0   10   20 km

Phare de ★ Pte de Grave
ordouan
Soulac-s-Mer
Le Verdon-s-Mer
SAINTES
Ponsi
CHARENTE-
MARITIME
CHARENTE
ANGOULÊME
Montalivet-les-Bains
Lesparre-Médoc
St-Estèphe
ANGOULÊME
Vertheuil ★
Ch^{au}Lafite ★ Pauillac
N 10
DORDOGNE
Hourtin
Blaye
Carcans-Plage ★
ÉT^G D'HOURTIN ET DE CARCANS
Margaux
Bourg
Guîtres
Coutras
Isle
PÉRIGUEUX
Castelnau-de-Médoc
Bec d'Ambès
Ambès
St-André-de-Cubzac
Lacanau
Blanquefort
Ambarès-et-Lagrave
Lalande
Pt Palais
BERGERAC
Lacanau-Océan
ÉT^G DE LACANAU
Eysines
Izon
Libourne ★ Montagne
St-Médard-en-Jalles
Bruges
Carbon-Blanc
St-Martin
St-Émilion
ÉT^G DE LÈDE-BASSE
Le Bouscat
Lormont
Castillon-la-Bataille
Dordogne
Sté-Foy-la-Grande
BORDEAUX
Cenon
Floirac
ENTRE-
BERGERAC
Mérignac
Pessac Bègles
Créon
DEUX-MERS
Ares
Andernos-les-Bains
Talence
Haux
Blasimon
BASSIN D'ARCACHON
Lanton
Gradignan
Langoiran
Castelviel
Arcachon
Audenge
Villenave-d'Ornon
Portets
Monségur
a Teste
Biganos
Podensac
Cadillac
La Réole
Dropt
Ferret
Facture
Barsac
Gujan-Mestras
Mios
Le Teich
Preignac
St-Macaire
Dune du Pyla
Cazaux
Yquem
Langon
Marmande
ÉT^G DE CAZAUX ET DE SANGUINET
Belin
Sauternes
Roquetaillade ★
Garonne
Biscarrosse-Plage
ÉTANG DE BISCARROSSE
St-Symphorien
Uzeste ★
Bazas
Gorges ★
LOT-ET-
Parentis-en-Born
Captieux
Ciron
LANDES
Mimizan
GARONNE
N 10
BAYONNE
DAX
M^T-DE-MARSAN
AGEN
100

‖ *Fig.* et *fam.* Personne changeante, inconstante : *Une girouette politique.* ◆ **girouetter** v. intr. Tourner comme une girouette : *On ne peut compter sur lui : il est capable de girouetter à toutes les influences.*

Giroust (François), compositeur français (Paris 1738 - Versailles 1799). Maître de musique de la chapelle de Louis XVI, il a composé des œuvres religieuses, puis il se fit musicien des fêtes révolutionnaires.

gisant → GÉSIR.

Giscard d'Estaing (Valéry), homme politique français (Coblence 1926), leader des « républicains indépendants ». Ministre des Finances et des Affaires économiques de 1962 à 1966, il retrouve cette fonction en 1969 dans le cabinet Chaban-Delmas, puis dans ceux que forme P. Messmer (1972 et

Valéry
**Giscard
d'Estaing**

Gamma

1973). Succédant à G. Pompidou, il devient président de la République, le 27 mai 1974, après avoir devancé, au premier tour, le candidat de l'U. D. R., J. Chaban-Delmas, et précédé de peu, au second tour, le candidat de la gauche, F. Mitterrand. Il désigne, comme Premier ministre, J. Chirac. Il fait notamment adopter deux lois sur la libéralisation de l'avortement et l'abaissement de l'âge électoral, mais il se heurte aux problèmes posés par l'accélération de l'inflation. Après la démission de J. Chirac, il prend pour Premier ministre R. Barre (1976). Lors des élections présidentielles de mai 1981, il est battu par le socialiste F. Mitterrand.

Gischia (Léon), peintre français (Dax 1903). Élève d'Othon Friesz et de F. Léger, il établit des compositions géométriquement ordonnées dans un esprit roman. Il a travaillé pour le théâtre (décors et costumes). Il est représenté au musée national d'Art moderne.

Giscon, général carthaginois du IVᵉ s. av. J.-C., fils d'Hannon le Grand et père d'Hamilcar Barca. Il mit fin à la guerre contre Timoléon (338), après la bataille du Crimisos.

Giscon, général carthaginois († av. 239 av. J.-C.). Il fut supplicié par ses mercenaires, ramenés de Sicile, et qui n'avaient pas été entièrement payés.

Giseh. V. GUIZÈH.

giselle n. f. Mousseline imitant la guipure.

Giselle *ou les Wilis,* ballet fantastique en 2 actes, de Vernoy de Saint-Georges, Th. Gautier, Jean Coralli et Jules Perrot, inspiré d'une ballade de Heine, musique d'Adolphe Adam, créé à l'Opéra de Paris en 1841.

gisement n. m. Couche minérale ou fossile, utile, renfermée dans le sein de la terre ou à sa surface. ‖ Accumulation de pétrole dans une formation favorable à sa conservation. ‖ Angle horizontal formé par l'axe longitudinal d'un navire et le vecteur passant par le but observé ou repéré. ● *Gisement alluvionnaire,* gisement dans lequel le minerai se trouve incorporé aux alluvions. ‖ *Gisement aurifère,* syn. de GÎTE AURIFÈRE. ‖ *Gisement filonien,* gisement dans lequel le minerai se présente en filons. ‖ *Gisement profond,* gisement qui exige l'exploitation souterraine.

Gislebert, Gillebert ou **Gislebertus,** sculpteur du XIIᵉ s., qui signa le tympan de Saint-Lazare d'Autun.

gismondine n. f. (du nom du minéralogiste italien C. G. *Gismondi* [1762-1829]). Aluminosilicate hydraté naturel de calcium, du groupe des zéolites.

Gisors, ch.-l. de c. de l'Eure (arr. des Ande-

Léon Gischia
« **les Toiles** »
musée national d'Art moderne

Giraudon

lys), sur l'Epte, à 32 km au S.-O. de Beauvais; 8 859 h. (*Gisorciens* ou *Gisorsiens*). Anc. place forte, la ville est dominée par les ruines du château terminé par Philippe Auguste (XIᵉ-XIIᵉ s.). L'église Saint-Gervais-et-Saint-Protais (XIIIᵉ-XVIᵉ s.), endommagée pendant la Seconde Guerre mondiale, a une belle façade Renaissance. Marché agricole. ● *Histoire.* La possession de cette ancienne capitale du Vexin normand donna lieu à des luttes fréquentes entre les rois de France et les ducs de Normandie. Philippe Auguste s'en empara en 1193. Trois traités y furent signés entre la France et l'Angleterre (1113, 1158, 1180). Possession de Blanche de Castille (XIIIᵉ s.), de Blanche d'Evreux (XIVᵉ s.), de Renée de France (XVIᵉ s.), le *comté de Gisors* fut érigé en duché en 1742.

Gisors
le château

Brunel

Gisors (Henri Alphonse Guy DE), architecte français (Paris 1796 - *id.* 1866). On lui doit la préfecture d'Ajaccio; à Paris : l'amphithéâtre de l'Observatoire, l'Ecole normale supérieure, les agrandissements du palais du Luxembourg. (Acad. des bx-arts, 1856.)

Gistel, comm. de Belgique (Flandre-Occidentale), arr. et à 12,5 km au S. d'Ostende); 9 200 h. Marché agricole.

gît. V. GÉSIR.

gîtage → GÎTE.

gitan, e n. et adj. (esp. *gitano*). Bohémien et bohémienne d'Espagne. || — *gitane* n. f. Appellation générique de cigarettes de la Régie française des tabacs, se faisant en caporal (papier blanc ou papier maïs de teinte brune et moins combustible), en caporal doux et en maryland.

gîte n. m. (déverbal de *gésir*). Lieu où l'on demeure, où l'on couche habituellement ou par hasard : *Offrir un gîte à un ami.* || En voyage, chambre pour la nuit : *Avoir du mal à trouver un gîte.* || Lieu où repose le lièvre.|| Lieu où s'abrite un animal : *La chatte cache le gîte de ses petits.* || Morceau d'un bovin correspondant à l'avant-bras et à la jambe. || Chacune des lambourdes qui soutiennent un plancher. || Table du pressoir à raisin. || *Min.* Syn. de GISEMENT. ● *Droit de gîte,* droit pour les seigneurs d'être hébergés par leurs vassaux. (Dès la fin du XIIᵉ s., ce droit se convertit souvent en une redevance pécuniaire.) || *Gîtes d'étape,* localités distantes d'une journée de marche, où cantonnaient les troupes en déplacement (XVIIIᵉ et XIXᵉ s.). || *Gîte d'inclusion,* gîte dans lequel le minerai est disséminé dans la roche endogène, au lieu d'être disposé en amas, en filons, etc. || *Gîte à la noix,* morceau du bœuf ou du veau correspondant à la partie postérieure de la cuisse. (On dit aussi GÎTE-GÎTE.) ◆ n. f. Inclinaison qu'un navire soit sous l'influence du vent, soit par suite d'une cause accidentelle ou d'un chargement inégal. (Syn. BANDE.) ◆ **gîtage** n. m. Ensemble des lambourdes, ou *gîtes,* supportant un parquet. ◆ **gîter** v. intr. En parlant de choses, être situé : *Ce petit village gîte au fond de la vallée.* || Donner de la bande, en parlant d'un navire. || Avoir son gîte, en parlant d'un lièvre et de quelques animaux. || *Fam.* En parlant des personnes, habiter : *Où gîtez-vous actuellement?*

githagisme n. m. Empoisonnement résultant de l'ingestion, par les animaux, de graines de nielle des blés (*githago*).

Gittard (Daniel), architecte français (Blandy 1625 - Paris 1686). Il travailla aux fortifications de Belle-Isle-en-Mer (1656), à la reconstruction du château de Saint-Maur-des-Fossés (1660), participa à la construction de l'église Saint-Sulpice à Paris (1670-1675) et acheva Saint-Jacques-du-Haut-Pas.

Giuliano da Maiano, architecte et sculpteur italien (Maiano v. 1432 - Naples v. 1490). Il contribua à diffuser les principes de l'architecture florentine. Il travailla à Sienne (palais Spanochi), à San Gimignano, à Faenza, à Naples et à Lorette.

Giulio Romano (Giulio PIPPI, dit), ou Jules Romain. V. ROMAIN (Jules).

Giunta ou **Junte** et quelquefois **Zonta,** famille d'imprimeurs-éditeurs italiens, qui tenaient le second rang après les Manuce. FILIPPO (1450-1517) publia à Gênes en 1497, puis à Florence de petites éditions classiques, bien reliées, et des éditions grecques très estimées. — Son fils BERNARDO (1487-1551) s'associa, à Venise, avec les Manuce. Les Giunta succédèrent aux Manuce.

Giurgiu, port de Roumanie (région de Bucarest), sur le Danube, relié par un pont à la ville bulgare de Ruse; 34 100 h.

Giusti (Giuseppe), poète italien (Monsummano, Toscane, 1809 - Florence 1850). Il critiqua âprement la société de son temps et encouragea, dans ses poèmes, ses compatriotes à la lutte contre l'Autriche (*les Dies* *irae,* 1835; *la Botte,* 1836; *la Terre des morts,* 1841; *Saint Ambroise,* 1846).

Giustiniani, famille vénitienne dont les principaux membres furent : PANTALEONE († v. 1286), patriarche latin de Constantinople ; — STEFANO, régent de Candie, puis (1311) doge de Venise ; — LORENZO, v. LAURENT (saint) ; — BERNARDO (Venise 1408 - *id.* 1489), historien et diplomate, ambassadeur en France, puis au Vatican, procurateur de Saint-Marc ; — ORSATO ou ORSO († Modone 1464), amiral, qui combattit les Génois, puis les Turcs ; — MARCANTONIO († Venise 1688), doge en 1684.

Giustiniani, famille génoise. En 1362, tous les actionnaires de la *Maona* prirent ce nom. Les plus connus sont : GIOVANNI LONGO († Constantinople 1453), consul à Caffa ; — PAOLO (Gênes 1444 - Buda 1502), dominicain, inquisiteur général en 1494, puis légat en Hongrie ; — AGOSTINO (Gênes 1479 - en mer 1536), dominicain, orientaliste, professeur d'hébreu à l'université de Paris ; — VINCENZO (Chio 1519 - Rome 1582), général des Dominicains en 1558, cardinal en 1570.

Givet, ch.-l. de c. des Ardennes (arr. de Charleville-Mézières), sur la Meuse, à 23 km au N.-E. de Fumay ; 7 728 h. (*Givetois*). Textiles artificiels, appareils de chauffage, verrerie, machines agricoles. Patrie de Méhul.

Givors, ch.-l. de c. du Rhône (arr. et à 22 km au S. de Lyon), au confluent du Gier et du Rhône ; 20 544 h. (*Givordins*). Constructions mécaniques (machines-outils), verrerie, jouets d'enfants, industries textiles.

givrage → GIVRE.

Ministère royal danois

Karl Gjellerup

givre n. m. (orig. inconnue). Couche de glace qui recouvre souvent, en hiver, par temps brumeux, les branches des arbres, les fils télégraphiques, les aspérités du sol, etc. (Le givre résulte d'une brusque congélation des gouttelettes surfondues qui existent au sein des brouillards ou des nuages dont la température est négative. Le contact avec un corps solide met fin à cet état de déséquilibre.) ◆ **givrage** n. m. Formation, aux basses températures, d'une couche de glace sur le bord d'attaque des ailes d'avion ou des pales d'hélice, ou sur toute autre partie de la cellule et du moteur d'un avion. ‖ Procédé d'application par collage, sur un support de papier ou d'autre matière, de paillettes de verre ou de plastique, imitant les émaux ou les pierres précieuses. ‖ Formation de particules de glace, par temps froid, dans la chambre de carburation d'un moteur à explosion. ◆ **givré, e** adj. Couvert de givre : *Arbres givrés.* ‖ — **givrée** n. f. Verre blanc pilé imitant le givre, et que l'on répand sur certains objets pour leur donner un aspect hivernal (arbres, bûches de Noël, etc.). ◆ **givrer** v. tr. Saupoudrer de givrée : *Givrer une bûche de Noël.* ‖ Saupoudrer d'une couche blanche comme le givre : *Des fraises givrées de sucre.* ◆ **givreux, euse** adj. Rempli, couvert de givre. ‖ Se dit aussi d'une pierre précieuse qui présente des traces d'éclats. ◆ **givrure** n. f. Sorte de petit nuage, ou *glace,* produit lors de la taille du diamant par l'outil du lapidaire, et qui atténue les feux de la pierre.

Givry, ch.-l. de c. de Saône-et-Loire (arr. et à 9 km à l'O. de Chalon-sur-Saône) ; 3 280 h. (*Givrotins*). Confection.

Givry-en-Argonne, ch.-l. de c. de la Marne (arr. et à 16 km au S. de Sainte-Menehould) ; 545 h.

Gizeh. V. GUIZÈH.

Gjellerup (Karl), écrivain danois (Roholte 1857 - Klotzsche, près de Dresde, 1919). Après avoir subi l'influence de Georg Brandes, il revint au spiritualisme. Le roman *le Moulin* (1896), son chef-d'œuvre, date de ce revirement. Après avoir eu la révélation du roman russe, puis de la philosophie de Schopenhauer, il s'initie au bouddhisme, dont on trouve un reflet dans ses pièces de théâtre (*le Feu du sacrifice,* 1903) et dans ses romans (*le Pèlerin Kamanita,* 1906). Enfin, les romans *les Amis de Dieu* (1916) et *la Branche d'or* (1917) marquent un retour au christianisme. Il partagea en 1917 le prix Nobel de littérature avec Pontoppidan.

Gl, symbole chimique du *glucinium,* ou *béryllium.*

⁰GL, symbole du degré alcoométrique centésimal.

glabelle n. f. Eminence médiane de la partie verticale de l'os frontal. (C'est un repère en anthropométrie.)

Glaber (Raoul), chroniqueur français (en Bourgogne v. la fin du X° s. - † v. 1050). Il est l'auteur d'une *Chronique* dans laquelle il décrit des épisodes anecdotiques de l'histoire de 900 à 1046.

glabre adj. (du lat. *glaber,* chauve). Dépourvu de poils : *Visage glabre.*

glaçage, glaçant → GLACE.

glace n. f. (lat. pop. *glacia*; de *glacies*). Eau ou autre liquide congelé : *Une glace épaisse.* (V. *encycl.*) ‖ Température à laquelle l'eau pure se congèle : *Le thermomètre est à la glace.* ‖ Lame de verre homogène et convenablement recuit, dont les deux faces sont travaillées et polies pour être rendues parfaitement planes et parallèles. (V. *encycl.*) ‖ Miroir : *Se regarder dans la glace.* ‖ Nom donné à différentes préparations utilisées pour le glaçage, telles que le jus de viande réduit que l'on étend sur des pièces cuites, le blanc d'œuf ou le sucre dont on recouvre les gâteaux et les bonbons. ‖ Rafraîchissement formé d'une crème sucrée, à base de lait ou d'un sirop, que l'on congèle dans un moule. ‖ Châssis vitré d'une voiture. ‖ *Joaill.* Petite tache dans une gemme. ‖ *Mécan.* Partie polie comme un miroir, sur laquelle glisse un organe mobile dans son mouvement alternatif : crosse de piston, piston, etc. ‖ Outil employé par le mégissier pour le travail et le glaçage des peaux. ‖ *Fig.* Grande réserve, attitude distante à l'égard de quelqu'un : *Avoir un visage de glace.* ● *Banc de glace*, champ de glace dont les limites sont visibles. ‖ *Barrière de glace*, nom donné à des glaces littorales de l'Antarctique, formées d'une banquise recouverte de neige. ‖ *Champ de glace*, banquise. ‖ *Être de glace* (Fig.), être, demeurer insensible. ‖ *Ferré à glace*, se dit d'un cheval dont les fers spéciaux, à clous pointus, ne glissent pas sur la glace; et, au *fig.*, être habile, savant en telle ou telle matière : *Être ferré à glace sur la chimie.* ‖ *Fondre la glace*, toucher, émouvoir une personne jusque-là insensible. ‖ *Glace de mer*, glace formée par la congélation de l'eau de mer lorsque cette dernière atteint des températures comprises entre — 0,5 et — 1,6 ℃ (pour une salinité de 30 p. 1 000). [Elle se forme lorsque la température de l'air tombe au-dessous de — 12 ℃.] ‖ *Glace sèche* ou *glace carbonique*, anhydride carbonique solide. ‖ *Montagne de glace*, bloc de glace flottant. (Syn. ICEBERG.) ‖ *Panneau à glace*, panneau plan. ‖ *Passer devant la glace* (Arg.), passer devant la justice. ‖ *Rompre la glace*, faire cesser la contrainte qui régnait. ◆ **glaçage** n. m. Action ou manière de glacer des papiers, des tissus, des poteries, du cuir, etc. ‖ Action qui consiste à réfrigérer une substance jusqu'à la consistance de glace, ou à soumettre à l'action vive de la chaleur une pièce de boucherie braisée après l'avoir arrosée de son fond de cuisson réduit. ‖ Action de recouvrir une pièce cuite (jambon, galantine, etc.) de gelée ou de glace de viande. ‖ Action de revêtir les gâteaux ou les entremets d'une couche de blanc d'œuf ou de sirop de glace aromatisé et coloré. ‖ Dernière couche de sucre donnée aux fruits glacés. ‖ Travail de couture qui consiste à maintenir solidement deux épaisseurs d'étoffes différentes l'une sur l'autre, de manière à n'en former qu'une seule. ‖

Application d'une couche de couleur de peu de corps sur une peinture terminée, pour lui donner un éclat plus vif. ‖ Opération qui consiste à refroidir un produit ou une enceinte en apportant de la glace. ‖ Opération de séchage des épreuves photographiques qui leur donne plus de brillant. ‖ *Pédol.* A la surface du sol, résultat de la destruction de la structure superficielle par la pluie, et plus spécialement par l'impact des gouttes d'eau. ● *Tour de glaçage*, installation de production de glace, permettant le ravitaillement des wagons frigorifiques. ◆ **glaçant, e** adj. *Fig.* Qui décourage, rebute par sa froideur : *Un regard glaçant.* ◆ **glacé, e** adj. Congelé, durci. ‖ Très froid : *Une boisson glacée.* ‖ Lustré, luisant : *Un parquet glacé.* ‖ Se dit, en peausserie, de la partie superficielle de la peau côté poil : *Un gant glacé.* ‖ *Fig.* Transi de froid : *Avoir les mains glacées.* ‖ Refroidi par la mort : *Les pompiers arrivèrent trop tard, le corps était déjà glacé.* ‖ Qui marque de l'indifférence, de la froideur, de la contrainte : *Un accueil, un regard glacé.* ● *Colère glacée*, colère contenue. ◆ **glacé** n. m. Petit bâton de sucre aromatisé. ‖ Apparence d'un objet glacé, verni à l'aide d'une couche transparente. ◆ **glace-neige** n. f. Glace en menus morceaux utilisée pour le glaçage. — Pl. des GLACES-NEIGES. ◆ **glacer** v. tr. (conj. 1). Congeler un liquide : *Un froid à glacer les rivières.* ‖ Rendre très froid : *La neige nous glace les pieds.* ‖ Causer une véritable impression de froid : *Le vent du nord nous glace.* ‖ Faire perdre ou affaiblir la chaleur animale : *L'âge glace les membres.* ‖ Exécuter l'opération du glaçage. ‖ Poser la glaçure sur une poterie. ‖ Etendre une couleur transparente sur une autre couleur. (V. GLACIS.) ‖ Refroidir par apport de glace : *Glacer un wagon.* ‖ Donner mécaniquement de l'apprêt, un aspect glacé à : *Glacer des étoffes, du papier.* ‖ Procéder au glaçage d'une épreuve photographique. ‖ *Fig.* Causer une profonde émotion qui paralyse, déconcerte : *La vue du fauve le glaça d'effroi.* ‖ Causer de la contrainte par le froid des manières; intimider vivement : *Des propos qui ont glacé les auditeurs.* ● *Machine à glacer*, machine de corroyeur pour polir mécaniquement les cuirs et les peaux. (On dit aussi une LISSE.) ‖ — **se glacer** v. pr. Se congeler. ‖ Se refroidir : *Se glacer à attendre quelqu'un dans la rue.* ● *Le sang se glace dans les veines*, on est saisi de terreur. ◆ **glacerie** n. f. Art et commerce du glacier-limonadier. ‖ En verrerie, fabrique ou commerce de celui qui fait ou vend des glaces. ◆ **glaceur** n. m. Ouvrier qui glace les étoffes, les papiers. ● *Feutre glaceur*, v. FEUTRE. ◆ **glaceux, euse** adj. Se dit d'un diamant ou d'une gemme qui présente des taches. — **glaceuse** n. f. Machine permettant le glaçage d'une épreuve photographique. ◆ **glaciaire** adj. Relatif aux glaces, aux glaciers : *Relief glaciaire.* ● *Périodes glaciaires*, périodes au cours desquelles les glaciers ont été très étendus (au quaternaire par ex.). [V. GLACIATION.] ◆ **glacial, e** adj. (le plur. masc. en *als* est rare). Qui a la température de la glace : *Zone glaciale.* ‖ Très froid : *Un vent glacial.* ‖ Se dit de l'acide acétique anhydre, dont les cristaux ont l'aspect de la glace. ‖ *Fig.* Qui est d'un abord réservé, sec, peu engageant ; qui marque cette disposition : *Un homme glacial.* ◆ **glacialement** adv. D'une manière glaciale : *Accueillir glacialement un visiteur.* ◆ **glaciation** n. f. Action de transformer en glace. (V. *encycl.*) ◆ **glacier** n. m. Masse de glace d'origine atmosphérique, se déplaçant lentement à la surface du sol. (V. *encycl.*) ‖ Celui qui prépare ou vend des glaces et des sorbets. ◆ **glacière** n. f. Armoire hermétiquement close, refroidie par de la glace hydrique que l'on place dans un récipient spécial, et utilisée pour conserver des denrées périssables. ‖ Usine où l'on fabrique la glace. ‖ *Fig.* et *fam.* Lieu très froid : *Chambre qui est une vraie glacière.* ◆ **glaciériste** n. m. Alpiniste spécialisé dans les ascensions de glaciers ou de versants englacés. (On écrit aussi GLACIAIRISTE.) ◆ **glacio-eustatisme** ou **glacioeustatisme** n. m. Variations du niveau marin résultant des changements de volume de l'eau prise en glace. (Une baisse du niveau des mers [jusqu'à — 100 m] s'est produite durant les grandes périodes glaciaires. Depuis un siècle, la fusion importante des glaciers a relevé le niveau marin de 11 cm. Le relèvement a atteint 20 à 30 m à certaines périodes interglaciaires particulièrement chaudes.) ◆ **glaciologie** n. f. Science qui étudie les glaciers. ◆ **glaciologiste** ou **glaciologue** n. Personne qui étudie les glaciers. ◆ **glacis** [si] n. m. Terrain uni comme une glace. ‖ Pente de la surface supérieure d'une cimaise, pour laisser écouler les eaux pluviales. ‖ Surface de bois ou de zinc enduite de colle, permettant d'imprégner les papiers ou les tissus en vue d'un collage léger. ‖ Terrain en pente douce qui peut être balayé efficacement par des armes de défense, et où l'assaillant se trouve à découvert. ‖ Surface topographique en pente régulière et modérée (5 à 6⁰ d'inclinaison), formée par un ruissellement qui s'étale en nappe à la sortie des ravins montagnards. (Ces glacis d'érosion sont particulièrement importants dans les régions semi-arides.) ‖

Préparation, pigmentée ou non, translucide ou transparente, posée en couche très mince et uniforme pour modifier la coloration des fonds. ◆ **glaçon** n. m. Morceau de glace : *La Seine charrie des glaçons. Mettre un glaçon dans son verre.* ‖ *Fig.* et *fam.* Personne très froide : *C'est un vrai glaçon.* ◆ **glaçure** n. f. Enduit vitrifiable que l'on applique sur certaines poteries pour leur donner de l'éclat et les rendre imperméables.

— ENCYCL. *glace.* La glace, formée par un enchevêtrement de cristaux hexagonaux, apparaît comme une masse incolore et transparente. Elle a une densité de 0,92, inférieure à celle de l'eau. Par définition de l'échelle thermométrique, son point de fusion est 0 ⁰C. Sous des pressions élevées, on a découvert d'autres variétés de glace, plus denses que l'eau.

— *Verr.* L'emploi de feuilles de verre comportant une couche réfléchissante étamée, puis argentée a permis la réalisation de glaces, utilisées comme miroirs. La fabrication des glaces a débuté vers la fin du XVIIe s. Elle comportait les opérations suivantes : fonte et affinage, coulée et laminage, recuisson et travail des surfaces (scellement, doucissage, savonnage et polissage), réalisées en cycle discontinu. Les progrès de la mécanisation ont permis la fabrication continue. Le verre sortant du four est laminé et transformé en un ruban, puis recuit sur une étenderie d'une centaine de mètres de longueur. Les opérations finales de recuisson et de travail des surfaces sont effectuées automatiquement, ainsi que le découpage aux formats commerciaux.

— *glaciation.* A certaines époques, les glaciers ont recouvert de grandes surfaces. Ainsi, au quaternaire, le tiers des continents était recouvert par les inlandsis*. Les périodes glaciaires quaternaires les mieux connues ont été séparées par des périodes interglaciaires, au climat plus chaud. On distingue, dans l'Europe alpine, les glaciations de *günz*, la plus ancienne, de *mindel*, de *riss* et de *würm*.

— *glacier.* On distingue les *glaciers d'inlandsis,* ou *glaciers continentaux* (Antarctique, Groenland), les *glaciers de montagne,* ou *glaciers de vallée,* et les *glaciers de piémont,* qui s'étalent en lobe au sortir de la montagne (Alaska).

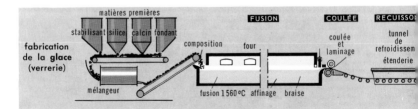

fabrication de la glace (verrerie)

matières premières — stabilisant silice calcin fondant — composition — FUSION — four — COULÉE — coulée et laminage — RECUISSO... — tunnel de refroidissem... étenderie

mélangeur — fusion 1 560 ⁰C affinage braise

L'alimentation des glaciers résulte du rapport qui existe entre les chutes de neige et l'ablation*. Les variations de l'alimentation ne se répercutent sur la langue glaciaire que plusieurs années après, en raison de la lenteur de l'écoulement des glaces. La neige se transforme progressivement dans les glaciers ; les cristaux deviennent compacts sous l'effet du tassement et des changements de température, et constituent le *névé*, qui se transforme lentement en glace. La glace, qui possède une certaine plasticité, se déplace lentement, à des vitesses variables selon les types de glaciers et selon les parties d'un même appareil glaciaire ; la vitesse atteint 8 km par an au maximum ; elle est moins grande en amont et en aval que dans les secteurs intermédiaires ; elle est aussi plus élevée dans l'axe de la langue glaciaire que sur ses bords. Lorsque la plasticité de la glace est insuffisante pour assurer un écoulement continu, il se forme des cassures (séracs). Les glaciers jouent un rôle important dans le façonnement du relief, mais la valeur absolue de leur travail d'érosion a été très discutée. En fait, celui-ci est très variable. Le creusement par la glace s'opère par frottement et par l'excavation de blocs séparés par des diaclases ou résultant d'un morcellement de la roche sous l'effet de la pression de la glace. L'écoulement de grandes calottes glaciaires sur une pente faible paraît être assez peu efficace. Les matériaux transportés par les glaciers constituent les moraines*. Les eaux de fonte se rassemblent en des torrents fluvio-glaciaires dont l'écoulement, d'abord diffus, se concentre peu à peu.

Glace (MER DE), glacier du massif du Mont-Blanc (Haute-Savoie), au N.-E. de Chamonix, long de 14 km env.

glacé, glace-neige, glacer, glacerie, glaceur, glaceuse, glaceux, glaciaire, glacial → GLACE.

Glacial (OCÉAN). V. ARCTIQUE et ANTARCTIQUE.

glacialement, glaciation, glacier, glacière, glaciériste, glacio-eustatisme, glaciologie, glaciologiste ou **glaciologue, glacis, glaçon, glaçure** → GLACE.

Gladbach. V. MÖNCHENGLADBACH.

Gladbeck, v. d'Allemagne (Allem. occid., Rhénanie-du-Nord - Westphalie), dans la Ruhr ; 83 200 h. Mines de houille. Sidérurgie. Industries textiles et alimentaires.

gladiateur n. m. (lat. *gladiator* ; de *gladius*, glaive). Homme qui, chez les Romains, combattait dans l'arène d'un amphithéâtre contre d'autres hommes ou contre des bêtes féroces. — ENCYCL. Les gladiateurs étaient ou des condamnés ou des spécialistes entraînés. Ils portaient des noms différents selon leur équipement : *Samnites* (épée et bouclier rond), *myrmillons* (épée et petit bouclier), *Thraces* (sabre courbe), *rétiaires* (filet et trident), etc. Le combattant vaincu levait le bras gauche pour demander sa grâce, tandis que le vainqueur consultait la foule, qui, d'un geste (pouce levé ou abaissé), pouvait l'accorder ou lu refuser. Les combats de gladiateurs eurent un extraordinaire succès du IIe s. av. J.-C. à la fin du IVe s. apr. J.-C.

Gladkov (Fiodor Vassilievitch), romancier soviétique (Tchernovka, Samara, 1883 - Moscou 1958). Son roman *le Ciment* (1925) inaugura la série des œuvres consacrées aux plans quinquennaux et à la construction de l'économie socialiste.

Gladstone (William Ewart), homme politique britannique (Liverpool 1809 - Hawarden, Flintshire, 1898). Elu député du parti conservateur à la Chambre des communes en 1832, il fut associé aux différents gouvernements de Robert Peel (1834-1835, 1841-1846). Après l'échec de Peel (1846) et à la suite d'un voyage à Naples, il évolua vers le libéralisme. Ayant définitivement rallié le parti libéral, il fut chancelier de l'Echiquier de 1852 à 1866. Il succéda à Palmerston comme chef du parti libéral (1865) et devint Premier ministre (1868-1874). La question d'Irlande fut au premier plan de ses préoccupations (désétablissement de l'Eglise anglicane et réforme agraire [1869]). L'influence croissante de Disraeli obligea Gladstone à démissionner. Cependant, les difficultés rencontrées en politique extérieure par son rival le portèrent une seconde fois au gouvernement (1880-1885). Il s'efforça d'éteindre les causes de conflits en Europe. Il mit fin aux interventions anglaises en Afghānistān et en Afrique du Sud (1881), mais dut prendre les armes en Egypte (1882).

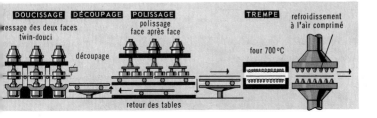

DOUCISSAGE — pressage des deux faces twin-douci | DÉCOUPAGE — découpage | POLISSAGE — polissage face après face | TREMPE — four 700 °C | refroidissement à l'air comprimé

retour des tables

Il réforma le corps électoral (1884) dans un sens démocratique, mais se heurta à nouveau à l'agitation irlandaise. Après l'adoption de quelques mesures de conciliation, il devint partisan d'une complète autonomie. Aussi consacra-t-il son troisième ministère (1886) à l'obtention du Home Rule ; il échoua totalement. Choisi une dernière fois comme Premier ministre (1892-1894), il vit se multiplier les conflits sociaux, tandis que l'opposition des lords faisait à nouveau échouer sa politique irlandaise.

Fleming

**Gladstone
par Millais
National Portrait Gallery**

Glaeser (Ernst), écrivain allemand (Butzbach, Hesse, 1902 - Mayence 1963). Son roman *Classe 22* (1928) décrit le désarroi de la jeunesse allemande après la défaite de 1918. *Le Dernier Civil* (1936), publié en France, où il s'était réfugié, critique sévèrement le régime hitlérien.

glageon n. m. Variété de marbre.

Glageon, comm. du Nord (arr. et à 14 km au S.-E. d'Avesnes-sur-Helpe) ; 1 958 h. (*Glageonnais*). Carrières. Textiles (laine).

glagolitique adj. (du slavon *glagol*, parole). Se dit d'une écriture usitée dans les premiers monuments de la littérature slave (IXe s.).

glaie, glaise ou **glaye** n. f. Voûte d'un four de verrerie.

glaïeul [glajœl] n. m. (lat. *gladiolus*, poignard, à cause de la forme des feuilles). Iridacée ornementale aux belles et grandes fleurs en épis. (De nombreuses variétés sont obtenues par hybridation.)

glairage → GLAIRE.

glaire n. f. (lat. pop. *claria* ; de *clarus*, clair). Liquide clair, filant comme le blanc d'œuf, sécrété par les muqueuses dans certains cas morbides. ‖ Sorte de tache semi-opaque qui diminue en certains points les feux d'un diamant. ‖ Blanc d'œuf battu, dont on se sert pour préparer un cuir à la dorure. (On dit aussi GLAIRURE.) ● *Glaire cervicale*, sécrétion du col de l'utérus. ◆ **glairage** n. m. Action de glairer. ◆ **glairer** v. tr. Appliquer une légère couche de blanc d'œuf sur la couverture d'un livre relié, pour la préparation à la dorure. ◆ **glaireux, euse** adj. De la nature des glaires ou qui en a l'apparence.

glaise [glɛz] n. f. (anc. franç. *gleise, gloise* ; du gaulois *glisa*, attesté dans le composé *glisomarga*, marne argileuse). Terre grasse et compacte, fortement argileuse, et que l'eau ne pénètre point : *La glaise est employée comme matière première dans l'industrie des briques et des tuiles.* ◆ **glaiser** v. tr. Enduire de glaise. ◆ **glaiseux, euse** adj. Qui contient de la glaise : *Sol glaiseux.* ◆ **glaisière** n. f. Carrière d'où l'on extrait la glaise.

glaive n. m. (lat. *gladius*). Arme d'estoc à croisière courte, large et à deux tranchants séparés par une nervure. ‖ Epée tranchante quelconque. ‖ Soldat armé d'un glaive. ‖ Une des figures des tarots. ‖ Arme symbolique du franc-maçon. ‖ *Fig.* Symbole de la guerre, des combats, du pouvoir judiciaire. ● *Glaive spirituel*, pouvoir de l'Eglise de frapper de peines ecclésiastiques. ‖ *Le glaive de Dieu*, la puissance de Dieu. ‖ *Remettre le glaive au fourreau*, cesser de combattre. ‖ *Théorie des deux glaives*, théorie exégétique tirée d'un passage de l'Evangile (Luc, XXII, 36-38), et dont le véritable créateur fut saint Bernard. (Selon cette doctrine, de l'Eglise dépend l'usage du glaive spirituel et du glaive

Berne - Rapho

glaïeuls
v. également
fleurs

temporel, ce dernier étant délégué par l'Eglise aux puissances séculières.)

Glaize (Auguste), peintre français (Montpellier 1807 - Paris 1893), auteur de compositions murales à Paris (Saint-Sulpice, Saint-Gervais, Saint-Eustache).

Glâma (le) ou **Glommen** (le), le plus long fleuve de Norvège, tributaire du Skagerrak ; 570 km.

Glamorgan, en gallois **Morganwg,** anc. comté de Grande-Bretagne, dans le sud du pays de Galles, auj. partagé en trois comtés.

gland n. m. (lat. *glandus*). Fruit du chêne, serti dans une cupule qui tombe parfois au sol avec lui et contenant une grosse graine farineuse comestible. ‖ Ouvrage de bois, de passementerie, etc., qui a la forme d'un gland. ‖ *Anat.* Extrémité renflée de la verge. ◆ **glandage** n. m. Lieu où l'on recueille les glands. ‖ La récolte elle-même. ◆ **glandée** n. f. Pâturage des cochons dans une forêt de chênes. ‖ Récolte des glands pour la nourriture des cochons. ◆ **glander** v. intr. *Arg.* Se promener sans avoir un but précis, perdre son temps. ◆ **glandouiller** v. intr. *Arg.* Chercher dans le désordre, la confusion.

glande n. f. (lat. *glandula*). Organe d'origine épithéliale, dont la fonction est de produire une sécrétion : *Glande salivaire.* (V. *encycl.*) ‖ *Fam.* Ganglion lymphatique tuméfié. ◆ **glandé, e** adj. Se dit d'un cheval dont les ganglions de l'auge sont tuméfiés. ◆ **glandulaire** adj. Qui concerne les glandes. ◆ **glanduleux** adj. *Poils glanduleux* (Bot.), v. POILS SÉCRÉTEURS*.
— ENCYCL. **glande.** *Physiol.* Les glandes sont formées de tubes (glandes tubuleuses) ou de culs-de-sac (acini, glandes acineuses), isolés ou groupés en amas, et dont le revêtement interne est formé de cellules sécrétrices, qui puisent dans le sang les substances à sécréter. Les *glandes à sécrétion externe* possèdent un canal excréteur par lequel la sécrétion est rejetée à l'extérieur de l'organe. Les *glandes à sécrétion interne,* au contraire, ne possèdent pas de canal excréteur, et la cavité où est déversée la sécrétion est complètement close, la sécrétion retraversant la glande pour être déversée dans le sang (thyroïde) ; parfois, même, il n'existe pas de cavité, et la sécrétion est directement réintroduite dans le sang (surrénales). Certaines glandes possèdent à la fois une sécrétion externe et une sécrétion interne (foie, pancréas, glandes sexuelles). L'inflammation d'une glande est une adénite. (V. HORMONE, SÉCRÉTION.)

glandé → GLANDE.

glandée, glander, glandouiller → GLAND.

Glandèves, hameau des Alpes-de-Haute-Provence (comm. d'Entrevaux), au-dessus du Var (r. dr.). Anc. ville romaine, siège d'un évêché supprimé en 1790.

Glandon (COL DU), col des Alpes (Savoie), à l'E. de la chaîne de Belledonne, entre la Maurienne et l'Oisans ; 1 951 m.

glandulaire, glanduleux → GLANDE.

glane → GLANER.

glane n. m. Grand silure* des fleuves d'Europe centrale.

glaner v. tr. (bas lat. *glenare;* d'orig. celt.). Recueillir les épis échappés aux moissonneurs : *Glaner du froment.* ‖ Cueillir çà et là : *Glaner quelques fleurs.* ‖ Ramasser ce qui a été abandonné, en parlant de choses diverses. ‖ *Fig.* En parlant des choses de l'esprit, recueillir pour faire son profit : *Il y a beaucoup à glaner dans ce livre.* ◆ **glane** n. f. Action de glaner. ‖ Poignée d'épis ramassés dans un champ après l'enlèvement des gerbes. ◆ **glaneur, euse** n. Personne qui glane. ◆ **glanure** n. f. Ce que l'on glane après la moisson.

Glanum. *Géogr. anc.* V. gallo-romaine située à 2 km au S. de Saint-Rémy-de-Provence (Bouches-du-Rhône). A cette cité appartenaient les « Antiques », monuments d'époque augustéenne (arc de triomphe, mausolée). Des fouilles ont mis au jour plu-

De La Motte Rouge

les fouilles de Glanum

sieurs niveaux d'occupation. A une station indigène, sanctuaire de sources, lieu de culte salien, succéda, à la fin du IIIe s. av. J.-C., un riche établissement marseillais. Vers 102 av. J.-C., un soulèvement fut réprimé par Rome, qui occupa la cité et mit fin à cette période hellénique. L'époque impériale a laissé des temples, un aqueduc, des thermes, un théâtre, un grand portique public, un monument à abside et un nymphée. Déserté en 270 apr. J.-C., lors des invasions, le site fut définitivement abandonné à la fin du Ve s. Les céramiques, sculptures et inscriptions retrouvées montrent la survivance de la langue gauloise jusqu'au début de notre ère.

glanure → GLANER.

Glaoui ou **Glâwi** (SI MADANI al-), seigneur

féodal marocain (v. 1855 - Marrakech 1918). Il provoqua le remplacement de 'Abd al-'Aziz par Mūlāy Ḥāfiẓ (1908) et favorisa l'influence française au Maroc. — Son frère AL HĀDJDJ THAMI al-Glāwi (Telouet v. 1875 - Marrakech 1956), pacha de Marrakech, soutint la politique française (1911) et pacifia le Maroc méridional (1912). Il fit déposer le sultan Muḥammad V ibn Yūsuf au profit de Muḥammad ibn 'Arafa (1953), mais dut se soumettre lors du rappel de l'ancien sultan (1955).

glaphique n. m. (du gr. *glaphein*, tailler). Variété de talc, dite usuellement PIERRE DE LARD, dans laquelle les Chinois taillaient des figurines.

glapir v. intr. (altér. par onomatop. de l'anc. verbe *glatir*, crier, hurler). Faire entendre un petit cri aigu et bref, en parlant des petits chiens, des renards et d'autres animaux. ‖ Chanter, crier d'une voix aigre : *Un chanteur de rue glapit.* ✦ v. tr. Dire d'une voix criarde : *Glapir une rengaine.* ◆ **glapissant, e** adj. Qui glapit ; aigu, criard, aigre : *Voix glapissante.* ◆ **glapissement** n. m. Cri des petits chiens, des renards et des autres animaux qui glapissent : *Les glapissements d'un renard.* ‖ *Fig.* Réclamations, invectives criardes : *Les glapissements d'une mégère.*

Glarean ou **Glareanus** (Heinrich LORITI, dit), humaniste suisse (Mollis, cant. de Glaris, 1488 - Fribourg-en-Brisgau 1563). Professeur à Bâle (1514), ami d'Erasme, il a laissé des éditions et des commentaires d'auteurs de l'Antiquité, une *Helvetiae descriptio* (1514-1515) et deux traités musicaux importants : *Isagoge in Musicen* (1516) et le *Dodekachordon* (1547).

glaréole n. f. Petit oiseau des marais, dit aussi HIRONDELLE DES MARAIS ou PERDRIX DE MER, à la queue fourchue, au régime insectivore. (Ordre des charadriiformes.)

Glaris, en allem. *Glarus*, v. de Suisse, ch.-l. du *cant. de Glaris*, sur la Linth ; 5 900 h. Elle fut totalement détruite par un incendie en 1861. Textiles.

Glaris (ALPES DE), partie des Alpes dans le *cant. de Glaris* (Suisse), dominant le haut bassin de la Linth (3 623 m au *Tödi*).

Glaris (CANTON DE), cant. de Suisse ; 684 km² ; 37 700 h. (de langue allemande, en majorité protestants). Ch.-l. *Glaris* (5 900 h.). Le canton s'étend sur les *Alpes de Glaris*. Il est drainé par les vallées de la Linth et de ses affluents. Industries textiles et mécaniques. Tourisme.

Glärnisch, massif des Alpes de Glaris (Suisse) ; 2 920 m.

glas [glɑ] n. m. (bas lat. *classum ; de *classicum*, appel par la trompette). Tintement de cloches pour annoncer la mort d'une personne, ou effectué lors d'un enterrement ou d'une cérémonie funèbre. ● *Sonner le glas*

de (Fig.), marquer la fin de : *Une nouvelle qui sonne le glas de bien des espérances.*

Glaser (Donald Arthur), physicien américain (Cleveland 1926). Il est l'inventeur de la chambre à bulles, instrument d'étude des particules d'énergie élevée. (Prix Nobel de physique, 1960.)

glasérite n. f. Sulfate naturel de potassium et de sodium.

Glasgow, v. de Grande-Bretagne, en Ecosse, dans les Lowlands, sur la Clyde ; 1 049 100 h. Archevêché catholique. Université (établie en 1450). Cathédrale (XIVᵉ s. ; crypte du XIIᵉ s.). Musée dans le Kelvingrove Park. La ville a connu un grand développement à par-

Glasgow
l'hôtel de ville

tir du XVIIIᵉ s., avec l'essor du commerce colonial. Son port a nécessité de très grands travaux dans la Clyde. La proximité d'un bassin houiller et l'abondance de la main-d'œuvre venant des Highlands ont favorisé le développement de l'industrie, et particulièrement celui des constructions navales.

Glatigny (Albert), poète français (Lillebonne 1839 - Sèvres 1873). Comédien, journaliste, auteur dramatique, il s'est mis en scène dans une pièce en un acte et en vers : *l'Illustre Brizacier* (1873). Ses recueils poétiques (*les Vignes folles*, 1860 ; *Gilles et Pasquins*, 1872) sont d'amusantes jongleries.

glatir v. intr. (lat. *glattire*). Crier, en parlant de l'aigle.

Glauber (Johann Rudolf), chimiste et pharmacien allemand (Karlstadt 1604 - Amsterdam 1668). Il a laissé son nom au sulfate neutre de sodium, dont il avait reconnu les propriétés thérapeutiques.

glaubérite n. f. Sulfate naturel de sodium et de calcium.

Glauchau, v. d'Allemagne (Allem. or., distr. de Karl-Marx-Stadt) ; 33 400 h. Industries textiles.

glaucium [sjɔm] n. m. Papavéracée des

rivages sablonneux, aux belles fleurs jaunes, aux graines oléagineuses.

glaucodot n. m. Arséniosulfure naturel de cobalt et de fer.

glaucomateux → GLAUCOME.

glaucome n. m. Maladie de l'œil caractérisée par une augmentation de la pression intra-oculaire, et entraînant des troubles graves. (Le glaucome se manifeste par des douleurs oculaires violentes, par une céphalée et par une diminution de l'acuité visuelle. Il nécessite un traitement médical précoce, et parfois une intervention chirurgicale.) ◆ **glaucomateux, euse** adj. Relatif au glaucome. ✦ n. Atteint de glaucome.

glaucomys [mis] n. m. Mammifère rongeur arboricole, muni d'un patagium*.

glauconie ou **glauconite** n. f. Silicate hydraté naturel de fer et de potassium, vert foncé, abondant dans les argiles.

glaucophane n. f. Silicate naturel d'aluminium, de fer, de magnésium et de sodium, du groupe des amphiboles.

glaucopis [pis] n. m. Joli papillon des régions chaudes, voisin des sphinx.

Glaucos ou **Glaukos.** *Myth. gr.* Dieu marin qui prit part à l'expédition des Argonautes et qui tenta de séduire Scylla, puis Ariane. — Roi légendaire de Corinthe. Il fut dévoré par les cavales pour avoir méprisé la puissance d'Aphrodite. — Chef lycien allié de Priam, à Troie. Il échangea ses armes avec Diomède en signe d'amitié.

Glaucos ou **Glaukos de Chios,** sculpteur grec (début du VIᵉ s. av. J.-C.). La tradition lui attribue l'invention de la trempe du fer, du levier, du tour, de l'équerre.

glauque adj. (lat. *glaucus*; gr. *glaukos*). De couleur verte tirant sur le bleu : *Une mer glauque.*

glaux [gloks] n. m. Petite primulacée rampante et charnue, commune dans les prés salés.

1. glaviot n. m. (bas lat. *gladiolus*, petit glaive). Petite épée (Moyen Age).

2. glaviot n. m. (mot angevin). *Pop.* Crachat. ◆ **glaviotter** v. intr. *Pop.* Cracher.

glaye [glɛ] n. f. V. GLAIE.

Glazounov (Aleksandr Konstantinovitch), compositeur russe (Saint-Pétersbourg 1865 - Paris 1936). Élève de Rimski-Korsakov et dernier représentant de l'école russe du XIXᵉ s., il est symphoniste avant tout. Il a écrit une œuvre abondante (huit symphonies, trois ballets, des ouvertures, etc.).

glèbe n. f. (lat. *gleba*). Sol en culture ; fonds de terre (mot littéraire). ‖ Sol auquel les serfs étaient attachés.

gléchome [kom] n. m. Labiacée rampante aux petites fleurs violettes, très commune

dans les bois et les stations fraîches de la zone méditerranéenne. (Syn. LIERRE TERRESTRE.)

gleditschia n. m. (dédié à Johann Gottlief *Gleditsch,* botaniste allemand [1714 - 1786]). Arbre ornemental, dit aussi FÉVIER à cause de ses gousses. (Famille des césalpiniacées.)

Glé-Glé (BADOU, dit), surnommé **Kinikini** (« le Lion ») [† 1889], roi d'Abomey (1859-1889). Il céda Cotonou à la France (entre 1863 et 1868), puis envahit le royaume de Porto-Novo (1887). Son successeur fut Béhanzin.

Glehn (Alfred DE), ingénieur et industriel anglais (Sydenham 1848 - Mulhouse 1936). Il joua un rôle considérable dans le développement de la locomotive à vapeur en créant en particulier, avec du Bousquet et Henry, la locomotive compound à quatre cylindres, à essieux accouplés.

gleichénia n. m. (dédié au naturaliste allemand E. W. von *Gleichen-Ruswurm*). Très grande fougère des régions chaudes.

Gleiwitz. V. GLIWICE.

Gleizes (Albert), peintre français (Paris 1881 - Saint-Rémy-de-Provence 1953). Il fit partie en 1906 du groupe de l'Abbaye* et prit part en 1910 aux premières manifestations cubistes. D'abord cubiste analytique (*Paysage avec personnage*, 1911, musée national d'Art moderne), il fit ensuite dominer la composition et le rythme (*Composition*, 1920, musée national d'Art moderne), vint à la non-figuration (1924), puis se consacra à la rénovation de l'art sacré (*Vierge de majesté*, 1929 ; *Crucifixion*, 1930 [musée national d'Art moderne]). Il a publié plusieurs ouvrages sur le cubisme, l'art chrétien, l'esthétique.

→ V. illustration page suivante.

Glénan ou, à tort, **Glénans** (ÎLES), groupe de neuf îlots de la côte sud du Finistère (comm. de Fouesnant). Centre de yachting.

Glazounov

x

Giraudon

Albert Gleizes
« Vierge de majesté »
musée national d'Art moderne

Glencairn (William CUNNINGHAM, 9ᵉ comte
DE), chef royaliste écossais (v. 1610 - Belton,
comté d'Haddington, 1664). Chef des forces
royalistes d'Ecosse contre Cromwell, il fut
vaincu et emprisonné. Libéré à la Restauration, il devint chancelier d'Ecosse.

Glencoe, vallée du nord-ouest de l'Ecosse
(Argyll).
● *Histoire. Massacre de Glencoe.* Pour
mater l'insubordination des montagnards
écossais envers la monarchie anglaise, le
comte de Stair fit massacrer Macdonald de
Glencoe et sa suite. Celui-ci était venu prêter
serment d'allégeance à Guillaume III avec
six jours de retard (13 févr. 1692).

Glendale, v. des Etats-Unis (Californie),
dans la banlieue de Los Angeles ; 119 400 h.
Constructions aéronautiques.

1. glène n. f. (gr. *glênê,* cavité). Cavité peu
profonde d'un os, faisant partie d'une articulation. ◆ **glénoïde** adj. En forme de glène.
● *Cavité glénoïde de l'omoplate,* surface
d'articulation de cet os avec l'humérus. ◆
glénoïdien, enne adj. Qui concerne la cavité
glénoïde de l'omoplate : *Bourrelet glénoïdien.*

2. glène n. f. (provenç. *glena*). Cordage lové
en rond et en couches superposées. ‖ *Pêch.*
Syn. de GLINE. ◆ **gléner** v. tr. (conj. **5**).
Lover un cordage en rond sur lui-même.

Glen More, étroite dépression tectonique
du nord de l'Ecosse, occupée en grande partie par le loch Ness et le loch Lochy, et
suivie par le canal Calédonien.

glénoïde, glénoïdien → GLÈNE 1.

gléosporiose n. f. Maladie cryptogamique
du groseillier et de l'olivier, se traduisant par
des taches brunes sur les feuilles.

Glère (PORT DE LA), col des Pyrénées centrales, à la frontière franco-espagnole, entre
Vénasque et la vallée de la Pique ; 2 323 m.

Glesener (Edmond), écrivain belge d'expression française (Liège 1874 - Bruxelles
1951). Son meilleur roman, *le Cœur de François Remy* (1905), passe pour une analyse
exacte du caractère liégeois. (Acad. royale
de langue et de littér. fr., 1922.)

gley n. m. (mot russe). Horizon d'un sol
dans lequel la présence permanente de l'eau
amène une concentration d'argile et de fer
à l'état réduit.

Gley (Emile), physiologiste français (Epinal
1857 - Paris 1930). Ses recherches ont porté
sur le système nerveux et sur la physiologie
des glandes. On lui doit : *Essais de philosophie et d'histoire de la biologie* (1900),
Etudes de psychologie physiologique et pathologique (1905).

Gleyre (Charles), peintre suisse (Chevilly,
cant. de Vaud, 1806 - Paris 1874). Installé à
Paris, il eut pour élèves, à l'Ecole des beaux-arts, Renoir, Monet, Sisley, Whistler, Bazille.
Le Louvre conserve de lui *les Illusions perdues* (1843).

gliadimètre n. m. (de *gliadine,* principe du
gluten). Densimètre destiné à évaluer la
valeur boulangère des farines de blé.

glial, e, aux adj. (du gr. *glia,* glu). Qui se
rapporte à la névroglie. ◆ *Tissu glial,* tissu
de soutien des éléments du système nerveux.

glide n. m. (mot angl. signif. *glissement*). En
phonétique, son de passage : *Dans « les
hommes »* [lezɔm], [z] *est un glide.*

Glière (Reïngold Moritsevitch), compositeur soviétique (Kiev 1875 - Moscou 1956),
auteur de deux opéras, de quatre ballets (*le
Pavot rouge,* 1927), d'œuvres symphoniques
et de musique de chambre.

Glières (PLATEAU DES), partie du massif du
Chablais (Haute-Savoie), à l'E. du Parmelan.
Du 17 au 26 mars 1944, il fut le théâtre de
l'héroïque résistance d'un groupe de 500 maquisards, issu du 27ᵉ bataillon de chasseurs alpins, contre les assauts de plus
de 20 000 Allemands.

gline ou **glène** n. f. Panier de pêcheur dont
le couvercle est percé d'une ouverture par
laquelle on introduit le poisson.

Glinka (Fiodor Nikolaïevitch), écrivain
russe (Smolensk 1786 - Tver 1880), cousin du
musicien Mikhaïl Glinka. Ecrivain et poète
militaire, il publia les *Lettres d'un officier
russe sur les campagnes de 1805 à 1806 et de
1812 à 1815* (1815-1816) et *la Carélie ou la
Captivité de Martha Johannowna* (1830).

Glinka (Mikhaïl Ivanovitch), compositeur

russe (Novospaskoïé 1804 - Berlin 1857). Il est à l'origine de l'école nationale russe. Parmi ses nombreuses œuvres, on distingue les opéras : *la Vie pour le tsar ou Ivan Soussanine* (1836), *Rouslan et Loudmila* (1842), la fantaisie russe *Kamarinskaïa* (1848). Il uti-

le compositeur **Glinka**
par Répine

lise les thèmes populaires, une harmonie modale, des rythmes impairs.

gliome n. m. (gr. *glia*, glu, et suff. *-ome*, indiquant le gonflement). Tumeur nerveuse développée à partir du tissu de soutien conjonctif, ou tissu glial.

glissade, glissage, glissance → GLISSER.

glissando n. m. (mot ital.). *Mus.* Démanché, volontairement ralenti dans un dessein d'expression. ‖ Procédé qui consiste, sur le piano, à descendre ou à remonter rapidement les touches blanches du clavier, en faisant glisser sur celles-ci un seul doigt.

glissant, glissement → GLISSER.

glisser v. intr. (du francique *glidan*, qui a donné l'anc. franç. *glier*, altéré par *glacer*). Se déplacer sur une surface unie, polie : *Le canoë glisse sur l'eau.* ‖ Manquer du pied, tomber : *Il glissa et fit une chute.* ‖ Echapper : *Le verre lui glissa des mains*; et, au fig. : *Sentir glisser entre ses mains le contrôle de la situation.* ‖ S'avancer sans bruit, doucement, comme en glissant : *La brise glisse entre les feuillages.* ‖ *Fig.* Passer doucement, graduellement : *Glisser de l'affirmation contestable au mensonge.* ‖ Passer furtivement : *Un sourire qui glisse sur les lèvres.* ‖ Ne pas entamer, passer à la surface sans pénétrer : *L'éclat d'obus glissa sur son casque.* ‖ Passer légèrement, ne pas insister : *Glisser sur un détail peu important.* ‖ Ne faire qu'une légère impression : *Ces reproches glissent sur moi.* ● *Glisser entre les doigts comme une anguille*, se dit d'une personne qui échappe au moment où l'on croit

la tenir. ‖ *Se laisser glisser* (Fig. et pop.), mourir. ✦ v. tr. Faire glisser : *On a glissé le bahut contre l'autre mur.* ‖ Introduire adroitement ou furtivement : *Glisser un billet dans la main de quelqu'un.* ‖ *Fig.* Dire en secret : *Glisser quelques mots à l'oreille de quelqu'un.* ‖ **— se glisser** v. pr. Se couler, s'introduire doucement ou furtivement : *Se glisser dans une pièce.* ‖ *Fig.* S'insinuer, pénétrer : *Une erreur s'est glissée dans les comptes.* ◆ **glissade** n. f. Action de glisser; mouvement que l'on fait en glissant : *Faire une glissade sur un parquet ciré.* ‖ Amusement d'enfants consistant à glisser : *Dès qu'il a gelé, les enfants occupent leurs jeux à des glissades.* ‖ Surface glacée où les enfants s'amusent à glisser. (En ce sens, on dit aussi GLISSOIRE.) ‖ *Fig.* Faiblesse, faux pas, faute : *De glissade en glissade, il est tombé dans la débauche.* ● *Glissade sur l'aile*, chute d'un avion sur le côté, consécutive à un virage exécuté avec un excès d'inclinaison. (On dit aussi GLISSEMENT.) ◆ **glissage** n. m. Opération consistant à faire descendre les bois abattus, par des glissoirs, le long des montagnes. (On dit plutôt LANÇAGE.) ◆ **glissance** n. f. Etat d'une surface, spécialem. d'une chaussée, présentant un très faible coefficient de frottement. ◆ **glissant, e** adj. Sur quoi l'on glisse facilement : *Route glissante.* ‖ Qui glisse dans les mains. ‖ *Fig.* Prompt à échapper, difficile à saisir ou à conserver : *On ne peut l'attaquer de front, il est trop glissant dans la conversation.* ● *Ajustement glissant*, assemblage, réalisé avec un certain serrage, mais admettant plusieurs degrés de précision, de deux organes mécaniques qui doivent être faciles à monter ou à démonter, mais qui n'ont pas de déplacement relatif pendant leur fonctionnement. ‖ *Terrain glissant* (Fig.), affaire hasardeuse, circonstance délicate. ‖ *Vecteur glissant*, vecteur porté par une droite et n'ayant que la liberté de glisser le long de cette droite. (On dit aussi parfois GLISSEUR.) ◆ **glissement** n. m. Action de glisser; mouvement de ce qui glisse : *Le glissement silencieux des oiseaux dans le ciel.* ‖ Déplacement de deux surfaces en contact, de telle sorte que le point de contact de l'une soit en mouvement relatif par rapport à l'autre. (V. FROTTEMENT.) ‖ *Fig.* Passage progressif à un degré ou à un état différent : *Glissement de sens d'un mot. Un glissement politique à droite.* ● *Glissement de fréquence d'un magnétron*, variation de fréquence provoquée soit par variation de l'impédance de charge (*glissement aval*), soit sous l'action d'une variation du courant anodique (*glissement amont*). ‖ *Glissement d'une génératrice ou glissement d'un moteur asynchrone*, rapport de la différence des vitesses du champ et du rotor à la vitesse du champ tournant. ‖ *Glissement de terrain*, déplacement d'une masse de terrain sans bouleversement. ◆ **glisseur, euse** n. Personne qui glisse sur la glace. ‖ **— glisseur** n. m. Vecteur qui peut glisser sur son support en conservant son sens et sa longueur. (Un ensemble de glisseurs constitue un tarseur. On dit aussi VECTEUR GLISSANT.) ‖ Dispositif permettant à certains types de véhicules de glisser sur un coussin d'air au-dessus d'une surface plane (rail, surface de l'eau, etc.). ◆ **glissière** n. f. Syn. de TOBOGGAN, GOULOTTE. ‖ Pièce métallique, de section généralement prismatique, utilisée pour guider un mouvement, le plus souvent rectiligne. ● *Fermeture à glissière,* fermoir souple constitué par deux rubans textiles sur lesquels sont agrafées des dents métalliques ou plastiques, s'emboîtant les unes dans les autres par l'intermédiaire d'un chariot glissant, dit « curseur ». ‖ *Glissière de sécurité,* bande métallique bordant une route ou une autoroute, destinée à maintenir sur la chaussée un véhicule dont le conducteur n'est plus en mesure de contrôler la direction. ‖ *Porte à glissière,* porte dont le mouvement d'ouverture se produit latéralement. ◆ **glissoir** n. m. Petit coulant mobile dans lequel passe une chaîne. ‖ Pièce d'usure rapportée sur un élément mobile et qui se déplace sur une glissière. ‖ Couloir établi pour la vidange des bois, et par lequel on les fait glisser sur les pentes. (On dit aussi GLISSOIRE n. f.) ◆ **glissoire** n. f. Chemin de glace sur lequel les enfants s'amusent à glisser.

Glisson (Francis), médecin anglais (Rampisham, Dorset, 1597 - Londres 1677). Professeur de médecine à Cambridge, puis d'anatomie à Londres, il a décrit l'enveloppe fibreuse du foie, dite *capsule de Glisson.*

Gliwice, en allem. **Gleiwitz,** v. de Pologne, en haute Silésie (voïévodie de Katowice) ; 178 900 h. Mines de charbon ; sidérurgie.

global, e, aux adj. Pris en bloc : *Revenu global d'une terre. L'impôt global sur le revenu.* ● *Méthode globale,* méthode pédagogique d'apprentissage de la lecture, qui repose sur l'idée que l'enfant ne perçoit pas d'abord les éléments (lettre, son élémentaire), mais des ensembles. (Ce n'est qu'ensuite qu'il serait capable d'abstraction lui permettant d'analyser ces ensembles. Cette méthode, vivement critiquée [on la rend responsable de nombreux cas de dyslexie], est en voie d'abandon.) — Méthode d'évaluation du revenu national (issue des analyses keynésiennes), pour laquelle la nation est considérée comme un organisme homogène. ◆ **globalement** adv. En bloc ; dans l'ensemble.

globe n. m. (lat. *globus*). Corps sphérique, sphère : *Le centre, le diamètre d'un globe.* ‖ Enveloppe sphéroïdale de verre ou de cristal. ‖ En boucherie, morceau correspondant à la cuisse. ‖ Partie d'un four à porcelaine dans laquelle on fait subir à la porcelaine crue une première cuisson (dégourdi) vers 900 °C. ‖ Sorte de filet de pêche carré, fixé d'un côté sur des pieux, attaché de l'autre à un cabestan. ‖ Symbole de la souveraineté, souvent surmonté d'un aigle, d'une Victoire, etc., et qui fut un attribut (surtout iconographique) des empereurs romains, des empereurs byzantins et de divers souverains d'Occident. ● *Globe céleste,* globe représentatif de la sphère céleste avec un système de coor

Larousse

**globe céleste
du XVIIᵉ s.**

données horizontales. ‖ *Globe fulminant,* syn. de ÉCLAIR EN BOULE. ‖ *Globe de l'œil* ou *globe oculaire,* l'œil (organe sphérique). ‖ *Globe terrestre,* sphère sur laquelle est dessinée une carte de la Terre ; et, *par extens.,* la Terre. (On dit aussi, absol., le GLOBE.) ‖ *Globe utérin,* saillie formée par l'utérus rétracté après l'accouchement. ‖ *Globe vésical,* saillie que forme la vessie dans le bas-ventre en cas de rétention d'urines.

Globe (LE), journal philosophique et littéraire, fondé en 1824, et autour duquel s'est formé le personnel politique de la monarchie de Juillet. Après 1830, il fut acheté par les saintsimoniens et cessa de paraître en 1832.

Globe (THÉÂTRE DU), théâtre de Londres fondé en 1599. C'était une tour en bois de forme octogonale, située non loin de la Tamise. Shakespeare en était un actionnaire.

globe-trotter [trɔtər] n. m. (mots angl. signif. *coureur sur le globe*). Personne qui voyage à travers le monde. — Pl. *des* GLOBE-TROTTERS.

globicéphale n. m. Grand dauphin à tête ronde et sans rostre, des mers froides. (Noir, long de 5 à 6 m, le globicéphale, ou ÉPAULARD À TÊTE RONDE, nage lentement en bandes organisées.)

globidium [djɔm] n. m. Coccidie, parasite presque universel, de la caillette des moutons et des chèvres. (Certaines espèces parasitent le cheval, le bœuf, le chameau.)

globigérine n. f. (lat. *globus,* globe, et *gerere,* porter). Foraminifère pélagique constitué par de petites loges sphériques disposées en une spirale irrégulière. (Les globigérines jouent un rôle important dans la constitution de certaines vases abyssales des océans.)

globine n. f. Protéide riche en histidine, obtenu par hydrolyse de l'hémoglobine. (L'autre constituant est l'« hème », groupement prosthétique spécifique de l'hémoglobine.)

globulaire n. f. Herbe des coteaux secs, aux fleurs bleues en capitules globuleux. (Type de la famille des *globulariacées,* ordre des lamiales.)

globulaire adj. → GLOBULE.

globule n. m. (lat. *globulus;* de *globus,* globe). Très petit corps sphérique. ‖ Petit corps arrondi ou ovulaire, que l'on trouve dans divers liquides ou tissus de l'organisme. ‖ Petite nébulosité sombre, de forme circulaire, qui est vue par contraste quand elle se projette sur certaines nébuleuses galactiques* brillantes. ● *Globule blanc du sang,* cellule mobile du sang, intervenant dans les mécanismes de défense. (Syn. LEUCOCYTE.) [V. encycl.] ‖ *Globules du lait,* gouttelettes de graisse en émulsion dans le lactosérum, et qui, séparées de lui, donnent la crème. ‖ *Globules de la lymphe,* globules blancs analogues à ceux du sang. ‖ *Globule polaire,* cellule se détachant de l'ovocyte pendant la méiose. (V. encycl.) ‖ *Globule rouge du sang,* cellule mobile contenant l'hémoglobine et véhiculant l'oxygène et le gaz carbonique. (Syn. HÉMATIE.) [V. encycl.] ◆ **globulaire** adj. En forme de globe : *Corps globulaire. Masse globulaire.* ‖ Relatif aux globules sanguins : *Anémie globulaire.* ● *Numération globulaire,* v. NUMÉRATION. ‖ *Sédimentation globulaire,* v. SÉDIMENTATION. ◆ **globuleux, euse** adj. Qui a la forme d'un petit globe. ● *Œil globuleux,* particulièrement saillant.
— ENCYCL. **globule.** *Biol.* Les *globules polaires* expulsés par l'ovocyte avant ou après la fécondation résultent de la réduction chromatique ; ce sont eux qui éliminent la moitié des chromosomes, l'autre moitié restant dans l'ovule.
— *Hématol.* Les *globules rouges* du sang sont des disques de 7 μ de diamètre, sans noyau, aplatis en leur centre chez l'homme. On en compte de 4 500 000 à 5 000 000 par millimètre cube de sang chez le sujet normal. Les *globules blancs* du sang sont des cellules complètes, se répartissant en trois groupes : les *polynucléaires,* qui semblent avoir plusieurs noyaux, mais qui n'en ont en réalité qu'un, étranglé en plusieurs points, et qui ont des granulations dans leur cytoplasme, d'où le nom de « granulocytes » qu'on leur donne parfois ; les *mononucléaires,* ou *lymphocytes,* avec un petit noyau et un cytoplasme sans granulations ; les *monocytes,* pourvus d'un volumineux noyau, et également sans granulations. (Mononucléaires et monocytes sont encore dits *agranulocytes.*) On compte de 6 000 à 8 000 globules blancs par millimètre cube de sang chez le sujet normal. Ces chiffres varient avec l'âge et les états morbides. (V. NUMÉRATION et HÉMATOLOGIE.)

globulin n. m. Syn. de PLAQUETTE* SANGUINE, THROMBOCYTE.

globuline n. f. Protéine à grosse molécule. (V. encycl.) ◆ **globulinurie** n. f. Présence de globuline dans les urines. (C'est une variété de protéinurie.)
— ENCYCL. **globuline.** Les globulines sont les constituants protéiques du sang et de divers liquides organiques ; elles possèdent les poids moléculaires les plus élevés (supérieurs à 100 000). On peut en isoler plusieurs variétés par électrophorèse ; ce sont, par poids moléculaire croissant, les α-, β- et γ-globulines.
Les globulines jouent un rôle important dans les phénomènes vitaux. Ce sont elles qui supportent les anticorps dans les mécanismes de l'immunité. La γ-globuline est, après isolement par électrophorèse, utilisée en thérapeutique dans la prévention et le traitement

globuline

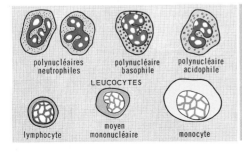

polynucléaires
neutrophiles

polynucléaire
basophile

polynucléaire
acidophile

LEUCOCYTES

lymphocyte

moyen
mononucléaire

monocyte

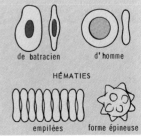

de batracien

d'homme

HÉMATIES

empilées

forme épineuse

de diverses maladies infectieuses (rubéole, rougeole, poliomyélite, etc.).

globulinurie → GLOBULINE.

globus pallidus [glɔbyspalidys] n. m. Formation de substance nerveuse des noyaux gris centraux du cerveau. (Syn. PALLIDUM.)

glochide [kid] n. m. Poil végétal crochu.

glochidium [kidjɔm] n. m. (gr. *glôkhis*, pointe). Larve des moules d'eau douce (unionidés), qui vit en parasite sur les branchies des poissons, fixée par un crochet.

glockenspiel [glɔkənʃpil] n. m. (mot allem. signif. *jeu de cloches*). Petit carillon à main.

gloéode n. m. Champignon parasite, agent du blotch fumeux des pommes et des poires.

gloire n. f. (lat. *gloria*). Renommée éclatante : *Etre sensible à la gloire.* ‖ Sujet, titre de gloire : *La seule gloire de cette ville est de compter un homme célèbre parmi ses habitants.* ‖ Personne célèbre : *Cet acteur est la gloire du cinéma français.* ‖ Motif rayonnant de paillettes de grandeurs décroissantes, entourant un sujet religieux (agneau, pélican, I. H. S.). ‖ Auréole lumineuse (en peinture, sculpture, décoration) symbolisant la sainteté. ‖ Ciel peuplé d'anges et de saints décorant une coupole. ‖ Dans l'ancienne décoration théâtrale, nacelle entourée de nuages, servant aux apparitions célestes. ‖ *Poét.* Eclat de la lumière, splendeur (en parlant des choses) : *Au coucher du soleil, on peut voir le mont Blanc dans toute sa gloire.* ‖ Eclat, splendeur, au sens moral : *A cette époque, Rome brillait de toute sa gloire.* ‖ Splendeur de la majesté divine : *La gloire de Dieu.* ‖ Béatitude céleste dont jouissent les élus après leur mort : *Posséder la gloire éternelle.* ● *Dire quelque chose à la gloire de quelqu'un,* dire quelque chose qui lui fait honneur. ‖ *Mettre sa gloire à* ou *en,* mettre son honneur dans. ‖ *Rendre gloire à Dieu,* lui rendre un éclatant hommage. ‖ *Se faire gloire de,* se vanter, tirer vanité de. ‖ *Travailler pour la gloire,* travailler sans profit matériel. ◆ interj. Honneur soit rendu à : *Gloire aux martyrs de la justice!* ◆ **glorieusement** adv. De façon glorieuse : *Mourir glorieusement.* ◆ **glorieux, euse** adj. Qui s'est acquis de la gloire : *Un glorieux conquérant.* ‖ Qui procure de la gloire : *Combat glorieux. Mort glorieuse.* ‖ — **glorieux** n. m. Personne vaine, suffisante : *Faire le glorieux.* ‖ — **glorieuse** n. f. *Les Trois Glorieuses,* nom donné aux journées révolutionnaires des 27, 28 et 29 juillet 1830. ◆ **glorificateur, trice** n. et adj. Personne ou chose qui glorifie. ◆ **glorification** n. f. Action de glorifier : *La glorification du travail.* ‖ Elévation des élus à la gloire éternelle. ◆ **glorifier** v. tr. Honorer, célébrer, rendre gloire à : *Glorifier un acte d'héroïsme.* ‖ Appeler à partager la béatitude céleste : *Dieu glorifie les saints.* ‖ — SYN. : *célébrer, exalter, honorer, louer, magnifier, vanter.* — CONTR. : *abaisser, déshonorer, humilier, rabaisser.* ‖ — **se glorifier** v. pr. Se faire un titre de gloire de (en b. et en mauv. part) : *Se glorifier de ses succès sportifs.* ◆ **gloriole** n. f. Vaine gloire qui se tire de petites choses : *Faire quelque chose par pure gloriole.*

glome n. m. (lat. *glomus,* peloton). Chacun des deux renflements cornés qui terminent la fourchette du sabot du cheval.

Glomel, comm. des Côtes-du-Nord (arr. de Guingamp), à 7,5 km à l'O. de Rostrenen, près du canal désaffecté de Nantes à Brest, qui traverse la région par la *tranchée de Glomel ;* 1 534 h.

glomerella n. m. Champignon ascomycète, agent de la pourriture amère des fruits et de certaines anthracnoses*. (Ordre des sphériales.)

gloméris [ris] n. m. Petit mille-pattes des souches, au dos noir et lisse, qui se roule en une sphère parfaite lorsqu'on le saisit.

glomérule n. m. Inflorescence ressemblant à un capitule, mais qui s'en distingue par le fait que les fleurs du centre s'ouvrent les premières. ‖ Nom donné à des pelotons vasculaires ou glandulaires, ou aux deux à la fois, qui entrent dans la constitution de certains organes. (Les *glomérules du rein* sont de petits corpuscules de vaisseaux capillaires

gloire
« le Jugement dernier »
détail
par Fra Angelico
couvent San Marco, Florence

Giraudon

situés dans la zone corticale de l'organe, et qui constituent le premier élément de l'appareil de filtration.) ◆ **glomérulé, e** adj. Se dit des organes réunis en glomérules. ◆ **glomérulite** n. f. Inflammation d'un glomérule. ◆ **glomérulonéphrite** n. f. Néphrite où prédominent les lésions des glomérules du rein.

Glommen (le). V. GLÂMA.

glomus [mys] n. m. Petite anastomose entre veine et artère. ● *Glomus carotidien,* corpuscule vasculaire situé à la bifurcation de l'artère carotide, et qui joue un rôle sensitif dans la régulation de la pression artérielle.

1. gloria n. m. (mot lat. signif. *gloire*). Prière de louange que l'on chante ou que l'on récite à la messe après le *Kyrie eleison,* et qui commence par les mots *Gloria in excelsis Deo* (cantique des anges à la crèche). ● *Gloria Patri,* verset par lequel l'Eglise catholique termine tous les psaumes chantés à l'office, et qui commence par les mots *Gloria Patri et Filio.*

2. gloria n. m. Tissu formé d'une chaîne en organsin et d'une trame en fil.

3. gloria n. m. *Fam.* Café ou thé sucré mêlé d'eau-de-vie ou de rhum. (Vieilli.)

gloriette n. f. (du lat. *gloria,* gloire). Petit pavillon d'agrément servant de belvédère ; cabinet de verdure dans un parc.

glorieusement → GLOIRE.

Glorieuses (ÎLES), archipel de l'océan Indien, au N.-O. du cap d'Ambre, dépendance de Madagascar.

glorieux, glorificateur, glorification, glorifier, gloriole → GLOIRE.

glose n. f. (bas lat. *glosa,* mot rare ; du gr. *glôssa,* « langue », puis « mot étranger, obscur »). Commentaire interlinéaire ou marginal d'un texte, expliquant les mots ou les passages obscurs : *Les gloses des Pères de l'Eglise sur l'Ecriture.* ‖ Commentaire, note servant à l'intelligence d'un texte : *Une page couverte de gloses marginales.* ‖ Parodie d'une pièce de poésie, où chaque vers de la pièce donne lieu à une strophe qui en est le commentaire plaisant. ‖ *Fam.* Critique, interprétation malveillante : *Craindre les gloses du public.* ◆ **gloser** v. intr. Faire des gloses, des commentaires : *Gloser sur un texte.* ◆ **glossateur** n. m. Celui qui fait des gloses : *Les glossateurs de l'école de Bologne.*

glossaire n. m. (bas lat. *glossarium ;* de *glosa,* mot rare). Dictionnaire dans lequel on donne l'explication de certains termes obscurs d'une langue par d'autres mots, plus clairs, de la même langue. ‖ Lexique d'un auteur à la fin d'une édition classique. ‖ — SYN. : *dictionnaire, lexique, vocabulaire.*

Glossaire des auteurs de la moyenne et basse latinité (*Glossarium ad scriptores mediae et infimae latinitatis*), dictionnaire du latin médiéval et encyclopédie historique de Ch. du Cange, édité en 1678 et plusieurs fois réédité (1733-1736, par les bénédictins de Saint-Maur, et pour la dernière fois en 1940).

glossalgie n. f. Douleur à la langue.

glossateur → GLOSE.

glosse n. f. (gr. *glôssa,* langue). Chacune des deux pièces symétriques dont l'union forme la langue des insectes lécheurs (abeille).

glossématique n. f. Selon Hjelmslev, étude d'unités linguistiques définies strictement selon leur fonction dans la structure de la langue. ◆ **glossème** n. m. La plus petite unité linguistique capable de servir de support à une signification (unité significative).

glossette n. f. *Pharm.* Comprimé soluble qu'on dépose sous la langue et qui doit s'y dissoudre sans être avalé.

glossine n. f. Mouche vivipare d'Afrique équatoriale, agent vecteur de la maladie du sommeil. (La glossine dépose ses larves dans les broussailles du bord des fleuves ; on la combat activement.) [Syn. TSÉ-TSÉ.]

glossite n. f. Inflammation de la langue. (Les glossites sont provoquées par des affections dentaires ou par des affections générales [avitaminoses, syphilis].)

glossodynie n. f. Névralgie de la langue.

glossographe n. m. Instrument d'enregistrement de la parole, utilisant les mouvements de la langue.

glossolalie n. f. *Hist. relig.* Don surnaturel des langues. (Ce don, manifesté par saint Pierre au jour de la Pentecôte, est un symbole d'unité par opposition à la confusion de la tour de Babel.) ‖ Langage de certains malades mentaux, constitué par des néologismes et une syntaxe déformée, et susceptible d'être compris (par différence avec la *glossomanie,* dépourvue de toute signification).

glossopètre n. f. Nom donné par les Anciens à divers fossiles.

glossophage n. m. Chauve-souris des Antilles, munie d'une langue très longue aux papilles filiformes. (Famille des phyllostomidés.)

glosso-pharyngien, enne adj. Relatif à la fois à la langue et au pharynx. ‖ — **glossopharyngien** n. m. Nerf sensitivo-moteur constitué par la neuvième paire crânienne.

glossophytie n. f. Affection de la langue, caractérisée par une coloration noire et une hypertrophie des papilles. (Syn. LANGUE NOIRE PILEUSE, MÉLANOGLOSSIE.)

glossoplégie n. f. Paralysie de la langue.

glossoptéris [ris] n. m. Fougère fossile caractéristique de la flore dite « de Gondwana », du permo-trias des régions australes.

glossoptôse n. f. Chute en arrière de la langue, qui gêne la respiration. (Elle se produit chez le nouveau-né ou au cours de l'anesthésie générale.)

glosso-staphylin n. et adj. m. L'un des muscles pairs de la langue.

glossothérium [rjɔm] n. m. Grand mammifère édenté du quaternaire de l'Amérique du Sud, disparu depuis seulement neuf mille ans. (Syn. MYLODON.)

glossotomie n. f. Amputation de la langue.

glottal → GLOTTE.

glotte n. f. (gr. *glôttis*, glotte). Partie du larynx comprise entre les deux cordes

> **v. larynx**

vocales inférieures. ◆ **glottal, e, aux** adj. *Phonét.* Qui met en jeu la glotte : *Vibrations glottales.* ◆ **glottique** adj. Relatif à la glotte. ◆ **glottite** n. f. Inflammation des cordes vocales inférieures.

Glotz (Gustave), historien français (Haguenau 1862 - Paris 1935). Professeur d'histoire grecque à la Sorbonne (1897), il dirigea une « Histoire générale » de l'Antiquité au Moyen Age, dont il écrivit l'*Histoire grecque*, en collaboration avec Robert Cohen. (Acad. des inscr., 1920.)

Gloucester, v. de Grande-Bretagne, ch.-l. du *Gloucestershire,* sur la Severn ; 72 200 h.

B. T. A. - Images et Textes

cathédrale de **Gloucester**

Constructions aéronautiques. Anc. colonie romaine fondée par Nerva en 96 (*Glevum*), la ville se développa au Moyen Age avec le commerce du drap, du fer, du blé et du vin. La cathédrale, entreprise en 1089, fut agrandie et remaniée jusqu'au XVe s. dans le style perpendiculaire, sur un plan venu des pays de la Loire. Les voûtes du chœur, des cloîtres et le tombeau d'Edouard II sont célèbres.

Gloucester (Thomas OF WOODSTOCK, duc DE) [Woodstock 1355 - Calais 1397], septième fils d'Edouard III. Partisan de la guerre contre la France, il fut un des principaux opposants à Richard II, son neveu (1387). Après la réaction royaliste de 1397, il fut assassiné à Calais.

Gloucester (Onfroi [Humphrey], duc DE) [1391 - Bury Saint Edmunds 1447], quatrième fils d'Henri IV. Marié à Jacqueline de Hainaut-Bavière (1422), il se brouilla, à la mort de son frère Henri V, avec son oncle Henri de Beaufort, et l'intervention de Bedford évita la guerre civile. Ses intrigues entraînèrent son arrestation sur ordre d'Henri VI. Il mourut quatre jours plus tard.

glouglou n. m. (onomatop.). Bruit d'un liquide s'échappant du goulot d'une bouteille, ou tout bruit analogue : *Le glouglou d'une bouteille qui se vide.* || Cri du dindon. || Roucoulement du pigeon. ◆ **glouglouter** v. intr. Crier, en parlant du dindon. || Faire entendre un bruit de glouglou.

gloussement → GLOUSSER.

glousser v. intr. (lat. *glocire*). En parlant de la poule, appeler ses poussins ou annoncer par son cri qu'elle veut couver. || *Pop.* Parler, rire. ◆ **gloussement** n. m. Cri de la poule ou d'un autre oiseau qui glousse : *La mère poule appelle ses poussins par ses gloussements.* || Chuchotement, rire étouffé : *Des gloussements de jeunes filles.*

glouton, onne adj. et n. (du bas lat. *gluto;* de *gluttus,* gosier). Qui mange beaucoup et avec avidité : *Un enfant glouton.* || Qui témoigne de la gloutonnerie : *Une joie gloutonne.* || — SYN. : *goinfre, goulu, gourmand.* ◆ **gloutonnement** adv. De façon gloutonne : *Manger gloutonnement.* ◆ **gloutonner** v. intr. Manger avidement, avec excès. ◆ **gloutonnerie** n. f. Défaut du glouton ; appétit glouton : *Son indisposition ne l'a pas guéri de sa gloutonnerie.*

glouton n. m. Carnassier des forêts arctiques, long de 1 m, qui attaque les élans et les rennes. (Famille des mustélidés.)

gloutonnement, gloutonner, gloutonnerie → GLOUTON adj.

Glover (John), chimiste anglais (Newcastle-on-Tyne 1817 - id. 1912). En 1861, il a imaginé la *tour de Glover,* qui met en réaction les produits nitreux dans la préparation de l'acide sulfurique.

Głowacki (Aleksander). V. PRUS (Bolesław).

gloxinia n. m. Gesnériacée américaine aux belles fleurs tubulaires, cultivée en Europe comme ornementale.

Glozel, lieu-dit de la comm. de Ferrières-sur-Sichon (Allier, arr. et à 21 km environ au S.-E. de Vichy). La découverte par un paysan, en 1924, d'une fosse en briques vitrifiées, puis de vases à masques et de briques cou-

LES GLUCIDES

catégorie	éléments	formule et propriétés
oses	une seule molécule	non hydrolysables; réducteurs; goût sucré constant
pentoses		$C_5H_{10}O_5$; ex.: *ribose, arabinose* $C_5H_{10}O_4$; ex.: *désoxyribose* du noyau des cellules vivantes
hexoses		$C_6H_{12}O_6$; ex.: *glucose* (forme circulante des glucides organiques), *lévulose, galactose*
osides	plusieurs molécules condensées	hydrolysables
holosides	uniquement formés d'oses	
DIHOLOSIDES (solubles)	deux molécules d'oses	$C_{12}H_{22}O_{11}$ { ● réducteurs; ex.: *lactose* du lait ● non réducteurs; ex.: *saccharose* (sucre ordinaire)
POLYHOLOSIDES (insolubles)	plus de deux molécules d'oses	$(C_6H_{10}O_5)_n$ { *cellulose* *amidon* (cellules végétales) *glycogène* (cellules animales)
hétérosides	association d'oses et d'autres éléments	{ *lignine* (constituant du bois) *glycoprotéines* (mucus) *amygdaloside* des amandes

vertes de signes, suscita un vif intérêt et de longues polémiques entre savants; Salomon Reinach, Camille Jullian en soutenaient l'authenticité; les préhistoriens, parmi lesquels l'abbé Breuil, ont penché pour la falsification.

glu n. f. (bas lat. *glus*, colle). Matière visqueuse et tenace, obtenue particulièrement de la deuxième écorce (liber) du houx, et qui sert surtout à prendre les oiseaux. ‖ Enduit pour les murs ou les bois, composé d'huile de goudron et de blanc de zinc. ‖ *Fig.* Ce qui retient, subjugue : *La glu de la séduction.* ‖ *Fam.* Personne importune : *C'est une vraie glu.* ◆ **gluant, e** adj. Qui colle, visqueux : *Les pavés gluants. Un liquide gluant.* ‖ *Fam.* Encombrant, importun. ‖ — SYN. : *collant, poisseux, visqueux.* ◆ **gluau**, et, autref., **gluon** n. m. Petite branche enduite de glu, entourée de graines, utilisée pour prendre les oiseaux. (Cette chasse est interdite par la loi.) ◆ **gluer** v. tr. Enduire de glu.

Glubb (sir John Bagot), dit **Glubb pacha,** général britannique (Preston, Lancashire, 1897). Parti en 1920 au Moyen-Orient comme ingénieur et administrateur, il devint en 1930 l'adjoint du général Peake, fondateur et commandant de la *Légion arabe,* auquel il succéda en 1939. Il fit de cette unité la meilleure formation arabe du Moyen-Orient et l'engagea en Iraq contre Rachîd 'Alî et en Syrie contre les Français (1941). Citoyen jordanien en 1946, Glubb pacha fut congédié en 1956 par le roi Husayn.

glucagon n. m. Polypeptide présent dans certains extraits pancréatiques et doué d'une action hyperglycémiante (c'est-à-dire inverse de l'insuline).

glucide n. m. Constituant de la matière vivante, contenant du carbone, de l'hydrogène et de l'oxygène, et présentant, à côté de plusieurs fonctions alcool, un groupement aldéhyde ou cétone. (V. *encycl.*) [Syn. SACCHARIDE.] ◆ **glucidique** adj. Qui se rapporte aux glucides : *Métabolisme glucidique.* ◆ **glucidogramme** n. m. Courbe qui traduit les vitesses de déplacement des molécules glucidiques (glucoprotéines) à l'électrophorèse. ◆ **gluco-lipidique** adj. Composé de glucides et de lipides : *Complexe glucido-lipidique.* — ENCYCL. **glucide.** Les glucides se divisent en deux groupes : les oses et les osides.
Les *oses,* qui comprennent les *aldoses* et les *cétoses,* sont des sucres non hydrolysables (ex. : glucose, galactose).
Les *osides* forment trois groupes : 1° les *holosides,* dont l'hydrolyse conduit à plusieurs oses, que l'on divise en diholosides, triholosides, etc., selon le nombre d'oses libérés (ex. : saccharose, lactose); 2° les *polyosides,* macromolécules formées par l'anhydrisation d'un grand nombre d'oses, qui se trouvent libérés par hydrolyse complète (ex. : amidon, cellulose); 3° les *hétérosides,* dont l'hydrolyse libère, à côté d'un ou de plusieurs oses, une molécule d'autre nature, nommée « aglycone ».
L'ensemble de ces corps est parfois appelé

« hydrates de carbone », dénomination à éviter, car elle ne convient qu'à une partie d'entre eux.

Les oses sont tous sucrés, ainsi que la plupart des holosides.

Les glucides constituent pour l'organisme un facteur énergétique important : le glucose est indispensable à la contraction musculaire ; la mise en réserve des glucides sous forme d'osides (glycogène, amidon) permet de maintenir en circulation le taux convenable.

glucine n. f. (gr. *glukus,* doux). Oxyde de béryllium. ◆ **glucinium** [njɔm] n. m. Syn. de BÉRYLLIUM.

Gluck (Christoph Willibald, chevalier VON), compositeur allemand (ou tchèque) [Erasbach, près de Weidenwang, Haut-Palatinat, 1714 - Vienne 1787]. Gluck voyage avec son père, puis travaille avec Sammartini à Milan. Il dirige son premier opéra en 1741, rencontre Händel à Londres, où il donne plusieurs opéras. De retour sur le continent, il voyage beaucoup, diffusant ses opéras dans toutes les grandes villes européennes. Il fera plusieurs voyages à Paris, où il sera protégé par la reine Marie-Antoinette. Il cherche à éviter les airs inutiles et les commentaires musicaux trop appuyés, à augmenter l'importance de l'ouverture et le rôle des chœurs. Les représentations de son *Iphigénie en Aulide* marquent le début de la querelle entre les partisans de Gluck et ceux de la musique italienne, bientôt représentée par Piccinni. Parmi les œuvres de Gluck, presque toutes destinées à la scène, on distingue : *Orfeo ed Euridice* (1762), *Iphigénie* en Aulide* (1774), *Orphée**, en français (1774), *Alceste, Armide, Iphigénie* en Tauride.* Gluck a réalisé une profonde réforme de l'opéra italien : suppression de l'aria da capo, du clavecin pour accompagner les récits ; simplification du ballet ; emprunt des sujets à l'Antiquité

Gluck, par J. S. Duplessis
coll. part.

Held

grecque ; recherche d'une déclamation sobre, naturelle, qui « touche ».

Gluckman (Max), anthropologue britannique (Johannesburg 1911 - Jérusalem 1975). Privilégiant l'étude des dynamismes internes des sociétés traditionnelles (*Order and Rebellion in Tribal Africa,* 1963), il réconcilie l'histoire et l'approche fonctionnaliste. La plupart des recherches de terrain qu'il effectue (Afrique du Sud, Rhodésie) sont orientées vers le problème du contrôle social (*Politics, Law and Ritual in Tribal Society,* 1965).

glucocorticoïde adj. et n. m. Corticoïde qui agit sur le métabolisme des glucides.

glucomètre n. m. (du gr. *glukus,* doux, et *metron,* mesure). Densimètre destiné à évaluer la quantité de sucre que renferme un moût. (Syn. PÈSE-MOÛT.)

gluconate → GLUCONIQUE.

gluconique adj. Se dit d'un acide qui se forme par oxydation du glucose. ◆ **gluconate** n. m. Sel ou ester de l'acide gluconique. (Le gluconate de calcium est employé comme recalcifiant.)

glucoprotéide n. m. ou **glucoprotéine** n. f. V. GLYCOPROTÉIDE.

glucopyrannose n. m. Forme cyclique du glucose, résultant d'une hémiacétalisation.

glucosanne → GLUCOSE.

glucose n. m. (gr. *glukus,* doux). Sucre de fécule, aldohexose de formule
$$CH_2OH—(CHOH)_4—CHO.$$
(V. *encycl.*) [Syn. DEXTROSE.] ◆ **glucosanne** n. m. Nom générique donné aux gommes fournissant du glucose par hydrolyse. ◆ **glucosé, e** adj. Additionné de glucose : *Sérum glucosé.* ◆ **glucoserie** n. f. Usine où l'on fabrique le glucose. ◆ **glucoside** n. m. Nom générique de composés naturels rencontrés chez les végétaux, et qui, par hydrolyse, donnent naissance à du glucose et à des substances diverses, appelées « aglycones ». (Ce sont fréquemment des poisons violents.)

— ENCYCL. *glucose.* Le glucose est connu sous trois formes, dont la plus importante, le glucose droit, ou *d*-glucose, existe à l'état libre dans le raisin et dans de nombreux fruits sucrés, comme dans la plupart des liquides animaux. Il est également répandu dans le règne végétal sous forme de combinaisons (glucosides). Il se forme une autre dans le dédoublement des osides (saccharose, amidon, etc.).

Il cristallise à froid avec une molécule d'eau, fond alors à 86 °C et se déshydrate vers 110 °C. Il est incolore et possède une saveur sucrée, moins forte que celle du sucre ordinaire.

C'est un sucre réducteur, agissant sur la liqueur de Fehling, propriété mise à profit pour son dosage dans l'urine. Il fermente au contact de la levure de bière en donnant principalement de l'alcool éthylique et du gaz carbonique. (V. OSE.)

On obtient le glucose par hydrolyse de l'amidon ou de la fécule en présence d'acide chlorhydrique. Si le jus d'hydrolyse présente une teneur moyenne en glucose, sa concentration fournira le *glucose cristal*, visqueux, qui renferme, à côté du glucose, 40 p. 100 de maltose et des dextrines. Si l'hydrolyse a été plus forte, on obtient le *glucose massé*, qui contient 75 p. 100 de glucose.

glucosé, glucoserie, glucoside → GLUCOSE.

glucosurie n. f. V. GLYCOSURIE.

gluer → GLU.

glui n. m. Paille de seigle ou de blé servant à couvrir les toits, à faire des liens pour les gerbes, la vigne.

glume n. f. (lat. *gluma*). Enveloppe des grains de céréales. (On distingue dans l'épi de graminacée trois sortes d'enveloppes : les *glumes* proprement dites, ou *bractées*, qui entourent l'épillet tout entier ; les *glumelles*, qui entourent une seule fleur ; les *glumellules*, minuscules écailles qui remplacent les pétales de la fleur. L'ensemble de ces pièces est la *balle*, ou *bale*.) ◆ **glumiflores** n. f. pl. Ordre de plantes monocotylédones dont les fleurs sont entourées de glumes. (Ce sont les graminacées et les cypéracées.)

glutamine → GLUTAMIQUE.

glutamique adj. Se dit d'un diacide aminé qui se rencontre dans la mélasse de betterave et dans les principaux milieux organiques (muscle, tissu nerveux). [Il est employé en thérapeutique comme reconstituant de la cellule nerveuse. Il ne possède pas d'effet excitant et facilite seulement les processus cérébraux. Il joue également un rôle dans la détoxication en formant la glutamine.] ◆ **glutamine** n. f. Monoamide de l'acide glutamique. (La glutamine se forme dans les tissus par combinaison de l'acide glutamique avec l'azote des déchets ; elle transporte ensuite ceux-ci vers le rein et le foie, où ils sont éliminés.)

glutarique adj. Se dit d'un diacide en C_5, dont les propriétés sont voisines de celles de l'acide succinique.

glutathion n. m. Protide formé par la réunion de trois acides aminés, la cystéine, l'acide glutamique et la glycine (tripeptide), et qui joue un grand rôle dans les phénomènes d'oxydoréduction.

glutéine → GLUTEN.

gluten [tɛn] n. m. (mot lat. signif. *colle*). Substance qui colle ensemble les parties des corps solides. ‖ Matière visqueuse qui reste quand on a ôté l'amidon de la farine de céréale. (Le gluten est composé de deux protéines : la gliadine et la glutéine. Il sert à faire des biscottes ou du pain « de gluten » pour les diabétiques. On l'emploie également pour enrober certaines dragées médicamenteuses.) ◆ **glutéine** n. f. L'une des

protéines du gluten. ◆ **glutineux, euse** adj. De la nature du gluten.

glybutamide n. m. Sulfamide hypoglycémiant employé dans le traitement du diabète par voie buccale.

glycémie n. f. Taux du glucose dans le sang.

— ENCYCL. La glycémie normale de l'être humain est de 1 g par litre. Lorsque le taux monte à 1,8 g, une partie du glucose passe dans l'urine (*glycosurie*). Un taux nettement excessif (2 g et plus par litre) est une *hyperglycémie*, un taux insuffisant (0,8 g et moins par litre), une *hypoglycémie*. L'organisme se préserve de ces deux risques mortels par une fonction complexe, la *glycorégulation*, à laquelle prennent part le foie, le pancréas, les reins, l'hypophyse, les capsules surrénales, etc. L'élément principal de cette régulation est la *fonction glycogénique* du foie, découverte par Claude Bernard en 1853 : recevant par la veine porte un sang trop riche en glucose, le foie en transforme une partie en un polymère insoluble, le *glycogène*, chimiquement voisin de l'amidon des végétaux, qu'il conserve dans ses cellules ; il y a *glycogénogenèse*, suivie de transformation en graisses (adipogenèse), si la situation se prolonge ; inversement, si le sang de la veine porte est pauvre en glucose, le foie hydrolyse ses réserves de glycogène pour remettre du glucose en circulation (*glycogénolyse* ou encore *glycogenèse*). Mais le foie ne fait qu'exécuter des ordres ou, plutôt, réaliser un équilibre entre l'action de l'insuline pancréatique, qui oriente son activité dans un sens hypoglycémiant, et l'action complexe de l'hypophyse, du système nerveux et des capsules surrénales, qui l'incitent au contraire à élever la glycémie. Les muscles ont leur propre fonction glycogénique, mais, en outre, ils prélèvent beaucoup de glucose dans le sang qui les traverse (il y a *glycopexie*), et, lorsqu'ils se contractent, ils transforment une partie de ce glucose en acide lactique (il y a *glycolyse*).

Glycèra, en gr. **Glykèra**, courtisane athénienne (IVe s. av. J.-C.). Elle fut la maîtresse d'Harpalos, qui la traita comme une reine, puis de Ménandre.

glycéré, glycéride → GLYCÉRINE.

glycérie n. f. Graminacée des marais salants et des prés très humides, dont les épis se couvrent, par temps chaud, d'une efflorescence sucrée. (Syn. MANNE DE POLOGNE.)

glycérine n. f. ou **glycérol** n. m. Trialcool de formule $CH_2OH—CHOH—CH_2OH$. (V. *encycl*.) [Syn. PROPANÉTRIOL.] ◆ **glycéré** n. m. Médicament externe ayant pour base la glycérine. (Syn. GLYCÉROLÉ.) ◆ **glycéride** n. m. Nom générique des esters de la glycérine. ◆ **glycériné, e** adj. Préparé avec de la glycérine. ◆ **glycérique** adj. Se dit d'un acide formé par oxydation de la glycérine.

— ENCYCL. **glycérine** ou **glycérol**. *Chim.* Découverte en 1779 par Scheele, la glycérine a été ainsi nommée par Chevreul en raison de sa saveur sucrée. Elle existe à l'état d'ester d'acides gras dans les graisses et les huiles. L'industrie la sépare comme sous-produit de l'hydrolyse des matières grasses. C'est un liquide visqueux, incolore, de densité 1,265, miscible à l'eau. Elle peut être solidifiée à 19 ^oC, mais elle reste habituellement en surfusion ; elle bout à 290 ^oC ; elle est hygroscopique.
La glycérine est éthérifiable par les acides. L'éther trinitrique, ou nitroglycérine, présente une grande importance industrielle. L'oxydation de la glycérine conduit à l'acide glycérique.

glycériné, glycérique → GLYCÉRINE.

Glycerius (Flavius), empereur d'Occident (473-474). Soldat proclamé empereur grâce à Gondebaud, roi des Burgondes, il fut renversé par Julius Nepos.

glycérocolle n. f. Mélange utilisé pour l'encollage des fils de chaîne au tissage.

glycérol n. m. Syn. de GLYCÉRINE.

glycérolé n. m. Syn. de GLYCÉRÉ.

glycérophosphate n. m. Sel de l'acide glycérophosphorique. (En thérapeutique, on emploie les glycérophosphates de calcium, de sodium, de fer, de magnésium, etc.)

glycérophosphorique adj. Se dit d'un acide résultant de l'éthérification d'une fonction acide de l'acide phosphorique par une fonction alcool de la glycérine.

glycérophtalique adj. Se dit de résines synthétiques obtenues par condensation de l'anhydride phtalique avec un polyalcool.

glycide n. m. Époxyde correspondant à la glycérine. ◆ **glycidique** adj. Se dit d'un acide obtenu par action des alcalis sur les dérivés chlorés de l'acide lactique.

glycin n. m. ou **glycine** n. f. Nom donné à la para-oxyphénylglycine, ou acide para-oxyphénylaminoacétique, utilisée comme développateur des émulsions photographiques.

glycine n. f. (gr. *glukus*, sucré). Papilionacée vivace, ligneuse et grimpante, portant des grappes de belles fleurs mauves, souvent cultivée le long des grilles de jardins et des murs.

glycocolle n. m. ou **glycine** n. f. Le plus simple des aminoacides, $NH_2—CH_2—CO_2H$, découvert dans l'hydrolyse de la gélatine. (C'est un solide cristallisé, soluble dans l'eau, que l'on prépare par action de l'ammoniac sur l'acide chloracétique. On l'emploie comme reconstituant dans les déficiences musculaires.)

glycogène n. m. (de *glyco*, pour *glucose*, et gr. *genesis*, formation). Glucide formé par la réunion de nombreuses molécules de glucose. (Découvert par Claude Bernard dans

le foie*, le glycogène constitue la forme de réserve des glucides dans l'organisme animal. Au fur et à mesure des besoins, des enzymes retransforment le glycogène en glucose par hydrolyse.) ◆ **glycogenèse** ou **glycogénie** n. f. Formation du glucose par hydrolyse du glycogène. (Syn. GLYCOGÉNOLYSE.) ◆ **glycogénique** adj. Relatif à la glycogenèse : *Fonction glycogénique du foie.* ◆ **glycogénogenèse** n. f. Formation du glycogène par polymérisation du glucose.

glycol n. m. (de *glycérine* et *alcool*). Dialcool de formule $CH_2OH—CH_2OH$. (Syn. ÉTHANEDIOL, ÉTHYLÈNEGLYCOL.) ‖ Nom générique des corps possédant deux fonctions alcool. (V. encycl.) [Syn. DIALCOOL, DIOL.] ◆ **glycolique** adj. Se dit d'un acide et d'un aldéhyde dérivant de l'oxydation du glycol. (L'acide glycolique $CH_2OH—CO_2H$ est le plus simple des acides-alcools.)
— ENCYCL. *glycol*. Le glycol, découvert par Wurtz en 1855, est un liquide visqueux, de densité 1,125, bouillant à 197,5 ^oC, miscible à l'eau. L'industrie le prépare à partir de l'éthylène ; il est utilisé comme antigel et comme solvant d'extraction.
Les glycols ou diols se classent en glycols-α, -β, etc., suivant la distance des fonctions alcool dans la chaîne. Leurs propriétés et leurs préparations varient légèrement avec cette distance.

glycolique → GLYCOL.

glycolyse n. f. Utilisation du glucose au cours des phénomènes métaboliques. (La glycolyse aboutit à l'acide lactique.) ◆ **glycolytique** adj. Relatif à la glycolyse. ● *Ferment glycolytique*, celui qui permet la glycolyse.

glyconien ou **glyconique** adj. et n. m. (de *Glycon*, poète grec). *Métriq. anc.* Se dit d'un vers composé d'un choriambe précédé

glycine

d'une base dissyllabique et suivi d'un pied dissyllabique indifférent. (Ce vers fut employé par Horace.)

glycopexie n. f. (gr. *glukus*, doux, et *pêxis*, fixation). Mise en réserve du glucose dans les tissus sous forme de glycogène.

glycoprotéide ou **glucoprotéide** n. m. Protéide complexe comprenant un groupement glucidique.

glycorachie n. f. Taux du glucose dans le liquide céphalo-rachidien. (A l'état normal, ce taux est de 0,50 g par litre.)

glycorégulation n. f. Régulation du métabolisme des glucides, qui permet, en particulier, de maintenir constante la glycémie. (La glycorégulation fait intervenir des mécanismes nerveux et hormonaux. Les rôles du foie et du pancréas y sont essentiels.) [V. GLYCÉMIE.]

glycosurie n. f. ou **glucosurie** n. f. (de *glucose*, et gr. *ourein*, uriner). Présence de glucose (sucre) dans les urines. ‖ Taux du glucose dans l'urine. (La glycosurie est le signe principal du diabète sucré. A l'état normal, il n'y a pas de glucose dans l'urine.) ◆ **glycosurique** adj. Relatif à la glycosurie. ✦ n. Personne atteinte de glycosurie.

glycuroconjugaison n. f. Réaction qui a lieu au niveau du foie, et qui consiste dans la juxtaposition d'une molécule étrangère à une molécule d'acide glycuronique, ce qui a pour effet de diminuer la toxicité de la molécule étrangère.

glycuronique adj. Se dit d'un acide de saveur douce, existant à l'état d'ester dans l'urine des chiens.

glycyméris [ris] n. m. Nom générique du *pétoncle*.

glycyphage n. m. Tout petit acarien recouvrant en foule les fruits secs (pruneaux, figues, etc.).

glycyrrhiza n. m. Nom scientifique de la *réglisse*. ◆ **glycyrrhizine** n. f. Matière sucrée de la réglisse, employée pour préparer des boissons hygiéniques et pour masquer le goût de certains médicaments.

Glykas (Michel), chroniqueur byzantin († v. 1204), auteur d'une *Chronique* qui va jusqu'à la mort d'Alexis Ier Comnène (1118), et d'un poème dédié à Manuel Ier Comnène.

glyoxal n. m. Dialdéhyde CHO—CHO, solide jaune, soluble, qui se polymérise aisément. ◆ **glyoxaline** n. f. Base hétérocyclique préparée par action de l'ammoniac sur le glyoxal.

glyoxylique adj. Se dit d'un acide-aldéhyde CHO—CO$_2$H, formé dans l'oxydation nitrique de l'alcool.

glyphe n. m. (du gr. *gluphê*, ciselure). Trait gravé en creux dans un ornement quelconque d'architecture.

glyptal n. m. Nom commercial d'une résine glycérophtalique.

glypte n. f. Insecte ichneumonidé, parasite de diverses teignes et tordeuses.

glyptique n. f. (gr. *gluptikê*, art de graver). Art de graver sur pierres fines. ◆ **glyptographie** n. f. Etude des pierres gravées. ◆ **glyptothèque** n. f. Collection de pierres gravées. ‖ *Par extens.* Musée de sculpture : *La glyptothèque de Munich*.

glyptodon n. m. Mammifère édenté américain, fossile dans le quaternaire. (Il mesurait 3 m de long et était revêtu d'une énorme

Larousse

carapace, dans laquelle l'homme préhistorique s'est parfois abrité.)

glyptographie, glyptothèque → GLYPTIQUE.

Gmelin (Leopold), chimiste allemand (Göttingen 1788 - Heidelberg 1853). Il découvrit le ferrocyanure de potassium.

gmélinite n. f. Aluminosilicate hydraté naturel de calcium et de sodium, du genre zéolite.

G. M. T., sigle de l'expression britannique GREENWICH MEAN TIME, signif. « temps moyen de Greenwich ». Ce repère est utilisé en astronomie (origine midi). On emploie parfois abusivement ces initiales pour le Temps Universel (T. U.), lequel est un temps civil dont l'origine est minuit.

Gmünd. V. SCHWÄBISCH GMÜND.

Gnafron, compère de Guignol, dans les marionnettes lyonnaises. Il est représenté sous les traits d'un savetier, avec une casquette de soie et un tablier de cuir.

gnangnan [ɲãɲã] adj. et n. (onomatop.). *Fam.* Mou, lent, qui ne fait rien, qui geint au moindre effort : *Quel gnangnan!*

gnaphose [gna] n. f. Grosse araignée drassodidée des Alpes et des Pyrénées, vivant sous les pierres et la mousse.

gnathion [gna] n. m. (gr. *gnathos*, mâchoire). Point de repère anthropologique situé à l'extrémité inférieure et médiane du menton.

gnathostomes [gna] n. m. pl. Sous-embranchement de vertébrés, comprenant les formes ayant des mâchoires articulées et mobiles, c'est-à-dire l'immense majorité des espèces actuelles.

Gneisenau (August, comte NEIDHARDT VON), feld-maréchal prussien (Schildau, Saxe, 1760-Posen 1831). Passé au service de la Prusse en 1786, il fit partie de la commission de réorganisation de l'armée en 1808 et se retira après la chute de Stein. Il devint chef d'état-major de Blücher (1813-1814) ; son intervention fut décisive à Waterloo.

gneiss [gnɛjs] n. m. (allem. *Gneiss*). Roche cristallophyllienne formée de cristaux visibles à l'œil nu (quartz, feldspath et minéral lourd) et disposés en lits.

gnétacées et **gnétales** [gne] n. f. pl. Famille et ordre de plantes gymnospermes très originales, ne comprenant plus actuellement que les trois genres *gnetum, ephedra* et *welwitschia.* (Proches des angiospermes par leurs vaisseaux parfaits et par l'existence d'un style et d'un stigmate, ces plantes étaient beaucoup plus nombreuses au permo-trias.)

gnetum [gnetɔm] n. m. Arbrisseau gymnosperme des régions tropicales, type de l'ordre des *gnétales.* (Les inflorescences sont des épis unisexués. Diverses espèces ont une graine comestible ou une écorce textile.)

Gniezno, v. de Pologne (voïévodie de Poznań) ; 46 000 h. Archevêché. Siège des primats de Pologne depuis le début du XVe s. La ville fut prussienne de 1793 à 1918 et allemande de 1939 à 1945.

gnocchi [nɔki] n. m. pl. (mot ital. ; de *gnocco*, boulette de pâte). Sorte de quenelle faite soit avec de la semoule, soit avec de la pâte à choux salée, avec du fromage râpé et du lait.

gnognote ou **gnognotte** [nɔnɔt] n. f. *Pop.* Chose sans valeur : *C'est de la gnognote !*

gnole [nɔl], **gnôle, gniôle, gniaule,** ou **niaule** n. f. *Pop.* Eau-de-vie.

gnome [gnom] n. m. (mot forgé par Paracelse sur le gr. *gnômê,* intelligence). Personnage surnaturel imaginé par les cabalistes. ‖ *Poét.* Être imaginaire : *Un monde peuplé de gnomes et de sylphes.* ‖ Homme ou enfant de petite taille, contrefait.

gnomique [gno] adj. (du gr. *gnômê,* sentence). Qui exprime des vérités morales sous forme de proverbes ou de maximes : *Les distiques de Dionysius Caton sont un poème gnomique.* ‖ *Linguist.* Se dit d'une forme verbale, d'un temps, d'un mode employés pour marquer un fait général d'expérience. (En français, on emploie le présent gnomique : *La Terre tourne autour du Soleil.*)

gnomon [gnomɔn ou gnomɔ̃] n. m. (lat. *gnomon* ; gr. *gnômôn*). Instrument se composant d'un style dont la longueur de l'ombre sur un plan horizontal indique la hauteur du Soleil ou de la Lune au-dessus de l'horizon et son orientation, c'est-à-dire l'heure : *L'invention du gnomon est attribuée aux Chaldéens.* ‖ *Hist.* Nom donné à un code administratif (dont on possède une version abrégée du IIe s.) utilisé dans l'Egypte romaine par un fonctionnaire dénommé « idiologue », qui jouait le rôle de procureur général du fisc et qui contrôlait les temples et les cultes indigènes. ◆ **gnomonique** n. f. Art de construire les cadrans solaires dits *gnomons.* ◆ adj. Qui a rapport à la gnomonique. ● *Projection gnomonique,* perspective de la Terre de son centre sur un plan tangent à l'ellipsoïde. (Dans cette projection, qui n'est pas conforme, les sections planes centrales, en particulier les méridiens, sont représentées par des lignes droites.) ◆ **gnomoniste** n. m. Celui qui construisait des gnomons.

gnomonia [gno] n. m. Champignon ascomycète de l'ordre des sphériales, agent de l'anthracnose du noyer et du platane.

gnomonique, gnomoniste → GNOMON.

gnon [gnɔ̃] n. m. *Pop.* Coup : *Les deux gamins se flanquaient des gnons.*

gnorime [gno] n. m. Cétoine dorée des fleurs de sureau.

gnose [gnoz] n. f. (gr. *gnôsis,* connaissance). Science religieuse qui se dit supérieure aux croyances vulgaires. (Le terme s'applique presque exclusivement à un courant de pensée religieuse bien déterminé, le gnosticisme*.) ‖ *Occult.* Philosophie suprême, contenant toutes les connaissances sacrées réservées aux initiés. ◆ **gnoséologie** n. f. Théorie philosophique de la connaissance, de ses sources et de ses formes. (La gnoséologie s'oppose à l'*ontologie* [théorie philosophique de l'être].) ◆ **gnosie** n. f. Reconnaissance d'un objet par l'intermédiaire de l'un des sens (toucher, vue, etc.) : *Les zones corticales responsables des gnosies auditive et visuelle.* ◆ **gnosticisme** n. m. Système de philosophie religieuse fondé sur l'intuition et l'illumination soudaine, et dont les adeptes prétendaient avoir une connaissance complète et absolue de tout. (V. *encycl.*) ◆ **gnostique** n. m. Partisan du gnosticisme. ◆ adj. Relatif au gnosticisme.

— ENCYCL. **gnosticisme.** Le gnosticisme chrétien, fondé au début du christianisme par Simon le Magicien, fut continué par Basilide, Carpocrate, Valentin, etc. Le gnosticisme juif est représenté par Philon d'Alexandrie et la Cabale ; le gnosticisme islamique, par les théosophes ismaéliens et druzes. Toutes les doctrines gnostiques témoignent d'une prédilection pour la théorie de l'émanation et se caractérisent par un certain dualisme qui fait de la matière la source du mal.

gnostique → GNOSE.

gnou [gnu] n. m. Antilope africaine très sauvage, dont la tête rappelle celle du bœuf, et l'arrière-train celui du cheval.

go [go] n. m. Jeu d'origine chinoise qui se

dispute entre deux partenaires munis chacun de cinquante pions, sur un support comportant trois cent soixante et une intersections.

go (tout de) loc. adv. (de *gober*). [Dans d'anciens textes : *tout de gob,* tout d'un trait.] *Fam.* Sans façon, sans cérémonie : *Excusez si j'entre comme ça tout de go.*

Goa, anc. territoire portugais de la côte occidentale de l'Inde (formant avec Diu et Damão, un territoire indien de 3 693 km², comptant 627 000 h.). La capit. était *Nova Goa* ou *Panjim**. Il est passé sous la souveraineté de l'Inde en 1961.

Goa ou **Velha Goa,** v. de l'Inde, dans l'ancien territoire portugais de Goa ; 2 700 h. Elle fut la résidence du vice-roi et la capitale des Indes portugaises.

goal [gol] n. m. (mot angl. signif. *but*). Syn. de GARDIEN DE BUT.

goal average [prononc. angl. golavəridʒ] n. m. (mot angl. ; de *goal,* but, et *average,* moyenne). En football, quotient du nombre de buts marqués par le nombre de buts reçus ou différence entre le nombre de buts marqués et le nombre de buts encaissés.

gobage → GOBER.

Gobain (saint), martyr, originaire d'Irlande (VIIᵉ s.). Il fut martyrisé sur les lieux où s'éleva plus tard Saint-Gobain. — Fête le 20 juin.

gobe → GOBER.

Gobel (Jean-Baptiste), prélat français (Thann 1727 - Paris 1794). Député aux Etats généraux (1789), il devint évêque constitutionnel de Paris (1791) et abandonna l'Eglise en 1793. Il fut exécuté comme hébertiste.

gobelet n. m. (de l'anc. franç. *gobel;* d'orig. douteuse). Vase à boire, rond, avec ou sans anse, ordinairement sans pied, moins large que haut qu'une tasse. ‖ Verre sans pied. ‖ Ustensile en forme de gobelet à boire, sans anse, qui sert à faire des tours d'escamotage dits *tours de gobelet.* ‖ Sorte de cornet pour lancer les dés à jouer ou pour faire des tours d'escamotage. ‖ Anneau métallique ou bout de tube sur lequel tous les chevrons et fermettes viennent se fixer au sommet d'un comble. ‖ Un des offices de la maison du roi de France. ‖ Taille qui donne aux arbres fruitiers une forme évasée. ◆ **gobeleterie** n. f. Fabrication et commerce de gobelets, de verres à boire, etc. ◆ **gobeletier, ère** n. Ouvrier, ouvrière fabriquant tous objets composant le service de table. ◆ **gobelière** n. f. Etui qui servait à renfermer des gobelets emboîtés.

Gobelins (MANUFACTURE NATIONALE DES). En

tapisserie des **Gobelins** : « Château de Saint-Germain » (XVIIᵉ s.)

iraudon

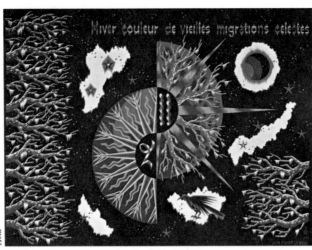

Held

1601, Henri IV fit venir des Flandres deux cents tapissiers qu'il installa au bord de la Bièvre, dans la maison des Gobelins, célèbre famille de teinturiers, et qui exécutèrent des compositions des plus célèbres artistes du temps. En 1661, Colbert transforma les Gobelins en manufacture royale des meubles de la Couronne, sous la direction de Le Brun. Y furent tissées des compositions de Poussin, de Raphaël (adaptations), puis, au XVIIIᵉ s., des Coypel, de J.-F. De Troy, Van Loo, Natoire, Restout, Audran le Jeune, Desportes (animaux), Boucher. Avec la Révolution commença la décadence, qui s'accentua jusqu'à la IIIᵉ République, où se manifesta un retour à la décoration. En 1908, Gustave Geffroy en prit la direction, fit appel à J. Chéret, Monet, A. Willette, Raffaëlli. Quand Guillaume Janneau en fut directeur, il resserra considérablement l'éventail des couleurs et rétablit le modelé par plans.

gobe-mouches → GOBER.

gober v. tr. (du gallo-roman *gob ; d'orig. gauloise). Avaler lestement et sans mâcher : *Gober une huître, un œuf.* ‖ Fig. et fam. Croire facilement, sans examen : *On peut tout lui faire gober.* ● *Gober le morceau, l'appât,* se laisser duper, être attrapé. ‖ *Gober les mouches,* perdre du temps à niaiser ; croire légèrement tout ce qui se dit. ‖ *Gober une personne, une chose* (Fam.), l'apprécier, l'aimer : *Elle le gobe en ce moment.* ‖ — **se gober** v. pr. Avoir de soi une opinion trop avantageuse ; être prétentieux. ◆ **gobage** n. m. Brisure faite à la surface de l'eau par un poisson qui est venu saisir un insecte. ◆

gobe n. m. Filet placé en travers des petits cours d'eau côtiers pour récolter des poissons migrateurs. ◆ **gobe-mouches** n. m. invar. Passereau insectivore. (On distingue les gobe-mouches d'Asie, ou *muscicapidés,* au bec plat et moustachu, et les gobe-mouches d'Amérique, ou *tyrannidés,* au bec plus fort et un peu crochu. Les deux familles ont en commun leur régime insectivore, leur vie arboricole, leurs pattes faibles.) ‖ Bouteille à fond ouvert au centre, contenant un liquide toxique qui attire et tue les mouches.

gobe-mouches

Noailles

‖ Plante insectivore (*dionée**). ‖ Fig. et fam. Homme crédule, niais, badaud. ◆ **gobeur, euse** n. Personne qui gobe, avale lestement : *Un gobeur d'huîtres.* ‖ Fam. Personne qui croit tout ce qu'on lui dit : *Un gobeur de fausses nouvelles.*

Gober ou **Gobir,** royaume haoussa au S. de l'Aïr, fondé au XIVe s., et dont l'apogée se situe au XVIIIe s.

goberge n. f. (mot de même orig. que *écoperche*). Chacune des barres disposées en travers d'un fond de lit pour soutenir la paillasse.

goberger (se) v. pr. (de *gobert*, facétieux ; dérivé de *gober*) [conj. 1]. *Fam.* Faire bonne chère ; prendre ses aises, se prélasser : *Rester chez quelqu'un à se goberger.*

Gobert (Thomas), compositeur français (en Picardie début du XVIIe s. - Paris 1672). Compositeur de la musique de la chapelle du roi, il a mis en musique la *Paraphrase de psaumes de David en vers françois, par Antoine Godeau* (1659).

Gobert (baron Napoléon), philanthrope français (Metz 1807 - Le Caire 1833), fondateur de deux prix annuels, décernables l'un par l'Académie française, l'autre par l'Académie des inscriptions, à des travaux sur l'histoire de France.

gobetage n. m. Addition d'un amendement calcaire aux couches de fumier dans les champignonnières.

gobeter v. tr. (conj. **4**). Jointoyer un mur. ‖ Faire un gobetis. ◆ **gobetis** n. m. Sorte d'enduit obtenu avec un liant gâché clair, le plus souvent du plâtre, pour servir de dégrossissage ou d'accrochage à un crépi. (Syn. GOBETAGE.)

gobeur → GOBER.

Gobi, en chin. **Cha-mo** (« Désert de sable »), vaste plateau désertique de l'Asie centrale, au S. de la république de Mongolie, situé entre 800 et 1 000 m d'alt.

gobie n. m. (lat. *gobio,* goujon). Poisson du littoral rocheux, qui se fixe par une ventouse ventrale et qui pond ses œufs dans un nid d'herbes ou dans une coquille vide. (Ce poisson n'a rien de commun avec un goujon, sauf sa petite taille.)

gobiesox n. m. Poisson des mers chaudes, rappelant le gobie, mais qui possède deux ventouses ventrales et une très forte denture.

gobiidés n. m. pl. Famille de poissons carnivores des estuaires et des côtes, caractérisés par leur grosse tête, leur ventouse ventrale, les soins que le mâle prodigue aux œufs (ex. : gobie, périophthalme).

gobille n. f. Petite bille en matière dure, que l'on adjoint en très grand nombre à des substances dont on veut opérer la pulvérisation et la trituration.

gobineau n. m. Pièce de céramique employée pour le raccordement d'un carrelage.

Gobineau (Joseph Arthur, comte DE), diplomate et écrivain français (Ville-d'Avray 1816 - Turin 1882). Il débuta en 1849 dans la carrière diplomatique et la poursuivit à Berne, en Perse, en Grèce, au Brésil, en Suède. On lui doit des ouvrages d'érudition (*les Religions et les philosophies dans l'Asie centrale,* 1865) et des récits de voyages, ainsi que des romans (*les Pléiades,* 1874) et des nouvelles (*Nouvelles asiatiques,* 1876). Mais son ouvrage principal est l'*Essai sur l'inégalité des races humaines* (1853-1855) ; il y expose sa théorie d'une hiérarchie entre les races humaines : la race supérieure serait la race blonde, dolichocéphale, qui habite l'Angleterre, la Belgique et le nord de la France. Les théoriciens du racisme* et du pangermanisme s'emparèrent de sa doctrine pour justifier les ambitions allemandes de domination universelle.

Gobinyle n. m. (nom déposé). Matière à mouler à base de chlorure de polyvinyle.

Gobir. V. GOBER.

gobisson n. m. Etoffe protectrice contre les coups de lance, placée entre le plastron et le haubert (Moyen Age).

Goblet (René), homme politique français (Aire, Pas-de-Calais, 1828 - Paris 1905). Député républicain, il devint ministre de l'Intérieur (1882), de l'Instruction publique (1885-1886), président du Conseil (1886-1887), puis ministre des Affaires étrangères (1888-1889).

Goblet (Albert Joseph), comte **d'Alviella,** général et homme politique belge (Tournai 1790 - Bruxelles 1873). Après la révolution de 1830, il devint ministre des Affaires étrangères de Léopold Ier (1832-1833), lieutenant général (1835), puis ministre plénipotentiaire à Lisbonne. De nouveau ministre des Affaires étrangères de 1843 à 1845, il continua d'exercer sur la vie politique belge une grande influence. — Son petit-fils, le comte EUGÈNE **Goblet d'Alviella** (Bruxelles 1846 - id. 1925), professeur d'histoire des religions, recteur de l'université libre de Bruxelles, membre de l'Académie royale (1890), est l'auteur de nombreux ouvrages.

Gobineau par Bohn

Larousse

Goblot (Edmond), philosophe français (Mamers 1858 - Labaroche, Haut-Rhin, 1935), auteur d'un *Traité de logique* (1918) qui a renouvelé la théorie de la démonstration. On lui doit aussi *le Système des sciences* (1921).

Gobseck, titre et principal personnage d'un roman d'H. de Balzac (1830). On voit reparaître dans d'autres romans de *la Comédie humaine* cet usurier, dont la fille, Esther, est un des principaux personnages de *Splendeurs et misères des courtisanes.*

Go-chi-nyorai, les cinq dieux japonais de la Sagesse et de la Contemplation.

godage → GODER.

Godard (Eugène), aéronaute français (Clichy, Seine, 1827 - Bruxelles 1890). Il fit sa première ascension à Paris en 1846, initia toute sa famille à l'aérostation et exécuta plus de 2 500 ascensions, dont plusieurs sont célèbres, notamment celle du *Géant* avec Nadar en 1863. Pendant le siège de Paris (1870-1871), il organisa la poste aérienne.

Godard (Jean-Luc), cinéaste français (Paris 1930). Revendiquant une plus grande liberté dans le fond et la forme, il s'oppose dès son premier long métrage, *A bout de souffle* (1959), au cinéma français traditionnel et devient un des leaders de la « nouvelle vague ». Il tourne successivement plusieurs films dont *le Petit Soldat* (1960), *Vivre sa vie* (1962), *les Carabiniers* (1963), *le Mépris* (1963), *Bande à part* (1964), *Pierrot le Fou* (1965), *Alphaville* (1965), *la Chinoise* (1967), *Weekend* (1967), se consacre, après mai 1968, à différentes expériences de cinéma militant, puis réalise en 1972 *Tout va bien* (en collaboration avec J.-P. Gorin) et en 1975 *Numéro deux.*

godasse n. f. (altér. de *godillot,* soulier). *Pop.* Soulier.

Godāvāri (la), fl. de l'Inde, né dans les Ghâtes occidentales ; 1 500 km. Il traverse le Deccan et se jette dans le golfe du Bengale en formant un grand delta.

Godbout (Adélard), homme politique canadien (Saint-Eloi 1892 - *id.* 1956). Libéral, il fut Premier ministre de la province du Québec en 1936 et de 1939 à 1944.

Goddard (Robert Hutchings), ingénieur et physicien américain (Worcester, Massachusetts, 1882 - Baltimore 1945). Il est surtout connu comme spécialiste de l'étude et de la réalisation de fusées stratosphériques.

Godde (Etienne Hippolyte), architecte français (Breteuil 1781 - Paris 1869). Architecte en chef de la Ville de Paris de 1813 à 1848, il éleva les églises Notre-Dame-de-Bonne-Nouvelle et Saint-Denis-du-Saint-Sacrement.

gode → GODER.

Godeau (Antoine), prélat français (Dreux 1605 - Vence 1672). Il fréquenta l'hôtel de Rambouillet, entra dans les ordres et devint évêque de Grasse (1636). Il a laissé une œuvre religieuse abondante. (Acad. fr., 1634.)

Godecharle (Gilles Lambert), sculpteur belge (Bruxelles 1750 - *id.* 1835), auteur du fronton des deux Chambres à Bruxelles.

Godefroi (ou **Godefroy**) **IV de Boulogne,** dit **Godefroi de Bouillon** (Baisy, près de Genappe, v. 1061 - Jérusalem 1100), duc de Basse-Lorraine (1089-1095), avoué du Saint-Sépulcre (1099-1100), fils d'Eustache II, comte de Boulogne. Bien qu'il fût héritier de son oncle Godefroi III le Bossu, duc de Basse-Lorraine, l'empereur Henri IV ne lui accorda le titre de duc de Basse-Lorraine qu'en 1089, en échange de services rendus. Après avoir vendu son duché et ses biens, Godefroi partit pour la croisade, où il joua un rôle politique considérable. Elu roi après la prise de Jérusalem (22 juill. 1099), il se contenta du titre d'avoué du Saint-Sépulcre. Il mourut après avoir battu les Egyptiens à Ascalon. Très populaire, il est le héros d'une chanson de geste, et d'un poème du Tasse.

roman de **Godefroi de Bouillon**
1337
Bibliothèque nationale

Godefroi de Viterbe (Gottfried TINEOSUS, dit), chroniqueur germanique (Viterbe v. 1120 - *id.* 1191). Chapelain des empereurs Conrad III, Frédéric Ier et Henri IV, il devint évêque de Viterbe (1184). Il a laissé de nombreux ouvrages en vers, notamment un *Panthéon,* histoire universelle.

Godefroid de Huy ou **de Claire,** orfèvre et émailleur flamand (XIIᵉ s.). Il travailla à Liège, à Maastricht, en Angleterre, en Allemagne, et se fit moine à Neufmoustier, près de Huy. Il est l'auteur du chef reliquaire de saint Alexandre.

Godefroy de Strasbourg. V. GOTTFRIED.

Godefroy, famille de jurisconsultes et d'historiens français, dont les membres les plus illustres sont : DENIS Iᵉʳ, surnommé *Denis l'Ancien* (Paris 1549 - Strasbourg 1621), protestant, auteur d'une édition du *Corpus juris civilis* (1583) ; — THÉODORE (Genève 1580 - Munster 1649), fils du précédent. Il abjura le protestantisme et devint historiographe de France (1617). Il est l'auteur de travaux historiques sur Charles VI et Louis XII ; — JACQUES (Genève 1587 - *id.* 1652), frère du précédent, professeur à l'université de Genève (1619). Il représenta plusieurs fois la République près de la cour de France. Il est l'auteur d'un remarquable commentaire sur le *Code théodosien.*

Godeheu (Charles), administrateur français du XVIIIᵉ s., né en Bretagne. Successeur de Dupleix, il signa avec la Compagnie anglaise le traité qui porte son nom (26 déc. 1754) et qui ruinait les avantages acquis par Dupleix. Mais le traité ne fut pas ratifié.

Gödel (Kurt), logicien américain (Brno 1906- Princeton, New Jersey, 1978). Il est notamment l'auteur de l'« arithmétisation de la syntaxe », théorie qui permet d'exprimer la syntaxe logique de l'arithmétique à l'intérieur même de cette arithmétique, et de deux théorèmes (1931), selon lesquels une arithmétique non contradictoire ne saurait former un système complet, car la non-contradiction constitue dans ce système un énoncé « indécidable ».

godelureau n. m. (d'un radical exprimant le cri d'appel de certains animaux). *Fam.* Jeune homme qui fait l'agréable, le galant auprès des femmes.

godendac n. m. (corrupt. de l'allem. *guten Tag,* bonjour, parce que cette arme portait ironiquement le bonjour à l'ennemi). Arme d'hast flamande (XIVᵉ-XVᵉ s.).

goder v. intr. (de *godron*). Faire de faux plis, soit par suite d'une mauvaise coupe, soit à cause d'un mauvais assemblage ou d'un mauvais montage, en parlant d'une étoffe cousue. ‖ Manquer d'à-plat*, en parlant d'une feuille de papier ou de carton. ◆ **godage** n. m. Faux pli d'une étoffe qui gode. ‖ Forme défectueuse du papier. ◆ **gode** n. m. Variation dimensionnelle d'une feuille ou d'une bobine de papier, due à une absorption irrégulière d'humidité, principalement sur les bords.

Goderville, ch.-l. de c. de la Seine-Maritime (arr. du Havre), à 13 km au S. de Fécamp ; 1 885 h. (*Godervillais*). Teillage du lin.

Godescalc, miniaturiste rhénan de la fin du VIIIᵉ s., auteur de l'*Évangéliaire* dit *de Godescalc,* commandé par Charlemagne vers 781 (Bibl. nat.).

godet n. m. (moyen néerl. *codde,* morceau de bois). Petit gobelet à boire, sans queue ni anse. ‖ Petit plateau creux servant aux peintres à délayer les couleurs, ou contenant de l'huile ou de l'essence. ‖ Gouttière ajoutée aux chéneaux pour rejeter l'eau lorsqu'il n'y a pas de tuyaux de descente. ‖ Rainure que les maçons font avec du plâtre autour des joints de pierres de taille pour y mettre du coulis. ‖ Sorte d'auge utilisée dans un certain nombre d'appareils de manutention. ‖ Petit pot à fleurs. ‖ Ondulation plus ou moins accentuée, formée par un tissu taillé en biais ou en forme, plus large à la partie inférieure qu'à la partie supérieure. ‖ *Pop.* Contenu d'un verre : *Boire un godet.* ● *Godet graisseur,* petit récipient percé par le fond, où l'on met le lubrifiant destiné au graissage d'une pièce de machine.

Godfred († 810), roi de Danemark en 798. Il résista vers 800 aux armées de Charlemagne, et il aurait commencé à édifier, entre le fjord de Sli, à l'E., et l'Eider, une ligne de fortifications, origine de la Dannevirke*.

Godfroy (René), amiral français (Paris 1885 - Fréjus 1981). Commandant une division de croiseurs à Alexandrie en juin 1940, il signa le 7 juillet avec l'amiral Cunningham un accord qui évita à ses navires le sort de ceux de Mers el-Kébir. En 1943, il se rallia au général Giraud, rejoignit Dakar avec ses navires et fut mis à la retraite.

godiche adj. et n. (de *Godon,* déformation enfantine de *Claude*). *Pop.* Gauche, benêt, maladroit, niais : *Un jeune garçon godiche.* ◆ **godichon, onne** adj. et n. *Fam.* Un peu gauche, maladroit, emprunté.

godille [dij] n. f. (mot dialect. d'orig.)

évangéliaire de **Godescalc**
« Saint Jean »
Bibliothèque nationale

B. N.

inconnue). Aviron placé à l'arrière d'une embarcation et permettant la propulsion par un mouvement hélicoïdal de la pelle. ◆ **godiller** [dije] v. intr. Manœuvrer une embarcation avec une godille. ◆ **godilleur** [dijœr] n. m. Celui qui godille.

godillot [dijo] n. m. (du nom de l'industriel Alexis *Godillot* [1816 - 1893], qui créa ce soulier). Chaussure militaire. ‖ *Pop.* Gros soulier quelconque.

Godin (Louis), astronome français (Paris 1704 - Cadix 1760). Avec La Condamine et Bouguer, il dirigea la mission envoyée de 1735 à 1742 au Pérou pour y mesurer le degré du méridien. (Acad. des sc., 1725.)

Godin (Jean-Baptiste André), industriel français (Esquéhéries, Aisne, 1817 - Guise 1888). En 1859, il créa un établissement industriel pour fabriquer des appareils de chauffage en fonte, qui devint, à sa mort, la copropriété du personnel, sous le nom de *Familistère de Guise.*

Godiva (lady), héroïne d'une légende anglaise, femme de Leofric, comte de Chester au XIe s. Selon Roger de Wendower (XIIIe s.), Godiva obtint de son mari une diminution des impôts qui accablaient les habitants de Coventry, à condition de traverser la ville toute nue. Elle le fit en se voilant seulement de sa longue chevelure. D'après une ballade du XVIIe s., Godiva ordonna à tous les habitants de s'enfermer chez eux; seul la vit un indiscret, *peeping Tom* (« Tom qui jette un coup d'œil »). Depuis 1678 se déroule tous les trois ans, à Coventry, une *Godiva procession.*

godiveau n. m. (de *godelureau,* et du poitevin *beille,* ventre). Sorte de farce à quenelle caractérisée par l'emploi d'une forte proportion de graisse. ‖ Boulette de hachis de viande pochée au bouillon.

Godolias ou **Guedalia,** Judéen ami des Babyloniens et protecteur de Jérémie († Maspha 586 av. J.-C.). Il fut gouverneur de Judée après la deuxième déportation (586).

Godolphin (Sidney, 1er comte DE), homme politique anglais (1645 - Saint-Albans 1712). Entré au service de Charles II, il devint ministre dès 1679, et le resta sous Jacques II. Guillaume III l'employa, mais ses relations jacobites le contraignirent à démissionner. Il s'attacha ensuite à Marlborough et rentra dans le gouvernement en 1702, mais il dut démissionner de nouveau en 1710 lors de la réaction tory.

Godomar. V. GONDEMAR.

Godounov (Boris). V. BORIS GODOUNOV.

Godoy Álvarez de Faria (Manuel), homme d'Etat espagnol (Castuera 1767 - Paris 1851). D'une famille de petite noblesse d'Estrémadure, il entra dans les gardes du corps, puis devint l'amant de la reine Marie-Louise, femme du roi Charles IV. Sa carrière fut alors brillante : adjudant général (1791),

lieutenant général et duc d'Alcudia (1792), puis Premier ministre (nov. 1792). Après la signature du traité de Bâle, qui lui valut le titre de « prince de la paix » (1795), il se consacra au relèvement de l'Espagne en appliquant une politique de libéralisme économique et en tentant de réformer l'économie et la société archaïques espagnoles. Mais les jalousies et les haines que sa fortune rapide suscita amenèrent sa démission (1798). Il reprit le pouvoir en 1800 et se laissa entraîner par la France à la guerre contre l'Angleterre, puis il fut contraint d'adhérer au Blocus continental. Par le traité de Fontainebleau, il permit aux troupes françaises de traverser le nord-ouest de l'Espagne pour rejoindre le Portugal (27 oct. 1807). L'entrée des Français en Espagne et l'apparition de la crise économique et financière provoquèrent l'émeute d'Aranjuez contre Godoy (mars 1808), qui fut emprisonné. Libéré, il participa à l'entrevue de Bayonne et rédigea l'acte d'abdication de Charles IV en faveur de Napoléon. Il se retira en 1819 à Paris, où il publia ses *Mémoires* en 1836.

Godoy Cruz, v. d'Argentine (prov. de Mendoza) ; 54 500 h. Industries alimentaires.

godron n. m. (de *godet*). Ornement en forme d'ove allongé, en architecture, en décoration, en orfèvrerie. ‖ Gaufrage rigide exécuté au fer sur un tissu empesé. ◆ **godronnage** n. m. Action de godronner ; résultat de cette action. ◆ **godronné, e** adj. *Corps godronné,* petit amas de substance grise du cerveau. ◆ **godronner** v. tr. Décorer de godrons. ◆ **godronnoir** n. m. Molette ou ciselet creusé à son extrémité pour former des godrons sur des pièces d'argenterie.

Manuel Godoy Álvarez de Faria
par Goya
Académie San Fernando, Madrid

Held

God save the King (*Dieu sauve le roi*) ou **the Queen** (*la reine*), hymne national britannique, paroles et musique d'Henry Carey, qui le chanta pour la première fois en 1740.

Godthaab, auj. **Nuuk,** capit. du Groenland, sur le détroit de Davis ; 4 300 h. Etablissement fondé en 1721 par Hans Egede.

Godwin (Francis), évêque, écrivain et historien anglais (Hannington 1562 - Hereford 1633), auteur des *Annales of England,* en latin, et de *l'Homme dans la Lune,* publié en 1638, qui inspira Cyrano de Bergerac.

Godwin (William), publiciste et romancier anglais (Wisbech, Cambridgeshire, 1756 - Londres 1836). Il expose ses théories, fondées sur un libéralisme raisonnable, dans ses *Recherches sur la justice politique* (1793) et dans son roman *Aventures de Caleb*

godrons
plat en or de l'époque achéménide
Iran

goélette l'« Etoile »
musée de la Marine

Williams (1794). Dans les *Recherches sur la population* (1820), il réfute les théories de Malthus. Il pense que les progrès de la raison refréneront le désir du profit et le désir sexuel. On lui prête la paternité de cette formule : « Tout gouvernement, même le meilleur, est un mal. » — Sa femme, MARY Wollstonecraft (probablem. Hoxton 1759 - Londres 1797), publia en 1792 des *Revendications des droits de la femme.* Elle mourut en donnant le jour à une fille, future femme de Shelley.

Godwine, comte de Wessex († 1053). Nommé par Knud, il installa des membres de sa famille aux principaux comtés anglais et fit épouser sa fille Edith au roi Edouard le Confesseur.

Goebbels (Joseph Paul), homme politique allemand (Rheydt 1897 - Berlin 1945). Journaliste, il adhéra au nazisme en 1922 et devint le secrétaire de Strasser. Nommé chef du parti nazi à Berlin en 1926, puis chef de la propagande en 1928, il fut chargé par Hitler de l'action politique et psychologique sur le peuple allemand et devint, en 1933, ministre de l'Information et de la Propagande. Il exerça une grande influence par des moyens puissants de propagande (presse, radio). En août 1944, il fut chargé de la direction de la guerre totale. Resté d'une fidélité absolue à Hitler, qui l'avait désigné dans son testament comme chancelier du Reich, il s'empoisonna avec toute sa famille lors des derniers combats de Berlin.

Goeben et **Breslau,** nom de deux croiseurs allemands se trouvant en Méditerranée lors de la déclaration de la Première Guerre mondiale (1914), et qui, réfugiés à Constantinople, furent incorporés à la flotte turque. Le *Breslau* fut coulé en 1918. Le *Goeben* navigua jusqu'en 1960 sous le nom de *Yavuz Sultan Selim.*

goéland n. m. (mot bas-breton signif. *mouette*). Grande mouette (25 à 70 cm de long) au plumage blanc et gris cendré, qui niche sur les côtes de France.

Goële (la), région située au N. de Paris, entre la plaine de France et le Valois.

goélette n. f. (de *goéland,* avec changement

de suffixe). Navire à voiles auriques, à deux mâts, jaugeant de 50 à 200 tonneaux. (La *goélette franche* ou *latine* n'a que des voiles auriques. La *goélette à hunier* grée une voile carrée au mât de misaine, et parfois deux. Le *brick-goélette* a un phare carré complet au mât de misaine, et il en est de même des trois-, quatre-, cinq-mâts goélettes, les autres mâts ne portant que des voiles auriques.) ‖ *Par extens.* Voile aurique quelconque.

goémon n. m. (bas breton *givemon*). Autre nom du VARECH.

Goeppert-Mayer (Maria), physicienne américaine d'origine allemande (Katowice 1906 - San Diego, Californie, 1972). Spécialiste de l'étude de l'atome, elle a partagé avec H. D. Jensen le prix Nobel de physique en 1963.

Goerdeler (Carl Friedrich), homme politique allemand (Schneidemühl 1884 - Berlin 1945). Il adhéra au parti national-socialiste et devint premier bourgmestre de Leipzig (1930-1937), et commissaire aux prix pour le Reich (déc. 1931). Disgracié en 1937, il rejoignit l'opposition auprès de Beck et tenta de convaincre les démocraties occidentales d'adopter une politique de fermeté contre Hitler. Il se rallia ensuite au projet d'attentat contre Hitler, qu'il prépara en tant que responsable civil. L'échec de l'attentat du 20 juill. 1944 entraîna son arrestation et son exécution par pendaison.

Edouard Goerg
« la Jolie Bouquetière »
musée national d'Art moderne

Goerg (Edouard), peintre, graveur et illustrateur français (Sydney, Australie, 1893 - Callian, Var, 1969). Elève de Maurice Denis, de Sérusier, admirateur de Gauguin, il s'attache d'abord à exprimer la condition humaine et sociale de son temps (*Heurs et*

« Goethe et sa famille »
fin du XVIII⁰ s., musée Goethe, Francfort-sur-le-Main

malheurs des paysans). Il crée ensuite, après 1940, le type des filles-fleurs. Il a fait une œuvre considérable de graveur, comme aqua-fortiste de 1922 à 1945, puis comme litho-graphe (illustrations pour *l'Apocalypse*, le *Livre de Job*, *l'Enfer* de Dante, etc.). Il est représenté au musée national d'Art moderne. (Acad. des beaux-arts, 1965.)

Goering (Hermann). V. GÖRING.

Goertz (Georg Heinrich). V. GÖRTZ.

Goethals (Henri). V. HENRI de Gand.

Goethals (George Washington), ingénieur américain (New York 1858 - *id.* 1928). Après avoir dirigé les travaux du canal de Panamá (1904-1914), il fut gouverneur de la zone du canal (1914-1917).

Goethe (Johann Wolfgang VON), écrivain allemand (Francfort-sur-le-Main 1749 - Weimar 1832). Il connut dans son enfance la vie d'un fils de la grande bourgeoisie. A seize ans, il commença à l'université de Leipzig des études de droit, mais, durant les trois années (1765-1768) qu'il passa dans cette ville, il s'intéressa surtout à la littérature et écrivit ses premières œuvres. Malade, il retourna en 1768 à Francfort et se livra chez lui à des expériences de chimie. En 1770, il termina ses études de droit à Strasbourg, où il rencontra Herder et s'éprit de Friederike Brion. Il débuta dans la carrière juridique en 1772 à Wetzlar, où il aima d'un amour sans espoir Charlotte Buff, fiancée de son ami Kestner. Il tira de cette expérience *les Souffrances du jeune Werther**, qu'il publia en 1774, la même année que son premier drame, *Götz* de Berlichingen*. Ces deux œuvres firent de lui un des chefs de la jeune école du « Sturm und Drang ». Il rédigea la première ébauche de son *Faust**, connue sous le nom d'*Ur-faust*, et une série de drames, dont *Clavigo** (1774). Il commença alors à composer une première série de ballades (*le Roi de Thulé*, 1774 ; *le Roi des aulnes*, 1778). Sa célébrité s'étendit rapidement à partir de 1775, année où le grand-duc de Weimar, Charles-Auguste, le choisit comme conseiller politique et éco-nomique. En même temps, Goethe continua à s'intéresser à la recherche scientifique et, sous l'influence de Mᵐᵉ de Stein, il s'éloigna du romantisme et évolua vers un néo-classi-cisme, ainsi qu'en témoigne la première ver-sion en prose d'*Iphigénie** (1779). Le voyage qu'il fit en Italie (1786-1788) marqua une étape nouvelle dans la pensée de Goethe : la rupture avec le romantisme. Il termina à Rome sa pièce *Egmont** (1787) et com-mença *Torquato* Tasso*, qu'il finit à Weimar en 1789. En 1790 parurent les *Élégies ro-maines* et le premier *Fragment de Faust*. Goethe assista à la bataille de Valmy dans la suite du grand-duc Charles-Auguste, qui combattait dans les armées prussiennes. Il donna une relation de ces événements en 1817 dans *la Campagne de France*. En 1794, il se lia avec Schiller, avec lequel il publia en

1796 *Xénies*, collection d'épigrammes. La même année, il acheva son roman *les Années d'apprentissage de Wilhelm* Meister*, puis fit paraître une sorte d'épopée bourgeoise en vers, *Hermann* et Dorothée* (1797), ainsi qu'un groupe de ballades (*la Fiancée de Corinthe*, *l'Apprenti* sorcier*). A partir de 1802, il fut libéré par le grand-duc de toutes fonctions officielles. En 1806, il épousa Christiane Vulpius, puis publia la première partie de son *Faust** (1808) et les *Affinités électives* (1809). Il proposa en 1810 une nouvelle *Théorie des couleurs*. La mort de Christiane Vulpius en 1816 coïncide avec la publication du *Voyage en Italie* (1816-1817), où se trouve le credo du classicisme goe-théen. Mais son lyrisme puise aux sources du mysticisme oriental dans *le Divan* occi-dental et oriental* (1819), tandis que les *Années de voyage de Wilhelm Meister* (1821) et la *Trilogie de la passion* (1823), inspirée au poète par une jeune fille de dix-sept ans, Ulrique von Levetzow, témoignent d'un puis-sant sentiment de sérénité. La rédaction de la suite de *Poésie et Vérité*, dont la première partie avait été publiée en 1811, et surtout celle du *Second Faust* occupèrent désormais Goethe ; mais ces deux œuvres ne parurent qu'en 1833, un an après sa mort.

goethéen, enne adj. Relatif à Goethe. ‖ Qui a les caractères de l'œuvre de Goethe.

goethite n. f. Oxyde hydraté naturel de fer FeOOH, orthorhombique.

goétie n. f. (gr. *goêteia* ; de *goês*, sorcier, tiré de *goos*, lamentation). *Antiq. gr.* Magie incantatoire lugubre, par laquelle on évoquait les esprits malfaisants.

Goettingue. V. GÖTTINGEN.

Goffman (Erving), psychosociologue cana-dien (Manvine, Alberta, 1922 - Philadelphie 1982). Il s'intéresse surtout aux prescriptions implicites qui régissent les interactions socia-les et assignent une place à chaque individu dans la hiérarchie sociale. Il a également établi une théorie de l'institution totalitaire à partir de la description de l'existence à l'hôpital psychiatrique telle qu'elle est vécue par les malades (*Asiles*, 1961). Ses principaux ouvrages sont : *la Présentation de soi dans la vie quotidienne* (1959) ; *Stigmates* (1963) ; *les Rites d'interaction* (1967) ; *les Relations en public* (1971).

Gog, dans le livre d'Ezéchiel, roi des Scythes et symbole des ennemis de Dieu.

Goga (Octavian), poète et homme politique roumain (Răşinari, Transylvanie, 1881 - Ciucea 1938). Il fut ministre de l'Intérieur en 1926. Président du parti national chrétien, il forma un gouvernement en 1937, mais échoua aux élections et démissionna en 1938. Son œuvre littéraire comprend un volume de *Poésies* (1905), le recueil *La terre nous appelle* (1909) et des drames : *Monsieur le notaire* (1914), *Maître Manole* (1928).

Gogh (Vincent VAN). V. VAN GOGH.

gogo n. m. (peut-être de *gober*). *Fam.* Personne crédule, simple : *Des gogos prêts à se laisser prendre à toutes les duperies.*

gogo (à) loc. adv. (réduplication de l'anc. franç. *gogue*, gaieté). *Fam.* A volonté ; abondamment : *Avoir tout à gogo.*

Gogo (MONSIEUR), type populaire de bourgeois stupide dans la comédie *Robert Macaire*, par Saint-Amand, Antier et Frédérick Lemaître (1834). Ce type fut popularisé par les dessins de Daumier.

Gogol' (Nikolaï Vassilievitch), écrivain russe (Sorotchintsy, gouvern. de Poltava, 1809 - Moscou 1852). En 1828, il quitte son village d'Ukraine pour Saint-Pétersbourg. Il

Gogol'
portrait par Chevtchenko

occupe un modeste poste dans un ministère, puis, en 1831, professe l'histoire dans un institut de jeunes filles. Il publie la première partie des *Soirées au hameau près de Dikan'ka*, suivie, en 1832, d'une seconde partie. Ces souvenirs d'un jeune paysan lui valent du jour au lendemain la gloire. Un nouveau recueil, *Mirgorod*, paraît en 1835 : on y trouve *Tarass* Boulba*. La même année paraissent *Arabesques*, où se trouvent trois nouvelles : *le Portrait*, *la Perspective Nevski* et *le Journal d'un fou*. En 1836, il fait représenter *le Revizor**, virulente satire du fonctionnarisme russe, qui connaît le succès malgré le mécontentement de certains milieux pétersbourgeois. Gogol' quitte cependant la Russie et voyage en Europe. Il revient à Moscou en 1841 et présente le manuscrit de la première partie des *Ames* mortes*, mais cette œuvre n'est publiée, en 1842, qu'après certains remaniements du comité de censure. L'écrivain, dont le tempérament inquiet est troublé par les critiques qui l'assaillent, prépare la seconde partie des *Ames mortes*, puis en brûle le manuscrit, va en pèlerinage à Jérusalem et rentre à Moscou en 1848. Deux semaines avant de mourir, il brûle une autre version de la seconde partie des *Ames*

mortes. Gogol' est le créateur du roman russe moderne.

Gogra ou **Ghāghra** (la), riv. de l'Inde, née dans l'Himalaya central, affl. du Gange (r. g.) ; 1 030 km.

gogue n. f. Espèce de saucisse faite avec du lard, des œufs, des herbes et autres ingrédients, cuits dans une panse de mouton.

Goguel (Jean), géologue français (Paris 1908), auteur d'un *Traité de tectonique* (1952).

Goguel (François), sociologue français (Paris 1909). Spécialiste de science politique, il analyse dans ses ouvrages les « attitudes » et les « opinions » politiques, en s'appuyant sur la sociologie électorale (*la Politique en France*, 1964, en collaboration avec A. Grosser).

goguenard, e adj. et n. (de l'anc. franç. *gogue*, gaieté). Qui manifeste, par son attitude ou par son expression, une raillerie contenue, une insolence narquoise : *Un air goguenard.* ◆ **goguenarder** v. intr. *Fam.* Faire le goguenard ; affecter un air narquois. ◆ **goguenardise** n. f. Caractère de ce qui est goguenard : *Répondre avec goguenardise.*

goguenots n. m. pl. *Pop.* Latrines.

goguette n. f. (de l'anc. franç. *gogue*, gaieté). *Etre, se mettre en goguette*, être gai, avoir une pointe de vin : *Des étudiants en goguette.*

Gohelle, plaine du nord de la France, au pied des collines de l'Artois, au N. d'Arras. Importants charbonnages (Lens).

Gohier (Louis), homme politique français (Semblançay 1746 - Montmorency 1830). Député à l'Assemblée législative et à la Convention, ministre de la Justice en 1793, il entra en 1799 au Directoire. Après avoir démissionné au 18-Brumaire, il devint consul de France à Amsterdam (1802-1810).

1. goï n. m. Liane à caoutchouc de Guinée, du genre *landolphia*. (Syn. GOMINE.)

2. goï → GOYE.

Goiânia, v. du Brésil, capit. de l'Etat de Goiás ; 153 500 h. Archevêché.

Goiás, Etat du Brésil (642 092 km^2 ; 2 941 000 h. ; capit. *Goiânia*), dont l'ancienne capit. était *Goiás* (5 900 h.).

goïdélique n. m. Rameau de la langue celtique (gaélique d'Irlande, d'Ecosse, de l'île de Man), séparé du rameau brittonique de la même langue par plusieurs particularités d'ordre phonétique et lexicographique.

goinfre [gwɛ̃fr] n. m. (mot dialect. d'orig. obscure). *Fam.* Personne qui mange avec avidité et d'une façon répugnante. ◆ adj. Qui a rapport à la goinfrerie : *Attitude goinfre.* ‖ — SYN. : *glouton, goulu, gourmand.* ◆ **goinfrer** v. intr. ou tr. Manger en goinfre. ◆ **goinfrerie** n. f. Basse gourmandise.

Gois (le), route praticable à marée basse, entre Noirmoutier et le continent.

Góis (Damião DE), humaniste et historien portugais (Alenquer 1502 - Batalha 1574). Après de nombreux voyages, il fut nommé directeur des Archives d'Etat. Il est l'auteur de chroniques sur les règnes de Manuel et de Jean II (1565-1567).

Goito, comm. d'Italie, en Lombardie ; 9 350 h. Victoire des Piémontais sur les Autrichiens (30 mai 1848).

goitre [gwãtr] n. m. (lat. pop. *gutturio* ; de *guttur*, gosier). Hypertrophie du corps thyroïde, de nature inflammatoire, tumorale ou endocrinienne. (V. *encycl.*) ◆ **goitreux, euse** adj. Qui est de la nature du goitre. ✦ n. Porteur de goitre.

— ENCYCL. *goitre.* Les goitres se manifestent par une grosseur à la face antérieure du cou. La masse peut être un petit noyau dur (goitre nodulaire) ou une augmentation de toute la glande, plus ou moins importante, plus ou moins ferme (goitre colloïde, goitre exophtalmique). Les goitres s'accompagnent le plus souvent d'une modification de la sécrétion thyroïdienne, soit en plus (hyperthyroïdie, ou maladie de Basedow), soit en moins (hypothyroïdie, goitres colloïdes, myxœdème). Les goitres hyperthyroïdie sont le plus souvent de cause endocrinienne ou nerveuse (diencéphale, hypothalamus) ; les goitres colloïdes ont parfois une cause tellurique (régions pauvres en iode, tel le Jura).

goitreux → GOITRE.

Golan (PLATEAU DU), région du sud-ouest de la Syrie, aux confins d'Israël et de la Jordanie, occupée par les Israéliens en 1967. En 1981, il est annexé en partie par la Knesset.

Golbey, comm. des Vosges (arr. et dans la banlieue nord d'Epinal) ; 8 900 h. Textile.

Golconde, forteresse et ville ruinée de l'Inde (Andhra Pradesh), près de Hyderãbãd. C'est une ancienne capitale, célèbre par ses trésors légendaires, et ruinée en 1687.

gold bullion standard, régime monétaire dans lequel les billets de banque peuvent être échangés contre les lingots d'or d'un poids minimal, mais où ne circule aucune monnaie d'or.

Gold Coast, nom angl. de l'anc. **Côte-del'Or,** l'actuel Ghãna.

golde n. m. Langue du groupe toungouse, parlée dans la vallée de l'Amour.

golden [gɔldən] n. f. (mot angl. signif. *doré*). Variété de pomme à la peau jaune.

Golden Gate, détroit joignant la baie de San Francisco au Pacifique, franchi par un long pont suspendu (1 280 m de portée principale).

gold exchange standard, régime monétaire dans lequel les billets de banque peuvent être échangés contre des devises étrangères

convertibles en or pour les seuls besoins du commerce extérieur.

Golding (William), écrivain anglais (Saint Columb Minor, Cornouailles, 1911). Ses romans peignent le drame de l'homme pris au piège du mal originel (*Sa Majesté des mouches,* 1954 ; *le Dieu Scorpion,* 1971).

Goldmann (Nahum), leader sioniste (Wisnewo, Pologne, 1895 - Bad, Reichenhall, Bavière, 1982). Président du Congrès juif mondial depuis 1951, il prône le rétablissement de la paix avec les Arabes.

Goldoni (Carlo), auteur comique italien (Venise 1707 - Paris 1793). Une fois terminée sa licence en droit à Padoue. Il s'établit

Carlo **Goldoni**
d'après Cochin le Jeune

comme avocat à Pise, mais s'intéressa au théâtre au point de suivre en 1747 une troupe jusqu'à Venise, où, de 1748 à 1752, il se mit à écrire des pièces pour cette compagnie, puis pour le théâtre San Luca. Malgré les attaques d'un auteur rival, Carlo Gozzi, Goldoni écrit seize comédies de mœurs et de caractère en une saison, mais un autre adversaire, Pietro Chiari, s'étant joint à Gozzi, Goldoni préféra quitter Venise et vint s'installer à Paris en 1762. Il y écrivit d'excellentes pièces en français, dont *le Bourru* bienfaisant (1771). Il y rédigea également en français ses délicieux *Mémoires* (1784-1787) et devint professeur d'italien des princesses royales. La Révolution ayant supprimé sa pension, il mourut dans la misère. L'originalité de Goldoni est d'être le peintre de types rencontrés dans la vie réelle, en réaction contre la *commedia dell'arte*, devenue trop conventionnelle et trop vulgaire. Parmi ses pièces écrites en italien ou en vénitien, citons *le Serviteur de deux maîtres* (1745), *la Veuve rusée* (1748), *la Bonne Epouse* (1749), *le Café* (1750), *l'Au-*

bergiste (*La Locandiera**) [1753], *la Petite Place* (1756) et *l'Eventail* (1765).

gold-point [gouldpɔint] n. m. (mot angl.). Cours des changes à partir duquel il est plus avantageux d'envoyer de l'or à l'étranger que de payer par traite. (L'existence d'un gold-point est liée à un régime des changes libres dans lequel les cours de l'or sont libres.)

Goldschmidt (Hans), chimiste allemand (Berlin 1861 - Baden-Baden 1923), inventeur de l'aluminothermie.

Goldsmith (Oliver), écrivain anglais (Pallasmore, Longford ou Elphin, Roscommon, Irlande, v. 1730-Londres 1774). Après des études manquées, il entreprend un grand voyage à pied à travers l'Europe et rentre dans son pays avec un diplôme de médecine. Il exerce quelque temps dans un quartier pauvre de Londres, puis entre au service d'un libraire et commence à écrire des livres pour enfants. En 1762 paraissent ses *Lettres chinoises*, imitées des *Lettres persanes* de Montesquieu, et qu'il rééditera sous le titre de *Citoyen du monde*. Il connaît dès lors la

British Council

Oliver Goldsmith

célébrité, sans pouvoir cependant sortir d'une situation misérable. Le poème *le Voyageur* (1764) l'impose définitivement. *Le Vicaire* *de Wakefield* (1766), qui révèle son talent de romancier, constitue son chef-d'œuvre. Puis il aborde le théâtre avec *l'Homme au bon naturel* (1768), qui connaît le succès. Alors que le poème pastoral *le Village** abandonné* (1770) prouve que son génie poétique n'a rien perdu de sa vigueur, sa seconde comédie, *Elle s'abaisse pour vaincre* (1773), consacre son talent d'auteur dramatique.

gold specie standard ou **gold standard**, régime monétaire dans lequel les billets de banque peuvent être échangés contre de l'or,

où toute personne peut demander à l'institut d'émission de frapper des pièces de monnaie en lui remettant un lingot et où l'importation et l'exportation d'or sont libres.

Goldstein (Eugen), physicien allemand (Gleiwitz 1850 - Berlin 1930). Auteur de recherches sur la décharge dans les gaz raréfiés, il a signalé la charge négative des rayons cathodiques et découvert en 1886 les rayons positifs.

Goldstein (Kurt), neuropsychiatre d'origine allemande (Katowice 1878 - New York 1965). Professeur à l'université de Berlin (1930), il partit pour les Etats-Unis (1934), où il occupa notamment une chaire de neurologie à l'université Columbia. Ses recherches portent sur les troubles du langage, les tumeurs cérébrales et la schizophrénie.

Goldwyn (Samuel GOLDFISH, dit **Samuel**), industriel américain, d'origine polonaise (Varsovie 1884 - Los Angeles 1974), fondateur de la firme cinématographique « Goldwyn » (1916), qui devint en 1924 la « Metro Goldwyn Mayer ».

Goléa (El-), oasis du Sahara algérien, ch.-l. d'arr. du dép. des Oasis ; 12 500 h.

Goleizovski (Kassian), danseur et chorégraphe soviétique (Saint-Pétersbourg 1892 - Moscou 1970). Influencé par les innovations d'Aleksandr Gorski, il remet en question certaines structures traditionnelles du ballet soviétique en introduisant des mouvements acrobatiques dans ses compositions et en transformant l'espace scénique. Il est l'auteur de *Joseph le Beau* (d'après la *Légende de Joseph* ; 1925), d'une version des « Danses polovtsiennes » du *Prince Igor*' et de *la Fontaine de Bhaktchissaraï* (1939), de *Leïla et Mejnoun* (1964), de *Narcisse* (« miniature chorégraphique », 1969). Il a publié *Aspects de la chorégraphie nationale russe* (1964).

Goleniów, en allem. **Gollnow**, v. de Pologne (voïévodie de Szczecin). Ville libre (1268), elle fit partie de la Hanse, devint suédoise (1648), puis prussienne (1720).

Golescu (Nicolas ou Nicolae), homme politique roumain (Cîmpulung 1810 - Bucarest 1878). Un des principaux chefs de la révolution de 1848, il rentra à Bucarest après s'être réfugié en France, devint Premier ministre du prince Cuza, qu'il poussa à l'abdication (1866). Chef du gouvernement provisoire, puis président du Conseil et ministre des Affaires étrangères (1868), il tenta de proclamer la République en 1870.

Golestan (Stan), compositeur roumain (Vaslui, Moldavie, 1875 - Paris 1956). Elève de V. d'Indy, de Roussel, de Dukas, il fait appel au folklore roumain dans ses œuvres (*Rhapsodie roumaine*, etc.).

golf n. m. (mot angl. tiré du holland. *kolf*, crosse). Sport qui se pratique sur un terrain très étendu, à l'aide d'une balle et de clubs. (V. encycl.) ● *Golf miniature*, jeu imitant le

Holmes-Lebel

golf

il fit de remarquables travaux sur le système nerveux, découvrit certains corpuscules tactiles et un système de granulation du cytoplasme, dit « appareil de Golgi ». (Prix Nobel de méd. avec Ramón y Cajal, 1906.)

Golgotha (nom dérivé de l'araméen), colline située hors de l'enceinte de Jérusalem et qui servait aux exécutions capitales; elle fut appelée ensuite *colline du Calvaire.* Jésus-Christ y fut supplicié. On y édifia la basilique du Saint-Sépulcre.

goliard n. m. Nom donné, au haut Moyen Age, aux clercs indisciplinés qui vivaient en marge des lois de l'Eglise.

goliath n. m. (du nom du géant). Homme très grand; géant. ‖ Nom commun au cricétomys* et à un gigantesque scarabée (10 cm de long) qui vit dans les arbres en Afrique chaude.

Goliath, géant philistin qui fut tué par David d'une pierre au front lancée avec une fronde.

Golitsyn ou **Golitzine.** V. GALITZINE.

golf, dans lequel les parcours n'ont que quelques mètres et sont jalonnés d'obstacles divers. ‖ *Pantalon de golf,* pantalon de sport à jambes larges et bouffantes, dont le bas, resserré par des pinces ou des fronces, est fixé au jarret par un bracelet. (Syn. KNICKERBOCKERS.) ◆ **golfeur** n. m. Joueur de golf.
— ENCYCL. **golf.** Un terrain de golf comprend généralement 18 trous, sur un vaste terrain coupé d'obstacles naturels ou artificiels. La distance séparant ces trous varie de 100 à 500 m, le parcours total étant en moyenne de 7 km. Le jeu consiste à envoyer successivement la balle dans chacun des trous à l'aide d'instruments dénommés « clubs » (bois ou fers suivant la distance à parcourir). Le trou se trouve placé sur le *green,* surface gazonnée bien entretenue. Le *fairway,* partie du parcours en herbe rase, est bordé du *rough,* territoire non entretenu où la balle risque de se perdre et dont il est toujours difficile de sortir.

golfe n. m. (ital. *golfo;* du gr. *kolpos,* sein). Partie de la mer qui avance dans les terres. (Le terme général de *golfe* recouvre des réalités géographiques très diverses.)

Golfe-Juan, écart de la comm. de Vallauris (Alpes-Maritimes), à 5 km à l'O. d'Antibes. Station balnéaire. Napoléon Ier y débarqua à son retour de l'île d'Elbe (1er mars 1815).

golfeur → GOLF.

Golgi (Camillo), médecin italien (Corteno, près de Brescia, 1844 - Pavie 1926). Professeur d'histologie, puis de pathologie à Pavie,

Giraudon

le géant **Goliath** luttant contre David
bible de Souvigny
bibliothèque de Moulins

Goll (Jaroslav), historien tchèque (Chlumec nad Cidlinou 1846 - Prague 1929). Professeur à l'université de Prague, maître de l'école historique tchèque, il est l'auteur, notamment, de *la Lutte pour la terre de la Couronne tchèque en 1740-1742* (1915).

Golle (Pierre), menuisier-ébéniste et marqueteur, originaire de Hollande († Paris 1684). Appelé en France par Mazarin, il produisit aux Gobelins des cabinets d'ébène profilés d'étain, et collabora avec A. C. Boulle.

golmote n. f. Amanite rougeâtre comestible, mais qui peut être confondue avec l'amanite panthère, qui est toxique.

Golo (le), fl. de Corse, le plus important de l'île ; 75 km. Né dans la forêt de Valdo Niello, il rejoint la mer au S. de Bastia.

Golo. V. GENEVIÈVE DE BRABANT.

golok n. m. (mot malais). Arme de main des Malais des îles de la Sonde.

Golovine (Fiedor Alexeievitch, comte), homme politique russe (1650 - Gloukhov 1706). Il signa le traité de Nertchinsk (1689) avec les Chinois, puis fit partie en 1697-1698 de la *grande ambassade* de Pierre le Grand en Occident. Amiral en chef de la flotte russe et chef des relations extérieures, il signa avec les Turcs le traité de Constantinople (1700).

Golovine (Serge), danseur français d'origine russe (Monaco 1924). Brillant danseur, de classe internationale, ses interprétations du *Spectre de la rose*, de la *Mort de Narcisse*, de *Petrouchka* restent mémorables.

Golovkine (Gavrila Ivanovitch, comte), homme politique russe (1660 - Saint-Pétersbourg 1734). Chef des Affaires étrangères, il fut créé grand chancelier sur le champ de bataille de Poltava (1709). Membre du Conseil secret sous Catherine Ire et Pierre II, il favorisa l'élection d'Anna Ivanovna.

Goltz (Colmar, baron VON DER), maréchal prussien (Bielkenfeld, près de Labiau, 1843 - Bagdad 1916). Auteur de nombreuses études historiques, il réorganisa l'armée turque (1883), puis devint un des aides de camp généraux de Guillaume II. Maréchal en 1911, chef des Ire et VIe armées turques au Moyen Orient en 1915 et 1916, il fut surnommé GOLTZ PACHA.

Goltz (Rüdiger, comte VON DER), général allemand (Züllichau 1865 - Kinsegg, Schongau, 1946). A la fin de la Première Guerre mondiale, il soutint Mannerheim contre les forces soviétiques et occupa Helsinki (avr. 1918). En 1919, il mit sur pied une armée de volontaires, le *Baltikum*, occupa la Courlande, mais, sur l'ordre de Foch, fut rappelé en Allemagne, où il participa au putsch de Kapp (mars 1920).

Gołuchowski (Agenor, comte), homme politique autrichien (Lemberg [Lvov] 1812 - id. 1875). Membre du cabinet Schwarzenberg (1848), puis gouverneur de Galicie, il devint ministre de l'Intérieur en 1859. Il est l'auteur du diplôme d'octobre 1860, qui tenta de donner aux Etats autrichiens une structure fédérale, mais qui devait être abrogé par la patente de 1861. Relevé de ses fonctions le 13 déc. 1860, Gołuchowski redevint gouverneur de Galicie en 1866.

Gomâl (COL DE). V. GUMÂL.

Gomar ou **Gomarus** (François), théologien néerlandais (Bruges 1563 - Groningen 1641). Professeur de théologie protestante à Leyde (1594), il se fit l'apôtre d'une doctrine intransigeante de la prédestination, qui l'opposa à Arminius*.

gomarisme → GOMARISTE.

gomariste adj. Relatif à Gomar, au gomarisme. ✦ n. Partisan de Gomar ; adepte du gomarisme. ◆ **gomarisme** n. m. Théorie de Gomar, opposée à l'arminianisme*.

Gombauld (Jean OGER), poète français (Saint-Just, près de Lussac, Saintonge, v. 1588 - Paris v. 1666). Protégé de Marie de Médicis, mais tenu ensuite en demi-disgrâce par Richelieu, ce poète précieux fut un habitué de l'hôtel de Rambouillet et publia ses poésies en 1646. (Acad. fr., 1634.)

Gombert (Nicolas), compositeur franco-flamand (Bruges v. 1490 - † v. 1560). Peut-être élève de Josquin Des Prés, il a été au service de Charles Quint. Il est l'auteur de messes, de motets et de chansons.

Gomberville (Marin LE ROY DE), écrivain français (Paris 1600 - id. 1674). Son roman *l'Exil de Polexandre* et *d'Ériclée* (1619), remanié en 1629 et 1637, domina le genre du roman jusqu'au succès de La Calprenède. (Acad. fr., 1634.)

gombette adj. Se dit de la loi rédigée en latin sur l'ordre du roi des Burgondes Gondebaud (v. 500-501), applicable aux seuls sujets barbares, et qui codifiait, en les adoucissant, les anciennes lois burgondes. (Elle comporte un important tarif de compositions pécuniaires et évite de favoriser les Barbares aux dépens des Gallo-Romains.)

gombin n. m. V. GEMBIN.

gombo n. m. Malvacée originaire de l'Inde, et dont le fruit, une longue capsule de 8 à 10 cm, sert de condiment à l'état vert.

Gombrowicz (Witold), écrivain polonais (Maloszyce, près de Radom, 1904 - Vence 1969). Ses romans (*Ferdydurke*, 1937 ; *la Pornographie*, 1956), son théâtre et son *Journal* (1953-1964) traitent des conflits entre l'homme et la société.

Gomel', v. de l'U. R. S. S. (Biélorussie) ; 216 000 h. Centre agricole. Constructions mécaniques (matériel agricole, machines-outils).

gomène n. f. Câble qui recevait l'ancre d'une galère.

Goménol n. m. (marque déposée). Essence extraite des feuilles de niaouli et qui, mélangée avec de l'huile, est employée dans les affections des voies respiratoires.

Gomer, fils aîné de Japhet, selon la Genèse.

Gomera (ÎLE DE), île de l'archipel espagnol des Canaries ; 378 km² ; 25 000 h. Ch.-l. *San Sebastián.*

Gomes (Manuel Teixeira), homme politique et écrivain portugais (Vila Nova de Portimão 1862 - Bougie 1941), ministre de Portugal en Grande-Bretagne (1910-1923), président de la République (1923), démissionnaire en 1925.

Gomes de Amorim (Francisco), écrivain portugais (Póvoa de Varzim 1827 - Lisbonne

1891). Son œuvre la plus connue est un drame, *la Haine de race* (1854).

Gomes Coelho. V. COELHO.

Gomes Leal (António Duarte). V. LEAL.

Gómez (Máximo), général cubain (Bani, Saint-Domingue, 1836 - La Havane 1905). Un des principaux artisans de l'insurrection de 1868, il devint ministre de la Guerre en 1876, puis, après le pacte de Zanjón (1878), il dut s'exiler et passa aux Etats-Unis en 1885. En 1895, il débarqua à Cuba et, après la victoire des insurgés, il contribua à l'organisation de la République cubaine.

Gómez (Juan Vicente), homme politique vénézuélien (San Antonio, Táchira, 1857 - Maracay, Aragua, 1935). Vice-président de la République en 1902, il succéda à Castro à la présidence (1908).

Gómez de Avellaneda (Gertrudis), femme poète espagnole (Puerto Príncipe, Cuba, 1814 - Séville 1873), auteur de poèmes (*Poésies,* 1841), de romans (*Dolores,* 1860) et de drames (*Saúl,* 1849), aux tendances romantiques et idéalistes.

Gómez de Ciudad Real (Álvaro), militaire et poète espagnol (Guadalajara 1488 - † 1538), auteur de poèmes latins.

Gómez de la Serna (Ramón), écrivain espagnol (Madrid 1888 - Buenos Aires 1963). Son œuvre abondante se rattache surtout à sa

Manuel - Roger-Viollet

Gómez de la Serna

ville natale. *Pombo* (1918) est l'histoire du café littéraire qu'il fréquente ; *El Rastro* (1915) a pour cadre le marché aux puces de la capitale. Citons aussi *l'Homme au melon gris* (1928), *La Hiperestésica* (1931). Il a inventé un genre, les *greguerías* (1917), courtes observations caricaturales des êtres et des choses.

Gómez de Mora (Juan), architecte espagnol (Madrid 1586 - *id.* v. 1648). Ses œuvres les plus importantes sont, à Salamanque, le collège des Jésuites et l'église de la Encarnación (1611-1616) ; à Madrid, la façade de l'ancien alcazar (1619) et l'aménagement de la Plaza Mayor (1617-1619).

Gómez Palacio, v. du Mexique (Etat de Durango) ; 45 900 h. Sidérurgie ; industrie chimique.

gommage → GOMME.

gommart n. m. Nom antillais des gommiers du genre *bursera*.

gomme n. f. (bas lat. *gumma ;* de *gummis*). Exsudation végétale visqueuse de nature glucidique, formant avec l'eau des colloïdes ou des mucilages. (Ce sont surtout les arbres qui sécrètent des gommes, en réponse à une plaie du tronc, à une attaque parasitaire ou, simplement, à la sécheresse. On utilise les gommes en pharmacie, ainsi que pour les apprêts, colles et vernis.) ‖ Préparation à base de caoutchouc, servant à effacer des traits de crayon, de plume. ‖ Production pathologique nodulaire nécrotique, qu'on observe au cours de la syphilis tertiaire, de la tuberculose, de la lèpre, des mycoses. (Les gommes peuvent siéger dans la peau, les muscles, les os, les viscères ; le nodule gommeux, d'abord dur, se ramollit, puis s'ulcère en évacuant un liquide visqueux, et finalement l'ulcération se répare en laissant une cicatrice.) ‖ Dépôt qui se forme sur les soupapes d'admission des moteurs à explosion et qui est dû à l'oxydation des dioléfines contenues dans les essences craquées. ● *A la gomme* (Fam. et péjor.), médiocre, de mauvaise qualité. ‖ *Gomme adragante,* gomme de l'astragale. ‖ *Gomme arabique,* gomme des acacias du Sénégal. ‖ *Gomme élastique* ou, simplem., *gomme,* désignation primitive, mais impropre, du caoutchouc brut. (Le caoutchouc n'étant pas une gomme, l'emploi de ce terme pour le désigner est absolument à proscrire.) ‖ *Gommes nostras,* gommes produites par les arbres de l'Europe occidentale : pêcher, cerisier, prunier. ‖ *Gomme tannifère,* substance naturelle — mélange de gommes et de tanins — caractérisée par des propriétés astringentes. ‖ *Mettre la gomme* (Pop.), activer l'allure. ‖ *Procédé à la gomme bichromatée,* procédé photographique utilisant un papier enduit de gomme, de bichromate de potassium et de couleur d'aquarelle. ◆ **gommage** n. m. Action de gommer : *Le gommage des étoffes se fait généralement dans un foulard d'apprêt.* ‖ Résultat de cette action. ‖ Action de recouvrir d'une solution de gomme arabique la pierre lithographique ou la plaque offset, pour conserver ses propriétés imprimantes. ‖ Action d'enduire de gomme une feuille de papier, imprimée ou non. ◆ **gommé, e** adj. Recouvert d'une couche de gomme adhérente sèche, qui se dilue au contact d'un liquide : *Du papier gommé.* ● *Eau gommée,* eau dans laquelle on a dissous de la gomme. ‖ *Enveloppe, bande gommée,* enveloppe, bande dont le bord est enduit de gomme qu'on mouille pour la fermer. ‖ *Taffetas gommé,* tissu imperméabilisé destiné à maintenir humides les pansements. ◆ **gomme-ammoniaque** n. f. Gomme-résine produite par une ombellifère et partiellement soluble dans l'ammoniaque. — Pl. *des* GOMMES-AMMONIAQUES. ◆ **gomme-ester** n. f. Produit obtenu en estérifiant la colophane par la glycérine ou par un corps analogue. — Pl. *des* GOMMES-ESTERS. ◆ **gomme-gutte** n. f. Gomme-résine jaune, qui provient de l'Asie méridionale. — Pl. *des* GOMMES-GUTTES. ◆ **gomme-laque** n. f. Résine d'origine animale, soluble dans l'alcool. — Pl. *des* GOMMES-LAQUES. ◆ **gommer** v. tr. Enduire de gomme. ‖ Effacer avec une gomme : *Gommer un trait de crayon, une tache d'encre.* ‖ Procéder au gommage d'un tissu. ● *Gommer une couleur,* délayer avec elle un peu de gomme dissoute dans l'eau pour la rendre plus homogène et plus adhérente au subjectile. ‖ *Gommer du tabac,* l'humecter avec l'eau dans laquelle on a fait bouillir des côtes de tabac. ◆ **gomme-résine** n. f. Mélange naturel de gomme et de résine, produit par exsudation naturelle ou provoquée. — Pl. *des* GOMMES-RÉSINES. ◆ **gommeur, euse** n. Ouvrier, ouvrière, chargés du gommage des tissus, papiers, etc. ◆ **gommeux, euse** adj. Qui a rapport à la gomme ; qui est de la nature de la gomme : *Mucilage gommeux.* ‖ Qui a de la gomme : *Cerisier gommeux.* ● *Tumeur gommeuse,* syn. de GOMME. ✦ n. *Fam.* Jeune homme, jeune femme qui poussent le souci de l'élégance jusqu'au ridicule : *Un jeune gommeux.* ‖ — **gommeuse** n. f. Chanteuse de café-concert. ‖ Machine utilisée pour la fabrication du papier gommé et des papiers adhésifs. ◆ **gommier** n. m. Nom donné aux divers arbres qui produisent des gommes : eucalyptus, acacia, bruséra, etc. ◆ **gommoir** n. m. Baquet, récipient contenant une dissolution de gomme, en vue d'une application industrielle. ◆ **gommo-résineux, euse** adj. Qui se rapporte aux gommes-résines. ◆ **gommose** n. f. Sécrétion pathologique de gomme. (On l'observe surtout chez les arbres fruitiers, pêcher, prunier, cerisier, chez les mûriers et chez les orangers.)

Gomorrhe, anc. v. de Palestine, détruite avec Sodome par le feu du ciel.

Gompers (Samuel), leader syndicaliste américain (Londres 1850 - San Antonio, Texas, 1924). Organisateur de la fédération des syndicats ouvriers *American Federation of Labor* (A. F. L.), il obtint la création d'un ministère du Travail.

gomphe n. m. Nom d'une libellule.

gomphide n. m. Champignon comestible aux lames épaisses, croissant sous les pins.

gomphocère n. m. Petit criquet brun aux longues antennes en massue.

gomphose n. f. (gr. *gomphos,* cheville). Articulation immobile par laquelle les os sont emboîtés l'un dans l'autre.

Gomułka (Władysław), homme politique polonais (Krosno, Galicie, 1905 - Varsovie 1982). Ouvrier, membre du parti communiste polonais, il participa à la résistance armée contre l'Allemagne en tant que secrétaire général du comité central du parti ouvrier (1943-1948). Il contribua ensuite à la constitution d'un gouvernement d'Union nationale (juin 1945). Accusé de déviationnisme nationaliste (1948), il fut exclu du gouvernement,

Gomułka

puis du parti (1949) et arrêté (1951). Réhabilité en août 1956, il reprit sa place de secrétaire du parti ouvrier. Mais, à la suite d'une crise sociale, il est remplacé à cette fonction par Edward Gierek (déc. 1970).

gon n. m. Unité de mesure d'angle plan (symb. gon), syn. de GRADE.

gonade n. f. (gr. *gonê,* semence). Organe où se forment et mûrissent les cellules reproductrices des animaux. (V. *encycl.*) ◆ **gonadostimuline** n. f. Hormone du lobe antérieur de l'hypophyse, exerçant une action stimulante sur les gonades. (Syn. HORMONE GONADOTROPE.) ◆ **gonadotrope** adj. (gr. *gonê,* semence, et *trepein,* tourner). Qui agit sur le développement et le fonctionnement des glandes sexuelles. (V. *encycl.*) ● *Hormone gonadotrope,* hormone de l'hypophyse, qui intervient dans le développement et le fonctionnement des organes génitaux des deux sexes. (Syn. GONADOSTIMULINE, GONADOTROPHINE.) ◆ **gonadotrophine** n. f. Syn. de GONADOSTIMULINE, HORMONE GONADOTROPE*.
— ENCYCL. *gonade.* La gonade primordiale est d'abord la même dans les deux sexes. Elle est constituée d'une zone médullaire et d'une zone corticale, autrement dit d'un centre et d'une écorce. Selon le sexe, c'est l'une ou l'autre de ces zones qui se développe. Le développement de la zone médullaire donne un *testicule,* ou gonade mâle, qui quit-

Musée d'Art ancien de Lisbonne

Nuno **Gonçalves**
volet du « Polyptyque de São Vicente »
musée d'Art ancien, Lisbonne

tera la cavité abdominale pour émigrer dans les bourses et engendrer, à partir de la puberté, des spermatozoïdes. Le développement de la zone corticale donne un *ovaire*, ou gonade femelle, qui, à partir de la puberté, formera un ovule à chaque cycle œstral.
— *gonadotrope.* On distingue deux *hormones gonadotropes* : la *gonadostimuline A,* qui entraîne la maturation du follicule ovarien chez la femelle et le développement de la lignée séminale (spermatozoïdes) chez le mâle, et la *gonadostimuline B,* qui entraîne la transformation du follicule en corps jaune chez la femelle et stimule la production d'hormone mâle par le testicule. Le taux sanguin des hormones gonadotropes augmente considérablement pendant la grossesse, et le dosage de ces corps permet la surveillance biologique de cet état.

gonadostimuline, gonadotrope, gonadotrophine → GONADE.

Gonaïves, port de la république d'Haïti ; ch.-l. de dép., sur la *baie de Gonaïves ;* 19 100 h.

gonakié n. m. Gousse d'*Acacia* arabica* du Sénégal, utilisée pour le tannage des peaux.

gonalgie n. f. (gr. *gonu,* genou, et *algos,* douleur). Douleur du genou. ◆ **gonalgique** adj. Qui concerne la gonalgie.

gonarque n. f. (du gr. *gônia,* angle). Espèce de cadran solaire, tracé sur différentes faces d'un polyèdre.

gonarthrose n. f. Arthrose du genou.

Gonave (ÎLE DE LA), île dépendant de la république d'Haïti, au N. du *canal de la Gonave.*

Gonçalves (Nuno), peintre portugais (xvᵉ s.). Peintre du roi Alphonse V (1450), il travailla jusque vers 1480. Il est l'auteur du *Polyptyque de São Vicente* (cathédrale de Lisbonne, 1460). Son réalisme, proche de celui des Flamands, a un caractère plus nettement plastique.

Gonçalves Dias (António), poète brésilien (Caxias, Maranhão, 1823 - mort dans un naufrage 1864). Ecrivain romantique, dont l'œuvre demeure populaire dans son pays, il publia notamment des *Cantos* (1846) et *Os Timbiras* (1857), poème épique.

Goncelin, ch.-l. de c. de l'Isère (arr. de Grenoble), près de l'Isère, à 10 km au S.-O. d'Allevard ; 1 467 h. (*Goncelinois*).

Goncourt (Edmond et Jules HUOT DE), écrivains français (EDMOND [Nancy 1822 - Champrosay, Essonne, 1896] ; JULES [Paris 1830 - *id.* 1870]). Ils font paraître d'abord des études sur le XVIIIᵉ s. : *Histoire de la société française pendant la Révolution* (1854), *l'Art du XVIIIᵉ s.* (1859-1875), etc. Leurs débuts de collaboration dans le roman datent de 1860, année où ils publient *Charles Demailly,* auquel succèdent *Sœur Philomène* (1861), *Renée* Mauperin* (1864), *Germinie* Lacerteux* (1864), *Manette Salomon* (1867), *Madame Gervaisais* (1869). Au théâtre, ils font représenter *Henriette Maréchal* (1865).

Edmond et Jules de **Goncourt,** par Gavarni

Giraudon

Après la mort de son frère Jules, Edmond publie *la Fille Elisa* (1877), *les Frères Zemganno* (1879), *la Faustin* (1882), *Chérie* (1884), et tire un drame de *Germinie Lacerteux* (1889). Il écrit en outre des études sur l'art japonais. Romanciers naturalistes, les frères Goncourt s'intéressent surtout aux états pathologiques qui peuvent sublimer ou dépraver l'existence de leurs personnages, mais ils veulent aussi être artistes, c'est-à-dire créer la langue qui traduira ce genre moderne (style « artiste »). On retrouve cette conception littéraire dans leur *Journal.* Edmond de Goncourt réunissait le dimanche, au second étage de son hôtel d'Auteuil, qu'il appelait « son grenier », quelques amis, avec lesquels il conçut l'idée de l'*Académie des Goncourt.*

Goncourt (ACADÉMIE DES), société littéraire

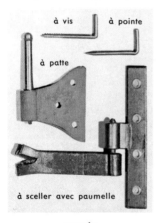

à vis   à pointe

à patte

à sceller avec paumelle

gonds

que créa E. de Goncourt par son testament, rédigé dès 1884, et qui fut constituée officiellement en 1902. Elle est composée de dix hommes de lettres, chargés de décerner chaque année au début de décembre un prix littéraire. Le premier *prix Goncourt* a été décerné en 1903.

gond [gɔ̃] n. m. (lat. *gomphus;* du gr. *gomphos,* cheville). Morceau de métal coudé et rond sur lequel tournent les pentures d'une porte : *Faire tourner une porte sur ses gonds.* ‖ Petit crochet. ● *Mettre, emporter, faire sortir, jeter hors des gonds, de ses gonds* (Fig.), faire perdre la maîtrise de soi; exciter une vive colère. ‖ *Sortir de ses gonds,* être dans une grande colère, hors de soi. ◆ **gonder** v. tr. Munir de gonds.

gond n. f. *Linguist.* V. GONDĪ.

Gondar, v. d'Ethiopie, ch.-l. de la prov. de Beghemeder ; 25 000 h. Vestiges de palais et d'églises des XVIIe et XVIIIe s. Fondée au XVIe s., capitale des négus, la ville entra en décadence au XIXe s. et fut ruinée par le négus Théodore (1868). Occupée par les Italiens en 1936, la ville fut reprise après plusieurs mois de siège en 1941.

Gondebaud ou **Gondobald** († Genève 516), roi des Burgondes (v. 480-516). Neveu de Ricimer, il désigna l'empereur Glycère (473), fit une expédition dévastatrice en Italie et promulgua la loi gombette*.

Gondecourt, comm. du Nord (arr. et à 14 km au S.-S.-O. de Lille) ; 3 521 h. Savonnerie.

Gondemar ou **Godomar** († 534), roi de Bourgogne (523-532). Il fut assiégé en 532 à Autun par les fils de Clovis, et privé du trône.

gonder → GOND.

gondezel n. m. Sorte de coton filé, de qualité moyenne.

gondī ou **gond** n. f. Nom générique donné aux différents dialectes de la baghelī, de la chhattīsgarhī et de l'oriyā parlés par les Gonds. (Ces dialectes s'écrivent généralement en dévanāgarī.)

Gondi, famille florentine de diplomates et de banquiers, passée au service de la France à la fin du XVe s. Elle dut sa fortune politique à Catherine de Médicis. Les principaux membres de cette famille sont : JEAN-BAPTISTE (1501 - 1580), maître d'hôtel de Catherine de Médicis ; — GUIDOBALDO, dit *Antoine* (Florence 1486 - Paris 1560), seigneur *du Perron,* maître d'hôtel du duc d'Anjou, le futur Henri III, et chef de la branche française ; — ALBERT (Florence 1522 - † 1602), fils aîné du précédent, qui devint maréchal de France en 1573. Son mariage avec Claude Catherine de Clermont-Dampierre, veuve du baron de Retz, lui assura cette baronnie, érigée en duché-pairie (1581), et la terre de Belle-Isle ; — HENRI (1572 - Béziers 1622), son fils, qui fut coadjuteur de son oncle Pierre, cardinal et évêque de Paris (1587), évêque à son tour et premier cardinal de Retz (1618), chef du conseil de Louis XIII ; — JEAN-FRANÇOIS (1584 - Paris 1654), son frère, qui devint archevêque de Paris (1622) ; — JEAN-FRANÇOIS (Montmirail 1613 - Paris 1679), son neveu, le futur et célèbre cardinal de Retz*. La famille s'éteignit avec MARIE CATHERINE ANTOINETTE (1648 - 1716), supérieure générale des Filles du Calvaire.

Gondicaire, premier roi de Bourgogne (v. 385 - † 436). Chef burgonde, il franchit le Rhin en 413, pour s'établir en Gaule. Il fut tué en luttant contre Attila.

Gondoin (Jacques), architecte français (Saint-Ouen-sur-Seine 1737 - Paris 1818). Il a élevé l'Ecole de chirurgie (1766-1774), aujourd'hui Ecole de médecine.

gondolage, gondolant → GONDOLER.

gondole n. f. (ital. *gondola*). Barque vénitienne, mue au moyen d'un seul aviron, bordé

Jidébé

gondole

à l'arrière. (Sa caractéristique la plus remarquable est la nette courbure de son axe longitudinal vers la droite, pour un observateur placé à l'arrière. Sur son erre, la gondole vient sur tribord. Immobile, elle gîte sur ce bord. L'effet est neutralisé par l'action du gondolier, maniant l'aviron à tribord arrière.) ‖ Du XVIᵉ au XVIIIᵉ s., récipient précieux en forme de gondole. ‖ Au XIXᵉ s., siège au dossier cintré, très renversé. ‖ Meuble de présentation à plateaux superposés, utilisé dans les magasins en libre service. ◆ **gondolier, ère** n. Batelier, batelière qui conduit une gondole.

gondoler v. intr. En parlant d'un navire, avoir les bouts qui se relèvent comme ceux d'une gondole : *Ce brick gondole.* ‖ Se gonfler, se déjeter, avoir une surface irrégulière : *Certains vernis gondolent.* ‖ **— se gondoler** v. pr. *Pop.* Rire au point de se tordre. ◆ **gondolage** n. m. Action de gondoler, de se déjeter : *Le gondolage est souvent un effet de l'humidité.* ◆ **gondolant, e** adj. *Pop.* Qui fait rire à se tordre : *Histoire gondolante.*

gondolier → GONDOLE.

Gondouin (Emmanuel), peintre français (Versailles 1883 - Paris 1934). Influencé par le cubisme, il se distingue par la qualité de son coloris. Il est représenté au musée national d'Art moderne.

Gondovald (v. 550 - Comminges 585), aventurier qui se déclara fils de Clovis Iᵉʳ et tenta de conquérir la Gaule en 584-585.

Gond-Pontouvre (LE), ch.-l. de c. de la Charente (arr. et dans la banlieue nord d'Angoulême) ; 6 304 h.

Gondrecourt-le-Château, ch.-l. de c. de la Meuse (arr. de Commercy), sur l'Ornain, à 29 km au S.-E. de Ligny-en-Barrois ; 1 594 h.

Gond(s), peuple dravidien de l'Inde centrale. Ils dominèrent le *pays de Gondwana* (XIIᵉ-XVIIIᵉ s.), mais furent refoulés par les Mahrattes.

Gondwana (CONTINENT DE), continent hypothétique qui aurait réuni jusqu'à la fin du primaire le Deccan, l'Afrique, Madagascar, l'Australie, l'Amérique du Sud et l'Antarctique. L'histoire de ces terres présente des analogies jusqu'au début du secondaire, notamment en ce qui concerne la faune et la flore, mais l'extension d'un continent unique n'est pas prouvée.

gonelle n. f. Petit poisson blenniidé serpentiforme de nos côtes rocheuses, orné de taches rondes, et qui protège sa ponte en s'enroulant autour d'elle.

Gonesse, ch.-l. de c. du Val-d'Oise (arr. de Montmorency), à 12 km au N.-N.-E. de Paris, près de l'aéroport du Bourget ; 22 923 h. (*Gonessiens*). Eglise (XIIᵉ-XIIIᵉ s.). Confection. Patrie de Philippe Auguste.

gonfalon ou **gonfanon** n. m. (anc. haut allem. *guntfano* ; de *gundja*, guerre, et *fano*, drapeau). Etendard sous lequel se rangeaient au Moyen Age les vassaux appelés par le suzerain. (Il devint plus tard l'étendard des seigneurs ecclésiastiques et fut une marque des Eglises patriarcales.) ◆ **gonfalonier** ou **gonfanonier** n. m. Celui qui portait le gonfalon d'une milice, d'une corporation, etc. (Ce fut aussi, en France, le titre d'avoués ecclésiastiques, et, en Italie, celui de divers magistrats des républiques urbaines. A Florence fut institué en 1289 un *gonfalonier de justice,* qui devint par la suite le chef de la république.)

gonfalons
détail d'une miniature du XVᵉ s.

Larousse

gonflage, gonfle, gonflement → GONFLER.

gonfler v. tr. (lat. *conflare*, souffler ensemble). Distendre en remplissant d'air, de gaz : *Gonfler une chambre à air.* ‖ Enfler, faire grossir : *L'eau gonfle les éponges.* ‖ Enfler en produisant une sensation de réplétion pénible : *Un plat qui gonfle l'estomac.* ‖ *Fig.* Remplir d'un sentiment qu'on a peine à contenir ; animer : *La fierté leur gonflait la poitrine.* ● *Avoir le cœur gonflé*, avoir envie de pleurer. ‖ *Etre gonflé* (Pop.), être téméraire. ‖ *Etre gonflé à bloc*, être plein d'enthousiasme, d'ardeur. ✦ v. intr. Devenir enflé : *Le bois gonfle à l'humidité.* ‖ **— se gonfler** v. pr. Etre, devenir gonflé : *Le liège se gonfle dans l'eau ;* et, au *fig.*, être rempli du sentiment de son importance. ◆ **gonflage** n. m. Action de gonfler ; résultat de cette action. ◆ **gonfle** n. f. Boursouflure dans le fil de métal tiré à la filière. ◆ **gonflement** n. m. Action de gonfler. ‖ Enflure. ‖ Augmentation de volume d'une peau lorsqu'elle est plongée dans l'eau. ‖ Distension de l'âme d'une bouche à feu, due à une surpression accidentelle. ● *Gonflement du mur* ou *de la sole d'une galerie*, soulèvement progressif de la sole de la galerie d'une mine sous l'effet des pressions de terrains qui se répercutent dans un mur tendre. (Syn. SOUFFLAGE DU MUR.) ‖ *Indice de gonflement*, caractéristique d'un charbon en rapport avec son aptitude à donner du bon coke. ◆ **gonfleur** n. m. Petit compresseur mobile servant à gonfler les pneus d'automobile. ‖ Petit soufflet servant à gonfler les matelas ou les coussins pneumatiques de camping.

Gonfreville-l'Orcher, comm. de la Seine-Maritime (arr. et à 10 km à l'E. du Havre) ; 10 345 h. (*Gonfrevillais*). Principale raffinerie française de pétrole. Pétrochimie. Tuyauterie et armement.

gong n. m. (mot angl., emprunté au malais). Instrument de musique ou d'appel importé d'Extrême-Orient. (Il est formé d'un disque

Larousse

de bronze, mis en vibration par une mailloche recouverte de tissu.) ‖ Timbre annonçant le début et la fin de chaque reprise d'un match de boxe. ● *Gong sonique*, claquement produit par un avion au moment où sa vitesse devient supérieure à celle du son.

Gongola, riv. de la Nigeria orientale, affl. de la Bénoué (r. dr.) ; 483 km.

Góngora y Argote (Luis DE), poète espagnol (Cordoue 1561 - *id.* 1627). Issu d'une famille noble de Cordoue, il vécut sous l'habit ecclésiastique et exerça les fonctions

Braun

Luis de Góngora y Argote

de trésorier de la cathédrale, mais ne se résolut à se faire ordonner prêtre qu'à l'âge de cinquante-six ans (1617), quand il fut appelé à Madrid comme chapelain du roi Philippe III. Il composa des sonnets, des *letrillas*, des *romances* ; en 1605, Pedro de Espinosa introduisit trente-sept pièces de Góngora dans son *Anthologie des poètes illustres d'Espagne*. En 1612 et en 1613, Góngora publia ses deux œuvres maîtresses : *la Fable de Polyphème et Galatée* et *les Solitudes*, vaste poème à demi hermétique sur la vie paysanne, dont nous ne possédons que le premier chant et un important fragment du second. Au moment où il retournait mourir à Cordoue, parut à Madrid la première édition de ses œuvres : *Œuvres en vers de l'Homère espagnol* (1627). Déjà critiqué de son temps pour l'affectation de son style et l'ornementation excessive qui surcharge d'images sa poésie, Góngora a néanmoins considérablement enrichi la poésie espagnole. Le goût du « cultisme » n'a point effacé en lui la richesse et la profondeur de l'inspiration.

gongorisme n. m. Affectation et recherche qui s'introduisirent dans la littérature espagnole à la fin du XVIe s., et au XVIIe s. dans la littérature française, par l'imitation du style de Góngora. ◆ **gongoriste** adj. Qui appartient au gongorisme. ✦ n. Imitateur, partisan de Góngora.

goniaque → GONION.

goniasmomètre n. m. Instrument d'arpentage servant à la mesure des angles. (V. GONIOMÈTRE.)

goniatites n. f. pl. Sous-ordre de céphalopodes fossiles antérieurs aux ammonites* et qui en diffèrent par le goulot siphonal dirigé en arrière et par des sutures beaucoup plus simples. (On les trouve du silurien au carbonifère.)

gonidies n. f. pl. Algues vertes unicellulaires, associées à un champignon pour former un lichen*.

1. gonie n. f. Grosse mouche à tête renflée, parasite de diverses chenilles.

2. gonie n. f. (du gr. *gonos*, germe). Cellule d'origine de la lignée* germinale mâle ou femelle des animaux, n'ayant encore subi ni la méiose ni la différenciation sexuelle. (Syn. GONOCYTE.)

Gonin (Marius), catholique français (Lyon 1873 - *id.* 1937), fondateur des *Semaines sociales de France* (1904).

goniocote n. m. Insecte mallophage à tête angulaire, vivant comme un pou sur les oiseaux de basse-cour.

goniodoris [ris] n. f. Limace de mer au dos granuleux. (Type de la famille des *goniodoridés*.)

goniographe n. m. Appareil qui, sur un canon antiaérien, donne la dérive et les corrections en direction.

goniomètre n. m. Instrument pour mesurer les angles. ‖ Instrument utilisé pour la mesure des angles formés par les faces d'un prisme. (Le goniomètre sert en cristallographie à la détermination des angles dièdres que font entre elles les faces des cristaux. En optique, il sert à déterminer l'indice de réfraction d'un prisme.) ‖ Instrument pour mesurer et repérer les divers angles de la face, du crâne, des os. ‖ Appareil permettant à un avion de connaître sa position et son cap. (V. RADIOGONIOMÈTRE.) ● *Goniomètre-boussole*, goniomètre utilisé pour les opérations topographiques courantes et la préparation des tirs. ‖ *Goniomètre périscopique*, goniomètre utilisé pour mesurer les écarts angulaires horizontaux dans le réglage du tir. ◆ **goniométrie** n. f. Théorie et technique de la mesure des angles. ‖ Méthode de navigation ou d'atterrissage utilisant le goniomètre. ◆ **goniométrique** adj. Qui appartient à la goniométrie : *Opérations goniométriques.* ‖ Qui a trait au goniomètre.

gonion n. m. Point de la face qui est situé au sommet de l'angle de la mâchoire inférieure. ◆ **goniaque** adj. Qui se rapporte au gonion : *Angle goniaque.*

gonioscopie n. f. Examen ophtalmologique de l'angle compris entre l'iris et la cornée. (Cet examen, qui n'est possible qu'avec l'emploi du verre de contact, donne des renseignements dans diverses affections oculaires, notamment le glaucome.)

gonium [njom] n. m. Protozoaire des eaux douces tranquilles, aux cellules biflagellées groupées par carrés de seize (issues de quatre bipartitions de la même cellule mère).

gonochorique → GONOCHORISME.

gonochorisme [korism] n. m. ou **gonochorie** n. f. Caractère des espèces animales où les sexes sont séparés. (Pour les espèces végétales, on dit *dioïcité*.) [Contr. HERMAPHRODISME.] ◆ **gonochorique** adj. Qui présente le gonochorisme. (Pour les végétaux, on dit *dioïque*.)

gonococcémie, gonococcie → GONOCOQUE.

gonocoque n. m. Microbe pathogène, agent de la blennorragie et de ses complications. (Découvert en 1879 par Neisser, le gonocoque est un diplocoque Gram négatif qu'on trouve dans le pus des urétrites blennorragiques et dans les exsudats des autres manifestations de la blennorragie.) ◆ **gonococcémie** n. f. Septicémie dont le germe est le gonocoque. ◆ **gonococcie** [ksi] n. f. Affection provoquée par le gonocoque, quelle qu'en soit la localisation (urétrite, métrite, arthrite, etc.). ◆ **gonoréaction** n. f. Réaction sérologique permettant de déceler l'infection de l'organisme par le gonocoque.

gonocyte n. m. Syn. de GONIE.

gonolobus [bys] n. m. Asclépiadacée velue et latescente du Pérou, dont la racine fournit une écorce tonique, le *condurango*.

gonophore n. m. Partie du réceptacle d'une fleur qui porte les étamines et le pistil. ‖ Syn. de GONOZOÏDE.

gonoptère n. f. Grande noctuelle (5 cm environ d'envergure) aux ailes supérieures anguleuses et découpées, d'un gris rougeâtre, aux ailes inférieures grises, et dont la chenille vit sur le saule et le peuplier.

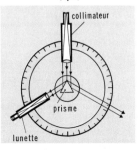

goniomètre à un cercle (opt.)

collimateur

prisme

lunette

gonoréaction → GONOCOQUE.

gonosome n. m. Ensemble des gonozoïdes d'une colonie d'hydroïdes. ‖ Chromosome intervenant dans la détermination du sexe.

gonotome n. m. Portion du mésoblaste des embryons de vertébrés, qui donnera les organes génitaux.

gonozoïde n. m. Individu spécialisé des colonies de cœlentérés hydrozoaires, dont il assure la reproduction. (Syn. GONOPHORE.)

Gonseth (Ferdinand), mathématicien et philosophe suisse (Sonvilier, Jura bernois, 1890 - Lausanne 1975). Professeur de mathématiques et de philosophie des sciences à l'Ecole polytechnique fédérale de Zurich (1930-1960), il enseigne une philosophie dialectique, philosophie dite « ouverte » ou « idonéiste », dont l'idée dominante est de choisir ses principes et de s'organiser en profondeur de façon à toujours rester ouverte à l'expérience. Ses quatre principes fondamentaux sont ceux de réversibilité, de dualité, de technicité et d'intégralité. Il a écrit : les Fondements des mathématiques (1926), la Métaphysique et l'ouverture à l'expérience (1960), etc.

Gontard (Karl VON), architecte allemand d'origine française (Mannheim 1731 - Breslau 1791). Elève de Blondel, il travailla à Postdam et à Berlin.

Gontaut (Marie Joséphine Louise DE MONTAUT-NAVAILLES, duchesse DE) [Paris 1772 - id. 1857], filleule de Louis XVIII, gouvernante des Enfants de France à la Restauration (1819). Elle suivit la famille royale en exil après 1830. Elle est l'auteur de Mémoires.

Gontaut-Biron (Anne Armand Elie, vicomte DE), homme politique et diplomate français (Paris 1817 - id. 1890), ambassadeur à Berlin (1871-1878), artisan de la reprise des relations diplomatiques avec l'Allemagne.

Gontcharov (Ivan Aleksandrovitch), romancier russe (Simbirsk 1812 - Saint-Pétersbourg 1891). Il est un des maîtres du roman réaliste (Oblomov, 1859).

Gontcharova (Natalia Sergheïevna), peintre russe (Toula, près de Moscou, 1881 - Paris 1962), femme de Michel Larionov. Fixée à Paris dès 1914, inspirée par le cubisme et le folklore russe, elle est connue pour ses décors des ballets de Diaghilev.

Gontran (saint) [v. 545 - Chalon-sur-Saône 592], roi de Bourgogne (561-592), deuxième fils de Clotaire Ier. Il favorisa le christianisme et adopta comme successeur Childebert II au traité d'Andelot (587). — Fête le 28 mars.

Gontran Boson, dit le **Méchant**, duc d'Auvergne († Andelot 587). Général de Sigebert, roi d'Austrasie, il tua Théodebert, fils de Chilpéric Ier (575), suscita la révolte de Gondovald, et fut mis à mort sur ordre de Gontran, roi de Bourgogne.

gonys [nis] n. m. Bord inférieur du bec des oiseaux.

Gonzaga (Tomás António), poète brésilien (Porto, Portugal, 1744 - Mozambique 1810). Il est surtout l'auteur d'un grand poème d'amour, Marilia de Dirceu (1792).

Gonzague (saint **Louis** de). V. LOUIS DE GONZAGUE (saint).

Gonzague, famille princière italienne, originaire des environs de Mantoue. Les principaux membres de cette famille sont : LOUIS Ier (Luigi) [1278 - 1360], capitaine général de Mantoue (1328), vicaire impérial, mais qui dut se soumettre à la suzeraineté des Visconti ; — JEAN-FRANÇOIS (Gianfranco ou Gianfrancesco) [† 1444], capitaine général en 1407, qui obtint la confirmation du titre de marquis donné à son père François Ier (1366-1407) ; — FRANÇOIS (Francesco) [Mantoue 1444 - Porretta 1483], célèbre cardinal humaniste, à qui le Poliziano dédia son Orfeo ; — BARBE (Barbara) [1456 - 1503], épouse du premier duc de Wurtemberg (1474), fondatrice en 1477 de l'université de Tübingen. Elle favorisa l'introduction en Allemagne du mouvement artistique de la Renaissance ; — FRÉDÉRIC II (Federico) [† 1540], qui reçut de l'empereur Charles V le titre de duc en 1530 et acquit le marquisat de Montferrat ; — Sa sœur CHIARA († 1503), qui épousa en 1481 Gilbert de Bourbon, comte de Montpensier, et fut la mère du connétable. Les derniers descendants mâles de la famille furent FERDINAND († 1626) et VINCENT II († 1627). Ceux-ci, cardinaux, relevés de leurs vœux pour perpétuer le nom, n'eurent pas d'héritiers.

CHARLES de Nevers, descendant d'un cadet des ducs de Mantoue, obtint le duché. Il maria son fils aîné CHARLES († 1631) à MARIE, fille du duc François IV, et eut deux filles, ANNE*, princesse Palatine, et LOUISE MARIE, reine de Pologne. La dynastie s'éteignit avec JEAN († 1743), fils de Charles IV, et JOSEPH († 1746). Les autres branches de la famille des Gonzaga sont les princes de **Bozzolo**, de **Sabbioneta e Castiglione** et les ducs de **Guastalla**.

Gonzalès (Eva), peintre français (Paris 1849 - id. 1883). Elève de Manet, qui fit d'elle un portrait (Tate Gallery), est représentée au Louvre (Une loge aux Italiens) et au musée de Meaux (l'Entrée du jardin).

González (Julio), sculpteur espagnol (Barcelone 1876 - Arcueil 1942). Etabli à Paris en 1900, d'abord orfèvre et peintre, il se met à la sculpture vers 1910, expérimentant le bronze repoussé puis la soudure autogène. Encouragé par Brâncuşi et Gargallo, il débute vers 1927 dans le fer soudé, abordant bientôt les grandes constructions de lignes, plans et volumes, à la limite de l'abstraction, qui fondent sa renommée : Arlequin (1927-1929, Kunsthaus, Zurich), diverses variantes de la

Femme se coiffant (1930-1936), *la Montserrat* (1937, Amsterdam), *l'Homme cactus*, etc.

Gonzalez (Victor), facteur d'orgues français d'origine espagnole (Hacinas, Burgos, 1877 - Paris 1956). Deux cents instruments environ témoignent de sa maîtrise et de son goût pour une facture traditionnelle (Chaillot, Saint-Eustache, Saint-Merry, Versailles, Meaux, Reims, Bayonne, Vitré, La Flèche).

González de Ávila (Gil), historiographe de Castille (Ávila 1578 - Salamanque 1658), auteur d'une *Histoire des antiquités de Salamanque* (1604).

González de Clavijo (Ruy), voyageur espagnol († Madrid 1412). Envoyé en ambassade en 1403, par Henri III, roi de Castille, auprès de Timūr à Samarkand, il écrivit une relation de voyage publiée en 1582.

González Martínez (Enrique), poète mexicain (Guadalajara 1871 - † 1952). D'abord de tendance symboliste, il s'orienta vers un art plus familier : *Silenter* (1909), *les Sentiers occultes* (1911), *la Mort du cygne* (1915).

Gonzalo de Berceo, poète espagnol (Berceo, Vieille-Castille, v. 1198 - † apr. 1264). Il est le premier poète castillan connu, les œuvres antérieures étant anonymes. Citons, parmi ses poèmes, *la Vie de saint Dominique de Silos*, *Douleur de Notre-Dame*.

Gonzalve de Cordoue, en esp. **Gonzalo Fernández de Córdoba**, général espagnol (Montilla 1453 - Grenade 1515). Il lutta d'abord contre les Maures, remporta la victoire de Lucena, où il prit Boabdil (1483).

Julio **González**
« Femme
se coiffant »
musée national
d'Art moderne

Envoyé en Italie par Ferdinand le Catholique, il chassa les Français de Calabre. Il reçut alors le titre de grand capitaine. Sous Louis XII, il remporta de nouvelles victoires sur les Français à Seminara, Cerignola, au Garigliano (1503), et conquit le royaume de Naples. Vice-roi de Naples, il fut rappelé par Ferdinand (1506) et mourut en disgrâce.

gonzesse n. f. *Arg.* Fille, femme en général.

Gooch (sir Daniel), ingénieur anglais (Bedlington, Northumberland, 1816 - Clewer Park, près de Windsor, 1889). Il fit faire à la locomotive à vapeur des progrès considérables, inventant notamment un système de distribution connu sous le nom de *coulisse de Gooch*. Il dirigea également la pose des deux premiers câbles transatlantiques par le *Great Western*.

Goodman (Benjamin DAVID, dit **Benny**), clarinettiste et chef d'orchestre de jazz américain (Chicago 1909). Surnommé par les publicistes, dès 1934, « le Roi du swing », il fut au sein des petites formations ou des grands orchestres qu'il dirigea un grand découvreur de talents (Lionel Hampton, Teddy Wilson, Charlie Christian). Adversaire de toute ségrégation raciale, il s'entoura d'artistes de couleur de grande valeur et popularisa le jazz en faisant appel aux meilleurs arrangeurs de son temps.

Goodpaster (Andrew), général américain (Granite City 1915). Commandant en chef adjoint au Viêt-nam en 1968, il fut, de 1969 à 1974, commandant des forces du pacte de l'Atlantique en Europe.

Goodyear (Charles), inventeur américain (New Haven, Connecticut, 1800 - New York 1860). En 1839, il a découvert la vulcanisation du caoutchouc et préparé l'ébonite.

Goodyear Tire and Rubber Company, manufacture de caoutchouc américaine, fondée en 1898 à Akron (Ohio).

Goose Bay, localité du Canada, dans l'est du Labrador. Importante base aérienne.

Goossens (Eugène), compositeur et chef d'orchestre anglais (Londres 1893 - Hillington, Middlesex, 1962). Après avoir dirigé au Covent Garden, il se fixa aux Etats-Unis. On lui doit deux opéras (*Judith, Don Juan de Mañara*), deux symphonies, un concerto, etc.

Göppingen, v. d'Allemagne (Allem. occid., Bade-Wurtemberg) ; 47 500 h. Château du XVIe s. Industries diverses.

G. O. R., sigle de GAS-OIL RATIO.

Gorakhpur, v. de l'Inde (Uttar Pradesh) ; 230 900 h. Constructions ferroviaires.

gōrakhpurī n. f. Sous-dialecte chodjpourī, parlé dans la région de Gorakhpur.

goral n. m. Bouquetin du Népal, brun taché de noir, de la taille d'une chèvre.

Gorbach (Alfons), homme politique autrichien (Imst, Tyrol, 1898 - Graz 1972). Populiste, il fut chancelier de 1961 à 1964.

Gorbatov (Boris Leontievitch), écrivain soviétique (Petromar, dans le Donbass, 1908 - Moscou 1954). Son roman *les Indomptés* (1943) a pour sujet la Seconde Guerre mondiale.

Gorbounov-Possadov (Ivan Ivanovitch), éditeur et pédagogue russe (1864 - 1940). Disciple de Tolstoï, représentant de la théorie de l' « éducation libre », il dirigea la maison d'édition « Posrednik » (« le Médiateur »), qui publia des livres d'éducation populaire concernant toutes les sciences.

Gorchkov (Sergheï Gheorghievitch), amiral soviétique (Khmelnitski 1910). Chef d'état-major, depuis 1956, de la marine soviétique, qui a pris sous sa direction un essor considérable.

gord n. m. (bas lat. *gordum*). Pêcherie composée de deux rangs de perches placés en travers du cours d'une rivière et terminés par un verveux.

Gordes, ch.-l. de c. de Vaucluse (arr. d'Apt), à 17 km au N.-E. de Cavaillon ; 1 607 h. (*Gordiens*). Village perché. Château Renaissance. — A 4 km au N., abbaye cistercienne de Sénanque (XIIᵉ s.).

gordien adj. m. *Nœud gordien*, v. GORDION.

Gordien (saint), martyr († Rome 362). Martyrisé sous Julien l'Apostat, il est honoré le 10 mai, avec saint Epimaque.

Gordien Iᵉʳ, en lat. *Marcus Antonius Gordianus Sempronianus* (Rome v. 157 - Carthage 238), empereur romain (238). Il se heurta à l'hostilité de l'armée et ne put régner que quelques semaines. — **Gordien II**, en lat. *Marcus Antonius Gordianus Sempronianus* (v. 192 - Carthage 238), empereur romain (238). Associé au pouvoir de son père, il périt dans la lutte contre un légat révolté. — **Gordien III** *le Pieux*, en lat. *Marcus Antonius Gordianus* (Rome 224 ? - Zaïtha, près de l'Euphrate, 244), empereur romain (238-244). Il se laissa diriger par le préfet du prétoire Timésithée († 243), puis dépouiller du pouvoir par Philippe l'Arabe.

gordiens ou **gordiacés** n. m. pl. Classe de vers des eaux douces, filiformes et souvent noués.

Gordimer (Nadine), femme de lettres sud-africaine d'expression anglaise (Johannesburg 1923). Ses romans et ses nouvelles évoquent des tentatives généreuses mais impuissantes pour établir une communication entre les communautés noire et blanche (*A World of Strangers*, 1958 ; *Occasion for Loving*, 1963 ; *The Conservationist*, 1974).

Gordion. *Géogr. anc.* V. de l'Asie Mineure, capitale des rois de Phrygie, sur le Sangarios. C'est dans son temple de Zeus qu'Alexandre trancha d'un coup d'épée le *nœud gordien*, dont un oracle disait que celui qui le dénouerait deviendrait le maître de l'Asie.

gordon n. m. Race de chiens de chasse anglais.

Gordon (Patrick, dit **Piotr Ivanovitch**), général écossais au service de la Russie (Auchleuries, comté d'Aberdeen, 1635 - Moscou 1699). Entré au service des tsars en 1661, il organisa l'Ukraine (1667-1686) et combattit les Turcs comme lieutenant général à Kiev. Ami de Pierre Iᵉʳ, il devint général en chef et réorganisa l'armée russe sur le modèle européen. Il est l'auteur d'un *Journal*.

Gordon (lord George), agitateur britannique (Londres 1751 - *id.* 1793), fils du 3ᵉ duc de Gordon. Ambitieux, il prit la tête de l'opposition protestante contre la loi de 1778, favorable aux catholiques, déclencha de violentes émeutes en 1780, et fut condamné à cinq ans de prison (1788).

Gordon (Yehudah Leib, dit **Yalag**), écrivain russe de langue hébraïque (Vilnious 1830 - Saint-Pétersbourg 1892). Sa poésie marque, dans la pensée juive, le passage d'un idéalisme lyrique à l'engagement contre les traditions sociales et religieuses.

Gordon (Charles), dit **Gordon pacha**, officier et administrateur britannique (Woolwich 1833 - Khartoum 1885). Il entra au service de la Chine, où il vainquit les T'ai-p'ing, puis à celui de l'Egypte et fut nommé gouverneur militaire des provinces équatoriales du Soudan. Il démissionna en 1880, occupa divers postes, puis fut chargé de diriger l'évacuation du Soudan égyptien révolté. Il fut tué lors de la prise de Khartoum par les troupes du mahdī.

Gordon Bennett. V. BENNETT.

gordonia n. m. Arbre asiatique et américain, dont le bois rouge et fibreux sert à construire des habitations et des barques. (L'extrait des couches internes de l'écorce sert à rendre les filets de pêche imputrescibles ; la fleur rappelle celle du camellia. Famille des théacées.)

Gordyène, en gr. Gorduênê. *Géogr. anc.* Région montagneuse de l'Asie antérieure, au S. du lac de Van.

gore n. m. Roche altérée, friable, pourrie. ‖ Schiste houiller (Centre-Midi). ‖ Trou dans lequel sont retenus les poissons quand on vide une pièce d'eau.

Gorée, île côtière du Sénégal, fermant la rade de Dakar. L'île fut longtemps le principal comptoir de l'Afrique occidentale.

Goremykine (Ivan Logginovitch), homme politique russe (gouvern. de Novgorod 1840 - région du Caucase 1917). Vice-gouverneur de Pologne (1873), adjoint au ministre de la Justice (1891), ministre de l'Intérieur (1895-1899), puis Premier ministre (1906), il pratiqua une politique de réaction. Redevenu Premier ministre en 1914, il laissa le pouvoir réel à la tsarine et à Raspoutine. Retiré dans le Caucase après la révolution de 1917, il fut tué par les communistes.

gorenflot ou **gorenflos** n. m. (de *Gorenflos*, village de Picardie). Entremets sucré qui se prépare avec une pâte de savarin parfumée diversement.

Gorenjsko (« le Haut Pays »), région de Yougoslavie, en Slovénie, au S.-O. du cours supérieur de la Save.

goret n. m. (de l'anc. franç. *gore*, truie). Jeune cochon. ‖ *Fig.* et *fam.* Homme, petit garçon malpropre : *Une figure de goret.*

gorge n. f. (lat. pop. *gurga*; de *gurges*, gouffre). Partie antérieure du cou : *Avoir la gorge enflée. Serrer quelqu'un à la gorge.* ‖ Gosier, avec le sens vague de ce mot ; larynx ou pharynx : *Avoir mal à la gorge.* ‖ Poitrine d'une femme : *Une gorge saillante.* ‖ Vallée encaissée, aux versants raides. (Les gorges

Mignot - Images et Textes

gorges du Verdon

se forment lorsqu'une rivière incise vigoureusement son lit dans une roche cohérente capable de former des abrupts.) ‖ Outil métallique en forme de demi-canal, servant aux maçons, aux tailleurs de pierre et aux charpentiers. ‖ Dans une serrure, pièce mobile soumise à l'action d'un ressort, qui immobilise le pêne dormant et le libère par action de la clef. ‖ Dans la fortification du type polygonal, arrière d'un ouvrage, opposé aux parties frontales : *On entrait dans un ouvrage par la gorge.* ‖ Partie la plus étroite d'un chapiteau. ‖ Espèce de moulure concave. ●

Chanter de la gorge, chanter en étranglant le son. ‖ *Couper la gorge à quelqu'un*, l'égorger, le tuer. ‖ *Faire des gorges chaudes*, se moquer ouvertement, bruyamment. ‖ *Faire rentrer à quelqu'un ses paroles dans la gorge*, l'obliger à désavouer les propos offensants qu'il a tenus. ‖ *Gorge d'une poulie*, évidement semi-circulaire à la périphérie d'une poulie, pour le passage de la corde, du câble ou de la chaîne. ‖ *Gorge de raccordement*, gorge entaillée par un torrent et qui unit une ancienne vallée glaciaire secondaire à la vallée principale située en contrebas. ‖ *Mettre le couteau sur* (ou *sous*) *la gorge de quelqu'un*, le contraindre à faire quelque chose, le mettre dans une cruelle alternative. ‖ *Prendre, saisir, tenir quelqu'un par la gorge* ou *à la gorge, le serrer à la gorge,* le retenir ou le serrer violemment par le cou ; et, au *fig.*, le contraindre à faire quelque chose. ‖ *Prendre à la gorge,* se dit d'une odeur forte qui affecte les voies respiratoires. ‖ *Rail à gorge,* rail comportant une ornière le long du champignon de roulement. ‖ *Rendre gorge* (Fig.), être dans l'obligation de restituer ce qu'on a pris par des moyens illicites. ‖ *Tendre la gorge,* tendre le cou pour être égorgé ; et, au *fig.,* n'opposer aucune résistance. ◆ **gorge-bleue** n. f. Rossignol de l'Europe du Nord, dont le mâle porte une tache bleue sur la poitrine. — Pl. *des* GORGES-BLEUES. ◆ **gorge-de-loup** n. f. Type d'entaille pour l'assemblage de deux bois de mine perpendiculaires. — Pl. *des* GORGES-DE-LOUP. ◆ **gorge-de-pigeon** adj. et n. m. invar. Se dit d'une couleur à reflets changeants. ◆ **gorgée** n. f. Quantité de liquide qu'on peut avaler en une fois : *Boire une gorgée.* ◆ **gorger** v. tr. (conj. 1). Emplir jusqu'à la gorge ; faire manger avec excès : *Gorger quelqu'un de nourriture.* ‖ Remplir, combler : *Gorger d'argent.* ‖ **— se gorger** v. pr. Se remplir (au *pr.* et au *fig.*) : *Se gorger de nourriture. Se gorger de plaisirs.* ◆ **gorgère** n. f. Dans la construction navale en bois, partie concave de la guibre* et du taille-mer. ◆ **gorgeret** n. m. Organe de l'aiguillon des abeilles. ◆ **gorgerin** n. m. Partie inférieure d'un casque fermé, destinée à pro-

gorge d'architecture

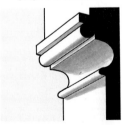

Giraudon

gorgerin
musée
de l'Armée

téger le cou. (On disait aussi GORGIÈRE.) ‖ Dans la colonne ionique, bandeau orné de palmettes ou de feuilles d'eau, au-dessous du chapiteau. ◆ **gorget** n. m. Rabot pour faire les moulures appelées *gorges*. ‖ Moulure concave plus petite que la gorge.

Gorges (sir Ferdinando), colonisateur anglais (Asthon, Somerset, v. 1566 - † 1647). Membre de la Compagnie de Plymouth (1606), il fut un des organisateurs les plus actifs de la colonisation anglaise en Amérique du Nord.

gorget → GORGE.

Görgey ou **Görgei** (Arthur), général hongrois (Toporcz 1818 - Budapest 1916). Devenu général commandant en chef de l'armée hongroise lors de la révolution, il reprit Buda le 21 mai 1849. Il fut obligé de capituler le 13 août 1849 à Világos, devant l'armée russe arrivée au secours des Autrichiens.

Gorgias, sophiste grec (Leontium, Sicile, v. 487 av. J.-C. - Larissa, Thessalie, v. 380). Maître de Thucydide, il est l'auteur d'un traité *Sur la nature et le non-être*, où il soutient que tout n'est qu'apparence.

Gorgias *ou De la rhétorique*, dialogue de Platon (composé entre 395 et 391 av. J.-C.). L'objet du dialogue est de déterminer ce que doit être la conduite de la vie ; l'auteur oppose la rhétorique, qui n'est pas un art véritable fondé sur la connaissance du vrai, à la philosophie, qui seule peut conduire la vie vers le bonheur véritable.

gorgière n. f. Syn. de GORGERIN.

gorgone n. f. (du n. myth.). *Fig.* Mégère : *Une femme à figure de gorgone.*

gorgone n. f. *Zool.* Colonie de polypes disposés comme des fleurs sur un squelette en forme de petit arbre aux branches souples et cornées, très commune dans les mers peu profondes. (Type de l'ordre des *gorgonaires*, classe des octocoralliaires.)

Gorgones. *Myth. gr.* Monstres dont la tête était entourée de serpents et ornée de défenses de sanglier. On les situa successivement du côté du pays des Hespérides, puis en Libye. L'une d'elles, Méduse, était dangereuse : son regard pétrifiait celui qui la fixait. Elle eut de Poséidon une génération de monstres, puis fut tuée par Persée.

gorgonzola n. m. Fromage italien, dont la fabrication se rapproche de celle des bleus.

Gorgonzola, comm. d'Italie (Lombardie, prov. de Milan), à l'O. de l'Adda ; 9 100 h. Fromages célèbres.

Gorgue (LA), comm. du Nord (arr. de Dunkerque), sur la Lys, à 15 km au S.-O. d'Armentières ; 4 602 h. (*Gorguillons*). Tissages et filatures.

Gori, v. de l'U. R. S. S. (Géorgie) ; 33 100 h. Industries textiles et alimentaires. Patrie de Staline.

gorille n. m. (du gr. *gorillai*, hommes velus). Singe anthropoïde d'Afrique équatoriale, plus grand que l'homme, large de poitrine, court sur jambes, muni de canines dépas-

Larousse

gorille

santes et d'un pelage noir. (Il vit dans les arbres et se nourrit surtout de fruits.) ‖ *Fam.* Garde du corps d'un homme politique.

Goring (George), comte **de Norwich**, chef royaliste anglais (v. 1583 - Brentford 1663). Un des principaux chefs royalistes lors de la deuxième guerre civile de 1648, il fut vaincu et fait prisonnier, puis, s'étant échappé, rejoignit Charles II en exil.

Göring ou **Goering** (Hermann), maréchal et homme politique allemand (Rosenheim 1893 - Nuremberg 1946). Il commanda en 1918 l'escadre de chasse Richthofen* et totalisa 22 victoires aériennes. En 1922, il adhéra au parti nazi et devint un des premiers collaborateurs de Hitler. Député (1929), président du Reichstag (1932), ministre de l'Air (1933), il se consacra à partir de 1935 à la résurrection de la Luftwaffe, dont il fut nommé commandant en chef et qu'il considéra comme sa propriété et le gage le plus sûr de son influence sur Hitler. Maréchal du Reich, chef suprême de l'économie de guerre (1940), il fut le successeur désigné de Hitler. Vaniteux, sans scrupule, aimant le faste, les décorations et les objets d'art, qu'il s'appropriait dans les territoires occupés, il fut en 1945, après avoir tenté vainement de prendre le pouvoir,

Keystone

Hermann Göring

désavoué par Hitler. Arrêté par les Américains, traduit devant le tribunal international de Nuremberg, condamné à mort comme criminel de guerre, il réussit à s'empoisonner.

Goriot. V. PÈRE GORIOT (le).

Gorizia, en allem. **Görz,** en serbe **Gorica,** v. d'Italie, en Vénétie, ch.-l. de prov.; 43 700 h. Archevêché. Fonderies; industries chimiques et textiles. La ville est coupée en deux par la frontière italo-yougoslave (la partie yougoslave compte 6 800 h.).
● *Histoire.* Aux mains des Habsbourg dès le XVIᵉ s., la ville fut de 1815 à 1918 la capitale du comté de Görz et Gradisca. Dans le couvent des franciscains reposent les dépouilles du roi de France Charles X, du duc d'Angoulême et du comte de Chambord. Pendant la Première Guerre mondiale, Gorizia fut prise par les Italiens (août 1916). Perdue après Caporetto (1917), elle fut reconquise en nov. 1918.

Gorki, anc. **Nijni-Novgorod,** v. de l'U. R. S. S. (R. S. F. S. de Russie), au confluent de l'Oka et de la Volga; 1 170 000 h. Jadis célèbre par ses foires, c'est aujourd'hui un grand centre industriel (automobiles, constructions aéronautiques et électriques, raffinerie de pétrole, produits chimiques). Centrale hydro-électrique sur la Volga.
● *Histoire.* Fondée en 1221, Nijni-Novgorod fut prise par les grands-princes de Moscou en 1392 et devint une des villes les plus florissantes de la Russie moscovite. C'est de Nijni-Novgorod que le prince Pojarski et Kozma Minine lancèrent leur « appel contre les Polonais » pour la libération de Moscou.
● *Beaux-arts.* Dominée par le kremlin, entourée de murailles à tours, la ville conserve notamment la cathédrale de la Transfiguration (1227), les églises Cosme-et-Damien (XVIᵉ s.), Saint-Georges (XVIIᵉ s.) et de la Nativité (1719).

Gorki (Alekseï Maksimovitch PECHKOV, dit **Maxime**), écrivain russe (Nijni-Novgorod 1868 - Moscou 1936). Orphelin errant et malheureux, il choisit comme pseudonyme l'adjectif *Gorki,* « l'Amer », quand il débuta avec un recueil de nouvelles romantiques, *Makar Tchoudra* (1892). Son premier roman, *Foma Gordeïev* (1899), et surtout ses drames, *les Bas-Fonds* (1902), *les Petits Bourgeois* (1902), le firent connaître dans le monde entier. Elu en 1902 membre honoraire de l'Académie des sciences, il en fut exclu par décision du gouvernement, à cause de ses opinions marxistes. Arrêté en 1905, libéré en 1906, il se retira à Capri. C'est alors qu'il écrivit son grand récit révolutionnaire, *la Mère** (1907). Il accueillit avec faveur la révolution d'Octobre, séjourna en Italie de 1921 à 1928 et consacra ses dernières années à éduquer les écrivains soviétiques (*les Artamonov,* 1925 ; *la Vie de Klim Samghine,* 1927-1936). Il a raconté sa vie dans *Ma vie d'enfant* (1913-1914), *En gagnant mon pain* (1915-1916), *Mes universités* (1923). Il est considéré comme le fondateur de la littérature réaliste et sociale de l'U. R. S. S.

Gorki (THÉÂTRE D'ART), théâtre de Moscou, fondé en 1898. Il exerça une grande influence sur le développement de l'art théâtral en Russie.

Gorky (Vosdanig ADOIAN, dit **Arshile),** peintre américain d'origine arménienne (Hayotz Dore, Arménie turque, 1905 - Sherman, Connecticut, 1948). D'abord influencé par Cézanne, puis par Picasso et par le cubisme synthétique, il libère, après la découverte du surréalisme, de Kandinsky, de Miró, et après sa rencontre avec Matta, une subjectivité et un lyrisme dont témoignent les contours mouvants, les couleurs éclatantes et la spontanéité automatique de ses toiles (*Le foie est la crête du coq,* 1944, musée de Buffalo). A partir de 1945, l'angoisse et le malaise percent dans un graphisme nerveux suggérant des formes organiques (*les Fiançailles II,* 1947, musée Whitney, New York).

Görlitz, v. d'Allemagne (Allem. or., distr.

Maxime **Gorki**

N. Y. T.

de Dresde), sur la Neisse ; 89 600 h. Industries mécaniques et textiles ; optique. La partie de la ville située sur la rive droite de la Neisse, auj. polonaise, se nomme *Zgorzelec.*

Gorlovka, v. d'U. R. S. S. (Ukraine), dans le Donbass ; 337 000 h. Centre houiller. Sidérurgie.

Gorm l'Ancien, roi de Danemark (v. 860 - v. 935). Il renforça les fortifications élevées par Godfred.

Gormont et Isembart, chanson de geste du XIe s., remaniée sans doute vers 1130. Le seigneur chrétien Isembart se venge d'une injure reçue en se mettant au service du roi païen Gormont et l'entraîne dans une expédition contre la France. Les païens sont battus. Isembart, abandonné, meurt de ses blessures. Cette chanson de geste est la seule qui soit composée en vers octosyllabes. Les 661 vers qui ont été conservés sont parmi les plus émouvants que le Moyen Age nous ait laissés.

Gornergrat, sommet des Alpes du Valais, au S.-E. de Zermatt ; 3 136 m. Un chemin de fer électrique y conduit.

Gorontalo, port d'Indonésie, dans l'île des Célèbes ; 71 400 h. Exportations de bois et de coprah.

Görres (Johann Joseph VON), publiciste allemand (Coblence 1776 - Munich 1848). D'abord adepte enthousiaste de la Révolution française, il changea d'opinion après un séjour à Paris et devint à Heidelberg l'animateur d'un groupe d'écrivains nationalistes dont firent partie Arnim et les frères Grimm (1807-1808). Il fonda ensuite *le Mercure rhénan,* organe nationaliste allemand. Son journal ayant été interdit en 1816, il se réfugia à Strasbourg, puis vécut à partir de 1827 à Munich, lançant l'idée d'un parti politique allemand. Il est l'auteur, notamment, d'*Aphorismes sur l'art* (1802) et d'une *Mystique chrétienne* (1836-1842).

Gorron, ch.-l. de c. de la Mayenne (arr. de Mayenne), à 17 km au N.-E. d'Ernée ; 2 892 h. (*Gorronais*). Fabrique de réchauds.

Gorski (Aleksandr), danseur et chorégraphe russe (Saint-Pétersbourg 1871 - *id.* 1924). Maître de ballet au Théâtre-Impérial, il introduisit à l'école de ballet un système de notation de la danse élaboré par son collègue Vladimir Stepanov.

Gort (John Vereker, vicomte), maréchal britannique (Londres 1886 - *id.* 1946). Chef d'état-major impérial (1937), il commanda le corps expéditionnaire britannique en France (1939-1940). Gouverneur de Gibraltar (1941), puis de Malte, il dirigea pendant deux ans la résistance de l'île. Maréchal en 1943, il fut, de 1944 à 1945, haut-commissaire en Palestine et en Transjordanie.

Gortchakov (Piotr Dmitrievitch), général

russe (Moscou 1790 - *id.* 1868). Gouverneur de la Sibérie orientale de 1838 à 1851, il contribua à l'annexion de la région de l'Amour. Pendant la guerre de Crimée, il se distingua à Inkermann. — Son frère MIKHAIL DMITRIEVITCH (Moscou 1793 - Varsovie 1861), chef d'état-major de l'armée russe, provoqua la capitulation de Világos (1849), qui mit fin à l'insurrection hongroise. En 1855, il fut placé à la tête des forces russes en Crimée et réussit à s'échapper de Sébastopol, évitant ainsi la capitulation. — Leur cousin ALEKSANDR MIKHAÏLOVITCH (Haspal 1798 - Baden - Baden 1883), après avoir occupé divers postes diplomatiques, fut ministre de Russie près de la Diète allemande en 1850. Ambassadeur à Vienne, il amena son gouvernement à accepter le traité de Paris de 1856. Ministre des Affaires étrangères en remplacement de Nesselrode, il fonda sa politique sur l'alliance prussienne. Il reprit une politique active dans les Balkans et réussit à rétablir la souveraineté russe dans la mer Noire. Cependant, effrayé par l'hégémonie allemande, il donnait malgré l'alliance des Trois-Empereurs (1873) des assurances à la France. La révolte des chrétiens dans les Balkans lui donna l'occasion d'intervenir contre la Turquie, à qui il imposa le traité de San Stefano (1878), bientôt annulé par le congrès de Berlin. Les relations russo-allemandes se tendirent alors et Gortchakov démissionna en 1882.

Gorter (Herman), écrivain néerlandais (Wormerveer 1864 - Bruxelles 1927). Son grand poème lyrique *Mai* (1889) est le chef-d'œuvre de la jeune école littéraire de la fin du XIXe s. Son recueil *Pan* (1912) est d'inspiration socialiste.

gortyne n. f. Noctuelle aux ailes jaune d'or, dont la chenille, rose, est nuisible aux artichauts. (Noms usuels : *hérissée, drap-d'or.*)

Gortyne, en gr. Gortunê. *Géogr. anc.* V. de Crète, dans l'actuelle plaine de Messara. Fondée à l'époque minoenne, importante, elle rivalisa constamment avec Cnossos. Ses ruines, très étendues, sont en grande partie d'époque gréco-romaine. On a trouvé, en 1884, une inscription portant les *lois de Gortyne,* qui paraissent dater du début du Ve s. av. J.-C., mais font connaître une législation antérieure.

Görtz (Georg Heinrich), baron **de Schlitz,** homme politique suédois (Gottorp 1668 - Stockholm 1719). Ministre des Finances de Charles XII, il créa une «monnaie de crise», qui permit la levée d'une armée pour attaquer la Norvège (1715). A la suite de ses intrigues, il fut condamné à mort et exécuté.

Goryn' ou **Horyn',** riv. de l'U. R. S. S., affl. du Pripiat' (r. dr.) ; 650 km.

Góry Świetokrzyskie. V. ŁYSOGÓRY.

Gorze, comm. de la Moselle (arr. de Metz-Campagne), à 16 km au S.-O. de Metz ;

1 254 h. Anc. abbaye bénédictine, fondée au VIIIᵉ s. Les bâtiments de l'abbaye sont de style baroque (XVIIᵉ s.). Pèlerinage.

Gorzów Wielkopolski, en allem. **Landsberg,** v. de Pologne (voïévodie de Zielona Góra) ; 62 000 h. Textiles synthétiques.

Gosainthan ou **Shisha Pangma,** sommet de l'Himalaya central ; 8 013 m.

Goschen (George, 1ᵉʳ vicomte), financier et homme politique britannique (Londres 1831 - id. 1907). Député libéral depuis 1863, il fit partie du ministère Gladstone (1868-1874), mais, s'en éloignant à propos de la question irlandaise, il fut un des fondateurs du parti libéral-unioniste en 1886 et devint chancelier de l'Echiquier dans le gouvernement Salisbury (1886-1892), puis Premier Lord de l'Amirauté (1895-1900).

Goshen ou **Gessen,** en gr. **Gesen.** *Géogr. anc.* Contrée située dans la partie orientale du Nil. Les Hébreux y séjournèrent.

gosier n. m. (mot d'orig. gauloise). Partie intérieure du cou (pharynx, arrière-bouche), par où les aliments passent de la bouche dans l'œsophage : *Avoir une arête dans le gosier.* ‖ Canal par où sort la voix, et qui sert à la respiration. ‖ Organe de la voix : *Gosier harmonieux.* ● *A plein gosier,* très fort. ‖ *Avoir une éponge dans le gosier,* être grand buveur. ‖ *Avoir le gosier pavé, ferré, de fer,* pouvoir boire ou manger très chaud, très épicé. ‖ *Avoir le gosier sec,* sentir le besoin ou l'envie de boire. ‖ *Isthme du gosier,* orifice circulaire limité par les piliers antérieurs du voile du palais et qui fait communiquer la bouche avec le pharynx.

Goslar, v. d'Allemagne (Allem. occid., Basse-Saxe) ; 41 000 h. Anc. ville impériale fondée en 922. Centre touristique et industriel (constructions mécaniques, produits textiles et chimiques).

Gosplan (abrév. des mots russes *Gos[soudarstvennyï] plan[ovyï komitet]*), Comité d'Etat pour la planification, organisme soviétique créé en 1921 pour diriger l'élaboration des plans quinquennaux et contrôler leur application. Il fut scindé en deux nouveaux organismes en 1955.

Gosport, port de Grande-Bretagne (Hampshire) ; 62 400 h. Constructions navales et aéronautiques.

Gossau, comm. de Suisse (cant. de Saint-Gall) ; 10 700 h. Industries textiles et chimiques.

gosse n. (orig. obscure). *Fam.* Jeune garçon, jeune fille : *Les gosses jouent dans le square.*

Gossec (François Joseph Gossé, dit), compositeur français (Vergnies, Hainaut, 1734 - Paris 1829). Il s'installe à Paris, où il fonde le Concert des amateurs (1770), puis réorganise le Concert spirituel. Il passe ensuite à l'Opéra, dont il deviendra le directeur. Il dirige l'Ecole royale de chant, qu'il transformera, avec Sarrette, en Conservatoire national (1795). Il a écrit des messes et des oratorios, des hymnes révolutionnaires, des opéras ; symphoniste avant tout, il a laissé de très nombreuses œuvres instrumentales (musique de chambre et symphonies).

Gosselet (Jules), géologue français (Cambrai 1832 - Lille 1916), auteur d'une importante étude de *l'Ardenne.*

Gosselies, v. de Belgique (Hainaut, arr. et à 7 km au N. de Charleroi) ; 11 000 h. Charbonnages. Métallurgie.

Gosset (Antonin), chirurgien français (Fécamp 1872 - Paris 1944). Professeur de clinique chirurgicale à Paris en 1919, il a étudié l'anatomie du rein et de l'uretère, et codifié diverses opérations chirurgicales, telles la gastro-entérostomie, la cholécystectomie, la duodénotomie. (Acad. des sc., 1934.)

gossyparie n. f. Cochenille d'Arabie, qui pique le tamaris mannifère et détermine ainsi l'épanchement de la « manne* du Sinaï ».

gossypium [pjɔm] n. m. V. COTONNIER.

Gösta Berling (LA SAGA DE). V. SAGA DE GÖSTA BERLING (*la*).

Got (Bertrand DE). V. CLÉMENT V.

Göta älv, fl. de Suède, émissaire du lac Vänern ; 93 km. Le *canal de Göta* fait communiquer les lacs Vänern et Vättern avec la Baltique.

Götaland, en franç. **Gothie,** partie méridionale de la Suède, la plus fertile et la plus peuplée ; 3 467 000 h. Capit. *Göteborg.*

Göteborg, port de Suède, sur le Skagerrak, ch.-l. de prov. ; 445 700 h. Université. Fondée en 1619 par Gustave-Adolphe, Göteborg

Gossec

effectue plus du tiers du trafic portuaire suédois. C'est aussi un grand centre industriel (constructions navales, automobiles, raffinerie de pétrole).

Gotescalc. V. GOTTSCHALK.

gotha n. m. Nom donné pendant la Première Guerre mondiale à un avion de bombardement allemand, employé notamment en 1918 contre Paris.

Gotha, v. d'Allemagne (Allem. or., distr. d'Erfurt), capit. de l'ancien duché de Saxe-Cobourg-Gotha ; 56 600 h. Institut géographique fondé en 1785 par Justus Perthes.

Gotha (ALMANACH DE). V. ALMANACH DE GOTHA.

Gotha (PROGRAMME DE), programme établi au congrès de Gotha (22-27 mai 1875), lors de la fondation du parti social-démocrate allemand, résultant de la fusion des deux tendances socialistes existantes, la tendance lassallienne et la tendance marxiste. La modération voulue de ce programme provoqua de violentes critiques d'Engels et de Marx.

Gothard ou **Gotthard.** V. SAINT-GOTHARD.

Gothard (saint), évêque bavarois (Reichersdorf, Bavière, v. 960 - Hildesheim 1038), abbé de Niederaltaich (996), évêque d'Hildesheim. Son nom fut donné au mont Saint-Gothard. — Fête le 4 mai.

Gothardt. V. GRÜNEWALD.

Gothenbourg (SYSTÈME DE) ou **de Göteborg,** ensemble de réglementations employé en Suède pour limiter l'usage de l'alcool, et mis en application à Göteborg dès 1865.

Gothie. *Géogr. anc.* A l'époque carolingienne, région occupée par les Wisigoths (Languedoc, Roussillon, puis Catalogne).

gothique adj. Relatif aux Goths : *Les coutumes gothiques.* ‖ *Fam.* Qui est du Moyen Age, qui est archaïque, suranné : *Des mœurs gothiques.* ✦ adj. et n. f. Se dit d'une forme d'art qui s'est épanouie en Europe du XIIᵉ s. à la Renaissance. (V. *encycl.*) ‖ Se dit d'une écriture utilisée du XIIᵉ au XVIᵉ s. en France, et beaucoup plus longtemps dans les pays de langue germanique, et dans laquelle les traits courbes des lettres romanes sont remplacés par des traits droits formant des angles les uns avec les autres.

— ENCYCL. *Bx-arts.* Le mot « gothique », de « Goth », a été employé à la Renaissance, par des humanistes italiens, pour désigner péjorativement l'art qui, succédant à l'art roman vers le milieu du XIIᵉ s., se développa dans toute l'Europe aux XIIIᵉ, XIVᵉ et XVᵉ s. et se prolongea jusqu'au milieu du XVIᵉ s.

● *Architecture religieuse.* C'est dans l'architecture religieuse, grâce à l'emploi de la croisée d'ogives — qui permet de couvrir des vaisseaux larges et élevés —, que le style gothique a trouvé son plein épanouissement. Il

Aigues-Mortes

Guillumette - Rapho

nef de la collégiale de Mantes

Bottin

Brunel

statues-colonnes de la cathédrale de Chartres

abside de la cathédrale d'Evreux

façade de la cathédrale de Rouen

◁ vitrail de saint Martin
cathédrale du Mans

se caractérise par sa structure essentiellement verticale et par l'équilibre dynamique des masses (emploi constant de l'arc brisé au lieu de l'arc en plein cintre ; piliers en faisceaux, supportant de hautes voûtes contrebutées par un système de contreforts et d'arcs-boutants), par un nouvel esprit dans la moluration et le décor, et par la transparence à l'extérieur des dispositions intérieures de l'édifice (murs largement percés de hautes baies et de roses). On considère généralement l'Ile-de-France comme le berceau des cathédrales gothiques, dont la plupart sont dédiées à Notre-Dame. De la première campagne de construction (environs de 1150) datent Saint-Denis, Noyon, Laon, Sens, Senlis, Notre-Dame de Paris. Vers 1200 s'élevèrent les cathédrales de Chartres, de Reims, d'Amiens, de Bourges, de Rouen. Celles de Sées, Metz, Strasbourg furent édifiées dans la seconde moitié du XIII⁰ s., marqué par les plus audacieuses recherches de légèreté et d'élévation (chœur de la cathédrale de Beauvais, v. 1247-1272). En dehors de ces grands chantiers, des traits particuliers diversifient les monuments élevés dans les provinces ou à l'étranger. (V. tableaux des diverses provinces, et ALLEMAGNE, ESPAGNE, GRANDE-BRETAGNE, ITALIE.) Enfin, l'architecture monastique produit des chefs-d'œuvre comme le Mont-Saint-Michel.
Les événements historiques du XIV⁰ s. (notamment la guerre de Cent Ans) ralentirent singulièrement l'évolution du gothique, dont la dernière forme, dite *gothique flamboyant*

(XVᵉ et première partie du XVIᵉ s.), fut supplantée peu à peu par les progrès de la première Renaissance.

● *Architecture civile et militaire*. Il reste
un certain nombre de maisons gothiques en
France (hôtel de la Monnaie à Figeac, maisons
de la Monnaie à Vic-sur-Seille, à Cordes,
hôtel Jacques Cœur à Bourges). L'architecture militaire, qui connut alors une évolution technique décisive sur laquelle les
Croisades ont joué un grand rôle, a laissé de
multiples vestiges, plus ou moins bien
conservés : Coucy, Château-Gaillard, Angers,
Pierrefonds, l'enceinte de Carcassonne, la
ville neuve d'Aigues-Mortes.

● *Sculpture*. Les portails royaux de Saint-

« l'Annonciation »
verrière de la cathédrale de Bourges

Giraudon

Denis et de Chartres (1150, statues-colonnes)
constituent la charnière entre le roman et le
gothique. C'est à Senlis, vers 1185, que se
manifestent la vie et la souplesse qui ani-
meront ensuite les portails, dont le vaste programme iconographique s'épanouit sur toute
l'étendue des façades (tympan, linteau, vous-
sures, ébrasements, soubassements) et les parties hautes des cathédrales, se logeant parfois jusqu'au revers de la façade (Reims) :
portails nord et sud de Chartres (1205, 1240),
portail de la Vierge de Notre-Dame de Paris
(1210-1220), façades d'Amiens (1225-1236),
de Bourges, de Reims. La polychromie, aujourd'hui disparue, en accentuait le réalisme.
A l'intérieur des édifices, les chapiteaux
n'ont plus un rôle didactique; mais se
couvrent d'une flore d'abord stylisée
(Chartres), puis idéalisée (chœur de Notre-
Dame de Paris), et enfin naturaliste (Sainte-
Chapelle de Paris).
Les statues isolées se multiplient, à partir de
la fin du XIIIᵉ s., à l'intérieur des édifices
sacrés, Vierges à l'Enfant (Magny-en-Vexin,
Ecouen, Mainneville), saints et saintes (Sainte-
Chapelle de Rieux), et décorent certains monuments civils (statues du palais des Comtes
de Poitiers).
La sculpture funéraire a produit des chefs-
d'œuvre : dalles à gisants de la cathédrale de
Reims (début du XIIIᵉ s.), tombeaux royaux
de Saint-Denis (XIIIᵉ et XIVᵉ s.), tombeaux des
ducs de Bourgogne (XVᵉ s., musée de Dijon),
tombeau de Philippe Pot (v. 1480, Louvre).
Les ateliers régionaux de sculpture (Bourgogne, Berry, Bourbonnais, Champagne,
Touraine, Normandie, Bretagne) fleurissent à
partir du XIVᵉ s., interprétant, outre les
thèmes traditionnels, des sujets nouveaux
(Vierges de pitié, Christs de douleur, déposi-
tions de Croix, mises au tombeau), qui manifestent une inspiration réaliste, parfois
pathétique.

● *Vitrail*. Les architectes gothiques, en
ouvrant largement les murs des églises,
offrent un vaste champ au talent des maîtres
verriers.
L'atelier qui avait travaillé pour Suger à
Saint-Denis exécuta à Chartres environ
150 verrières et des roses qui constituent l'ensemble le plus complet qui soit resté du
XIIIᵉ s. Les vitraux de Bourges, Poitiers,
Rouen, Sens, Laon, Lyon, Le Mans, Troyes
vinrent ensuite. A Notre-Dame de Paris ne
subsistent que les trois grandes roses. La
Sainte-Chapelle conserve 15 grandes fenêtres
de vitraux à médaillon (1235-1238). Au XIVᵉ s.
apparaît un ton nouveau, le jaune d'argent.
La couleur s'éclaircit, le dessin, plus souple,
ménage des effets de perspective (cathédrale
d'Evreux, église Saint-Ouen de Rouen). Au
XVᵉ s., le plomb qui cernait les formes disparaît. Le vitrail cesse d'être une mosaïque de
couleurs pour devenir une peinture sur verre
(Bourges, Quimper, Semur-en-Auxois, Sa-
verne).

« Adoration
des Mages »
*musée Tessé
Le Mans*

« Adoration
de l'Enfant Jésus »
*musée Calvet
Avignon*

Giraudon

Giraudon

● *Peinture.* La grande nouveauté de la période est l'apparition du tableau de chevalet et du portrait. Les ateliers de miniaturistes préparèrent cet essor à partir du XIVe s. : Jean Pucelle (*Bréviaire de Belleville*), Beauneveu, Jacquemart de Hesdin, les frères de Limbourg (*Très Riches Heures*, 1416), Jean Fouquet (*Heures d'Etienne Chevalier,*

« l'Offrande du cœur »
tapisserie, *musée de Cluny, Paris*

Grandes Chroniques de France) et le Maître du *Cœur d'amour épris.* La peinture murale, surtout d'inspiration religieuse (Abondance, La Chaise-Dieu, Albi), a ménagé une place aux sujets profanes (palais des Papes à Avignon). L'un des premiers tableaux de chevalet connus, la *Vierge allaitant entre saint Pierre et saint Paul* (début du XIIIe s.), a précédé un groupe d'œuvres de la seconde moitié du XIVe s. : portrait de *Jean le Bon* (Louvre), *Parement de Narbonne* (peinture

sur soie, Louvre), diptyques au Bargello, etc. La cour de Bourgogne attira de nombreux artistes : Jean d'Arbois, Broederlam, Malouel, Bellechose (*Retable de saint Denis,* Louvre).
Au XVe s., un style plus ample s'épanouit dans les tableaux provençaux : *l'Annonciation d'Aix* (v. 1445), la *Pietà* de Villeneuve-lès-Avignon (v. 1460, Louvre), le *Triomphe de la Vierge,* par Enguerrand Charonton (hospice de Villeneuve-lès-Avignon) ; *le Buisson ardent,* par Nicolas Froment (cathédrale d'Aix-en-Provence). Parallèlement, dans le Val de Loire, Jean Fouquet exécuta ses chefs-d'œuvre : *Charles VII* et *Juvénal des Ursins* (Louvre), *Etienne Chevalier* (Berlin), *la Vierge sous les traits d'Agnès Sorel* (Anvers). Le style de Fouquet apparaît encore dans la *Pietà* de Nouans. Le Maître de Moulins est l'auteur d'une *Nativité* (Autun) et du *Triptyque de Moulins* (cathédrale de Moulins).
● *Orfèvrerie.* Elle est, au Moyen Age, essentiellement religieuse : *châsse de saint Taurin,* à Evreux (1240-1255), *triptyque de Floreffe* au Louvre, *reliquaire de saint Junien,* à Saint-Sulpice-les-Feuilles, *Vierge à l'Enfant* en vermeil donnée par Jeanne d'Evreux à l'abbaye de Saint-Denis (1339). Au XVe s., les chefs et les bustes reliquaires se multiplient (*saint Yrieix,* Haute-Vienne ; *sainte Fortunade,* Corrèze).
De nombreux objets liturgiques (calice de Charles V, au British Museum), crosses, pyxides, châsses, vases sacrés, évangéliaires, sont ornés d'émaux limousins.
● *Tapisserie.* La tenture maîtresse du XIVe s. est *l'Apocalypse* d'Angers.
Les ateliers franco-flamands (Arras, Tournai) rivalisent avec ceux de Paris (*Histoire de saint Piat et de saint Eleuthère,* cathédrale de Tournai ; *Histoire de Clovis,* musée de Reims).
Au XVe s., des ateliers locaux sont florissants : Loire, Bourgogne (*tenture de l'hôtel-Dieu*). Les « tapisseries aux mille fleurs » sont d'inspiration profane : la *Vie seigneuriale, la Dame à la licorne* (musée de Cluny). Parmi les suites religieuses de la fin du siècle, citons les tapisseries de La Chaise-Dieu et l'*Histoire de saint Etienne* (musée de Cluny).

Gothique (LIGNE), pendant la Seconde Guerre mondiale, ligne défensive établie par les Allemands en Italie entre Pise et Rimini. Attaquée par les Alliés le 25 août 1944, elle ne fut dépassée que le 19 avr. 1945.

gothlandien adj. et n. m. Se dit de l'étage supérieur du système silurien.

Goths ou **Gots,** une des peuplades de la Germanie ancienne. Venus de Scandinavie, ils étaient sur les bords de la Vistule au Ier s. av. J.-C. et au N. de la mer Noire au IIIe s. apr. J.-C. Ils attaquèrent alors l'Empire romain, dévastant les Balkans et les côtes de l'Asie Mineure (269). Beaucoup pénétrèrent ensuite dans l'Empire comme mercenaires ou colons. Au IVe s., l'évêque Ulfilas les convertit à l'arianisme. Après l'invasion des Huns (375), leur empire se dissocia, et les deux fractions des Wisigoths* et des Ostrogoths* suivirent des destinées différentes.

gotique n. m. et adj. Langue d'une traduction de la Bible faite au milieu du IVe s. pour une communauté chrétienne de langue germanique par l'évêque Ulfilas (Wulfila).

Gotland, île suédoise de la Baltique; 3 173 km²; 53 700 h. Ch.-l. *Visby.* C'est un plateau de calcaires siluriens bordé de falaises abruptes. Peut-être pays d'origine des Goths, la région a été très tôt un carrefour commercial entre la Scandinavie, la Germanie et l'Europe orientale. Puis la capitale, Visby, adhéra à la Ligue hanséatique. L'île fut conquise en 1361 par le roi de Danemark Valdemar IV, puis devint possession de l'ordre Teutonique au début du XVe s., et revint de 1436 à 1645 aux Danois, avant d'être restituée à la Suède (traité de Brömsebro).

Gottfried de Strasbourg, poète épique de langue allemande de la fin du XIIe s. et du commencement du XIIIe s. Il laissa inachevé son grand poème *Tristan,* qui comporte 20 000 vers.

Gotthelf (Albert BITZIUS, dit **Jérémias**) [Morat 1797 - Lützelflüh, Berne, 1854]. Pasteur à Lützelflüh, il a laissé de très nombreux ouvrages, qui ont tous pour décor le terroir du canton de Berne.

Göttingen, en franç. **Gottingue,** v. d'Allemagne (Allem. occid., Basse-Saxe); 109 900 h. Université fondée en 1737. Anc. cité hanséatique. Industries variées (cinéma, textile, chimie, optique).

Gottmann (Jean), géographe français (Kharkov 1915). Professeur aux Etats-Unis, en France et en Grande-Bretagne, auteur d'ouvrages sur l'Europe et l'Amérique, il a consacré une étude fondamentale de géographie régionale à l'est des Etats-Unis, jouant un rôle de pionnier dans l'analyse des structures urbaines.

Gott mit uns (« Dieu est avec nous »), anc. devise des rois de Prusse, reprise par l'armée allemande.

Gottorp, anc. duché du Danemark, tirant son nom du *château de Gottorp* (environs de Schleswig).

Gottorp, branche de la maison de Holstein, issue d'Adolphe (1526 - 1586), duc de Slesvig et de Holstein, fils de Frédéric Ier, roi de Danemark. Parmi les descendants, CHARLES PIERRE ULRIC (Kiel 1728 - Ropcha 1762), fils de Charles Frédéric et d'Anna Petrovna, fille aînée de Pierre le Grand, fut proclamé tsar sous le nom de Pierre III.

Gottschalk ou **Gotescalc d'Orbais,** théo-

logien allemand (près de Mayence v. 805 - Hautvillers v. 868). Il fut condamné comme hérétique (848) et incarcéré à Hautvillers.

Gottsched (Johann Christoph), écrivain et professeur allemand (Juditten, près de Königsberg, 1700 - Leipzig 1766). Il voulut imposer à la littérature allemande les doctrines du classicisme français, surtout dans le genre dramatique. Il composa des pièces qu'il prétendait proposer comme modèles : *Caton mourant* (1732). Ses idées furent combattues par ceux qui, dès la première moitié du XVIIIe s., désiraient donner un caractère national à la littérature allemande.

Gottwald (Klement), homme politique tchèque (Dědice, Moravie, 1896 - Prague 1953). Il adhéra au parti social-démocrate (1912), puis au parti communiste tchèque

Keystone

Klement Gottwald

(1921), dont il devint secrétaire général (1929), puis leader parlementaire. Membre du præsidium du Congrès mondial de l'Internationale communiste en 1935, il se réfugia pendant la guerre en U. R. S. S. Devenu en 1946 président du Conseil, il assura, par le coup d'Etat de 1948, le pouvoir au parti communiste et devint président de la République après la démission de Beneš.

Gottwaldov, anc. Zlín, v. de Tchécoslovaquie, en Moravie; 62 000 h. Grand centre de l'industrie de la chaussure, fondé par Tomáš Baťa.

Götz ou **Gottfried von Berlichingen.** V. BERLICHINGEN.

Götz de Berlichingen, drame de Goethe (1773). Le héros de la guerre des paysans (mort en 1562) y est idéalisé et présenté comme le dernier défenseur du droit et de la justice. C'est la première manifestation du mouvement littéraire national et opposé au classicisme appelé *Sturm und Drang.*

gouache [gwaʃ] n. f. (de l'ital. *guazzo, aguazzo,* peinture à l'eau). *Peint.* Préparation opaque faite de matières colorantes, d'eau, de gomme et de miel. ‖ Tableau peint avec de la gouache. ◆ **gouaché, e** adj. Relatif à la gouache ; retouché à la gouache : *Une aquarelle gouachée.*

gouaille → GOUAILLER.

gouailler v. intr. (mot d'arg. de même orig. que *engouer*). *Fam.* Plaisanter avec une vulgarité intentionnelle ; railler : *Répondre en gouaillant.* ◆ **gouaille** n. f. Attitude moqueuse et insolente. ◆ **gouaillerie** n. f. *Fam.* Plaisanterie, raillerie. ◆ **gouailleur, euse** adj. et n. Qui marque la raillerie un peu vulgaire : *Ton gouailleur.*

gouape [gwap] n. f. (de l'esp. *guapo,* brigand). *Pop.* Voyou, vaurien : *Des allures de gouape.*

Gouarec, ch.-l. de c. des Côtes-du-Nord (arr. de Guingamp), sur le Blavet, à 27,5 km au N.-O. de Pontivy ; 1 209 h. (*Gouarecains*).

Goubin (Charles), conspirateur français (Falaise 1797 - Paris 1822). Carbonaro, il fut l'un des « quatre sergents de La Rochelle ».

Gouda, v. des Pays-Bas (Hollande-Méridionale) ; 46 300 h. Centre important de draperie du Moyen Age, Gouda est aujourd'hui une ville industrielle (céramiques, fabriques de pipes) et un marché de fromages.

Goudéa, gouverneur, au IIIe millénaire avant notre ère, de la ville sumérienne de Lagash, à laquelle il donna un faste particulier. Le Louvre possède plusieurs statues de lui.

Goudelin ou **Goudouli** (Pierre), poète de langue d'oc (Toulouse 1579 - *id.* 1649). Il a composé en dialecte toulousain des poèmes réunis en 1617 sous le titre *le Ramelet Moundi* (*le Bouquet toulousain*). On y trouve les fameuses stances *A l'hurouso memorio d'Henric le Gran.*

Goudimel (Claude), compositeur français (Besançon v. 1505 - Lyon 1572). Partisan de la Réforme, il fut victime de la Saint-Barthélemy. A côté d'œuvres catholiques, messes et motets, et de chansons, il mit en musique tout le psautier protestant. Il fit preuve d'une grande science contrapuntique.

Goudjerate. V. GUJERĀT.

Goudouli (Pierre). V. GOUDELIN.

goudron n. m. (ar. d'Egypte *qatrān*). Produit de condensation provenant de la distillation de matières organiques, ou de la carburation du gaz à l'eau par les huiles de pétrole. (V. *encycl.*) ● *Goudron acide,* sous-produit du raffinage à l'acide sulfurique de l'essence craquée, du pétrole lampant ou des huiles. ‖ *Goudron minéral,* sorte de bitume naturel. ‖ *Goudron de pétrole,* désignation incorrecte de l'*asphalte* et du *bitume.* ◆ **goudronnage** n. m. Action de goudronner, de recouvrir de goudron des cordages, des toiles, des planches, etc., pour les préserver de l'humidité. ‖ Opération consistant à enduire la surface d'une chaussée avec du goudron. (Le

goudronnage superficiel des routes s'effectue en trois phases : la préparation de la chaussée [empierrement], la préparation et l'épandage du goudron, le gravillonnage et le parachèvement de l'enduit. On n'utilise plus guère actuellement que les appareils à pulvérisation, qui projettent le goudron sous pression.)

**Goudéa
art sumérien
Louvre**

Giraudon

◆ **goudronner** v. tr. Enduire de goudron. ◆ **goudronnerie** n. f. Lieu où l'on prépare, où l'on conserve le goudron. ◆ **goudronneur** n. m. Ouvrier qui prépare ou qui emploie le goudron. ◆ **goudronneuse** n. f. Machine à goudronner. ◆ **goudronneux, euse** adj. Qui est de la nature du goudron. ◆ **goudronnier** n. m. Fabricant, marchand de goudron.
— ENCYCL. *goudron.* Le goudron est un produit liquide ou visqueux, noir ou brun foncé, d'odeur empyreumatique, plus dense que l'eau, dont la composition complexe dépend de la matière dont il est extrait. Il contient notamment des huiles, du phénol, du noir de fumée. Insoluble dans l'eau, il brûle avec une flamme fumeuse.
Le *goudron de houille,* ou *coaltar,* est un sous-produit de la fabrication du gaz d'éclai-

rage. Séparé des eaux de lavage, il est desséché, puis distillé. On en retire : 1° des *huiles légères*, bouillant au-dessous de 170 °C, contenant surtout des benzols ; 2° des *huiles moyennes*, entre 170 °C et 240 °C, contenant les phénols et des bases pyridiques ; 3° les *huiles lourdes intermédiaires*, entre 240 °C et 270 °C, et les *huiles anthracéniques*, de 270 °C à 360 °C, qui laissent cristalliser le naphtalène et l'anthracène. Le résidu de la distillation constitue le *brai*. Le goudron est employé à la conservation des bois, à la préparation des boulets et des briquettes combustibles, au revêtement des routes, etc.
Le *goudron de bois*, ou *goudron végétal*, obtenu par distillation du bois, donne du naphtalène et de la paraffine ; celui du hêtre fournit la créosote.
Le *goudron animal* se produit dans la distillation des os. C'est une source de substances pyridiques et quinoléiques.

goudronnage, goudronner, goudronnerie, goudronneur, goudronneuse, goudronneux, goudronnier → GOUDRON.

Goudsmit (Samuel Abraham), physicien américain d'origine hollandaise (La Haye 1902). Il créa en 1925, avec Uhlenbeck, la théorie du spin de l'électron et attribua à celui-ci un moment magnétique pour pouvoir interpréter les propriétés optiques des atomes.

gouet n. m. (du lat. vulg. *gubius*, gouge). Grosse serpe. ‖ *Flor.* Autre nom de l'*arum*.

Gouffé (Jules), cuisinier et pâtissier français (Paris 1807 - Neuilly-sur-Seine 1877). Élève de Carême, il acquit une telle notoriété qu'on le surnomma LE CARÊME DU SECOND EMPIRE.

gouffre n. m. (bas lat. *colpus* ; du gr. *kolpos*, golfe). Cavité béante d'une très grande profondeur : *Tomber dans un gouffre. Le gouffre de Padirac.* ‖ Tournoiement d'eau : *Le gouffre du Malstrøm. Les gouffres de la mer.* ‖ *Fig.* Ce qui engloutit comme un gouffre : *Le gouffre de l'oubli.* ‖ État déplorable où l'on tombe à la suite de malheurs ou de misères : *Tomber dans un gouffre de maux.* ‖ Ce qui engloutit de grosses sommes d'argent : *Ce procès est un gouffre.* ● *C'est un gouffre que cet homme-là*, c'est un grand dissipateur.

gouge n. f. (bas lat. *gubia*). Sorte de ciseau creusé en gouttière, dont se servent les sculpteurs, les menuisiers, les forgerons, etc. ‖ Outil de tourneur, dont la partie tranchante est triangulaire et retournée d'équerre sur la tige. ‖ Outil tranchant du cordonnier, servant à façonner les surfaces concaves des talons de bois. ‖ Partie des ressorts de serrure. ‖ Arme en forme d'épieu (Moyen Age). ◆ **gouger** v. tr. Pratiquer une cannelure sur une pièce de bois, à l'aide de la gouge. ◆ **gougette** n. f. Petite gouge. ◆ **goujure** n. f. *Mar.* Cannelure qui se trouve autour des pommes en bois, caisses de poulies, caps-de-

mouton, et destinée à recevoir les estropes des poulies.

gougelhof [gugɛlof] n. m. Syn. de KOUGLOF.

gouger → GOUGE.

gougère n. f. Gâteau fait avec de la farine, du beurre, des œufs et du fromage gras de gruyère.

Gougerot (Henri), médecin français (Saint-Ouen, Seine, 1881 - Paris 1955). Professeur des maladies cutanées et syphilitiques à l'hôpital Saint-Louis de 1928 à 1952, il a consacré d'importants travaux aux mycoses cutanées (sporotrichose), aux dermo-épidermites microbiennes, à l'allergie, au traitement et à la prévention de la syphilis.

Gouges (Marie Olympe GOUZE, dite Olympe de), Mme **Aubry**, femme de lettres et révolutionnaire française (Montauban 1748 - Paris 1793). Fille naturelle de Lefranc de Pompignan, devenue veuve, elle vint à Paris et se fit un nom dans les milieux littéraires. Adepte enthousiaste des idées révolutionnaires, elle réclama l'émancipation des femmes (*Déclaration des droits de la femme et du citoyenne*), fonda le club des Tricoteuses, mais fut guillotinée pour avoir pris la défense de Louis XVI.

gougette → GOUGE.

Gough (Hugh, vicomte), feld-maréchal irlandais (Woodstown, Limerick, 1779 - Saint-Helens, près de Dublin, 1869). Il signa en Chine la paix de Nankin (1842), et, comme commandant en chef aux Indes (1843), il écrasa la révolte des Mahrāttes et celle des Sikhs (1849).

Gough (sir Hubert DE LA POER), général britannique (Londres 1870 - *id.* 1963). Il commanda le 1er corps, puis la Ve armée britanniques sur le front français en 1914-1918.

Gouin (Ernest), ingénieur français (Nantes 1815 - † 1885). On lui doit le pont d'Asnières (1852), qui fut le premier grand ouvrage d'art en métal, le pont sur le Scorff à Lorient, et de nombreux travaux en Russie, en Italie, en Espagne et en Autriche (pont Marguerite, sur le Danube).

Gouin (Félix), homme politique français (Peypin, Bouches-du-Rhône, 1884-Nice 1977). Député socialiste des Bouches-du-Rhône (1924), il fut président de l'Assemblée consultative provisoire d'octobre 1945, de la première Assemblée nationale constituante (nov. 1945 - janv. 1946), puis du Gouvernement provisoire de janv. à juin 1946.

gouine n. f. *Pop.* Femme homosexuelle.

goujat n. m. (provenç. *goujat*, garçon). Homme grossier, mal élevé : *Quel goujat, cet homme !* ◆ **goujaterie** n. f. Caractère, action de goujat : *Se montrer d'une goujaterie sans nom.* ◆ **goujatisme** n. m. Caractère de goujat.

1. goujon n. m. (lat. *gobio*). Petit cyprinidé

(15 cm de long), très commun dans nos rivières fraîches et caractérisé par une paire de barbillons. (Ce poisson se mange surtout en friture. On le pêche avec une ligne très fine amorcée d'un ver de vase ou du vers de terreau, l'hameçon traînant largement sur

Six

goujon

le fond.) ◆ **goujonnier** n. m. Petit épervier à mailles serrées pour la pêche du goujon. ◆ **goujonnière** n. f. Récipient pour transporter des vifs, et en particulier des goujons.

2. goujon n. m. (de *gouge*). Pièce destinée à lier deux ou plusieurs pièces de machine ou de charpente, deux pierres de taille, etc. ‖ Pointe sans tête. ‖ Tige métallique servant à assembler deux pièces et dont les extrémités sont filetées, l'une servant à la fixation à demeure du goujon, l'autre à fixer par des écrous les pièces à unir. ‖ Axe sur lequel tourne une poulie. ‖ *Menuis.* Syn. de TOURILLON. ◆ **goujonnage** n. m. Opération qui consiste à mettre en place des goujons d'assemblage. ◆ **goujonner** v. tr. Assembler avec des goujons des pièces de machines, de moteurs, etc. ◆ **goujonnoir** n. m. Outil de tonnelier, servant à fabriquer les goujons en bois destinés à l'assemblage des traversins.

Goujon (Jean), sculpteur français, probablement d'origine normande (v. 1510 - Bologne v. 1564/1569). Il travailla d'abord à Rouen aux tombeaux des cardinaux d'Amboise, puis à Paris (jubé de Saint-Germain-l'Auxerrois, *Evangélistes*, au Louvre ; hôtel de Ligneris-Carnavalet, *Nymphes* de la fontaine des Innocents). A partir de 1548, il orne d'allégories la façade intérieure du Louvre de Pierre Lescot et sculpte les caryatides de la salle des gardes de Henri II (1550). Pour le connétable de Montmorency, il décora le château d'Ecouen. En 1562, huguenot, il s'expatrie et se réfugia à Bologne. Maître du bas-relief, il a traité avec souplesse et grâce les thèmes antiques.

goujonnage, goujonner → GOUJON 2.

goujonnier, goujonnière → GOUJON 1.

goujonnoir → GOUJON 2.

goujrātī n. f. Langue indo-aryenne dérivée du prākrit gaurjarā, parlée par environ 17 millions de personnes dans le nord de l'Etat de Bombay. (Elle peut s'écrire soit

dans son alphabet propre, soit en dévanāgarī.) [On écrit aussi GOUZRĀTĪ, GUJARĀTĪ, GOUDJRĀTĪ.]

goujure → GOUGE.

goulache ou **goulasch** n. m. (du hongr. *gulyás*). Plat hongrois qui consiste en une sorte de ragoût de bœuf préparé avec des oignons hachés, et assaisonné au paprika.

Goulart (João Belchior Marques), homme politique brésilien (São Borja, Rio Grande do Sul, 1918 - Mercedes, Argentine, 1976). Avocat, membre du parti travailliste brésilien à partir de 1945, il en devient président en 1950. Ministre du Travail (1953-1954), il est élu vice-président de la République en 1956 et réélu en 1961. Après la démission de Quadros, il accède à la présidence (oct.) et instaure un gouvernement de tendance progressiste. Il est renversé le 1er avril 1964.

Gould (Jay), financier américain (Roxburg 1836 - New York 1892). Il acquit une fortune énorme en spéculant sur les actions de

Jean Goujon
deux des Nymphes de la
fontaine des Innocents

Giraudon

chemin de fer, et ses combinaisons provoquèrent la débâcle du Vendredi noir (1869).

Gould (Benjamin Apthorp), astronome américain (Boston, Massachusetts, 1824 - Cambridge, Massachusetts, 1896). Il étudia plus particulièrement l'hémisphère céleste austral, et organisa l'observatoire de Córdoba en Argentine (1870), ainsi que des stations météorologiques au S. de la Terre de Feu (1872).

1. goule n. f. (ar. *ghūl*). Démon femelle.

2. goule n. f. (lat. *gula*). *Pop.* Bouche, gueule. ◆ **goulée** n. f. *Pop.* Grosse bouchée. ● *D'une goulée,* d'un trait.

goulet n. m. (de *goule,* gueule). Entrée étroite d'un port, d'une rade : *Le goulet de Brest.* ‖ Passage étroit dans les montagnes. ‖ Bras de mer resserré entre deux rivages. ‖ Tout passage étroit. ‖ Chacune des ouvertures coniques des verveux, nasses, etc. (Syn. GOULOTTE.) ‖ *Manut.* Syn. de GOULOTTE.

Goulet (TRAITÉ DU), paix conclue, le 22 mai 1200, entre Philippe Auguste et Jean sans Terre. Philippe Auguste obtenait le Vexin normand et le comté d'Evreux, et Jean sans Terre reconnaissait son vassal pour ses fiefs continentaux.

goulette n. f. Assemblage de pierres plates dont on garnit le fond des fours à chaux chauffés au bois. ‖ *Technol.* Syn. de GOULOTTE.

Goulette (LA), port de Tunisie (gouvern. de Tunis), au débouché du lac de Tunis ; 26 300 h. Avant-port de Tunis. Station balnéaire.

Goulet-Turpin (SOCIÉTÉ ANONYME DES ÉTABLISSEMENTS), société française, créée en 1900, importante maison à succursales spécialisée dans l'épicerie.

Goulier (Charles Moyse), officier et savant français (Richelieu, Indre-et-Loire, 1818 - Paris 1891). On lui doit en topographie plusieurs méthodes nouvelles et des appareils : l'équerre à prisme, des tachéomètres, un télémètre, le niveau à collimateur, etc.

goulot n. m. (de *gueule*). Col de bouteille ou de vase dont l'entrée est étroite. ‖ *Pop.* Bouche, gosier. ● *Goulot* (ou *goulet) d'étranglement,* v. ÉTRANGLEMENT. ◆ **goulotte** n. f. Sorte de couloir incliné, permettant la descente de colis ou de matériaux liquides, pâteux, pulvérulents ou en petits morceaux, qui se déplacent sous l'action de la pesanteur. (On dit aussi GOULET.) ‖ Petite rigole pour l'écoulement des eaux. (On dit aussi GOULETTE.) ‖ Syn. de GOULET (en parlant des nasses, verveux, etc.).

goulu, e adj. (de *gueule*). Qui se jette avidement sur la nourriture ; vorace : *Un enfant goulu.* ‖ — Syn. : *glouton, goinfre, gourmand.* — *goulues* n. f. pl. Sorte de tenaille de serrurier, à larges mâchoires. ◆ **goulûment** adv. De façon goulue : *Manger goulûment.*

goulues, goulûment → GOULU.

goum n. m. (mot ar. signif. *troupe*). Formation militaire supplétive qui était recrutée en Afrique du Nord et en Afrique noire parmi les autochtones. (Les *goums marocains,* encadrés par les officiers français des Affaires indigènes et d'un effectif d'environ 150 hommes, furent, de 1908 à 1934, les principaux artisans de la pacification. Réunis en bataillons appelés *tabors,* 22 000 goumiers s'illustrèrent en particulier en Italie et en France pendant la Seconde Guerre mondiale.) ◆ **goumier** n. m. Cavalier ou fantassin faisant partie d'un goum.

Goumiliov (Nikolaï Stepanovitch), poète russe (Kronchtadt 1886 - Petrograd 1921). Il fonda en 1912 l'école « acméiste », qui voulait réagir contre le symbolisme et qui proclamait la primauté du réel. Il publia *le Carquois* (1916), *la Colonne de feu* (1921). Ayant participé à un complot antirévolutionnaire, il fut fusillé.

Gounaris (Dêmêtrios) ou **Ghounáris** (Dhimítris), homme politique grec (Patras 1867 - Athènes 1922). Président du Conseil (1915-1917), il préconisa une politique de neutralité, qui amena la chute du roi Constantin. Revenu au pouvoir en 1920, rendu responsable des revers militaires subis en 1922, il fut condamné à mort et exécuté.

goundou n. m. Affection tropicale caractérisée par une tuméfaction osseuse du maxillaire supérieur.

Goundoulitch (Ivan). V. GUNDULIĆ.

Gounod (Charles), compositeur français (Paris 1818 - Saint-Cloud 1893). Prix de Rome en 1839, il eut en Italie la révélation de la polyphonie palestrinienne. Grâce à Mendelssohn,

Charles **Gounod**
par Carolus-Duran
château de Versailles

Giraudon

dont il fut l'ami, il se familiarisa avec Bach, Mozart, Beethoven. Il fit des études de théologie et prit la soutane, mais il s'aperçut que la musique était sa vraie vocation. Les œuvres lyriques qu'il écrivit (*Sapho*, 1851 ; *la Nonne sanglante*) ne connurent pas de succès, mais *Faust* (1859) eut un énorme retentissement, ainsi que *Mireille* (1864) et *Roméo et Juliette* (1867). On doit encore à Gounod treize messes, deux *Requiem*, de nombreux motets, des mélodies (*Sérénade, le Soir, le Vallon, Venise*), des pièces symphoniques, de la musique de chambre. Après la chute de son dernier opéra, il se consacra uniquement à la musique religieuse (*Rédemption, Mors et Vita*, messe *A la mémoire de Jeanne d'Arc*). Gounod fut l'un des pionniers de la renaissance de la musique française ; réformateur de l'opéra, mélodiste sensible, il montra un goût sûr dans le choix des harmonies, des sonorités orchestrales et dans la déclamation lyrique. (Acad. des bx-arts, 1866.)

goupie n. m. Bois fourni par une célastracée de Guyane, et qui sert dans les constructions navales et dans les travaux publics (digues, traverses de chemin de fer, etc.).

goupil [pi] n. m. (lat. *vulpiculus*, dimin. de *vulpes*, renard). Nom du *renard* au Moyen Age.

goupillage → GOUPILLE.

goupille n. f. (de *goupil*). Petite cheville de métal qu'on passe dans l'extrémité de certaines pièces pour les fixer sur d'autres pièces

goupilles

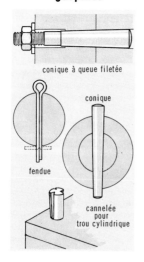

conique à queue filetée

conique

fendue

cannelée
pour
trou cylindrique

qu'elles traversent ou dans lesquelles elles s'emboîtent. ● *Goupille de sécurité*, axe en métal dont la rupture, en cas d'effort anormal, permet d'éviter celle d'une autre pièce plus importante ou plus coûteuse. ◆ **goupillage** n. m. Action de goupiller. ◆ **goupiller** v. tr. Fixer avec des goupilles. ‖ *Pop.* Arranger, confectionner en général. ‖ **— se goupiller** v. tr. *Pop.* S'arranger : *Cette affaire ne se goupille pas mal.*

goupillon [pijɔ̃] n. m. (d'un rad. germ. *wipp*, mouvoir, qui a donné *guipon, guipillon* et, par attraction de *goupil*, renard, *goupillon*). Petit bâton en bois ou en métal au bout duquel sont fixées des soies de porc ou une sorte de pomme d'arrosoir sphérique

goupillon

et métallique, et qui, à l'église, sert à prendre de l'eau bénite et à en répandre sur les fidèles ou sur les objets que bénit le prêtre. ‖ Petite brosse ronde de soies animales ou de brins de fil métallique montée sur tige torsadée, et qui sert à nettoyer les bouteilles.

Goupta. V. GUPTA.

gour n. m. (plur. du mot ar. *gara*). *Géomorphol.* Au Sahara, petite butte tabulaire, à flancs raides.

goura n. m. Pigeon non percheur des forêts de la Nouvelle-Guinée, orné d'une crête très décorative.

gourabe n. f. Anc. bateau indien à deux mâts, portant des voiles à antenne.

gourami n. m. Poisson amphibie des lagunes indonésiennes, connu pour le nid d'herbes mêlées de bulles d'air que bâtit le mâle. (Ce poisson comestible a été acclimaté dans toutes les régions chaudes.)

gourance ou **gourante** → GOURER (SE).

Gourara, groupe d'oasis du Sahara algérien (dép. de Colomb-Béchar). L'oasis principale est *Timimoun*.

gourari adj. invar. S'est dit, en Algérie et au Sahara, d'une monnaie faite de pièces de toute origine et de toute époque, souvent rognées, coupées ou percées, et qui servit jusqu'en 1906 de monnaie d'appoint.

Gouraud (Henri Eugène), général français (Paris 1867 - *id.* 1946). Il se distingua au Soudan en capturant Samory (1898) et devint l'adjoint de Lyautey au Maroc (1912-1914). Pendant la Première Guerre mondiale, il commanda les forces françaises aux Dardanelles, où il fut blessé et amputé du bras droit (1915), puis la IVᵉ armée en Champagne jusqu'à l'armistice, sauf pendant un court séjour au Maroc comme résident général (1917). Haut-commissaire en Syrie de 1919 à 1923, il pacifia le pays et réprima les révoltes de Damas et de Cilicie. Il a été gouverneur militaire de Paris de 1923 à 1937. Son corps a été inhumé en 1948 dans le monument de la ferme Navarin, en Champagne.

gourbet n. m. Syn. de OYAT*.

gourbi n. m. (mot ar.). Habitation élémentaire de l'Afrique du Nord. ‖ *Arg. mil.* Maison sommaire ; abri.

gourbiller v. tr. *Mar.* Evaser l'entrée d'un trou pour y loger la tête d'un clou ou d'une cheville.

gourd, e adj. (bas lat. *gurdus*, lent, paresseux). Engourdi par le froid : *Avoir les doigts gourds.* ● *N'avoir pas les bras gourds*, être prompt à frapper. ‖ *N'avoir pas les mains gourdes* (Fig. et fam.), être prompt, être habile à prendre.

1. gourde n. f. (abrév. de *cougourde*, lat. *cucurbita*). Plante ornementale d'origine indienne, à la tige grimpante, aux feuilles velues, aux fruits ligneux extérieurement et pouvant servir de bouteilles. ‖ Bouteille plate, dont la forme rappelle le fruit du même nom, utilisée en voyage pour conserver la boisson. ‖ *Fig.* et *fam.* Niais, être dont l'intelligence est engourdie : *Quelle gourde, ce garçon !* ✦ adj. Stupide : *Un air gourde.*

2. gourde n. f. (de l'esp. *gorda*, grosse). Unité monétaire principale de la république d'Haïti, divisée en 100 centimes. (On dit aussi PIASTRE.) ◆ **gourdin** n. m. Unité monétaire divisionnaire de la république d'Haïti, valant un quart de gourde.

gourdin n. m. (ital. *cordino*, petite corde). Anc., corde pour châtier les forçats. ‖ Bâton gros et court : *S'armer d'un gourdin.*

Gourdon, ch.-l. d'arr. du Lot, à 25 km au S.-E. de Sarlat ; 5 076 h. (*Gourdonnais*).

général
Gouraud

Eglise Saint-Pierre (XIVᵉ-XVᵉ s.), fortifiée. Maisons anciennes. Patrie de Cavaignac.

Gourdon de Genouillac (Nicolas Jules Henri), héraldiste français (Paris 1826 - *id.* 1898), auteur d'un *Dictionnaire des fiefs, seigneuries, châtellenies, etc.,* et d'un *Dictionnaire des anoblissements de 1270 à 1790.*

gourer (se) v. pr. (vx mot d'arg.). *Pop.* Se tromper. ◆ **gourance** ou **gourante** n. f. *Pop.* Erreur.

Gourette, station d'altitude et de sports d'hiver des Pyrénées-Atlantiques (comm. d'Eaux-Bonnes), près du col d'Aubisque, à 50 km au S. de Pau. Téléphérique conduisant à 2 400 m d'alt.

gourgandine n. f. (mot dialect. d'orig. obscure). Femme de mauvaise vie : *S'amouracher d'une gourgandine.*

Gourgaud (Gaspard, baron), général français (Versailles 1783 - Paris 1852). Anc. officier d'ordonnance de Napoléon Iᵉʳ, il accompagna l'Empereur à Sainte-Hélène et écrivit sous sa dictée deux volumes (sur huit) des *Mémoires pour servir à l'histoire de France sous Napoléon* (édit. en 1822-1823).

Gourgoum. *Géogr. anc.* Royaume néohittite qui exista du XIᵉ au VIIIᵉ s. av. J.-C. et fut soumis par les Assyriens.

Gourie, en russe **Gouriia,** région de l'U. R. S. S., en Géorgie, sur la mer Noire, au S. du cours inférieur du Rion. Agrumes.

Gouriev, port de l'U. R. S. S. (Kazakhstan), sur la mer Caspienne, à l'embouchure de l'Oural ; 78 000 h. Raffinage du pétrole. Pêcheries.

Gourin, ch.-l. de c. du Morbihan (arr. de Pontivy), à 20 km au S. de Carhaix-Plouguer ; 5 186 h. Eglise (XVᵉ-XVIᵉ s.). Maisons anciennes. Ardoisières. Conserves de légumes. Industries chimiques.

Gourko (Iossif Vladimirovitch), général russe (Kaunas 1828 - Sakharov, près de Tver', 1901). Il se distingua, pendant la guerre russo-turque, en s'emparant de Tärnovo, en enfermant Osman pacha dans Plevna (oct. 1877) et en pénétrant dans Sofia (janv. 1878), puis dans Andrinople. Il devint ensuite gouverneur de Saint-Pétersbourg (1879-1880), puis de la Pologne (1883-1894). — Son fils VASSILI IOSSIFOVITCH (1864 - 1937) combattit dans les rangs des Boërs (1899-1902) et, pendant la Première Guerre mondiale, fut successivement chef d'état-major général (1916), commandant du front russo-roumain, puis du front sud-ouest (1917) et, enfin, commandant des troupes alliées à Mourmansk (1918).

gourmand, e n. et adj. (orig. obscure). Qui aime les bons morceaux et mange avec excès. ‖ Amateur de certains mets déterminés : *Être gourmand de fruits.* ‖ — **gourmand** n. m. *Arbor.* Rameau donnant peu de fruits, mais qui absorbe beaucoup de sève. ◆ **gourmandise** n. f. Caractère, défaut du gourmand. ‖ Mets appétissant, friandise : *Les enfants aiment les gourmandises.*

gourmander v. tr. (de *gourmer*). Maltraiter en paroles, réprimander : *Gourmander un élève.*

gourmandise → GOURMAND.

gourme n. f. (francique **worm*). Maladie contagieuse due à un streptocoque et qui atteint surtout les jeunes chevaux. (La gourme peut attaquer tous les tissus de l'organisme et se présenter sous de nombreuses formes.) ‖ *Pathol.* Syn. de IMPÉTIGO. ● *Jeter sa gourme*, en parlant d'un cheval, être atteint de la gourme pour la première fois ; et, au *fig.* et *fam.*, en parlant d'un jeune homme qui vient d'entrer dans le monde, y faire des folies.

gourmé → GOURMER (SE).

gourmer (se) v. pr. Se donner des airs hautains ; faire l'important. ◆ **gourmé, e** adj. Affecté, prétentieux : *Un air gourmé.*

gourmet n. m. (orig. obscure). Personne experte et délicate du boire et du manger. ‖ Dans certaines provinces, courtier en vins.

gourmette n. f. Chaînette qui relie les deux branches supérieures du mors du cheval en passant sous la barbe. ‖ Chaîne de montre ou bracelet dont les mailles sont disposées comme celles de la gourmette d'un mors. ‖ Chaînette en mailles d'acier employée pour polir certains métaux. ● *Fausse gourmette,* lanière fixée aux branches inférieures du mors du cheval et passant dans un anneau de la gourmette. ‖ *Lâcher la gourmette,* la desserrer pour soulager la bouche d'un cheval.

Gourmont (Gilles DE), imprimeur français, originaire du Cotentin (v. 1480 - apr. 1533). Etabli à Paris en 1506, il fut le premier à avoir édité des ouvrages grecs et hébreux.

Gourmont (Remy DE), écrivain français (Bazoches-au-Houlme, Orne, 1858 - Paris 1915). Il collabora au *Mercure de France* dès 1889. Bibliothécaire à la Bibliothèque nationale, il fut révoqué en 1891 à la suite de la publication d'un article *le Joujou patriotisme.* Erudit subtil et sceptique, il publia des romans (*Sixtine, roman de la vie cérébrale,* 1890), ainsi que de nombreux essais (*le Latin mystique,* 1892 ; les deux *Livres des masques,* 1896-1898 ; *Esthétique de la langue française,* 1899). Il fut le critique le plus écouté du groupe symboliste.

gournable n. f. Longue cheville de chêne employée à fixer le bordage sur les membrures d'un vaisseau en bois. ◆ **gournabler** v. tr. Fixer avec des gournables.

gournay n. m. Fromage à pâte molle, fabriqué à Gournay-en-Bray.

Gournay (Marie LE JARS DE), femme de lettres française (Paris 1566 - *id.* 1645). Admiratrice de Montaigne, elle le rencontra à Paris (1588) et devint sa « fille d'alliance ».

Après la mort de l'écrivain (1592), elle se considéra comme son héritière spirituelle et publia la première édition posthume des *Essais* (1595), qu'elle fit suivre de onze autres (1595 à 1635).

Gournay (Jean-Claude Marie Vincent, seigneur DE), économiste et administrateur français (Saint-Malo 1712 - Cadix 1759). Intendant du commerce en 1751, il lutta pour la liberté de l'industrie, la suppression des règlements et des monopoles.

Gournay-en-Bray, ch.-l. de c. de la Seine-Maritime (arr. de Dieppe), à 25 km au N. de Gisors ; 6 515 h. Eglise Saint-Hildevert (XIIᵉ-XIIIᵉ s.). Marché agricole, fromages et beurres renommés. Confection.

Gournay (RACE DE), race de poules de Normandie, rustiques, précoces, bonnes pondeuses, à chair fine.

Gournay-sur-Marne, comm. de la Seine-Saint-Denis, à 2 km au S. de Chelles ; 4 220 h. (*Gournaysiens*).

Gourou (Pierre), géographe français (Tunis 1900), auteur d'études sur le monde asiatique (*les Paysans du delta tonkinois,* 1936).

gourou n. m. V. GURU.

Goursat (Edouard), mathématicien français (Lanzac, Lot, 1858 - Paris 1936). Ses

Edouard **Goursat**

travaux, qui se rapportent à toutes les branches de l'analyse infinitésimale et qui ont fait l'objet de nombreux mémoires ou notes, le classent parmi les premiers analystes de notre époque. (Acad. des sc., 1919.)

gourse n. m. Petite embarcation pointue à l'avant et à l'arrière, dont on se sert en Provence et en Italie.

Gourville (Jean HÉRAULD DE), financier et agent diplomatique français (La Rochefoucauld 1625 - Paris 1703). Il acquit une énorme fortune comme commissaire des vivres à l'armée de Catalogne et comme receveur général des tailles en Guyenne.

Poursuivi par Colbert, il s'enfuit à l'étranger. Rentré en France en 1669, il accomplit une mission en Espagne pour Louvois et fut nommé conseiller d'Etat.

Gous'-Khroustalnyï, v. de l'U. R. S. S. (R. S. F. S. de Russie), à l'E. de Moscou ; 53 000 h. Industries textiles et verreries.

gouspin n. m. *Pop.* Gamin, petit vaurien.

Goussainville, ch.-l. de c. du Val-d'Oise (arr. de Montmorency), à 2 km au N.-E. de Gonesse ; 23 638 h. (*Goussainvillois*). Eglise de la Renaissance. Raffinerie de sucre ; minoterie ; meubles métalliques.

goussaut n. m. et adj. Oiseau de vol lourd, peu employé à la chasse.

gousse n. f. (orig. obscure). Fruit caractéristique des plantes légumineuses, formé d'un seul carpelle allongé et replié, qui s'ouvre à maturité le long de la suture et de la nervure médiane en deux valves portant chacune la moitié des graines. (Ex. : pois, haricot.) ‖ Ornement particulier au chapiteau ionique, qui ressemble à des gousses de fève. ● *Gousse d'ail,* caïeu d'une tête d'ail. ‖ *Gousses de plomb,* plombs qui servent à maintenir les filets au fond de l'eau. ‖ *Gousse de vanille,* fruit allongé du vanillier. ◆ **goussette** n. f. Gousse courte, à une seule graine.

gousset n. m. (de *gousse*). Petite poche du gilet ou de la ceinture du pantalon. ‖ Forme spéciale de fond de poche. ‖ Traverse oblique réunissant les bras au corps d'une potence. ‖ En charpente moderne, joue ou flasque servant d'organe d'assemblage ou de contreventement. ‖ Petite console de bois servant de support à une tablette. ‖ Saillie régulière formant ornement sur un objet d'orfèvrerie travaillé au repoussé. ‖ Plaque que l'on emploie dans les assemblages des diverses parties d'une construction métallique, pour en assurer la liaison. ‖ Pièce de mailles ou d'acier fixée au défaut de l'épaule dans certaines armures. ‖ *Hérald.* Pièce formée par deux lignes diagonales partant des angles du chef, et qui rejoignent un peu au tiers de la longueur habituelle de celui-ci. ● *Avoir le gousset garni,* avoir de l'argent. ‖ *Avoir le gousset vide,* être sans argent.

goussette → GOUSSE.

goût n. m. (lat. *gustus*). Sens qui permet de percevoir les saveurs en informant le cerveau de certaines qualités chimiques des aliments. (V. *encycl.*) ‖ Saveur : *Un pain qui a bon goût.* ‖ Aptitude à discerner les qualités ou les défauts dans les œuvres d'art : *Se fier au goût d'un ami pour choisir un tableau.* ‖ Sentiment de ce qui est beau : *Manquer de goût.* ‖ Ellipt. Le bon goût : *La décadence du goût.* ‖ Manière de voir, de sentir, de juger d'une époque, d'une personne : *Le goût a évolué rapidement depuis quelques années.* ‖ Manière d'un auteur, d'un artiste : *Peindre dans le goût de Rubens.* ‖ Manière dont une chose est faite ; aspect sous lequel elle se

présente : *Parure d'un goût recherché.* ‖ Conformité aux convenances : *Plaisanterie d'un goût douteux.* ‖ Penchant particulier qu'on a pour certaines personnes ou certaines choses : *Avoir du goût pour les vieilles choses.* ‖ Inclination, moins forte que l'amour, d'un homme pour une femme, et réciproquement : *Trouver une femme à son goût.* ‖ — SYN. : aptitude, capacité, désir ; disposition, inclination, intérêt, penchant, vocation. ● *De haut goût,* se dit d'un mets très épicé. ‖ *Etre au goût, du goût de quelqu'un,* lui plaire. ‖ *Faire une chose par goût,* la faire par plaisir. ‖ *Faire passer le goût du pain à quelqu'un* (Pop.), le faire mourir. ‖ *Mauvais goût* ou *goût fin,* dans les houillères du Centre-Midi, odeur pharmaceutique que présente l'air et qui est l'indice d'un début d'échauffement dans le charbon. ‖ *Prendre goût à quelque chose,* commencer à l'apprécier. ◆ **goûter** v. tr. Discerner la saveur de ; apprécier par le goût : *Goûter un vin.* ‖ *Fig.* Avec un complément de chose, trouver bon ou agréable : *Goûter beaucoup un spectacle. Goûter une plaisanterie.* ‖ Sentir, éprouver : *Goûter la joie du succès.* ‖ Avec un complément de personne, apprécier, estimer : *Goûter un auteur.* ‖ — SYN. : déguster, savourer ; apprécier, approuver, estimer, priser. ◆ v. tr. ind. [**de, à**]. Manger ou boire pour la première fois ou en petite quantité : *Faire goûter de son vin. Goûtez à ces gâteaux.* ‖ Juger par l'odorat de la qualité de : *Goûtez à ce tabac.* ‖ *Fig.* Faire l'essai de, expérimenter : *Goûter à l'indépendance.* ◆ v. intr. Faire un léger repas entre le déjeuner et le dîner : *Faire goûter les enfants.* ◆ n. m. Léger repas qu'on prend entre le déjeuner et le dîner. ◆ **goûte-vin** n. m. invar. Sorte de pipette à l'aide de laquelle on prélève le vin dans les tonneaux.
— ENCYCL. **goût.** *Physiol.* Chez l'homme, les organes du goût ne siègent que sur la langue, où ils forment des *papilles,* sensibles à l'une ou l'autre des *saveurs,* amère, acide, sucrée ou salée, des aliments dissous dans l'eau ou dans la salive. Les sensations gustatives peuvent déclencher un réflexe de rejet (goût trop amer, trop acide ou trop salé) ou simplement procurer un plaisir ou un déplaisir qui dépendent largement des habitudes alimentaires du sujet et même de sa constitution héréditaire (le phénylthiocarbamide n'est amer que pour certaines personnes). Elles ont pourtant un lien avec la nature chimique des aliments naturels : les glucides solubles ont un goût sucré ; les alcaloïdes, un goût amer ; les cations alcalins (Na+, K+, etc.), un goût salé ; les cations H+, un goût acide. Il en résulte que, d'une façon statistique, un animal guidé par son goût choisit les aliments qui lui conviennent et rejette les poisons. Les organes du goût sont externes (barbillons) chez certains poissons ; chez les papillons, ils sont situés au bout des pattes.

goûter v. tr. et n. m. → GOÛT.

Goûter (DÔME DU), sommet du massif du Mont-Blanc (Haute-Savoie); 4 304 m. A proximité se trouve l'*aiguille du Goûter* (3 835 m).

goûte-vin → GOÛT.

Gouthière (Pierre), fondeur et ciseleur français (Bar-sur-Aube 1732 - Paris 1813 ou 1814). Dès 1758, il est considéré comme le ciseleur « par excellence » de la période Louis XVI (appliques au Louvre).

Gouti, anc. peuple de l'Orient, originaire des monts du Zagros. Il mit fin à la dynastie d'Akkad. Sa puissance s'éclipsa à la fin du IIIe millénaire.

1. goutte n. f. (lat. *gutta*). Très petite quantité de liquide, qui se détache sous forme de globule : *Une goutte d'eau, de pluie, d'huile, de sueur,* etc. ‖ Quantité de liquide donnée par l'écoulement d'un compte-gouttes. (Pour l'eau, il y a XX gouttes au millilitre avec un compte-gouttes normal.) ‖ Ornement architectural en forme de larme de l'entablement dorique, survivance probable de l'architecture primitive en bois. ‖ Marque ronde que présente quelquefois le papier et qui est due à une goutte d'eau tombée sur la feuille pendant la fabrication. ‖ *Météorol.* Masse d'air isolée de sa région d'origine et entourée par des masses plus chaudes (*goutte froide*) ou plus froides (*goutte chaude*). ‖ *Fam.* Petite quantité de liquide : *Boire une goutte de vin.* ‖ Petite quantité en général : *N'avoir plus une goutte de courage.* ‖ *Fam.* Mucosité liquide qui reste suspendue au bout du nez : *Avoir la goutte au nez.* ‖ *Fam.* Petit verre de liqueur alcoolique : *Boire une goutte.* ● *Boire la goutte,* manquer de se noyer ; au *fig.,* perdre de l'argent dans une affaire ; et, en argot de théâtre, être sifflé. ‖ *Goutte froide,* défaut rencontré dans une pièce de fonderie, constitué par une goutte métallique solidifiée avant l'ensemble de la pièce et dont la surface n'est pas soudée à la masse environnante. ‖ *Jusqu'à la dernière goutte de son sang,* au prix de tout son sang. ‖ *N'avoir pas une goutte de sang dans les veines,* être saisi d'effroi au point que le sang reflue vers le cœur ; ou bien, au *fig.,* être naturellement dépourvu d'énergie. ‖ *Point de goutte,* température de fusion d'un lubrifiant pétrolier. ‖ *Prise à la goutte,* prélèvement d'une goutte de métal dans un lingot en fusion, pour en déterminer la nature et le titre. ‖ *Suer à grosses gouttes,* suer abondamment. ‖ *Vin* ou *cidre de goutte,* vin ou cidre qui s'écoule avant de presser le raisin ou les pommes. ● Loc. ADV. *Goutte à goutte,* une goutte après l'autre ; et, au *fig.,* petit à petit : *Il faut verser goutte à goutte l'instruction dans la tête des enfants.* ‖ *Ne ... goutte,* ne ... pas, ne ... rien (locution négative vieillie, usitée parfois avec les verbes *voir, entendre, comprendre : Je n'y vois goutte dans cette affaire*). ‖ **— gouttes** n. f. pl. Remèdes liquides s'administrant par doses mesurées en gouttes : *Gouttes amères de Baumé.* ◆ **goutte-à-goutte** n. m. invar. Méthode d'introduction lente de solutés médicamenteux ou nutritifs dans l'organisme, par injection rectale, hypodermique ou intraveineuse, avec un dispositif spécial. (Syn. PERFUSION.) ‖ Le dispositif employé lui-même. ◆ **goutte-d'eau** n. f. Topaze incolore et d'une transparence parfaite, que l'on trouve au Brésil. ‖ Brillant serti sur une monture très fine et qui se porte en boucles d'oreilles ou en pendentif. ‖ Petite rainure creusée dans une croisée sous

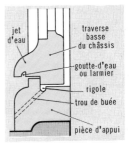

goutte-d'eau

le jet d'eau et empêchant toute infiltration de pluie entre le jet d'eau et la pièce d'appui. ‖ Bouvet servant à creuser cette rainure. — Pl. *des* GOUTTES-D'EAU. ◆ **goutte-de-suif** n. f. Partie sphérique terminant la tête ou la partie filetée d'une vis. — Pl. *des* GOUTTES-DE-SUIF. ◆ **gouttelette** n. f. Petite goutte : *Des gouttelettes de sueur perlaient sur son front.* ◆ **goutter** v. intr. Laisser tomber des gouttes : *Un robinet qui goutte.* ‖ Tomber goutte à goutte : *La rosée goutte des feuilles.* ◆ **gouttereau** n. m. et adj. m. Mur latéral d'un bâtiment, d'une nef d'église, qui porte les gouttières et les gargouilles, à la base de l'égout du toit, par opposition au *murpignon de la façade.* ◆ **gouttière** n. f. Rigole longeant le bord inférieur des toitures et destinée à recevoir les eaux de pluie. ‖ Ravalement circulaire creusé dans la feuillure d'une pièce d'appui de croisée. ‖ Dans une arme blanche, évidement allongé dans la lame. ‖ Appareil destiné à immobiliser un membre fracturé ou malade. ‖ Prothèse dentaire fixée sur les dents et les arcades maxillaires pour réduire les fractures des maxillaires. ‖ Nom donné à une dépression, à un sillon ou à une région déprimée d'un os : *Gouttière bicipitale de l'humérus.* ‖ Sillon qui se trouve le long de la perche du merrain de la tête du cerf ou du chevreuil. ‖ Petit cran qui se trouve au talon des caractères typographiques. ‖ Creux que forme l'œil des filets doubles-maigres. ‖ Tranche de devant du livre, opposée au dos. ‖ Plaie suintante d'un arbre, due à la gélivure ou à une blessure. ●

Gouttière jugulaire (Art vétér.), dépression latérale à la trachée, dans laquelle on explore la veine jugulaire. ‖ *Gouttière œsophagienne,* v. œSOPHAGE. ‖ *Gouttière pendante,* petit canal d'évacuation des eaux pluviales, qui repose sur des supports ne prenant appui que d'un côté.

2. goutte n. f. Maladie dyscrasique caractérisée par des poussées inflammatoires très douloureuses des articulations, par des dépôts d'acide urique ou tophus, et par des déformations articulaires. (V. *encycl.*) ‖ *Phytopathol.* V. CHLOROPS. ● *Goutte oxalique,* v. OXALÉMIE. ‖ *Goutte saturnine,* manifestations de l'intoxication par le plomb, qui ressemblent à la goutte urique. (V. SATURNISME.) ◆ **goutteux, euse** adj. et n. Sujet à la goutte : *Corps goutteux.* ✦ adj. Qui se rapporte à la goutte : *Déformation goutteuse.*
— ENCYCL. **goutte.** *Pathol.* La goutte est la manifestation de la diathèse urique, dans laquelle le taux sanguin en acide urique est augmenté dans de fortes proportions et aboutit à sa précipitation au niveau des articulations et des cartilages.
La *goutte aiguë* se manifeste surtout aux articulations du gros orteil par un gonflement très douloureux qui empêche la marche et dure de 3 à 7 jours. Elle est souvent déclenchée, chez les sujets prédisposés, par un excès alimentaire, une fatigue, un traumatisme.
La *goutte chronique* se manifeste par des inflammations moins vives, mais se généralisant à la cheville, au genou, aux articulations des membres supérieurs, et par l'apparition des tophus, petits dépôts d'acide urique, d'urates, de phosphates et de cholestérol, se formant sous la peau autour des articulations, près des cartilages, notamment au pavillon de l'oreille. Les dépôts périarticulaires entraînent des déformations définitives, qui aboutissent à l'impotence.
Le traitement de la goutte appelle une meilleure hygiène alimentaire (suppression des abats et des viandes jeunes : veau, agneau), des boissons abondantes (non alcoolisées), l'action sur l'excès d'acide urique par les uricolytiques et sur les poussées inflammatoires par la colchicine, la phénylbutazone et les dérivés de la cortisone.

Goutte de lait (LA), nom donné à des organisations philanthropiques instituées pour aider les mères dans l'alimentation et les soins des nourrissons (distributions de lait stérilisé, surveillance médicale). La première « Goutte de lait » fut créée à Fécamp, en 1884, par le Dr Léon Dufour.

goutte-à-goutte, goutte-d'eau, goutte-de-suif, gouttelette, goutter, gouttereau → GOUTTE 1.

goutteux → GOUTTE 2.

gouttière → GOUTTE 1.

Gouveia (Francisco António de), missionnaire portugais (Beja 1575 - Manzanares

1628). Moine augustin, il évangélisa l'Inde et la Perse.

gouvernable, gouvernail, gouvernant, gouvernante, gouverne, gouverneau, gouvernement → GOUVERNER.

Gouvernement provisoire de 1848 (24 févr.- 10 mai 1848), gouvernement constitué sous la pression populaire le 24 févr. 1848, pour mettre en place des institutions républicaines, après la chute de la monarchie de Juillet. Composé de modérés (Lamartine, Arago, Garnier-Pagès) et de socialistes (Louis Blanc, l'ouvrier Albert, Ledru-Rollin), et présidé par Dupont de l'Eure, il manqua de cohésion. Il proclama la République (24 févr.), le suffrage universel (2 mars) et les principales libertés individuelles et prépara les élections à l'Assemblée constituante.

Gouvernement provisoire de la République algérienne (G. P. R. A.), organe exécutif de la révolution algérienne, constitué le 19 sept. 1958 par le F. L. N. et qui prit fin avec la mise en place du bureau politique présidé par Ben Bella (août 1962).

Gouvernement provisoire de la République française, nom pris à Alger, en mai 1944, par le Comité français de libération nationale. Présidé par le général de Gaulle, ce gouvernement s'installa à Paris à la fin d'août 1944 et fut reconnu officiellement par les Alliés le 3 oct. 1944. Il fut remanié le 8 nov. par l'entrée de nouveaux ministres issus des mouvements de Résistance, dont Georges Bidault. Le Gouvernement provisoire supprima les comités de libération, mit fin aux procédures expéditives par la dissolution des milices patriotiques et par la création de « cours de justice » et de « chambres civiques » chargées de l'épuration. En même temps, il pratiquait une politique de nationalisation (houillères, gaz, électricité, usines Renault, banques, assurances, etc.), et créait un certain nombre d'organismes tels que le Bureau des pétroles, le Commissariat à l'énergie atomique, le Haut-Commissariat au plan d'équipement et de modernisation, Air France. A l'extérieur, la France participait à la signature de la capitulation allemande et obtenait une zone d'occupation en Allemagne. Le G. P. R. F. entreprenait la reconquête de l'Indochine et le général de Gaulle signait un accord avec l'U. R. S. S. (déc. 1944). Après les élections législatives d'oct. 1945 et l'élection de De Gaulle comme président du gouvernement provisoire, le gouvernement était remanié et les communistes y étaient représentés. Le général de Gaulle ayant démissionné le 20 janv. 1946, le G. P. R. F. fut présidé successivement par Félix Gouin, Georges Bidault et Léon Blum. Après ratification de la Constitution (13 oct. 1946), le Gouvernement provisoire fut dissous pour laisser place aux nouvelles institutions (16 janv.).

gouvernemental → GOUVERNER.

gouverner v. tr. (lat. *gubernare*). Diriger à l'aide d'un gouvernail : *Gouverner un navire.* ‖ Avoir la conduite politique de : *Gouverner un Etat.* ‖ Diriger la conduite de ; avoir l'autorité sur : *Des principes qui gouvernent notre société.* ‖ Fig. Avoir le pouvoir, la force de régler : *Gouverner son imagination. Gouverner ses instincts.* ‖ En parlant des pièces d'une machine, faire mouvoir toutes les autres : *Le ressort gouverne tout dans une montre.* ‖ En linguistique, syn. de RÉGIR. ‖ — Syn. : *administrer, commander, conduire, diriger, gérer.* ● *Gouverner sa barque* (Fig. et fam.), conduire ses affaires. ◆ v. intr. Faire évoluer un navire. ‖ Obéir à l'effet de son gouvernail : *Navire qui gouverne mal.* ● *Gouverner à la lame,* fuir vent arrière et recevoir les lames de cette direction pour éviter qu'elles ne frappent en biais le navire. ◆ **gouvernable** adj. Qu'on peut gouverner : *Population aisément gouvernable.* ◆ **gouvernail** [naj] n. m. Appareil mobile, placé à l'arrière des navires, des embarcations, et permettant de les faire évoluer, de les diriger. ‖ Dispositif pour assurer la direction ou l'ascension d'un aéronef. ‖ Partie d'une éolienne qui oriente la turbine dans la direction du vent. ‖ Fig. Direction, gouvernement : *Tenir le gouvernail de l'Etat.* ● *Gouvernail de direction,* dans un aéronef, gouvernail destiné aux évolutions dans un plan horizontal. ‖ *Gouvernail de profondeur,* dans un aéronef, gouvernail destiné aux évolutions dans un plan vertical. ◆ **gouvernant, e** adj. et n. Qui gouverne : *Le parti gouvernant.* ‖ Dépositaire du pouvoir politique, par oppos. aux *agents* (collaborateurs du pouvoir sans caractère représentatif) et aux *gouvernés* : *S'en prendre aux gouvernants.* ‖ — **gouvernante** n. f. Femme à laquelle est confiée l'éducation d'un ou de plusieurs enfants : *Cette jeune fille est accompagnée de sa gouvernante.* ‖ Femme qui a soin du ménage d'un veuf ou d'un célibataire. ◆ **gouverne** n. f. Action de diriger une embarcation. ‖ Fig. Ce qui doit servir de direction, de règle de conduite dans une affaire : *Cela soit dit pour votre gouverne.* ‖

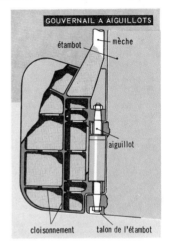

GOUVERNAIL A AIGUILLOTS

mèche

étambot

aiguillot

cloisonnement   talon de l'étambot

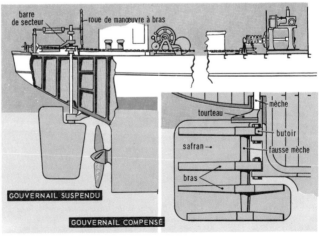

barre de secteur   roue de manœuvre à bras

GOUVERNAIL SUSPENDU

GOUVERNAIL COMPENSÉ

mèche

tourteau

butoir

safran

fausse mèche

bras

— **gouvernes** n. f. pl. Organes de direction, de profondeur et de stabilité transversale d'un avion ou d'un dirigeable. ◆ **gouverneau** n. m. Syn. de GOUVERNEUR. ◆ **gouvernement** n. m. Action de diriger la politique d'un pays : *Assurer le gouvernement d'un pays.* ‖ Forme politique qui régit un Etat : *Un gouvernement républicain.* ‖ Ensemble des organes de l'Etat, déterminant l'orientation générale de la politique d'un pays. ‖ Celui ou ceux de ces organes qui sont investis de l'autorité de faire respecter ou de faire exécuter les obligations de l'Etat, tant à l'intérieur de son territoire qu'au regard des Etats étrangers : *Au sein de l'Etat qui demeure, le gouvernement peut changer de forme.* ‖ Par oppos. aux bureaux, fonction la plus élevée du pouvoir administratif. ‖ Autref., organisme chargé de la direction administrative d'une colonie. ‖ Circonscription administrative de la France de l'Ancien Régime. (Le gouvernement fut d'abord le ressort sur lequel s'exerçait l'autorité d'un gouverneur, dont la fonction est préexistante à la circonscription, qui ne fixa ses limites qu'à la fin du XVIᵉ s. Les gouvernements ne couvraient pas tous les territoires, mais leur nombre ne cessa de s'accroître jusqu'à la fin de l'Ancien Régime.) ‖ Charge de gouverneur. ● *Acte de gouvernement,* acte accompli par une autorité administrative et qui n'est susceptible d'aucun recours devant les tribunaux, tant administratifs que judiciaires. (Selon une conception empirique, sont actes de gouvernement ceux que le Conseil d'Etat et le Tribunal des conflits estiment devoir être, pour des raisons d'opportunité, soustraits à toute discussion juridictionnelle : actes relatifs aux relations du gouvernement avec les Chambres, actes relatifs aux relations internationales.) ‖ *Gouvernement des âmes,* direction des consciences. ‖ *Gouvernement direct,* gouvernement dans lequel le peuple se gouverne directement lui-même. ‖ *Gouvernement militaire,* circonscription territoriale placée sous les ordres d'un gouverneur militaire. (Institué par François Iᵉʳ, le gouvernement militaire est l'ancêtre de la région militaire actuelle. L'expression n'a été conservée que pour désigner les circonscriptions des places de Paris, de Metz, de Lyon et de Strasbourg.) ‖ *Gouvernement représentatif,* celui où le corps de citoyens délègue sa souveraineté à des représentants qu'il élit pour une durée limitée. ‖ *Gouvernement semi-direct,* celui dans lequel la nation institue des représentants, mais se réserve les pouvoirs de décision sur les questions les plus importantes (notamment en matière législative). ◆ **gouvernemental, e, aux** adj. Relatif au gouvernement ; qui émane du gouvernement : *Une décision gouvernementale.* ‖ Qui soutient le gouvernement : *Le parti gouvernemental.* ● *Pouvoir gouvernemental,* pouvoir exercé par le gouvernement, par oppos. à *pouvoir législatif* et à *pouvoir judiciaire.* (L'expression tend à remplacer en France celle de *pouvoir exécutif**.) ◆ **gouvernés** n. m. pl. Personnes soumises à un gouvernement. ◆ **gouverneur** n. m. Celui qui est chargé de l'éducation d'un jeune prince ou d'un jeune homme de grande famille. ‖ Celui qui commandait une circonscription territoriale appelée *gouvernement.* (V. *encycl.*)

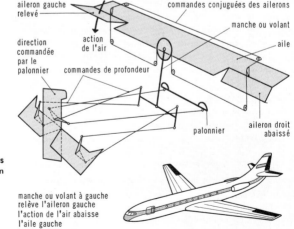

◁ **gouvernails** de navire

aileron gauche relevé

commandes conjuguées des ailerons

manche ou volant

action de l'air

direction commandée par le palonnier

commandes de profondeur

aile

palonnier

aileron droit abaissé

gouvernes d'avion

manche ou volant à gauche relève l'aileron gauche l'action de l'air abaisse l'aile gauche

‖ Autref., haut fonctionnaire qui était placé à la tête d'une colonie pour y diriger l'administration et y représenter la métropole. (V. *encycl.*) ‖ Directeur d'un grand établissement financier public : *Gouverneur de la Banque de France.* ‖ Ouvrier chargé de la surveillance des piles raffineuses, dans une papeterie. ‖ Contremaître dans les mines du bassin de Saint-Etienne. (Syn. de PORION, MAÎTRE MINEUR.) ● *Gouverneur militaire,* officier placé à la tête d'un gouvernement militaire : *Le général gouverneur militaire de Paris, de Metz.* ‖ *Gouverneur de place,* jusqu'à la Première Guerre mondiale, officier responsable de la défense d'une place.

— ENCYCL. **gouverneur.** *Hist.* ● *Les gouverneurs romains.* Les gouverneurs des provinces romaines étaient des propréteurs ou des proconsuls, à l'époque républicaine. Bien que théoriquement surveillés par le sénat, ils se livraient généralement à des actes de concussion et participaient aux exactions des publicains. Avec l'Empire, la création des provinces impériales nécessita des légats impériaux désignés par l'empereur pour cinq ans au moins. Des chevaliers pouvaient être gouverneurs avec le titre de *procurateur.* En Egypte, le gouverneur avait le titre de *préfet.* Dioclétien, groupant les provinces en diocèses, plaça celles-ci sous l'autorité des *vicaires des préfets du prétoire,* et établit chez les gouverneurs une hiérarchie (*proconsuls, consulares, correctores* et *praesides*). ● *Gouverneurs de l'ancienne monarchie française.* Les premiers gouverneurs furent sans doute institués par Philippe le Bel, au-dessus des *baillis* avec le titre de *lieutenants généraux* ou de *gouverneurs et lieutenants pour le Roi.* Leur pouvoir était limité au domaine militaire. Avec les troubles du XVIᵉ s., certains prirent de l'indépendance. Les rois de France tentèrent de limiter leurs pouvoirs (ordonnance de Blois, mai 1579), et Henri IV plaça près d'eux, pour les surveiller, des *lieutenants.* Les gouverneurs ne furent plus, à partir de Louis XIV, que des personnages honorifiques. Ils disparurent après 1789. ● *Les gouverneurs des colonies françaises.* Depuis le XVIIIᵉ s., chaque colonie avait à sa tête un gouverneur ou « commandant pour le roi », investi de l'autorité militaire, mais exerçant aussi le haut contrôle de la justice. La Révolution les supprima, mais le Consulat les rétablit sous le titre de *capitaines généraux,* qui reprirent leur nom de « gouverneurs » sous la Restauration. Par le décret du 27 avr. 1848, la IIᵉ République remplaça les gouverneurs par des *commissaires de la République,* mais ils furent rétablis en mai 1854. Ces fonctionnaires, recrutés par l'Ecole coloniale, restèrent à la tête des colonies sous la IIIᵉ République. Cette organisation a pris fin avec l'indépendance de la plupart des colonies. Depuis 1958, les territoires d'outre-mer conservent un gouverneur, mais assisté par une assemblée élue.

Gouvieux, comm. de l'Oise (arr. de Senlis), à 4,5 km à l'O. de Chantilly ; 9 345 h. (*Godviciens*). Industries diverses.

Gouvion-Saint-Cyr (Laurent, marquis DE), maréchal de France (Toul 1764 - Hyères 1830). Ambassadeur à Madrid (1801), colonel général des cuirassiers en 1804, commandant de l'armée de Catalogne (1807), chef de corps d'armée pendant la campagne de Russie, il fut fait maréchal. Nommé ministre de la Guerre par Louis XVIII en 1815, puis en 1817, il fit voter la loi de 1818 (organisant le recrutement de l'armée par engagements volontaires et tirage au sort), mais dut se retirer en 1819 devant l'hostilité des ultras.

Gouy (Georges), physicien français (Vals 1854 - id. 1926). Il étudia le mouvement brownien, dont il établit la théorie, et énonça en thermodynamique le théorème portant sur l'énergie utilisable. (Acad. des sc., 1913.)

Gouzon, comm. de la Creuse (arr. de Guéret), à 21 km à l'O. d'Evaux, dans le *pays de Gouzon* ; 1 492 h. Conserverie.

Govoni (Corrado), poète italien (Tamara, Ferrare, 1884 - Rome 1965). Il appartint au goupe futuriste, puis à celui de *la Voce* de Florence. Influencé par Pascoli et D'Annunzio dans les *Fables* (1903), *Feu d'artifice* (1905), *Prière au trèfle* (1953), il a écrit également des romans (*Petit Poison couleur de rose,* 1921 ; *le Vol d'amour,* 1926).

Govorov (Léonide Alexandrovitch), maréchal soviétique (Saint-Pétersbourg 1896 - Moscou 1955). Commandant une armée sous Moscou (1941), puis le front de Leningrad, il dégagea cette ville en 1944, après deux ans de durs combats. Il a été vice-ministre de la Défense de 1952 à 1955.

Gowon (Yakubu), homme d'Etat du Nigeria (dans la région de Pankshin, 1934). Chef de l'Etat en 1966, il est renversé par un putsch en 1975.

Goya y Lucientes (Francisco DE), peintre espagnol (Fuendetodos, Saragosse, 1746 - Bordeaux 1828). Elève de José Luzán, chez qui Francisco Bayeu (dont il épousera la sœur en 1775) avait travaillé, il se rend en 1763 à Madrid, subit des échecs à des concours de bourses, et part pour l'Italie (Parme). En 1771, il revient en Espagne et fait ses premières décorations à Saragosse (chœur de la cathédrale). Il exécute 40 cartons de tapisserie (terminés en 1791) pour la manufacture royale de Santa Bárbara. En 1776, il commence à graver. En 1780, il est nommé peintre du roi Charles III. Il achève les décorations des voûtes de Nuestra Señora del Pilar à Saragosse. En 1789, il est nommé *pintor de cámara* par Charles IV, dont il fait de nombreux portraits. En 1792, il est atteint de surdité. Son art devient plus âpre ; il se remet à la gravure (*les Caprices*), peint des tableaux sensuels (*les Majas*), des scènes de la vie madrilène, des portraits (*la Duchesse*

« Fusillade du 3 mai 1808 », *Prado*

Held

Goya
autoportrait, *Prado*

« la Duchesse d'Albe », *coll. part.*

Held

Held

d'Albe). La guerre contre Napoléon lui inspire les gravures des *Désastres de la guerre* (1810-1814) et les deux tableaux qui représentent les épisodes des 2 et 3 mai 1808, puis il grave les planches de la *Tauromachie*. Il gravera encore *les Proverbes* (ou *Disparates*), peindra des portraits, des compositions (*Majas au balcon*), des scènes de tragédie et de catastrophe, des sujets religieux d'un sentiment exceptionnel (*Prière au jardin des Oliviers*). En 1823, l'absolutisme de Ferdinand VII l'incite à s'exiler; il se rend à Bordeaux et y fait de nombreux portraits. Il exprime avec vigueur et lyrisme ses réactions devant la souffrance, la misère et la laideur. Goya exerça une immense influence sur la peinture du XIXᵉ s. Plusieurs de ses œuvres sont conservées au musée Goya de Castres.

goyard n. m. Croissant d'arboriculteur employé comme arme (XVᵉ s.).

goyau n. m. (altér. de *boyau*). Galerie de mine de faible section, dans laquelle il faut marcher sur les genoux ou ramper. (On écrit aussi GOYOT.) ● *Goyau d'aérage*, compartiment ménagé sur le côté d'un puits ou d'une galerie de mine, et servant au passage de l'air en sens inverse.

Goyau (Georges), historien français (Orléans 1869 - Bernay 1939). Un des plus ardents représentants du ralliement et du catholicisme social, il a publié : *Bismarck et l'Eglise* (1911-1913), *Histoire religieuse*, tome VI de l'*Histoire de la nation française* de G. Hanotaux (1922), *le Catholicisme, doctrine d'action* (1929). [Acad. fr., 1922; secrétaire perpétuel, 1938.]

goyave → GOYAVIER.

goyavier n. m. (esp. *goyaba*, emprunté à une langue indigène de l'Amérique du Sud). Arbuste de la famille des myrtacées, croissant en Amérique chaude. ◆ **goyave** n. m. Fruit du goyavier, sucré et rafraîchissant, qui se mange cru ou confit.

goye, goy [goj] ou **goï** n. m. (mot hébreu signif. *peuple*). Nom donné par les israélites aux peuples étrangers à leur culte. (Au fém. GOÏA ou GOYA, et au plur. GOÏM, GOYIM ou GOYM.)

Goytisolo (Juan), écrivain espagnol (Barcelone 1931). Il peint dans ses romans le drame de la jeunesse, obsédée par le souvenir de la guerre civile et contaminée par la violence (*Jeux de mains*, 1954 ; *Deuil au paradis*, 1955 ; *Fiestas*, 1960).

Gozlan (Léon), écrivain français (Marseille 1803 - Paris 1866). Brillant chroniqueur, auteur de romans et de comédies, il publia des souvenirs sur Balzac, dont il avait été le secrétaire (*Balzac en pantoufles*, 1865).

Gozo ou **Gozzo**, anc. **Gaulos**, île de la Méditerranée, près de Malte, dont elle dépend ; 27 600 h. Ch.-l. *Victoria*.

Gozzano (Guido), poète italien (Aglie Canavese 1883 - id. 1916). Opposé à la rhétorique et au classicisme, il prend place parmi les poètes « crépusculaires » à côté de Gaeta et de Corazzini.

Gozzi (Gasparo), écrivain italien (Venise 1713 - Padoue 1786). Ecrivain satirique, il publia aussi une *Défense de Dante* (1758), qui contribua à restaurer en Italie la gloire du poète. — Son frère CARLO (Venise 1720 - id. 1806) fut, avec Chiari, le défenseur de la tradition théâtrale italienne contre Goldoni. Il composa de 1761 à 1765 dix *fiabe*, ou féeries dramatiques (*l'Amour des trois oranges, le Corbeau, le Roi cerf*, etc.).

Gozzoli (Benozzo DI LESE, dit **Benozzo**), peintre italien (Florence 1420 - Pistoia 1497). Apprenti orfèvre auprès de Ghiberti, il fut ensuite élève de Fra Angelico et travailla avec lui au Vatican et à Orvieto. Il orna le couvent San Fortunato, à Montefalco, de fresques consacrées à la *Vie de saint François*. Il travailla aussi à Viterbe et, après 1459, au palais Médicis-Riccardi à Florence (*Cortège des Rois mages*). De 1463 à 1465, il exécuta dix-sept fresques (*Vie de saint Augustin*) à Sant' Agostino de San Gimignano, puis vingt-trois scènes de l'Ancien Testament au Campo Santo de Pise (1468-1484, détruites lors de la Seconde Guerre mondiale). Il a laissé encore de nombreux tableaux de chevalet, en majorité des compositions religieuses (*Vierge à l'Enfant* [Berlin], *Mariage de sainte Catherine* [Offices]).

Benozzo Gozzoli
« le Cortège des Rois mages »
détail
palais Médicis-Riccardi, Florence

Held

G. P. R. A., sigle de GOUVERNEMENT* PROVISOIRE DE LA RÉPUBLIQUE ALGÉRIENNE.

G. Q. G., sigle employé depuis la Première Guerre mondiale pour désigner le GRAND QUARTIER GÉNÉRAL du commandant en chef des armées en campagne.

gr, symbole du *grade,* unité d'angle.

Graaf (Reinier DE). V. DE GRAAF.

Graal (le) ou **Saint-Graal** (le) [vx mot signif. *plat;* provenç. *grazal;* esp. *grial;* peut-être de *cratalis,* dérivé de *kratêr,* vase à boire], dans la croyance du Moyen Age, vase qui aurait servi à Jésus-Christ pour la Cène avec ses disciples, et dans lequel Joseph d'Arimathie aurait recueilli le sang qui coula de son côté percé par la lance du centurion. Aux XIIe et XIIIe s., un groupe important de romans de chevalerie évoque les tribulations et la « quête » (recherche) du Graal. Chrétien de Troyes fut le premier à composer, vers 1182, les 9 000 vers d'un *Perceval ou le Conte du Graal.* L'ensemble de cette œuvre, continuée par quatre poètes, atteint 63 000 vers. Robert de Boron reprit cette légende entre 1183 et 1199, et son œuvre inspira de nombreux romans en prose. C'est une version allemande de Wolfram von Eschenbach (début du XIIIe s.) qui inspira Richard Wagner dans *Parsifal*.

Grabar (André), historien français (Kiev 1896). Professeur d'archéologie paléochrétienne et byzantine au Collège de France, il a publié notamment *la Peinture byzantine* (1954). [Acad. des inscr., 1955.]

grabat n. m. (lat. *grabatus;* gr. *krabbatos*). Mauvais lit; lit de pauvre : *Coucher sur un grabat.* ◆ **grabataire** adj. et n. Se dit d'un malade qui ne quitte pas le lit.

Grabbe (Christian), poète dramatique allemand (Detmold 1801 - *id.* 1836). Il écrivit deux grands drames historiques sur les Hohenstaufen. Son œuvre la plus importante est *Don Juan et Faust* (1829).

graben [bən] n. m. (mot allem. signif. *fossé*). Syn. de FOSSÉ* TECTONIQUE.

Grabski (Stanisław), homme politique polonais (Borów 1871 - Varsovie 1949). Ministre de l'Instruction publique et des Affaires religieuses (1923-1925 et 1926), il négocia le concordat avec le Vatican (1924-1925). Emprisonné par les Soviétiques (1939-1941), puis libéré, il devint président du Conseil national à Londres (1942-1944).

Grabski (Władysław), économiste et homme politique polonais (Borów 1874 - Varsovie 1938). Président du Conseil en 1920, il cumula ensuite de 1923 à 1925 la présidence du Conseil et le ministère des Finances.

Grabu ou **Grabut** (Louis), compositeur français du XVIIe s. († Paris ? apr. 1694). Il vécut la plus grande partie de sa vie en Angleterre. Il écrivit de la musique de scène pour Dryden, Beaumont et Fletcher.

grabuge n. m. (pour *garbuge;* d'orig. obscure). *Fam.* Bruit, querelle accompagnés de désordre : *Il va y avoir du grabuge.*

Graça Aranha (José Pereira DA), romancier brésilien (São Luis de Maranhão 1868 - Rio de Janeiro 1931). Précurseur du modernisme et membre fondateur de l'Académie brésilienne, il écrivit des romans. Le plus connu, *Chanaan* (1902), décrit l'immigration.

Graçay, ch.-l. de c. du Cher (arr. de

« Rêve du **Graal** »
détail d'un manuscrit du XIVe s.
de Chrétien de Troyes
bibliothèque de l'Arsenal

Giraudon

Bourges), à 25 km au N.-O. d'Issoudun; 1 844 h. Maisons anciennes.

Gracchus (Tiberius Sempronius), général romain (v. 210-155 av. J.-C.), époux de Cornelia, fille de Scipion l'Africain. Préteur en Espagne citérieure (180-179), il se rendit populaire par son administration humaine. Il fut tribun du peuple vers 187 et consul en 177 et en 163. — Son fils TIBERIUS SEMPRONIUS, le premier des **Gracques** (Rome 162 - *id.* 133 av. J.-C.), ambitieux, fut ému par la désertion rurale en Etrurie et s'intéressa aux réformes agraires. Tribun du peuple, il tenta de favoriser la petite propriété en limitant les empiètements des grands propriétaires sur les terres de l'*ager* publicus; sa proposition de loi agraire rencontra l'hostilité de la noblesse, ce qui le poussa sur la voie de l'illégalité. Il fit déposer Octavius, son collègue au tribunat, qui avait mis le veto à sa proposition. Peu de partisans le suivirent, la plèbe elle-même préférant le parasitisme à Rome aux travaux des champs, et il fut tué lors d'une émeute. — CAIUS SEMPRONIUS (Rome 154 - *id.* 121 av. J.-C.), frère du précédent, désira venger celui-ci, dont il partageait les idées. Triumvir en 133, il multiplia les lotissements sur l'*ager publicus*, mais surtout dans les régions éloignées. Il fit décider la fondation de colonies à Tarente, Carthage, Corinthe. Il accorda des garanties judiciaires aux chevaliers en les faisant entrer dans les jurys. Elu, puis réélu tribun (123-122), il proposa de donner aux Latins le droit de cité romaine. Il se heurta alors à l'égoïsme de la plèbe romaine, excitée par son collègue le tribun Drusus, et le triumvir Papirius Carbo déclara impies ses fondations coloniales. Il périt au milieu de ses partisans dans une bataille rangée sur l'Aventin, contre les troupes du consul Opimius. Les lois des Gracques furent progressivement abolies.

grâce n. f. (lat. *gratia;* de *gratus,* ce qui plaît). Faveur accordée à quelqu'un pour lui être agréable; don, bienfait : *Demander une grâce.* ‖ Remise d'une peine encourue : *Obtenir la grâce d'un coupable.* ‖ Agrément, charme indéfinissable d'un être animé (se dit surtout des personnes) : *Avoir de la grâce dans le maintien.* ‖ Agrément, attrait particulier d'une chose : *Une draperie arrangée avec grâce.* ‖ Secours de Dieu pour aider les hommes à faire leur salut. (V. *encycl.*) ‖ Dispense d'exécution de la peine, accordée par le chef de l'Etat au condamné frappé d'une condamnation définitive et exécutoire (après consultation du Conseil supérieur de la magistrature lorsqu'il s'agit d'une peine de mort). [La grâce n'a qu'un effet limité à la peine, la condamnation restant inscrite au casier judiciaire et comptant pour la récidive; une peine plus faible peut être appliquée si la grâce n'est que partielle.] ● *Action de grâces,* témoignage de reconnaissance, remerciement. ‖ *A la grâce de Dieu,* sans compter sur d'autre secours que celui de Dieu : *Partir à la grâce de Dieu.* ‖ *Bonne grâce,* bienveillance, bonne humeur dans l'acquiescement. ‖ *Bonnes grâces,* faveurs : *Etre dans les bonnes grâces de quelqu'un.* ‖ *Coup de grâce,* le dernier coup que l'exécuteur donne à un supplicié pour terminer ses souffrances, pour s'assurer de sa mort. — *Fig.* Le coup qui perd définitivement quelqu'un : *C'est le coup de grâce.* ‖ *De bonne grâce, de mauvaise grâce,* de bon, de mauvais gré. ‖ *De grâce,* par faveur, je vous en supplie : *De grâce, tenez-vous tranquille.* ‖ *Demander grâce,* se rendre à la discrétion de, faire appel à la pitié du vainqueur : *Demander grâce à ses persécuteurs.* ‖ *Etre en grâce auprès de quelqu'un,* jouir de sa bienveillance. ‖ *Faire grâce à quelqu'un,* lui pardonner. ‖ *Faire grâce à quelqu'un de quelque chose,* le lui épargner, l'en dispenser : *Je vous fais grâce de tous les détails.* ‖ *Faire des grâces,* minauder, faire des manières. ‖ *Faire la grâce de,* avoir la complaisance, l'obligeance de : *Faites-nous la grâce de déjeuner avec nous.* ‖ *Faire trop de grâce,* montrer une extrême bienveil-

lance : *Monsieur, c'est trop de grâce que vous me faites.* ‖ *Grâce amnistiante,* grâce accordée par le chef de l'Etat, en application d'une mesure législative, et qui, de ce fait, a les effets de l'amnistie. ‖ *Grâce d'état,* secours surnaturel attaché à une situation particulière. ‖ *Heure, demi-heure, quart d'heure de grâce,* temps accordé en plus d'un certain temps fixé pour quelque action. ‖ *Mauvaise grâce,* mauvaise humeur, mauvaise volonté. ‖ *Avoir mauvaise grâce à faire* ou *de faire une chose,* la faire contre la raison, contre la bienséance, contre la convenance. ‖ *Rendre grâce* (ou *grâces*) *à quelqu'un,* le remercier. ‖ *Rentrer en grâce auprès de quelqu'un,* recouvrer sa faveur perdue. ‖ *Trouver grâce auprès de quelqu'un, aux yeux de quelqu'un,* être excusé, pardonné; et aussi lui agréer, lui plaire : *Esther trouva grâce devant Assuérus.* ● LOC. PRÉP. *Grâce à,* à la grâce de, par l'action heureuse de : *Grâce à vous, j'ai obtenu satisfaction.* ‖ — **grâces** n. f. pl. Prière que l'on fait après le repas pour remercier Dieu. ● *Jeu de grâces,* ancien jeu où deux personnes se lançaient et recevaient, à l'aide de deux baguettes, un léger cerceau. ◆ **graciable** adj. Digne d'être gracié, pardonné. ◆ **gracier** v. tr. Faire grâce, remettre sa peine à : *Gracier un condamné.* ◆ **gracieusement** adv. Avec grâce, avec agrément : *S'avancer gracieusement.* ‖ Avec amabilité : *Accueillir gracieusement quelqu'un.* ‖ A titre gracieux, gratuitement : *Je vous ferai cela gracieusement.* ◆ **gracieuseté** n. f. Manière aimable : *Agir avec gracieuseté.* ‖ Action gracieuse : *Faire mille gracieusetés.* ‖ Gratification donnée en plus de ce qu'on doit : *Faire une gracieuseté à un employé.* ◆ **gracieux, euse** adj. Qui a de la grâce, de l'agrément : *Jeune fille gracieuse.* ‖ Aimable, affable : *Faire un sourire gracieux à quelqu'un.* ‖ Gratuit : *Donner quelque chose à titre gracieux.* ‖ — SYN. : *affable, charmant, civil, élégant.* ‖ **gracieux** n. m. Bouffon de la comédie espagnole. (V. GRACIOSO.)

— ENCYCL. **grâce.** *Théol.* — Selon la doctrine *catholique,* Dieu a appelé l'homme à participer à sa vie divine et il a établi des moyens proportionnés à cette fin. La grâce est un don de Dieu entièrement gratuit; présente dans l'âme en permanence, elle est appelée grâce habituelle ou *sanctifiante.* On appelle grâce *actuelle* le secours momentané que Dieu envoie pour aider à faire le bien. L'homme peut refuser son concours à la grâce, mais celle-ci n'est jamais refusée à la prière. Les théologiens catholiques ont été longtemps divisés à propos de la grâce *efficace* (celle qui atteint son but) et de la grâce *suffisante* (cas contraire).
● Les *protestants* voient en général dans la grâce un secours divin intérieur contre le péché et ses suites. Les luthériens unissent l'action de la grâce à l'efficacité surnaturelle de la parole divine et des sacrements. Les calvinistes font une part plus importante à la prédestination*.

Grâce-Berleur, anc. comm. de Belgique (prov. de Liège). Mines de charbon.

Grâce-Dieu (LA), écart de la comm. de Chaux-lès-Passavant (Doubs, arr. et à 29 km environ à l'E. de Besançon). Abbaye cistercienne acquise par les trappistines de Besançon en 1927 ; bâtiments du XVIIIe s.

Grâces (les). *Myth.* Autre nom des *Charites**, divinités qui personnifiaient ce qu'il y a de plus séduisant dans la beauté. Elles ont servi de thème à de nombreux artistes.

graciable → GRÂCE.

Gracián y Morales (Baltasar), jésuite et écrivain espagnol (Belmonte, près de Calatayud, 1601 - Tarazona 1658). Professeur, prédicateur célèbre, il s'attira des sanctions de la part de ses supérieurs quand son ouvrage *Finesse et art du bel esprit* parut, de 1642 à 1648. Dans une très belle prose, l'auteur fixe l'esthétique du cultisme*, dont l'influence sera sensible sur la préciosité française. Citons encore deux autres essais, *l'Homme détrompé* (1651-1657) et *l'Homme de cour* (1657).

Gracias (Valerian), prélat catholique indien (Karáchi 1900 - † 1978). Archevêque de Bombay (1950), il fut le premier cardinal indien.

Gracias a Dios (CAP), promontoire de la mer des Antilles formé par l'embouchure du río Coco, frontière contestée du Honduras et du Nicaragua.

gracier, gracieusement, gracieuseté, gracieux → GRÂCE.

gracilaire n. m. Petite teigne brillamment colorée, dont la chenille, selon l'espèce, nuit au troène, au lilas, au noyer, au peuplier, au bouleau, etc.

gracile adj. (lat. *gracilis*). Mince et élancé : *Des formes graciles.* ◆ **gracilité** n. f. Caractère de ce qui est grêle : *La gracilité de la taille, des jambes.*

gracilie n. f. Petit longicorne velu dont la larve vit dans les maisons et ronge les paniers d'osier.

gracilité → GRACILE.

Graciosa, île du nord de l'archipel des Açores ; 61 km² ; 9 500 h. Ch.-l. *Santa Cruz.*

gracioso n. m. (mot esp. ; du lat. *gratiosus*, gracieux). Bouffon de la comédie espagnole, dès le Moyen Age et jusqu'au XVIIe s.

gracioso adj. m. (de l'ital. *grazioso*). *Mus.* Gracieux : *Andante grazioso.*

Gracq (Louis POIRIER, dit **Julien**), écrivain français (Saint-Florent-le-Vieil, Maine-et-Loire, 1910). Influencé par le surréalisme, il a écrit *Au château d'Argol* (1938), *Un beau ténébreux* (1945), *le Rivage des Syrtes* (prix Goncourt 1951), *Un balcon en forêt* (1958), *la Presqu'île* (1970), œuvres dans lesquelles une nature fabuleuse sert de cadre à une aventure intérieure.

Gracques (les), nom désignant communé-

les Trois Grâces
par Raphaël
musée Condé, Chantilly

ment les deux frères Tiberius et Caius Sempronius Gracchus* et leur mère Cornelia.

gradation n. f. (lat. *gradatio* ; de *gradus*, degré). Passage d'un état à un autre par degrés insensibles : *Gradation dans les efforts.* ‖ Disposition des termes d'une énumération dans un ordre de valeur croissant ou décroissant. ‖ *Photogr.* Rapport entre la plus petite et la plus grande lumination qu'une couche sensible est susceptible de traduire valablement.

grade n. m. (lat. *gradus*). Chacun des degrés d'une hiérarchie en particulier dans le domaine militaire. (V. *encycl.*) ‖ Degré de la hiérarchie administrative. ‖ Unité de mesure d'angle (symb. gr) équivalant à l'angle au centre qui intercepte sur la circonférence un arc d'une longueur égale à 1/400 de cette circonférence, soit $\pi/200$ radian (syn. : GON). ‖ Unité d'arc équivalant au centième d'un quadrant. ‖ Degré commun de perfectionnement atteint par plusieurs groupes d'animaux ou de plantes, mais non par leurs ancêtres communs (ce qui exclut une explication par l'hérédité). ‖ Qualité d'une huile de graissage. ‖ Qualité en vertu de laquelle un agglomérant retient les grains d'abrasif dans une meule. ● *En prendre pour son grade* (Fam.), recevoir une vive remontrance. ‖ *Grade universitaire,* diplôme de bachelier, de licencié, de docteur, délivré par les universités après examen (et non pas au concours). ◆ **gradé** n. m. Homme de troupe* pourvu d'un grade : *Rassembler les gradés d'une compagnie.* (Cette expression s'applique en particulier aux caporaux et aux caporaux-chefs, appelés parfois *petits gradés.*)

— ENCYCL. **grade.** Le grade militaire définit

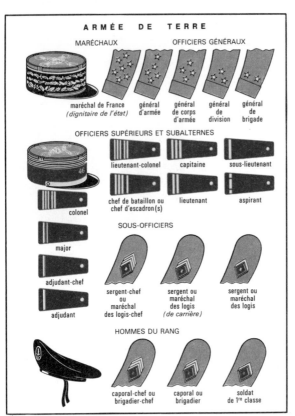

ARMÉE DE TERRE

MARÉCHAUX · OFFICIERS GÉNÉRAUX

maréchal de France *(dignitaire de l'état)* · général d'armée · général de corps d'armée · général de division · général de brigade

OFFICIERS SUPÉRIEURS ET SUBALTERNES

lieutenant-colonel · capitaine · sous-lieutenant

chef de bataillon ou chef d'escadron(s) · lieutenant · aspirant

colonel

major

adjudant-chef

adjudant

SOUS-OFFICIERS

sergent-chef ou maréchal des logis-chef · sergent ou maréchal des logis *(de carrière)* · sergent ou maréchal des logis

HOMMES DU RANG

caporal-chef ou brigadier-chef · caporal ou brigadier · soldat de 1re classe

MARINE NATIONALE

OFFICIERS GÉNÉRAUX · OFFICIERS SUPÉRIEURS

amiral · vice-amiral d'escadre · vice-amiral · contre-amiral · capitaine de vaisseau · capitaine de frégate · capitaine de corvette

4249

ARMÉE DE L'AIR

OFFICIERS GÉNÉRAUX

général d'armée aérienne   général de corps aérien   général de division aérienne   général de brigade aérienne

OFFICIERS SUPÉRIEURS ET SUBALTERNES

colonel   lieutenant-colonel   commandant   capitaine   lieutenant   sous-lieutenant   aspirant

SOUS-OFFICIERS

major   adjudant-chef   adjudant   sergent-chef   sergent *(de carrière)*   sergent

HOMMES DU RANG

caporal-chef   caporal   soldat de 1re classe

QUARTIERS-MAÎTRES ET MARINS

quartier-maître 1re classe   quartier-maître 2e classe   matelot breveté

OFFICIERS SUBALTERNES   OFFICIERS MARINIERS

lieutenant de vaisseau   enseigne de vaisseau 1re classe   enseigne de vaisseau 2e classe   aspirant   major   maître principal   premier maître   maître   second maître *(deux ans de grade)*   second maître

la place de chacun, avec son échelon de subordination, au sein d'une hiérarchie qui constitue le fondement même de l'organisation des armées comme le précise le *règlement de discipline générale dans les armées* de 1975. Le grade consacre aussi l'aptitude à occuper des emplois d'un certain niveau, à assumer la responsabilité et à exercer l'autorité qui y sont attachées. L'origine du grade militaire, emprunté à la langue de l'Eglise et à la jurisprudence civile, ne remonte pas au-delà du XVIe s. Il a fallu attendre la loi du 18 mai 1834, portant statut des officiers, pour que la notion moderne du grade apparaisse avec, en particulier, sa caractéristique désormais fondamentale d'être, à l'inverse de l'emploi, la propriété de l'officier. Cette possession du grade entraîne des garanties, certains avantages fixés par voie législative ne dépendant plus de l'autorité administrative. La loi du 13 juillet 1972, portant statut général des militaires, a étendu ces dispositions à tous les militaires, officiers, sous-officiers et hommes du rang, qu'ils soient de carrière, sous contrat ou appelés pour le service. La notion de « propriété du grade » a été, notamment, conservée ; un militaire ne peut perdre son grade qu'en cas de perte de la nationalité française ou de condamnation soit à une peine criminelle, soit à la destitution ou à la « perte de grade » prévues par le Code de justice militaire.

La loi du 13 juillet 1972 définit ainsi la hiérarchie générale des militaires français :

— *Hommes du rang :* soldat, ou matelot ; caporal, ou quartier-maître de 2e classe ; caporal-chef, ou quartier-maître de 1re classe.

— *Sous-officiers :* sergent, ou second maître ; gendarme, sergent-chef, ou maître ; adjudant, ou premier maître ; adjudant-chef, ou maître principal ; major.

— Aspirant (statut particulier défini par décret du 22 oct. 1973).

— 1. *Officiers subalternes :* sous-lieutenant, ou enseigne de vaisseau de 2e classe ; lieutenant, ou enseigne de vaisseau de 1re classe ; capitaine, ou lieutenant de vaisseau.

2. *Officiers supérieurs :* commandant, ou capitaine de corvette ; lieutenant-colonel, ou capitaine de frégate ; colonel, ou capitaine de vaisseau.

3. *Officiers généraux :* général de brigade, ou général de brigade aérienne, ou contre-amiral ; général de division, ou général de division aérienne, ou vice-amiral. Ces derniers peuvent recevoir rang et appellation de général de corps d'armée (général de corps aérien, ou vice-amiral d'escadre), et de général d'armée (général d'armée aérienne, ou amiral).

— Le titre de maréchal de France et celui d'amiral de France constituent une dignité dans l'Etat.

Gradenigo, nom d'une famille vénitienne.

PIETRO (Venise 1251 - *id.* 1311), doge (1289-1311), institua le tribunal des Dix.

grader [dər] n. m. (de l'angl. *to grade,* régulariser). Engin de terrassement utilisé pour le décapage, pour le nivellement des terres et pour la mise en cordon ou l'épandage des matériaux. (Syn. NIVELEUSE.)

gradient [djɑ̃] n. m. (du lat. *gradus,* degré). Taux de variation d'un élément météorologique en fonction du distance, exprimé en degrés Celsius par 100 m de dénivellation pour la température, ou en millibars par 100 km de distance horizontale pour la pression. ‖ *Biol.* Axe le long duquel une propriété définie varie de façon continue. (C'est ainsi que, chez les êtres vivants de forme allongée, un tronçon peut régénérer une « partie avant » par sa section antérieure ou « partie arrière » par sa section postérieure, mais jamais l'inverse. On a observé le fait chez des êtres aussi différents que la planaire et l'endive. De même, l'aptitude à se différencier en un système nerveux diminue, dans l'œuf de vertébré, du « pôle animal » au « pôle végétatif », etc.) ‖ *Math.* Dans un champ de scalaires $f(x, y, z)$, vecteur ($\overrightarrow{\text{grad.}} f$) ayant pour composantes les dérivées partielles premières f'_x, f'_y, f'_z. [En chaque point, il est normal à celle des surfaces de niveau $f(x, y, z) = C^{te}$, qui passe par ce point ; sa mesure est $\dfrac{df}{dn}$, dn étant un élément de la normale, df la différentielle de f.] ● *Gradient d'un coin sensitométrique,* constante exprimant l'absorption de ce coin par centimètre de longueur. ‖ *Gradient de potentiel,* taux de variation du potentiel électrique ou magnétique dans l'espace, en suivant la direction du champ. (C'est un vecteur normal aux surfaces équipotentielles, et dont la mesure est égale à la dérivée du potentiel $\dfrac{dU}{dn}$ prise dans la direction de cette normale. Le vecteur champ lui est opposé : $\overrightarrow{E} = -\text{grad U.}$)

Gradignan, ch.-l. de c. de la Gironde (arr. et à 9,5 km au S. de Bordeaux) ; 21 772 h. (*Gradignanais.*) Cru des Graves. Confection.

gradin n. m. (ital. *gradino,* dimin. de *grado,* degré). Petite marche formant étagère sur un autel, un meuble quelconque, pour y placer des objets d'ornement. ‖ Chacun des bancs disposés en étage, dans un amphithéâtre, etc. : *Une foule dense garnissait les gradins du stade.* ‖ Partie de terrain coupée verticalement, dans une mine, par l'exploitation précédant une partie horizontale. ‖ ● *Front en gradins,* dans une mine, front comportant des redans successivement décalés. ‖ *Gradin de confluence,* gradin dû à la confluence de deux auges glaciaires dont les fonds ne sont pas à la même altitude. ‖ *Gradins de franchissement,* gradins permettant de sortir d'un ouvrage ou d'une tranchée pour utiliser ses armes. ‖ *Protection en gradins,* dispositif de protection des lignes à haute tension, dans lequel la coupure des lignes par les appareils de protection s'effectue avec une temporisation variant par paliers avec la distance au point où s'est produit un incident.

gradine n. f. Sorte de ciseau à froid du tailleur de pierre et du faïencier.

Grado, v. d'Italie (Vénétie, prov. de Gorizia), sur l'Adriatique ; 9 700 h. Cathédrale d'époque byzantine. Grado fut le siège d'un patriarcat rival de celui d'Aquilée, et cette rivalité devint un des épisodes de la lutte du Sacerdoce et de l'Empire. En 1451, le patriarcat fut transféré à Venise.

graduateur n. m. V. DÉRIVATEUR.

graduation → GRADUER.

graduel n. m. (lat. *gradualis;* de *gradus,* degré). Versets que l'on chante ou que l'on récite entre l'épître et l'évangile. ‖ Livre qui contient tout ce qui se chante au lutrin pendant la messe.

graduel adj., **graduellement** → GRADUER.

graduer v. tr. (lat. scolastique *graduare;* de *gradus,* degré). Diviser en degrés; marquer des degrés sur : *Graduer un cercle.* ‖ *Fig.* Soumettre à une gradation : *Graduer les difficultés.* ◆ **graduation** n. f. Action de graduer : *La graduation d'un thermomètre.* ‖ Une des divisions établies en graduant. ◆ **graduel, elle** adj. Qui va par degrés, par gradation : *Ralentissement graduel.* ◆ **graduellement** adv. Par degrés; peu à peu : *S'élever graduellement dans le ciel.*

gradus [dys] n. m. (mot lat. signif. *degré*). Mesure romaine de longueur, qui valait 0,74 m.

les **gradins** du théâtre d'Epidaure

Halin - Rapho

Graebe (Karl), chimiste allemand (Francfort-sur-le-Main 1841 - *id.* 1927). Avec Liebermann, il a effectué la synthèse de l'alizarine (1868).

Graf (Urs), peintre, verrier, orfèvre et graveur suisse (Soleure v. 1485 - Bâle v. 1527). Il a laissé des évocations des horreurs de la guerre (musées de Bâle et de Zurich).

Graf ou **Graff** (Anton), peintre suisse (Winterthur 1736 - Dresde 1813). Peintre de la cour de Saxe (1766), portraitiste fécond, il fut surnommé LE VAN DYCK DE L'ALLEMAGNE.

Graf (Otto Maximilian), ingénieur allemand (Vordersteinwald, près de Freudenstadt, 1881 -

graffiti
au fort de la Prée
(île de Ré)

Giraudon

Stuttgart 1956). Il étudia les matériaux de construction (béton armé, fer, bois) et établit les normes allemandes (DIN) les concernant.

Graffenstaden. V. ILLKIRCH-GRAFFENSTADEN.

graffiti n. m. pl. (mot ital.). Inscriptions ou dessins, de caractère souvent satirique ou caricatural, griffonnés sur les murs des monuments antiques. (L'écriture des graffiti romains [principalement trouvés à Pompéi] est une curieuse cursive peu lisible, mais les textes font connaître certains aspects de la vie quotidienne et la langue latine vulgaire.) ‖ Inscriptions ou dessins griffonnés sur un mur. ‖ — REM. Ce mot s'emploie de plus en plus couramment au sing. : *Un graffiti.*

Grafigny ou **Graffigny** (Françoise D'ISSEMBOURG D'HAPPONCOURT, dame DE), femme de lettres française (Nancy 1695 - Paris 1758). Elle devint célèbre en 1747 à la suite de la publication de son roman épistolaire *Lettres* *d'une Péruvienne.* Elle ouvrit un salon, que fréquentèrent les poètes et les philosophes. Son drame *Cénie* (1750) rappelle la comédie larmoyante de Nivelle de La Chaussée.

Grafton (Augustus Henry FITZROY, 3ᵉ duc DE), homme politique britannique (1735 - Euston Hall, Suffolk, 1811). Whig, entré dans la clientèle de Pitt, qui le prit comme ministre des Finances dans son cabinet de 1766 ; il devint Premier ministre à la suite de la maladie de ce dernier (1767). Désavoué par Pitt, il dut démissionner (1770). Il fut membre du gouvernement North (1771-1775).

grageoir n. m. Pilon pour écraser le gros sel.

Graham (George), horloger et astronome anglais (Rigg, Cumberland, 1673 - Londres 1751). Auteur de multiples inventions (balanciers compensés à mercure, échappements à cylindres, etc.), il fut un des premiers à

George Graham
gravure par Thomas Hudson

construire de façon pratique les échappements à ancre imaginés par Hooke. Il conçut de nombreux instruments astronomiques (planétaire, arc mural, secteur zénithal, etc.).

Graham (James), marquis de **Montrose**. V. **Montrose**.

Graham (Thomas), chimiste écossais (Glasgow 1805 - Londres 1869). Il a donné la loi de la diffusion des gaz à travers les cloisons poreuses (1846), et établi la distinction entre colloïdes et cristalloïdes (1850).

Graham (LOI DE) : « La vitesse de diffusion d'un gaz à travers une cloison poreuse est, à pression et température données, inversement proportionnelle à la racine carrée de sa densité. »

Graham (Martha), danseuse américaine (Pittsburgh, Pennsylvanie, v. 1893). Une des « pionniers » de la modern dance, elle est la novatrice d'une technique fondée sur l'opposition contraction/décontraction et le con-

trôle conscient de la respiration. Elle est l'auteur de plus de cent cinquante compositions. Ses œuvres les plus marquantes sont : *Primitive Mysteries* (1931), *Letter to the World* (1940), *Appalachian Spring* (1944), *Cave of the Heart* (1947), *Night Journey* (1947), *Clytemnestra* (1958), *Phaedra* (1962), *The Witch of Endor* (1965), *The Archaic Hours* (1969), *Mendiants of Evening* (1973). Retirée de la scène depuis 1970, elle dirige toujours sa troupe, la Martha Graham Dance Company. Elle a parrainé la création de la Batsheva Dance Company (1964) et de la London Dance Theatre Company (1967). Elle a publié *The Notebooks of Martha Graham* (1973).

Graham (ÎLE), la plus grande des îles de l'archipel de la Reine-Charlotte.

Graham (TERRE DE), ou **péninsule de Palmer,** ou **terre d'O'Higgins,** longue péninsule de l'Antarctique s'allongeant vers l'Amérique du Sud. Elle est formée de trois alignements montagneux (4 500 m d'alt.). Cette région est revendiquée par la Grande-Bretagne, le Chili et l'Argentine.

Graham of Claverhouse (John), 1ᵉʳ vicomte **Dundee,** général écossais (Claverhouse, Forfarshire, 1649 - Blair Castle, près de Killiecrankie, 1689). Il étouffa dans le sang la révolte écossaise des covenantaires (1678-1688). Il souleva les Highlands en faveur de Jacques II et périt au combat de Killiecrankie.

grailler [graje] v. intr. (de *graille,* corneille). Crier comme une corneille. ‖ Parler d'une voix rauque. ‖ Sonner de la trompe d'une certaine façon pour rappeler les chiens.

1. graillon [grajɔ̃] n. m. (de *graille,* anc. forme de *grille,* gril). Odeur de graisse grillée, de viande brûlée : *Une cuisine qui sent le graillon.* ‖ Restes, débris d'un repas. ‖ Ensemble des rognures qui tombent d'un bloc de marbre ou de pierre que l'on taille. (V. aussi GRAILLON 2.) ◆ **graillonner** v. intr. Dégager, exhaler une odeur de graillon : *Viande qui graillonne.* ◆ **graillonneur, euse** adj. Qui contient des graillons ; qui a une odeur de graillon : *Une cuisine graillonneuse.*

2. graillon [grajɔ̃] n. m. *Pop.* Crachat épais. (V. aussi GRAILLON 1.) ◆ **graillonner** v. intr. *Pop.* Expectorer des graillons : *Il graillonne en se levant le matin.* ◆ **graillonneur** [grajɔnœr], **euse** n. *Pop.* Personne qui graillonne souvent : *Un graillonneur qui inspire le dégoût.*

Grailly (Jean III DE), captal de **Buch** (1343 - Paris 1377). L'un des meilleurs lieutenants du Prince Noir, il fut fait, par Edouard III, connétable d'Aquitaine en 1371. Son esprit chevaleresque a été célébré par Froissart.

grain [grɛ̃] n. m. (lat. *granum*). Petit organe aisé à récolter et qui est comestible en tout ou en partie. (C'est la *graine* chez le pois et le haricot, le *caryopse* chez les graminacées [blé, riz, etc.], la *baie* du raisin et du groseillier. Le poids moyen des grains des céréales varie entre 47 kg par hectolitre pour l'avoine et 77 kg pour le blé.) ‖ Petit fruit à pépins : *Grain de raisin.* ‖ Organite microscopique contenu dans la cellule végétale. ‖ Morceau, fragment : *Des grains de tabac.* ‖ Petite particule de forme plus ou moins arrondie : *Un grain de sel, de poussière.* ‖ Ensemble des parties ténues et serrées entre elles, qui forment la masse des corps solides et qui apparaissent lorsque ces corps ne sont pas polis ou usés ; texture : *Marbre d'un grain très fin.* ‖ Particule plus ou moins grosse de sels d'argent, enrobée dans la gélatine des couches sensibles. ‖ Chiffre caractérisant la finesse des particules coupantes d'un abrasif. ‖ Pièce en acier dur trempé, servant d'appui à l'arbre de transmission dans une crapaudine. ‖ Outil servant à l'alésage des cylindres de grand diamètre. ‖ Verroterie de couleur. ‖ Aspect général, sur une cassure, des éléments de la structure d'une pierre. ‖ Qualité d'une pierre lithographique. ‖ Taille des faisceaux constituant la viande : *Le filet a un grain fin.* ‖ A la surface des plaques offset, sorte de dépolissage créé par le grainage et retenant l'humidité du mouillage. ‖ Aspect superficiel d'une peau, d'un cuir d'une étoffe. ‖ Effet peu prononcé et interrompu, résultant de la composition de l'armure ou du croisement des fils, et donnant au tissu un aspect et un toucher plus ou moins grainés. ‖ En gravure, effet des tailles diversement croisées. ‖ Élément d'un métal ou d'un alliage formé à partir d'un centre initial de cristallisation, lequel s'est nourri au cours de la solidification. ‖ La plus petite subdivision de l'unité de mesure de masse jadis utilisée en France, et qui valait 0,053 g. ‖ Coup de vent momentané, de force et de direction variables. ‖ *Fig.* Très petite quantité : *Il n'a pas un grain de bon sens.* ● *Avoir un grain,* être un peu fou. ‖ *Grain* ou *bouton de fin,* or ou argent obtenu par la coupellation. ‖ *Grain d'aleurone* (Bot.), v. ALEURONE. ‖ *Grain d'amidon* (Bot.), v. AMYLOPLASTE. ‖ *Grain de beauté,* petite tache noire ou brune, ainsi dite parce qu'elle fait paraître la peau plus blanche. ‖ *Grain de chlorophylle* (Bot.), v. CHLOROPLASTE. ‖ *Grain d'orge,* grain métallique soudé à la partie supérieure du guidon de certains fusils. ‖ *Grain de riz,* produit de triage du sable, dont les dimensions rappellent celles des grains de riz. (Syn. MIGNONNETTE.) — Procédé de décoration céramique, principalement pratiqué par les Chinois. *Grains de riz,* éléments de la structure granulée de la surface apparente de la photosphère solaire. ‖ *Mettre, fourrer son grain de sel* (Fam.), se mêler de ce qui ne vous regarde pas ; faire, sans en être prié, des remarques généralement désobligeantes. ‖ *Procédé au grain de résine,* anc. procédé de photogravure, qui permettait de compléter les gravures au trait par un pointillé ressemblant à celui de l'aquatinte. ‖ *Séparer l'ivraie d'avec le bon grain,* distinguer, séparer les méchants des bons, ou le mal du bien. ‖ *Veiller au grain,* observer le temps pour ne pas être surpris par l'orage ; et, au *fig.,* être sur ses gardes pour prévoir ou éviter un danger. ‖ *Voir venir le grain,* voir venir le danger. ‖ — **grains** n. m. pl. Céréales : *Les grains sont en hausse.* ‖ Morceaux de charbon criblés dont les dimensions sont comprises entre 6 et 10 mm. ● *Grains de chapelet* ou *de Baily,* aspect d'une suite de grains irréguliers présenté par le croissant lumineux entourant le Soleil au début ou à la fin d'une éclipse totale. (Ce phénomène est dû aux irrégularités du bord de la Lune.) ‖ *Grains de fumée,* très fines particules observées dans la matière cosmique intersidérale. ◆ **grainage** n. m. Phase de la fabrication du savon, correspondant à la formation de grains au moment du relargage. ‖ Opération qui consiste à former des germes cristallins de sucre, au début de la cristallisation. ‖ Opération pour obtenir des œufs, ou graines, de vers à soie. ‖ Production, vente et exportation de ces œufs. ◆ **grainasse** n. f. V. GRENASSE. ◆ **grain-de-poudre** n. m. Tissu dont l'armure est un dérivé en surface de l'armure toile. — Pl. *des* GRAINS-DE-POUDRE. ◆ **grain-d'orge** n. m. Broderie au plumetis, dont le dessin forme un grain d'orge et une petite nervure centrale de 2 à 3 mm. ‖ Note de plain-chant en forme de losange, en imprimerie. ‖ *Anc.* étoffe croisée, en laine de qualité ordinaire. (On écrivait aussi GRAINDORGE.) ‖ Moulure de profil triangulaire ou demi-circulaire, que l'on pousse parallèlement à d'autres moulures pour dégager le profil de celles-ci. ‖ Fer servant à faire cette moulure. ‖ Burin à pointe biseautée. ‖ Lime taillée sur les bords. — Pl. *des* GRAINS-D'ORGE. ● *Grain d'orge* ou *toile grain-d'orge, à grain d'orge, futaine à grain d'orge,* toile, futaine, semées de points ressemblant à des grains d'orge. ‖ *Velours grain-d'orge,* velours par trame, à côtes, présentant des côtes fantaisie ou petites côtes réparties en quinconce sur sa surface. ◆ **graine** n. f. Diaspore caractéristique des plantes supérieures (*plantes à graines,* ou phanérogames, ou spermaphytes) et composée d'une jeune plante (*plantule*), d'une provision de matières nutritives et d'une enveloppe protectrice (tégument). [V. *encycl.*] ‖ Motif décoratif ayant la forme de petits boutons. ‖ Ornement en forme de graine, qui surmonte les couvercles en orfèvrerie et sert à les saisir. ‖ Œuf de ver à soie, pesant environ 1 mg. ● *Graines tinctoriales,* baies provenant de plusieurs arbres de la famille des rhamnacées, et que l'on employait à la teinture des tissus, des peaux, des papiers, etc. (On disait anciennement *teinture de graine* pour teinture rouge de cochenille.) ‖ *Mauvaise graine* (Fig.), mauvaise race ou engeance. ‖ *Monter en graine,* en parlant d'une plante, prendre un développement subit au moment de produire des graines ; et, au *fig.*, en parlant d'une fille, dépasser l'âge où, d'ordinaire, les filles se marient. ‖ *Prendre de la graine,* prendre modèle, exemple. ◆ **grainé, e** adj. Se dit du savon obtenu par relargage. ◆ **grainer** v. tr. Modifier l'aspect superficiel, ou grain, d'une peau par le grainage. ◆ **graineterie** n. f. Commerce du grainetier. ‖ Boutique où l'on vend des graines. ◆ **grainetier, ère** n. Celui, celle qui fait le commerce des grains. ◆ **graineur** n. m. Celui qui produit et vend des graines de vers à soie. ◆ **grainier, ère** n. Celui ou celle qui vend des graines à semer.

— ENCYCL. *graine.* C'est la fécondation d'un ovule qui détermine l'évolution de celui-ci en une *graine.* Les enveloppes de l'ovule (primine et secondine) deviendront les téguments (ou le tégument unique). L'oosphère, parfois concurrencé, au moins au début, par d'autres cellules, s'organisera en une *plantule* composée d'une petite racine (radicule), d'une petite tige (tigelle) et d'un bourgeon terminal (gemmule), cet axe portant latéralement un nombre variable de pièces foliaires, les cotylédons. On classe précisément les plantes à fleurs (angiospermes) en deux grandes classes, selon que la plantule porte deux cotylédons (dicotylédones) ou un seul (monocotylédones). Quant aux gymnospermes, leur plantule porte plus de deux cotylédons. Les réserves alimentaires

(céréales), c'est seulement lors de la germination* que cette utilisation des réserves aura lieu. La graine est d'abord rattachée au fruit par un *funicule,* puis elle se détache en gardant une cicatrice, le *hile.* Elle présente souvent, en outre, la trace du *micropyle* de l'ovule et, parfois, des crochets, des ailes ou diverses expansions, qui sont, le plus souvent, destinés à faciliter leur dissémination. Elle mène une vie extrêmement ralentie (qui peut durer plus d'un siècle dans certaines espèces) au cours de laquelle le vent, les animaux, les

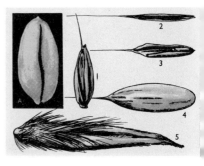

QUELQUES GRAINES DE PLANTES SAUVAGES

1. Vulpin des champs; 2. Vulpia; 3. Brome mou; 4. Ivraie; 5. Folle avoine; 6. Renoncule; 7. Pimprenelle; 8. Nielle; 9. Liseron; 10. Renouée liseron; 11. Rumex; 12. Carotte sauvage; 13. Laiteron; 14. Sétaire; 15. Petite oseille; 16. Chicorée; 17. Cirse des champs; 18. Plantain; 19. Centaurée jacée; 20. Brunelle; 21. Lychnis.   (le blé A pour donner l'échelle)

de la graine sont variables par leur nature : cellulosique (café), oléagineuse (noix, ricin) ou amylacée (graines farineuses [céréales, légumineuses, amandes de divers fruits à noyau]). Elles sont variables aussi par leur origine : chez les gymnospermes, c'est la nucelle qui les constitue, sous le nom de *périsperme ;* chez les angiospermes, une deuxième fécondation engendre une sorte de plantule inorganisée, l'*albumen,* qui dévore entièrement le nucelle. Mais chez les graines dites « sans albumen » ou exalbuminées (haricot), les cotylédons, à leur tour, dévorent l'albumen avant même la dispersion des graines ; au contraire, chez les graines albuminées

eaux courantes peuvent l'avoir transportée en un lieu favorable où elle germe. (V. GERMINATION.) C'est pourquoi les plantes à graines ont rapidement supplanté, à partir du crétacé surtout, les plantes à spores. L'homme utilise les graines comme aliments (céréales, légumineuses, amandes), comme condiments (poivre), comme source de matières grasses (ricin), etc.

Graindor de Douai, poète français du XIIe s., auteur de *la Chanson* * *d'Antioche* (1180).

grain-d'orge, graine, grainé, grainer, graineterie, grainetier, graineur, grainier → GRAIN.

Graisivaudan ou **Grésivaudan,** région des Alpes françaises (Savoie et Isère), correspondant à la vallée de l'Isère, entre la Grande-Chartreuse, à l'O., la chaîne de Belledonne et le massif des Sept-Laux, à l'E. C'est la partie la plus large du Sillon alpin, qui forme une région très industrialisée (métallurgie, produits chimiques, équipement électrique, papeterie, ganterie, etc.).

graissage → GRAISSE.

graisse n. f. (lat. pop. *crassia; de crassus,* gras). Substance onctueuse répandue dans le tissu cellulaire des êtres animés ; embonpoint : *Un visage empâté de graisse.* ‖ Produit d'origine animale ou végétale, concret à la température ordinaire, et constitué par un mélange de glycérides mixtes dans lesquels les chaînes acycliques sont en majorité saturées. (Le terme de *graisse minérale* est impropre, car ce produit est constitué par mélange d'hydrocarbures.) [V. *encycl.*] ‖ Maladie due à un oïdium, et qui provoque la formation d'une couche rougeâtre sur les fromages à croûte moisie et à pâte molle. ‖ Maladie microbienne qui atteint les vins et leur donne un aspect filant et une odeur fade. (Le cidre peut également tourner à la graisse.) ‖ Maladie bactérienne du haricot. ‖ Dans un caractère d'imprimerie, épaisseur des pleins de la lettre (caractères maigres, demi-gras, gras, noirs). ‖ Tache blanchâtre qui altère la transparence du verre. ● *C'est une boule de graisse,* se dit d'une personne de petite taille et extrêmement grasse. ‖ *Faire de la graisse,* s'engraisser par le sommeil ou l'oisiveté. ‖ *Graisse compound,* mélange de lubrifiant minéral pâteux et d'acide oléique technique. (On dit aussi GRAISSE CONSISTANTE.) ‖ *Graisse de pétrole,* lubrifiant semi-solide obtenu par le mélange intime d'un savon et d'une huile de graissage raffinée. ‖ *Vivre sur sa graisse,* se dit d'un être vivant dont l'organisme est alimenté par ses propres réserves de graisse, comme les animaux hibernants ; et, *fam.,* se dit d'une personne qui se passe de manger. ◆ **graissage** n. m. Action de graisser. (V. *encycl.*) ◆ **graisser** v. tr. Frotter de graisse ou d'un autre corps onctueux : *Graisser une arme.* ‖ Souiller, tacher de graisse : *Graisser ses vêtements.* ‖ Enduire de graisse ou d'un autre corps onctueux. ‖ Introduire un lubrifiant entre deux surfaces frottantes pour faciliter leur frottement. ‖ Renforcer les parties faibles d'un tracé lithographique. ● *Graisser ses bottes* (Fam.), faire ses préparatifs de départ ; se préparer à mourir. ‖ *Graisser la patte à quelqu'un* (Fam.), chercher à le gagner par de l'argent. ◆ v. intr. Tourner à la graisse, en parlant du vin ou du cidre. ‖ En parlant du verre, se couvrir de taches blanchâtres qui altèrent sa transparence. ◆ **graisseur, euse** adj. Qui graisse, met de la graisse : *Palier graisseur.* ‖ — **graisseur** n. m. Ouvrier qui opère le graissage. ‖ Appareil qui effectue le graissage des organes mécaniques. ◆ **graisseux, euse** adj. Qui contient de la graisse : *Tumeur, tissu graisseux.* (Syn. ADIPEUX.) ‖ Qui est taché de graisse : *Habit graisseux. Des mains graisseuses.* ● *Dégénérescence graisseuse,* état des cellules dégénérées de certains

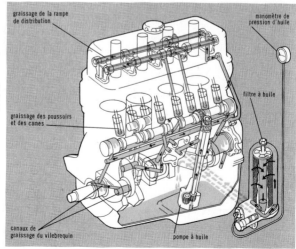

graissage d'un moteur automobile

graissage de la rampe de distribution

manomètre de pression d'huile

graissage des poussoirs et des cames

filtre à huile

canaux de graissage du vilebrequin

pompe à huile

tissus (foie), qui s'infiltrent de graisses. ◆
graissin n. m. Amorce composée de têtes de
sardine hachées, utilisée pour attirer les
poissons de mer. ◆ **graissoir** n. m. Tampon
de linge oint de graisse.
— ENCYCL. **graisse**. *Chim.* Les corps gras
sont des substances d'origine animale ou
végétale, d'odeur et de saveur faibles, moins
denses que l'eau, où ils sont insolubles, donnant sur le papier une tache transparente.
Suivant leur degré de fusibilité, on les classe
en : *huiles*, liquides ; *beurres, graisses* ou
suifs, solides mous, fondant entre 20 ºC et
50 ºC ; et en *cires*, cassantes, fondant au-
dessus de 60 ºC. Ce sont presque tous des
triesters de la glycérine et d'un acide gras.
Les acides saturés, solides, dominent dans les
graisses (palmitine, stéarine), les acides éthy-
léniques, liquides, dans les huiles (oléine,
linoléine). Leur hydrolyse par les acides
donne la glycérine et les acides gras (acide
stéarique des bougies) ; leur saponification
par les alcalis fournit les savons. Les corps
gras rancissent au contact de l'air. Ils constituent des réserves chez les êtres vivants.
Ils sont employés pour des usages alimentaires et pharmaceutiques, et comme lubrifiants. Dans ce dernier cas, on leur préfère
les *graisses minérales*, hydrocarbures retirés
des pétroles.

graissage d'une automobile

Larousse

— **graissage**. *Mécan.* Le graissage permet
de réduire le coefficient de frottement par
l'interposition, entre les parties frottantes
d'organes en mouvement, de corps appelés
*lubrifiants**. Ceux-ci peuvent être solides,
pâteux ou liquides. Leur action est d'autant
plus efficace qu'ils séparent nettement les
surfaces en supprimant les actions moléculaires et le contact des rugosités. Le frottement est qualifié de *visqueux*, ou *fluide*,
lorsque les molécules du lubrifiant sont
seules en contact.

La théorie hydrodynamique de la formation
du film d'huile a été étudiée vers 1880 par
Reynolds et appliquée par Mitchell vers
1900. Le dispositif dit des « bassins relais »
a été imaginé, vers 1930, par Martin du Pont
et Brillé. Il est universellement employé dans
les ensembles mécaniques modernes.
Le graissage peut être effectué périodique-
ment soit à la main, au moyen d'une burette,
soit par l'intermédiaire d'une pompe ac-
tionnée mécaniquement, ou par brouillard
d'huile, le lubrifiant étant vaporisé par un
jet d'air sous pression.
Dans le graissage sous pressions élevées, il
est nécessaire de refroidir le lubrifiant. Le
graissage des moteurs d'automobiles nécessite
l'emploi de dispositifs spéciaux. L'emploi
d'huiles de graissage ayant un coefficient
de viscosité sensiblement constant pour une
large gamme de températures a apporté une
excellente solution au problème du graissage
des moteurs d'automobiles. Le graissage des
moteurs à deux temps est assuré par un mélange convenable d'huile et de carburant.

graisser → GRAISSE.

Graissessac, comm. de l'Hérault (arr. de
Béziers), à 15 km environ au N.-O. de Béda-
rieux ; 924 h. Petit bassin houiller.

graisseur, graisseux, graissin, graissoir
→ GRAISSE.

Gram (MÉTHODE OU COLORATION DE), procédé
de coloration des microbes, dû au médecin
danois Hans Christian Joachim Gram (1853-
1938), permettant de distinguer deux catégories de germes, ceux qui prennent la coloration, dits *Gram positifs*, et ceux qui ne la
prennent pas, dits *Gram négatifs*.

Gramat, ch.-l. de c. du Lot (arr. de Gour-
don), sur le *causse de Gramat*, à 20 km au
S.-O. de Saint-Céré ; 3 838 h. (*Gramatois*).
Foire de bestiaux. Confection.

gramicidine n. f. Antibiotique isolé de la
tyrothricine, et actif sur les germes « Gram
positifs ».

graminacées ou **graminées** n. f. pl. Très
importante famille de plantes monocotylédones de l'ordre des glumiflores, dont
l'homme tire l'essentiel de sa nourriture (blé,
riz, maïs, orge, avoine, seigle, millet, sorgho,
canne à sucre) et de celle de son bétail
(prairies de graminées, graines pour les volailles), voire des matériaux de construction
(bambous). [On a décrit plus de 3 000 espèces de graminacées. Ce sont des plantes en
touffes, à racines fasciculées, et dont les
tiges (*chaumes*) sont creuses, sauf aux nœuds,
qui portent chacun une feuille rubanée engai-
nante, munie d'une ligule au niveau où elle
s'éloigne du chaume. L'inflorescence est un
épi, composé d'*épillets*, qui, comme les fleurs
elles-mêmes, sont protégés par les glumes*.
Le fruit (ou *grain*) est un caryopse farineux.]

grammaire n. f. (lat. *grammatica* ; du gr.
grammatikê). Connaissance scientifique

d'une langue ou d'un ensemble de langues (excluant généralement l'étude du vocabulaire) : *La grammaire est vraiment devenue une science au XIX*ᵉ *s.* ‖ Ensemble des sons, des formes et des rapports syntaxiques d'une langue : *La grammaire de certaines langues est très simple.* ‖ Ensemble des règles qui président à la correction de la langue écrite ou parlée. ‖ Livre enseignant méthodiquement la connaissance d'une langue (soit la connaissance scientifique, soit les règles du bon usage) : *Une grammaire française.* ‖ Ensemble des règles d'un art ou d'une science : *La grammaire du cinéma.* ‖ Livre qui traite de ces règles : *Une grammaire musicale.* ● *Classes de grammaire,* les classes (6ᵉ, 5ᵉ et 4ᵉ), qui, dans les établissements d'enseignement du second degré, précèdent les classes de lettres. ‖ *Grammaire comparée,* science qui, d'après des séries de correspondances rigoureuses entre plusieurs langues, établit entre elles des rapports de caractères généalogiques. ‖ *Grammaire descriptive,* grammaire qui décrit un état de langue donné. ‖ *Grammaire générale,* grammaire qui s'attache à établir des lois communes à toutes les langues. ‖ *Grammaire historique,* grammaire qui étudie l'origine et l'histoire des faits de langue. ‖ *Grammaire normative,* celle qui définit un état de la langue considéré comme correct et en établit des règles. ‖ *Grammaire particulière,* grammaire qui étudie une seule langue. ◆ **grammairien, enne** n. et adj. Qui s'occupe de grammaire. ‖ Qui sait la grammaire : *Un écrivain bon grammairien.* ‖ Qui enseigne la grammaire. ◆ **grammatical, e, aux** adj. Relatif à la grammaire : *Exercices grammaticaux.* ‖ Conforme aux règles de la grammaire : *Tournure grammaticale.* ● *Analyse grammaticale,* V. ANALYSE. ‖ *Sujet grammatical,* nom parfois donné au sujet *apparent,* ou pronom neutre placé devant un verbe à une forme impersonnelle. ◆ **grammaticalement** adv. Selon les règles de la grammaire ; sous le rapport de la grammaire. ◆ **grammaticalisation** n. f. Emploi d'un mot supportant un sens précis comme simple élément grammatical. (Ex. : le mot latin *mente* est devenu en français un suffixe d'adverbe dans *doucement, violemment,* etc.) ◆ **grammaticaliser** v. tr. Donner à un élément notionnel la fonction d'élément grammatical.

Grammaire générale de Port-Royal, œuvre du Grand Arnauld et de Lancelot. C'est une grammaire « logique », qui expose les faits et les lois intéressant les modes d'expression de la pensée humaine.

grammairien, grammatical, grammaticalement, grammaticalisation, grammaticaliser → GRAMMAIRE.

gramme n. m. (du gr. *gramma,* scrupule [poids]). Unité principale de masse (symb. g) du système C. G. S., en même temps que l'une des unités fondamentales de ce système d'unités. (On dit aussi GRAMME-MASSE ; pl.

des GRAMMES-MASSE.) ◆ **gramme-force** n. m. Unité de force représentant le poids d'un corps dont la masse est un gramme. (On dit aussi GRAMME-POIDS.) — Pl. *des* GRAMMES-FORCE.

Gramme (Zénobe), électricien et inventeur belge (Jehay-Bodegnée, prov. de Liège, 1826 - Bois-Colombes, Seine, 1901). Après avoir pris en 1867 un premier brevet pour des dispositifs perfectionnant les machines à courant

Zénobe Gramme

machine **Gramme**
Conservatoire des arts et métiers

Boyer - Roger-Viollet

alternatif, il imagina en 1869 le *collecteur,* qui permet la réalisation d'appareils à courants continus ; en 1871, il présenta à l'Académie des sciences la première dynamo.

Gramme (MACHINE), machine génératrice à courant continu. La machine, qui doit son nom à son premier constructeur, Zénobe Gramme, est réversible et peut être utilisée en moteur. Dans les machines actuelles, l'induit « en anneau » est remplacé par un induit « en tambour ». (V. DYNAMO.)

gramme-force → GRAMME.

Grammont, en flam. **Geraardsbergen,** v. de Belgique (Flandre-Orientale, arr. d'Aalst), à 20 km au N. d'Ath ; 30 600 h. Textiles.

Grammont (ORDRE DE). V. GRANDMONT.

Grammont (Jacques DELMAS DE), général et homme politique français (La Sauvetat-du-Dropt 1796 - Miramont 1862). Député à la Législative (1849), il fit voter une loi protectrice des animaux (1850).

Grammont (LOI), loi punissant d'amende et d'emprisonnement tous ceux qui exercent publiquement et abusivement de mauvais traitements envers les animaux domestiques.

Grammont (Maurice), phonéticien français (Damprichard, Doubs, 1866 - Montpellier 1946), auteur d'ouvrages sur la versification et la prononciation. (Acad. des inscr., 1936.)

Grammos ou **Ghrámmos** (MONTS), massif montagneux du nord-ouest de la Grèce ; 2 522 m. Les forces régulières grecques y écrasèrent les troupes communistes de Markos en 1949.

Gramont (Antoine III, duc DE), maréchal de France (Hagetmau 1604 - Bayonne 1678). Après avoir servi dans l'Empire et en Italie, il rentra en France, devint maréchal (1641) et prit part à la guerre de Trente Ans. Fidèle à la Cour pendant la Fronde, il fut fait ministre d'État (1653). Il accomplit ensuite plusieurs missions diplomatiques et fit la campagne de Flandre (1667). Duc et pair en 1663, il avait épousé en 1634 une nièce de Richelieu. Auteur de *Mémoires,* publiés en 1716. — Son frère PHILIBERT, chevalier, puis comte **de Gramont** (1621 - Paris 1707), combattit à Turin, en Flandre, en Franche-Comté (1668) et aux Provinces-Unies (1672), et épousa la sœur de Hamilton. — ARMAND, comte DE GUICHE (1638 - Kreuznach 1673), fils aîné d'Antoine III, fut disgracié par Louis XIV à la suite de ses assiduités auprès d'Henriette d'Orléans, puis de Mlle de La Vallière. Il prit part vaillamment à de nombreuses campagnes. — ANTOINE IV, duc DE GUICHE, puis **de Gramont,** neveu du précédent (1672 - Paris 1725), fut nommé vice-président du Conseil de guerre à la mort de Louis XIV, entra au Conseil de régence en 1718 et devint maréchal en 1724. — ANTOINE AGÉNOR, duc **de Gramont** (Paris 1819 - *id.* 1880), ministre plénipotentiaire à Kassel, Stuttgart (1852) et Turin (1853), ambassadeur à Rome (1857) et à Vienne (1861), se montra favorable à une intervention de la France en Italie et au rapprochement avec l'Autriche contre la Prusse. Il fut appelé au ministère des Affaires étrangères grâce à la protection de l'impératrice (mai 1870). Confiant dans l'alliance de l'Autriche et de l'Italie, il persuada Napoléon III de prendre une attitude très ferme devant la Prusse (*demande de garanties* et *dépêche d'Ems*), qui devait conduire à la guerre. Il tomba avec le ministère Ollivier dès août 1870.

Grampians (MONTS), massif d'Écosse, entre le Glen More et les plaines bordières de la mer du Nord ; 1 340 m au *Ben Nevis,* point culminant des îles Britanniques.

grampus [pys] n. m. Dauphin des mers d'Europe, voisin du bélouga.

Gramsci (Antonio), homme politique et philosophe italien (Ales, Cagliari, 1891-Rome 1937). Malgré une santé fragile et un emprisonnement prolongé, Gramsci joue un rôle important dans l'élaboration d'une doctrine et d'une stratégie révolutionnaires originales au sein du parti communiste italien. Le 1er mai 1919, il lance, avec Togliatti notamment, l'hebdomadaire (puis quotidien) *L'Ordine nuovo.* Il participe activement à la grève générale de Turin (avr.-sept. 1920), où les ouvriers occupent les usines, et théorise cette pratique dans un programme de « conseils ouvriers » non restreints aux seuls syndiqués. Partisan d'un socialisme « par le bas », il contribue à la fondation du parti communiste italien au congrès de Livourne, en janvier 1921, comme section autonome de la IIIe Internationale. S'inspirant de Lénine, il défend la thèse d'un parti authentiquement révolutionnaire, créateur d'un « modèle de ce que sera demain l'État prolétarien ». Il est élu en 1923 secrétaire général du parti communiste. Arrêté en novembre 1926, il est emprisonné par le « tribunal spécial pour la défense de l'État fasciste ». Loin de se cantonner dans la théorie pure, la politique dont il poursuit l'élaboration en prison s'efforce d'expliquer l'évolution historique de l'Italie et de forger les concepts susceptibles (comme celui d'hégémonie) de renforcer l'efficacité du parti révolutionnaire. Pour Gramsci, la tâche principale que doit accomplir cet « intellectuel collectif » qu'est le parti est de créer une culture qui concilie « la politique et la philosophie dans une unité dialectique » afin d'« édifier une civilisation totale ».

grana n. m. Fromage italien à pâte dure et à odeur forte, auquel se rattache le parmesan.

Granados y Campiña (Enrique), compositeur et pianiste espagnol (Lérida 1867 - noyé dans la Manche à la suite du torpillage du *Sussex,* 1916). Élève, à Barcelone, de Pedrell et, à Paris, de Bériot, il dirigea à Barcelone l'académie Granados. Ses *Danses espagnoles* le firent connaître. On lui doit des mélodies (*Tonadillas*), des œuvres pour piano (*Goyescas,* suites pianistiques qui seront transformées par la suite en un opéra représenté en 1916), de la musique de chambre, des œuvres symphoniques, des opéras ainsi que des zarzuelas.

Granby, v. du Canada (Québec), dans les cantons de l'Est ; 34 300 h. Industries textiles.

Grancey-le-Château-Neuvelle, ch.-l. de c. de la Côte-d'Or (arr. et à 44,5 km au N. de Dijon) ; 269 h. Château (XVIIe-XVIIIe s.).

Grancher (Jacques Joseph), médecin français (Felletin, Creuse, 1843 - Paris 1907). Professeur de clinique des maladies de l'enfance, il s'intéressa surtout aux formes de la tuberculose chez l'enfant et créa une œuvre de placement à la campagne des enfants nés dans les milieux tuberculeux.

Gran Chimu, ensemble de ruines de l'époque précolombienne, situées dans la *vallée de Chimu,* au Pérou (dép. de Libertad).

grand, e adj. (lat. *grandis*). [Le *d* du masculin prend le son *t* devant une voyelle ou un *h* muet.] En parlant des choses, qui dépasse les dimensions ordinaires : *Grande ville. Grande distance. Grande forêt. Marcher à grands pas.* || Beaucoup de : *N'avoir pas grand argent. Une réunion où il y a grand monde.* || Qui dépasse la moyenne, en parlant de choses non mesurables : *Grand bruit. Grand vent. Grand malheur. Grande réputation. Grande tristesse.* || En parlant des personnes, des animaux, qui a atteint une certaine taille, toute sa taille : *Un homme grand. Les grandes personnes* (par rapport aux enfants). || Se place devant beaucoup de noms pour leur donner une valeur de superlatif : *Un grand coupable. Un grand buveur. Une grande coquette. De grands amis.* || Qui se distingue par sa puissance, son autorité, son influence : *Un grand constructeur d'automobiles.* || Qui se distingue par ses grandes qualités morales, par son génie : *Un grand peintre.* || *Fig.* Qui a atteint à un haut degré de noblesse, d'élévation morale : *De grandes pensées. De grandes choses.* || Qui atteint à un haut degré de considération, de renommée : *Grand nom. Grande race.* || Qui atteint à un haut degré d'importance : *Les grands principes de l'art. De grands événements. De grandes leçons.* || Epithète qui se met (avec une majusc.) après le nom de quelques personnages illustres : *Alexandre le Grand.* || S'ajoute au titre de certains dignitaires : *Grand officier de la Légion d'honneur.* || Partie du nom de divers souverains et Etats :

Enrique
Granados

Mas

Le Grand Moghol, la Grande-Grèce. || — SYN. : *ample, colossal, considérable, élevé, énorme, étendu, haut, immense, important, long, spacieux, vaste.* || — REM. *Grand,* qui était à l'origine des deux genres, continue à ne pas prendre d'*e* dans quelques mots composés féminins consacrés par l'usage : *grand-mère, grand-rue, à grand-peine, grand-messe,* etc. Dans tous les noms de ce genre, l'Académie, dans l'édition de 1932 de son *Dictionnaire,* place un trait d'union. ● *Avoir grand air,* avoir noble prestance. || *Avoir plus grands yeux que grand ventre,* avoir plus de désir que d'appétit réel (au *pr.* et au *fig.*). || *Grand âge,* vieillesse avancée. || *Grand air,* air qu'on respire dans un lieu ouvert ou découvert. || *Grands gestes, grands mots,* gestes, mots emphatiques. || *Grand homme,* homme célèbre. || *Grand jour,* pleine lumière. || *Grands Jours,* juridiction féodale ordinaire jugeant en appel, sans sessions régulières. (Les Grands Jours royaux étaient des délégations ambulantes du parlement de Paris, pour exercer une justice expéditive dans une région troublée [Grands Jours d'Auvergne, en 1665].) || *Le grand monde,* les milieux mondains, la société distinguée. || *Loi des grands nombres* ou *théorème de Bernoulli,* loi aux termes de laquelle, si *p* est la probabilité d'un événement dans une épreuve isolée, *f* sa fréquence dans une série d'épreuves, ε une quantité aussi petite qu'on le veut, la probabilité pour que l'écart $|f — p|$ dépasse ε s'amenuise et tend vers zéro quand le nombre des épreuves croît indéfiniment. || *Monsieur le Grand,* titre du grand écuyer du roi de France. || *Ouvrir de grands yeux,* regarder avec surprise. || *Un grand mois,* plus d'un mois, ou un mois qui semble long. ✦ n. Dans les établissements scolaires, élève relativement âgé : *La cour des grands.* || En général, personne avancée en âge (le féminin est peu usité) : *Le spectacle a plu aux petits et aux grands.* || — **grand** n. m. Personnage qui occupe une position sociale élevée : *Les grands de ce monde.* || Sous l'Ancien Régime, nom donné aux princes de sang et aux membres de la haute noblesse. || Nom donné aux chefs des grandes puissances mondiales ; ces puissances elles-mêmes. ● *Grand d'Espagne,* titre réservé à la classe supérieure de la noblesse espagnole, et qui prit une valeur officielle à partir de Charles Quint. (Le titre n'a plus, de nos jours, qu'une signification honorifique.) ✦ adv. *Grand ouvert,* ouvert autant que possible. (Dans cette expression, *grand,* quoique employé adverbialement, reste ordinairement variable en vertu d'un ancien usage : *Une fenêtre grande ouverte.*) || *Infiniment grand,* v. INFINI. || *Voir grand,* faire de larges prévisions, des projets ambitieux. ● LOC. ADV. *En grand,* d'après un vaste plan ; dans de vastes proportions : *Faire de la culture en grand.* ◆ **grandelet, ette** adj. Déjà un peu grand. ◆ **grandement** adv. Au-delà de la mesure ordinaire : *Etre logé gran-*

Cinémathèque française

« la Grande Illusion »

dement. ‖ Beaucoup, tout à fait : *Grandement satisfait.* ‖ *Fig.* Avec grandeur, avec noblesse, générosité : *Faire les choses grandement.* ‖ — SYN. : *amplement, fort, largement, très.* ◆ **grandet, ette** adj. Assez grand. ◆ **grandeur** n. f. Etendue en hauteur, largeur, longueur : *La grandeur d'un édifice.* ‖ Importance, ampleur en général : *La grandeur d'une entreprise, d'un projet.* ‖ Entité susceptible de mesure. ‖ Eclat relatif des étoiles. (Cette appellation ancienne, qui prêtait à confusion, ne doit plus être employée ; elle a été remplacée par celle de MAGNITUDE.) ‖ *Fig.* Noblesse de sentiments ; grande élévation morale : *Faire preuve de grandeur d'âme.* ‖ Supériorité venant de la puissance, de l'autorité, des dignités, etc. : *La grandeur et la décadence des Romains.* ‖ En parlant du style, noblesse, élévation : *Une tragédie pleine de grandeur.* ● *Grandeur alternative,* grandeur périodique dont la valeur moyenne pendant une période est nulle. ‖ *Grandeur ondulée* ou *pulsatoire,* grandeur périodique dont la valeur moyenne n'est pas nulle. ‖ *Grandeur oscillante,* grandeur alternativement croissante ou décroissante. ‖ *Grandeur périodique,* grandeur qui se reproduit identiquement à intervalles égaux de la variable indépendante. ‖ *Grandeur scalaire,* grandeur entièrement caractérisée par une seule valeur numérique, qui la rattache à une unité de mesure. (Elle s'oppose à GRANDEUR DIRIGÉE.) ‖ *Grandeur sinusoïdale,* grandeur variant suivant une fonction sinusoïdale de la variable indépendante. ‖ *Grandeur vectorielle,* v. VECTEUR. ‖ *Regarder quelqu'un du haut de sa grandeur,* le regarder, le traiter avec une dédaigneuse fierté. ‖ *Sa Grandeur, Votre Grandeur,* titre porté autref. par les évêques. (On dit auj. *Son Excellence.*) ◆ **grandir** v. intr. Devenir grand ou plus grand : *Un garçon qui a grandi trop vite.* ◆ v. tr. Faire paraître plus grand : *Le microscope grandit les petits objets.* ‖ *Fig.* Rendre plus grand, plus élevé moralement : *Les épreuves grandissent l'homme fort.* ‖ — se grandir v. pr. Se hausser : *Se grandir en s'élevant sur la*

pointe des pieds. ‖ *Fig.* S'élever en honneur, en dignité : *Il s'est grandi par cette bonne action.* ‖ — CONTR. : *amoindrir, atténuer, décroître, diminuer, rapetisser, réduire.* ◆ **grandissant, e** adj. Qui va croissant : *Un intérêt grandissant.* ◆ **grandissement** n. m. Action de grandir. ‖ *Opt.* Rapport de la longueur d'une image à la longueur de l'objet. ◆ **grandissime** adj. Très grand, très élevé en dignité, en qualité (avec une nuance d'affectation plaisante) : *Un vin grandissime.*

Grande Illusion (LA), film français réalisé en 1937 par Jean Renoir. Dans un oflag, nous voyons la vie et les réactions des prisonniers français de toutes classes en contact avec leurs gardiens : le noble de vieille souche (Fresnay) et le colonel allemand de même rang (Stroheim), le mécanicien sorti du rang (Gabin) et le riche juif (Dalio).

Grand Larousse encyclopédique. V. LAROUSSE ENCYCLOPÉDIQUE.

Grand Meaulnes (LE), roman d'Alain-Fournier (1913). C'est le roman de la réalité transfigurée par les sortilèges de l'adolescence. Augustin Meaulnes, qui vit en pension à la campagne, se perd un jour et rencontre dans un château où se donne une fête une jeune fille très belle. Plus tard, il la retrouve et l'épouse mais, comparée à son rêve, la réalité le déçut.

Grand, comm. des Vosges (arr. et à 20 km à l'O. de Neufchâteau) ; 593 h. Restes d'une enceinte gallo-romaine et d'un amphithéâtre.

grand-angle n. m. Objectif photographique couvrant un grand champ. (On dit aussi GRAND-ANGULAIRE.)

Grand-Bassam, anc. Bassam, port de la Côte-d'Ivoire (dép. du Sud-Est) ; 9 700 h.

Grand Bassin, en angl. Great Basin, région de l'ouest des Etats-Unis, entre la Sierra Nevada à l'O. et les monts Wasatch à l'E. Nombreuses mines (cuivre, zinc, plomb, or, etc.).

Grandbois (Alain), romancier et poète canadien d'expression française (Saint-Casimir 1900-Québec 1975). Il a exercé une grande influence sur la jeune génération poétique de son pays.

Grand-Bornand (LE), comm. de la Haute-Savoie (arr. et à 31,5 km à l'E. d'Annecy) ; 1 695 h.

Grand-Bourg (LE), ch.-l. de c. de la Creuse (arr. et à 20 km à l'O. de Guéret) ; 1 422 h.

Grand-Bourg, comm. de l'île de Marie-Galante (dépendance de la Guadeloupe, arr. de Pointe-à-Pitre) ; 6 156 h. Port de pêche.

Grandcamp-Maisy, comm. du Calvados (arr. de Bayeux), près de l'embouchure de la Vire, à 21 km au N.-E. de Carentan ; 1 845 h. Station balnéaire. En 1944, les Américains débarquèrent un peu à l'E. (Omaha Beach).

Grand Canyon, nom des gorges du Colorado (Etats-Unis, Arizona). Site touristique mondialement célèbre.

Grand-Chambre, dans la France d'Ancien Régime, principal chambre du parlement.

Grand-Champ, ch.-l. de c. du Morbihan (arr. et à 15,5 km au N. de Vannes) ; 3 516 h. Eglise romane et gothique.

grand-chantre n. m. Dignitaire d'une cathédrale, qui avait sous sa juridiction les petites écoles. — Pl. *des* GRANDS-CHANTRES.

Grand-Charmont, comm. du Doubs (arr. et à 4 km au N.-E. de Montbéliard) ; 7 139 h.

Larousse

« le Grand Meaulnes »
illustration de Dignimont

Grand-Colombier, sommet du Jura méridional ; 1 534 m.

Grand-Combe (LA), ch.-l. de c. du Gard (arr. et à 4,5 km au N. d'Alès) ; 8 452 h. Mines de houille.

Grand-Combin ou **Combin,** sommet des Alpes suisses, au N.-E. du col du Grand-Saint-Bernard ; 4 314 m.

Grand Coulee, v. des Etats-Unis (Washington), sur la Columbia ; 2 700 h. Important barrage formant une retenue de 6 milliards de mètres cubes (lac Franklin-D.-Roosevelt).

Grand-Couronne, ch.-l. de c. de la Seine-Maritime (arr. et à 11,5 km au S. de Rouen) ; 9 546 h. (*Couronnais,* anc. *Couronniers*). Engrais chimiques. Papier.

Grand-Couronné (le), plateaux boisés de Lorraine dominant Nancy. Castelnau y livra une bataille victorieuse (5 au 12 sept. 1914),

réussissant à bloquer l'avance allemande, à sauver la ville de Nancy et à réoccuper tout le terrain perdu.

grand-croix n. f. inv. Dignité la plus haute dans la plupart des ordres de chevalerie : *La grand-croix de la Légion d'honneur.* ◆ n. m. Personne qui est revêtue de cette dignité : *Un grand-croix.* — Pl. *des* GRANDS-CROIX.

Grand-Croix (LA), comm. de la Loire (arr. de Saint-Etienne), sur le Gier, à 5 km au N.-E. de Saint-Chamond ; 5 140 h. Forges. Fabrique de cycles. Soie. Bonneterie.

grand-duc n. m. Titre du souverain d'un grand-duché. ‖ Prince de la famille impériale russe. — Pl. *des* GRANDS-DUCS. ◆ **grand-ducal, e, aux** adj. Relatif à un grand-duc ou à un grand-duché : *Dignité grand-ducale.* ◆ **grand-duché** n. m. Pays gouverné par un grand-duc. — Pl. *des* GRANDS-DUCHÉS. ◆ **grande-duchesse** n. f. Femme d'un grand-duc ou souveraine d'un grand-duché. ‖ Titre des princesses de la famille impériale russe. — Pl. *des* GRANDES-DUCHESSES.

Grande (RÍO) ou **río Bravo,** fl. de l'Amérique du Nord, né dans le Sud des Rocheuses, servant de frontière entre les Etats-Unis et le Mexique en aval d'El Paso, tributaire du golfe du Mexique ; 2 896 km.

Grande (RÍO), riv. d'Argentine, dans les Andes ; 700 km.

Grande (RIO), riv. du Brésil, né dans la serra da Mantiqueira, l'une des branches mères du Paraná ; 1 050 km env.

Grande Barrière (la). V. Ross (*barrière de*).

Grande-Bretagne et d'Irlande du Nord (*Royaume-Uni de*), en angl. **United Kingdom of Great Britain and Northern Ireland,** Etat insulaire de l'Europe occidentale. Capit. *Londres.* Langue : *anglais.* Le Royaume-Uni comprend quatre parties principales : l'Angleterre proprement dite, le pays de Galles (capit. *Londres*), l'Ecosse (capit. *Edimbourg*) et l'Irlande du Nord (capit. *Belfast*) [avec l'Irlande du Sud, ou république d'Irlande, ces régions forment les îles Britanniques]. Le Royaume-Uni a 244 000 km² (230 000 km² pour la Grande-Bretagne proprement dite : Angleterre, Ecosse, pays de Galles) ; pop. 55 930 000 h. (*Britanniques*).

Institutions

C'est le type de la monarchie constitutionnelle et du régime parlementaire. Le souverain régnant, mais ne gouvernant pas, le pouvoir est effectivement partagé entre le Premier ministre et la Chambre des communes. Cette dernière est élue pour cinq ans au suffrage majoritaire à un tour ; le chef du parti ayant obtenu le plus de sièges aux « Communes », pratiquement toujours désigné comme Premier ministre, peut dissoudre cette assemblée, soit qu'il y ait été mis en minorité, soit qu'il estime utile d'avancer

armoiries de la **Grande-Bretagne**

la date des élections générales. La Chambre des lords ne joue plus qu'un rôle judiciaire et un rôle législatif réduits depuis 1911.

Géographie.

● *Géographie physique.* Le N. et l'O. de la Grande-Bretagne (englobant notamment la totalité de l'Ecosse et du pays de Galles), à la topographie contrastée, sont formés de massifs anciens « rajeunis » à l'ère tertiaire, séparés par des couloirs de basses terres. Du N. au S. se succèdent les Highlands du Nord (avec les Hébrides), la dépression du Glen More (empruntée par le canal Calédonien), les monts Grampians (portant le point culminant des îles Britanniques, le Ben Nevis [1 343 m]), les Lowlands (de Glasgow à Edimbourg), les Highlands du Sud (*Southern Uplands*), la dépression Eden-Tyne, les Pennines, le couloir Severn-Mersey, les monts du pays de Galles, l'estuaire de la Severn, le canal de Bristol et le massif de Cornouailles. Le Sud-Est est une cuvette sédimentaire, secondaire et tertiaire (bassin de Londres). Le littoral reflète principalement la structure et le relief des pays qu'il borde : les falaises rocheuses (Ecosse) ou calcaires (S. de l'Angleterre) alternent avec les côtes basses (Wash). L'opposition entre massifs et plaines a été accentuée par l'érosion glaciaire quaternaire, responsable notamment de la formation des lacs allongés (*llyns* du pays de Galles et surtout *lochs* écossais) et des véritables fjords (*firths*) qui découpent le littoral écossais ; la majeure partie des plaines a été recouverte d'une couche d'argile à blocaux, le *drift*.
Située dans la zone tempérée, à l'extrémité occidentale de l'Europe, la Grande-Bretagne jouit d'un climat océanique ; la latitude, l'exposition et l'altitude lui valent ses nuances régionales. Le Nord et l'Ouest, frappés de plein fouet par les vents maritimes et plus élevés, sont plus humides que le Sud-Est, abrité, plus ensoleillé. A Londres, les températures moyennes mensuelles oscillent entre 5 ^{0}C (janv.) et 18 ^{0}C (juill.), et les précipitations, assez modestes (de l'ordre de 600 mm), sont régulièrement réparties sur l'ensemble de l'année avec, toutefois, un léger maximum automnal. A Falmouth (Cornouailles), l'hiver est plus doux (7 ^{0}C en janvier), l'été plus frais (16 ^{0}C en juillet), et les précipitations sont sensiblement plus abondantes (1 100 mm) avec un maximal hivernal relativement marqué. C'est le climat océanique typique, réalisé dans la partie occidentale, que l'on retrouve, influencé par la latitude, à Fort William, en Ecosse, au pied du Ben Nevis : la température s'abaisse (4 ^{0}C en janvier et en février ; 14 ^{0}C en juillet), cependant que les précipitations augmentent (près de 2 000 mm) avec un maximum hivernal très net. La position de la Grande-Bretagne et l'insularité entraînent une forte nébulosité, des brouillards fréquents, accentués dans les villes et les centres industriels par la pollution de l'atmosphère (*fog* londonien).
La végétation et les sols reflètent l'influence du climat, mais aussi l'action de l'homme. Les sols sont assez clairs, lessivés, proches des podzols dans le Nord et l'Ouest, plus bruns dans le Sud-Est, moins arrosé. Les températures et le volume des précipitations sont favorables à la forêt, en dehors des secteurs littoraux et montagneux (au-dessus de 400 m), battus par les vents. Malgré tout, la forêt ne recouvre aujourd'hui guère que 7 p. 100 du territoire de la Grande-Bretagne. La lande (*moorland*) occupe les deux tiers de l'Ecosse, le tiers du pays de Galles, le dixième de l'Angleterre. Son extension actuelle provient largement du défrichement de la forêt. Elle cède la place aux tourbières sur les terres très humides et dans les secteurs mal drainés. Au total, l'ensemble des landes (y compris les formations herbacées, servant de pâturages extensifs) et des tourbières occupe près du tiers du sol de la Grande-Bretagne, laissant 30 p. 100 du territoire aux terres arables, et près de 40 p. 100 aux prairies et aux pâturages permanents.
● *Géographie économique et humaine.* L'agriculture (avec la sylviculture et la pêche) n'emploie guère que 3,5 p. 100 de la population active, et sa part dans la formation du produit intérieur brut est seulement de 3 p. 100. 80 p. 100 de l'espace rural sont consacrés directement (pâturages) ou indirectement (cultures fourragères) à l'élevage, qui assure 70 p. 100 du revenu agricole. Pratiquée dans un cadre bocager, l'agriculture se caractérise par la légère prédominance du faire-valoir direct (50 p. 100 du sol), l'impor-

GRANDE-BRETAGNE

COMTÉ	SUPERFICIE EN KM²	NOMBRE D'HABITANTS	CHEF-LIEU
ANGLETERRE			
Avon	1 346	909 400	*Bristol*
Bedfordshire	1 235	505 000	*Bedford*
Berkshire	1 255	675 200	*Reading*
Buckinghamshire	1 881	566 000	*Aylesbury*
Cambridgeshire	3 409	575 200	*Cambridge*
Cheshire	2 328	926 300	*Chester*
Cleveland	582	565 800	*Middlesbrough*
Cornouailles	3 562	430 500	*Truro*
Cumbria	6 808	483 400	*Carlisle*
Derbyshire	2 631	906 900	*Matlock*
Devon	6 711	952 000	*Exeter*
Dorset	2 687	592 000	*Dorchester*
Durham	2 436	604 700	*Durham*
Essex	3 674	1 469 100	*Chelmsford*
Gloucestershire	2 641	499 400	*Gloucester*
Grand Londres	1 579	6 696 000	*Londres*
Grand Manchester	1 286	2 594 800	*Manchester*
Hampshire	3 781	1 456 400	*Winchester*
Hereford et Worcester	3 926	630 200	*Worcester*
Hertfordshire	1 634	954 500	*Hertford*
Humberside	3 511	847 700	*Kingston upon Hull*
Kent	3 730	1 463 100	*Maidstone*
Lancashire	3 039	1 372 100	*Preston*
Leicestershire	2 552	842 600	*Leicester*
Lincolnshire	5 885	547 600	*Lincoln*
Merseyside	647	1 513 100	*Liverpool*
Norfolk	5 354	693 500	*Norwich*
Northamptonshire	2 367	527 500	*Northampton*
Northumberland	5 032	299 900	*Newcastle on Tyne*
Nottinghamshire	2 212	982 600	*Nottingham*
Oxfordshire	2 611	515 100	*Oxford*
Shropshire (ou Salop)	3 490	375 600	*Shrewsbury*
Somerset	3 458	425 000	*Taunton*
Staffordshire	2 716	388 400	*Stafford*
Suffolk	3 807	596 400	*Ipswich*
Surrey	1 679	1 012 300	*Kingston upon Thames*
Sussex { East Sussex	1 795	652 600	*Lewes*
{ West Sussex	1 991	658 600	*Chichester*
Tyne et Wear	540	1 143 200	*Newcastle*
Warwickshire	1 980	473 600	*Warwick*
West Midlands	899	2 644 600	*Birmingham*
Wight (île de)	381	118 200	*Newport*
Wiltshire	3 481	518 200	*Trowbridge*
Yorkshire { North	8 316	666 600	*Northallerton*
{ West	2 039	2 037 500	*Wakefield*
{ South	1 560	1 301 800	*Barnsley*
PAYS DE GALLES			
Clwyd	2 425	390 200	*Mold*
Dyfed	5 767	330 000	*Carmarthen*
Glamorgan { Mid-	1 018	537 900	*Cardiff*
{ South-	416	384 600	*Cardiff*
{ West-	816	367 200	*Swansea*

Gwent	1 375	439 700	*Cwmbran*
Gwynedd	3 867	230 500	*Caernarvon*
Powys	5 077	110 500	*Llandrindod Wells*

RÉGION	SUPERFICIE EN KM²	NOMBRE D'HABITANTS	CHEF-LIEU

ÉCOSSE

Centrale	2 631	273 100	*Stirling*
Dumfries et Galloway	6 370	145 100	*Dumfries*
Fife	1 305	326 500	*Cupar*
Frontières	4 671	99 200	*Newtown Saint Boswell's*
Grampian	8 704	470 600	*Aberdeen*
Highland	25 149	200 000	*Inverness*
Lothian	1 755	735 900	*Edimbourg*
Orcades (îles)	880	18 900	*Kirkwall*
Ouest (îles de l')	2 900	31 800	*Stornaway et Lewis*
Shetland (îles)	1 426	26 700	*Lerwick*

DISTRICT	SUPERFICIE EN KM²	NOMBRE D'HABITANTS

IRLANDE DU NORD

Antrim	563	41 100
Ards	361	53 400
Armagh	675	47 800
Ballymena	637	53 100
Banbridge	445	28 900
Belfast	115	352 700
Carrickfergus	77	28 100
Castlereagh	85	63 400
Coleraine	485	45 700
Cookstown	611	28 200
Craigavon	388	73 300
Down	646	48 700
Dungannon	780	42 400
Fermanagh	1 876	50 900
Larne	340	28 300
Limavady	590	25 100
Lisburn	447	83 300
Londonderry	387	89 500
Magherafelt	562	32 800
Moyle	495	12 900
Newry and Mourne	910	76 900
Newtownabbey	139	76 000
North Down	74	62 500
Omagh	1 125	42 200
Strabane	862	35 800

La Tour
de Londres

Rémy Poinot

Oxford Street
célèbre artère londonienne

Rémy Poinot

la tour de la B. B. C.

Rémy Poinot

tance du fermage (près de 40 p. 100), la persistance d'une propriété publique et semi-publique (plus de 10 p. 100). Le nombre réel des exploitations est de l'ordre de 200 000, parmi lesquelles 75 000 dépassent 40 ha. Les grandes exploitations sont surtout localisées dans le Sud-Est, où se sont maintenues les cultures. La production de blé est de l'ordre de 6 Mt. Elle est aujourd'hui moins importante que celle de l'orge (près de 9 Mt), dont la progression est liée à celle de l'élevage. La culture de la betterave sucrière s'est considérablement développée depuis la Seconde Guerre mondiale, évolution inverse de la culture de la pomme de terre et surtout de

4266

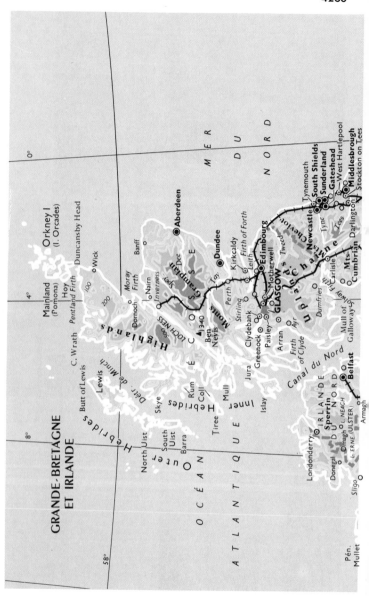

GRANDE-BRETAGNE ET IRLANDE

ORLÉANS

Orkney I (I. Orcades)

Mainland (Pomona)
Hoy
Pentland Firth
Duncansby Head
Wick

C. Wrath
Butt of Lewis
Lewis

Derr. de Minch

MER DU NORD

Aberdeen
Banff
Dee
Moray Firth
Nairn
Inverness
Dornoch
LOCH NESS
Ben Nevis 4340
Monts

Dundee
Kirkcaldy
Perth
Tay
Firth of Forth
Leith
Edimbourg
Motherwell
Stirling
GLASGOW
Clydebank
Greenock
Paisley
Ayr

Grampian
Highlands
ÉCOSSE

Skye
Rum
Coll
Mull
Tiree
Jura
Islay
Inner Hebrides

North Uist
South Uist
Barra
Outer Hebrides

OCÉAN ATLANTIQUE

Pén. Mullet
Sligo
Donegal
Londonderry
Omagh
L. ERNE (ULSTER)
L. NEAGH
Armagh
Belfast
Sperrin
IRLANDE DU NORD

Canal du Nord
Arran
Firth of Clyde
Mull of Galloway
Dumfries
Solway Firth
Carlisle
Cumbrian Mts

Tynemouth
Newcastle
South Shields
Sunderland
Gateshead
West Hartlepool
Middlesbrough
Stockton on Tees
Darlington
Tees
Tyne
Chev̄iot
Cumbrian Chev̄iot
Tweed
ANGLETERRE

58°
8°
4°
0°

4267

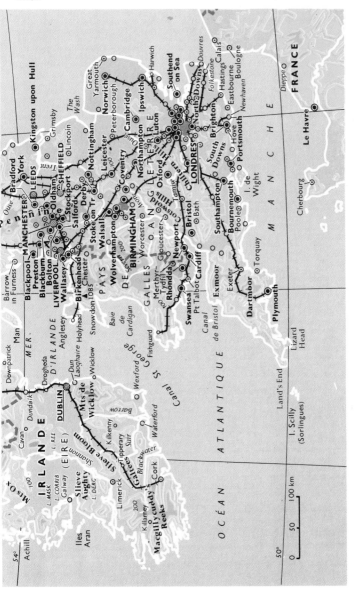

GRANDE-BRETAGNE

celle de l'avoine. L'élevage domine largement dans le Nord et l'Ouest (le troupeau bovin est de l'ordre de 15 millions de têtes ; le troupeau ovin compte environ 28 millions de têtes). L'élevage pour le lait est pratiqué souvent, cependant, dans la zone céréalière (ainsi que dans l'est du pays de Galles). L'élevage pour la viande (et l'élevage ovin en général) est la ressource principale des massifs. La productivité de l'agriculture est élevée (grâce en partie au développement de la motorisation : plus de 500 000 tracteurs). La production satisfait la moitié des besoins nationaux, part relativement élevée, due toutefois largement à une politique protectionniste (garantissant notamment les prix du lait, de la viande, du blé). La pêche tient une place assez importante. Le volume des prises est de l'ordre de 1 Mt. La mer du Nord est le secteur le plus fréquenté : Hull et Grimsby sont de loin les principaux ports de pêche.

L'industrie constitue depuis longtemps le fondement de l'économie. Elle emploie 38 p. 100 de la population active (45 p. 100 avec la construction) et fournit 41 p. 100 du produit intérieur brut (48 p. 100 avec la construction). Elle s'est édifiée initialement grâce à la richesse en charbon. Celui-ci demeure encore la principale source d'énergie, mais sa part dans une consommation énergétique croissante décroît sans cesse (à peine 63 p. 100 en 1967), d'autant que sa production recule même en valeur absolue. La production houillère avait atteint 276 Mt en 1911 ; elle n'est plus que de 128 Mt. L'ensemble Yorkshire-East Midlands fournit la moitié de la production totale ; le reste est fourni par les bassins du Durham-Northumberland, de l'Écosse et du Sud gallois. Le pétrole constitue la deuxième source d'énergie et les gisements de la mer du Nord jouent un rôle de plus en plus considérable dans l'approvisionnement énergétique de la Grande-Bretagne. L'estuaire de la Tamise, Fawley et Milford Haven sont les principaux centres de raffinage. La capacité de raffinage est de l'ordre de 150 Mt.

L'hydro-électricité et le gaz naturel (en partie importé d'Algérie) jouent un rôle très secondaire. Il n'en est pas de même pour l'électricité d'origine nucléaire, appelée à se développer considérablement et qui entre pour plus de 10 p. 100 dans une production globale d'électricité dépassant 282 TWh.

La production de fer (en métal contenu) est de l'ordre de 2 Mt ; 20 Mt de minerai doivent être importées, de Suède et du Canada notamment, pour alimenter une sidérurgie nationalisée qui fournit environ 25 Mt d'acier et dont Port Talbot, Ebbw Vale, Shotton, Newport, Ravenscraig, Corby sont les principaux centres. La métallurgie des non-ferreux est moins développée. La majeure partie des productions d'aluminium et de cuivre provient d'une deuxième fusion. La production d'étain ne cesse de décliner.

La métallurgie de transformation, de tradition ancienne, est très diversifiée. La construction automobile fournit annuellement 2 millions de véhicules (dont 80 p. 100 de voitures de tourisme). Initialement implantée dans la région londonienne et les Midlands, elle a essaimé depuis 1960 sur la Mersey (Ellesmere Port, Liverpool), en Écosse (Bathgate, Linwood) et au pays de Galles (Llanelly, Cardiff, Swansea). La construction navale a perdu beaucoup de son importance. Longtemps au premier rang mondial, elle est dépassée de très loin par le Japon et rejointe par la Suède et l'Allemagne occidentale. La majeure partie de la production provient de l'estuaire de la Clyde et du Nord-Est anglais (chantiers de la Tyne, de la Wear et de la Tees). La construction aéronautique, actuellement plus dynamique, est implantée dans les régions de Londres et de Birmingham, ainsi qu'à Bristol.

L'industrie chimique est une branche en essor, qui occupe plus de 500 000 salariés ; sa croissance est liée à celle de la pétrochimie, initialement greffée sur les raffineries de pétrole, en dehors du complexe de l'estuaire de la Tees (Billingham et Wilton). Il n'en est pas de même de l'industrie textile (en dehors de la production des fibres artificielles et synthétiques, qui ressortit d'ailleurs à l'industrie chimique). La crise est aiguë dans le Lancashire cotonnier (région de Manchester). L'industrie de la laine (Yorkshire) résiste beaucoup mieux. Depuis 1948, l'industrie cotonnière est passée du troisième au septième rang mondial. Celle de la laine a, paradoxalement, pris la première place (devançant les Etats-Unis), mais la production stagne depuis dix ans, et l'augmentation de la productivité a entraîné une diminution du personnel employé.

La Grande-Bretagne comptait 12 millions d'h. en 1800. Depuis cette date, sa population a presque quintuplé, et cela en raison d'un excédent naturel d'autant plus fort que ses effets ont été longtemps tempérés au XIXe s. par une émigration massive. Aujourd'hui, la relative faiblesse du taux de natalité (12,1 p. 1000) ralentit la croissance de la population (0,3 p. 100 seulement par an), favorisée en revanche par un renversement du bilan migratoire (rentrée de colons d'Afrique orientale, afflux d'immigrés en provenance de pays tropicaux du Commonwealth, notamment). Cette population, très dense (229 h. au kilomètre carré en moyenne), se concentre surtout dans le Sud, les régions houillères d'Angleterre et du pays de Galles et les Lowlands. Elle est urbanisée à plus de 80 p. 100. 60 p. 100 des Britanniques vivent dans des villes de plus de 50 000 h., et près de 40 p. 100 dans les sept conurbations ou agglomérations qui dépassent 1 million d'h. (Londres, Birmingham, Liverpool, Manchester, Leeds-Bradford, Newcastle, Glasgow). L'expansion

Griffiths - Magnum

Teeside
petite ville industrielle
près de Liverpool

lande au nord
de l'Écosse

Ducange - Top

Cambridge : la rivière Cam
et le collège St John

urbaine se réalise, partiellement depuis 1945, par la création de cités nouvelles et par le développement organisé de petits centres (*expanded towns*) proches de grandes villes. La flotte marchande, jaugeant plus de 30 millions de tonneaux (deuxième rang mondial avec les Etats-Unis), effectue la quasi-totalité du commerce extérieur. Celui-ci se caractérise par son importance (40 p. 100 du produit national brut) et son déficit (le taux de couverture des importations est de l'ordre de 80 p. 100). Dans les exportations dominent, dans l'ordre, les machines, le matériel de transport et les produits chimiques. Les produits alimentaires et les matières premières industrielles (pétrole en tête) sont les principaux articles importés. Le Commonwealth constitue le principal partenaire commercial de la Grande-Bretagne, mais sa part ne cesse de décroître, surtout dans les exportations. Le cinquième de celles-ci est dirigé vers le Marché commun.

Mais la hausse du coût des matières premières et l'industrialisation progressive des pays acheteurs ont rendu la production britannique beaucoup moins compétitive, d'autant que l'économie est paralysée fréquemment depuis plusieurs années par de graves crises sociales, s'ajoutant aux périodiques dévaluations de la livre sterling (liées aux déficits souvent énormes de la balance commerciale et de la balance des paiements). L'intégration du Marché commun ne s'opère pas sans difficulté et la Grande-Bretagne perd progressivement sa place de grande puissance économique, sinon politique.

Abbe

construire un mur de défense face à l'Ecosse. Dès le IIIe s. apr. J.-C., la domination romaine est menacée par les incursions des Pictes et des pirates saxons et scots. Un moment réorganisée sous Dioclétien, la Bretagne romaine est évangélisée, mais, en 407, les dernières légions romaines quittent l'île, l'abandonnant aux Angles, aux Jutes et aux Saxons, qui refoulent les populations celtes dans les régions montagneuses (Ecosse, Galles, Cornouailles), en Irlande et même en Armorique.

● *Naissance de l'Angleterre (V^e-XIIe s.).* Ainsi se forment, aux VIe-VIIe s., des petits royaumes saxons qui constituent l'*Heptarchie*. En même temps, le christianisme s'infiltre de nouveau dans le pays par l'intermédiaire de moines irlandais, tel Colomban, et de moines italiens venus de Rome sous la direction d'Augustin, premier archevêque de Canterbury. Les abbayes anglaises deviennent des foyers de civilisation et de culture qui rayonnent par leurs érudits, comme Bède le Vénérable († 735), ou par leurs missionnaires, dont le plus célèbre est Boniface († 754), apôtre des Frisons et de la Germanie. Une menace pèse cependant : les raids scandinaves.

Après le glorieux règne d'Alfred le Grand (871-899), qui unifie toute l'Angleterre, celle-ci retombe dans une certaine anarchie, qui profite aux Danois. De 1016 à 1035, le Danois Knud le Grand règne sur un vaste empire scandinave, dont l'Angleterre fait partie. Les Anglo-Saxons reprennent ensuite le dessus : Edouard le Confesseur (1042-1066) a un règne prospère. Mais, aussitôt après sa mort, Harold est aux prises avec un

l'abbaye
de Canterbury

Abbe

● *Jusqu'au IVe s. : la Bretagne.* Peuplée de Celtes au Ier av. J.-C., la Bretagne entretient des rapports commerciaux avec la Gaule ; très tôt, elle attire les convoitises de Rome : mais l'expédition de César (55-54 av. J.-C.) est sans lendemain. La conquête effective de la Bretagne commence sous Claude (43 apr. J.-C.) ; Agricola la poursuit (77-83), plaçant l'île sous la domination romaine, jusqu'à la limite des Hautes Terres d'Ecosse. En fait, la romanisation du pays s'avère difficile : elle se limite aux Midlands et au bassin de Londres, où les villes et les *villae* se développent. Hadrien et Antonin font

Lincoln
la cathédrale gothique
la plus importante d'Angleterre

réacteur expérimental de Winfrith (Dorset)

Liverpool

Ambassade de Grande-Bretagne

Hétier

redoutable rival, Guillaume le Bâtard (« le Conquérant »), duc de Normandie, qui, en 1066, le bat à Hastings et fonde le royaume anglo-normand. Guillaume Iᵉʳ introduit en Angleterre le système féodal et distribue les fiefs à ses compagnons ; il crée, en outre, une administration centralisée. Ses successeurs, Guillaume II le Roux (1087-1100) et Henri Iᵉʳ (1110-1135), consolident le pouvoir royal.

● *La rivalité franco-anglaise (XIIᵉ-XVᵉ s.).* Une longue guerre dynastique suit la mort d'Henri Iᵉʳ ; elle se termine par l'accession au pouvoir de la famille des Plantagenêts. Henri II Plantagenêt (1154-1189) restaure l'autorité monarchique et pose les fondements d'une administration centrale. Par son mariage avec Aliénor d'Aquitaine (1152), il devient le maître d'un vaste empire franco-anglais (avec la Normandie, l'Anjou, l'Aquitaine, etc.). Richard Cœur de Lion (1189-1199) poursuit la politique autoritaire de son père et se heurte, comme lui, à l'hostilité des barons et de l'Eglise. L'Irlande, de son côté, passe en 1175 sous la suzeraineté de l'Angleterre.

Jean sans Terre (1199-1216) perd une grande partie du domaine continental des Plantagenêts au profit du roi de France Philippe Auguste. Profitant de la lutte entre Plantagenêts et Capétiens, les seigneurs normands et saxons se coalisent pour obtenir du roi la *Grande Charte* (1215), puis, sous Henri III (1216-1272), les *Provisions d'Oxford* (1258), qui donnent une importance grandissante au Conseil royal, destiné à devenir, sous Edouard Iᵉʳ (1272-1307), le *Parlement.* Les Plantagenêts, s'ils peuvent annexer le pays de Galles (1282), échouent dans leur dessein de réduire l'Ecosse (défaite de Bannockburn, 1314).

Un conflit avec la France à propos de la Guyenne, dernière terre anglaise sur le continent, et à propos de la Flandre, vassale de la France, mais tributaire de l'Angleterre pour la laine de son industrie, enfin les prétentions à la couronne de France d'Edouard III (1327-1377), petit-fils par sa mère de Philippe le Bel, provoquent un long duel franco-anglais, appelé *guerre de Cent Ans* (1337-1453). D'abord favorable aux Anglais (Crécy, 1346 ; Poitiers, 1356), la guerre tourne au profit des Français sous Charles V ; sous le faible Charles VI, et après leur victoire d'Azincourt (1415), les Anglais sont maîtres d'une bonne partie de la France, à tel point que le roi d'Angleterre Henri V (1413-1422) est reconnu comme successeur de Charles VI. Mais l'action de Jeanne d'Arc et de Charles VII finit par bouter les Anglais hors de France (sauf Calais, anglaise jusqu'en 1558). Cette longue guerre a des conséquences funestes pour l'Angleterre : une révolte des « travailleurs » ravage le pays en 1381 ; les *lollards* et Wyclif répandent des doctrines religieuses révolutionnaires ; surtout, de 1450 à 1485, le pays est déchiré par

Fédération des industries britanniques

Bevilacqua

vase en céramique
par Wedgwood
Victoria and Albert Museum

charbonnages
dans le Staffordshire

aciérie à Glasgow

port de Londres, sur la Tamise

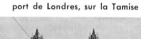

Ambassade de Grande-Bretagne

Actualit - Rapho

littoral
de Cornouailles
(Land's End)

Holmes-Lebel

la lutte entre la maison d'York et la maison de Lancastre (*guerre des Deux-Roses*).

● *Les Tudors (1485-1603).* Finalement, c'est Henri Tudor qui s'impose et, sous le nom d'Henri VII (1485-1509), devient le fondateur de la dynastie des Tudors. Cette dernière culmine tout de suite avec Henri VIII (1509-1547), qui restaure l'autorité royale et est, entre les Habsbourg et les Valois, l'arbitre de l'Europe ; de plus, Henri VIII, rompant avec Rome à propos de son divorce, est le véritable fondateur d'une Eglise anglaise (anglicane) autonome, qui ne trouve que sous Elisabeth son assise doctrinale. En effet, après le règne d'Edouard VI (1547-1553), favorable aux thèses protestantes, et celui de Marie Tudor (1553-1558), reine catholique, s'affirment sous Elisabeth Iʳᵉ (1558-1603) les tendances anglicanes (*déclaration des Trente-Neuf Articles*, 1563). Par ailleurs, Elisabeth se débarrasse de Marie Stuart, reine d'Ecosse (1587), et soumet l'Irlande. Sous son règne s'opère une première révolution économique et sociale, liée surtout au développement des *enclosures* et de l'élevage. Poursuivant l'œuvre d'Henri VIII, Elisabeth dote son pays d'une marine qui va s'imposer pendant trois siècles comme la plus forte du monde. La destruction de l'« Invincible Armada » espagnole (1588) écarte définitivement la concurrence ibérique ; la création de colonies (Virginie) et de compagnies de commerce, le développement financier (*Royal Exchange* de Londres) donnent à l'Angleterre, sur le plan économique, une place qui va être bientôt la première.

● *Le XVIIᵉ s. : la crise politique et religieuse sous les Stuarts.* A Elisabeth succède, en 1603, Jacques Jacques, roi d'Ecosse, fils de Marie Stuart, qui, sous le nom de Jacques Iᵉʳ (1603-1625), opère la réunion des deux couronnes d'Angleterre et d'Ecosse. Attachés à l'absolutisme et à l'anglicanisme, Jacques Iᵉʳ et son fils Charles Iᵉʳ (1625-1649) provoquent l'opposition du Parlement, des catholiques, qui sont persécutés, et des puritains, dont beaucoup émigrent en Amérique. Quand Charles Iᵉʳ veut lever un nouvel impôt (*Ship money*) en 1635, l'opposition lui impose le *Long Parlement* (1640), dont il veut se passer. Alors éclate la révolution ; aux *cavaliers* du roi s'opposent les partisans du Parlement (ou *têtes rondes*). Vaincu à Naseby (1645), puis livré par les Ecossais aux partisans de Cromwell, Charles Iᵉʳ est condamné et exécuté (1649). Cromwell, chef des têtes rondes, est d'abord chef du *Commonwealth,* ou république d'Angleterre (1649-1653), puis son *protecteur* (1653-1658). Il écrase les Irlandais (1649) et les Ecossais (1651), soulevés au nom des Stuarts. Poursuivant la politique des Tudors, il lutte contre l'Espagne (victoire de Cadix, 1656) et l'hégémonie hollandaise (*Acte de navigation,* 1651). Son fils, Richard Cromwell, lui succède (1658), mais abdique dès 1659. Le général Monk rappelle les Stuarts : Charles II (1660-1685), revenu de Hollande, montre ses velléités de gouvernement autoritaire, favorable aux catholiques et à la France, mais doit compter avec l'opposition du Parlement. Son frère Jacques II (1685-1688) agit avec moins de prudence ; catholique, et ayant un héritier catholique, il est rejeté par la nation, qui fait appel à Guillaume de Nassau, marié à Marie Stuart, une protestante, née d'un premier mariage de Jacques II. Tandis que ce dernier s'enfuit en France (1688), Guillaume de Nassau (Guillaume III) et Marie (Marie II) sont proclamés conjointement « roi » et « reine » d'Angleterre ; auparavant, ils ont souscrit à la *Déclaration des droits,* qui limite le pouvoir royal.

De 1689 à 1714, les règnes de Guillaume III (1689-1702) et de Marie II (1689-1694), puis d'Anne Stuart (1702-1714) voient la consolidation des libertés traditionnelles et des tendances protestantes. L'Irlande, révoltée, est réduite à un véritable état d'esclavage, tandis que l'Ecosse, désormais définitivement ralliée à l'Angleterre par un *Acte d'union,* forme avec elle le *Royaume de Grande-Bretagne* (1707). Sur le plan extérieur, la guerre de la Succession d'Espagne, à laquelle participe le Royaume de Grande-Bretagne, abaisse la puissance française au profit des Anglais. La création de la Banque d'Angleterre (1694) et le développement du domaine colonial (Antilles, Gibraltar) marquent l'essor décisif de l'économie britannique.

● *Le XVIIIᵉ s. : la montée de la prépondérance anglaise et l'instauration du régime parlementaire.* En application de l'*Acte d'établissement* (1701), qui a écarté les Stuarts de la succession, Anne a comme successeur l'Electeur de Hanovre, George. Le règne des deux premiers Hanovriens, George Iᵉʳ (1714-1727) et George II (1727-1760), peu préoccupés des intérêts anglais, favorise le triomphe de l'aristocratie foncière et, au prix d'une véritable corruption électorale, l'hégémonie du parti libéral *whig.* Cependant, au long ministère whig présidé par Walpole (1721-1742), partisan de la paix, succède, avec William Pitt (1757-1761), une ère marquée par le réveil national et religieux (Wesley et le méthodisme), ainsi que par l'intervention dans les conflits européens ; le traité de Paris (1763), signé à l'issue de la guerre de Sept Ans (1756-1763), assure à la Grande-Bretagne la possession du Canada et de l'Inde et l'hégémonie maritime. En même temps, l'économie anglaise est bouleversée par la révolution industrielle (charbon, machine à vapeur, canaux, métiers mécaniques), qui, à la fin du XVIIIᵉ s., la classe de loin la première des nations industrielles, la formidable flotte anglaise étant garante d'une hégémonie incontestée.

George III (1760-1820) veut restaurer l'autorité royale en s'appuyant sur les tories, mais son autoritarisme provoque l'indignation de la nation (affaire Wilkes, 1763-1769), puis l'insurrection des colonies d'Amérique. Après une guerre avec les colons américains, soutenus par la France, l'Angleterre doit reconnaître l'indépendance des Etats-Unis d'Amérique (traité de Versailles, 1783). Après cette humiliation, toute l'œuvre du second Pitt (1783-1801), qui s'appuie sur les tories, est vouée à la reconstruction et à la réconciliation nationale ; il tourne toutes les forces du pays contre la France révolutionnaire et napoléonienne. S'il ne voit pas la victoire sur la France (Waterloo, 1815), il en est l'un des promoteurs.

● *Le XIXᵉ s. : la suprématie britannique.* En 1800, Pitt règle la malheureuse question irlandaise en intégrant l'Irlande au Royaume-Uni (*Acte d'union,* 1800). Le Blocus continental gêne le considérable essor industriel, qui reprend de plus belle quand la Grande-Bretagne, au lendemain du Congrès de Vienne et de la chute de Napoléon (1814-1815), devient la principale puissance mondiale. L'insignifiance des règnes de Georges IV (1820-1830) et de Guillaume IV (1830-1837) n'a pas de prise sur le loyalisme des Anglais, entraînés d'ailleurs dans un formidable développement économique, développement que le bateau à vapeur et le chemin de fer accélèrent encore. Cependant, ce développement comporte un envers : la prolétarisation d'une classe ouvrière vouée à des conditions de vie inhumaines.

Les tories Wellington et Castlereagh (1812-1822) n'opposent au mouvement social qu'un étroit conservatisme. Puis, sous l'influence d'Owen, du chartisme et de différentes formes de socialisme, des mesures sont prises pour adoucir le sort des travailleurs et des pauvres. Parallèlement, des réformes électorales (1832) et religieuses (émancipation des catholiques, 1829), l'adoption du libre-échange (1846-1849) introduisent le libéralisme dans tous les domaines. En Irlande, cependant, il faut l'action revendicative d'un O'Connel, plus tard d'un Parnell, pour desserrer le carcan de la nation.

De 1837 à 1901 règne Victoria, impératrice des Indes en 1876. L'ère victorienne — qui décline à partir de 1880 — est caractérisée par une suprématie écrasante de l'économie et de la marine britanniques, par la naissance d'un véritable Empire britannique (animé par une mystique de corps), par la promotion sociale continue des classes moyennes, par le vote d'une série de réformes sociales et électorales dues à des gouvernements aussi bien libéraux (Gladstone) que tories progressistes (Disraeli). Seul le problème irlandais s'aggrave avec les années ; les Irlandais considèrent que les lois agraires de 1881, de 1885 et de 1903 ne sont pas suffisantes et réclament le *Home Rule;* le refus du Parlement britannique de l'accorder rejette les leaders irlandais dans l'opposition violente et clandestine (*Sinn Fein*). Puis, quand le *Home Rule,* voté en 1912, prend force de loi en 1914, l'Irlande réclame violemment l'indépendance.

A la fin du XIXᵉ s., l'expansion impériale britannique se heurte aux autres puissances (France à Fachoda, 1898 ; Boers en Afrique du Sud, 1899-1902) et plus particulièrement à l'Allemagne impériale. Des difficultés économiques s'ensuivent, qui provoquent des troubles sociaux et la formation d'un parti travailliste (1900). Sous l'impulsion de radicaux (Chamberlain, Lloyd George) est mise en place une législation sociale. Une crise constitutionnelle se termine, en 1911, par la mise au second plan de la Chambre des lords (*Parliament Act*).

● *Le XXᵉ s. : la Grande-Bretagne dans le monde contemporain.* Au splendide isolement succède la recherche d'alliances. Après bien des difficultés, une *Entente cordiale* est établie avec la France : le rôle du fils et successeur de Victoria, Edouard VII (1901-1910), est alors décisif. En 1907, la rivalité anglo-russe trouve une solution. Cependant, aucun accord militaire n'a été signé. Mais, quand l'Allemagne viole le territoire de la Belgique neutre (août 1914), la Grande-Bertagne entre en guerre aux côtés de la France. Dans la formidable bataille de quatre ans, les Anglais jettent toutes leurs forces et celles de leur Empire (770 000 morts) ; grâce à Lloyd George, « organisateur de la victoire », la Grande-Bretagne est l'un des quatre « grands » qui imposent la paix aux Empires centraux (1918). Cependant, si l'Empire britannique sort agrandi (territoires allemands et turcs) de la guerre, la Grande-Bretagne a à faire face, sur le plan intérieur, à une grave crise de réadaptation (1918-1930). A la politique réactionnaire et de grandeur des conservateurs (1918-1929) répondent le marasme industriel, le chômage, de graves troubles sociaux ; en 1922 est créé l'Etat libre d'Irlande (moins l'Ulster), qui deviendra république d'Irlande en 1949. Avec Ramsay MacDonald, président d'un cabinet travailliste (1929-1931), puis — à cause de la crise mondiale — d'un cabinet d'union nationale (1931-1935), la Grande-Bretagne réagit. En 1931, l'Empire devient une libre association, le *Commonwealth ;* l'étalon-or est abandonné. En 1932, les Anglais en reviennent au protectionnisme impérial ; un gros effort de rajeunissement est imposé à l'économie. A George V, fils d'Edouard VII (1910-1936), succède son fils Edouard VIII, qui abdique presque aussitôt et est remplacé par son frère George VI (1936-1952). A partir de 1936, la situation internationale se dégrade. Après une longue période de non-intervention et de paix à tout prix (Munich, 1938), la Grande-Bretagne entre en guerre, une fois encore, aux côtés de la France contre l'Allemagne, qui vient d'envahir la Pologne (3 sept. 1939). En mai 1940 se forme un cabinet d'union nationale présidé par Winston Churchil, qui, la France étant vaincue, doit faire face, seul, à la situation la plus tragique que la Grande-Bretagne ait connue. Après la terrible bataille aérienne dite « d'Angleterre » (automne 1940), qui, dans l'esprit des Allemands, doit préluder à l'invasion des îles Britanniques, toute la nation est, quatre ans durant, littéralement mobilisée. Les travaillistes (Attlee), qui sont au pouvoir de 1945 à 1951, pratiquent une énergique politique dirigiste sur le plan économique et social (organisation de la Sécurité sociale, nationalisation des mines et de la sidérurgie). Une réaction anti-étatiste caractérise le passage des conservateurs (Churchill, Eden, Macmillan, Home), au pouvoir de 1951 à 1964. L'avènement d'Elisabeth II (1952), fille de George VI, est une nouvelle occasion pour les Anglais de prouver leur loyalisme à l'égard de la royauté. Aux difficultés intérieures liées à la modernisation indispensable de l'équipement industriel et à l'adaptation des mœurs britanniques à un monde dominé par les Etats-Unis et l'U. R. S. S. s'ajoutent des problèmes dus à un processus de décolonisation. Malgré la souplesse de sa politique en cette matière (élargissement du Commonwealth), la Grande-Bretagne ne peut éviter tous les heurts (Chypre, Suez, Afrique du Sud, Malte, Aden, Rhodésie). Rompant avec une tradition isolationniste très ancrée, elle se tourne après guerre vers l'Europe. Après avoir été à l'origine de la petite zone de libre-échange (1959), elle pose sa candidature à l'entrée dans le Marché commun en 1961. Le gouvernement travailliste d'Harold Wilson, en place depuis 1964, reprend ce programme d'adhésion à la C. E. E. Aux élections de mai 1970, les travaillistes sont battus par les conservateurs et le leader de ces derniers, Edward Heath, devient Premier ministre. Il fait entrer la Grande-Bretagne dans la Communauté européenne en 1973, mais il se heurte au problème soulevé par l'âpre conflit qui oppose, en Irlande du Nord, la minorité catholique aux protestants. Les élections de février 1974 ramènent les travaillistes, avec H. Wilson ; celles d'octobre 1974 confirment ce dernier dans sa fonction de Premier ministre. Il démissionne toutefois en 1976 et est remplacé par un autre travailliste, J. Callaghan, qui s'attache au grave problème posé par l'inflation et la hausse des prix. Avec Margaret Thatcher, les conservateurs arrivent au pouvoir en 1979. Ils s'attachent à réduire l'inflation au prix d'un chômage accru. En juin 1982, la Grande-Bretagne récupère par la force les îles Falkland, qui avaient été occupées par l'Argentine en avril.

Littérature.

● *Les origines.* L'*Histoire ecclésiastique des Angles* (v. 730) de Bède le Vénérable constitue la principale source d'information sur le haut Moyen Age anglo-saxon, tandis que les 3 000 vers du *Beowulf* forment le monument le plus important de l'ancienne poésie, fondée sur l'accent tonique et l'allitération. Cependant, dès le VIIIᵉ s., les thèmes chrétiens inspirent le lyrisme hagiographique de Cynewulf.
La conquête normande fait du français la langue des milieux cultivés, mais les clercs, comme Geoffroy de Monmouth (*Histoire des Bretons,* v. 1150), restent fidèles au latin. Langue populaire, l'anglais évolue lentement, et, à la fin du XIIᵉ s., le prêtre Layamon transpose en vers anglais le *Roman de Brut,* écrit en français par le trouvère anglo-normand Wace.

● *XIVe et XVe s.* La seconde moitié du xive s. voit naître une véritable littérature nationale avec la traduction de la Bible en langue vulgaire par Wycliff, le poème allégorique *Pierre le Laboureur* (1362) de William Langland et surtout les *Contes de Cantorbéry* (v. 1390) de Chaucer. Mais le xve s. apparaît déjà en poésie comme une période d'imitation, et seul John Skelton présente une inspiration originale dans des œuvres qui mêlent la satire à l'expression la plus raffinée (*le Livre de Philippe le Moineau*, 1503-1507). L'Ecosse connaît cependant une renaissance lyrique avec William Dunbar (*le Chardon et la Rose*, 1503). Alors qu'au théâtre mystères et moralités (*le Château de Persévérance*) sont à la mode, le premier imprimeur anglais, William Caxton, édite le récit merveilleux de *la Mort d'Arthur* (1484) de Thomas Malory.
● *La Renaissance anglaise.* Plus tardive que dans les autres pays d'Europe, la Renaissance marque aussi une rupture moins brutale avec l'époque précédente. Si Thomas More reste le meilleur représentant de l'humanisme anglais (*Utopie*, 1516), c'est la Réforme qui, avec Hugh Latimer, John Foxe et William Tyndale, suscite la prose la plus vigoureuse. La poésie s'ouvre aux influences italiennes avec Wyatt et Surrey, qui créent le décasyllabe non rimé.
Mais la Renaissance anglaise connaît son plein épanouissement sous les règnes d'Elisabeth Ire et de Jacques Ier. Alors que les querelles religieuses semblent s'apaiser et que les victoires maritimes sur l'Espagne font prendre à l'Angleterre conscience de son unité et de sa force, les écrivains veulent, à l'exemple de la Pléiade française, faire de la littérature nationale la rivale des littératures anciennes et italiennes. L'époque élisabéthaine voit d'abord une efflorescence lyrique avec sir Philip Sidney (*Astrophel et Stella*, 1598) et Edmund Spenser (*le Calendrier du berger*, 1579 ; *la Reine des fées*, 1590-1596). La prose s'aiguise dans les controverses entre anglicans et puritains, ainsi dans *les Lois de la politique ecclésiastique* (1594-1662) de Richard Hooker, s'affine dans les récits précieux de Lyly (*Euphues ou l'Anatomie de l'esprit*, 1579), trouve une rigueur philosophique avec Francis Bacon (*Essais*, 1597-1625) ou prend une couleur réaliste et populaire chez Greene (*l'Art d'apprivoiser les merles*, 1591-1592), Thomas Nashe (*le Voyageur malheureux ou la Vie de Jack Wilton*, 1594) et Thomas Deloney (*le Noble Métier*, 1592-1598). Mais le théâtre est le genre littéraire élisabéthain par excellence. Il emprunte d'abord, avec les auteurs « universitaires », ses thèmes à l'Antiquité : ainsi, on retrouve l'influence de Plaute chez Nicholas Udall (*Ralph Roister Doiter*, v. 1553) et celle de Sénèque chez Sackville et Norton (*Gorboduc*, 1561-1562) et chez Thomas Kyd (*la Tragédie espagnole*, 1586). Si Christopher Marlowe révèle une réelle vigueur dans sa

Tragique Histoire du docteur Faust (1588), il s'efface cependant bientôt devant la puissante personnalité de William Shakespeare, qui s'impose aussi bien dans la comédie (*la Mégère apprivoisée*, 1593-1594 ; *le Songe d'une nuit d'été*, 1595 ; *les Joyeuses Commères de Windsor*, 1599 ; *Mesure pour mesure*, 1604) que dans la tragédie (*Roméo et Juliette*, 1594-1595 ; *Hamlet*, 1600 ; *Macbeth*, 1605 ; *le Roi Lear*, 1606) et le drame historique (*Richard III*, 1592-1593 ; *le Roi Jean*, 1596). Cette supériorité tend à rejeter dans l'ombre le talent satirique de Ben Jonson (*Volpone*, 1605) et de John Marston (*le Mécontent*, 1604), l'humour de Thomas Dekker (*le Jour de fête du cordonnier*, 1599-1600) et de Beaumont et Fletcher (*le Chevalier du pilon ardent*, 1611), l'outrance pathétique de Cyril Tourneur (*la Tragédie du vengeur*, 1607), le tragique mélancolique de John Webster (*la Duchesse de Malfy*, 1614) et de John Ford (*Dommage qu'elle soit une catin*, 1626).
● *Le XVIIe s.* La littérature de cette époque se ressent fortement des troubles politiques et religieux. L'édition de la *Version autorisée de la Bible* (1611) est le premier signe marquant de l'emprise que le puritanisme va exercer sur la création littéraire. Si John Donne, le premier des poètes « métaphysiques », et le moraliste Robert Burton (*Anatomie de la mélancolie*, 1621) s'efforcent à la sérénité, les écrivains se rangent presque tous dans le parti de la liberté religieuse et politique ou dans celui de l'ordre féodal, comme sir Thomas Overbury (*les Caractères*, 1614). Les poètes « cavaliers », partisans du roi contre le Parlement, restent aussi, comme Robert Herrick (*les Hespérides*, 1648), fidèles à la tradition élisabéthaine de Ben Jonson, mais c'est le puritanisme, théoriquement ennemi de toute jouissance esthétique, qui inspire les chefs-d'œuvre du siècle : épiques avec John Milton (*le Paradis perdu*, 1667), allégoriques avec John Bunyan (*le Voyage du pèlerin*, 1678-1684). La restauration des Stuarts entraîne un relâchement des mœurs, un débordement satirique avec Samuel Butler (*Hudibras*, 1663) et John Dryden (*Absalon et Achitophel*, 1681), tandis que les théâtres rouvrent avec les comédies de Wycherley, d'Etherlege, de William Congreve (*Ainsi va le monde*, 1700), les tragédies de Thomas Otway (*Venise sauvée*, 1682) et l'œuvre dramatique de Dryden.
A l'écart des querelles politiques et des fluctuations de la mode littéraire, le *Journal* de Samuel Pepys brosse un tableau vivant de la vie à Londres de 1660 à 1669.
● *Le XVIIIe s.* Le xviiie s. donne d'abord une impression d'ordre et d'équilibre, qui s'incarne dans le culte de la forme d'Alexandre Pope (*Essai sur l'homme*, 1733). Mais, siècle de la bourgeoisie et de l'opinion publique, il voit se développer une littérature pratique et réaliste dans les colonnes du *Spectator* de Steele et Addison, les récits de Daniel Defoe

(*Robinson Crusoé*, 1719), les contes philosophiques de Jonathan Swift (*les Voyages de Gulliver*, 1726), les comédies satiriques de John Gay (*l'Opéra du gueux*, 1728).

Alors que Samuel Johnson s'efforce de sauvegarder les qualités classiques de naturel et de noblesse de pensée (*Dictionnaire de la langue anglaise*, 1747-1755), le sentimentalisme envahit le roman, plus moralisateur avec Samuel Richardson (*Clarisse Harlowe*, 1748), plus humoristique avec Oliver Goldsmith (*le Vicaire de Wakefield*, 1766), plus attendri avec Laurence Sterne (*la Vie et les opinions de Tristram Shandy, gentleman*, 1759-1767). A cette émotion souvent facile répond le réalisme picaresque d'Henry Fielding (*Tom Jones*, 1749) et de Tobias Smollet (*les Aventures de Roderick Random*, 1748), et la fantaisie dramatique de Sheridan (*l'Ecole de la médisance*, 1777). Cependant, après l'apparition du sentiment de la nature dans l'œuvre poétique de Thomson (*Saisons*, 1726-1730), c'est la mélancolie des paysages nocturnes, la poésie des tombeaux et des ruines qui triomphent dans les prétendus poèmes gaéliques de Macpherson (*Fingal*, 1761), les pastiches médiévaux de Chatterton, les odes et les élégies d'Edward Young (*Nuits*, 1742-1745) et de Thomas Gray (*Elégie écrite dans un cimetière de campagne*, 1751) et qui touchent au morbide dans les romans « noirs » d'Horace Walpole (*le Château d'Otrante*, 1764), d'Ann Radcliffe (*les Mystères d'Udolphe*, 1794) et de Matthew Gregory Lewis (*Ambrosio ou le Moine*, 1795).

● *L'époque romantique.* Le romantisme, qui reprend et approfondit les thèmes de l'amour de la nature et des humbles, du culte du moi, réagit contre les règles de la « poetic diction ». Plus qu'une rupture avec le siècle précédent, le romantisme anglais est, par-delà un classicisme d'importation étrangère, un retour au lyrisme du XVIe s. et du début du XVIIe s. Les *Ballades lyriques* (1798) de Wordsworth et Coleridge forment le manifeste de la première génération romantique, qui mêle le fantastique à l'évocation intimiste des êtres et des objets quotidiens. Mais la révolte et le sensualisme mystique de lord Byron semblent fixer définitivement l'image du romantisme (*le Pèlerinage de Childe Harold*, 1812-1818), que complètent d'une manière moins spectaculaire mais plus profonde Percy Bysshe Shelley (*Ode au vent d'ouest*, 1819-1820) et John Keats (*Endymion*, 1818). Le goût général de l'époque pour l'exotisme historique, s'il laisse indifférente Jane Austen (*Orgueil et préjugé*, 1813), fait le succès des romans de Walter Scott (*Ivanhoé*, 1820 ; *Quentin Durward*, 1823). Cependant, l'apparition de grandes revues littéraires et politiques (*Edinburgh Review, Quarterly Review, London Magazine*) favorise le développement de la critique avec William Hazlitt et de l'essai Thomas de Quincey (*Confessions d'un mangeur d'opium*, 1821).

● *L'ère victorienne.* Cette période d'expansion économique et de prospérité matérielle voit une constante discussion des idées et des méthodes léguées par le passé, et la naissance de grands mouvements religieux (Newman), sociaux, philosophiques et scientifiques (Charles Darwin, Herbert Spencer, John Stuart Mill). Les écrivains n'ont jamais été tenus à l'écart de ces transformations. Ils en ont été parfois les chantres, comme les poètes Tennyson (*Enoch Arden*, 1864) et Robert Browning (*Sordello*, 1840 ; *l'Anneau et le livre*, 1868-1869), mais plus souvent les critiques, comme les romanciers Dickens (*les Aventures de M. Pickwick*, 1836-1837 ; *Olivier Twist*, 1837-1838 ; *David Copperfield*, 1849-1850), Tackeray (*la Foire aux vanités*, 1847-1848) et Meredith (*l'Egoïste*, 1879). Tandis que George Eliot peint la vie provinciale et paysanne (*le Moulin sur la Floss*, 1860) et que les sœurs Brontë mènent dans les landes du Yorkshire une vie et une œuvre tourmentées (*les Hauts de Hurlevent*, 1847), le groupe préraphaélite cherche avec Dante Gabriel Rossetti (*la Maison de vie*, 1870-1881) à échapper au matérialisme du siècle en retrouvant la simplicité et la naïveté médiévales. C'est un culte de la beauté que célèbrent Algernon Charles Swinburne (*Atalante en Calydon*, 1865), Thomas Carlyle (*les Héros et le culte des héros*, 1741) et John Ruskin (*les Peintres modernes*, 1843-1860 ; *Munera pulveris*, 1862-1863).

● *Le temps des inquiétudes.* A partir de 1880, l'équilibre de l'édifice victorien est menacé : la concurrence économique étrangère, les malaises sociaux, la question d'Irlande, la guerre des Boers, toutes ces difficultés expliquent la vague de pessimisme qui déferle sur la littérature anglaise. Si Rudyard Kipling ne doute pas de la solidité des vertus britanniques (*le Livre de la jungle*, 1894), d'autres romanciers, comme Stevenson (*l'Ile au trésor*, 1883) et Joseph Conrad (*Typhon*, 1903), cherchent refuge dans l'aventure. Samuel Butler dénonce l'hypocrisie des milieux bien pensants (*Erewhon*, 1872), et Thomas Hardy exprime le désespoir d'une génération désabusée (*Tess d'Urberville*, 1891 ; *Jude l'Obscur*, 1895), mais d'autres cherchent une solution aux problèmes de leur temps et s'affirment écrivains « engagés », romanciers comme John Galsworthy (*la Saga des Forsyte*, 1906-1921) ou Herbert George Wells (*la Guerre des mondes*, 1898), auteurs dramatiques comme George Bernard Shaw (*César et Cléopâtre*, 1901 ; *Pygmalion*, 1912). Cependant, Walter Pater (*Marius l'épicurien*, 1885) et Oscard Wilde (*le Portrait de Dorian Gray*, 1891) s'abandonnent au raffinement d'un hédonisme esthétique, et le mouvement nationaliste et littéraire irlandais retrouve les légendes et les mythes médiévaux avec les poèmes mystiques de William Butler Yeats et les drames et les comédies que John Millington Synge fait représenter à l'*Abbey Theatre* de Dublin (*le Baladin du monde occidental*, 1907).

● *D'une guerre à l'autre*. Si la guerre de 1914 ne forme pas le sujet principal des meilleures œuvres, elle amène cependant une remise en question de l'ensemble des modes de pensée. La poésie de T. S. Eliot exprime la stérilité du monde de l'après-guerre (*la Terre vaine*, 1923), mais c'est le roman qui traduit dans sa structure les plus profonds bouleversements. De James Joyce (*Ulysse*, 1922 ; *Finnegans Wake*, 1939) date une nouvelle conception de l'écriture ; Virginia Woolf cherche à transcrire la vie souterraine de l'esprit (*les Vagues*, 1931) ; D. H. Lawrence s'élève contre l'étouffement du sens esthétique par la civilisation de la machine (*le Serpent à plumes*, 1926) ; Evelyn Waugh ironise sur le malaise de l'âme moderne devant l'absurdité de la vie (*Diablerie*, 1932), auquel Graham Greene oppose, dans une interprétation théologique de l'existence, le thème de la souffrance rédemptrice (*la Puissance et la Gloire*, 1940). Le soin de la forme constitue aussi une préoccupation constante des prosateurs modernes, qui aboutit à l'art plus impressionniste de K. Mansfield (*Garden Party*, 1922) ou dépouillé de S. Maugham (*le Fil du rasoir*, 1944).

● *La littérature contemporaine*. La nouvelle génération des écrivains porte un regard critique sur la société anglaise, ses valeurs et leurs modes d'expression littéraire. L'angoisse devant le monde moderne, mêlée au désir d'évasion, à la fascination du voyage, forme la trame des récits de Malcolm Lowry (*Au-dessous du volcan*, 1947) et de Lawrence Durrell (*Justine*, 1957). Si George Orwell use de l'artifice du conte voltairien (*la République des animaux*, 1945), la satire sociale devient « vivisection » avec Angus Wilson (*les 40 Ans de Mrs. Eliot*, 1958). A leur suite, les « jeunes gens en colère », Allan Sillitoe (*Samedi soir, dimanche matin*, 1958) et Colin Wilson (*l'Homme en dehors*, 1956), se déchaînent contre les valeurs établies, tandis que le roman féminin, avec Ivy Compton-Burnett (*le Présent et le Passé*, 1953) et Iris Murdoch (*Une rose anonyme*, 1962), fait preuve d'une fantaisie ironique et féroce. La poésie participe du même renouveau et assimile, à l'exemple de Dylan Thomas (*Portrait de l'artiste en jeune chien*, 1940), les thèmes surréalistes, scientifiques ou familiers. Un courant très particulier est formé par les poètes écossais, qui, avec Hugh Macdiarmid (*In memoriam James Joyce*, 1955), unissent l'influence des poètes « métaphysiques » à l'inspiration terrienne. Mais le véritable lieu de la révolution littéraire est le théâtre. John Osborne (*la Paix du dimanche*, 1956) ouvre la voie à toutes les colères, au réalisme pittoresque de Bernard Kops et d'Arnold Wesker (*la Cuisine*, 1957), à l'humour de Joohn Arden, aux comédies cocasses et désespérées de Harold Pinter (*le Gardien*, 1959).

Beaux-arts.

Les manuscrits enluminés sont au premier rang de ce qu'a produit le haut Moyen Age sur le sol anglais. Les centres d'enluminure les plus anciens sont les monastères de Canterbury et, en Northumbrie, de Lindisfarne ; le « Livre de Lindisfarne » (début VIIIe s.) reflète la tradition de l'entrelacs irlandais ; les courants carolingiens l'emportent avec l'école de Winchester.

● *Les arts roman et gothique*. L'architecture romane de Normandie s'impose dans les grands sanctuaires entrepris après la conquête de 1066 : Canterbury, Saint Albans, Winchester, Ely, Durham, Norwich. D'abord décorative, la sculpture devient monumentale dans la période 1140-1160, à Ely, Lincoln, Rochester. D'actifs ateliers renouvellent l'art de l'enluminure au XIIe s. L'élan vertical n'est pas la caractéristique majeure du gothique anglais. Si les voûtes d'ogives apparaissent précocement à Durham au début du XIIe s., le type achevé du gothique primitif est la cathédrale de Salisbury (1220-1260). Vers 1280, bien avant le flamboyant français, apparaît le *style orné* (Lichfield, Ely, Exeter). Enfin, le *style perpendiculaire* (vers 1350) affirme les verticales et les horizontales sur les façades et les verrières immenses, invente les riches voûtes en éventail (cloître de Gloucester ; chapelles à Cambridge et à Westminster). Certaines façades sont tapissées de statues (Wells, Exeter). Mobilier de bois ouvragé, tombeaux, retables d'albâtre garnissent les églises. Le vitrail est proche des styles français ; il en est de même pour les beaux psautiers enluminés, pour la peinture murale ou sur panneau (*diptyque Wilton*, vers 1400).

● *XVIe et XVIIe s.* La rupture avec la papauté entraîne la fermeture des monastères, l'interdiction des sujets religieux et mythologiques. La Renaissance atteint l'art anglais par l'intermédiaire d'artistes italiens, puis néerlandais, qui concourent à la décoration de châteaux de style composite. Inigo Jones, s'appuyant sur l'œuvre de Palladio, crée l'architecture anglaise classique. Wren reconstruit la Cité de Londres et la cathédrale Saint Paul. Vouée au portrait, la peinture reçoit une empreinte profonde de Hans Holbein, peintre du roi à partir de 1537, et d'autres étrangers, comme Antonio Moro. Un grand raffinement caractérise les miniatures de Hilliard. Au XVIIe s. encore, l'impulsion vient du dehors avec Van Dyck et avec Lely, d'origine hollandaise, qui lui succède à la cour.

● *XVIIIe et XIXe s.* Vanbrugh (corps central du château de Blenheim) n'est pas indifférent au baroque européen, un William Kent prolonge le « palladianisme » d'Inigo Jones. Les plus beaux ensembles urbains s'élèvent à Bath. Initiateurs du néo-classicisme, les frères Adam (principalement Robert, vesti-

Constable, « Cathédrale de Salisbury », *Louvre*

Giraudon

Fleming

bule de Syon House) renouvellent et allègent
le décor intérieur. Dans les nouveaux parcs
« à l'anglaise » se multiplient les fabriques
néo-grecques, néo-gothiques ou « chinoises ».
En sculpture se signalent le Français Roubil-
lac, puis Flaxman. Une école de peinture
originale se crée avec les scènes de mœurs
d'Hogarth, avec Reynolds, Romney, Rae-
burn, Lawrence pour le portrait, Wilson,
Gainsborough et un certain nombre d'aqua-
rellistes pour le paysage, Morland pour les
scènes de la vie rustique. Si le romantique
William Blake est un isolé, les paysagistes
Constable, Bonington et Turner vont influencer l'art européen, sinon celui de leur pays,
jusqu'à l'impressionnisme inclus.

Le XIXe s. voit un retour à des sources
anciennes en architecture : à côté des
réussites antiquisantes de John Soane, l'intérêt se porte sur un renouveau du gothique,
incarné par Welby Pugin (Parlement de
Westminster). La recherche d'un art social,
d'une renaissance des métiers d'art, prônée

Gainsborough, « la Fille de l'artiste »
Tate Gallery, Londres

Reynolds, « l'Age de l'innocence »
Tate Gallery, Londres

Lawrence, « Mrs. Siddons »

Fleming

Fleming

Fleming

par le décorateur William Morris, est à rapprocher de la rareté des expériences modernistes (architecture de fer). L'exigence spirituelle, qui, sous l'influence de l'écrivain Ruskin, anime W. Morris, se retrouve chez les peintres de la Confrérie préraphaélite, formée en 1848 par Rossetti, Holman Hunt et Millais, suivis par Burne-Jones. En face d'eux, l'Américain Whistler apporte la leçon de l'impressionnisme reçue à Paris, la transmettant à Sickert et à Wilson Steer.

● *XXᵉ s.* Le fauvisme influence Matthew Smith ; le « vorticisme », dérivé du cubisme et du futurisme, a pour promoteur Wyndham Lewis. Néo-romantisme et surréalisme caractérisent Paul Nash, John Piper, Graham Sutherland, Ben Nicholson et Pasmore représentent l'abstraction géométrique, Francis Bacon la figuration expressionniste. D'intérêt secondaire au XIXᵉ s., la sculpture anglaise aligne, à la suite d'Epstein, une brillante phalange : Henri Moore, Barbara Hepworth,

Reynolds, « l'Âge de l'innocence »
Tate Gallery, Londres

Bonington, « Port de mer sur la côte normande »
musée des Beaux-Arts, Béziers

Giraudon

Chadwick, Armitage. Si la Grande-Bretagne a peu contribué à la naissance de l'archicture moderne, du moins sont à signaler, sur le plan de l'urbanisme, les cités-jardins d'Ebenezer Howard et les nouvelles développées après la Seconde Guerre mondiale.

Musique.

● *Le Moyen Age.* Dès le IXᵉ s., Jean Scot Erigène aurait enseigné l'*organum*. Au XIIᵉ s., des théoriciens de la musique (Aelred, Coton) préparent l'évolution de l'art musical anglais au XIIIᵉ s., qui se trouve, sur le plan technique, très en avance sur celui du continent, avance que rattraperont au XIVᵉ s. les musiciens de l'école française, et particulièrement Guillaume de Machaut.

● *Le XVᵉ s. et la Renaissance.* Dunstable porte très haut l'art polyphonique anglais et, avec le théoricien Guilelmus Monachus, le fait connaître sur le continent. La Réforme impose une esthétique nouvelle à la musique d'église : John Taverner se rattache au Moyen Age par l'emploi des mélodies de plain-chant et des thèmes populaires et par un style d'imitation en canon qui marque le début de la Renaissance, style que porteront à son plein épanouissement Christopher Tye et Thomas Tallis, et, avec moins de notoriété, Shepherd, Farrant, Munday, Redford.

De l'avènement de la reine Elisabeth (1558) à la mort de Purcell (1695), c'est l'âge d'or de l'école britannique. Elisabeth cultiva la musique à sa cour et favorisa l'influence italienne, qui joua un rôle prépondérant dans la formation du madrigal anglais. Les grands compositeurs « élisabéthains » ont, pour la plupart, écrit dans tous les genres répandus à l'époque, mais chaque genre eut ses maîtres : la musique religieuse, William Byrd et Orlando Gibbons ; le madrigal, Thomas Morley, John Wilbye et Thomas Weelkes ; la chanson au luth, John Dowland et Philip Rosseter ; la musique de clavier, John Bull ; la musique pour viole, Orlando Gibbons.

● *XVIIᵉ et XVIIIᵉ s.* La période des Stuarts, pas plus que le règne de Cromwell, ne fut propice au développement de la musique : la grande musique polyphonique d'église disparaît ; le *maske,* première forme de l'opéra anglais, assimile peu à peu le style déclamatoire de Monteverdi en l'adaptant au rythme de la langue anglaise ; la profession de « soliste » (chanteur ou instrumentiste) naît. Il faut citer à cette époque les noms de : Nicholas Lanier, Matthew Locke, Henry Lawes, et surtout John Blow (*Venus and Adonis*). A l'époque de Purcell, le divertissement, la musique de scène et l'opéra naissant forment le centre de la vie musicale. L'arrivée de Händel en Angleterre (1710), puis celle de J. C. Bach (1762) furent le signal d'une véritable invasion de compositeurs et de chanteurs italianisants.

● *XIXe s.* A partir de 1850, August Manns et Charles Hallé eurent le courage d'imposer au public de Londres et de Manchester des œuvres anglaises. Un certain nombre de jeunes compositeurs méritaient alors l'attention : Bennett, Sullivan, Alexander Mackensie, Charles Villiers Stanford, Frederic Cowen, Edward Elgar, Frederick Delius, Hubert Parry. Des chefs comme Granville Bantock et Henry Wood, le fondateur des célèbres « Promenades-Concerts », continuèrent l'effort de Manns et Hallé. Les festivals de chant choral suscitent une floraison de grands oratorios anglais : *Prometheus unbound,* de Parry (1880) ; *The Dream of Gerontius,* d'Elgar (1900) ; *Hymn of Jesus,* de Gustav Holst (1917) ; *Belshazzar's Feast,* de William Walton (1931) ; *A Child of our Time,* de Michael Tippett (1944).

● *XXe s.* Dès le début du xxe s., l'Angleterre a repris sa place dans le monde musical. Elle ne fut pas sans subir l'influence de la musique romantique allemande, mais l'intérêt nouveau pour le folklore britannique, l'importance du chant choral, le développement des festivals furent autant d'éléments d'un certain nationalisme qui permit à un langage musical anglais, à une école anglaise, de se constituer. De ce point de vue, Vaughan Williams fait figure de chef d'école. Citons encore : John Ireland, Arnold Bax, Arthur Bliss, Peter Warlock, Gordon Jacob, Edmund Rubbra, Benjamin Britten, Alan Rawsthorne, Lennox Berkeley, etc.

Grande-Chartreuse (la). V. CHARTREUSE (la Grande-).

Grande de Santiago (RÍO), fl. du Mexique, cours inférieur du río Lerma ; 442 km.

Grande do Norte (RIO), fl. côtier du nordest du Brésil, qui a donné son nom à l'*Etat du Rio Grande do Norte.*

Grande do Sul (RIO), chenal de la côte sud du Brésil, par lequel la lagune Lagôa dos Patos communique avec l'Atlantique.

grande-duchesse → GRAND-DUC.

Grande-Grèce. *Géogr.* et *Hist. anc.* Nom donné tantôt à l'Italie méridionale grecque antique, tantôt à celle-ci et à la Sicile. Italie méridionale et Sicile furent l'objet d'une colonisation grecque dont les premières manifestations sont assez lointaines pour avoir donné naissance à des récits légendaires. Chassés de leur pays par la misère et les conflits sociaux, attirés par l'esprit d'aventure, les colons fondèrent des cités nouvelles et refoulèrent ou asservirent les populations indigènes. Les Chalcidiens s'établirent en Campanie dès le VIIIe s. av. J.-C. Les Péloponnésiens colonisèrent ensuite le golfe de Tarente. Ce fut une colonisation de peuplement, facilitée par des possibilités agricoles exceptionnelles. Les premières villes essai-

mèrent à leur tour, celles de Lucanie et de Calabre créèrent des colonies sur le rivage tyrrhénien. Le commerce s'amplifia, les villes grandirent et s'ornèrent d'opulentes constructions. La Sicile* s'ouvrit surtout aux influences de l'Orient. Du fait de sa position, elle eut le rôle le plus important. Les rivalités entre cités furent parfois sanglantes : Siris fut détruite vers 540-535 av. J.-C. par une coalition achéenne, et Sybaris, cité d'une richesse proverbiale, fut rasée par Crotone en 511/510 av. J.-C. Rome intervint et assura définitivement sa mainmise sur les cités grecques en prenant Tarente en 272 av. J.-C. Elle subit en retour l'influence hellénique. Lors de la deuxième guerre punique, les opérations militaires firent perdre à la région sa splendeur, dont l'apogée s'était situé à la fin du VIe s. et au début du ve s. av. J.-C.

● *Beaux-Arts.* V. SICILE.

grandelet → GRAND.

Grande Mademoiselle (LA). V. MONTPENSIER (duchesse *de*).

Grande-Malaisie. V. MALAYSIA.

grandement → GRAND.

Grande-Motte (LA), comm. de l'Hérault (arr. de Montpellier), à 11 km au S.-O. d'Aigues-Mortes ; 3 939 h. Nouvelle station balnéaire. Port de plaisance.

grande-rose n. f. invar. Linge damassé qui se fabrique en Flandre et dans la basse Normandie. (On l'appelle aussi GRANDE-VENISE.)

Grandes Rousses. V. ROUSSES (*Grandes*).

grandesse n. f. (esp. *grandeza*). Dignité de grand d'Espagne. ‖ Classe des grands d'Espagne.

Grande-Synthe, comm. du Nord (arr. de Dunkerque) ; 26 232 h.

grandet → GRAND.

Grandet (LE PÈRE), personnage principal d'*Eugénie* Grandet, roman d'H. de Balzac (1833).

Grande-Terre, région formant la partie orientale de la Guadeloupe ; ch.-l. *Pointe-à-Pitre.* La Grande-Terre comprend de hautes collines au sud (région des Grands Fonds) et des bas plateaux calcaires recouverts de plantations de canne à sucre.

grandeur → GRAND.

Grand'Eury (François), botaniste français (Houdreville, Meurthe, 1839 - Malzéville 1917), auteur de la découverte des *ptéridospermées* (plantes à graines, ressemblant à des fougères) dans le houiller de Saint-Etienne.

Grande Vallée ou **Vallée centrale,** en angl. **Great Valley** ou **Central Valley,** région de Californie (Etats-Unis), entre la Sierra Nevada et la chaîne côtière (Coast Range), drainée par le San Joaquin et le Sacramento. Cultures fruitières.

Grand-Fort-Philippe, comm. du Nord (arr. et à 22 km environ à l'O. de Dunkerque), à l'embouchure de l'Aa ; 6 611 h. Port de pêche (harengs fumés). — Plage à *Petit-Fort-Philippe.*

Grand-Fougeray ou **Le Grand-Fougeray,** ch.-l. de c. d'Ille-et-Vilaine (arr. de Redon), à 28,5 km à l'O. de Châteaubriand ; 2 032 h. Donjon du XIVe s.

grand-garde n. f. Autref., détachement chargé de la sûreté rapprochée d'une troupe en station : *Etre de grand-garde.* (On dit auj. AVANT-POSTE.) — Pl. *des* GRAND-GARDES.

Grandgousier (« grand gosier »), père de Gargantua, dans l'œuvre de Rabelais.

Grand-Guignol (le), anc. théâtre montmartrois, fondé en 1895 sous le nom de « Théâtre Salon ». Les spectacles y étaient composés surtout de drames terrifiants destinés à créer l'horreur et l'épouvante. Il ferma ses portes en 1962 et fut remplacé en 1963 par le « Théâtre 347 ».

grand-guignolesque adj. (de *Grand-Guignol*). D'une horreur exagérée et invraisemblable.

grand-halte n. f. *Mil.* Long repos accordé à une troupe au cours d'une marche.

Grandi (Guido), mathématicien et religieux camaldule italien (Crémone 1671 - Pise 1742). Son œuvre mathématique concerne la cissoïde, la courbe logarithmique et les coniques. Il s'est intéressé par ailleurs à l'hydraulique pratique.

Grandidier (Ernest), collectionneur français (Paris 1833 - *id.* 1912). Il donna au Louvre une importante collection de porcelaines de Chine (1894).

Grandidier (Alfred), voyageur et naturaliste français (Paris 1836 - *id.* 1921). Il se consacra à l'exploration et à l'étude de Madagascar, et publia une *Histoire physique, naturelle et politique de Madagascar.*

Grandier (Urbain), curé de Saint-Pierre-du-Marché et chanoine de Sainte-Croix de Loudun (Rovère, près de Sablé, 1590 - Loudun 1634). Accusé d'être la cause des cas de possession démoniaque rencontrés chez les religieuses de Loudun, il fut arrêté (1633), jugé et brûlé vif.

grandiloquence → GRANDILOQUENT.

grandiloquent, e adj. (lat. *grandis*, grand, et *loqui*, parler). Pompeux en paroles, emphatique, hyperbolique : *Orateur, style grandiloquent.* ◆ **grandiloquence** n. f. Caractère de ce qui est grandiloquent ; pompe, emphase du langage : *S'exprimer avec grandiloquence.*

grandiose adj. et n. m. (ital. *grandioso* ; lat. *grandis*). Qui frappe par un caractère de grandeur imposante : *Un spectacle grandiose. Le grandiose d'un projet.*

grandir, grandissant, grandissement, grandissime → GRAND.

Grandjany (Marcel), harpiste et compositeur français (Paris 1891). Il s'est fixé aux Etats-Unis, où il enseigne. On lui doit de nombreuses œuvres pour son instrument.

grandjean n. m. Caractère d'imprimerie dû à Philippe *Grandjean*, graveur de l'Imprimerie royale au début du XVIIIe s.

Grand Lac Salé, en angl. **Great Salt Lake,** marécage salé de l'ouest des Etats-Unis ; 4 690 km².

Grand-Lemps (LE), ch.-l. de c. de l'Isère (arr. de La Tour-du-Pin), à 17 km au N.-O. de Voiron ; 2 169 h. Tissage et moulinage de la soie. Chaussures.

Grand-Lieu (LAC DE), marais de la Loire-Atlantique, au S.-O. de Nantes. Les eaux de la Loire y refluent à marée haute par l'Acheneau, son déversoir.

grand-livre n. m. Registre dans lequel sont réunis tous les comptes ouverts dans la comptabilité d'une entreprise. (Lorsque le nombre des comptes est très élevé, on utilise plusieurs grands-livres auxiliaires et un grand-livre général.) — Pl. *des* GRANDS-LIVRES. ● *Grand-livre de la Dette publique,* liste qui contient les noms des créanciers de l'Etat, tous les éléments de la Dette publique. (L'Etat inscrit sur le grand-livre certaines dettes dont il se reconnaît débiteur, notamment les titres d'emprunt d'Etat à long terme et les titres de pension [obligation].)

Grand-Lucé (LE), ch.-l. de c. de la Sarthe (arr. et à 27 km au S.-E. du Mans) ; 1 807 h. (*Lucéens*). Beau château du XVIIIe s.

Grandmaison (Louis LOIZEAU DE), général français (Le Mans 1861 - au front 1915). Chef du bureau des opérations de l'état-major général en 1908, il milita pour une doctrine de combat résolument offensive qui fut celle de l'armée en 1914.

Grandmaison (Léonce LOIZEAU DE), théologien français (Le Mans 1868 - Paris 1927). Religieux jésuite, il fut surtout un apologiste (*Jésus-Christ, sa personne, son message, ses preuves,* 1928).

grand-maman n. f. Grand-mère, dans le langage enfantin. — Pl. *des* GRAND-MAMANS ou *des* GRANDS-MAMANS.

grand-mère n. f. Mère du père ou de la mère : *Grand-mère paternelle, maternelle.* ‖ *Fam.* Vieille femme. — Pl. *des* GRAND-MÈRES ou *des* GRANDS-MÈRES.

Grand'Mère, v. du Canada (Québec), sur le Saint-Maurice ; 16 400 h. Centre industriel.

grand-messe n. f. Type normal de la messe* communautaire solennelle. — Pl. *des* GRAND-MESSES ou *des* GRANDS-MESSES.

Grandmont ou **Grammont** (ORDRE DE), congrégation bénédictine réformée, qui eut comme foyer un ermitage (plus tard abbaye) établi à Muret, près d'Ambazac (1076), et transporté à Grandmont, à deux lieues de là, en 1125. L'ordre atteignit son apogée vers 1140; il fut supprimé vers 1780.

grand-oncle n. m. Frère du grand-père ou de la grand-mère. — Pl. *des* GRANDS-ONCLES.

Grand-Orient, une des trois juridictions de la franc-maçonnerie reconnues en France.

grand-papa n. m. Grand-père dans le langage enfantin. — Pl. *des* GRANDS-PAPAS.

grand-peine (à) loc. adv. Très difficilement.

grand-père n. m. Père du père ou de la mère : *Grand-père paternel, maternel.* ‖ *Fam.* Homme avancé en âge. — Pl. *des* GRANDS-PÈRES.

Grandpré, ch.-l. de c. du dép. des Ardennes (arr. et à 17 km au S.-E. de Vouziers); 530 h. Eglise des XVe et XVIe s. (tombeau de Claude de Joyeuse).

Grand-Pressigny (LE), ch.-l. de c. d'Indre-et-Loire (arr. et à 33 km au S.-O. de Loches); 1 185 h. Beau donjon du XIIe s. Château Neuf (XVIe s.). Site d'un atelier néolithique.

grand-prince n. m. Titre réservé, dans la Russie médiévale, à divers princes, principalement à ceux de Kiev et de Moscou.

Grandpuits-Bailly-Carrois, comm. de Seine-et-Marne (arr. de Melun), à 5 km au N.-O. de Nangis; 683 h. Raffinerie de pétrole.

Grand-Quevilly (LE), comm. de la Seine-Maritime (arr. et dans la banlieue sud de Rouen), près de la Seine (r. g.); 31 827 h. (*Grand-Quevillais*). Constructions navales; industries chimiques et électriques; papeterie.

Grand Rapids, v. des Etats-Unis (Michigan); 177 300 h. Evêché. Métallurgie.

Grand Rhône, principal bras du delta du Rhône; 48 km.

Grandrieu, ch.-l. de c. de la Lozère (arr. et à 49 km au N. de Mende); 885 h. Minerai d'uranium.

Grand-Saint-Bernard (COL DU). V. SAINT-BERNARD (*col du Grand-*).

Grand-Serre (LE), ch.-l. de c. de la Drôme (arr. de Valence), à 17,5 km au S.-E. de Beaurepaire-d'Isère; 779 h. (*Grand-Serrois*).

Grands Lacs, nom de cinq grands lacs américains : Supérieur, Michigan, Huron, Erié, Ontario.

Grandson ou **Granson,** v. de Suisse (cant. de Vaud), sur le lac de Neuchâtel; 2 100 h. Tabac. Charles le Téméraire, duc de Bourgogne, y fut vaincu par les Suisses en 1476.

grands-parents n. m. pl. Le grand-père et la grand-mère.

grand-tante n. f. Sœur du grand-père ou de la grand-mère. — Pl. *des* GRAND-TANTES ou *des* GRANDS-TANTES.

grand-teint n. m. invar. Teinture de première qualité. ✦ adj. invar. Qui est teint avec des substances de première qualité : *Tissu grand-teint.*

Grand Trunk ou **Grand Tronc,** nom de deux

Grand-Pressigny
cour du château et donjon

Six

anciens réseaux de chemins de fer canadiens (à l'E. le *Grand Trunk Railway System*; à l'O., le *Grand Trunk Pacific Line*), rachetés en 1919 par le gouvernement pour constituer en partie le *Canadian National Railway.*

Grand Trunk Road, route de l'Inde et du Pākistān, qui relie Calcutta à Peshāwar.

Grandval, écart de la comm. de Lavastrie (Cantal, arr. et à 24 km environ au S. de Saint-Flour), sur la Truyère. Barrage et centrale hydro-électrique sur la Truyère.

Grandvaux, plateau calcaire du Jura, à l'O. du mont Risoux.

Grandvillars, ch.-l. de c. du Territoire de Belfort, au N.-O. de Delle; 3 061 h.

Grandville
illustration pour
« les Métamorphoses du jour »
Bibliothèque nationale

Larousse

Grandville (Jean Ignace Isidore GÉRARD, dit), dessinateur et caricaturiste français (Nancy 1803 - Paris 1847). D'une inspiration pleine de fantaisie, il représente les hommes comme des animaux ou des insectes, donne une forme humaine ou animale aux objets. Il est représenté au Musée lorrain de Nancy.

Grandvilliers, ch.-l. de c. de l'Oise (arr. et à 29 km au N. de Beauvais) ; 2 712 h.

grand-voile n. f. Voile de grande surface enverguée à l'arrière des mâts d'un yacht. — Pl. *des* GRAND-VOILES OU *des* GRANDS-VOILES.

Granet (François), peintre français (Aix-en-Provence 1775 - id. 1849). Elève de Louis David, il visita l'Italie avec le comte de Forbin. Il a représenté des intérieurs d'église, des cloîtres sous de beaux éclairages. La plupart de ses œuvres sont au musée Granet d'Aix-en-Provence. (Acad. des bx-arts, 1830.)

Granet (Marcel), sinologue français (Luc-en-Diois, Drôme, 1884 - Paris 1940). Il appliqua la méthode sociologique aux études chinoises (*la Civilisation chinoise,* 1929 ; *la Pensée chinoise,* 1934).

grange n. f. (bas lat. *granica ;* de *granum,* grain). Bâtiment clos où l'on emmagasine les céréales en gerbes. ‖ Au Moyen Age, exploitation rurale dépendant d'une abbaye ou d'un prieuré : *Les granges cisterciennes.* ◆ **grangée** n. f. Ce que contient une grange pleine : *Une grangée de blé.*

Grangemouth, port d'Ecosse (Stirling), au fond du Firth of Forth ; 19 000 h. Raffinage du pétrole et pétrochimie.

Grangers, membres d'une société secrète agraire américaine, la *Grange,* fondée à Washington en 1867. Ce mouvement corporatif avait pour but l'émancipation économique des agriculteurs américains.

Granges, en allem. Grenchen, comm. de Suisse (cant. de Soleure) ; 19 500 h. Industrie horlogère.

Grängesberg, v. de Suède (Kopparberg) ; 6 000 h. Mines de fer. Le *trust de Grängesberg* contrôle les trois quarts de la production de minerai de fer suédois.

Granier (MONT), sommet de la Grande-Chartreuse (Isère) ; 1 938 m. Il domine le *col du Granier* (1 164 m).

Granique, en gr. Granikos. *Géogr. anc.* Fl. côtier de l'Asie Mineure. C'est peut-être l'actuel *Kocabas.* Sur ses bords, Alexandre battit l'armée perse en 334 av. J.-C.

général Grant

U.S.I.S.

granite ou **granit** n. m. (de l'ital. *granito,* proprem. *à grains*). Roche endogène grenue, composée essentiellement de quartz, de feldspath et d'un minerai lourd : mica blanc ou noir, amphibole, pyroxène. (Le granite forme des filons et, plus souvent, des massifs ou des batholites. Si, dans les régions tempérées, le granite offre une grande résistance à l'érosion, en revanche, dans les régions subtropicales, il est soumis à une intense décomposition.) ‖ Tissu de laine à grains quadrillés. ◆ **granité** n. m. Tissu dont l'armure présente de très nombreuses petites brides de chaîne et de trame, réparties aussi irrégulièrement que possible à sa surface. ◆ **graniter** v. tr. Peindre de façon à imiter le granite : *Graniter des stucs.* ◆ **granitier** n. m. Ouvrier qui taille les blocs de granite destinés à la construction. ◆ **granitique** adj. Qui a la nature du granite. ◆ **granitisation** n. f. Transformation d'une roche en granite par l'action des forces internes à l'intérieur du globe. ◆ **granito** n. m. Procédé de revêtement consistant à donner à un dallage en ciment l'apparence du granite. ‖ Le revêtement lui-même. ◆ **granitoïde** adj. Qui a l'aspect du granite.

granite adj. et n. m. Se dit d'un genre de sorbet préparé avec une composition de glace au sirop très peu sucré. (On dit aussi GRANITÉ.)

granité, graniter, granitier, granitique, granitisation, granito, granitoïde → GRANITE n. m.

granivore adj. Qui se nourrit de graines.

Granja (PALAIS ROYAL DE LA), château bâti (1724-1727) pour le roi d'Espagne Philippe V, dans le goût de Versailles, sur les plans de l'architecte Ardemans, et décoré par des artistes français. Il est situé sur le versant nord de la sierra de Guadarrama (bourg de San Ildefonso).

Granjon (Robert), fondeur en caractères et graveur français du XVIe s. Imprimeur à Paris (1551), puis à Lyon (1558), il s'adonna ensuite à la gravure des caractères orientaux à Rome, puis, de retour à Paris, perfectionna les caractères grecs.

Grannus ou **Grannos,** dieu guérisseur des Celtes de la Gaule.

Gran Sasso d'Italia, point culminant de l'Apennin, dans le massif des Abruzzes (2 914 m au *Corno Grande*). Sports d'hiver.

Granson. V. GRANDSON.

Grant (TERRE DE), partie septentrionale de la terre d'Ellesmere (archipel arctique canadien).

Grant (Ulysses Simpson), général et homme politique américain (Point Pleasant, Ohio, 1822 - Mount Mcgregor, près de Saratoga, New York, 1885). Nommé général au début de la guerre civile, il prit les forts Donelson et Henry (1862). Il occupa Vicksburg et la

GRA

vallée du Mississippi (1863), et, avec le grade de lieutenant général, devint le chef de l'armée nordiste (1864). [V. SÉCESSION (*guerre de*).] Après la victoire des fédéraux, il devint général de l'armée des Etats-Unis (1868), secrétaire à la Guerre ; le parti radical le porta à la présidence des Etats-Unis en 1868, et de nouveau en 1872. Il favorisa la lutte du Ku* Klux Klan contre les *carpetbaggers** et contre l'introduction du « système des dépouilles ».

Grant (James Augustus), officier et voyageur britannique (Nairn, Ecosse, 1827 - *id.* 1892). Après avoir exercé un commandement aux Indes, il explora, avec Speke, la région des sources du Nil (1860) et l'Abyssinie.

Grant (Archibald Alexander LEACH, dit **Cary**), acteur de cinéma américain (Bristol, Grande-Bretagne, 1904). Il fut l'une des stars de la comédie américaine : *le Couple invisible* (1937), *Cette sacrée vérité* (1937), *l'Impossible Monsieur Bébé* (1938), *Arsenic et vieilles dentelles* (1944), *Chérie je me sens rajeunir* (1952), *Charade* (1963). Mais il sut également s'imposer dans un registre plus dramatique : *Seuls les anges ont des ailes* (1939), *Soupçons* (1941), *les Enchaînés* (1945), *la Mort aux trousses* (1958).

granulaire, granulat, granulateur, granulation, granulatoire → GRANULE. (V. p. 1438.)

granule n. m. (lat. *granulum*). Petit grain. ‖ Très petite pilule. ‖ Nom donné aux particules, de dimensions inférieures au micron, habituellement électrisées et soumises au mouvement brownien, dispersées dans les suspensions. ‖ Très petite pilule, pesant 5 cg et contenant une très petite quantité de substance pharmaceutique très active (1 mg ou 1/10 de mg). ◆ **granulaire** adj. Qui se compose de granules. ● *Théorie granulaire*, théorie d'Altmann, d'après laquelle le protoplasme et même le noyau seraient composés de fines granulations, qui seraient les éléments constitutifs de la matière vivante. ◆ **granulat** n. m. Ensemble des constituants inertes (sables, gravillons, cailloux) des mortiers et bétons. ◆ **granulateur** n. m. Séchoir à tambour utilisé pour le séchage du sucre cristallisé. ‖ Appareil permettant de mettre en grains sphériques une poudre humectée d'eau. ◆ **granulation** n. f. Agglomération en granules d'une poudre humide. ‖ Particule très petite, vivante ou inorganique, dans les cellules. ‖ Opération consistant à couler un produit fondu dans une cuve remplie d'eau, ou sur un jet d'eau, ce qui provoque la fragmentation et la solidification en éléments divisés, à contours arrondis. ‖ Lésion organique arrondie, fermée, luisante, qui se forme à la surface de la peau ou des muqueuses, ou des organes. (Ces petites tumeurs peuvent être de nature tuberculeuse, tumorale ou dystrophique.) ● *Granulations de Pacchioni*,

petits grains calcaires de 1 à 2 mm qui se rencontrent à l'état normal sur les méninges. ‖ *Granulations graisseuses*, gouttelettes de graisse infiltrant certaines cellules. ◆ **granulatoire** n. m. Appareil qui sert à réduire les métaux en grenaille. ◆ **granulé, e** adj. Qui présente des granulations. ‖ — *granulé* n. m. *Pharm.* Syn. de SACCHARURE GRANULÉ. ◆ **granuler** v. tr. Réduire en granules. ‖ Diviser en tout petits grains : *Granuler du plomb, de l'étain.* ‖ Agglomérer en tout petits grains. ‖ Réduire finement en granules les parties métalliques que l'on retire d'un four métallurgique, afin d'extraire le métal mélangé aux scories. ◆ **granuleux, euse** adj. Composé de petits grains : *Roche granuleuse.* ‖ Dont la surface semble couverte de petits grains. ‖ Qui présente des granulations. ‖ *Pathol.* Qui renferme des granulations de nature à l'apparence : *Ophtalmie granuleuse.* ● *Corps granuleux, cellule granuleuse,* syn. de LEUCOCYTE POLYNUCLÉAIRE, GRANULOCYTE. ● *Couche granuleuse,* couche de cellules du follicule de De Graaf, de l'ovaire, qui forme un renflement, le *cumulus proligère,* où se trouve l'ovule. ◆ **granulie** n. f. Forme généralisée de la tuberculose, caractérisée par la présence de granulations dans tous les organes, le poumon étant souvent le plus atteint.

granulite n. f. Granite à mica blanc ou à deux micas.

granulocyte n. m. (lat. *granulum*, petit grain, et *kutos*, cellule). Cellule contenant des granulations dans son cytoplasme. (Se dit surtout des leucocytes polynucléaires.)

granulomatose → GRANULOME.

granulome n. m. (lat. *granulum*, petite graine). Petite tumeur de forme arrondie, quelle que soit sa nature. ● *Granulome annulaire*, lésion tuberculeuse des mains et des pieds, qui est formée de petites élevures groupées en anneaux. ‖ *Granulome calcaire*, abcès contenant des concrétions. ‖ *Granulome dentaire*, petite lésion inflammatoire siégeant à l'apex d'une dent et compliquant les lésions infectieuses ou nécrotiques de la pulpe. ‖ *Granulome inflammatoire*, bourgeon charnu, de nature conjonctive, qui se forme dans les plaies. ‖ *Granulome vénérien*, affection infectieuse, végétante, des organes génitaux. ◆ **granulomatose** n. f. Affection caractérisée par l'existence de granulomes.

granulométrie n. f. Mesure des dimensions des grains d'un mélange et étude de leur répartition dans différents intervalles dimensionnels. ‖ Mesure des particules minérales du sol, par tamisage, puis par chute des particules dans l'eau, ou par lévigation. ‖ Proportion relative des éléments de diverses grosseurs et formes contenus dans des amas pulvérulents, sableux ou pierreux, ou entrant dans la composition d'un mortier ou d'un béton. ◆ **granulométrique** adj. Qui se rapporte à la granulométrie.

granulopénie n. f. Diminution du nombre

des granulocytes (leucocytes polynucléaires) dans le sang.

granulosa n. f. Partie du follicule ovarien qui donne naissance au corps jaune.

Granvelle (Nicolas PERRENOT DE), ministre de Charles Quint (Ornans, Franche-Comté, 1486 - Augsbourg 1550). Il fut garde des Sceaux du royaume de Naples et de Sicile. Il

**palais Granvelle
à Besançon (XVIᵉ s.)**

Archives du Touring Club de France

prit part aux colloques de Worms et de Ratisbonne (1539), et aux premiers débats du concile de Trente (1545). Il est l'auteur de l'*Intérim d'Augsbourg* (1548), règlement destiné à résoudre provisoirement la question religieuse en attendant les décisions définitives du concile de Trente. — Son fils ANTOINE (Besançon 1517 - Madrid 1586) lui succéda comme secrétaire d'Etat. Il participa au traité de Passau (1552) et à la paix d'Augsbourg (1555), et prépara la paix du Cateau-Cambrésis. Philippe II le nomma chef du Conseil d'Etat des Pays-Bas (1559-1564). Il devint archevêque de Malines et primat des Pays-Bas (1560), puis cardinal (1561). Sa politique catholique détermina le soulèvement des *Gueux* (1563). Il fut vice-roi de Naples de 1571 à 1575. A partir de 1579, il présida à Madrid le Conseil des Affaires italiennes ; il fut nommé archevêque de Besançon en 1584. — Le palais Granvelle (1540) est devenu le Musée comtois.

Granville, ch.-l. de c. de la Manche (arr. et à 26 km au N.-O. d'Avranches), sur la côte de la Manche ; 15 015 h. (*Granvillais*). Le port a perdu de son importance. Matériel de manutention ; constructions électriques. Station balnéaire et point de départ d'excursions (îles Chausey et Jersey). Patrie de Maurice Denis.

Granville (John, 2ᵉ baron CARTERET, 1ᵉʳ comte). V. CARTERET.

Granville (Granville George LEVESON-GOWER, 2ᵉ comte), homme politique britannique (Londres 1815 - *id.* 1891). Député whig, il fut ministre des Affaires étrangères (1851-1852, 1870-1874 et 1880-1885).

Granville-Barker (Harley), acteur, critique et auteur dramatique anglais (Londres 1877 - *id.* 1946). Défenseur du théâtre d'avant-garde, il élabora avec William Archer un projet de théâtre national anglais (1907). Parmi ses pièces, citons *la Maison de Madras* (1910).

Grao (El), port de Valence (Espagne).

Grão Vasco ou **Vasco Fernandes,** peintre portugais (Viseu v. 1480 - *id.* v. 1543). On lui attribue diverses œuvres (retable de Lamego), d'un naturalisme mouvementé et coloré.

grape-fruit [grεpfrut] n. m. invar. Pamplemousse cultivé en Israël, en Floride et en Californie pour l'exportation. (Syn. POMELO.)

grapette n. f. Espèce de truble pour pêcher la crevette. ‖ Croc multibranche pour pêcher les oursins.

graphe, graphie → GRAPHIQUE.

graphiose n. f. Maladie cryptogamique de l'orme, qui sévit surtout dans les villes, et qui se traduit par l'obstruction des vaisseaux et la fanaison des feuilles.

graphique adj. (gr. *graphikos*; de *graphein*, écrire, dessiner). Qui représente par des signes, par le dessin et surtout par le dessin linéaire : *Tracé graphique.* ‖ Qui a rapport à la représentation des formes de l'écriture : *Signes graphiques.* ‖ Se dit d'une structure dans laquelle un minéral en englobe un autre dont les cristaux sont orientés. ● *Arts graphiques,* le dessin, la gravure originale ; et, *par extens.*, tout procédé d'impression artistique, de la gravure d'interprétation à l'imprimerie, la typographie, la mise en pages, et même la photographie. ‖ *Calcul graphique,* solution d'un problème par une construction géométrique, les données étant figurées par des segments de droite. ✦ n. m. Représentation par le dessin ou par tous moyens analogues de toutes espèces de faits donnés ou observés. ● *Graphique arithmétique,* graphique dans lequel les coordonnées sont proportionnelles aux grandeurs représentées. ‖ *Graphique à banderole,* graphique traduisant les variations dans le temps d'une grandeur entre ses valeurs extrêmes. ‖ *Graphique à bandes, à barres, à colonnes, à gradins, à tuyaux d'orgue,* graphique représentant des grandeurs par des traits de longueur ou d'épaisseur variable. ‖ *Graphique à bâtons,* graphique dans lequel les grandeurs sont représentées par des traits verticaux dont les longueurs sont proportionnelles à ces grandeurs. ‖ *Graphique carré,* représentation de grandeurs par des carrés dont la surface est proportionnée à la valeur de ces grandeurs. ‖ *Graphique circulaire* ou *à secteurs,* représentation de grandeurs par une

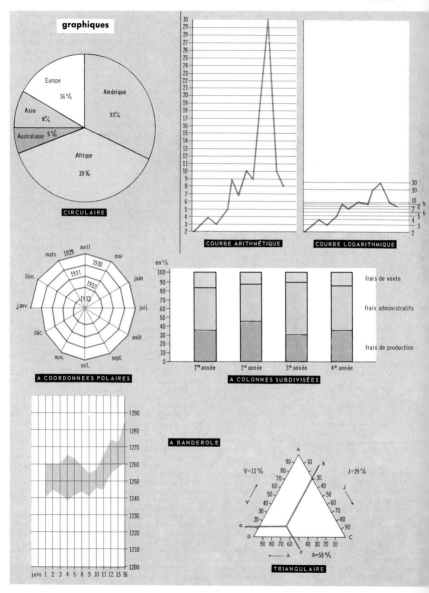

graphiques

Europe 16 %
Amérique 32 %
Asie 8 %
Australasie 5 %
Afrique 39 %

CIRCULAIRE

COURBE ARITHMÉTIQUE

COURBE LOGARITHMIQUE

avril
mars 1929
mai
1930
févr. 1931
juin
1932
janv. 1933
juil.
déc.
août
nov.
sept.
oct.

A COORDONNEES POLAIRES

en %

frais de vente
frais administratifs
frais de production

1re année   2e année   3e année   4e année

A COLONNES SUBDIVISÉES

A BANDEROLE

juin 1 2 3 4 5 8 9 10 11 12 15 16

V=13 %
J=29 %
A=58 %

TRIANGULAIRE

suite de secteurs d'un même cercle. ‖ *Graphique de circulation, de liaison, de structure,* graphique figurant, à l'aide de lignes et de cases, la structure hiérarchique d'une entreprise. ‖ *Graphique de circulation d'un train,* tracé des positions successives d'un train, sur une ligne de chemin de fer. ‖ *Graphique comparatif,* graphique formé de lignes brisées ou courbes servant à comparer les variations de certaines grandeurs. ‖ *Graphique de contrôle,* graphique contrôlant les résultats d'une fabrication. ‖ *Graphique à coordonnées cartésiennes, orthogonales* ou *rectangulaires,* graphique utilisé en statistique, dans lequel les abscisses sont les unités de base, et les ordonnées les unités à dénombrer. ‖ *Graphique à coordonnées non orthogonales, à coordonnées polaires, en spirale,* graphique servant à représenter des faits évoluant dans le temps suivant un rythme variable. ‖ *Graphique à coordonnées pseudo-orthogonales,* graphique représentant les variations d'une grandeur qui oscille entre deux limites. ‖ *Graphique cumulatif, intégral, de comparaison,* graphique où les données, au lieu d'être portées isolément pour chaque division du temps, sont additionnées depuis l'origine. ‖ *Graphique de densité,* représentation d'une grandeur variable par un réseau de points plus ou moins dense, ou par des variations de teinte. ‖ *Graphique de distribution* ou *de fréquence,* graphique exprimant les relations de deux grandeurs, sans considération du temps. ‖ *Graphique en escalier,* succession de paliers représentant une grandeur rarement modifiée. ‖ *Graphique figuratif, pittoresque, symbolique,* graphique illustrant des faits en représentant les objets eux-mêmes (individus, navires, sacs, etc.), auxquels on donne des dimensions en rapport avec leur importance dans la série. ‖ *Graphique à fils,* graphique à tuyaux d'orgue où les tuyaux d'orgue sont remplacés par des fils de longueurs et de couleurs différentes. ‖ *Graphique Gantt,* graphique à échelle variable, destiné à mettre en évidence l'avancement d'un programme, la tâche à réaliser dans chaque période constituant l'unité de travail à l'intérieur de cette période. ‖ *Graphique géométrique,* représentation de grandeurs statistiques par des figures géométriques. ‖ *Graphique Hijmans, graphique Planus,* graphiques servant à représenter un circuit administratif de documents. ‖ *Graphique linéaire,* graphique en ligne brisée, dont les sommets correspondent à des valeurs observées. ‖ *Graphique logarithmique,* graphique construit avec les logarithmes des valeurs à représenter. ‖ *Graphique de mouvement,* graphique de comparaison d'une évolution dans le temps. ‖ *Graphique d'observation,* graphique visant à suivre une évolution déterminée. ‖ *Graphique en relief,* graphique à trois dimensions, donnant l'impression du relief. (On dit aussi STÉRÉOGRAMME.) ‖ *Graphique semi-logarithmique,* graphique comportant une échelle arithmé-

tique pour les abscisses et une échelle logarithmique pour les ordonnées. ‖ *Graphique à signalisation,* tableau où sont indiqués sous une forme abrégée, par des épingles de couleurs et de forme différentes, par des fils de diverses teintes, les renseignements relatifs aux postes d'une entreprise. ‖ *Graphique de surface,* représentation de grandeurs par des surfaces (rectangles, carrés, cercles, triangles, etc.) proportionnelles à leur valeur. ‖ *Graphique de tendance,* graphique mettant en valeur la tendance actuelle par rapport à celle d'une période étendue. ‖ *Graphique triangulaire* ou *trilinéaire,* graphique représentant les proportions relatives de trois variables dont la somme est constante. ‖ *Graphique de volume,* représentation de grandeurs à l'aide de volumes qui leur sont proportionnels. ✦ n. f. Art du dessin. ◆ **graphe** n. m. Extension à la théorie des ensembles de la notion de représentation graphique d'une fonction. (Si l'élément *a* de l'ensemble E a pour image *b* dans l'ensemble F, l'ensemble des couples [*a, b*] est le graphe de l'application de E dans F. Si *a* et *b* sont des nombres, le graphe est un ensemble de points.) ◆ **graphie** n. f. Représentation écrite d'un mot : *Graphie étymologique, phonétique.* ‖ *Méd.* Abrév. de RADIOGRAPHIE. ◆ **graphiquement** adv. D'une manière graphique ; par des procédés graphiques. ◆ **graphisme** n. m. Manière d'écrire les mots d'une langue. ‖ Manière d'écrire propre à un individu. ‖ Technique qui consiste à faire faire des tracés préparatoires à l'écriture dépourvus de toute signification. (Elle est utilisée au niveau préscolaire ou dans les cas de dysgraphie.) ‖ Manière de tracer un trait, de dessiner : *Le graphisme d'Albrecht Dürer.*

graphis [fis] n. m. Lichen encroûtant très commun, formant des sortes de caractères d'écriture sur les roches et les écorces.

graphisme → GRAPHIQUE.

graphitage → GRAPHITE.

graphite n. m. (du gr. *graphein,* écrire). Variété de carbone, cristallisé en lamelles hexagonales, appartenant au système rhomboédrique. (V. encycl.) [Syn. MINE DE PLOMB, PLOMBAGINE.] ◆ **graphitage** n. m. Action de graphiter. ‖ Technique de reproduction de documents au moyen de graphite. ‖ Accumulation progressive de graphite à l'intérieur des cornues ou des chambres de distillation dans lesquelles s'opère la carbonisation à haute température. ◆ **graphité, e** adj. Auquel on a ajouté du graphite : *Graisse graphitée.* ◆ **graphiter** v. tr. Transformer en graphite. ‖ Enduire superficiellement de graphite. ◆ **graphiteux, euse** adj. Qui contient du graphite. ◆ **graphitique** adj. Qui se rapporte au graphite. ● *Balai graphitique,* balai pour machines électriques tournantes, constitué par de la plombagine comprimée. ◆ **graphitisation** n. f. Transformation de carbone amorphe en graphite,

notamment pour fabriquer des électrodes. ‖ Traitement thermique effectué sur les fontes pour réaliser la précipitation du carbone à l'état de graphite. (V. MALLÉABILISATION.)
— ENCYCL. **graphite.** Le graphite est un solide gris-noir à éclat métallique. De densité 2,2, il est friable, gras au toucher et laisse une trace sur le papier. Infusible et insoluble dans les solvants usuels, il est bon conducteur de la chaleur et de l'électricité. On le trouve à l'état naturel à Ceylan, en Sibérie, à Madagascar. On le produit artificiellement par chauffage du carbone amorphe au four électrique. On l'emploie à la confection de creusets, dans les électrodes des lampes à arc et des cuves à électrolyse, dans les balais des dynamos, en galvanoplastie. Il sert pour les mines de crayons et pour de nombreux lubrifiants, à cause de sa résistance à la chaleur. L'industrie nucléaire l'emploie comme ralentisseur de piles.

graphité, graphiter, graphiteux, graphitique, graphitisation → GRAPHITE.

graphiure n. m. Loir des forêts non équatoriales d'Afrique, long de 17 cm.

grapholithe n. m. Petit papillon aux ailes rayées, dont la chenille est une tordeuse*.

graphologie n. f. Étude scientifique des renseignements que fournit l'examen de l'écriture d'une personne. ◆ **graphologique** adj. Qui concerne la graphologie : *Analyse graphologique.* ◆ **graphologue** n. Personne qui s'occupe de graphologie.

→ V. tableau page suivante.

graphomanie n. f. Manie maladive d'écrire.

graphomécanique adj. et n. f. Qui combine les tracés graphiques avec l'emploi d'appareils mécaniques.

graphomètre n. m. Instrument utilisé autrefois dans le levé de plans pour la mesure des angles, composé d'un demi-cercle horizontal gradué et d'une alidade mobile servant aux visées. ◆ **graphométrique** adj. Relatif au graphomètre.

graphothérapie n. f. Traitement de certains troubles par une rééducation appropriée de l'écriture.

graphotypie n. f. Mode de reproduction des fac-similés d'écritures, imprimés, dessins.

Grappa (MONTE), petit massif calcaire italien des Préalpes vénitiennes, entre la Brenta et la Piave ; 1 775 m. Il domine Bassano et la plaine vénitienne. Môle de résistance italien à l'offensive austro-allemande d'octobre 1917.

1. grappe n. f. (germ. *krappa*, crochet). Inflorescence constituée par un axe à croissance indéfinie portant latéralement des pédoncules floraux en disposition alterne, généralement plus âgés et plus longs à la base de l'axe florifère qu'à son extrémité : *Une grappe de raisin.* ‖ Art vétér. Dermatose en forme de mamelons rappelant une grappe de

raisin. (Syn. EAUX AUX JAMBES.) ‖ Collier de billettes d'acier garnissant la poignée de la lance de joute (Moyen Age). ‖ Groupe d'objets moulés réunis par la matière des canaux d'alimentation qui partent de la buse, dans un moule à injection à empreintes multiples. ‖ Groupe d'éléments, d'observations ou d'individus voisins, dans une population statistique. ‖ Groupe de personnes ou de choses offrant quelque ressemblance, souvent éloignée, avec une grappe de fruits : *Des grappes d'enfants s'accrochaient à elle.* ● *Grappe détonante,* artifice agricole composé d'une série de petits pétards et destiné à éloigner les corbeaux ou autres déprédateurs. ◆ **grappier, ière** adj. Qui produit des grappes : *Bourgeon grappier.* ‖ — **grappier** n. m. Grain qui ne se pulvérise pas au moment de l'extinction de la pierre à chaux cuite. ◆ **grappillage** n. m. Enlèvement des grappes encore fixées au cep après la vendange. ‖ *Fig. et fam. Des grappes laissées après la vendange. ◆ v. tr. profit illicite. ◆ **grappiller** v. intr. Cueillir les grappes laissées après la vendange. ◆ v. tr. et intr. *Fig. et fam.* Faire de petits gains illicites : *Grappiller quelques sous.* ‖ Prendre de-ci, de-là : *Grappiller quelques connaissances au hasard de ses lectures.* ◆ **grappilleur, euse** n. Personne qui grappille. ◆ **grappillon** n. m. Petite grappe.

2. grappe n. f. et adj. (holland. *krap,* garance). Garance en poudre. ◆ **grapper** v. tr. Réduire la garance en poudre.

grappier, grappillage, grappiller, grappilleur, grappillon → GRAPPE 1.

grappin n. m. (de *grappe,* dans l'anc. sens de « crochet »). Accessoire d'appareils de levage (grue, pont roulant, etc.), permettant de saisir un ou plusieurs objets ou des matériaux. ‖ Croc fixé à l'extrémité d'une grosse et longue perche. ‖ Crochet qu'on se fixe aux pieds pour monter dans les arbres. ‖ Sorte de gaffe terminée par un cordage et permettant d'amarrer rapidement une embarcation le long d'un bateau. ‖ Sorte d'ancre sans jas destinée aux petites embarcations, et portant quatre ou cinq pattes pour bien crocher dans le fond. ‖ Râteau utilisé pour l'égrappage. ‖ Sorte de charrue à cinq socs, servant à biner les vignes. ‖ Hameçon à trois ou quatre branches semblables réunies à une hampe unique. ● *Grappin d'abordage,* crochet dont on se servait pour tenir accostés deux navires qui venaient de s'aborder. ‖ *Mettre le grappin sur quelqu'un* (Fam.), s'attacher à lui ; se rendre maître de son esprit ou de ses sentiments. ◆ **grappiner** v. tr. Accrocher avec un grappin. ‖ Nettoyer le verre en fusion. ‖ Accrocher un poisson à l'aide d'un hameçon multibranche. (Syn. CASAQUER.)

grapput n. m. Cépage du Bordelais, appelé aussi BOUCHALÈS, PROLONGEAU, CUJAS, GROSMARTY.

graptolite n. m. (gr. *graptos,* gravé, et *lithos,* pierre). Fossile du cambrien et du silurien, composé d'un stolon portant une ou

dire qu'à défaut de talent, j'ai

ÉCRITURE VERTICALE
Nature réservée et discrète, affectivité contrôlée.

Je voudrais que vous compreniez bien mon caractère

ÉCRITURE PETITE
Minutie, attention, activité cérébrale plutôt que physique.

éteint nos coeurs — f

ÉCRITURE ÉTALÉE
Expansion de la personnalité, confiance en soi.

hauteur, — et par suite insuffisamment développées horizontalement.

ÉCRITURE SERRÉE
Timidité, prudence, réserve, appréhension, avarice.

A la préfecture de Versailles on m'a dit que

ÉCRITURE ESPACÉE
Esprit clair et lucide, indépendance de caractère.

la fin de ses éléments

ÉCRITURE FILIFORME
Précipitation, laisser-aller, asthénie.

.ques ne s'opposent pas directement

ÉCRITURE HOMOGÈNE
Constance, esprit cohérent, équilibre.

la difficulté à s'en procurer d'après

ÉCRITURE SIMPLE
Simplicité et naturel.

UNES DE SES minuscules reproduisent

ÉCRITURE TYPOGRAPHIQUE
Culture intellectuelle, originalité.

vous faire parvenir votre compte du 4e trimestre, ainsi que les sommes disponibles.

ÉCRITURE ORNÉE
Vanité, recherche de l'effet.

Au paresseux laboureur les rats mangent le meilleur.

ÉCRITURE IMPERSONNELLE
Absence de personnalité, d'originalité, goût du convenu.

...

pénétrer dans l'intérieur de ces

ÉCRITURE FERMÉE
Réserve, discrétion, prudence, retenue.

ou que l'un quelconque de

ÉCRITURE CLAIRE
Soin, attention, sincérité.

sont agencés d'une façon judici-

ÉCRITURE ORDONNÉE
Esprit lucide et clairvoyant, imagination disciplinée, équilibre.

de beaux jours. Je souhaite le

ÉCRITURE RAPIDE
Activité, irréflexion, imprudence,

interprétation
graphologique

plusieurs rangées de logettes, et que l'on croit maintenant apparenté aux stomocordés.
gras, grasse adj. (lat. *crassus*, épais). Qui est formé de graisse ou de matière onctueuse : *L'huile, le beurre sont des substances grasses.* ‖ Qui a de la graisse : *Un bœuf gras.* ‖ Fait ou préparé avec de la viande, de la graisse : *Bouillon gras.* ‖ Qui a une consistance onctueuse : *Boue grasse.* ‖ Enduit de graisse ou de toute autre substance grasse : *Des cheveux gras.* ‖ Taché, sali de graisse : *Le devant de son tablier était gras. Torchon gras.* ‖ Epais : *Les traits gras d'un dessin.* ‖ Se dit de l'éclat onctueux que présentent certains minéraux : *Quartz gras.* ‖ Se dit d'un vin qui tourne à la graisse. ‖ *Fig.* Se dit des herbages abondants, des terres fertiles : *De gras pâturages.* ‖ *Fam.* Licencieux, graveleux : *Contes un peu gras. Histoires grasses.* ● *Argile grasse,* celle qui contient peu de silice. ‖ *Avoir le parler gras,* parler d'une manière pâteuse, grasseyer. ‖ *Chaux grasse,* chaux qui foisonne. ‖ *Corps gras,* substances neutres comprenant les huiles, graisses, cires. (V. GRAISSE.) ‖ *Eaux grasses,* eaux de vaisselle. ‖ *Etre gras comme un moine, comme un porc* (Fam.), être extrêmement gras. ‖ *Faire la grasse matinée,* se lever fort tard dans la matinée. ‖ *Foie gras,* v. FOIE. ‖ *Fromage gras,* fromage fait avec du lait non écrémé. ‖ *Houille grasse,* charbon ayant une teneur en matières volatiles modérée et qui, après fusion pâteuse avec gonflement et départ des matières volatiles, donne du coke. (On dit aussi CHARBON GRAS et GRAS n. m.) ‖ *Jours gras,* jours où l'Eglise catholique permet de manger de la viande. ‖ *Mortier gras,* mortier qui contient beaucoup de chaux. ‖ *Pierre grasse,* pierre humide naturellement. ‖ *Plantes grasses,* plantes des déserts chauds, appartenant aux familles les plus diverses (cactacées, crassulacées, liliacées, ficacées, euphorbiacées, etc.) et ayant en commun les caractères suivants : très longues racines, les unes étalées en surface, les autres verticales; feuilles réduites à des épines, ou absentes; épiderme cireux ou poilu faisant obstacle à la transpiration; suc cellulaire riche en acides organiques; enfin réserves aquatiques importantes, donnant aux rameaux l'aspect charnu qui les caractérise. (La chlorophylle est parfois peu abondante, à cause de l'excès de luminosité du climat. Les plantes grasses d'appartement vivent dans des terres légères et bien drainées; elles craignent le froid. En automne et en hiver, on les arrose au maximum tous les huit jours; au printemps, tous les cinq jours; en été, tous les trois jours.) ‖ *Régime gras,* régime composé d'aliments gras. ‖ *Série grasse,* ensemble des corps organiques à chaîne ouverte, dont font précisément partie les corps gras. (On dit aussi SÉRIE ALIPHATIQUE OU ACYCLIQUE.) ‖ *Temps gras,* temps brumeux et humide. ‖ *Terre grasse,* terre argileuse, compacte. ‖ *Toux grasse,* toux accompagnée d'expectorations abondantes, par oppos. à *toux sèche.* ‖ *Tuer le veau gras,* faire quelque régal en l'honneur du retour de quelqu'un. (Allusion à la parabole de l'Enfant prodigue.) ‖ **— gras** n. m. Partie grasse de la viande : *Le gras lui est défendu par le médecin.* ‖ Syn. de NÈGRE. ‖ Syn. de HOUILLE GRASSE. ● *Avoir du gras,* en parlant d'une pierre de taille, présenter des

dimensions trop fortes pour l'endroit qui lui est assigné. ‖ *Être en gras,* en parlant d'une charpente, avoir des dimensions plus fortes qu'il n'est nécessaire. ‖ *Faire gras,* manger de la viande ou des mets accommodés au gras les jours maigres. ‖ *Filer au gras* ou *en gras,* ajouter au textile, pour aider à le filer, une certaine quantité d'huile. ‖ *Gras à coke,* gras donnant du coke métallurgique en gros morceaux durs. (On dit aussi GRAS À COURTE FLAMME.) ‖ *Gras à gaz,* gras plus riche en matières volatiles que le gras à coke, mais donnant un coke moins solide. ‖ *Gras de la jambe,* mollet (partie la plus charnue de la jambe). ‖ *Mets au gras,* mets accommodés avec de la graisse ou de la viande. ✦ adv. D'une manière grasse, épaisse : *Peindre gras.* ✦ *Parler gras,* grasseyer, avoir une conversation quelque peu graveleuse. ✦ **gras-double** n. m. Produit préparé à partir de l'estomac du bœuf. — Pl. *des* GRAS-DOUBLES. ✦ **grassement** adv. *Fam.* D'une façon grasse, abondante : *Vivre grassement.* ‖ Généreusement : *Payer grassement.* ✦ **grasserie** n. f. Maladie très contagieuse des vers à soie, qui deviennent jaunes et dont la peau est fragile. (Les tissus contiennent des polyèdres renfermant le virus responsable.) ✦ **grasset** n. m. *Art vétér.* Chez les solipèdes, région du membre postérieur correspondant au genou de l'homme et recouverte par un repli de peau appelé *pli du grasset.* (Le grasset peut être le siège de luxations graves.) ‖ Maniement du bœuf pratiqué entre la rotule et la paroi de l'abdomen. ✦ **grassette** n. f. Plante des tourbières, aux feuilles grasses en rosette, et qui contient une présure très active. ✦ **grassouillet, ette** adj. *Fam.* Rond et gras : *Une femme grassouillette.*

Gras (PLATEAU DES), région calcaire de la bordure du Massif central (Ardèche).

Gras (Basile), général français (Saint-Amans-de-Pellegal, Tarn-et-Garonne, 1836 - Chablis 1901). Il mit au point le fusil modèle 1874, dit *fusil Gras.*

Gras (Félix), écrivain français d'expression occitane (Malemort, Vaucluse, 1844 - Avignon 1901). Beau-frère de Roumanille, il lui succéda comme capoulié du félibrige (1891-1901). Imitateur de Mistral en poésie, il a plus de personnalité dans les œuvres en prose comme *li Rouge dou Miejour* (les *Rouges du Midi*) [1896], roman historique consacré aux bataillons républicains du Midi.

gras-double → GRAS.

Grass (Günter), écrivain allemand (Dantzig 1927). Auteur d'un roman picaresque dont le héros est un nain (*le Tambour,* 1959), il se montre désireux de « raconter d'une manière réaliste des choses fantastiques » dans ses poèmes, ses récits (*le Chat et la souris,* 1961 ; *les Années de chien,* 1963), ses pièces de théâtre (*Encore dix minutes jusqu'à Buffalo,* 1958 ; *Petites Gueules dorées,* 1964 ; *Davor,* 1969).

Grasse, ch.-l. d'arr. des Alpes-Maritimes, à 17 km au N.-O. de Cannes ; 38 360 h. Grande station climatique. Anc. cathédrale (XIIᵉ s.). Musée Fragonard. Les cultures florales alimentent d'importantes industries de parfums. Patrie de Fragonard et de M. Isnard.

Grasse (François Joseph Paul, marquis de **Grasse-Tilly,** comte DE), marin français (Le Bar, Provence, 1722 - Paris 1788). Au cours de la guerre d'Indépendance, il se distingua à Sainte-Lucie (1780), à Tobago (1781). Son intervention au cap Henry assura la prise de la place (oct. 1781). Ce succès le fit nommer lieutenant général. Mais il fut vaincu et fait prisonnier près de la Dominique (avr. 1782).

Grassé (Pierre Paul), biologiste français (Périgueux 1895). Professeur à la Sorbonne, directeur du Laboratoire d'évolution, il est l'auteur de travaux importants sur les termites, le parasitisme, etc. Il dirige un grand *Traité de zoologie.* (Acad. des sc., 1948.)

grassement, grasserie, grasset → GRAS.

Grasset (Eugène), peintre, graveur et décorateur français, d'origine suisse (Lausanne 1845 - Sceaux 1917). Il composa des affiches, des illustrations, des cartons de vitraux, des modèles de meubles, d'étoffes, de papiers peints, et un modèle de caractères d'imprimerie.

Grasset (Joseph), médecin et philosophe français (Montpellier 1849 - *id.* 1918). Professeur de clinique médicale à Montpellier, il fut un représentant de l'école vitaliste de cette faculté. On lui doit des travaux sur la pathologie nerveuse et des ouvrages de philosophie.

Grasset (Bernard), éditeur français (Chambéry 1881 - Paris 1955). Il fonda en 1907 une maison d'édition qui, après 1919, publia les œuvres de jeunes écrivains (Mauriac, Montherlant, Giraudoux, Maurois, Radiguet, etc.). En 1920, il lança la collection « les Cahiers verts », dirigée par Daniel Halévy.

grassette → GRAS.

grasseyé, grasseyement → GRASSEYER.

grasseyer v. intr. (de *gras*) [conj. **2**; conserve partout l'*y*]. Prononcer de la gorge certaines consonnes, et particulièrement les *r* : *Il grasseyait en parlant.* ✦ **grasseyé, e** adj. *Phonét.* Syn. vieilli de UVULAIRE. ✦ **grasseyement** n. m. Action de grasseyer.

Grassmann (Hermann), mathématicien et linguiste allemand (Stettin 1809 - *id.* 1877). Bien que s'étant occupé de certaines branches de la physique, théorique et expérimentale (électrodynamique, optique, acoustique), il s'est surtout intéressé aux mathématiques, concevant l'un des premiers la géométrie à plusieurs dimensions. Il eut le premier l'idée d'un calcul opérant directement sur les grandeurs géométriques. Comme linguiste, il s'est distingué dans l'étude du sanskrit.

grassouillet → GRAS.

Larousse

Eugène Grasset
reliure du « Petit Larousse illustré »
(édition spéciale, 1910)

grate n. m. Dans les houillères du Centre-Midi, poudingue houiller. (On dit aussi GRATTE.)

gratianopolitain, e adj. et n. Relatif au Graisivaudan ; habitant ou originaire de cette région.

graticuler v. tr. (ital. *graticolare*). Partager un dessin en carrés, en vue d'en changer l'échelle sans altérer les proportions. (On écrit aussi CRATICULER.)

Gratien, en lat. **Flavius Gratianus** (Sirmium 359 - Lyon 383), empereur romain (375-383), fils aîné de Valentinien Ier. Il partagea le gouvernement de l'Occident avec Valentinien II. Il fit enlever du sénat la statue de la Victoire, symbole du paganisme. Attaqué par l'usurpateur Maximus, il périt égorgé.

Gratien, canoniste italien (Chiusi, Toscane, XIe s. - Bologne v. 1160). Camaldule, il est l'auteur du recueil de droit canonique le plus connu au Moyen Age, dont le titre vulgarisé est *Decretum Gratiani.*

gratification → GRATIFIER.

gratifier v. tr. (lat. *gratificari* ; de *gratus*, agréable, et *facere*, faire). Accorder une libéralité à ; favoriser : *Gratifier un candidat d'une note indulgente.* ‖ *Ironiq.* Faire don d'une chose attribuée mal à propos : *Etre gratifié d'une amende.* ◆ **gratification** n. f. Somme versée à un salarié en sus de son salaire normal. (Certaines gratifications sont dues au même titre que le salaire, soit en vertu d'un usage ou d'une coutume, soit en vertu d'une convention collective.)

gratin n. m. (de *gratter*). Manière d'apprêter certains mets, en les couvrant de chapelure, de fromage râpé et de beurre fondu, et en les faisant cuire au four de façon à obtenir, en surface, une légère croûte. ‖ Mets ainsi préparé. ‖ Partie de certains mets qui reste attachée au fond du poêlon. ‖ Pâte rendue rugueuse par du verre pilé, dont l'application sur une surface donne par dessiccation un frottoir à allumettes. ‖ *Arg. de boulev.* Classe des élégants raffinés. ‖ Société choisie : *Faire partie du gratin de la petite ville.* ◆ **gratiné, e** adj. *Pop.* Qui sort de l'ordinaire, excessif : *Celui-là, comme cancre, il est gratiné !* ‖ — **gratinée** n. f. Soupe à l'oignon dans laquelle on a mis des croûtons de pain saupoudrés de fromage râpé et que l'on fait gratiner au four. ◆ **gratiner** v. tr. Faire cuire de manière à former du gratin : *Gratiner du macaroni.* ✦ v. intr. S'attacher au vase pendant la cuisson, rissoler.

gratiole [sjɔl] n. f. Plante aux fleurs roses et jaunes, fortement purgative, des prairies très humides (famille des scrofulariacées).

gratis [tis] adv. (mot lat.). Sans qu'il en coûte rien : *Entrer gratis au spectacle.* ‖ Bénévolement, pour rien : *Donner des conseils gratis.* (Syn. GRATUITEMENT.) ✦ adj. Gratuit : *Billet gratis. Entrée gratis.* ● *Gratis pro Deo* (Fam.), gratuitement.

gratitude n. f. (lat. *gratitudo*). Reconnaissance d'un service, d'un bienfait reçu ; sentiment affectueux envers un bienfaiteur : *Prouver à quelqu'un sa gratitude.*

Gratry (Auguste Alphonse), oratorien et philosophe français (Lille 1805 - Montreux, Suisse, 1872). Polytechnicien devenu prêtre, il restaura l'Oratoire, dont il dut démissionner en 1869 pour son opposition à l'infaillibilité pontificale. Il est l'auteur du *Catéchisme social* (1848), *De la connaissance de Dieu* (1853), et des *Sources* (1862). [Acad. fr., 1867.]

grattage, gratte, gratte-boesse, gratte-ciel, gratte-cul, gratte-dos, gratte-fond, grattement, gratte-papier, gratte-pieds → GRATTER.

gratter v. tr. (germ. *krattôn*). Racler, entamer superficiellement : *Gratter une muraille. Gratter la surface du caoutchouc pour y coller une pièce.* ‖ Frotter légèrement la peau avec les ongles : *Gratter son front.* ‖ Effacer, enlever avec un instrument quelconque : *Gratter une erreur d'addition.* ‖ Faire éprouver la sensation d'un grattement : *Vin qui gratte le gosier.* ‖ Passer le grattoir sur la tranche d'un livre, avant de procéder à la dorure sur tranches. ‖ Rectifier une surface plane au grattoir, pour assurer le contact parfait avec une autre surface. ‖ *Fam.* Faire éprouver une démangeaison. ‖ *Fig.* Faire un petit bénéfice ; grappiller : *Affaire où il n'y a rien à gratter.* ‖ *Pop.* Dépasser : *Gratter une voiture.* ‖ *Gratter du papier,* écrire beaucoup. ‖ *Gratter le pavé,* être très misérable. ‖ *Gratter la terre* ou *gratter la terre avec ses ongles,* se résigner à ce qu'il y a de plus pénible. ✦ v. intr. *Pop.* Travailler. ● *Grat-*

ter du violon, de la guitare, etc., en jouer médiocrement. ◆ **grattage** n. m. Action de gratter ; résultat de cette action. ‖ Action de gratter l'envers d'un tissu matelassé, pour le rendre plus duveteux et lui donner un toucher doux et moelleux. ‖ Opération ayant pour objet de parachever une surface plane constituant soit une glissière, soit une surface d'assemblage de précision, ou de parachever la surface intérieure des coussinets où tournent des axes de précision. ● *Carte grattage*, v. CARTE. ‖ *Lésions de grattage*, écorchures, excoriations cutanées provoquées sur la peau des ongles, au cours des affections prurigineuses. ◆ **gratte** n. f. *Fam.* Petit bénéfice plus ou moins irrégulier. ‖ Ce qu'un tailleur ou un ouvrier garde de l'étoffe ou de la matière qui lui est confiée. ‖ *Arg.* Gale. ◆ **gratte-boesse** ou **gratte-bosse** n. f. Brosse métallique dont les doreurs se servent pour étaler l'amalgame d'or, brosser les pièces de métal, etc. — Pl. *des* GRATTE-BOESSES, *des* GRATTE-BOSSES. ◆ **gratte-ciel** n. m. invar. (calque de l'angl. *sky scraper*). Nom donné aux immeubles à multiples étages des villes américaines, puis, *par extens.,* à toute construction remarquable par sa hauteur. (V. *encycl.*) ◆ **gratte-cul** n. m. Fruit de l'églantier, contenant le *poil à gratter*. — Pl. *des* GRATTE-CULS ou *des* GRATTE-CUL. ◆ **gratte-dos** n. m. invar. Baguette, terminée par une main d'ivoire ou d'os, pour se gratter le dos. ◆ **gratte-fond** n. m. Grattoir à dents métalliques, pour le ravalement des façades. — Pl. *des* GRATTE-FONDS. ◆ **grattement** n. m. Action de gratter : *Le grattement du chien à la porte.* ◆ **gratte-papier** n. m. invar. *Péjor.* Clerc d'étude, employé de bureau. ‖ Mauvais auteur. ◆ **gratte-pieds** n. m. invar. Paillasson fait de lames métalliques, placé à l'entrée des habitations. ◆ **gratteur** n. m. Appareil constitué par un bâti supportant des chaînes sans fin sur lesquelles sont fixés des godets, et utilisé pour la reprise au tas de matériaux en poudre ou granulés. ‖ Ouvrier chargé de peigner la surface des toiles de coton. ◆ **grattoir** n. m. Lame à deux tranchants, utilisée pour effacer les taches d'encre ou les tracés erronés sur le papier ou le carton. ‖ Outil à main en acier chromé trempé extra-dur, servant à rectifier une surface usinée, à en faire disparaître les aspérités. ‖ Lame d'acier utilisée pour gratter les tranches d'un livre avant la dorure. ‖ Outil préhistorique formé par un éclat tranchant de silex, apparu dès l'acheuléen. ◆ **grattoire** n. f. Instrument de serrurier, pour nettoyer des surfaces creuses. ◆ **gratture** n. f. Débris provenant du grattage.

— ENCYCL. **gratte-ciel.** Le gratte-ciel est caractérisé par un mur-rideau tendu sur un bâti de métal. Les précurseurs en furent les architectes George W. Snow (Chicago), puis Leroy S. Buffington (Minneapolis). L'inventeur en est William Le Baron Jenney (building de la Home Insurance, Chicago, 1885). En 1921, Ludwig Mies Van der Rohe

Lenars - Atlas-Photo

les **gratte-ciel** de New York

établit le projet du premier gratte-ciel tout en acier et en verre. Puis Frank Lloyd Wright proposa de nouvelles structures, avec un noyau en croix de murs de retenue en béton armé. Le Rockfeller Center (New York, 1931-1947) constitue le premier ensemble de gratte-ciel organisé suivant un plan d'urbanisme.

gratteron n. m. Gaillet aux feuilles bordées de petits crochets (famille des rubiacées).

gratteur, grattoir, grattoire → GRATTER.

grattons n. m. pl. Dans diverses régions de France, résidus de la fonte de la graisse de porc, d'oie ou de dinde, qui sont salés chauds et consommés froids en hors-d'œuvre. (Syn. FRITTONS.) ‖ Nom donné aux résidus secs et gras restant au fond du pressoir après l'extraction du saindoux.

gratture → GRATTER.

gratuit, e adj. (lat. *gratuitus* ; de *gratis*). Fait ou donné sans qu'il en coûte rien : *Donner des cours gratuits.* ‖ *Fig.* Désintéressé : *Il est rare que les éloges soient gratuits.* ‖ Non motivé ; sans fondement : *Hypothèse gratuite.* ‖ Qui n'a pas de but didactique : *Art gratuit.* ● *Acte gratuit,* acte que rien ne rend obligatoire, et qui n'est pas un moyen en vue d'autre chose. (Des exemples d'actes gratuits ont été donnés par la littérature, tel le « crime gratuit » de Lafcadio dans *les Caves du Vatican*, de Gide.) ‖ *Don gratuit*, v. DON. ◆ **gratuité** n. f. Caractère de ce qui est gratuit : *La gratuité de l'enseignement*. ◆ **gratuitement** adv. D'une manière gratuite ; sans paiement de retour : *Voyager gratuitement*. ‖ *Fig.* Sans fondement : *Avancer un fait gratuitement*.

Gratz. V. GRAZ.

grau n. m. Petit lac saumâtre. ‖ Chenal faisant communiquer un étang côtier avec la mer, ou estuaire d'un fleuve côtier (Languedoc).

Graubünden. V. GRISONS.

Grau (Jacinto), auteur dramatique catalan (Barcelone 1877 - Buenos Aires 1958). Il a composé des drames dont les sujets appartiennent au fonds des traditions espagnoles *(les Noces de Gamache*, 1903 ; *le Comte Alarcos*, 1917).

Grau-du-Roi (Le), comm. du Gard (arr. de Nîmes), à 6 km au S.-O. d'Aigues-Mortes, au débouché du chenal qui conduit à Aigues-Mortes et qui fut très important pour l'ancienne navigation ; 4 204 h. Station balnéaire. Port de pêche.

Graufesenque (la), lieu-dit de la commune de Millau (Aveyron). On y a reconnu l'un des principaux centres d'ateliers de céramique gauloise, puis gallo-romaine, exportée aux Iᵉʳ et IIᵉ s. dans tout l'Empire romain.

Graulhet, ch.-l. de c. du Tarn (arr. de Castres), sur le Dadou, à 26 km au S.-O. d'Albi ; 13 649 h. (*Graulhetois*). Important centre de mégisserie travaillant surtout les peaux de mouton de Mazamet.

Graun (Karl Heinrich), compositeur allemand (Wahrenbrück 1704 - Berlin 1759). Directeur musical, puis maître de chapelle de Frédéric de Prusse, il laisse des œuvres religieuses, des cantates, des concertos pour flûte, des opéras. Frédéric le chargea de créer un opéra italien à Berlin, pour lequel Graun écrivit des partitions dramatiques.

Graupner (Christoph), compositeur allemand (Hartmannsdorf, Saxe, 1683 - Darmstadt 1760). Maître de chapelle du landgrave de Hesse-Darmstadt, il fut élu cantor de Saint-Thomas de Leipzig, mais le landgrave le retint et J.-S. Bach prit la place.

gravatier → GRAVATS.

gravatif → GRAVE 2.

gravats ou **gravois** (vieilli) n. m. pl. (de *grève*). Partie grossière du plâtre, qui ne traverse pas le crible. ‖ Menus décombres de démolition. ◆ **gravatier** n. m. Entrepreneur ou ouvrier qui enlève les gravats, à la suite de démolitions, et les conduit aux décharges publiques.

1. grave adj. (lat. *gravis*, lourd). En parlant des choses, qui a de l'importance, du poids : *Sujet grave*. ‖ Qui peut avoir de

lourdes conséquences ; qui comporte des risques : *Prendre une décision grave. Une maladie grave*. ‖ Qui manifeste du sérieux, de la pondération ; austère : *Un visage grave*. ‖ En parlant des personnes, qui agit avec réserve, avec circonspection ; sérieux, posé : *Demeurer grave devant un problème vital*. ◆ **gravement** adv. D'une manière grave, compassée : *Annoncer gravement une nouvelle*. ‖ De façon considérable, importante : *Offenser gravement*. ‖ Dangereusement : *Être gravement malade*. ◆ **gravité** n. f. *Fig.* Importance, caractère grave : *Des événements d'une extrême gravité*. ‖ Caractère dangereux des maladies qui menacent la vie ou laissent des séquelles permanentes. ‖ Qualité d'une personne ou d'une chose grave : *La gravité d'un regard*. (V. aussi GRAVE 2.)

2. grave adj. (lat. *gravis*, lourd). *Phys.* Pesant : *Les corps graves*. (Vx.) ‖ En parlant d'un son, qui est produit par des ondes de faible fréquence : *Note grave*. ◆ **gravatif, ive** adj. Se dit d'une douleur accompagnée d'un sentiment de pesanteur. ◆ **gravifique** adj. Qui concerne le poids d'un corps. ◆ **gravimètre** n. m. Instrument permettant de mesurer avec une très grande précision la composante verticale du champ de la pesanteur. ‖ Instrument destiné à mesurer la densité gravimétrique des poudres. ◆ **gravimé-**

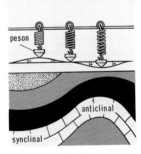

gravimétrie

trie n. f. Partie de la physique qui étudie l'intensité du champ de la pesanteur. ‖ Procédé de prospection géophysique fondé sur la mesure de cette intensité. ‖ Analyse chimique quantitative effectuée par pesées. ‖ Procédé de préparation mécanique des minerais ou des charbons, utilisant la gravité par la mise en œuvre des différences de densité dans l'eau du stérile et du minerai ou du charbon. ◆ **gravimétrique** adj. Qui concerne la gravimétrie. ◆ *Concentration* ou *lavage gravimétrique*, méthode classique de préparation mécanique des minerais ou du charbon, utilisant les différences de densité des produits à séparer. ◆ **gravité** n. f. Pesanteur des corps. ‖ Force de l'attraction universelle newtonienne exercée par la Terre sur un point de sa surface : *La pesanteur est la résultante de la gravité et de la force centrifuge.* ‖ Caractère d'un son musical relativement bas. (V. aussi GRAVE 1.) ● *Appareil à gravité,* appareil distributeur, duquel le liquide s'écoule sous l'action de son propre poids. ‖ *Centre de gravité,* point d'application de la résultante des forces qu'exerce la pesanteur sur les diverses parties d'un corps. ‖ *Gravité A. P. I.,* v. DENSITÉ A. P. I. ‖ *Tectonique de gravité,* hypothèse selon laquelle les nappes de charriage, et même les plis qu'on observe dans les chaînes de montagnes, résulteraient d'une descente de matériaux le long des pentes. ‖ *Triage par gravité,* opération qui consiste à refouler les wagons d'une rame à trier, séparés en coupes* convenables, sur une voie en dos d'âne, ou *butte de gravité,* d'où ils descendent en se séparant selon les coupes préparées, que l'on dirige vers des voies différentes, correspondant chacune à une destination.

grave n. f. → GRAVIER.

Grave (LA) ou **La Grave-en-Oisans,** ch.-l. de c. des Hautes-Alpes (arr. de Briançon), au-dessus de la Romanche, à 28 km à l'E. de Bourg-d'Oisans ; 453 h. *(Graverots).* Station d'altitude et de sports d'hiver. Eglise du XIVᵉ s. Parc forestier.

Grave (POINTE DE), cap de la côte de l'Atlantique (Gironde), marquant la fin de l'estuaire de la Gironde. Poche de résistance allemande en 1944. (V. ROYAN *[poche de].*)

Grave (Jean), anarchiste français (Le Breuil, Puy-de-Dôme, 1854 - Paris 1939). Il fonda *la Révolte et les Temps nouveaux,* et publia *la Société mourante et l'anarchie* (1893), *Terres libres* (1908), etc.

gravé → GRAVER.

gravelage → GRAVIER.

gravelet → GRAVER.

graveleusement → GRAVELEUX 1.

1. graveleux, euse adj. (de *gravelle*). *Fig.* Très libre, licencieux : *Conte graveleux.* ◆ **graveleusement** adv. En termes licencieux : *Plaisanter graveleusement.* ◆ **gravelure** n. f. Propos libres, graveleux.

2. graveleux → GRAVELLE.

gravelin n. m. Autre nom du chêne pédonculé.

Gravelines, ch.-l. de c. du Nord (arr. et à 19 km à l'O. de Dunkerque), sur l'Aa ; 11 647 h. *(Gravelinois).* Port de pêche et de commerce. Tissages, filatures, cartonneries, engrais. Gravelines a été édifiée en 1160 par le comte de Flandre. Les Espagnols y battirent les Français en 1558. Au large de cette ville, l'Invincible Armada fut vaincue par les Anglais (1588). Possession des ducs de Bourgogne, puis de la maison d'Autriche, Gravelines devint française en 1659.

gravelle n. f. (de *grève*). Tartre qui se

dépose dans les bouteilles de vin, après refroidissement. ‖ *Anc.* nom de la LITHIASE RÉNALE. ◆ **graveleux, euse** adj. Mêlé de gravier : *Terre graveleuse.* ‖ Se dit de fruits dont la chair contient de petits corps durs : *Poire graveleuse.*

gravelot n. m. V. PLUVIER.

Gravelot (Hubert François BOURGUIGNON, dit), peintre, graveur et dessinateur français (Paris 1699 - *id.* 1773). Elève de Restout, de Boucher, il se rendit à Londres en 1732 et y fit carrière de graveur et dessinateur satirique. Il illustra Shakespeare, puis, revenu en France, J.-J. Rousseau, Boccace. Ses dessins élégants et précis sont souvent à la pierre noire : *la Tapisserie, la Conversation* (Louvre).

Gravelotte, comm. de la Moselle (arr. et à 14 km à l'O. de Metz-Campagne) ; 507 h. Musée militaire. Théâtre d'une bataille entre Français et Prussiens (16-18 août 1870).

gravelure → GRAVELEUX 1.

gravement → GRAVE 1.

gravenche n. f. V. CORÉGONE.

graver v. tr. (anc. haut allem. *graban* ; allem. moderne *graben,* creuser). Tracer une figure, des caractères, sur un métal, sur du bois ou sur la pierre, à l'aide d'un outil ou d'un acide : *Graver une inscription. Graver le marbre.* ‖ Tracer sur une planche en métal, en bois, en matière plastique, etc., la copie d'une œuvre ou une œuvre originale, qui doit être reproduite par impression. ‖ *Fig.* Imprimer, fixer fortement : *Graver dans la mémoire, dans le cœur, une date, un bienfait.* ● *Machine à graver,* machine qui sert à la gravure des clichés typographiques. ‖ *Machine à graver électrique* ou *électronique,* machine qui produit des clichés sans l'intervention de la photographie. ‖ **— se graver** v. pr. Etre imprimé, fixé (au *pr.* et au *fig.*) : *Ce souvenir se gravera dans mon esprit.* ◆ **gravé, e** adj. Rongé par la rouille (en parlant d'objets en acier poli). ● *Gravé de petite vérole,* fortement marqué de petite vérole. ◆ **gravelet** n. m. Petit ciseau de tailleur de pierre dure, utilisé pour faire les ciselures étroites, ou filets. ◆ **graveur** n. m. Personne qui a pour profession de graver ou de faire graver. ‖ Transducteur électromécanique portant le burin de gravure et transformant les signaux électriques en déplacements du burin sur le support d'enregistrement. (L'expression TÊTE DE GRAVURE est à proscrire.) ◆ **gravoir** n. m. Instrument servant à graver. ◆ **gravure** n. f. Art ou manière de graver : *Apprendre la gravure. Gravure sur bois.* ‖ Image, estampe tirée sur une planche gravée ou lithographiée : *Livre orné de gravures.* (V. *encycl.*) ‖ Marque en creux, sur une pièce métallique déformée par forgeage, estampage, laminage ou emboutissage, due à la présence, en surface, d'une particule d'oxyde. ‖ Incision légère que le cordonnier pratique, soit dans les premières, soit dans

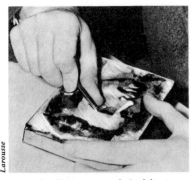

taille d'épargne, sur bois debout
à droite, taille-douce, sur cuivre

un graveur japonais

ci-dessous, lithographie

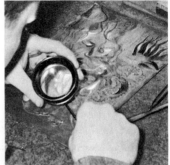

les semelles, pour encastrer les coutures. ●
Gravure d'une arme, lettres ou signes gravés
sur l'arme pour en indiquer le modèle, la date
de fabrication et la manufacture. ‖ *Gravure
sur disque,* action d'enregistrer un disque* en
creusant à la surface de celui-ci un sillon en
forme de spirale ; résultat de cette action.
(Syn. DISQUE.) ‖ *Gravure rupestre,* v. RU-
PESTRE.

— ENCYCL. **gravure.** La *gravure artistique*
comprend deux techniques essentielles : la
gravure en relief sur bois et la gravure en
creux sur métal.

● *Gravure en relief sur bois* ou *taille
d'épargne.* Le sujet est dessiné sur un bloc
de bois (noyer, poirier ou buis) ; les parties

autres que les traits sont évidées au couteau
« épargnant » le motif, laissé en relief, qui
reçoit l'encre et est imprimé. Le *bois de fil*
désigne un bloc taillé dans le sens des fibres
du bois (gravure allemande du XVIᵉ s. [Cra-
nach, Dürer]) ; le *bois debout,* un bloc taillé
perpendiculairement aux fibres (utilisé surtout au XIXᵉ s., pour la reproduction).
Les gravures en relief se tirent à la presse
typographique à bras. Les retouches ou les
modifications importantes sont impossibles
avec ce procédé.

● *Gravure en creux sur métal,* ou *taille-
douce.* Dans la *gravure au burin,* le burin
attaque directement le métal (cuivre rouge
généralement) ; en la chauffant légèrement

l'encre pénètre dans les « tailles » ; une feuille de papier humide est alors appliquée sur la plaque, soumise ensuite à la presse. Dürer, Mantegna à la Renaissance, Nanteuil au XVIIᵉ s., J. E. Laboureur au XXᵉ s. comptent parmi les maîtres du burin.

La *gravure à la pointe sèche* se rattache à la gravure au burin ; la pointe (acier ou diamant) soulève des « barbes », qui retiennent l'encre et donnent un velouté spécial.

La *manière noire* ou *mezzo tinto* nécessite l'emploi d'un *berceau*, outil en acier hérissé de pointes qui, promené sur la plaque, y fait de légères et innombrables aspérités ; celles-ci retiennent l'encre uniformément ; on travaille alors les noirs jusqu'aux blancs et aux demi-teintes cherchées en aplatissant plus ou moins les aspérités. La seconde technique principale de gravure en creux est l'*eau-forte*, beaucoup plus souple que le burin. La planche, recouverte d'un vernis sur lequel l'artiste grave à la pointe, est plongée dans un bain d'acide nitrique (l'« eau forte »), qui attaque le métal partout où la pointe a traversé le vernis. On lave, on dévernit ; l'encrage et le tirage sont analogues à ceux des burins. Rembrandt, qui a donné à l'eau-forte une grande liberté d'expression, et Piranèse ont laissé des chefs-d'œuvre du genre. Au XIXᵉ s., Corot, Delacroix, Millet ont gravé à l'eau-forte avec talent.

Dans l'*aquatinte*, la surface est couverte d'une couche de résine pulvérisée, fixée par chauffage. La résine forme des grains qui laissent entre eux de très petites surfaces de cuivre nu. On vernit les parties à protéger, puis l'on procède comme pour l'eau-forte ordinaire ; le résultat rappelle le dessin au lavis.

Dans le *vernis mou*, une feuille de papier est posée sur la planche recouverte d'un vernis tendre ; on dessine sur le papier et la planche est traitée à l'eau-forte ; l'effet est celui d'un dessin au crayon gras.

De même, la *gravure en manière de crayon* utilise, au lieu d'une pointe, une petite molette dont les aspérités donnent l'illusion du trait de crayon.

La *lithographie* est un dessin, plutôt qu'une gravure, sur une pierre calcaire, qui sera ensuite traitée par une solution acidulée qui fixe le crayon ou l'encre sur la pierre. Celle-ci est lavée avant d'être soumise à l'encrage. Au XIXᵉ s., la « litho » doit à Daumier ses lettres de noblesse (*la Rue Transnonain*).

La *gravure en couleurs* nécessite une planche pour chaque teinte ; ces planches sont tirées sur la même feuille de papier, en commençant par le plus pâle, celle de *trait* (l'essentiel du dessin) venant en dernier ; le *camaïeu*, très en vogue au XVIᵉ s. (Italie, Allemagne), utilise seulement deux planches, celle de trait et celle *de teinte* (toujours sur bois). Les tailles-douces peuvent être colorées sur une même planche, à la *poupée* (tampon de mousseline).

On appelle *épreuves d'état* les épreuves tirées pendant l'exécution de la gravure ; elles sont souvent différentes de l'état définitif (par ex. de Rembrandt *les Trois Croix*). Aux XVIIᵉ et XVIIIᵉ s. surtout, on réservait une *marge* sur le cuivre, portant le titre et le nom de l'auteur. Les épreuves tirées avant toute inscription sont dites *avant la lettre*.

Graves (les), région du Bordelais (Gironde), formée de terrasses caillouteuses sur la rive gauche de la Garonne, entre la Jalle de Blanquefort et Langon ; vignobles célèbres ; prairies d'élevage.

Graves (Robert James), médecin irlandais (Dublin 1796 - *id.* 1853), qui décrivit le premier le goitre exophtalmique (encore appelé *maladie de Graves-Basedow*).

Graves (Robert RANKE-GRAVES, dit **Robert**), écrivain anglais (Wimbledon 1895). Il a publié des poésies, des romans historiques, *Moi, Claude, empereur* (1934), et des essais.

Gravesande (Willem Jacob 'S), physicien hollandais (Bois-le-Duc 1688 - Leyde 1742). Il a imaginé l'anneau qui porte son nom, pour montrer la dilatation des solides, et construit le premier héliostat (1720).

Gravesend, v. de Grande-Bretagne (Kent), sur la rive sud de l'estuaire de la Tamise ; 51 400 h. Fabriques de papier ; pneumatiques.

gravette n. f. Nom usuel de l'*arénicole*, utilisée comme appât pour la pêche en mer.

gravetien, enne ou **gravétien, enne** adj. et n. m. (de *La Gravette*, site de la Dordogne, comm. de Bayac). Se dit d'une industrie du paléolithique supérieur (25 000 ans av. J.-C.).

graveur → GRAVER.

gravide adj. (lat. *gravidus*). Se dit de l'utérus lorsqu'il contient un embryon ou un fœtus. || Se dit de la femme enceinte ou de la femelle pleine. ◆ **gravidique** adj. Qui se rapporte à la grossesse. ◆ **gravidité** n. f. Syn. de GROSSESSE.

gravidocardiaque adj. *Accidents gravidocardiaques*, troubles des cardiaques pendant la grossesse ou l'accouchement.

gravidotoxique adj. Se dit de troubles d'allure toxique provoqués par la grossesse.

gravier n. m. (d'un mot prélatin *grava, sable). Terme imprécis qui désigne, selon les régions, soit le sable de carrière, soit le sable gros, ou un produit de triage intermédiaire entre le sable et les cailloux. || Roche détritique meuble, fraction comprise entre 2 et 20 mm de diamètre. || Dans les salins, emplacement sur lequel est amassé le sel récolté. || Mousse ou novice qu'on embarquait jadis sur les morutiers français. ◆ **grave** n. f. Gravier. (Dans la Gironde, les graves, alluvions pliocènes et quaternaires, portent des vignobles réputés.) ◆ **gravelage** n. m. Ouvrage en gravier. || Action d'égaliser une couche de gravier. ◆ **gravière** n. f. Exploitation de gravier. || *Agric.* Mélange de vesce et de lentille.

Gravier (Charles), zoologiste français (Orléans 1865 - Paris 1937). Il étudia les annélides, les mollusques et les zoophytes. (Acad. des sc., 1922.)

gravière → GRAVIER.

gravifique → GRAVE 2.

gravillon n. m. Produit de triage d'une roche concassée, dont les éléments sont compris entre 5 et 25 mm. ◆ **gravillonnage** n. m. Epandage de gravillons sur une chaussée, pour constituer la partie dure de la couche superficielle de roulement. ◆ **gravillonner** v. tr. Répandre des gravillons. ◆ **gravillonneur** n. m. Engin de carrière destiné à produire des gravillons. ◆ **gravillonneuse** n. f. Appareil utilisé pour le répandage de grandes quantités de gravillon. ◆ **gravillonnière** n. f. Exploitation de gravillon.

gravimètre, gravimétrie, gravimétrique → GRAVE 2.

Gravina (Gian Vincenzo), jurisconsulte italien (Roggiano, près de Cosenza, 1644 - Rome 1718), l'un des fondateurs, à Rome, de l'académie des Arcades.

Gravina (Federico Carlos, duc DE), amiral espagnol (Palerme 1756 - Cadix 1806). Il fut ambassadeur à Paris. Il commanda les vaisseaux espagnols au Ferrol et à Trafalgar, où il fut mortellement blessé.

gravir v. tr. (ital. *gradire*; du lat. *gradi*, marcher). Monter avec effort le long de : *Gravir une pente*. ‖ *Fig.* Franchir, parcourir péniblement : *Gravir les échelons de la hiérarchie*. ‖ — SYN. : escalader, grimper, monter.

gravisphère n. f. Espace dans lequel l'attraction d'un astre l'emporte sur celle de ses voisins. ◆ **gravitationnel, elle** adj. Qui concerne la gravitation : *Force gravitationnelle*. ● *Effondrement gravitationnel*, événement de la vie d'une étoile survenant lorsque les forces gravitationnelles l'emportent sur les forces thermonucléaires.

gravitatif, gravitation, gravitationnel → GRAVITER.

gravité → GRAVE 1 et 2.

graviter v. intr. (lat. sc. *gravitare*). Se mouvoir selon les lois de la gravitation : *Les planètes gravitent autour du Soleil*. ‖ *Fig.* Tendre, se porter incessamment vers ; tourner autour : *Graviter autour d'une célébrité*. ◆ **gravitatif, ive** adj. Qui produit la gravitation. ◆ **gravitation** n. f. Force en vertu de laquelle tous les corps s'attirent réciproquement en raison directe de leur masse et en raison inverse du carré de leur distance. ◆ **gravitationnel, elle** adj. Qui concerne la gravitation : *Force gravitationnelle*.

gravivolumètre n. m. Sorte de compte-gouttes, grâce auquel on peut prendre une masse de liquide déterminée.

gravoir → GRAVER.

gravois n. m. pl. V. GRAVATS.

Gravone (le), fl. de l'ouest de la Corse, qui rejoint la mer près d'Ajaccio ; 46 km.

gravure → GRAVER.

Gray, ch.-l. de c. de la Haute-Saône (arr. de Vesoul), sur la Saône, à 45 km au N.-O. de Besançon ; 8 313 h. Eglise de style flamboyant. Hôtel de ville du XVIe s. Musée dans le château du XVIIe s. (œuvre gravé de Prud'hon). Métallurgie ; textile ; électronique.

Gray (Stephen), physicien anglais (v. 1670 - Londres 1736). Il fut l'un des créateurs de l'électrostatique, grâce à ses découvertes de la conductivité et de l'électrisation par influence.

Gray (Thomas), poète anglais (Londres 1716 - Cambridge 1771). Ami d'Horace Walpole, il voyagea avec lui en France et en Italie, puis se fixa à Cambridge. Ses poèmes annoncent le romantisme et ont été d'une importance considérable pour l'évolution de la poésie anglaise. Le plus célèbre, *Elégie écrite dans un cimetière de campagne*, composé entre 1744 et 1750, fut publié en 1751.

Gray (Elisha), inventeur américain (Barnesville 1835 - Newtonville, Massachusetts, 1901). Il apporta de multiples perfectionnements au télégraphe et au téléphone, dont il revendiqua l'invention, ce qui l'entraîna dans un long et âpre procès. En 1888, il fit breveter un téléautographe, qui transmettait à distance, par fil, des textes manuscrits.

gray n. m. (de Stephen *Gray*). Unité de mesure de dose absorbée (symb. Gy) équivalant à la dose absorbée dans un élément de matière de masse 1 kilogramme auquel les rayonnements ionisants communiquent de façon uniforme une énergie de 1 joule.

Graz, v. d'Autriche, capit. de la Styrie, sur la Mur ; 244 400 h. Palais provincial de 1563 ; ruines du château des margraves de Styrie. Ecole polytechnique (*Joanneum*), fondée en 1811. Centre industriel et touristique.

Graziani (Jean César), général français (Bastia 1859 - Paris 1932). Il commanda en 1917-1918 les troupes françaises engagées sur le front italien.

Graziani (Rodolfo), marquis **de Neghelli,** maréchal italien (Filettino prov. de Frosinone, 1882 - Rome 1955). Vice-gouverneur de la Cyrénaïque (1930), il commanda le front de Somalie pendant la campagne d'Ethiopie (1936), où il succéda à Badoglio comme vice-roi (1936). Commandant en chef en Libye (1940), il fut vaincu par Wavell. Ministre de la Guerre de Mussolini (1943), condamné en 1945, il fut libéré en 1950.

Graziella, épisode des *Confidences,* de Lamartine (1849), publié isolément en 1852. C'est l'histoire, embellie, de la rencontre en 1811 du poète et d'une cigarière de la manufacture des tabacs de Naples. Une jeune pêcheuse, abandonnée par celui qu'elle aime, meurt de douleur.

gré n. m. (lat. *gratum,* chose agréable). Usité seulement dans quelques locutions. ● *Au gré de, selon le gré de,* à la convenance de, selon les désirs de : *Choisir un vêtement à son gré.* — Selon le caprice, la fantaisie de : *Une barque poussée au gré des vents.* — Selon le sentiment, le goût de : *Il a trop parlé, à mon gré.* ‖ *Bon gré, mal gré,* ou *de gré ou de force,* volontairement ou par contrainte. ‖ *Contre le gré de,* contre la volonté, sans l'agrément de : *Se marier contre le gré de ses parents.* ‖ *De gré à gré,* à l'amiable, d'un commun accord. ‖ *De son plein gré,* volontiers, en toute liberté. ‖ *Savoir gré, bon gré, un gré infini,* etc., avoir de la reconnaissance. ‖ *Savoir peu de gré, mauvais gré,* se montrer plus ou moins satisfait ou mécontent des paroles, des procédés de quelqu'un : *Je lui ai rendu service ; il m'en a su peu de gré.*

gréage → GRÉER.

Great Eastern, paquebot à vapeur anglais construit de 1853 à 1858 et lancé sur la Tamise. D'un déplacement de 27 300 t, il fut pendant quarante ans le plus grand navire du monde. Il immergea le premier câble entre l'Europe et les Etats-Unis (1865-1866).

Greater Wollongong, ou **Wollongong,** v. d'Australie (Nouvelle-Galles du Sud) ; 145 700 h. Centre minier et sidérurgique.

Great Falls, v. des Etats-Unis (Montana) ; 55 400 h. Métallurgie du cuivre et du zinc.

Great Smoky Mountains, partie des Appalaches, entre Knoxville et Asheville (2 024 m).

Gréban (Arnoul), poète dramatique français (Le Mans v. 1420 - *id.* 1471). Son œuvre principale, le *Mystère de la Passion* (composé avant 1452), tient une place importante dans l'histoire du théâtre français. C'est une fresque de l'Ancien et du Nouveau Testament en 34 754 vers. Les dialogues sont coupés de pièces lyriques. Le réalisme et le comique se glissent parmi les thèmes théologiques et mystiques. — Son frère SIMON, auteur dramatique, composa entre 1452 et 1478, avec l'aide d'Arnoul ou de Jean Du Périer, le mystère des *Actes des Apôtres.*

grèbe n. m. (mot savoyard). Oiseau aquatique, mesurant de 25 à 50 cm de long, excellent plongeur, mangeur de poissons, aux pattes bordées de lobes natatoires, mais situées trop en arrière pour servir à la marche. (Il bâtit un nid flottant parmi les roseaux ; il porte une huppe lors de la reproduction. Type de la famille des podicipitidés.)

Greber (Jacques), architecte français (Paris 1882 - *id.* 1962). Il exécuta plusieurs plans d'aménagement pour des villes étrangères (Philadelphie, 1927). Il fut architecte en chef de l'Exposition internationale de 1937. Après 1945, il conçut le plan de reconstruction de Rouen.

grébiche n. f. Garniture de petits rectangles de métal qu'on replie sur le bord des objets de maroquinerie. ‖ Ligne d'une publication où se retrouve le nom de l'imprimeur, avec des indications de date, de tirage, etc. ‖ Numéro d'ordre d'un manuscrit destiné à l'impression. ‖ Couverture comportant des fils tendus le long du dos, permettant d'y fixer des brochures de faible épaisseur.

grébifoulque n. f. (de *grèbe* et *foulque*). Oiseau ralliforme des régions chaudes, ayant les mœurs du grèbe et les pattes de la foulque.

grec, grecque adj. De la Grèce ; qui appartient à la Grèce : *L'art grec. La langue grecque.* ‖ *Calotte grecque,* fez des Grecs, des Turcs, etc. — Sorte de bonnet à gland, à peu près de même forme. ‖ *Eglise grecque,* Eglise orthodoxe de Grèce. ‖ *Grecs-unis,* v. GRECQUES (*Eglises*). ‖ *I grec,* avant-dernière lettre de l'alphabet français (Y), qui n'est que l'upsilon des Grecs. ‖ *Profil grec,* visage qui a le nez dans le prolongement du front, en ligne droite, comme dans les statues

IMPRI-MERIE	APPELLATION (grec ancien)	IMPRI-MERIE	APPELLATION (grec ancien)
A α	a alpha	N ν	n nu
Β б, β	b bêta	Ξ ξ	ks xi
Γ γ	g gamma	O o	o omicron
Δ δ	d delta	Π π	p pi
Ε ε	e epsilon	Ρ ρ	r rhô
Z ζ	dz dzéta	Σ σ, ς	s sigma
H η	e êta	T τ	t tau
Θ θ	t aspiré : thêta	Υ υ	u upsilon
Ι ι	i iota	Φ φ	p aspiré : phi
K κ	k kappa	X χ	k aspiré : khi
Λ λ	l lambda	Ψ ψ	ps psi
M μ	m mu	Ω ω	o oméga

alphabet grec

grecques. ✦ n. Habitant ou originaire de la Grèce. ‖ Membre de l'Eglise grecque. ‖ Dans l'Ecriture, païen, par oppos. à *juif.* ‖ — *grec* n. m. Langue parlée en Grèce et appartenant à la famille des langues indo-européennes. (Très anciennement parlé dans le bassin égéen, le grec a été la langue des Mycéniens, puis celle des peuples de la Grèce ancienne sous différents dialectes ; constitué en langue commune à l'époque hellénistique [IIIe s. av. J.-C.], le grec est devenu la langue du monde chrétien d'Orient [*grec byzantin*], avant d'être la langue de la Grèce moderne sous les deux formes, parlée [*démotique*] et savante, opposées par de nombreux traits.) ‖ *Grec du roi*, caractère grec que Robert Estienne fit exécuter pour l'Imprimerie royale à Paris. ‖ — *grecque* n. f. Ornement fait de lignes brisées à angle droit. ‖ Entaille pratiquée sur le dos des cahiers, et dans laquelle viendra se loger la ficelle pour faire les nerfs de la reliure*. ‖ Cette ficelle. ‖ Sorte de scie égoïne qui sert à pratiquer les grecques dans le fond des cahiers avant couture. (On dit aussi SCIE À GRECQUER.) ● *A la grecque*, à la manière des Grecs : *Coiffure à la grecque*. — Se dit du mode de préparation de divers légumes (artichauts, champignons, oignons, etc.) que l'on a fait cuire dans une cuisson à base d'huile, de vin et d'aromates, et qui sont servis froids, comme hors-d'œuvre. ◆ **grécisant**, e n. Celui qui s'attache aux formes adoptées par l'Eglise orthodoxe. ‖ Celui qui s'attache aux habitudes grecques. ◆ **grécisation** n. f. Adaptation au caractère grec. ◆ **gréciser** v. tr. Donner la forme grecque à un mot d'une autre langue. ◆ **grécité** n. f. Caractère d'un mot qui est grec : *Disputer sur la grécité d'une expression.* ● *Basse grécité*, langue grecque en usage après Alexandre. ‖ *Haute grécité*, langue grecque de l'époque classique. ◆ **grecquage** n. m. Action de grecquer. ◆ **grecquer** v. tr. Pratiquer, d'une part, sur le dos des cahiers assemblés avant couture, des entailles transversales ou *grecques*, dans lesquelles seront logées les ficelles, et, d'autre part deux entailles plus petites destinées aux nœuds de chaînette.

— ENCYCL. ● *Littérature grecque moderne.* Après la chute de Byzance, l'hellénisme se maintint comme civilisation par sa langue et sa littérature. Mais la création littéraire se religionarise et la religiosité cesse d'être le thème essentiel des œuvres. La littérature néo-hellénique évolue au cours de trois grandes périodes : le « régionalisme littéraire » (1453-1820) ; l'élaboration d'une expression nationale (1820-1920) ; et le renouvellement moderne des thèmes et des techniques (de 1920 à nos jours).

1453-1820. On distingue des régionalismes insulaire et continental. Les créations sont exprimées en langues dialectales. La Crète tient une place prépondérante.

A partir du XVIIe s., la société phanariote inspire une littérature érudite, de langue savante, mais un courant populaire s'esquisse : *Coraï* (1748-1833) tente de créer une langue de culture.

1820-1920. Le renouveau littéraire prend naissance dans les îles Ioniennes. La guerre d'indépendance offre à *Solomos* (1798-1857) la matière de la première grande création poétique nationale, et inspire les lyriques, *Calvos* (1792-1867), *Typaldos* (1814-1883) et *Valaoritis* (1824-1879), le satirique *Lascaratos* (1811-1901). Vers la fin du XIXe s.,

Athènes devient la capitale des lettres. Si *Papadiamandis* (1851-1911) use encore d'une langue savante, la prose s'oriente vers le « vulgarisme » avec *Psichari* (1854-1929) et les nouvelles d'*Eftaliótis* (1849-1923). Le roman trouve sa première technique chez *Karkavitsas* (1866-1922). Le lyrisme romantique et l'inspiration populaire se rejoignent dans la poésie de *Palamas* (1859-1943), de *Cavafy* (1863-1933), de *Sikélianos* (1884-1951). Le théâtre apparaît avec Christomanos (1867-1911), qui fonde la « Scène nouvelle » (1901).

1920-1965. La littérature contemporaine est caractérisée par le réalisme avec lequel elle traduit les grands problèmes contemporains : ainsi chez *Kazantzakis* (1885-1957), *Myrivilis* (né en 1892), *Vénézis* (1904-1973). Conflits psychologiques et sociaux nourrissent les romans de Pétsalis (né en 1904), Terzakis (né en 1907), Prévélakis (né en 1909), Athanasiadis (né en 1913), tandis que la poésie de *Séféris* (1900-1971) se montre plus soucieuse de recherches formelles.

● *Musique grecque moderne.* La *musique folklorique* perpétue certaines traditions byzantines. Aujourd'hui se développe dans les ports une chanson populaire d'harmonisation simple, le *rébétiko*. La *musique savante*, dite néo-hellénique après 1823, ne se dégage d'abord guère du pur italianisme. Ce n'est qu'après la Seconde Guerre mondiale que se développe une école nationale, avec Manolis Kalomiris (1833-1962) et Petro Petridis (né en 1892) ; mais c'est la génération suivante qui offre l'un des plus grands noms : Nikos Skalkotas (1904-1949), qui a apporté un renouveau symphonique considérable. La jeune génération se distingue par la qualité de ses recherches en musique moderne avec Yorgos Sicilianos (né en 1922), Mikis Theodorakis, et surtout Yannis Xenakis. Il faut noter un remarquable chef d'orchestre, Dimitri Mitropoulos (1896-1960).

grecques (EGLISES). ● *Eglises grecques de rite byzantin.* I. *Patriarcat de Constantinople.* Les évêques de Constantinople sont patriarches depuis 381 ; en 451, ils se considérèrent comme les égaux du pape, dont ils se séparèrent définitivement en 1054.

II. *Archevêché de Chypre.* L'Eglise de Chypre est indépendante depuis le concile d'Ephèse (431).

III. *Eglise de Grèce.* Elle fut constituée après l'indépendance du pays (1833).

● *Grecs unis.* Ce sont des chrétiens orientaux qui se sont séparés des orthodoxes pour s'unir à l'Eglise romaine. Ils comprennent des groupes dispersés en Europe centrale et orientale, et aux Etats-Unis. Le plus important est celui des Ruthènes*.

grecques (LIGUES), sortes d'Etats fédératifs grecs, à l'époque hellénistique. Elles ont permis à des groupes régionaux de cités grecques, par elles-mêmes puissances mé-

GRÈCE

diocres en face des monarchies constituées
à l'issue du démembrement de l'empire
d'Alexandre, de mieux défendre leur indépendance en constituant des fédérations, ou
en renforçant des liens fédératifs existant
antérieurement. Les mieux connues sont la
Ligue achéenne et la Ligue éolienne.

Grèce, en gr. **Hellas,** Etat le plus méridional
de la péninsule balkanique ; 133 000 km² ;
9 170 000 h. (*Grecs* ou *Hellènes*). Capit.
Athènes. Langue : *grec.*

Géographie.

● *Géographie physique.* A la fois continentale, péninsulaire (Péloponnèse) et insulaire
(îles Ioniennes, Cyclades, Sporades, Crète),
la Grèce est un pays montagneux (2 911 m à
l'Olympe) où la complexité de la structure
s'accompagne d'une grande fragmentation du
relief. De l'Albanie à la Crète (Epire, massif
du Pinde, Péloponnèse) se développe le
système dinarique plissé et faillé. Dans l'E. et
le N. (Macédoine, Thrace), le socle apparaît

GRÈCE

NOME	SUPERFICIE EN KM²	NOMBRE D'HABITANTS	CHEF-LIEU
Achaïe (7)	3 135	236 800	*Patras*
Arcadie (7)	4 311	112 100	*Tripoli*
Argolide (7)	2 117	89 000	*Nauplie*
Árta (3)	1 580	78 000	*Árta*
Athos (Mont-) [6]	333	1 713	*Karya*
Attique (4)	3 776	195 000	*Athènes*
Béotie (4)	3 174	114 300	*Levadhia*
Canée (La) [1]	2 396	119 600	*La Canée*
Cavalla (6)	2 065	121 500	*Cavalla*
Céphalonie (5)	777	36 700	*Argostoli*
Chalcidique (6)	2 998	73 900	*Polygyros*
Chio (2)	866	53 900	*Chio*
Corfou (5)	643	92 300	*Corfou*
Corinthie (7)	2 292	112 400	*Corinthe*
Cyclades (2)	2 577	86 100	*Hermoupolis*
Dodécanèse (2)	2 721	120 300	*Rhodes*
Drama (6)	3 505	91 000	*Drama*
Élide (7)	2 684	164 900	*Pyrgos*
Êmatheia (6)	1 721	118 000	*Berroia*
Étolie-et-Acarnanie (4)	5 391	228 700	*Missolonghi*
Eubée (4)	3 865	165 800	*Chalcis*
Eurytanie (4)	2 008	29 500	*Karpenísi*
Hebros (9)	4 193	141 000	*Alexandroupolis*
Hêraklion (1)	2 656	209 700	*Hêraklion (Candie)*
Ioannina (3)	4 921	134 400	*Ioannina*
Karditsa (8)	2 529	133 800	*Karditsa*
Kastoría (6)	1 674	45 600	*Kastoría*
Kilkís (6)	2 622	84 500	*Kilkís*
Kozanê (6)	5 689	135 600	*Kozanê*
Laconie (7)	3 596	95 800	*Sparte*
Lárissa (8)	5 535	232 200	*Lárissa*
Lasíthi (1)	1 807	66 100	*Hágios Nikoláos*
Lesbos (2)	2 135	114 500	*Mytilène*
Leucade (5)	438	24 600	*Leucade*
Magnésie (8)	2 575	161 500	*Vólos*
Messénie (7)	2 928	172 900	*Calamata*
Pella (6)	2 481	126 200	*Edessa*
Phlôrina (6)	1 859	52 200	*Phlôrina*
Phocide (4)	2 078	41 500	*Amphissa*
Phtiotide (4)	4 325	155 000	*Lamía*
Piérie (6)	1 537	91 400	*Katerinê*
Préveza (3)	1 096	56 600	*Préveza*
Rethymnon (1)	1 476	60 900	*Rethymnon*
Rhodope (9)	2 548	107 600	*Comotini*
Samos (2)	781	41 700	*Bathy*
Serrai (6)	3 968	202 800	*Serrai*
Thesprotide (3)	1 497	40 600	*Hêgoumenitsa*
Thessalonique (6)	3 501	703 400	*Thessalonique*
Tríkkala (8)	3 334	131 800	*Tríkkala*
Xanthi (9)	1 793	80 700	*Xanthi*
Zante (5)	402	30 200	*Xakynthos (Zante)*

Les nomes de Grèce se répartissent en neuf régions : *Crète* (1), *Égée (îles de la mer)* [2], *Épire* (3), *Grèce centrale et Eubée* (4), *Ionienne (îles de la mer)* [5], *Macédoine* (6), *Péloponnèse* (7), *Thessalie* (8), *Thrace* (9).
VILLES PRINCIPALES : *Athènes, Thessalonique, Patras, Hêraklion, Lárissa, Vólos, Cavalla, Serrai, La Canée, Calamata, Ioannina.*

fréquemment ; il s'agit de noyaux de roches anciennes, affectés de mouvements verticaux, qui ont délimité des blocs élevés entre des failles (S. du Rhodope, Olympe) et des bassins d'effondrement (Thessalie). Quelques bassins emplis de sédiments tertiaires et des plaines alluviales jalonnent un littoral très découpé.

Le climat est dans l'ensemble de type méditerranéen. A Athènes, la température moyenne de janvier est de l'ordre de 10 ^{0}C, et celle de juillet et d'août approche 30 ^{0}C. Les quatre cinquièmes des faibles précipitations (environ 400 mm) tombent d'octobre à mars. Toutefois, la latitude, l'exposition et la continentalité introduisent des nuances climatiques sensibles. La température moyenne de janvier n'est plus que de 6,5 ^{0}C à Thessalonique et de 5,8 ^{0}C à Lárissa. Le littoral occidental reçoit annuellement 1 m de précipitations (1 200 mm à Corfou), et le littoral égéen à peine 500 mm. Cette dégradation du climat méditerranéen typique explique le passage de la forêt de chênes verts et du maquis du littoral et des îles à une végétation steppique dans les bassins intérieurs de l'Est.

● *Géographie humaine et économique.* Dans le cadre de l'Europe méditerranéenne, la population est relativement dense (68 h. au kilomètre carré). Elle s'est accrue jusqu'à la Seconde Guerre mondiale avec une rapidité qui explique l'intense émigration d'alors. Aujourd'hui, le taux de natalité est descendu à 15,7 p. 1 000, et le taux annuel d'accroissement est de l'ordre de 0,7 p. 100. Mais l'émigration n'a pas cessé : dirigée autrefois surtout vers les Etats-Unis, elle est orientée principalement aujourd'hui vers l'Allemagne occidentale. Elle a toujours pour cause un développement insuffisant de l'économie, du secteur industriel en premier lieu.

L'ensemble des activités industrielles fournit le tiers du produit intérieur brut. Parmi les activités minières dominent l'extraction du lignite (Macédoine) et surtout celle de la bauxite (près de 3 Mt, provenant principalement du nord du golfe de Corinthe). Le lignite assure la majeure partie d'une modeste production globale d'électricité (environ 15 TWh), malgré quelques aménagements hydrauliques récents (sur l'Achéloos). Une usine d'aluminium s'est implantée près des gisements de bauxite (Aspra Spitia). Avec la sidérurgie d'Eleusis et le complexe pétrochimique de Thessalonique, c'est l'une des rares activités modernes juxtaposées aux traditionnelles usines textiles et alimentaires et aux manufactures de tabac.

Les cultures occupent 30 p. 100 du sol, et les prairies et les pâturages près de 40 p. 100. L'agriculture emploie encore environ la moitié de la population active. Elle n'assure pourtant que le quart du produit intérieur brut. Elle se caractérise par l'excessif morcellement des terres (la taille moyenne de

Rhodes : l'hôpital des Chevaliers

l'Hermès de Praxitèle

l'exploitation est inférieure à 3 ha), par l'importance des productions de céréales (2 Mt de blé), de tabac, d'huile, d'olive et de vin, et par celle de l'élevage ovin. Elle souffre aujourd'hui des difficultés d'écoulement des productions de blé et de tabac, qui favorisent une timide orientation vers des cultures plus spécialisées (fruits et légumes, coton).

La balance commerciale est lourdement défi-

temple
de Poséidon
au cap
Sounion
(Vᵉ s. av. J.-C.)

le Trésor
des Athéniens
à Delphes
consacré
après Marathon

citaire. Dans les importations dominent largement les produits industriels. Le tabac assure plus du tiers des exportations, et les produits alimentaires plus de 25 p. 100. 40 p. 100 du commerce s'effectuent avec le Marché commun, auquel la Grèce est associée et vis-à-vis duquel elle fait acte de candidature. Le déficit commercial n'est que partiellement comblé par les revenus procurés par une importante flotte marchande (plus de 7,5 millions de tonneaux), travaillant en grande partie pour l'étranger, par les envois des émigrés et surtout par le tourisme. Celui-ci est favorisé par les conditions naturelles et aussi par les immenses richesses archéologiques. La Grèce accueille annuellement environ 1 million de visiteurs étrangers (principalement à Athènes, dans le Péloponnèse et les îles), dont les dépenses correspondent approximativement au sixième du montant des exportations.

Histoire.

● *La Grèce primitive (jusqu'au VIIIᵉ s. av. J.-C.).* Dès le néolithique, des peuplades d'origine septentrionale occupent la Thessalie et la Crète, y développant une civilisation agraire. A l'époque du bronze ancien (2500-1900 av. J.-C.), l'Anatolie joue un rôle prépondérant, Troie constituant un riche foyer de civilisation. En Grèce centrale se développe la civilisation dite « de l'helladique ancien », caractérisée notamment par une florissante industrie céramique ; en Crète débute la civilisation dite « minoenne ». Celle-ci atteint son apogée à l'époque dite « du minoen moyen » et du bronze récent (1400-1100) [v. CRÈTE et MINOEN]. La Grèce continentale et les îles ioniennes sont alors progressivement occupées par des Indo-Européens, parlant grec. Ceux-ci sont fortement influencés par la Crète minoenne ; la Grèce continentale devient le centre d'une civilisation semblable, dite « mycénienne » parce que Mycènes en est la véritable capitale (XVᵉ-XIIIᵉ s.) ; Tirynthe, en Argolide, Pylos et la Thessalie voient aussi se dresser des villes-citadelles entourées de murs cyclopéens.
La religion de ces villes riches et artistiques est patriarcale, le roi étant aussi le chef religieux. Au XIIIᵉ s. se situent la destruction de Troie par les Grecs et l'invasion des « Peuples de la mer », qui ruinent le Proche-Orient. Le monde mycénien, réduit à ses propres ressources, disparaît avec l'invasion des Doriens, venus du Nord (XIIᵉ s.). Les fuyards s'établissent en Ionie, en Arcadie et en Attique, tandis que les Doriens s'installent progressivement dans le Péloponnèse. La Grèce passe progressivement du régime patriarcal, du clan au régime de la *cité*, de la royauté au gouvernement oligarchique d'une classe de propriétaires et de l'économie pastorale et domestique à une économie fondée sur le commerce.

● *La Grèce archaïque (VIIIᵉ s.-478 av. J.-C.).* Cependant, les cités ont tendance à se diviser en deux groupes ; les cités rurales et aristocratiques, principalement doriennes (Béotie, Péloponnèse) ; les cités commerçantes et démocratiques (Mégare, Athènes). Deux cités finissent par s'imposer dans chacun des groupes : Sparte (dorienne), dominée par une caste guerrière possédant des terres et des esclaves (hilotes) ; Athènes (ionienne), orientée vers le commerce maritime et les réformes politiques dans un sens de plus en plus démocratique, opérées successivement par Dracon, Solon, Pisistrate, Clisthène (VIIᵉ-VIᵉ s.) [v. ATHÈNES]. Le grand lien entre les cités grecques est la religion, progressivement unifiée (syncrétisme) ; de grands sanctuaires panhelléniques (Délos, Delphes, Olympe, Eleusis, Epidaure) deviennent des points de rencontre très fréquentés. En même temps, les Grecs établissent des colonies sur le pourtour de la Méditerranée occidentale et principalement en Grande-Grèce ; par ailleurs, le monde grec s'étend sur le littoral asiatique de la mer Egée et de l'Hellespont, où se développent de florissantes cités : Milet, Sardes, Ephèse, Halicarnasse. Cette riche Grèce d'Asie est envahie par les Perses, dont les visées menacent la Grèce elle-même. En 499, l'Ionie se révolte contre eux ; les Grecs s'unissent à leurs frères d'Asie. Ainsi éclatent les *guerres médiques*. Les Athéniens brûlent Sardes, mais les Perses rasent Milet révoltée (494). Le Grand Roi attaque la Grèce d'Europe : l'expédition navale perse est battue par les Grecs à Marathon (490). Thémistocle convainc alors les Athéniens de construire un arsenal et une flotte de guerre. La seconde guerre médique débute par une formidable expédition de Xerxès, qui franchit l'Hellespont (480), envahit la Grèce, écarte les héroïques Spartiates aux Thermopyles, mais est vaincue par la flotte grecque à Salamine (29 sept. 480) ; battus sur terre à Platées (479), les Perses refluent, et, après la victoire grecque au cap Mycale, l'Ionie se soulève de nouveau.

● *La Grèce classique (478-323 av. J.-C.).* Athènes est le principal bénéficiaire de la défaite perse ; de 478 à 431 l'hégémonie athénienne est pratiquement incontestée. Elle a comme fondement la Confédération athénienne (477-404), groupant autour d'Athènes les cités d'Ionie et de l'Hellespont. Athènes traite ses alliés en protégés, créant chez eux des colonies, ou *clérouquies;* en 454, le trésor de la confédération de Délos est transféré à Athènes. La victoire du stratège athénien Cimon sur les Perses à l'Eurymédon (468) et la paix de Callias (449) consacrent la libération de l'Egée. De 443 à 429, le stratège Périclès fait d'Athènes un Etat puissant ; la cité athénienne, foyer d'une civilisation brillante, à vocation universelle, devient le type de la cité démocratique antique. Mais l'impé-

Giraudon

amphore
d'Euphronios
Louvre

Percheron

Coré
détail

amphore
*British
Museum*

Fleming

Bevilacqua

Mycènes
escalier conduisant
à la porte des Lionnes

Bottin

le Philippéion, à Olympie (IVᵉ s. av. J.-C.)

cratère
style de Kertch'
Louvre

Held

rialisme et le prestige d'Athènes devaient nécessairement provoquer des jalousies et des rancœurs. Quand Athènes, s'appuyant sur les cités à régime démocratique, veut détacher certaines cités oligarchiques de la ligue Péloponnésienne, dirigée par Sparte, un conflit éclate entre Athènes et Sparte : c'est la *guerre du Péloponnèse* (431-404). Tandis que les Spartiates investissent inutilement Athènes, la flotte athénienne harcèle les côtes du Péloponnèse : la paix de Nicias, en

421, n'est qu'une trêve. En 415, les Athéniens conduisent une expédition en Sicile (Syracuse), qui se termine par un désastre (413) : la Confédération athénienne commence alors à se disloquer. Si bien que, en 405, Sparte, vainqueur sur l'Aigos-Potamos, fait imposer à Athènes un humiliant régime oligarchique (tyrannie des Trente, 404-403). La période qui s'étend de 404 à 371 voit l'hégémonie de Sparte en Grèce. D'abord alliée des Perses, Sparte rompt avec eux (399) ; mais, en butte à une coalition des cités grecques soutenue par la Perse (traité d'Antalkidas, 386). Le régime de terreur que Sparte fait régner en Hellade contribue à rapprocher Athènes et Thèbes ; la victoire thébaine de Leuctres (371) met fin à l'hégémonie de Sarpte. Tandis que Thèbes s'efforce d'établir la sienne, Athènes reconstitue sa confédération. Bientôt les ambitions de Thèbes et son alliance avec le Grand Roi déterminent Athènes à se rapprocher de Sparte (369). Victorieuse à Mantinée (362), Thèbes doit cependant renoncer à ses prétentions dans le Péloponnèse. Toutes ces intrigues affaiblissent la Grèce et, au IVe s., la cité grecque connaît une crise grave, caractérisée par la baisse de l'esprit civique et la multiplication des conflits sociaux. Tous les philosophes, Xénophon, Isocrate, Platon, puis Démosthène prêchent la réforme de la cité, et bientôt par les oligarchies ou la démagogie, et bientôt par une nouvelle puissance : la Macédoine. Grâce à Philippe II (359-336), la Macédoine est devenue une monarchie riche, fortement structurée, dotée d'une armée très bien organisée (phalange). Utilisant les discordes entre les cités grecques, Philippe intervient dans la « guerre sacrée » contre les Phocidiens (356-346), s'installe en Chalcidique, occupe les Thermopyles et la Phocide (346), puis (338) la Béotie. Battue à Chéronée en même temps que Thèbes (338), Athènes doit renoncer à la Chersonèse, qui devient macédonienne. A Athènes, Démosthène attire en vain l'attention de ses concitoyens sur le danger macédonien. Alexandre le Grand (336-323), fils de Philippe II, mate toute la Grèce (335), puis renverse l'Empire perse, ennemi commun de tous les Grecs. Mais les conquêtes d'Alexandre en Asie et en Afrique modifient radicalement les dimensions du monde grec : la Grèce propre entre dans une période de relatif effacement.

● *La Grèce hellénistique (323-146 av. J.-C.).* A la mort d'Alexandre (323), ses généraux se partagent son empire, fondant les dynasties des Séleucides, des Lagides, etc. ; la Grèce tente alors, mais en vain, de s'affranchir (guerre lamiaque, 323-322). Elle est ensuite l'enjeu des querelles des diadoques jusqu'à ce que, en 277, Antigonos Gonatas fonde la dynastie antigonide, qui règne sur la Grèce et la Macédoine. Cependant, la civilisation hellénistique, qui se développe dans le bassin méditerranéen, témoigne du prestige intact

de la Grèce. Dès la fin du IIIe s., les Romains interviennent progressivement en Grèce. Philippe V de Macédoine commet la faute, en 219, d'accorder son soutien aux pirates illyriens et à Carthage ; les Romains se tournent alors contre lui. En 197, Flaminius bat Philippe V, qui doit évacuer la Grèce : celle-ci est en fait livrée à l'anarchie. Après la victoire du Romain Paul Emile sur Persée, dernier roi de Macédoine (Pydna, 168), la Macédoine devient province romaine (148). La Grèce se révolte, mais elle est écrasée par Rome, qui la réunit à la province de Macédoine (146) ; la puissante cité commerçante de Corinthe ne se relève pas de ce désastre.

● *La Grèce romaine (146 av. J.-C.-395 apr. J.-C.).* L'échec des entreprises de Mithridate, la prise d'Athènes et du Pirée par Sulla (86 av. J.-C.) enlèvent à la Grèce ses dernières espérances. Sous Auguste, elle devient la province d'Achaïe ; cependant, ses philosophes, ses artistes, ses grammairiens font bénéficier Rome du génie grec. Le christianisme pénètre en Grèce dès le Ier s. (saint Paul, puis ses disciples). De 250 à 270 apr. J.-C., les Barbares envahissent plusieurs fois la Grèce (prise d'Athènes par les Goths en 267). En 330, la fondation de Constantinople marque la fin de l'influence d'Athènes.

● *La Grèce byzantine (395-milieu du XVe s.).* A la mort de Théodose, la Grèce fait partie de l'empire d'Orient (395) ; Justinien la divise en quatre circonscriptions militaires, gouvernées par des stratèges : par ailleurs, la langue grecques s'impose comme la langue officielle de l'empire d'Orient (byzantin). Le pays est dévasté par de multiples envahisseurs : Wisigoths (IVe s.), Ostrogoths (Ve s.), Huns, Slaves et Avars (VIe s.). Dès le VIIe s., les Arabes s'installent à Chypre et à Rhodes ; au IXe s., ils sont en Crète. Puis les Normands occupent l'Epire (XIe s.) et ravagent l'Attique (XIIe s.). En 1054, l'Eglise grecque suit Constantinople dans le schisme et devient orthodoxe. Viennent, avec les croisades, les pénétrations franque, génoise et vénitienne. La quatrième croisade aboutit (1204) à la création d'un Empire latin d'Orient et de principautés franques comme le royaume de Thessalonique, la principauté de Morée, le despotat d'Epire. Venise s'installe en Crète, dans les Cyclades et les îles Ioniennes ; Gênes occupa Chio, Lesbos, etc. La reconquête de la Grèce par les Comnènes et les Paléologues est en bonne voie quand les Turcs l'interrompent.

● *La domination ottomane (milieu du XVe s.-1821).* Dès 1354, les Ottomans sont à Gallipoli ; un siècle plus tard, la plus grande partie de la Grèce est dans leurs mains. De nombreux intellectuels grecs émigrent en Occident, y introduisant les éléments de la Renaissance et provoquant des appels à des croisades : celles-ci échouent (XVe-XVIIe s.). Même la victoire chrétienne de Lépante (1571) ne change rien au sort des

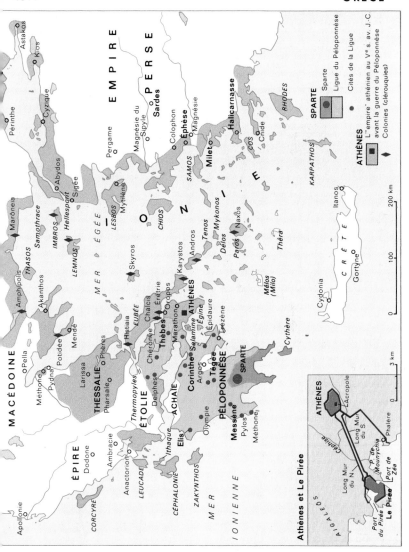

LA GRÈCE AU Vᵉ S. AV. J.-C.

Grecs révoltés. Du XVIᵉ au XVIIIᵉ s., les soulèvements se multiplient en Grèce ; l'éveil du sentiment national est favorisé par le despotisme croissant des pachas, par les menées occidentales et russes contre l'Empire turc, et par l'action des Grecs émigrés en Occident. Dans les montagnes grecques, des hors-la-loi, les *klephtes*, constituent les éléments futurs d'une résistance nationale.

● *La conquête de l'indépendance (1821-1832).* En 1821, Ypsilanti et l'archevêque de Patras appellent les Grecs à l'insurrection. Celle-ci surprend les Turcs par sa vigueur ; dès janvier 1822, le congrès national d'Epidaure proclame l'indépendance de la Grèce et vote une Constitution démocratique. Les Turcs répliquent par des massacres (Chio, avr. 1822). A la demande du Sultan, l'Egypte intervient contre les Grecs, qui sont écrasés (1826-1827). Alors, l'Angleterre, la France et la Russie décident d'intervenir, poussées par un puissant mouvement panhellénique qui se développe en Europe. Le 20 octobre 1827, les Alliés détruisent la flotte turque en rade de Navarin. Une guerre russo-turque s'ensuit, qui se termine par le traité d'Andrinople (sept. 1829) la Turquie doit reconnaître l'autonomie de la Grèce, qui reste cependant vassale de la Turquie. La protestation des Grecs est à l'origine du protocole de Londres (3 févr. 1830), qui proclame l'indépendance de la Grèce. Cette indépendance n'est reconnue par la Turquie qu'en 1832, après que les puissances ont imposé comme monarque à la Grèce Otton de Bavière (Otton Iᵉʳ, 1832-1862).

● *Le royaume de Grèce de 1832 à 1924.* Jusqu'en 1843, Otton Iᵉʳ gouverne en roi absolu, l'administration et l'armée étant entre les mains de Bavarois. En 1843, Kallérghis impose au roi une Constitution qui crée une Chambre élue au suffrage censitaire et un Sénat nommé à vie par le roi. Otton se rapproche alors de la Russie, qui fait reconnaître l'autocéphalie de l'Eglise grecque (1850); le blocus des côtes par les Anglais n'aboutit à rien. De 1856 à 1862, la Grèce poursuit son unification économique et culturelle. En 1862, l'opposition antidynastique, menée par Kanáris, obtient la destitution d'Otton Iᵉʳ, qui, sous la pression de l'Angleterre, est remplacé par Georges de Danemark (Georges Iᵉʳ, 1863-1913) : une nouvelle Constitution (1864) établit le suffrage universel. La Grèce se préoccupe dès lors d'accroître son territoire : en 1864, l'Angleterre lui cède les îles Ioniennes ; en 1881, elle reçoit la Thessalie et le district d'Arta. La Grèce soutient dès 1866 les mouvements antiturcs en Crète ; en 1897, les Grecs n'obtiennent que l'autonomie de la Crète sous le gouvernement du prince George de Grèce. Mais la participation des Grecs aux deux guerres balkaniques (1912-1913) leur vaut la souveraineté sur la Crète, une partie de la Macédoine avec Thessalonique, la Chalcidique, l'Epire

méridionale, les îles de la mer Egée sauf le Dodécanèse. En 1914, sous l'influence du nouveau roi Constantin Iᵉʳ, germanophile, et malgré l'action de Venizélos, la Grèce reste neutre. En 1916, Venizélos établit un gouvernement provisoire à Thessalonique, occupée par les Alliés, et ne rentre à Athènes qu'après l'abdication de Constantin Iᵉʳ en faveur de son second fils, Alexandre (1917). La Grèce, entrée en guerre aux côtés des Alliés, prend part à l'offensive balkanique et aussi aux fruits de la victoire en 1919-1920 (cession de la Thrace occidentale par la Bulgarie, de la Thrace orientale, de Smyrne et d'Imbros par la Turquie). Cependant le nouveau maître de la Turquie, Mustafa Kemal, ayant désavoué le traité de Sèvres, Venizélos engage la guerre contre la Turquie (1920). Cette guerre est désavouée par le pays : Venizélos démissionne ; Constantin Iᵉʳ est rappelé, mais la campagne gréco-turque ayant tourné au désastre, il doit abdiquer de nouveau en 1922, cette fois en faveur de Georges II. Le traité de Lausanne (1923) fait perdre aux Grecs Smyrne et la Thrace orientale. Cet échec provoque en Grèce un vif mécontentement qui, joint à un grave malaise social, amène le pays au bord de l'anarchie. Un coup d'Etat royaliste (Metaxás) ayant échoué, les républicains obligent George II à abdiquer (1923).

● *La République grecque (1924-1935).* Le 25 mars 1924, la république est proclamée. Les onze années qui suivent sont marquées par l'instabilité ministérielle. Seul Venizélos peut se maintenir de 1928 à 1932 : il établit des liens nouveaux avec les puissances occidentales, encore que son refus d'appuyer le mouvement national cypriote l'oblige à démissionner. Après lui, l'anarchie règne de nouveau ; en octobre 1935, Condylis abolit la république ; un plébiscite rétablit la royauté.

● *La Grèce contemporaine.* Georges II, rentré, laissa gouverner Metaxás en dictateur (1936-1941). L'invasion italienne (1940), puis l'invasion allemande (1941) obligent le roi à transporter son gouvernement à Londres. L'héroïque résistance des Grecs contre l'envahisseur est entravée par les querelles politiques ; celles-ci font trêve en 1944, à la veille de la libération du pays par les Anglais. Cependant, de nombreux résistants, et particulièrement les communistes, s'opposent par les armes aux Anglais et aux royalistes. Georges II, de l'étranger, remet ses pouvoirs à un régent, le métropolite Damaskinos. La trêve entre les partis et les élections de 1946 permettent le retour de Georges II, à qui succède en 1947, son frère, Paul Iᵉʳ. Le traité de Paris (1947) donne à la Grèce les îles de Rhodes et du Dodécanèse, mais ne modifie pas le statut de Chypre, qui réclame l'union avec la Grèce. Puis, durant deux ans (1947-1949), le pays est de nouveau ravagé par la guerre civile. De 1952 à 1955 le gouvernement de droite de Papagos opère un

Grèce
Athènes
l'Acropole
Parthénon

Jipé

l'Erechthéion, à Athènes (Vᵉ s. av. J.-C.)

Bottin

redressement économique important ; la Grèce se range alors décidément dans le camp occidental (O. T. A. N., 1952). Premier ministre de 1955 à 1963, le conservateur Caramanlis dispose de la confiance des Alliés, notamment des Américains, dont la mainmise sur la Grèce est particulièrement ressentie sur le plan économique et militaire. Démissionnaire en 1963, Caramanlis est remplacé par le leader du Parti libéral démocratique, Papandhréou, qui est désireux d'instaurer une démocratie de tendance sociale ; en 1964, Paul Iᵉʳ meurt et est remplacé par son fils, Constantin II. L'hostilité de ce dernier à l'égard du Premier ministre et l'aggravation de l'affaire de Chypre provoquent la démission de Papandhréou (1965). Suivent deux ans de difficultés, auxquelles met brusquement fin le putsch militaire du 21 avril 1967, que le roi cautionne. Mais quand celui-ci essaie de reprendre les rênes du pouvoir, il échoue et doit s'exiler (déc. 1967). Le « régime des colonels », que domine désormais Gheórghios Papadhópoulos, Premier ministre en 1967 et doté, en 1970, de pouvoirs exceptionnels, se fait de plus en plus dictatorial ; il est d'ailleurs de moins en moins supporté par une opposition où les étudiants jouent un rôle dominant, mais qui est soumise à une dure répression. Quand l'affaire de Chypre s'envenime (juill. 1974), les « colonels », débordés, doivent faire appel à Caramanlis, alors en exil. Celui-ci rétablit la Constitution de 1952 et organise des élections qui voient triompher son parti, devenu la Démocratie nouvelle (nov. 1974), tandis qu'un référendum établit la république. En 1980, Caramanlis est élu à la présidence de la République. En 1981, la Grèce est admise dans la Communauté européenne. A la suite de la victoire des socialistes aux élections, Andhréas Papandhréou devient Premier ministre (oct.).

Littérature ancienne.

● *Des origines aux guerres médiques.* Si les plus anciens textes ne remontent pas au-delà du IXᵉ s. av. J.-C., la langue grecque est attestée dès le XVᵉ par les tablettes mycéniennes. La littérature grecque est née dans les cités éoliennes et ioniennes d'Asie, où les aèdes chantaient les exploits de héros légendaires en s'accompagnant de la cithare. Aussi l'*Iliade* (IXᵉ av. J.-C.) et l'*Odyssée* (début du

VIIIe s.) sont-elles le fruit d'une longue tradition littéraire. Si l'authenticité de ces deux poèmes et leur attribution à un même aède de génie, Homère, sont mises en doute dès l'Antiquité, leur influence sur la réflexion morale et philosophique est immense dans le monde grec, et le succès de l'épopée se prolonge à travers les poèmes des *Nostoi* (« Retours »), le cycle troyen, le cycle de Thèbes et même des parodies héroï-comiques (la *Batrachomyomachie*). En même temps apparaît avec Hésiode la poésie didactique (*les Travaux et les jours,* VIIIe s.), qui imposera dans la littérature grecque le sentiment de l'utilité morale du poète.

Entre le VIIIe et le VIe s., le monde grec, étendu par la colonisation bien au-delà des rives de la mer Egée, se transforme profondément : les conflits sociaux bouleversent les structures politiques des cités ; les grands sanctuaires (Delphes, Olympie) rassemblent les Grecs pour des compétitions poétiques et sportives. Suivant l'évolution des techniques musicales et chorégraphiques, la poésie lyrique se développe dans les différents dialectes (éolien, ionien, dorien). Mais beaucoup d'œuvres de poètes ont disparu ou sont parvenues très altérées.

A côté du lyrisme choral (Alcman, Stésichore) s'épanouissent l'élégie (Callinos d'Ephèse, Tyrtée, Mimnerme de Colophon, Théognis de Mégare), l'iambe (Archiloque, Sémonide d'Amorgos), l'épigramme (Simonide de Céos), le chant politique (Alcée), la chanson de table (Terpandre), la poésie amoureuse (Sappho) et la poésie précieuse (Anacréon). Même les philosophes comme Parménide et Empédocle s'expriment en vers. Cependant, vers la fin du VIe s., la prose littéraire se constitue dans les traités philosophiques d'Anaximandre de Milet et d'Héraclite d'Ephèse, et dans les récits de l'historien Hécatée de Milet.

● *Des guerres médiques à Alexandre.* Les Ve et IVe s. sont l'âge classique de la Grèce. Tandis que la poésie atteint son point de perfection avec Pindare (*Epinicies*) et Bacchylide, de nouveaux genres littéraires trouvent une forme définitive, particulièrement à Athènes, qui, après la victoire sur les Perses, devient la capitale intellectuelle et artistique du monde hellénique. La tragédie passe du lyrisme grave d'Eschyle (*les Perses,* 472 ; *l'Orestie,* 458) à l'analyse psychologique de Sophocle (*Œdipe roi,* v. 430) et au pathétique d'Euripide (*Alceste,* 438 ; *Médée,* 431 ; *Electre,* 413 ; *les Bacchantes,* représentées en 405). La comédie, née du culte de Dionysos et des plaisanteries paysannes des fêtes du vin, évolue vers la satire, puis vers la fantaisie porteuse de vérités morales avec Aristophane (*les Nuées,* 423 ; *les Guêpes,* 422 ; *Lysistrata,* 411 ; *les Grenouilles,* 405). La prose s'affirme et s'assouplit grâce aux écoles de rhétorique et à la subtilité des sophistes : l'éloquence devient un genre

prépondérant avec Antiphon, Andocide, Lysias, Isée, Lycurge, Hypéride et surtout Isocrate (*Panégyrique d'Athènes,* 380), Eschine (*Contre Ctésiphon,* 330) et Démosthène (*les Philippiques,* 351-340 ; *Sur la couronne,* 330). Si Hérodote (*Histoire*) écrit en ionien, c'est le dialecte attique qui devient un modèle pour les historiens après les chefs-d'œuvre de Thucydide (*Histoire de la guerre du Péloponnèse*) et de Xénophon (*l'Anabase, les Mémorables*). La réflexion sur l'homme et son destin individuel et social atteint cependant un sommet avec Platon, disciple de Socrate, qui fonde « l'Académie » et qui exprime sa conception de la connaissance, de l'âme et de la science dans des dialogues d'une grande rigueur et cependant d'une grande intensité dramatique (*Apologie de Socrate, le Banquet, Phédon, la République, les Lois*), avec Aristote, précepteur d'Alexandre (*l'Organon, la Politique des Athéniens, Ethique à Nicomaque*), avec Théophraste, qui prolonge la pensée aristotélicienne (*Caractères*).

● *La période hellénistique.* L'expédition d'Alexandre, l'extension de l'hellénisme et l'effacement du rôle des cités au profit des monarchies hellénistiques donnent à la littérature grecque une physionomie nouvelle. Athènes, malgré la finesse psychologique des comédies de Ménandre (*la Samienne*) et la réputation de ses écoles philosophiques (Pyrrhon, Zénon de Citium, Epicure) perd sa prépondérance au profit d'Antioche, de Pergame et surtout d'Alexandrie, capitale des Ptolémées. Une langue commune (*koinè*) aux divers centres de civilisation se constitue. La poésie « alexandrine » continue l'héritage de l'époque classique, mais en usant d'une inspiration qui tourne souvent au baroque et à l'étrange : ainsi dans l'épopée d'Apollonios de Rhodes (*les Argonautiques*), les épigrammes de Léonidas de Tarente et les hymnes de Callimaque. Les petites scènes de mœurs, ou mimes, d'Hérondas, les poèmes bucoliques de Théocrite (*Idylles*) sont cependant des créations originales. Le goût du temps pour l'érudition se manifeste dans les œuvres de philologie et de critique de Zénodote et d'Aristarque, les traités scientifiques d'Eratosthène et l'œuvre historique de Polybe.

● *La domination romaine.* Si le latin, avec l'établissement de l'Empire, devient la langue littéraire par excellence, c'est en grec pendant qu'écrivent des historiens comme Denys d'Halicarnasse, Appien, Dion Cassius, Pausanias (*Description de la Grèce*) et Arrien. La philosophie morale est toujours en honneur grâce à Epictète, Plutarque (*Vies parallèles*) et l'empereur Marc Aurèle. Diodore de Sicile (*Bibliothèque historique*), Elien et Athénée illustrent la tradition érudite pour les compilations. Au IIe s. apr. J.-C., la sophistique connaît une renaissance avec Aelius Aristide et Lucien de Samosate (*Dia-*

logues des morts, Histoire vraie). Le roman apparaît avec Longus (*Daphnis et Chloé*) et Jamblique (*les Babyloniques*).

● *La littérature chrétienne.* Développé d'abord dans les milieux juifs hellénisés, le christianisme se trouve vite en contact avec la culture grecque. Les premières œuvres littéraires sont celles de l'apologétique, et les défenseurs de la foi ont naturellement recours aux moyens de la rhétorique grecque : ainsi saint Justin, Clément d'Alexandrie et Origène, initiateur de la théologie. Alors que Plotin et Porphyre s'efforcent de donner une vie nouvelle au platonisme, Eusèbe de Césarée entreprend d'écrire l'histoire religieuse, et Grégoire de Nazianze compose des épigrammes. L'éloquence chrétienne connaît déjà deux maîtres avec saint Basile et saint Jean Chrysostome. Mais, bientôt, l'hellénisme ne vit plus que sur son passé, dont s'emparent compilateurs et lexicographes (Hésychios, Diogène Laërce). A la fin du IVe s., c'est à Byzance que se trouve le centre de la culture grecque. (Pour la littérature moderne, v. GREC.)

Beaux-arts.

Précédé par l'art mycénien, le premier art grec, entre le XIe et le VIIIe s. av. J.-C., est dit « géométrique », d'après sa céramique décorée de motifs à prédominance géométrique ; ceux-ci, d'abord très simples, se multiplient et atteignent leur plein épanouissement v. 750 av. J.-C. en Attique. L'architecture ne nous a laissé que les fondations d'édifices (temples, maisons) assez primitifs.

L'influence orientalisante amène une inspiration plus naturaliste du décor de la céramique et un magnifique enrichissement des thèmes, attestés par les œuvres corinthiennes, que l'on retrouve sur les rives de toute la Méditerranée, avant d'être supplantée par celle de l'Attique. L'architecture, essentiellement religieuse, évolue et la pierre est associée au bois ; les premiers grands temples sont construits au VIIe s. Cet essor de l'architecture, aux murs de pierre régulièrement appareillés, appelle l'ornement architectonique, et les grands ordres classiques apparaissent, de même que les éléments décoratifs en terre cuite. Encore massif à Corfou (temple d'Artémis), l'ordre dorique est d'une admirable sobriété (Delphes, temple d'Apollon, sanctuaires d'Agrigente, de Sélinonte, de Paestum) ; il est d'abord caractérisé par une colonne cannelée posée directement sur le stylobate, surmontée d'un chapiteau à échine nue, dont l'abaque carrée supporte l'architrave. La colonne de l'ordre ionique est posée sur une base, plus haute et profondément cannelée ; elle est surmontée d'un chapiteau à double volute et à abaque rectangulaire (Ephèse, Artémision, v. 560).
Une intense recherche de vérité des proportions du corps humain, particulièrement de

l'anatomie masculine, guide les sculpteurs archaïques doriens ; la musculature des premiers kouroi (jeunes gens nus), figés les bras collés au corps, est à peine esquissée. Peu à peu, les formes se précisent, le marbre s'anime, la stricte frontalité est abandonnée et l'aube du Ve s. est marquée par l'aboutissement des conquêtes naturalistes. L'école ionienne traduit la grâce, les plissés délicats du vêtement féminin et, si l'attitude des korês reste solennelle, les forme du corps se devinent sous le chiton et l'himation. Athènes devient le point de rencontre de ses deux tendances du VIe s., les proportions sont harmonieuses et les expressions, souriantes ou boudeuses, naturelles (Athènes, korês du musée de l'Acropole).

L'architecture monumentale met en valeur la sculpture décorative : fronton du temple d'Athéna (Athènes) ; métopes des temples de Sélinonte ; et, vers 525, sorte d'aboutissement de l'esprit ionique, le trésor de Siphnos à Delphes. En Attique, la frise animalière du décor céramique est remplacée par des scènes narratives (figures noires sur fond rouge) ; Athènes est l'un des foyers d'une céramique de grande qualité. La technique des figures rouges sur fond noir est inventée à Athènes, vers 530 ; elle aboutit, à la fin du VIe s., à un style sévère, remarquable par son unité stylistique, par la recherche du mouvement et l'accentuation du détail anatomique chez Euphronios, par la grâce fluide des figures chez Euthymidès. Vient ensuite une génération de peintres, au trait vigoureux et libre, dont les œuvres annoncent le classicisme ; possédant parfaitement la science des raccourcis, ils choisissent les attitudes souples, les drapés fins (le peintre de Brygos, Douris). Couronnement de l'archaïsme dorique, le temple d'Athéna Aphaia à Egine et le temple de Zeus à Olympie annoncent le grand tournant de l'architecture classique. Athènes, ravagée par les guerres médiques, se reconstruit sous l'impulsion de Périclès et sous la direction de Phidias. Un véritable plan urbanistique préside à la reconstruction de la ville basse, avec l'aménagement de l'Agora, et à celle de l'Acropole, conçue par les architectes Ictinos et Callicratès. Avec ses huit colonnes de façade, au lieu des six colonnes habituelles, qui lui confèrent une remarquable majesté, le Parthénon est l'une des plus glorieuses créations du classicisme. L'architecture n'est pas soumise aux contraintes des matériaux ni à celle du culte, elle est un plaisir visuel exalté par une multiplicité de raffinements typiques de l'âge classique.

L'accord entre forces opposées est déjà remarquable dans la décoration sculptée d'Olympie. L'apogée de cette volonté d'harmonie et d'équilibre majestueux est atteinte, en sculpture décorative, dans la frise du Parthénon, dominée par la personnalité de Phidias, et, en statuaire, dans les œuvres de

Polyclète, qui témoignent des strictes règles géométriques du canon mais aussi d'une observation très fine de la nature. A cette idéalisation succède, à la fin du ve s., l'humanisation de la sculpture. La volonté d'expression, la ligne ondoyante, le charme et la sensualité sont les composantes de ce rythme nouveau, typique du ive s., et de l'œuvre de Praxitèle, de Scopas et de Lysippe. La peinture de vase reflète les grandes compositions picturales connues par les descriptions des Anciens. En architecture, les derniers siècles voient le triomphe de l'ordre corinthien (à la colonne surmontée d'un chapiteau en corbeille à feuilles d'acanthe, et créé au ve s.), de l'urbanisation à grande échelle (Milet) et de la grande architecture princière (Pergame). La statuaire et le relief ornemental restent commandés par le mouvement, le sens du tragique et la violence de l'expression. La mosaïque, où les thèmes animaliers et végétaux l'emportent, suit la même évolution vers le réel.

Enrichie des traditions anciennes et de ses contacts avec l'extérieur, la Grèce hellénistique crée un art fastueux, dont le style est plus issu de l'interaction de diverses écoles que de l'hégémonie spirituelle d'une ville particulière, et, par là même, elle porte en son sein les prémices de l'art romain de Pompéi.

Musique.

Dans la vie du peuple grec, épisodes civils, militaires, religieux sont liés à la danse et à la musique. La musique grecque ancienne ne connaît que des procédés simples et rigoureux. Elle consiste en une mélodie aux intervalles réduits, commune à la voix et aux instruments (lyre, cithare, aulos), le plus souvent réunis. La succession des sons, des syllabes, des mouvements du corps humain constitue le rythme. La mélodie appartient à l'un des sept modes organisant les gammes de sons de l'aigu au grave et dont héritera le monde occidental au Moyen Age. (Pour la musique moderne, v. GREC.)

le Greco
détail de la Sainte Famille, *Prado*

Giraudon

Giraudon

autoportrait vers 1563, coll. part.

« Portement de croix »
coll. part.

Giraudon

Grechetto (Giovanni Benedetto CASTI-
GLIONE, dit le). V. CASTIGLIONE.

grécisant, grécisation, gréciser, grécité
→ GREC.

Greco (Domenikos THEOTOKOPOULOS, dit le),
peintre espagnol (Phodete ?, près de Candie,
en Crète, v. 1540-Tolède 1614). A Venise, il
subit l'influence de Bassano et du Tintoret. Il
travaille en 1567 dans l'atelier de Titien.
Après un séjour à Rome, il s'installe à Tolède en 1577 où il peint pour Santo Tomé
l'Enterrement du comte d'Orgaz. Son sens
mystique apparaît alors dans ses tableaux,
tous religieux : *le Martyre de saint Maurice*
(Escorial), *l'Espolio* (cathédrale de Tolède),
le Baptême du Christ (Prado), *Christ en
croix* (Prado, Louvre), *Vision de l'Apocalypse* (musée Zuloaga, Zumaya), où il
accentue l'allongement de ses formes et
l'étrangeté de son éclairage et de ses couleurs.
Il incarne avec intensité certaines tendances
de l'âme espagnole.

gréco-bouddhique adj. Se dit de l'art né
au Gandhāra sous l'influence de l'art alexan-
drin et romain. (V. GANDHĀRA.)

gréco-latin, e adj. Qui tient à la fois du
grec et du latin : *Les langues gréco-latines.*

gréco-romain, e adj. Qui appartient aux
Grecs par l'esprit, aux Romains par la date :
L'art gréco-romain. ● *Lutte gréco-romaine,*
variété de lutte n'admettant que certaines
prises et toutes au-dessus de la ceinture. ‖
Période gréco-romaine, période située entre
146 av. J.-C. et les invasions du Vᵉ s.

gréco-turques (GUERRES) [1897 et 1922].
V. BALKANS (*campagnes des*).

Grécourt (Jean-Baptiste Joseph WILLART
DE), poète français (Tours 1683 - *id.* 1743).
Protégé par les ducs d'Estrées et d'Aiguillon, il célébra sa morale du plaisir et de
l'insouciance dans des pièces légères. La plus
connue, adressée à Law, s'intitule *le Solitaire
et la Fortune.*

grecquage, grecque, grecquer → GREC.

gredin, e n. (du moyen néerl. *gredich,*
avide). Personne vile, méprisable : *Ce gredin
n'hésite pas à voler ses camarades.* ‖ Mauvais garnement, vaurien : *Petit gredin, tu
vas te faire tirer les oreilles.* ◆ **gredinerie**
n. f. Acte de gredin ; caractère de gredin.

Gredos (SIERRA DE), montagne d'Espagne,
prolongeant la sierra de Guadarrama et
séparant les vallées du Tage et du Douro
(2 592 m au *pico de Almanzor*).

Greef (Guillaume DE). V. DE GREEF.

Greeley (Horace), publiciste américain
(New Hampshire, 1811 - Pleasantville, New
York, 1872). Il fonda en 1834 *The New
Yorker* et, en 1841, *The Tribune.*

gréement → GRÉER.

green n. m. (mot angl. signif. *vert*). Espace
de fin gazon autour de chaque trou d'un golf.

Green (George), mathématicien anglais (Sneinton, près de Nottingham, 1793 - *id.* 1841). Ses travaux portèrent sur l'électricité, le magnétisme, où il fut le premier à introduire le terme « potentiel », sur les forces d'attraction dans un espace à *n* dimensions, sur l'équilibre et le mouvement des fluides.

Green (FORMULE DE), expression, par une intégrale triple (intégrale de volume), du flux d'un champ de vecteurs à travers une surface fermée S orientée limitant un domaine de l'espace V. Elle a pour champ d'intégration le volume intérieur à S, et pour différentielle le produit de la divergence* du vecteur par l'élément de volume *d*V.

Green (Julien), écrivain américain d'expression française (Paris 1900). Son œuvre de romancier mêle à des intrigues originales le fil d'une constante angoisse métaphysique : *Mont-Cinère* (1926), *Adrienne* Mesurat (1927), *Léviathan* (1929), *Minuit* (1936), *Moïra* (1950), *Chaque homme dans sa nuit* (1960), *Partir avant le jour* (1963), *Mille Chemins ouverts* (1964), *Terre lointaine* (1966), *l'Autre* (1971), *le Consul honoraire* (1973). Il a écrit pour le théâtre *Sud* (1953), *l'Ennemi* (1954) et *l'Ombre* (1956). Il a publié plusieurs volumes de son *Journal*. (Acad. fr., 1971.)

Green Bay, v. des Etats-Unis (Wisconsin), sur la *Green Bay,* annexe du lac Michigan ; 62 900 h. Evêché catholique. Port important.

Greene (Robert), poète dramatique et romancier anglais (Norwich v. 1558 - Londres 1592). Après avoir voyagé à l'étranger, il se fixa à Londres, où ses débauches abrégèrent sa vie, mais sa courte carrière est d'une grande fécondité, et ses romans relèvent de genres très divers : *Mamillia* (1583) est dans le style euphuiste ; *Ménaphon* (1589) est pastoral ; *Arhasto, roi de Danemark* (1584) et *Pandosto* (1588) sont des récits d'aventures ; *l'Art d'apprivoiser les merles* (1591-1592), *Deux Liards d'esprit au prix d'un million de repentir* (1592) sont réalistes et décrivent les bas-fonds de Londres. Il écrivit aussi pour le théâtre des drames (*Frère Bacon et frère Bungay,* 1589 ; *l'Histoire écossaise de Jacques IV,* 1592), une comédie (*Un miroir pour Londres et l'Angleterre,* 1592), et fut un des initiateurs du théâtre élisabéthain.

Greene (Graham), romancier anglais (Great Berkhamstead, Hertfordshire, 1904). Ses romans sont influencés par ses convictions catholiques ; son thème favori est la découverte de la grâce par le péché : *l'Homme et lui-même* (1929), *Orient-Express* (1932), *Mère Angleterre* (1935), *Tueur à gages* (1936), *le Rocher de Brighton* (1938), *la Puissance et la Gloire* (1940), *le Fond du problème* (1948), *le Troisième Homme* (1951), *Notre agent à La Havane* (1959), *la Saison des pluies* (1961), *Un sentiment de réalité* (1963). Au théâtre, il a donné *Living-Room* (1953), *l'Amant complaisant* (1959), *le Paria* (1963).

greenheart [grinart] n. m. (mots angl. signif. *cœur vert*). Arbre de la Guyane, dont le bois, autref. employé pour les cannes à pêche, sert surtout aux constructions navales. (Famille des lauracées. Ne pas confondre avec le *groenhart.*) [Syn. DEMERARA.]

Green Mountains, massif des Etats-Unis (Vermont) ; 1 318 m au mont *Mansfield.*

Greenock, v. de Grande-Bretagne, en Ecosse (Renfrewshire), sur la rive sud de l'estuaire de la Clyde ; 73 300 h. Constructions mécaniques et navales ; textiles.

greenockite [gri] (de *Greenock* n. pr.) n. f. Sulfure naturel de cadmium.

greenovite [gri] n. f. Silicotitanate naturel de calcium, variété rose de sphène.

Green River (« rivière Verte »), riv. des Etats-Unis, affl. de l'Ohio (r. g.) ; 595 km.

Greensboro, v. des Etats-Unis (Caroline du Nord) ; 119 600 h. Textiles.

Greenville, v. des Etats-Unis (Caroline du Sud) ; 68 600 h. Industries chimiques et textiles.

Greenwich, v. de la banlieue sud-ouest de Londres ; 85 600 h. Ecole pour les officiers de la marine. Musée de la Marine. Dans le *parc de Greenwich,* bâtiments de l'ancien observatoire dont la position a fixé le méridien initial le plus couramment employé 2° 20′ 14″ de long. O. de Paris). L'observatoire, fondé en 1675, a été transféré à Herstmonceux (Sussex) en 1946.

Greenwich Village, quartier de New York, dans Manhattan, habité par des écrivains et des artistes.

Greenwood (Arthur), économiste et homme politique anglais (Leeds 1880 - Londres 1954). Député travailliste, ministre de la Santé publique (1929-1931), il fit partie du cabinet de coalition pendant la Seconde Guerre mondiale, puis devint lord du Sceau privé (1945-1947). Il contribua à l'élaboration du plan Beveridge.

gréer v. tr. (de l'anc. scand. *greida,* équiper). Garnir un navire de voiles, de poulies, etc. ‖ Mettre en place (en parlant d'un mât, d'une voile, d'une vergue). ‖ Disposer la mâture de certaine façon : *Bâtiment que l'on a gréé en goélette.* ◆ **gréage** n. m. Action de gréer un navire. ◆ **gréement,** autref. **grément,** n. m. Action de gréer : *Le gréement d'une frégate.* ‖ Ensemble des mâts, des voiles, des vergues, des cordages nécessaires à la propulsion d'un navire à voiles. ‖ Sur un navire à vapeur, ensemble du matériel nécessaire à la manœuvre et à la sécurité du navire. ‖ Type des voiles d'un navire : *Gréement aurique.* ● *Gréement d'une pompe,* ensemble des objets nécessaires pour faire fonctionner une pompe. (On dit même GRÉEMENT D'UN CANON, etc.) ◆ **gréeur** n. m. Celui qui est chargé du gréement d'un bâtiment.

Grées, en gr. **Graiai.** *Myth. gr.* Fille de Phorcys et de Céto, et sœurs des Gorgones.

Elles furent « vieilles » (*graiai*) dès leur naissance.

Grées ou **Graies** (ALPES), nom donné autref. à la partie des Alpes comprise entre les massifs du Mont-Cenis et du Mont-Blanc.

gréeur → GRÉER.

greffage → GREFFE n. f.

greffe n. m. (lat. *graphium*; du gr. *graphion*, stylet). Lieu où le greffier d'un tribunal conserve ses archives. ● *Droit de greffe*, émolument perçu par le greffier en rémunération des actes qu'il accomplit. ◆ **greffier** n. m. Fonctionnaire chargé de conserver les jugements d'un tribunal, de délivrer des expéditions et copies, de garder toutes sommes et pièces déposées au greffe et, en général, d'assister les magistrats. ● *Commis greffiers, officiers greffiers* (Mil.), sous-officiers et officiers appartenant au cadre des greffiers militaires chargés du greffe dans les juridictions militaires.

greffe n. f. (même étymol. que le précéd.). Partie détachée d'une plante pour l'insérer sur une autre plante. ‖ L'opération elle-même. (V. *encycl*.) ‖ Opération chirurgicale qui consiste à transférer sur un individu des parties de tissu ou d'organe prélevées sur lui-même ou sur un autre individu. (V. *encycl*.) ◆ **greffage** n. m. Action ou manière de greffer. ‖ Multiplication des plantes par greffes. (On opère le greffage entre variétés ou espèces voisines.) ◆ **greffer** v. tr. Soumettre à l'opération de la greffe ; transporter par l'opération de la greffe : *Greffer un arbre. Greffer sur franc, sur sauvageon.* ‖ *Fig.* Introduire, insérer : *Greffer un nouveau chapitre à un roman. Une légende qui s'est greffée sur le fait historique.* ◆ **greffeur** n. m. Celui qui greffe. ◆ **greffoir** n. m. Sorte de couteau dont le manche est pourvu d'une spatule et qui sert, lors d'une greffe, à séparer l'écorce du bois du sujet. ◆ **greffon** n. m. Bourgeon ou jeune rameau destiné à être greffé sur un sujet. ‖ Partie de l'organisme prélevée pour être greffée.

— ENCYCL. **greffe.** *Arbor.* Procédé de multiplication asexuée des arbres à fleurs et à fruits, la greffe permet d'associer deux plantes différentes : l'une, le *sujet,* assure la nutrition minérale, l'autre ou les autres, les *greffons,* maintiennent les caractères qu'on cherche à développer.

Il existe trois types de greffes : la *greffe par approche,* par juxtaposition de deux branches ; la *greffe par rameau détaché,* pour laquelle on utilise comme greffon un ou plusieurs rameaux jeunes (greffes en fente, en couronne) ; la *greffe par œil* (greffe en écusson, en flûte), qu'on introduit sous l'écorce du sujet, légèrement soulevée après une petite excision.

— *Chirurg.* On distingue trois sortes de greffes : les *autogreffes,* qui sont prises sur l'individu lui-même ; les *homogreffes,* prises sur un autre individu de la même espèce ; les *hétérogreffes,* prises sur un être d'une autre espèce. Les autogreffes correctement pratiquées, et en l'absence d'infection étendue, survivent. Les homogreffes ne prennent, en pratique, que si elles sont effectuées entre frères jumeaux homozygotes (vrais jumeaux); toutefois, de nombreuses tentatives sont faites pour amener l'organisme receveur à tolérer la greffe. Les hétérogreffes ne survivent jamais, mais sont néanmoins utilisées comme un matériel de prothèse (os), facilement réhabité par les cellules du receveur. Les greffes les plus couramment pratiquées sont celles de peau, d'os, de vaisseaux, de la cornée.

greffer, greffeur → GREFFE n. f.

greffier → GREFFE n. m.

greffoir, greffon → GREFFE n. f.

greffou n. m. Cépage blanc de Savoie.

grégaire adj. (lat. *gregarius*). Se dit des animaux qui vivent en troupes, des plantes qui croissent en grand nombre dans le même lieu. ‖ Propre à la foule : *Un comportement grégaire.* ● *Instinct grégaire,* tendance qui pousse les individus à s'agglomérer en foule ou à adopter un même comportement. ◆ **grégarigène** adj. *Zones grégarigènes,* celles où les criquets se multiplient et adoptent des mœurs grégaires, zones de départ des grandes migrations destructrices. ◆ **grégarisme** n. m. Tendance des animaux à vivre en groupes.

PAR APPROCHE

greffon

PAR RAMEAU DÉTACHÉ

écusson

PAR ŒIL

greffes

grégarines n. f. pl. Ordre de très grands protozoaires parasites (0,15 à 10 mm) qui vivent dans l'intestin et le cœlome de divers invertébrés, notamment le homard. (Ils se reproduisent par des gamontes* des deux sexes, qui s'enkystent ensemble et engendrent des gamètes.)

grégarisme → GRÉGAIRE.

grège adj. et n. f. (ital. *greggia*). Se dit de la soie telle qu'on l'a tirée du cocon, et aussi des fils que l'on fait avec cette soie.

grégeois, e adj. et n. (altér. de *Grézois*, dérivé du lat. *Graecus*). Autref., grec, grecque. ● *Feu grégeois*, v. FEU.

Grégoire le Thaumaturge (saint) [Néocésarée, Pont, v. 213 - *id.* 270]. Évêque de Néocésarée (v. 240), il est célèbre par ses miracles et ses conversions. Il est l'auteur d'un *Symbole de foi* trinitaire. — Fête le 17 nov.

Grégoire de Nazianze (saint), évêque (v. 280 - Nazianze 374). Premier magistrat de Nazianze, il devint évêque de cette ville (329). — Fête le 1er janv. — Son fils saint **Grégoire** DE NAZIANZE, dit *le Théologien*, évêque et docteur de l'Église (Arianze, Cappadoce, v. 330 - *id.* v. 390), fut l'ami de saint Basile avant d'être ordonné prêtre par son père. Évêque de Sasima (372), de Nazianze (374), puis de Constantinople (378-381), il fut l'adversaire des Ariens. Il démissionna au cours du concile œcuménique de Constantinople. On a de lui de nombreux discours et des lettres. — Fête le 9 mai.

Grégoire de Nysse (saint), évêque (Césarée de Cappadoce v. 335 - Nysse v. 395). Frère de saint Basile, il devint évêque de Nysse (371) et joua un rôle capital au concile de Constantinople (381). Il a laissé de nombreux écrits contre l'arianisme. — Fête le 9 mars.

Grégoire de Tours (saint), évêque et historien français (Clermont, Auvergne, v. 538 - Tours v. 594). D'une famille illustre de Gaule, évêque de Tours en 573, il fut mêlé aux querelles des souverains et négocia le traité d'Andelot (587) pour Childebert II d'Austrasie. Il défendit énergiquement les droits d'Église. Auteur latin médiocre, il se montra observateur de la société de son temps dans son *Histoire des Francs*. — Fête le 17 novembre.

Grégoire Ier le Grand (saint) [Rome v. 540 - *id.* 604], pape (590-604). Préfet de la ville de Rome (572), il entra au monastère bénédictin de Saint-André (574) ; il fut apocrisiaire (nonce) à Constantinople (579-585 ou 586) avant d'être élu pape par le peuple romain. Grégoire signa une trêve avec les Lombards (592), affirma la primauté de Rome tout en prenant le titre de *serviteur des serviteurs de Dieu*, résorba le schisme des Trois-Chapitres et poursuivit l'évangélisation des pays barbares, notamment de l'Angleterre. Il a laissé une œuvre abondante de théologien, notam-

ment des homélies. — Fête le 12 mars. — **Grégoire II** (saint) [Rome 669 - *id.* 731], pape (715-731). Il envoya saint Boniface en Germanie, combattit les iconoclastes et restaura l'abbaye du Mont-Cassin. Sa correspondance est importante. — Fête le 11 févr. — **Grégoire III** (saint) [† Rome 741], pape (731-741). Il condamna les iconoclastes (731) et poursuivit l'évangélisation des pays germaniques. — Fête le 10 déc. — **Grégoire IV** († Rome 844), pape (827-844). Il introduisit la fête de la Toussaint dans le calendrier romain et fit assainir la campagne romaine. Il intervint maladroitement dans la querelle de Louis le Pieux et de ses fils. — **Grégoire V** (Brunon DE CARINTHIE) [973 - Rome 999], pape (996-999). Premier pape allemand, il favorisa la réforme clunisienne. Il fut protégé par son cousin Otton III. — **Grégoire VI,** antipape (1012). Il fut opposé, sans succès, à Théophylacte, qui devint Benoît VIII. — **Grégoire VI** (Giovanni GRAZIANO) [† en Rhénanie 1048], pape (1045-1046). Ayant forcé Benoît IX à abdiquer, il dut abdiquer lui-même après un an de règne. — **Grégoire VII** (saint) [HILDEBRAND] (Soano, Toscane, v. 1020 - Salerne 1085), pape (1073-1085). Moine bénédictin, conseiller de Grégoire VI, puis de Léon IX, il devint abbé de Saint-Paul-hors-les-Murs, puis légat en France. Il prit la tête du mouvement réformiste qui reçut une forte impulsion lors de son élection au pontificat (1073). Il combattit vigoureusement la simonie, le trafic des bénéfices, le mariage des clercs, l'investiture laïque. La résistance à ses mesures fut forte, surtout en Allemagne. En vue de libérer Rome de toute influence laïque, il rédigea le *Dictatus papae* (1075), qui refusa d'admettre l'empereur Henri IV ; ce fut la *querelle des Investitures*. Henri IV déposa le pape (1076), mais ce dernier excommunia l'Empereur, ce qui provoqua la révolte des barons. Henri IV dut alors implorer son pardon à Canossa* (1077), puis, oubliant ses promesses, il fut déposé par le pape (1080) ; mais il installa à Rome un antipape (1084), tandis que Grégoire VII, assiégé, était délivré par Robert Guiscard et devait se réfugier à Salerne. On a une précieuse correspondance de Grégoire VII. Canonisé en 1606. — Fête le 25 mai. — **Grégoire VIII,** antipape. V. BOURDIN (Maurice). — **Grégoire VIII** (Alberto DI MORRA) [Bénévent ? - Pise 1187], pape (21 oct.-17 déc. 1187). Il prépara la troisième croisade. — **Grégoire IX** (Ugolino, comte de SEGNI) [Anagni v. 1145 - Rome 1241], pape (1227-1241). Il excommunia Frédéric Barberousse, puis releva les sujets de l'Empereur de leur serment de fidélité (1228). Au cours de cette lutte, Grégoire IX dut s'exiler plusieurs fois ; il mourut alors que l'Empereur assiégeait Rome. Les *Décrétales* de Grégoire IX sont importantes. — **Grégoire X** (le bienheureux) [Tebaldo VISCONTI] (Plaisance 1210 - Arezzo 1276), pape (1271-1276). Il présida le 2e concile de Lyon* (1274). —

Grégoire XI (Pierre ROGER DE BEAUFORT) [Rosiers-d'Egletons 1329 - Rome 1378], pape (1370-1378). Il instaura la suzeraineté romaine sur la Sicile (1372) et rétablit le siège de la papauté à Rome (1377). C'est le dernier pape français. — **Grégoire XII** (Angelo CORRER) [Venise v. 1325 - Recanati 1417], pape (1406-1415). Pour mettre fin au schisme d'Occident, le concile de Pise l'obligea à abdiquer (1409) ; mais Grégoire XII n'abdiqua qu'au moment du concile de Constance (1415). — **Grégoire XIII** (Ugo BONCOMPAGNI) [Bologne 1502 - Rome 1585], pape (1572-1585). Il mit en application les décrets réformateurs de Trente, favorisa l'expansion des Jésuites, renforça les pouvoirs de l'Inquisition et donna une édition du *Corpus juris canonici* (1582). Son nom est resté attaché à la réforme du calendrier* (1582). — **Grégoire XIV** (Niccolò SFONDRATI) [Somma, Milanais, 1535 - Rome 1591], pape (1590-1591). Il soutint la Ligue* contre Henri IV. — **Grégoire XV** (Alessandro LUDOVISI) [Bologne 1554 - Rome 1623], pape (1621-1623). Il fonda la congrégation de la Propagande* (1622) et favorisa le catholicisme en Bohême. — **Grégoire XVI** (Bartolomeo Alberto, puis Fra Mauro CAPPELLARI) [Belluno 1765 - Rome 1846], pape (1831-1846). Religieux camaldule, il se montra, devenu pape, très hostile au libéralisme (condamnation de La Mennais par l'encyclique *Mirari vos* [1832]). Il fit appel à l'Autriche pour écraser les soulèvements déclenchés dans ses Etats.

Grégoire, nom de plusieurs patriarches d'Arménie. Les plus connus sont : **Grégoire Iᵉʳ** *l'Illuminateur* (saint) [v. 240 - mont Sébon v. 326], apôtre et premier patriarche d'Arménie. (Fête le 30 sept.) — **Grégoire II** (saint) [v. 1040 - Garnin Vank, près de Khésun, 1105], patriarche d'Arménie (1065-1105). Il travailla surtout au *martyrologe arménien.* (Fête le 3 août.) — **Grégoire IV** (v. 1130 - 1193), patriarche d'Arménie (1173-1193), qui s'efforça de rapprocher l'Eglise grecque de Rome.

Grégoire (Henri), ecclésiastique et homme politique français (Vého, près de Lunéville, 1750 - Paris 1831). Prêtre, député aux Etats généraux, il prêta serment à la Constitution civile du clergé (1790) et devint évêque constitutionnel de Loir-et-Cher (1791). Député à la Convention, il fit voter l'abolition de l'esclavage et contribua à la fondation de l'Institut. Il ne put revigorer l'Eglise gallicane, malgré la convocation de deux conciles nationaux (1797 et 1801). Député sous le Directoire et le Consulat, sénateur, il s'opposa au régime napoléonien et refusa d'adhérer au Concordat. Ses obsèques furent le prétexte d'une manifestation libérale.

Grégoire (Gaspard), technologue français (Aix-en-Provence 1751 - Paris 1846). Il est l'inventeur d'un procédé de décor du tissu dit « chinage à la branche » : il utilisait un clavier de 1350 couleurs.

Grégoire (Jean Albert), ingénieur français (Paris 1899). Il a imaginé dans la construction automobile le joint homocinétique Tracta (1926), la suspension à flexibilité automatiquement variable avec la charge (1947), et la suspension à air fonctionnant à la pression atmosphérique (1959), adoptée par Renault sous la dénomination de « suspension aérostable ».

Grégoras (Nikêphoros), historien et savant byzantin (Héraclée du Pont 1296 - † 1360). Il fit partie de la cour d'Andronic II, fut mêlé à la politique religieuse de son temps et écrivit de nombreux ouvrages.

grégorien, enne, adj. Relatif à l'un des papes du nom de *Grégoire.* ● *Calendrier grégorien,* v. CALENDRIER. ‖ *Chant grégorien,* chant rituel de l'Eglise chrétienne, dont la réorganisation est attribuée par la tradition au pape Grégoire le Grand. (Ce plain-chant* forme encore la base du chant ecclésiastique catholique.) ‖ *Réforme grégorienne,* restauration de l'esprit religieux à laquelle le pape Grégoire VII* a donné l'impulsion. ‖ *Rite grégorien,* rite sacramentaire et liturgique attribué à saint Grégoire le Grand. ‖ *Trentain grégorien,* série de trente messes pour un défunt.

Grégorienne, dénomination courante de la *Pontificia Università Gregoriana* fondée à Rome en 1552 par saint Ignace de Loyola et confiée aux Jésuites, qui la dirigent encore.

Gregory (James), mathématicien et opticien écossais (Aberdeen 1638 - Edimbourg 1675). Il imagina en 1663 le télescope à réflexion qui porte son nom. Il s'intéressa à la géométrie pure et à la géométrie analytique, recalcula la valeur de π et donna le développement en série de l'arc-tangente.

grègues n. f. pl. (altér. du mot *grecques,* pour « chausses à la grecque »). Haut-de-chausses peu bouffant (XVIᵉ-XVIIᵉ s.). ● *Tirer ses grègues,* se retirer, s'enfuir. (Vx.)

Greifswald, port d'Allemagne (Allem. or., distr. de Rostock) ; 47 000 h. Université fondée en 1456. Centre industriel.

greignard adj. m. *Fil greignard,* fil de lin qui se crispe en sortant du bac du métier à filer.

Greiz, v. d'Allemagne (Allem. or., distr. de Gera), anc. capit. de la principauté de Reuss, sur l'Elster ; 39 000 h. Textiles et teintureries.

grêlasson, grelat → GRÊLE n. m.

grêle adj. (lat. *gracilis*). Long et menu : *Des jambes grêles.* ‖ Aigu et faible, en parlant du son : *Une sonnerie grêle.* ● *Intestin grêle,* portion du tube digestif allant du pylore au gros intestin.

grêle n. m. Dans les houillères du Centre et du Midi, charbon en morceaux. ◆ **grêlasson** n. m. Charbon criblé en morceaux de 50 à 80 cm. ◆ **grelat** ou **grela** n. m. Dans les houillères du Midi, gros morceau de charbon. (On dit aussi CAILLETTE, GROS GRÊLE.) ◆ **grêleuse** adj. f. Dans les houillères du Centre et du Midi, se dit d'une couche de charbon qui donne une proportion importante de gros morceaux à l'abattage.

grêle n. f. (de *grêler*, lui-même d'orig. obscure). Chute de masses compactes et dures de glace opaque ou transparente. (V. encycl.) ‖ *Fig.* Grande quantité de choses qui tombent dru : *Une grêle de balles, de coups, de pierres. Une grêle d'injures.* ● *Comme la grêle, comme grêle,* rapidement et en grande quantité. ‖ *Pire que la grêle, méchant comme la grêle,* extrêmement méchant. ◆ **grêlé, e** adj. Criblé de marques de petite vérole. ◆ **grêler** v. impers. Tomber, en parlant de la grêle : *Il grêle.* ✦ v. intr. Tomber comme de la grêle : *Les coups grêlent sur sa tête.* ✦ v. tr. Gâter, endommager, mettre à mal : *Les orages ont grêlé nos vignes.* ‖ Cribler de cicatrices de petite vérole. ◆ **grêleux, euse** adj. Se dit d'un temps, d'une saison où la grêle est à redouter. ◆ **grêlifuge** adj. Se dit d'un appareil utilisé dans la lutte contre la grêle pour protéger les récoltes. (V. PARAGRÊLE.) ◆ **grêlon** n. m. Grain de grêle : *De gros grêlons.*

— ENCYCL. **grêle.** *Météorol.* Les éléments de grêle (*grêlons*) ont des formes diverses. Leur diamètre, entre 0,5 et 2 cm en général, peut atteindre parfois 7 à 8 cm. Leur structure est souvent feuilletée, indiquant que leur élaboration s'est faite en plusieurs temps dans des zones atmosphériques où les conditions étaient différentes. De violents courants verticaux transportent à plusieurs reprises les grêlons de la base jusqu'au sommet des cumulo-nimbus, nuages d'orage à grand développement vertical.
En agriculture, la meilleure défense contre la grêle réside dans l'utilisation de canons et de fusées paragrêles, dont la déflagration modifie l'état physique des nuages et les fait se résoudre en pluie.

greleau n. m. Petit baliveau.

grêler → GRÊLE n. f.

grelet n. m. Marteau de maçon à panne allongée. (On dit aussi GURLET.) ◆ **grelette** n. f. Petite lime à longue queue et sans manche, employée surtout pour les découpures.

grêleuse → GRÊLE n. m.

grêleux → GRÊLE n. f.

grelichonne n. f. Truelle à mortier. (On dit aussi GRELUCHONNE ou GUERLUCHONNE.)

grêlifuge → GRÊLE n. f.

grelin n. m. (allem. *Greling*). *Mar.* Cordage composé d'aussières commises ensemble dans le sens opposé à celui où elles sont commises elles-mêmes.

grêlon → GRÊLE n. f.

grelot n. m. (du moyen haut allem. *grillen*,

crier, avec influence des noms dialectaux du grillon : *grelet*, etc.). Boule de métal creuse, percée de trous, renfermant un morceau de métal qui la fait résonner dès qu'on l'agite. ‖ Organe sonore du serpent à sonnette, formé de mues desséchées et appendues à la queue. ‖ *Fig.* Gaieté bruyante, sons discordants : *Les grelots du carnaval.* ● *Attacher le grelot,* soulever le premier une question délicate. ‖ *Avoir les grelots* (Pop.), grelotter ; avoir peur. ‖ *Faire sonner son grelot* (Fam.), attirer l'attention, parler avec faconde. ◆ **grelottant, e** adj. Qui grelotte ; qui tremble : *Des enfants grelottants de froid.* ◆ **grelottement** n. m. État de celui qui grelotte. ‖ Action de résonner comme un grelot. ◆ **grelotter** v. intr. (d'après *trembler le grelot,* trembler de froid). Sonner comme un grelot : *Une clochette grelotte dans le lointain.* ‖ Trembler de froid ou de fièvre : *Grelotter sous ses couvertures.* ‖ Être agité par un sentiment violent : *Grelotter de rage.*

Grelot (Louis), ingénieur français (Villeneuve-l'Archevêque, Yonne, 1888). Il est le promoteur de l'emploi de la dalle en béton armé dans les ponts métalliques. On lui doit de nombreux ponts, ainsi que les études de base du pont de Tancarville.

grelottant, grelottement, grelotter → GRELOT.

greluchon n. m. Amant de cœur d'une femme entretenue par un autre homme.

greluchonne n. f. Syn. de GRELICHONNE.

Grembergen, comm. de Belgique (Flandre-Orientale, arr. et à 4 km au N. de Termonde) ; 5 500 h. Textiles.

grément n. m. Anc. forme de GRÉEMENT.

grémil n. m. Borraginacée aux fruits ronds, aux graines dures, d'usage médicinal.

grémille n. f. Poisson n'ayant qu'une seule dorsale, et qui vit dans les bassins du Rhône et de la Meuse. (Famille des percidés.)

Grémillon (Jean), réalisateur français (Bayeux 1902 - Paris 1959). Il tourna d'abord des documentaires (*Tour au large,* 1927). Dans son œuvre s'affirma sa robuste personnalité : *Maldone* (1928), *Gardiens de phare* (1929), *Gueule d'amour* (1937), *Remorques* (1941), *Lumière d'été* (1943), *Le ciel est à vous* (1944), *Six Juin à l'aube* (1945), *Pattes blanches* (1948), *l'Étrange Madame X* (1951), *l'Amour d'une femme* (1953).

grenache n. m. Cépage du Languedoc et du Roussillon, dont il existe trois variétés : noir, rosé et blanc. ‖ Vin doux fait avec ce raisin.

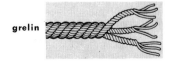

grelin

1. grenade n. f. (du lat. *granatum* [sous-entendu *malum*], [pomme] à grains). Fruit du grenadier : *Les grenades sont d'une saveur aigrelette agréable.* ● *Tissu à la grenade,* tissu dont le décor utilisant la forme de ce fruit ouvert. ◆ **grenadier** n. m. Arbre du Midi, aux belles fleurs rouges, et dont le fruit comestible est la *grenade,* aux graines entourées, chacune pour sa part, d'une pulpe charnue et sucrée. (Famille des myrtacées. Certains auteurs en font le type d'une famille spéciale, les *punicacées.*) [V. aussi GRENADE 2.] ◆ **grenadine** n. f. Sirop à base de jus de grenade. (V. aussi GRENADE 3.)

2. grenade n. f. (même étym. que le précéd.). Projectile léger, explosif, incendiaire ou fumigène, qui peut être lancé à courte distance, soit à la main, soit à l'aide d'un fusil : *Grenade défensive, offensive.* (D'un usage courant au XVIIᵉ s., la grenade cessa d'être utilisée vers 1750, réapparut en Crimée [1855] et devint par excellence l'arme individuelle de choc depuis la Première Guerre mondiale.) ‖ Ornement représentant une grenade allumée, et placé sur les écussons de nombreux uniformes militaires (insigne de la gendarmerie, du génie, de l'infanterie, de la légion étrangère, etc.) ● *Grenade d'exercice,* grenade utilisée dans les manœuvres ou pour l'entraînement des grenadiers au lancer. ‖ *Grenade extinctrice,* nom donné au premier extincteur d'incendie, dont la forme ressemblait à celle d'une grenade. ‖ *Grenade lacrymogène,* grenade produisant un effet lacrymogène, et utilisée dans les opérations de maintien de l'ordre contre les manifestants. ‖ *Grenade sous-marine,* engin explosif de types très divers, spécialement conçu pour l'attaque des sous-marins en plongée. ‖ *Pêche à la grenade,* pêche prohibée qui consiste à faire exploser une grenade sous l'eau. ◆ **grenadeur** n. m. Appareil (plan incliné ou mortier) servant à lancer les grenades sous-marines. ◆ **grenadier** n. m. Soldat chargé de lancer des grenades. ‖ Soldat appartenant à certaines unités d'élite (grenadiers de France [1749-1771], grenadiers royaux [1745-1789], corps issu des milices provinciales, grenadiers à pied ou à cheval de la garde consulaire et des gardes impériales des premier et second Empires). [V. aussi GRENADE 1.] ◆ **grenadière** n. f. Giberne à grenades. ‖ Bague métallique qui réunit le canon au fût sur les armes portatives. ◆ **grenadier-voltigeur** n. m. Soldat spécialisé dans une mission de choc. — Pl. *des* GRENADIERS-VOLTIGEURS. ● *La grenadière,* marche du premier Empire.

3. grenade n. f. (même étym.). Fil de soie, désigné le plus souvent sous le nom de GRE-NADINE. ◆ **grenadine** n. f. Fil de soie constitué de deux faisceaux de 4 à 6 fils de soie grège, tordus séparément dans le sens Z, puis retordus ensemble dans le sens S. ‖ Soierie légère réservée au deuil, tissée en fils du même nom. (V. aussi GRENADE 1.)

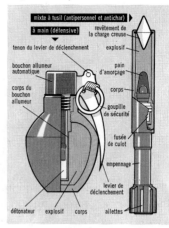

grenades

Grenade (Nouvelle-), anc. nom de la Colombie.

Grenade, en esp. **Granada,** v. d'Espagne, en Andalousie, ch.-l. de prov., au pied de la Sierra Nevada ; 190 400 h. Archevêché. Université. La ville est située dans une *vega* irriguée. Industries alimentaires et textiles. Centre touristique.

● *Histoire.* L'ancienne *Illiberis* des Romains ne prit de l'importance que lorsqu'au XIᵉ s. le vice-roi de Grenade, le Zīride Zāwī, y fonda un royaume. Celui-ci passa sous la domination des Almoravides (1090), puis des Almohades. Après la prise de Cordoue par les chrétiens (1236), le royaume de Grenade demeura le seul État musulman en Espagne. Pendant deux siècles et demi, la dynastie des Naṣrides y connut une grande prospérité. Les Rois Catholiques devinrent maîtres de la ville en 1492, après de longues années de luttes. La répression violente de la révolte des Morisques (1569) par Philippe II ruina la campagne environnant Grenade.

● *Beaux-arts.* De son passé arabe, Grenade conserve l'ensemble de l'Alhambra* : alcazaba [XIIIᵉ s.], alcázar [XIVᵉ s.]), Generalife, palais de Charles Quint. Au N., le Sacromonte supporte l'Albaicín. Dans la ville moderne, la cathédrale baroque (XVIᵉ-XVIIIᵉ s.) contient les tombeaux des Rois Catholiques (XVIᵉ s.). Il faut encore signaler l'église Saint-Jérôme (1513-1517) et la sacristie de la Chartreuse (1727-1764), de style churrigueresque.

→ V. illustration page suivante.

Grenade, en angl. **Grenada,** île des Petites Antilles, formant, depuis 1974, un État indépendant membre du Commonwealth, au S. de

Grenade

vue
de l'alcazaba
vers la sierra
Nevada

Pezan

l'Alhambra
la cour
des Lions

Pezan

l'arc constituant les îles du Vent ; 106 200 h. Ch.-l. *Saint George's*. C'est une île volcanique, dont les principales ressources sont le cacao, la noix de muscade, le coton, la banane et la canne à sucre. L'île fut découverte en 1498 par Christophe Colomb, qui l'appela *Concepción*. Acquise par la France en 1650, elle fut conquise par l'Angleterre en 1762. Le traité de Versailles (1783) lui en reconnut la possession.

Grenade, ch.-l. de c. de la Haute-Garonne (arr. et à 25 km au N. de Toulouse), entre la Save et la Garonne ; 4 784 h. Bastide fondée au XIIIᵉ s. Belle église du XIVᵉ s. Bonneterie.

Grenade-sur-l'Adour, ch.-l. de c. des Landes (arr. et à 15 km au S. de Mont-de-Marsan) ; 2 132 h. Bastide du XIIᵉ s. Eglise de style flamboyant, édifiée au XVIIIᵉ s.

grenadeur → GRENADE 2.

grenadier → GRENADE 1 et 2.

grenadière, grenadier-voltigeur → GRENADE 2.

grenadille n. f. Nom donné autref. à diverses sortes de bois durs des îles d'Amérique centrale et d'Amérique du Sud, que l'on utilisait en ébénisterie et en tabletterie.

grenadin, e adj. et n. Qui se rapporte à Grenade ; habitant de cette ville.

grenadin n. m. Tranche de veau fine, entourée d'une mince couche de lard. ‖ Variété d'œillet, recherchée pour la confiserie et la parfumerie. (Syn. ŒILLET À RATAFIA.)

grenadine → GRENADE 1 et 3.

Grenadines (les), archipel des Petites Antilles, entre Grenade et Saint-Vincent.

grenage → GRENER 1.

grenaillage → GRENAILLE.

grenaille [naj] n. f. (de *grain*). Métal réduit en menus grains : *Grenaille de fonte, de plomb.* ‖ Graines de rebut, servant à nourrir la volaille. ‖ Gravillon dont les dimensions sont inférieures à 10 mm. ◆ **grenaillage** n. m. Opération consistant à décaper et à nettoyer la surface d'une pièce en y projetant de la grenaille métallique. ◆ **grenaillement** n. m. Action de grenailler, réduction en grenaille. (Syn. GRENAILLAGE.) ◆ **grenailler** v. tr. Réduire en petits grains un métal ou de la cire. ‖ Projeter de la grenaille sur une pièce mécanique pour lui faire subir un traitement de nettoyage, ou pour créer des tensions augmentant la tenue à la fatigue de la pièce superficiellement durcie.

grenaison → GRENER 2.

grenat n. m. (lat. *granatum*). Silicate naturel d'un métal trivalent (aluminium, fer, chrome) et d'un métal bivalent (calcium, magnésium, manganèse), appartenant au système cubique, dont il existe de nombreuses variétés, de couleurs diverses. ‖ Pierre fine d'une couleur rouge de grenade. ‖ Sorte de toile damassée. ◆ adj. invar. Qui est de la couleur rouge du grenat ordinaire : *Soie grenat. Etoffes grenat.* ◆ **grenatite** n. f. Roche métamorphique, composée essentiellement par un grenat.

Grenay, comm. du Pas-de-Calais (arr. et à 8 km à l'O. de Lens) ; 5 880 h. Houille.

grené → GRENER 1.

greneler v. tr. (conj. 3). Marquer, orner de petits points très rapprochés. (On écrit aussi GRAINELER.)

Grenelle, quartier de Paris (XVᵉ arr.). Anc. comm. de la Seine, rattachée à Paris en 1860, elle fut, pendant la Révolution, un important camp militaire. Une tentative d'insurrection anarchiste y éclata en 1796.

Grenelle (FONTAINE DE LA RUE DE), dite aussi *des Quatre-Saisons,* fontaine située à Paris, rue de Grenelle. Elevée en 1739, elle est l'œuvre de Bouchardon.

1. grener v. tr. Donner le grain à une pierre lithographique, à une glace, etc. ‖ Réduire en grains : *Grener de la poudre.* (On dit aussi GRAINER.) ◆ **grené, e** adj. Qui offre de nombreux points très rapprochés : *Dessin grené.*

‖ *Expl. sal.* V. GRENU. ◆ **grenage** n. m. Action de transformer la surface lisse d'une pierre, d'une glace ou d'une plaque de métal, en une surface légèrement rugueuse, pour faciliter un travail ultérieur. ‖ Préparation que l'on fait subir à une planche de cuivre pour graver à la manière noire. ‖ Action de réduire en grains la poudre à canon. ◆ **greneté** n. m. Travail d'orfèvrerie qui donne à la surface du métal un aspect grenu. ◆ **grenoir** n. m. Appareil servant au grenage de la poudre. ‖ Atelier où se fait cette opération. ◆ **grenure** n. f. Etat d'une étoffe, d'un cuir, d'un métal grenés.

2. grener v. intr. (conj. 5). Produire de la graine. ◆ **grenaison** n. f. Formation des graines des céréales.

greneté → GRENER 1.

grenetier n. m. Personne qui gérait un grenier à sel.

grènetis n. m. Sur certaines pièces de monnaie, saillie disposée sur le pourtour pour en

grenat

Larousse

empêcher le rognage. (On écrit aussi GRAINETIS.) [Syn. GRÈNETURE.] ◆ **grènetoir** n. m. Outil servant à faire le grènetis.

grenettes n. f. pl. Morceaux de charbon criblé, aux dimensions de 15 à 30 ou de 20 à 35 mm. ‖ Grains de poudre restant sur le tamis lorsqu'on passe la poudre sèche.

grèneture n. f. Ensemble de petits grains rehaussant une pièce d'orfèvrerie. ‖ Syn. de GRÈNETIS.

grenier n. m. (lat. *granarium* ; de *granum*, grain). Partie d'un bâtiment (généralement l'étage supérieur) servant à serrer les grains, le fourrage, etc. : *Grenier à blé, à foin.* ‖ Pays, province fertile dont on tire beaucoup de blé : *La Beauce est le grenier de la France.* ‖ Etage supérieur d'une maison, sous le comble, et qui sert de débarras. ‖ Plancher mobile recouvert de bâches, servant dans un navire à isoler les marchandises du payol* de la cale ou du plafond de ballast*. ● *De la cave au grenier,* depuis le bas de la maison jusqu'au haut, de fond en comble : *Fouiller une maison de la cave au grenier.* ‖ *En grenier,* se dit de la manière de charger un navire, en remplissant les cales de marchandises entassées sans séparations. (On dit, mieux, EN VRAC.) ‖ *Grenier à sel* (Hist.), lieu où était stocké le sel avant d'être vendu et taxé de la gabelle.

Grenier (Albert), historien français (Paris 1878 - *id.* 1961). Il est l'auteur de travaux sur l'Antiquité romaine, et surtout sur la Gaule romaine (*Manuel d'archéologie gallo-romaine*, 1931-1961). [Acad. des inscr., 1942.]

Grenoble, ch.-l. du dép. de l'Isère, à 557 km de Paris, au contact du Graisivaudan, de la vallée du Drac et de la *cluse de Grenoble* : 159 503 h. (*Grenoblois*). Évêché (érigé au IVe s.). Cour d'appel. Université. Grenoble fut très tôt un lieu de passage important. Capitale du Dauphiné, elle devint le siège d'une université (1339) avant son rattachement à la France (1341). Elle conserve une cathédrale en partie des XIIe et XIIIe s., de belles églises, un hôtel de ville du XVIe s. et plusieurs musées (musée classé riche en œuvres modernes, musée Stendhal, musée Fantin-Latour). Sa croissance récente est remarquable ; capitale de la houille blanche, Grenoble a su revivifier ses anciennes industries (gants, industries alimentaires) et implanter de nouvelles activités : constructions électriques et électroniques ; produits textiles et chimiques. Centre de recherches nucléaires. Ecole des pupilles de l'Air et Ecole militaire des armes spéciales.

Grenoble (CLUSE DE), large dépression drainée par l'Isère, entre le Vercors (au S.-O.) et la Grande-Chartreuse (au N.-E.).

grenoir → GRENER 1.

grenouillard → GRENOUILLE.

grenouille n. f. (lat. pop. *ranucula*, dimin. de *rana*, même sens). Amphibien anoure, type de la famille des ranidés, extrêmement commun dans toutes les mares, et connu pour ses longues pattes arrière sauteuses et nageuses, pour sa peau nue et flasque, et pour son cri, le coassement. (V. *encycl.*) ‖ Dans la presse à imprimer à bras, sorte de cubitot dans lequel s'introduit l'extrémité inférieure de la vis de pression. ‖ Dans la presse mécanique, came basculante qui commande l'ouverture et la fermeture des pinces. ‖ Engin de travaux publics, se déplaçant par bonds, utilisé pour le pilonnage et le compactage des terres. ‖ *Pop.* Caisse, fonds commun d'un groupe, d'une société. ● *Manger, bouffer la grenouille, Faire sauter la grenouille,* s'approprier les fonds dont on est le dépositaire. ◆ **grenouillage** n. m. Action de grenouiller. ◆ **grenouillard** n. m. *Pop.* Buveur d'eau. ‖ Amateur de bains froids. ◆ **grenouiller** v. intr. *Fam.* Barboter dans l'eau. ‖ Boire de l'eau. ‖ *Péjor.* S'agiter dans l'entourage de personnalités en vue d'obtenir un avantage. ◆ **grenouillère** n. f. Lieu marécageux rempli de grenouilles. ‖ Sonde que l'on met à une ligne pour mesurer le fond. ‖ *Fam.* Endroit d'une rivière aménagé pour la baignade : *La grenouillère de Bougival connut la vogue pendant un temps.*

— ENCYCL. **grenouille.** La grenouille pond une grappe d'œufs gélatineux, d'où sortent des *têtards,* aquatiques et herbivores, noirs, munis d'une longue queue, et qui respirent par des branchies d'abord externes, puis internes, et enfin par des poumons, tandis que les pattes de derrière apparaissent, puis celles de devant (qui resteront beaucoup plus courtes), et que la queue régresse. Cette métamorphose dure quatre mois, et la plupart des têtards périssent à son achèvement. Les grenouilles survivantes peuvent vivre dix ans et beaucoup grandir. Elles vivent au bord de l'eau, sautant dans la mare au moindre danger, et se nourrissent d'insectes, qu'elles capturent avec leur langue protractile. En hiver, elles s'enfouissent et vivent au ralenti. Aucun animal n'est aussi connu, scientifiquement parlant, que la grenouille, objet habituel des recherches de laboratoire. Les grenouilles sont comestibles, leurs cuisses sont un mets apprécié.

Grenouilles (LES) [*Batrakhoi*], comédie d'Aristophane, représentée en 405 av. J.-C. Elle est dirigée contre Euripide. Celui-ci vient de mourir. Dionysos, dieu du Théâtre, ne trouvant plus sur la Terre d'auteur de talent, va en chercher un aux Enfers et traverse l'Achéron au chant des grenouilles. Eschyle et Euripide s'affrontent dans un débat. Finalement, c'est Eschyle que Dionysos décide de ramener sur la Terre.

grenouiller, grenouillère → GRENOUILLE.

grenouillette n. f. Tumeur liquide du plancher de la bouche. (Elle provient des glandes muqueuses.)

Grente (Georges), prélat français (Percy, Manche, 1872 - Le Mans 1959), évêque du Mans (1918), archevêque à titre personnel (1943) et cardinal (1952). [Acad. fr., 1936.]

grenu, e adj. (de *grain*). Riche en grains : *Épi grenu.* ‖ Couvert de grains, de petites saillies arrondies : *Maroquin grenu. Marbre grenu.* ‖ Se dit d'un sol qui présente une structure en petits grumeaux de la taille d'un grain de blé. ‖ *Pétrogr.* Entièrement formé de cristaux, tous visibles à l'œil nu. ‖ — **grenu** n. m. Ensemble de petits grains dont un objet est parsemé : *Le grenu* (ou *grain*) *du marbre.* ‖ Par oppos. à *sel fin* ou *fin fin,* sel en grains constitués par une agglomération de petits cristaux.

grenure → GRENER 1.

Grenville ou **Greynville** (sir Richard), navigateur britannique (1542 - † en mer près de Flores, Açores, 1591). En 1585, il commanda une flotte avec mission de coloniser l'actuelle Caroline du Nord.

Grenville (George), homme politique britannique (Wotton Hall, Buckinghamshire, 1712 - Londres 1770). Député au Parlement à partir de 1741, Premier ministre (1763-1765), il fit voter (1765) la loi du timbre, qui provoqua le soulèvement des colonies amé-

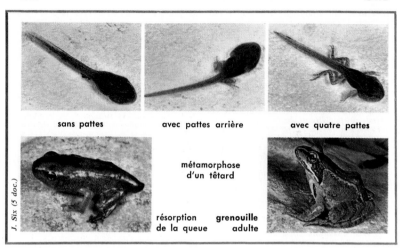

sans pattes   avec pattes arrière   avec quatre pattes

métamorphose
d'un têtard

résorption   grenouille
de la queue   adulte

J. Six (5 doc.)

ricaines. — Son fils George NUGENT, 2ᵉ comte **Temple** et 1ᵉʳ marquis **de Buckingham** (1753 - Stowe House, Buckingham, 1813), fut lord-lieutenant d'Irlande (1782-1783, puis 1787-1789). — William WYNDHAM, baron **Grenville** (1759 - Dropmore, Buckingham-shire, 1834), frère du précédent, devint ministre des Affaires étrangères en 1791 ; il soutint la guerre contre la France. Il démissionna devant l'opposition royale à l'émancipation des catholiques (1801). Premier ministre (1806-1807), il fit interdire la traite.

Grenville Temple (Richard), comte **Temple.** V. TEMPLE.

Gréoux-les-Bains, comm. des Alpes-de-Haute-Provence (arr. de Digne) ; à 15 km au S.-E. de Manosque ; 1 637 h. Eaux thermales sulfurées. Point de départ du canal de Provence*.

grep n. m. Nom donné, dans le Sud-Ouest, à un horizon du sol durci et concrétionné.

Grépon (le), l'une des plus célèbres des aiguilles de Chamonix, dans le massif du Mont-Blanc ; 3 482 m. Première ascension par A. F. Mummery, A. Burgener et B. Venetz, le 5 août 1881.

1. grès n. m. Un des constituants chimiques de la soie. (Syn. SÉRICINE.)

2. grès n. m. (du francique *griot, gravier). Roche sédimentaire siliceuse, résultant de la cimentation naturelle d'un sable, utilisée comme pierre à bâtir, comme pierre de viabilité, comme pierre à aiguiser : *Pavé de grès.* ‖ Poudre de grès. ‖ Céramique très dure, obtenue en incorporant à l'argile un gravil-

lon siliceux. ‖ Chacune des deux grosses dents de la mâchoire supérieure du sanglier. ● *Grès cérame,* poterie à pâte opaque partiellement vitrifiée, donc imperméable. ‖ *Grès molaire,* grès avec lequel on fait des meulières. ‖ *Grès paf,* grès propre au pavage. ‖ *Grès pif,* grès de pavage très dur. ‖ *Grès pouf,* grès impropre au pavage. ◆ **grésage** n. m. Action de polir sur une pierre de grès les carreaux et dalles destinés au pavage. ◆ **grèserie** n. f. Fabrique de poteries de grès. ◆ **gréseur** n. m. Ouvrier carrier d'une grésière. (On dit aussi GRESSIER.) ◆ **gréseux, euse** adj. Qui est de la nature du grès ou qui en contient. ◆ **grésière** n. f. Carrière de grès. (On dit aussi GRÉSIÈRE.) ◆ **gressier** n. f. Nom donné au grès œuvré. ‖ Carrière de grès. (En ce sens, on dit aussi GRÉSIÈRE.) ‖ Poterie en grès. ◆ **gressier** n. m. Ouvrier qui extrait le grès des carrières. (On dit aussi GRÉSEUR.)

pot en **grès**
*musée
des Arts
décoratifs*

Larousse

Gresham (sir Thomas), financier anglais (Londres 1519 - *id.* 1579). Grand financier de la reine Elisabeth, créateur de la Bourse de Londres, il a attaché son nom à la loi économique d'après laquelle, « lorsque dans un pays circulent deux monnaies dont l'une est considérée comme bonne par le public et l'autre comme mauvaise, la mauvaise monnaie chasse la bonne ».

grésière → GRÈS 2.

Grésigne (FORÊT DE LA), forêt du dép. du Tarn, entre Montauban et Carmaux, sur un dôme anticlinal formé par des terrains gréseux du permo-trias et ouvert en son centre par l'érosion.

grésil [grɛzi ou zil] n. m. (de *grès*). *Météorol.* Chute de petits globules de glace spongieuse, d'un diamètre de 1 à 3 mm. (C'est une pluie congelée.) ‖ Verre pulvérisé. (On dit aussi GRAISIN, GROISIL.) ‖ Défaut de la porcelaine, consistant en une multitude de petites pustules superficielles, soulevant la pâte et l'émail. ◆ **grésiller** v. impers. Tomber, en parlant du grésil : *Il a un peu grésillé ce matin.* ◆ **grésillement** n. m. Bruit analogue à celui du grésil qui tombe; léger crépitement : *Le grésillement de la graisse dans la poêle.* ◆ **grésillon** n. m. Coke criblé en morceaux de 10 à 20 mm. ‖ Patte servant à fermer un coffre.

grésillement n. m. (de l'anc. franç. *grésillon*, grillon). Cri du grillon. (V. aussi GRÉSIL et GRÉSILLER v. intr.)

grésiller v. intr. (anc. norm. *grédiller*, griller). Faire entendre un petit crépitement. (V. aussi GRÉSIL.) ◆ **grésillement** n. m. Action de grésiller.

grésiller v. tr. Façonner les bords d'une pièce de verre avec l'égrisoir. ● *Glaçure grésillée*, glaçure parsemée de petits points moins brillants que le reste. (V. aussi GRÉSIL.) ◆ **grésoir** n. m. Syn. de ÉGRISOIR.

grésillon → GRÉSIL.

Grésivaudan. V. GRAISIVAUDAN.

grésoir → GRÉSILLER.

gresserie → GRÈS 2.

Gresset (Jean-Baptiste Louis), écrivain français (Amiens 1709 - *id.* 1777). Novice, puis professeur dans divers collèges de jésuites, il publia en 1734 un poème spirituel et malicieux, *Ver-Vert, histoire d'un perroquet de Nevers*, et une épître, *la Chartreuse*, où il décrivait un charme mélancolique sa cellule du collège Louis-le-Grand. Il remporta un grand succès avec la comédie du *Méchant* (1747) et entra l'année suivante à l'Académie française. De retour à Amiens (1749), il y organisa (1750) une académie, se maria et, devenu dévot, s'attira les sarcasmes des philosophes.

gressier → GRÈS 2.

gressin n. m. (ital. *grissino*). Sorte de longuet dont la pâte contient souvent des œufs.

Grésy-sur-Isère, ch.-l. de c. de la Savoie (arr. et à 17 km au S.-O. d'Albertville); 587 h.

Gretchaninov (Alexandre Tikhonovitch), compositeur russe (Moscou 1864 - New York 1956). Continuateur du groupe des Cinq, il s'est inspiré du folklore national.

gretchen [grɛtʃən] n. f. (de *Grete*, dimin. allem. de *Margaret*, Marguerite). Nom donné, en France, aux jeunes filles et aux femmes allemandes.

Gretchko (Andrei Antonovitch), maréchal soviétique (Golodaievsk, région de Rostov, 1903 - Moscou 1976). Commandant les forces soviétiques en Allemagne (1953-1959), il remplaça ensuite Malinovski comme commandant en chef des forces terrestres. En 1960, il fut placé à la tête des forces du pacte de Varsovie. Il fut nommé ministre de la Défense de l'U.R.S.S. en 1967.

Gretna ou **Gretna Green,** bourg de Grande-Bretagne, en Écosse (comté de Dumfries); 5 500 h. Il connut une grande célébrité jusqu'en 1856, grâce aux lois locales permettant des mariages dépourvus de toute formalité dans l'atelier du forgeron.

Grétry (André Modeste), compositeur liégeois (Liège 1741 - Montmorency 1813). Après un séjour à Rome, où il fit des études musicales, il s'installa à Genève, puis il vint se fixer à Paris, où il connut le succès avec ses opéras-comiques (*Lucile ; Zémire et Azor ; Richard Cœur de Lion*, 1784). Il fut inspiré médiocrement par la Révolution (*la Rosière républicaine*). Il a écrit des *Mémoires*.

Grétry par Mᵐᵉ Vigée-Lebrun
château de Versailles

Giraudon

Gretz-Armainvilliers, comm. de Seine-et-Marne (arr. et à 25 km au N. de Melun); 7 330 h. (*Gretzois*). Forêt. Scieries.

Greuze (Jean-Baptiste), peintre français (Tournus 1725 - Paris 1805). Il connut le succès en 1761 avec *l'Accordée* de village (Louvre), admirée par Diderot. *La Malédiction paternelle, le Fils puni* appartiennent à la même série de scènes familiales et sentimentales. Il fut aussi portraitiste : *la Cruche cassée, la Laitière* (Louvre), *Madame de Porcin* (Angers).

1. grève n. f. (du francique *graban*, fossé, sillon). *Fam.* La face antéro-interne du tibia, qui se trouve directement sous la peau.

2. grève n. f. (d'un pré-latin **grava*). Terrain uni et sablonneux le long d'un cours d'eau. ‖ Plage étendue sur une côte basse. ‖ Gros sable avec lequel on fait le mortier. ‖ Formation détritique constituée par des fragments de roches bien calibrés, le plus souvent calcaires, provenant du délitage par le gel. (On dit aussi GRÈZE ou GROIZE.)

3. grève n. f. (de la *place de Grève* à Paris, où les ouvriers sans travail se réunissaient pour se faire embaucher). Refus concerté du travail par une coalition de salariés : *Faire grève. Se mettre en grève.* (V. encycl.) ‖ Refus concerté d'une coalition de commerçants ou de membres de professions libérales d'exercer leur activité en tout ou en partie. ● *Grève de la faim,* refus de nourriture de la part de personnes qui n'ont pas d'autres moyens d'appeler l'attention des autorités sur leurs revendications. ‖ *Grève perlée,* ralentissement concerté du travail. ‖ *Grève sauvage,* arrêt de travail effectué brusquement par la base, sans directives des syndicats. ‖ *Grève surprise,* arrêt collectif de travail avant toute négociation ou en cours de négociation. ‖ *Grève sur le tas,* grève avec occupation du lieu de travail. ‖ *Grèves tournantes,* grèves qui atteignent tour à tour, mais jamais simultanément, les ateliers ou les dépôts d'une entreprise ou les entreprises d'une même branche professionnelle. ‖ *Grève du zèle,* manifestation de mécontentement consistant à effectuer son travail avec une minutie excessive. ◆ **gréviste** adj. et n. Qui fait grève.

— ENCYCL. **grève.** *Dr. du trav.* En France, c'est en 1864 seulement que la grève a cessé de constituer un délit, mais elle a été longtemps encore considérée comme une atteinte au libre exercice de l'entreprise, et la jurisprudence décidait qu'elle rompait le contrat de travail. En 1938, la loi interdit tout recours à la grève et au lock-out avant qu'aient joué les procédures de conciliation et d'arbitrage. Après la Libération, on peut noter une évolution importante en ce qui concerne l'exercice du droit de grève et les effets de celle-ci sur le contrat de travail; le préambule de la Constitution de 1946 — maintenu par la Constitution de 1958 — constate la légitimité du droit de grève dans le

M. Held

Greuze
« Madame de Porcin », *musée d'Angers*

cadre des lois qui les réglementent. (Le législateur a interdit la grève des policiers, des agents des services pénitentiaires et de la sécurité aérienne; il a institué dans les autres services publics un préavis de grève de cinq jours.) Enfin, la loi de 1950 sur les conventions collectives a précisé que la grève ne rompt pas le contrat de travail, sauf faute lourde du salarié. La notion de *faute lourde* n'a pas été encore précisée très clairement par la jurisprudence.

— *Hist.* Il semble que l'on puisse dater l'apparition des grèves du Moyen Age (XIIIᵉ s.). A l'époque moderne, la période prérévolutionnaire en connut de sanglantes (celles des papiers peints de Réveillon, 28 avr. 1789). La loi Le Chapelier (1791) ne put les empêcher pendant la Convention thermidorienne. Elles se multiplièrent à nouveau avec l'essor de la grande industrie (382 de 1830 à 1847, notamment à Paris et à Lyon). Avec la formation du parti socialiste (1879) et la naissance du syndicalisme (1884), elles devinrent l'arme essentielle de la lutte ouvrière.

Grève (PLACE DE), nom donné jusqu'en 1806 à la place de l'Hôtel-de-Ville, à Paris, et sur laquelle eurent lieu les exécutions capitales depuis le règne de Charles V jusqu'à la Restauration. Ancien centre de réunion des ouvriers et des chômeurs.

→ V. illustration page suivante.

grevé → GREVER.

Grevenmacher, ch.-l. de c. du grand-duché de Luxembourg, sur la rive gauche de la Moselle; 2 700 h. Port fluvial. Vignobles.

Giraudon

la place de **Grève** au XVIIIᵉ s.

grever v. tr. (lat. *gravare*, alourdir) [conj. **5**]. Soumettre à des charges (impôts, hypothèques, dépenses) : *Grever un pays de lourds impôts.* ‖ D'une façon générale, charger de quelque chose d'onéreux, de pénible : *Grever son budget.* ‖ *Dr.* Constituer un droit réel secondaire sur un immeuble : *Grever un immeuble d'une hypothèque.* ◆ **grevé, e** adj. Frappé d'une servitude ou d'une hypothèque. ✦ n. *Grevé de substitution,* celui qui reçoit des biens à l'aide d'une substitution fidéicommissaire permise, à charge de les rendre, à son décès, à ses enfants.

grevillea n. m. (dédié au botaniste anglais C. F. *Greville*). Arbre aux feuilles de fougère, aux fleurs jaunes ou rougeâtres, qui sert, au Viêt-nam, pour ombrager les plantations de caféiers. (Famille des protéacées.)

Grévin (Jacques), médecin et poète français (Clermont-en-Beauvaisis 1538 - Turin 1570). Il se montra le rival de Jodelle et le précurseur de R. Garnier et de A. Hardy en faisant jouer au collège de Beauvais deux comédies, *la Trésorière* (1559) et *les Ebahis*, et la tragédie de *César* (1561). Ses poésies lyriques sont influencées par Ronsard et par J. du Bellay (*l'Olympe de J. Grévin,* 1560). Converti au protestantisme, il passa en Angleterre (1567), puis à Turin, où il fut le médecin de la duchesse de Savoie.

Grévin (Alfred), dessinateur et caricaturiste français (Epineul, Yonne, 1827 - Saint-Mandé 1892). Il illustra des journaux humoristiques et satiriques, dessina des costumes de théâtre et fonda à Paris, en 1882, le musée de figures de cire qui porte son nom.

gréviste → GRÈVE 3.

Grévy (Jules), homme politique français (Mont-sous-Vaudrey, Jura, 1807 - *id.* 1891). Juriste, député aux Assemblées constituante, puis législative, il se distingua par ses sentiments républicains. En 1868, il devint le chef

Jules
Grévy

Franck

de l'opposition au Corps législatif et s'opposa à la déclaration de guerre. Il fut élu président de l'Assemblée nationale réunie à Bordeaux (1871), puis de la Chambre des députés, et succéda à Mac-Mahon à la présidence de la République (1879). Il préconisa alors une « politique de recueillement », opposée à l'idée de revanche et d'entreprises coloniales. Il fut réélu en 1885, mais le scandale des décorations, dans lequel fut impliqué son gendre Wilson*, l'obligea à démissionner (1887).

Grey (lady Jane) [1537 - 1554]. V. JEANNE GREY.

Grey (Catherine), dame **Seymour,** comtesse **de Hertford** (1538 ? - 1568). Sœur de Jeanne Grey, elle hérita de ses prétentions au trône, mais son mariage secret avec Edward Seymour la brouilla avec la reine Elisabeth.

Grey (Charles GREY, 2ᵉ comte), homme politique britannique (Fallodon, Northumberland, 1764 - Howick House, Northumberland, 1845). Disciple et ami de Fox, il devint chef du parti whig à la Chambre des lords. Il défendit l'émancipation des catholiques. Premier ministre de 1830 à 1834, il fit voter en 1832 la loi sur la réforme électorale. — Son neveu sir George **Grey** (Lisbonne 1812 - Londres 1898), gouverneur de l'Australie méridionale (1840-1845) et de la Nouvelle-Zélande (1845-1853), mit fin au pouvoir de la Compagnie de colonisation et rétablit la paix avec les Maoris. Il fut nommé gouverneur de la colonie du Cap (1854-1860), mais la politique de Londres l'empêcha de réaliser la fédération des Etats sud-africains. Il fut à nouveau gouverneur en Nouvelle-Zélande (1861-1868), puis Premier ministre (1877-1879). — EDWARD, vicomte **Grey** (Fallodon, Northumberland, 1862 - id. 1933), petit-fils du précédent, député du parti libéral (1885), fut ministre des Affaires étrangères de 1905 à 1916. Il fut l'artisan de l'Entente cordiale et de l'accord avec la Russie (1907). Attaché à la paix autant qu'à l'alliance avec la France, il fit cependant entrer la Grande-Bretagne dans la guerre (4 août 1914).

greyhound [greiaund] n. m. (mot angl.). Lévrier anglais de course.

Greyhound Bus Lines, première société mondiale de transports routiers, fondée aux Etats-Unis en 1925 sous le nom de « Motor Transit Corporation ». C'est en 1930 qu'elle prit la dénomination de « Greyhound Bus Lines ». Sur les 160 000 km de routes qu'elle dessert, la société transporte quatre fois plus de passagers que la plus grande compagnie de chemin de fer.

grèze n. f. V. GRÈVE 2.

Grez-en-Bouère, ch.-l. de c. de la Mayenne (arr. de Château-Gontier), à 16,5 km au N.-O. de Sablé ; 976 h. (*Grézillons*). Carrières de marbre.

Griaule (Marcel), ethnologue français (Aisy-sur-Armançon, Yonne, 1898 - Paris 1956). Il effectua de nombreuses missions en Afrique noire et publia d'importants travaux sur les Dogons de la falaise de Bandiagara (Mali).

gribane n. f. Chaland ponté, servant, en Seine-Maritime, au transport des déblais ou des matériaux de construction. ‖ Autref., barque en usage sur les côtes de Normandie.

Gribeauval (Jean-Baptiste VAQUETTE DE), général et ingénieur militaire français (Amiens 1715 - Paris 1789). Premier inspec-

teur de l'artillerie (1776), il réorganisa cette arme, perfectionna les arsenaux, mit en service de nouveaux canons et fit de l'artillerie française, en 1789, la première d'Europe. Le matériel Gribeauval fit toutes les campagnes de la Révolution et de l'Empire.

Griboïedov (Aleksandr Sergheïevitch), diplomate et auteur dramatique russe (Moscou 1795 - Téhéran 1829). Il écrivit de 1822 à 1824 son chef-d'œuvre, *le Malheur d'avoir trop d'esprit,* satire de la haute société moscovite, l'un des plus grands succès du théâtre russe. Nommé ambassadeur à Téhéran en 1828, il fut tué au cours d'une émeute.

gribouillage → GRIBOUILLER.

Gribouille, type populaire de naïveté et de sottise.

gribouiller v. tr. et intr. (de *Gribouille* n. pr.). Peindre, dessiner, écrire d'une manière confuse. ◆ **gribouillage** ou **gribouillis** n. m. Mauvais dessin, peinture informe : *Son premier jet est un gribouillage informe.* ‖ Ecriture illisible. ◆ **gribouilleur, euse** n. et adj. Personne qui gribouille : *Ce n'est pas un écrivain, c'est un gribouilleur.*

gribouri n. m. V. EUMOLPE.

grièche adj. f. (croisement d'un fém. de *grief,* fâcheux, avec le fém. de *griois,* grec). V. PIE-GRIÈCHE.

grief n. m. (déverbal de *grever*). Sujet de plainte : *Formuler des griefs contre quel-*

Edvard
Grief

Reutlinger

qu'un. ● *Faire grief de quelque chose à quelqu'un,* le lui reprocher, lui en tenir rigueur.

Grieg (Edvard), compositeur norvégien (Bergen 1843 - id. 1907). Il voulut créer une musique nationale norvégienne et recueillit une documentation folklorique. Il acquit en Europe une réputation de pianiste virtuose et de chef d'orchestre. Il fut influencé par Mendelssohn et par Chopin, mais son audace harmonique en fait un précurseur de Debussy et un parent de Fauré. Parmi son abondante production, retenons : les *Danses nor-végiennes* pour piano, un concerto pour piano, de la musique de chambre, de nombreux lieder, la musique de scène pour le drame d'Ibsen *Peer Gynt* (1876).

Grieg (Nordahl), écrivain norvégien (Bergen 1902 - Berlin 1943). Acquis dès sa jeunesse aux idées socialistes, il participa à la révolution chinoise (1927) et à la guerre civile espagnole (1937) et suivit en 1940 le gouvernement norvégien en Angleterre. Engagé dans l'armée de l'air britannique, il fut tué au cours d'un raid sur Berlin. Il a écrit un roman (*le Navire*, 1924), des pièces de théâtre (*l'Amour d'un jeune homme*, 1927 ; *Barabbas*, 1927 ; *la Défaite*, 1937), et publié des recueils de poésies (*Pierres dans les cours d'eau*, 1925 ; *la Norvège dans nos cœurs*, 1929).

Grierson (John), réalisateur de films et théoricien du cinéma anglais (Deanston, Perthshire, 1898 - Bath 1972), créateur de l'école documentariste britannique.

grièvement adv. (de l'anc. adj. *grief ;* du lat. *gravis,* lourd). De façon grave : *Être blessé grièvement.*

griffade, griffage → GRIFFE.

griffe n. f. (empr. au francique). Ongle recourbé et pointu de la plupart des vertébrés terrestres. (Les griffes servent à la capture et à la mise à mort des proies, au grimper [lézard, pic-vert], à la suspension [chauvesouris], au perchage [passereaux], au fouissage [taupe]. On les nomme *serres* chez les rapaces diurnes. Chez les félins, elles sont *rétractiles,* c'est-à-dire engainées au repos, ce qui leur évite de s'émousser.) ‖ Nom de divers organes végétaux recourbés, notamment du rhizome d'asperge, utilisé comme bouture. ‖ Patte, main armée d'ongles pointus et crochus : *Les griffes des diables.* ‖ Motif architectural en forme de patte griffue rattachant le fût d'une colonne à l'angle de son soubassement. ‖ Morceau du bœuf, voisin de l'épaule. ‖ Petit carré d'étoffe cousu à l'intérieur d'un vêtement ou d'un chapeau et portant le nom du fournisseur. ‖ Croc qui termine un palan. ‖ Pièce d'un établi. ‖ Empreinte spéciale apposée sur les plis en franchise des ministères, en remplacement des timbres mobiles. ‖ Nom donné à divers outils destinés à saisir des objets variés.‖ Crampons munis de courroies, utilisés pour monter aux poteaux des lignes électriques et télégraphiques, aux arbres, etc. ‖ Lame courbe avec laquelle on enlève un fragment d'écorce sur des arbres ou des arbustes à couper ou à conserver, suivant le cas. ‖ Pièce supportant le ou les couteaux dans les mécaniques d'armure et les mécaniques Jacquard, et qui lève, dans son mouvement d'ascension, les crochets sélectionnés. ‖ *Fig.* Pouvoir, domination : *Tomber dans les griffes des usuriers.* ‖ Signature : *Mettre sa griffe au bas d'un acte notarié.* ● *Donner un coup de griffe à*

quelqu'un (Fig.), l'attaquer par des paroles, des insinuations malveillantes. ‖ *Griffe d'extracteur* (Mil.), partie de l'extracteur se mettant en prise dans la gorge ou en avant du bourrelet de l'étui à extraire. ‖ *Griffe d'oblitération,* instrument qui sert à oblitérer les timbres mobiles. ‖ *Montrer les griffes* (Fig.), menacer. ‖ *Nœud de griffe,* nœud fait sur les crocs pour y fixer des cordages. ◆ **griffade** n. f. Coup de griffe. ◆ **griffage** n. m. Action de griffer un cuir. ◆ **griffer** v. tr. Marquer d'un coup de griffe ou d'un coup d'ongle : *Le chat l'a griffé.* ‖ Egratigner : *Les ronces de la haie lui griffaient le visage.* ‖ Marquer un cuir en vue d'une couture à la main. ◆ **griffeur, euse** n. Personne qui griffe. ◆ **griffu, e** adj. Armé de griffes ou d'ongles longs et crochus : *Une patte griffue.* ◆ **griffure** n. f. Coup de griffe, égratignure : *Il a des griffures sur le visage.* ‖ Egratignure d'une planche gravée à l'eau-forte.

Griffenfeld (Peder SCHUMACHER, comte DE), homme politique danois (Copenhague 1635 - Trondheim 1699). Bibliothécaire de Frédéric III, il rédigea la « loi royale » qui instituait la monarchie héréditaire et absolue. Chancelier, il organisa l'administration et la cour danoises.

griffer, griffeur → GRIFFE.

Griffith (Arthur), homme politique irlandais (Dublin 1872 - *id.* 1922). Fondateur (1899) de l'hebdomadaire nationaliste *The United Irishman,* il organisa le mouvement « Sinn Fein » (1902) et prit une part active à la constitution des Volontaires (1914). En 1918, il fut élu vice-président de la république d'Irlande. Il dirigea les négociations avec le gouvernement britannique en 1921, et signa le traité de Londres.

Griffith (David Llewelyn Wark), producteur et réalisateur américain (La Grange, Kentucky, 1875 - Hollywood 1948). De 1908 à 1912, il tourne de nombreux films, au cours desquels il créa sa technique personnelle : découpage, lumière artificielle, flous et sur-

David
L. Wark **Griffith**

impression, retour en arrière (utilisé pour la première fois en 1908 dans *les Aventures de Dolly*). En 1915, *Naissance d'une nation* cristallise tout cet acquis, puis *Intolérance* en 1916. En 1919, il fonde les Artistes Associés avec Chaplin, Mary Pickford, Douglas Fairbanks. Parmi ses très nombreux films, signalons : *les Cœurs du monde* (1917), *le Lis brisé*, *le Pauvre Amour* (1919), *A travers l'orage* ((1920), *la Rue des rêves* (1921), *la Nuit mystérieuse* (1922), *Pour l'indépendance* (1924). Il réalisa deux films parlants, *Abraham Lincoln* (1930) et *The Struggle* (1931), qui furent des échecs.

Griffiths (James), homme politique britannique (Ammanford, Carmarthen, 1890), chef des députés travaillistes (1956-1959).

griffon n. m. Animal fantastique, lion ailé à tête d'oiseau. ‖ Petite pièce d'artillerie. ‖ Autref., écouvillon pour nettoyer les canons. ‖ Sorte de papier blanc portant, empreinte dans la pâte, l'image d'un griffon. ‖ Lime plate et dentelée du tireur d'or. ‖ Type de chiens à poil rêche, dont il existe plusieurs races. (On connaît plusieurs races de griffons. Les unes correspondent à des chiens d'arrêt [*korthals* ou *griffon d'arrêt*, à poil dur, à robe grise ou marron, très intelligent; *griffon italien*, ou *spinone*], d'autres à des chiens courants [*griffon vendéen*, *griffon nivernais*, bas-

v. chiens

set griffon vendéen], d'autres enfin à des chiens d'agrément [*griffon bruxellois*, *griffon belge*, *griffon brabançon*, *griffon du Tibet*, *griffon hollandais*].)

Griffon ou **Grifon** (726 - en Maurienne 753), fils naturel de Charles Martel. Il lutta contre Pépin le Bref et ses fils.

griffonnage → GRIFFONNER.

griffonner v. tr. (de *griffe*). Ecrire peu lisiblement, d'une manière désordonnée et confuse : *Griffonner un message sur un bout de papier*; et, absol. : *Les enfants griffonnent sur les murs*. ‖ Composer, rédiger hâtivement : *Griffonner une lettre, un article de journal*. ◆ **griffonnage** n. m. Action de griffonner; écriture désordonnée, confuse, illisible. ‖ *Bx-arts*. Esquisse rapide. (On dit aussi GRIFFONNEMENT.) ◆ **griffonneur, euse** n. Personne qui écrit beaucoup et vite : *Un infatigable griffonneur.*

griffu → GRIFFE.

Griffuelhes (Victor), syndicaliste français (Nérac 1874 - Paris 1923). Secrétaire général de la C. G. T. en 1902, il joua un rôle important lors de la rédaction de la charte d'Amiens (1906). Il dut démissionner en 1909.

griffure → GRIFFE.

Grignan, ch.-l. de c. de la Drôme (arr. de Nyons), à 28 km au S.-E. de Montélimar; 1 147 h. Château des marquis de Grignan,

construit sous la Renaissance, qui fut en partie ruiné en 1793, puis restauré (XXᵉ s.). Mᵐᵉ de Sévigné mourut à Grignan et repose dans l'église du bourg.

Grignan (François Adhémar DE MONTEIL, comte, puis marquis DE) [Grignan 1629 - *id*. 1714]. Lieutenant général de Provence à partir de 1669, il s'opposa au protestantisme et occupa militairement la principauté d'Orange (1673). — FRANÇOISE MARGUERITE (Paris 1646 - Mazargues, Provence, 1705), fille de Mᵐᵉ de Sévigné, l'épousa en 1669 et le suivit en Provence. Sa mère lui adressa pendant plus d'un quart de siècle la plus grande partie de sa correspondance. Mᵐᵉ de Grignan eut trois enfants; l'une de ses filles, Pauline, devint Mᵐᵉ de Simiane, à qui l'on doit la publication de la correspondance de Mᵐᵉ de Sévigné, d'où elle retrancha les lettres de sa mère.

grignard n. m. Dérivé organomagnésien mixte, découvert par Grignard.

Grignard (Victor), chimiste français (Cherbourg 1871 - Lyon 1935). Il a découvert en 1901 les dérivés organomagnésiens mixtes, agents de synthèse remarquables. (Prix Nobel de chimie, 1912; Acad. des sc., 1926.)

grigne n. f. Excroissance sur un pain cuit. ‖ Couleur dorée du pain bien cuit. ‖ *Text*. Inégalité du feutre. ◆ **grigner** v. intr. *Text*. Goder, se crisper.

Grignion de Montfort. V. LOUIS-MARIE GRIGNION DE MONTFORT (saint).

Grignols, ch.-l. de c. de la Gironde (arr. de Langon), à 16 km au S.-E. de Bazas; 1 167 h. Château des XVᵉ et XVIᵉ s.

grignon → GRIGNOTER.

Grignon (Claude Henri), écrivain canadien d'expression française (Sainte-Adèle, Québec, 1894 - *id*. 1976), auteur de nouvelles et de romans réalistes (*Un homme et son péché*, 1933).

Grignon (ECOLE DE), Ecole nationale supérieure agronomique, fondée en 1826, dans un château construit sous Louis XIII, à Thiverval-Grignon*. (V. AGRICOLE [*enseignement*].)

grignotage ou **grignotement** → GRIGNOTER.

grignoter v. tr. (fréquentatif de l'anc. franç. *grigner*, grincer des dents). Manger doucement, en rongeant : *Grignoter un croûton de pain*. ‖ Découper suivant un profil sur une grignoteuse. ‖ *Fig*. User lentement, gagner peu à peu l'avantage sur : *Grignoter les positions de l'ennemi*. ‖ *Fam*. Gagner, s'approprier : *Il n'y a rien à grignoter dans cette affaire*. ◆ **grignon** n. m. Morceau de pain du côté le plus cuit, et que l'on peut grignoter. ‖ — **grignons** n. m. pl. Tourteau d'olive encore riche en huile, qu'on utilise pour l'alimentation du bétail, pour la fabrication de composts ou pour l'extraction, à l'aide de sol-

vants, de l'huile de grignons. ◆ **grignotage**
ou **grignotement** n. m. Action de grignoter ;
bruit produit en grignotant : *Le grignotement
des souris.* ◆ **grignoteur, euse** adj. et n. Qui
grignote. ‖ — **grignoteuse** n. f. Machine-
outil composée d'une scie à lame très mince,
animée d'un mouvement alternatif rapide, et
utilisée au découpage des bois ou des métaux
tendres en feuille. ◆ **grignotis** n. m. Taille en
spirale que fait le graveur.

Grigny, comm. du Rhône (arr. de Lyon),
sur le Rhône, dans la banlieue nord de
Givors ; 8 158 h. *(Grignerots).* Faïencerie ;
produits chimiques ; pâtes alimentaires.

Grigny (Nicolas DE), compositeur français
(Reims 1672 - *id.* 1703). Organiste de Saint-
Denis, puis de la cathédrale de Reims, il a
composé un *Livre d'orgue* (1699). Grigny
doit être tenu pour le plus grand classique
de l'orgue au temps de Louis XIV.

Grigny (Alexandre Charles DE), architecte
français (Arras 1815 - *id.* 1867). De 1840 à
1860, il éleva plus de trente églises, généralement dans le style du XIIIe s. (Valenciennes,
Douai, Genève).

Grigorescu (Nicolae Ion), peintre roumain
(Pitaru 1838 - Cîmpina 1907). D'abord peintre
religieux, il vint en France (1861) et adopta
le style de l'école de Barbizon, qu'il importa
dans sa patrie : *Paysanne de Munténie, Paysage à Posada* (Bucarest).

Grigoriev (Apollon Aleksandrovitch), critique littéraire et poète russe (Moscou 1822 -
Saint-Pétersbourg 1864). Il fut le meilleur
théoricien russe de la doctrine dite de
« l'art pour l'art » *(De la vérité et de la sincérité dans l'art,* 1856).

Grigoriev (Serguei), danseur et maître de
ballet britannique d'origine russe (Saint-
Pétersbourg 1883 - Londres 1968). Formé à
l'École impériale de danse de Saint-Pétersbourg, il fait une longue carrière (danseur,
metteur en scène, maître de ballet) au sein
des Ballets russes (1909-1929). Doué d'une
prodigieuse mémoire, il a pu remonter dans
leur version originelle pour le London's
Festival Ballet les plus grandes œuvres du
répertoire de la troupe russe *(le Coq d'or,
l'Oiseau de feu, Petrouchka,* les « Danses
polovtsiennes » du *Prince Igor').* Il a publié
The Diaghilev Ballet 1909-1929 (1953).

Grigorovitch (Dmitri Vassilievitch),
romancier russe (Simbirsk 1822 - Saint Pétersbourg 1899), auteur de nombreux romans
d'un réalisme tempéré par un optimisme
malicieux *(Anton, le souffre-douleur,* 1847).

Grigorovitch (Iouri Nikolaïevitch), chorégraphe et maître de ballet soviétique (Leningrad 1927). D'abord danseur dans la troupe
du Kirov de Leningrad, il est maître de ballet
(1963), puis directeur artistique (1966) au
Ballet du Bolchoï. Son originalité et une
audace relative se manifestent dès sa propre
version de *la Fleur de pierre* (1957). On lui

doit depuis : *la Légende d'amour* (1961), la
version intégrale de *Casse-Noisette* (1966), un
spectaculaire *Spartacus* (1967), une version
« modernisée » du *Lac des cygnes* (1969), *Ivan
le Terrible* (1975).

grigou n. m. (mot languedocien signif. *gredin).* *Pop.* Ladre, avare : *Un vieux grigou.*

gri-gri n. m. Nom usuel du grillon des
champs. — Pl. des GRIS-GRIS.

grigri ou **gri-gri** n. m. Nom donné en
Afrique aux porte-bonheur et talismans ven-
dus par les sorciers.

Grijalva (Juan DE), navigateur espagnol
(Cuéllar, Vieille-Castille, fin du XVe s. - tué
en Amérique centrale, dans la vallée
d'Olancho, 1527). Il explora les côtes du
Yucatán et fut le premier Espagnol à débar-
quer au Mexique.

gril [gri ou gril] n. m. (lat. *craticulum ;* de
cratis, treillis). Ustensile de cuisine à quatre
pieds, formé de tiges métalliques parallèles,
reliées ensemble par deux traverses à leurs
extrémités, et sur lequel on fait griller certains mets. ‖ Machine composée de barres
métalliques, sur laquelle les imprimeurs en
taille-douce mettent leur planche avant de
l'encrer. ‖ Faisceau de garage composé de
plusieurs voies ferrées parallèles, reliées à
leurs extrémités par des cisailles parallèles. ‖
Charpente en bois remplaçant une cale sèche,
pour nettoyer et réparer les navires. ‖
Plancher à claire-voie situé au-dessus du
cintre pour la manœuvre des décors de
théâtre. ‖ Claire-voie établie en amont d'une
vanne pour arrêter les bois et détritus char-
riés par les eaux. ● *Etre sur le gril* (Fig.),
être dans un état de peine, de vive impatience : *Candidat qui est sur le gril.* ‖ *Gril
costal* (Anat.), la cage thoracique, et spécialement l'ensemble des côtes. ‖ *Gril électrique,*
appareil mobile à couvercle, servant à griller
des aliments posés sur un corps de chauffe
électrique de puissance limitée. ◆ **grillade**
[grijad] n. f. Cuisson sur le gril : *Côtelette
de mouton à la grillade.* ‖ Viande grillée :
Manger une grillade. ◆ **grillage** [grijaȝ] n.
n. m. Action de griller. ‖ Action de « brûler »
du café ou de faire griller des fruits, des
noyaux, dans du sucre : *Grillage d'amandes.*
‖ Opération consistant à chauffer dans un
courant d'air un minerai, notamment un sulfure, pour en provoquer l'oxydation. ‖ Opération, dite aussi FLAMBAGE, consistant à
brûler la partie poilue qui demeure à la surface d'un tissu ou d'un fil. (V. aussi GRILLE.)
◆ **grille-marron** n. m. ou **grille-marrons** n.
m. invar. Syn. de POÊLE À MARRONS ou DIABLE.
— Pl. *des* GRILLE-MARRONS. ◆ **grille-pain**
n. m. invar. Appareil permettant de griller
des tranches de pain, des toasts, etc. ◆
griller [grije] v. tr. Faire cuire sur le gril :
Griller des côtelettes, des poissons. ‖ Faire
cuire par un procédé quelconque sur un feu
de braise : *Griller des marrons.* ‖ Torréfier :
Griller du café. ‖ Incommoder par un excès

de chaleur : *Le soleil nous grille.* ‖ Dessécher : *Le soleil a grillé le gazon.* ‖ Racornir par le froid : *La gelée grille les bourgeons.* ‖ Oxyder par chauffage dans un courant d'air. ‖ Détruire un élément d'un montage radio-électrique par l'action d'un courant ou d'une tension de valeur excessive. ‖ Faire passer à la flamme (des fils, des étoffes) pour en ôter le duvet. ‖ *Fam.* Mettre hors d'usage par un échauffement excessif, par une utilisation défectueuse : *Griller un moteur. Griller un appareil de mesure.* ‖ *Fig.* et *pop.* Devancer, passer : *Griller un concurrent.* (V. aussi GRILLE.) ● *Affaire grillée,* affaire manquée. ‖ *Etre grillé,* avoir perdu la confiance, être reconnu. ‖ *Griller une cigarette,* la fumer. ‖ *Griller un feu rouge,* le franchir. ✦ v. intr. Rôtir sur le gril ou autrement : *Côtelettes qui grillent.* ‖ *Par exagér.* Etre exposé à une très grande chaleur. ● *Griller d'envie de* (Fig.), désirer ardemment : *Il grille d'envie de partir.* ◆ **grilloir** n. m. Appareil ménager servant à griller le café. ‖ Appareil pouvant servir à rôtir tout mets devant être bien saisi. ◆ **grillot** [grijo] n. m. Perche de bois pour maintenir les glaces dans le four à recuire. ◆ **grillure** [grijyr] n. f. Marque présentée par les feuilles de vigne atteintes de la moisissure grise.

grill [gril] n. m. Partie de la cantre placée derrière un métier à tisser la moquette Jacquard, et contenant des bobines de fil de poil de même couleur. ● *Moquette à 3, 4, 5 grills,* moquette dont le dessin comporte l'emploi, en fils de poil, de 3, 4, 5 couleurs différentes.

grillade → GRIL.

grillage → GRIL et GRILLE.

grillager, grillageur → GRILLE.

grille [grij] n. f. (lat. *craticula*). Assemblage de barreaux fermant une ouverture ou établissant une séparation : *Grille de fenêtre, d'égout.* ‖ Clôture formée de barreaux métalliques plus ou moins ouvragés. (Parmi les plus belles grilles, il faut citer celles de Versailles et celles de la place Stanislas à Nancy.) ‖ Treillage serré qui, dans le parloir des religieuses, empêche toute communication avec l'extérieur. ‖ Le parloir lui-même ‖ Treillis de fer de la visière du heaume (Moyen Age). ‖ Paraphe en forme de barreaux croisés, que les secrétaires du roi mettaient devant leur signature. ‖ Carton découpé, à jours conventionnels, pour écrire ou lire les cryptogrammes. ‖ Electrode auxiliaire d'un tube électronique, formée d'une plaque métallique ajourée ou d'un fil enroulé en hélice, et généralement placée entre la

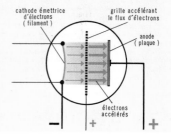

cathode et l'anode pour modifier la valeur du champ électrique entre ces deux électrodes. ‖ En équitation, partie de l'étrier servant d'appui au pied. ‖ Figure divisée en cases, au jeu des mots croisés. ‖ Tableau rectangulaire à double entrée, permettant de comparer les variations d'un phénomène durant des périodes de temps différentes. ‖ Tableau représentant un ensemble de faits : *Une grille de programme radiophonique.* ‖ Défaut de maille dans un tricot interlock. ‖ Récipient allongé, à l'usage des teinturiers. ‖ Corbeille en fonte à claire-voie, placée dans une cheminée, et dans laquelle on brûle du coke, du bois, etc., pour le chauffage d'un appartement. ‖ Petit foyer portatif. ‖ Dispositif ajouré servant de support, dans un foyer à

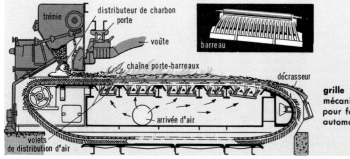

grille mécanique pour foyer automatique

combustible solide, au combustible en ignition, et permettant la pénétration de l'air comburant ainsi que l'évacuation des cendres. ● *Etre derrière les grilles,* être prisonnier. ‖ *Grille accélératrice,* grille d'un tube électronique dont la polarisation positive, importante par rapport à la cathode, a pour effet d'accélérer la circulation des électrons entre la cathode et l'anode, et d'augmenter ainsi le flux électronique. ‖ *Grille de commande,* grille d'un tube électronique dont le rôle est de faire fonctionner celui-ci comme un relais électronique sans inertie. ‖ *Grilles d'escarpe, de contrescarpe,* obstacles accroissant la difficulté de franchissement de ces talus. ‖ *Grille à jasper,* grille métallique sur laquelle on frotte légèrement la brosse à jasper enduite de couleur, au-dessus des tranches des livres devant recevoir une jaspure. ‖ *Grille d'observation,* appareil pour l'observation d'un tir d'artillerie. ‖ *Grille des salaires,* ensemble hiérarchisé des salaires d'une profession. ‖ *Grille de tir contre avions,* appareil de visée des armes anti-aériennes de petit calibre. ◆ **grillage** [grijaȝ] n. m. Garniture de fil de fer en treillis, placée aux fenêtres ou aux portes. ‖ Treillis métallique servant de clôture. ‖ Assemblage de charpentes croisées que l'on place dans les fondations quand on bâtit sur un terrain marécageux ou quand on installe une voie de chemin de fer. ◆ **grillager** v. tr. (conj. 1). Garnir d'un grillage : *Grillager un soupirail.* ◆ **grillageur** n. m. Ouvrier qui fabrique ou pose des grillages. ◆ **grille-corbeille** n. f. Partie inférieure, ajourée, du foyer d'un poêle métallique, dans laquelle la grille peut se loger. — Pl. *des* GRILLES-CORBEILLES. ◆ **grille-écran** n. f. Dans un tube électronique multigrille, électrode interposée entre certaines autres et généralement portée à une tension positive élevée, servant à compenser ou à diminuer les effets de capacité entre elles. — Pl. *des* GRILLES-ÉCRANS. ◆ **griller** v. tr. Garnir d'une grille : *Griller une fenêtre.* ● *Griller un feu rouge* (Fam.), ne pas s'y arrêter. ‖ *Points grillés,* points de dentelle croisés, qui sont exécutés en opposition avec les points toilés. (V. aussi GRIL.)

grille-marron, grille-pain → GRIL.

griller → GRIL et GRILLE.

grilloir → GRIL.

grillon [grijõ] (lat. pop. *grillio;* lat. class. *grillus*). Petit insecte orthoptère noir ou jaune, fouisseur, familier des fours de boulanger et autres lieux chauds et obscurs. (Ses ailes sont réduites, ses pattes fouisseuses, son chant puissant et monotone.) [Syn. CRI-CRI.]

grillot → GRIL.

Grillparzer (Franz), auteur dramatique autrichien (Vienne 1791 - *id.* 1872). Directeur des archives du ministère des Finances (1832-1856), il fut un des plus féconds dramaturges de langue allemande. Dès 1817, il connut son premier succès avec un drame, *l'Aïeule.* Il

adopta une forme classique avec *Sapho* (1818), *la Toison d'or* (1818-1820), *Médée* (1822), puis revint au drame historique avec *le Bonheur et la fin du roi Ottokar* (1825) et *Un fidèle serviteur de son maître* (1826). Dans le drame lyrique *les Vagues de la mer et de l'amour* (1831), il étancha cette soif de poésie que la vie de fonctionnaire ne lui avait pas permis d'assouvir. Parmi ses autres drames,

Historische Bildarchiv

Franz Grillparzer d'après un dessin de Dannhauser

citons *la Juive de Tolède* (1855), tirée de l'histoire espagnole. Il écrivit également une comédie, un roman, *le Pauvre Musicien* (1848), et un récit dramatique, *le Monastère de Sendomir* (1828), dont G. Hauptmann a tiré une pièce, *Elga* (1896).

grill-room [gril rum] n. m. (mot angl. signif. *salle du gril*). Salle de restaurant où les viandes et poissons sont grillés sous les yeux des consommateurs. — Pl. *des* GRILL-ROOMS.

grillure → GRIL.

grimaçant → GRIMACE.

grimace n. f. (du francique **grima,* masque). Contorsion du visage, contraction de certains muscles de la face : *Une grimace de douleur, de désapprobation.* ‖ Mauvais pli d'un habit, d'une étoffe : *Couture mal montée qui fait une grimace.* ‖ Figure grotesque sculptée sur les sièges des stalles

grillon

J. Six

d'église (XVᵉ s.). ‖ *Fig.* Feinte des sentiments, dissimulation ; manières affectées : *Les grimaces des salons.* ● *Faire la grimace,* marquer du mécontentement, du dégoût. ◆ **grimaçant, e** adj. Qui grimace, qui fait des grimaces : *Un visage grimaçant.* ‖ Qui fait de mauvais plis : *Une emmanchure grimaçante.* ◆ **grimacer** v. intr. (conj. 1). Faire une grimace, des grimaces : *Les enfants aiment à grimacer.* ‖ *Fig.* Minauder, faire des façons, n'être pas naturel : *En voulant faire des grâces, il ne réussit qu'à grimacer.* ‖ En parlant de vêtements, faire un mauvais pli : *Cette robe grimace.* ◆ v. tr. Feindre en grimaçant : *Grimacer un sourire.* ◆ **grimacier, ère** adj. et n. Qui fait habituellement des grimaces : *Enfant grimacier.*

grimage → GRIMER.

Grimaldi, localité d'Italie (Ligurie, prov. d'Imperia), sur la Méditerranée ; 320 h. Station balnéaire. Elle possède neuf grottes célèbres, dans lesquelles des fouilles furent opérées à partir de 1872 sous la direction d'E. Rivière. On y a découvert plusieurs fossiles humains dont on a fait le prototype d'une race particulière d'*homo sapiens,* la *race de Grimaldi.*

Grimaldi (MAISON), famille noble de Gênes, du parti guelfe, mentionnée dès le XIIᵉ s. RAINIER Iᵉʳ fut le premier seigneur de Monaco (v. 1267-1314). Le dernier représentant mâle légitime de la maison de Grimaldi fut ANTOINE Iᵉʳ (1667 - 1731). Il maria sa fille cadette à JACQUES FRANÇOIS LÉONOR **de** Goyon-Matignon (1689-1751), fondateur de la *deuxième maison de Grimaldi.* Celle-ci s'éteignit en 1949, à la mort de LOUIS II, prince de Monaco. Celui-ci avait marié, en 1920, sa fille légitimée CHARLOTTE à PIERRE, comte de *Polignac,* qui prit le nom de Grimaldi et divorça en 1933. La *troisième maison de Grimaldi* commence avec RAINIER III.

Grimaldi (ORDRE DES), ordre monégasque créé en 1954. Ruban blanc, liséré rouge.

v. décorations

Grimaldi (Francesco Maria), jésuite et physicien italien (Bologne 1618 - *id.* 1663). Il a découvert en 1650 la diffraction de la lumière.

Grimarest (Jean Léonor LE GALLOIS, sieur DE), écrivain français (Paris 1659 - *id.* 1713). Dans sa *Vie de M. de Molière* (1705-1706), il rapporte des anecdotes qu'il tenait du comédien Baron et de la veuve de Molière.

1. grimaud n. m. (sans doute, primitivement, nom propre, dérivé du francique *grima, masque). Homme de basse extraction, sans savoir-vivre, qu'on dédaigne. (Vx.) ‖ Pédant, maître d'école. (Vx.)

2. grimaud n. m. Nom donné à la chouette hulotte et aux charançons rouleurs de feuilles.

Grimaud, ch.-l. de c. du Var (arr. de Draguignan), à 10 km à l'O. de Saint-Tropez ; 2 911 h. (*Grimaudois*). Anc. forteresse des Grimaldi. Vieilles maisons.

Grimaud (GOLFE DE), anc. nom du **golfe de Saint-Tropez** (Var).

Grimaud (Paul), maître cartier français (Brûlain, Deux-Sèvres, 1819 - Paris 1899). Il industrialisa et améliora la fabrication des cartes à jouer.

Grimaux (Edouard), chimiste français (Rochefort 1835 - Paris 1900). Il a étudié les alcaloïdes et réalisé de nombreuses synthèses en chimie organique. (Acad. des sc., 1894.)

Grimbergen, comm. de Belgique (Brabant, arr. de Hal-Vilvorde), à 4 km à l'O. de Vilvorde ; 30 300 h.

Grimbert (Léon), pharmacien français (Crépy-en-Valois 1860 - Paris 1931). Premier titulaire de la chaire de chimie biologique de l'Ecole supérieure de pharmacie de Paris, il a fait des travaux sur le glucose dans les liquides organiques, sur le colibacille, le bacille typhique, les eaux de boisson. (Acad. de méd., 1912.)

grime → GRIMER.

grimer v. tr. (de *grime,* issu de *grimace*). Maquiller, farder : *Grimer une actrice.* ◆ **grimage** n. m. Action de grimer. ◆ **grime** n. m. Au théâtre, rôle de vieillard ridé et ridicule. ‖ Acteur qui joue ce rôle.

Grimm (Melchior, baron DE), écrivain et critique allemand (Ratisbonne 1723 - Gotha 1807). Il vint en France comme précepteur des fils du comte de Schomberg, fréquenta les encyclopédistes et fut un des grands amis de Diderot. Sa liaison avec Mᵐᵉ d'Epinay le fit ranger par J.-J. Rousseau au nombre de ses ennemis. Il succéda à l'abbé Raynal, de 1754 à 1773, comme rédacteur d'une correspondance littéraire destinée à renseigner sur

**baron de Grimm
par Carmontelle
musée Condé, Chantilly**

Giraudon

la vie parisienne plusieurs princes étrangers. Les dix-sept volumes de cette *Correspondance littéraire, philosophique et critique* furent publiés en 1812-1813.

Grimm (Jacob), philologue et écrivain allemand (Hanau 1785 - Berlin 1863). Il fut professeur à Göttingen, membre de l'Académie des sciences de Berlin et créa la philologie allemande. Sa gloire reste inséparable de celle de son frère WILHELM (Hanau 1786 - Berlin 1859), avec lequel il réunit de nombreux textes du vieux fonds germanique. Ils publièrent ensemble en 1811 un ouvrage sur

Bildarchivfoto Marburg

**Jacob (à gauche)
et Wilhelm Grimm**

la Poésie des maîtres chanteurs, en 1812 des *Contes* d'enfants et du foyer*, en 1816-1818 des *Légendes allemandes*, et en 1829 *la Légende héroïque allemande*. Leur *Histoire de la langue allemande* (1848) reste fondamentale. Les deux frères entreprirent la rédaction d'un *Dictionnaire allemand* (1852-1858).

Grimm (Robert), homme politique suisse (Wald, Zurich, 1881 - Berne 1958). Fondateur du parti socialiste suisse, il le dirigea jusqu'en 1919. Il présida le Conseil d'Etat de Berne (1938) et le Conseil national (1948).

Grimmelshausen (Hans Jakob Christoph VON), romancier allemand (Gelnhausen v. 1621 - Renchen, Bade, 1676). Son œuvre principale, l'une des plus caractéristiques du baroque allemand, est *la Vie de l'aventurier Simplicius Simplicissimus** (1669), où il brosse un tableau coloré des mœurs allemandes durant la guerre de Trente Ans.

Grimoald ou **Grimaud** († Paris 656), fils de Pépin le Vieux. Maire du palais d'Austrasie, il tint en tutelle Sigebert III.

Grimoald, duc de Bénévent (647-662), roi de Lombardie (662-671).

Grimoald III († 806), prince de Bénévent. Ancien otage à la cour de Charlemagne, il

essaya, une fois au pouvoir, d'échapper à la suzeraineté franque.

Grimoard (Guillaume), pape. V. URBAIN V.

Grimod de La Reynière (Laurent), gastronome français (Paris 1758 - Villiers-sur-Orge, Seine-et-Oise, 1838), auteur d'un *Almanach des gourmands* (1803-1812).

grimoire n. m. (altér. de *grammaire,* qui, au Moyen Age, désigne la grammaire latine, que le vulgaire ne pouvait comprendre). Formulaire à l'usage des magiciens et des sorciers pour évoquer les morts : *Consulter le grimoire.* ‖ Livre, écrit indéchiffrable : *S'efforcer de déchiffrer un vieux grimoire.*

grimpant, grimpée → GRIMPER.

grimper v. intr. (peut-être autre forme de GRIPPER). Monter en s'aidant des pieds et des mains, en s'accrochant à : *Grimper dans un arbre.* ‖ Monter sur un lieu élevé : *Grimper jusqu'au sommet d'une montagne.* ‖ Suivre une pente raide : *Sentier qui grimpe dur.* ‖ *Fam.* Monter : *Grimper dans un taxi.* ‖ En parlant des plantes, monter le long des corps voisins : *Lierre qui grimpe autour des arbres.* ✦ v. tr. Gravir, parcourir en montant : *Grimper plusieurs étages.* ◆ **grimpant, e** adj. Qui grimpe, qui a l'habitude de grimper, qui est fait pour grimper : *Animal grimpant.* ‖ Se dit d'une plante qui s'élève verticalement en prenant pour support les corps voisins :

plante
grimpante
une vigne
vierge

Noailles

Lierre grimpant. ‖ — **grimpant** n. m. *Arg.* Pantalon. ◆ **grimpée** n. f. *Fam.* Montée d'une côte. ◆ **grimper** n. m. Mode de déplacement vertical des animaux, impliquant un contact constant avec le support. (Pour les plantes, v. GRIMPANT, E adj.) [Le grimper est obtenu soit par *saisie* des branches de l'arbre au moyen des pattes, de la queue, du corps enroulé (boa), etc., soit par *creusement* au moyen de griffes pointues qui se plantent dans l'écorce du tronc, soit enfin par *adhérence* au moyen de ventouses (rainette, mouche). Mais la chèvre et le poisson indochinois nommé *anabas* grimpent aux arbres sans aucun organe préadapté à cet usage.] ‖ *Sports.* Exercice à la corde lisse ou à nœuds. ◆ **grimpereau** n. m. Très petit passereau ayant la queue raide et les mœurs grimpeuses des pics. ◆ **grimpette** n. f. Chemin en pente rapide. ◆ **grimpeur, euse** adj. et n. Qui grimpe, aime à grimper : *Un grimpeur infatigable.* ‖ — **grimpeur** n. m. Coureur cycliste particulièrement à l'aise dans l'ascension des côtes et des cols. ‖ — **grimpeurs** n. m. pl. Ancien groupe zoologique réunissant divers oiseaux grimpeurs ayant deux doigts dirigés vers l'arrière, et répartis auj. dans les ordres des perroquets, des pics et des coucous.

Grimsby, port de Grande-Bretagne (Lincolnshire), sur l'estuaire de la Humber; 96 700 h. Grand port de pêche. Conserveries, huileries. Textiles synthétiques.

Grimsel, col des Alpes Bernoises, au-dessus du *lac de Grimsel,* entre le haut Valais et l'Oberland bernois; 2 164 m.

grincement → GRINCER.

grincer v. intr. (orig. obscure) [conj. 1]. Produire, en frottant, un certain bruit strident : *Une porte qui grince.* ● *Grincer des dents,* frotter convulsivement ses dents les unes contre les autres par colère, rage, douleur, etc. ◆ **grincement** n. m. Action de grincer : *Le grincement des amarres.* ‖ Bruit strident d'un objet qui grince : *Le grincement des roues d'une charrette.*

grincheux, euse adj. et n. (de *grincher*; forme picarde de *grincer*). Qui est maussade, hargneux, se plaint continuellement : *Un vieillard grincheux.*

Grindelwald, comm. de Suisse (cant. de Berne) ; 3 200 h. Station touristique au pied de l'Eiger.

gringalet n. m. (orig. obscure). Homme ou enfant grêle, chétif, faible de constitution : *Avoir affaire à un gringalet.*

Gringalet, pseudonyme d'un farceur du XVIIe s., petit et maigre, élève et compagnon de Guillot-Gorju.

Gringoire (Pierre). V. GRINGORE.

gringole n. f. *Hérald.* Tête de serpent qui termine certaines pièces. ◆ **gringolé, e** adj. *Hérald.* Se dit d'une pièce (surtout une croix) dont les extrémités se terminent par des têtes de serpent.

Gringore (Pierre), mieux que **Gringoire,** poète dramatique français (Thury - Harcourt ?, Normandie, v. 1475 - en Lorraine v. 1538). Ses poésies le rattachent aux Grands Rhétoriqueurs, mais il doit surtout sa célébrité à son activité théâtrale. Animateur de la troupe des « Enfants sans souci », il défendit la politique de Louis XII contre Jules II dans *le Jeu du prince des sots,* représenté aux Halles le jour de mardi gras 1512. — Victor Hugo a fait de lui l'un des principaux personnages de *Notre-Dame* de Paris* et Th. de Banville l'a pris pour héros d'une pièce en un acte, *Gringoire* (1866).

Grinnel (SYSTÈME) [du nom de son inventeur américain], installation d'extinction automatique d'incendie, composée de tuyaux en charge munis de diffuseurs commandés par des détecteurs automatiques.

Grinnell (PÉNINSULE DE), extrémité nord-ouest de l'île Devon (archipel arctique canadien).

Grinnell (TERRE DE), partie de la terre d'Ellesmere (archipel arctique canadien).

griolet n. m. (du nom de son inventeur). Système de palans utilisé jadis sur les vaisseaux à voiles pour soulever les canons.

griot n. m. En Afrique noire, sorte de poète et de musicien ambulant auquel on attribue souvent des pouvoirs surnaturels.

griotte n. f. Variété de cerise aigre, dite aussi AIGRIOTTE. ‖ Sorte de marbre portant des taches rouges ou brunes, de forme arrondie, rappelant plus ou moins la cerise. ◆ **griottier** n. m. Cerisier qui produit des griottes.

grip n. m. (mot angl.). Pince reliant une voiture de chemin de fer funiculaire au câble qui doit l'entraîner dans la montée ou la retenir dans la descente.

grippage → GRIPPER.

grippal → GRIPPE.

grippe n. f. (de *gripper*). Maladie infectieuse épidémique, associant un catarrhe naso-bronchique et des signes généraux intenses. (Syn. INFLUENZA.) [V. *encycl.*] ● *Prendre en grippe* (Fig.), avoir de l'aversion, de l'antipathie pour. ◆ **grippal, e, aux** adj. Qui a rapport à la grippe. ◆ **grippé, e** adj. *Face grippée,* face dont les traits sont resserrés et contractés sur eux-mêmes. ‖ *Personne grippée,* qui est atteinte de la grippe. — ENCYCL. **grippe.** La grippe est due à un virus filtrant dont on connaît plusieurs souches. L'incubation dure de quelques heures à deux jours ; le début se manifeste par un violent mal de tête, des courbatures lombaires, un malaise général, une forte poussée de fièvre. L'atteinte des voies respiratoires est très fréquente, commençant par le coryza, suivi de pharyngite, de trachéo-bronchite. En quatre ou cinq jours, la température revient à l'état normal. Diverses complications, dès les germes associés ou au mauvais « terrain », peuvent aggraver l'évolution de la maladie (otites, pneumonies, etc.). Les antibiotiques, inefficaces sur le virus lui-même, sont alors d'une grande utilité. Les épidémies de grippe ont revêtu à diverses périodes des formes particulièrement meurtrières (1918-1919; 1949; 1953), mais il existe de nombreuses épidémies plus ou moins bénignes, dites « grippes saisonnières », que l'extrême contagiosité de l'affection rend difficiles à éviter.

grippé → GRIPPE.

Grippeminaud, personnage créé par Rabelais dans *Pantagruel.* Archiduc des chats fourrés, il représente le premier président du parlement de Paris. La Fontaine l'a popularisé dans la fable le *Chat, la Belette et le Petit Lapin.*

Giraudon

grisaille
miniature de F. Chauveau
illustrant le poème de La Fontaine
« Adonis », *Petit Palais, Paris.*

gripper v. tr. (francique *gripan,* saisir). Provoquer un grippage. ‖ Froncer une étoffe, une peau. ◆ v. intr. Adhérer fortement, par défaut de graissage, en parlant de pièces ou d'ensembles mécaniques. ‖ — *se gripper* v. pr. Se coincer. ◆ **grippage** n. m. Accident mécanique très grave entre deux surfaces métalliques frottant l'une contre l'autre, lorsque des particules de métal se détachent de l'une d'elles et rayent l'autre plus ou moins profondément, en entraînant un échauffement, puis un soudage des surfaces par interpénétration. (Syn. GRIPPEMENT.) ‖ Aspect craquelé du ruban.

grippe-sou n. m. (de *grippe* et *sou*). Homme que les particuliers, moyennant un sou par livre, chargeaient de recevoir leurs rentes. ‖ *Fam.* Avare qui fait de petits gains

sordides. — Pl. *des* GRIPPE-SOU OU GRIPPE-SOUS.

Griqualand, région de la République d'Afrique du Sud (prov. du Cap), habitée par les *Griquas* (métis de Boers et de Hottentots).

1. gris [gri], **e** adj. (du francique *gris*; allem. moderne *greis*). Qui est d'une couleur intermédiaire entre le noir et le blanc : *Un mur gris.* ‖ Se dit d'un ciel sombre, couvert : *Ciel gris.* ‖ *Par extens.* et *fam.* Se dit d'une personne qui a les cheveux gris : *Il est déjà tout gris à quarante ans.* ‖ *Fig.* Qui a quelque chose de sombre, de triste : *Des pensées grises.* ‖ Sans netteté : *Style gris.* ● *Barbe grise, cheveux gris,* où sont mêlés des poils blancs et des poils noirs : *Ses cheveux gris lui vont bien.* ‖ *Faire grise mine à quelqu'un,* lui faire mauvais accueil. ‖ *Il fait gris,* le temps est sombre et couvert. ‖ *Lettre grise,* initiale imprimée sans encre, destinée à être dorée ou coloriée au pinceau. ‖ *Onguent gris,* pommade mercurielle faible, employée contre les poux (phtiriase). ‖ *Papier gris,* papier grossier, de couleur grise, ordinairement sans colle. ‖ *Sœurs grises,* religieuses vêtues de gris. ‖ *Substance grise* (Anat.), partie du système nerveux constituée par les corps des cellules. (La substance blanche est formée par leurs prolongements. Dans le cerveau, la substance grise forme l'*écorce cérébrale* et les *noyaux gris centraux;* dans la moelle épinière, la substance grise est au centre, entourée par la substance blanche.) ‖ *Vin gris,* vin de couleur intermédiaire entre le blanc et le clairet. ‖ — **gris** n. m. Couleur grise : *Boiserie peinte en gris.* ‖ Vêtement de couleur grise : *Habillé de gris.* ‖ Joint à d'autres adjectifs ou à des compléments, spécifie une nuance particulière de la couleur grise : *Gris verdâtre, gris pommelé, gris de lin.* (On dit aussi, adjectiv. et invar. : *Couleur gris de perle, gris perle. Etoffe gris de lin. Habit gris-brun,* etc.) ● *Gris perlé,* marbre gris des Pyrénées, à parties nacrées. (On dit aussi PALOMA.) ◆ **grisage** n. m. Couleur grise, donnée industriellement aux textiles. ◆ **grisaille** [grizaj] n. f. Peinture en camaïeu gris, donnant l'illusion du relief. ‖ Première esquisse où les clairs sont rendus par le blanc de la toile, et les ombres par une teinte unique. ‖ Teinte, couleur qui tire sur le gris : *La grisaille des jours d'hiver.* ‖ Etoffe mélangée de noir et de blanc. ‖ Tissu de laine qui se fait avec des chaînes coton chiné sur fil ou chiné coton. ‖ Composition employée dans la peinture sur verre dès le début du vitrail, et utilisée sur les verres de couleur pour rendre le modelé et les ombres. ‖ *Fig.* Caractère ce qui est monotone, qui manque d'intérêt : *La grisaille de la vie quotidienne.* ◆ **grisailler** v. tr. Barbouiller, salir de gris. ◆ v. intr. Devenir grisâtre. ◆ **grisard** n. m. Nom donné au blaireau, au jeune goéland, au peuplier gris, à cause de leur couleur. ◆ **grisâtre**

adj. Qui tire sur le gris : *Ciel grisâtre.* ◆
grisé, e adj. De couleur grise. ‖ Se dit d'une
pièce de serrure ou autre qui n'a subi qu'un
seul limage grossier. ‖ — **grisé** n. m. Réglure
légère, dans certaines impressions, destinée
ordinairement à porter un chiffre, qui devient
ainsi intangible. ‖ Fond constitué d'un pointillé ou de hachures très légers, que l'on
applique sur certaines parties d'un cliché
d'impression pour le distinguer des parties
avoisinantes. ‖ — **grisée** n. f. Brique de qualité médiocre, servant aux remplissages. ◆
griser v. tr. Donner une teinte grise à : *Griser une couleur.* ‖ Couvrir une surface de
grisé. (V. aussi GRIS 2.) ◆ **griset** n. m. Nom
commun au jeune chardonneret, au canthère,
au requin *hexanchus.* ● *Griset blanc* (Œnol.),
aligoté. ◆ **grisette** n. f. Petite étoffe légère,
commune. ‖ Jeune ouvrière coquette et
galante. (Vieilli.) ‖ Nom commun à divers
animaux gris (une fauvette, un charançon,
une punaise des vignes, un papillon) et à
deux champignons gris. ‖ Maladie cryptogamique du chêne, due au champignon *ste-
reum,* et qui se traduit par le ramollissement
du bois par taches. ‖ Pierre à bâtir de Beaucaire. ◆ **grisonnant, e** adj. Qui grisonne :
Des cheveux grisonnants. ◆ **grisonner** v. intr.
Devenir gris : *Il grisonne depuis quelque
temps.*

2. gris, e adj. A moitié ivre : *Etre gris à la
fin d'un banquet.* ◆ **grisant, e** adj. Qui
étourdit, qui exalte. ◆ **griser** v. tr. *Fig.*
Rendre à moitié ivre : *Un vin qui grise facilement.* ‖ Tourner la tête ; étourdir en exal-
tant : *Des rêves qui vous grisent.* (V. aussi
GRIS 1.) ‖ — **se griser** v. pr. *Fig.* Devenir
gris, à demi ivre. ‖ Etre comme ivre, exalté
par : *Se griser de son succès, de ses propres
paroles.* ◆ **griserie** n. f. Etat d'une personne
à moitié ivre. ‖ *Fig.* Excitation, exaltation :
La griserie de l'air. La griserie de la gloire.

Gris (José Victoriano GONZÁLEZ, dit **Juan**),
peintre espagnol (Madrid 1887 - Boulogne-
sur-Seine 1927). A Paris, en 1906, il dessina
pour *le Charivari* et *l'Assiette au beurre.* En
1911, il séjourna à Céret avec Braque,
Picasso, Manolo, et peignit ses premières
œuvres cubistes (*Nature morte à l'écuelle,
Portrait de Maurice Raynal*). Il illustra
des ouvrages de Max Jacob et de Radiguet ;
il donna des décors et des projets de costumes pour les Ballets russes de Diaghilev
(1924). Il est représenté au musée national
d'Art moderne (*Nature morte sur une chaise,*
1917). Son style est caractérisé par la rigueur
de la composition et l'austérité des couleurs.

grisage, grisaille, grisailler → GRIS 1.

grisant → GRIS 2.

grisard, grisâtre → GRIS 1.

grisbi n. m. *Arg.* Argent.

grisé → GRIS 1.

Grisebach (Eberhard), philosophe allemand (Hanovre 1880 - Zurich 1945). Il est
l'auteur d'une philosophie de l'existence où
la notion de responsabilité à l'égard d'autrui (surtout en matière pédagogique) joue
un rôle capital.

grisée → GRIS 1.

Grisélidis ou **Griselda,** héroïne d'une légende
racontée pour la première fois par Boccace.
Griselda est une petite paysanne que le marquis de Saluces épouse après lui avoir fait
promettre une obéissance aveugle. Elle subit
toutes sortes d'épreuves avant de pouvoir
retrouver au foyer sa place et ses enfants.
Cette légende a inspiré de nombreux écrivains, entre autres Perrault.

griséofulvine n. f. Antifongique actif par
voie buccale contre les mycoses de la peau,
des ongles, des poils.

griser → GRIS 1 et 2.

griserie → GRIS 2.

griset, grisette → GRIS 1.

Grisi (Giuditta), cantatrice italienne (Milan
1805 - Robecco d'Oglio 1840). Elle interpréta
avec sa sœur GIULA (Milan 1811 - Berlin
1869) les œuvres de Bellini et de Rossini. —
Leur cousine CARLOTTA (Visinada, Istrie,
1819 - Genève 1899) créa les grands ballets
romantiques (*Giselle,* 1841 ; *la Peri,* 1843).

→ V. illustration page suivante.

Gris-Nez (CAP), cap du Boulonnais (Pas-
de-Calais), haut de 50 m. Phare.

grisollement → GRISOLLER.

grisoller v. intr. (onomatop.) Chanter, en

Juan Gris
« Pierrot » (1919)
musée national d'Art moderne

Giraudon

la **Grisi** aux Italiens
Bibliothèque nationale

parlant de l'alouette. ◆ **grisollement** n. m.
Chant de l'alouette.

Grisolles, ch.-l. de c. de Tarn-et-Garonne
(arr. et à 22 km au S. de Montauban);
2 619 h. (*Grisollais*).

grison, onne adj. et n. Relatif au pays des
Grisons; habitant ou originaire de ce pays.
‖ — **grison** n. m. Langue parlée par les
Grisons.

grison n. m. *Zool.* V. GALICTIS.

grisonnant, grisonner → GRIS 1.

Grisons (CANTON DES), en allem. **Graubünden,** cant. de l'est de la Suisse, entre l'Autriche et l'Italie; 7 109 km² ; 167 600 h. Ch.-l.
Coire. On y parle allemand, italien et
romanche. Le canton des Grisons est caractérisé par un ensemble de grandes vallées,
entre lesquelles les relations sont assez faciles,
et par les difficultés de communication avec
l'extérieur. Le pays est resté principalement
rural. Il fournit cependant de grandes quantités d'hydro-électricité au reste de la Confédération. Les activités touristiques y sont
importantes (Davos, Arosa).
● *Histoire.* Les Grisons furent conquis par
Rome dès Tibère (15 av. J.-C.). Le rattachement de l'évêché de Coire à celui de Mayence
en 843 accentua la germanisation. Les Grisons furent annexés au duché de Souabe
(916-1256), puis s'effritèrent en seigneuries
indépendantes qui constituèrent au XIVe s.
trois ligues organisées sous la tutelle des
abbés et évêques du pays : la *ligue Caddée*
ou *de la Maison-Dieu*, la *ligue grise* et la
ligue des Dix Juridictions. En 1803, la région
entra dans la Confédération suisse.

grisotte n. f. Ornement à jours sur les côtés
d'un bas de femme, d'une chaussette d'homme.

grisou n. m. (du wallon *grisou*, qui correspond au franç. *grégeois*). Gaz inflammable,
constitué de méthane presque pur, qui se
dégage à température et à pression ordinaires
dans les mines de charbon. (Il peut y avoir
aussi du grisou dans des mines de schistes
bitumineux, de calcaire asphaltique, de
potasse ou de sel gemme.) [V. MINE.] ◆
grisou-dynamite n. f. Explosif dans la composition duquel entre une certaine proportion
de nitroglycérine, et dont l'emploi est autorisé dans les mines grisouteuses françaises. ◆
grisoumètre n. m. Appareil portatif servant
à mesurer la teneur en grisou dans l'air des
galeries et des chantiers. ◆ **grisoumétrie** n. f.
Détermination de la teneur en grisou de l'air
des mines, afin de régler l'aérage. ◆ **grisou-
naphtalite** n. f. Explosif à base de nitrate
d'ammonium, dont l'emploi est autorisé dans
les mines grisouteuses françaises. ◆ **grisou-
scope** n. m. Appareil servant à la grisouscopie. ◆ **grisouscopie** n. f. Détermination
approximative de la teneur en grisou. ◆ **grisouteux, euse** adj. Qui dégage ou contient
du grisou : *Gisements grisouteux.*

Gritchenko (Alexis), peintre russe (Krole-
vets 1883-Vence 1977). Il associa la technique de Cézanne à celle des icônes, dont il
écrivit l'histoire (1913).

Gritti (Andrea) [Venise 1455-*id.* 1538],
doge de Venise (1523-1538). Procureur de
Saint-Marc, il chassa les Impériaux de Padoue (1509). Il négocia la paix avec la France
et devint chef du parti français. Elu doge
en 1523, il adhéra à la ligue chrétienne
contre le Sultan (1538).

Grivas ou **Ghrivas** (Georgios), officier grec
(Trikomi, près de Famagouste, Chypre,
1898-Limassol 1974). Il fonda à Athènes, en
1940, une organisation de résistance, puis à

Arosa

Chypre, en 1954, l'organisation clandestine E. O. K. A.

grive n. f. (de l'anc. adj. *grive,* fém. de *griu,* grec). Passereau chanteur, insectivore et mangeur de baies (raisin, genévrier), qui

Bille

constitue un comestible apprécié. (La draine, la litorne, le mauvis sont des grives.) ‖ *Par extens.* Nom donné à d'autres oiseaux de diverses familles. ● *Etre soûl comme une grive,* être très soûl (ivre comme une grive qui s'est gorgée de raisin).

Grivegnée, comm. de Belgique (prov. de Liège, arr. et dans la banlieue sud-est de Liège) ; 23 900 h. Hauts fourneaux ; textiles.

grivelage → GRIVELER.

griveler v. intr. (du nom de la *grive,* qui picore dans les vignes) [conj. **3**]. Consommer dans un café, un restaurant, sans avoir de quoi payer sa dépense. ◆ **grivelage** n. m. Action de griveler. ‖ Petit profit illicite : *Les grivelages des gens d'affaires.* ◆ **grivèlerie** n. f. Délit qui consiste à se faire servir un repas ou des boissons qu'on sait ne pas avoir les moyens de payer. ◆ **griveleur** n. m. Celui qui grivelle.

grivet n. m. Singe cercopithèque verdâtre d'Afrique orientale, connu des Égyptiens de l'Antiquité.

grivois, e adj. (de l'arg. *grive,* guerre). Libre et hardi sans être obscène : *Conte grivois.* ◆ **grivoiserie** n. f. Caractère de ce qui est grivois. ‖ Action ou parole grivoise : *Raconter des grivoiseries.*

grizzli n. m. (de l'améric. *grizzly,* grisâtre). Grand ours gris d'Amérique du Nord.

Grobbendonk, comm. de Belgique (prov. d'Anvers, arr. de Turnhout), à 10 km à l'O. d'Herentals ; 5 100 h.

Grock (Adrien WETTACH, dit), artiste de cirque suisse (Loveresse, près de Reconvilier, 1880 - Imperia, Italie, 1959), célèbre tant par sa souplesse acrobatique que par sa virtuosité musicale.

Groddeck (Walter Georg), médecin allemand (Bad Kösen 1866 - Zurich 1934). Assistant d'Ernest Schweninger, médecin personnel de Bismarck, il découvre les concepts de la psychanalyse par la voie des affections organiques. Il n'y a pas pour lui de différence essentielle entre maladie corporelle et mala-

die psychique : ce sont deux des expressions symboliques du Ça. Il introduisit avant Freud le concept de Ça, qu'il définit comme « la force qui le (l'homme) fait agir, penser, grandir, être bien portant et malade, en un mot qui le vit ». Encouragé au début par Freud, il s'en détacha à partir de 1926, par méfiance à l'égard des spéculations psychologiques de ce dernier.

Grodno, v. de l'U. R. S. S. (Biélorussie) ; 132 500 h. Industrie textile (draps). Engrais azotés. En 1793 y fut signé le second partage de la Pologne. Prise par les Allemands en 1915, Grodno fut occupée de nouveau par ceux-ci en juin 1941, et reconquise par les Soviétiques en juillet 1944.

groenendael n. m. (du nom d'une localité belge). Chien de berger belge, à poils longs et noirs.

Groener (Wilhelm), général et homme politique allemand (Ludwigsburg, Wurtemberg,

Basseau

grizzli

Grock
estampe
par Adlen

Larousse

1867 - Bornstedt, Potsdam, 1939). Spécialiste des transports au grand état-major (1912-1916), il fut ensuite chargé par Hindenburg d'organiser la production des armements et l'emploi de la main-d'œuvre. En octobre 1918, il succéda à Ludendorff et contribua à obtenir l'abdication de Guillaume II. Plusieurs fois ministre des Transports (1920-1923), il se consacra à la reconstruction des chemins de fer. Ministre de la Reichswehr (1928) et, en outre, ministre de l'Intérieur

Expéditions polaires françaises

chien groenlandais

(1931) dans le cabinet Brüning, il s'opposa au national-socialisme et dut se retirer en 1932. Ses *Mémoires* ont été publiés en 1957.

groenhart n. m. (mot holland. signif. *cœur vert*). Arbre de la Guyane hollandaise voisin du tecoma et employé aux mêmes usages. (Famille des bignoniacées. Ne pas confondre avec le *greenheart*.)

Groenland, en dan. *Grønland,* en angl. *Greenland,* territoire danois de l'Arctique américain, la plus grande île du monde ; 2 175 600 km² (dont 341 700 libres de glace) ; 33 100 km ; 2 500 km de long, 1 200 km de largeur au maximum. Cap. *Nuuk.*

● *Géographie.* Le Groenland est un vieux « bouclier » formé de terrains très anciens, recouvert d'une grande calotte glaciaire assez peu accidentée, dont l'altitude atteint 3 220 m. Sur les marges se dressent des « nunataks », pics isolés dépourvus de neiges persistantes, formant des chaînes au N.-E., au S.-E. et au S.-O. (point culminant au mont Forel, 3 440 m). Le glacier présente un recul lent et discontinu. L'activité humaine (chasse, pêche) se concentre près des côtes. Il existe de nombreux gisements métalliques (cryolite, cuivre, plomb, graphite, uranium). Depuis la Seconde Guerre mondiale, de grands aérodromes, escales internationales des lignes transpolaires, y ont été construits.

● *Histoire.* L'île du Groenland fut découverte au Xe s. par l'Islandais Erik le Rouge (982), et christianisée à partir de l'an 1000. Un évêché fut installé à Gardar (l'actuel Igaliko) en 1126. En 1261, elle passa sous la

dépendance de la Norvège. Un refroidissement climatique la fit disparaître du monde civilisé. Elle fut redécouverte en 1721 par un missionnaire danois, Hans Egede. Après les travaux de Rink à la fin du XIXe s., le centre du Groenland fut atteint en 1883 par Nordenskjöld ; l'île fut traversée dans toute sa largeur par Nansen en 1888. Le Groenland a été l'objet de grands voyages d'exploration (Kane, Hayes, Hall, Nares, Drygalski, Knud Rasmussen, Lauge Koch, Wegener, Watkins, P.-E. Victor et W. Simpson). Depuis le début du XIXe s., la population (Esquimaux et métis) a augmenté régulièrement. Le Groenland, province danoise depuis 1953, est divisé en 4 inspections. Le Groenlandais, de religion luthérienne, relève de l'évêque de Seeland. Un conseil du pays réside à Godthaab, et le Grønlands Departementet à Copenhague. La défense est assurée, dans le cadre de l'O. T. A. N., par l'accord dano-américain du 27 avr. 1951. En 1979, un statut d'autonomie interne est approuvé par référendum.

Groenland (MER DU), nom parfois donné à la partie de la mer de Norvège comprise entre le Groenland et le Svalbard.

groenlandais, e adj. et n. Qui se rapporte au Groenland ou à ses habitants ; originaire du Groenland. ● *Chien groenlandais,* chien nordique, à corps ramassé, à robe noire ou brune, utilisé pour la traîne.

grog n. m. (du sobriquet *Old Grog* donné à l'amiral Vernon, qui portait habituellement un habit de *grogram* [grosse étoffe de soie, v. GROS-GRAIN], et qui, le premier, en 1740, obligea les marins à mettre de l'eau dans leur ration de rhum). Boisson composée d'eau chaude sucrée, de rhum ou kirsch, cognac, gin, etc., et de citron.

groggy [grɔgi] adj. (mot angl. signif. *aux jambes faibles*). Se dit d'un boxeur très éprouvé, mais pas knock-out. ● *Etre groggy,* être étourdi, assommé par un choc physique ou moral.

grognard, grognasse, grogne, grognement → GROGNER.

grogner v. intr. (du lat. *grunnire,* pousser le cri du cochon). Crier, en parlant du cochon. ‖ Emettre une sorte de grondement : *Chien qui grogne.* ‖ *Fam.* Manifester son mécontentement par un grognement : *Obéir en grognant.* ◆ v. tr. Murmurer entre ses dents : *Grogner une réponse.* ‖ — SYN. : *bougonner, maugréer, murmurer, pester.* ◆ **grognard** n. m. Soldat de la vieille garde de Napoléon. ‖ Vieux soldat en général. ◆ **grognasse** n. f. *Pop.* Femme sans charme. ‖ Prostituée de basse catégorie. ◆ **grogne** n. f. Mécontentement, insatisfaction : *La grogne des commerçants.* ◆ **grognement** n. m. Action de grogner ; parole peu distincte, dite d'un ton maussade. ‖ Cri du cochon, ou cri qui ressemble à celui du cochon : *Des grognements d'ivrogne.* ◆ **grognerie**

n. f. Murmure, expression d'une mauvaise humeur : *Je suis las d'entendre ses grogneries.* ◆ **grognon** adj. et n. Qui a l'habitude de grogner, de maugréer : *Un vilain grognon.* ‖ — REM. *Grognon* peut s'employer aux deux genres : *Une vieille grognon.* Comme adj., il peut avoir un féminin : *Humeur grognonne.* ◆ **grognonner** v. intr. *Fam.* Grogner à la manière des pourceaux. ‖ Grogner continuellement, sans motif : *Grognonner toute la journée.*

groie n. f. *Terre de groie,* sol correspondant à une argile de décalcification dans laquelle subsistent des morceaux du calcaire sousjacent (terme employé dans les Charentes).

groin [grwɛ̃] n. m. (lat. pop. *grunnium ;* de *grunnire,* grogner). Museau soutenu par un fort cartilage et capable de creuser ou de fouir, comme celui de la truie, du cochon ou du sanglier. ‖ Extrémité d'une jetée. ‖ *Fig.* et *fam.* Visage bestial.

grois ou **groa** n. m. Petit débris de schiste humide, utilisé pour protéger les repartons.

groisil [zi] n. m. Ensemble de déchets provenant de la fabrication du verre.

groisillon ou **grésillon** adj. et n. Relatif à l'île de Groix ou à ses habitants; habitant ou originaire de cette île.

Groix (ÎLE DE), île de Bretagne (Morbihan), au large de Lorient, formant un canton de 2 605 h. ; 14,8 km². Pêcheries. Conserveries.

groles n. f. pl. (altér. de *grelot*). *Avoir les groles* (*Pop.*), avoir peur.

grolle ou **grole** n. f. (mot du Sud-Est, propagé par l'armée). *Pop.* Chaussure.

Gromaire (Marcel), peintre français (Noyelles-sur-Sambre 1892 - Paris 1971). Il fait sa première exposition en 1921 et intéresse le Dʳ Girardin, qui lui achètera plus de cent toiles (léguées au Petit Palais). Il fait plusieurs grandes compositions pour l'Exposition internationale de 1937 et intervient par ses cartons de tapisserie dans la renaissance de cet art. Il a illustré à l'eau-forte plusieurs ouvrages. Son style est simple, ferme, puissant ; ses figures sont géométriquement construites. Parmi ses nombreuses œuvres, citons : *le Faucheur flamand* (1924), *la Guerre* (1925) [inspirée par son expérience de la Première Guerre mondiale, au cours de laquelle il fut blessé], *les Lignes de la main* (1935), *la Femme rousse* (1945), ses séries sur *New York,* sur *Paris.*

grommeler v. intr. (de l'anc. néerl. *grimmelen*) [conj. 3]. *Fam.* Se plaindre en murmurant : *Il se retira en grommelant contre l'injustice que l'on commettait.* ◆ v. tr. Murmurer entre ses dents : *Il grommelle des injures.* ◆ **grommellement** n. m. Action de grommeler. ‖ Ce que l'on grommelle.

Gromyko (Andrei Andreievitch), diplomate soviétique (Minsk 1909). Ambassadeur aux Etats-Unis (1943-1946), il participe aux conférences de Dumbarton Oaks (1944), de Yalta et de Potsdam (1945). Délégué permanent de l'U. R. S. S. au Conseil de sécurité (1946-1948), il est ensuite ambassadeur à Londres (1952-1953) et ministre des Affaires étrangères (depuis 1957).

Gronau, v. d'Allemagne (Allem. occid., Rhénanie-du-Nord - Westphalie); 25 900 h. Industries textiles.

Gronchi (Giovanni), homme politique italien (Pontedera 1887 - Rome 1978). En 1919, il fonde avec Luigi Sturzo le parti populaire italien. Sous-secrétaire à l'Industrie et au Commerce dans le premier ministère Mussolini (oct. 1922), il passe à l'opposition dès août 1923. En 1942, il est un des chefs de la Résistance italienne. Ministre de l'Industrie et du Commerce (1944-1946), il est élu à la Chambre des députés (1948 et 1955), qu'il préside de 1948 à 1955. De 1955 à 1962, il est président de la République.

grondable, grondant, grondement → GRONDER.

gronder v. intr. (du lat. *grundire,* pousser

Giraudon

Gromaire
« la Guerre »
musée national d'Art moderne

le cri du porc). Faire entendre un bruit sourd plus ou moins menaçant, en parlant des animaux : *Chien qui gronde.* ‖ Faire entendre un bruit sourd plus ou moins terrible, en parlant des choses : *Le canon gronde. Le torrent gronde ;* et, au *fig. : La colère gronde.* ◆ v. tr. Bougonner, dire avec mauvaise humeur : « *Qu'il s'en aille au diable* », *gronda-t-il entre ses dents.* ‖ Réprimander : *Gronder un enfant.* ‖ — SYN. : attraper, gourmander, quereller, réprimander. ◆ **grondable** adj. Qui peut ou qui doit être grondé. ◆ **grondant, e** adj. Qui fait entendre un bruit sourd et prolongé. ◆ **grondement** n. m. Voix sourde et menaçante de certains animaux : *La voix de l'ours est un grondement.* ‖ Bruit sourd : *Les grondements du canon.* ◆ **gronderie** n. f. Action de gronder ; réprimande. ◆ **grondeur, euse** adj. Qui aime à gronder ; qui gronde souvent : *Se montrer grondeur à tout propos.* ‖ Qui exprime la gronderie : *Répondre d'un ton grondeur.*

grondin n. m. (de *gronder*, ce que fait l'animal sorti de l'eau). Nom usuel et commercial du *trigle*, poisson des côtes de France, à grosse tête pyramidale cuirassée, de couleur rouge, aux nageoires pectorales munies de doigts libres et pouvant servir de pattes pour marcher au fond de l'eau. (On dit aussi ROUGET, mais ce nom s'applique à des poissons très différents.)

grondin

J. Six

Grondin, petit yacht de croisière généralement gréé en marconi et comportant une grand-voile, un foc, ainsi qu'un spinnaker. Il peut recevoir un moteur fixe ou hors bord de faible puissance. Son faible prix de revient en fait un bateau très populaire.

Groningen, en franç. **Groningue,** v. des Pays-Bas, capit. de la Groningue, sur l'Aa ; 151 100 h. Université fondée en 1614 ; port de batellerie et centre industriel actif (produits métallurgiques, textiles, chimiques et alimentaires).

Groningue, en néerl. **Groningen,** prov. du nord-est des Pays-Bas ; 2 329 km² ; 532 600 h. Capit. *Groningen.* La Groningue est une région aux sols pauvres, d'origine glaciaire. Les secteurs où ils ont été améliorés produisent des betteraves à sucre ou sont couverts de prairies d'élevage. Importantes exploitations de gaz naturel.

groom [grum] n. m. (mot angl.). Commis d'hôtel, de restaurant, de cercle, chargé de faire les courses.

Groot (Hugo DE). V. GROTIUS.

Groote (Geert), dit **Gérard le Grand,** mystique néerlandais (Deventer 1340 - *id.* 1384). En 1374, il donna ses biens aux pauvres et se mit à parcourir les Pays-Bas en prêchant. Il fonda les *frères de la vie commune* (1381).

Gropius (Walter), architecte et théoricien allemand (Berlin 1883 - Boston 1969). Assistant à Berlin de Peter Behrens (1907-1910), il fonde en 1918 l'Arbeitsrat für Kunst. Directeur de l'école d'art appliqué de Weimar, il en fait la Bauhaus*, qu'il transfère à Dessau en 1925. A partir de 1938, il vit aux Etats-Unis. Ses œuvres architecturales sont très nombreuses et originales : Fagus-Werke à Alfeld an der Leine, 1913 ; le Bauhaus à Dessau, 1925-1926 ; des bâtiments de l'université Harvard, 1949 ; des ensembles résidentiels (Lexington) en 1925. Il a notamment publié *Bauhausbauten in Dessau* (1928).

gros, grosse adj. (lat. *grossus*, épais). Qui dépasse le volume ordinaire ; qui a beaucoup de volume : *Un homme gros. Une grosse femme. Un gros arbre. De gros fruits.* ‖ Qui a un certain volume relatif : *Le gros bout d'un bâton. Ecrire en gros caractères.* ‖ Qui dépasse la moyenne, la mesure ordinaire des choses de même genre, en quantité, en intensité, etc. : *Une grosse escorte. Un gros rhume. La grosse chaleur. Une grosse voix.* ‖ Fig. En parlant des choses, considérable, important, grave : *Grosse affaire. Gros intérêt. Grosse faute.* ‖ En parlant des personnes, puissant, influent, riche : *Gros propriétaire. Gros négociant.* ‖ Placé devant certains substantifs, leur donne la valeur d'un superlatif : *Gros lourdaud. Grosse bête. Gros butor. Gros mangeur.* ‖ Qui manque de finesse ; épais : *Gros drap. Gros bon sens. Grosse plaisanterie.* ‖ — CONTR. : *chétif, exigu, fin, frêle, maigre, menu, microscopique, mince, petit, ténu.* ● *Avoir le cœur gros,* avoir du chagrin. ‖ *Faire le gros dos,* relever le dos en bosse, en parlant d'un chat irrité. ‖ *Faire les gros yeux,* adresser un regard menaçant ou réprobateur. ‖ *Femme grosse,* femme enceinte. ‖ *Gros cul* (Arg. mil.), tabac de troupe. ‖ *Gros de* (suivi d'un substantif), qui contient certaines choses en puissance, en germe : *Ciel gros d'orages. Décision grosse de conséquences.* ‖ *Gros grain,* froment, méteil, seigle, par opposition aux *menus grains* (avoine, orge, etc.). ‖ *Grosse mer,* mer fort agitée. ‖ *Gros mot,* mot grossier. ‖ *Gros mur d'un bâtiment,* mur d'enceinte sur lequel reposent les combles et les voûtes. ‖ *Gros œil,* lettre ou caractère dont l'œil est plus fort que la force de corps ne le comporte, et ce, aux dépens de la longueur des jambages. ‖ *Gros temps,* vent très violent. ‖ *Gros vent,* vent très frais. ‖ *Jouer gros jeu* (au *pr.* et au *fig.*), prendre un risque important. ◆ n. *Fam.* Personne corpulente : *Un bon gros.* ‖ Terme d'affection : *Mon gros.* ‖ — **gros** n. m. *Pop.* Personne importante, aisée : *Des mesures qui ménagent les gros et frappent les petits.* ‖ Achat de produits par quantités considérables chez le fabricant et vente par quantités importantes aux commerçants détaillants. (Le commerce de *demi-gros* porte sur des quantités moins importantes.) ‖ Charbon en morceaux supérieurs à 80 mm. (On distingue les *gros criblés*, supérieurs à 120 mm, et les *gros calibrés*, de 80 à 120 mm.) ‖ Monnaie française d'argent du XIIIᵉ s. (*gros tournois*), qui fut imitée en de nombreux pays (*gros d'Aquitaine, gros dauphinois*, etc.). ‖ Anc. subdivision de la livre française, égale à la huitième partie d'une once, ou 3,824 g. ● *Gros de campagne*, chiffons destinés à la fabrication du papier de luxe. ‖ *Gros de l'eau*, pleine mer des syzygies. ‖ *Gros du mur*, partie de bois utilisée dans les constructions en pisé. ‖ *Gros de rue, gros de magasin*, vieux papier de qualité inférieure, réservée à la fabrication des papiers d'emballage très ordinaires. ‖ *Gros de Tours, gros de Naples*, étoffe de soie à gros grain, en faveur aux XVIIᵉ et XVIIIᵉ s. ‖ *Le gros de*, la partie la plus considérable : *Le gros d'une armée. Le gros de la foule. — Fig.* La partie la plus importante : *Le gros de la besogne. Le gros de l'histoire. —* Moment principal : *Le gros de l'hiver.* ✦ *adv.* Beaucoup : *Gagner gros.* ● *En avoir gros sur le cœur*, avoir du chagrin, du dépit. ‖ *Écrire gros*, en caractères hauts et larges. ‖ *Gros comme le bras* (Fam.), en abondance : *Il gagne de l'argent gros comme le bras.* ‖ *Il y a gros à parier que...*, on a de fortes raisons de croire que... ● Loc. adv. *En gros*, par grande quantité : *Vente en gros. —* Sans entrer dans les détails. — Dans l'ensemble, à peu près : *En gros, vous avez raison.* ‖ **— grosse** n. f. V. à l'ordre alphab. ◆ **grossesse** n. f. Etat de la femme depuis la fécondation jusqu'à l'expulsion du fœtus. (V. encycl.) ◆ **grosseur** n. f. Volume, dimension en général : *Des arbres de toutes les grosseurs.* ‖ Volume supérieur à la moyenne : *Le manque d'exercice est à l'origine de sa grosseur inesthétique.* ‖ *Fam.* Enflure, tuméfaction : *Avoir une grosseur au coude.* ◆ **grossir** v. tr. Rendre plus gros ; augmenter, accroître : *Grossir les rangs des opposants. Grossir son patrimoine.* ‖ Faire paraître plus gros : *Les lentilles convergentes grossissent les objets.* ‖ *Fig.* Faire paraître plus important, exagérer : *Grossir les difficultés. Grossir le nombre des participants.* ● *Grossir un effet*, pour un auteur ou un interprète, exagérer une intention par des mots, des gestes ou une mimique. ‖ **— SYN.** : *accroître, augmenter, enfler.* ✦ v. intr. Augmenter de volume : *Ce garçon a grossi pendant les vacances.* ‖ Prendre de l'intensité, de la force : *Le bruit grossit.* ‖ Paraître de plus en plus gros : *L'avion grossit à mesure qu'il se rapproche.* ‖ *Fig.* Augmenter d'importance : *Sa jalousie grossit de jour en jour.* ‖ **— se grossir** v. pr. Devenir plus nombreux, plus important, plus volumineux : *La rivière se grossit de nombreux ruisseaux.* ◆ **grossissant, e** adj. Qui grossit, qui devient plus grand ou plus nombreux : *Une foule grossissante.* ‖ Qui fait paraître plus gros :

Des verres grossissants. ◆ **grossissement** n. m. Action de grossir. ‖ Dans un instrument d'optique, rapport du diamètre apparent de l'image vue à travers l'instrument au diamètre apparent de l'objet vu à l'œil nu. ◆ **grossiste** n. Commerçant qui sert d'intermédiaire entre le producteur et le détaillant.

— ENCYCL. grossesse. La grossesse normale est dite *utérine*, l'œuf fécondé se fixant et se développant dans l'utérus ; elle est dite *extra-utérine*, et, dans ce cas, toujours pathologique, quand l'œuf se fixe en quelque autre endroit (trompe, abdomen). Le début de la grossesse est marqué par l'arrêt des règles et par divers troubles (nausées, malaises). L'utérus augmente de volume progressivement, pour remplir tout l'abdomen au bout de neuf mois, date à laquelle la grossesse se termine par l'accouchement. Si l'expulsion se fait avant le 180ᵉ jour de la grossesse, l'embryon ou le fœtus n'est pas viable, il y a avortement ou « fausse couche » ; après le 180ᵉ jour, le fœtus (prématuré) est viable, mais sa survie est conditionnée par de nombreux facteurs, notamment par des soins spéciaux. La grossesse extra-utérine nécessite toujours un traitement chirurgical, qui peut revêtir un caractère d'urgence (rupture de grossesse extra-utérine). Le diagnostic biologique de la grossesse est possible dès le premier jour de cet état, par la recherche des hormones gonadotropes qui se trouvent en abondance dans l'urine et le sang de la femme enceinte.
Le code civil établit la présomption qu'une grossesse dure entre 180 et 300 jours.
Les salariées en état de grossesse bénéficient d'une protection spéciale : il est interdit à l'employeur de rompre un contrat de travail à l'occasion de la grossesse ou de l'accouchement d'une salariée ; il est interdit dans tout établissement industriel ou commercial d'employer des travailleuses pendant une période de huit semaines au total avant et après leur accouchement, dont six semaines au moins après leur délivrance, etc. L'assurance maternité* peut verser les indemnités journalières pendant quatorze semaines.

Gros (Antoine, baron), peintre français (Paris 1771 - Meudon 1835). Elève de David, il participa à la campagne d'Italie comme officier d'état-major (*Bonaparte franchissant le pont d'Arcole*, Versailles). Il quitta l'armée et exécuta de grandes compositions (*le Combat de Nazareth*, 1801, musée de Nantes ; *les Pestiférés de Jaffa*, Louvre ; *Murat à la bataille d'Aboukir*, 1806, Versailles ; *le Champ de bataille d'Eylau*, 1808, Louvre). Il décora la coupole du Panthéon (terminée en 1825) et un plafond du Louvre. Son art est un compromis entre le classicisme de David et certaines tendances du romantisme. (Acad. des bx-arts, 1816.)
→ V. illustration page suivante.

gros-bec n. m. Passereau fringillidé mangeur de graines et d'amandes, qu'il extrait du

Giraudon

Gros
« Bonaparte franchissant le pont
d'Arcole »
château de Versailles

noyau à l'aide d'un bec extrêmement puissant (taille de l'oiseau : 18 cm). — Pl. *des* GROS-BECS.

Grosbliederstroff, comm. de la Moselle (arr. et à 6 km au N. de Sarreguemines), sur la Sarre et à la frontière sarroise ; 3 163 h. Importante centrale thermique.

gros-bois n. m. Embarcation de charge des Antilles, servant au transport des marchandises des navires sur rade.

Grosbois (CHÂTEAU DE), château d'Ile-de-France (comm. de Boissy-Saint-Léger). Construit en 1580, il fut agrandi en 1616. Le maréchal Berthier, qui l'acheta en 1805, le fit meubler par Jacob.

gros-bout n. m. *Bouch.* Partie antérieure de la poitrine. — Pl. *des* GROS-BOUTS.

groschen [gro∫ən] n. m. (du lat. *grossus*). Anc. monnaie d'argent, en Allemagne et en Autriche. ‖ Unité monétaire divisionnaire de l'Autriche, valant 1/100 de schilling.

groseille n. f. (anc. néerl. *croesel*). Fruit du groseillier : *Gelée de groseille.* ‖ Sirop fait

v. fruits

avec ce fruit : *Un verre de groseille dans de l'eau.* ✦ adj. invar. Qui a la couleur de la groseille : *Tissu groseille. Des gants groseille.* ◆ **groseillier** n. m. Arbuste donnant des groseilles, cultivé sous trois formes :

groseillier à grappes (fruits rouges ou blancs), groseillier noir ou cassis, groseillier épineux, surtout cultivé en Angleterre et dont les fruits sont les groseilles à maquereau. (Famille des saxifragacées.)

gros-grain n. m. Tissu de soie caractérisé par des côtes transversales plus ou moins ressorties. (V. OTTOMAN.) ‖ Ruban sans lisière, dont la trame est en coton et la chaîne en soie ou en rayonne, caractérisé par des côtes verticales plus ou moins grosses. — Pl. *des* GROS-GRAINS.

gros-guillaume n. m. Cépage donnant des raisins de table rouges. — Pl. *des* GROS-GUILLAUMES.

Gros-Guillaume (Robert GUÉRIN, dit), farceur français (v. 1554 - Paris 1634). Associé à Gaultier-Garguille et à Turlupin, il se fit applaudir à l'Hôtel de Bourgogne, où il tenait les emplois de femme ou d'homme sentencieux, la figure enfarinée, le ventre énorme sanglé de deux ceintures étagées.

Groslay, comm. du Val-d'Oise (arr. et à 2 km à l'E. de Montmorency) ; 4 945 h. Cultures maraîchères et fruitières. Appareils frigorifiques.

gros-margillien n. m. Cépage du Jura, à fruits noirs.

Gros-Morne, comm. de la Martinique ; 9 276 h.

Grosne (la), riv. de Bourgogne, affl. de la Saône (r. dr.) ; 90 km.

Grosnyï. V. GROZNYÏ.

Gros-René, personnage du *Dépit amoureux* de Molière. Valet déluré, il favorise les amours de son maître ; il est lui-même amoureux de Marinette.

grosse n. f. En général, douze douzaines de certaines marchandises. ‖ Copie d'un jugement ou d'un acte notarié, munie d'une formule spéciale (formule exécutoire) qui permet au porteur de poursuivre l'exécution (par huissier ou par la force publique). ‖ *Diplom.* Expédition d'un acte notarié, en forme d'original, et dont la valeur vient uniquement de sa conformité avec la minute.

grosse-de-fonte n. f. *Imprim.* Caractère d'affiche. — Pl. *des* GROSSES-DE-FONTE.

grosse-écale n. f. Pavé bâtard, c'est-à-dire n'ayant pas les dimensions courantes. — Pl. *des* GROSSES-ÉCALES.

grosserie n. f. Vaisselle d'argent.

grossesse → GROS.

Grosseteste (Robert), religieux et érudit anglais (Stradbroke, Suffolk, v. 1170 - Buckden, près d'Huntingdon, 1253). Franciscain, maître des études à Oxford (1210), évêque de Lincoln (1235), il fut un des tenants de la méthode expérimentale en science.

Grosseto, v. d'Italie, en Toscane, ch.-l. de prov. ; 61 800 h. C'est le centre principal de la Maremme.

grossette n. f. Retour des chambranles, dans les portes et les fenêtres.

Grossetti (Paul François), général français (Paris 1861 - *id.* 1918). Manœuvrier habile et d'une bravoure légendaire, il s'illustra à la Marne (sept. 1914), sur l'Yser (oct. 1914) et en Orient (1917-1918).

grosseur → GROS.

Grossglockner, point culminant de l'Autriche, dans le massif des Hohe Tauern ; 3 796 m. Sa première ascension fut effectuée par l'abbé Horasch en 1800. Une route permet d'atteindre l'altitude de 2 571 m.

le Grossglockner

Doc. Kaltenegger

grossier, ère adj. Qui est épais, manque de légèreté, de finesse : *Etoffe grossière. Linge grossier.* ‖ Qui manque de délicatesse ; commun, vulgaire : *Aliments grossiers. Dehors grossiers.* ‖ Mal façonné, informe : *Figures grossières.* ‖ *Fig.* Qui n'a pas été poli par l'éducation ; rude, inculte : *Esprit grossier.* ‖ Peu délicat, vil, méprisable : *Passions grossières. Plaisirs grossiers.* ‖ Qui manque à la bienséance, à la pudeur : *Langage grossier. Injure grossière.* ‖ Qui marque une grande maladresse : *Artifice grossier.* ‖ Qui marque une grande ignorance : *N'avoir qu'une idée grossière de quelque chose.* ‖ Qui manque de finesse, d'art : *Ouvrage d'une facture grossière.* ‖ — SYN. : *discourtois, impoli, malhonnête, rustre.* — CONTR. : *bien élevé, distingué, élégant, fin, gracieux, poli ; de bon ton, courtois, délicat, raffiné.* ● *Grossier personnage,* individu mal élevé ; mufle. ◆ **grossièrement** adv. D'une manière grossière, sans délicatesse : *Un tronc d'arbre grossièrement équarri.* ‖ *Fig.* D'une manière vile, basse : *S'amuser grossièrement.* ‖ D'une manière lourde, épaisse : *Plaisanter grossièrement.* ‖ D'une manière inconvenante : *Insulter grossièrement.* ‖ D'une manière qui marque l'ignorance : *Se tromper grossièrement.* ◆ **grossièreté** n. f. Caractère de ce qui est grossier, épais, de ce qui manque de finesse : *Grossièreté d'une étoffe. Gros-*

sièreté des traits. ‖ *Fig.* Défaut d'éducation, de finesse, de goût : *La grossièreté des manières, du goût, disparaît avec la culture.* ‖ Parole ou action malhonnête, inconvenante : *Répondre par une grossièreté.* ‖ Maladresse, sottise : *La grossièreté d'une erreur, d'un mensonge.* ‖ — CONTR. : *belles manières, bon goût, bon ton, civilité, courtoisie, délicatesse, distinction, élégance, politesse.*

grossir, grossissant, grossissement, grossiste → GROS.

Gross Lichterfelde. V. LICHTERFELDE.

grosso modo loc. adv. (mot de bas lat. signif. *d'une manière grossière*). Sommairement, en gros : *Expliquer « grosso modo » le fonctionnement d'une machine.*

Gross Schreckhorn, sommet des Alpes (Oberland Bernois) ; 4 080 m.

grossulaire n. f. Aluminosilicate naturel de calcium, appartenant au genre grenat.

Grostenquin, ch.-l. de c. de la Moselle (arr. de Forbach), à 18,5 km au S. de Saint-Avold ; 518 h.

gros-ventre n. m. Nom usuel de la *coccidiose des lapins.* — Pl. *des* GROS-VENTRES.

gros-vert n. m. Raisin de table blanc, tardif. — Pl. *des* GROS-VERTS.

grosz [gro ʃ] n. m. Unité monétaire divisionnaire de la Pologne, qui vaut 1/100 de złoty. — Pl. *des* GROSZY.

Grosz (George), dessinateur et peintre américain d'origine allemande (Berlin 1893 - *id.* 1959). Dessinateur humoristique à la verve

« le Couple »
Whitney Museum

Mayer

mordante, il travailla à Berlin et à Paris, et revint à Berlin, où il publia *la Vie d'un socialiste* (1920) et *Miroir du bourgeois* (1925).

grotesque adj. (ital. *grottesca ;* de *grotta,* grotte, introduit au sens de « dessins capricieux », bizarre, comme certains ornements trouvés dans les *grottes*). Qui fait rire par son apparence bizarre ; comique, extravagant : *Un nez grotesque. Un chapeau grotesque.* ‖ Ridicule, absurde : *Une idée gro-*

Giraudon

*détail des grotesques
du boudoir de Marie-Antoinette
château de Fontainebleau*

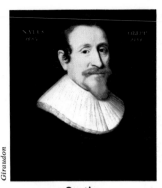

Giraudon

Grotius
par Van Mierevelt
musée Condé, Chantilly

tesque. ✦ n. Personne qui fait rire par son apparence bizarre. ✦ n. m. Catégorie esthétique, caractérisée par le goût du bizarre et du bouffon : *La Préface de « Cromwell » de Victor Hugo recommande aux artistes le mélange du grotesque et du sublime.* ‖ — **grotesques** n. f. pl. Dessins ornementaux comportant des figures humaines, inspirés de ceux qu'on découvrit à la Renaissance dans les édifices de la Rome antique. (Les chambres, retrouvées au-dessous du niveau du sol, étaient appelées *grottes*.) [Raphaël en décora les loges du Vatican ; les Flamands et les Allemands en usèrent abondamment ; au XVIᵉ s. (Fontainebleau), elles apparurent en France et y régnèrent surtout au XVIIᵉ s., avec Berain.] ◆ **grotesquement** adv. De façon grotesque.

Grotewohl (Otto), homme politique allemand (Brunswick 1894 - Berlin 1964). Député au Reichstag (1925-1933), fondateur du parti socialiste unifié (1946), il devint en oct. 1949 le chef du gouvernement de la République démocratique allemande.

Grothendieck (Alexander), mathématicien français d'origine allemande (Berlin 1928). Professeur à l'Institut des hautes études scientifiques, il a obtenu la médaille Fields en 1966. Ses premiers travaux ont porté sur la théorie des espaces vectoriels topologiques. Depuis 1957 il s'est consacré à la géométrie algébrique (théorie des schémas).

Grotius (Hugo DE GROOT, dit), juriste et diplomate hollandais (Delft 1583 - Rostock 1645). Historiographe de Hollande (1603) et conseiller-pensionnaire de Rotterdam (1613), il fut condamné à la prison perpétuelle comme arminianiste (1619). Il s'évada et se réfugia en France, où Louis XIII le protégea et où il fut nommé ambassadeur de Suède (1634-1645). Il est l'auteur du *De jure belli ac pacis* (1625), véritable code du droit international public.

Grotowski (Jerzy), metteur en scène et directeur de théâtre polonais (Rzeszów 1933). A la direction du Théâtre-Laboratoire d'Opole (1959), de Wrocław (1965), puis de l'Institut-Laboratoire (1975), il recherche la communication immédiate entre acteurs et spectateurs par une ascèse et une pratique communes qui dépassent le jeu théâtral dans une exploration de toutes les relations humaines et de toutes leurs possibilités créatrices.

Grottaferrata, comm. d'Italie, dans le Latium (prov. de Rome) ; 8 500 h. Abbaye du XIᵉ s., de rite orthodoxe.

grotte n. f. (ital. *grotta* ; lat. *crypta*, caverne). Excavation naturelle ou artificielle.
— ENCYCL. *Géogr.* Les grottes sont essentiellement localisées dans les régions de relief karstique. Les progrès de la dissolution agrandissant les cavités, il peut en résulter un effondrement de la voûte et l'ouverture d'un gouffre à la surface. Les grottes peuvent présenter des salles immenses (180 m de hauteur dans des « salles » du gouffre de la Pierre-Saint-Martin), ornées de « draperies », de stalactites et de stalagmites. Les grottes américaines de Carlsbad (Nouveau-Mexique) et la Mammoth Cave (Kentucky) sont les plus grandes du monde.

L'érosion mécanique de la mer s'attaque aux zones de faiblesse des falaises (diaclases, cassures) et peut ouvrir des grottes de plusieurs centaines de mètres de longueur. L'effondrement du toit de ces grottes provoque la formation d'un étroit chenal.

grou n. m. ou **grouette** n. f. (d'un prélatin *grava, sable, gravier). Terrain caillouteux, apprécié en viticulture.

Grouchy (Emmanuel, marquis DE), maréchal et pair de France (château de Villette, comm. de Condécourt [auj. Val-d'Oise], 1766 - Paris 1847). Général en 1792, il fut nommé, en 1809, colonel général des chasseurs et comte de l'Empire. Commandant de la cavalerie de réserve de l'armée du Nord, il ne sut pas empêcher à Waterloo la jonction des Anglais et des Prussiens.

grouillant, grouillement → GROUILLER.

grouiller v. intr. (orig. obscure). Fourmiller, s'agiter en tous sens et en grand nombre : *Les baigneurs grouillent sur la plage.* ‖ Etre plein de : *Une rue qui grouille de monde.* ‖ — SYN. : *fourmiller, pulluler.* ‖ **— se grouiller** v. pr. *Pop.* Se remuer, agir, faire vite : *Grouille-toi, on va manquer le train.* ◆ **grouillant, e** adj. Qui grouille : *Des vers grouillants.* ‖ Qui fourmille de : *Une rue grouillante de gens affairés.* ◆ **grouillement** n. m. Mouvement et bruit de ce qui grouille : *Des grouillements confus d'écrevisses.* ‖ *Fig.* Ensemble indistinct : *Un grouillement d'idées.* ◆ **grouillot** n. m. A la Bourse, jeune employé qui porte rapidement de l'un à l'autre les ordres d'achat et de vente.

Grouin (POINTE DU), cap de la côte nord de la Bretagne, au N. de Cancale.

groulasse ou **groule** n. f. (provenç. *groula*, savate). *Arg.* Apprentie, trottin.

Groulx (chanoine Lionel), historien canadien (Vaudreuil 1878 - *id.* 1967). Professeur à l'université de Montréal. On lui doit : *la Naissance d'une race* (1919), *Histoire du Canada* (1950-1952), *le Canada français missionnaire* (1963), *Notre Grande Aventure : l'empire français en Amérique du Nord* (1963).

ground [graund] n. m. (mot angl. signif. *sol*). Emplacement gazonné sur lequel on pratique un sport.

group [grup] n. m. (ital. *gruppo* ou *groppo*). Sac cacheté contenant des espèces qu'on expédie d'un bureau de poste à un autre.

groupage → GROUPE.

groupe n. m. (ital. *groppo*, nœud). Ensemble de personnes ou de choses dans un même endroit : *Groupe de jeunes gens, de jeunes filles. Un groupe de maisons.* ‖ Ensemble de personnes ayant mêmes opinions, mêmes intérêts : *Des groupes politiques.* ‖ Ensemble d'êtres, de choses ayant des caractères communs : *Un groupe de dialectes.* ‖ Unité militaire tactique, généralement composée de plusieurs batteries, compagnies ou escadrons et placée sous les ordres d'un officier supérieur : *Groupe d'artillerie. Groupe de transport du train.* ‖ Formation élémentaire du peloton ou de la section, commandée par un sous-officier et généralement composée d'une douzaine d'hommes : *Groupe auto. Groupe de canons sans recul. Groupe de combat. Groupe de commandement. Groupe de mortiers.* ‖ Ensemble d'êtres vivants ayant des caractères communs, mais ne constituant pas une unité systématique nettement définie, telle que classe, famille ou embranchement, ou dont on ne tient pas à préciser l'unité systématique. (Ex. : le groupe des orchidacées épiphytes, des fossiles à feuilles de fougères, des animaux homéothermes, etc.) ‖ En algèbre moderne, ensemble d'éléments de même nature qui contient, avec chaque élément, son inverse, et, avec chaque groupe d'éléments, leur résultante. (V. encycl.) ‖ Ensemble d'opérations mathématiques, telles que permutations, substitutions, combinaisons, transformations, déplacements, etc., satisfaisant à certaines conditions. ‖ *Statist.* Série d'éléments, d'observations ou d'individus dont tous possèdent une ou plusieurs caractéristiques communes. (Syn. CLASSE.) ‖ *Econ. polit.* Ensemble d'entreprises unies par des liens quelconques, mais suffisants pour permettre une politique et une action communes. (Dans de nombreux cas, les groupes ne se différencient des autres formes de concentration que par l'aspect plus souple des liens unissant les diverses entreprises.) ● *Dynamique des groupes,* v. DYNAMIQUE. ‖ *Groupe abélien* ou *commutatif* (Math.), groupe dont l'opération de définition donne un résultat indépendant de l'ordre des éléments : $a \times b = b \times a$: *L'ensemble des nombres rationnels, moins le zéro, est un groupe abélien pour la multiplication.* (V. encycl.) ‖ *Groupe d'armées,* réunion de plusieurs armées sous un même commandement pour une mission de caractère stratégique. (Le groupe d'armées correspond généralement à un théâtre d'opérations.) ‖ *Groupe continu* (Math.), groupe dont les éléments dépendent de paramètres continus. ‖ *Groupe électrogène,* v. ÉLECTROGÈNE. ‖ *Groupe fini* (Math.), groupe dont les éléments sont en nombre fini. ‖ *Groupes francs,* pendant la Première Guerre mondiale et au début de la Seconde, unités légères de combat, souvent réunies en *corps francs,* chargées de missions spéciales ou délicates confiées ensuite aux *commandos*.* ‖ *Groupe hermétique,* machine frigorifique dans laquelle le compresseur et le moteur, accouplés directement, sont enfermés dans la même enceinte contenant le fluide gazeux. ‖ *Groupe hydraulique, groupe thermique,* groupe générateur dont le moteur utilise l'énergie hydraulique, l'énergie thermique. ‖ *Groupe motopropulseur,* v. MOTOPROPULSEUR. ‖ *Groupe de mots* (Linguist.), unité secondaire de la phrase, constituée par des mots qu'unissent le sens, la construction ou le rythme. ‖ *Groupe parlementaire,* formation permanente réunissant, au sein d'une assemblée politique délibérante, les élus d'une même tendance. ‖ *Groupe de pression* (de l'améric. *pressure groups*), association de personnes ayant soit des intérêts économiques communs, soit des convictions politiques, philosophiques ou religieuses communes, et qui réunissent des sommes importantes en vue d'engager une action simultanée sur l'opinion publique, les partis politiques, les administrations et les gouvernants. ‖ *Groupe sanguin,* ensemble d'individus entre lesquels le sang peut être transfusé sans agglutination des hématies. (V. encycl.) ‖ *Groupe social,* ensemble d'individus considéré par la sociologie comme un fait social particulier. (V. encycl.) ‖ *Groupe tissulaire,* ensemble d'individus entre lesquels peuvent être faites des greffes ou des transplantations d'organes sans apparition de phénomène de rejet. ‖ *Groupe turbogénérateur,* générateur dont le moteur est une turbine. ‖ *Théorie des groupes* (Math.), étude des propriétés générales des groupes. ◆ **groupage** n. m. Action de grouper. ‖ Réunion de colis envoyés par un même expéditeur vers une même destination. ◆ **groupement** n. m. Action de grouper, de se grouper : *Groupement de commandes.* ‖ Ensemble de personnes ou de choses groupées : *Groupement politique. Groupement de consommation. S'opposer à de puissants groupements d'intérêts.* ‖ Réunion de plusieurs éléments de corps, d'unités ou d'armes différents, placés sous le commandement d'un seul chef pour l'accomplissement d'une mission tactique déterminée. (Ces groupements sont appelés aussi *groupements temporaires* et *groupements tactiques.*) ◆ *Groupement de données,* opération statistique consistant à diviser le champ total de variabilité d'un phénomène en un certain nombre de classes d'égale étendue et à grouper ensuite toutes les observations qui tombent à l'intérieur d'une même classe, la valeur de la variable dans une classe étant supposée uniformément égale à celle qui correspond au centre de la classe. ‖ *Groupement fonctionnel,* radical dont la présence, dans la formule d'un composé, caractérise l'existence d'une fonction* chimique. ‖ *Groupement de gendarmerie,* unité de gendarmerie placée sous les ordres d'un officier supérieur et comprenant les compagnies et brigades d'un département. ◆ **grouper** v. tr. Réunir en groupe : *Grouper des soldats.* ‖ Réunir plusieurs petits colis ou expéditions pour n'en constituer qu'un seul envoi. ‖ Réunir en vertu d'un lien commun, pour un but commun : *Grouper des mots dans une phrase, des ouvriers par spécialité.* ‖ Déterminer le groupe sanguin de : *Grouper un blessé.* ‖ — SYN. : *agglomérer, allier, assembler, associer, joindre, réunir, unir.* ‖ — *se grouper* v. pr. Se réunir en groupe : *Les curieux se groupèrent autour du camelot.* ◆ **groupeur** n. m. Commissionnaire ou transporteur qui groupe des colis pour les expédier ensemble et à moindre prix. ◆ **groupure** n. f. Défaut des étoffes, qui provient de ce que, par suite d'un accident arrivé pendant la fabrication, plusieurs fils se trouvent groupés ensemble. ◆ **groupuscule** n. m. *Fam.* et *péjor.* Petit groupe.

— ENCYCL. **groupe.** *Math.* Un groupe algébrique possède les caractéristiques suivantes : 1° Une loi de combinaison interne associative est partout définie ; si la loi est notée ⋇, l'opération $a ⋇ b$ appliquée à deux éléments donne pour résultat un élément c de l'ensemble ; l'associativité se traduit par la relation $(a ⋇ b) ⋇ c = a ⋇ (b ⋇ c)$;
2° Il existe un élément neutre e qui ne modifie pas l'élément auquel on le combine :

$$a ⋇ e = e ⋇ a = a ;$$

3° À tout élément a correspond un élément symétrique a^{-1}, tel que, combiné avec a, il donne pour résultat l'élément neutre :

$$a ⋇ a^{-1} = a^{-1} ⋇ a = e.$$

La notion de groupe est due à Galois, qui utilisa les groupes de substitution* dans la théorie des équations algébriques. Cette notion a pris une place fort importante dans l'algèbre moderne ; tout ensemble ayant la structure de groupe possède les propriétés indépendantes de la nature des éléments et de la nature de l'opération.

— **groupe sanguin.** Les groupes sanguins ont été découverts par Landsteiner en 1900. Quatre groupes ont été d'abord reconnus, selon la présence ou l'absence de deux agglutinogènes, A et B. Ces groupes sont : le groupe AB (receveur universel, possédant les deux agglutinogènes), le groupe A, le groupe B et le groupe O (donneur universel, ne possédant aucun agglutinogène). Cette découverte permit de mettre au point la technique de la transfusion sanguine, mais des incidents subsistaient, et c'est encore Landsteiner qui, avec Wiener, découvrit en 1941 le facteur Rhésus (Rh), dont la présence (Rh +) ou l'absence (Rh —) répartit les humains en deux nouveaux groupes, superposés aux précédents. La connaissance de ces faits a permis de codifier définitivement la transfusion sanguine, de prévenir certains accidents de la grossesse dus à des incompatibilités entre le groupe de l'enfant et celui de la mère (v. RHÉSUS [*facteur*]), et a ouvert de nouvelles voies à l'anthropologie.

— **groupe social.** (*Psychol. soc.*)
● Pour qu'il y ait groupe, il faut deux conditions suffisantes : 1° l'existence d'une interaction entre les membres du groupe, telle que l'action de l'un sert de stimulus au comportement de l'autre, et réciproquement ; 2° l'existence d'une structure, c'est-à-dire un cadre social stable (par ex., la famille, etc.). La classification la plus habituelle (Homans, etc.) oppose le *groupe primaire,* défini comme groupe de personnes communiquant entre elles directement, de

nombre restreint et constitué par hasard ou intentionnellement, et le *groupe secondaire,* où les relations se font en partie par personnes interposées.

● Les mécanismes de la pression que le groupe exerce sur l'individu sont de divers types : 1° l'*imitation,* considérée par Tarde comme le facteur fondamental de l'explication des faits sociaux, et que l'on décompose aujourd'hui en plusieurs sous-facteurs : apprentissage, réaction identique de plusieurs individus à une même situation ; 2° la *suggestion,* principalement celle par laquelle l'individu croit ou fait ce qu'on lui dit (réaction au prestige), qu'on peut étudier par les tests ; 3° la *facilitation sociale* (l'individu réagit mieux en groupe qu'individuellement dans des domaines divers, tel que le travail scolaire : cette amélioration a été expliquée par l'action de la compétition) ; 4° d'autres mécanismes complexes, tels que le conformisme.

● La pression du groupe entraîne des modifications dans les processus psychologiques de l'individu, par exemple : 1° sur ses motivations : l'individu tend à intérioriser les motivations du groupe autant qu'il s'intègre au groupe, et inversement la formation du groupe s'explique par la communauté de motifs déterminés chez plusieurs individus ; 2° sur les attitudes (on peut les classer en *in group,* attitudes modelées sur les normes de groupe, et *out group,* attitudes opposées aux normes de groupe) ; 3° sur la perception.

● La structure des groupes peut s'étudier au niveau de leur organisation : Durkheim, Weber s'intéressaient exclusivement au groupe du point de vue de ses institutions, point de vue aujourd'hui délaissé au profit de l'étude du comportement concret. On a mis en évidence l'importance du *leadership* (il existe deux hiérarchies parallèles : le chef dans le domaine des idées ou de l'efficacité, dont les idées sont adoptées par le groupe, et le chef « le plus aimé », sur qui se cristallise l'émotivité du groupe et qui approuve ou désapprouve le premier : cette bipolarité se retrouverait dans tous les groupes humains).

La sociométrie* (Moreno) étudie la structure du groupe et les relations interpersonnelles à l'intérieur du groupe. La différence des types de structure des groupes se traduit par la différence des types de *chef*.* Enfin, la structure du groupe repose sur les réseaux de communication entre les membres du groupe, et met en cause son efficacité dans une tâche, lorsqu'il a été constitué dans ce dessein.

groupement, grouper, groupeur, groupure, groupuscule → GROUPE.

grouse [graus ou grus] n. m. Nom britannique du *lagopède* d'Ecosse,* objet d'une chasse traditionnelle.

Grousset (René), orientaliste français (Aubais, Gard, 1885 - Paris 1952). Secrétaire du *Journal asiatique,* directeur du musée Cernuschi (1933-1944), puis conservateur du mu-

sée Guimet, il est l'auteur de : *Histoire de l'Asie* (4 vol. ; 1922), *les Civilisations de l'Orient* (4 vol. ; 1929-1930), *Bilan de l'histoire* (1946). [Acad. fr., 1946.]

Grove (sir William Robert,) physicien anglais (Swansea 1811 - Londres 1896). Inventeur, en 1839, d'une pile à gaz, il a gravé la plaque de Daguerre en l'employant comme électrode d'une pile.

Grove (sir George), musicologue anglais (Clapham, Londres, 1820 - Sydenham, Londres, 1900), auteur d'un *Dictionary of Music and Musicians* (1878-1889).

Grower (RONDELLE). V. RONDELLE.

Groza (Petru), homme politique roumain (Deva 1884 - Bucarest 1958). Fondateur (1933), puis président du Front des laboureurs, il fut ministre en 1944-1945, puis Premier ministre (1945-1952) et président du præsidium de la République (1952-1958).

Groznyï, v. de l'U. R. S. S. (R. S. F. S. de Russie), capit. de la république autonome des Tchétchènes et Ingouches, sur le versant N. du Caucase ; 341 300 h. Centre pétrolier.

gruau n. m. (orig. germ.). Farine fine et pure fournie par des broyeurs à cylindres lisses. ‖ Partie du grain entre la farine et le son. (Syn. SEMOULE.) ‖ Sorte de fécule de pomme de terre. ● *Farine de gruau,* farine supérieure de blé. ● *Pain de gruau,* pain fabriqué avec la fleur de la meilleure farine de froment. ◆ **gruauter** ou **gruer** v. tr. Réduire les grains en gruau.

Gruber (Francis), peintre français (Nancy 1912 - Paris 1948). Elève de Charles Dufresne, de Waroquier, de Friesz, il a peint, dans un style âpre et sévère, des êtres déshérités (*Hommage à Jacques Callot, Homme nu, Femme sur un canapé*). Il est ainsi l'initiateur du « misérabilisme ».

→ V. illustration page suivante.

Gruby (David), médecin français d'origine hongroise (Kis-Ker, Hongrie, 1810 - Paris 1898), qui découvrit les parasites de la teigne et du muguet.

Grudziądz, en allem. **Graudenz,** v. de Pologne (voïévodie de Bydgoszcz), sur la basse Vistule ; 70 000 h. Métallurgie.

1. grue n. f. (lat. pop. **grua*; lat. class. *grus*). Grand oiseau gris, blanc ou noir, aux très longues pattes, au long cou, au bec moyen, excellent voilier migrateur, parfois muni d'une aigrette (*grue couronnée*). [Type de la famille des *gruidés* et de l'ordre des *gruiformes,* ou ralliformes*.] ‖ *Fam.* Femme de mœurs faciles et vénale. ● *Faire le pied de grue,* attendre longtemps debout à la même place. ◆ **gruon** n. m. Jeune grue.

→ V. illustration page suivante.

2. grue n. f. (même étym. que le précéd.). Appareil servant à lever des charges. ‖ Machine de guerre de siège (Moyen Age). ‖ Ins-

Giraudon

1942

Gruber
« Hommage
à Jacques Callot »
coll. part.

trument de supplice (Moyen Age). ‖ Appareil permettant les mouvements combinés, horizontaux et verticaux, d'une caméra. ◆ *Grue d'alimentation* ou *grue hydraulique,* appareil permettant de déverser de l'eau dans les tenders ou les caisses à eau des locomotives qui viennent s'y alimenter. ‖ *Grue automotrice,* grue montée sur chenilles ou sur pneus, et munie d'un dispositif automoteur qui lui permet de circuler sans être liée à un chemin de roulement quelconque. ‖ *Grue flottante,* grue montée sur ponton. ◆ **grue-console** n. f. Grue pouvant se déplacer sur une voie formée de deux rails situés dans un même plan vertical, fixés le long d'un mur ou d'une file de poteaux d'un bâtiment. — Pl. *des* GRUES-CONSOLES. ◆ **grue-marteau** n. f. Grue sur pylône avec une flèche horizontale, sur laquelle se déplace le chariot porte-charge,

et une contre-flèche plus courte supportant un contrepoids qui équilibre la flèche et une partie de la charge. (On dit aussi GRUE D'ARMEMENT, GRUE DE CALE, TITAN.) — Pl. *des* GRUES-MARTEAUX. ◆ **grue-portique** n. f. Grue fixe ou roulante, montée sur un portique. (On dit aussi GRUE-SEMI-PORTIQUE.) — Pl. *des* GRUES-PORTIQUES. ◆ **grue-vélocipède** n. f. Grue pouvant se déplacer sur une voie formée de deux rails situés dans le même plan vertical et disposée au milieu d'un atelier, l'un des rails étant établi sur le sol, l'autre fixé au plafond ou à la charpente du bâtiment. — Pl. *des* GRUES-VÉLOCIPÈDES. ◆ **grutier** n. m. Conducteur de grue.

Grue (en lat. *Grus, Gruis*), constellation* de l'hémisphère austral, voisine du Verseau et du Capricorne, dont la forme évoque plus ou moins l'image d'un oiseau en vol. (V. CIEL.)

grues couronnées

J. Six

Larousse

**grue
portuaire**

grue-console, grue-marteau → GRUE 2.

Gruenther (Alfred), général américain (Platte Center, Nebraska, 1899). Adjoint d'Eisenhower en Angleterre et en Afrique du Nord (1941-1942), chef d'état-major de Clark en Sicile et en Italie (1943-1944), il commanda les troupes américaines en Autriche de 1944 à 1947. De 1953 à 1955, il fut commandant suprême des forces alliées du pacte de l'Atlantique Nord en Europe.

grue-portique → GRUE 2.

gruer → GRUAU.

gruerie n. f. Anc. juridiction où les officiers forestiers jugeaient les délits.

Gruerie (BOIS DE LA), bois de la forêt d'Argonne (Marne), à l'O. de Varennes-en-Argonne. Combats très meurtriers entre Français et Allemands au début de la Première Guerre mondiale (sept. 1914 et fin de 1915).

grue-vélocipède → GRUE 2.

Gruey (Louis Jules), astronome français (Jancigny, Côte-d'Or, 1837 - Besançon 1902). Il est surtout connu pour ses travaux sur la perturbation des petites planètes et pour l'invention du gyroscope qui porte son nom.

grugeage, grugeoir → GRUGER.

gruger v. tr. (du néerl. *gruizen*, écraser) [conj. **1**]. Dépouiller de son bien; duper, exploiter : *Un naïf qui s'est laissé gruger par quelque beau parleur.* ‖ Rogner le bord des verres à l'aide du *grugeoir.* ◆ **grugeage** n. m. Procédé de débitage des tôles, laminés et profilés. ◆ **grugeoir** [-ʒwar] n. m. Machine-outil réalisant le débitage de tôles, de laminés ou de profilés. ‖ *Orfèvr.* Syn. de ÉGRISOIR. ‖ Petite pince avec laquelle le peintre-verrier rogne le bord des verres. ◆ **grugeur, euse** n. Personne qui gruge.

Gruissan, comm. de l'Aude (arr. et à 14 km au S.-E. de Narbonne), sur l'*étang de Gruissan;* 1 594 h. Salines. Station balnéaire.

Gruithuisen (Franz VON), astronome et naturaliste bavarois (Haltoenberg 1774 - † 1852). Il émit, en 1840, l'hypothèse que les cirques lunaires provenaient d'un bombardement météoritique.

grume n. f. (bas lat. *gruma*, écorce). Tronc d'arbre abattu, ébranché et recouvert de son écorce. ‖ En Bourgogne, grain de raisin. ● *Bois en grume,* tout bois abattu, tronc, bille ou billon, non écorcé mais ébranché, propre à fournir du bois d'œuvre. ◆ **grumier** n. m. Camion ou remorque de camion spécialement adaptés pour le transport des grumes.

grumeau n. m. (lat. pop. *grumellus,* dimin. de *grumus,* motte de terre). Petite portion de matière caillée et gluante; petit grain d'une matière quelconque : *Des grumeaux de farine.* ◆ **grumeler (se)** v. pr. (conj. **3**). Se mettre en grumeaux : *Le lait tourné se grumelle.* ◆ **grumeleux, euse** adj. Qui est en grumeaux : *Une pâte grumeleuse.* ‖ Se dit d'un fruit qui a des parties pierreuses. ◆ **grumelure** n. f. Petite cavité dans une pièce de fonderie.

grumier → GRUME.

Grün (Hans). V. BALDUNG.

Grün (Anastasius), pseudonyme littéraire de **Anton Alexander,** comte **von Auersperg,** écrivain et homme politique autrichien (Laibach 1806 - Graz 1876). Il publia des poèmes politiques où il attaquait Metternich : *Promenades d'un poète viennois* (1831). Son rôle politique devint important à partir de 1848 : il fut député libéral à l'Assemblée nationale, puis au Reichstag autrichien, mais continua à publier des recueils de poésies.

Grünberg. V. ZIELONA GÓRA.

grue
de travaux
publics

Larousse

Grunberg (Ouri Zwi), poète israélien (en Galicie 1894). Etabli depuis 1924 en Israël, il a publié des recueils où il retrouve le ton des prophètes.

Grundtvig (Nikolai Frederik Severin), écrivain danois (Udby, près de Vordingborg, 1783 - Copenhague 1872). Pasteur, il entra souvent en lutte avec ses supérieurs hiérarchiques, à cause de son esprit d'indépendance. Il voulait en effet concilier avec l'esprit chrétien le paganisme des antiques héros nordiques. Il s'intéressa aussi à l'éducation et fonda, en 1844, la première « haute école populaire », destinée à l'éducation des adultes. Il fit partie de l'Assemblée constituante (1848), fut élu député au Riksdag et devint évêque de Själland en 1861. Il a publié

Nikolai
Grundtvig

Ambassade du Danemark

Grünewald, « la Vierge aux Anges », *musée de Colmar*

Giraudon

des études sur la *Mythologie des pays du Nord* (1808 et 1832), des poèmes patriotiques et religieux (*Nuit de Nouvel An*, 1811 ; *Matin du Nouvel An*, 1826), des cantiques (*Chants pour l'Eglise danoise*, 1837-1841). Il est l'un des grands représentants du romantisme danois. Ses conceptions religieuses ont donné naissance au *grundtvigianisme.*

grundtvigianisme n. m. Doctrine luthérienne due à Grundtvig*, qui établit la supériorité, comme source de foi, de la communauté chrétienne, nourrie des sacrements, sur l'Ecriture elle-même.

Grunenwald (Jean-Jacques), organiste et compositeur français (Cran-Gevrier, Haute-Savoie, 1911). Organiste de Saint-Pierre de Montrouge à Paris, il a écrit de nombreuses pages d'orgue, des œuvres symphoniques, de la musique de chambre, un opéra (*Sardanapale*).

Grünewald (Mathis NITHARDT ou GOTHARDT, dit **Matthias**), peintre allemand (Würzburg 1460/1470 - Halle 1528). Il travailla à Aschaffenburg, puis à Seligenstadt pour les archevêques de Mayence. Il fut aussi architecte et ingénieur. On connaît de lui une trentaine de dessins (Berlin, Dresde, Louvre) et une vingtaine de peintures, dont neuf proviennent du retable à volets peint en 1513-1515 pour le couvent des antonites d'Issenheim (Colmar, musée Unterlinden). Le style naturaliste de Grünewald s'allie au fantastique pour atteindre à une intensité rarement égalée. Citons encore : *les Quatorze Saints intercesseurs* (Lindenhardt, Bavière), *le Christ aux outrages* (Munich).

Grüninger ou **Grienenger** (Johannes), imprimeur à Strasbourg de 1482 à 1531. L'illustration de ses ouvrages est très représentative de l'art alsacien (*Virgile*, 1502 ; *Térence*, 1503).

Grunitzky (Nicolas), homme politique togolais (Atakpamé 1913 - Paris 1969). Leader du parti progressiste togolais, il est Premier ministre en janv. 1963, il accède à la présidence de la République en mai 1963, mais doit démissionner sous la pression de l'armée en 1967.

Grunwald (BATAILLE DE) ou **de Tannenberg,** combat qui, le 15 juill. 1410, assura la victoire des armées du roi de Pologne Ladislas II Jagellon Ier sur les chevaliers Teutoniques.

gruon → GRUE 1.

gruppetto [gru] n. m. (mot ital. signif. *petit groupe*). Notes d'agrément composées de trois ou quatre petites notes ascendantes ou descendantes. (On l'indique le plus souvent par le signe ∽.) — Pl. *des* GRUPPETTI.
— ENCYCL. La valeur du gruppetto se prend en avant de la note qui en est affectée, parfois sur la note même, souvent après ; le *demi-gruppetto* se compose de deux petites notes

brodant une note principale. Il peut être considéré comme une appoggiature double.

Grury, comm. de Saône-et-Loire (arr. d'Autun), à 16 km au N.-E. de Bourbon-Lancy ; 855 h. Exploitation de pechblende. Usine de traitement.

Grus, nom lat. de la constellation de la Grue* (au génit. : *Gruis ;* abrév. : [Gru]).

grutier → GRUE 2.

Grütli. V. RÜTLI.

gruyer [gryje] n. m. (du germ. *gruo,* vert). *Dr. féod.* Officier royal ou seigneurial contrôlant l'administration des eaux et forêts.

gruyère [gryjɛr] n. m. Fromage d'origine suisse, de forme cylindrique, fabriqué avec du lait de vache dont le caillé est cuit, puis pressé avant que se forme la croûte (en

Larousse

gruyères

cave froide) et qu'apparaissent les yeux (fermentation en cave chaude). [Pendant la conservation en cave froide, les gruyères sont frottés avec de l'eau salée.]

gruppetto ▲   ▼ **demi-gruppetto**

Gruyère (la), pays et anc. comté de la Suisse (cant. de Fribourg), drainé par la Sarine, aux environs du bourg de *Gruyères;* fromages.

Gruyères, bourg de Suisse (cant. de Fribourg), au-dessus de la Sarine, qui draine la *vallée de la Gruyère;* 1 300 h. Eglise du XIIIᵉ s., avec un carillon remarquable.

grylle [grij] n. m. Figure monstrueuse fréquente dans les œuvres d'art de l'Antiquité, reprise au Moyen Age, constituée d'une tête munie de membres, sans corps.

gryllidés n. m. pl. Famille d'insectes orthoptères comprenant les grillons (lat. *gryllus).*

grylloblattidés n. m. pl. Minuscule famille d'insectes du petit ordre des notoptères, réunissant des caractères de grillons et de blattes.

Grynäus (Simon), réformateur allemand (Behringen, Souabe, 1493 - Bâle 1541). Il organisa la Réforme en Wurtemberg.

Gryphe, en lat. *Gryphius,* famille d'imprimeurs et libraires, d'origine allemande, établie à Lyon. Le premier, SEBASTIAN (Reutlingen, près d'Augsbourg, 1493 - Lyon 1556), se fixa à Lyon en 1524 et imprima de nombreux livres hébreux, grecs, latins, italiens et français, entre autres la première édition de *Gargantua* et de *Pantagruel* de Rabelais, et les *Œuvres* de Clément Marot (1538).

gryphée n. f. Nom générique de l'*huître portugaise* et des espèces voisines, de forme légèrement arquée, fossiles depuis le lias en Europe.

Gryphius (Andreas GREIF, dit), poète allemand (Glogau, Silésie, 1616 - *id.* 1664). Il a créé un théâtre baroque fait d'une transposition de l'histoire à la manière de Shakespeare, soumis aux trois unités comme la tragédie française et doté de chœurs comme le théâtre grec. On a de lui deux comédies (*Pierre Squentz,* 1657 ; *Horribilicribrifax,* 1663) et plusieurs tragédies (*Léon l'Arménien,* 1650 ; *Catherine de Géorgie,* 1657 ; *Charles Stuart,* 1657).

grypose n. f. (gr. *grupos,* crochu). Courbure convexe des ongles, qui apparaît dans certaines maladies. (Syn. ONGLES HIPPOCRATIQUES.)

Gsell (Stéphane), archéologue et historien français (Paris 1864 - *id.* 1932). Il exécuta les premières fouilles de Vulci (Etrurie), puis opéra des fouilles à Tipasa et en diverses régions d'Algérie. Il est l'auteur d'une *Histoire ancienne de l'Afrique du Nord* (1913-1929). [Acad. des inscr., 1923.]

Gstaad, station d'été et d'hiver de la Suisse (comm. de Gessenay, cant. de Berne) ; 1 600 h. Grand centre touristique.

Gua (Pierre DE), sieur de Monts. V. MONTS.

Guacanayabo (GOLFE DE), large échancrure de la côte sud de Cuba.

guacharo [gwatʃaro] n. m. Engoulevent cavernicole de l'Amérique du Sud, qui se dirige par l'écho de ses ultra-sons et se nourrit de fruits.

Guadalajara, v. d'Espagne (Nouvelle-Castille), ch.-l. de prov. ; 21 800 h. Palais des ducs de l'Infantado, œuvre capitale du début de la Renaissance espagnole. En mars 1937, l'armée républicaine y infligea un cuisant échec à des unités italiennes engagées aux côtés des franquistes.

Guadalajara, v. du Mexique, capit. de l'Etat de Jalisco ; 1 048 400 h. Archevêché. Université. La ville possède une des plus belles cathédrales du Mexique (XVIᵉ-XVIIᵉ s.). Grand centre commercial. Industries légères (poteries, textiles, chaussures).

Guadalaviar (le) ou **Turia** (le), fl. d'Espagne, tributaire de la Méditerranée ; 243 km. Il arrose la huerta de Valence.

Guadalcanal, île volcanique de l'archipel anglais des Salomon, en Mélanésie ; 6 470 km² ; 15 000 h. Ch.-l. *Honiara.* Plantations de cocotiers. Pendant la Seconde Guerre mondiale, dès le 7 août 1942, les Américains débarquèrent dans l'île occupée par les Japonais depuis le mois de juillet et, après une lutte farouche, les en chassèrent en févr. 1943.

Guadalquivir (le), fl. d'Espagne, en Andalousie, arrosant Cordoue et Séville, tributaire de l'Atlantique ; 680 km. Il alimente d'importants réseaux d'irrigation et plusieurs installations hydro-électriques.

Guadalupe (SIERRA DE), chaîne montagneuse de l'Estrémadure (Espagne centrale).

Guadalupe, v. d'Espagne (Estrémadure, prov. de Cáceres), sur le versant sud-ouest de la *sierra de Guadalupe;* 4 100 h. Monastère de hiéronymites, fondé par Alphonse XI en 1340.

Guadalupe Hidalgo, agglomération de la banlieue nord de Mexico (Mexique). Sanctuaire élevé à Notre-Dame-de-Guadalupe et au curé Hidalgo, un des héros de l'indépendance mexicaine. Grand pèlerinage. Traité du 2 févr. 1848, par lequel le Mexique donnait aux Etats-Unis les territoires des Etats actuels de Californie, Nevada, Utah et partie de ceux d'Arizona, Nouveau-Mexique, Colorado et Wyoming, et recevait une indemnité de 15 millions de dollars.

Guadarrama (SIERRA DE), chaîne de montagnes du centre de l'Espagne, entre la Vieille- et la Nouvelle-Castille ; 2 405 m.

Guadeloupe (la), une des Antilles françaises (Petites Antilles) ; 1 509 km² (hab. *Guadeloupéens).* Ch.-l. *Basse-Terre.* L'île forme un département d'outre-mer (1 780 km² ; 328 400 h.) avec ses dépendances (Marie-Galante, les Saintes, la Désirade, Saint-Barthélemy et la partie française de Saint-Martin).

● *Géographie.* Le département est constitué de la Guadeloupe proprement dite (qui comprend deux parties, Grande-Terre et Basse-Terre, couvrant au total 1 436 km²) et des îles ou archipels (les Saintes, Marie-Galante,

GUADELOUPE

Pte de la Gde Vigie
Anse-Bertrand
Port-Louis
GRANDE-TERRE
Pte
Allègre
Ste-Rose
Le Moule
LA
DÉSIRADE
ointe-o Baie
loire Mahault
Morne-à-l'Eau
Les Abymes
Pte
des Colibris
Ste-Anne
St-François
ASSE-
ERRE
Petit-
Bourg
Le Gosier
Pointe-à-Pitre
PETITE-
TERRE
354 ▲Sans Toucher
Soufrière
MARIE-
GALANTE
St-
laude
aillif ▲1484
Capesterre-
de-Guadeloupe
16°
asse-Terre
Pte du Vieux Fort
ES DES SAINTES
erre-de-Bas
Terre de Haut
Grand-Bourg
61° 30'
Morne
Constant
▲204
0   25 km

Saint-Barthélemy, la Désirade et une partie
de Saint-Martin). Grande-Terre (plus petite
que Basse-Terre) est formée de plaines ou
de plateaux dont l'altitude ne dépasse pas
135 m. Au contraire, et malgré son nom,
Basse-Terre offre un relief accidenté, dominé
par le volcan, actif, de la Soufrière (1 467 m).
L'ensemble possède un climat tropical maritime pluvieux (avec des différences importantes de hauteurs de pluie selon l'exposition
et la disposition des reliefs, au moins à
Basse-Terre), avec passages fréquents de
cyclones ; une saison relativement sèche (le
carême) s'étend de la fin de décembre à mai.
Les températures demeurent constamment
élevées, oscillant autour de 25 °C.
Le territoire agricole couvre plus de la moitié
de la superficie totale. Il est surtout consacré
à la canne à sucre (le sucre représente
approximativement la moitié des exportations et le rhum, près du dixième), plus
secondairement à la banane (le tiers des
exportations). La patate, le manioc sont les

le littoral
de Basse-Terre

plage
de la Terre de Haut
(îles des Saintes)

Colomb - Atlas-Photo

Colomb-Atlas-Photo

Colomb - Atlas-Photo

plantation
de canne à sucre

principales cultures vivrières. L'industrie est limitée aux sucreries et aux rhumeries. Le tourisme est en essor, mais les ressources (et les envois des émigrés) ne compensent pas l'énorme déficit de la balance commerciale : le taux de couverture des exportations est seulement de l'ordre de 30 p. 100. La Guadeloupe ne survit que dans le cadre de l'assistance sociale fournie par la métropole, et la situation ne cesse de s'aggraver avec l'accentuation de la pression démographique. La densité moyenne de population dépasse déjà 200 habitants au kilomètre carré dans la Guadeloupe proprement dite, et l'excédent naturel est encore d'environ 2 p. 100 par an, bien que l'augmentation de population soit moindre, en raison de l'émigration intense vers la métropole.

● *Histoire*. L'île fut découverte par Christophe Colomb en 1493. La Compagnie des Iles de l'Amérique la fit occuper par les capitaines Duplessis et de L'Olive (1635). Elle passa à la Compagnie des Indes occidentales (1666), puis revint à la Couronne (1674). La canne à sucre, introduite dès 1644, assura la prospérité de l'île. Après une période d'occupation anglaise (1759-1763), consécutive à la guerre de Sept Ans, la France rendit l'île indépendante de la Martinique. Pendant la période révolutionnaire éclata la lutte entre planteurs et petits Blancs, et les Anglais

cherchèrent de nouveau à occuper l'île. Mais, en apportant le décret de la Convention (1794) qui abolissait l'esclavage, Victor Hugues arma les esclaves contre l'Angleterre et assura la possession de l'île à la France. Le Consulat rétablit l'esclavage, qui fut définitivement aboli par V. Schœlcher (27 avr. 1848). En 1946 la Guadeloupe devient département français ; depuis, un grave malaise économique, lié notamment au surpeuplement et à la baisse des exportations, alimente un mouvement favorable à l'autonomie, voire à l'indépendance de l'île.

Guadet (Marguerite Elie), homme politique français (Saint-Emilion, Gironde, 1758 - Bordeaux 1794). Député girondin à l'Assemblée législative, puis à la Convention, décrété d'accusation le 2 juin 1793, il fut exécuté.

Guadet (Julien), architecte français (Paris 1834 - *id.* 1908). Son œuvre principale est l'hôtel des Postes de Paris (rue du Louvre).

Guadiana (le), fl. de la péninsule Ibérique, tributaire de l'Atlantique ; 801 km. Il naît en Espagne sur le plateau de la Manche et gagne le Portugal. En aval du confluent du Chança, il sépare l'Espagne du Portugal.

Guadix, v. d'Espagne (Andalousie, prov. de Grenade) ; 24 700 h. Evêché. Vestiges de l'ancienne muraille et ruines de la forteresse mauresque. Cathédrale (XVIᵉ-XVIIIᵉ s.).

guaïacum [kɔm] n. m. Genre d'arbres ou d'arbrisseaux d'Amérique, dont trois espèces fournissent le bois du commerce appelé *gaïac.*

Guaira (LA), v. du Venezuela (District fédéral), port de Caracas ; 16 300 h.

guais [gɛ] adj. m. Se dit d'un hareng qui a frayé et ne possède plus ni œufs ni laitance.

Guajira ou **Goajira** (la), presqu'île de la Colombie, s'avançant dans la mer des Antilles.

Gualeguaychú, v. d'Argentine (prov. d'Entre Ríos) ; 43 000 h. Industries alimentaires.

Guam, la plus méridionale des îles Mariannes (Micronésie) ; 541 km² ; 74 000 h. Ch.-l. *Agaña.* C'est une île volcanique qui possède des plantations de cocotiers. Grande base navale d'Apra ; aérodrome de Sumay. Découverte par Magellan en 1521 et colonisée par l'Espagne, l'île devint américaine en 1898. Guam fut prise par les Japonais en déc. 1941 et reprise par les Américains en août 1944.

Guanabara, baie des côtes du Brésil où est établie Rio de Janeiro. — L'*Etat de Guanabara* (capit. *Rio de Janeiro*) a 3 307 200 h. et 1 356 km² (il correspond à l'ancien district fédéral qui a existé de 1808 à 1960).

guanaco n. m. (péruvien *huanaco*). Lama sauvage des Andes, de la taille d'un grand daim, que l'on peut domestiquer pour la chair, la laine et comme bête de bât.

Guanajuato, v. du Mexique, capit. d'Etat, au N.-O. de Mexico ; 31 000 h. Université.

guanche n. m. Parler, aujourd'hui éteint, des îles Canaries. (Le guanche, connu par quelques inscriptions, a disparu au moment de la conquête espagnole. Il appartenait au groupe libyco-berbère.)

Guanche(s), population primitive de l'archipel des Canaries, qui tenta longtemps de s'opposer aux conquérants.

guanidine [gwa] n. f. Base, de formule NH = C(NH$_2$)$_2$, formée dans l'oxydation de la guanine.

guanier → GUANO.

guanine [gwa] n. f. Base du groupe de la purine, de formule C$_6$H$_5$ON$_5$, contenue dans le guano.

guanite [gwa] n. f. Nom technique de la *nitroguanidine* dans l'industrie des explosifs.

guano [gwa] n. m. (esp. *guano,* empr. au quechua). Matière formée par l'accumulation d'excréments et de cadavres d'oiseaux marins. || *Par extens.* Nom donné à d'autres matières fertilisantes (*guano de chauve-souris,* d'origine comparable ; *guano de poisson,* fabriqué avec des débris de poissons). [Les plus célèbres gisements de guano sont situés sur le littoral occidental de l'Amérique du Sud ; mais on rencontre également du guano en Afrique et en Asie. Le guano constitue un engrais riche en azote et en phosphore. Il est utilisé pour la fabrication de l'acide urique, nécessaire à la synthèse de l'alloxane et de la caféine.] ◆ **guanier, ère** adj. Relatif au guano.

Guantanamo, port de Cuba (prov. d'Oriente) ; 165 200 h. Exportation de sucre. Industries alimentaires. — Sur la *baie de Guantanamo,* une base navale concédée aux Etats-Unis (1903) joua un rôle important, pendant la Seconde Guerre mondiale, dans la lutte contre les sous-marins de l'Axe dans l'Atlantique.

Guaporé (le), riv. de l'Amérique du Sud, née dans le Brésil occidental, tributaire du Mamoré (r. dr.) ; 1 700 km. Il forme la frontière entre le Brésil et la Bolivie.

guarani n. m. Dialecte indien de l'Amérique méridionale, parlé au S. du tupi-guarani*. || Unité monétaire principale du Paraguay, divisée en 100 centimos. — Pl. *des* GUARANES.

Guarani(s), Indiens de l'Amérique du Sud, faisant partie du groupe linguistique et culturel tupi-guarani. Habiles navigateurs, ils ont accompli des migrations depuis le Paraguay jusqu'aux Guyanes. Au Paraguay, ils forment une partie importante de la population, et leur langue domine.

Guarda, v. du Portugal, ch.-l. de distr., à l'E. de la serra da Estrela ; 9 100 h. Evêché. Ville-forteresse.

Guardafui ou **Gardafui** (CAP), cap à l'entrée du golfe d'Aden, sur la côte de Somalie.

Guardi (Francesco), peintre italien (Venise 1712 - *id.* 1793). Influencé par le Canaletto, il se voua avec brio à la représentation de vues de Venise (*Place Saint-Marc* [National Gallery], *la Salute* [Louvre], *Pont du Rialto* [Wallace Collection]) et à la description des fêtes vénitiennes (*le Départ du « Bucentaure »* [Toulouse]).

Guardini (Romano), prêtre et écrivain allemand (Vérone 1885 - Munich 1968). Professeur à l'université de Bonn (1922), puis de Berlin (1923), il a écrit : *le Chrétien devant le racisme* (1939), *l'Essence du christianisme* (1950), *Pascal ou le Drame de la connaissance chrétienne* (1951).

guarea [gwa] n. m. Bois fourni par de petits arbres de la famille des méliacées (cent cinquante espèces, dont l'une a pu remplacer l'acajou aux Antilles).

Guárico (le), riv. du Venezuela, affl. de l'Apure (r. g.) ; 480 km.

Guarini (Battista), poète italien (Ferrare 1538 - Venise 1612). Poète de cour, chargé de plusieurs ambassades, il a écrit des poésies, une comédie (*l'Hydropique,* 1584), et surtout une tragi-comédie pastorale, *Il Pastor fido (le Berger fidèle),* publiée en 1590 et jouée en 1595.

Guarino Veronese ou **Guarino de Vérone,** ou **Guarinus Veronensis,** humaniste italien (Vérone 1374 - Ferrare 1460). Il étudia le grec à Constantinople avec Manuel Chrysoloras et l'enseigna dans diverses universités d'Italie. Il est le plus ancien helléniste italien.

Guarnerius ou **Guarneri,** famille de luthiers crémonais des XVIIᵉ et XVIIIᵉ s., dont le plus célèbre fut GIUSEPPE ANTONIO, dit *del Gesu* (Crémone v. 1687 - *id.* v. 1745). Il recherchait dans ses instruments une grande sonorité. Ses instruments, plus rares que les Stradivarius, atteignent des prix élevés.

Guarrazar (TRÉSOR DE), trésor d'orfèvrerie de souverains wisigoths (VIIᵉ s.), découvert à Guarrazar (prov. de Tolède) en 1853 et 1861. Il fut conservé au musée de Cluny avant de passer au Musée archéologique de Madrid (1943).

Guas (Pierre), sculpteur français (Lyon, première moitié du XVᵉ s.). Il travailla à la cathédrale de Tolède. — Son fils JUAN, architecte et sculpteur espagnol († Tolède 1495), a notamment construit le monastère de San Juan de los Reyes.

Guaspre Poussin (LE). V. DUGHET (Gaspard).

Guastalla, v. d'Italie, en Emilie (prov. de Reggio Emilia), sur le Pô; 13 700 h. Evêché. Le comté de Guastalla passa aux Gonzague en 1539 et fut érigé en duché en 1621. Il devint autrichien en 1746 et italien en 1806.

Guatemala ou **Guatemala City,** capit. de la république de Guatemala; 577 000 h. Archevêché. Grand centre administratif et commercial. Textiles; brasserie.

Guatemala, république de l'Amérique centrale, entre le Mexique et le Honduras britannique d'une part, le Salvador et le Honduras de l'autre; 108 889 km²; 7 500 000 h. Capit. *Guatemala.* Langue : *espagnol.* Religion : *catholicisme.*

Géographie.

La côte du Pacifique est bordée par une plaine assez sèche dominée par de grands massifs volcaniques (*Tajumulco,* 4 210 m), auxquels succède vers l'E. la chaîne cristalline de la *sierra de las Minas* (2 500 m). Au N. de la grande vallée du Motagua s'étend un ensemble de montagnes variées. Le nord du Guatemala (*Petén*) est constitué par de bas plateaux forestiers. Les conditions climatiques sont extrêmement variées, car elles sont fonction de l'exposition et de l'altitude. Le café représente 45 p. 100 des exportations, en valeur; les bananes, le cacao, le coton, le chicle (matière première du chewing-gum, recueillie dans le Petén) viennent ensuite. La plus grande partie des échanges se fait avec les Etats-Unis, qui ont une grande influence sur le Guatemala par l'intermédiaire de l'United Fruit Company. (V. carte ANTILLES ET AMÉRIQUE CENTRALE.)

armoiries du **Guatemala**

Histoire.

La *capitainerie générale de Guatemala,* issue de la conquête du pays par Pedro de Alvarado (1523-1524), fut créée en 1544 ; elle comprenait toute l'Amérique centrale. En 1821, la colonie devint indépendante de l'Espagne. Elle fit partie de l'Empire mexicain (1822-1823), puis des *Provinces-Unies de l'Amérique centrale,* fédération qui se scinda, en 1839, en cinq Etats indépendants. Le Guatemala, le plus peuplé, fut longtemps troublé par des révolutions politiques. Il connut divers régimes dictatoriaux. Le général Justo Rufino Barrios (1873-1885) contribua à la modernisation du pays. Après lui, l'influence américaine s'est fortement manifestée (plantations de l'United Fruit). Le colonel Arbenz, élu président en 1951, entreprit une réforme agraire en 1952, mais, accusé de communisme par les Etats américains, il démissionna en 1954 ; ses successeurs sont revenus à une politique conservatrice. Le pays a été ravagé par des tremblements de terre en 1976.

Littérature.

V. tableau AMÉRIQUE LATINE (*littératures de l'*).

guatémaltèque adj. et n. Relatif au Guatemala ; habitant ou originaire de ce pays.

guayabi [gwa] n. m. Bois du commerce, d'origine américaine.

Guayaquil, v. de l'Equateur, capit. de la prov. du Guayas ; 835 800 h. Grand port commercial et principal débouché du pays. Industries alimentaires ; chaussures ; cimenterie.

Guayas (le), fl. de l'Amérique du Sud, en Equateur, tributaire du Pacifique, formé par les cours des rivières Daule, Vinces et Chimbo, qui se réunissent en un estuaire commun ; 160 km.

GUATEMALA

Indiens
de race Maya

volcan
El Agua
qui détruisit
Antigua
en 1773

Vautier-Decool

Vautier-Decool

Guayasamin (Oswaldo), peintre équatorien (Quito 1919). Il exprime à l'aide d'une plastique violente et simplifiée, dans ses grandes séries du *Chemin des larmes* (1945-1952) et de l'*Age de la colère* (1962-1971), la misère ou le martyre du continent sud-américain.

guayule [gwa] n. m. Arbrisseau cultivé en grand aux Etats-Unis pour sa forte teneur en caoutchouc (20 p. 100), sa production rapide (quatre ans après sa plantation, contre dix ans pour l'hévéa), sa culture facile.

Gubbio, v. d'Italie (Ombrie, prov. de Pérouse) ; 32 900 h. Evêché. Gubbio est l'antique *Iguvium*, ville étrusque et romaine. Faïenceries. On y découvrit en 1444 les « tables Eugubines », juxtaposant des inscriptions étrusques et latines. Cathédrale et églises du XIIIe s. Palais des XIVe et XVe s. Centre important de majolique (XVe-XVIe s.).

gubernaculum testis n. m. (mots lat.).
Ligament fibreux qui relie le testicule au scrotum.

Guderian (Heinz), général allemand (Kulm an der Weichsel [auj. Chełmno] 1888 - Schwangau, près de Füssen, Bavière, 1954). Il fut le créateur en Allemagne de l'arme blindée indépendante, dont, dès 1929, il préconisa la mise sur pied. Soutenu par Hitler, il devint en 1938 inspecteur des troupes rapides et joua un rôle de premier plan dans l'élaboration de la doctrine tactique dite « de la guerre éclair ». Commandant un corps blindé en Pologne (1939) et dans les Ardennes (1940), puis un groupement cuirassé en Russie (1940-1941), il dut se retirer après l'échec devant Moscou (déc. 1941). Rappelé par Hitler en mars 1943, il fut, de juill. 1944 à mars 1945, chef d'état-major de l'armée de terre. Prisonnier des Alliés et bientôt libéré, il se retira en Bavière. Guderian est l'auteur de plusieurs ouvrages sur les chars (1936), de Mémoires (1951), et de deux études sur la défense de l'Europe (1950) et sur le réarmement allemand (1951).

Gudmundsson (Kristmann), romancier islando-norvégien (Lundarreykjadalur 1901). Etabli en Norvège, il a écrit en norvégien divers romans, dont *l'Aube de la vie* (1929), puis, revenu en Islande, il a composé, en islandais, *Les Troll de la nuit grimacent* (1943), *Soirée à Reykjavik* (1948).

Gudmundsson (Thomas), poète islandais (Grimsnes 1901). Il a chanté la ville de Reykjavik dans *Belle Terre* (1933).

Gudrun, épopée allemande du XIIIe s. Elle célèbre trois générations de princes légendaires : 1° les exploits de Hagen, fils du roi d'Irlande, qui est emporté par un griffon dans une île déserte ; 2° le mariage de Hetel, roi des Frisons, avec Hilde, fille de Hagen ; 3° l'enlèvement de Gudrun, fille de Hetel et de Hilde, par Hartmut de Normandie, qui veut l'épouser ; mais Gudrun reste fidèle à son fiancé Herwig, roi de Seelande, qui vient la délivrer. Ce poème constitue une transposition légendaire des expéditions vikings.

Gudule (sainte) [en Brabant VIIe s. - *id.* v. 712]. Elle mena une vie de pénitence dans le domaine de son père. Elle est la patronne de Bruxelles. — Fête le 8 janv.

gué ! interj.. (graphie de *gai !*). Mot qui revient souvent dans certaines chansons : *La bonne aventure, ô gué !*

gué [ge] n. m. (lat. *vadum*). Endroit d'un cours d'eau assez peu profond pour qu'on puisse le traverser sans nager : *Passer un gué à pied, en voiture. Passer une rivière à gué. Abreuver un cheval au gué.* ● *Sonder le gué* (Fig.), bien examiner une affaire avant de s'y engager. ◆ **guéable** adj. Qu'on peut passer à gué : *Rivière guéable.*

guebli n. m. Nom régional du *sirocco* en Algérie et en Tunisie.

Guèbres (pers. *gabr*, infidèle), descendants des Perses, vaincus par les Arabes au VIIe s., et qui ont continué à pratiquer la religion de Zoroastre. On évalue leur nombre à 30 000 environ, dans les provinces de Yazd et de Kermân.

Guébriant (Jean-Baptiste BUDES, comte DE), maréchal de France (Le Plessis-Budes, Côtes-du-Nord, 1602 - Rottweil, Souabe, 1643). Il vainquit les Impériaux à Wolfenbüttel (1641) et à Kempen (1642).

Guebwiller, ch.-l. d'arr. du Haut-Rhin, à 23 km au N.-O. de Mulhouse ; 11 083 h. (*Guebwillerois*). Eglise Saint-Léger (XIIe-XIVe s.). Hôtel de ville (1514). Tissage du coton ; machines textiles. — Aux environs, vignobles réputés.

Guebwiller (BALLON DE) ou **Grand Ballon**, point culminant des Vosges (Haut-Rhin) ; 1 424 m.

guède n. f. V. PASTEL.

guédoufle n. f. (de l'anc. franç. *coutoufle*, *gothêfle* et *guédouille*). Huilier formé de deux flacons arqués.

Guédron ou **Guesdron** (Pierre), compositeur français (seconde moitié du XVIe s. - † 1620). Il composa la musique vocale des ballets de cour pour Henri IV et Louis XIII. Il a laissé des livres d'*Airs*, à plusieurs parties, ou pour chant et luth.

Guégon, comm. du Morbihan (arr. de Pontivy), à 2 km au S.-O. de Josselin ; 2 334 h. Eglise des XIIe et XVIe s.

guègue n. m. Dialecte albanais parlé au N. du fleuve Shkumbin, et comprenant une grande variété de parlers.

Guéhenno, comm. du Morbihan (arr. de Pontivy), à 11,5 km au S.-O. de Josselin ; 844 h. Curieux calvaire du XVIe s.

Guéhenno (Marcel, dit **Jean**), écrivain français (Fougères 1890 - Paris 1978). Inspecteur général de l'Instruction publique (1945), il s'est efforcé, en restant fidèle à ses origines prolétariennes, d'accorder la primauté du bonheur réclamé par le peuple avec les exigences de la culture bourgeoise : *Caliban parle*, 1929 ; *Conversion à l'humain*, 1931 ; *Journal d'un homme de quarante ans*, 1934 ; *Jean-Jacques*, 1948-1952 ; *Changer la vie*, 1961 ; *Plaisir de lire*, 1964 ; *Caliban et Prospero*, 1969. (Acad. fr., 1962.)

Gueldre, en néerl. **Gelderland**, prov. orientale des Pays-Bas ; 5 028 km² ; 1 601 000 h. Ch.-l. *Arnhem.*

Gueldre (COMTÉ, puis DUCHÉ DE), fief impérial, acquis par Charles Quint en 1543. Il demeura possession des Habsbourg jusqu'au traité d'Utrecht (1713). Il fut alors divisé entre l'Autriche et la Prusse, et incorporé au royaume des Pays-Bas en 1814.

guelfe adj. et n. Relatif aux guelfes. ◆ **guelfisme** n. m. Doctrine des guelfes.

guelfe ou **hanovrien** (PARTI), parti allemand recruté en Hanovre, et qui fit, après 1871, une opposition systématique aux Hohenzollern et à Bismarck.

guelfes et gibelins, partis politiques italiens, dont le nom est emprunté à des familles allemandes rivales. En 1198, Otton de Brunswick (un *Welf* de Bavière) devint roi de Germanie. Après Bouvines (1214), il fut évincé par Frédéric II (de Sicile). En 1215, une querelle éclata entre deux grandes familles florentines, querelle qui amena les

Guémené-sur-Scorff, autref. Guémenée, ch.-l. de c. du Morbihan (arr. et à 21 km à l'O. de Pontivy); 1 723 h. (*Guémenois*). Ruines d'un château féodal. Maisons anciennes. Spécialité d'andouilles. — Aux environs, chapelle gothique de Crénenan.

Guénange, comm. de la Moselle (arr. de Thionville-Est), à 8 km au S. de Thionville; 8 328 h. (*Guénangeois*).

Guénégaud (Henri DE), marquis **de Plessis-Belleville,** financier et homme politique français (1609 - Paris 1676), secrétaire d'État à la

Otton IV
de Brunswick

Larousse

*Bibliothèque
nationale*

Larousse

Frédéric II
de Sicile

guelfes et gibelins

adversaires à se réclamer les uns d'Otton (*guelfes*), les autres de Frédéric (*gibelins*). Ce furent bientôt deux grandes factions qui divisèrent la noblesse de Florence et des villes d'Italie. Les partisans de la papauté se dirent guelfes, et ceux de Frédéric II, gibelins. Les guelfes prirent le dessus à Florence, Bologne, Milan, Mantoue, Ferrare, Padoue; les gibelins, à Crémone, Pavie, Modène, Rimini, Sienne, Lucques, Pise. Les banquiers italiens soutinrent énergiquement les champions de leur parti. Mais, quand Jean de Bohême prit prétexte du guelfisme pour se tailler un domaine en Italie, il se heurta à la coalition des Italiens réconciliés (1331).

guelfisme → GUELFE.

Guelma, ch.-l. d'arr. d'Algérie (dép. de Bône); 20 000 h. C'est l'ancienne ville romaine de *Calama*. Marché agricole.

Guelph, v. du Canada (Ontario), sur le Speed; 51 400 h. Institut agricole. Métallurgie; produits textiles et chimiques.

guelte n. f. (allem. *Geld,* argent). *Comm.* Pourcentage accordé à un vendeur sur les ventes qu'il effectue.

Guémené-Penfao, ch.-l. de c. de la Loire-Atlantique (arr. de Châteaubriant), à 20 km à l'E. de Redon; 4 480 h. (*Guémenois*). Marché agricole. Carrières.

Maison du roi (1643-1669). Il eut Colbert pour successeur.

Guenièvre, épouse du roi Arthus, dans les romans de la Table ronde. Elle est la maîtresse de Lancelot*.

guenille [gənij] n. f. (orig. inconnue). Vêtement en lambeaux; haillons : *Un mendiant vêtu de guenilles.* ‖ Objet méprisable, sans aucune valeur. ◆ **guenilleux, euse** adj. et n. Vêtu de guenilles : *Des mendiants guenilleux.*

Guénin (Alexandre), violoniste et compositeur français (Maubeuge 1744 - Etampes 1835). On lui doit des œuvres pour violon et des symphonies qui eurent beaucoup de succès.

Guénolé (saint) [Armorique 461 - Landévennec 532]. Sa vie est légendaire, mais son culte est très ancien en Bretagne. — Fête le 3 mars.

guenon [gənɔ̃] n. f. (orig. inconnue). Nom usuel des singes du genre cercopithèque*, tant mâles que femelles. ‖ *Fam.* Femelle du singe, sans acception d'espèce. ‖ Femme très laide : *Un visage de guenon.* ◆ **guenuche** n. f. Petite guenon. ‖ Petite femme très laide.

Guénon (René), orientaliste français (Blois 1886 - Le Caire 1951). Il donna à l'interprétation des textes sacrés hindous et musulmans une orientation nouvelle en recherchant leur signification mystique profonde : *Introduction générale à l'étude des doctrines hindoues* (1921), *le Règne de la quantité et les signes des temps* (1945).

guenuche → GUENON.

guépard n. m. (ital. *gattopardo*, de *gatto*, chat, et *pardo*, léopard). Félin aux longues pattes, aux griffes non rétractiles, au pelage fauve tacheté de noir, coureur extrêmement rapide, facile à apprivoiser. (Il vit en Afrique et dans le sud-ouest de l'Asie. Long. 75 cm, sans la queue.)

Dragesco - Atlas-Photo

guépard

guêpe n. f. (lat. *vespa*). Insecte hyménoptère à la taille fine, à l'abdomen annelé de jaune et de noir, muni d'un aiguillon venimeux, et qui vit en société dans un nid de « papier » (fibres végétales mâchées et agglutinées). [V. *encycl.*] ‖ *Fig.* Femme rusée.
● *Taille de guêpe*, taille extrêmement fine.
◆ **guêpier** n. m. Nid de guêpes sociales, bâti en cellulose triturée et formé de plusieurs étages d'alvéoles dont l'ouverture est tournée vers le bas. (Une enveloppe protège l'ensemble, sauf chez les polistes, dont le nid est très petit.) ‖ Oiseau coraciadiforme, de couleurs vives, qui se nourrit volontiers de guêpes. (Il vit en Afrique et autour de la Méditerranée, d'où son nom de *chasseur d'Afrique*; type de la famille des méropidés.) [Syn. ABEILLEROLLE.] ‖ Piège destiné à prendre des guêpes. ‖ *Fig.* Position difficile, situation dangereuse : *Se fourrer dans un guêpier.*

— ENCYCL. **guêpe.** Les guêpes se distinguent des abeilles par leur régime alimentaire : les adultes se nourrissent d'insectes, de fruits et des aliments les plus variés, et nourrissent leurs larves d'une bouillie d'insectes prédigérés. Mais les guêpes ne font pas de provisions pour l'hiver, auquel la reine seule survit. La plus grosse guêpe est le *frelon*, tandis que l'on appelle *guêpes*, par extension, divers hyménoptères d'aspect analogue (eumènes, sphex, etc.).
Les *piqûres de guêpe*, très douloureuses, provoquent une vive inflammation locale et parfois un malaise ; elles peuvent être graves si elles sont multiples, ou si elles se produisent en certaines régions (nuque, orifices naturels) ou sur un terrain allergique.

guêpes

J. Six

sur un grain de raisin

J. Six

construisant les cellules du nid

Guêpes (LES) [*Sphêkes*], comédie d'Aristophane (422 av. J.-C.). Tous les oisifs et les incapables désirent faire partie d'un tribunal athénien depuis que Cléon a porté à trois oboles le jeton de présence accordé aux jurés. Philocléon est l'un de ces juges. Il veut aller au tribunal, mais son fils Bdélycléon l'en empêche. Le chœur, composé de juges armés d'un aiguillon, qui les fait ressembler à des guêpes, essaie en vain de faire sortir Philocléon. Celui-ci promet à son fils de ne plus chercher à s'évader si on lui permet de juger chez lui. On lui amène le chien Labès, qui vient de voler un fromage. Finalement, Philocléon renonce au tribunal et ne songe qu'à s'amuser. Racine s'est inspiré des *Guêpes* dans *les Plaideurs*.

Guêpes (LES), revue satirique fondée par Alphonse Karr en 1829. D'abord mensuelle, elle parut ensuite à des intervalles irréguliers. Elle évoquait d'une façon vivante la vie parisienne sous le règne de Louis-Philippe.

Guépéou (G. P. U.), nom donné à la police politique soviétique après la suppression de la Tchéka (1922). Elle jugeait selon une procédure secrète. Elle fut supprimée en 1934.

guêpier → GUÊPE.

Guépratte (Emile Paul), amiral français (Granville 1856 - Brest 1939). Il commanda en 1914 la division navale qui, avec les forces britanniques, tenta de forcer les Dardanelles. Il fut député de 1919 à 1924.

Guer, ch.-l. de c. du Morbihan (arr. de Vannes), à 22 km à l'E. de Ploërmel ; 7 105 h. Carrières. — Aux environs, camp de Coëtquidan*.

Guérande, ch.-l. de c. de la Loire-Atlantique (arr. de Saint-Nazaire), à 6 km au N. de La Baule-Escoublac ; 9 475 h. (*Guérandais*). Pittoresque cité, entourée d'une ligne continue de remparts ouverts par quatre portes. Collégiale Saint-Aubin (XIIe-XVIe s.). Foires importantes. Marais salants dans la région.

Guérande (TRAITÉ DE), traité signé en 1365 entre Jean IV de Montfort et le roi de France Charles V. Il mettait fin à la guerre de la succession de Bretagne.

Guéranger (Prosper), religieux français (Sablé 1805 - Solesmes 1875). Prêtre (1827), il s'attacha à La Mennais, se fit bénédictin à Rome (1837) et réintroduisit en France son ordre, dont l'abbaye de Solesmes, restaurée par ses soins, devint la maison principale. Il fut à l'origine de la rénovation liturgique et devint l'une des figures les plus marquantes de l'ultramontanisme.

Guerassimov (Alexandre). V. GHERASSIMOV.

Guerbet (Marcel Ernest Auguste), pharmacien français (Clamecy 1861 - Paris 1938), auteur de nombreux travaux en chimie organique et inventeur des premiers produits de contraste utilisés en radiologie.

Guerbois (le), café parisien (9, avenue de Clichy), fréquenté par les artistes (Manet, Fantin-Latour, Degas, Zola, Nadar, etc.) sous le second Empire et après 1870.

guerche n. m. Monnaie éthiopienne, valant 1/20 de talari.

Guerche (LA), comm. d'Indre-et-Loire (arr. de Loches), sur la Creuse, à 12 km au S. de La Haye-Descartes ; 265 h. Château bâti par Charles VII.

Guerche-de-Bretagne (LA), ch.-l. de c. d'Ille-et-Vilaine (arr. de Rennes), à 22 km au S. de Vitré ; 4 075 h. (*Guerchois*). Eglise du XVe s.

Guerche-sur-l'Aubois (LA), ch.-l. de c. du Cher (arr. de Saint-Amand-Mont-Rond), à 21 km à l'O. de Nevers ; 3 326 h. (*Guerchois*). Eglise du Gravier (XIIe-XVe s.). Station d'étalons. Cartonneries ; mécanique de précision.

Guerchin (Giovanni Francesco BARBIERI, dit le), peintre italien (Cento, près de Bo-

logne, 1591 - Bologne 1666). Elève de Louis Carrache, il alla à Venise en 1618 (*Saint Guillaume d'Aquitaine*), vint à Rome et y exécuta *l'Aurore,* pour le Casino Ludovisi.

« Saint Guillaume d'Aquitaine »
Pinacothèque de Bologne

Il pratiqua avec virtuosité l'art du raccourci et celui du clair-obscur (*Résurrection de Lazare,* Louvre).

guère adv. (anc. haut allem. *weigaro,* beaucoup, devenu *guaire*). *Ne ... guère,* peu, pas beaucoup : *L'éclipse n'est guère visible. Il ne travaille guère.* ‖ *Ne ... guère que,* presque uniquement : *Cette discussion n'intéresse guère que les initiés.*

guéret n. m. (lat. *vervactum,* jachère). Terre laissée en jachère : *Lever ou relever les guérets.* ‖ Terre labourée, mais non ensemencée.

Guéret, ch.-l. de la Creuse, à 346 km au S. de Paris, à 42 km au N.-O. d'Aubusson ; 16 621 h. (*Guérétois*). Hôtel de Moneyroux (XVe-XVIe s.). Musée (émaux et tapisseries). Au XIIIe s., Guéret devint capitale de la Marche. Industrie de la bijouterie ; petite métallurgie. Confection. Marché agricole.

Guergour (le), massif montagneux d'Algérie (Atlas tellien oriental) ; 1 613 m. Mines de zinc.

guéri → GUÉRIR.

Guericke (Otto VON), physicien allemand (Magdebourg 1602 - Hambourg 1686), bourgmestre de sa ville natale. Il inventa vers 1650 une machine pneumatique et entreprit une série d'expériences sur le vide, notamment celle des *hémisphères de Magdebourg*, réalisée en 1654 devant la diète de Ratisbonne. Il imagina la première machine électrostatique.

guéridon n. m. (n. pr. d'un personnage de farce, empr. à une chanson). Table ronde à pied central unique.

Guérigny, ch.-l. de c. de la Nièvre (arr. et à 14 km au N. de Nevers), sur la Nièvre; 2 425 h. (*Guérinois*). Forges nationales (ancres, chaînes de navires).

guérilla [gerija] n. f. (esp. *guerrilla ;* dimin. de *guerra,* guerre). Forme de guerre caractérisée par des actions discontinues de harcèlement, d'embuscades ou de coups de main, menées par des unités régulières ou des bandes de partisans sur les flancs, les arrières et les communications d'une armée adverse. ‖ Groupe de soldats armés légèrement et chargés de harceler l'ennemi. ◆ **guérillero** n. m. Combattant faisant partie d'une troupe se livrant à la guérilla.

Guérin ou **Garin**, évêque et chancelier français (Pont-Sainte-Maxence v. 1157 - Châlis 1227). Religieux hospitalier, conseiller de Philippe Auguste, chancelier en 1223, il a groupé en un recueil les actes attestant les droits de la Couronne.

Guérin (Gilles), sculpteur français (Paris 1606 - *id.* 1678). Il travailla pour de nombreux châteaux (Louvre, Maisons, Versailles) et exécuta des tombeaux (Henri de Bourbon, à Vallery, Yonne).

Guérin (Jean), miniaturiste français (Strasbourg 1760 - Obernai 1836). Élève de Louis David, il fit de nombreux portraits (Marie-Antoinette, Louis XVI, Bonaparte, des généraux, des membres de l'Assemblée nationale).

Guérin (Pierre, baron), peintre français (Paris 1774 - Rome 1833). Rival de David, qu'il imita, il est surtout connu par son *Retour de Marcus Sextus* (Louvre). Il dirigea l'Académie de France à Rome (1822-1828). [Institut, 1815.]

Guérin (Eugénie DE), femme de lettres française (château du Cayla, près d'Albi, 1805 - *id.* 1848). Son *Journal* et ses *Lettres* (publiés en 1855, sous le titre de *Reliquiae*), ses *Lettres à Louise de Bayne* (publiées en 1924-1925) et ses *Lettres à son frère Maurice* (publiées en 1929) ont révélé la ferveur et la force de son âme chrétienne. — Son frère MAURICE (château du Cayla, près d'Albi, 1810 - *id.* 1839) subit l'influence de La Mennais, perdit la foi, mais conserva une exaltation païenne des beautés de la nature. Dès 1840, George Sand fit éditer *le Centaure*, poème antique en prose. La *Bacchante*, fragment d'un poème, son *Journal* et ses *Lettres* parurent en 1861.

Guérin (Camille), vétérinaire français (Poitiers 1872 - Paris 1961). Chef de service à l'Institut Pasteur, il est l'auteur de travaux de microbiologie sur les maladies infectieuses des animaux et le créateur, avec Calmette, du vaccin contre la tuberculose (B. C. G.).

Guérin (Charles), poète français (Lunéville 1873 - *id.* 1907). Poète symboliste, il revint, après un court essai du vers libre, au vers traditionnel dans *le Cœur solitaire* (1898), *le Semeur de cendres* (1901), *l'Homme intérieur* (1905).

guérir v. tr. (du germ. *warjan,* défendre, protéger). Délivrer d'un mal physique : *Guérir un malade.* ‖ Faire cesser un mal physique : *Guérir une plaie.* ‖ *Fig.* Délivrer d'un mal moral : *Guérir un enfant de sa timidité.* ◆ v. intr. Recouvrer la santé : *Etre sûr de guérir.* ‖ Etre supprimé (en parlant du mal) : *Sa blessure a guéri.* ‖ Etre délivré d'un mal moral ou d'un mal quelconque ; être détruit (en parlant du mal lui-même) : *Ses peines de cœur ont guéri.* ◆ **guéri, e** adj. Qui a recouvré la santé. ‖ *Fig.* Qui a recouvré son équilibre psychologique, qui est libéré d'une crainte, d'un défaut. ◆ **guérison** n. f. Suppression d'un mal physique ou moral : *La guérison de cette maladie est lente. Sa douleur est sans guérison possible.* ‖ Le fait de recouvrer la santé : *Souhaiter la guérison d'un malade.* ◆ **guérissable** adj. Qui peut être guéri : *Un mal guérissable ;* et, au *fig.* : *La passion du jeu est difficilement guérissable.* ◆ **guérisseur, euse** n. et adj. Qui supprime un mal moral : *Le temps est un grand guérisseur.* ◆ n. Personne qui prétend obtenir la guérison de certaines maladies par des procédés secrets, incommunicables, sans vérification scientifique démontrable, et qui agit en contravention avec les lois de l'exercice de la médecine (loi du 30 nov. 1899, ordonnance de 1945). [L'absence de tout contrôle rigoureux du diagnostic et des résultats ne permet pas de faire état de guérison vraie dans les cas de prétendue guérison, et ces pratiques font parfois méconnaître des affections curables lorsqu'elles sont traitées à temps.]

guérite n. f. (anc. franç. *garite,* peut-être de l'anc. provenç. *garida*). Abri en bois ou en tôle pour un homme debout, et servant aux factionnaires en cas d'intempéries. ◆ *Guérite de coupure,* guérite établie aux points de convergence de nombreux conducteurs téléphoniques ou télégraphiques, et qui permet l'essai des conducteurs ou la constitution de communications de secours.

Guerlédan (LAC DE), lac artificiel de 400 ha, formé dans les gorges du Blavet (Côtes-du-Nord) par un grand barrage. Centrale électrique alimentant Lorient et Hennebont.

guerluchonne n. f. Syn. de GRELICHONNE.

Guernes ou **Garnier de Pont-Sainte-Maxence,** poète français du XIIe s., né à Pont-Sainte-Maxence (Beauvaisis). Moine à

Hétier

Popper-Images et Textes

chapelle du monastère des Vauxbelets

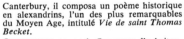

les cultures maraîchères

Guernesey

Canterbury, il composa un poème historique en alexandrins, l'un des plus remarquables du Moyen Age, intitulé *Vie de saint Thomas Becket*.

Guernesey, en angl. **Guernsey,** île britannique de l'archipel Anglo-Normand (Manche), à 45 km des côtes de France ; 45 200 h. (avec Aurigny et Sercq) [*Guernesiais*]. Ch.-l. *Saint-Pierre* (*Saint Peter*). L'île constitue un bailliage administré par un lieutenant-gouverneur et par une petite assemblée parlementaire. On y parle encore un patois normand, mais l'anglais est la langue officielle depuis 1946. Cultures maraîchères, fruitières et florales. Important centre de tourisme.

Guernesey (RACE DE), race de vaches à robe fauve et blanc, bonne laitière, exploitée en Grande-Bretagne et aux Etats-Unis.

Guernica y Luno, v. d'Espagne (prov. de Biscaye) ; 7 800 h. Cité sainte du Pays basque espagnol, détruite en 1937 par l'aviation allemande durant la guerre d'Espagne, reconstruite aujourd'hui. Ce terrible bombardement servit de thème à une grande composition en noir, gris et blanc de Picasso (3,50 × 7,80 m, dans une annexe du musée du Prado). Cette toile résulte d'une commande (janv. 1937) du gouvernement espagnol pour son pavillon à l'Exposition internationale de Paris. Multiples sont ses sources : dans l'his-

« **Guernica** », par Pablo Picasso, *musée du Prado*

Musée d'Art moderne de New York

toire de l'expression plastique (de schèmes archaïques et primitifs à la peinture classique), à l'intérieur de l'œuvre du peintre (cubisme, automatisme, thèmes tauromachiques) ainsi que dans un vaste fonds symbolique qu'il est difficile de déchiffrer complètement. Composée classiquement, « triangulée » à partir d'un puzzle de formes démantelées, l'œuvre, avec tout son mystère, répercute immédiatement ce que fut l'émotion du peintre devant l'horreur de l'événement.

Guéroult (Martial), philosophe français (Le Havre 1891-Paris 1976). Professeur à la Sorbonne, puis au Collège de France (1951), il s'attache à démonter la technologie des systèmes philosophiques. On lui doit notamment *l'Evolution et la structure de la doctrine fichtéenne de la science* (1930), *Descartes selon l'ordre des raisons* (1953) et *Spinoza* (1968-1974).

Guerrazzi (Francesco), écrivain et homme politique italien (Livourne 1804 - Cecina, prov. de Pise, 1873). Avocat et auteur de romans historiques, où il exaltait les gloires de l'Italie et attisait la haine des étrangers, surtout celle des Français, il fit beaucoup, par le succès de ses œuvres, pour le *Risorgimento* : *le Siège de Florence*, son chef-d'œuvre (1836), *Vies des hommes illustres d'Italie* (1843-1847). La révolution de 1848 le porta au poste de Premier ministre démocrate du grand-duc Léopold II, puis à celui de dictateur de la république de Florence, mais la réaction de 1849 le condamna à quatorze ans de réclusion, transformés en bannissement (1853). Il entra au Parlement italien en 1862.

guerre n. f. (germ. *werra). Lutte armée entre Etats, entraînant l'application de règles particulières dans l'ensemble de leurs rapports mutuels ainsi que dans leurs rapports avec les Etats tiers, qui commence par une déclaration de guerre motivée ou un ultimatum et se termine par un armistice qui met fin aux hostilités, et, en principe, par un traité de paix qui met fin à l'état de guerre. ‖ Art de diriger cette lutte : *Etudier la guerre.* (L'étude sociologique du fait de la guerre est plutôt désignée par le terme de *polémologie**.) ‖ Combats que se livrent les animaux. ‖ *Fig.* Lutte quelconque : *Ils se détestent tellement que c'est la guerre ouverte entre eux.* ‖ Action entreprise pour supprimer, détruire quelque chose : *Faire la guerre au bruit.* ● *A la guerre comme à la guerre,* il faut s'accommoder aux circonstances. ‖ *Arme de guerre,* v. ARME. ‖ *C'est de bonne guerre,* se dit d'un moyen habile mais légitime, par lequel on cherche à se défendre ou à s'assurer un avantage. ‖ *Conseil supérieur de la guerre* et *conseil de guerre,* v. CONSEIL. ‖ *Crimes de guerre,* ceux qui ont été commis, pendant la Seconde Guerre mondiale, par le IIIe Reich et sanctionnés comme tels par la justice internationale. (V. NUREMBERG [*procès de*].) ‖ *De guerre lasse,* à bout de

résistance. ‖ *Etre en guerre,* être en état de lutte ouverte avec quelqu'un, ou avec un parti, ou avec un pays. ‖ *Faire la guerre à quelqu'un,* lui adresser des reproches, s'attaquer à lui : *Sa mère lui fait la guerre pour son orthographe.* ‖ *Gens de guerre,* militaires. ‖ *Guerre aérienne, maritime, terrestre,* guerre menée par des unités aériennes, maritimes, terrestres. ‖ *Guerre atomique, biologique, chimique* (ou *guerre A.B.C.*), forme de guerre où seraient employées les armes atomiques, biologiques ou chimiques. ‖ *Guerre civile,* trouble intérieur qui oppose des insurgés au gouvernement en place et qui, n'étant pas une guerre au sens international du terme, peut acquérir ce caractère par la reconnaissance de belligérance, opérée soit par le gouvernement en place, soit par un Etat tiers. (C'est en principe le droit interne qui s'applique à la guerre civile, mais certaines règles des Conventions de Genève lui sont applicables.) ‖ *Guerre classique* (ou *conventionnelle*), celle dans laquelle n'est employée aucune arme nucléaire, biologique ou chimique. ‖ *Guerre éclair* (trad. de l'allem. *Blitzkrieg*), guerre fondée sur la rapidité de l'action et l'engagement de moyens puissants (chars et avions) surclassant ceux de l'adversaire. (Ce genre de guerre, employé avec succès par le IIIe Reich en Pologne, en France, dans les Balkans et en Russie de 1939 à 1941, a totalement échoué ensuite.) ‖ *Guerre électronique,* ensemble de mesures propres à paralyser les moyens radio-électriques de l'adversaire et à protéger les siens (écoute, interception, brouillage, antibrouillage, etc.). ‖ *Guerre étrangère,* guerre d'Etat à Etat, de nation à nation. ‖ *Guerre froide,* état des relations internationales caractérisé par une politique constante d'hostilité des clans adverses sans toutefois prendre la forme d'un conflit armé. ‖ *Guerre des nerfs,* période de forte tension entre individus, nations ou coalitions adverses. ‖ *Guerre des ondes,* utilisation systématique, par des partis adverses, de la radiodiffusion et de la télévision comme moyens de propagande sur le moral des populations. ‖ *Guerre ouverte,* hostilité déclarée. ‖ *Guerre de partisans,* guerre menée, généralement sur les arrières de l'ennemi, par des volontaires, des francs-tireurs ou des unités constituées à cet effet. ‖ *Guerres privées,* guerres que les seigneurs féodaux entreprenaient les uns contre les autres (Xe-XIIIe s.), pour régler leurs conflits d'intérêts ou d'amour-propre et satisfaire leur goût de la violence. (L'Eglise et la royauté s'efforcèrent de les limiter par diverses mesures : paix et trêve de Dieu, chevalerie. Maintes fois interdites, les guerres privées ne disparurent qu'après la guerre de Cent Ans.) ‖ *Guerre psychologique,* mise en œuvre systématique de mesures et de moyens divers destinés à influencer les populations ou les armées ennemies, pour amoindrir, paralyser ou briser leur volonté de combattre. ‖ *Guerres de religion,* v. RELIGION. ‖ *Guerre révolution-*

naire, doctrine de guerre marxiste-léniniste, ayant pour objectif le contrôle d'un territoire ou d'une population déterminés, grâce à l'exploitation systématique de tout mouvement de masse social ou national résultant d'un mécontentement existant ou provoqué. ‖ *Guerre sainte,* guerre menée au nom de motifs religieux. (V. CROISADE.) ‖ *Guerre subversive,* action concertée dirigée contre les autorités d'un pays par des organisations clandestines, disposant ou non de l'appui d'une partie de la population et utilisant les procédés les plus divers à la seule condition qu'ils soient efficaces, afin d'atteindre les objectifs qu'elles se sont fixés. ‖ *Guerre totale,* forme de guerre conçue par les théoriciens allemands du pangermanisme à la fin du XIXe s., s'étendant à la totalité des activités de la nation et visant à l'anéantissement de l'adversaire. ‖ *Honneurs de la guerre,* conditions honorables qui permettent à une garnison assiégée de sortir de la place avec armes et bagages ; et, au *fig.,* avantage qui reste à quelqu'un dans une discussion ; honneurs de la victoire. ‖ *Lois de la guerre,* nom donné à l'ensemble des conventions, règles et coutumes destinées à humaniser la guerre. ‖ *Nom de guerre,* pseudonyme sous lequel un écrivain, un artiste, etc., se fait connaître du public. ‖ *Petite guerre,* guerre d'escarmouches pour sonder ou harceler l'ennemi. — Simulacre de combat entre les troupes. ‖ *S'en aller en guerre,* entrer en campagne. ◆ **guerrier, ère** adj. Relatif à la guerre : *Chant guerrier.* ‖ Qui aime la guerre : *Nation guerrière.* ‖ **— guerrier** n. m. Personne qui fait la guerre ; combattant, soldat : *Les guerriers d'une tribu. Prendre des allures de guerrier.* ◆ **guerroyer** [gɛrwaje] v. intr. (conj. **2**). Faire la guerre : *Aimer à guerroyer.*

guerre (CROIX DE), nom donné, dans plusieurs pays, depuis la Première Guerre mondiale, à des décorations commémorant les citations individuelles ou collectives (en France,

v. décorations

croix de guerre 1914-1918, croix de guerre 1939-1945, croix de guerre des théâtres d'opérations extérieurs).

guerre (ÉCOLE SUPÉRIEURE DE), école destinée à former les officiers de l'armée de terre appelés à servir dans les états-majors supérieurs. Créée à Paris en 1876 sous le nom d'*Ecole militaire supérieure,* elle reçut en 1880 son appellation actuelle et elle forma jusqu'en 1940 les officiers brevetés d'état-major. Depuis sa reconstitution en 1946, les officiers stagiaires, recrutés par concours, reçoivent après deux ans d'études un diplôme d'études militaires supérieures. La marine et l'armée de l'air disposent de la même façon de l'*Ecole supérieure de guerre navale* et de l'*Ecole supérieure de guerre aérienne.*

guerre (MÉDAILLES COMMÉMORATIVES DE), décorations créées en faveur des combattants ayant participé à une guerre.

Guerre et paix (*Voïna i Mir*), roman de Léon Tolstoï (1865-1869, éd. en 1878). Les deux guerres de la Russie contre Napoléon (1805 et 1812) forment la toile de fond du roman. En introduisant le lecteur dans les familles Bolkonski et Rostov, l'auteur veut lui donner une idée de la haute société russe. Nicolas Rostov, actif et gai, s'oppose au prince André Bolkonski, intelligent mais désabusé. L'un et l'autre meurent à la guerre. Natacha Rostov, sœur de Nicolas, regrette d'avoir dédaigné André Bolkonski et elle se rapproche de Pierre Bézoukhov, au caractère méditatif et rêveur, dans lequel l'auteur semble avoir voulu se représenter.

Guerre folle, révolte des grands féodaux (1485-1488) contre la régence d'Anne de France. Elle eut pour chefs Louis II, duc d'Orléans, le futur Louis XII, et Landois, trésorier et conseiller du duc de Bretagne. Elle s'acheva par la défaite du duc de Bretagne François II et de Louis d'Orléans à Saint-Aubin-du-Cormier (27 juill. 1488).

Guerre des mondes (LA) [*The War of the Worlds*], roman d'anticipation de H. G. Wells (1897). Armés du rayon mortel, les Martiens tuent tous les Terriens qui s'opposent à leur invasion, mais sont vaincus par les microbes terrestres.

guerre de Troie n'aura pas lieu (LA), pièce en 2 actes de J. Giraudoux (1935). Les Troyens et les Troyennes voudraient empêcher la guerre qui risque d'éclater entre Troie et la Grèce à la suite de l'enlèvement d'Hélène par Pâris. Hector, surtout, s'épuise en efforts auprès de Pâris et d'Ulysse, et, au moment où il croit avoir réussi, la guerre est provoquée par un incident dont le poète troyen Démokos est responsable. Le cours de la fatalité n'a pas pu être modifié.

médailles commémoratives de guerre

1914-1918   **1939-1945**

Larousse

Guerre mondiale (*Première*), conflit qui, de 1914 à 1918, opposa les empires centraux d'Allemagne et d'Autriche-Hongrie, auxquels se joignirent la Turquie et la Bulgarie, aux puissances de la Triple-Entente (France, Grande-Bretagne, Russie), alliées en 1914 à la Serbie, à la Belgique et au Japon, en 1915 à l'Italie, en 1916 à la Roumanie et au Portugal, en 1917 aux Etats-Unis, à la Grèce et à plusieurs Etats sud-américains.

● *L'origine du conflit.*
Les causes profondes de cette guerre furent l'antagonisme germano-slave dans les Balkans, l'expansion économique et navale de l'Allemagne, notamment dans le Proche-Orient, et la course aux armements dans une Europe partagée entre les deux blocs de la Triple-Alliance (Allemagne, Autriche-Hongrie, Italie) et de la Triple-Entente.
L'assassinat à Sarajevo, le 28 juin 1914, de l'archiduc héritier d'Autriche, François-Ferdinand, par un Serbe est l'occasion d'une ultime crise qui, par le jeu des alliances, conduit en un mois à un conflit armé entre les deux blocs antagonistes, auxquels se soustrait seulement l'Italie, qui proclame sa neutralité.

● *Les déclarations de guerre.*
1914 : 28 juillet, l'Autriche-Hongrie à la Serbie ; 1er août, l'Allemagne à la Russie ; 3 août, l'Allemagne à la France ; 4 août, la Grande-Bretagne à l'Allemagne ; 23 août, le Japon à l'Allemagne ; 3 novembre, les Alliés à la Turquie.
1915 : 20 mai, l'Italie à l'Autriche-Hongrie ; 5 octobre, la Bulgarie aux Alliés.
1916 : 9 mars, l'Allemagne au Portugal ; 28 août, la Roumanie et l'Italie à l'Allemagne.
1917 : 2 avril, les Etats-Unis à l'Allemagne.

● *1914 : échec du plan de guerre allemand (plan Schlieffen).*
Les opérations à l'Ouest. Violant la neutralité belge, l'Allemagne envahit immédiatement la Belgique (prise de Liège le 16 août) et le nord de la France, contraignant les armées françaises à une retraite générale sur l'Aisne, puis au sud de la Marne. Mais, du 6 au 13 septembre, Joffre, aidé par Gallieni, gouverneur de Paris, réussit, par la manœuvre et la victoire de la Marne, à stopper l'invasion. Après la course à la mer et la mêlée des Flandres, où se distingue Foch, qui coordonne la résistance des Belges du roi Albert, des Anglais et des Français, un front de 750 km se stabilise de la mer du Nord à Belfort. Moltke, le généralissime allemand, est remplacé le 15 septembre par Falkenhayn.
Les opérations à l'Est et sur les autres fronts. Les Russes, qui avaient pris l'offensive, sont arrêtés en Prusse-Orientale par Hindenburg à Tannenberg le 26 août, mais, en Galicie, ils s'emparent de Lvov le 3 septembre et obligent les Austro-Hongrois à se replier sur les Carpates. Là aussi, le front se stabilise en

novembre, du Niémen aux Carpates (Memel, ouest de Varsovie, Gorlice). En Serbie, les Autrichiens sont partout refoulés, et les Serbes rentrent à Belgrade en décembre, tandis que les Anglais débarquent en Mésopotamie.

● *1915 : offensive allemande à l'Est. Dispersion des efforts alliés.*
Conquête de la Pologne par les Allemands. D'avril à septembre, les Allemands, aidés au Sud par les Austro-Hongrois, portent en Galicie (Gorlice) un coup décisif aux Russes, qui doivent évacuer la Prusse-Orientale, puis la Pologne et se replier sur une ligne allant de Riga à la frontière roumaine (Tchernovtsy).
Les offensives françaises. Toutes les attaques, notamment en Champagne (févr., mars, sept.) et en Artois (mai, sept.), échouent, mais elles contribuent indirectement à éviter un effondrement des Russes. En avril, dans le secteur d'Ypres, les Allemands font usage des gaz pour la première fois.
Les opérations dans les Balkans. L'opération lancée en février et en mars par les Alliés pour forcer les Dardanelles, tendre la main aux Russes et isoler les Turcs, attaqués par les Anglais en Mésopotamie, se traduit par un échec. L'entrée en guerre de la Bulgarie entraîne l'effondrement de la Serbie, qui est conquise, et les Alliés débarquent finalement à Salonique (5 oct.), dans une Grèce neutre, mais partagée entre sympathisants alliés (Venizélos) et allemands (le roi Constantin, beau-frère de Guillaume II).
Les autres fronts. En février, les Turcs, aidés par les Allemands, menacent un moment le canal de Suez. En mai, l'entrée en guerre de l'Italie provoque l'ouverture d'un nouveau front de Trentin au Karst, tandis que, au large de l'Irlande, le paquebot anglais *Lusitania,* transportant des passagers américains, est torpillé par un sous-marin allemand (7 mai). En juillet, enfin, les Anglais occupent le Sud-Ouest africain allemand.

● *1916 : Verdun.*
Les événements politiques. Wilson est réélu comme président des Etats-Unis, et François-Joseph est remplacé après sa mort par Charles Ier d'Autriche (nov.).
La bataille de Verdun. Du 21 février au 1er août, les Allemands recherchent la décision à Verdun par l'épuisement de l'armée française, qui, au cours d'une lutte sanglante, résiste victorieusement sous le commandement des généraux Pétain et Nivelle. D'octobre à décembre, les contre-offensives de Mangin dégagent complètement la ville (reprise de Douaumont et de Vaux). Cette bataille n'empêche pas Joffre et Haig de déclencher, de juillet à octobre, une offensive sur la Somme, où les Anglais utilisent pour la première fois des chars le 15 septembre à Flers.
L'offensive russe de Broussilov. Pour soulager Verdun et permettre l'offensive des Alliés sur la Somme, les Russes de Broussilov

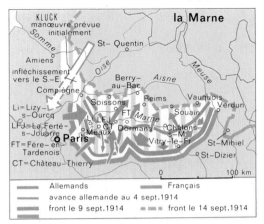

la Marne

KLUCK
manœuvre prévue
initialement

St-Quentin

Amiens

infléchissement
vers le S.-E.

Compiègne

Berry-
au-Bac

Soissons   Reims   Vauquois

Li=Lizy-
s-Ourcq

LFJ=La Ferté-
s-Jouarre

FT=Fère-en-
Tardenois

CT=Château-Thierry

Paris

Meaux

Dormans

Souain

Châlons-
s-M.

Vitry-le-Fr

St-Mihiel

St-Dizier

Verdun

FRONTS FRANÇAIS

0   100 km

Allemands   Français

avance allemande au 4 sept.1914

front le 9 sept.1914   front le 14 sept.1914

attaquent victorieusement en Galicie et en Bucovine (juin-août). Mais la Roumanie, qui a déclaré la guerre à l'Allemagne, est rapidement conquise par les Allemands (oct.-déc.).
Les autres fronts. Les Alliés occupent le Cameroun (janv.), puis les Russes attaquent en Arménie (févr.-mars), et le roi du Hedjaz Ḥusayn ibn ʿAlī, conseillé par Lawrence, soulève l'Arabie contre les Turcs. Ces derniers contraignent les Anglais à capituler à Kūt al-ʿAmāra (28 avr.) et renouvellent leurs attaques sur Suez. Sur mer, la bataille anglo-allemande du Jutland (31 mai) est indécise, mais la flotte allemande n'osera plus sortir. Dans les Balkans, enfin, l'armée serbe, reconstituée à Corfou, attaque avec les Alliés en Macédoine et s'empare de Monastir (Bitola) [19 nov.].
● *1917 : les crises en Russie et en France.*
Les événements politiques. Année de la lassitude et des crises, 1917 est marquée par l'entrée en guerre des Etats-Unis (6 avr.) à la suite, notamment, de l'offensive sous-marine allemande à outrance (870 000 tonnes de navires coulées en avril). La révolution éclate en Russie, et, en France, la crise politique et morale entraîne la formation du gouvernement Clemenceau (nov.). Enfin, les tentatives de paix du prince de Bourbon-Parme et du pape Benoît XV échouent.
La révolution russe. Le 16 mars, le tsar Nicolas II abdique, et les gouvernements de Lvov (mars), puis de Kerenski (août) cherchent à poursuivre la lutte aux côtés des Alliés. Les Allemands prennent Riga (3 oct.) et occupent la Bukovine (juill.-sept.). La prise du pouvoir par Lénine et le parti bolcheviste (nov.) provoque l'ouverture de négociations qui aboutissent à la signature de

l'armistice russo-allemand de Brest-Litovsk (15 déc.).
Les offensives françaises et britanniques. L'échec de l'offensive de Nivelle sur le Chemin des Dames (16 avr.) détermine une très grave crise dans l'armée française. Pétain, nommé généralissime, la surmonte en réorganisant l'armée et en lançant avec succès des offensives à objectifs limités très bien préparées : attaques françaises devant Verdun (août) et sur l'Ailette à la Malmaison (oct.). De leur côté, les Britanniques soutiennent une longue et coûteuse offensive dans les Flandres, à Ypres (juin-nov.), puis à Cambrai (nov.) avec utilisation massive de chars.
Les autres fronts. Les Italiens, battus à Caporetto (24 oct.), doivent se replier sur la Piave, où, avec l'aide du corps expéditionnaire franco-anglais de Foch, la situation est rétablie. Au Moyen-Orient, les Anglais s'emparent de Bagdad (11 mars) et de Jérusalem (9 déc.).
● *1918 : la victoire des Alliés.*
Effondrement de la Russie et de la Roumanie. Unité de commandement chez les Alliés. Les Allemands exploitent d'abord à fond l'effondrement de la Russie (traité de Brest-Litovsk le 3 mars) et celui de la Roumanie (traité de Bucarest le 7 mai) en recherchant la décision à l'Ouest avant l'intervention des unités américaines. Mais les Alliés, qui ont réalisé l'unité du commandement en nommant Foch commandant en chef (Doullens le 27 mars ; Beauvais le 3 avril ; Abbeville le 2 mai), reprennent l'initiative sur tous les fronts et enlèvent la décision.
La victoire à l'Ouest. Les Allemands déclenchent une série de violentes offensives en Picardie (21 mars), dans les Flandres

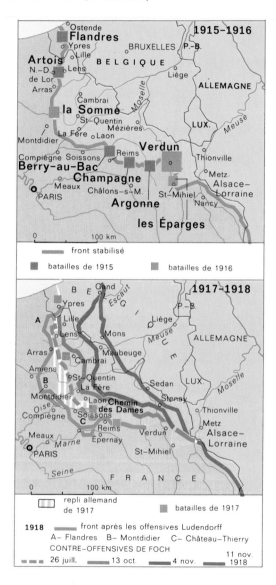

1915–1916

Ostende
Flandres
Ypres   BRUXELLES   P.-B.
Artois   Lille
N.-D.   Lens   B E L G I Q U E
de Lor.   Liège   ALLEMAGNE
Arras
Cambrai
la Somme
St-Quentin   Mézières   LUX.   Meuse
La Fère Laon   Moselle
Montdidier
Verdun
Compiègne Soissons Reims   Thionville
Berry-au-Bac
Champagne   Metz
Meaux Châlons-s-M.   St-Mihiel   Alsace-
PARIS   Lorraine
Argonne   Nancy
les Éparges

0   100 km

⎯⎯⎯ front stabilisé
■ batailles de 1915   ■ batailles de 1916

1917–1918

B E   Gand   Escaut
G
Ypres   I   P.-B.
A   Lille   Liège
Lens   Mons   Meuse   ALLEMAGNE
Arras   Maubeuge   C
Amiens Cambrai   e   m
B   St-Quentin   Sedan   Moselle
Montdidier La Fère   Stenay
Oise Laon Chemin
Compiègne   Soissons des Dames   Thionville
C   Reims   Verdun   Metz
Meaux   Epernay   Alsace-
PARIS Marne St-Mihiel   Lorraine
Seine   F R A N C E

0   100 km

▨ repli allemand   ■ batailles de 1917
   de 1917

1918 ⎯⎯⎯ front après les offensives Ludendorff
A– Flandres B– Montdidier C– Château-Thierry
CONTRE-OFFENSIVES DE FOCH
                                    11 nov.
▰▰▰ 26 juill. ⎯⎯ 13 oct. ⎯⎯ 4 nov. 1918

OFFENSIVES

Alliés	Empires centraux	
		1914
		1915
		1916
		1917
		1918

FRONTS

nov. 1914
déc. 1915
1916
1917

PAYS-BAS

ALLEMAGNE

Berlin

OFFENSIVES ALLEMANDES 1915

Tannenberg

Prague

POLOGNE
Łódź
Gorlice

Vienne

AUTRICHE-

GALICIE
Lwów

Budapest

OFFENSIVE FALKENHAYN
sept. 1916

HONGRIE

Belgrade

MONTÉNÉGRO

ALBANIE SERBIE

Salonique

GRÈCE

SALONIQUE
oct. 1915

Sofia

BULGARIE

Constantinople

DARDANELLES
avr. 1915-janv. 1916

Riga

Brest-Litovsk

R U S S I E

Pinsk

OFFENSIVE BROUSSILOV
juin-août 1916

Czernovitz

Siret

Iaşi

ROUMANIE

Bucarest

MACKENSEN

DATES D'ENTRÉE EN GUERRE
BULGARIE
5 oct. 1915
ROUMANIE
28 août 1916
GRÈCE
30 juin 1917

FRONTS D'EUROPE ET DU MOYEN-ORIENT

Trébizonde (avr. 1916)

E M P I R E

Erzurum (fév. 1916)

Tigre

Chypre (G.-B.)

Alep (25 oct. 1918)

Mossoul (4 nov. 1918)

O T T O M A N

Beyrouth

Euphrate

Damas (1er oct. 1918)

Le Caire

Gaza

Jérusalem

Bagdadieh

Bagdad

ÉGYPTE

Suez

offensive Allenby (oct.-déc. 1917)

Raids germano-turcs sur le canal de Suez
févr. 1915
août 1916

N

0   500 km

(avr.), sur la Marne (27 mai), puis sur le Matz (9 juin) et en Champagne (15 juill.), où leur attaque marque le point culminant de leur avance. Foch lance à son tour une série de contre-offensives au sud de Soissons (18 juill.), en Picardie (août), puis de la Meuse à la mer (sept.), obligeant les Allemands à battre en retraite sur Gand, Cambrai et Sedan. Le 4 novembre, Hindenburg décide la retraite générale sur le Rhin, et l'armistice, demandé le 7, est signé à Rethondes le 11, après que Guillaume II eut abdiqué le 9.

La victoire dans les Balkans. Le 15 septembre, Franchet d'Esperey prend l'offensive en Macédoine, contraint la Bulgarie à demander l'armistice (29 sept.), entre à Sofia (8 oct.) et à Belgrade (1er nov.), pénètre en Hongrie et menace l'Autriche et la Turquie. L'Autriche-Hongrie se disloque : Hongrois, Tchèques et Yougoslaves proclament leur indépendance, tandis que l'Autriche, après l'abdication de l'empereur Charles Ier (13 nov.), proclame la république et son rattachement à l'Allemagne.

Les succès sur les autres fronts. Les Italiens remportent la victoire de Vittorio Veneto (24 oct.) et contraignent l'Autriche à signer l'armistice de Padoue (3 nov.). En Palestine, les Anglais prennent l'offensive en septembre, s'emparent de Beyrouth, de Damas et d'Alep (25 oct.) pour, finalement, obliger les Turcs à signer l'armistice de Moudros (30 oct.). En Afrique orientale, enfin, les Allemands déposent les armes (13 nov.).

Les traités de paix. L'attitude des Etats-Unis, la mésentente entre les puissances alliées et les révolutions d'Europe centrale retardent et compliquent les négociations de paix, qui sont longues et aboutissent aux traités suivants : traité de Versailles avec l'Allemagne (28 juin 1919) ; traité de Saint-Germain-en-Laye avec l'Autriche (10 sept. 1919) ; traité de Neuilly avec la Bulgarie (27 nov. 1919) ; traité de Trianon avec la Hongrie (14 juin 1920) ; traité de Sèvres avec la Turquie (10 août 1920) ; traité italo-yougoslave de Rapallo (12 nov. 1920). Les problèmes posés en Europe orientale par le conflit de l'U.R.S.S. avec la Pologne et par l'effondrement de l'Empire ottoman ne seront réglés qu'en 1921 (traité de Riga) et en 1923 (traité de Lausanne) après les guerres polono-soviétique (1920) et gréco-turque (1921-1922).

● *Pertes humaines civiles et militaires. Total général :* environ 8 700 000 morts. France : 1 390 000 ; Allemagne : 1 950 000 ; Autriche-Hongrie : environ 1 million ; Belgique : 44 000 ; Bulgarie : 100 000 ; Canada : 62 000 ; Etats-Unis : 120 000 ; Grande-Bretagne : 780 000 ; Italie : 500 000 ; Roumanie : environ 600 000 ; Russie : environ 1 700 000 ; Serbie : 400 000 ; Turquie : 400 000.

Guerre mondiale (*Seconde*), conflit qui, de 1939 à 1945, opposa les puissances démocratiques alliées (Pologne, Grande-Bretagne et ses alliés du Commonwealth, France, Danemark, Norvège, Pays-Bas, Belgique, Roumanie, Yougoslavie, Grèce, puis U.R.S.S., Etats-Unis, Chine, la plupart des pays d'Amérique latine et Turquie), aux puissances totalitaires de l'Axe (Allemagne, Italie, Japon et leurs satellites [Hongrie, Bulgarie, etc.]).

● *L'origine du conflit.*
Elle réside essentiellement dans la volonté de Hitler d'affranchir le IIIe Reich des conséquences du « Diktat » de Versailles et de recourir, le cas échéant, à la guerre pour réaliser ses plans de domination européenne. Après avoir réoccupé la rive gauche du Rhin (1936), il annexe l'Autriche et une partie de la Tchécoslovaquie (1938). La faiblesse de la France et de la Grande-Bretagne, qui reconnaissent le fait accompli à Munich (1938), l'encourage à poursuivre cette politique de force. Il s'empare du reste de la Tchécoslovaquie (mars 1939), s'assure de l'appui italien (mai 1939) et obtient la neutralité amicale de l'U.R.S.S. (23 août 1939), avant de s'attaquer à la Pologne. C'est ainsi que l'« affaire de Dantzig » devient l'occasion du déclenchement de la Seconde Guerre mondiale, qui, dans sa phase initiale, européenne, fut entièrement dirigée par l'Allemagne avant de s'étendre au monde entier.

● *Le déclenchement de la guerre.*
23 août, pacte d'amitié germano-soviétique ; 24 août, garantie inconditionnelle de la Grande-Bretagne à la Pologne ; 1er septembre, proclamation de la non-belligérance italienne et invasion, sans déclaration de guerre, de la Pologne par l'Allemagne ; 3 septembre, la Grande-Bretagne, la France, l'Australie et la Nouvelle-Zélande déclarent la guerre à l'Allemagne ; 5 septembre, proclamation de la neutralité des Etats-Unis ; 10 septembre, le Canada, suivi des autres dominions, déclare guerre à l'Allemagne.

● *1939.*
Pologne. En dépit d'une démonstration française en Sarre (sept. et oct.), la première campagne de la guerre éclair déclenchée par l'Allemagne, avec ses blindés et son aviation, aboutit en moins d'un mois à l'anéantissement de l'armée polonaise. La Pologne, dans laquelle les troupes soviétiques sont entrées à leur tour dès le 17 septembre, est partagée entre l'U.R.S.S. et l'Allemagne le 28 septembre.

Finlande. En novembre, la Finlande, qui a refusé de céder aux exigences de l'U.R.S.S., est attaquée par cette dernière. Après une résistance souvent victorieuse et observée avec sympathie par les Alliés, elle doit finalement accepter les conditions de paix des Soviets (mars 1940).

Extrême-Orient. La guerre qui dure depuis 1937 entre la Chine et le Japon se poursuit à l'avantage de ce dernier, qui contrôle les côtes de Chine et l'île de Hai-nan.

LA GUERRE EN EUROPE
1939-1942

● 1940.

La guerre éclair en France. Après avoir
transporté ses forces de l'Est à l'Ouest,
l'Allemagne envahit le Danemark (avr.), puis
la Norvège (avr.-mai), malgré une intervention franco-anglaise à Namsos et à Narvik.
Le 10 mai, la Wehrmacht prend l'offensive
dans les Pays-Bas et la Belgique, perce le
front français à Sedan (12-14 mai), contraint
les armées hollandaise et belge à capituler
(15 et 28 mai), atteint la Manche et procède à
l'encerclement de Dunkerque (28 mai-4 juin).
Les fronts hâtivement établis sur la Somme
et l'Aisne par Weygand, successeur de
Gamelin, sont à leur tour enfoncés (5-
10 juin). Le 11 juin, l'Italie déclare la guerre à
la France, et, le 14, les Allemands sont à
Paris. Pétain, successeur de P. Reynaud,
demande un armistice (17 juin), qui est signé le
22 juin à Rethondes avec les Allemands et le
24 juin à Rome avec les Italiens. Après avoir
lancé un appel de Londres pour la continua-
tion de la guerre (18 juin), de Gaulle rallie au
mouvement de la France libre l'Afrique-
Equatoriale française et les colonies françaises du Pacifique et de l'Inde.
La bataille d'Angleterre. La Grande-Bretagne, avec Churchill à sa tête depuis le
10 mai, reste seule face à l'Allemagne. Après
avoir attaqué la flotte française à Mers
el-Kébir et à Dakar (3 et 7 juill.), elle se
retranche dans son île et résiste victorieusement, au cours de la bataille d'Angleterre
(août-oct.), aux offensives aériennes allemandes (plus de 1 700 avions allemands
abattus contre moins de 1 000 avions anglais).
Le pacte tripartite. En octobre, l'Allemagne
ne peut obtenir, de Franco à Hendaye et de
Pétain à Montoire, ni le libre passage à
travers l'Espagne pour attaquer Gibraltar ni
l'alliance de la France vaincue. Mais, le
27 septembre, elle signe avec l'Italie et le
Japon le pacte tripartite, auquel la Hongrie
adhère en novembre. D'un autre côté, l'occupation de la Roumanie par la Wehrmacht
(oct.), qui succède à celle des pays baltes,
de la Bessarabie et de la Bucovine par
l'U. R. S. S. (juin), altère le climat amical
entre Berlin et Moscou.
La guerre en Afrique et en Extrême-Orient.
L'Italie, qui a réussi à évincer les Britanniques des Somalies (août), échoue dans ses
offensives contre Suez et contre la Grèce,
qu'elle a attaquée le 28 octobre. Elle ne peut
empêcher les Anglais d'occuper la Crète, et
sa flotte essuie une grave défaite à Tarente

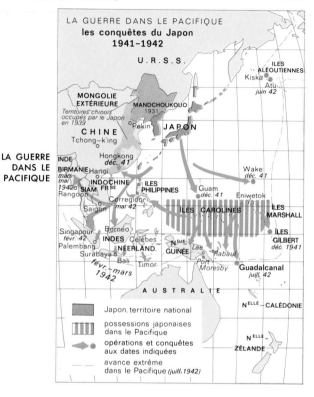

LA GUERRE DANS LE PACIFIQUE
les conquêtes du Japon
1941-1942

U.R.S.S.

ÎLES ALÉOUTIENNES
Kiska
Atu juin 42

MONGOLIE EXTÉRIEURE
Territoires chinois occupés par le Japon en 1939
MANDCHOUKOUO 1931
Pékin
JAPON

CHINE
Tchong-k'ing

LA GUERRE DANS LE PACIFIQUE

INDE
Hongkong déc. 41
Wake déc. 41

BIRMANIE
mars mai 1942
Hanoi
INDOCHINE FR^SE
SIAM
Rangoon
Corregidor mai 42
Saigon
ÎLES PHILIPPINES
Guam déc. 41
Eniwetok

ÎLES CAROLINES

ÎLES MARSHALL

Singapour févr. 42
Borneo
Palembang
INDES NÉERLAND.
Surabaya
Bali
Célèbes
Timor
N^ELLE GUINÉE
Lae
Port Moresby
Rabaul
Guadalcanal juill. 42

ÎLES GILBERT déc. 1941

févr.-mars 1942

AUSTRALIE

N^ELLE-CALÉDONIE

Japon, territoire national

possessions japonaises dans le Pacifique

opérations et conquêtes aux dates indiquées

avance extrême dans le Pacifique (juill. 1942)

N^ELLE ZÉLANDE

(11 nov.). En Extrême-Orient, enfin, les Japonais adressent des ultimatums à l'Indochine et occupent partiellement le Tonkin (juin-août).

● *1941.*

Balkans, Libye et Syrie. Avant d'attaquer l'U.R.S.S., Hitler veut éliminer ses adversaires des Balkans et reprendre l'initiative perdue par l'Italie en Méditerranée. La Wehrmacht occupe pacifiquement la Bulgarie (mars), puis s'empare de la Yougoslavie (6-18 avr.) et de la Grèce (mai). En mars, la défaite de la flotte italienne au cap Matapan n'empêche pas l'Afrikakorps de Rommel d'intervenir en Libye et de repousser les Britanniques jusqu'à la frontière égyptienne, d'où, cependant, ces derniers contre-attaquent en novembre en même temps qu'ils battent les Italiens en Ethiopie. Au Moyen-

Orient, la signature d'un traité d'assistance germano-turc (18 juin) et l'intervention allemande en Iraq amènent les Anglais, aidés par les Français libres, à s'emparer de la Syrie et du Liban, défendus par les troupes fidèles à Pétain (8 juin-14 juill.).

L'offensive de la Wehrmacht en U.R.S.S. Le 22 juin, avec un mois de retard en raison des opérations dans les Balkans, l'offensive allemande se déclenche contre l'U.R.S.S. La Russie blanche, l'Ukraine et les pays baltes sont conquis, et, le 17 décembre, les chars allemands ne sont plus qu'à 70 km de Moscou. Mais la bataille pour Moscou se solde par un échec, et, pour la première fois, un front se consolide devant la Wehrmacht, dont Hitler prend le commandement direct (19 déc.).

L'entrée en guerre des Etats-Unis. Depuis le

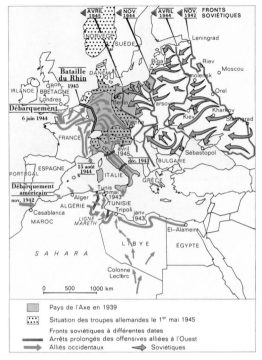

LA GUERRE EN EUROPE
1942-1945

Pays de l'Axe en 1939

Situation des troupes allemandes le 1er mai 1945

Fronts soviétiques à différentes dates

Arrêts prolongés des offensives alliées à l'Ouest

Alliés occidentaux   Soviétiques

début de l'année, le rapprochement anglo-américain s'est poursuivi par étapes (loi prêt-bail [mars], charte de l'Atlantique [août], deuxième entrevue Roosevelt-Churchill à Ottawa [novembre]) jusqu'à ce que l'attaque japonaise contre la flotte américaine à Pearl Harbor (7 déc.) pousse les Etats-Unis (8 déc.) à entrer dans la guerre contre l'Allemagne, l'Italie et le Japon.

Le conflit est désormais mondial, notamment en Extrême-Orient, où l'Indochine française, qui a repoussé en janvier une attaque du Siam, doit accepter une occupation japonaise, étendue à la Cochinchine en juillet.

● *1942.*
La poussée japonaise dans le Pacifique. En Extrême-Orient, les Japonais s'emparent des Philippines et de la Malaisie (janv.), de Singapour (5 févr.), de Rangoon (7 mars), de l'Indochine (mars-avr.), de la Birmanie (mars-mai), des Aléoutiennes (juin), de Guadalcanal (juill.). Cependant, les Américains leur infligent dans la mer de Corail (mai) et aux Midway (juin) deux défaites, écartant ainsi la

menace contre l'Australie, et, à partir du mois d'août, ils contre-attaquent avec succès à Guadalcanal.

La poursuite de l'offensive de la Wehrmacht en U. R. S. S. La Wehrmacht, qui a repris son offensive, conquiert la Crimée (mai) et le bassin du Donets, puis progresse en direction de la boucle du Don, atteint le Caucase, au mont Elbrous (août), mais est bloquée devant Stalingrad (sept.).

Le problème du deuxième front. Dans l'Atlantique, Anglais et Américains doivent faire face jusqu'en juin à une puissante offensive des sous-marins allemands (6,5 millions de tonnes de navires alliés coulées), qui retarde l'ouverture du deuxième front en Europe, jugé prioritaire en dépit de l'offensive japonaise et pour lequel Eisenhower est désigné comme commandant en chef (août).

Les opérations en Afrique. En attendant l'ouverture d'un deuxième front, les Britanniques doivent poursuivre seuls leurs opérations en Afrique : ils occupent Diégo-Suarez (mai), Madagascar (sept.) et, en Libye, Mont-

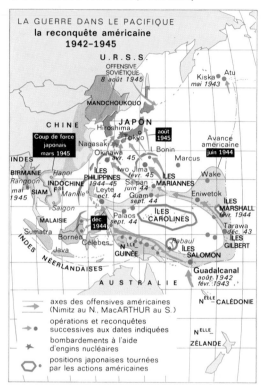

LA GUERRE DANS LE PACIFIQUE

la reconquête américaine
1942-1945

gomery réussit à bloquer l'offensive allemande sur l'Egypte (janv.-juill.) à El-Alamein
(juill.).
*Le débarquement allié en Afrique du Nord et
ses conséquences en France.* Le 8 novembre,
les Alliés débarquent au Maroc et en Algérie,
mais négligent Tunis, où les Allemands
tiennent une tête de pont. Après un combat
« pour l'honneur » et des armistices signés le
10 à Alger et le 11 à Rabat, les troupes
françaises reprennent le combat aux côtés
des Alliés contre les Allemands en Tunisie
(nov.). Le 11 novembre, les Allemands,
violant l'armistice, envahissent la zone libre,
tandis que les Italiens occupent Nice et la
Corse. La flotte française se saborde à
Toulon (27 nov.). Le 26 décembre, Giraud
remplace Darlan, assassiné à Alger le 24.
● *1943.*
Les conférences interalliées. La capitulation

sans condition des puissances de l'Axe est
décidée à Casablanca (janv.). Les plans de
débarquement et leur coordination avec les
offensives soviétiques, ainsi que les problèmes d'après guerre font l'objet de nombreuses réunions entre Alliés à Washington
(mai), à Québec (août), à Moscou (oct.), au
Caire (nov.) et à Téhéran (nov.-déc.). Pendant ce temps, l'aviation de bombardement
anglo-américaine entame la destruction systématique du potentiel industriel allemand.
La France en guerre. En France, où la Milice
(janv.) et le Service du travail obligatoire
pour les Allemands (févr.) ont été instaurés,
la Résistance s'organise et le Conseil national
de la Résistance est créé (15 mai). A Alger,
de Gaulle instaure le Comité français de libération nationale (juin) et réunit une Assemblée consultative (nov.).
Stalingrad et les premiers succès soviétiques.

La victoire de Stalingrad (2 févr.) permet aux Soviets de passer à la contre-offensive. Rostov (févr.), Orel et Kharkov (août), le Dniepr (sept.-oct.) sont atteints. Koursk et Kiev sont libérés (nov.), mais la résistance allemande à Krivoï-Rog en Ukraine fait échouer en novembre le projet soviétique d'encerclement des armées allemandes du Sud.

Les offensives des Alliés en Afrique et en Italie. En Afrique, Montgomery, après s'être emparé de Tripoli, où les Français de Leclerc sont venus le rejoindre, atteint la Tunisie (févr.). Sa jonction avec les forces alliées attaquant d'Algérie entraîne la libération de Tunis (7 mai) et la capitulation des forces germano-italiennes d'Afrique au cap Bon (12 mai). Débarquant presque aussitôt en Sicile (juill.), puis en Calabre (sept.), les Alliés provoquent la capitulation de l'Italie (8 sept.), où les Allemands se retranchent avec succès derrière la ligne Gustave pour couvrir Rome.

Le recul des Japonais en Extrême-Orient. En Extrême-Orient, enfin, les Anglais et les Américains créent un front en Birmanie pour soutenir les Chinois et, par une série d'opérations limitées, partent à l'assaut des îles Salomon, après avoir repris Guadalcanal (févr.), et débarquent aux Aléoutiennes (mai), aux îles Gilbert (nov.) et en Nouvelle-Guinée (juin-sept.), où ils appuient l'action des Australiens.

● *1944.*
La poursuite de l'offensive alliée en Italie. En Italie, après le débarquement d'Anzio (janv.) et une longue lutte pour Cassino (janv.-mai), la ligne Gustav est rompue, et les Alliés entrent à Rome (4 juin), à Sienne et à Florence. La ligne Gothique, atteinte en août, est dépassée en octobre, et le front se stabilise sur la ligne Pise-Ravenne.

La France en guerre. Après avoir reconnu la souveraineté du Liban et de la Syrie (3 janv.), de Gaulle définit à Brazzaville (30 janv.) les principes de l'émancipation des colonies françaises. En France, la Résistance multiplie ses actions, notamment aux Glières et dans le Vercors (mars-avr.), et, à Alger, le Comité français de libération nationale se proclame gouvernement provisoire (3 juin). Parallèlement, les Allemands accentuent leur répression (déportation) et se livrent au massacre d'Oradour-sur-Glane (10 juin).

Les débarquements alliés en France. Le 6 juin, les Alliés débarquent en Normandie, créent une solide tête de pont (9 juin), rompant le front allemand à Avranches (1er août). Exploitant aussitôt cette percée, ils laissent à la 2e D. B. de Leclerc et aux F. F. I. insurgés dans la capitale l'honneur de libérer Paris (25 août) et atteignent bientôt la ligne Rouen-Compiègne-Reims-Saint-Dizier. Le 15 août, un deuxième débarquement avait lieu en Provence, et, remontant la vallée du Rhône, les troupes américaines et celles de De Lattre faisaient leur jonction avec les forces de Normandie près de Châtillon-sur-Seine (12 sept.). Les dernières Allemands emmenaient Pétain et Laval à Belfort, puis à Sigmaringen. En octobre, les Alliés bordent la frontière allemande de la Belgique et du Luxembourg. En novembre, Metz, Strasbourg et Mulhouse sont libérés, mais, le 16 décembre, l'offensive de Rundstedt dans les Ardennes menace le front allié, et de Gaulle, qui avait été à Moscou signer le pacte franco-soviétique (10 déc.), doit intervenir pour sauver Strasbourg.

Les offensives soviétiques. Les Soviets, après avoir dégagé Leningrad (janv.), débouchent de leurs têtes de pont du Dniepr (mars), pendant que Hitler met la main sur la Hongrie (19 mars). L'armée rouge franchit ensuite le Boug et le Dniepr, pénètre en Roumanie, puis en Galicie et menace Lvov (avr.). En juillet, marqué en Allemagne par l'échec d'un coup d'État contre Hitler (20 juill.), l'offensive générale reprend en Finlande, dans les pays baltes, en Russie blanche, en Galicie et en Pologne, où les insurgés se rendent maîtres de Varsovie (août) et où Staline substitue l'autorité du comité de Lublin à celle du gouvernement réfugié à Londres. Au sud du front, les Russes conquièrent la Roumanie et la Bulgarie (sept.), qui, après avoir signé un armistice (11 et 12 sept.), rallient le camp allié. Les Soviétiques rejoignent les partisans de Tito à Belgrade (20 oct.). La Wehrmacht doit évacuer les Balkans, et les Britanniques débarquent en Grèce, où ils doivent maintenir l'ordre (oct.-déc.). En Hongrie, à son tour envahie (oct.), les Allemands résistent victorieusement à Budapest (nov.-déc.) pour couvrir Vienne.

Les offensives des Alliés en Extrême-Orient. Dans le Pacifique, les Américains remontent vers l'ouest la côte nord de la Nouvelle-Guinée et y coupent la retraite aux Japonais (janv.-juin). Les Marshall (janv.), les Carolines (févr.), Wake (mai), les Mariannes (juill.) sont reconquises, et, le 20 octobre, l'attaque des Philippines débute par la dure bataille de Leyte (oct.-déc.). En Asie, les Américains rejoignent les Chinois dans le nord de la Birmanie (août), et les Britanniques, après avoir repoussé une offensive japonaise sur Imphāl (avr.), attaquent sur la frontière indo-birmane, obligeant les Japonais à occuper la Chine du Sud pour rétablir par le Tonkin leurs liaisons avec la Birmanie.

● *1945.*
Les conférences interalliées. Les grandes rencontres entre les vainqueurs américains, anglais et soviétiques à Yalta (févr.) et à Potsdam (juill.-août), où Attlee remplace Churchill et Truman Roosevelt (mort en avril), sont consacrées à l'organisation du monde de l'après-guerre et notamment de l'Allemagne. La conférence de San Francisco

crée l'Organisation des Nations unies, dont la charte est promulguée en juin.

La victoire des Alliés en Europe. Sur le front russe, les Soviets pénètrent en janvier en Prusse-Orientale, s'emparent de Varsovie (17 janv.), conquièrent la Pologne et atteignent la Silésie. Budapest tombe (13 févr.), puis Dresde, Vienne (13 avr.) et enfin Berlin (2 mai) où Hitler s'est suicidé (30 avr.). Sur le front ouest, les Alliés franchissent le Rhin (mars), encerclent la Ruhr (2 avr.), pénètrent en Saxe et en Bavière, prennent Leipzig (14 avr.) et ne s'arrêtent en Bohême, à 90 km de Prague (18 avr.), que sur ordre. Les forces soviétiques et alliées font leur jonction à Torgau (25 avr.) et à Wismar (3 mai). Le 7 mai à Reims et le 8 mai à Berlin, la Wehrmacht capitule sans condition. Sur le front italien, l'offensive générale déclenchée en avril permettait d'atteindre Gênes, Venise, Milan, Turin et d'obtenir la capitulation des troupes allemandes d'Italie et d'Autriche à Caserte (29 avr.).

La victoire des Alliés en Extrême-Orient. De janvier à mai, les Américains achèvent la conquête des Philippines et portent la guerre dans les îles d'Iwo Jima (févr.) et d'Okinawa (avr.-juin). En mars, les Japonais mettent la main sur toutes les garnisons françaises d'Indochine, mais ils perdent la Birmanie, où les Anglais occupent Rangoon (3 mai), tandis que les Australiens débarquent à Bornéo (mai-juill.). Les 6 et 9 août, les attaques par bombe atomique de Hiroshima et de Nagasaki entraînent la capitulation immédiate du Japon (15 août), à qui l'U. R. S. S. avait déclaré la guerre (8 août), envahissant la Mandchourie, avant de signer le traité d'alliance sino-soviétique (14 août). Le 2 septembre, en rade de Tōkyō, sur le cuirassé *Missouri*, l'acte solennel de reddition du Japon était signé.

Traités de paix.
Les conférences internationales réunies à Paris au lendemain de la guerre aboutirent, le 10 février, à la signature des traités de Paris entre les Nations unies, l'Italie, la Roumanie, la Bulgarie, la Hongrie et la Finlande. Aucun traité ne vint régler le sort de l'Allemagne, qui demeure régie par les décisions prises à son égard par la conférence de Potsdam (1945), à laquelle la France n'avait pas participé. En 1951, la situation du Japon était réglée par les Nations unies (moins l'U. R. S. S.) au traité de San Francisco. En 1955 enfin, un traité d'Etat rétablissait la situation internationale de l'Autriche.

● *Pertes humaines civiles et militaires.*
Total général : environ 40 millions de morts, dont 6 millions de déportés raciaux et 4 à 5 millions de déportés politiques en Allemagne. France : 535 000 (soit 205 000 militaires et 330 000 civils [dont 182 000 déportés]); Allemagne : 5 millions (?) [dont 3 900 000 (?) militaires] ; Autriche :

380 000 (?) ; Belgique : 88 000 ; Bulgarie : 20 000 ; Canada : 41 000 ; Chine : 1 300 000 militaires (sur 15 millions de mobilisés); Etats-Unis : 400 000 ; Finlande : 90 000 ; Grèce : 600 000 ; Grande-Bretagne (et colonies) : 421 000 ; Hongrie : 430 000 ; Italie : 450 000 ; Japon : 1 800 000 (?) ; Nouvelle-Zélande ; 12 000 ; Pays-Bas : env. 210 000 ; Pologne : env. 6 000 000 (?) ; Roumanie : env. 460 000 ; Tchécoslovaquie : 415 000 ; Union sud-africaine : 8 500 ; U. R. S. S. : env. 20 millions ; Yougoslavie : env. 1 600 000.

Guerrero (Francisco), compositeur espagnol (Séville 1528 - *id.* 1599). Il écrivit de la musique profane dans sa jeunesse, mais il est surtout l'auteur de messes, motets, psaumes, vêpres.

Guerrero (Manuel Amador), homme politique panaméen (Carthagène, Colombie, 1833 - † 1909), président de la république de Panamá (1904-1908).

Guerrero (María), actrice espagnole (Madrid 1868 - *id.* 1928). Elle prit la direction du « Teatro español » pour y faire jouer les vieux chefs-d'œuvre espagnols. En 1896, elle épousa un grand d'Espagne, qui se fit acteur sous le nom de « Díaz de Mendoza ». En 1922, ils firent construire à Buenos Aires le théâtre Cervantes.

guerrier → GUERRE.

Guerrini (Olindo), poète italien (Forlì 1845 - Bologne 1916). Poète réaliste, influencé par Baudelaire, il est considéré comme le chef de l'école poétique « vériste ».

Guerrita (Rafael GUERRA BEJARANO, dit), matador espagnol (Cordoue 1862 - *id.* 1941).

guerroyer → GUERRE.

Guerry (André Michel), statisticien français (Tours 1802 - Paris 1866). Il inventa l'*ordonnateur statistique,* destiné à abréger les calculs.

Guerville, ch.-l. de c. des Yvelines (arr. et à 5 km au S. de Mantes-la-Jolie) ; 1 644 h.

Guéry (LAC DE), lac d'Auvergne (Puy-de-Dôme), à 9 km du Mont-Dore.

Guesclin (Bertrand DU), homme de guerre français (La Motte-Broons, près de Dinan, 1315 ou 1320 - Châteauneuf-de-Randon 1380). Il combattit pour Charles de Blois jusque vers 1350. Armé chevalier en 1357, il passa au service du roi de France. Il vainquit à Cocherel (1364) les armées de Charles le Mauvais. Nommé capitaine général du duché de Normandie, il reçut le comté de Longueville. Il fut fait prisonnier au cours de la bataille d'Auray (1364). Après avoir payé sa rançon, le roi de France Charles V le chargea de débarrasser le royaume des Grandes Compagnies*. Il les conduisit en Espagne, au service d'Henri de Trastamare. Vaincu et fait prisonnier à Nájera (1367), délivré par rançon, il remporta la victoire de Montiel, qui assura le trône à Henri (1369).

Nommé connétable en 1370, il entreprit de débarrasser la France des Anglais et mena contre eux une guerre de harcèlement en les poursuivant en Bretagne, en Ile-de-France, en Guyenne. Il mourut devant Châteauneuf-de-Randon. Le roi le fit enterrer à Saint-Denis (gisant par Thomas Privé et Robert Loisel, 1397). Sa popularité témoigne d'une des premières manifestations du sentiment patriotique en France.

Guesde (Jules BAZILE, dit **Jules**), homme politique français (Paris 1845 - Saint-Mandé 1922). Journaliste d'opposition, il fonda en 1870 *les Droits de l'homme* et, ayant accusé le gouvernement impérial d'avoir voulu la guerre, fut condamné à la prison. Libéré après Sedan, il fit l'apologie de la Commune. Condamné, il s'enfuit en Suisse. Il y créa un journal, *le Réveil international*, et la Section de propagande et d'action révolutionnaire socialiste. En 1879, il publia, en France, *Collectivisme et révolution*, et, au congrès ouvrier de Marseille, introduisit des thèses marxistes dans le parti ouvrier socialiste français. Député de Roubaix (1893-1898), puis de Lille (1906-1922), il se sépara de Jaurès et fit triompher ses idées au congrès de l'Internationale à Amsterdam (1904). La fondation du parti socialiste unifié (1905) concrétisa cette victoire. En 1914, il se rallia à l'Union sacrée et fut ministre d'Etat d'août 1914 à déc. 1916.

guesdisme n. m. Orientation à la fois patriotique et marxiste donnée au socialisme par Jules Guesde.

Guesnain, comm. du Nord (arr. et à 7 km au S.-E. de Douai) ; 5 077 h. (*Guesninois*).

Guest (Ivor), historien et critique de la danse britannique (Chislehurst, Kent, 1920). Collaborateur au *London Dancing Times* (depuis 1963), il participa à l'élaboration de l'importante *Encyclopedia dello spettacolo*. Spécialiste du ballet du XIXᵉ s., il a publié entre autres : *The Ballet of the Second Empire 1858-1870* (1953), *The Romantic Ballet in England* (1954), *The Ballet of the Second Empire 1847-1858* (1955), *The Romantic Ballet in Paris* (1966), *Fanny Elssler* (1970).

gisant de **Du Guesclin**
basilique de **Saint-Denis**

Giraudon

Richard

Jules Guesde

guet → GUETTER.

guet-apens [gɛtapɑ̃ au sing. et au plur.] n. m. (de l'anc. franç. *guet apensé*, guet prémédité ; de *guet*, et *apenser*, préméditer). Embûche préparée contre quelqu'un pour l'assassiner, lui faire subir des violences ou pour lui nuire gravement. — Pl. *des* GUETS-APENS.

Guéthary, comm. des Pyrénées-Atlantiques (arr. de Bayonne), à 8,5 km au S. de Biarritz ; 1 042 h. Importante station balnéaire.

guêtre n. f. (probablem. du francique *wrist, cou-de-pied). Pièce du vêtement qui couvre le bas de la jambe et le dessus de la chaussure. ‖ Pièce de toile ou de cuir pour maintenir provisoirement l'enveloppe d'un pneu détérioré. (Syn. EMPLÂTRE.) ● *Traîner ses guêtres* (Fam.), flâner, errer oisivement. ◆ **guêtrer** v. tr. Mettre des guêtres.

Guettara, (DJEBEL), massif du Sahara algérien (dép. de la Saoura). Manganèse.

Guettard (Jean Etienne), naturaliste français (Etampes 1715 - Paris 1786), auteur de travaux sur la chaîne des Puys, l'érosion des sols, les fossiles, le kaolin, etc. (Acad. des sc., 1743.)

1. guette ou **guète** → GUETTER.

2. guette ou **guète** n. f. (peut-être de *guêtre*). Solive inclinée servant à consolider l'ensemble d'un pan de bois. ‖ Demi-croix de Saint-André, posée en contre-fiche dans les pans d'une charpente.

guetter v. tr. (du francique *wahton). Epier pour surprendre : *Le chat guette la souris.* ‖ Attendre quelqu'un au passage : *Je guette le facteur.* ‖ Attendre avec impatience : *Guetter le moment favorable.* ◆ **guet** [gɛ] n. m. Action d'épier, d'observer : *Préposé au guet.* ‖ Surveillance de nuit que l'on établissait dans une place de guerre. (Le guet, créé au VIIᵉ s. et organisé par Charlemagne, fut appelé *guet royal* par Saint Louis et placé sous les ordres du *chevalier du guet.* Sur le littoral, le *service du guet* devint, au xviiie s., celui des *gardes-côtes*.) ‖ Patrouille ou sentinelle chargée de faire le guet. ‖ Autref., surveillance de nuit dans les villes. ● *Guet aérien*, service chargé de détecter les avions volant bas, difficilement repérables par radar. ◆ **guette** ou **guète** n. f. Au Moyen Age, une des principales tours d'un château, celle où se tenaient les guetteurs. ‖ Trompette ou clairon dont on sonnait pour donner l'alarme de nuit, ou pour assembler les gens du guet. ◆ **guetteur, euse** n. Veilleur qui, du haut d'un beffroi ou d'une tour, surveillait les environs et donnait l'alarme en cas de danger. ‖ Celui, celle qui guette, qui fait le guet. ‖ Combattant ayant une mission de renseignement, d'alerte et de surveillance. ‖ Matelot chargé sur un navire ou dans un sémaphore de surveiller l'horizon marin. (On dit aussi VEILLEUR.)

Ch. syndicale de la sidérurgie

gueulard de haut fourneau

Gueugnon, ch.-l. de c. de Saône-et-Loire (arr. de Charolles), sur l'Arroux, à 16 km au N. de Digoin ; 10 456 h. Aciérie. (Les *Forges de Gueugnon*, fondées en 1724, sont spécialisées aujourd'hui dans la fabrication des tôles fines et des tôles inoxydables.) Usine de concentration de l'uranium, traitant notamment le minerai du Gabon.

gueulante, gueulard → GUEULE.

gueule n. f. (lat. *gula*, gosier). Bouche des animaux, dans tous les cas où elle peut s'ouvrir largement et ne comporte pas de bec. (Se dit spécialem. des carnassiers : *La gueule du lion*.) ‖ *Fig.* Ouverture béante : *La gueule d'un four*. ‖ *Fig.* et *très fam.* Aspect, allure : *Un chapeau qui a une drôle de gueule*. ‖ *Pop.* Visage, bouche humaine : *Recevoir un coup de poing sur la gueule*. ‖ Personne qui bavarde ou crie de façon continue : *Quelle grande gueule !* ‖ Syn. de GORGE-DE-LOUP. ●

Avoir une bonne gueule (Très fam.), avoir un visage avenant, sympathique. ‖ *Avoir de la gueule* (Très fam.), avoir fière allure : *Cet ensemble architectural a de la gueule*. ‖ *Avoir la gueule de bois* (Pop.), avoir le palais desséché et la tête lourde le lendemain d'une ripaille. ‖ *Casser la gueule* (Pop.), frapper violemment au visage. ‖ *Chasser de gueule*, en parlant des chiens, chasser en aboyant. ‖ *Donner un coup de gueule* (Pop.), intervenir avec éclat. ‖ *Donner de la gueule* (Pop.), parler fort. ‖ *Etre fort en gueule* (Pop.), parler beaucoup et grossièrement. ‖ *Etre porté sur la gueule* (Pop.), aimer à boire, à bien manger. ‖ *Faire la gueule* (Très fam.), montrer une mine mécontente. ‖ *Faire sa gueule*, en parlant d'un jeune chien, commencer à se nourrir d'aliments solides. ‖ *Fermer sa gueule* (Pop.), se taire. ‖ *Fine gueule* (Fam.), personne qui s'y connaît en bons morceaux. ‖ *Gueules cassées*, appellation donnée depuis la Première Guerre mondiale aux grands blessés de la face. ‖ *Gueule droite*, partie concave d'une cimaise. ‖ *Gueule noire* (Pop.), ouvrier d'une mine de charbon. ‖ *Gueule renversée*, partie convexe d'une cimaise. ‖ *La gueule enfarinée* (Très fam.), avec hypocrisie, avec une naïveté feinte. ‖ *Se jeter dans la gueule du loup*, courir finalement un danger qu'on a tout fait pour éviter ; tomber dans un piège. ‖ *Ta gueule !* (Pop.), tais-toi ! ◆ **gueulante** n. f. *Pop.* Ensemble de grands cris de protestation ou d'acclamation ; chanson : *Pousser une gueulante*. ◆ **gueulard, e** adj. et n. *Fam.* Se dit de quelqu'un qui a l'habitude de parler fort, de crier : *Un contremaître gueulard*. ‖ *Pop.* Gourmand. — **gueulard** n. m. Pistolet à gueule évasée. ‖ Pièce de la façade ou du dessus d'un poêle métallique recevant une porte ou un tampon. ‖ Partie supérieure d'un haut fourneau, par laquelle on effectue le chargement. ‖ Partie supérieure d'un four à cuve. ‖ Orifice du foyer d'une chaudière de locomotive. ‖ *Fam.* Porte-voix dans la marine. ◆ **gueulée** n. f. Touche d'un poisson sur l'esche d'une ligne. ◆ **gueulement** n. m. *Pop.* Cri ; cri de colère : *Il remplissait la rue de ses gueulements*. ◆ **gueuler** v. intr. et tr. *Pop.* Crier fort : *Gueuler pour un rien. Faire gueuler son poste de radio.* ◆ v. tr. Saisir avec la gueule : *Chien qui gueule un lièvre*. ◆ **gueuleton** n. m. *Pop.* Repas copieux ; banquet donné à un grand nombre de personnes : *Se payer un bon gueuleton*. ◆ **gueuletonner** v. intr. *Pop.* Faire un gueuleton, une ripaille. ◆ **gueulette** n. f. Syn. de OUVREAU.

gueule-bée n. f. Décharge d'un réservoir où les filets fluides sortent parallèlement à eux-mêmes. ‖ Vanne complètement ouverte, dans une usine hydraulique. — Pl. *des* GUEULES-BÉES.

gueule-de-loup n. f. Nom usuel du *muflier*, herbe de la famille des scrofulariacées, dont la fleur pourpre en tube se termine par deux lèvres rappelant un masque de théâtre grec ou un museau d'animal. ‖ Scissure congénitale de la lèvre supérieure et de la voûte du palais. (On dit plutôt BEC-DE-LIÈVRE.) ‖ Coude de tuyau placé en haut d'une cheminée sur pivot et tournant de façon que la fumée ne soit pas refoulée par le vent. ‖ Nom d'une sorte de nœud de marin. ‖ Rainure demi-circulaire pratiquée sur un des battants-milieu d'une croisée* à deux vantaux pour recevoir le battant de l'autre vantail, qui est arrondi. ‖ Ensemble des deux bouvets permettant de réaliser la gorge et l'arrondi des deux battants opposés d'une croisée. — Pl. des GUEULES-DE-LOUP.

gueule-de-raie n. f. Nom d'une espèce de nœud marin. — Pl. des GUEULES-DE-RAIE.

gueulée, gueulement, gueuler → GUEULE.

gueules n. m. (du pers. *ghul*, rouge ; Bloch le rattache à *gueule*, gorge [d'un animal à fourrure rouge]). *Hérald.* Couleur rouge, représentée dans le dessin par des hachures verticales.

gueuleton, gueuletonner, gueulette → GUEULE.

gueulin n. m. V. FLEURETTE.

gueusaille, gueusailler → GUEUX.

gueusat → GUEUSE.

1. gueuse → GUEUX.

2. gueuse n. f. (de l'allem. *Guss*, fonte). Lingot de fonte de première fusion. (On coule généralement les gueuses dans des rigoles de sable ménagées sur une aire de coulée, au pied du haut fourneau.) ‖ *Sports.* Masse métallique utilisée pour les exercices de force. ◆ **gueusat** ou **gueuset** n. m. Petite gueuse.

gueuserie → GUEUX.

gueuset → GUEUSE.

gueusette n. f. Godet où les cordonniers mettent la couleur pour teindre les empeignes.

gueux, euse n. et adj. (probablem. du moyen néerl. *guit*, coquin). Personne qui vit dans la misère, qui est réduite à la mendicité : *Vivre comme un gueux.* ‖ Vil, méprisable. ‖ — SYN. : *clochard, indigent, mendiant, nécessiteux, pauvre, va-nu-pieds.* ‖ — *gueux* n. m. pl. Nom donné aux gentilshommes flamands qui se liguèrent en 1566 contre l'administration espagnole et catholique de Philippe II. (Les plus célèbres, les *gueux de la mer*, luttèrent contre l'envoyé du roi d'Espagne, le duc d'Albe [1567-1573]. Ils libérèrent la Hollande et la Zélande, et assurèrent au soulèvement la maîtrise de la mer.) ● *Velours de gueux*, autref., tissu de coton à parties imitant le velours. ‖ — *gueuse* n. f. Femme galante, prostituée. ‖ Dentelle en fil de lin grossier blanc, à réseau très clair, qui se vendait bon marché. ● *Courir la gueuse*, courir après les femmes. ‖ *La Gueuse*, nom donné à la République par le général Changarnier. (L'expression s'est conservée chez

les royalistes.) ◆ **gueusaille** n. f. *Pop.* Troupe de gueux. ◆ **gueusailler** v. intr. *Pop.* Vivre en gueux. ‖ Fréquenter la gueusaille. ◆ **gueuserie** n. f. État de gueux ; misère, pauvreté : *Étaler sa gueuserie.*

gueuze-lambic n. f. Bière lambic qui subit une nouvelle fermentation après la mise en bouteilles.

Guevara (Antonio DE), franciscain et historien espagnol (Treceño v. 1480 - Mondoñedo 1548), confesseur et historiographe de Charles Quint, auteur du *Livre appelé Horloge des Princes* (1529), portrait du prince parfait.

Guevara (Ernesto, dit **Che**), homme politique argentin (Rosario 1928 - région de Valle Grande, Bolivie, 1967). Médecin, il prend part à la révolution cubaine aux côtés de Fidel Castro (1956-1959) et devient citoyen cubain. Directeur de la Banque nationale de Cuba, puis ministre de l'Industrie, il joue un rôle important dans la planification de l'économie cubaine, mais ses conceptions révolutionnaires l'éloignent du régime castriste, qu'il juge trop proche du modèle soviétique. Convaincu par l'exemple du Viêt-nam, il se consacre alors au développement des luttes révolutionnaires en Amérique latine et participe à la guérilla bolivienne, au cours de laquelle il est exécuté.

Guevara (Luis VÉLEZ DE). V. VÉLEZ.

Guèvremont (Germaine), femme de lettres canadienne d'expression française (Saint-Jérôme, Québec, 1900 - Montréal 1968), auteur de contes rustiques et de romans du terroir (*le Survenant*, 1945 ; *Marie Didace*, 1947).

Guez de Balzac. V. BALZAC.

guèze n. m. Langue chamito-sémitique parlée en Éthiopie.

Guggenheim (MUSÉE **Solomon R.**), musée de New York, consacré à la peinture non figurative. Il a été édifié (1945-1959) par Frank Lloyd Wright.

musée **Guggenheim**

Holmes-Lebel

1. gui n. m. (lat. *viscum,* croisé avec *glu*). Plante épiphyte et semi-parasite au feuillage persistant. (Famille des loranthacées.)
— ENCYCL. Le fruit du gui est une baie blanche visqueuse ; les grives et autres oiseaux en dévorent quelques-unes, mais en disséminent les autres sur les branches des arbres, où elles adhèrent et germent ; le pommier convient particulièrement au gui, le chêne le porte rarement ; le pied de gui se développe en « boule » aux feuilles opposées et coriaces, tandis que ses suçoirs prélèvent la sève brute de l'arbre qui le porte ; mais, en hiver, les produits de son activité chlorophyllienne émigrent dans l'arbre. Il n'est nuisible que lorsqu'il est trop abondant.

2. gui n. m. (du néerl. *giek* ou *gijk*). Sur les trois-mâts, sorte de vergue, terminée par un croissant, ou mâchoire, qui s'appuie contre le mât d'artimon, et placée horizontalement, au moyen de balancines, presque au pied du mât. ● *Gui à rouleau,* gui qui peut tourner sur lui-même de manière à enrouler la voile, au lieu de prendre des ris. (Le gui à rouleau est employé sur les yachts et les navires de petit tonnage.)

Gui (saint), martyr († en Lucanie 303). Baptisé par son précepteur Modeste, il fut supplicié avec Modeste et son épouse Crescence. Son culte était très populaire au Moyen Age ; on l'invoquait contre la danse de Saint-Gui. — Fête le 15 juin.

Gui Ier († 858 ou 866), duc de Spolète (842-858). D'origine franque, il s'établit en Italie.
— **Gui II** († sur le Taro 894), duc de Spolète, roi d'Italie (889-894), empereur d'Occident (891-894), fils de Gui Ier et petit-fils de Pépin, roi d'Italie. Il vainquit Arnoul, roi de Germanie.

Gui († 929), marquis de Toscane (917-929). Il épousa en 925 Marozie, veuve du comte de Tusculum. En 928, il fit étouffer le pape Jean X.

Gui d'Arezzo, en ital. **Guido d'Arezzo,** maître de musique du Moyen Age (Arezzo v. 990 - ? v. 1050). Il laissa des traités musicaux et fut l'un des premiers à se servir de lignes dans la notation musicale. Il prit les premières syllabes du début de l'hymne à saint Jean-Baptiste pour se rappeler l'intonation des six premiers degrés de l'échelle ; elles sont restées depuis pour nommer les notes (*ut, ré, mi, fa, sol, la*).

Gui de Ponthieu, prélat et poète (v. 1000 - 1074). Évêque d'Amiens (1058), aumônier de la reine Mathilde, il a laissé, sur la bataille d'Hastings, un précieux poème latin.

Gui de Boulogne, dit **d'Auvergne** (v. 1315 - Lérida, Espagne, 1374). Archevêque de Lyon (1340), puis cardinal (1342), il joua un rôle important dans le rétablissement de la paix entre la France, l'Angleterre et la Navarre (1353-1354).

Gui de Dampierre, comte de Flandre

(1225 - Pontoise 1305). Vassal du roi de France, il voulut marier sa fille Philippa à Edouard, fils du roi d'Angleterre, au moment où une guerre franco-anglaise était imminente (1294). Accusé de félonie, emprisonné, puis relâché, il s'agita encore et dut se constituer définitivement prisonnier en 1300.

Gui de Lusignan (Lusignan v. 1129 - Nicosie 1194), roi de Jérusalem (1186-1192), seigneur de Chypre (1192-1194). Il épousa en 1180 Sibylle d'Anjou, fille aînée d'Amaury Ier, roi de Jérusalem. Reine en 1186, Sibylle l'associa au trône. Mais Gui fut battu et pris à Ḥaṭṭin, près de Tibériade, par Saladin (1187), et les barons dressèrent contre lui Conrad de Montferrat, qui devint roi avec l'appui de Richard Cœur de Lion. Gui, libéré en 1188, fut dédommagé par la cession de Chypre par les Templiers.

guib harnaché

Basseau

guib n. m. Antilope de la bordure sud du Sahara. (Syn. TRAGÉLAPHE.)

Guibal (Barthélemy), sculpteur français (Nîmes 1699 - † 1757). Premier sculpteur du duc de Lorraine, il travailla à Nancy (fontaines de la place Stanislas) et au parc de Lunéville.

Guibal (Jules), ingénieur français (Toulouse 1813 - Paris 1888). Spécialiste des questions d'aérage dans les mines, il imagina des ventilateurs rotatifs centrifuges.

Guibert de Ravenne (Parme 1023 - Civita Castellana 1100), antipape sous le nom de **Clément III** (1080, 1084-1100). Gibelin, archevêque de Ravenne, soutenu par Henri IV, il fut élu pape (1080) bien qu'il eût été excommunié par Grégoire VII. Il fut expulsé de Rome.

Guibert de Nogent, bénédictin français

(Clermont, Beauvaisis, 1053 - Nogent-sous-Coucy v. 1130). Il a laissé une histoire des croisades (*Gesta Dei per Francos*).

Guibert (Nicolas), sculpteur français (XVIᵉ s.). Il travailla à la clôture du chœur de la cathédrale de Chartres (1543).

Guibert (Honoré), sculpteur français (Avignon v. 1720 - Paris 1791). Il travailla à l'église de Choisy, à l'Ecole militaire, aux châteaux de la Muette, de Versailles, de Bellevue, de Compiègne.

Guibert (François Apollini, comte DE), général et écrivain français (Romans 1744 - Paris 1790). En 1787, il fut nommé par Brienne rapporteur au conseil d'administration de la Guerre et promu maréchal de camp (1788). Son *Essai de tactique générale* (1773), complété par sa *Défense du système de la guerre moderne* (1779), eut une influence sur la pensée militaire de Napoléon Iᵉʳ. Ses *Œuvres militaires* (5 vol.) ont été publiées en 1803. Guibert est aussi connu pour sa liaison avec Mˡˡᵉ de Lespinasse. (Acad. fr., 1786.)

guibolle n. f. (orig. incertaine). *Pop.* Jambe : *Il ne tient pas sur ses guibolles.* ● *Jouer des guibolles,* marcher ou courir vivement.

Guibours (Pierre). V. ANSELME (Pierre GUIBOURS, dit *le Père*).

guibourtia n. m. Arbre africain, fournissant un bois apprécié et une résine proche du copal*. (Famille des papilionacées.)

guibre n. f. (altér. du mot *guivre*). Construction ayant pour but de fournir au gréement de beaupré des points d'appui en saillie de l'étrave. ‖ Forme recourbée de l'étrave. (On dit aussi AVANT DE CLIPPER.)

Guicciardini, famille florentine, qui, enrichie dans le commerce, vit plusieurs de ses membres occuper de hautes charges dans l'Etat du XIIIᵉ s. LUIGI († 1405) fut ambassadeur et gonfalonier. — JACOPO (1421-1490), avec les mêmes fonctions, fut le conseiller de Laurent le Magnifique. — PIERO (1454-1513) fut ambassadeur et consul de la mer. — Le plus célèbre est FRANCESCO, en franç. FRANÇOIS **Guichardin,** homme politique et historien (Florence 1483 - Arcetri 1540). Il fut ambassadeur en Espagne (1512), puis devint gouverneur de Modène (1516), étendit ses attributions sur Reggio (1517) et Parme (1521). L'administration de la Romagne lui fut ensuite confiée (1524). Appelé à Rome par Clément VII, il engagea la papauté à s'allier avec François Iᵉʳ contre Charles Quint. Lieutenant général des troupes du Saint-Siège, il dirigea la lutte contre les Impériaux. Après l'échec de la ligue, il rédigea *Ricordi politici e civili* (1525). Conseiller d'Alexandre, puis de Cosme, après la restauration des Médicis, il se retira ensuite dans sa villa d'Arcetri, où il rédigea une *Histoire d'Italie,* qui va de 1492 à 1530.

guichart → GUICHE.

guiche n. f. (lat. pop. *vitica*; de *vitis,* vigne; ce qui s'enroule comme les vrilles de la vigne). Courroie servant à porter l'écu (Moyen Age). ‖ Bandoulière de veneur, où était accroché le cor. ‖ *Fam.* Mèche de cheveux frisés devant les oreilles. ◆ **guichart** n. m. Petit morceau de bois, aminci aux deux bouts, que l'on fait sauter en le frappant avec un bâton.

Guiche (LA), ch.-l. de c. de Saône-et-Loire (arr. et à 23 km au N.-E. de Charolles); 669 h. (*Guichois*).

Guiche (DE). V. GRAMONT.

Guichen, ch.-l. de c. d'Ille-et-Vilaine (arr. de Redon), à 19 km au S.-O. de Rennes; 5 366 h. Carrières.

Guichen (Luc Urbain DU BOUËXIC, comte DE), marin français (Fougères 1712 - Morlaix 1790). Lieutenant général en 1779, il battit l'amiral Rodney aux Antilles en 1780.

Guiches (Gustave), écrivain français (Albas, Lot, 1860 - Paris 1935). Il se sépara de son maître Zola en signant le manifeste des Cinq contre *la Terre* (1887). Observateur des mœurs provinciales, il a écrit *Céleste Prudhomat* (1886).

guichet n. m. (dimin. de l'anc. scand. *vik,* cachette). Petite porte pratiquée dans une plus grande. ‖ Passage étroit, à l'entrée d'un édifice, où ne peut passer qu'une personne à la fois. ‖ Petite ouverture pratiquée dans une porte, à hauteur d'homme. ‖ Ouverture grillée du confessionnal. ‖ Comptoir permettant au public de communiquer avec les employés d'un bureau de poste, d'une banque, etc. ‖ Au cricket, appareil contre lequel le servant

François Guichardin
cabinet des Estampes

Larousse

lance la balle. ◆ **guichetier, ère** n. m. Personne préposée à un guichet.

guidage → GUIDER.

guidanne n. f. Nom donné par les tisseurs à une réunion de quelques fils qui sont enroulés à part et qui servent de complément à la chaîne.

guide → GUIDER.

Guides de France, une des associations du scoutisme français, réservée aux jeunes filles et d'inspiration catholique, fondée en 1923.

Guide (Guido RENI, dit **le**), peintre italien (Calvenzano, près de Bologne, 1575 - Bologne 1642). Il fut l'élève et le continuateur des Carrache. Vers 1602, il alla à Rome avec l'Albane et peignit *le Martyre de saint*

M. Held

le **Guide**
«David vainqueur de Goliath», *Louvre*

Pierre. Sa peinture religieuse est sentimentale (*Madone du rosaire,* Bologne ; *Ecce Homo,* Louvre) ; il a peint aussi d'harmonieuses scènes mythologiques (*Histoire d'Hercule,* 1620 ; *Atalante et Hippomène,* Naples).

guide-âne, guideau, guide-fil, guide-greffe, guide-lame, guide-lime, guide-poil → GUIDER.

guider v. tr. (anc. franç. *guier;* du francique *wîtan,* remarquer). Accompagner pour diriger, pour montrer le chemin : *Guider un aveugle dans la rue.* ‖ Diriger la marche de : *Guider un cheval.* ‖ Imposer une trajectoire rigoureuse à un organe d'une machine, à un outil ou à une pièce usinée sur une machine-outil. ‖ Montrer la voie à : *Guider une cordée de grimpeurs.* ‖ *Fig.* Déterminer, inspirer : *La générosité guide toutes ses actions.* ‖ — SYN. : *conduire, diriger, gouverner, mener, orienter, piloter.* ◆ **guidage** n. m. Action de guider. ‖ Action consistant à conduire ou à piloter à distance un aérodyne. ‖ Ensemble des dispositifs utilisés dans la construction mécanique pour obliger un organe mobile en translation à se déplacer suivant une ligne déterminée. ‖ Ensemble des pièces verticales qui guident les cages ou les skips dans les puits verticaux des mines et dans les bures. (On dit aussi GUIDONNAGE.) ‖ Ensemble des techniques et dispositifs utilisés dans le travail du bois pour obtenir la précision voulue des traits de coupe. ◆ **guide** n. m. Personne qui conduit, qui montre le chemin, qui fait visiter : *Donner un pourboire au guide.* ‖ Celui qui conduit un ou plusieurs alpinistes en montagne. (Les premiers guides se sont recrutés parmi les montagnards d'origine ; les premières organisations de guides furent celles de Chamonix, de Zermatt, de Grindelwald, de Courmayeur. Aujourd'hui, les guides professionnels sont titulaires soit du brevet de guide de haute montagne, soit du brevet de guide de montagne, délivrés par l'Ecole nationale de ski et d'alpinisme.) ‖ Nom donné à l'homme sur lequel s'alignent les autres dans les mouvements d'ordre serré : *Défiler « guide à droite »* (ou *à gauche*). ‖ Cavalier d'une des formations militaires chargées de servir d'escortes (XVIIIᵉ et XIXᵉ s.) : *Le régiment des guides de la garde de Napoléon III.* (En Belgique, le célèbre régiment des guides, créé en 1831, fut transformé, après la Seconde Guerre mondiale, en régiment blindé.) ‖ Organe servant à diriger un mouvement, un outil, une pièce travaillée sur une machine-outil. (V. *encycl.*) ‖ Joue, fixe ou rapportée, de certains outils à fût, comme le bouvet, s'appuyant sur une face de la pièce à travailler, afin d'assurer la précision dans l'exécution d'une moulure, d'une rainure, d'une languette. ‖ Manuel qui contient des renseignements, des conseils de diverses natures. ‖ *Spécialem.* Manuel à l'usage des touristes. ‖ *Fig.* Celui qui donne une direction morale, intellectuelle : *Les grands génies sont les guides de l'humanité.* ‖ En parlant des choses : *Livre qui lui sert de guide moral.* ● *Guide d'ondes,* tube métallique au moyen duquel les ondes de fréquence supérieure à une certaine valeur, dite *fréquence de coupure,* sont canalisées et transmises avec le minimum de pertes en haute fréquence. (Le guide d'ondes est l'organe chargé de transporter l'énergie à très haute fréquence. Il est généralement constitué par des tubes métalliques creux, de section intérieure carrée ou rectangulaire, dans lesquels se propagent les différents types d'ondes.) ✦ n. f. Jeune fille faisant partie d'une association scout d'inspiration catholique, fondée en 1923. ◆ **guide** n. f. Lanière de cuir qu'on attache au mors d'un cheval attelé et qu'on tient dans les mains pour diriger l'animal. (S'emploie presque toujours au plur.) ● *Grandes guides,* guides qui servent à diriger les chevaux placés en tête, dans un attelage à trois ou quatre chevaux. ‖ *Mener la vie à grandes guides,* vivre en dépensant largement. ◆ **guide-âne** n. m. Recueil de règles pratiques, propres à diriger dans un travail. ‖ Feuille de papier réglée, aidant par transparence à écrire droit. — Pl. *des* GUIDE-ÂNE *ou des* GUIDE-ÂNES. ◆ **guideau** ou **guide-eau** n. m. Plate-forme en planches, soutenue dans une position inclinée, pour diriger le courant des chasses d'eau. ‖ Filet de pêche en forme de sac. — Pl. *des* GUIDEAUX *ou des* GUIDE-EAU. ◆ **guide-fil** n. m. invar. Appareil qui règle la distribution des fils sur les bobines de différentes machines textiles. (La loi de déplacement imposée au guide-fil détermine le mode d'envidage du fil sur son support.) [On dit aussi GUIDE n. m.] ◆ **guide-greffe** n. m. Instrument utilisé dans la greffe par approche pour couper régulièrement les rameaux et assurer leur juxtaposition. — Pl. *des* GUIDE-GREFFE *ou des* GUIDE-GREFFES. ◆ **guide-lame** n. m. invar. Pièce d'une faucheuse mécanique qui guide le mouvement des lames tranchantes. ◆ **guide-lime** n. m. invar. Appareil pour apprendre à limer droit. ◆ **guide-poil** n. m. invar. Cadre métallique qui, dans certains métiers à faire les peluches, sert à régler la hauteur de coupe.

— ENCYCL. **guide.** *Mécan.* Les guides sont utilisés pour imposer aux organes mécaniques en mouvement une trajectoire permettant d'assurer une excellente transmission des efforts avec un rendement optimal. Dans les moteurs alternatifs horizontaux, une glissière cylindrique, dans laquelle se déplace un coulisseau, comporte une *crosse,* où est articulée la bielle et fixée la tige du piston. Dans les moteurs légers verticaux, la bielle est assemblée directement sur le piston et sur l'arbre-vilebrequin. Les guides des machines-outils comportent souvent des dispositifs de rattrapage de jeu appelés *lardons*,* réglables par des vis. Les guides, dont les parties frottantes sont généralement garnies de bronze ou d'antifriction, doivent être convenablement lubrifiés.

guiderope n. m. (angl. *guide,* guide, et *rope,* cordage). Cordage que l'aéronaute laisse pendre de sa nacelle quand il approche du sol, pour obtenir une certaine stabilité en altitude et diminuer la vitesse à l'atterrissage.

Guidetto, architecte et sculpteur italien d'origine lombarde (début du XIIIᵉ s.). Il éleva la façade de la cathédrale San Martino de Lucques (1204).

Guido (José María), homme politique argentin (Buenos Aires 1910 - id. 1975), président de la République (1962-1963).

guidon n. m. (ital. *guidone,* étendard). Enseigne ou étendard en usage dans les armées de l'Ancien Régime depuis la création des armées permanentes sous Charles VII : *Les gendarmes de la maison du roi, puis les dragons avaient des guidons comme emblèmes.* ‖ Officier qui portait cet étendard. ‖ *Par extens.* Garde personnelle. ‖ Dans la marine, pavillon triangulaire ou à deux pointes, hissé en tête de mât et servant souvent d'insigne de commandement. ‖ Marque distinctive de la société à laquelle un yacht appartient. ‖ Poteau surmonté de deux placards indicateurs de direction et de distance, au croisement de deux routes. ‖ Petite pièce métallique de formes diverses, fixée à la partie antérieure du canon d'une arme à feu et servant, avec le cran de mire ou l'œilleton de la hausse, à prendre la ligne de mire. ‖ Marque que fait un tricheur sur une carte. ‖ Marque usitée surtout dans l'ancienne musique gravée, et qui indique, à la fin d'une ligne, où doit être placée la première note de la ligne suivante. ‖ *Hérald.* Petit drapeau à une ou deux pointes, placé sur une hampe. ‖ Barre transversale terminée par des poignées et commandant la roue directrice d'une bicyclette ou d'une motocyclette. ● *Guidon d'arrêt* (Ch. de f.), petit signal d'arrêt, constitué par un damier rouge et blanc fixé sur une tige métallique que l'on peut planter dans la terre ou le ballast. ‖ *Guidon de départ* (Ch. de f.), petit signal à main, avec lequel le chef de gare donne au mécanicien le signal de départ.

Guidon de la mer (LE), traité rédigé à Rouen, au XVIᵉ s., par un auteur inconnu, sur les assurances maritimes. Il mérita de servir de guide sur cette matière aux rédacteurs de l'ordonnance de 1681.

guidonnage n. m. Syn. de GUIDAGE.

Guiers (le), riv. des Préalpes du Nord, affl. du Rhône (r. g.), formée par le *Guiers vif* et le *Guiers mort ;* 48 km.

Guiette (Robert), professeur et essayiste belge d'expression française (Anvers 1895 - id. 1976). Professeur à l'université de Gand, il a publié des recueils (*l'Allumeur de rêves,* 1927 ; *A pas de loup,* 1953 ; *Seuils de la nuit,* 1961), des études sur le folklore belge et le Moyen Age flamand : *la Belle Histoire de Lancelot de Danemark et la belle Sandrine* (1948), *Marionnettes de tradition populaire* (1950). Il a écrit des *Questions de littérature* (1960). [Acad. royale de langue et de littér. fr., 1954.]

guifette n. f. Petite sterne insectivore des marais. (Famille des laridés.)

guige n. f. *Archéol.* Syn. de GUICHE.

guignard → GUIGNE 1.

Guignard (Léon), pharmacien et botaniste

français (Mont-sous-Vaudrey, Jura, 1852 - Paris 1928). Professeur de botanique à l'Ecole supérieure de pharmacie de Paris à partir de 1887, il a découvert la double fécondation chez les angiospermes. (Acad. des sc., 1895.)

guignardia n. m. Champignon ascomycète de l'ordre des sphériales, agent du *black rot* de la vigne.

1. guigne n. f. (de *guigner*). *Fam.* Malchance persistante : *Avoir la guigne.* ‖ — SYN. : *déveine, guignon, poisse* (Pop.). ◆ **guignard, e** adj. et n. *Fam.* Qui a la guigne, du guignon. ◆ **guignon** n. m. Malchance persistante (partic. au jeu) : *Porter le guignon à son partenaire.*

2. guigne n. f. (anc. haut allem. *whisila*, allem. moderne *Weichsel*). Variété de cerise rouge foncé, à chair sucrée et assez ferme. ◆ **guignier** n. m. Cerisier qui produit des guignes. ◆ **guignolet** n. m. Liqueur faite avec des guignes.

guigner v. tr. (orig. germ.). Regarder du coin de l'œil, à la dérobée : *Guigner le jeu de son voisin, la copie d'un camarade.* ‖ Regarder avec convoitise : *Guigner un meuble ancien chez un antiquaire. Guigner une occasion propice.*

guignette n. f. Petit oiseau gris des eaux douces, du groupe des chevaliers*.

guignier → GUIGNE 2.

Guignol, personnage principal des marionnettes françaises. Il symbolise l'esprit populaire frondeur, en lutte contre les agents de l'autorité. Laurent Mourguet, ayant vu les *pupazzi* italiens, installa à Lyon, rue Noire,

Guignol

Bottin

en 1795, un théâtre semblable. Guignol, ou Chignol, était un Lyonnais, un canut, de même que son ami Gnafron (de *gnaf*, savetier).

guignol n. m. Opérateur qui anime la marionnette incarnant le personnage de Gui-

gnol. (L'opérateur, caché par un panneau, élève au bout de son bras la marionnette qu'il anime avec les doigts de sa main, l'index étant enfoncé dans la tête, le pouce et le médius dans les manches du pantin.) ‖ Le théâtre où paraît ce personnage : *Aller au guignol.* ‖ Sorte de case mobile, en forme de théâtre de Guignol, d'où auteur et directeur suivent les répétitions d'une pièce. ‖ Système placé sur l'avant, aux deux tiers de la hauteur du mât d'un yacht, et écartant deux haubans destinés à équilibrer vers l'avant l'effort du *pataras*, qui appelle la tête du mât vers l'arrière. ‖ Pièce qui traîne par terre derrière une berline circulant sur un plan incliné dans une mine, et qui, en se piquant en terre, empêche la berline de dévaler en cas de rupture du câble. (Syn. DIABLE, PIQUERON.) ‖ *Fam.* Personne qui fait rire par ses gestes, ses grimaces : *Un élève qui fait le guignol.*

guignolet → GUIGNE 2.

guignon → GUIGNE 1.

Guignon (Jean-Pierre), violoniste français d'origine italienne (Turin 1702 - Paris 1774). Violoniste du roi, il a écrit des sonates, des concertos, des recueils d'airs pour violon.

Guigou (Paul), peintre français (Villars, Vaucluse, 1834 - Paris 1871). On reconnaît en lui un des peintres provençaux les plus fidèles au caractère de leur pays (*la Route de la Gineste,* Louvre, Jeu de Paume).

Guigoz S. A., société laitière suisse, fondée en 1915 à Vuadens.

guigue n. f. Canot très léger.

guiguette n. f. Ciseau de calfat.

Guil (le), torrent des Alpes du Sud, affl. de la Durance (r. g.) ; 56 km.

Guilbert (Yvette), chanteuse française (Paris 1867 - Aix-en-Provence 1944). Ses chansons les plus célèbres furent *le Fiacre* et *Madame Arthur.* Dans la seconde partie de sa carrière, elle se consacra à la renaissance des vieilles chansons populaires.

Guilboa (Amir), poète israélien (en Ukraine 1917). Ses poèmes sont consacrés à la Seconde Guerre mondiale et à la guerre d'indépendance d'Israël.

guilde n. f. V. GILDE.

Guildford, v. de Grande-Bretagne (Surrey), au S.-O. de Londres; 54 000 h. Eglise du XIIIe s. Constructions mécaniques.

Guildhall (*salle de la Guilde* ou *Gilde*), hôtel de ville de la Cité de Londres, bâti de 1411 à 1435. Incendié en 1666 et pendant la Seconde Guerre mondiale, il fut plusieurs fois restauré et agrandi. Y sont adjoints une bibliothèque, un musée d'art moderne et un musée des antiquités trouvées dans la Cité.

Guilhem (saint). V. GUILLAUME *le Grand* (saint).

Guilhem ou **Guillén de Castro y Bellvís.** V. CASTRO Y BELLVÍS.

guillage → GUILLER.

Guillain (Simon), sculpteur français (Paris 1581 - *id.* 1658). Fils et élève de Nicolas, dit « Cambray », il séjourna à Rome et revint à Paris travailler à Saint-Eustache, aux Carmes, aux Minimes. Il fut surtout un bronzier de grand renom (*Monument du Pont-au-Change*, Louvre).

Guillain (Georges), médecin français (Rouen 1876 - Paris 1961). On lui doit des recherches sur le liquide céphalo-rachidien et la réaction au benjoin colloïdal, ainsi que la description des polyradiculonévrites (syndrome de Guillain et Barré). [Acad. de méd., 1920 ; Acad. des sc., 1951.]

Guillard (Achille), naturaliste et démographe français (Marcigny, Saône-et-Loire, 1799 - Paris 1876). On trouve le mot « démographie » employé pour la première fois dans ses *Eléments de statistique humaine ou Démographie comparée* (Paris, 1855).

Guillaumat (Louis), général français (Bourgneuf, Charente-Maritime, 1863 - Nantes 1940). Chef de cabinet de Messimy en 1914, il commanda successivement une division (1914), un corps d'armée (1915) et la IIe armée à Verdun (1916), où il se distingua par la reprise du Mort-Homme et de la cote 304. Commandant en chef en Orient (déc. 1917-juin 1918), il fut ensuite nommé gouverneur de Paris, puis il prit le commandement de la Ve armée dans l'offensive finale de 1918. De

Yvette Guilbert
par Toulouse-Lautrec
musée d'Albi

Giraudon

1924 à 1930, il commanda l'armée française d'occupation en Allemagne.

1. guillaume n. m. Monnaie frappée par divers souverains du nom de Guillaume (Hainaut, Hesse, Pays-Bas).

2. guillaume n. m. Type d'outils à fût de menuiserie, généralement étroits, et dont le fer occupe toute la largeur du fût, le dégagement des copeaux s'effectuant sur le côté. ‖ Rabot des ravaleurs, pour gratter les pierres.

SAINTS

Guillaume le Grand (saint), comte de Narbonne et marquis de Gothie (v. 755 - Gellone, Languedoc, 812). Commandant la marche d'Espagne (790), il arrêta les Arabes et conquit Barcelone (801). Il se retira dans une abbaye bénédictine, qui devint Saint-Guilhem-le-Désert. Il est le héros d'un cycle de chansons médiévales. — Fête le 28 mai.

Guillaume de Volpiano (saint), religieux français (île San Giulio 962 - Fécamp 1031). Clunisien (985), abbé à Dijon (990), il réforma plus de quarante monastères. — Fête le 1er janv.

Guillaume de Hirschau (le bienheureux) moine bavarois († Hirschau 1091). Il introduisit la réforme de Cluny dans son abbaye de Hirschau et fut un illustre astronome. — Fête le 4 juill.

Guillaume de Bourges ou **de Donjeon** (saint), prélat français (Arthel-en-Nivernais 1120 ? - Bourges 1209). Abbé cistercien, il devint archevêque de Bourges (1200). Il soutint le Saint-Siège contre Philippe Auguste dans l'affaire du divorce royal. — Fête le 19 janv.

EMPEREUR

Guillaume de Hollande (Leyde 1227 - en Frise 1256), empereur germanique (1254-1256), fils et successeur de Florent IV. Il fut reconnu empereur après la mort de Frédéric II et de Conrad IV.

ACHAÏE

Guillaume Ier de Champagne, sire de Champlitte (1205-1209), prince d'Achaïe (1205-1208). A l'issue de la quatrième croisade, il fonda la principauté d'Achaïe, vassale de l'Empire latin. En 1208, il abandonna le gouvernement à son neveu Hugues.

Guillaume II de Villehardouin, prince d'Achaïe (1246-1278), fils de Geoffroi Ier et successeur de son frère Geoffroi II. Vaincu et fait prisonnier par Michel VIII en 1259, il dut reconnaître sa suzeraineté.

ALLEMAGNE

Guillaume Ier (Berlin 1797 - *id.* 1888), roi de Prusse (1861-1888) et empereur d'Allemagne (1871-1888), fils de Frédéric-Guillaume III. En 1849, il réprima durement l'insurrection badoise. Nommé régent en

Guillaume Ier d'Allemagne
par Franz von Lenbach
Ancienne Pinacothèque de Munich

1858, il succéda en 1861 à son frère Frédéric-Guillaume IV, devenu incapable de gouverner. Avec l'aide de von Roon, il réorganisa l'armée prussienne et, avec Bismarck* comme Premier ministre (1862), travailla à la formation de l'unité allemande au profit de la Prusse. Il se ligua avec l'Autriche contre le Danemark (guerre des Duchés, 1864-1865) et se tourna ensuite contre son alliée, qu'il battit à Sadowa (1866). En 1870, il s'efforça d'éviter la guerre contre la France. Mais la falsification de la dépêche d'Ems fit éclater le conflit. Après la victoire allemande, il fut couronné empereur à Versailles (18 janv. 1871). Il maintint Bismarck à la chancellerie malgré les discordances dans leurs politiques, en particulier à propos du Kulturkampf* et de la politique étrangère. — **Guillaume II** (château de Potsdam 1859 - Doorn, Pays-Bas,

Guillaume II d'Allemagne
Bibliothèque nationale

1941), roi de Prusse et empereur d'Allemagne (1888-1918), fils et successeur de Frédéric III et petit-fils de Victoria d'Angleterre par sa mère. Désireux de gouverner seul, il entra en conflit avec Bismarck à propos de sa politique extérieure et obtint sa démission (1890). Caprivi devint chancelier. Développant régulièrement l'armée et la puissance navale de l'Allemagne (œuvre de l'amiral von Tirpitz), il lança son pays dans l'expansion coloniale et maritime (particulièrement en Afrique et dans l'Empire ottoman). Sous son règne s'accusa le conflit entre l'esprit conservateur et militaire de sa politique et l'Allemagne bourgeoise, industrielle et libérale. En outre, l'accord entre les différents Etats se révéla difficile devant le progrès de l'influence prussienne, et l'assimilation des minorités réfractaires à la germanisation (Danois du Slesvig au nord, Polonais à l'est, Alsaciens-Lorrains à l'ouest) ne fut pas réalisée. En politique extérieure, il maintint son alliance avec l'Autriche et l'Italie, mais suivit une politique hésitante à l'égard de l'Angleterre. Son intervention au Maroc (mars 1905), sur l'initiative du chancelier Bülow, créa un grave tension internationale (v. ALGÉSIRAS [*conférence d'*]). Il chercha vainement une alliance avec le tsar. Après la crise d'Agadir (1911), et soutenu par le chancelier Bethmann-Hollweg, il obtint du Reichstag (juill. 1913) le renforcement de l'armée allemande. Il déclara la guerre à la Russie et à la France (juill.-août 1914). Il abdiqua le 9 nov. 1918 et se réfugia aux Pays-Bas. En juin 1919, au traité de Versailles, il fut déclaré responsable du conflit, mais le gouvernement néerlandais refusa de l'extrader.

ANGLETERRE

Guillaume Ier le Conquérant (Falaise ? v. 1027 - Rouen 1087), duc de Normandie (1035-1087) et roi d'Angleterre (1066-1087), bâtard du duc Robert le Diable, auquel il succéda. Avec l'aide du roi de France, Guillaume écrasa la révolte des barons de basse Normandie au Val-des-Dunes (1047) et rétablit l'ordre. Son mariage avec Mathilde de Flandre (v. 1053) affermit son pouvoir. Il repoussa une invasion du roi de France (1054 et 1057) et récupéra le comté du Maine sur Geoffroi Martel (1062). A la mort de son cousin Edouard le Confesseur, roi d'Angleterre (1066), qui l'avait choisi comme successeur, il entra en conflit avec le comte Harold, qui s'était emparé de la Couronne. Il le battit près de Hastings (14 oct.) et, le jour de Noël, il fut couronné à Westminster. La conquête achevée en 1070, il reçut l'hommage du roi d'Ecosse (1072) et déjoua une conspiration des nobles anglo-saxons (1075). Il introduisit l'organisation féodale dans la société anglaise et fit rédiger le « Domesday Book* ». En Normandie, il dut faire face à la révolte de son fils Robert Courteheuse, puis à celle de son demi-frère Odon, évêque de Bayeux. — **Guillaume II** *le Roux* (v. 1056 - New

Guillaume le Conquérant
tapisserie de Bayeux
musée de Bayeux

Doisneau - Rapho

Forest 1100), roi d'Angleterre (1087-1100).
Il succéda à son père, Guillaume le Conquérant, en Angleterre, où il dut lutter contre
les Gallois et les Ecossais. Il envahit la Normandie, possession de son frère Robert, qui
lui délégua son autorité (1096). Il reconquit
le Maine et le Vexin. — **Guillaume III** (La
Haye 1650 - Kensington 1702), stathouder
des Provinces-Unies (1672-1702), roi d'Angleterre, d'Ecosse et d'Irlande (1689-1702), fils
posthume de Guillaume de Nassau et de Henriette Stuart. Elu stathouder après la révolution de 1672, il obtint l'évacuation des troupes
françaises des Provinces-Unies et l'alliance
de l'Angleterre. En 1677, il épousa la princesse Marie, fille du futur Jacques II. Pendant trente ans, il fut, contre Louis XIV, le
champion de l'équilibre européen et du protestantisme. Cette politique l'amena à soutenir l'opposition contre Jacques II d'Angleterre, catholique et favorable à la France. Il
débarqua en Angleterre (1688) et, après avoir
ratifié une « Déclaration des droits » (1689)
concernant le régime constitutionnel anglais,
fut proclamé, conjointement avec sa femme,
roi d'Angleterre. Il dut s'imposer par la force
en Irlande. Louis XIV reconnut son autorité à la paix de Ryswick (1697). Il abandonna la politique intérieure anglaise au
parti whig et au Parlement. L'Acte d'établissement* de 1701 régla le problème de la
succession anglaise, mais la lutte reprit avec
la France à propos de la succession espagnole (1702). — **Guillaume IV** (Londres
1765 - Windsor 1837), roi de Grande-Bretagne et d'Irlande, de Hanovre (1830-1837),
fils de George III et successeur de son frère
George IV. Il fit voter la réforme électorale
de 1832. Sa nièce Victoria lui succéda en
Grande-Bretagne, et son frère Ernest au
Hanovre.

AQUITAINE

Guillaume Ier le Pieux († 918), duc d'Aqui-
taine (898 ou 909-918) et comte de Toulouse
(Guillaume II) [885 ou 886 ?-918], fils de
Bernard II Plantevelue. Il succéda à Ran-
noux II. Il est le fondateur de l'abbaye de
Cluny (910). — **Guillaume III** *Tête d'Etoupe*
(Poitiers début du xe s. - *id.* 963), duc d'Aquitaine (951-963). A la mort de Raimond III de
Toulouse, il enleva le duché d'Aquitaine à
Hugues le Grand. Sa fille Adélaïde épousa
Hugues Capet. — **Guillaume IV** *Fierebrace*
(935 - Saint-Maixent 994), duc d'Aquitaine
(963-994), fils et successeur du précédent. Il
refusa l'hommage à Hugues Capet. — **Guillaume V** *le Grand* (v. 960 - Maillezais 1030),
comte de Poitiers et duc d'Aquitaine (994-
1030). Il conquit la Saintonge et annexa la
Gascogne. Il accrut le pouvoir ducal et participa aux guerres de la Reconquête en
Espagne. — **Guillaume VIII** ou **Gui-Geof-
froi** (1027 - château de Chizé v. 1086), comte
de Poitiers et duc d'Aquitaine (1058-1086).
Il annexa la Gascogne et combattit en Espagne contre les musulmans. — **Guillaume IX** (1071 - 1127), comte de Poitiers et
duc d'Aquitaine et de Gascogne (1086-1127),
fils du précédent. Il s'empara à plusieurs
reprises du comté de Toulouse. Il est l'un
des plus anciens poètes connus de langue
romane ; les onze chansons qui nous restent

Guillaume III d'Angleterre
National Portrait Gallery

Fleming

de lui sont tantôt facétieuses, tantôt courtoises. — **Guillaume X** (Toulouse 1099 - Saint-Jacques-de-Compostelle 1137), duc d'Aquitaine et de Gascogne (1127-1137). Il soutint l'antipape Anaclet de 1130 à 1134. Il remit son duché à Louis VI de France et fiança sa fille Aliénor* au futur Louis VII.

ÉCOSSE

Guillaume le Lion (1143 - Stirling 1214), roi d'Ecosse (1165-1214), frère et successeur de Malcolm IV. Il lutta contre Henri II d'Angleterre, dont il dut reconnaître la suzeraineté. Mais l'indépendance écossaise fut restaurée en 1189.

HOLLANDE ET PAYS-BAS

Guillaume V (1333 - Le Quesnoy 1389), comte de Hollande (1349-1358) et comte de Hainaut (Guillaume III) [1351-1358], fils de Louis V de Bavière et de Marguerite d'Avesnes. Les problèmes posés par l'héritage maternel déclenchèrent la guerre dite *des hameçons et des cabillauds*.

Guillaume Ier de Nassau, dit le Taciturne (château de Dillenburg 1533 - Delft 1584), stathouder de Hollande (1573-1584). Elevé dans le catholicisme et favorable à Phi-

Guillaume Ier de Nassau
par Antonio Moro
musée de Kassel

Musée de Kassel

lippe II d'Espagne, il se détourna de l'un et de l'autre devant les abus du gouvernement des Pays-Bas et devint le chef de la noblesse de ce pays. Il organisa le soulèvement des Provinces-Unies (mars 1572), lança les « Gueux de mer » contre les Espagnols (1573). A la Pacification de Gand, il devint stathouder des Dix-Sept Provinces (1576). Il contribua à la conclusion de l'Union d'Utrecht (1579). Il obtint l'appui de la France contre l'Espagne, mais fut assassiné.

— **Guillaume II de Nassau** (La Haye 1626 - id. 1650), stathouder de Hollande (1647-1650), fils du stathouder Frédéric-Henri et de Marie d'Angleterre. Chef du parti orangiste, il dut signer avec l'Espagne la paix de Münster (1648). Il conclut avec la France une alliance offensive contre l'Espagne et

Rijksmuseum

Guillaume II de Nassau
par Van Dyck
Rijksmuseum, Amsterdam

l'Angleterre (oct. 1650), mais il mourut avant qu'elle porte ses fruits. — **Guillaume III de Nassau.** V. GUILLAUME III, roi d'Angleterre et d'Ecosse.

Guillaume Ier (La Haye 1772 - Berlin 1843), roi des Pays-Bas et grand-duc de Luxembourg (1815-1840), fils de Guillaume V de Nassau, stathouder de Hollande. Il fut désigné comme roi par le congrès de Vienne (1815). Il accorda une Constitution libérale, mais sa politique scolaire lui aliéna les Belges. Par d'ultimes concessions, il tenta vainement de prévenir la révolution de Bruxelles et ne reconnut l'indépendance de

Guillaume Ier
des Pays-Bas
gravure
par Julien

Larousse

la Belgique (1830) qu'en 1839. Aux Pays-Bas, devant l'instauration d'un régime parlementaire, il préféra abdiquer en faveur de son fils (1840). — **Guillaume II** (La Haye 1792 - Tilburg 1849), roi des Pays-Bas et grand-duc de Luxembourg (1840-1849), fils du précédent. En 1848, il accorda une Constitution parlementaire. — **Guillaume III** (Bruxelles 1817 - château de Loo 1890), roi des Pays-Bas et grand-duc de Luxembourg (1849-1890), fils du précédent.

Guillaume (ORDRE DE), ordre néerlandais créé en 1815 par Guillaume Ier. Quatre classes. Ruban orangé, liséré de bleu.

LUXEMBOURG

Guillaume IV (Biebrich 1852 - Kolmarberg 1912), grand-duc de Luxembourg (1905-1912).

NORMANDIE

Guillaume Ier Longue-Épée († en Picardie 942), duc de Normandie (v. 930-942), fils de Robert Ier (Rollon). Il imposa sa suzeraineté aux comtes de Rennes et de Vannes. Il s'allia à Hugues le Grand et à l'empereur Otton Ier entre Louis d'Outremer (936-940). Il fut assassiné sur ordre du comte de Flandre. — **Guillaume II** *le Conquérant* ou *le Bâtard,* duc de Normandie. V. GUILLAUME Ier, roi d'Angleterre. — **Guillaume III** *Cliton* (1101 - Aalst 1128), duc titulaire de Normandie, comte de Flandre (1127-1128), fils de Robert III Courteheuse. Malgré l'aide de Louis VI, il ne parvint pas à reprendre la Normandie à Henri Ier et reçut du roi de France le comté de Flandre.

SICILE

Guillaume Ier le Mauvais (v. 1120 - 1166), roi de Sicile (1154-1166), fils de Roger II. Il fut victorieux (1156) de l'empereur d'Orient, qui, avec l'aide du pape, voulait reprendre les territoires byzantins d'Italie du Sud. Par le concordat de Bénévent, le pape accepta de lui inféoder le royaume de Sicile (1156). — **Guillaume II** *le Bon* (1154 - 1189), roi de Sicile (1166-1189), fils du précédent. — **Guillaume III** († en Germanie v. 1198), roi de Sicile (1194-1198), fils de Tancrède. Il fut détrôné par l'empereur Henri VI.

WURTEMBERG

Guillaume Ier (Lüben, Silésie, 1781 - Stuttgart 1864), roi de Wurtemberg (1816-1864). — **Guillaume II** (Stuttgart 1848 - château de Bebenhausen 1921), roi de Wurtemberg (1891-1918).

DIVERS

Guillaume d'Auvergne, prélat français (Aurillac v. 1180 - Paris 1249). Évêque de Paris (1228), il fut le confesseur de Blanche de Castille. Son principal ouvrage est le traité *De universo.*

Guillaume aux Blanches Mains, prélat français (1135 - Reims 1202), fils de Thibaud II de Champagne. Évêque de Chartres (1164), archevêque de Sens (1168), puis de Reims, et cardinal, il dirigea le conseil royal de 1184 à 1202. Il annula en 1193 le mariage de Philippe Auguste avec Isambour et en fut blâmé par le pape.

Guillaume de Champeaux, philosophe scolastique français (Champeaux, près de Melun, milieu du XIe s. - † 1121). Il ouvrit à Paris l'école « de Saint-Victor »; Abélard y fut son disciple, avant de devenir son adversaire. Dans la Querelle des universaux, il défendit le réalisme contre le nominalisme de Roscelin.

Guillaume de Chartres, chroniqueur français († v. 1281). Chapelain de Saint Louis, il l'accompagna à la croisade en 1250 et partagea sa captivité. On lui doit une *Vie de Saint Louis.*

Guillaume de Conches, philosophe et théologien français (Conches ? .v. 1080 - † av. 1154). Il enseigna à Chartres. Ses études pour établir des concordances entre la Genèse et le *Timée* de Platon l'exposèrent aux attaques des cisterciens. Il est l'auteur d'un *Dragmaticon philosophiae* et d'une *Moralis philosophia.*

Guillaume de Digulleville, poète français du XIVe s., né à Digulleville (Normandie). Il composa, à l'imitation du *Roman de la Rose,* un long poème allégorique, qui jouit jusqu'au XVIe s. d'un grand succès. Les deux premières parties, *le Pèlerinage de la vie humaine* et *le Pèlerinage de l'âme,* furent composées de 1330 à 1358; la troisième, *le Pèlerinage de Jésus-Christ,* date de 1358.

Guillaume de Lorris, poète français (Lorris-en-Gâtinais v. 1200/1210 - † apr. 1240). Il est l'auteur de la première partie du *Roman* de la Rose.

Guillaume de Machaut ou **de Machault,** musicien et poète français (Machaut, près de

**manuscrit des œuvres
de Guillaume de Machaut
*Bibliothèque nationale***

B. N.

Reims, v. 1300 - Reims 1377). Clerc du diocèse de Reims, il fut secrétaire et aumônier
de Jean de Luxembourg, roi de Bohême, et il
termina sa vie comme chanoine de la cathédrale de Reims. Son œuvre musicale (lais,
ballades, rondeaux, motets à trois ou quatre
voix, messe à quatre voix) domine tout le
XIVᵉ s. La polyphonie de Guillaume de Machaut a pris une très grande avance sur celle
de ses contemporains. Son œuvre poétique
est également importante (80 000 vers), mais
moins originale. Le mérite de Guillaume de
Machaut est d'avoir fixé les règles musicales et littéraires de l'art lyrique français
pour le lai, le virelai, la ballade, le ron-
deau, le chant royal.

Guillaume de Malmesbury, historien
anglo-normand (dans le Somerset v. 1080 -
† apr. 1142). Moine bénédictin, il a laissé des
ouvrages sur l'histoire de l'Angleterre.

Guillaume de Moerbeke, évêque (près de
Grammont, auj. en Belgique, 1215 - Corinthe? 1286). Archevêque de Corinthe
(1278), il a fait d'importantes traductions de
documents grecs inédits.

Guillaume de Nangis, chroniqueur français (Nangis? - † 1300). Moine de Saint-
Denis, il écrivit une *Chronique universelle.*

Guillaume d'Occam ou **d'Ockham,** théologien anglais (Ockham, Surrey, v. 1300 -
Munich v. 1350). Franciscain, il enseigna à
Oxford; il fut entraîné dans la controverse
théologique menée par le général des Franciscains contre Jean XXII et se réfugia
auprès de Louis de Bavière, ce qui lui valut
d'être chassé de son ordre (1331). Théoricien
du nominalisme, il fut le précurseur des em-
piristes anglais. Sa doctrine, exprimée surtout dans son *Commentaire sur les Sentences,*
définit l'autonomie de la philosophie, la
vanité de la métaphysique, l'importance de
la connaissance sensible, mais Occam res-
pecte la transcendance de la Révélation et de
l'Eglise.

Guillaume d'Orange, dit aussi **Guillaume au
Courb Nez** ou **au Court Nez,** ou encore
Guillaume Fierebrace, héros de l'un des trois
grands cycles épiques du Moyen Age, dont
les principaux traits ont sans doute été puisés
dans la vie de saint Guillaume, marquis de
Gothie, mort à Gellone en 812. (V. GESTE
n. f.)

Guillaume de Saint-Amour, théologien
français (Saint-Amour 1202 - *id.* 1272). Professeur de théologie à Paris (v. 1250), il participa à la lutte de l'Université contre les
ordres mendiants. Son *Tractatus de periculis*
le fit condamner (v. 1256).

Guillaume de Tyr, historien des croisades
(en Syrie v. 1130 - † 1186 ?). D'origine française, chanoine de Tyr, il fut le précepteur
de Baudouin, fils d'Amaury Iᵉʳ, roi de Jérusalem, puis devint archevêque de Tyr (1175).
Il est l'auteur d'une *Historia rerum in par-
tibus transmarinis gestarum,* en vingt-trois

livres, la plus importante chronique de
l'Orient latin au XIIᵉ s. (1095-1184).

Guillaume (Eugène), sculpteur français
(Montbard 1822 - Rome 1905). Son œuvre va
du *Faucheur nu,* réaliste (1849, Louvre), au
Mariage romain, classique (1879, musée de
Dijon). [Acad. des bx-arts, 1862; Acad. fr.,
1898.]

Guillaume (Charles Edouard), physicien
suisse (Fleurier 1861 - Sèvres 1938). Directeur
du Bureau international des poids et mesures (1915), il a codifié l'emploi du thermomètre à mercure et découvert l'invar. (Prix
Nobel de phys., 1920.)

Guillaume (Albert), caricaturiste et peintre
français (Paris 1873 - Faux, Dordogne, 1942).
Elève de Gérome, il se consacra à la caricature, collaborant à de nombreux journaux
(*le Rire, le Figaro, le Journal*). Il a décrit le
monde « chic » de son temps.

Guillaume (Paul), psychologue français
(1878 - 1962). Ses travaux portent surtout sur
la psychopédagogie, la psychologie animale,
la psychophysiologie. On lui doit notamment : *l'Imitation chez l'enfant* (1925), *Psychologie* (1931), *la Formation des habitudes*
(1936), *la Psychologie de la forme* (1937).

Guillaume (Gustave), linguiste français
(Paris 1883 - *id.* 1960). Il est l'auteur d'une
théorie linguistique originale, la « psychosys-
tématique». La langue doit, selon lui, être
étudiée dans ses rapports avec la structure
mentale qui la sous-tend; d'où l'attention
portée à la catégorie du temps qui se
réaliserait différemment selon les modes
(chronogénèse). On lui doit : *Temps et verbe*
(1929), *Langage et science du langage* (1964).

Guillaume (Paul), critique d'art et marchand de tableaux français (Paris 1893 - *id.*
1934). Il soutint Modigliani, Matisse, Picasso,
Derain, La Fresnaye, Vlaminck, De Chirico,
contribua à constituer la collection Barnes et
fonda la Société d'archéologie d'art nègre.
Son importante collection a été remise à
l'Etat en 1960 par sa veuve, remariée à l'architecte Jean Walter.

Guillaume (Augustin), général français
(Guillestre 1895). Spécialiste des questions
marocaines, il organise les goums et les
tabors. A la tête d'une division algérienne
(1943-1944), il entre en Allemagne et prend
Pforzheim et Stuttgart (1945). Attaché militaire à Moscou, commandant les troupes
d'occupation en Allemagne (1948), résident
général au Maroc (1951), il devient, en 1953,
chef d'état-major des forces armées, poste
qu'il quitte volontairement en 1956.

Guillaume Tell, héros légendaire helvétique, célèbre pour son adresse de tireur à
l'arc (XIVᵉ s.). Ayant refusé de saluer le
chapeau du bailli habsbourgeois Gessler, il
dut percer d'une flèche une pomme posée sur
la tête de son fils, mais tua plus tard Gessler.

On pense que cette légende viendrait de Norvège (X^e-XIe s.), car on la trouve dans les *Gesta Danorum* rédigés par Saxo Grammaticus vers 1200.

Guillaume Tell (*Wilhelm Tell*), drame de Schiller (1804). L'auteur a suivi la légende helvétique et, bien qu'il ne fût jamais allé en Suisse, a su en imaginer le décor. La noblesse des sentiments et la couleur locale valurent à cette pièce un grand succès.

Guillaume Tell, opéra en 4 actes, paroles de Jouy et Hippolyte Bis, musique de Rossini, créé à l'Opéra de Paris en 1829. L'ouverture et de nombreux airs sont restés célèbres.

Guillaumes, ch.-l. de c. des Alpes-Maritimes (arr. de Nice), sur le haut Var, à 55 km au N.-E. de Castellane ; 546 h.

Guillaumet (Henri), aviateur français (Bouy, Marne, 1902 - en Méditerranée 1940). Entré aux « Lignes Latécoère » en 1926, il fut un des pionniers de la traversée de l'Atlantique Sud et l'organisateur, au-dessus de la Cordillère des Andes, de la liaison Rio de Janeiro-Santiago du Chili. En 1938, il effectua la première traversée commerciale de l'Atlantique Nord. Il disparut en convoyant vers la Syrie un appareil de transport.

Guillaumin (Armand), peintre français (Paris 1841 - *id*. 1927). Il appartint au groupe des impressionnistes. Il peignit à Paris, en banlieue, dans l'Yonne, dans l'Esterel, en Hollande, puis dans la Creuse. Il est représenté au Louvre.

Guillaumin (Emile), écrivain français (Ygrande, Allier, 1873 - *id*. 1951). Il doit sa renommée à un roman, *la Vie d'un simple* (1904), histoire d'un métayer. Il consacra sa vie à la défense de la cause paysanne.

guilledou n. m. (orig. incertaine). *Pop. Courir le guilledou*, chercher des aventures galantes.

guillelmin, e adj. Relatif à un personnage, historique ou autre, du nom de Guillaume.

guillemet n. m. (de *Guillaume*, imprimeur qui l'inventa). Signe graphique ou typographique consistant en un double petit crochet, rond ou anguleux (« »), que l'on place avant et après les citations, avant et après certaines expressions peu usuelles : *Ouvrir, fermer les guillemets.* ◆ **guillemeter** v. tr. (conj. 4). Distinguer par des guillemets.

guillemite ou **guillelmite** n. m. Ermite d'un ordre fondé au XIIe s., en Toscane, par deux disciples de Guillaume de Maleval († 1157). [Affiliés en grande partie à l'ordre bénédictin, les guillemites (qui occupèrent à Paris la maison des Blancs-Manteaux) disparurent au XVIIIe s.]

guillemeter → GUILLEMET.

guillemot n. m. (dimin. de *Guillaume*). Oiseau alcidé des mers arctiques, qui se distingue du pingouin par un bec plus effilé.

Guillén (Nicolás), poète cubain (Camagüey 1902). Son œuvre traduit son engagement politique et s'inspire du folklore national (*Motivos de son*, 1930 ; *Sóngoro Cosongo*, 1931 ; *West Indies Ltd*, 1934 ; *España*, 1937 ; *El son entero*, 1947 ; *Elegia a Jesús Menéndez*, 1951 ; *Elégies et chansons cubaines*, 1959).

Guillén Álvarez (Jorge), poète espagnol (Valladolid 1893). Son œuvre lyrique est marquée par l'influence de Mallarmé et de Valéry, tout en continuant la tradition de Góngora : *Cántico* (1928-1945), *Ardor* (1931).

Guilleragues (Gabriel Joseph DE LAVERGNE, *comte* DE), diplomate et écrivain français (Bordeaux 1628 - Constantinople 1685), aujourd'hui reconnu comme l'auteur des *Lettres portugaises* (1669).

guiller v. intr. (néerl. anc. *ghilen*). Jeter sa levure hors du fût, en parlant d'une bière qui fermente. ◆ **guillage** n. m. Action de la bière qui guille. ◆ **guilloire** n. f. et adj. Cuve où l'on commence la fermentation de la bière.

guilleret, ette [gijarεt] adj. (probablem. de la même famille que *guilleri*). Vif, gai et éveillé : *Se sentir tout guilleret.*

guilleri n. m. (onomatop.). Nom usuel du moineau, ou du cri de cet oiseau.

Guillery, nom de guerre d'un gentilhomme et brigand breton († La Rochelle 1608). Il combattit d'abord du côté de la Ligue, puis se fit chef de brigands et sévit en Bretagne, en Poitou, en Anjou.

Guillestre, ch.-l. de c. des Hautes-Alpes (arr. de Briançon), à 21 km au N.-E. d'Embrun ; 2 009 h. Eglise du XVIe s.

Guillet (Pernette DU), érudite et poétesse française (Lyon v. 1520 - *id*. 1545). Elle est également désignée sous les surnoms de **Perrine** ou de **Perronnelle**. Elle inspira à Maurice Scève les poèmes à « Délie ». Son œuvre fut publiée sous le titre de *Rymes de gentile et vertueuse dame Pernette du Guillet*, par les soins d'Antoine du Moulin (1545).

Guillet (Léon), ingénieur métallurgiste français (Saint-Nazaire 1873 - Paris 1946). Professeur de métallurgie au Conservatoire des arts et métiers (1906), puis à l'Ecole centrale (1911), il prit en 1923 la direction de cette école. Ses travaux, qui se rapportent presque tous aux alliages, concernent notamment les traitements thermiques, la micrographie, les propriétés mécaniques des aciers spéciaux, des bronzes et des laitons additionnés d'éléments divers. (Acad. des sc., 1925.)

Guillevic (Eugène), poète français (Carnac 1907). D'une expression dépouillée et souvent elliptique, il a publié *Terraqué* (1942), *Amulettes* (1946), *Carnac* (1961), *Sphère* (1963), *Avec* (1966), *Euclidiennes* (1967), *Paroi* (1971), *Racines* (1973).

guillochage, guilloche, guilloché → GUILLOCHER.

guillocher v. tr. (orig. obscure). Orner de guillochis. ● *Poulie guillochée,* poulie garnie en son centre d'une plaque de cuivre percée d'un trou où doit passer l'axe. ◆ **guillochage** n. m. Action, manière de guillocher; son résultat. ◆ **guilloche** n. f. Burin pour guillocher. ◆ **guilloché** n. m. Syn. de GUILLOCHIS. ‖ Gravure en traits croisés et entrelacés géométriquement, faisant jouer l'émail translucide qui la recouvre. ◆ **guillocheur** n. m. Ouvrier en guillochage. ◆ **guillochis** n. m. Décor en léger relief linéaire du fond d'une plaque orfévrée. ◆ **guillochure** n. f. Entrecroisement de traits gravés en creux.

guilloire → GUILLER.

Guillon, ch.-l. de c. de l'Yonne (arr. et à 16 km environ à l'E. d'Avallon), sur le Serein; 438 h. Eglise du XIIIe s. Vins.

Guillot-Gorju (Bertrand HARDOUIN DE SAINT-JACQUES, dit), farceur français (Paris 1600 - id. 1648). Après avoir parcouru les provinces, il revint à Paris, succéda, à l'Hôtel de Bourgogne, à Gaultier-Garguille en 1634 et se fit applaudir dans les emplois de médecin jusqu'en 1645.

Guillotin (Joseph Ignace), médecin et homme politique français (Saintes 1738 - Paris 1814). Il fut professeur d'anatomie à la Faculté de Paris et fit entreprendre par le gouvernement l'assèchement des marais de Poitou et de Saintonge. Elu député de Paris aux Etats généraux, il défendit le principe du supplice unique et fit adopter l'instrument appelé, de son nom, « guillotine », qui fut étudié et construit par le Dr Antoine Louis.

guillotine n. f. (de *Guillotin* n. pr.). Instrument composé de deux montants élevés sur des madriers posés en croix sur le sol et entre lesquels descend une lame triangulaire commandée par un bouton, et qui sert à trancher la tête des condamnés à mort de droit commun en France. ‖ Exécution capitale. ‖ Outil en fer qui sert au cordonnier à régulariser l'épaisseur de la trépointe. ● *Fenêtre à guillotine,* v. FENÊTRE. ◆ **guillotiné, e** n. Personne décapitée par la guillotine. ◆ **guillotinement** n. m. Action de guillotiner. ◆ **guillotiner** v. tr. Décapiter par la guillotine. ◆ **guillotineur** n. m. Celui qui guillotine, ou qui fait guillotiner.

Guilloux (Louis), écrivain français (Saint-Brieuc 1899). Il est l'auteur de romans réalistes sur la vie provinciale : *la Maison du peuple* (1927), *le Sang noir* (1935), *le Jeu de patience* (1949), *les Batailles perdues* (1960).

Guilmant (Alexandre), organiste et compositeur français (Boulogne-sur-Mer 1837 - Meudon 1911). Avec Vincent d'Indy et Bordes, il fonda la Schola cantorum (1894). Professeur d'orgue au Conservatoire, il publia avec André Pirro les *Archives des maîtres de l'orgue.*

Guilvinec, ch.-l. de c. du Finistère (arr. de Quimper), sur la côte, à 11 km au S.-O. de Pont-l'Abbé ; 4 108 h. (*Guilvinistes*). Port de pêche. Station balnéaire. Conserveries.

Guimarães, v. du Portugal (distr. de Braga) ; 23 200 h. Château des ducs de Bragance. Petite métallurgie ; textiles.

Guimarães Rosa (João), écrivain brésilien (Cordisburgo, Minas Gerais, 1908 - Rio de Janeiro 1967). Poète usant d'une langue qui mêle les néologismes et les archaïsmes dialectaux (*Sagarana,* 1946), il a célébré dans ses romans et ses nouvelles le Nord-Est brésilien (*les Nuits du Sertão,* 1956).

Guimard (Marie-Madeleine), danseuse française (Paris 1743 - id. 1816). Danseuse de l'Académie royale de danse, elle interpréta nombre de rôles de demi-caractère, notamment dans les ballets de Gardel. Elle excellait dans le mime.

Guimard (Hector), architecte et décorateur français (Lyon 1867 - New York 1942). Il fut un des auteurs les plus caractéristiques du « modern style » (« castel Béranger », rue La Fontaine, à Paris, en 1898 ; entrées du Métropolitain), et il a publié un album de meubles et d'ornements. Il est représenté au musée des Arts décoratifs.

guimauve n. f. (d'un premier élément *gui-*, empr. au lat. *hibiscum,* mauve, et du franç. *mauve).* Malvacée médicinale des prés humides, à tige dressée, aux fleurs rosées. (La fleur de guimauve entre dans la composition

« la Guillotine à Paris »
20 mars 1792
cabinet des Estampes

Larousse

des espèces pectorales ; la racine est employée en décoctions pour lavements ou gargarismes.) ● *Pâte de guimauve,* sorte de confiserie molle qui, en fait, ne contient pas de guimauve.

guimbarde n. f. (provenç. *guimbardo,* danse ; de *guimba,* sauter). Petit rabot de menuisier, de graveur, pour aplanir le fond des entailles préalablement affouillées au ciseau. ‖ Danse ancienne sur un air à deux temps, qui n'était déjà plus en usage au XVIIIe s. ‖ Instrument rudimentaire de musique, dont on tire le son en faisant vibrer une languette d'acier. ‖ *Fam.* Vieille voiture : *Vendre une guimbarde.*

guimberge n. f. (flam. *wimberge*). Encadrement d'une clef de voûte.

Guimerá (Ángel), poète et auteur dramatique catalan (Santa Cruz de Tenerife, Canaries, 1849 - Barcelone 1924). Partisan de la renaissance politique et littéraire de la Catalogne, il écrivit des drames réalistes (*Terre basse,* 1896).

guimauve

Noailles

Guimet (Jean-Baptiste), chimiste français (Voiron 1795 - Lyon 1871). Il créa en 1834 la fabrication de l'outremer artificiel. — Son fils EMILE (Lyon 1836 - Fleurieu-sur-Saône 1918) recueillit au Japon, en Chine et dans l'Inde les collections qu'il groupa en un musée.

Guimet (MUSÉE), département des Arts asiatiques des Musées nationaux. Fondé à Lyon en 1879 par Emile Guimet, il fut transféré en 1885 à Paris et rattaché aux Musées nationaux en 1945.

Guimiliau, comm. du Finistère (arr. de Morlaix), à 7,5 km au S.-E. de Landivisiau ; 760 h. Eglise des XVIe et XVIIe s. Calvaire.

guimpage → GUIMPE.

guimpe n. f. (anc. franç. *guimple ;* d'un francique *wimpil ;* allem. *Wimpel,* banderole). Au XVIIe s., pièce de toile blanche encadrant le visage et retombant sur le cou et la poitrine (conservée dans le costume des religieuses). ‖ Petite chemisette en tissu léger qui se porte avec des robes décolletées et monte jusqu'au cou. ‖ Banderole d'une lance de joute. ● **guimpage** n. m. Opération consis-

tant à recouvrir un fil, dit « d'âme », d'un ou de plusieurs fils qui le recouvrent complètement. ● **guimper** v. tr. Pratiquer l'opération du guimpage. ● **guimperie** n. f. Industrie du guimpier. ● **guimpier** n. m. Fabricant de guimpes. ‖ Ouvrier conduisant une machine à guimper.

guinandage n. m. Brassage, au moyen d'un cylindre réfractaire (*guinand*), du verre d'optique plombeux fondu, pour éviter, au refroidissement, la séparation en deux couches de densité différente.

1. guinche n. f. Autref., outil de bois dont le cordonnier se servait pour polir les talons, les semelles.

2. guinche n. f. *Pop.* Danse. ● **guincher** v. intr. *Pop.* Danser.

guindage, guindant → GUINDER.

guindas n. m. Petite presse pour catir à froid les lainages.

guinde → GUINDER.

guindé → GUINDER (SE).

guindeau → GUINDER.

guinder v. tr. (anc. allem. *windan*). Lever, hisser au moyen d'une grue, d'une poulie, d'un guindeau, etc. ‖ Au théâtre, se servir d'une guinde pour attacher un châssis, un élément du décor. ● **guindage** n. m. Action de guinder. ‖ Ensemble des cordages, poulies, etc., qui servent à guinder. ‖ Élévation nécessaire pour guinder. ● **guindant** n. m. *Guindant de mât,* partie d'un mât de navire comprise entre les jottereaux et le pont supérieur, ou entre la noix et le chouque du mât inférieur. ‖ *Guindant de pavillon,* longueur de la gaine d'un pavillon ou d'un guidon. ‖ *Guindant d'une voile,* hauteur, le long du mât, d'une voile carrée ou aurique ; longueur de la gaine d'une voile latine. ● **guinde** n. f. Grue à bras pour élever les fardeaux. ‖ Au théâtre, cordage qui, sur le plateau, fixe les châssis ou les différents éléments d'un décor. ● **guindeau** n. m. Cabestar horizontal servant à mouiller et à virer les ancres des navires. ● **guinderesse** n. f. Cordage commis en aussière et servant soit à hisser les mâts, soit à pousser les bouts-dehors.

→ V. illustration page suivante.

guinder (se) v. pr. Se hausser artificiellement à un certain niveau moral, intellectuel, etc. ‖ S'élever à perte de vue, en parlant d'un oiseau. ● **guindé, e** adj. Qui manque de naturel ; affecté, grave : *Personnage guindé.*

guinderesse → GUINDER.

guindrage → GUINDRE.

guindre n. m. (mot provenç.). Petit métier servant à doubler les soies filées avant de les passer à l'ourdissoir. ‖ Partie d'un dévidoir recevant les écheveaux de soie. ● **guindrage** n. m. Longueur des écheveaux, dans l'industrie de la soie. ‖ Opération du dévidage de la soie.

guindeau

Lebrun

guinée n. f. Unité monétaire de compte anglaise valant 21 shillings, soit 1 livre et 1 shilling. (En angl., on dit GUINEA.)

Guinée, terme désignant autref. le littoral du sud du Sénégal au Gabon, puis, plus précisément, la république de Guinée, ainsi que les Guinées portugaise et espagnole. En 1480, les Portugais avaient exploré toute la côte de Guinée. Aux XVIIᵉ et XVIIIᵉ s., la Guinée fut le principal marché d'esclaves qui alimenta le trafic triangulaire. Les Portugais cédèrent une partie de leur territoire à l'Espagne par le traité du Pardo (1778). Le reste devint colonie en 1879. Un protectorat français fut établi au XIXᵉ s.

Guinée, république de l'Afrique occidentale, en bordure de l'Atlantique, entre la Guinée portugaise et la Sierra Leone ; 245 857 km² ; 5 150 000 h. (*Guinéens*). Capit. *Conakry*. Langue officielle : *français*. Religion : *islamisme*.

Géographie.

De l'O. vers l'E. se succèdent : la *basse Guinée,* plaine côtière vallonnée, bordée de zones marécageuses à mangrove ; le *Fouta-Djalon,* massif montagneux tourmenté ; la *haute Guinée,* pays de plateaux couverts de savanes, découpés par le Niger et ses affluents. Dans le Sud-Est, la grande forêt équatoriale recouvre d'imposants massifs (mont Nimba, 1 854 m). Le climat est de type tropical, mais la longueur de la saison sèche s'accroît vers l'E. et vers le N. ; la plaine côtière est abondamment arrosée (Conakry, plus de 4 000 mm).
La population se concentre près du littoral (Nalous et Bagas) et sur les pentes du Fouta-Djalon (Peuls). Elle se consacre, en grande partie, à une agriculture très diversifiée, associant aux cultures vivrières (riz, maïs, mil, patate, manioc) d'importantes cultures commerciales (café, banane, arachide, ananas) et un élevage assez développé (1,9 million de bovins, 750 000 ovins et caprins).
Le sous-sol recèle des gisements de fer

RÉGION	SUPERFICIE EN KM²	NOMBRE D'HABITANTS
Beyla	17 452	145 000
Boffa	6 003	83 000
Boké	11 053	121 000
Conakry	308	197 000
Dabola	6 000	65 000
Dalaba	5 750	121 000
Dinguiraye	11 000	77 000
Dubréka	5 676	102 000
Faranah	12 397	103 000
Forécariah	4 265	86 000
Fria		34 000
Gaoual	11 503	86 000
Guéckédou	4 157	135 000
Kankan	27 488	190 000
Kindia	8 828	132 000
Kissidougou	8 872	142 000
Koundara	5 500	57 000
Kouroussa	16 405	91 000
Labé	7 616	305 000
Macenta	8 710	135 000
Mali	8 800	137 000
Mamou	6 159	162 000
N'Zérékoré	10 183	211 000
Pita	4 000	154 000
Siguiri	23 377	191 000
Télimélé	8 155	134 000
Tougué	6 200	79 000
Yomou		60 000

VILLES PRINCIPALES : *Conakry, Kankan, Kindia, Siguiri, Labé, Boké, N'Zérékoré.*

armoiries de la **Guinée**

(1 million de tonnes), d'or, de diamants et de bauxite (7,6 millions de tonnes traitées en partie à l'usine de Fria). L'alumine seule constitue en valeur plus de la moitié des exportations, qui comportent encore des diamants, du minerai de fer (1 million de tonnes, exploité dans la péninsule de Kaloum, près de Conakry) et des produits tropicaux (bananes, café, arachides). Les importations, supérieures aux exportations, sont constituées surtout par des biens d'équipement et des compléments alimentaires. Conakry, dont le port a été récemment aménagé, est le principal débouché du pays.

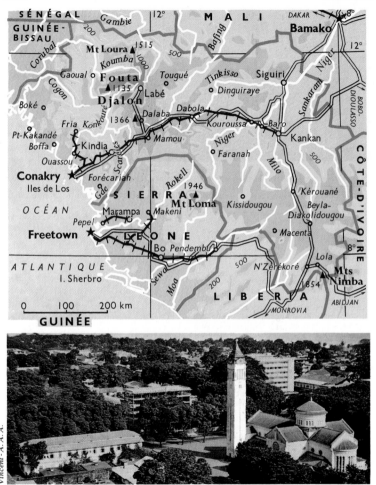

Conakry

Histoire.

A partir du XIIIᵉ s., la haute Guinée fait partie de l'empire du Mali, dont la capitale, Niani, se trouve sur son territoire. Deux grandes ethnies — les Malinkés et les Peuls — dominent l'histoire de la Guinée. Le commerce à longue distance est le monopole de colporteurs musulmans, les Dyoulas, qui pratiquent la traite des Noirs. Après l'effondrement de l'empire du Mali, au XVIᵉ s., le pays perd son unité politique, alors que se développe le commerce européen, en particulier celui des Portugais (trafic des esclaves). Au XVIIIᵉ s., l'Empire mandingue des Bambaras de Ségou étend son autorité

le Konkouré

Bottin

jusqu'à Kouroussa ; il est remplacé, au début du XIXᵉ s., par le royaume dialonké de Tamba. C'est alors l'apogée de la traite des Noirs vers l'Amérique. En 1850, El-Hadj Omar détruit Tamba et commence sa carrière de conquérant. A partir de 1870, Samory Touré se crée un vaste empire, qui sera détruit par les Français entre 1891 et 1898. La haute Guinée, d'abord rattachée au Soudan français, est transférée à la Guinée en 1900.

De leur côté, les Peuls, à l'ouest, dans le Fouta-Djalon, créent un empire au XVIᵉ s. Pénétrés par l'islām, ils organisent au XVIIIᵉ s. une dure société pseudo-féodale, qui marque cependant un grand progrès sur le plan culturel. Mais ils doivent s'incliner devant l'avance française en 1896. C'est en 1893 qu'a été constituée la colonie de la Guinée française (capitale Konakry), qui, englobée dans l'A.-O. F. en 1895, trouve son assiette définitive par l'annexion du haut Niger (1900) et la cession de l'archipel de Los par les Britanniques (1904). Cependant, elle ne connaît qu'un développement assez lent ; son économie ne se transforme vraiment qu'après 1945, par la mise en valeur de ses grandes richesses minières.

La lutte pour la décolonisation ne prend forme qu'avec son chef charismatique, le syndicaliste malinké Sékou Touré qui, maire de Conakry (1955), puis vice-président du Conseil du gouvernement (1957), fait basculer son pays, dès le 2 octobre 1958, dans l'indépendance totale et immédiate. Désormais, l'histoire de la Guinée se confond avec la vie de Sékou Touré, chef absolu de la république de Guinée en même temps que leader d'un parti unique, partout présent et qui ne tolère ni rivalité ni opposition.

Guinée (COMPAGNIE FRANÇAISE DE), compagnie de commerce qui succéda en 1685 à la Compagnie du Sénégal dans le monopole de la traite des Noirs.

Guinée (COURANT DE), courant dirigé vers l'E. et longeant les côtes du golfe de Guinée.

Guinée (GOLFE DE), partie de l'océan Atlantique située le long des côtes africaines entre l'embouchure de l'Ogooué et la côte du Libéria.

Guinée (Nouvelle-). V. NOUVELLE-GUINÉE.

Guinée-Bissau, anc. **Guinée portugaise**, État de l'Afrique occidentale, au sud du Sénégal ; 31 800 km² ; 535 000 h. Capit. Bissau.

● *Géographie.* Le pays s'étend sur un ensemble de plaines côtières marécageuses et de bas plateaux se relevant vers le S.-E., sur les contreforts du Fouta-Djalon. Le climat tropical humide qui règne sur la côte, où poussent la mangrove et la forêt dense, s'assèche vers l'intérieur, où la végétation passe à la forêt claire et à la savane.

La population se concentre près du littoral. Elle pratique la riziculture inondée et l'élevage bovin. De rares plantations d'arachides et de palmiers à huile fournissent l'essentiel des exportations d'un pays où l'industrie est inexistante. Les échanges passent par le port de Bissau, capitale et principale ville.

● *Histoire.* Découverte en 1446 par les Portugais, cette partie de la côte de Guinée n'est vraiment colonisée par eux qu'après 1580. Détachée administrativement des îles du Cap-Vert en 1879, avec Bolama (Bissau) comme capitale, la Guinée portugaise voit ses frontières fixées en 1886. En fait, les révoltes des différentes ethnies retardent une certaine mise en valeur. L'action, longtemps combattue, et donc clandestine, du Parti africain de l'indépendance de la Guinée et du Cap-Vert (P.A.I.G.C.), fondé en 1956 et animé par Amilcar Cabral, prend la forme de la lutte armée contre les Portugais à partir de 1963. En 1973, au lendemain de l'assassinat d'A. Cabral, le mouvement de libération qu'anime Luis Cabral, demi-frère de l'ancien leader du P.A.I.G.C., proclame, dans les territoires qu'il contrôle, la république de Guinée-Bissau, qui est reconnue par la plupart des pays africains et que le Portugal, débarrassé du régime salazariste, reconnaît en août 1974. En 1980, un coup d'Etat évince du pouvoir Luis Cabral, qui est remplacé par le commandant João Bernardo Vieira.

Guinée équatoriale, anc. **Guinée espagnole,** Etat de l'Afrique équatoriale, sur le golfe de Guinée ; 28 100 km² ; 320 000 h. Capit. *Malabo.*
● *Géographie.* Le pays s'étend sur le territoire continental du Mbini (anc. Río Muni), socle ancien raboté couvert par la forêt dense, et diverses îles, dont Corisco, Elobey Grande, Elobey Chico et Fernando Póo, d'origine volcanique. Dans le Mbini, une population clairsemée pratique une agriculture vivrière (manioc). De rares plantations fournissent du café, du cacao, des bananes et des arachides.
● *Histoire.* L'Espagne prend pied dans le pays quand le Portugal lui cède, en 1777 (traité de San Ildefondo), l'île d'Annobón (découverte en 1471) et l'île de Fernando Póo (découverte en 1472).
Point chaud de la traite des Noirs, la région ne prend vraiment allure de colonie d'exploitation qu'en 1858, sa mise en valeur étant plus tardive encore (1898) ; les frontières de la Guinée espagnole ne sont d'ailleurs fixées qu'en 1900. Le Río Muni et Fernando Póo, réunis en province espagnole en 1959, accèdent à l'autonomie en 1964 et à l'indépendance — sous le nom de « République de Guinée équatoriale » — le 12 octobre 1968. Président de la République à partir de 1968, Francisco Macias Nguema établit un régime dictatorial qui provoque la fuite à l'étranger de nombreuses personnes et qui aboutit à la ruine du pays. Renversé par un coup d'Etat militaire en 1979, Macias Nguema sera fusillé. Dès lors, de nouvelles relations sont établies avec l'Espagne.

guinéen, enne adj. et n. Qui se rapporte à la Guinée ou à ses habitants ; habitant ou originaire de Guinée. ● *Sous-race guinéenne,* ensemble de populations forestières couvrant la haute Guinée, le nord du Liberia et une partie du Cameroun. Ces diverses tribus constituent une sous-race de la *race mélano-africaine.* Elles sont de stature modérée [de 1,64 m à 1,68 m], légèrement dolichocéphales ; le prognathisme est faible et le nez très large ; la peau n'est pas noire, mais brunâtre ou rougeâtre. La sous-race guinéenne comporte notamment les Tomas, les Guerzés, les Kissiens, les Yoroubas, etc. Des études récentes montrent que les Pygmées africains, ou Négrilles, devaient s'étendre autrefois jusque dans la forêt guinéenne ; en effet, certains de leurs traits raciaux se retrouvent encore, par suite du métissage, chez certains Guinéens, tels que les Tomas.

Guinegatte, auj. **Enguinegatte,** comm. du Pas-de-Calais (arr. de Saint-Omer), à 12 km à l'O.-S.-O. d'Aire-sur-la-Lys ; 354 h. En 1479, bataille indécise entre les troupes de Louis XI et celles de Maximilien d'Au-

triche. Le 16 août 1513 (*journée des Eperons*), les Français s'enfuirent sans combattre devant les troupes d'Henri VIII d'Angleterre et de Maximilien d'Autriche.

Guînes, ch.-l. de c. du Pas-de-Calais (arr. et à 10 km au S. de Calais) ; 5 175 h.

Guînes (TRAITÉ DE). V. ARDRES.

Guingamp, ch.-l. d'arr. des Côtes-du-Nord, à 32 km à l'O. de Saint-Brieuc ; 9 519 h. [*Guingampais*]. Ancienne capitale du Penthièvre, la ville possède une intéressante basilique de Notre-Dame-de-Bon-Secours (XIVᵉ, XVᵉ et XVIᵉ s.), qui a été endommagée en août 1944 ; pèlerinage à la statue de la Vierge, sous le grand porche. Vestiges d'un château du XVᵉ s. Maisons anciennes. Construction de machines agricoles et de machines pour le travail des matières plastiques. Confection. Important marché. Patrie de T. Ribot et de Guy Ropartz.

→ V. illustration page suivante.

guingan n. m. Grosse étoffe de coton lisse, à rayures blanches sur fond bleu foncé, qui se fabriquait dans l'Inde.

guingois (oi) loc. adv. (de l'anc. franç. *guinguer,* sauter). *Fam.* De travers (au *pr.* et au *fig.*) : *Un chapeau mis tout de guingois.*

guinguenasse n. f. Filet dormant en forme de tramail.

guinguet, ette adj. Syn. de GINGUET. ‖ — **guinguet** n. m. *Text.* Camelot d'Amiens, uni ou rayé.

guinguette n. f. (fém. de l'adj. *guinguet,* étroit, issu de *ginguet,* vin aigrelet). Cabaret de banlieue où l'on va boire, manger et danser aux jours de fête : *Une guinguette au bord de la Marne.* ‖ Pipe à petit fourneau. ‖ Toile d'étoupe de lin.

Guinguinéo, comm. du Sénégal (région du Sine-Saloum), sur le Dakar-Niger ; 5 400 h.).

Guinier (Philibert), forestier et botaniste français (Grenoble 1876-Paris 1962). On lui doit d'importants travaux sur l'écologie, la phyto-sociologie, l'anatomie du bois, les altérations du bois et la populiculture. Directeur de l'Ecole nationale des eaux et forêts de 1924 à 1941, membre de l'Académie d'agriculture, il a joué un rôle fondamental dans l'évolution de l'enseignement forestier. (Acad. des sc., 1953.)

Guinizelli (Guido), poète italien (Bologne entre 1230 et 1240 - Monselice 1276). Il appartenait au parti gibelin et il dut s'exiler après la victoire des guelfes (1274). Ses *canzoni* et ses sonnets présentent l'amour comme la passion réservée aux âmes nobles et la beauté féminine comme l'image de la beauté céleste. Cette conception idéaliste de l'amour ouvre la voie au *dolce stil nuovo,* qu'illustrera Dante.

Guinness (sir Alec), acteur anglais (Londres 1914). Acteur depuis 1936, il débute au

O.D.F.

basilique Notre-Dame-de-Bon-Secours

Guingamp

hôtel de ville

O.D.F.

cinéma en 1946 dans *Oliver Twist*. Tout en continuant sa carrière théâtrale, il connaît les plus grands succès à l'écran : *Noblesse oblige* (1949), *De l'or en barres* (1951), *l'Homme au complet blanc* (1951), *Tueur de dames* (1955), *le Pont de la rivière Kwaï* (1957), *les Fanfares de la gloire* (1960), *les Mutinés du « Téméraire »*, *Lawrence d'Arabie* (1962), *la Chute de l'Empire romain* (1964), *Dr Jivago* (1965), *Scrooge* (1970).

Guiot ou **Guyot de Provins,** poète français de la fin du XIIᵉ s. Moine à Clairvaux et à Cluny, il a laissé une *Bible*, poème satirique de 2 700 vers, où il attaque les princes, les chevaliers, le pape, les gens de loi, les médecins et surtout les moines.

guipage → GUIPER.

Guipavas, comm. du Finistère (arr. et à 9 km au N.-E. de Brest) ; 10 488 h. Mégalithes. Eglise du XVIᵉ s. Aérodrome.

guipé → GUIPER.

guiper v. tr. (du gotique *weipan,* entourer de soie). Travailler ou dessiner sur le vélin en façon de guipure. ‖ Disposer un revêtement, généralement en matière textile, autour d'un conducteur électrique. ◆ **guipage** n. m. Action de guiper ; travail en forme de guipure. ‖ Revêtement, généralement en matière textile, disposé autour d'un conducteur électrique pour en assurer l'isolement électrique ou la protection mécanique. ◆ **guipé** n. m. Broderie d'or ou d'argent en relief, sur bourrage en carton. ◆ **guipoir** n. m. Outil dont se sert le passementier pour faire des torsades, pour guiper. (On dit aussi GUIPON.) ◆ **guipon** n. m. Brosse fixée au bout d'un long manche, dont on se sert pour certaines applications de peinture, dans l'industrie et le bâtiment. ◆ **guipure** n. f. Sorte de grosse dentelle dont le tissage comporte trois systèmes de fils à évolution différente : les *fils fixes,* formant une nappe de fils parallèles ; les *fils de broché,* évoluant entre ces fils fixes ; et les *fils de liage,* assujettissant ensemble les fils fixes et les fils brochés. ‖ *Fig.* Dessin rappelant la guipure par sa forme : *Les guipures de l'architecture gothique.*

Guipúzcoa, une des trois provinces basques d'Espagne ; 507 700 h. Ch.-l. *Saint-Sébastien.*

Guir (OUED). V. GHIR.

Güiraldes (Ricardo), écrivain argentin (San Antonio de Areco, prov. de Buenos Aires, 1886 - Paris 1927). Après un recueil de vers et des romans, il composa en 1926 *Don Segundo Sombra,* véritable épopée en prose de la vie des gauchos.

Guirand de Scévola (Victor Lucien), peintre français (Sète 1871 - Paris 1950). Portraitiste mondain et élégant, il organisa et commanda pendant la Première Guerre mondiale la section de camouflage, qui employa de nombreux artistes.

Guiraud (Ernest), musicien français (La Nouvelle-Orléans 1837 - Paris 1892). Professeur d'harmonie et de composition au Conservatoire, il eut une grande influence sur ses élèves, parmi lesquels Debussy.

Guiraut de Borneil ou **de Bornelh,** troubadour languedocien (Excideuil, Aquitaine, vers le milieu du XIIᵉ s.). Très estimé de ses contemporains, il a laissé quatre-vingts pièces, dont une aube d'une très belle inspiration.

Guirguèh, en ar. **Girgā,** v. d'Egypte, en Haute-Egypte, sur la rive ouest du Nil ; 37 300 h. Poteries renommées.

guirlandage → GUIRLANDE.

guirlande n. f. (ital. *ghirlanda*). Chaîne de fleurs, de verdure, que l'on suspend comme ornement : *Décorer une salle avec des guir-*

landes de feuillage. ‖ Végétation ressemblant à ce lien : *Les guirlandes du chèvrefeuille.* ‖ Série de personnes ou d'objets disposés en forme de guirlande. ‖ Feston de feuillages, fleurs, fruits formant un motif décoratif. ‖ Sur les navires en bois, ensemble des pièces de liaison, en forme de V, qui relient l'étrave aux ceintures ou aux bordés de l'avant. ‖ Dans la construction navale métallique, plaque de tôle de forme triangulaire. (On dit aussi **tablette**.) ‖ Nom donné à certains recueils de madrigaux au XVIIᵉ s. ‖ *Fig.* Détail, accessoire : *Faire un récit brutal, sans guirlandes.* ◆ **guirlandage** n. m. Dans les câbles électriques isolés, enveloppe de fils textiles non jointifs, enroulés en hélice et utilisés comme séparateur discontinu.

Guirlande de Julie (LA), recueil de soixante-deux madrigaux que le duc de Montausier fit composer par des poètes en renom (parmi lesquels Corneille), et dont il rima lui-même seize pièces, en l'honneur de Julie d'Angennes, fille de la marquise de Rambouillet, qu'il épousa en 1645, après quatorze ans d'attente. Ce monument, composé de vingt-neuf feuillets de vélin, ornés chacun d'une fleur peinte par Robert, fut calligraphié par Jarry et offert à Mˡˡᵉ de Rambouillet le 1ᵉʳ janv. 1634.

Guisan (Henri), général suisse (Mézières, cant. de Vaud, 1874 - Pully, près de Lausanne, 1960). Pendant la Seconde Guerre mondiale, il commanda les forces armées de la Confédération helvétique.

Guisanne (la), torrent des Alpes du Sud, affl. de la Durance supérieure (r. dr.) ; 30 km.

guisarme n. f. (bas lat. *jusarmia*). Arme d'hast, à fer asymétrique et possédant un ou deux crochets sur le dos (XIIᵉ-XVᵉ s.). ◆ **guisarmier** n. m. Soldat armé d'une guisarme.

Guiscard, ch.-l. de c. de l'Oise (arr. de Compiègne), à 10 km au N. de Noyon ; 1 504 h.

Guiscard, surnom de **Robert*** de Hauteville, duc de Pouille, de Calabre et de Sicile.

Guiscriff, comm. du Morbihan (arr. de Pontivy), à 13 km au S. de Gourin ; 2 734 h. Eglise du XVIᵉ s. Calvaire du XVIIIᵉ s. Centre commercial.

guise n. f. (du germ. *wisa ; allem. moderne *Weise,* pensée). *A ma guise, à ta guise, à sa guise,* etc., comme il me plaît, te plaît, lui plaît, etc. : *Agir à sa guise.* ● LOC. PRÉP. *En guise de,* en manière de : *En guise de récompense.*

Guise, ch.-l. de c. de l'Aisne (arr. de Vervins), sur l'Oise, à 27 km au N.-E. de Saint-Quentin ; 6 296 h. (*Guisards*). Fonderie. Filature de la laine. Tanneries. La ville de Guise entra dans la maison de Lorraine en 1333. En 1528, elle fut érigée en duché-pairie. En 1688, elle passa aux Condé et, en 1832, à la maison d'Orléans. Patrie de Camille Desmoulins.

Guise (BATAILLE DE), victoire remportée sur les Allemands les 28 et 29 août 1914 par Lanrezac qui freina momentanément l'avance allemande vers Paris et dégagea les Anglais de French. Les 4 et 5 nov. 1918, Guise fut reprise par Debeney.

Guise (Claude Iᵉʳ DE) [Condé 1496 - Joinville 1550], premier duc et pair de Guise (1528-1550), fils de René II, duc de Lorraine. — Son fils FRANÇOIS Iᵉʳ (Bar 1519 - Saint-Mesmin 1563) défendit Metz contre Charles Quint (1552). Nommé lieutenant général du royaume, il reprit Calais aux Anglais (1558). Sous François II, il prit la tête du parti catholique et fut le véritable maître de la France. Au début des guerres de Religion,

Henri Iᵉʳ de **Guise**

école des Clouet, *musée Condé, Chantilly*

François Iᵉʳ de **Guise**

il fut assassiné par un agent de Coligny, alors qu'il assiégeait Orléans. — CHARLES (Joinville 1524 - Avignon 1574), frère du précédent, fut archevêque de Reims (1538) et cardinal de Lorraine (1574). — HENRI Ier, dit *le Balafré* (1550 - Blois 1588), 3e duc de **Guise** (1563-1588), fils de François Ier, combattit à Jarnac et à Moncontour contre les protestants. Il fut l'un des instigateurs de la Saint-Barthélemy. Victorieux et blessé à Dormans (1575), devenu chef de la Ligue* (1576), il profita de sa popularité à Paris, du discrédit dans lequel était Henri III et des problèmes que posait sa succession, pour prétendre au trône. Après sa victoire d'Auneau sur les protestants (1587), il entra triomphalement à Paris malgré l'interdiction du roi. Après la journée des Barricades, il sembla triompher d'Henri III, mais celui-ci l'attira à Blois et le fit assassiner. — LOUIS II, cardinal de Lorraine (Dampierre 1555 - Blois 1588), frère du précédent, fut assassiné le lendemain de la mort d'Henri le Balafré. — CHARLES (1571 - Cuna 1640), 4e duc de **Guise** (1588-1640), fut un moment compétiteur d'Henri IV au trône de France.

Guise (Jean D'ORLÉANS, duc DE) [Paris 1874-Larache 1940], fils du duc de Chartres et époux d'Isabelle d'Orléans (1899). Il fut héritier de la couronne de France à la mort du duc d'Orléans (1926).

guitare n. f. (esp. *guitarra* ; du gr. *kithara*). Instrument de musique à cordes pincées et à caisse plate. (V. *encycl.*) ‖ Assemblage de pièces de bois courbes, servant dans la construction des toits des lucarnes. ◆ **guitariste** n. Personne qui joue de la guitare.

— ENCYCL. **guitare.** *Mus.* L'origine de la guitare est orientale, et l'on croit qu'elle fut introduite par les Arabes en Espagne, où elle est devenue en quelque sorte un instrument national. La guitare, qui comprenait autrefois quatre ou cinq cordes doubles, comprend aujourd'hui six cordes simples, accordées ainsi : *mi, la, ré, sol, si, mi.* L'étendue de l'instrument est de trois octaves environ. Les trois premières cordes sont en soie filée de laiton, les trois cordes supérieures en boyau. La table supérieure est percée d'une ouverture ronde appelée *rosace.* Le manche, droit, long et large, est divisé dans sa longueur en un certain nombre de cases, à l'aide de petits sillets qui indiquent la place des notes. On

pince la guitare avec les doigts ou avec un plectre. Dans la *guitare hawaïenne*, la vibration caractéristique est obtenue par le frottement d'une glissière de métal sur les cordes. La *guitare électrique*, munie d'un amplificateur électrique, est utilisée dans la musique de jazz et de variétés.

guitariste → GUITARE.

Guiton (Jean), maire de La Rochelle (La Rochelle 1585 - *id.* 1654). Il dirigea la résistance de la ville contre Richelieu.

guitoune n. f. (ar. *gītūn*, petite tente). *Arg. mil.* Tente. ‖ *Arg.* Pièce, local quelconque.

Guîtres, ch.-l. de c. de la Gironde (arr. et à 15 km au N. de Libourne), sur l'Isle ; 1 377 h. (*Guitrauds*). Eglise des XIe-XIVe s.

Guitry (Lucien), acteur français (Paris 1860 - *id.* 1925). Après avoir joué neuf ans au théâtre Michel à Saint-Pétersbourg, il entra à l'Odéon en 1891, puis à la Renaissance (1895). Il interpréta les pièces de Capus, de Bataille, de Bernstein et d'E. Rostand. A la fin de sa carrière, il donna des interprétations très personnelles du *Misanthrope* (1922), du *Tartuffe* (1923), de *l'Ecole des femmes* (1924). — Son fils SACHA (Saint-Pétersbourg (1885 - Paris 1957) fit jouer à seize ans sa première pièce, *le Page*, et débuta à dix-sept ans comme acteur au théâtre de la Renaissance. Sa facilité se donna libre cours dans les pièces dont il créa la plupart des rôles principaux : *la Prise de Berg-op-Zoom* (1913), *Jean de La Fontaine* (1916), *Pasteur* (1919), *Mon père avait raison* (1919), *le Mot de Cambronne* (1936), *Tu m'as sauvé la vie* (1949), *Palsambleu !* (1953). Dès 1912, il filma quelques amis célèbres de son père : Rodin, Monet, Renoir, Anatole France. Il tourna ensuite de nombreux films : *le Roman d'un tricheur* (1935), *les Perles de la Couronne* (1937), *Remontons les Champs-Elysées* (1938), *Si Versailles m'était conté* (1954), *Napoléon* (1955), etc. Elu à l'Académie Goncourt en 1939, il en démissionna en 1948, à la suite des critiques que lui avait values son attitude pendant l'occupation allemande.

Guitton (Jean), écrivain et philosophe français (Saint-Etienne 1901). Professeur de philosophie à la Sorbonne, auditeur laïc au second Concile du Vatican, son œuvre a fait de lui un des maîtres à penser du catholicisme contemporain. (Acad. fr. 1961.)

guitare ayant appartenu à Paganini, puis à Berlioz
musée du Conservatoire national de musique

Publimage

Guitton (Henri), économiste français (Saint-Etienne 1904). Il a renouvelé la méthodologie de la science économique et étudié les fluctuations économiques.

Guittone d'Arezzo, poète italien (Santa Firmina, Arezzo, apr. 1230 - Florence 1294). Ses œuvres en prose ont contribué à former le style des écrivains en langue vulgaire.

guivre n. f. (lat. *vipera*, vipère). Serpent fantastique. (On dit aussi VOUIVRE.) ‖ *Hérald.* Serpent monstrueux avalant un enfant ou un homme. ◆ **guivré, e** adj. *Hérald.* Se dit d'un attribut se terminant par une tête de guivre.

Guizèh, **Gizeh** ou **Giseh**, en ar. **Djîza**, v. d'Egypte, ch.-l. de prov., sur la rive gauche du Nil ; 262 000 h. Palais des Mamelouks. C'est la banlieue résidentielle du Caire, sur la route des Grandes Pyramides.

Guizot (François), historien et homme politique français (Nîmes 1787 - Val-Richer, Calvados, 1874). Professeur d'histoire moderne à la Sorbonne à partir de 1812, il collabore au *Globe*, est élu à la Chambre des députés en 1830 et contribue à l'avènement de la monarchie de Juillet. Théoricien du parti de la résistance, chef du centre droit, il devient ministre de l'Intérieur (août-nov. 1830), puis de l'Instruction publique (oct. 1832-févr. 1836, puis sept. 1836-avr. 1837) ; la loi qu'il fait voter le 28 juin 1833 admet le principe de la liberté de l'enseignement primaire. Il devient ministre des Affaires étrangères (1840), puis chef du gouvernement (1847-1848). Il s'oppose à toute réforme électorale et sociale, et la bourgeoisie est seule représentée à la Chambre. Sa politique extérieure est marquée par une entente avec la Grande-Bretagne et par une alliance avec Metternich, adversaire comme lui du libéralisme. Le refus qu'il oppose aux revendications des libéraux (campagne des Banquets) déclenche la révolution de février 1848. Il se consacre désormais aux travaux historiques. Il a écrit une *Histoire de la révolution d'Angleterre* (1826-1827). [Acad. des sc. mor., 1832 ; Acad. fr., 1836.] — Sa première femme, Pauline DE MEULAN (Paris 1773 - *id.* 1827), adopta la religion réformée. Ses ouvrages de pédagogie sont imprégnés de morale évangélique (*Lettres de famille sur l'éducation domestique*, 1826). — Sa seconde femme, Elisa DILLON (Paris 1804 - *id.* 1833), nièce de Pauline de Meulan, a écrit *Caroline ou l'Effet d'un malheur* (1837), *la Générosité* (1840).

Gujan-Mestras, comm. de la Gironde (arr. de Bordeaux), sur le bassin d'Arcachon, à 11,5 km à l'E. d'Arcachon ; 8 600 h. (*Gujanais*). Station climatique (rhumatisants). Constructions navales. Ostréiculture.

Gujerāt, **Gujarāt**, **Gujrāt** ou **Goudjerate**, Etat du nord-ouest de l'Inde, en bordure de la mer d'Oman ; 26 697 000 h. Capit. *Ahmadābād*. Grande région cotonnière. Centre d'art important : temples à toiture curviligne et coupoles à pendentifs, école de miniature d'inspiration jaïna (XIIᵉ-XVIIᵉ s.). De nombreuses mosquées d'un style presque hindou s'y élevèrent à l'époque musulmane.

Gujrānwāla, v. du Pākistān (prov. de Lahore) ; 366 000 h. Industries textiles et métallurgiques.

gulaire adj. *Zool.* Voisin de la gueule. (Se dit surtout des plaques osseuses de certains poissons.)

Gulbarga, v. de l'Inde (Karnātaka), à l'O. d'Hyderābād ; 97 100 h. Tombeaux des rois Bahmani. Cotonnades.

Gulbenkian (Calouste Sarkis), homme d'affaires arménien (Scutari, Istanbul, 1869 - Lisbonne 1955). Il s'associa en 1895 avec H. Deterding, de la Royal Dutch Shell.

Guldberg (Cato), chimiste et mathématicien norvégien (Christiania 1836 - *id.* 1902). Avec Waage, il a donné en 1864 une forme quantitative à la loi d'action de masse.

Giraudon

Guizot
par Vibert, d'après Delaroche
château de Versailles

Guldberg et Waage (LOI DE), loi traduisant l'influence des variations de concentration sur les équilibres physico-chimiques en milieu homogène. Etant donné une transformation réversible se traduisant par l'équation

$$\alpha A + \beta B \rightleftarrows \alpha' A' + \beta' B',$$

on peut écrire, à température constante entre les concentrations molaires, la relation

$$\frac{C_{A'}^{\alpha'} \times C_{B'}^{\beta'}}{C_{A}^{\alpha} \times C_{B}^{\beta}} = \text{constante},$$

où les coefficients α, β, α', β' sont placés en exposants.

gulden n. m. Aux Pays-Bas, autre nom du FLORIN, unité monétaire principale. (On dit aussi GUILDER.)

Guldin (le R. P. Paul), jésuite et mathématicien suisse (Saint-Gall 1577 - Graz 1643). Il est connu pour le théorème qui porte son nom, relatif au volume engendré par la rotation d'une aire plane autour d'un axe qu'elle ne rencontre pas.

Gulf Oil Corporation, importante compagnie pétrolière américaine, fondée en 1922. En 1967, elle aborde le secteur nucléaire en acquérant la division atomique de la General Dynamics ; elle s'oriente vers les réacteurs à haute température refroidis au gaz. La Gulf Oil est intéressée, par ailleurs, à la production de charbon, de schistes bitumineux et de sables asphaltiques. La diversification a été l'objectif essentiel de sa politique de développement.

Gulf Stream (« Courant du golfe »), courant chaud de l'Atlantique Nord (température de ses eaux : 25 °C), né entre la Floride et Cuba, se dirigeant vers le N., puis vers le N.-E. Signalé dès 1513 par Ponce de León, il fut étudié par Maury, puis par Pillsbury (1885-1889). Au-delà de Terre-Neuve, le Gulf Stream se prolonge par la « dérive nord-atlantique » qui se fait sentir jusqu'aux côtes de Scandinavie. Il joue un rôle essentiel dans le climat de l'Europe occidentale, beaucoup plus clément que celui de l'Amérique à la même latitude.

Gulistān (la Roseraie), recueil d'anecdotes morales, composé par Saadi en 1258, en prose persane mêlée de vers. Le ton y est varié, souvent poétique. Les huit chapitres qui composent l'ouvrage enseignent la morale dans divers états sociaux et son évolution avec l'âge.

Gullegem, anc. comm. de Belgique (Flandre-Occidentale, arr. et à 6 km à l'O. de Courtrai), auj. intégrée à Wevelgem.

Gulliver (LES VOYAGES DE SAMUEL), roman satirique de Jonathan Swift (1726). Gulliver visite des pays imaginaires. A Lilliput, les habitants n'ont que six pouces de haut, et tout est proportionné à leur taille. A Brobdingnag vivent des géants de soixante pieds et, là aussi, tout est à leur échelle. L'île de Laputa est peuplée de savants hébétés. Chez les Houyhnhnms, l'homme est l'esclave abruti du cheval intelligent. Swift veut, par ses fictions, prouver que la nature humaine est infirme et que les institutions n'ont pas de valeur absolue. Toute l'Europe assura le succès de l'ouvrage dès sa publication.

Gullstrand (Allvar), médecin suédois (Landskrona 1862 - Stockholm 1930), prix Nobel de physiologie et de médecine en 1911 pour ses travaux d'optique et de physiologie des dioptres de l'œil.

gulose n. m. Sucre synthétique de la famille des glucoses.

gum [gœm] n. m. Nom commercial d'un bois dur originaire des Etats-Unis.

Gumāl ou **Gomāl,** noms d'un col (alt. 1 600 m) et d'une riv. (240 km ; affl. de dr. de l'Indus) du Pākistān occidental.

Gumbinnen, auj. **Gousev,** v. de l'anc. Prusse-Orientale, à l'E. de Königsberg. Victoire russe sur les Allemands en août 1915. Gumbinnen fut conquise par les troupes soviétiques en janvier 1945.

gummifère adj. (du lat. gumma, gomme, et ferre, porter). Qui produit de la gomme.

gummite n. f. (lat. gumma, gomme). Produit d'altération de l'uraninite, oxyde hydraté d'uranium, de couleur brun orangé.

Gumplowicz (Ludwik), jurisconsulte et économiste autrichien, d'origine polonaise (Cracovie 1838 - Graz 1909). Son « polygénisme » affirme l'existence de « groupes humains » foncièrement différents et amenés à se combattre. Il est l'auteur de la Lutte des races (1892), Sociologie et politique (1898), etc.

Gumti (la), riv. de l'Inde, affl. du Gange (r. g.) ; 675 km.

Gunderic, roi vandale († 428). Il franchit le Rhin en 406 et établit ses hommes en Espagne méridionale à titre de fédérés (411).

Gundulić (Ivan), en ital. **Gondola,** poète ragusain (Raguse v. 1589 - id. 1638), auteur d'un poème en vingt chants, Osman, qui évoque les luttes des chrétiens contre le Croissant (guerre polono-turque de 1621).

gunitage → GUNITE.

gunite n. f. (de l'angl. gun, canon). Mélange de ciment et de sable, effectué à l'état sec et projeté par une machine pneumatique comme une poudre sur la surface à enduire. ◆ **gunitage** n. m. Procédé particulier de revêtement, par projection de mortier fluide au moyen d'air comprimé sous très forte pression. ◆ **guniter** v. tr. Faire du gunitage. ◆ **guniteuse** n. f. Machine avec laquelle on fait du gunitage.

Gunnarsson (Gunnar), écrivain islandais (Fljósdal 1889 - Reykjavik 1975). Sa carrière littéraire commence au Danemark par des romans en danois (Histoire de la famille des Borg, 1912-1914 ; l'Eglise sur la montagne, 1923-1928). Il retourne en Islande en 1939 et continue la publication de son œuvre en islandais.

Gunter (Edmund), astronome et mathématicien anglais (dans le Hertfordshire 1581 - Londres 1626). Il publia les premières tables de logarithmes à sept décimales (1620), découvrit la variation annuelle de la déclinaison magnétique, et introduisit les termes « cosinus » et « cotangente » en trigonométrie. On lui doit divers instruments d'astronomie.

Gunther, personnage du poème des Nibe-

lungen. Il épouse Brünhild, grâce à l'appui de son beau-frère Siegfried.

Günther (Anton), prêtre et philosophe allemand (Lindenau, Bohême, 1783 - Vienne 1863). Sa conception de la Trinité, qui le menait à concevoir en Dieu trois substances, fut condamnée par la congrégation de l'Index (1857).

Guntūr, v. de l'Inde (Āndhra Pradesh); 213 900 h. Evêché catholique. Cotonnades.

Günz (le), riv. d'Allemagne, affl. du Danube (r. dr.) ; 56 km.

günz n. m. (du nom de la riv. d'Allemagne). La plus ancienne des grandes glaciations quaternaires, peut-être contemporaine du villafranchien. ◆ **günzien, enne** adj. Relatif à la glaciation de günz.

guppy n. m. Très petit poisson vivipare d'aquarium, qu'on élève aussi dans les étangs pour détruire les larves de moustiques. (Famille des cyprinodontidés.)

Gupta, dynastie nationale de l'Inde, qui a régné sur le bassin du Gange et l'Inde centrale du IVe au VIe s. apr. J.-C. Fondée vers 320 par Chandragupta, elle fut anéantie par l'invasion des Huns Hephtalites (v. 455).

Gurdjieff (George Ivanovitch), philosophe d'origine russe (Alexandropol' ? - Paris 1949). Il enseigna, notamment aux Etats-Unis et en France, une doctrine ésotérique qui attira de nombreux intellectuels.

Gur-Emīr, monument royal funéraire de Samarkand, initialement mosquée, qui reçut la dépouille de Tīmūr Lang (Tamerlan) en 1405.

Gurkha(s) ou **Gorkali(s),** caste dominante hindoue au Népal, d'origine indoaryenne. Ils ont fourni d'excellentes troupes à l'ancienne armée britannique des Indes et constituent encore des soldats d'élite.

Gurs, comm. des Pyrénées-Atlantiques (arr. et à 16,5 km au N.-O. d'Oloron-Sainte-Marie), sur le gave d'Oloron ; 417 h. Un camp y fut ouvert en 1939 pour loger les miliciens espagnols, puis les israélites étrangers. La mortalité y fut très forte. A la fin de 1942, les israélites furent livrés aux Allemands et envoyés dans les camps de concentration. Après la Libération, on y enferma des civils accusés de faits de collaboration.

Gürsel (Cemal), général et homme politique turc (Erzurum 1895 - Ankara 1966). Chef d'état-major de l'armée (1958), il est l'auteur du coup d'Etat militaire qui, en 1960, renversa le gouvernement Menderes. Il a été président de la République (1961-1966).

guru ou **gourou** n. m. Mot sanskrit désignant, dans l'Inde, un maître spirituel ou religieux.

Gurupi (le), fleuve du Brésil, tributaire de l'Atlantique ; 800 km.

Gurvitch (Georges), sociologue français (Novorossisk, Russie, 1894 - Paris 1965). Professeur à la Sorbonne, il est le promoteur d'une sociologie structurale (*la Vocation actuelle de la sociologie*, 1950).

gustatif, ive adj. (lat. *gustare*, goûter). Qui a rapport au goût : *Papilles gustatives.* ◆ *Nerf gustatif,* nerf sensoriel de la langue. ◆ **gustation** n. f. Action de goûter ; perception des saveurs : *La langue est l'organe de la gustation.*

Gustav (LIGNE), nom donné en 1943 à la ligne fortifiée établie par les Allemands dans les Abruzzes, en Italie, de l'embouchure du Garigliano à celle du Sangro. Attaquée par les Alliés à partir de janvier 1944, elle fut conquise par l'offensive du corps expéditionnaire français de Juin, dans les monts Aurunci, qui ouvrit la route de Rome.

Gustave Ier Vasa (Lindholm 1496 - Stockholm 1560), roi de Suède (1523-1560), fondateur de la dynastie nationale. Il affranchit la Suède de la domination danoise et se fit proclamer roi. Il introduisit le luthéranisme en Suède et sécularisa les biens d'Eglise. Il pratiqua une politique centralisatrice, favorisant le développement industriel et commercial. Il réprima les révoltes populaires (Dalécarlie, 1533). Il s'allia à François Ier et fit reconnaître la couronne héréditaire en ligne masculine dans sa maison (1544). — → V. illustration page suivante.

Gustave II Adolphe (Stockholm 1594 - Lützen 1632), roi de Suède (1611-1632), fils et

la coupole du Gur-Emīr

Mortimer - Rapho

National Museum de Stockholm

National Museum de Stockholm

Gustave Ier Vasa, château de Gripsholm *Stockholm*

Gustave V

Gustave VI Adolphe

Gustave III par Alexander Roslin *Musée national Stockholm*

National Museum de Stockholm

Bergne

successeur de Charles IX et de Christine de Holstein-Gottorp. Prince intelligent et ambitieux, il fut le plus glorieux des rois de Suède. Il signa la paix avec le Danemark (1613) et avec la Russie (1617). Il réforma l'État, l'ouvrit à la culture occidentale et modernisa son économie. Il créa une armée nationale, puissante, disciplinée, dotée d'un matériel perfectionné. Il vit l'intérêt pour la Suède de faire de la Baltique un « lac suédois ». Luthérien convaincu, il était irrité par le catholicisme intransigeant des Habsbourg. En 1621, il attaqua la Pologne, prit Riga, Dorpat et les ports de la Prusse occidentale (1625). Une alliance avec Richelieu (convention de Bärwalde, janv. 1631) lui assura les subsides français et la possibilité d'intervenir en Allemagne. Il occupa le Brandebourg et remporta la victoire de Breitenfeld (1631). Il marcha sur le Palatinat, occupa la Bavière et, en Saxe, fut victorieux de Wallenstein à Lützen (1632), mais il fut tué à la fin des combats.
— **Gustave III** (Stockholm 1746 - *id.* 1792), roi de Suède (1771-1792), fils d'Adolphe-Frédéric et de Louise-Ulrique de Hohenzollern. Il gouverna d'abord en despote éclairé ; il abolit la torture, la vénalité des grades, accorda la liberté de la presse (1774) et la tolérance religieuse, puis revint à l'autoritarisme et déclara la guerre à la Russie et au Danemark (1788). Il imposa l'Acte d'union et de sécurité (janv. 1789) qui lui réservait

Scala

Gustave II Adolphe
galerie Palatine, Florence

l'initiative des lois. Il est le fondateur de l'Académie suédoise. — **Gustave IV Adolphe** (Stockholm 1778 - Saint-Gall, Suisse, 1837), roi de Suède (1792-1809), fils de Gustave III. Il prit part à la coalition contre la France. Il abandonna la Finlande à la Russie. En 1809, les Etats le déchurent au profit de son frère Charles XIII. — **Gustave V** (château de Drottningholm 1858 - *id.* 1950), roi de Suède (1907-1950), fils d'Oscar II et de Sophie de Nassau. Il observa la neutralité pendant les deux guerres mondiales. — **Gustave VI Adolphe** (Stockholm 1882-Helsinborg 1973), roi de Suède (1950-1973), fils de Gustave V et de Sophie Marie Victoria de Bade.

Gustavia, ch.-l. de l'île Saint-Barthélemy (Antilles françaises). Port franc.

Gutenberg (Johannes GENSFLEISCH, dit), imprimeur allemand (Mayence entre 1394 et 1399 - *id.* 1468). Etabli à Strasbourg en 1434, il taille des pierres précieuses, fabrique des miroirs, puis, à partir de 1438, se livre en secret à la fabrication de caractères mobiles. Revenu à Mayence en 1448, il perfectionne son invention et s'associe en 1450 avec Johann Fust, mais les deux hommes se brouillent. En 1455, Fust gagne le procès

qu'il a intenté, garde le matériel typographique et sans doute la fameuse Bible en deux colonnes « quarante-deux lignes », puis s'associe avec Peter Schöffer et imprime avec les caractères pris à Gutenberg le *Mainzer Psalterium* (1457). En 1465, l'archevêque de Mayence, Adolphe II de Nassau, anoblit Gutenberg et lui fournit le moyen de reprendre ses travaux d'imprimerie.

Gütersloh, v. d'Allemagne (Allem. occid., Rhénanie-du-Nord-Westphalie) ; 51 300 h.

Guthnick (Paul), astronome allemand (Hitdorf am Rhein 1879 - Berlin 1947). Spécialiste de la photométrie et de la spectrographie, il mit au point l'emploi des procédés photo-électriques en astronomie (1912). En 1928, il entreprit une étude photographique systématique du ciel.

Gutiérrez (Juan María), critique et poète argentin (Buenos Aires 1809 - *id.* 1878), auteur d'une anthologie *América poética* (1846), de poésies (*Poésies*, 1869), d'essais.

Gutiérrez (Antonio GARCÍA). V. GARCÍA GUTIÉRREZ.

Gutland, région méridionale du grand-duché de Luxembourg ; c'est le « bon pays », par rapport au massif ardennais, l'Ösling.

gutta-percha [ka] n. f. (mot angl. ; malais *getah*, gomme, et *percha*, arbre qui donne la *gutta*). Substance extraite du latex d'arbres de la famille des sapotacées, croissant dans l'archipel malais, et qui présente quelques analogies avec le caoutchouc.

guttation n. f. Rejet de gouttelettes d'eau par les plantes, soit de façon naturelle (v. SUDATION), soit par section de la tige (en vue de déterminer le débit de la sève brute).

guttifère adj. *Minér.* Qui se présente sous forme de gouttes : *Quartz guttifère.*

guttifères ou **guttiférales** n. f. pl. Ordre de plantes à fleurs, dicotylédones, thalamiflores, comprenant les familles des théacées (thé), hypéricacées (millepertuis) et clusiacées* (ou *guttiféracées*), dont maintes espèces sécrètent un latex gommeux. (On les rapproche des euphorbiales et des malvales.)

Guttinguer (Ulric), écrivain français (Rouen 1785 - Paris 1866). Sous la Restauration, il fut un adepte du jeune romantisme chrétien et il réunit en 1824, dans ses *Mélanges poétiques,* les poésies qu'il avait publiées dans *la Muse française.* Il fut l'ami de Musset et de Sainte-Beuve.

Guttman (Louis), psychosociologue et mathématicien américain (New York 1916). Il est à l'origine d'une technique d'échelle d'attitudes qui porte son nom. Celle-ci est également appelée « scalogramme ».

guttural, e, aux adj. (lat. *guttur,* gosier). Relatif au gosier. ‖ Se dit de la voix, d'un cri, qui sont émis par le gosier, qui ont une intonation rauque : *Voix gutturale.* ● *Toux gutturale,* toux provoquée par une irritation du larynx. ‖ — **gutturale** n. f. Consonne dont l'articulation se fait en appliquant la langue contre le palais. (On emploie plus couramment auj. le terme PALATALE.)

Gutzkow (Karl), écrivain allemand (Berlin 1811 - Sachsenhausen, Francfort-sur-le-Main, 1878). Animateur du mouvement de la Jeune-Allemagne, il écrivit des romans (*Wally la sceptique,* 1835) et des œuvres dramatiques (*Perruque et Epée,* 1844 ; *Uriel Acosta,* 1847).

guy n. m. Cépage de Savoie. (Syn. GOUCHE.)

Guy. V. GUI.

Guyana, Etat de l'Amérique du Sud, membre du Commonwealth ; 215 000 km² ; 758 000 h. Capit. *Georgetown.*
● *Géographie.* Le pays s'étend sur une portion du bouclier des Guyanes, arasé en plateau, s'abaissant jusqu'à la plaine côtière marécageuse. Le climat équatorial explique la grande extension de la forêt dense (mangrove sur la côte), qui couvre les neuf dixièmes du territoire. La population, très peu dense, est composée principalement de Noirs, descendants des anciens esclaves, et d'Asiatiques, amenés par les Anglais au temps de la colonisation. Elle se concentre dans la région côtière, la forêt n'étant peuplée que de rares tribus indiennes. L'agriculture occupe environ le tiers de la population active. A côté des cultures vivrières, les plantations fournissent de la canne à sucre et du riz. Mais la principale richesse du pays est la bauxite (3,5 Mt). Exploitée grâce aux capitaux étrangers, celle-ci est exportée principalement vers le Canada. Les ports de New Amsterdam et de Georgetown assurent les échanges avec l'extérieur, dirigés vers la Grande-Bretagne, les Etats-Unis et le Canada.
● *Histoire.* Au cours des XVIIᵉ et XVIIIᵉ s., le territoire des Guyanes est disputé par les Français, les Anglais et les Hollandais. Finalement, les traités de 1814 laissent aux Pays-Bas le Surinam et à la France la Guyane française, tandis que les Britanniques s'installent dans la partie occidentale, avec Georgetown comme capitale. Une forte immigration africaine et surtout hindoue ainsi que la découverte de l'or (1879) donnent un coup de fouet à l'économie de la colonie, qui, en 1928, reçoit des Britanniques une constitution fondée sur le suffrage restreint et le monocamérisme. En 1953, le suffrage universel et le bicamérisme sont instaurés. Mais l'heure de l'indépendance est retardée par le fait de l'opposition entre la population hindoue (50 p. 100 du total), dont le leader est Cheddi Jagan, Premier ministre de 1961 à 1964, et la population noire (35 p. 100), menée par Forbes Burnham. L'indépendance est cependant proclamée le 26 mai 1966, la Guyane britannique devenant la Guyana, Etat souverain du Commonwealth, qui, en 1970, s'est proclamée « république coopérative ». Elle est dirigée par Raymond A. Chung. En 1980, une nouvelle Constitution établit un régime présidentiel. Forbes Burnham est élu président.

Guyane française (973), département français d'outre-mer, sur l'Atlantique, entre le Brésil et le Surinam ; 91 000 km² ; 73 022 h. Ch.-l. *Cayenne.*
● *Géographie.* De part et d'autre du 5ᵉ degré de latitude nord, la Guyane est un territoire dont le climat équatorial, toujours chaud et souvent humide, favorable à la forêt dense, explique la faiblesse de l'occupation humaine. La densité moyenne de l'occupation est inférieure à 1 habitant au kilomètre carré et, en fait, l'agglomération de Cayenne regroupe environ les deux tiers de la population totale, la majeure partie du reste jalonnant les basses plaines littorales, alors que l'intérieur, formé surtout de collines, n'en compte guère que de 5 à 10 p. 100. La patate et le manioc sont les principales cultures vivrières, la banane et la canne à sucre étant les cultures d'exportation, mais, au total, moins du centième du territoire est cultivé. La forêt recouvre près des neuf dixièmes de celui-ci, ce qui explique l'existence d'un plan visant à son exploitation massive et rationnelle, grâce à une immigration de métropoli-

tains. L'implantation de la base de lancement d'engins spatiaux de Kourou n'a que très localement modifié l'économie, marquée par un énorme déficit de la balance commerciale (le taux de couverture des exportations est tombé au-dessous de 10 p. 100), imposant une aide considérable de la métropole.

● *Histoire.* L'attrait d'un imaginaire Eldorado attire à l'emplacement de Cayenne, dès le XVIe s., des colons européens. Les Français apparaissent en Guyane dès les premières années du XVIIe s. et fondent Cayenne (1643). En fait, ces derniers ne réussissent guère dans leurs entreprises, car ils doivent compter avec l'impéritie des gouverneurs, les révoltes des Noirs et la concurrence hollandaise et britannique. Colbert confie la colonisation de la Guyane à la Compagnie de la France équinoxiale et le pays devient définitivement français en 1677 : ce qui ne suffit pas pour éveiller l'économie du pays. L'expulsion, en 1762, des Jésuites, fondateurs de centres agricoles pour les Indiens, se révèle catastrophique, tout comme un envoi massif de colons décidé par Choiseul en 1763. La Guyane française commence, cependant, à sortir de sa léthargie sous le règne de Louis XVI. La Convention (1794), puis le Directoire en font un lieu de relégation (« guillotine sèche »). En 1809, elle est con-

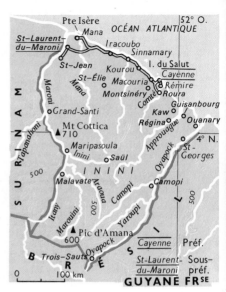

Pte Isère — Mana — OCÉAN ATLANTIQUE — 52° O.
St-Laurent-du-Maroni — Iracoubo — Sinnamary — I. du Salut
St-Jean — Kourou — Cayenne
St-Élie — Macouria — Rémire
Montsinéry — Roura — Comté
Grand-Santi — Guisanbourg
Mt Cottica 710 — Kaw — Régina — Ouanary — 4° N.
Maripasoula — Inini — Saül — Approuague — St-Georges
I N I N I — Oyapock
Malavate — Maroua — Camopi — Camopi
Itany — 500 — Yaroupi
Marouini — 500
Pic d'Amana 600 — Oyapock
Trois-Sauts — 500
B R É S I L
0 — 100 km

Cayenne — Préf.
St-Laurent-du-Maroni — Sous-préf.

GUYANE FRSE

Guyane française, village saramaca sur le bas Oyapock

quise par une flotte anglo-portugaise. Redevenue française en 1817, elle est ruinée en 1848 par l'abolition de l'esclavage ; l'installation, pour cent ans (1852-1947), d'un bagne à Cayenne accentue le côté répulsif de la colonie et gêne l'expansion de celle-ci, à laquelle la découverte (1870) et l'exploitation de l'or donnent quelques années de prospérité artificielle. Devenue en 1946 département français, la Guyane française souffre toujours du manque de main-d'œuvre et de la faiblesse du marché commercial.

Guyane néerlandaise. V. SURINAM.

Guyanes (les), région du nord-est de l'Amérique du Sud, s'étendant entre les embouchures de l'Orénoque et de l'Amazone. Les Guyanes sont formées essentiellement par un massif ancien pénéplané, culminant au *Roraima* (2 771 m). C'est un pays au climat équatorial, couvert en grande partie par la forêt dense, mais assez différencié sur les plans économique (bauxite) et humain.

Guyau (Marie Jean), poète et philosophe français (Laval 1854 - Menton 1888). Auteur de l'*Esquisse d'une morale sans obligation ni sanction* (1884), il insista sur le rôle de la solidarité humaine.

Guye (Charles Eugène), physicien suisse (Saint-Christophe 1866 - Genève 1942). Il a vérifié avec Lavanchy, en 1913, l'augmentation de masse des électrons très rapides, selon la formule relativiste.

Guyenne, anc. prov. du sud-ouest de la France. Ce nom fut donné au duché d'Aquitaine lorsqu'il fut possession de l'Angleterre de 1258 à 1453. A la fin de l'Ancien Régime, la Guyenne formait, avec la Gascogne, le Béarn, la Saintonge et le Limousin, un gouvernement avec Bordeaux comme capitale. (V. AQUITAINE.)

L'art en Guyenne et Gascogne.

Ces deux provinces correspondent approximativement aux départements de la Gironde, de la Dordogne, du Lot, de Lot-et-Garonne, des Landes, du Gers, des Hautes-Pyrénées, à une partie des départements de Tarn-et-Garonne et de l'Aveyron (arr. de Villefranche-de-Rouergue). Cette région est amplement dotée de richesses archéologiques et monumentales ; ses sites préhistoriques (Les Eyzies, Montignac) comptent parmi les plus célèbres ; elle abrite le groupe local des églises romanes à coupoles, ainsi que les premiers chefs-d'œuvre de la sculpture médiévale (Moissac). L'ancienne capitale de la province, Bordeaux, avec ses majestueuses perspectives classiques et ses musées, est une des plus importantes villes de France.

Art préhistorique.

AVEYRON : monuments mégalithiques à **Buzeins, La Cavalerie, Martiel.**
DORDOGNE : important ensemble de grottes aux **Eyzies-de-Tayac** (art pariétal de *La Madeleine, La Mouthe,* du *Cap-Blanc,* de *Font-de-Gaume,* des *Combarelles,* de *Laugerie-Haute, Laugerie-Basse*), à **La Rochebeaucourt-et-Argentine** ; peintures de *Lascaux* à **Montignac** ; gravures au **Bugue** ; le *Fourneau du Diable* à **Bourdeilles** ; dolmens à **Brantôme, Chavagnac, Saint-Aquilin, Verteillac** ; cromlech et dolmen à **Besse.**
GIRONDE : grotte de *Pair-non-Pair* à **Prignac-et-Marcamps** ; menhir à **Lugasson** ; menhir de *Pierrefitte* près de **Saint-Sulpice-de-Faleyrens.**
LOT : grottes de **Cabrerets,** de **Rocamadour** ; dolmens à **Catus, Limogne, Livernon, Saint-Martin-Labouval.**
LOT-ET-GARONNE : menhir à **Sainte-Colombe-en-Bruilhois.**
TARN-ET-GARONNE : mégalithe à **Bruniquel.**

Art gallo-romain.

DORDOGNE : *amphithéâtre de la Cité* et *tour de Vésone* à **Périgueux** ; thermes à **Montcaret.**
GIRONDE : *palais Gallien* à **Bordeaux.**
LOT : *porte de Diane* à **Cahors.**
LOT-ET-GARONNE : musée d'**Agen.**

Art roman.

● *Architecture religieuse.*

AVEYRON : églises de **Conques** (avec trésor célèbre), **Villeneuve.**
DORDOGNE : église Saint-Etienne, cathédrale Saint-Front à **Périgueux** ; églises de **Brantôme, Cénac-et-Saint-Julien, Agonac, Cadouin, Lisle, Montagrier, Chancelade, Grand-Brassac, Saint-Amand-de-Coly, Saint-Avit-Sénieur, Saint-Jean-de-Côle, Thiviers, Trémolat.**
GERS : abbaye de *Flaran* près de **Valence-sur-Baïse** ; églises à **Nogaro, Barbotan-les-Thermes.**
GIRONDE : églises Sainte-Croix, Saint-Seurin, à **Bordeaux** ; églises de **Bayon, Blasimon, Guîtres, Petit-Palais-et-Cornemps, Montagne, Saint-Emilion, Saint-Macaire, Vertheuil, Langoiran, Villenave-d'Ornon** ; église paroissiale et ruines de l'abbaye à **La Sauve** ; basilique de **Soulac-sur-Mer.**
HAUTES-PYRÉNÉES : églises de **Saint-Savin, Luz, Sarrancolin** ; abbaye de l'*Escaladieu* près de **Cieutat.**
LANDES : cathédrale d'**Aire-sur-l'Adour** ; églises de **Saint-Sever, Saint-Paul-lès-Dax** ; restes de l'église de l'ancienne abbaye des Bénédictines à **Mimizan** ; crypte de *Saint-Girons* près d'**Hagetmau** ; restes d'une abbatiale à **Sorde-l'Abbaye.**
LOT : cathédrale Saint-Etienne, église Saint-Urcisse à **Cahors** ; églises Saint-Sauveur et Notre-Dame-du-Puy à **Figeac** ; église Saint-Sauveur à **Rocamadour** ; églises de **Souillac, Duravel, Marcilhac-sur-Célé** ; église et cloître à **Cennanc.**
LOT-ET-GARONNE : cathédrale Saint-Caprais à **Agen** ; églises à **Moirax, Monsempron-Libos,** au **Mas-d'Agenais.**
TARN-ET-GARONNE : églises de **Moissac**

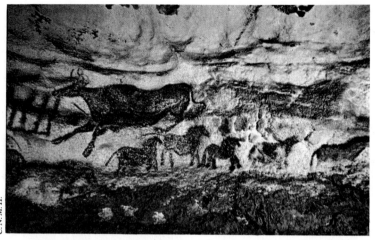

Montignac, peintures de Lascaux : vache noire et frise de chevaux

cathédrale Saint-Front à Périgueux

Saint-Cirq-Lapopie

(cloître renommé), **Varen, Lacapelle-Livron ;** église Saint-Sauveur à **Castelsarrasin.**

● *Architecture civile.*

DORDOGNE : donjon à **Agonac.**
GIRONDE : hôtel de ville de **La Réole.**
HAUTES-PYRÉNÉES : donjon d'**Agos-Vidalos.**
LOT : restes de fortifications et d'un château du XIIe s. à **Clermont-Montratier ;** ruines du château de *Castelnau* près de **Bretenoux.**
LOT-ET-GARONNE : donjon de **Gavaudun.**
TARN-ET-GARONNE : ancien hôtel de ville à **Saint-Antonin-Noble-Val.**

● *Peinture murale.*

LOT : fresques du XIe s. à la chapelle de la Vierge à **Rocamadour.**

Art gothique.

● *Architecture religieuse.*

AVEYRON : église Notre-Dame et chartreuse, de style flamboyant, à **Villefranche-de-Rouergue.**
DORDOGNE : églises de **Sarlat-la-Canéda** (lanterne des morts), **Beaumont, Monpazier.**
GERS : cathédrale Sainte-Marie à **Auch ;**

anciennes cathédrales de **Lombez, Lectoure, Condom ;** églises de **Mirande, Vic-Fezensac, Simorre, La Romieu.**

GIRONDE : cathédrale Saint-André et tour *Pey-Berland,* églises Saint-Michel, Sainte-Eulalie à **Bordeaux ;** cathédrale Saint-Jean-Baptiste à **Bazas ;** église d'**Uzeste ;** chapelle de la Trinité et couvent des Cordeliers à **Saint-Émilion ;** église Saint-Pierre à **La Sauve.**

HAUTES-PYRÉNÉES : églises de **Bagnères-de-Bigorre, Arrens, Arreau.**

LANDES : église de **Grenade-sur-l'Adour** (de style flamboyant), **Biscarosse, Parentis-en-Born,** du *Mas-d'Aire* près d'**Aire-sur-l'Adour.**

LOT : chœur de la cathédrale de **Cahors ;** églises de **Gourdon, Martel, Saint-Cirq-Lapopie, Montcabrier.**

LOT-ET-GARONNE : église Notre-Dame des Jacobins à **Agen ;** églises de **Marmande, Monflanquin, Laplume** (de style flamboyant).

TARN-ET-GARONNE : église Saint-Jacques à **Montauban ;** églises de **Caussade** (clocher octogonal), **Montpezat-de-Quercy.**

● *Architecture féodale et civile.*

AVEYRON : ruines du château de **Najac.**

DORDOGNE : châteaux de **Beynac-et-Cazenac, Biron, Bourdeilles, Belvès, Castelnaud-Fayrac,** *Losse* près de **Thonac, Monbazillac,** *Paluel* près de **Sarlat-la-Canéda ;** fortifications à **Domme ;** bastides à **Beaumont, Lalinde, Monpazier.**

GERS : châteaux de **Larresingle, Lagardère,** *Tauria* (près de **Valence-sur-Baïse), Béraut, Bassoues.**

GIRONDE : châteaux de **Villandraut,** *Roquetaillade* près de **Langon, Labrède, La Réole, Vertheuil, Budos, Pujols ;** ruines du *Château-Duras* près de **Blanquefort ;** ruines des châteaux de **Cissac-Médoc, Noaillan ;** donjon à **Lesparre-Médoc ;** bastides à **Sainte-Foy-la-Grande, Monségur, Sauveterre-de-Guyenne ;** *tour du Grand-Port* à **Libourne.**

HAUTES-PYRÉNÉES : tour des Jacobins à **Bagnères-de-Bigorre.**

LANDES : donjon à **Mont-de-Marsan.**

LOT : *pont Valentré* à **Cahors ;** châteaux de **Cabrerets, Mercuès, Rocamadour ;** donjon de *Belcastel* près de **Lacave ;** tours de *Saint-Laurent* près de **Saint-Céré ;** restes de fortifications à **Bretenoux.**

LOT-ET-GARONNE : moulin fortifié de **Barbaste ;** châteaux de *Bonaguil* près de **Fumel, Estillac, Montesquieu ;** fortifications à **Puymirol, Castillonès, Vianne ;** *porte de Paris* à **Villeneuve-sur-Lot.**

TARN-ET-GARONNE : château de **Bruniquel ;** fortifications à **Montpezat-de-Quercy.**

● *Peinture murale.*

LOT : cathédrale de **Cahors.**

Art de la Renaissance.

● *Architecture religieuse.*

DORDOGNE : église Saint-Jean à **Périgueux.**

château de Labrède

Picon

● *Architecture civile.*

DORDOGNE : maisons anciennes à **Sarlat-la-Canéda ;** château *des Bories* près de **Sorges.**

GERS : châteaux de *Lébéron* près de **Valence-sur-Baïse,** *Cassaigne* près de **Condom.**

HAUTES-PYRÉNÉES : château d'*Ourout* à **Argelès-Gazost.**

LOT : châteaux d'**Assier,** *Montal* près de **Saint-Céré.**

Art classique.

● *Architecture religieuse.*

GERS : ancien prieuré (auj. école) à **Condom.**

GIRONDE : église Notre-Dame à **Bordeaux.**

LANDES : cathédrale Notre-Dame à **Dax ;** anciens bâtiments abbatiaux à **Saint-Sever.**

TARN-ET-GARONNE : cathédrale de **Montauban.**

● *Architecture civile.*

DORDOGNE : châteaux de **Hautefort,** *Sauvebœuf* près de **Montignac.**

GIRONDE : place de la Bourse, Grand-Théâtre, hôtel de ville, préfecture, hôtels de *Nairac,* de *La Molère* et de *Noly* à **Bordeaux ;** châteaux de **Cadillac, Talence,** du *Bouilh* près de **Saint-André-de-Cubzac.**

LANDES : maisons à **Saint-Sever ;** hôtel de ville du XVIIIe s. à **Villeneuve-de-Marsan.**

LOT-ET-GARONNE ; hôtel de ville d'**Agen.**

TARN-ET-GARONNE : place Nationale, musée Ingres à **Montauban.**

Guyenne (Charles DE FRANCE, duc DE), prince capétien. V. BERRY.

Guyénot (Emile), biologiste français (Lons-le-Saunier 1885 - Genève 1963). On lui doit les premiers élevages d'animaux « aseptiques », d'importants travaux sur la régénération, et la formation de nombreux chercheurs. (Acad. des sc., 1951.)

Guynemer (Georges Marie), officier aviateur français (Paris 1894 - au-dessus de Poelkapelle, Belgique, 1917). Titulaire, à 23 ans, de 54 victoires, il commande, lorsqu'il est abattu, la célèbre escadrille des « Cigognes ». Son héroïsme a fait de lui une figure légendaire, et sa devise « Faire face » est devenue celle de l'Ecole de l'air. Tous les ans, le 11 septembre, date de son dernier combat, sur chaque base de l'armée de l'air, lecture est faite de sa dernière citation.

Guyon (Félix), chirurgien français (Saint-Denis, la Réunion, 1831 - Paris 1920). Premier titulaire de la chaire de clinique des voies urinaires (hôpital Necker, 1876), il a été le maître de l'école urologique française. (Acad. de méd., 1878 ; Acad. des sc., 1892.)

Guyon du Chesnoy (Jeanne-Marie BOUVIER DE LA MOTTE, connue sous le nom de Mᵐᵉ), mystique française (Montargis 1648-Blois 1717). Elle propagea son mysticisme et développa son apostolat à Thonon, puis en Italie et à Grenoble. En 1685, elle publia le *Moyen court et très facile pour l'oraison,* qui attira les suspicions de l'archevêque de Paris. Fénelon subit son influence, tandis que Mᵐᵉ de Maintenon l'accusait de quiétisme. Ses écrits ayant été condamnés lors des entretiens d'Issy (1695), Mᵐᵉ Guyon fut embastillée de 1698 à 1703.

Guyotville. V. AÏN BENIAN.

Guyou (Émile), marin et mathématicien français (Fontainebleau 1843 - Pleumeur-Bodou 1915). Professeur à l'Ecole navale, il écrivit une *Théorie du navire* (1885) et étudia les marées. (Acad. des sc., 1894.)

Guys (Constantin), dessinateur et aquarelliste français (Flessingue, Pays-Bas, 1802 - Paris 1892). Il publie d'abord à Londres de nombreux dessins pris sur le vif (guerre de Crimée, révolution de 1848). Ses thèmes favoris (dandys, filles, calèches) sont tour à tour abordés dans des lavis pleins de verve. Il est représenté au Louvre, au musée Carnavalet. Baudelaire lui consacra une étude : *le Peintre de la vie moderne.*

Guyton de Morveau (Louis Bernard, baron), magistrat et chimiste français (Dijon 1737 - Paris 1816). Avocat général au parlement de Dijon (1755), député à l'Assemblée législative, puis à la Convention, il fut membre du Comité de salut public. Il réalisa la liquéfaction de l'ammoniac et créa en 1782, avec Lavoisier, Berthollet et Fourcroy, une nomenclature chimique rationnelle.

Georges Guynemer

Constantin **Guys**
« Promenoir du bal Mabille »
Louvre

Giraudon

guzla n. f. (mot croate). Instrument de musique monocorde, en forme de violon, employé chez certains peuples slaves des Balkans.

Guzla (LA), œuvre de P. Mérimée (1827), dont la publication constitue une des plus curieuses mystifications littéraires du XIXᵉ s. Mérimée la donna pour un recueil de chants populaires illyriens, ainsi nommé de la *guzla* serbe.

Guzmán (Alonso PÉREZ DE). V. PÉREZ DE GUZMÁN (Alonso).

Guzmán (Fernán PÉREZ DE). V. PÉREZ DE GUZMÁN (Fernán).

Guzmán (Martín Luis), romancier mexicain (Chihuahua 1887). Il a décrit d'une façon puissante la révolution mexicaine dans *l'Aigle et le Serpent* (1928) et *l'Ombre du Caudillo* (1929).

Guzman d'Alfarache, roman picaresque de Mateo Alemán (1599). C'est un récit de sa vie aventureuse fait par le héros lui-même. Cet ouvrage a été rendu célèbre en France par l'imitation que Lesage en a faite (1732).

Guzmán Blanco (Antonio), homme politique vénézuélien (Caracas 1829 - Paris 1899). Il fut élu président de la République à titre provisoire en 1870 et définitif en 1873. Il poursuivit jusqu'en 1887 sa politique libérale et anticléricale.

Gwâlior, v. de l'Inde (Madhya Pradesh); 384 800 h. Nombreux palais et temples des XVe-XVIe s. Centre artisanal (textiles, poteries).

Gwennolé (saint). V. GUÉNOLÉ (saint).

Gwynedd, royaume gallois constitué en 880, et qui connut son apogée au XIIIe s. Il fut l'âme de la résistance galloise à la conquête anglaise.

Gy, ch.-l. de c. de la Haute-Saône (arr. de Vesoul), à 18 km à l'E. de Gray; 986 h.

gyassa n. m. Grande embarcation du delta du Nil, à l'étrave très relevée, et gréée de deux ou trois mâts. (On dit aussi GAÏSSA.)

Gygès, en gr. **Gugês,** roi de Lydie (v. 687 - 652 av. J.-C.). Il déposa Candaule et fonda la dynastie des Mermnades. Il agrandit son royaume et périt en le défendant contre les Cimmériens et les Lyciens. Les légendes grecques lui attribuent de grandes richesses et la possession d'un anneau qui le rendait invisible.

Gyldén (Hugo), astronome et mathématicien suédois (Helsingfors 1841 - Stockholm 1896). Directeur de l'observatoire de Stockholm, il étudia plus particulièrement les perturbations dans le mouvement des planètes et la libration de la Lune.

Gylippos ou **Gulippos,** général spartiate (Ve s. av. J.-C.). Envoyé à Syracuse assiégée, il la défendit et fit capituler les généraux athéniens (413). Accusé d'avoir dérobé une partie du butin, il fut exilé.

Gyllenborg (Gustaf Fredrik), écrivain suédois (Strömsbro 1731 - Stockholm 1808). Il fonda l'association littéraire l' « Ordre des constructeurs de la pensée », avec la poétesse Hedvig Charlotta Nordenflycht et G. F. Creutz, et publia des fables, des satires et un poème héroïque (*Passage des Belts par Charles X,* 1785).

gymkhana n. m. (mot angl.; de l'hindī *gend khāna,* salle de jeu de balle). Anc., garden-party comportant des jeux sportifs. ‖ Ensemble d'épreuves disputées à bicyclette, à motocyclette, en automobile, où l'adresse et la rapidité contribuent au classement.

gymnamœbiens n. m. pl. Ordre de protozoaires rhizopodes comprenant des amibes* sans test (carapace), et dont les expansions ne forment jamais un réseau. (Ils se nourrissent d'algues microscopiques, de protistes de tous ordres, de bactéries, et leur présence épure les eaux souillées.)

gymnarchus [kys] n. m. Poisson mormyridé du Nil, à très longue nageoire dorsale. Il est légèrement électrique et pond ses œufs dans un nid.

gymnase n. m. (lat. *gymnasium;* gr. *gumnasion;* de *gumnos,* nu). *Antiq. gr.* Local destiné aux exercices corporels. (Toutes les villes grecques avaient leurs gymnases, qui devinrent peu à peu des édifices complexes, comportant des portiques, des bains, etc.; les philosophes y donnaient leur enseignement.) ‖ Etablissement ou salle comprenant des appareils destinés aux exercices physiques. ‖ Etablissement d'enseignement classique en Allemagne, en Suisse. ‖ Académie, école. ◆ **gymnasiarque** n. m. *Antiq. gr.* Magistrat chargé de diriger et de surveiller les gymnases. ◆ **gymnasiarquie** n. f. *Antiq. gr.* Fonction de gymnasiarque.

Gymnase-Dramatique, théâtre parisien construit en 1820 sur l'emplacement de l'ancien cimetière de Notre-Dame-de-Bonne-Nouvelle. Henri Bernstein en fut directeur de 1926 à 1939 et y fit jouer ses pièces.

gymnasiarque, gymnasiarquie → GYMNASE.

gymnaste → GYMNASTIQUE.

gymnastique adj. (lat. *gymnasticus;* gr. *gumnastikos*). Relatif aux exercices du corps : *Exercice gymnastique.* ● *Pas gymnastique,* pas de course cadencé. ✦ n. f. Art de fortifier et d'assouplir le corps par des exercices appropriés : *Apprendre la gymnastique.* ‖ Ensemble des exercices. (V. *encycl.*) ‖ *Fig.* Art d'assouplir une faculté quelconque : *Gymnastique de la mémoire. Gymnastique intellectuelle.* ● *Gymnastique corrective* (Méd.), v. encycl. ‖ *Gymnastique rythmique,* v. RYTHMIQUE. ◆ **gymnaste** n. Personne s'adonnant à la gymnastique. ◆ **gymnique** adj. Relatif aux exercices auxquels les athlètes se livraient tout nus : *Jeux, exercices gymniques.* ‖ Relatif au naturisme.

— ENCYCL. **gymnastique.** Telle qu'elle est conçue actuellement, la gymnastique est un excellent moyen de modifier les constitutions défectueuses et débiles, et de prévenir bon nombre de maladies. Elle fut introduite dans les lycées et collèges français en 1868 par le ministre V. Duruy.

Après avoir subi l'influence suédoise, et sous l'impulsion de G. Démeny, la gymnastique française se transforma. Dès 1904 une méthode synthétique s'imposa, la « méthode naturelle » du lieutenant de vaisseau G. Hébert, ramenant les exercices naturels à huit genres : la marche, la course, le saut, le grimper, le lancer, le lever, la défense, la natation. La *gymnastique artistique* de compétition est un combiné d'exercices physiques très variés, dont la plupart sont exécutés aux agrès. Elle fait partie des programmes olympiques.

— *Méd.* La *gymnastique corrective* comprend essentiellement l'éducation de la fonction respiratoire, le redressement des déviations de la colonne vertébrale et la suppression des attitudes vicieuses qui en résultent (scolioses, cyphoses, lordoses), ainsi que le traitement de certaines anomalies musculaires ou tendineuses (omoplates décollées, raideurs articulaires, etc.).

— *Zootechn.* On appelle « gymnastique » un ensemble d'exercices auxquels on soumet un animal pour favoriser une fonction : digestion, lactation (trois mulsions quotidiennes d'une vache fournissent plus de lait que

Perrin - Atlas-Photo

barre fixe

Perrin - Atlas-Photo

Perrin - Atlas-Photo

Perrin - Atlas-Photo

cheval-arçons

anneaux

barres parallèles

gymnastique

mouvements féminins

Chapuis - Atlas-Photo

Chapuis - Atlas-Photo

Chapuis-Atlas-Photo

gymnastique

Chapuis-Atlas-Photo

deux), locomotion (par ex., entraînement rationnel d'un cheval pur sang).

gymnètes n. m. pl. (gr. *gumnêtês*, pauvre). *Antiq. gr.* Populations achéennes d'Argolide, réduites en demi-servitude par les envahisseurs doriens. (Leur sort était analogue à celui des hilotes de Sparte.)

gymnique → GYMNASTIQUE.

gymnocarpe adj. Se dit des végétaux (champignons, lichens, plantes à graines) dont les semences sont « nues », c'est-à-dire sans rien qui les entoure, et disposées à la surface de la plante. ◆ **gymnocarpie** n. f. Caractère des plantes gymnocarpes.

gymnopédies n. f. pl. (gr. *gumnopaidia*). *Antiq. gr.* Fêtes annuelles célébrées à Sparte en l'honneur d'Apollon.

gymnorhines n. m. pl. Groupe de chauves-souris au nez sans appendice. (Ce sont les familles des vespertilionidés et des emballonuridés.)

gymnosophie → GYMNOSOPHISTE.

gymnosophiste n. m. Nom donné par les auteurs de la Grèce classique aux ascètes de l'Inde. ◆ **gymnosophie** n. f. Doctrine des gymnosophistes.

gymnospermes n. f. pl. Sous-embranchement de plantes à graines, comprenant celles dont les graines sont portées sur une écaille et non enfermées dans un ovaire, telles que les conifères (pin, sapin, cyprès), les éphédras, les ginkgos, les cycas et de nombreuses espèces fossiles. (V. *encycl.*) ◆ **gymnospermie** n. f. Nudité de la graine, caractère propre aux gymnospermes dans l'ensemble.
— ENCYCL. *gymnospermes.* Les gymnospermes, qui sont presque toutes des arbres, s'opposent aux angiospermes par de nombreux caractères : les vaisseaux du bois sont pourvus d'aréoles* et de parois transversales, les feuilles des conifères sont réduites à des aiguilles, les espèces résineuses sont nombreuses ; il n'existe rien de semblable à une fleur avec calice, corolle, étamines et pistil, mais seulement des inflorescences mâles et femelles séparées. L'ovule contient un prothalle femelle moins réduit que chez les angiospermes (il y a un *endosperme*, ou tissu nourricier, et plusieurs oosphères, toutes fécondées, mais dont une seule édifiera une plantule, munie de plus de deux cotylédons), et la fécondation peut comporter des spermatozoïdes nageurs (ginkgo, cycas). Il n'y a pas d'albumen. La fin du primaire et le début du secondaire ont connu une riche flore de gymnospermes, mais, à partir du crétacé, les angiospermes les ont peu à peu supplantées, à l'exception des conifères (416 espèces).

gymnospermie → GYMNOSPERMES.

gymnosporangium [ʒjɔm] n. m. Champignon parasite qui vit en alternance sur le genévrier et sur les rosacées (pommier, poirier, aubépine), chez lesquelles il cause la *rouille grillagée.* (Ordre des urédinales.)

gymnote n. m. Poisson des eaux stagnantes d'Amazonie, de forme allongée (2 m de long), dont la décharge électrique est très violente. (Il l'emploie à paralyser les poissons dont il se nourrit.)

gynandromorphisme n. m. Juxtaposition, chez un même animal (appartenant à une espèce gonochorique), de parties mâles et de parties femelles. (Cette anomalie *individuelle* s'observe aisément lorsque les deux sexes sont très différents, comme chez certains papillons, dont les ailes d'un côté ont l'aspect mâle, celles de l'autre côté l'aspect femelle.)

gynécée n. m. (gr. *gunaikeion ; de gunê,* femme). *Antiq. gr.* Appartement des femmes, placé, dans la maison, en arrière des pièces réservées aux hommes. ‖ Au Bas-Empire romain, manufacture d'Etat où prédominait le travail féminin. ‖ Au Moyen Age, atelier de travaux féminins, présidé par la dame du château. ‖ *Bot.* V. PISTIL.

gynécographie n. f . Radiographie des organes génitaux internes de la femme après création d'un pneumo-péritoine.

gynécologie n. f. (gr. *gunê, gunaikos,* femme, et *logos,* science). Etude morphologique, physiologique et pathologique de l'organisme féminin et de son appareil génital. (Confondue avec l'obstétrique jusqu'au milieu du XIXᵉ s., la gynécologie a bénéficié des progrès de la médecine, de la biologie, de l'endocrinologie, de la psychiatrie, et elle s'affirme maintenant comme une discipline permettant de comprendre le retentissement du sexe sur la croissance et sur les métabolismes, ainsi que tous les problèmes que pose la condition féminine [puberté, mariage, fécondité, stérilité, ménopause, névroses, etc.].) ◆ **gynécologique** adj. Relatif à la gynécologie. ◆ **gynécologue** ou **gynécologiste** n. Médecin qui s'occupe spécialement de gynécologie.

gynécomastie n. f. Développement exagéré des mamelles chez l'homme. (Elle est due ordinairement à un trouble hormonal.)

gynécopathie n. f. Affection des organes génitaux de la femme, considérée indépendamment de la cause et des symptômes.

gynécophobie ou **gynéphobie** n. f. Peur angoissante éprouvée par certains nerveux en présence d'une femme.

gynerium [rjɔm] n. m. Graminacée ornementale formant de grandes touffes surmontées d'inflorescences soyeuses.

gynocardia n. m. Arbre de l'Inde qui fournit l'huile de chaulmoogra (employée dans le traitement de la lèpre). [Famille des bixacées.]

gynogenèse n. f. V. MÉROSPERMIE.

gynophore n. m. Pédoncule propre au pistil. (On le trouve chez le câprier, le sterculia, etc.)

gymnote

Larousse

gynostème n. m. Organe floral des orchidacées, résultant de la concrescence du style et des étamines.

Gyōgi, bonze bouddhiste japonais (670-749), disciple de Giyen. Il fut un grand architecte.

Gyöngyös, v. de Hongrie (dép. de Heves), au pied des monts Matra ; 28 700 h. Vieux marché rural au centre d'un vignoble réputé.

Gyöngyösi (István), poète hongrois (Radváncz 1629 - Cseznek 1704). Il est, par ses poèmes épiques, un des créateurs de la poésie hongroise (*Vénus de Murány,* 1664).

Györ, en allem. **Raab,** v. de Hongrie, ch.-l. de dép. ; 113 300 h. Située à l'emplacement d'un poste romain (*Arrabona*), la ville est un important centre industriel (métallurgie, produits alimentaires et surtout textiles).

Gyp (Sibylle Gabrielle Marie-Antoinette DE RIQUETI DE MIRABEAU, comtesse DE MARTEL DE JANVILLE, connue sous le pseudonyme de), femme de lettres française (château de Koëtsal, Morbihan, 1849 - Neuilly-sur-Seine 1932). Arrière-petite-nièce de Mirabeau, elle a critiqué la société mondaine et politique de son époque dans une centaine de volumes, dont les plus célèbres sont *Petit Bob* (1882), *Autour du divorce* (1886), *les Profitards* (1918). Plus sentimentaux sont *le Mariage de Chiffon* (1894) et *le Bonheur de Ginette* (1911). Elle a publié ses impressions d'enfance sous le titre de *Souvenirs d'une petite fille* (1927-1928).

gypaète n. m. (gr. *gups,* vautour, et *aetos,* aigle). Très grand rapace diurne des montagnes, qui se nourrit surtout de cadavres.

Terrasse

gypaète

(Son bec porte une touffe de poils, d'où son nom usuel de VAUTOUR BARBU. Famille des falconidés.)

gypsage → GYPSE.

gypse n. m. (lat. *gypsum*). Sulfate hydraté naturel de calcium $CaSO_4$, $2H_2O$, usuellement appelé PIERRE À PLÂTRE. (Le gypse, solide jaunâtre de densité 2,3, se présente en masses compactes ou en cristaux du système monoclinique. Il est facile à cliver et forme souvent une macle en fer de lance.) ◆ **gypsage** n. m. Addition de gypse au clinker de ciment Portland pour régulariser la prise. ◆ **gyp-**

Larousse

gypse

seux, euse adj. Qui est de la nature du gypse ; qui contient du gypse. ◆ **gypsophile** n. f. (franç. *gypse*, et gr. *philein*, aimer ; « plante qui aime à croître dans les terrains gypseux »). Petite caryophyllacée des rocailles, aux fleurs blanches veinées de rouge.

Gyptis, personnage légendaire, fille de Nann, chef des Gaulois Ségobriges établis à l'embouchure du Rhône. Quand les Phocéens abordèrent vers 600 av. J.-C., elle choisit pour époux le chef des Grecs, et les Phocéens reçurent l'emplacement où ils fondèrent Marseille.

gyrin n. m. Petit coléoptère carnassier à deux paires d'yeux, qui vit en troupes à la surface des eaux dormantes et qui décrit des cercles rapidement parcourus. (Type de la famille des *gyrinidés*.)

gyrobus [bys] n. m. Autobus ou autorail qui utilise en cours de route l'énergie cinétique de rotation d'un disque très lourd, lancé à grande vitesse pendant les arrêts.

gyrocompas n. m. Boussole construite en application du gyrostat, et qui donne la direction du nord géographique sur un navire ou

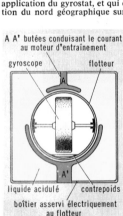

A A' butées conduisant le courant
au moteur d'entraînement

gyroscope   flotteur

gyrocompas

liquide acidulé   contrepoids
boîtier asservi électriquement
au flotteur

sur un avion. (On dit aussi CONSERVATEUR DE CAP.)

gyrohorizon n. m. V. HORIZON *artificiel.*

gyrolite n. f. Silicate hydraté naturel de calcium, apparenté aux zéolites.

gyromètre n. m. Appareil servant à indiquer les changements de direction d'un avion.

gyromitre n. m. Champignon ascomycète des bois de conifères, au chapeau en forme de cervelle, et qui a une action toxique sur certaines personnes.

gyropilote n. m. Appareil à gouverner automatique, commandé par le gyrocompas, pour le pilotage automatique des navires, avions, fusées, etc.

gyroptère n. m. Type particulier d'hélicoptère à très grandes ailes tournantes.

gyroscope n. m. Appareil dû à Foucault, et

gyroscope

formé d'un tore de bronze dont l'axe, grâce à une double monture, a la faculté de s'orienter dans toutes directions autour du centre de gravité. (V. *encycl.*) ◆ **gyroscopique** adj. Se dit de tout ce qui a rapport au gyroscope ou est équipé d'un gyroscope. ● *Effet gyroscopique,* tendance qu'a tout corps lourd, animé d'un mouvement de rotation rapide autour d'un axe, à s'opposer à tout effort visant à modifier la direction de son axe de rotation.

— ENCYCL. **gyroscope.** D'après les lois de la mécanique, l'axe du tore, s'il est animé d'une rotation très rapide, conserve une direction fixe. Foucault, vérifiant la participation de cet axe au mouvement diurne des étoiles, prouva que ce mouvement est une apparence, due à une rotation de la Terre en sens inverse. Le gyroscope a reçu de multiples applications : compas gyroscopique, qui permet de déterminer le méridien sans observations d'astres ; dispositif antiroulis,

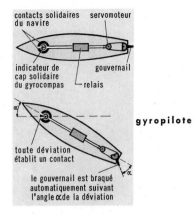

contacts solidaires servomoteur
du navire

indicateur de
cap solidaire
du gyrocompas
relais

gouvernail

gyropilote

toute déviation
établit un contact

le gouvernail est braqué
automatiquement suivant
l'angle α de la déviation

qui accroît la stabilité des navires ; guidage
et pilotage automatique des avions, fusées
et engins divers.

gyroscopique → GYROSCOPE.

gyrostabilisateur n. m. Stabilisateur utilisé pour le pointage du canon sur les chars
américains de la Seconde Guerre mondiale.

gyrostat n. m. Tout solide animé d'un mouvement de rotation rapide autour de son axe.
(On réalise pratiquement un gyrostat en prenant un volant massif et en lui imprimant
une vitesse de rotation suffisante. L'axe se
fixe dans une position stable. Tous les problèmes mécaniques qui nécessitent la conservation d'une direction peuvent se résoudre à
l'aide d'un gyrostat.) ◆ **gyrostatique** adj.
Qui concerne le gyrostat.

gyrotrain n. m. Train monorail où la stabilité des véhicules est assurée par un gyrostat.

gyrovague adj. et n. m. (lat. ecclés. *gyro-
vagus*). Se disait de certains religieux vaga-
bonds du Moyen Age.

Gytheion ou **Ghíthio,** v. de Grèce, dans
le sud du Péloponnèse, sur le golfe de Laco-
nie ; 6 900 h. Ce fut le port de Sparte.

Gyulai (Ferencz), comte de **Maros-Németh
et Nádaska,** général hongrois (Pest 1798 -
Vienne 1868). Commandant en chef de l'armée d'Italie en 1859, il fut battu par les
Français à Magenta et destitué.

Gyulai (Pál), écrivain et critique hongrois
(Kolozsvár 1826 - Budapest 1909) Il fut le
principal représentant de la critique magyare
à la fin du XIXe s. : il publia des mono-
graphies sur Vörösmarty (1865), Katona
(1883), Petőfi.

h

hélicoptère-grue Sikorsky S-64E « Skycrane » soulevant un camion

h [aʃ] n. m. Huitième lettre de l'alphabet français. ‖ Indique souvent la présence d'une aspiration dans les langues autres que le français. ‖ **h** est le symbole de l'*heure*, unité de temps, du préfixe *hecto-*, désignant l'unité multipliée par cent, et de la *constante de Planck*. ‖ **H** est le symbole chimique de l'*hydrogène* et le symbole du *henry*, unité d'inductance électrique ; il désigne le vecteur excitation du champ magnétique. ‖ En musique, **H** désigne le *si* dans la nomenclature germanique. ● *L'heure H,* pendant la guerre, l'heure désignée pour l'attaque et, *par extens.,* l'heure fixée à l'avance pour une opération quelconque : *Attendre l'heure H.*

ha, symbole de l'*hectare,* unité de superficie.

ha ! interj. Marque : 1° l'étonnement : *Ha ! vous voilà ;* 2° le soulagement : *Ha ! m'en voilà enfin débarrassé ;* 3° la joie : *Ha, ha, ha ! elle est bien bonne.* ✦ n. m. *Pousser un ha de soulagement.*

Haag (DEN), nom néerl. de **La Haye.**

Haag (Eugène), historien français (Montbéliard 1808 - Paris 1868). Il fut un des fondateurs de la Société de l'histoire du protestantisme français. — Son frère EMILE (Montbéliard 1810 - Paris 1865) collabora à de nombreuses publications protestantes.

Haag (Jules), mathématicien français (Flirey 1882 - Besançon 1953). Professeur de mé-

canique rationnelle à la faculté des sciences de Besançon, puis directeur de l'Institut de chronométrie (1927), il s'est surtout intéressé à l'analyse, à la géométrie, au calcul des probabilités, à la mécanique et à la chronométrie. (Acad. des sc., 1946.)

Haakon Ier le Bon (v. 920 - Fitje 960), roi de Norvège (v. 935-960). — **Haakon II** *Härdebred* (« Aux larges épaules ») [1147 - 1162], roi de Norvège (1157-1162). — **Haakon III** *Sverresson* († 1204), roi de Norvège (1202-1204). — **Haakon IV** *Haakonsson* (près de Skarpsborg 1204 - Kirkwall, Orcades, 1263), roi de Norvège (1217/1223-1263). Il établit la prospérité et la paix intérieure en Norvège, reconquit les Hébrides sur l'Ecosse, réaffirma ses droits sur les Orcades et vit la soumission de l'Islande et du Groenland. — **Haakon V** *Magnusson* (1270 - 1319), roi de Norvège (1299-1319), fils de Magnus Lagaböte. Il lutta contre le Danemark, puis contre la Suède (1309). Il fit d'Oslo sa capitale. — **Haakon VI** *Magnusson* (1340 - 1380), roi de Norvège (1343-1380), fils et successeur de Magnus VII Eriksson. Son mariage avec Marguerite de Danemark assura les couronnes de Norvège et de Danemark à son fils Olav. — **Haakon VII** (Charlottenlund, Danemark, 1872 - Oslo 1957), roi de Norvège (1905-1957), fils de Frédéric VIII. Il fut élu roi de Norvège après la séparation de la Suède et de la Norvège. En 1940, d'Angleterre, où il se réfugia, il organisa la résistance à l'occupation allemande. Il rentra en Norvège en 1945.

haarkies n. m. Sulfure naturel de nickel, en cristaux capillaires jaune d'or. (Syn. MILLÉRITE.)

Haarlem, en franç. **Harlem,** v. des Pays-Bas, ch.-l. de la Hollande-Septentrionale, à l'O. d'Amsterdam, près de la mer du Nord ;

J.-C.). Ses prophéties fulminent contre des oppresseurs païens.

*habanera n. f. (mot esp.). Danse très populaire au XIXᵉ s., et dont l'origine n'est pas claire. (On la dit espagnole, teintée par la musique nègre et revenue en Europe, ou bien de souche afro-cubaine pure. Bizet, Chabrier, Debussy, Ravel ont écrit des habaneras.)

habeas corpus [abeaskɔrpys] n. m. (mots

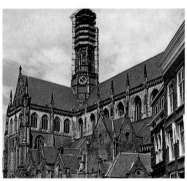

Marton   Marton

Haarlem : l'ancienne boucherie et la grande église.

170 000 h. Evêché catholique. La grande place est encadrée par les anciennes boucheries, l'hôtel de ville, la Grande-Eglise (édifice gothique des XVᵉ et XVIᵉ s.). Musée Frans-Hals. Industries alimentaires, chimiques, métallurgiques. — Dans la région, cultures florales réputées dans le monde entier (tulipes).
● *Histoire.* Première capitale du comté de Hollande, la ville eut une activité commerciale intense dès le Moyen Age. Au XVIᵉ s., elle s'enrichit des spéculations sur les tulipes. En 1572-1573, elle subit, de la part des Espagnols, un long siège qui se termina par un massacre.

Haarlemmermeer, région de polders des Pays-Bas, au S.-E. de Haarlem.

Hába (Alois), compositeur tchèque (Vizovice 1893 - Prague 1973). Outre des compositions musicales (*la Mère,* opéra, 1931 ; *Que Votre royaume arrive,* opéra, 1940), il a publié des écrits théoriques, dont la *Théorie de la musique à quart de ton* (1925).

Habach al-Hāsib, astronome et mathématicien arabe († Merv entre 864 et 874). Auteur d'observations astronomiques à Bagdad, il est connu surtout pour ses contributions au développement de la trigonométrie et pour sa théorie du mouvement de la Lune.

Habacuc, le huitième des petits prophètes de l'Ancien Testament (fin du VIᵉ s. av.

lat. signif. *que tu aies le corps*). Loi anglaise votée en 1679, sous Charles II, qui garantit la liberté individuelle et protège contre les arrestations arbitraires.

habenaria n. m. Genre d'orchidacées comprenant plus de quatre cents espèces, surtout américaines.

Habeneck (François), violoniste et chef d'orchestre français (Mézières 1781 - Paris 1849). Chef d'orchestre de la Société des concerts du Conservatoire, il révéla aux Français les symphonies de Beethoven.

Haber (Fritz), chimiste allemand (Breslau 1868 - Bâle 1934). Il est l'auteur du premier procédé de synthèse industrielle de l'ammoniac et a montré qu'une réaction chimique peut être accompagnée d'une émission d'électrons. (Prix Nobel de chimie, 1918.)

Häberlin (Paul), philosophe suisse (Kesswill 1878). Ses recherches de psychologie et de pédagogie se fondent sur une doctrine générale de l'être. On lui doit : *Wege und Irrewege der Erziehung* (1918), *Der Gegenstand der Psychologie* (1921), *Das Wesen der Philosophie* (1934), *Der Mensch* (1941), etc.

Habermas (Jürgen), sociologue et philosophe allemand (Düsseldorf 1929). Il s'est attaché à montrer que le positivisme et la technocratie vont de pair, et que le développement de la technologie, tel que le connaissent les sociétés occidentales, n'est pas sans conséquence sur la démocratie.

habile adj. (lat. *habilis*, maniable ; de *habere*, tenir). Qui sait faire ; qui fait avec adresse, intelligence et compétence : *Etre habile à éviter les corvées.* ‖ Fin, rusé (en b. ou mauv. part) : *Un avocat habile. Un habile fripon.* ‖ Qui est fait à propos, avec intelligence, avec art : *Démarche habile. Intrigue habile.* ‖ *Dr.* Apte à : *Habile à succéder.* ‖ — Syn. : *adroit, capable, entendu, expérimenté, expert, industrieux, ingénieux.* ◆ **habilement** adv. Avec habileté : *Des négociations habilement menées.* ◆ **habileté** n. f. Caractère de celui ou de ce qui est habile : *Habileté manuelle. Habileté d'une démarche.* ‖ — **habiletés** n. f. pl. Manœuvres habiles : *Ses habiletés furent sans effet.*

habilitant, habilitation, habilité → HABILITER.

habiliter v. tr. Autoriser quelqu'un à faire un acte juridique pour lequel il ne possède qu'une capacité d'exercice insuffisante. ◆ **habilitant, e** adj. Qui rend apte. ◆ **habilitation** n. f. Action d'habiliter. ◆ **habilité** n. f. *Dr.* Aptitude.

habillable, habillage, habillé, habillement → HABILLER.

habiller v. tr. (anc. franç. *abillier*, préparer une « bille » de bois, influencé ensuite par *habit*). Couvrir d'un vêtement, vêtir : *Habiller un enfant.* ‖ Faire des habits : *Ce couturier habille les grandes vedettes.* ‖ Fournir, pourvoir de vêtements d'une certaine étoffe ou d'une certaine couleur : *Habiller de blanc. Habiller un enfant de bleu.* ‖ Aller plus ou moins bien ; être seyant : *Cette robe vous habille parfaitement. Un costume qui habille.* ‖ Couvrir comme d'un vêtement, envelopper : *Habiller un meuble d'une housse.* ‖ *Bouch.* Pratiquer l'habillage d'un animal. ‖ *Sell.-garn.* Placer les dossiers, les coussins et les tapis dans une voiture. ‖ *Fig.* Parer, déguiser : *Habiller une dérobade de prétextes divers.* ‖ — Syn. : *affubler, revêtir, vêtir.* ‖ — **s'habiller** v. pr. Mettre ses habits ; se vêtir : *S'habiller à la hâte. Il s'habillait toujours de clair.* ‖ Se fournir, se pourvoir d'habits : *S'habiller chez un bon tailleur.* ‖ Se mettre en toilette : *On s'habille pour le bal.* ◆ *S'habiller en,* revêtir le costume de : *Les enfants aiment s'habiller en Indiens.* ◆ **habillable** adj. Que l'on peut habiller ; à qui l'on peut faire des vêtements convenables : *Homme contrefait, difficilement habillable.* ◆ **habillage** [jaʒ] n. m. Action d'habiller, de s'habiller : *L'habillage d'une poupée.* ‖ Action, art d'exposer les marchandises d'une façon séduisante (parfois péjor.) : *Habillage de paniers de fruits.* ‖ Suppression de rameaux, des racines endommagées ou inutiles d'un végétal qu'on transplante. ‖ Préparation d'un animal, d'une pièce de boucherie, de gibier, etc., qui consiste à le dépouiller, le vider, le parer, le piquer s'il y a

lieu. ‖ Addition d'une partie accessoire (anse, oreille, etc.) à une pièce de poterie. ‖ Enveloppe amovible ayant pour objet de protéger, décorer ou isoler thermiquement le corps de chauffe d'un appareil de chauffage. ‖ Action de disposer dans l'ordre voulu les diverses pièces du mécanisme d'une montre, etc. ‖ Travail qu'exécute le metteur en pages et qui consiste à disposer, autour des illustrations d'un livre, le texte de la composition. ‖ Garnissage plus ou moins souple de la platine ou du cylindre d'une presse à imprimer. ‖ Dans l'industrie des vins mousseux, suite des opérations au cours desquelles les bouteilles sont revêtues de leur coiffe de papier métallique et de leurs étiquettes. ‖ Opération du tannage dans l'industrie de la mégisserie et de la chamoiserie. ‖ Pâte avec laquelle on prépare les peaux mégies. ‖ Lot de peaux que l'on traite de cette façon. ‖ Coloriage des figures de cartes à jouer. ‖ Action de monter une carde, d'ôter avec une lime douce le morfil des fils de fer. ◆ *Habillage d'une meule,* action de retailler les rainures tracées sur sa surface. ◆ **habillé, e** adj. Vêtu en habits de cérémonie ; bien mis : *Un spectacle où tout le monde est venu très habillé.* ‖ Qui convient pour une cérémonie : *Cette robe fait très habillé.* ‖ Décoré d'accessoires : *Une salle habillée de tentures et de plantes vertes.* ◆ **habillement** n. m. Action d'habiller, de fournir des vêtements : *L'habillement des troupes. Magasin d'habillement.* ‖ Façon, manière de s'habiller : *Un curieux habillement.* ‖ Ensemble des habits dont on est vêtu : *Les différentes pièces d'un habillement.* ‖ Ensemble des professions du vêtement : *Syndicat de l'habillement.* ● *Service de l'habillement et du campement,* subdivision du service de l'intendance chargée de pourvoir les troupes de tout ce qui est nécessaire pour les vêtir et les équiper. ◆ **habilleur, euse** n. *Théâtr.* Personne chargée d'aider les acteurs, les actrices à s'habiller, et qui prend soin de leur costume. ‖ — **habilleuse** n. f. *Cout.* Employée qui aide les mannequins à s'habiller pour la présentation des collections. ◆ **habillure** n. f. Point de jonction des bouts des fils d'un treillage.

Habiri ou **Habiru,** peuple sémitique mentionné dans les lettres d'Al-Amarna. Il semble avoir constitué une caste inférieure, chez les Hittites.

habit [abi] n. m. (lat. *habitus*, manière d'être ; de *habere*, se tenir). Ensemble des pièces qui composent le vêtement masculin (rare au sing. en cet emploi) : *Habit bien coupé. Habit religieux, ecclésiastique.* ‖ *Spécialem.* Vêtement masculin de cérémonie, ordinairement en drap noir, et dont les basques, échancrées sur les hanches, sont pendantes par-derrière : *L'habit est de rigueur pour cette soirée.* ‖ *Mil.* Au XVIIIe s. et au début du XIXe s., vêtement principal porté par les militaires. (Succédant au justaucorps, l'habit fut lui-même remplacé par la tunique d'uniforme, mais demeura la tenue de cérémonie de la marine, qui fut ensuite adoptée par l'armée de l'air et, depuis 1952, par l'armée de terre.) ‖ *Fig.* et *poét.* Couverture d'une maison : *Cette maison, avec son habit de vigne vierge, semble noyée dans la verdure.* ● *Habit de cérémonie,* vêtement de mise pour une cérémonie. ‖ *Habit de chœur,* vêtement d'office des ecclésiastiques et des religieux. ‖ *Habit court,* habit de voyage des ecclésiastiques. ‖ *Habit à la française,* habit long, aux basques pleines, dérivé du justaucorps. (Cintré et juponné sous Louis XV, il est plus étroit et muni d'un col droit sous Louis XVI et Napoléon Ier. L'usage s'en est maintenu dans les livrées d'apparat.) ‖ *Habit long,* soutane des ecclésiastiques. ‖ *Habit rouge* (Fam.), soldat anglais avant 1914. ‖ *Habit vert,* habit d'académicien ; dignité d'académicien. ‖ *Marchand d'habits,* chiffonnier. ‖ *Prendre l'habit,* entrer en religion. ‖ *Prise d'habit,* cérémonie qui marque l'entrée en religion. ‖ — ***habits*** n. m. pl. Ensemble des pièces de l'habillement : *Plier ses habits sur une chaise.*

habitabilité, habitable → HABITER.

habitacle n. m. (bas lat. *habitaculum* ; de *habere,* se tenir). Poét. Demeure. ‖ Partie d'un avion réservée à l'équipage. ‖ *Mar.* Boîte cylindrique où se logent la boussole, les compensateurs et les fanaux d'éclairage.

habitant, habitat, habitation, habité → HABITER.

habiter v. tr. (lat. *habitare* ; de *habere,* se tenir). Faire sa demeure de : *Habiter une maison ancienne.* ‖ *Fig.* Résider dans : *Le remords habite sa conscience.* ✦ v. intr. Avoir sa demeure dans ; vivre : *Habiter à la campagne* ; et, au *fig.* : *Le péché habite en lui.* ‖ — SYN. : *demeurer, loger, séjourner.* ● **habitabilité** n. f. Qualité de ce qui est habitable : *Conditions d'habitabilité d'un immeuble.* ✦ **habitable** adj. Où l'on peut habiter, vivre : *Cette maison n'est pas habitable l'hiver.* ✦ **habitant, e** n. Personne qui habite, vit ordinairement en un lieu : *Ville de plus de cent mille habitants.* ✦ **habitat** n. m. Territoire à l'intérieur duquel une espèce ou un groupe d'espèces rencontrent un complexe uniforme de conditions de vie auxquelles elles sont adaptées. ‖ Ensemble de ces conditions de vie. (V. encycl.) ‖ Ensemble de faits géographiques relatifs à la résidence de l'homme : *L'habitat rural, urbain.* (V. encycl.) ‖ Ensemble des conditions relatives à l'habitation : *Amélioration de l'habitat.* ✦ **habitation** n. f. Action d'habiter, de séjourner dans un même lieu : *Améliorer les conditions d'habitation.* ‖ Immeuble, maison : *Dans ce quartier, on construit beaucoup d'habitations de style ultra-moderne.* ‖ Lieu où l'on habite ; domicile, demeure : *Changer d'habitation.* ● *Droit d'habitation,* droit réel démembré de la propriété, et qui consiste dans l'*usus* d'une maison d'habitation, le droit de s'en servir en l'habitant avec sa famille. ‖ *Habi-*

tations à loyer modéré (H. L. M.), logements construits sous l'impulsion des pouvoirs publics et destinés aux personnes à revenus modestes ou moyens. ✦ **habité, e** adj. Où il y a présentement des occupants : *Maison habitée.*

— ENCYCL. **habitat.** Le mot « habitat » peut être l'équivalent des mots « environnement » ou « milieu » et appartient à un couple dont la « formation végétale » est l'autre terme ; on parlera d'*habitat forestier,* d'*habitat steppique,* d'*habitat marin,* etc. L'emploi du terme est très vaste, puisqu'il s'applique aussi bien à de grandes aires qu'à des aires restreintes. L'analyse des éléments de l'habitat dans une aire limitée correspondant à l'extension d'un groupement est la tâche première de l'écologiste et embrasse à la fois les conditions naturelles (climat, sol), les conditions biologiques et les conditions humaines (modifications du milieu physique par l'homme).

— *Géogr.* C'est à partir de la communication d'A. Demangeon au congrès du Caire sur l' « habitat rural » (1925) que le mot « habitat » entre dans la pratique courante des géographes, qui parlent de sa « concentration » ou de sa « dispersion », par exemple. Entre ces deux pôles, on observe d'ailleurs toutes sortes de nuances et de degrés. Les formes d'habitat sont en relation avec toutes les forces qui ont agi au cours des âges, et qui agissent encore sous nos yeux pour maintenir la cohésion du groupe rural ou, au contraire, pour le désagréger. Dans le domaine des villes, les urbanistes poursuivent, de concert avec les géographes, l'étude de l'habitat urbain, du degré de la congestion urbaine, de la répartition des fonctions dans l'agglomération, etc.

habituation → HABITUDE.

habitude n. f. (lat. *habitudo,* manière d'être ; de *habere,* se trouver en tel ou tel état). Disposition acquise par des actes réitérés ; expérience : *Prendre, contracter, perdre une habitude.* ‖ Manière de vivre ; façon constante de se comporter, d'agir ; geste acquis par la répétition : *Il a l'habitude de sortir à 5 heures.* ‖ *Psychol.* Élément constitutif de la personnalité de l'individu, résultant de la répétition d'une situation dans laquelle il s'est établi un lien entre un stimulus et une réponse donnée à ce stimulus par l'individu. (En ce sens, l'habitude est un mélange d'automatisme et de plasticité, garantissant l'adaptation de l'individu à la situation.) ‖ — SYN. : *accoutumance, coutume, pratique, usage.* ● *Délits d'habitude,* par oppos. à *délits d'occasion,* délits constitués par une série d'actes similaires dont la répétition seule constitue l'infraction : *Le délit d'usure est un délit d'habitude.* ‖ *Mauvaises habitudes,* contraires aux règles de la morale, de l'éducation ou de l'hygiène. ● LOC. ADV. *D'habitude,* ordinairement, habituellement : *D'habitude, on le voit apparaître à sa fenêtre.* ‖ *Par habitude,* sans réflexion et en suivant une inclination formée par le temps. ◆ **habituation** n. f. Dans l'apprentissage animal, réduction progressive et parfois disparition temporaire d'une réaction réflexe caractérisée, en cas de répétition d'une même situation stimulante. (On l'observe déjà chez les animaux inférieurs, comme l'anémone de mer.) ◆ **habitué, e** n. Qui a l'habitude de quelque chose ou de quelqu'un ; qui fréquente assidûment : *C'est un habitué de ce genre de spectacles.* ● *Prêtre habitué*, prêtre sans charge officielle, qui rend service à une église. ◆ **habituel, elle** adj. Qui est passé en habitude : *Cette réaction est habituelle chez lui.* ‖ Qui est constant, fréquent, normal : *Procédé habituel. Etat habituel.* ◆ **habituellement** adv. D'une manière habituelle ; d'ordinaire ; presque toujours : *Les rues sont habituellement désertes à deux heures du matin.* ◆ **habituer** v. tr. Faire prendre une habitude à ; accoutumer, dresser : *Habituer les enfants à l'obéissance.* ‖ — **s'habituer [à]** v. pr. S'accoutumer à ; prendre l'habitude de ; se familiariser avec : *S'habituer aux privations.*

habitus [tys] n. m. (mot lat.). Aspect extérieur du corps, attitude, mimique, allure de la respiration. ‖ Relâchement ou contraction des muscles, dont la nature et la localisation indiquent l'état de souffrance ou de bien-être d'un individu.

***hâblerie** n. f. Discours plein d'exagération ; vantardise : *Hâbleries de chasseurs.* ◆ ***hâbleur, euse** adj. et n. Qui a l'habitude de parler beaucoup et de se vanter : *Un hâbleur invétéré.*

Habra (OUED), riv. de l'Algérie occidentale, qui prend sa source, sous le nom d'*oued el Hammam*, dans les monts de Saïda ; affl. de l'oued Sig (r. dr.) ; 240 km.

Habrecht (Isaac), horloger suisse (Schaffhouse 1544 - Strasbourg 1620). Il exécuta la deuxième horloge astronomique de la cathédrale de Strasbourg, la première horloge datant de 1347. Halbrecht fit d'autres horloges astronomiques, dont l'une, exécutée en 1589, se trouve au British Museum et une autre, de 1594, au château de Rosenborg (Danemark).

habrobracon [kɔn] n. m. Insecte hyménoptère, dont la larve se rend utile en parasitant celle de certaines teignes nuisibles au cotonnier, à la pomme de terre, etc.

habrocome n. m. Rongeur des montagnes du Chili ayant l'aspect des campagnols aquatiques, et dont le pelage est semblable à celui des chinchillas.

habronème n. m. Ver nématode, agent de l'habronémose du cheval. ◆ **habronémose** n. f. Maladie parasitaire des équidés, due à la présence d'habronèmes. (Les vers adultes vivent dans l'estomac [*habronémose gastrique*] ; les larves, selon leur localisation, déterminent les *habronémoses cutanée, pulmonaire* ou *conjonctivale*.)

habrosyne n. m. Papillon brun, dont la chenille vit en automne sur les ronces et les framboisiers. (Famille des thyatiridés.)

Habsbourg, dynastie qui régna sur l'Autriche de 1278 à 1918. Elle tire son nom d'un château fort construit en Argovie (Suisse) par Werner Ier (XIe s.). Elle acquiert la seigneurie de Lucerne, le landgraviat de Haute-Alsace, le comté de Zurich. Rodolphe Ier accède à l'Empire en 1273. La victoire du Marchfeld (1278) lui vaut l'Autriche, la Styrie, la Carniole. En revanche, l'émancipation des Suisses (XIVe et XVe s.) fait perdre à la famille ses domaines primitifs. Les partages successoraux menacent longtemps sa puissance (partages entre les branches Albertine et Léopoldine, 1379, 1395). Frédéric III (1439-1493) voit s'éteindre les branches collatérales. Sauf en 1741, les Electeurs choisirent toujours les empereurs dans la maison de Habsbourg. Une série de mariages heureux accrut les possessions familiales : mariages de Maximilien avec Marie de Bourgogne, qui amène les Pays-Bas et la Comté (1477), de Philippe le Beau avec Jeanne la Folle, héritière de Castille et d'Aragon (1496), de Ferdinand avec Anne, héritière de Bohême et de Hongrie (1521). La puissance des Habsbourg atteint son maximum d'extension avec Charles Quint ; lorsque celui-ci abdique, la maison d'Autriche se divise. La branche aînée, avec Philippe II, règne sur les Pays-Bas, la Comté, le Milanais, Naples, la Sicile et le royaume d'Espagne. La branche cadette reçoit, avec la dignité impériale, l'Alsace, les duchés souabe et autrichien, la Bohême et ce qui reste de la Hongrie. A l'extinction de la branche aînée (1700), les Habsbourg de Vienne récupèrent les Pays-Bas, le Milanais, Naples et la Sicile, et achèvent la reconquête de la Hongrie. La pragmatique sanction de 1713 assure l'indivisibilité des Etats héréditaires. Marie-Thérèse, fille de l'empereur Charles VI, par son mariage avec le duc François III de Lorraine, qui devient l'empereur François Ier, transforme la dynastie en maison de *Habsbourg-Lorraine.* Le Saint Empire s'achève lorsque François II est proclamé *empereur d'Autriche* (1804). La résistance des Hongrois oblige son petit-fils, François-Joseph, à prendre le titre d'*empereur et roi* (1867). Chassé d'Italie (1859) et d'Allemagne, il consolide sa domination en Europe centrale. La défaite austro-allemande (1918) amène la chute de la dynastie.

Habsheim, ch.-l. de c. du Haut-Rhin (arr. et à 7,5 km à l'E. de Mulhouse) ; 3 644 h. Hôtel de ville du XVIe s. Bonneterie.

Haceldama (mot hébr. signif. *champ du sang*), nom donné au champ acheté avec le prix de la trahison de Judas et destiné à servir de sépulture aux étrangers, et qu'on situe dans la Géhenne, près de Jérusalem.

Hácha (Emil), homme politique tchèque (Trhové Sviny 1872 - Prague 1945). Président de la République tchécoslovaque (1938), il dut reconnaître l'incorporation de la Tchécoslovaquie au Reich (1939).

*hachage, *hachard → HACHE.

*ḥachchāchīn n. m. pl. V. ASSASSINS.

*hache n. f. (francique *hâppja*). Instrument fait d'un fer tranchant fixé au bout d'un manche, et qui sert à couper le bois : *Abattre un arbre à coups de hache.* ● *Comité de la hache,* nom donné familièrement aux organismes chargés de supprimer les emplois superflus dans l'Administration. ‖ *Coup de hache,* dépression située à la limite de l'encolure et du garrot, chez le cheval. ‖ *Fait, taillé à coups de hache,* fait grossièrement, sans goût; se dit d'une personne dont le visage ou le corps manque de finesse. ‖ *Hache d'armes,* hache au large fer dont se servaient les chevaliers au Moyen Age. (Plus les haches d'armes sont anciennes, plus leur fer est important et leur manche long.) ‖ *Hache à main,* petite hache avec un manche fort court, qu'on peut manœuvrer d'une seule main. ‖ *Maître de hache* (Mar.), charpentier du bord. ◆ ***hachage** ou ***hachement** n. m. Action de hacher : *Le hachage des feuilles de tabac.* ◆ ***hachard** n. m. Cisailles pour couper le fer feuillard ou le fer rond de petit diamètre. ◆ ***haché, e** adj. Coupé en petits morceaux : *Viande hachée.* ● *Débit haché,* débit dont les syllabes sont détachées et fortement appuyées. ‖ *Style haché* (Fig.), style coupé avec excès en petites phrases. ◆ ***hache-écorce** n. m. Machine servant à fragmenter l'écorce de chêne en vue d'obtenir le tan. — Pl. *des* HACHE-ÉCORCES. ◆ ***hache-fourrage** n. m. invar. Instrument servant à hacher le fourrage destiné aux animaux. ◆ ***hache-légumes** n. m. invar. Syn. de COUPE-LÉGUMES. ◆ ***hachement** n. m. Syn. de HACHAGE. ‖ Travail qui consiste à tailladder avec la hachette le parement d'une construction, avant le recrépissage. ◆ ***hache-paille** n. m. invar. Machine servant à réduire en fragments la paille et d'autres matières végétales sèches (foin, ajoncs, etc.). ◆ ***hacher** v. tr. Couper en petits morceaux avec un hachoir ou un autre instrument tranchant : *Hacher des herbes.* ‖ Couper, découper grossièrement, maladroitement : *Hacher une volaille.* ‖ Tailler, mettre en pièces : *Cavalerie qui hache un bataillon. Blés que la grêle a hachés.* ‖ Faire des entailles sur le parement d'une muraille, afin de faciliter la prise de l'enduit que l'on applique sur sa surface. ‖ Tondre les draps et les étoffes. ‖ *Fig.* En parlant du style, du débit, de la parole, couper de façon excessive : *Hacher ses phrases.* ‖ Interrompre : *Discours haché d'applaudissements.* ● *Se faire hacher,* se faire tuer jusqu'au dernier, en se défendant; et, au *fig.,* persister malgré toutes les remontrances, tous les risques possibles : *Il se ferait hacher plutôt que d'avouer.* ◆ ***hachereau** n. m. Petite hache des ouvriers charpentiers. ‖ Petite cognée de bûcheron. (On

dit aussi HACHETTE.) ◆ ***hachette** n. f. Petite hache. ‖ Marteau tranchant d'un côté. ◆ ***hacheur** n. m. Celui qui hache. ‖ Ouvrier qui prépare les laines pour être employées aux tapisseries. ◆ ***hache-viande** n. m. invar. Appareil pour hacher la viande. (Syn. HACHOIR.) ◆ ***hachis** [aʃi] n. m. Morceaux de viande de boucherie, de volaille, de gibier, de poisson, hachés menu, et qu'on utilise soit pour farcir certaines pièces de viande, des légumes (choux, pommes de terre, etc.), certains poissons ou volailles, soit pour faire des croquettes, des boulettes, etc. ◆ ***hachoir** n. m. Nom donné à des couteaux de formes très diverses servant à hacher les viandes, les légumes, etc. ‖ Appareil mécanique qui se présente comme un hache-viande. (Les produits sont introduits dans un entonnoir et entraînés par le jeu d'une hélice vers les couteaux qui les divisent et les rejettent.) ‖ Planche, généralement de hêtre, sur laquelle on hache les aliments. ◆ ***hachot** n. m. Petite hache qui fait partie du matériel réglementaire des embarcations de sauvetage. ◆ ***hachotte** n. f. Outil avec lequel le tonnelier taille les douves, et le couvreur les lattes et les ardoises. ◆ ***hachurateur** n. m. Appareil permettant de dessiner des hachures régulières sur une figure. ◆ ***hachure** n. f. Chacun des traits parallèles ou croisés, « comme à coups de hache », utilisés pour dessiner les formes, indiquer les demi-teintes ou les ombres : *Souligner les ombres par des hachures.* ‖ Chacun des traits croisés dont on couvre la surface des mé-

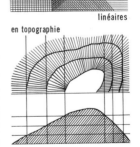

linéaires

en topographie

hachures

taux avant de les dorer ou de les argenter. ‖ Chacun des traits conventionnels employés en cartographie pour figurer les accidents et la pente des terrains. ◆ ***hachuré, e** adj. Marqué de hachures : *Partie hachurée d'une carte.* ◆ ***hachurer** v. tr. Rayer de hachures. ‖ Action de schématiser un relief ou de différencier des zones, dans une carte ou un dessin, par des hachures.

Hache (Jean-François), dit **Hache à Grenoble** ou **Hache l'Aîné**, ébéniste français (Grenoble 1730 - *id.* 1801). Il est l'un des rares maîtres à avoir fait figure de chef d'école dans les provinces de France (musée de Grenoble).

*haché, *hache-écorce, *hache-fourrage, *hache-légumes, *hachement → HACHE.

Hâchémites ou **Hâchimites**, famille quraychite descendant de Hâchim. Elle a fourni, du XIe au XXe s., les émirs chérifs de La Mecque. L'un d'eux, Ḥusayn ibn 'Alī, proclama l'indépendance de l'Arabie (1916) et devint roi du Hedjaz de 1916 à 1924. Depuis, la famille a régné sur l'Iraq (1920-1958) et règne sur la Jordanie.

*hache-paille, *hacher, *hachereau, *hachette → HACHE.

Hachette (Jeanne LAISNÉ, dite **Fourquet**, surnommée **Jeanne**), héroïne du Beauvaisis (Beauvais v. 1454- † Beauvais). En 1472, elle défendit, armée d'une hache, Beauvais assiégé par Charles le Téméraire.

Hachette (Jean Nicolas Pierre), mathématicien français (Mézières 1769 - Paris 1834). Adjoint à Monge pour la géométrie descriptive dès l'ouverture de l'Ecole polytechnique, il devint en 1810 professeur à la Faculté des sciences. (Acad. des sc., 1831.)

Hachette (LIBRAIRIE), maison d'édition française, fondée en 1826, devenue depuis 1852 concessionnaire de la vente des livres, journaux et publications dans les bibliothèques des gares, et, en 1898, créatrice d'un service de diffusion de la presse, les *Messageries Hachette*. Son fondateur, Louis Christophe Hachette (Rethel 1800 - château du Plessis-Piquet, Seine, 1864), acheta en 1826 la librairie Brédif, à laquelle il donna son nom. Ses publications destinées à l'enseignement eurent un grand succès. Il y joignit des collections diverses, parmi lesquelles il faut citer « les Grands Ecrivains de la France » et la « Bibliothèque rose ». Il eut pour successeurs ses gendres et associés, Breton et Templier. Sous leur direction, la Librairie Hachette publia le *Dictionnaire de la langue française* d'E. Littré (1863) et des guides touristiques. Elle a été dirigée par Robert Meunier du Houssoy (1888 - 1968), puis par les descendants des premières générations. Depuis la Seconde Guerre mondiale, les messageries de journaux ont dû prendre la forme de coopératives. La Librairie Hachette assure la gestion commerciale de la plus importante de ces coopératives, les *Nouvelles Messageries de la presse parisienne*. Plusieurs maisons d'édition lui ont confié l'exclusivité de leurs ventes.

*hacheur, *hache-viande → HACHE.

*hachich ou **haschisch* [aʃiʃ] n. m. (ar. ḥachīch, herbe, chanvre). Substance excitante et stupéfiante, extraite du chanvre indien, et consommée dans le Proche-Orient et en Inde. (L'emploi du hachich est interdit en France.)

◆ **hachischine* n. f. Résine extraite du chanvre indien. (Syn. CANNABINE.) ◆ **hachischisme* n. m. Intoxication par le hachich.

Hachim ou **Haşim** (Ahmet), poète et prosateur turc (Bagdad 1885 - Istanbul 1933). Il fut l'introducteur du symbolisme dans la littérature de son pays.

Hachiman, dieu de la Guerre, dans la mythologie japonaise.

Hâchim ibn 'Abd Manâf, ancêtre de la famille des Hâchémites, considéré comme l'aïeul de Mahomet.

Hachinohe, port du Japon, dans le nord de Honshū (dép. d'Aomori), sur l'océan Pacifique ; 208 800 h. Pêche ; industries diverses.

Hachiōji, v. du Japon (Honshū), dans la banlieue de Tōkyō ; 253 500 h. Nœud ferroviaire. Industries textiles. Produits chimiques.

*hachis → HACHE.

*hachoir, *hachot, *hachotte, *hachurateur, *hachure, *hachuré, *hachurer. → HACHE.

hacienda [asjɛnda] n. f. (mot esp.). En Amérique latine, habitation à laquelle est adjointe une exploitation rurale. (Fondement de l'économie agraire à partir du XVIIe s., l'hacienda est devenue une entreprise partiellement autonome, avec sa structure sociale hiérarchisée [du propriétaire aux péons], son tribunal, sa prison, tandis que l'exploitation comporte d'immenses troupeaux.)

Haci Halifa ou **Hadjdjī Khalīfa**, surnommé **Kātib Tchélébi**, érudit turc (Constantinople 1608 - *id.* 1657). Il fit partie de la chancellerie impériale et se consacra à des travaux scientifiques très divers, en particulier à un grand *Dictionnaire bibliographique*.

*hack n. m. (mot angl.). Cheval de service, dont on se sert pour surveiller le travail des chevaux à l'entraînement. ‖ Cheval de selle sans spécialisation sportive.

*hackle [akl] n. m. (mot angl. signif. *plume de coq*). *Pêch.* Plume servant au montage des artificielles.

*hackney [akni] n. m. (mot angl. tiré du franç. *haquenée*). Cheval de trait léger. ‖ *Par extens.* Cheval de louage.

Hackney, agglomération de la région nord-est de Londres ; 164 500 h.

Hackworth (Timothy), ingénieur anglais (Wylam, Northumberland, 1786 - Sheldon 1850). Il fut un grand constructeur de locomotives, dont les plus célèbres furent la « Royal George » et la « Sans-Pareil ».

Hadad, dieu sémitique de l'Orage et de la Tempête.

Hadad, roi édomite, détrôné par David et qui recouvra son royaume au temps de Salomon.

Hadamard (Jacques), mathématicien français (Versailles 1865 - Paris 1963). Professeur au Collège de France (1897-1935), à l'Ecole polytechnique (1912-1935) et à l'Ecole centrale des arts et manufactures (1920-1935), il s'est surtout occupé d'analyse infinitésimale. (Acad. des sc., 1912.)

haddock n. m. (mot angl.). Nom donné par les Anglais à la chair de l'aiglefin lorsqu'elle a été fumée.

hadène n. m. Noctuelle dont la chenille nuit gravement aux céréales et aux graminacées fourragères.

Hadès. *Myth. gr.* Dieu des Enfers, fils de Cronos et de Rhéa. Les Cyclopes l'ont pourvu d'un casque magique. Dans la croyance populaire, il se confond avec Pluton*.

Hadewijch ou **Hadewyck** (sœur), poétesse flamande du XIIIᵉ s. Ses poèmes prennent place parmi les chefs-d'œuvre mystiques du Moyen Age.

hadfield n. m. Type d'acier à très forte teneur en manganèse (12 p. 100), élaboré vers 1880 par sir Robert *Hadfield.*

Hadfield (sir Robert), métallurgiste anglais (Sheffield 1858 - Londres 1940). Outre une méthode de fabrication de l'acier au manganèse (1883), on lui doit divers procédés métallurgiques, notamment pour l'élaboration des alliages ferreux et des aciers spéciaux.

hadîth n. m. (mot ar. signif. *conversation* ou *récit*). Information relative aux actes ou aux paroles de Mahomet et de ses compagnons. ‖ Ensemble des traditions prophétiques. (Les *hadîths* font autorité immédiatement après le Coran.)

Hâdjdj ou **Hâdjdji** n. m. (mot ar. signif. *pèlerinage* à La Mecque). Titre du musulman qui a fait le pèlerinage de la terre sainte de l'islam (La Mecque et Médine). [Ce qualificatif s'énonce avant le nom propre : *Al-Hâdjdj 'Umar* ou *Hâdjdji 'Umar.*]

Hâdjdj 'Alî, dey d'Alger (1809-1815), célèbre pour sa cruauté. Il chassa le consul de France en 1810.

Jacques
Hadamard

Hâdjdj Husayn, surnommé **Mezzo-Morto** (Majorque ? - Chio 1701/1702), dey d'Alger (1683-1688). Pirate, il souleva la garnison d'Alger, tua le dey Baba Hasan et le remplaça. Il résista à Duquesne (1683), mais la venue de Tourville le décida à conclure un traité de paix avec Louis XIV. La violation de ce traité amena le bombardement d'Alger en 1688. Le dey dut s'enfuir alors, par suite de la révolte des janissaires. Il devint « capitan pacha » au service des Ottomans.

Hâdjdjî Girây ou **Haci Giray,** descendant de Gengis khân, fondateur du khânat tatar de Crimée (v. 1430).

Hâdjdjî Khalîfa, historien ottoman (Constantinople 1608 - *id.* 1657).

Hadjout, ancienn. **Marengo,** v. d'Algérie (départ. d'Alger, arr. de Blida) ; 17 600 h. Centre commercial et agricole.

Hadley (John), mathématicien anglais (dans le Hertfordshire 1682 - East Barnet, Hertfordshire, 1744). On lui doit le premier télescope pratiquement utilisable (1719-1720).

Hadramaout ou **Hadramot,** en ar. **Hadramawt,** région littorale de l'Arabie du Sud. Elle est formée d'un haut plateau désertique dominant une étroite plaine où se concentre la population.

Hadriana (VILLA) [« villa d'Hadrien »], la plus vaste et la plus riche des villas de l'époque impériale (près de Tivoli). La décoration en était très riche. Elle abritait de nombreuses sculptures (musées de Rome).

villa **Hadriana**

Serraillier - Rapho

Hadrianopolis ou **Hadrianoupolis,** nom antique d'**Andrinople.**

Hadrien ou **Adrien,** en lat. **Publius Aelius Hadrianus** (Italica, Bétique, 76 - Baïes 138), empereur romain (117-138). Il succéda à Trajan. Désireux de sauvegarder la paix, il éva-

Hadrien
Musée archéologique, Venise
Bevilacqua

cua les conquêtes faites par son prédécesseur au-delà de l'Euphrate. Il fit le tour de l'Empire (121 à 128), renforça les frontières contre les Barbares, en Germanie et en Bretagne notamment. Il visita l'Afrique (128), où il organisa la frontière de Mauritanie Césarienne. Il séjourna ensuite en Orient (128-134). En 130, il fonda la colonie d'*Aelia Capitolina* à Jérusalem, puis fit disperser les Juifs, qui s'étaient révoltés (134-135). Profondément épris de culture grecque, il reconstitua dans la villa Hadriana ses grands favoris. Il fit du conseil du prince un organe de gouvernement, et les juristes y eurent leur place. La législation de l'Empire tendit à s'unifier avec la publication d'un *Edit perpétuel* (131). La *lex Hadriana de rudibus agris* favorisa la récupération des terres incultes au profit des petits propriétaires. Le corps de l'empereur défunt fut déposé dans un mausolée colossal (actuel château Saint-Ange, à Rome).

Hadrien (MUR D'), grand ouvrage militaire construit en Bretagne (Angleterre) de 122 à 126/127, de l'embouchure de la Tyne au golfe de Solway, pour protéger la partie soumise de l'île. Il comprenait un mur de pierre, des fossés, et une série de camps et de fortins. Il en subsiste de nombreux vestiges.

Hadrien, papes. V. ADRIEN.

hadron n. m. (gr. *hadros*, fort). *Physiq. nucl.* Particule susceptible d'interactions fortes (nucléons, hypérons, mésons).

Hadrumète ou **Adrumète,** en lat. **Hadrumetum.** *Géogr. anc.* V. d'Afrique, anc. colonie phénicienne, devenue sujette de Carthage, puis cité romaine (146 av. J.-C.). Elle fut détruite par les Vandales en 434. Ruines, près de Sousse.

Hadulphe (saint), évêque († Arras 728). Abbé de Saint-Vaast, il devint évêque de Cambrai et Arras (717). — Fête le 19 mai.

Haeckel (Ernst), naturaliste allemand (Potsdam 1834 - Iéna 1919). Fervent disciple de Darwin et grand voyageur, il est l'auteur de travaux importants sur les animaux inférieurs. Il émit la « loi biogénétique fondamentale », selon laquelle l'ontogenèse (développement embryonnaire) est une courte récapitulation de la phylogenèse (suite des formes ancestrales).

Haecker (Theodor), philosophe catholique allemand (Eberback, Wurtemberg, 1879 - Usterbach, près d'Augsbourg, 1945). On lui doit : *S. Kierkegaard et la philosophie de l'intériorité* (1913), *Christianisme et culture* (1927), *Qu'est-ce que l'homme?* (1933).

Haeju, port de Corée (Corée du Nord); 82 100 h. Pêche et cabotage.

hæmatoxylon n. m. (gr. *haima, haimatos,* sang, et *xulon,* bois; à cause de la couleur du bois). Arbre mexicain, qui fournit le bois de campêche. (Famille des césalpiniacées.)

Haendel (Georg Friedrich), compositeur saxon. V. HÄNDEL.

Hafadjé, site mésopotamien (r. g. de la Diyālā), fouillé de 1930 à 1938. Un tell a révélé des monuments archaïques (sanctuaires, dont un ovale, de la fin du IVe millénaire et du début du IIIe).

*hâfiẓ n. m. (mot ar.; de *ḥafaẓa,* conserver dans sa mémoire). Titre donné aux musulmans qui ont appris le Coran par cœur.

Hāfiẓ (Chams al-Dīn Muḥammad), poète lyrique persan (probablem. Chīrāz v. 1320 - id. v. 1389). Ses poèmes mêlent à l'inspiration bachique et à l'exaltation de la beauté les thèmes mystiques et les idées morales. Il chante aussi sa ville natale, à laquelle il resta toujours très attaché. La souplesse de l'expression, la perfection du rythme, notamment dans ses odes (*rhazal*), font de Hāfiẓ le plus grand poète lyrique de la littérature persane classique.

Hāfiẓ (Mūlāy), sultan 'alawīte du Maroc (Fès 1875 - Enghien-les-Bains 1937). Frère de 'Abd al-'Azīz, il entra en rebellion contre lui, se faisant le défenseur de la tradition marocaine. Il fut proclamé sultan à Marrakech, au lendemain de l'occupation de Casablanca par les Français. Il fut reconnu en 1908-1909 et abdiqua en 1912.

*hafnium [njɔm] n. m. (de *Hafnié,* anc. nom de Copenhague). Métal rare, analogue au zirconium. (C'est l'élément chimique n° 72, de masse atomique Hf = 178,49, de densité 13,1. C'est un solide blanc, qui ne fond que vers 1 700 °C.) [Syn. CELTIUM.]

Hafṣa, fille d'Omar ('Umar), épousée par le Prophète à deux reprises.

Hafṣides, dynastie qui régna sur la Tunisie de 1228 à 1574.

Hafun (CAP), cap de l'Afrique du Nord-Est (Somalie), point le plus oriental de l'Afrique.

Haganah (mot hébr. signif. *défense*), organisation paramilitaire juive, tolérée comme police au temps du mandat britannique, et qui, en 1948, a constitué les cadres de base de l'armée israélienne. La Haganah, qui forma de véritables unités pendant la Seconde Guerre mondiale, comptait 60 000 hommes lors de la création de l'Etat d'Israël.

*hagard, e adj. (orig. germ. obscure ; le terme désignait l'oiseau de chasse resté sauvage). Qui est en proie à un trouble violent ; affolé, effaré. ‖ Qui exprime ce trouble : *Air hagard.* ‖ En fauconnerie, se dit d'un oiseau qui a été pris à la fin de sa première année, et en livrée complète.

Hagedorn (Friedrich VON), poète allemand (Hambourg 1708 - *id.* 1754). Il contribua à répandre en Allemagne le goût des littératures anglaise et française, et publia des *Fables et contes* en vers (1738), où il tente d'imiter La Fontaine.

Hagen, personnage du poème des *Nibelungen,* vassal de Gunther. Il tue Siegfried au cours d'une chasse.

Hagen, v. d'Allemagne (Allem. occid., Rhénanie-du-Nord - Westphalie), dans la Ruhr, au S. de Dortmund ; 201 000 h. Industries métallurgiques et chimiques.

Hagen (Johann Georg), jésuite et astronome allemand (Bregenz, Autriche, 1847 - Rome 1930). Directeur de l'observatoire du Vatican, il a dressé une carte du ciel et publié un atlas des étoiles variables.

Hagetmau, ch.-l. de c. des Landes (arr. de Mont-de-Marsan), à 12 km au S. de Saint-Sever ; 4514 h. (*Hagetmautiens*). Patrie du maréchal de Gramont.

Haggard (sir Henry Rider), romancier anglais (Bradenham Hall, Norfolk, 1856 - Londres 1925). Il a évoqué l'Afrique du Sud dans ses romans (*les Mines du roi Salomon,* 1886 ; *Elle,* 1887).

Haggett (Peter), géographe britannique (Pawlett, Somerset, 1933). L'un des maîtres de la «nouvelle géographie», il a mis en valeur l'efficacité des méthodes quantitatives et des approches théoriques dans l'analyse des localisations et des réseaux.

*haggis [agis] n. m. (mot écossais). Plat national écossais, composé d'un estomac de mouton farci avec la fressure de l'animal, relevé de sel, poivre, muscade, oignons hachés, graisse de bœuf, auxquels on ajoute de la farine d'avoine.

Haghia-Triada ou **Ághia Triádha** («la Sainte Trinité»), villa et palais minoens de Crète. On y distingue deux niveaux, datant de 1900-1700 et de 1400 av. J.-C. environ. Le musée de Candie en conserve trois précieux vases, dont celui des *Moissonneurs*.

hagiographe adj. (du gr. *hagios*, saint, et *graphein,* écrire). Se disait des livres de l'Ancien Testament autres que les Prophètes et le Pentateuque. ✦ n. m. Auteur d'une hagiographie. ◆ **hagiographie** n. f. Ouvrage sur des choses saintes. ‖ Science qui concerne les récits de la vie des saints. ◆ **hagiographique** adj. Relatif aux choses saintes, à l'hagiographie. ◆ **hagiologie** n. f. Ouvrage qui traite des saints ou des choses saintes.

hagiorite adj. Se dit des moines du mont Athos (péninsule de l'*Hagion Oros*).

Hagondange, comm. de la Moselle (arr. de Metz-Campagne), dans la vallée de la Moselle, à 13 km au S. de Thionville ; 9091 h. (*Hagondangeois*). Centre sidérurgique.

Hague (la), cap du Cotentin (Manche), à l'extrémité nord-ouest de la presqu'île. Usine d'extraction du plutonium.

Haguenau, ch.-l. d'arr. du Bas-Rhin, sur la Moder, à 28 km au N. de Strasbourg ; 29715 h. (*Haguenoviens*). Centre commercial et industriel : fabriques de cycles, tissage du coton, industrie du tabac. Ce fut une ville impériale au Moyen Age. Les fortifications, qui dataient de Frédéric Barberousse, furent rasées par Louis XIV. Haguenau garde l'église Saint-Nicolas (XIIIᵉ s.) et un hôtel de la Douane (XVIᵉ s.). Musée.

Haguenau (Heincelin, Haincelin ou Hans DE), miniaturiste français du XVᵉ s., qui fut le maître de Fouquet.

*haha! interj. Exclamation marquant l'admiration, l'intérêt porté à quelque chose, l'ironie, etc.

*haha n. m. invar. (de *ha! ha!*). Fossé couvrant l'entrée d'un parc ou domaine fortifié.

Hahn (Hermann), sculpteur allemand (Kloster-Veilsdorf, près de Meiningen, 1868 - Pullach 1945). Elève d'Hildebrand, il exécuta divers monuments (Moltke [Brême], Goethe [Chicago], Bismarck [Bingen]) et des bustes.

Hahn (Reynaldo), compositeur français (Caracas 1875 - Paris 1947). Directeur de l'Opéra, il a laissé des ouvrages lyriques (*Nausicaa,* 1919 ; *le Marchand de Venise,* 1935), des ballets (*le Bal de Béatrice d'Este,* 1909), des comédies musicales (*Mozart,* 1925), des opérettes (*Ciboulette,* 1923), des mélodies d'un style sensible et un concerto pour piano.

Hahn (Otto), physicien allemand (Francfort-sur-le-Main 1879 - Göttingen 1968). Il découvrit, avec Lise Meitner, le protactinium (1918), ainsi que le phénomène d'isomérie nucléaire. Il formula, avec Strassman, la théorie de la fission de l'uranium (1938). [Prix Nobel de chimie, 1945.]

→ V. illustration page suivante.

Hahnemann (Christian Friedrich Samuel), médecin allemand (Meissen, Saxe, 1755 - Paris 1843). Intrigué par les opinions contradictoires soutenues à l'époque sur l'action du quinquina, il expérimenta sur lui-même des

Éd. Mazenod

Otto Hahn

doses variables de ce produit et constata que si les fortes doses calment la fièvre, les doses très faibles provoquent un état fébrile. Il en déduisit la loi de similitude, loi essentielle de l'*homéopathie**, doctrine qu'il fonda en 1789. Combattu dans son propre pays, il trouva en France la consécration de ses travaux.

*hahnium n. m. (du nom de *Hahn*). Nom donné par les Américains à l'élément chimique artificiel de numéro atomique 99.

Hâibria, en gr. **Apriês,** dans la Bible Ho**phra,** nom du quatrième souverain égyptien de la dynastie saïte (588-568 av. J.-C.). Il assiégea Tyr pendant treize ans. Il accueillit les premières colonies juives en Egypte.

Haidarābād, anc. **Hyderābād,** v. de l'Inde, capit. de l'Andhra Pradesh ; 1 607 400 h. Archevêché catholique. Université. Important centre industriel (métallurgie, textiles, produits chimiques, verrerie, papeterie, matières plastiques).

Haïder-Ali. V. HAYDAR 'ALĪ KHĀN BAHĀDUR.

haïdouks n. m. pl. (hongr. *hajduk*). Boyards hongrois qui, à la fin du XVe s., constituèrent une milice chargée de la protection de la frontière méridionale hongroise. (Etienne Bocskay les utilisa contre l'Autriche en 1604, et les regroupa dans les districts de Szabolcs et de Bihar. Leur territoire devint en 1876 le comitat de Hajdú.) ‖ Appellation donnée en France au XVIIe s. à des domestiques hongrois ou costumés à la hongroise. ‖ Patriotes chrétiens, serbes et bulgares, héros de la résistance contre la domination turque.

Haiduong, v. du Viêt-nam (Viêt-nam du Nord), dans le delta du Tonkin ; 13 000 h. Filature de soie ; extraction du kaolin.

*haie n. f. (germ. **hagja*). Clôture faite d'arbres, d'arbustes ou d'épines qui s'entrelacent, de branches sèches, de fagots ou de ronce artificielle : *Un jardin entouré d'une haie.* (On plante les haies vives au printemps

ou en novembre avec des sujets de deux ans, puis on les recèpe tous les cinq ou six ans. On réalise des *haies d'abri* avec des résineux, pour protéger les plantes du vent, et des *haies d'agrément* dans les jardins.) ‖ File, rangée de choses : *Une haie de rochers. Une haie de baïonnettes.* ‖ Rangée de personnes le long d'une voie : *Une haie, une double haie de curieux.* ‖ Ligne de bataille formée au Moyen Age par les cavaliers pour l'attaque. ‖ Barrière, généralement en bois, qui constitue un obstacle dans certaines courses à pied. (Le *110 m* et le *400 m haies,* ainsi que le *80 m haies femmes* sont les courses les plus classiques.) ◆ *Briques de haie,* briques entassées de chant et non jointives, pour le

Presse-Sports

saut de haie

séchage après façonnage. ‖ *Faire la haie,* se disposer sur un ou deux rangs au passage de quelqu'un, spécialement pour lui faire honneur. ◆ ***hayette** n. f. Petite bêche pour biner l'intérieur des haies. ‖ Petite haie.

Haifa ou **Haiffa,** en ar. **Ḥayfā,** v. de l'Etat d'Israël, au S. de la baie d'Acre, sur les flancs du mont Carmel ; 225 800 h. Haifa est devenue la troisième ville du pays, après la construction d'un port moderne. Centre culturel et industriel : raffinage du pétrole, métallurgie, industries chimiques, textiles.

Haig (Douglas HAIG, 1er comte), maréchal britannique (Edimbourg 1861-Londres 1928). Après avoir commandé le 1er corps, puis la Ire armée britanniques en France de 1914 à 1915, il remplaça French comme commandant en chef des forces britanniques sur le front français, jusqu'à la fin du conflit. Ses Mémoires ont paru en 1952.

Haig (Alexander), général américain (Philadelphie 1914). Chef d'état-major adjoint (1972), il négocie avec Kissinger* le cessez-le-feu au Viêt-nam (1973), avant d'être placé à la tête des forces de l'O. T. A. N. en Europe (1974-1979). Il est secrétaire d'Etat en 1981 et 1982.

Hai-ho (le), fl. de la Chine du Nord, formé de diverses rivières, et qui arrose T'ien-tsin.

*haïk n. m. (ar. *ḥā'ik*). Pièce d'étoffe sans

couture qui, dans les pays musulmans, recouvre tous les autres vêtements féminins.

Ha'ik (Fardj Allāh), écrivain libanais (Bayt Chabāb, Liban, 1909). Il a publié deux plaquettes de vers et des romans, parmi lesquels une trilogie sur les paysans libanais, *les Enfants de la terre* (1948-1951).

*haikai n. m. V. HAÏKU.

Hai-k'eou ou **Hoihao**, en angl. Hoihow, ch.-l. de l'île de Hai-nan ; 135 300 h.

*haïku ou ***haikai** n. m. Forme de poésie japonaise très courte, composée de 17 syllabes réparties en trois groupes de 5, 7 et 5.

Hailes (David DALRYMPLE, lord). V. DALRYMPLE.)

Hailé Sélassié Ier ou **Haïla Sellassié** (le ras Tafarí MAKONNEN, couronné sous le nom d') [Harar 1892 - Addis-Abeba 1975], empereur d'Ethiopie depuis 1930. Fils du ras Makonnen, il est régent au nom de l'impératrice Zaouditou, sa tante, dès 1917. Il fait entrer l'Ethiopie à la S. D. N. (1923), abolit l'esclavage (1924), prend le titre de négus (1928) et accède à l'empire à la mort de Zaouditou (1930). Il promulgue une Constitution de type occidental et défend l'indépendance économique au pays contre l'ingérence de l'Italie. L'invasion de l'Ethiopie par les Italiens (oct. 1935) l'oblige à se réfugier en Angleterre. Il rétablit son pouvoir en 1941. Il s'est fait l'un des champions du panafricanisme. Mais son incapacité à résoudre les graves difficultés économiques et sociales conduit l'armée à le déposer (1974).

Haillicourt, comm. du Pas-de-Calais (arr. de Béthune), à 3 km à l'E. de Bruay-en-Artois ; 5 373 h.

*haillon n. m. (du moyen haut allem. *hadel*, lambeau). Guenille, vêtement en loques (surtout employé au plur.) : *Vêtu de haillons.* ◆ ***haillonneux, euse** adj. Couvert de haillons.

Hai-nan, île côtière de la Chine du Sud, fermant, vers l'E., le golfe du Tonkin ; ch.-l. *Hai-k'eou.* Hai-nan est rattachée administrativement au Kouang-tong. Base navale occupée par les Japonais de 1939 à 1945.

Hainaut, région historique, située partie en France, partie en Belgique, à l'O. du massif ardennais, et qui tire son nom d'un petit affluent de droite de l'Escaut, la *Haine.* (Hab. *Hennuyers.*)

● **Géographie.** Le *Hainaut français* est un pays de plateaux s'abaissant de l'E. vers l'O., découpé par d'amples vallées. C'est une région bocagère et forestière (élevage des bovins) à l'E., d'agriculture riche à l'O., traversée par le bassin houiller et les vallées industrialisées de l'Escaut et de la Sambre (houille, sidérurgie et métallurgie, industries chimiques).
Pour le *Hainaut belge,* v. art. suiv.

● **Histoire.** Le comté de Hainaut fut fondé par Gilbert, gendre de l'empereur Lothaire Ier († 846). En 1055, il passa à Baudouin VI de

Flandre. Il s'accrut du comté de Namur en 1169. A la mort de Marguerite II, le Hainaut passa à la maison d'Avesnes. En 1300, il s'accrut des comtés de Hollande, de Frise et de Zélande. Le traité de Delft (1428) céda ces Etats au duc de Bourgogne, Philippe II le Bon. Ceux-ci suivirent dès lors le sort des Etats bourguignons. Le traité des Pyrénées (1659) et celui de Nimègue (1678) donnèrent à la France la partie méridionale du Hainaut, qui forma le *Hainaut français.* Le Hainaut autrichien fut annexé à la France en 1795, devint en 1814 une province des Pays-Bas et, en 1830, une province belge.

Hainaut, en flam. **Henegouwen,** prov. du

Holmes-Lebel

Hailé Sélassié Ier

sud de la Belgique ; 3 720 km^2 ; 1 317 800 h. (*Hennuyers*). Ch.-l. *Mons.*
Le Hainaut belge comprend plusieurs régions : 1° A l'O., en bordure de la plaine flamande, se trouve une région agricole (lin, tabac, élevage laitier) et textile (filature et tissage de la laine et du coton, du lin), avec de nombreuses sucreries ;
2° Au centre, dans le *Hennuyère,* les fermes sont rassemblées en villages.
D'O. en E., le *pays noir* est une région industrielle de 50 km de long, aux paysages de terrils et de chevalements des mines. La plus grande partie de la fonte et de l'acier produits en Belgique y est élaborée, et des industries chimiques dérivées de la houille accompagnent les centres d'extraction ;
3° A l'E., au-delà de la Sambre, le Hainaut oriental se rattache historiquement et économiquement au massif de l'Ardenne. C'est surtout un pays d'élevage, faiblement peuplé.

*haine → HAÏR.

Haine (la), riv. de Belgique et de France, affl. de l'Escaut (r. dr.) ; 72 km. Elle donne son nom au *Hainaut* et arrose Mons, Jemmapes, Condé.

Haine-Saint-Paul, anc. comm. de Belgique

(Hainaut, arr. de Soignies), auj. intégrée à La Louvière.

Haine-Saint-Pierre, anc. comm. de Belgique (Hainaut, arr. de Thuin), auj. intégrée à La Louvière.

*haineusement, *haineux → HAÏR.

Haiphong ou **Haïphong,** v. du Viêt-nam septentrional, sur un bras du delta du fleuve Rouge, à environ 30 km du golfe du Tonkin; 369 200 h. Evêché. Ancien village de pêcheurs, la ville, créée en 1885, est le principal port du Viêt-nam septentrional. Violemment bombardé par l'aviation américaine pendant la seconde guerre d'Indochine.

*haïr v. tr. (francique *hatjan) [conj. **7**]. Vouloir du mal à quelqu'un; abhorrer, exécrer : *Haïr les bavards.* ‖ Avoir de la répugnance, de l'aversion, de l'horreur pour quelque chose : *Haïr le mensonge.* ● *Haïr à mort,* haïr extrêmement. ◆ ***haine** n. f. Sentiment qui pousse à vouloir du mal à quelqu'un, à se réjouir de son malheur : *Haine implacable.* ‖ Vive répugnance pour quelque chose; horreur : *Avoir de la haine pour l'hypocrisie, pour les ennemis.* ‖ — SYN. : *animosité, antipathie, aversion, détestation, hostilité, inimitié, répulsion, ressentiment.* — CONTR. : *affection, amitié, amour, sympathie.* ● LOC. PRÉP. *Par haine de,* par animosité, par hostilité à l'égard de : *Il a agi ainsi par haine du gouvernement.* ◆ ***haineusement** adv. D'une manière haineuse. ◆ ***haineux, euse** adj. et n. Naturellement porté à la haine : *Des réactions de haineux.* ◆ adj. Inspiré par la haine : *Des propos haineux.* ‖ Qui témoigne de la haine. ◆ ***haïssable** adj. Digne d'être haï : *Un enfant haïssable.*

*haire n. f. (francique *hârja, vêtement de poil). Petite chemise en étoffe de crin ou de poil de chèvre, portée sur la peau par esprit de pénitence.

*haïssable → HAÏR.

Haïti, anc. **Saint-Domingue,** île de l'Atlantique (Grandes Antilles), partagée entre la république Dominicaine*, à l'E., et la république d'Haïti (v. page suivante), à l'O.
● *Géographie.* L'île d'Haïti est formée par un faisceau de rides montagneuses orientées d'O. en E., culminant à 3 175 m et séparées par des zones d'effondrement (étang Saumâtre et lac Enriquillo). C'est une région instable (nombreux séismes). Haïti possède un climat tropical et une végétation riche et variée. Le pays, mis en valeur par une irrigation ancienne, est essentiellement agricole (riz, coton, canne à sucre, bananes, cacao, café), les forêts étant peu exploitées et la prospection du sous-sol seulement en cours. Les anciens Arawaks qui peuplaient l'île ont presque complètement disparu. L'île est actuellement occupée par de nombreux Noirs venus d'Afrique, et par des Blancs originaires d'Espagne et de France.

● *Histoire.* Découverte par Christophe Colomb en 1492, elle fut colonisée dans sa partie orientale par des Espagnols (Saint-Domingue), et dans sa partie occidentale par des Français, à partir de 1626. L'introduction de très nombreux esclaves africains assura l'essor économique (tabac et surtout indigo, canne à sucre et café), et celui-ci la concentration de la propriété et le cloisonnement social. De là naquirent des troubles au XVIIIe s., puis la révolte des Noirs (Toussaint Louverture, 1791). Un autre Noir, Dessalines, expulsa les Français (1803) et proclama l'indépendance (1804). Après lui (1806), les Espagnols recouvrèrent leur territoire (1808-1814), tandis que la partie occidentale était livrée aux querelles intestines jusqu'en 1822. En 1844, l'île fut définitivement scindée en deux Etats : la république d'Haïti et la république Dominicaine.

Haïti (RÉPUBLIQUE D'), Etat occupant la partie occidentale de l'île d'Haïti (Grandes Antilles); 27 750 km^2; 5 100 000 h. (*Haïtiens*). Capit. : *Port-au-Prince.* Langue officielle : *français.* Religion : *catholicisme* (70 p. 100) et *culte vaudou.*

DÉPARTEMENT	NOMBRE D'HABITANTS
Artibonite	508 900
Centre	300 100
Grand'Anse	391 200
Nord	696 500
Nord-Est	116 800
Nord-Ouest	216 500
Sud	581 600
Sud-Est	351 300

VILLES PRINCIPALES : *Port-au-Prince, Cap-Haïtien, Gonaïves, Les Cayes.*

Géographie.

Le pays comprend deux péninsules montagneuses : les massifs de la Hotte et de la Selle (2 680 m) au S., et les montagnes Noires (env. 1 000 m) au N., enserrant des massifs plus réduits, morcelés par des dépressions : vallée de l'Artibonite et lac Saumâtre. Les habitants descendent presque tous des esclaves noirs de l'époque coloniale. Le maïs, le riz et la patate sont les principales cultures vivrières, beaucoup moins développées que les cultures commerciales : café surtout (40 000 t), bananes, sisal, puis coton, canne à sucre, agrumes et cacao. L'élevage est peu important (730 000 bovins). Le sous-sol recèle des minerais de cuivre, d'or, d'argent, de fer, d'étain et surtout de la bauxite (725 000 t). Les produits alimentaires tropi-

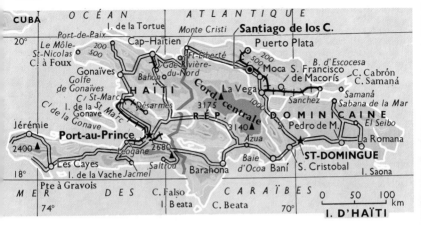

CUBA   O C É A N   A T L A N T I Q U E

I. de la Tortue   Monte Cristi   **Santiago de los C.**
Port-de-Paix
20° Le Môle-   Cap-Haïtien   Puerto Plata
St-Nicolas   500   200
C.ᵉ à Foux   Ft-Liberté   200   B. d'Escocesa
Gonaïves   G.ᵈᵉ Rivière-   500   Moca S. Francisco   C. Cabrón
Golfe   Bahon   du-Nord   / de Macorís   C. Samaná
de Gonaïves   H A Ï T I   La Vega   Samaná
C.ᵉ St-Marc   3175▲   Sanchez   Sabana de la Mar
I. de la St Marc   Désarmes   Cord. centrale   1000
C.ᵉ de la Gonave   R É P.   D O M I N I C A I N E
Jérémie   Gonave   3140▲   Pedro de M.   El Seibo
2400▲   Port-au-Prince   2680   Azua   La Romana
Léogane   Baie   Baní   ST-DOMINGUE   I. Saona
18°   Les Cayes   Saltrou   d'Ocoa   S. Cristobal
I. de la Vache Jacmel   Barahona
Pte à Gravois   M E R   D E S   C. Falso   C A R A Ï B E S   0   50   100
74°   I. Beata   C. Beata   70°   km
I. D'HAÏTI

paysage rural

Holmes-Lebel

caux et la bauxite constituent l'essentiel des
exportations, qui couvrent à peine 75 p. 100
des importations. Haïti demeure sous la
dépendance économique des Etats-Unis, qui
possèdent les deux tiers des capitaux de l'île.
Le niveau de vie moyen reste l'un des plus
faibles du monde.

Histoire.

La république d'Haïti est née de la scission
de l'île d'Haïti en deux Etats. De 1849 à
1859, elle connut l'empire de F. E. Sou-
louque, Faustin Iᵉʳ. De 1915 à 1934, elle
demeura sous la protection des Etats-Unis

Holmes - Lebel

Cap-Haïtien

Port-au-Prince

Holmes - Lebel

(occupation militaire, contrôle financier et économique). Le colonel Magloire, porté à la présidence (oct. 1950-déc. 1956) par une junte militaire, suivit une politique de coopération avec les Etats-Unis. Son successeur, Duvalier, élu en 1957, président jusqu'à sa mort (1971), établit un régime autoritaire et dut faire face à une situation tendue. Son fils Jean-Claude lui a succédé et a été nommé président à vie.

Littérature.

Il existe une littérature d'expression française, qui, depuis le XVIIIᵉ s., a donné de nombreuses œuvres, recueils de poésies, drames, romans, et qui a suivi l'évolution de la littérature européenne, passant au XIXᵉ s. par le romantisme (les frères Nau, Madiou, Beaubrun Ardouin, Saint-Rémy) et le Parnasse (Oswald Durand). Au XXᵉ s., certains écrivains restent fidèles à une orientation française (Dantès Bellegarde, Ida Faubert); d'autres s'inspirent de la tradition africaine (Price-Mars); certains recherchent l'engagement prolétarien (Jacques Roumain). Le roman choisit souvent ses sujets dans la vie populaire, peinte de couleurs sombres (Stephen Alexis, Pierre Marcelin). La poésie se libère de la prosodie traditionnelle, devient militante et s'imprègne de surréalisme (Carl Brouard, Roussan Camille, René Bélance, René Dépestre, Jean Brierre).

*haïtien [aisjɛ̃], **enne** adj. et n. Relatif à Haïti; habitant ou originaire de la république d'Haïti.

*haje n. m. Naja africain, dont les Pharaons portaient l'effigie sur leur coiffure.

Ḥakam II (Al-) [† Cordoue 976], calife omeyyade de Cordoue (961-976). Il porta à son apogée la puissance musulmane dans la

culture des ananas

HAÏTI

marché
à Port-au-Prince

péninsule Ibérique et fut souvent un médiateur dans les différends entre princes chrétiens. Il fit de Cordoue un florissant foyer
intellectuel.

*ḥakīm n. m. (mot ar.). Chez les musulmans, docteur, philosophe, savant.

Hakīm bi-amr Allāh (Al-), sixième calife
fāṭimide (996-1021). Il est considéré par les
Druzes comme l'incarnation de la Divinité, et
ceux-ci attendent sa réapparition. Sous son
règne furent dressées les tables astronomiques
dites *Tables ḥākīmites*.

Hakluyt (Richard), géographe anglais
(Londres v. 1553 - † 1616). Il introduisit en
Angleterre l'usage des globes terrestres et
publia *The Principale Navigations, Voiages
and Discoveries of the English Nation* (1588-
1600).

Hakodate, v. du Japon, dans le sud de
Hokkaidō, sur le détroit de Tsugaru ;

241 700 h. Principal port de Hokkaidō et
centre industriel important (chantiers navals,
conserveries, constructions mécaniques).

Håkon, forme suédoise de **Haakon*.**

Hakone (MONT), volcan éteint du Japon,
dans le centre de Honshū, entre la baie de
Sagami et le Fuji-Yama ; 1 550 m.

Hákôris. V. ACORIS.

Hal, v. de Belgique. V. HALLE.

Hāla, roi du Deccan (IIe s. apr. J.-C.) à qui
est attribué un groupe de pièces lyriques et
bucoliques, *les Sept Cents Strophes,* en
prākrit.

halacarus [rys] n. m. Acarien microscopique des mers tempérées et froides. (Type de
la famille des *halacaridés*.)

halachah ou **halakha** n. f. (mot hébr.).
Nom de la partie juridique de la Mishna,
codifiée vers la fin du IIe s. apr. J.-C.

Halaf (TELL), site de la haute Mésopotamie, aux sources du Khābūr, affluent de l'Euphrate. Les fouilles ont permis de distinguer plusieurs phases d'occupation du site. Au IXᵉ s. av. J.-C., le roi Kapara y fit construire un temple-palais, orné de reliefs et de statues.

*halage → HALER.

Halatte (FORÊT DOMANIALE D'), forêt de l'Ilede-France, entre la vallée de l'Oise, au N., et Senlis, au S. ; 4 300 ha.

Halberstadt, v. d'Allemagne (Allem. or., distr. de Magdebourg), au pied septentrional du Harz ; 45 000 h. Cathédrale (XIIIᵉ-XVIIᵉ s.). Papeteries ; industries textiles et chimiques. Halberstadt, évêché fondé par Charlemagne, fut une des principautés ecclésiastiques importantes du Saint Empire, du Xᵉ s. aux traités de Westphalie (1648).

*halbi n. m. (du néerl. *haalbier*, bière légère). Boisson normande, faite d'un mélange de pommes et de poires fermentées.

*halbran n. m. (du moyen allem. *halberent*, demi-canard). Jeune canard de l'année (jusqu'en septembre).

*halbrené, e adj. Se dit d'un faucon dont les pennes sont rompues et qui vole difficilement.

Halbwachs (Maurice), sociologue français (Reims 1877 - mort en déportation au camp de Buchenwald 1945). Professeur à Caen (1918), Strasbourg (1919) et Paris (1935), il étudia particulièrement les niveaux de vie et l'évolution des besoins (*la Classe ouvrière et les niveaux de vie*, 1913 ; *la Théorie de l'homme moyen*, 1919). Il fut aussi un spécialiste du calcul des probabilités et de la statistique appliquée aux phénomènes sociaux. On lui doit en outre : *les Cadres sociaux de la mémoire* (1925), *les Causes du suicide* (1930), *Morphologie sociale* (1934), etc.

halcyon n. m. Grand martin-pêcheur de l'Asie et de l'Afrique tropicales.

Haldane (John Scott), physiologiste et psychologue anglais (Edimbourg 1860 - Oxford 1936), frère du vicomte Haldane of Cloan. Il est l'auteur de travaux sur la physiologie de la respiration et les gaz du sang. Il aboutit à une philosophie vitaliste dans *The Philosophy of a Biologist* (1936). — Son fils, naturalisé indien, JOHN BURDON SANDERSON (Oxford 1892 - Bhubaneswar 1964), est l'auteur d'études fondamentales en biologie.

Haldane of Cloan (Richard BURDON, 1ᵉʳ vicomte), homme politique et philosophe britannique (Cloan, comté de Perth, 1856 - *id.* 1928). Elu député libéral en 1885, il fut ministre de la Guerre (1905-1912) et fit d'importantes réformes. Devenu lord-chancelier (1912-1915), il soutint l'alliance avec la France.

Haldat (APPAREIL DE), appareil imaginé par Charles de *Haldat* du Lys (1770 - 1852) pour montrer que la pression exercée par un liquide sur le fond du vase qui le contient ne dépend que de la hauteur du liquide, et non de la forme du vase.

*halde n. f. (de l'allem. *Halde*, colline). Tas constitué avec les déchets de triage et de lavage d'une mine métallique.

Halden, anc. **Fredrikshald**, v. du sud de la Norvège (Östfold), sur la frontière de la Suède ; 9 900 h. Charles XII périt sous ses murs en 1718.

Halder (Franz), général allemand (Würzburg 1884 - Aschau, Bavière, 1972). Il servit en 1914-1918 à l'état-major du prince Ruprecht et fut le premier officier catholique nommé chef du grand état-major de l'armée de terre (1938-1942). Arrêté et exclu de l'armée après le putsch de 1944, il réussit à échapper aux nazis. Auteur de *Hitler, chef de guerre* (1949).

Hale (George), astronome américain (Chicago 1868 - Pasadena, Californie, 1938). Spécialiste du Soleil, il inventa le spectrohéliographe, qui lui permit d'analyser l'atmosphère solaire. Il mit en évidence l'existence dans le Soleil d'un champ magnétique général dipôle et établit la théorie du mouvement de ses taches. (Acad. des sc., 1919.)

*hâle, ***hâlé** → HÂLER.

*hale-à-bord, ***hale-avant**, ***hale-bas** ou ***halebas**, ***hale-breu** → HALER.

*halecret n. m. (allem. *Halskragen*, tour de cou). Corps d'armure fait de lames articulées (XVIᵉ-XVIIᵉ s.). [Bien qu'on ne le portât plus au XVIIIᵉ s., il est reproduit dans de nombreux portraits de cette époque.]

*hale-croc, ***hale-dedans** → HALER.

haleine n. f. (lat. *alena*, pour *anela* ; de *anhelare*, souffler, refait d'après *halare*, même sens). Air que renvoient les poumons : *Par temps froid, on voit l'haleine sortir de la bouche. Avoir l'haleine fraîche.* ‖ Respiration, souffle : *Se mettre hors d'haleine.* ‖ Poétiq. Se dit en parlant de l'air, des vents : *La douce haleine d'une brise d'été.* ● *A perdre haleine*, sans s'arrêter, jusqu'à l'essouf-

appareil de Haldat

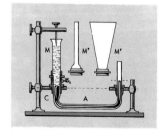

flement. ‖ *D'une haleine*, sans interruption, d'un coup. ‖ *De longue haleine*, qui demande beaucoup de temps : *Ouvrage de longue haleine.* ‖ *Haleine courte, courte haleine*, respiration fréquente et pénible. ‖ *Haleine forte*, qui exhale une mauvaise odeur. ‖ *Ne pas être en haleine* ou *être court d'haleine*, être essoufflé au moindre effort, en parlant d'un cheval. ‖ *Prendre, reprendre haleine*, reprendre sa respiration, se reposer : *Reprendre haleine après avoir couru.* ‖ *Retenir son haleine*, s'arrêter de respirer. ● LOC. ADV. *En haleine*, en bonne forme. — Dans l'incertitude, dans l'attente : *Tenir quelqu'un en haleine.*

Hálek (Vitěslav), poète tchèque (Dolínek 1835 - Prague 1874). Dans ses recueils de poèmes vibre l'âme populaire de la Bohême (*la Vierge des Tatras*, 1871 ; *les Contes de notre village*, 1874). Il a été l'un des animateurs de la renaissance poétique tchèque.

***halement** → HALER.

Halen (Juan VAN), général espagnol d'origine belge (île de León 1790 - Cadix 1864). Après avoir servi le roi Joseph et conspiré contre Ferdinand VII, il commanda en 1830 les troupes révolutionnaires belges et devint gouverneur du Brabant. En 1836, revenu en Espagne, il combattit les carlistes, devint capitaine général de la Catalogne et suivit Espartero en exil (1843). Amnistié, il revint en Espagne, où il présida jusqu'en 1856 le tribunal militaire suprême.

***haler** n. m. (de *Heller*, centième partie de l'anc. couronne autrichienne). Unité monétaire divisionnaire de Tchécoslovaquie, égale à 1/100 de koruna, ou couronne tchécoslovaque, unité principale.

***haler** v. tr. (anc. néerl. *halen*). Élever ou tirer un fardeau à l'aide d'un câble. ‖ Tirer à soi avec force sur un filin, une manœuvre, une amarre. ‖ Remorquer un bateau. ● *Le vent hale le nord, l'ouest*, etc., il change de direction pour souffler du nord, de l'ouest, etc. ◆ v. intr. *Hale dessus !, hale ensemble !*, commandements pour faire agir ensemble des hommes qui tirent sur une manœuvre. ‖ *Haler main sur main*, tirer alternativement avec chaque main, en restant immobile. ‖ — *se haler* v. pr. Conduire son bateau et le changer de place au moyen d'une amarre ou d'une chaîne sur laquelle on tire. (On dit surtout SE DÉHALER.) ◆ ***halage** n. m. Opération ayant pour objet de déplacer un bâtiment exclusivement le long d'un canal, d'un quai, au moyen d'amarres. (V. DÉHALER.) ‖ Opération qui consiste à sécher le chanvre après son rouissage et avant son teillage. ‖ *Cale de halage*, plan incliné sur lequel on hale les embarcations pour les mettre à sec. ‖ *Chemin de halage*, route longeant l'eau et que suivent les engins, animaux ou personnes qui halent. ‖ *Cheville de halage*, barre métallique qui sert d'axe de rotation aux rouets et

aux dévidoirs des cardiers. ‖ *Servitude de halage*, servitude imposée aux propriétaires riverains des cours d'eau navigables ou flottables, les obligeant à laisser un espace libre pour l'établissement d'un chemin de halage. ◆ ***hale-à-bord** n. m. invar. *Mar.* Petit cordage destiné à faire rentrer en dedans un objet qu'on hisse. (Syn. HALE-DEDANS.) ◆ ***hale-avant** n. m. invar. Mitaine de grosse toile dont se servent les pêcheurs. ◆ ***halebas** ou ***halebas** n. m. invar. Petit cordage, frappé au point de drisse des voiles enverguées sur drailles, et qui, lorsqu'on en a largué la drisse, sert à les faire descendre ou se replier sur elles-mêmes, afin de pouvoir les serrer. (On dit aussi CALEBAS.) ◆ ***halebreu** n. m. invar. Petit cordage servant à hisser un objet quelconque en n'exigeant que peu d'effort. ◆ ***hale-croc** n. m. Croc pour tirer à bord les gros poissons. — Pl. *des* HALE-CROCS. ◆ ***hale-dedans** n. m. invar. V. HALE-À-BORD. ◆ ***halement** n. m. Nœud d'attache du lien avec lequel les charpentiers réunissent plusieurs pièces de bois qu'ils veulent élever à la fois. ◆ ***haleur, euse** n. Personne qui hale les bateaux. ‖ — ***haleur** n. m. *Navig. fl.* V. REMORQUEUR. ‖ Treuil utilisé par les pêcheurs pour ramener à bord leurs filets. ◆ ***halin** n. m. Cordage pour haler. (V. TOULINE.)

***hâler** v. tr. (orig. germ.). Brunir, en parlant de l'action du soleil ou de l'air sur la peau, sur le teint : *Le soleil hâle le visage.* ◆ ***hâle** n. m. Brunissement de la peau dû à l'action du soleil ou de l'air. ◆ ***hâlé, e** adj. Bruni par le soleil et l'air : *Les marins ont le visage hâlé.*

Hales (Stephen), chimiste et naturaliste anglais (Bekesbourne 1677 - Teddington 1761). Il eut l'idée de recueillir les gaz sur la cuve à eau, fit, sur les chevaux, la première mesure de la pression sanguine et étudia la force d'ascension de la sève dans les plantes.

***haletant, *halètement** → HALETER.

***haleter** v. intr. (du lat. *ala*, aile ; proprem. « battre des ailes ») [conj. 4]. Respirer précipitamment et avec oppression : *Haleter en gravissant une côte.* ‖ *Par anal.* Emettre un souffle saccadé et rythmé : *Un moteur qui halète.* ‖ — REM. Le verbe a été conjugué parfois sur *jeter.* ◆ ***haletant, e** adj. Qui a une respiration courte et précipitée : *Une voix haletante.* ◆ ***halètement** n. m. Action de haleter ; bruit qui en résulte : *Le halètement d'un chien.* ‖ Souffle saccadé : *Le halètement de la locomotive.*

***haleur** → HALER.

Ha Levi (Juda), poète et théologien juif d'Espagne (Tolède v. 1080 - † 1140). On lui doit des poésies religieuses et profanes en hébreu, et un traité composé en arabe, *Al-Hazarī.*

Halévy (Jacques Fromental Lévy, dit), compositeur français (Paris 1799 - Nice 1862). Il a écrit une œuvre presque uniquement théâtrale, d'où se détache *la Juive* (1835). — Son frère Léon (Paris 1802 - Saint-Germain-en-Laye 1883) a écrit un *Résumé de l'histoire des Juifs anciens* (1827) et un *Résumé de l'histoire des Juifs modernes* (1828). — Ludovic (Paris 1834 - *id.* 1908), fils de Léon, écrivit pour la scène. Ses principaux opéras bouffes, composés presque tous en collaboration avec son ami Henri Meilhac et mis en musique par Offenbach, sont : *la Belle Hélène* (1864), *la Vie parisienne* (1866), *la Grande-Duchesse de Gérolstein* (1867), auxquels il faut ajouter le livret de l'opéra-comique *Carmen**. Il écrivit également avec Meilhac des vaudevilles et des comédies : *Froufrou* (1869), *Tricoche et Cacolet* (1872). Il publia quelques romans : *Un mariage d'amour* (1881) et *l'Abbé Constantin* (1882). [Acad. fr., 1884.] — Elie (Etretat 1870 - Sucy-en-Brie 1937), fils de Ludovic, a écrit une *Histoire du peuple anglais au XIXe siècle* (1913-1923). — Daniel (Paris 1872 - *id.* 1962), frère d'Elie, collabora avec Péguy aux *Cahiers de la quinzaine*, et écrivit de nombreux essais. (Acad. des sc. mor., 1949.)

*half-track [aftrak] n. m. (mot angl. signif. *demi-chemin*). Véhicule semi-chenillé et blindé, d'origine américaine, utilisé par les armées alliées depuis la Seconde Guerre mon-

S.C.A.

half-track

diale. (Normalement affecté au transport de fantassins, le half-track existe aussi comme véhicule de commandement et peut être armé d'un canon de 37 ou de 75 mm.)

haliastur n. m. Rapace falconidé du Sud-Est asiatique, dit aussi MILAN-PÊCHEUR.

Haliburton (Thomas Chandler), écrivain canadien d'expression anglaise (Windsor, Nouvelle-Ecosse, 1796 - Isleworth, près de Londres, 1865). Il a créé dans son œuvre le personnage du Yankee Sam Slick.

Halicarnasse, en gr. *Halikarnasios. Géogr. anc.* V. de Carie (Asie Mineure), colonie dorienne de Trézène et d'Argos. Elle fut longtemps sous la suzeraineté des Perses. Elle fut embellie par Mausole, à qui sa veuve Artémise II fit élever un monument funéraire (IVe s. av. J.-C.), dit « le Mausolée » (frise au British Museum). Il reste des ruines impor-

tantes des remparts. C'est la patrie d'Hérodote. Auj. *Bodrum.*

halichère n. m. Très grand phoque de l'Atlantique Nord (3 m de long).

halicte n. m. Abeille solitaire, qui creuse son nid dans les terrains meubles et nourrit ses larves de pollen.

halictophagus [gys] n. m. Nom donné par erreur à un insecte strepsiptère dont la femelle, d'aspect larvaire, vit en parasite sur certains homoptères, mais non sur les halictes.

halieutique adj. (gr. *halieutikos;* de *halieus,* pêcheur). Qui a rapport à la pêche. ✦ n. f. Art de la pêche. ◆ **halieutiste** n. m. Personne qui s'occupe de pêche.

Halifax, v. de Grande-Bretagne (Yorkshire, West Riding), sur le versant est des Pennines ; 95 100 h. Eglise du XVe s. Textiles.

Halifax, v. du Canada, capit. de la Nouvelle-Ecosse, près de l'Atlantique ; 92 500 h. Archevêché catholique et évêché anglican. Université Dalhousie. Grand port sur le *havre de Halifax,* bien abrité. Industries métallurgiques, chimiques et alimentaires.

Halifax (George Savile, 1er marquis de), homme politique anglais (Thornhill, Yorkshire, 1633 - Londres 1695). Il prit parti contre les bills d'exclusion de 1679-1680, contre la politique de Jacques II et soutint les prétentions de Guillaume de Nassau au trône d'Angleterre.

Halifax (Charles Montagu, 1er comte de), homme politique anglais (Horton, Northamptonshire, 1661 - Londres 1715). Il fit partie du groupe des whigs intransigeants. Il fut Premier ministre de 1697 à 1699 et à l'avènement de George Ier (1714-1715).

Halifax (George Montagu Dunk, 2e comte de), homme politique anglais (Horton, Northamptonshire, 1716 - Londres 1771). Il présida le Bureau du commerce (1748-1761), puis fut secrétaire d'Etat (1762-1765).

Halifax (Charles Lindley Wood, 2e vicomte de), gentilhomme anglais (Londres 1839 - Hickleton, près de Doncaster, Yorkshire, 1934). Représentant de l'anglo-ritualisme, il travailla au rapprochement des Eglises (conversations de Malines, 1921-1926).

Halifax (Edward Frederick Lindley Wood, 3e vicomte de), homme politique britannique (Powderham Castle, Devon, 1881 - Garrowby Hall, près d'York, 1959). Elu député conservateur en 1910, il participa à divers gouvernements et fut vice-roi des Indes (1926-1931). Il succéda à Eden comme ministre des Affaires étrangères (1938-1940). De 1941 à 1946, il fut ambassadeur aux Etats-Unis.

*halin → HALER.

haliotide n. f. Mollusque gastropode aplati, magnifiquement nacré intérieurement.

halistérique adj. (gr. *halis*, en quantité, et *stêr* ou *stear*, graisse). *Fonte halistérique*, dégénérescence graisseuse dans l'os. (Syn. OSTÉOLYSE.)

halite n. f. Chlorure naturel de sodium. (Syn. SEL GEMME.)

***hall** [ol] n. m. (mot angl.; de même orig. que *halle*). Salle de grandes dimensions et largement ouverte. ‖ *Vaste vestibule d'un hôtel, d'une maison particulière, d'un établissement public : Attendre un ami dans le hall d'un hôtel.* ‖ *Bâtiment vitré d'une gare.*

Hall (Per Adolf), peintre suédois (Borås, Älvsborg, 1739 - Liège 1793). Il est représenté à la Wallace Collection et au musée Jacquemart-André.

Hall (Charles Francis), explorateur polaire américain (Rochester, New Hampshire, 1821 - canal de Robeson 1871). Il explora le nord de la terre de Baffin et dut séjourner vingt mois dans la baie de Frobisher. Il parcourut ensuite (1864-1869) la Repulse Bay, la terre du Roi-Guillaume et mourut, au cours d'une nouvelle expédition dans le Smith Sound, dans le canal de Robeson.

Hall (Asaph), astronome américain (Goshen, Connecticut, 1829 - Annapolis, Maryland, 1907). Auteur de nombreux travaux sur les planètes, les comètes, les astéroïdes, les étoiles doubles, il découvrit en 1877 les deux satellites de Mars, Phobos et Deimos.

Hall (Granville Stanley), psychologue américain (Ashfield, Massachusetts, 1844 - Worcester, Massachusetts, 1924), l'un des promoteurs de la psychologie expérimentale aux Etats-Unis.

Hall (Edwin Herbert), physicien américain (Gorham, Maine, 1855 - Cambridge, Massachusetts, 1938). Il a découvert la déviation des lignes de courant dans les plaques métalliques très minces, placées dans un champ magnétique (*phénomène de Hall*, 1880).

Hall (Granville Stanley), psychologue américain (Ashfield, Massachusetts, 1844 - Worcester, Massachusetts, 1924), un des promoteurs de la psychologie expérimentale aux Etats-Unis.

Hallade (ACCÉLÉROMÈTRE) [du nom de son inventeur], accéléromètre à inertie, utilisé pour la mesure de la qualité des voies.

Hallādj (Al-Ḥusayn ibn Manṣūr al-), mystique musulman (en Perse v. 858 - Bagdad 922). Il a écrit en arabe et en persan. Il fut mis à mort comme hérétique à cause de sa théorie de l'union mystique avec Dieu.

hallali n. m. (onomatop. ou, peut-être, altér. de *allez à lui*). Cri de victoire et d'allégresse que poussent les chasseurs au moment de la prise de l'animal. ‖ Fanfare de trompes, annonçant la prise prochaine de l'animal, puis sa mort : *Sonner l'hallali.*

***halle** n. f. (francique *halla*, palais). Place publique, le plus souvent couverte, où se tient un marché : *Halle aux blés.* ‖ Magasin public servant d'entrepôt commercial : *La halle aux vins.* (Les anciennes halles de France étaient de dimensions modestes, charpentées ou voûtées suivant qu'elles étaient de bois ou de pierre [Arpajon, Crémieu]; certaines étaient surmontées d'un étage pour l'administration municipale. Les villes importantes avaient des halles spécialisées : aux cuirs, aux vins, aux blés, aux draps.) ‖ *Péjor.* Grande salle vide et mal close : *La salle des fêtes n'est qu'une halle blanchie à la chaux.* ‖ Grand atelier de verrerie dont le centre était occupé par le four. ● *Dames de la halle,* marchandes des Halles centrales. ‖ *Eglise-halle,* v. ÉGLISE. ‖ *Les Halles* (autrefois au sing., auj. au plur.), les Halles centrales de Paris : *Les forts des Halles.* ‖ *Mandataire*

halle d'Arpajon

Saunier-Images et Textes

aux Halles, commerçant ayant obtenu de la préfecture de la Seine la concession d'un emplacement aux Halles de Paris, et qui reçoit des marchandises et les vend pour le compte d'expéditeurs, moyennant une commission. ‖ *Le roi des Halles,* nom donné au duc de Beaufort pendant la Fronde, à cause de la sympathie que lui témoignait le petit peuple des marchands.

Halles (les), nom d'un quartier du Ier arrondissement de Paris. Un marché s'y tint dès le XIIe s. Douze pavillons métalliques y furent édifiés de 1851 à 1857 par Baltard. Dans le « périmètre des Halles » se concentraient des commerces de gros. Mais cette organisation, devenue insuffisante, a posé des problèmes d'hygiène et de circulation de plus en plus difficiles à résoudre. Aussi a-t-on remplacé ce marché par un nouvel organisme établi dans la banlieue sud de Paris, à Rungis. Le quartier des anciennes Halles fait l'objet d'importants travaux d'urbanisme.

Halles et marchés de Paris (MÉDAILLE DES OUVRIERS DES), décoration française créée en 1900 pour récompenser le service du personnel des Halles. Ruban fait de deux bandes tricolores séparées par une bande blanche.

Halle, v. d'Allemagne (Allem. or.), ch.-l. de distr., sur la Saale; 278 700 h. Anc. ville hanséatique (XIIIe-XVe s.); nombreux édifices religieux du Moyen Age et du XVIe s. Constructions mécaniques, produits chimiques et alimentaires.

Halle ou Hal, v. de Belgique, ch.-l. d'arr. (avec Vilvorde) du Brabant, à 15 km au S.-O. de Bruxelles; 32 100 h. Basilique du XIVe s. Industries textiles, alimentaires, chimiques.

Hallé, famille de peintres français. DANIEL (Rouen 1614 - Paris 1675) fit des portraits et des tableaux religieux (*la Multiplication des pains,* église Saint-Ouen de Rouen). — CLAUDE GUY (Paris 1652 - *id.* 1736), fils et élève du précédent, travailla au château de Meudon et au Grand Trianon. — NOËL (Paris 1711 - *id.* 1781), fils du précédent, inspecteur des Gobelins, de l'Académie de France à Rome, travailla à Saint-Louis de Versailles et à Saint-Sulpice.

***hallebarde** n. f. (haut allem. *helmbarte;* de *helm,* poignée, et *barte,* hache, c'est-à-dire « hache à poignée »). Arme d'hast, à fer pointu et tranchant, en usage du XIVe au XVIIe s. (Les sergents d'infanterie portèrent la hallebarde jusqu'au XVIIIe s. Elle est encore portée par les suisses dans les églises catholiques.) ● *Il pleut des hallebardes* (Fam.), il pleut à vous transpercer. ◆ ***hallebardier** n. m. Autref., fantassin armé d'une hallebarde. ‖ Marin armé d'une hallebarde en service d'honneur.

Hallein, v. d'Autriche (prov. de Salzbourg), sur la Salzach; 14 800 h. Importantes mines de sel. Station de sports d'hiver (alt. 470 m).

Hallencourt, ch.-l. de c. de la Somme (arr. et à 17,5 km au S. d'Abbeville); 1 407 h. Tissage de toiles.

Haller (Berthold), réformateur suisse (Aldingen 1492 - Berne 1536). Disciple de Zwingli, il fit triompher la Réforme à Berne (1528).

Haller (Albrecht VON), physiologiste suisse et écrivain d'expression allemande (Berne 1708 - *id.* 1777). Professeur d'anatomie, il fit des découvertes sur les phénomènes de la génération et sur les propriétés des tissus, et composa deux cents ouvrages sur la physiologie et sur la botanique. Il fut également un chef d'école dans la poésie lyrique et dans la poésie didactique : *les Alpes* (1729), modèle de poésie descriptive ; *Essai de poèmes suisses* (1732). Ses *Lettres* (1772-1775) constituent la meilleure apologie du christianisme publiée alors.

Haller (RÉSEAU DE), ensemble des veines périaréolaires du sein, dilatées au début de la grossesse.

Haller (Karl Ludwig VON), homme politique suisse (Berne 1768 - Soleure 1854). Théoricien de la Contre-Révolution, il est

XVe s.   début du XVIIIe s.
hallebardes
musée de l'Armée

l'auteur d'un ouvrage intitulé *Restauration de la science politique* (1816-1825).

Haller (Józef), général polonais (Jurczyce, près de Cracovie, 1873 - Londres 1960). Ancien officier autrichien, il commanda en 1914-1918 une brigade de la Légion polonaise contre les Russes. En 1918, il réussit à rejoindre la France par Mourmansk et fut mis à la tête des forces polonaises du front occidental. Rapatrié en Pologne avec ses troupes, il commanda le groupe d'armées du Nord dans la guerre polono-soviétique (1920). En désaccord avec Piłsudski, il prit sa retraite en 1926. Il fut ministre du gouvernement polonais de Londres pendant la Seconde Guerre mondiale.

***halley** n. m. (onomatop.). Bruit émis par un cheval atteint de cornage.

Halley (Edmond), astronome anglais (Haggerston, Londres, 1656 - Greenwich 1742). Après avoir dressé le premier catalogue des étoiles du ciel austral (1679), il observa en 1682 la comète à laquelle son nom est resté attaché, en calcula l'orbite et en annonça le retour pour la fin de 1758 ou le début de 1759, étant ainsi le premier à prédire le retour au périhélie des comètes périodiques. En 1718, il mit en évidence le mouvement propre des étoiles en montrant que certaines avaient changé de place depuis Ptolémée. (Acad. des sc., 1729.)